U0006267

CARDS OF YOUR DESTINY

WHAT YOUR BIRTHDAY REVEALS ABOUT YOU AND
YOUR PAST, PRESENT, AND FUTURE

撲克命牌
我的流年

從生日, 預知一生的年月運勢

羅伯特·李·坎普 *Robert Lee Camp* —————— 著 Sada————— 譯

生日之本命牌與守護星牌

一月

	本命牌	守護星牌		本命牌	守護星牌
1	K♠	5♣	17	10♦	5♥
2	Q♠	K♣	18	9♦	4♥
3	J♠	10♦	19	8♦	10♠
4	10♠	7♦	20	7♦	2♥
5	9♠	4♣	21	6♦	A♥ or A♦*
6	8♠	3♣	22	5♦	K♣
7	7♠	4♦	23	4♦	10♣
8	6♠	3♥	24	3♦	9♣
9	5♠	K♥	25	2♦	10♦
10	4♠	A♦	26	A♦	7♣
11	3♠	J♣	27	K♣	6♣
12	2♠	10♣	28	Q♣	7♦
13	A♠	9♣	29	J♣	4♥
14	K♦	8♣	30	10♣	10♠
15	Q♦	7♣	31	9♣	4♣
16	J♦	6♣			

二月

	本命牌	守護星牌		本命牌	守護星牌
1	J♠	8♠	16	9♦	4♦
2	10♠	5♠	17	8♦	5♣
3	9♠	2♦	18	7♦	K♥
4	8♠	3♠	19	6♦	A♥
5	7♠	2♠	20	5♦	K♣ or J♦*
6	6♠	A♣	21	4♦	8♣
7	5♠	K♥	22	3♦	9♣
8	4♠	Q♦	23	2♦	8♠
9	3♠	9♦	24	A♦	5♦
10	2♠	8♦	25	K♣	6♠
11	A♠	9♦	26	Q♣	5♣
12	K♦	6♦	27	J♣	4♦
13	Q♦	5♦	28	10♣	5♣
14	J♦	6♠	29	9♣	2♦
15	10♦	3♣			

三月

	本命牌	守護星牌		本命牌	守護星牌
1	9♠	J♠	17	6♦	Q♦
2	8♠	9♥	18	5♦	J♦
3	7♠	8♥	19	4♦	8♦
4	6♠	Q♣	20	3♦	9♠ or 7♦*
5	5♠	6♥	21	2♦	8♠ or 6♦*
6	4♠	5♥	22	A♦	3♣
7	3♠	7♠	23	K♣	4♦
8	2♠	K♠	24	Q♣	3♦
9	A♠	2♥	25	J♣	2♣
10	K♦	4♠	26	10♣	3♥
11	Q♦	Q♠	27	9♣	K♥
12	J♦	Q♥	28	8♣	10♥
13	10♦	3♠	29	7♣	J♣
14	9♦	2♥	30	6♣	10♣
15	8♦	3♠	31	5♣	7♥
16	7♦	K♦			

四月

	本命牌	守護星牌		本命牌	守護星牌
1	7♠	J♦	16	5♦	9♦
2	6♠	8♦	17	4♦	6♣
3	5♠	9♠	18	3♦	7♦
4	4♠	8♠	19	2♦	6♦
5	3♠	5♦	20	A♦	3♣ or 5♥*
6	2♠	6♠	21	K♣	4♦ or 4♥*
7	A♠	5♠	22	Q♣	5♣
8	K♦	2♦	23	J♣	7♠
9	Q♦	3♠	24	10♣	K♠
10	J♦	2♠	25	9♣	2♥
11	10♦	A♦	26	8♣	4♠
12	9♦	K♣	27	7♣	Q♠
13	8♦	A♠	28	6♣	Q♥
14	7♦	9♣	29	5♣	A♠
15	6♦	10♦	30	4♣	J♠

五月

	本命牌	守護星牌		本命牌	守護星牌
1	5♠	9♣	17	2♦	8♣
2	4♠	10♦	18	A♦	5♥
3	3♠	7♣	19	K♣	4♥
4	2♠	6♣	20	Q♣	5♣ or 10♠*
5	A♠	7♦	21	J♣	7♠ or 9♦*
6	K♦	4♣	22	10♣	K♠ or 8♦*
7	Q♦	3♣	23	9♣	9♠
8	J♦	4♦	24	8♣	6♦
9	10♦	A♥	25	7♣	5♦
10	9♦	2♣	26	6♣	6♠
11	8♦	3♥	27	5♣	3♦
12	7♦	J♥	28	4♣	2♦
13	6♦	10♥	29	3♣	3♠
14	5♦	J♣	30	2♣	K♣
15	4♦	8♥	31	A♣	Q♣
16	3♦	7♥			

六月

	本命牌	守護星牌		本命牌	守護星牌
1	3♠	9♥	16	A♦	Q♦
2	2♠	8♥	17	K♣	J♦
3	A♠	7♥	18	Q♣	10♠
4	K♦	6♥	19	J♣	9♦
5	Q♦	5♥	20	10♣	8♦
6	J♦	4♥	21	9♣	9♠
7	10♦	8♠	22	8♣	6♦ or J♠*
8	9♦	7♥	23	7♣	9♥
9	8♦	K♣	24	6♣	8♥
10	7♦	5♠	25	5♣	10♠
11	6♦	4♠	26	4♣	6♥
12	5♦	Q♠	27	3♣	5♥
13	4♦	2♠	28	2♣	7♠
14	3♦	A♠	29	A♣	3♥
15	2♦	J♠	30	K♥	2♥

*出生在宮首日——詳見137頁詳解。

七月

	本命牌	守護星牌		本命牌	守護星牌
1	A♠	3♦	17	J♣	Q♠
2	K♦	K♥	18	10♣	Q♥
3	Q♦	A♠	19	9♣	J♥
4	J♦	K♣	20	8♣	J♠
5	10♦	10♥	21	7♣	9♥
6	9♦	J♣	22	6♣	8♥
7	8♦	10♣	23	5♣	10♠ or 5♣*
8	7♦	7♥	24	4♣	4♣
9	6♦	8♣	25	3♣	3♣
10	5♦	7♣	26	2♣	2♣
11	4♦	4♥	27	A♣	A♣
12	3♦	5♣	28	K♥	K♥
13	2♦	4♣	29	Q♥	Q♥
14	A♦	A♥	30	J♥	J♥
15	K♣	2♣	31	10♥	10♥
16	Q♣	A♣			

八月

	本命牌	守護星牌		本命牌	守護星牌
1	Q♦	Q♦	17	9♣	9♣
2	J♦	J♦	18	8♣	8♣
3	10♦	10♦	19	7♣	7♣
4	9♦	9♦	20	6♣	6♣
5	8♦	8♦	21	5♣	5♣
6	7♦	7♦	22	4♣	4♣ or 2♦*
7	6♦	6♦	23	3♣	3♣ or 3♠*
8	5♦	5♦	24	2♣	K♣
9	4♦	4♦	25	A♣	Q♣
10	3♦	3♦	26	K♦	K♦
11	2♦	2♦	27	Q♥	10♣
12	A♦	A♦	28	J♥	9♣
13	K♣	K♣	29	10♥	10♦
14	Q♣	Q♣	30	9♥	7♦
15	J♣	J♣	31	8♥	6♣
16	10♣	10♣			

九月

	本命牌	守護星牌		本命牌	守護星牌
1	10♦	8♠	16	8♣	6♦
2	9♦	7♠	17	7♣	5♦
3	8♦	K♠	18	6♣	6♠
4	7♦	5♠	19	5♣	3♦
5	6♦	4♠	20	4♣	2♦
6	5♦	Q♠	21	3♣	3♠
7	4♦	2♠	22	2♣	K♣ or J♦*
8	3♦	A♠	23	A♣	Q♣ or 10♠*
9	2♦	J♠	24	K♥	6♥
10	A♦	Q♦	25	Q♥	8♦
11	K♣	J♠	26	J♥	9♠
12	Q♣	10♠	27	10♥	8♠
13	J♣	9♦	28	9♥	5♦
14	10♣	8♦	29	8♥	6♦
15	9♣	9♠	30	7♥	5♠

十月

	本命牌	守護星牌		本命牌	守護星牌
1	8♦	3♥	18	4♣	J♠
2	7♦	J♥	19	3♣	9♥
3	6♦	10♥	20	2♣	J♦
4	5♦	J♣	21	A♣	10♠
5	4♦	8♥	22	K♥	6♥
6	3♦	7♥	23	Q♥	8♦, or
7	2♦	8♣			K♠ & 5♣*
8	A♦	5♥	24	J♥	9♥, or
9	K♣	4♥			2♥ & 2♦*
10	Q♣	5♣	25	10♥	A♥ & 3♠
11	J♣	7♠	26	9♥	Q♠ & K♣
12	10♣	K♠	27	8♥	Q♥ & A♣
13	9♣	2♥	28	7♥	J♥ & K♦
14	8♣	4♠	29	6♥	J♠ & 10♦
15	7♣	Q♠	30	5♥	9♥ & 9♦
16	6♣	Q♥	31	4♥	8♥ & 8♦
17	5♣	A♠			

十一月

	本命牌	守護星牌		本命牌	守護星牌
1	6♦	10♦ & 5♥	16	4♣	8♣ & 8♠
2	5♦	9♦ & 4♥	17	3♣	7♣ & 7♠
3	4♦	6♣ & K♠	18	2♣	4♥ & 6♠
4	3♦	7♦ & 2♥	19	A♣	5♣ & 5♠
5	2♦	6♦ & A♥	20	K♥	4♣ & 4♠
6	A♦	3♣ & Q♠	21	Q♥	K♠ & 5♣
7	K♣	4♦ & Q♥	22	J♥	2♥ & 2♦
8	Q♣	3♦ & J♥	23	10♥	A♦
9	J♣	2♣ & 2♠	24	9♥	J♣
10	10♣	3♥ & 3♦	25	8♥	10♣
11	9♣	K♥ & J♠	26	7♥	9♣
12	8♣	10♥ & Q♦	27	6♥	8♣
13	7♣	J♣ & J♦	28	5♥	7♣
14	6♣	10♣ & Q♣	29	4♥	6♣
15	5♣	7♥ & 9♠	30	3♥	5♣

十二月

	本命牌	守護星牌		本命牌	守護星牌
1	4♦	6♠	17	A♣	3♦
2	3♦	5♠	18	K♥	2♦
3	2♦	4♠	19	Q♥	3♥
4	A♦	3♠	20	J♥	K♥
5	K♣	2♠	21	10♥	A♦ or Q♦*
6	Q♣	A♠	22	9♥	J♣ or 9♦*
7	J♣	K♣	23	8♥	8♦
8	10♣	A♣	24	7♥	9♠
9	9♣	K♦	25	6♥	6♦
10	8♣	10♦	26	5♥	5♦
11	7♣	9♦	27	4♥	6♠
12	6♣	8♦	28	3♥	3♦
13	5♣	7♦	29	2♥	2♦
14	4♣	6♦	30	A♥	3♠
15	3♣	5♦	31	Joker	
16	2♣	4♦			

獻給所有勇往直前的真理追尋者，
願本書能強化你與自己的連結、與這顆美麗星球的生命連結。

如何使用本書？

我的流年‧簡易查詢步驟說明

步驟1：查出自己的「本命牌」及「守護星牌」

在本書一開頭的「本命牌與守護星牌一覽表」中，從生日找出你自己的「本命牌」和「守護星牌」。獅子座和天蠍座的人是特例，獅子座的人守護星牌與本命牌為同一張；而天蠍座的人，則有兩張守護星牌。

> 例如，A君生日是9月1日，則他的本命牌為方塊10，守護星牌為黑桃8。

步驟2：從本命牌，查出你這一年的「流年牌陣」

在書後附錄1「個人流年牌陣一覽表」（第269頁）中，找到你的「本命牌」的頁面，從中找到今年歲數的那一行，那就是你這一整年的「流年牌陣」。歲數，以實歲為計，也就是今年年分減掉你的出生年分（西元年）；整體流年的起迄時間，是從今年生日起至明年生日為止。

> 例如，A君生日是1991年9月1日，他的2018流年運勢怎麼算？首先，2018年－1991年＝27歲，在他本命牌「方塊10」的頁面中，找到27歲那一行，即為他2018年9月1日至2019年8月31日的流年牌陣（注意，流年並非從每年度的1月1日起算）。

步驟3：解讀你這一年「流年牌陣」的牌義

每一年「流年牌陣」中的牌，大致上分為兩組：長期影響牌組，與短期影響牌組。長期影響牌的影響力持續一整年，包括：「長期牌」、「冥王星牌」、「結果牌」、「環境牌」、「置換牌」；短期影響牌則是自你生日那一天起，每五十二天為一個運勢週期，固定依序為：「水星週期牌」、「金星週期牌」、「火星週期牌」、「木星週期牌」、「土星週期牌」、「天王星週期牌」、「海王星週期牌」。前六個週期，各有兩張牌，前者為主，後者為輔。

> 例如，A君的本命牌為方塊10，在附錄1的方塊10頁面中，找到27歲那一行（2018年－1991年＝27歲）後，流年牌陣中的「長期牌」為黑桃4——查閱本書牌義篇中「黑桃4」的頁面（第194頁），閱讀其中「黑桃4是你的長期牌」之段落說明，即為這一年年運的整體氛圍。流年牌陣中，其他各牌的牌義及影響時間範圍，依此類推來查詢。每年個人的七段行星週期固定起迄時間點，請參閱附錄3。

步驟4：從守護星牌，查出這一年的次要「流年牌陣」

本命牌對一個人的流年影響最為重要，守護星牌對流年的影響則次之，但仍具參考價值。在做完步驟3的本命牌流年解讀後，你也可以依自己的守護星牌來做同樣程序的流年解讀——重複步驟2和步驟3，查出這一年，守護星牌將為你帶來的長期及短期影響為何。

> 例如，A君的守護星牌為黑桃8，在附錄1的黑桃8頁面中，找到27歲那一行（2018年－1991年＝27歲）後，流年牌陣中的「長期牌」為方塊8——查閱本書牌義篇中「方塊8」的頁面（第224頁），閱讀其中「方塊8是你的長期牌」之段落說明。依此類推查出流年牌陣中所有其他牌的牌義，作為2018年流年運勢的輔助參考，但主要運勢仍以本命牌的流年牌陣為主。

目錄

一、理論篇
什麼是撲克命牌？

二、牌義篇
52張牌義說明

自己的流年自己算

　　《撲克命牌‧我的流年》是一本結合占星學、靈數學、卡巴拉、塔羅的作品，當一開始出版社主編在向我簡介這本書時，我第一次聽說原來撲克牌可以計算出一個人的流年運勢，簡直聞所未聞！

　　雖然我使用塔羅牌多年，卻一直對於塔羅不能確切地指出事發的時間而感到困擾，簡單地說，除非你在牌陣裡，先設定每個月分或每一週由哪個位置代表，要不然，我們頂多知道事情的起承轉合，但有可能是三個月內或一年內，甚至三年內發生的事情，如果有更好的預測工具來推展四季跟年分，就更能掌握流年與流日的動態。塔羅雖然可以靠每日抽一張來解讀當天的重點事件，卻沒有辦法像占星學那麼有邏輯跟系統，比如推運、過運、太陽弧法等等，就是自有一套邏輯的占星預測法。

　　剛收到這本書的時候，我當然馬上就開始來算算自己跟家人的命運會如何，這本書非常好查詢流年，每一張牌都列好了流年的牌陣，你只需要弄清楚，一般華人認為的虛歲不能套用在本書上，你出生的第一年就是零歲，過了第一年生日就是一歲⋯⋯以此類推，對照你的本命牌與守護星牌，可以看出你心境與外境的動態變化，就好比你的太陽星座跟月亮星座各為表裡，有時內在的心態會引發外在的事件，外在的變動也會導致內心的波動那般。

　　不僅如此，本書作者羅伯特在他的下一本書《撲克命牌‧我的愛情》裡面，更詳盡列出了哪一張牌是你的太陽、哪一張又是你的金星和水星⋯⋯所以，作者肯定非常了解占星的概念，也可以說，紙牌系統的預測可以為占星學補充額外的詮釋，作者認為這

本書可以讓有以上神祕學基礎的朋友，更深化自己所學的知識。

翻譯此書時是二○一八年年初，我主動幫一位喜歡命理的朋友按圖索驥解讀流年運勢，很簡略地解釋她今年的情況如何，她正好今年準備拿博士學位，藉由本書的預測，我看到了她即將成功地獲得夢寐以求的學位，所以這場流年解讀對她來說無異是打了一劑強心針，使得她在學業上更勤奮努力，就在本書即將完成翻譯稿的六月中旬，她非常開心地在臉書上公告終於拿到學位的消息，真替她感到高興。

羅伯特雖自認為他的解讀可達到百分百準確，我的朋友事後回饋我，她覺得大約是七成，也有可能是我還不夠了解這個系統的解讀模式吧！但請讀者不要擔心，雖然流年運勢都可以查得出來，但有時候並非靠某一張牌的訊息就決定了你的成敗，本書就提到了運動比賽的預測有多難，萬事萬物都非單一原因促成結果，你的努力，也有機會改變預測的結果哦！

【作者序】
藏在撲克牌裡的神祕秩序

　　一九七三年，一位叫做阿恩‧雷因（Arne Lein）的人做了一次令人吃驚的預言。阿恩‧雷因研究占星、靈數學還有撲克牌的科學，並且有許多客戶是影視名人。出於偶然，《網球畫報》雜誌為了測驗他的占運系統，請他預測誰是當年度溫布敦網球公開賽的贏家。當阿恩開始研究所有的參賽者後，他發現有一個神奇的模式浮現了。他注意到所有美國選手在賽期對應的牌中，顯示非常不妙的結果。他們的牌昭顯了挫敗與失望，通常這與輸掉比賽相關。由於信任這個系統，阿恩告訴《網球畫報》，沒有美國選手會贏得比賽或是表現優異。這非比尋常，因為當時有很多頂尖選手是美國人。而隨著比賽逼近，便發生了一起政治事件，以至於美國選手在該年度未獲准參加比賽。《網球畫報》對阿恩的預言成真感到震驚不已。故而他們邀請他撰寫每月占星專欄，事實上，如你所想，這對網球雜誌是件不尋常的事。阿恩‧雷因在當時預測所使用的技巧，就是你將在本書中學習的方法。阿恩是我學習牌的早期老師之一，而我將本書中這套古老而迷人的預測科學傳授給你，在我過去八年的解讀練習中一直都很準確。是我見過最精準又易於學習的系統。你一定會為它的資訊大為吃驚，我當年有這種感覺，至今亦然。

　　你所學習的是數世紀以來被當作祕密持守的古老奧祕科學。「神祕的秩序」（Mystical orders）在古埃及之前已經存在了，它的祕密被小心地完整保留下來，直到時機恰當時便公諸於世。這是第一本完全揭露這些祕密的書，並且鉅細靡遺地向你展示，如何使用這套占運系統學習關於自己的一切，包括你的過去、現在或未來。你是最早發現並運用這套古老系統的人之一，這原始的科學和我們平常玩的撲克牌相關。

在書中，你會先找到自己的本命牌。知道了本命牌，你便能查看你人生中的任何一年，閱讀你流年牌陣的牌，它們會就你生命中的每個重要區塊給予具體而詳細的資訊。你會先知道在愛、浪漫戀情、家庭、工作、財務、健康、旅遊、法律事務以及你的靈性生活會發生什麼事情。你將知道何時是結婚、拓展商務、換工作或職業、旅遊以及買賣房地產的最佳時機。你將能預知，在自己和認識的人之間將會發生何事。藉由精確的生日，你認識的人會在你的牌陣中出現。你所有親密關係中的本質都能澈底詮釋，既有對一生的根據準則，也有對未來一年的展望。

本書將會引導你透過簡單的步驟為自己做完整的一年解讀。這一年的解讀包含關於每個月的具體資訊。另外，你會學習如何做每週解讀，告訴你這一週每一天的影響。有了這兩項工具，你就有一個寶貴的指南，來幫助你做出所有重要的決策。同樣，你也可以運用你所學到的為你選擇的任何人做解讀。許多人將這門學問變成一份全職的工作。就如同阿恩‧雷因所言，你將能為任何目的為任何人做預測。它的知識可以成功地應用在商務或是個人事務。

這個系統是獨特的。雖然它涉及我們平常玩的撲克牌，你無須一套牌或做流年解讀，也不需要任何通靈能力。所有的牌可代表你人生中每年每個月的事件跟關係，都已經為你選好了，在書中可以查看。它就像許多古老神話故事中略為提及的那本奇妙神祕的「命運之書」。你將會在本書中找到自己完整人生的紀錄。無論你在乎的是未來或過往，一切盡在其中。你所需要的就是去學習查詢與如何理解撲克牌的語言。本書涵納所有撲克牌的意思，所以你能輕易地將你的牌轉變為你可以運用的資訊。

為你自己或任何人作解讀，你只需要知道三個必要的資訊：（一）生日；（二）性別；和（三）職業。有了這些，你就能獲得既貼切又實用的資訊。你不像占星學那樣需要出生地跟出生的時間。

任何人都可以學習和運用這套方法洞燭先機——對初學者和執業者皆然。如果你是學習預測技巧的新手，這套系統會給你一些占星學和靈數學的基礎，拓展你對那些學科的全面理解。這套系統是撲克牌、占星學與靈數學的神奇組合，很快就能上手。如果你已經接觸過其他系統，你會發現這個技巧易於理解與運用。一般人可以在翻開這本書幾小時內就能開始做解讀。相較之下，大部分人要花好幾年才能懂得占星預測的技巧。如果你已經研究過靈數學或占星學，你會發現你先前的學習，會加強你對這門「學問」的了解，並更快地掌握它。

但是這資訊有多明確精準呢？大部分學習它的人會驚訝於它不可思議的準確性——針對事件中的特定人士跟日期，往往能精準地指出會發生什麼，以及涉及到誰。我發現這套系統是百分之百準確的。這是我應用它並研究多年之後的結論。你愈使用它，就愈準確，因為你對它的理解與日俱增。起初，你會發現它以不可思議的方式預測具體的事件。之後，當你的使用經驗增加，你就會看到它也昭示了隱藏在你人生表象底下的影響。每一次你使用它，它作為人生決策指南的價值就愈益提升。

在使用這個方法一陣子後，你會發現它提供了你沒預料到的其他好處。因為這套系統源自於我們最古老的神祕組織，它所提供的資料可以成為靈性指南，幫助你更加地了解——如何創造你的人生，以及為什麼創造了現在的生活。換句話說，本書是一道大門，通往物質與靈性成就的完整哲學，這門哲學承接自現存最古老的靈性團體之一——先知會（The Order of the Magi）。當你研究自己每一年的牌義，你將會發現你有機會改變自己的命運。牌義能提供你其他替代的方式去處理你生活中出現的情況，並建議你如何從中獲得最大的益處。採取正確的態度面對形勢，往往可以避免困難。例如，預知何時有助於拓展事業跟生意獲利，將使你充滿信心順著一路綠燈前行。同樣的道理，也會增加你感情生活中的成功。使用這個系統有點像是在晚上開著車頭燈前行。有燈亮著，你可以提早看到前方有什麼，並且做出正確的調整，好快速安全地抵達目的地。

在下一章節，你會開始藉由學習牌中呈現——代表你的本命牌、守護星牌和個人牌，展開你的學習。然後，使用書中所提供的表格，你會學到如何使用和解釋你自己和朋友的流年牌陣。本書在後面會教你如何運用

簡單卻高階的技巧做每週解讀。初學者或專家都能從每一張牌當中的詳盡解釋受益。

我希望你能開心使用這套系統，自己去發現它有多麼神奇有趣。我們為那些有興趣的人提供許多型態的支援和教學。如果你決定想要或需要進一步的說明或課程，我們有影音資料、電腦軟體套件以及可以報名的課程。書末有更多關於這些產品和服務的資訊。同時，好好享受這套唯有在古代神祕學組織的高等祭司才能使用的系統。真理乃為所有人分享所用，尤其是在今日，在我們集體覺醒的水瓶座時代。

奉上誠摯的祝福

羅伯特・李・坎普

一、理論篇

什麼是撲克命牌？

1

古老的曆法系統

　　大部分的人從未停下來想過許多跟我們在玩的撲克牌有關的有趣問題。比如，為什麼一副牌有五十二張？為什麼有四種花色？這四種花色代表什麼含義？撲克牌源自哪？我想要和你們分享撲克牌和我們的世界一些有趣的關聯，並且向你們揭露，撲克牌實際上是一套曆法系統，與我們在人世間的生活息息相關。

撲克牌就是我們的日曆

　　讓我們來檢查一下我們的撲克牌和日曆的共通之處。首先，就像我剛才提到有四種花色，每組有十三張牌，總共五十二張牌，加上一張小丑牌。讓我們從五十二這個數字開始。五十二和常識有何關係呢？對了，一年有五十二週。現在，在靈數學中，我們會把兩位數加起來變成個位數。要是我們把52這個數字縮成個位數，會得到5+2=7 ——也就是一週的天數，亦即可見行星的數量。七在很多地方都是非常神奇的數字，被認為是最有靈性的數字。它也被廣泛地用在許多神祕的傳說中，包括《聖經》。很迷人，不是嗎？我們可以想像在我們古老的過去，某個時刻，人類發現一年包含了三百六十五個日夜。仰望天空，他們也注意到了太陽、月亮和其他五顆肉眼可見的「物體」，現在我們知道那是圍繞太陽的行星。拿它們組合的數字七去除一年的天數，就會得到一年有五十二個週期，有智慧的人領悟到這個數字有更重要的意義，並且使用這些簡單的事實去做進一步研究的出發點。

我們再次按照撲克牌的靈數學，為每一張牌分配數值。A牌就是1，二號牌就是2，這樣一直到J。J的靈數是11，皇后牌的靈數是12，國王則是13。現在，如果我們把整副牌的每張牌靈數加在一起，你猜結果會是什麼呢？這表示四張國王就是四個13，四張皇后就是四個12，以此類推。整副牌總共算出來的結果是什麼？你猜會是365嗎？是啊，答案很接近了。實際上總和是364。我們曉得一年有三百六十五又四分之一天，所以那一又四分之一天是怎麼回事？整副牌我們還有一張沒算在內，就是小丑牌。你猜猜，小丑牌的數字就是1又1/4，這樣整副牌的總和剛好就是一年的天數。整副牌中的十二張宮廷牌則代表一年十二個月。小丑牌的數值是因為事實上它就是「全部四種花色加上它自己」。它代表撲克牌體系和許多撲克牌人格中一個獨立的平衡元素。

這些數值應該能說服一般人相信，一副牌還有更有意思的東西。事實上，我們的牌卡源自於一套工具，計算時間，以及地球與其他環繞太陽的行星運行。撲克牌運用最先進的技巧，曾經用來計算我們太陽系中行星的精確運動。我們愈是深入研究撲克牌，它們就愈來愈有魅力。它們的結構和設計每一面向都有重要的意義，且與我們生活的世界有關。

小丑牌

一年當中有一個生日無法被這套系統解讀。那就是12月31日——小丑牌的生日。既然小丑牌可以成為整副牌中的任何一張，就無法解讀它們。在王權時代，除夕被視為「愚人節」。在那一天，宮廷弄臣會登上王座，愚弄國王和王后、宮廷與所有人民。他會模仿所有人，表演他們做過的蠢事，以及他們浮誇地小題大做有多荒謬。也許這就是為什麼小丑牌令人難以理解的原因。

季節與相應的花色

現在我們來瞧瞧四種花色。我們的紙牌是象徵，與它們相關的一切都有其象徵。你覺得它們代表什麼呢？

數字與花色都是有意義的。是的，要是你猜花色代表四季和四元素（水、風、地和火），你又猜對了。就像任何研究塔羅或占星的人會告訴你的，這四樣東西大有關聯。每一個季節跟元素就是一組花色。在我們更進一步地檢驗花色和它們的意義之前，建議你先在書末表格中查詢你的本命牌。先看看你的生日對應的牌，那就是你的本命牌。你的本命牌組會揭露關於你一生和性格的資訊。

一年的第一個季節是春天，動物正孕育牠們的幼崽，四月的春雨帶來五彩繽紛的花朵，空氣中瀰漫著愛的氣息，四處生氣勃勃。在我們人生中的第一個季節，我們被來自父母與家人的愛與關懷環繞著。這個季節充滿愛和賦予生命的雨水，由紅心牌組代表，它是水元素以及塔羅牌中的聖杯。在本書系統中，紅心牌組代表愛與關係。如果你的個人本命牌是紅心牌組，你主要的表達方式，個人的業力是透過親密關係呈現的。此外，如果你是紅心，你的天性基本上像小孩，你和小孩處得非常好——你甚至可能和他們一起工作。紅心是整副牌中的小孩，與生理年齡無關。無論你的本命牌是什麼，當任何紅心牌出現在你的流年牌陣中，它們與你的親密關係狀態或質量有關，或是告訴你那個狀態或質量將要改變了。所有的結婚牌和大部分的離婚牌都是紅心牌。

下一個季節是夏天，在人生中的夏天期間，我們周遭不再圍繞著愛與家庭。取而代之的是，我們發現自己被學校、書本和知識占據。在這個季節，我們把童年的愛與眼淚拋諸腦後，然後轉移我們的注意力到追求學業上。對應夏天的花色是梅花，是風元素。這和塔羅牌中的寶劍牌組一樣。梅花代表我們的心智和精神上的追求，獲取知識和溝通的狀態。那些生來是梅花牌的人，從事與創意、觀點和溝通能力相關的工作。對他們而言，一個人或一件事的概念或內涵通常就與其本身同樣重要。梅花牌是永遠的大學生，經常渴望學習新事物，對生活的細節感興趣。當你在流年解讀中發現梅花牌，這些牌會告訴你，關於你的心智狀態、你的溝通能力，或是你在心智上追求與興趣愛好方面的成敗。這些追求包括了出版、教學、寫作、公開演說或是學業。

在秋天，我們可以收穫果子，或是我們在人生土壤

中播下的豐盛。在人生的秋天，我們通常累積財富與資產。方塊代表第三個季節，它們與土元素以及塔羅牌中的金幣牌組相應。方塊大部分常見的意義是金錢，更深層的意義上，它代表我們在人生中最重視的東西。那些生來是方塊的人，透過金錢與價值來呈現他們的業力。方塊是紙牌中的成人，而方塊小孩不喜歡被當成孩子般對待。當方塊出現在你的流年牌陣中，它們通常代表你的金錢支援狀態或改變。所有的金錢牌都是方塊，但其中有一部分指的是你基本的價值系統。

在冬天，死亡和轉化變得至高無上。在豐收之後，冬天來臨了，許多在春天誕生的事物漸漸消失。在人生的冬天，我們做好準備，然後最後也經驗到我們自己的死亡。健康問題變得更為顯眼，我們對靈性生活的興趣也是如此。縱然掘墓人的陰影在我們腦海中浮現，同樣地，對嶄新靈性生活的承諾也出現了。這份承諾，好比鳳凰浴火重生，使得冬天牌組，也就是黑桃牌組成了最有力量的花色。我們人生最後週期的轉化力量與黑桃、火元素，和塔羅牌中的權杖牌相關。它們代表靈性與我們內在「火焰」的狀態。所有傳統的死亡牌都是黑桃。那些生來是黑桃的人，通常有非常強烈的物質主義本質，或是非常靈性的本質，有時兩者兼備。無論如何，他們都是非常努力工作的人。黑桃是紙牌中的老年人，往往在年輕時顯得非常有智慧和成熟。他們通常更專注在工作上的完美。當黑桃牌出現在你的流年牌陣中，它們會告訴你關於你的工作或健康的狀態或改變。在更深的層面上，黑桃可以告訴你關於靈性提升方面的狀態。

迷人的黑桃 A

如果你現在拿出一副牌，瀏覽一遍，你會注意到黑桃 A 和紙牌中其他的 Ace 牌不一樣。首先，它在紙牌中間的符號比較大。其次，在許多牌中，你會發現黑桃的符號裝飾得很華麗，通常非常漂亮。通常製造商會把他們公司大名放在這張牌的某處。你知道為什麼黑桃 A 如此與眾不同嗎？大多數的製造商甚至不知其所以然，但那是因為黑桃 A 是代表先知會和古老神祕組織的牌。這張牌在其他牌之上，代表藉由深入研究紙牌而發現的祕密。在我們的系統中，黑桃 A 也代表祕密。它是代表紙

牌科學的牌。

黑桃一直都是死亡的象徵。它像是一顆子彈終結我們的性命。許多文化在電影或文學作品中使用這張牌作為死亡的象徵。它在這裡也能適用。黑桃 A 是代表個人轉化最強大的象徵之一，某些情況下，它甚至代表肉體的死亡。

七雷的小書卷

如今我們已經知道撲克牌和我們世界的一點關聯，讓我們了解一點撲克牌的歷史。首先思索一下來自《聖經》的這段文字：

> 七雷發聲之後，我正要寫出來，就聽見天上有聲音說：「七雷所說的，你要封上，不可寫出來。」

> 我從天使手中把小書卷接過來，吃盡了，在我口中果然甜如蜜，吃了以後，肚子覺得苦了。
> 天使對我說：「你必指著多民、多國、多方、多王再說預言。」
> ——《啟示錄》10:4,10 和 11

關於這個占運和自我了解的系統，最早為人所知的書是奧尼・瑞屈門（Olney Richmond）在一八九三年初次出版的《神祕預言書》（*The Mystic Test Book*）。瑞屈門先生是祕密社團先知會崇高的大師。他宣稱他的社團打從埃及時代就身負重任，守護紙牌的祕密，直到時機適宜才公諸於世。奧尼・瑞屈門宣稱，以上摘自《啟示錄》的章節，若以敏銳的靈性覺知轉譯的話，剖露了書中的「小書卷」就是我們這 52 張牌。根據瑞屈門先生所言，這些章節明確地指出他們的任務便是守密，不讓一般人接觸到，直到時機成熟。無論孰真孰假，有趣的是，他的書正是第一本揭露這些祕密的書。在那之前並沒有發現其他書有任何類似的題材。

瑞屈門進一步解釋紙牌為什麼一定源自於亞特蘭提斯，因為所有主要的文明都宣稱他們發明了紙牌，他繼而探究紙牌的許多既迷人又不可思議的面向。我讀過幾

遍他的書，並且使用紙牌這麼久，仍然無法搞懂那本書的一些主題。然而，基於目前我所學的，對我來說很顯然的是，我們要是完全理解紙牌的數字和意義，就有一套工具能夠輕鬆地獲得關於人生或科學所有領域的特定資訊。他那本不可思議的書仍舊可以在一些形而上的書店買得到。

我想提到他討論到的另一個有趣事實，多少年來，紙牌製造商試圖用不同的臉孔印製皇后、國王和傑克牌，但都不成功。甚至今日，要是你走進大型的玩具商店，你會發現各式各樣的紙牌。有些有著東方的臉孔，有些則是名人的臉在上面之類的。至少，若你詢問任何紙牌製造商，他們會告訴你，這些版本的紙牌賣得沒那麼好。瑞屈門宣稱，其他版本的紙牌銷量不佳的理由，

就是撲克牌有神祕的力量，能維持原始設計的完整。基於這個理由，他說，其他的紙牌絕不會賣得好。而且，他們社團的成員得到的指示就是絕對不汙損、更動或改變紙牌。因此我個人建議，當你選擇紙牌來做每週解讀時，選擇原始的版本設計，避免其他樣式的牌。這包括那些數字符號很大以及縮小牌面的牌。遵循古法會增加你獲致精準解讀的機會。

希望我已經激發你對我們這套系統的興趣，而不是當成一般的紙牌。現在，我們會開始學習更多關於你和你在牌陣中位置的知識，記住，你現在正在學習的這門科學已經流傳很久了，並且與我們過往的傳承有許多關聯。

2

本命牌及守護星牌

你做解讀需要的一切訊息都能在牌中找到。大部分重要的牌，代表我們每一個人的紙牌就是本命牌。然而，也有其他紙牌能代表我們或其他人，而且紙牌能告訴我們這些事件在我們的人生會變得如何。在本章中，我們會從查詢代表你和你認識的人所屬的紙牌開始。我們把這一組牌稱為個人指示牌。

什麼是本命牌？

如果你還沒有查詢你的生日，現在就到書末找出表格中對應你生日的本命牌與守護星牌。這個表格是有價值的工具，因為知道你的本命牌很重要，同樣地，知道和你所有朋友與熟人的本命牌也很重要。當我們開始查詢組成你流年牌陣的牌時，我們想要知道，我們在找的任何牌是否有你的本命牌，不然就是你認識的人所屬的本命牌。當我們檢查你的流年牌陣時，這會變得更加清楚。透過研究本命牌並研究它們的意義，你可以學到更多關於你自己和你親友的事情。雖然本書沒有更深入探討每一張牌性格的細節，在我的下一本書《撲克命牌·我的愛情》中則有對你的人生與個性，提供更豐富的資訊。本書的目的是教你用這門奇妙的學問來做預測，從現在起，我們對這些牌的討論，僅限於幫助你學會做自己的解讀。要知道，你的本命牌就是個人指示牌最重要的一張了。當我們開始查詢你的流年牌陣，我們總是會更加關注你的本命牌的流年牌陣。要是你只有時間去閱讀一張你的指示牌，你應該選擇本命牌。

什麼是守護星牌？

雖然本命牌是最重要的個人指示牌，守護星牌更是緊追在後。它是你人生和性格的次要象徵，就是我們的行為本質像另一張牌。有些人甚至會表現得更像守護星牌，而非本命牌。當我們做個人解讀時，我們的流年牌陣會用到本命牌和守護星牌，用兩種流年牌陣去參考。

查詢守護星牌的方式與本命牌相似，使用書末的表格即可。它就列在本命牌旁邊。注意要是你的守護星牌旁邊有個＊星號，這表示你出生在兩個星座的交界點。因為守護星牌取決於我們的太陽星座，用占星學的術語來說，出生在交界點的人，首先必須確認他們真正的太陽星座為何，才能確定哪張牌是他們的守護星牌。如果你出生在交界點，你想要學習守護星牌的由來跟如何判定你的守護星牌，請閱讀第9章。

這裡快速說明一下獅子座和天蠍座：獅子座的守護星牌和他們的本命牌相同，所以只有一張牌的流年牌陣。換另一個角度來說，天蠍座有兩張守護星牌，他們可以選擇為兩張牌做流年牌陣解讀，或是只做一張，請參見第九章了解更多關於這些主題的細節。

什麼是身分牌？

在一些情況下，你會想用一張或更多張的身分牌做流年解讀。身分牌就是與你本命牌同花色的騎士（J）、皇后（Q）與國王（K）。它們更像是我們在不同人生時期，扮演不同角色穿戴的帽子。身分牌不像本命牌與守護星牌，並不是真正代表我們本來面目的象徵。它們是我們在人生中可以選擇演或不演的角色。你可以在任何時候開始或停止扮演你的身分牌，卻永遠無法不扮演你的本命牌或守護星牌。

你的年齡、性別和職業，決定了你能用多少張身分牌，以及你的身分牌為何。接下來的段落解釋了如何判定你可以用哪張身分牌。

女性的身分牌

如果你是任何年齡的女性，你都會有自己花色的皇后牌當作你的身分牌。比如，假設你的本命牌是紅心9，那麼你的其中一張身分牌就是紅心Q。要是你的本命牌已經是Q了，像是方塊Q，那你也就不會把方塊Q當成是身分牌了。在此例中，你生來就有皇后的性格了。要是你有一張皇后牌當作身分牌，皇后就代表你的陰性面、浪漫與母性面，以及你服務他人的那個部分。

再多舉一些例子，如果你的生日是5月19日，你的本命牌就是梅花K。在這個例子中，你也會有梅花Q做身分牌。假設你的生日是3月17日，你的本命牌是方塊6，而至少你的身分牌有一張是方塊Q。

我說你至少有一張身分牌，是因為女性至多可以有三張身分牌。任何自己當老闆的女性或是在職務上管理他人的女性，都有同花色的國王牌作為身分牌。但是，要真算得上是身分牌的話，這生意至少必須要雇用另一個人。在這個情況下，國王牌代表她的角色是這門生意的負責人或是她管理團體當中的領導人。

一個女人從事的工作是演員，創意作家，或是職業藝術家，也可以把跟她同花色牌中的騎士當成身分牌。從這個例子中，你可以看到一個女人要是演員專業的藝術工作者或是作家，也擁有自己的生意，就可能有三張身分牌了。記住，如果一個女人的本命牌已經是國王或騎士，那你也就不能把它當成是身分牌了。請認真研究接下來的範例，直到你完全掌握這個概念為止。

範例：

讓我們拿一位11月7日出生的女性舉例，我們查詢後發現她的本命牌是黑桃K。我們發現她不是創業者或是擔任女演員或藝術家的工作，因此她唯一的身分牌就是黑桃Q。

那麼出生在9月26日的女性有自己的事業又是如何呢？對了，她的本命牌是紅心J。因為她是女性，她的第一張身分牌是紅心Q，她也會有一張紅心K當第二張身分牌，代表她在事業中的角色。

男性的身分牌

無論年紀大小，每個男性都會有張和本命牌同花色的J當作他的身分牌。當然，本命牌本身就是J的人除外。J代表一個男人性格中比較年輕、愛開玩笑和有創意的一面。業務員、演員以及創業職業也與騎士牌相關，所以要是一個男人是業務員、發明家或演員，J就代表他人生中的那些部分。

當一個男人到了36歲，無論他從事什麼職業，他會獲得一張同花色的K當作身分牌。當然，這也適用在女人身上，任何年齡的男性擁有一份事業，或至少雇用一位員工，就有國王牌作為他的身分牌。國王代表男人更成熟的一面，或是他的角色像是供養者、老闆和他自己城堡或家庭中的國王。

範例：

有位男士在6月19日出生，他現年28歲，還在就學，所以沒有身分牌。他的本命牌是黑桃J，而他不是企業主或年紀大到可以當國王。

生於1月15日的男性是方塊Q。假如他超過36歲，那麼他有兩張身分牌，方塊K及方塊J。

例外的情況

我最近注意到年輕女子通常也被當成同花色的騎士，直到她們到了某個年紀已經完全發展，並且進入她們的女性角色。騎士通常不會被當成男性或女性，而是當成尚未發展、尚未定型的牌，和塔羅牌中的侍衛牌一樣。建議你在二十歲以下的女性身上使用騎士牌，除非她們全然地展現其女性角色中的成熟面。

我也見過實際上未擔任企業主的女性和男性，但他們是團隊的管理者，也當成是國王，應該要把國王牌當作身分來解讀。既然國王的概念就是統治者，任何人在團體中擔任管理職務的位置，都符合這種說法。

從這一點看來，你可以看見這些角色不完全是死板生硬。更是取決於你解讀的這個人的身分。

同性戀或雙性戀者的身分牌

在今日的世界，性別已經不再是一種固定的特質。有些人，像是有些男性的本命牌是皇后或是女性的本命牌是國王，就會表現得很像相反的性別。同性戀角色和身分可能是男性與女性身分牌任意比例的結合，下面是用來判斷性別身分牌的規則，但是最後，要以你的判斷為準。

既然許多判定身分牌的方法是基於性別，那些表現的和天生性別相反的人，通常可以被當作擁有跟一般情況相反的身分牌。例如，在一個同性戀關係中的女性明顯表現得像男人，可以把同花色的騎士或是國王當成她的身分牌。事實上，大多數男性化且具有侵略性的女人，通常會有一張騎士或國王是她們的身分牌或守護星牌。但如果你遇到一個確實沒有騎士或國王牌的人，你當然可以在這裡考慮這些身分牌。

在類似的情境中，任何在同性戀關係中的男性明顯表現得很陰柔，就可以把同花色的皇后當作身分牌。在這個案例中，你要檢查皇后牌，找出他那一部分的性格和生活相關的事件。

流年牌陣中使用的牌

要是我們用太多個人指示牌，最後就會得到太多流年牌陣，解釋牌義會變得非常混亂。盡可能地嘗試並運用個人指示牌是非常糟糕的主意。在我的個人和專業解讀中，我通常會只專注兩張牌的流年牌陣上——本命牌和守護星牌。要是我解讀的人是獅子座，他沒有其他的守護星牌，我就會使用騎士或皇后，這要看他們的性別而定。我唯一用到騎士和皇后的情況是，我的解讀對象最近展開一段重要的戀情，或是他們有重大的婚姻或親密關係問題，然而在他們本命牌或守護星牌的流年牌陣中，卻未強調這些問題。我發現身分牌很少是必要的，因為我通常會從客戶本命牌和守護星牌的流年牌陣中，找到他們愛情生活的資料。所以，對大多數人，我只會關注兩個流年牌陣。要是他們有親密關係或是愛情的問

題，我通常會在他們本命牌和守護星牌的牌陣中找到與此相關的牌。要是我沒找到，那麼，我才會去看身分牌的牌陣。我很少為別人使用國王牌。通常像國王那般掌握實權的人，已經有一張國王牌是本命牌或守護星牌了。

在了解這個系統之後，你可能會想回去重新閱讀這一段。這一小段資訊可以省卻你數小時不必要的用功。

練習：

這些規則就是用來判斷代表你和你認識的人所屬的牌。在你繼續之前，完全弄懂這些規則非常地重要，所以希望你完成本書後面381頁的表格，這個表格叫做「親朋好友牌表」。從現在起，寫下十個在你生命中最重要的人的大名與生日。然後，查詢他們的本命牌以及守護星牌，並在適當的地方寫下來。最後，應用你剛才學到的規則去判斷他們的身分牌，也一併寫下來。當你完成後，你會有一張列表，你在做第一個個人解讀時馬上就能派上用場。

3

流年牌陣

　　現在你知道你和你朋友的個人指示牌，你已經準備好解讀這一年的命運之牌了。流年牌陣包含你實際的命運之牌——那些牌會告訴你將會發生什麼，而發生時會涉及到誰。至少你人生的每一年流年牌陣已經被記錄在書中了。如果你有守護星牌或是打算用到一張或更多張身分牌，書裡每一張牌都有流年牌陣。因此，會有一個你的本命牌的流年牌陣，還有一個你的守護星牌的流年牌陣，以及你選擇用來解讀的每一張身分牌的流年牌陣。你的每一個流年牌陣，不管是一個或是四個、五個，都會有關於你人生這一年的特定資訊，所以你會需要查看所有的排陣，以便獲得你未來會發生何事的全景圖。讓我們開始查詢你的流年牌陣，瞧瞧當中的牌是如何組織的。

　　要查詢你的本命牌在今年的流年牌陣，就翻到從本書269頁開始的流年牌陣起，並找到頁面上方有你本命牌的那兩頁。這一部分是按照每一組花色編排的，從紅心A到K，然後到梅花、方塊與黑桃。現在就翻到你的那兩頁吧！

　　要是你找到正確的頁數，找到與你現在歲數後面的一組牌。舉例來說，如果你的本命牌是方塊9，而你今年是31歲，你的流年牌陣就會看起來像這樣：

	年齡	水星	金星	火星	木星	土星	天王星	海王星	長期	冥王星／結果	環境	置換
方塊9本命牌	31	7♠	K♦	Q♥	J♠	3♠	3♥	7♦	10♥	9♠/6♦	9♣	8♠
		3♣	A♦	10♣	K♠	5♦	5♥					

　　　　　　← （這些牌代表一年中的特別時期） →　　　← （這些牌支配一整年） →

一旦你找到這一年的流年牌陣，小心查看這些牌如何配置。你還不知道其他牌的意思，但你可能會注意到你的牌陣中有一些本命牌或身分牌屬於你認識的人。小心翼翼查找，並緊接著進行下一段。

在你開始解釋你的流年牌陣前，仔細地閱讀下一段，這樣你就能了解在你牌陣中每一張牌位置的意思，然後明白在牌陣中的牌之間的關係。在你流年牌陣中的牌不是代表你會發生的事情，就是代表今年你的生活中扮演角色的某個人。透過這種方式，牌陣中的牌會告訴我們，你今年會發生什麼事，什麼時候會發生，以及將會與誰有關。

在牌陣欄位最上面的標題，告訴我們底下的牌代表什麼。當我們討論到下一章節時，仔細地檢視在你的流年牌陣中每一張牌的標題。我們會從今年最重要的牌開始，那張牌代表一整年，一整年的意思是從我們的生日起算到下一個生日。

年度影響牌

有五張牌會影響你的一整年。它們是長期牌、冥王星牌、結果牌、環境牌和置換牌。這些你的流年牌陣中最有力量的牌，因為它們的影響會持續一整年。因為它們如此地重要，最好仔細地研讀下一段，在你研讀的同時，可查詢你的年度影響牌。你要特別注意以上每張牌傳遞的具體訊息。

長期牌

想知道這一年中最重要的牌嗎？你人生中的每一年都有一張牌代表該年度主要的焦點，就稱之為長期牌。你的長期牌可以在流年牌陣欄位的「長期」標題下找到。這是你應該在任何解讀之前先查詢的牌，因為它會讓你一眼就大致了解一整年的情況。

長期牌可能是一個你認識的人（根據本命牌或是身分牌），或是一個精神狀態，或是經驗的類型，可能會在一年中一再重複，然後占據你大部分的注意力。長期牌通常指的是在該年度最重要的焦點，光靠這張牌就能給你很多關於你人生任何一年的重要資訊。長期牌並

不代表影響力的好壞，而是重要的影響。這張牌可能是成功與快樂的牌，或是挑戰與辛苦耕耘的牌，但無論如何，它對你都是重要的。有時候，長期牌的意思只跟內在事件有關，或是將會在你心裡發生的事情有關，除了你自己，沒人會知曉。

相信你一定很急著知道你的長期牌意義。假如那是你認識的某人，你已經知道它大部分的意義了──這個人會是你今年的重要焦點。不過，每一張牌都有它自己的意義，你可以找出來查看一番。請找到後面第二篇牌義說明的部分，然後找出寫有你長期牌解釋的頁數。這一部分是按照牌的順序組成，從A開始到K結束。首先找到你的長期牌那一區，上面這張牌所有的意涵，然後再找到其中這張牌當作長期牌使用時的說明。例如，假設你今年的長期牌是方塊10，你首先會找到牌義說明中那張牌的位置，然後你會找到一段抬頭叫做「方塊10是你的長期牌」。那就是找出特定牌義的方法。

注意：在整副牌中的每一張牌都有不同的意思，取決於落在流年牌陣的位置而定。那就是為什麼這十二個不同的位置會有各自的詮釋。不過，你也可以閱讀自己正在研究的任何一張牌的基本關鍵字和基本定義，以獲得一些額外的相關資訊。

冥王星牌與結果牌

想知道未來的一年或是今年度你最大的挑戰是什麼嗎？想知道你在個人轉化上努力之後的結果嗎？沒錯，接下來兩張「年度影響牌」將會給你重要的資訊。這些牌被稱為冥王星牌和結果牌，分別就在「冥王星／結果」的欄位下面。

冥王星牌與結果牌被整合成一對牌。他們代表你決定要得到的結果或是某個人，某個你在今年年初沒有的東西，並且願意在人生中做出改變而獲得或掌握的東西，這就是你今年的主要挑戰跟變化。你可以把這些牌稱為你的年度目標。

要適當地解釋這兩張牌，你必須學習如何把兩張牌放在一起說明，我們會在「第7章──牌義基本元素」中深究。第7章還有更多資料來解釋這兩張牌的重要性，以及如何更深入理解它們的意義，要同時結合在一

起分析，又各自獨立說明。現在，要留意這兩張牌是否其中一張是你認識的人所屬的本命牌或身分牌。這就足以提供你一些重要的資料。此外，你可以像查詢年度牌那樣查詢這兩張牌的意義。只要你找到了，就分別閱讀你這一年的冥王星牌和結果牌的段落。你開始看見這套系統的力量了嗎？當你更深入理解這整個系統，你便能提升解讀和詮釋牌陣的技巧，即使是新手，也能透過這麼少的資料獲得洞見。

除了挑戰或是目標的部分，結果牌會告訴你，這一年結束時，你會跟誰在一起，你會怎樣。這可能是一個人，一個像是結婚或離婚的事件，或像是在工作或金錢上獲致成功的狀態。在任一情況下，結果牌永遠都是在我們年尾時的人生祝福。因此，當你閱讀你的冥王星牌與結果牌，要注意你可能會以結果牌結束這一年，不管那可能是什麼事情或是什麼人。

環境牌與置換牌

接下來兩張牌有些獨特的特徵，而且可能極為重要。在某些情況下，這些牌任一張都可能是你一整年最重要的牌。第一張代表你會輕易接受的領域，而第二張代表你必須無償給予的領域。還有一點很重要，你應該在開始用到它們的時候就有所覺察。

有一個七張牌的特別家族，沒有每年的環境牌與置換牌。我們不會在本書探討為何如此的具體原因，但你只要知道有這種情況即可，並且多加留意。這七張牌是紅心2、黑桃A、方塊7、黑桃8、紅心9、紅心J和黑桃K。如果你的本命牌或是守護星牌是其中之一，你就不會在流年牌陣中找到環境牌或置換牌。即使你的本命牌是其中一張，你的守護星牌也不會在這七張內，所以大部分的人通常至少有一張個人指示牌有環境牌和置換牌。唯一例外的就是獅子座的黑桃A、黑桃8和紅心J。這些罕見的生日沒有環境牌或置換牌，除非他們用其中一張身分牌做流年牌陣解讀。

環境牌

在年度影響牌中，有兩張永遠都是祝福。第一張是剛剛討論過的結果牌。下一張是環境牌，有時它甚至比結果牌更棒。這是因為你從年度影響牌獲得了一整年的祝福，而不是只在年底才得到結果牌的印證。結果牌就像是經過一年辛勤工作在年尾等著你的小禮物，環境牌的祝福從你生日那天馬上生效，而且延伸到一整年。它是在你生活中的某個領域或是某個人，持續不斷地帶給你好運。它可能是一個對你來說似乎很容易獲得一切的地方，或者是，你能事半功倍之處。這是一張值得關注的好牌，是該年度純粹的祝福之一。將這張牌的好處最大化的方法，就是盡可能開放心胸去接受，並且有意識地對你所接收到的一切抱持感恩之心。

置換牌

某方面，置換牌與環境牌相反，它通常也是一個更重要的提示。首先，它代表你生活中的某個領域或人物，是需要你付出努力的。有些人會說，這就是你今年為了獲得成功必須多投入的地方。它可能代表一個你最近不論是個性上或職業上的弱項，或是在其他情況下，是一個你必須付出大過接受的人，你必須這麼做來完成某些默認的義務。如果我們只是認清必要須要在這個領域更投入自己，確實執行，就可能在實際上造成有建設性的影響。它是一個在這一年努力耕耘才能真正收穫的領域。

除了這些基本的定義，很多時候，置換牌指的是對你個人這一年的生活當中非常幸運的地方。它可能指的是你能在人生中做出重大改變，能讓你的特別心願實現的一年，以及其他有趣的人生週期。所以，別把置換牌當成壞消息。它通常代表你人生的轉折點，或注定是你整個人生中最重要的一年。置換牌和它們的特殊意涵將在第8章詳盡探討。

五十二天的行星週期與對應牌

在研究你的流年牌陣時，你可能會注意到在最上方下面的其他名稱，水星、金星、火星、木星、土星、天王星與海王星。這些標題代表你一年的七個行星週期，在每一個週期底下的牌，就是在每一個特定週期發揮作用的牌。大部分的週期都有兩張牌在表格中，但是海王

星週期通常只有一張牌。

現在你正在一年當中的其中一個行星週期。要找出你在哪一個週期，請查詢第385頁開始的行星週期日期表，然後找出有你出生月分的那頁。一旦你找到你的生日頁面，查詢左手邊的欄目，從左到右移動，你會看到七個日期，它們就是你行星週期的起始日期。這些日期適用於你人生中的每一年，而第一個週期是水星週期，永遠從你生日那天起算。這些週期每一個都是五十二天之久，而它們的名字就出現在欄目的上方。知道這些週期的日期就可以告訴你，在你每一年當中特定的牌何時會發揮作用。假使你不確定自己理解這一點，就仔細地閱讀下面的範例。

範例：

假設你的生日是7月17日，你是梅花J。你每年的水星週期從7月17日開始，在9月6日結束，也就是你的金星週期之前。接著再進一步，要是今天是1月24日，你又是梅花J的話，你正在哪個週期呢？對，既然1月24日落在木星週期後面，木星週期從12月20日開始，又在土星週期2月11日之前，我們就會曉得你正在木星週期。

現在讓我們假設你現在39歲。如果我們查詢梅花J的流年牌陣，然後找出39歲那一行，我們會看到那年的水星週期牌是黑桃9與紅心J，金星週期牌則是紅心3和方塊8。所以在這個例子中，黑桃9和紅心J會告訴你，從7月17日到9月7日，你的水星週期會發生什麼事，而紅心3和方塊8會在你的金星週期發揮作用，金星週期會從9月7日持續到10月29日為止。

練習：

1. 你現在在哪個行星週期呢？等你找到之後，哪一張牌代表你現在的週期呢？換句話說，如果你正在火星週期，哪兩張牌在你的火星週期？這兩張牌會在這個週期產生影響，它們會持續發揮作用直到下一個週期為止。

2. 每年聖誕節時，你在哪個週期？那國慶日呢？如果你答不出來，就回去看前面的範例，在你進行到下一步之前仔細閱讀。

我們還沒準備好去解讀牌，雖然我很確定你一定會想要跳頁，開始閱讀你的牌義解釋。對了，我們已經知道你在什麼週期，如果你回頭看，你會知道哪兩張牌（或是一張牌，也許你最近正好在海王星期）正在影響你。我相信你很想知道你的牌有何意義，儘管往前跳頁去查詢牌義段落很容易，我還是鼓勵你停在我們正在進行的步驟。在你嘗試解讀牌義前，需要先了解一些重要的課題，這樣你就會對這套不可思議的系統更為熟悉。

每個週期的直接牌與間接牌

如果你查詢流年牌陣表格，你會注意到大多數行星週期有兩張牌在底下。這兩張牌上面那張叫做直接牌，下面那張叫做間接牌。重要的是，要知道直接牌和間接牌由於位置不同，就有不同的意義。直接牌永遠都被當作最強的影響力跟指標，指的是在任何週期你將會發生什麼事情。特別是在你本命牌牌陣中的直接牌更是如此。這張牌代表你今年那個週期主要關注的一個事件、經驗或是一個人。我經常會把那張牌當作它所在週期的重點。

範例：

查詢我們在第27頁舉例的牌陣，我們看到方塊9在土星週期有一張黑桃3是直接牌。這張黑桃3在那段週期的影響力是最強烈的，如果你願意的話，可以把它當成那五十二天的重點。黑桃3可能代表一個本命牌是黑桃3的人在這段週期扮演的角色，或者它可能代表一種主觀的經驗，由黑桃3在土星週期的牌義來解釋。事實上，黑桃3可能同時兼具兩種意義。

間接牌是影響力比較輕微的，通常以某種方式輔助或擴大直接牌的含義。直接牌通常是某種經驗，而間接牌會是在那個經驗中涉及的人，也許是那個經驗的肇因，或是以某種重要的方式和它連結。在其他情況中，間接牌進一步解釋了直接牌提到的事件或是經驗。它們更像是冥王星牌與結果牌，要一併解釋，總是與對方密

切關連。因為直接牌比較重要，間接牌通常被當作是用某種方式擁護直接牌。把這些牌稱為直接牌與間接牌的理由，跟理解這套系統的許多面向有關，這些內容會涵蓋在進階書《探索七雷小書卷》（*Exploring the Little Book of the Seven Thunder*）當中。

注意：要是你查詢流年牌陣表，你會注意到海王星欄目只有一張直接牌，而沒有間接牌。在這個情況下，那張牌就是那個週期當中唯一的影響力，並且有著強大而一致的作用。

找出守護星牌與身分牌的流年牌陣

直到現在，我們只有處理到你本命牌的流年牌陣。如我先前所言，你的每一張身分牌和守護星牌也都有各自的牌陣。要是你在前一章聽從了我的建議，你至少會多找到一張個人指示牌，它大概就是你的守護星牌。

你可以完全以查找你本命牌的方式去查出這些流年牌陣。如果你是雙子座，就像運動員喬·蒙坦拿（Joe Montana，1956年6月11日生）一樣本命牌是方塊6，你會先找到守護星牌——黑桃4的流年牌陣。你第一個會先找到所有黑桃4的流年牌陣。一旦找到那一頁，你就按照解讀的年齡去查詢牌陣，並且以解讀本命牌牌陣的方式去解讀這個流年牌陣。其他個人指示牌的流年牌陣查詢的方法也跟本命牌相同。它們包括不同的牌，但卻是用相同的方式解讀。每一個牌陣的牌都代表會發生

的事情，對你來說可能非常重要。然而，我的研究顯示，本命牌的牌陣通常是最重要的，其次才是守護星牌的牌陣。

在下一章，我們會學到如何辨認不同的牌陣，以及如何解釋它們。現在，我想讓你做下面的練習：

練習：

在本書後面可以找到《撲克命牌·我的流年》的解讀工作表。影印下來，這樣你就可以用來寫下今年你所有流年牌陣中的牌了。

1. 在空白處內，寫下你的大名、生日、本命牌、守護星牌、身分牌……等等。
2. 寫下你現在的年齡在「年齡」一欄。
3. 然後，在空白處填上你流年牌陣的每一張牌。這代表你本命牌、守護星牌和每一張你決定使用的身分牌的流年牌陣。你會在第377頁找到一個填好的範例。如果你有任何問題可以參考一下這個範例。還有空間可以寫下四個流年牌陣，不過你可能會只寫下兩三個。把你的本命牌陣放在上面的表格，然後你的守護星牌陣與身分牌陣放在下面的表格。
4. 查詢你的守護星牌日期，並且寫在工作表上的「守護星週期起始日」空格。

當你完成這個練習，你就準備好做你第一次的完整解讀了。填完這個表格，方便你在開始下一章時使用。

4

流年解讀

　　恭喜你！你已經完成了流年解讀的前四個步驟。你已經學到技巧，去找出所有流年牌陣中的牌跟行星週期的日期。這是比較容易的部分，但也是首先必須學習的部分。只有寫下那些牌陣，你才能開始解讀。透過這一章，我們將會引用你牌陣中的牌和第11頁的範例牌陣。如果還是有你不明白之處，就回去參照範例。

　　我們將在本章討論幾件事情。首先，我會引導你做第一個你的牌陣解讀，並教你用建議的步驟為自己也為別人做解讀。下一步，我們會討論把牌的影響結合在一起，然後成對地解釋，因為在這套系統中大多數牌都是成雙出現，必須彼此參照來做解釋。最後，我們將會涵括一些其他關於解讀與牌義釋疑的重要考量因素，那會幫助你調整你的解讀。我將會分享我在職業上運用這套系統，以及教導上千名學生時的許多學習經驗。當你讀完本章，你會非常清楚解讀的技巧，而且完成你現在所做的流年解讀。

做解讀的八個步驟

　　所以，做解讀有哪些步驟呢？下面列出了綱要。你已經完成了第一步，但我要你列出來，這樣你就知道你在流程中的哪一段了。

已經完成的步驟（參見前一章）：

1. 確認解讀對象的本命牌、守護星牌與身分牌。

2. 確認解讀對象所有重要的親朋好友所屬的本命牌、守護星牌和身分牌（你已經完成了這部分，請參見第381頁的「親朋好友牌表」）。

3. 確定你要解讀的是哪一年，並且查找每一張個人指示牌的流年解讀牌陣，並填進工作表中。

4. 找出行星週期的起始日期，填寫在工作表中。

新的步驟：

5. 首先在流年牌陣中找出親朋好友的牌，找出解讀對象在來年的關係概況（這非常重要，所以我會在下一章全面討論）。

6. 解讀長期牌、冥王星牌、結果牌、環境牌和置換牌的意義，了解未來一年的整體情況。

7. 解讀流年牌陣中的直接牌，來獲取該年度七個不同週期的整體情況。

8. 在每個週期到來的時候，解讀相應的行星週期牌。

這就是全部了。當你完成了這八個步驟後，你將會對即將到來的一年有非常詳細的了解，以及一些在某方面非常具體的資料。由於許多張牌可能代表你還沒遇上的人，在這一年展開之前，是不可能知道一切的。況且，牌可能有很多層次的意涵，你可能不曉得那會是哪一層意義。你做的解讀愈多，你就會預測得更準。當我做解讀時，我更關注在年度影響牌上，而非嘗試去確定在每一個週期具體會發生什麼事情。我更擅長解讀行星週期，但那只是因為我在對牌義有更明確的感覺之前，我會對它們採取「觀望態度」。

現在讓我們完成這些還沒有詳盡完成的步驟，這樣你就可以充分了解該怎麼做了。

在流年牌陣找出親朋好友的牌

步驟五：首先在流年牌陣中找出親朋好友的牌，找出解讀對象在來年的關係概況。

找出你的流年牌陣，然後和你清單上親朋好友的牌陣比對，留意他們的本命牌、守護星牌和身分牌落在你牌陣的位置。知道他們牌的位置可以獲知你今年跟他們的關係會如何。你很可能有好幾個朋友有相同的身分

牌，有些甚至是有相同的本命牌。此時，落在你流年牌陣中的牌可能代表以上兩種的任一張，或是兩張都有。也有可能你認識的某個人所屬的牌，會出現在你該年度流年牌陣中好幾個不同的位置。

下一章會對解讀對象的親密關係有更多的深究。在你做第一次解讀前，有很多你需要了解的事情。除了你伴侶的牌，有代表你現在婚姻或有承諾的戀愛關係的牌，還有代表戀愛、三角戀、結婚、離婚以及地下戀情的牌。假使你準備好學習關於親密關係的一切，現在翻到下一章。要不然，圈出你流年牌陣當中，你認識的人所屬的牌，然後如我在範例牌陣做的那樣，在他們的牌旁邊用小字寫下他們的名字，這樣當你開始整合解讀時，你很快就知道它們的位置在哪裡了。

解釋年度影響牌

步驟六：解讀長期牌、冥王星牌、結果牌、環境牌和置換牌的意義，來了解未來一年的整體情況。

以上所有的牌是年度影響牌。意即，它們描述了一整年最重要的事情，而不像行星週期牌影響的僅僅是五十二天而已。然而，了解它們之間的差異很重要，因為每一種牌都有不同的用途跟含義。

長期牌

首先，解讀你的長期牌，好獲得這一年關於你的概況。當然，既然當中有一張是你選的身分牌，你的守護星牌和你的本命牌，你可能有四張之多的長期牌要考量進去。但希望你最多只選兩三張。查看你的每一張長期牌，把它們當作各自獨立但又很重要的年度影響牌。

長期牌是你這一年主要關注的某件事情或某個人。它可以是你一直都在思考的某事，一直必須處理的事情，或者是，某個在你人生中變得重要的某個人。長期牌不好也不壞，只是非常重要。

範例：

有個能說明長期牌中性特質的好例子，大概七年前左右發生在我身上，那時我有一張長期牌——方塊7。

這張牌可以代表財務上的問題或成功，但永遠指的是一個人關注著價值和金錢。那特別的一年，我在財務上到了極端低潮，唯有當我突破內在對金錢的想法後，我一夕之間立刻變得相當富裕。在這一點上，我開始發揮了方塊7「百萬富翁」的一面。當方塊7是長期牌時，不是意謂著你將會變得有錢或貧困，只是代表你對豐盛的價值觀和內在狀態會受到考驗。假若你通過考驗，就能獲得巨大的豐盛。記住，不論你的長期牌為何，它永遠都在那一年對我們有很強烈的影響。

冥王星牌與結果牌

記住，冥王星牌與結果牌是指——你今年想要努力達成的某件事。通常這些力量會隱藏在另一個人身上，不然就是有某個人會提醒你，你今年正在努力實踐的目標。這種情況下，通常不是冥王星牌，就是結果牌會對應你認識的某個人。在長期牌中，每一張冥王星牌和結果牌會代表你今年一直在努力，但又是不同的重要領域。請把每一張冥王星牌與結果牌視為你在努力的不同區塊。對每一個牌陣來說，有很多種的解釋。讓我們來瞧瞧一個範例，這樣我們就可以深入地仔細衡量合適的詮釋方式。

範例：

在第7章第一個解讀範例中，一位女士有冥王星牌是黑桃3，結果牌是黑桃A的組合。兩張都是黑桃，事實上這凸顯了一個強烈的可能，對她而言，不是健康就是工作方面，會成為這一年主要的課題。黑桃3這種挑戰的影響力，指向一種在這些領域或自己的一部分，有著巨大的不確定性，以這樣的方式展現在其人生的龐大壓力。結果牌黑桃A，告訴我們無論是什麼具體的挑戰性影響，這一年的問題，結果會近乎完全在這個人身上得到根本的轉化。任何擁有這股強大的影響組合的人，肯定會在年初到年中時面臨挑戰的時刻。黑桃是最強大的花色，影響我們最深。冥王星牌黑桃3使我們感覺簡直被撕成兩半。任何有力量的黑桃A處於年度影響牌的位置，可能會需要讓生活模式澈底地改變。我們就是不能小覷這張牌的力量或重要性。它經常發生在脫離正軌

的人的生活中，而且需要一股幫助的推力將之推回正確的方向。

這些牌可能傳遞的另一個訊息是，我們必須從注意力分散與能量渙散的情況下（黑桃3），轉到專注在統一的方向上（黑桃A）。

冥王星牌和結果牌代表我們在年初時覺得自己未能擁有的東西。

冥王星——死亡與轉化之神

冥王星被許多占星家視為所有行星中最強大的。它在地球上第一次原子彈試爆時被發現。冥王星通常代表一種無情、具有破壞性的力量，為了新的開展，將所有殘骸破瓦一掃而空。冥王星是統治天蠍座的行星，所以，有許多人發現，天蠍座的人通常殘酷無情。每一年的冥王星牌，會帶給我們自我轉化或是個人改變的機會。有些個性的人可以在別人抗拒改變時，輕易適應新環境。無論我們是否承認冥王星牌暗示的改變，或是將它視為個人的挑戰，且無論我們是否認為它是某種外來的力量，試著摧毀我們，改變都必然會發生。

這套系統其中一個美妙之處，是知道當前的時期可能會有何改變，我們能有意識地去選擇正面的態度去對待它。這麼做會使我們免於陷入非常痛苦的情境。我們的觀點比發生在周遭的事情更能為我們帶來幸福。死亡會發生在我們所有人身上，也會在我們人生過程中發生許多次。我們的冥王星牌告訴我們，我們每年至少會有一次「小死亡」，但在這個情況下，我們可以把這次小死亡轉變成成功的契機。這些每年的小死亡就像一層層台階。每一步都會把我們帶到更高一點的位置，對我們生活和居住的這個美麗宇宙，能見之甚廣，知之甚詳。對於冥王星，我們應該對它清除老舊腐朽抱持感激，如此我們可以煥發新生與活力，開啟新的循環。

環境牌跟置換牌

在閱讀下一段之前，需要知道一條重要的訊息。在整副牌當中，有七張牌沒有環境牌和置換牌。解釋原因為何已經超出本書的範疇，但必須先熟稔這七張牌，因

為它們占了這套系統含大部分的例外。這些牌共同叫做「神祕家族七」，包含三張固定牌（梅花8、紅心J和黑桃K），以及四張半固定牌（梅花A、紅心2、方塊7和紅心9），閱讀《撲克命牌・我的愛情》，可以獲得對這些牌的全面探討，了解它們獨特之處。

環境牌是每年最重要的祝福之牌。無論它是代表你認識的某個人，或某種你輕易能獲取的地位，它在一整年會扮演一股具有保護性且有利的影響。在某種情況下，它帶來的幫助會相當戲劇化。無論如何，記住這張牌並在我們生活中有意識地利用這股影響力，我們永遠都能從中獲益。例如，如果你剛好有張方塊4是今年的環境牌，可以確定無論在你流年牌陣中找到什麼其他的牌，你的財務狀況一整年都會非常安穩。

範例：

如果一個男人在本命牌的流年牌陣有張梅花3是環境牌，這張牌在該年度賦予他一種特別的創造天賦，能在財務或其他方面帶來許多回報。梅花3經常被稱為「作家牌」。如果這個人從事任何創意寫作的計畫，他會發現在這些領域能輕易成功。他甚至可以贏得寫歌或是其他比賽。要是他跟任何特殊的創意專業無關，他還是能從對他人演說，以及以口語或寫作表達自己來獲利。他也有能力去勝任兩種以上的工作，尤其是某種程度上與溝通有關的工作。

如果同一個人在他的守護星牌陣中，有張紅心10是環境牌，它會在涉及公眾或群體的事務上，帶來許多愉悅且令人高興的經驗。如果他參加或是主持任何大型集會，都會非常成功。要是他決定去為自己的事業或服務打廣告，也會在這張社交成功牌的影響下獲得成功。把這張牌和梅花3的效益結合在一起，若他是一位文學家或音樂家，我們都能看到巨大的成功潛力。雖然我們實際上並沒有把這些牌結合在一起，並且創造一個綜合性的解釋，這兩張分別都會促成在該領域的成功。

誰欠誰？
環境牌與置換牌

了解環境牌與置換牌最好的方式是用以下的類推。

想像你有一個家，但不管出於何種原因，你決定每一年都搬到不同的地方。當你離開時，你把房子租給其他也是每年搬遷的人。無論你搬到哪裡，你都得付租金，無論誰在你不在的時候住進你家，都得付租金給你。置換牌就是你每年四處旅行住的房子的屋主，那就是你要付租金的牌。環境牌則是每年住在你家要付租金給你的人。在你出生的那年，還有45歲和90歲時，你會再次回到出生地，不需要收租金，也不需要付租金。但其他每一年，你會住在其他牌的地方，於是就有了這種交換。如果你有研讀這套系統的進階資料，你會完全明白這個概念。

置換牌

儘管你尚未完全理解，置換牌是該年度最有力量的牌之一。在某些情況下，它是一個指標，代表該年度將有改變人生的事件。在第8章，我們會繼續討論特別強大的置換牌及其意義。現在，我們繼續討論置換牌一般性的意義，並且以一些範例來做說明。置換牌一般的意義是和環境牌相反的。環境牌代表我們輕易獲取的東西，置換牌則代表需要努力跟掙扎才能得到的東西。通常我們必須特別在該領域付出，不然那張牌所指的東西會耗盡我們的能量和資源。它就像其他牌一樣，可能是我們認識的某人，會要求我們用各種形式償還他們。

到目前為止，我們對年度影響牌的討論結束了。現在我們會討論在各個週期的牌可能如何編派它們對整年度的影響。仔細閱讀這一段，因為有些例外要注意，而且特殊情況也能改變它們的意義。

本命牌陣中具有年度影響的直接牌

步驟七：解讀流年牌陣中的直接牌，來獲取該年度七個不同週期的整體情況。

從本命牌陣行星週期的直接牌中，我們通常能獲得一些額外的年度影響趨勢。每一個年度週期都掌管一個特定生活範疇。在這些週期的直接牌經常代表籠統的情況，指出在今年探討的那些部分會如何發展。這些年度行星統治者，我們可以稱之為總體指標。通常其他在流

年牌陣中的牌會指出其他部分。例如，雖然你在金星週期有一張美妙的牌，像是紅心8或紅心2，而稍後有一張困難的牌出現在今年，比如紅心7出現在土星週期，這就告訴你，親密關係在這一年開頭會發展得很好，但在土星週期，情況會截然不同。另外一件事情就是，可能澈底翻轉這些通用指示牌意義的，會是年度影響牌，比如冥王星牌或置換牌。所以，當我們使用這些通用指示牌時，也要在做出任何結論前先找出相反的牌。

水星週期的直接牌告訴我們，你今年的思考與心智狀態。它也詳述了你的溝通情況會如何。在我們第一個方塊9的範例牌陣，在31歲時，有一張黑桃7是水星週期的直接牌。這就告訴我們，他或她這一年在心智上將面臨許多挑戰，並且必須努力發展對溝通的正向態度。這也可以指向一種對形上學的興趣。

金星週期的直接牌告訴我們，會降臨到你家、家庭和所愛的人們身上的事物，以及你的浪漫愛情這一年會發生什麼。也能告訴我們這一年，你和女性的人際關係如何。在我們同一個範例中，有張方塊K是金星週期的直接牌。這表示在家庭事務中有財務的力量，也許是經營家中生意。這張牌還告訴我們，這個人在今年會更覺得有錢人有吸引力。

火星週期的直接牌告訴我們，你今年的攻擊性能量會如何實現，法律事務的結果，以及你和男性的關係大致如何。在我們的範例中，火星週期的直接牌紅心Q告訴我們，今年和男性關係良好。這是一張結婚牌，所以可以表示一個非常具有侵略性或是激情的婚姻。

木星週期的直接牌告訴我們這一年的生意狀況，或是關於如何讓你的事業做到最好的重要訊息。它也是今年帶給我們最多祝福的牌。在我們的範例中有張黑桃J，這告訴我們，這個人可以在創意的領域賺到更多錢，甚至是當一位演員。這也告訴我們，從今年的靈性啟蒙中會得到許多益處。

土星週期的直接牌告訴我們，在哪裡會是最大的困難，以及我們的健康狀態。梅花3在我們的範例中，是指肉體的壓力成了今年最主要的挑戰，至少在健康方面是這樣。

天王星週期的直接牌告訴我們，今年在哪方面有出乎預料的變化，以及友誼和社交的狀態，和工作夥伴及房地產事務。在範例中的紅心3告訴我們，這個人在今年的友情有些不確定性。

海王星週期的直接牌一直被稱為這一年的「希望與恐懼」。它經常告訴我，我們正在夢想的，或是暗中想要的是什麼。有時它也代表國外的狀態或是遠方的事務，在個人或工作方面皆然。它也可能是我們潛意識的內容。在例子中，方塊7告訴我們，這個人的潛意識有些對金錢的擔憂，今年也有一些與海外獲利有關的財務挑戰。還有另一個例子，是有位朋友告訴我的，他有張方塊8在海王星週期，他從海外旅途返歸後，在這個週期內跟外國的人做了一筆鉅額買賣。

解讀每個週期的直接牌與間接牌

步驟八：在每個週期到來的時候，解讀相應的行星週期牌。

直到你運用這套系統一陣子為止，精準預測每一個週期會很困難，除非該週期到來。有這麼多張牌是你還不認識的人，又有這麼多你現在還不知道的事情會在這一年的過程中發展，那會使你的諸多預測失準。不過，當每個週期降臨，你會知道牌的意思，因為你知道什麼正在你的生活中發生，而且誰又跟你的生活有關連。建議你用步驟七為這一年的牌陣做快速掃描，然後等到每個週期前的十五到三十天，仔細看看將要出現的牌。

在大部分週期，會有兩張牌。這兩張牌總要當作成對來解讀，這是非常重要的。換句話說，你必須把它們的影響力結合在一起，得出兩張牌的綜合解釋。它們互相支持、互為說明。通常，我們會看上面那張牌或是直接牌，把它當作這段週期的重點，間接牌則提供故事的細節。要是任何一張牌是你認識的人，它可能代表他們會在那段週期在你的生活中採取某些行動，另一張牌可以描述他們要做什麼，或是他們做的事情在其間如何影響你。

結合兩張牌的意義是學習牌最具挑戰性的一面，所以我會給你一些範例來研究。仔細地閱讀以下資料，然後看看我如何將兩張獨立的牌結合在一起。在第7章還

有更多例子，你應該都研究研究。

範例：

繼續我們的第一個範例牌陣，在土星那一欄的直接牌黑桃3，下面是方塊5。為了展示這兩張牌如何連結，我們可以查詢牌義。首先翻到「牌義說明」部分，向下找到「土星週期的黑桃3」的那一段，看它說的是什麼。黑桃3在土星的影響可能代表工作或健康上的優柔寡斷，或是擔憂、壓力和焦慮的狀態。查詢「土星週期的方塊5」，我們看到方塊5在土星週期下的影響代表與健康不佳有關的金錢損失，或是某人生意上、財務上的困難改變。把這兩個說明放在一起，要記住，直接牌的影響最強，而我們可以為這一個人預測出一個非常難受跟困窘的週期，他的健康干擾到工作，也會在嘗試改善健康時，致使耗損金錢。這可能是長期的疾病，並且引起更多關於工作、金錢和健康的擔憂和焦慮。

有時候，間接牌和直接牌的牌義相反。在許多這樣的例子裡，間接牌會抵銷直接牌的影響。我們以同時期的直接牌黑桃5和間接牌黑桃6為例。這意謂著一趟計畫好的旅行或搬遷（黑桃5），但是延後或取消了（黑桃6）。另一個例子是，有張黑桃9是土星週期的直接牌，而黑桃8是底下的間接牌。在這個例子中會有某些健康的問題，被黑桃8的痊癒力量克服或解決了。它可能不會完全消除黑桃9的影響力，但肯定會削弱它，而且帶來康復的良機。每當你有張被認定的「壞牌」，像是7或9，你也會有一張很棒的好牌（4、8）出現在任何週期，好牌將會減輕壞牌的影響。壞牌會指出一些浮現的問題，而好牌會保證能夠成功解決那個問題。

一旦你讀過，並且查詢過本命牌的流年牌陣當中的牌，繼續用守護星牌和你已經決定拿去用的身分牌，做同樣的解讀。在第7章，我會向你示範如何辨別不同牌陣，以及如何將不同的長期牌和其他牌意涵結合在一起，對未來一年做出精確的描述。

現在你已經學會了這套系統的「技巧」。你知道如何找出一個人的本命牌跟身分牌，如何查出他們的流年牌陣，如何找到他們的行星週期，以及如何查詢流年牌陣中每一張牌各自的意義。你正在了解《撲克命牌‧我的流年》的系統。還有許多細節跟需要考慮的事情，會幫助你獲得更多資訊，以及提升你的解讀品質。從下一章開始，我會教你所需要知道的一切，來獲得所有重要關係的資訊。

5

親密關係解讀

結婚、離婚、戀愛事件、地下戀情與三角戀。這些親密關係也有每一種對應的牌代表。不僅如此，你認識的人的個人指示牌，也能告訴你，未來一年你會和每個人相處的如何。既然你認識的每個人都有自己的本命牌，而通常也會有守護星牌及一些個人身分牌。你經常會發現它們出現在你的每週牌陣或是流年牌陣，或發現你的牌出現在他們的每週牌陣或流年牌陣。本章將告訴你一張牌出現在不同位置的意義，這個資料也很容易記下來，所以你就不用再查了。這裡還提供了一個速查表，這樣你就可以一眼看到解釋。

關鍵是你真正了解在你人生中的重要人物會在未來一年扮演什麼角色，只需要知道他們的牌在你牌陣的位置。是長期牌？還是水星週期的牌？是在土星週期找到的，還是在金星週期？首先仔細端詳你的牌陣，找出你認識的人的牌在哪裡。要確定他們的守護星牌和身分牌，以及本命牌。在你已經為這一年選定的流年牌陣中查找。一旦你知道它們在哪裡，你可以使用以下資訊去解讀它們對你的意涵。

牌出現在牌陣的哪個位置？

每個在你今年的流年牌陣都有自己獨特的意義。例如，本命牌陣是最重要的，那裡的牌可能跟你人生的任何部分有關。與身分牌陣相比，它就可能沒那麼重要，而且對應的牌只會與你今年扮演的特定角色相關。這些區別也適用在親密關係領域。假如你在你

的本命牌陣下看到某人的牌，你知道他們會在行星週期、在你人生中扮演重要的角色，特別是他們的牌剛好是那個週期的直接牌時。你認識的某人有一張個人指示牌，落在你的本命牌流年牌陣，會比落在你的身分牌陣更為重要。在你守護星牌流年牌陣中找出別人的牌，和在本命牌陣中找出別人的牌是一樣的。守護星牌在許多方面是跟本命牌相同的。你認識的某人在那裡有一張個人指示牌，也會影響到你生活特定相關的領域。例如，假設你是老闆，在你國王牌陣中找到別人的牌，就比較像是跟你的事業相關。一個女人在她的皇后牌陣中發現一張男人的牌，通常意謂著他和她的關係是情人，或是她連結的角色是妻子或母親。

在解釋你的牌陣中的牌義時，要一直注意你找到的牌有可能是尚未相遇的人、某個在你人生中初來乍到的人。除非那段週期降臨，你絕不能下最後的定論。

是直接牌還是間接牌？

記住，直接牌有最強的影響力。當某人的牌是那段週期的直接牌，他們絕對會扮演一個要角。在下面的間接牌會告訴你，關於他們在你人生中角色的事情。如果他們的牌是以間接牌的形式出現，它們某種程度上對直接牌呈現的經驗有所貢獻。但是，無論如何，它們會以同樣的方式影響你。例如，在金星週期找到任何人的牌，無論那是直接牌還是間接牌，都會在你的生活中成為一股友善的影響。然而，如果他們的牌是直接牌，在這段週期它所扮演的角色會比作為間接牌來得更重要。

牌在牌陣中位置的意義

他們的牌在你牌陣中的確切位置會告訴你許多重要的事：

1. 它會告訴你，他們在這段時間週期和你如何相關，他們的牌會落在你的牌陣裡，他們將如何出現在你身邊。他們會是友善的，還是帶著敵意？他們會是戀愛對象，還是生意夥伴？從你的觀點，他們如何跟你連

結，要看他們的牌所在位置，無論是在行星週期，或是當作長期牌、冥王星牌，或冥王星結果牌。在本章，你會找到每一個可能位置的段落，以及對你的意義。當你知道某人的牌落在哪個位置，就閱讀底下的標題，去弄清楚他們如何在這段週期或是那一年影響你。

記住，那會從你的觀點告訴你，這段關係會像是怎樣的，而不是別人的觀點。去找出他們如何經驗和你有關的事情，你得去看看他們的流年牌陣，並找出你的牌在哪裡。

2. 這個位置會告訴你，他們何時會在你的生活中扮演一個直接的角色。每一個行星週期有五十二天的時間，在這段期間，這個人會是你某個活動或是經驗中的一部分。他們的牌落入的週期就是他們扮演直接角色的地方，也是你最注意他們的時期。

3. 這個位置也會告訴你，他們在這一整年中會影響到你的哪個人生領域。如我們在上一章的討論，每個週期都會對你生活的某方面產生一整年的影響。例如，火星集中在處理男性與法律事務，木星關注在金錢和商務，而金星則是愛情等等。查詢前一章和第7章可以獲知每一個週期掌管你生活的哪些面向。舉個例子，若是你認識的某人的牌在你的金星週期，你可以假設他們會以某種方式影響你的心或是你的家庭，因為在這套系統是由金星掌管這些領域的。在某些程度上，這個影響能夠持續到一整年，然後在他們的牌出現的時期，影響會更為顯著。

最後，它們的位置會以更具體的方式告訴你，它們會如何影響你的一整年。雖然它們在你的人生週期或是牌落在的週期都扮演直接的角色，他們在行星週期的位置，也會對這一年有長期的影響。例如，某個在你火星週期出現的人，不是讓你一整年充滿激情的對象，就是你會一整年爭鬥不休的對象。

在一年之內，親密關係有可能會改變，而你的牌會顯示這種改變。在一年內，同一個人也可能會在你生活中扮演多重角色。他們可能是情人（金星週期位置），與生意夥伴（木星週期位置）。他們可能是一種不確定

的資源（天王星週期位置），以及某個你可以輕鬆溝通的人（水星週期位置）。

有個小小的提醒——萬一某個對你來說重要的人沒有出現在你的流年牌陣中。通常，我會看到已經結婚的人或是正在一段親密關係中的人，不會在他們的流年牌陣中找到伴侶或配偶的牌；這不表示他們不在那裡。通常是指這段關係會持續下去，而沒有什麼重大的變化，這是個好兆頭。

在你研究完下一段關於牌的位置對你的影響，你會開始了解行星的細微影響，與占星學家類似。不久之後，你就不必再閱讀這些解釋，來了解親密關係在未來一年將會如何。但是現在，要仔細地研究，努力了解這些行星影響的本質。

他們的牌是你的長期牌

當某人的本命牌、守護星牌或是身分牌是你的長期牌，不管是這一年或是這一週的牌，都意謂著他們會在這一年或那一週的生活扮演重要的角色。他們對你來說會是主要的焦點。要麼你會經常想起他們，要麼就是常見到他們，或是常和他們一起做事。這個位置不是告訴你，他們會挑戰你或是愛你、還是其他的事情，而是代表其重要性，是你關注的主要焦點。假若他們的牌在某處，這張牌可能透露出關於他們涉入你生活的更多細節。

他們的牌是你的冥王星週期牌

當某人的本命牌、守護星牌或是身分牌顯示為你的冥王星牌，你可以確定他們會以某種方式在這一年為你帶來改變。他們可能不是有意為之，但你可能會在某方面感覺他們挑戰了你。通常，某人作為你的冥王星牌，對你來說是困難的來源。這個困難可能有諸多原因，而你的結果牌會幫助你進一步釐清，它們在這一年對你的轉化是怎樣的部分。如果更進一步去觀察你與這個人的關聯，你可能會意識到他們身上有著你想要掌握的某個東西。要麼是他們有你要的東西，不然就是他們會帶出

一個你想要克服的弱點。如果你把這個人當作是你個人挑戰的一面鏡子，你將能從這段關係獲得最大的利益。他們正以某種方式來提醒你某件你個人想要實現的事。

他們的牌是你的結果牌

如果某人的本命牌、守護星牌或是身分牌，是你今年的結果牌，他們很可能是你想要以某種方式從他們身上有所得的人——我經常看到有人和他們的結果牌結婚——那可能是在這一年結束時最後跟你在一起的人。新生兒也可能是結果牌。

結果牌和冥王星牌息息相關，在這裡出現的人，也會在你這一年生活中的重大改變占有一席之地。他們可能對你來說，會以許多方式成為你的麻煩根源。不是他們的行為，就是他們擁有什麼、做了什麼，讓你覺得受到挑戰。可能是他們身上的某個東西是你想要擁有的，不然，就是他們的能力或他們做的某事，提醒了你，你希望自己也有什麼。作為結果牌，它非常可能是你實踐了自己渴望的事情。把這個人當作嚮導，找出你想要擁有的某種特質，然後努力追求。這樣，你就能充分利用這段關係。

他們的牌是你的環境牌

當某人的本命牌或是別人的指示牌作為你的環境牌，你可以確信他們在你這一年的生活中將產生有利的影響。我注意到在環境牌位置的人會幫助你在財務上、情緒上或任何能想像的各方面有所助益。但是這股影響永遠都是正向的，而你會將它視為人生中的祝福。僅僅是對你接收到的祝福表達感謝，就能擴大來自環境牌這個人的祝福。這個「小訣竅」鮮為人知，但它能產生強大的結果。

他們的牌是你的置換牌

某人是你的置換牌，意謂著你必須幫助他們，就像你的環境牌在任何一年會幫助你一樣。你可能意識到置

換牌是種累贅，但通常你會認清，你必須要給予他們，事情才能了結。把你的置換牌對應者當作是那些你必須在今年償還的人。有趣的是，我們的配偶或情人有時會是置換牌。例如，我見過一位女士，她先生是她特定一年的置換牌。這個女人想要離開她先生，因為這段關係已經結束了。但因為置換牌的影響，她留下來和他又度過了一年，基本上滿足了那段時間他的所有要求。

在查詢親密關係時，確認你的個人指示牌是否在與你相關的人之流年牌陣中，作為環境牌或置換牌，也很重要。這個資料能有助於解釋他們的行為，以及你在那一年和他們連結的方式。

他們的牌在你的水星週期

當某人的本命牌、守護星牌或身分牌出現在你的水星週期，這一年你會得到一份跟他們溝通的禮物。水星的連結基本是正向的。你們兩個可能有很好的精神連結。你們可能有很多共通點，還有許多話題可聊。這項溝通能力對象若是婚姻或戀愛這樣的親密關係就非常好，因為溝通對長期的成功是重要的條件。如果你在水星週期位置的人對你來說，不是情人或婚姻伴侶，那麼你們至少會是好朋友，並且有某種共通話題可聊。這裡也要提醒你。在你的水星週期新認識的人可能不算是長期承諾的關係。新的水星關係經常是短暫戀情，愉快而甜蜜，但是來得快、去得也快。

我也見過幾次，當一個人是另一個人的水星週期牌時，他們當時卻沒有交集。有一次，我有位客人的父親是她的水星週期牌。她告訴我，他們一直都不說話，在過去五年的關係中對彼此都很惱火。我提醒她，水星的連結出現了，但她必須要把握良機。後來，她真的打電話給父親，突破兩人的關係冰點。因此，當你看到水星的連結，就應該善加利用。

他們的牌在你的金星週期

你在金星週期或位置找到的任何人，是某個你愛的人或是很喜歡的人。這個範圍可從知心好友或親戚，或

是到你願意共度餘生的人。你在這邊找到的人會是在今年對你友善又有助益的，並且也可能在財務上提供幫助。金星是愛情的行星，是金牛座（地球之愛、禮物、實物）和天秤座（婚姻與關係）的守護者。有了金星的加持，這可能是在許多方面都很特殊的人。金星人通常是你家的某人。在這段期間的婚姻被當作受到上天的祝福，而任何戀愛關係也是非常令人滿足的。但要記住，雖然你愛的人出現在這個位置，並不保證這種感覺完全是互相的。再一次地，你必須去看看他們的牌陣獲得資訊。重點是你可能會跟任何出現在你的金星週期的人相處融洽。

他們的牌在你的火星週期

火星週期的關係可以用幾種方式表現，大部分都是比較戲劇化而刺激的。既然火星掌管了我們本性中的侵略性跟性慾一面，我們會在火星主掌的關係中找到一兩項這些元素在運作。你在這個位置找到的人不是使你充滿激情的源頭，就是激發你競爭性或是侵略性的能量來源。不做愛，就作戰。火星關係似乎沒有中性地帶，除非他們是你的律師或健身教練。對女性來說，一位在火星週期的男人可能是情人或丈夫。對一個女人來說，被一個出現在她們火星週期的人吸引，是個好兆頭。在她們火星週期出現的其他女人，總是會讓她們感到憤怒、嫉妒跟敵意。對男人來說，他們會在這個位置找到渴望的女人，而其他在這裡的男性則和他們是競爭關係，要不就是難以相處。

引導火星能量最好的方式就是一起工作。對工作關係來說，火星的連結會非常棒。它會刺激你們兩個更有產能。但重要的是你們的工作目標要一致。如果你們處於競爭中，這股良好的影響可能會浪擲在超越彼此上。

他們的牌在你的木星週期

在任何一年的木星人會給你很大的支持，財務上與靈性上皆然。在這裡找到某人的牌，會被當作一個很好的位置。木星人豪爽直率，並且絕大多數擁有「豐盛

名稱	關鍵字——說明
水星	良好的溝通，喜歡交談，分享想法。
金星	愛情，或是知心好友、家庭或情人關係。
火星	敵對和競爭／憤怒或激情。
木星	靈性上和財務上／物質上的利益。
土星	約束、負擔、挑戰，課題、疾病、業力、有利於事業。
天王星	靈性上的、需要自由，讓你覺得不確定而不執著的友情。
海王星	對別人或情境投射你的幻想、幻覺、自欺或是祕密欺騙，在深層意義上可能是靈性的。
長期牌	你一整年關注的重要焦點。本身既不好也不壞。
冥王星牌	代表你想要完成或學習去處理的，有挑戰性！要一起參看結果牌。
結果牌	與冥王星牌同，但你也可能會在某種程度上以這個人作為一年的結尾。必須和冥王星牌一起解讀。
環境牌	這個人對一整年來有幫助又有保護性的影響——你生活中的祝福。
置換牌	這個人是某個你必須一整年給予的人，他們通常被看成一個累贅或是你必須償還他們某種債務。

意識」，至少他們對你的態度是如此。他們正向的態度是一股膨脹的影響力，影響你的決定，可能會反過來幫助你去拓展財務或生意往來。他們甚至可能會給你錢，或以其他直接的方式幫助你的生意。和木星人做生意總被證實有利可圖，除非在同時期有其他牌造成相反的影響。要善用他們的影響，準備好突破你為自己設下的限制，特別是跟你生意有關的事情。在木星週期的愛情關係或是婚姻，在許多方面會被當作是受到祝福的。

他們的牌在你的土星週期

當你發現某人的本命牌、守護星牌或是身分牌出現在你的土星週期，就是提醒你，對你而言，在許多方面這會是一個有挑戰性的關係。土星是偉大的老師，而他通常透過展現我們自己需要改進的部分來教我們。他通常帶來一定程度的痛苦或艱辛的局面，這樣在你的土星週期的人在某方面上會成為你的負擔或限制。他們可能不是有意為之，但某種程度來說，與他們往來會使你覺得受到約束或是有負擔。通常，你們之間存在著一種困難或是生理疾病的成分。你們當中可能有一個人生病了，而另一個人則是療癒者。火星週期底下經常能找到家庭醫生的牌。有時候在火星週期，我們會找到在某方面是權威的老師。因為土星統轄占星學中的第十宮——事業與社會抱負之宮，土星主導的關係可能會直接影響你的聲望跟職涯發展。

土星型的關係最大的恩賜是學習。土星人是卓越的老師。如果你想要精進學習，強烈建議你選擇一段土星型的關係。你可能會學到紀律跟勤奮不懈，這也許不會讓你心存感激，但之後自當獲益。土星也和「業力」有關，所以我們在這裡找到命定的關係，它的緣起是因為必須償還過去創造的債務，也許是在前世。雖然你可能因這段關係感到負擔跟制約，你也會感覺到你必須忍受這段關係一陣子，直到償清業債或是圓滿，或是直到你學會並掌握了身邊的課題。有了適當的態度，一段土星型關係會帶給你成熟與力量的全新層次。

他們的牌是你的天王星牌

天王星有幾個獨特的性質，你將會發現在這個週期出現的人會反映出該特質。首先，天王星人是你的朋友。我有幾個一輩子的好友是我的天王星牌。其次在天王星型的關係必須有很多的自由，你們都不能對彼此抱持沉重的期待；這就是為何天王星型關係也是一個讓你在某種程度上感到不確定的人。他們身上有種無法預期

改變的成分。你在這裡找到的人可能是會讓你覺得有點不自在跟不穩定。你就是不曉得他們下一步會做什麼。他們可能非常獨立而叛逆，不計一切代價要求自由，而他們可能已經進入你的生活，並且用某種方式打亂你的穩定。

天王星的本質就是，你無法控制、改變或是把持這些人。他們為你生活帶來的變化可能是那些早就該改變的部分。要是你可以放下你過去的框架，你可能會在你的意識中找到一個新的視角，使你在心靈上煥然一新。你可能會發現，愛一個人卻不試圖改變他們是多麼愉快的事。這就叫做無條件的愛，在天王星型的關係中，是真正可行的。

天王星型的關係也可能是在某方面非比尋常，像是雙性戀或是同性戀關係，或者它可能具有某種差異。在這些人身上可以發現一種突出的個性或是出人意外的特質，能帶入你們的關係之中。天王星型的關係可能會與某種人道服務、房地產買賣、靈性發展或是一些大型組織的服務有共通的連結。這顆令人振奮的行星也統轄了具有前瞻性或是高科技的心智行業，比如電視機或電腦。

他們的牌在你的海王星週期

與海王星相關的有：水上旅行、國外旅遊、毒品、酒精、欺騙、隱藏的事物、夢想和幻覺。在你的海王星型關係中找出一項或更多這些元素。可能是你在休假或是某種旅行中遇到的這一個人。我們在這裡會找到你用玫瑰色眼鏡去看待的那些人，你選擇用自己想看到的方式來看待他們，而不是看到他們的本來面目。也許他們似乎是對你祈禱或夢想的回應但他們很可能會欺騙你。儘管海王星型的關係有時可能是夢想成真，在大多數情況裡，則充滿了幻象和欺騙。海王星型的關係可能是牽涉到酒精、沉溺毒癮或是互相依賴的關係。你要不就是嘗試拯救別人，要不就是想被他們拯救。

要小心別被這個戀愛對象或是生意夥伴欺騙，也要注意你可能是自欺欺人。如果你在這個位置找到的人看起來好得不可思議，那就可能是這種情況。就算是非常

浪漫跟感覺良好的相遇，建議你，直到海王星週期結束為止，還是別對在這個位置找到的人做出重大的決定。那麼，你對他們可能會更為客觀，更恰當地衡量他們在你人生中的價值。

下一頁的圖表會讓你快速參照所有的關係。只消查看別人落在你的牌陣哪裡，並且閱讀以下的說明即可。

結婚、離婚與戀愛的指示牌

在特定位置的牌會對結婚與離婚有強烈的影響。這些牌的出現並非保證你絕對會結婚或離婚，但這股影響確實有力地支持這些經驗。我發現大部分我認識的人會在結婚牌的影響下結婚或訂婚。不過，結婚牌頻繁地在一個人的人生中出現，但這個人顯然不會每一次都結婚。即便如此，結婚牌的出現確實表示你當下的關係進展得比平常好。愛情的影響很強烈。

傳統的結婚牌

紅心4是兩張結婚牌之一。紅心3代表一個人生活中的戀愛基礎，以及婚姻中的保護。若你希望能白頭偕老，在紅心4的日子是最好的。它表示在家庭與婚姻、以及其他親密關係當中的幸福。紅心4也代表在人生中獲得滿滿的愛以及對愛感到滿足。在這期間的婚姻會被當作吉祥且豐碩的，特別是你將婚姻視為家與家庭存在的基礎更是如此。當紅心4落在金星週期成為直接牌時，對婚姻的影響最強，因為金星週期也統轄了婚姻跟家庭。次強的位置是紅心4落在金星週期作間接牌時。紅心4在你流年中作為長期牌、結果牌時，也是一個強烈的結婚指標。

紅心Q是另一張結婚牌，是強烈的結婚信號。紅心Q是妻子與母親之牌，是愛的僕人跟家庭的創造者。紅心Q就如同紅心4般，作為直接牌出現在金星週期是最強烈的影響，其次是在金星週期作為間接牌，然後是長期牌或是結果牌。

儘管以上的例子是結婚最強烈的信號，我注意到有許多人會在紅心4或紅心Q在其他週期時結婚。紅

有強烈結婚影響的歲數（從12歲到90歲）

（紅心4或紅心Q出現在金星週期、長期牌或結果牌）

牌	年分（代表歲數）	牌	年分（代表歲數）
A♥	19, 23, 24, 25, 41, 51, 54, 64, 68, 69, 70, 86	A♦	16, 19, 32, 40, 42, 49, 51, 64, 77, 87
2♥	46, 48, 70, 72, 83, 85, 88, 89, 90	2♦	21, 23, 26, 32, 37, 46, 66, 68, 71, 77, 83
3♥	15, 21, 24, 25, 30, 44, 54, 60, 62, 66, 70, 89	3♦	12, 29, 31, 41, 49, 74, 82
4♥	23	4♦	16, 18, 20, 26, 37, 48, 61, 63, 65, 71, 81, 82
5♥	33, 38, 39, 43, 45, 47, 50, 51, 66, 78, 83, 84, 87	5♦	18, 35, 36, 37, 39, 50, 63, 72, 80, 82, 84
6♥	33, 36, 46, 74, 78, 81	6♦	14, 25, 34, 53, 54, 57, 64, 70, 79
7♥	14, 17, 24, 27, 30, 34, 35, 41, 43, 45, 55, 59, 79, 80, 86, 88, 90	7♦	27, 29, 32, 34, 39, 41, 57, 59, 80, 82
8♥	14, 17, 28, 46, 48, 53, 59, 62, 69, 73	8♦	19, 43, 47, 54, 55, 64, 88
9♥	14, 28, 35, 37, 42, 44, 58, 72, 74, 77, 79, 84, 86	9♦	22, 23, 26, 40, 45, 47, 55, 56, 63, 67, 85
10♥	14, 16, 18, 35, 42, 44, 46, 54, 61, 63, 64, 74, 80, 87, 89	10♦	17, 27, 33, 35, 41, 62, 72, 76, 86, 87
J♥	18, 20, 48, 50, 52, 63, 65	J♦	27, 28, 40, 42, 50, 52, 56, 60, 67, 72, 78, 85, 87, 90
Q♥	20, 43, 51	Q♦	16, 22, 25, 33, 38, 48, 61, 78, 83, 88
K♥	12, 22, 25, 28, 29, 31, 56, 57, 67, 70, 73, 74, 85	K♦	15, 32, 39, 41, 55, 60, 84, 86
A♣	25, 26, 27, 38, 40, 43, 44, 45, 46, 56, 70	A♠	16, 17, 23, 30, 42, 55, 61, 62, 68, 75
2♣	12, 13, 33, 36, 38, 43, 44, 45, 46, 47, 57, 58, 78, 81, 84, 88	2♠	25, 27, 29, 32, 38, 40, 53, 54, 72, 74, 77, 83, 85
3♣	13, 18, 21, 24, 29, 37, 39, 42, 54, 58, 61, 63, 66, 69, 74, 80, 84, 87	3♠	12, 31, 49, 57, 73, 76, 85
4♣	27, 40, 49, 52, 59, 65, 72, 80, 85	4♠	12, 13, 15, 17, 28, 34, 36, 48, 51, 53, 56, 57, 58, 60, 62, 73, 79, 81
5♣	18, 19, 28, 31, 44, 63, 73, 75, 76, 89	5♠	19, 29, 31, 34, 37, 49, 50, 52, 73, 76, 79, 82
6♣	15, 17, 25, 29, 30, 41, 45, 47, 49, 55, 60, 62, 70, 73, 75, 86, 90	6♠	14, 24, 30, 31, 42, 52, 59, 69, 75, 76, 87, 90
7♣	16, 19, 20, 22, 35, 37, 42, 45, 48, 51, 61, 64, 67, 68, 70, 80, 82, 87, 90	7♠	12, 13, 20, 23, 26, 31, 33, 41, 56, 57, 65, 68, 71, 76, 78, 86
8♣	21, 22, 23, 34, 36, 46, 48, 52, 66, 68, 75, 79, 81, 83, 89	8♠	18, 24, 29, 30, 31, 39, 44, 69, 74, 75, 76, 89
9♣	13, 21, 35, 55, 56, 59, 71	9♠	15, 16, 30, 35, 36, 38, 39, 52, 60, 75, 80, 81, 83
10♣	37, 39, 47, 53, 82, 84	10♠	13, 19, 30, 36, 38, 50, 55, 58, 64, 71, 75, 77, 81, 83
J♣	21, 32, 33, 36, 50, 65, 76, 77, 78	J♠	12, 13, 26, 49, 51, 56, 57, 58, 68, 71, 78
Q♣	20, 21, 22, 26, 32, 38, 43, 56, 65, 66, 67, 71, 77, 88	Q♠	14, 17, 20, 22, 24, 34, 40, 52, 59, 62, 65, 67, 69, 79, 81, 85, 89
K♣	13, 15, 16, 23, 26, 27, 43, 44, 45, 47, 53, 54, 58, 60, 61, 68, 71, 88, 89, 90	K♠	20, 22, 58, 63, 65, 67, 72, 77

心4或紅心Q在你流年牌陣任何週期出現都可以表示結婚。然而，根據落入的行星週期，婚姻也將有不同的風情。讓我們仔細瞧瞧。

其他的結婚牌

在使用這套系統後，你很可能會發現有其他牌代表婚姻，有時它們令人驚訝。要記住一點，在所有的牌陣

解讀中，無論出現什麼牌，都代表他們如何體驗自己的人生；換句話說，這是非常主觀的經驗。婚姻對許多不同的人來說有許多不同的意義，對某些人來說，婚禮本身是主要焦點。這通常是當紅心10出現在婚期時。紅心10代表大型集會，而一場婚禮通常就是那樣。這也可應用到紅心8身上，其牌義與紅心10非常相近，也可以代表群眾。

我看過有人在紅心5是長期牌時結婚。如果我們去

看紅心5的基本意義，我們就曉得它只是用來表示關係領域的改變。儘管它經常被稱為經典的離婚牌之一，它所代表的改變無疑地可以指從單身變成已婚。同一張紅心5如果是結果牌或是在流年牌陣的任何地方，也可以代表結婚。

對某些人而言，婚姻的重要性比不上他們現在正和理想情人或伴侶在一起。對這些人，紅心2可以代表婚姻。有許多牌，比如梅花9是本命牌的人，會更在乎和他們配偶的愛情關係，更勝於整個婚姻的概念。這是他們尋求的完美愛情，結婚不是必要的。但他們會為了擁有這份重要之愛的結合而結婚。所以，在某些情況下，你要密切注意紅心2對婚姻的影響。

對女性來說，紅心K是完美情人的原型象徵，就像紅心Q對男性是一樣的。所以，當紅心K是結果牌時，無疑地會是婚姻的信號。它總是表示會遇到一位男性，並有某種形式的親密關係。在某種程度上，紅心K就像紅心2，把愛情看得比結婚證書重要。但是你會發現，無論如何，一般紅心K會出現在將要結婚的女人牌陣中。

行星週期的婚姻影響

我們在結婚那一年的所在週期，通常會對我們如何看待婚姻有巨大的影響。如同我們都曉得，不是所有的婚姻都輕鬆有趣，有多的是以離婚告終。這種影響可以揭露婚姻的基調。注意，它通常對雙方是不同的意義。例如，你可能在你的金星週期結婚，但那可能是你丈夫的天王星週期。

當我為結婚擇日時，我第一個試圖去找的，是兩個人的金星週期或木星週期範圍，傳統上那是最好的日子。要是我沒法找到適合雙方的那些週期，我也會察看天王星週期。若可能的話，最好避開雙方的火星週期。

在**水星週期**，結婚可能是出乎預料、快速，而且可能是短命的。一般而言，基於這個理由，建議別在水星週期結婚。

在**金星週期**的婚姻被視為是最幸運的，充滿了愛與承諾。

在**火星週期**的婚姻可能代表更多刺激跟性愛。在這個影響下，也可能是更多的攻擊性、鬥爭和爭吵。這種婚姻的影響對女人比對男人更好。

在**木星週期**的婚姻，可能是和大量金錢有關。伴侶中的一方或雙方會為伴侶關係帶來大量財富。在木星的影響下也有靈性的祝福，所以這對婚姻是一股幸運的影響。

在**土星週期**的婚姻，可能表示著累贅、責任、約束和艱辛。在這段關係中可能有重要的課題要學，它可能會持續很長的時間。這可能是業力上的婚姻，也許是注定的，但其中一位伴侶在那裡必須要償還對另一方的債務，或者是必須以某種形式來忍受艱辛。在這段週期的婚姻，可能是為了錢、社會地位、事業，或是任何其他的原因，而不是為了愛情。在伴侶之間可能有很大的年齡差距。

在**天王星週期**的婚姻，我們發現婚姻是出於靈性的原因，不尋常、出乎意料和事發突然的。這兩個人很可能是非常好的朋友，可以在這段關係給予彼此很多自由。這段婚姻可能會助長他們的靈性發展，可能是頗為體面又有愛的結合。

在**海王星週期**的婚姻，伴侶中的一方或雙方可能會對另一個人抱持幻想。雖然相當浪漫、美麗，充滿承諾，但這段婚姻可能是令人上癮的關係，其中一位伴侶需要一位「照顧者」，而另一個需要有人來展示他或她的愛帶來的療癒力量。其中一方可能會作出巨大的犧牲——也有可能是一段水上旅行的結婚。一般而言，建議要小心慎重，因為海王星的幻覺力量會封鎖對現實的感知，以致這段關係之後變成了噩夢，而不是美夢成真。

結婚牌的出現

下面一頁包含了一個時間列表，列出結婚牌對應不同牌的出現時間。這張表格給出了最強烈的婚姻信號，就是紅心Q和紅心4在金星週期以直接牌和間接牌出現，以及紅心Q和紅心4是長期牌或結果牌的時候。當

然，你可以在紅心 Q 或紅心 4 在任何位置時結婚，但這些位置是最有機會的。

如果你沒有在你的牌底下看到很多適合結婚的歲數，不要擔心。例如，方塊 3 出現結婚牌的次數很少，但我知道很多方塊 3 至少會結婚一回，而且經常是兩回。運用這張列表找出適宜結婚的歲數和週期；找出行星對你有利時的年分跟週期。在這些影響下締結的婚姻會更有機會「受到老天眷顧」。尋找結婚牌的出現時，要同時查詢你們的本命牌和守護星牌。

記住，這些表格沒有包含先前討論過的其他結婚牌。你必須要搜索自己的流年牌陣，去瞧瞧這些牌何時出現，作出自己的預測。這些表格只是給你這兩張傳統結婚牌具有最強大影響的時間點。

傳統的離婚牌

紅心 5 代表「心的改變」，他在流年牌陣中有好幾個可能的意義，其中一個就是脫離現在的親密關係。在金星週期時，它是很強烈的離婚影響力，顯示你為了別人離開一個人，或是在你心中改變了對另一個人的想法與感受。但是，它也可能是一趟旅程或行程，讓你離開你愛的人或你的家庭，比如出差。不要馬上假設紅心 5 是代表離婚。就像結婚牌那樣，紅心 5 經常會在生活中出現，並不總是表示在那段時期的親密關係會改變。你必須把牌的含義跟生活狀況結合在一起，創造最好的解釋。當然，如果你正認真考慮斷絕當下的親密關係，這張牌可能就是要離婚的信號。紅心 5 是長期牌或結果牌，也可能指離婚或是特定關係的結束。在任何位置的紅心 5 是代表心的改變，所以無論你看到它在何時出現都要特別留意。

紅心 9 代表對愛或友情的失望。9 也代表了完成跟結束。而既然紅心牌代表「和心有關」，所以顯然是表示一段婚姻或友誼的結束。既然金星統轄婚姻與家庭，在金星週期之下，紅心 9 表示婚姻的結束。在紅心 9 這個例子，可能會是別人離開了你。在土星底下的紅心 9 可能帶來一個非常令人失望、業力式的關係破裂。

其他的離婚牌及位置

有很多其他的紙牌組合和位置可以表示離婚。當我寫到這裡，我知道有些人看到這些牌出現，讀到這段會變得恐慌，害怕他們的婚姻即將結束。但是不管我說了什麼，該發生的還是發生，所以我不會因此停止，就等到這些杞人憂天的人之後在這本書讀到死亡牌吧！我記得某天有個女人驚慌地打給我，告訴我，她發現在她的流年牌陣有張離婚牌。結果那張離婚牌是在十年後的未來，但那並沒有讓她停止當下的沮喪。因此，如上所述，下面是其他可能的離婚牌組合。

黑桃 A、黑桃 9 在金星週期，或者任何 9 號牌在金星週期，那樣的話，可能是指結束婚姻。既然我們的金星週期代表我們的家和家庭，而所有的 9 號牌代表圓滿，這很容易理解。黑桃 A 是傳統的死亡牌之一，把它放在家和家庭……呃，你懂的。

如果你有一張死亡牌，比如說是黑桃 A 或黑桃 9，在特定週期伴隨著紅心 4 或紅心 Q，這可能代表離婚。這個案例是有兩張牌在同一個週期綜合而來的完整故事。死亡牌代表某事的結束，而結婚牌與它在一起，告訴我們，這段婚姻要結束了。

戀愛與三角戀的牌

身為專業解讀師，客人經常問我：「我何時會遇到新對象？」或是「我何時會有新戀情並結婚？」《撲克命牌‧我的流年》很容易提供這個訊息。紅心 A、紅心 2、紅心 3 任一張都可以表示新戀情的開始。你已經曉得紅心 4 的意思，因為我們已經討論過結婚牌，所以讓我們瞧瞧其他牌。

表示愛情邂逅最佳的信號是出現在任何週期的紅心 2，但特別是在金星週期。紅心 2 代表兩個人為了愛的會面或是兩位親密好友或親人的聚會。不是永遠都指愛情，但通常都是。在水星週期底下的紅心 2 可能代表短暫的戀情，比如一夜情。在金星週期底下，是其中對愛情最佳的影響之一。在火星週期底下，這段戀情可能

有性愛、侵略性或刺激性。在木星週期底下，有生意或金錢連結，也有愛情或靈性的色彩。在土星週期底下，既然土星帶來艱難、約束或負擔，建議別考慮。在天王星週期底下，也許是怪異、非比尋常、出乎意料，或可能具有靈性的色彩。在海王星週期底下，可能是非常美妙，直到海王星的影響被水星週期消融。到那時，你會知道你選擇的人是否如你所想。

紅心 A 是「愛的渴望」牌，這張牌也代表一段新關係的開展，特別是在金星週期時。在土星週期下，這張牌代表一份未完成或是受挫的愛情渴望。在其他牌底下，除了可能有段新關係外，還有其他可能的解釋。

紅心 3 是情感上的不確定或是三心二意。通常這是在同時期有兩個或更多的愛人，在這裡我們就當成是三角戀了。這張牌可能對一個單身已久，渴望愛情的人來說是令人愉快的事情，特別是當你在金星週期或木星週期底下找到紅心 3。不過，若是這張牌落在某個已婚人士或是已經有對象的人的牌陣當中，它可以表示在這段時間對愛的猶豫不決和困難，特別是當這張牌在土星週期出現時。

祕密戀情牌

有幾張牌代表祕密或是偷偷摸摸的關係。首先會有張紅心 A 或紅心 2 落在海王星週期。海王星有祕密跟欺騙的成分，因此，這可能是祕密戀情的信號。要是你記得，海王星代表我們這一年的希望與恐懼。紅心 A 或紅心 2 可以代表對新戀情的希望，一個不一定會在現實中成真的希望。不過，在許多例子裡，它確實會成真。如果你查閱這些牌的說明，你會注意到這些牌也有其他更為常見的意義。

其他代表祕密戀情的信號，是落在金星週期或火星週期的黑桃 A。黑桃 A 代表祕密。在金星週期時，它是祕密的愛，在火星週期時，是祕密的激情。再次重申，這些牌還有其他的解釋，因此告訴別人他們會有祕密戀情，只是因為你在他們的金星週期或火星週期發現這些牌，是不明智的。

終生的親密關係

到目前為止，我們已經處理到基於流年或是週的親密關係影響。不過，你認識或遇到的每個人都可能對你有終生的影響，這往往比流年的影響更甚，特別是在考慮結婚或是一段生意合作關係時。終生的影響一直都存在，通常是對任何關係最強烈的影響。你可以查詢你的家庭成員和重要愛情關係來理解當中更深的意義。你自然而然會想當任何新認識並且重要的人走進你的生命時，去查看這段關係的影響，尤其是當你正考慮和他們一起長期相處時。我已經專門為像這樣重要的主題，寫了一整本書《撲克命牌・我的愛情》。在那本書中，你可以在兩張本命牌之間找到終生關聯的豐富細節，去找出任何親密關係真正的內在運作。在本書中，我們只會略提這個主題，以給予你一些工具，來展開你的探索。

你能查詢並確定這種終生影響的地方是 89 歲和 90 歲牌陣。89 歲的牌陣另有別名，90 歲的牌陣亦然。這兩個牌陣分別叫做靈性牌陣和人生牌陣。此外，89 歲和 90 歲的牌陣都會對你的人格與人生經驗造成一生的影響。它們是你終生的牌陣。我在《撲克命牌・我的愛情》會基於這兩個牌陣，詳盡地描述了你是誰，你的人生會如何。我們在這裡不再贅述，只是教你如何找出一生中最重要的關係影響。

如果你查看你這兩個牌陣，搜尋你認識的人的本命牌、守護星牌和身分牌，你可能會在這裡找到一些有趣的連結。同樣的解釋方法也應用在他們之前的關係。如果某人在你 90 歲的牌陣是水星牌，那麼他們對你整個一生是水星型的關係。你終生和這個人會以良好的溝通，從多方面衡量都是相當好的關係。你在這兩個牌陣中找到的任何人都相當重要，而你與他們的連結比其他人更強烈。在這些牌陣中仔細地查找你的家庭成員，而你將對你最重要的關係有更多了解。

要是你正考慮跟某人結婚，建議你從這兩個牌陣中找出他們的牌，去判斷你和他們的長期關係會如何。同樣你也可以在他們的自然牌陣（靈性牌陣）找出你的本命牌與身分牌，了解你在長期關係的基礎上會如何影響他們。這個過程會向你揭露你和另一個人真實的連結。

知道這個訊息可能不會改變你和他們結婚的主意，但它會提供你如何改善這段關係的方法。人們並不總是和他們的金星牌或木星牌結婚，即使這是最受祝福的兩張牌。在即將到來的水瓶座時代，有很多締結關係的理由，大部分是為了促使個人的成長。

沒有終生的長期牌

雖然89歲和90歲牌陣有長期牌，但這些長期牌對我們來說也並非是終生適用。如果有一張終生的長期牌，那會是我們的本命牌。從這兩個牌陣可以推出海量的訊息，但為了獲取這些訊息，我們必須充分了解它們。實際上這整套系統都源自於那兩個牌陣。如果你真的有興趣學習更多，我的書《撲克命牌·我的愛情》對它們的用途跟用法，有相當完整的介紹。

記住，如果你查看的是你的人生牌陣和靈性牌陣，這些連結是來自於你的角度。你必須去查看他們牌陣中你的牌，來了解你在他們的生活中有多麼相配。

想最有效地使用這兩個牌陣，首先檢查你的靈性牌陣（89歲）和人生牌陣（90歲），找出他們的本命牌、守護星牌和身分牌。接下來在你的89歲與90歲守護星牌的流年牌陣中找出他們的牌，這些也有用，但沒有你的本命牌底下的牌陣更有影響力。

每次你在你的牌陣中找到他們的一張牌，就記下它們落下的位置，然後閱讀牌在那個位置代表的意義。

下一步，將過程反過來，檢查他們的本命牌和守護星牌的靈性牌陣和人生牌陣，找出你的個人指示牌。這顯示出你如何影響他們。最後，檢查他們身分牌陣底下的這兩個牌陣，找出你的牌。現在你對你們的長期關係基礎有了完整的認知，如果你打算要與某人長期在一起，這真的是最重要的事。

讓我們舉個例子，使你更清楚怎麼做。

名稱	性別	生日	本命牌	守護星牌
甲	女	1945/07/16	Q♣	A♣
乙	男	1940/05/30	2♣	K♣

這是個有趣的組合。在90歲牌陣查詢兩人的本命牌和守護星牌，我們發現沒有任何關係。但是，如果我們查看89歲牌陣或是靈性牌陣，我們找到一些明顯的關聯——這兩個人就是彼此的前世牌。這也看作是89歲的水星牌。梅花K是乙的守護星牌，也是梅花Q的水星牌。同樣，乙的本命牌——梅花2，是甲的守護星牌——梅花A的水星牌。這種雙重前世的水星連結是不尋常且罕見的。但它確實轉變為最強的婚姻結合。參見《撲克命牌·我的愛情》獲取前世／水星連結的更多資訊，它被稱為月亮連結。

前世關係連結

在我當解讀師跟占星師的經驗中，我開始意識到，我們過去曾經在一起的人是否就是我們在今生認識的大多數人。許多人能靠直覺感受到這些連結，當你指出這個可能性，其他人也會有同感。在牌與牌之間有一種特定的連結，是前世曾在一起最強烈的信號。我的研究顯示這是一個前後一致的標誌，即使那些你在牌中分享這個連結的人不是你唯一前世在一起過的人。想要了解所有前世的連結，請參閱《撲克命牌·我的愛情》。現在，這邊是你如何決定你和誰有最初、最重要的前世連結的方法：

以自然順序排列的牌是從紅心A到黑桃K，如下：

自然順序的牌

A♥－2♥－3♥－4♥－5♥－6♥－7♥－8♥－9♥－10♥－J♥－Q♥－K♥

A♣－2♣－3♣－4♣－5♣－6♣－7♣－8♣－9♣－10♣－J♣－Q♣－K♣

A♦－2♦－3♦－4♦－5♦－6♦－7♦－8♦－9♦－10♦－J♦－Q♦－K♦

A♠－2♠－3♠－4♠－5♠－6♠－7♠－8♠－9♠－10♠－J♠－Q♠－K♠

A♥－2♥－...

在你本命牌的自然順序前後的兩張牌，是可能對你有前世影響的牌。意即，如果你的本命牌是紅心5，那麼你的兩張前世牌是紅心4與紅心6。如果你的牌是方塊A，你的兩張前世牌就是梅花K和方塊2。同樣，如果你的本命牌是紅心A，你的兩張前世牌就是黑桃K和紅心2。

你的本命牌	業力牌	你的本命牌	業力牌
A♥ -	A♦, 3♥	A♦ -	2♦, A♥
2♥ -	A♣ (9♥, 7♦, K♠, J♥, 8♣)*	2♦ -	6♣, A♦
3♥ -	A♥, Q♣	3♦ -	6♥, Q♦
4♥ -	4♦, 10♠	4♦ -	5♠, 5♥
5♥ -	4♦, 5♣	5♦ -	9♠, 3♥
6♥ -	4♣, 3♦	6♦ -	9♣, 3♠
7♥ -	8♥, A♠	7♦ -	9♥ (A♣, 2♥, K♠, J♥, 8♣)*
8♥ -	7♥, 7♠	8♦ -	Q♠, 7♣
9♥ -	7♦ (A♣, 2♥, K♠, J♥, 8♣)*	9♦ -	Q♦, 5♦
10♥ -	J♣, 5♠	10♦ -	Q♣, Q♠
J♥ -	K♠, 8♣ (A♣, 2♥, 7♦, 9♥)*	J♦ -	3♦, J♣
Q♥ -	10♠, 9♣	Q♦ -	3♦, 9♦
K♥ -	2♣, 9♠	K♦ -	3♦, 7♠
A♣ -	2♥ (9♥, 7♦, K♠, J♥, 8♣)*	A♠ -	7♥, 2♣
2♣ -	A♠, K♥	2♠ -	6♠, K♣
3♣ -	5♦, K♦	3♠ -	6♦, J♦
4♣ -	5♣, 6♥	4♠ -	10♣, 4♥
5♣ -	5♥, 4♣	5♠ -	10♥, 4♦
6♣ -	8♠, 2♦	6♠ -	9♠, 2♠
7♣ -	8♦, J♠	7♠ -	K♦, 8♥
8♣ -	J♥, K♠ (A♣, 2♥, 7♦, 9♥)*	8♠ -	K♣, 6♣
9♣ -	Q♥, 6♦	9♠ -	K♥, 6♠
10♣ -	J♠, 4♠	10♠ -	4♥, Q♥
J♣ -	J♦, 10♥	J♠ -	7♣, 10♣
Q♣ -	3♥, 10♦	Q♠ -	10♦, 8♦
K♣ -	2♠, 8♠	K♠ -	8♣, J♥ (A♣, 2♥, 7♦, 9♥)*

*這七張牌屬於一個特殊的家族，就其之間的業力關係而言具有不同的規則。

你對前世牌的人會有熟悉感，即使你是和他們初次見面。你甚至可能感覺到在你們之間有一些過去的歷史，雖然你無法記得那是什麼。通常前世牌的人對你很友善，你們倆相處得很融洽。

前世牌是所有可能的連結中最有可能結婚的。當有這種連結的兩人相遇，便有一股很強的引力促使他們在一起，並且作出長久的承諾。在我的伴侶研究中，這是已婚夫婦最常見的連結。

事實上，任何在靈性牌陣中找到的連結都是前世關係。當我們遇到某個在89歲牌陣中金星週期或火星週期的人，我們往往會瞬間認出曾經在一起過的感覺。

你的業力牌

大多數人有兩張業力牌。你與業力牌的人之間有一種或其他類型的強烈業力連結。這表示你們當中一方可能欠另一個人什麼。你們被吸引到一塊兒的原因，經常是為了處理一些前世的債務。業力牌也是面強大的鏡子，能照出你的本來面目，他們像是你的自己人格的另一面。因此，你不是愛他們，就是會覺得有些反感。實

際上你可以把你的業力牌當作你的自身人格的不同面相反射給你。我總是告訴人們，當你遇到某人是你的業力牌，你應該做好準備，不是給予他們，就是從他們那邊接受。除非你了解他們一點，你無法知道得怎麼做。不是你感覺有付出的需要，就是他們覺得要對你付出；但確切要給出什麼，卻不是很明確。例如，因為我是方塊人，似乎我遇到的所有業力牌在某種形式上，要麼不是欠我錢，就是我欠他們錢——你得去瞧瞧它對你是如何作用的。在本章最後一頁是每張本命牌與其業力牌的表格；記住：這些業力牌只會適用於你的本命牌，而非身分牌。

特殊家族與他們的業力關係

如果你查詢上一頁的業力牌，你會注意到七張本命牌旁邊有六張業力牌。如果你更進一步查看，你會明白這七張牌，它們互為彼此的業力牌，和其他牌無涉。這個獨特的牌之家族沒有正式名稱，但是它們確實在本命牌中有不同的地位，而且和其餘四十五張牌比，有更特別的業力關係。這七張牌實際上包括兩組，第一組是三張固定牌（黑桃8、紅心J和黑桃K），以及兩對半固定牌（梅花A和紅心2、方塊7與紅心9）。因為它們有不同的特質，我會分別討論這兩組牌。

固定牌——梅花8、紅心J和黑桃K

這三張牌只有一個共同點，那就是他們的性格本身都是很固定的。有些人會說他們頑固，而其他人說他們

可靠。在任何情況下，這三張牌實際上並沒有誰欠誰的業力牌。通常他們會有一個或更多的家人或愛人，並且是其他六張特別牌中的一員，但是沒有進一步研究他們的關係，就很難確切地說出他們為何被吸引而在一起。他們很少與三張固定牌之外的家族成員在一起，可能是因為他們無法適應或退讓，而這些在個人親密關係中經常是必需品。

兩對半固定牌——
梅花A與紅心2、方塊7與紅心9

我把這兩對牌稱為宇宙靈魂雙胞胎。整副牌中沒有別的會像這些牌與和他們的夥伴有特別的關係。梅花A和紅心2非常像彼此的鏡子，彼此都擁有完全相同的特質；這同樣也適用在方塊7和紅心9，這些牌經常會一起出現在家庭或婚姻。儘管他們以某種方式和神祕家族七其他成員相連，這些靈魂雙胞胎在他們的另一半身上才有最強烈的連結。在牌之間的所有關係中，這個強烈的連結具有最高的可能性獲得親密感。

現在你有很多工具用在這套紙牌系統，去探索你的個人關係，而在我的下一本書《撲克命牌‧我的愛情》中還有更多資訊。做一點小研究可以發掘許多具啟發性的資訊，使你的愛情生活與家庭變得不同。

在下一章，你會學到如何做每週解讀、每週的每日解讀及更多的東西。

6

週運解讀

　　每週解讀是你的個人工具。給予你關於你生活的每週重要訊息，能幫助你做決定，並且更深入地理解你生活中的事。更重要的是，每週解讀比你做任何事，還要更快地讓你了解牌義，是一種便捷的方法。因為你每週都會有直接的經驗去比較你抽到的牌，使你的學習效率事半功倍。我發現人們透過經驗學習會比單靠死背來得更快。隨著你觀察每週發生的事情，在解讀時閱讀牌義，你將開始透過個人經驗去理解「牌的本質」。當你真正學到牌的深義，你便會了然於胸，因為那種了然會使你有明確的感覺。

　　要確定你的每週解讀是準確的，你必須仔細地遵循操作說明。洗牌與切牌的時間格外重要。這個技巧是從奧尼・瑞屈門（Olney Richmond）本人傳下來的。在任何重要的解讀或示範牌的力量之前，永遠都要洗牌一分鐘，做三次二十秒的切牌。這些洗牌和切牌是必要的，它將幫助你注入個人的能量進入到以不同方法隨機排列而成的牌組中。按照規定的方法正確完成後，你可以安心地確定你所有的解讀都會是準確而中肯的。

　　假如你想要充分地利用牌，解讀時要遵循一套特別的規矩準則。為了讓你理解，請仔細閱讀。首先，你必須遵循的規則如下：

每週解讀的規則

1. 必須在每週日完成解讀，涵蓋七天，也就是從週一開始起算。

2. 你只解讀一次。如果你不喜歡自己抽的牌，仔細觀察你如何說明它們。每張牌都有正

向的一面。

3. 可能的話，永遠都使用標準尺寸的撲克牌（6.3×8.8公分），絕不使用不同牌面的 J、Q、K，要使用標準圖案的牌。這在先知會是非常重要的規則，他們是這門學問的初始守護者。不要使用大字版的牌或較大尺寸的牌，因為這些都是更動了最初的牌面。

4. 如果可能，在家裡找個地方，像是桌上或梳妝台，把這些牌陳列一週之久。你可以在一週之間每天觀察它們，在每週之後你將對牌有更深的理解。

5. 在解讀之前移除小丑牌。根據先知會的規則，這一點非常重要，小丑牌會攪亂並使解讀失效。我通常直接扔掉它們。

6. 最後一點，我們絕不在12月31日做每週解讀，因為那天是小丑日。在那一天，沒有哪張牌能真正作為它的指示牌，你將無法獲得精確的解讀。奧尼‧瑞屈門曾經用紙牌展示過數以百計的神祕「預測」，但從來不會是在小丑日那天解讀。

準備

1. 在家中找到一個安靜之處，你可以在那裡獨處五到十分鐘。

2. 點一根蠟燭，播放一些輕柔的音樂，點一些薰香。為你將要做的解讀，做任何你喜歡的事情來創造神聖的氣氛。

3. 確定你手邊有手錶，來為你的解讀計時。手錶必須有秒針。

一分鐘的洗牌和三次二十秒的切牌

1. 注意手，等到秒針指向「12」，然後開始洗牌。沒有所謂正確的洗牌法，只要確定你不間斷地洗牌整整一分鐘。

2. 當秒針再次指向「12」，停止洗牌，然後做第一次切牌。一次切牌包括用一隻手從一疊牌的上方移動牌，將之放在一旁，然後選擇剩下的牌，將其擺放在你移動的那疊牌上方。

注意：每一次計時，你可以有上下二‧五秒的誤差，如果差了一兩秒，不要擔憂。不過，如果你誤差有三秒甚至超過，就停下來，然後開始重新洗牌跟切牌。

3. 再等另一個二十秒，直到秒針指向「4」，然後再做第二次切牌。

注意：你可以使用任意一隻手來切牌，雖然傳統上偏好左手，因為它是陰性或是善於接受之手。

4. 最後，當秒針指向「8」，你可以做第三次，也就是最後一次切牌。

5. 這時，你的牌已經有你貫注的能量在其中，而你無須擔心你要解讀多久。你可以等幾分鐘，甚至幾小時，只要別打亂那副牌的順序。現在這是你的牌，而且每一張牌都是精確地反映你的法力，並且結合了當天、此時、此刻的能量。這些能量的結合將能保證你做出精確的解讀。

展開牌陣

我在展開每週牌陣前，喜歡閉上雙眼，說出一段小禱文。我不求獲得好牌或是我會中樂透。而是祈求我可以理解自己的解讀，並且透過使用它，來獲取對我自身和紙牌科學的一些洞見。然後我張開雙眼，展開牌。

1. 按照圖示中的號碼順序展開牌，牌面朝上。意思是你的第一張牌在1號框，第二張在2號框，以此類推到二十四張牌，面朝上擺在桌上。你展開的最後三張牌應該是22號、23號、24號，對應當週的長期牌、冥王星牌和結果牌。

注意：我喜歡把第三行牌（15號到21號框），放在第二排（8號到14號框）。這些牌互相搭在一起，最上面一行的牌是完全展示時，可以幫助解讀第一行牌（首行牌）的特殊意義。下面兩行牌叫做基本牌（the Underlying Cards），我們會在稍後討論。

2. 只要把剩下桌上的牌翻過來，就可以得到環境牌。在這疊牌最下面的那一張是環境牌，如圖所示，應該放在牌陣的最上面。

理解牌陣的結構

除了最後的四張牌外，其他的牌都在行星的名稱下。例如，你展示的第四張牌在木星底下。還有11號和18號牌也是如此。這二十一張牌也代表與特定的時間相關，就像它們落在週一到週日的標題底下。因此，我們稱之為每日牌。

其餘四張牌具有整整一週的影響力，受到每日牌以外的不同力量支配。

詮釋牌義

現在要查找牌義。要是你遵循建議的順序，你會很輕易完成。在你完成一段時間後，你可能會選擇用自己的順序或技巧。本質上，你查詢每週解讀的牌義跟流年牌陣的牌義，方法是相同的。你甚至會使用流年牌陣上同樣的牌義。唯一的不同在於當你解讀時，你要把它們的牌義調整成對應的時間。

例如，當你查詢當週的環境牌並閱讀牌義，你會調整成這張環境牌只支配你生活中的七天，而不是一整年。在書中的牌義會寫成「這一年」，但你會改成「這一週」。

建議你按照下面的順序去做解讀的最後部分：

1. 找出這一週和你有關係連結的人。
2. 閱讀掌管一週的牌，並查詢牌義。這包括長期牌、冥王星牌、結果牌和環境牌。
3. 閱讀每週牌陣的首行牌，並查詢牌義。
4. 研究每日牌底下的基本牌，找出他們對首行牌可能提供的額外資料。

最後一個步驟是進階技巧，我會稍後討論。讓我們逐一討論這些順序。

1. 找出這一週和你有關係連結的人

做每週解讀的第一件事，就是查詢你認識的人所屬的牌，這與本命牌或守護星牌使用的方法是一樣的。例如，如果在木星列底下的11號牌是紅心Q，而你最好的朋友是紅心Q，這就告訴你，你的好友會是本週的木星。首先，查詢他們的本命牌和守護星牌。然後你也可以找一下身分牌。然而，要是你在每週牌陣中找到梅花Q，而你有幾個女性朋友是梅花人，可能就要決定或判定是對應哪一位了。如果她們在那週和你實際上有互動，可能是指她們全部。比如，在金星週期的梅花Q可能是指實際上你所有的梅花牌女性朋友，在那一週對你的生活有金星般的影響。但是，如果你在牌陣中找到她們的本命牌或守護星牌，那張牌可能比她們的身分牌更為重要。就前面的例子，如果你有位女性朋友是梅花7，而你發現她在的本命牌本週的冥王星位置，她的冥王星影響力會比金星大得多。

使用第5章的「親朋好友牌表」去詮釋不同位置的影響。或者，在那一章多讀一些那些位置的說明。如果這張牌落在底下的位置，它還是有著和行星列同樣的影響。比如，一張13號或是20號位置的牌會有天王星影響力，和6號位置的第一張天王星牌同樣強烈。

2. 閱讀掌管一週的牌，並查詢牌義，這包括長期牌、冥王星牌、結果牌和環境牌

在每週解讀，掌管每一天的牌影響不那麼重要。每日的影響經常是在我們不知不覺間就過去了。但是大多數人肯定能感覺並經驗到一整週的影響。記住，當你閱讀它們的含義時，再次牢記它們只支配一週的時間，不是一整年，雖然牌義已經寫在書裡面了。

建議你特別注意每週的冥王星牌與結果牌。我已經發現這兩張牌總是帶給我特別的訊息——關於我每週正在學習或是企圖完成的事情。我無法告訴你，我從留意這兩張牌學到多少重要又有幫助的功課。之後在本章，我會給你一些重點與建議，告訴你如何充分利用每週解讀。

3. 閱讀每週牌陣的首行牌，並查詢牌義

一旦你已經開始仔細研讀具有一週影響力的牌，你會想要轉而注意你從中抽出的頭七張牌。這些牌各自統轄一週的每一天。第一張牌是水星牌，統轄星期一。下一張是金星牌，統轄星期二，以此類推。當你查詢這些

牌義，就如同你對你的流年牌陣中的水星週期到海王星週期做的一樣。例如，如果你有張紅心8出現在金星（2號）牌位置，你會查詢紅心8在金星週期的說明。唯一的不同就是這張牌只影響一天，而不是整整五十二天的週期。經驗顯示，這七張牌指涉的事件並不總是精準地發生在特定一天。有時它們會晚一兩天。然而，它們確實會發生在這一週左右的時間內。所以水星—火星牌會告訴你在一週開頭發生的事情，火星—土星牌會影響一週的中段時間，而土星—海王星牌涵蓋週末的事件。

4.研究每日牌底下的基本牌，找出它們對首行牌可能提供的額外資料

　　這最後一步驟是更進階的——除非你覺得準備妥當，否則那並不是必要的。我們永遠都會使用底下兩行牌去作為展示關係的第一步，但是詮釋本它們在本週的牌義，並且與每日牌首行牌整合，也是有點進階的概念。本質上，這些牌有潛在的影響，能夠推演上面首行牌的牌義。所以，8號牌和15號牌都對1號牌有引申；9號牌和16號牌對2號牌有引申，以此類推。它們很像流年牌陣中的間接牌，經常提供關於事件或人物的背景，用以描述首行牌。它們可能會告訴你，誰涉入那個事件或經驗中。或者，如果首行牌是你認識的某人，它們可能會更具體地告訴你，這個人在那段時間會做什麼事影響到你這一週。或者，在大多數案例中，它們只是就首行牌代表的特定日子、事件或經驗給出一些具體的資訊。

　　要妥善地詮釋這些牌，你會需要知道更多如何結合牌義的技巧。那個話題會在下一章深入探討，還有其他重要的主題，都將有助於提升你的詮釋技巧。

其他的考量和觀念

　　建議你影印本章後面的牌陣圖，並且記錄每週的解讀。我留下足夠的空間在格子裡，好讓你寫下你在那週抽到的牌。然後，你可以在那頁上記下你在這週發生的事情。這個練習會讓你在很短的時間學會更多關於牌的知識，超過其他方法。

　　我也建議你為親朋好友做每週解讀。我從來沒遇過任何人拒絕免費的解讀。這也會帶給你更多的經驗跟樂趣。

　　提醒你，不要把你的每週解讀想得太嚴肅。許多初學者在做每週牌陣解讀時，會誤將這些牌解釋得像是流年牌陣。事實上這些牌的影響微乎其微又短暫。當你為自己與別人做解讀，瞧瞧事情如何變化，你會理解到，你真的無法用流年牌陣中同樣的牌義去詮釋每週解讀。他們的力量就是不同的。

如何充分利用每週解讀

　　對初學者和進階學生來說，每週解讀具有重要的目的。對初學者來說，他們可以獲得每天和每週的牌，和他們生活的經驗與關係做比較，所以他們透過經驗學習牌義。這很重要，因為牌的真正意涵只會對那些認真運用這套系統的人展露無遺。我們一旦經驗到生活中發生的事情，並且比較我們在每週牌陣中看到的牌，我們就沉浸在學習環境當中，並成為我們知識的一部分。之後，當我們和別人分享這種知識時，無論我們是為他們做解讀，或僅僅是向他們介紹這套系統，我們說話會更具力量跟信心。

　　牌的語言一旦成為我們辭彙的一部分，每週解讀就能成為有用的指南，反映出我們正在做的、說的和想的一切。它幾乎變成一位朋友，反映我們的不同部分，經常挑戰我們去改善我們的想法和行為的標準。例如，我有一週的長期牌是梅花3。有時候我會盯著這張牌，告訴自己：「噢，太好了，又是焦慮和不確定的一週。」但是那一週，我刻意地選擇看著它，告訴自己：「噢，太好了，現在我有所需的一切創意來完成寫作。」沒錯，我完成寫作，寫得非常順。在很久以前，我就規定自己在梅花3出現時，要想到「創造力」。透過這種方式，我已經創造了與那張牌的正向關係——總是鼓勵我寫下去。這就是我們每一個人都能在每週解讀時做的。但不只這些。我要跟你分享我具體怎麼做每週解讀，我怎麼看待它、怎麼思考它，所以我預測出最貼近我人生的結果，使它成為工具，帶給我更多幸福與成就感。

每週解讀牌陣

解讀開始於週一： _____/_____/_____

	環境牌 25	

長期牌 22	冥王星 23	結果牌 24

水星 1	金星 2	火星 3	木星 4	土星 5	天王星 6	海王星 7
基本牌 8	基本牌 9	基本牌 10	基本牌 11	基本牌 12	基本牌 13	基本牌 14
基本牌 15	基本牌 16	基本牌 17	基本牌 18	基本牌 19	基本牌 20	基本牌 21
週一	週二	週三	週四	週五	週六	週日

首先，我總是在展開每週解讀牌陣前，點根蠟燭，唸祈禱文。我祈請我的靈性導師和上師來教導我，然後我請他們運用這些牌賜予訊息，引導我走向光。然後，我丟掉對牌應該以特定方式展示的執念，並且承諾我會對本週的牌敞開心胸，我也會從中學習。這本身就增加了從這些牌身上得到正向結果的機會。記住，我要用這次解讀去提升自己到較高的層次。對我來說，這已經變成一套儀式，讓我保持跟自己靈性途徑的連結。

在展示牌之後，我首先會尋找一切成功、力量和好運的徵兆。首先，我會看明顯的：在首行的木星牌代表對我本週而言，什麼事或什麼人會成為我主要的祝福。記住，在木星影響底下的牌會發揮它正向的一面。下一步，我會找尋代表力量、滿足與成就的牌。在首行或最高位的牌（長期牌、冥王星牌、結果牌和環境牌）有4、8、10和人頭牌（J、Q、K）所有這些牌代表在一個或更多領域的成功與滿足。在我的解讀中只要有其中一張，就足以讓我對將來的這一週有開心的期待，感覺安全與富足。上週，我得到一些相當艱難的牌。當我陳列出來，在首行、長期牌、冥王星牌或結果牌，並沒有出現一張「好牌」。然後我翻開本週的環境牌瞧瞧，是一張黑桃8，我鬆了一口氣，知道那一週不會有什麼糟糕的事情發生。因為黑桃8是一張充滿力量，能夠克服任何困難的牌。在環境牌的位置，它代表「保護傘」。沒

什麼好擔心的。

接下來我會看首行牌（1號到7號），去看這週有哪些牌。我會這樣看待它們：

水星牌—告訴我這週會思考什麼。

金星牌—告訴我，這週我會喜歡誰或是我會喜歡什麼。

火星牌—告訴我本週什麼會激發我行動或是什麼會使我生氣。

木星牌—告訴我本週我最大的祝福在哪裡。

土星牌—告訴我本週最大的功課是什麼。

天王星牌—告訴我本週什麼會使我驚訝，或是有什麼靈性事件會發生。

海王星牌—告訴我本週我會夢想什麼。誰或什麼事情是我的夢想、希望、祕密的渴望或恐懼等等。

當然，牌還有其他的意思，但這些是前七張牌我常用到的含義。

最後一件事情就是找出我完全不懂的牌。隨著一週的展開，我仔細觀察使真實牌義展露的徵兆。對我來說，在這些牌中經常有隱藏的祕密訊息。我保持開放態度，讓當週的事件成為我的老師。每一週我仍然從牌中學到新東西，希望你也這麼做。

7

牌義基本元素

在本章，你會學到解牌的藝術。現在你已經掌握了流年牌陣或每週牌陣中所有牌的位置相關技巧，你最後需要做的就是結合牌義，以獲得最精確的解牌。還有許多其他小訣竅和建議，我想與你分享，幫助你獲得最好的詮釋。在本章，我們會學到：

1. 解牌的重要規則將幫助你做出更恰如其分的預測。
2. 如何將單獨牌義變成完整的詮釋。
3. 如何將兩張牌結合在一起獲得特別的故事線索。
4. 我們的態度和生活背景在牌義中的重要性。
5. 牌的位置如何影響牌義。

我們也有一些範例解讀，幾則流年解讀和每週解讀範例。當你知道我如何結合牌義，你會開始了解解牌的藝術，並且能為你自己和他人做高效的解讀了。

閱讀基本牌義

一般說來，要了解你牌陣中的個別牌義，你要做的就是查詢本書「牌義詮釋」部分中的意義。每一張牌在每一個可能的位置會獲得不同的含義。所有的可能性都囊括其中。然而，要充分利用這些詮釋，建議你這樣做：在閱讀牌陣中對應位置的牌義之前，先閱讀那張牌的基本牌義。每一張牌還有許多種含義，在每個位置底下列出所有的情況

是不實際的。不過，在基本牌義的標題下，我已經給你基本的含義，以及這張牌可能呈現的方式，有時會找到你在查找的對應位置上面沒列出的可能性。永遠要努力去了解原來的牌義。試著找出根本的意涵。一旦你了解它的基本定義，就比較容易轉譯它在行星位置上的意義。行星位置對落在其週期的牌都有特定的影響力，其影響如下：

牌的詮釋是主觀的而非客觀

這有助於理解牌最後如何反映我們生活的事物。這是第一條解牌規則。要是你不懂，你會花很長的時間去了解如何精準解讀。解讀中的牌告訴你，在你生活中將會發生什麼事和什麼經驗。但對別人不一定是一樣的意思。有個關於死亡牌的好例子。傳統上，黑桃A與黑桃9是死亡牌。不過，如果你做些研究，你會發現有許多不同的牌會在某人死亡時顯現。我見過紅心5、紅心9和方塊9，這是其中幾張。這些牌能告訴我們他們為什麼過世。紅心5意謂著一趟嶄新旅程，離開所愛之人。紅心9的死亡意謂著重要個人關係的結束。黑桃8意謂著渴望的死亡，是一種實現。方塊9的死亡，是指某人的死亡會有許多物質資產的損失。在每個案例中，牌揭露的是死亡對於他們的意義，不是我們一般跟死亡聯想在一起的意思。當你研究流年牌陣，包括你自己和其他人的牌陣，要記住，無論你看到什麼牌，都會精確地反映他們如何轉譯跟經驗到人生，而不一定是指字面上所述的事情在實際上發生了。

每張牌在不同層次上的意義

下一件你必須理解的事情，是每一張牌都有不同層次的意義。一張牌可以代表多種經驗，而為了做好解讀，你必須先熟悉每一張牌能夠顯化的所有方式。一旦你的頭腦意識到某張牌的所有可能性，你的直覺或是「覺知」會告訴你哪一個牌義是最合適的。有時候一張牌會同時代表許多可能的意思。對大多數的牌來說，它

在我們人生中顯化的方式取決於我們的態度。要記住，牌給你的是純粹主觀的解讀。

例如，方塊9在水星週期可能代表損失，或是來自許多不同來源的金錢支出。既然水星統轄了汽車旅遊或短程旅行、教育，以及所有的心智領域、損失或是金錢的支出就會和這些主題有關。因為水星代表快速發生並快速結束的事物，這項損失不會很大，也不會讓人特別失望，要是方塊9在火星或土星就會。任何9都代表一件持續很久的事情結束了。方塊9可以代表工作的結束、失去（或結束）一件有價值的事物、或是在未來賺錢的計畫終止（水星）了。

態度可以改變牌義

如果你的水星週期有一張方塊9，它影響你的方式在很大程度上取決於你的態度。方塊9可以是財務上的失望或是釋放、允許宇宙豐盛的能量流之後回到你身邊。在最高層次的顯化上，方塊9會給你一個靈性的經驗，從宇宙宏觀去理解金錢和財務的法則。這將是個令人非常愉快和心智拓展的經驗，拓寬你對金錢與價值的視野。這份理解甚至可能帶來更多金錢進入你的生命中，它經常促使我們分送出錢。你個人如何經驗方塊9，或是任何人會怎麼經驗它，取決於他們心態、態度、信念以及他們與財富和金錢的關係。

7和9是可以給我們最多問題的牌，也是給我們最大釋放與自由的牌。他們是最顯著的例子，展示我們的態度跟觀點如何改變我們對生活中的事件跟經驗抱持的感受。如果你長期使用這套系統，你有天會經驗到「化逆境為助力」。

當你閱讀自己的牌義解釋，要記住這一點。試著去觀察，調整你的態度，你實際上可以改變牌義，在你解讀時的每張牌都將挑戰你實現它最高層次的表現形式，讓那成為你的目標，而你將會過著充滿神奇與不可思議的生活。

還要銘記在心，當你為別人解讀時，他們的態度比他們的牌更有力量超越命運。我見過幾個人，因為悲觀

灰暗的態度，就算有正向的週期和牌，一直問題麻煩不斷。如果今天我為這樣的人解讀，我會先處理他們的態度，若不覺察這方面，我告訴他們的任何事情都將是事倍功半。

至於那些充滿活力與積極態度面對生活的人，牌提供了一張成功的藍圖。打從我學習這套系統以來，我一直密切關注我的牌，並且努力在任何可能的地方轉化負面影響。雖然我在這方面不是每次成功，使用牌來做指南，我變得非常成功跟快樂。但我知道，不是牌使我成功，我個人的決心和努力才是通往成功的真正關鍵，沒有它們，牌幫不了我。

牌義的構成要件

初學者花一點時間檢驗牌義的基本構成要件是非常有幫助的。如果你認真閱讀並且反思一下，你會更快掌握這套系統。牌義的構成要件如下：

1. 牌的數字
2. 牌的花色
3. 牌的位置——通常是行星影響位置
4. 解讀對象的背景

牌的數字是牌義的第一個要件。每一個數字都有精確的意義，不但要記住，還要理解。數字是我們生活的世界密不可分的一部分。我們發現：它們的意義反映出我們生活中所觀看的每個角落；但是我們大多數人從未認真看待數字的意義。例如，如果你查看數字4，四處尋找你周遭跟它有關連的一切事物，其含義立即辨識的出來。我們的家大部分有四個面，盒子有四個面，磚塊和我們的建材有四個面，代表保護、基礎和良好的支持。為了那些要去做進一步探索的人，我已經將它寫在一本叫做《數字的科學》（ The Science of Numbers ）的書裡。在書中，我從數字0開始到所有牌的數字，解釋數字的意義和由來，這不僅能幫你是記住它們的意義，更能基於數字演化的本質，真正地理解牌義的起源。

牌的花色是下一個構成要件。花色告訴我們，一般

牌義所指為何。其實非常簡單。你只要記住下面的內容，你大部分的時候都會是正確的：

1. 紅心是指關係和情感狀況。
2. 梅花是心智狀況，以及與他人的溝通。
3. 方塊是價值與財務狀況。
4. 黑桃是工作與健康狀況。

這就是你真正需要記住的一切。

牌的位置非常重要，因為它告訴我們牌影響的特定區域，或是它將對我們有何影響。這些意義大部分可以從我在第5章提供的資料中推演出來。這裡快速說明牌所處的週期如何影響牌義：

水星週期對牌的影響往往會更快速跟短暫。它傾向和發生在你開車或是溝通時發生的事情有關，它也與你涉及的許多心智追求有關聯。例如，黑桃10在水星週期會帶來快速而短暫的成功，或是與心智追求上的一項成功，比如求學。

金星週期往往和家、家庭、女性、社交場合或是你的愛情生活有關。它們也會告訴你，你和女性的關係。對於那些與藝術、美容、演出和公眾有關工作者，金星牌會經常告訴你在這些行業中的成功或挑戰。比如，在金星週期的紅心K除了其一般性的意義，對表演者與藝術家代表了巨大的成功。

火星週期在某方面上，為牌賦予了法律事務、熱情或是與男性關係的色彩。這週期的牌會指向你在該週期積極追求的事。無論它們是指一件訴訟還是僅僅與律師見面，它們往往是你法律事務上獲致成功或困難的指標。火星統轄了任何競爭性的企業。我們的火星牌往往揭露了競爭性的運動或商業經營的結果。

木星週期總是為牌帶來最正向積極的一面，強調這張牌靈性上與財務上有利的一面。由於木星的影響力，即使是最有挑戰性的牌都會實現其樂觀的一面。木星最主要與金錢和商業上的成功有關。對我們大多數人來說，我們每一年的木星牌告訴我們如何賺到最多的錢——不要低估最後一段話的價值。

土星週期幾乎與木星週期相反。它往往會暴露牌最

困難的一面。它將牌義與健康問題、辛苦工作、還有學習挑戰性的課題結合在一起，這些課題是關於如何變得成熟並負責任。它也將業力成分帶入牌中。通常，我們必須在土星週期中處理之前在生活中懸而未決的情況。而我們若沒有在第一時間立刻處理，我們還有第二次機會去導正它。土星非常關注正義和公平，還有適當地考量我們的言行如何影響周遭的事物。

天王星週期為當中的牌帶來靈性、直覺、出乎意料或是不尋常的元素。天王星也涵蓋了房地產與勞務關係，這些牌通常意謂著在這些領域的成功或是困難。在天王星週期經常發生出乎意料的事情，有時它們會使我們完全驚訝，最後在某種程度上，打破我們的生活現狀，帶來積極的影響。

海王星週期加上了夢幻、幻覺、靈性、隱藏的事務、海外利益、旅行和可能的欺騙在底下的牌當中。在這裡可以看出涉外事務、旅遊是成功還是失敗，或是你的美夢是否成真。海王星牌往往是你今年一直夢想的事，它也被稱為「祕密」週期和「希望與恐懼」的週期，那裡的牌可能揭露你的祕密渴望、恐懼或希望。

最後一個要件──也是最難了解牌的一點，即是解讀對象的背景。當你在為別人解讀時，在那一方面，你多少必須成為某種檢察官或是律師。我通常會讓我的客戶站在證人席好一會兒，時間長到我有足夠時間去完整了解他們如何生活、整體的態度和信念，當然，還要找出一些目前影響他們生活的背景情況。

這是解讀的關鍵。沒有這些資訊，我做的任何預測都是在瞎猜──有點根據的那種。有了一些背景資料，我能做到將近百分百準確。在使用這套系統這麼久之後，我逐漸明白，對解讀對象能多一點了解有多重要。如果我在解讀中看到一張黑桃7是長期牌，我知道當下會有一些挑戰。但除非我獲得更多關於他們的資訊，我不會知道這是否跟他們的工作或健康相關，他們會把這張牌視為個人挑戰還是一個大麻煩？它整體的效益又會如何？他們是否會從中學到教訓？或者，他們只是盡可能嘗試迴避它？這些問題的答案只有在了解解讀對象才會得知。絕對不要害怕去問些問題。

綜合牌的影響得到完整的故事

當你詮釋流年牌陣或每週牌陣中的牌，大多數的時候，要考慮兩張牌，而不是只有一張牌。在每個週期你會有直接牌和間接牌，然後你每年或每週會有冥王星牌與結果牌。這些牌必須成雙成對解釋，不是單一的用法，因為他們總是和彼此有關連，並且互為提供更多的資訊──幾乎像是它們一起說個故事。

通常，其中一張牌會是你認識的人的本命牌、守護星牌或身分牌，而另一張牌會告訴你，他們如何與你產生關聯，或是他們與你有什麼樣的關聯。例如，假設你最好的朋友是黑桃2男士，而你在你的金星週期找到一張直接牌黑桃J和間接牌方塊7，你可以假設你的朋友在某種程度上會牽涉到一個與財務有關的情況，將會考驗你或是讓你破費。他可能會導致你花一些額外的錢，也許你在約會時付了他的份──或者就像在金星週期底下那樣──他突然打破了你家的某件物品，但是沒法負擔賠償或修復的費用。這樣的展示告訴你，你如何看待那兩張牌，你知道有一張是你朋友的牌，並且綜合兩者一起解釋。下面列出特定週期中，一些成對的牌的例子，我要向你示範幾個做綜合解釋的可能方式。仔細地閱讀這些例子，你會學到許多關於這個重要部分的解讀訣竅。

在解讀時發現你自己的牌該怎麼辦？

無論是你的本命牌、守護星牌或是身分牌出現在你的流年解讀或每週解讀，這些牌都預言了你將會親自涉入的事件。因此，仔細地去分析周遭的牌很重要。畢竟，這發生在你身上，而你會想要完整地理解。例如，假設你的本命牌是紅心9，而你是男性，你在土星週期找到一張紅心J和黑桃10，你可以假定你在這段週期會非常辛苦地工作。你會非常成功，但是卻忙得要死，這可能與某種創意工作有關（因為它是你的傑克牌）。

記住，當你在自己的解讀時找到你的身分牌，可能是指你的個性一面。第2章仔細地告訴你，不同的牌代表了你性格的哪一面。

綜合兩張牌牌義的範例

牌	位置	可能的牌義解釋
Q♣, 6♥	土星	你和一位梅花女士有一段困難的業力關係。你透過這段關係學習愛情中的互相忍讓法則。
10♠, 4♦	火星	你在這段週期非常成功，努力工作賺錢。
A♥, 2♣	金星	你在一個分享點子的課程中，忽然對遇到的某人產生癡迷。
10♦, 3♠	木星	你同時在兩個不同的生意或工作賺了很多錢。
9♦, J♥	金星	你在一位年輕的親戚需要之時，給了他一些錢，犧牲了你原本要用這筆錢來改善住家環境或購買一些家具的計畫。
2♥, 8♠	冥王星／結果	你今年非常努力工作，來獲得成功的友誼或愛情關係。
5♦, 5♣	冥王星／結果	你在人生價值觀和哲學上有重大改變的一年。你搬到新家、找新工作以及改變親密關係。
8♣, J♠	冥王星／結果	你開始進入靈性的學習，導致你做了很多內心上的努力，並且在今年發展精神力量。
9♦, 7♦	土星	今年你將為健康花很多錢，或者你會一直擔心錢而生病。
5♣, 8♣	海王星	你做了長途旅行，有一大筆錢來享受它，或者你在旅途中賺錢。
5♥, J♦	金星	你與一位方塊男士分手。
5♠, 3♠	冥王星／結果	你想要換工作，但是對此卻猶豫不決。在你下次生日前，你打算同時做兩份工作。
3♥, 2♥	金星	你遇到一位新認識的人，在此人和原來的約會對象之間，你猶豫不決。
A♥, A♦	冥王星／結果	你渴望愛情，又想要在事業上有成就，兩者難以兼顧。
9♠, 7♥	冥王星／結果	你終於結束，或是放下一個你覺得被另一個人（紅心7）背叛的情況。
9♠, 7♠	土星	你的一部分人格經歷了一次重要的死亡，這一部分在過去阻礙你過上幸福生活。
A♦, K♥	木星	你創建一個新的企業，與藝術家有關。
A♠, J♣	金星	你和一位梅花J有地下情，他可能是任何一位梅花男性。
7♠, 8♠	冥王星／結果	你學習到不管環境多有挑戰性，要如何對自己的工作有信心，以及提前計畫你應該做的事情。
5♥, A♥	金星	在度假時你遇到某人並墜入愛河。
6♥, K♣	木星	一位梅花男士進入你的生活並提供很多好處。這是一段前世關係，來報答你在那時的善行。
8♦, K♠	冥王星／結果	你渴望有更多錢可花，致使你在生活與工作上去發展更多的權力跟權威。
2♣, 8♥	冥王星／結果	你知道自己在個人關係上要的是什麼，所以克服了對孤獨的恐懼，變得非常善於社交和受歡迎。
K♥, 9♥	木星	和一位紅心K離婚，對你的財務有所助益。
10♣, 10♥	冥王星／結果	你宣傳自己工作的成果獲致巨大成功，更增加可見度。
6♠, 6♦	天王星	這代表沒有新事情發生的一段週期，但是你有極佳的機會去跟內在的嚮導連結，為你的生活找到一些真正的方向。

關於冥王星和結果牌更多的資料

你在第4章學到了關於冥王星和結果牌的內容，以及如何詮釋它們。因為這兩張牌如此重要，我想我可能要花更多時間在上面，好確定你搞懂如何理解它們結合在一起的方式。

首先，這兩張牌總是一起解讀的。它們從不分開。再次強調，既然它們總是成雙成對作為個人指示牌，你可能還會有更多組成雙的牌。當你有一組以上，每一組都要分別解讀，因為它們代表你生活中不同的面向。

這兩張牌告訴你，你今年主要的目的或目標——這可能是以某種方式強迫你的，或是你有意為之的。絕大

部分仰仗你如何看待它，或是你如何處理它。要是你想的話，你可以一直把冥王星牌和結果牌這一組當作你個人最重要的勝利。要做到這一點，你必須決定什麼對你是有利的、什麼會改進你的生活，或者是，什麼會提供某個你想要的東西。

當我們展開我們這一年時，冥王星和結果牌都代表了我們的挑戰。這兩張牌結合在一起，用來描述我們想要什麼東西，導致我們願意做出重大的改變；或是，什麼事情會讓我們不得不改變自己。然而，當我們邁向年底時，那時我們已經藉由這些牌的提示做出了相當多的必要改變，我們開始意識到結果牌祝福的一面。事實上，結果牌有很強的木星影響力。但除非我們跨越了冥王星的轉化之橋，我們只能夠把它當成是某種挑戰。

結果牌向來是我們在年底時會以什麼方式告終，我們會將之視為祝福。而當每一年結束時，我們通常會對它為我們的生活帶來的東西抱持感激。

通常冥王星牌或結果牌是你所認識的人。當這種情況發生時，那個人對你來說是個麻煩的來源。在這種情況下，仔細觀察這種種關係是明智的，你要問問自己，那個人對你來說最難接受的是哪一點。一個誠實的自我評估通常會在別人身上，以某種方式提醒你尚有不足之處。假如是這種情況，你可以訂下目標、迎接挑戰去扭轉乾坤，進而獲得你想要或需要的東西——那即是他們提醒你的部分。

如何充分利用你的解讀

每當我頭一次看到我的流年解讀或每週解讀的牌時，我立刻覺察到我的心智和情緒狀態。我看到的7號牌和9號牌是麻煩還是機會呢？我是否在擔心本週的土星牌或是冥王星牌呢？所有的牌義都取決於我們的態度，記住這一點很重要。我們可以用樂觀的態度使它們變得正向。這裡有些我對充分利用解讀資訊的建議，包含了每週解讀和流年解讀的技巧：

1. 我總是先找最好的牌。是否有K、Q或J呢？這些總是代表它們所在領域的成功和權力。有4號牌、8號牌和10號牌嗎？這些是成功和滿意的牌。我特別喜歡黑桃10、黑桃8和黑桃4。如果我找到其中任何一張，我立刻會關注那些牌的益處。無論其他牌表示什麼，那些裨益往往足以讓我覺得這會是美好的一週或一年。

2. 下一步，我查看木星牌、環境牌和結果牌。不管這些牌的花色和數字為何，它們總是好牌。它們指出今年或本週我的生活中受到很多祝福的領域。這些位置往往會帶出在此的牌更為積極的面向。如果我把注意力放在我能從這些牌獲得的好處上，那會明顯地改變我的態度。

3. 記得把7號牌和9號牌當成是心靈上的影響。我從事的是與靈性相關的全職工作。所以，我永遠會記得把在解讀中發現的任何7號牌或9號牌，當成是一種心靈上的勝利或是完成了靈性的功課。這兩張牌意謂著放下執著，讓較高的力量照顧我們。如果我為他人奉獻，我就能總是把這些牌看成潛在的可能性，去獲得幫助別人的快樂體驗以及與更高意識的經驗。

4. 最後一點，但不是最不重要的一點。我記得負面的影響只是一時的。每個週期不是在每週解讀的一天，就像流年解讀也不是只有解讀那五十二天。即使是在土星週期最糟的牌，也只會持續一陣子而已。

充分利用人頭牌

每一張人頭牌，J、Q和K，都有能力給予你它們所展現的權力或成功。在每個流年或每週解讀總是至少有它們其中一兩張牌。你可以選擇將這些牌當作給你的禮物——權力、愛情、力量、智慧或是經驗的禮物。在380頁，你會找到每一位撲克牌皇室家族成員在你解讀時帶來的禮物。透過感謝與運用這些禮物，你實際上能在人生中創造更多的成功和成就、喜悅和幸福。你所需要的就是它們提供的是什麼，並且接受之。

解讀範例

接下來的這些解讀範例會給予你一些很好的經驗，說明一個有經驗的人如何做實際的解讀詮釋。第一個範

每週解讀範例

		Q♣ 環境牌 25		

3♦ 長期牌 22	10♠ 冥王星 23	2♥ 結果牌 24

3♥ 水星 1	K♥ 金星 2	7♠ 火星 3	5♦ 木星 4	6♥ 土星 5	7♣ 天王星 6	A♠ 海王星 7
Q♥ 基本牌 8	J♣ 基本牌 9	10♦ 基本牌 10	Q♦ 基本牌 11	9♣ 基本牌 12	7♦ 基本牌 13	8♦ 基本牌 14
5♠ 基本牌 15	6♦ 基本牌 16	10♣ 基本牌 17	8♠ 基本牌 18	8♥ 基本牌 19	A♣ 基本牌 20	2♣ 基本牌 21
週一	週二	週三	週四	週五	週六	週日

例是我認識的人，以及那週發生在他們身上的事情。之後，我會給你幾個流年牌陣，是我客戶的真實經歷，他們大部分提出的問題，還有我基於他們的牌告訴他們的話。如果你仔細閱讀這些範例，並且先嘗試自行詮釋，我想你會學到很多。然後，當你看到我的解釋跟做法時，你會看到之前你可能沒注意到的不同可能性。祝你好運。

每週解讀範例

這是為一名叫做珍的女士所做的每週解讀。珍在那個時候和一個5月14日生的人約會。因此，他的本命牌是方塊5，守護星牌是梅花J。珍本身是雙子座梅花2（6月28日生），梅花K是她的守護星牌。但是，她才剛認識另一個出生在7月28日的男人，其本命牌是紅心K。兩位男士都有她喜歡的理由，而以下就是她這週如何過的。

她的長期牌方塊3與水星牌紅心3雙雙反映了不確定的愛情生活。在水星週期的紅心3可以表示三心二意，想要用我們的頭腦去做和情感有關的決定。珍說她最好的朋友生於10月13日（梅花9，紅心2）與她交談。珍的朋友在她跨入這不確定的一週時，給了她很多建議跟支持。你可將環境牌梅花Q看做代表她。她好友的本命牌也在土星，說明她現在能從好友身上得到一些有用的指引。當然，在上面的紅心6指出，好友的指引可能是要珍對自己的感情生活更加負責，從珍的觀點看來也許很嚴厲，這是因為我們總是不喜歡土星人告訴我們的話，但珍的好友也是紅心2（她的守護星牌），這落在結果牌的位置。看來在本週這位朋友是珍的一個祝福，但也是珍必須要做的改變所不可或缺的部分，這樣她才能學會面對她的舉棋不定。

但是，梅花Q是珍的身分牌，是當她戀愛或是遇到桃花會承擔的角色。即使她正在經歷她愛情生活中一大堆的不確定跟猶豫，但她在本週從她的愛情生活中獲得許多的回報。她的男友實際上是本週的木星牌，這更進一步支持了這一點。她有男朋友的梅花J，還有新歡的紅心K出現在她的金星週期，這告訴我們她同時對這兩個人都有意思，而且不管和哪一位在一起基本上都會

很開心。

珍在上半週和兩位男士各見了一面。週三是工作有點棘手的一天，但她在週四從她的方塊5男友那兒收到一份美妙的禮物，因為他發現她在週三工作不順。在和她最好的朋友聊過多次之後，珍意識到方塊5與自己的關係在某方面不是那麼協調，但她一直害怕提起。這就是為什麼她開始跟其他人見面，最後與紅心K走近了。她鼓起勇氣告訴她的方塊5男友這些事情，結果他們變得比以往更親密，而且更愛彼此了。當他發現她和紅心K見面時，本來神情非常嚇人，他真的生氣了，但是他們一深入交流彼此的感受，兩個人都感覺好多了。珍停止去見紅心K，並覺得好像回到她一直想要的那種關係了（結果牌是紅心2）。

在本週的最後兩天，珍經歷了許多內在的解脫跟喜悅感。她做了冥想，感覺和她的靈性自我有強烈的連結。

流年解讀的範例

喬伊的解讀

第一個解讀的是一位叫做喬伊的女士。喬伊從未結婚，這是典型的方塊A模式，並且已經很久沒有親密關係了。她才剛遇到某個人，我們稱之為比爾，他出生在1957年7月10日，他有本命牌方塊5，和守護星牌梅花7。她想要做一般的解讀，但也想要知道她和比爾之間將會如何。這是她今年的牌陣，這個解讀就在她剛過40歲生日之後。

針對喬伊的問題，最明顯的指示牌是長期牌紅心4，和環境牌紅心6。紅心4當長期牌可以指婚姻，但它總是指出在一個人的愛情生活當中的快樂和滿足。因為喬伊過往從未結過婚，而比爾的牌則是大家都知道無法承諾的（參見《撲克命牌・我的愛情》獲得每張牌各別訊息）。因此我會認定紅心4不是結婚牌。在她的守護星牌陣發現環境牌紅心6，意謂著有一段注定的關係，與一位過去認識並且幫助過的人，在今生注定相遇。當紅心6是環境牌，它經常把良好的親密關係帶入我們的生活，伴隨著許多祝福而來。可以這麼說，他們回來是為了回

姓名：喬伊		生日：1957年3月22日		本命牌：A♦		守護星牌：3♣	
解讀年齡：40		用到的身分牌：無					

行星週期起始日期		水星 1997/3/22	金星 1997/5/13	火星 1997/7/4	木星 1997/8/25	土星 1997/10/16	天王星 1997/12/7	海王星 1998/1/29
本命牌	直接	Q♥	5♣	Q♦	K♦	2♣	10♠	8♦
	間接	5♥	4♠	7♠	5♦	8♠	8♦	
長期牌：4♥　　冥王星牌：3♠　　結果牌：A♠　　環境牌：2♠　　置換牌：Q♠								
守護星牌	直接	5♦	7♦	6♣	J♥	10♣	8♥	2♥
	間接	J♠	10♠	4♣	2♠	8♣	2♥	
長期牌：6♦　　冥王星牌：7♠　　結果牌：3♦　　環境牌：6♥　　置換牌：A♠								

報我們過去做的善行。因此，雖然我覺得這兩人不會結婚，但不管這段關係持續多久，我確實看到很多愛情與快樂的可能性。我們注意到比爾的本命牌也出現在木星週期，伴隨著方塊K，這更是另一個信號，表示它將是她人生中的一個祝福——在這一年，也許是在財務上。

注意，喬伊本命牌陣的結果牌和守護星牌陣的置換牌是黑桃A。這兩張黑桃A在今年這麼有影響力的位置，告訴了我們，這一年她會有很大的變化。在我們談話時，她顯然感覺自己正邁向人生的新階段。冥王星牌黑桃3是一個信號，表示她會疑惑，並且考慮要做哪份工作，甚至她可能會在今年做一份兼差，但結果牌黑桃A顯示，從她下一次生日起，她會展開一份全新的工作或方向。黑桃3／黑桃A結合在一起，對她或別人可能會有許多其他的含義。例如，它可能是難以診斷的健康問題，或是對人生方向整體感到不確定。無論是哪種情況，黑桃A承諾年尾會有一個方向以及人生的新開始。

另一個非常重要，但未顯示在這些牌陣的事情就是她剛過了39歲的鼎盛之年。在她人生這段期間，從36歲到39歲，是對所有方塊A來說最重要的週期；他們可能會在工作上獲致巨大的改變和成功。在我為她做諮詢時，我建議她也關注她的職涯，這一年可能會有一些大變動跟成功。觀察她在天王星與海王星週期的牌，我們看到了那些週期的巨大潛能。喬伊的下一年是41歲，這當前週期最重要的年分之一。如果你隨便

看一下方塊A在41歲這一年的情況，你會發現兩件突出的事情。首先，他們有黑桃K是長期牌，其次，置換牌是方塊10，這被稱為最受祝福的點（the Most Blessed Spot）。這個強大的組合只發生在方塊A本命牌的牌陣中，而且只出現在41歲。這兩股極其幸運的影響結合在一起，提供了一生一次的良機，在職涯上發展和完成內心的夢想、渴望和心願。我把這些都告訴了喬伊，這樣她就會知道即將到來的情況，並且能夠準備好充分利用這股影響力——一生就這麼一回。

老實說，我認為她和比爾的關係不會太長久，我也這麼告訴她了。但我衷心地建議她探索其中，並且接受這段關係提供給她的一切。如果你有《撲克命牌‧我的愛情》，你會發現比爾實際上有兩次是喬伊的海王星牌。這種強大的海王星影響可以使我們感覺到好像找到了夢想中的人。我們可以從這類親密關係學到很多，儘管他們最終很少得到長久的幸福，我經常看到它們在特定時期、在特定的人身上產生巨大的價值。對喬伊而言是這樣的一個時期，雖然我通常會告誡客戶要對這樣的關係非常謹慎。

你會注意到這裡沒有和比爾離婚或分手的牌。因此，我覺得這兩個人會一整年都在一起。然而，在天王星和海王星位置的紅心8和紅心2很有意思。這表示喬伊之後會遇到新歡嗎？這完全有可能，但只有時間才知道答案。

迪娜的解讀

迪娜是找我諮詢超過五年以上的客戶。當你看到某人的人生週期發生什麼事情，是非常有趣的——他們會牽扯到什麼樣的事情，他們會遇到誰、和誰在一起，以及遇到什麼樣的挑戰，那多多少少是有個規律可循的。我們大多數人的生活都有個特定的模式可循，有些特定的主題或多或少會反覆地發生。在我為迪娜做諮詢的五年期間，她度過了兩次重大的死亡，一次是密友，另外一次則是她志願照顧的孩子。這對梅花Q而言並不罕見，在梅花Q的人生牌陣中，有一張紅心J是冥王星牌，他們透過他人的犧牲（通常是年幼的孩子）學習他們最重要的人生課題。值得注意的是，她死於愛滋病的密友也是紅心J。同樣的事情也發生在我母親身上，她是另一個梅花Q，我有個弟弟的本命牌是紅心10，他在四歲時過世了；那次死亡永遠地改變了我母親的人生。

無論如何，當迪娜今年打來電話，她才剛發現自己有個腦瘤。她坦言十四年前發生過同樣的情況，當時做了手術，據說移除了腦瘤。現在，又再來一次，恰好是兩個七年的週期之後。當然，她滿腦子想的是將會發生什麼事情。她想知道規劃手術的最佳時機，以及類似的事情，她的牌如前所示。

我堅信發生在我們身上的一切都對我們有個重要的訊息或意義。我已經發現，如果我們進一步探索這些事情，我們經常會發現我們自己是這些人生事件的起因，或者是，有什麼非常重要的訊息要給我們。在大多數情況，我們通常冠上「糟糕」標籤的事情，正是重要的訊息，來自我們絕大部分一直沒意識到之處。要是我們注意那些訊息，這些問題經常會自動消失。迪娜覺得在十四年後腦瘤又再度出現，似乎意味深長，在我們聊天時，她找出這情境更深的意義。她也說，直覺告訴她，她將會安然度過。因為這是整副牌中最有感應力的牌，我無庸置疑；而當我看著她的牌，只是確認了她的直覺。

我們每年的土星牌經常是健康方面最強烈的信號。在健康問題上，你最好的牌是4號牌和8號牌。每當我

們有方塊K做置換牌時，我們那年的土星牌便是梅花8，因為梅花8是三張固定牌之一。在土星週期的梅花8承諾在健康方面的成功，特別是當一個人運用他們心智的力量去協助療癒過程，會更加成功。迪娜在健康問題上的成功，還有另一個非常強烈的信號，就是長期牌梅花K。這張牌能為她在任何它統治的領域帶來成功，而健康一向是梅花牌的轄區。所以，我告訴迪娜，如果她專心投入會獲得成功。事實是她今年有很多困難的健康牌。看看她在火星週期與天王星週期的牌。她計畫在水星週期進行手術，那裡有張幸運的黑桃8守護著。所以，我看到手術的成功。不過，在火星週期和天王星週期的牌指出，之後在這一年可能有更進一步健康上的挑戰。因此，我提醒即使手術順利，但是在往後一整年可能還會有其他的健康問題意外地出現，但我也告訴她，無論發生什麼，她會以土星牌和長期牌的力量克服問題。

迪娜今年有兩張5號牌是環境牌。我告訴她今年在她的生活中會有很多好的變化。她甚至可能會搬到不同的地方，而如果她搬了，那會為她的人生帶來祝福；而也告訴我，她最近一直在考慮搬家。

梅花2／方塊4是冥王星牌和結果牌，指出一些對擁有足夠金錢的恐懼（梅花2），而確實那也是迪娜在解讀過程中提到的事。他的守護星牌陣中，土星週期的方塊3也訴說同樣的主題。我告訴她，這些牌很可能是她腦子想的，並非事實；她今年的功課只是處理她的恐懼而已。結果牌方塊4總告訴我們，說了該說的，做了該做的，就會帶來足夠的金錢。所以，她今年有一部分的功課就是保持兢兢業業，專注（梅花8）去克服她所有的問題。

迪娜最後一件事是她正在寫一本書，想要知道今年是否會出版或完成。同樣，她有這麼強大的牌在土星週期和長期牌，我告訴她設定清楚的目標，看看會發生什麼事。梅花K／梅花A在金星週期，而紅心10／梅花A是她守護星牌陣的冥王星和結果牌，兩者都是非常有利於成功出版的信號。

你可別小覷了長期牌黑桃K的力量跟潛能。迪娜，或任何人有這張牌，幾乎可以在那一年實現任何渴望的

解讀年齡：62		用到的身分牌：無					

行星週期起始日期		水星 6/18/97	金星 8/9/97	火星 9/30/97	木星 11/21/97	土星 1/13/98	天王星 3/6/98	海王星 4/27/98
本命牌	直接	8♠	K♣	3♠	6♥	8♣	7♠	Q♦
	間接	7♦	A♣	9♠	A♠	6♠	Q♦	
長期牌：K♠		冥王星：2♣		結果牌：4♦	環境牌：5♠		置換牌：K♦	
守護星牌	直接	Q♠	6♦	4♥	3♣	3♦	5♣	K♠
	間接	A♦	3♥	2♣	8♠	K♥	5♠	3♦
長期牌：4♣		冥王星：10♥		結果牌：A♣	環境牌：5♦		置換牌：2♦	

事。然而，它也要求當事人必須要設定明確目標，為自己的成功負上完全的責任。對那些守株待兔的人來說，他們將會一無所獲。

卡蘿的解讀

卡蘿也是我的多年客戶，我也見證了她在人生幾個重要階段的進步。這次解讀是在她的重生之年——45歲。她度過了兩年前丈夫的離世，自此展開新生活，有趣的是她的重生之年剛好是在她人生這個重要時刻。重生之年總是代表新的開始。問題是，有鑑於她已經經歷了這麼多變化，新開始會是什麼？隨著我們進一步解讀，這些有待改變的新區域昭然若揭。

卡蘿已經結婚十多年了，她嫁給一個完全寵著她的男人，並在財務上照顧著她。然後他開始罹患癌症，不久之後過世了（伴侶生病是梅花 J 常見的特徵——參見《撲克命牌·我的愛情》），他留給卡蘿需要自己謀生的新生活。事實證明，生活中有幾個她從未處理過的問題，由於婚姻的蔭庇，她一直沒有真正面對這些重要的問題。

卡蘿第一個問題和許多喪偶的女人一樣，那就是她們過去從不必工作養家。雖然她先生留給她一點錢，但那只夠過個幾年；在那段時間，她必須為自己創造一些財務上的保障。

下一個問題是比較深入的，在解讀中浮現，在先生過世後她旋即進入一段兩年的感情。卡蘿深深地相信她不夠好，所以不值得被愛。甚至在她的婚姻中，有個男人澈底地寵著她，她總是惴惴不安，覺得自己不夠格。因此，即使眼前有他提供的讚美與保障，她內心仍感到恐懼而不確定。然後，在她先生過世之後的親密關係，她吸引到一位天秤座的梅花 6，雖然他單身，但還是對前妻念念不忘，一直拿卡蘿跟她比較。結果卡蘿總是比不上前妻。此外，這個人在關係一開始就對卡蘿說，他很確定卡蘿並非自己理想中的女性，所以他不會娶她。雖然外人看來，這好像是殘酷的行為，但他的行為卻恰恰反映了卡蘿對自己的觀感。當她來找我做這次解讀，她已經和這位梅花 6 仁兄永久地分手了，正在考慮和一名已婚男士（梅花 9）的新關係，他最近在追求她。然而，她坦言雖然她並未向這名男士表示自己是否有意願，她已經在心裡拿自己和他妻子相比，自認不如人。

就卡蘿的工作和職業而言，她無疑會非常成功。她已經開始了一份新事業，顯示出成功的跡象。本命牌梅花 J 已經是一張工作成功的牌了，事實上在她的守護星牌陣有這麼好的牌，此一事實凸顯她正朝正確的方向邁進——隨著這一年的開展，她將會更加成功，帶來財務上的保障（方塊 8／黑桃 K 是冥王星牌與結果牌）。長期牌黑桃 2 和冥王星牌指出有可能建立工作夥伴關係，而卡蘿提到她正在有限的基礎下，考慮讓某個人成為她生意上的夥伴。

行星週期起始日期	水星 1/29/97	金星 3/22/97	火星 5/13/97	木星 7/4/97	土星 8/25/97	天王星 10/16/97	海王星 12/7/97
本命牌　直接	9♦	7♠	2♣	K♣	J♦	4♥	4♦
本命牌　間接	5♥	4♠	K♦	9♥	2♥	4♦	

長期牌：2♠　冥王星：2♠　結果牌：8♥　環境牌：J♣　置換牌：J♣

	守護星牌 直接						
守護星牌　直接	4♦	2♠	8♥	6♣	6♠	Q♥	10♣
守護星牌　間接	Q♠	Q♦	6♦	K♥	7♥	3♥	

長期牌：8♠　冥王星：8♦　結果牌：K♠　環境牌：4♥　置換牌：4♥

在卡蘿的解讀中有很多紅心牌，但是絕大部分是在下半年，從她的木星週期開始。有趣的是，梅花K和梅花6雙雙出現在她的牌陣，可能指出之前和她分手的梅花6前男友會回鍋。我告訴她，如果他真的回頭了，他會帶來某個禮物（木星）。不過，我覺得有個紅心9在那裡，可能是這段關係真正劃下了句點。如我們大家所知，一段親密關係真正的結束可能比形式上的分手來得晚。在木星週期的紅心9指出好聚好散的結尾，一個輕鬆而且同時獲得回報的結局。

我對土星週期和天王星週期最感興趣。在兩個牌陣中的土星週期都有重要的紅心牌，方塊J／紅心2在她的本命牌陣加總起來，是一個強烈的信號，指出和方塊男士的浪漫關係會教導她很多事情。儘管在土星週期的關係經常是困難的，如果我們用正確的態度去對待它們，它們教導我們的功課會以非常積極的方式改變我們的生活。另外，在土星週期開始的關係通常是注定的。就像喬伊的例子有紅心6，任何在土星週期展開的關係經常有業力或前世因果。在她守護星牌陣的土星週期有黑桃6和紅心7強調了這很可能發生。6和土星緊密相連，是業力的數字，就像土星也是業力之星。在土星週期放6號牌，你就會有非常強烈的業力影響組合。紅心7和黑桃6表示這段業力經驗，與在個人親密關係中放下執著與恐懼有關。在我和卡蘿討論她的不安和自尊問題，我很確定這些問題會在那段時間以新關係的形式到

了非解決不可的地步。既然她目前遇到的這些人沒有一個是方塊，我告訴她這名男士可能是她還不認識的人，或至少是她在這段時間認為不會戀愛的對象。

在她兩個牌陣中，在天王星週期的牌都是愛情幸福與滿足之牌。這告訴我在土星週期挑戰後，會是幸福與情感的療癒。紅心Q下面是紅心3，甚至表示她在同一時間會有兩位男友。

黑桃2和紅心8是冥王星牌和結果牌，除了在那裡提到了她的工作和職業，同時也是個微妙的信號，指出她在工作方面的自尊問題。黑桃2是夥伴牌中的夥伴牌。在那張牌裡面有能想像得到的夥伴形式，以及我們對完美夥伴的所有渴望。當我們內在缺乏了什麼，我們通常會去找填滿這空缺的人，就像卡蘿試過了許多次一樣。結果牌紅心8就像是獲得力量去療癒我們自己。我告訴卡蘿，這一年她的功課是學習愛自己，並且不要試著去找一個對的人填滿內在對自我之愛的需要。這對任何人都是個好忠告，但對卡蘿而言，在那段時間，是她人生中最重要的課題。結果牌紅心8也是一個很棒的信號，她會在這個領域非常成功，在這一年的結尾，她將擁有很多情感的力量跟魅力，幫助她吸引到更好的伴侶。

梅花J有黑桃7作為終生的金星牌。黑桃7經常指出有健康問題的伴侶，還表示必須要處理的內在恐懼。因為它是黑桃，這份恐懼更有可能是內心深處的恐懼，

更接近他們的本質核心。對卡羅來說，某種程度上這是她基本的感覺，她覺得自己不中用。我給她幾個建議，她可以探索自己性格中的這一部分，並在那個領域開始做些改變。如果說我從這麼多解讀中學到什麼，那就是我們必須先從內在改變。要不然，我們的人生就是重蹈覆轍的故事罷了。我們只是做著同樣的事情，一遍又一遍，不管我們是戀愛、在哪兒生活，或是做什麼工作。我們走到哪兒，就把情感包袱背到哪去。

至此我已經做過了數千個解讀。我想我已經幾乎見過每一種存在於人際關係的可能情況，而我使用紙牌的科學去幫助別人揭露他們經歷的深層原因。我希望讓這些解讀範例，透過這種方式幫助你了解這套系統如何使用。可能有天我會出版我做過的解讀實錄變成一整本書，告訴大家這份資料可以怎麼用來轉化人們的生活。我希望你用它來洞察我們經驗的深層因果關係，因為這也是這套系統的目的。

解讀工作表

姓名：＿＿＿＿＿＿＿＿＿ 生日：＿＿＿＿＿ 本命牌：＿＿＿＿ 守護星牌：＿＿＿＿

解讀年齡：＿＿＿ 用到的身分牌：＿＿＿＿

行星週期 起始日期	水星	金星	火星	木星	土星	天王星	海王星

本命牌		水星	金星	火星	木星	土星	天王星	海王星
	直接							
	間接							

長期牌：＿＿＿ 冥王星牌：＿＿＿ 結果牌：＿＿＿ 環境牌：＿＿＿ 置換牌：＿＿＿

守護星牌		水星	金星	火星	木星	土星	天王星	海王星
	直接							
	間接							

長期牌：＿＿＿ 冥王星牌：＿＿＿ 結果牌：＿＿＿ 環境牌：＿＿＿ 置換牌：＿＿＿

身分牌一		水星	金星	火星	木星	土星	天王星	海王星
	直接							
	間接							

長期牌：＿＿＿ 冥王星牌：＿＿＿ 結果牌：＿＿＿ 環境牌：＿＿＿ 置換牌：＿＿＿

身分牌二		水星	金星	火星	木星	土星	天王星	海王星
	直接							
	間接							

長期牌：＿＿＿ 冥王星牌：＿＿＿ 結果牌：＿＿＿ 環境牌：＿＿＿ 置換牌：＿＿＿

註記

8

十四種吉利年

　　就某意義上來說，我們人生的每一年都是特殊而幸運的。很難找出人生中的任何一年沒有大事發生。不過，有幾年會有更戲劇性的事發生，而在這些人生中的循環，我們通常有明顯的改變跟進步。這些有時候是積極向上的時期，有時我們則面臨個人挑戰，並且以更艱困的情況結束。若能一目了然，知道何時是比較吉祥的年分，以及我們可能會在那時經驗的事件，對我們將非常有幫助。

　　這一章列出了每一張牌的十四種最顯著的吉利年分，並且標明確切發生的時間。當你研讀你本命牌與守護星牌的多事之年時，研究我在這裡提供的含義，這樣你可以完全地了解這些事件的潛能，從正反兩面去理解這些注定要發生的事件。在大多數情況下，你有許多選擇，去決定這些牌在你的人生中怎麼發揮。

　　要確定你檢查過了本命牌和守護星牌的這些位置；儘管守護星牌的事件會有少一點的影響，但這兩種牌都適用年分的對照資訊。對一些人來說，守護星牌的幸運事件似乎比本命牌中的還要更突出。不過，這是例外，並非慣例。

　　你可能會注意到一點，一些所謂的固定牌和半固定牌，並沒有列出這些幸運的事件。這是因為這些牌沒有每年的置換牌，置換牌會導致許多事件。假使你的本命牌或守護星牌是這七張牌之一，你需要注意的事件會比較少。至少你的個人指示牌不會是這些牌，因此，你將會發生置換牌引發的事件。絕大多數人都有不屬於七張牌家族的本命牌和守護星牌。

大太陽牌陣

太陽

皇冠列

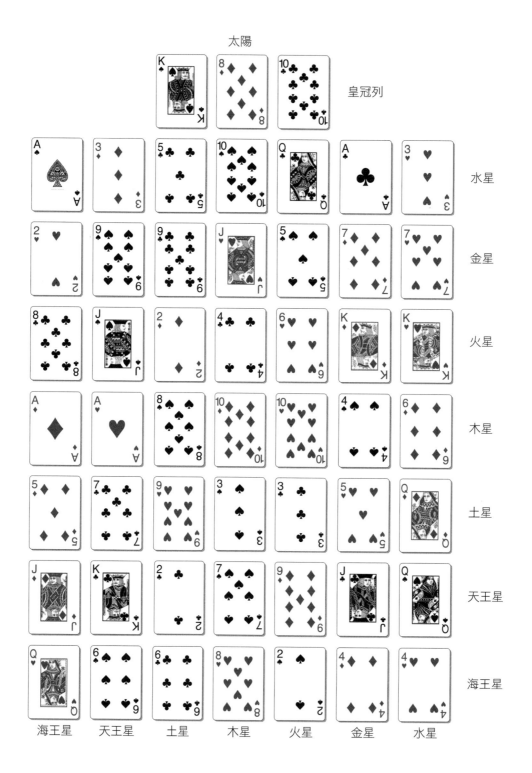

水星

金星

火星

木星

土星

天王星

海王星

海王星　天王星　土星　木星　火星　金星　水星

你也會找到每張牌那頁的注意事項，以及吉利年分，幫助你了解一些關於此人人生週期的獨特特徵。在某些情況，有些資料甚至超過了十五種不同事件的範疇，並揭露特定牌的一些特定情況，這在不同的人生時期是非常值得注意的。

首先，我們需要全面解釋這十五種事件，這樣，當你開始查看個人重要的年分時，便知所指為何。

什麼是置換牌？

在本章大多數討論的特別影響來自於置換牌。置換牌就是我們的本命牌或守護星牌在大太陽牌陣中，每年置換的牌。上一頁的圖就是大太陽牌陣，本書的流年牌陣都來自於此。如果你拿今年的置換牌去比較這張圖，你可以看到你的本命牌（或守護星牌）落在這一年。例如，在鼎盛之年，我們置換了方塊8，就落在中間上方，這也稱為「太陽」的位置。

許多在大太陽牌陣的位置有特別的意義。每一行、每一列都受一種行星能量影響。此外，環繞該牌的任何一張牌也會影響它。這就是關於吉利事件的一切——特殊事件發生，成為我們其中一張個人指示牌在某個特定位置的結果。注意三張固定牌和四張半固定牌落在哪裡。如果你不是其中一張，你的牌將永遠不會落在它們的位置。這七張牌從來不會動來動去，去享受其餘四十五張牌位置的經驗。

關於這些特殊位置，以及我們的牌每年在這個牌陣中的移動，還有很多要學的。當我們研究這套系統，我們是基於我們生活的世界，去研究其結構和數學上的基礎。

我們在相同年齡都會經歷的週期

44歲和45歲，89歲和90歲——預備重生之年和重生之年

若你仔細研讀自己的流年牌陣，你可能會注意到大多數的本命牌，在0歲、45歲和90歲的牌陣是完全相同，或近乎相同的。同樣也能將此應用到3歲和48歲，23歲與68歲。唯一的例外是半固定的本命牌實際上在第二個45年交換了彼此的位置。這一點可以從比較梅花A的20歲牌陣和它的宇宙靈魂雙生子紅心2的65歲牌陣來證明。

這個現象顯示出我們每一個人經歷的週期，在我們45歲之後重複，然後90歲又再來一次。唯一一張沒重複的牌是長期牌。因為本質上在45歲時，我們有跟出生時同樣的牌，我們會經驗類似的重生。如果一個人覺察到它的潛能跟重要性，那將是非常有影響力的一年。那些熟悉重生概念的人會告訴你，它代表了透過重新體驗肉體，以較高的層次改造自己的機會。這肉體重生的過程牽涉到一種被引導的體驗，包含了特殊呼吸的技巧——在我們初次進入這個世界時，用來使我們與過往經驗連結起來。這相當戲劇性而有效，因為它提供我們一個機會，用更為樂觀的思維去重塑我們自己。

同樣的原則，應用到人生中的預備重生之年和重生之年。比方說，在44歲時，你回到子宮。透過靈性牌陣，我們經驗到的人生就像一趟旅行。許多人發現44歲在世俗的層面上非常令人困惑。但是靈性發展的層次和自我覺察的能力進展，卻有異乎尋常的潛力。一方面，預備重生之年像是待產的母親，我們懷孕了，從某種意義上說，我們懷了一個將要成為我們自己的孩子。對不確定的未來常會有一些困惑感或是焦慮感，就好比準父母還真不知道他們的孩子會是什麼樣子一樣。在預備重生之年期間，你可能會發現你沒有清楚的方向，對你的人生還有不確定的感覺，導致對某個方面有恐懼感。但這是你非常適合用來深思和探索內在真我的一段時間。我們在44歲作的內在探索愈多，我們在45歲會更有力量、更積極。

在45歲時，我們幾乎在各個方面都擁有我們出生時的牌。我們獲得一個機會，去經驗我們的本來面目，了解是什麼塑造了如今的自己。某種程度上，我們在45歲的經驗反映了我們人生初始之年的經驗，雖然我們很少有人記得第一年發生的事。但那是第一年，而實際上我們人生的頭七年，塑造了我們的性格。你注意到前七年的長期牌和你0歲的流年牌陣中長期牌（從水星

到海王星）是一樣的嗎？明白這一點，就很容易知道我們的45歲有多重要。在這裡，我們又再次擁有相同的牌，全都在這一年之中。它們給我們一個機會去改造自己。我們在這裡，再次地呈現在人生早期塑造我們人格的同類經驗。但現在我們更有覺知、更成熟、更能將這些經驗轉譯成對我們人生樂觀積極的詮釋。我們就像是在重生的過程，能藉由選擇較高的途徑去提升自己的人格，因為這些經驗會自然地展現，讓我們重新評估。如果我們小心地處理45歲，我們可以用來改變餘生的過程。用你0歲流年牌陣的任何一張牌，也是你人生牌陣的牌，而你有來自於其符號與花色所賦予的人格化特質。現在，思考如何讓那張牌表達出最正向的一面。然後，在你的45歲那天，承諾將那七張牌發揮出最好的一面，並榮耀你自己和你的人生，以及你已經發展出的那些優良特質。重生之年從所有的方面看來，可能是相當重要跟充滿力量的。

我們在不同年齡都會經歷的週期——所有的牌

發現人生目的與命定之年

任何6號牌是置換牌、結果牌或環境牌

這種情況是至少有一張6號牌出現在流年牌中重要位置（長期牌、結果牌、環境牌或置換牌）。這給你一個特殊的機會，唯有覺察到這機會的人才能利用。給我們機會去發現我們人生的真實目的。大多數人用一生的時間去尋找他們的人生意義，尋找他們在世上是否有些特殊的目的或目標要實現。許多人完全找不到目標。由於6號牌在這一年位於特別有影響力的位置，你將會有個特別的機會去發掘你的人生目的。當然，這只在你渴望得知時才行。要是你沒興趣去進一步了解你的人生方向，它可能會成為朝向現存目標穩定邁進的一年。

6號牌可能也令人沮喪，因為他們經常代表我們的生活是靜態不變的情況。不過，它們也賦予我們一種特殊能力，去意識到我們表意識之外的事物。當這些牌出現時，藉由聆聽我們內在聲音，我們可以接收到豐富的

靈感和指引，而且你一整年至少會有一張這樣的牌。要是你在本命牌或守護星牌陣中有超過一張的6號牌在顯著的位置上，那麼這個訊息就變得更為重要了。

6號牌另一個支配一整年的重要面向，就是會有個命中注定的良機在那一年發生。雖然我們生活中的許多事情都來自於當下的選擇，因為我們在前世的言行，還是有些事情注定要發生。在6號牌影響的這一年，絕對可能會發生一些改變人生的事件。

結果牌或環境牌是6號牌，更像是一個在你的人生中的正向影響，創造美好的事物。6號的置換牌需要一些工作跟努力去實現，或可能整體上有些棘手的影響。一張6號的長期牌則是中立的。

研究一下出現在今年這些重要位置的任何6號牌，以及在流年牌陣上出現的其他6號牌。他們會透露出來到你人生路上的特別命運。在你探索內在之路上，祝你好運。

注意：顯示為「＋」的年分以及後面的年分是指超過一張6號牌。在這些年分中，會加強你命定的事件和你個人命運的實現。

福報結尾之年

任何9號牌在木星、結果牌或環境牌的位置上

9號牌是大多數人避之唯恐不及的經驗，會帶來心碎的情況和處境。通常，身為人類的我們對人生中將要了結的事情會感到悲傷，而我們傾向去避開9，因為它們表示結束。它是人類的一部分，不一定是壞事。然而，當9號牌出現在有利的位置，伴隨著一些關係、工作、人生階段、計畫或生活方式，會帶來許多祝福和回報。這些9號牌帶著各種禮物而來。因此，在這些年分，你仍然可以預期有些事情的結束，但它們通常是沒有痛苦或至少帶著美好的祝福，使過渡到下一階段更容易些。

注意：同前面一樣，當你看到年分旁有「＋」和數字，意謂著對那特定一年更有力量的影響。數字愈大，影響愈強。

困境結尾之年

任何9號牌在土星、長期牌、置換牌或冥王星牌上

　　與前一段內容恰恰相反，在其他位置上出現9，對一般人來說更難以處理。這以上四個可能的位置，長期牌是難度最小的，但即使9是長期牌，對某些人來說也是難熬的。澈底了解9的意義是個好主意。我們一旦完全理解它，就可以大大地縮減其令人恐懼又失望的一面，並且利用它來推動我們進入下一個人生階段。在第9章，有一個部分討論關於黑桃9的內容，也適用於所有9號牌，說明9號牌如何在我們生活中起作用的基本道理。如果你看到9即將降臨，心中有些顧慮，就讀這一段，還有其他能找到的相關段落。9真正的意義是完成，簡單明瞭。這意謂著你多年參與的事件即將完成並結束了。對那些了知自己人生週期的人來說──它未必是損失或失望。也可能是個慶祝的理由，把眼睛轉向光明的未來。

注意：如前所述，當你看見年分旁的「＋」和數字，意謂著對特定一年更強的影響。數字愈大，對該一年人生的影響力愈強。

戒慎之年

4♥ 或 7♥ 是置換牌；A♠ 是長期牌、土星、冥王星或置換牌；6♠ 在土星

　　有些特定結合的影響力會不定時出現，在特定情況下會產生非常戲劇化和負面的影響。單是這些位置本身並不保證會發生壞事。但在特定組合的情況下，改變人生的事件可能會出現。這真的端賴這個人和他們在那時的人生態度而定。例如，梅花6在土星週期可能會帶來非常沉重的業力償還。在這種影響下，人實際上會過世。但只是發生在那些與真理背道而馳的人身上，因為自己對別人犯下的惡行而自掘墳墓。假使你對自己的言行有意識，意識到你的言行影響到周遭的人，你就無須懼怕任何6號牌出現在土星週期。

　　在年分旁邊有「＋」和數字，代表這一年有超過一種以上需要謹慎的影響力，或者某些年分具有更強的影

響力。數字愈大，就愈用要戒慎的態度去度過那一年。比如，當任何紅心4或紅心7是該年的置換牌，我會認為它有雙倍的影響。紅心4或紅心7是置換牌會獲得高分的原因是，這些牌都有黑桃9在土星週期的潛在影響。紅心4的置換牌有黑桃9和黑桃6在土星週期的潛在影響，致使它有機會發生相當戲劇化的經歷。例如，雖然O.J.辛普森（美式足球運動員）在第一次審判時有一張非常棒的成功牌，但他卻打輸了官司，因為他在那時的置換牌是紅心4。不僅如此，他在土星週期本身也輸掉了陪審團的裁決，正是這兩張強大的業債牌影響所致。這些置換牌的潛在負面影響可能因土星週期有張好牌而緩減。例如，要是你今年的置換牌是紅心4，但你的土星牌有黑桃8、黑桃4、黑桃10或任何4或8，你在那個時期不太可能有什麼負面後果。這一點也適用於置換牌為紅心7時。

　　黑桃A一直都被視為強大的轉化或是死亡與重生之牌。當這「強勁」的子彈落在一個有利的位置或任何非常有影響力的位置，保持覺知並謹慎行事是明智之舉。黑桃A作為長期牌本質上是比較中性的，但仍然表示你人生中會有巨大轉變的一年。

挑戰之年

任何7號牌出現在土星、冥王星、長期牌或置換牌的位置上

　　7號牌永遠是呈現給我們的挑戰與出路。它不像9號牌有一個不可逆轉的結尾，由7號牌代表的情況有一個我們能夠做到的解決之道。不過，這個解決之道永遠都來自我們的內在，不是從我們之外去嘗試改變或操控結果。這對我們大多數人而言是個難題，因為我們的社會沒教我們從內在找答案。我們的一切訓練和指導都是為了發展所謂的「外在技能」，而很少提到自我認識能成為我們人生問題的解決方案。

　　因此7號牌幾乎一直都在某個方面具有挑戰性，但在這些特殊的位置，它們施加了一股更強烈的影響，通常導致我們直接面對眼前的問題。在每一種情況下，那個問題會反映我們生活的一些區域，我們把自己的力量

交給別人，或交給我們無法掌握的事物，而我們會把自己的問題歸咎在其他事物或別人身上。例如，有方塊7是長期牌的一年，我在財務上完全地破產了。之後，當我在最窮困潦倒的時候，我在和金錢之間的關係上有了心靈的突破，導致我的財務狀況立刻有戲劇化的轉折，甚至沒費一點力氣就改變了我的外在處境。這改變是在我內在發生的。

在這些位置，7號牌會製造的事件幾乎不可避免地會發生。必須處理這些事情，不然通常會有某種損失。當任何一年有兩個或更多7出現在這一年，會有一個＋和數字，代表出現的次數，因此，影響也更強。一定要同時查看你的本命牌和守護星牌列出的內容，看看你是否受到來自這兩張指示牌的挑戰性影響。

我們在不同年齡要經歷的週期

僅限於四十五張牌的家族

這一類事件只適用在本命牌和守護星牌不是固定牌（梅花8、紅心J和黑桃K）或半固定牌（梅花A、紅心2、方塊7和紅心9）。理由是這七張牌並沒有每年的置換牌（和環境牌），它們在大太陽牌陣不會像其他四十五張牌那樣移動。要完整地解釋這個原因，就查詢書末可以看到的進階書。現在，只要接受這一點，知道這七張牌不包含在其中，它們有和其他四十五張牌不同的人生體驗。

52歲——關鍵之年

52歲是重要的年分之一。用某種方式說，它代表作出我們人生重大決定的一年——決定是否要真正地活著。真正地活著，意謂著從我們熱愛人生的一面作選擇，並且很高興能有機會在這個星球上生活。其反面就是，從我們恐懼的一面去過生活，總是犧牲能使我們快樂的事情，並竭盡所能去避免我們害怕的事物。我們每個人都有恐懼，能把「活的」和「死的」從中分開的，就是去面對這些恐懼，做出有意識選擇的能力。只有那些從不質疑自己基於恐懼的決定的人，才會以無路可走

的人生告終，而沒有絲毫幸福快樂可言。

舉個例子來說，就是有個人在個人親密關係上害怕被拋棄，導致他們和一位某種程度上有虐待狂的人成為伴侶。因為這個人非常害怕「單獨留下」，雖然他們不開心，也不享受這段關係，但他們還是願意和這樣施虐的人在一起。這是個基於恐懼，而非愛去作決定的例子。如果我們基於恐懼作出最重要的決定，避免負面事物，就算我們還有呼吸，我們其實已經算是個行屍走肉了。

在這一年期間，你將有個機會以充滿愛和正向的方式，去處理你生活中好幾個基於恐懼的挑戰。在很大的程度上，這些挑戰由你52歲本命牌牌陣中的環境牌表示。仔細地研讀這張牌的牌義是個不錯的主意。某種程度上，它代表著你今生最重要的挑戰之一。這一年的重要在於，雖然它代表你一生的挑戰——因為它落在環境牌的位置，藉由這張牌代表的人生挑戰——它實則是毫不費力給了你一份今年的祝福。它會讓你非常容易地處理這張牌代表的經驗，並且發揮出它最積極而有力的一面。你可以這麼說，你在那個領域通常有很大的困難，但一切都將水到渠成、事半功倍。因此，它代表這一生最後的機會來克服這項挑戰。看來確實如此，對於那些沒在這一年「把握良機」的人來說，以後也不會再有了。它代表來自我們靈魂最後充滿愛的召喚，要我們起身並找回我們與生俱來的幸福與快樂。

上升到鼎盛之年

置換牌10♣

由於你本命牌或守護星牌的今年位置，你將展開人生中一個格外重要的五年週期。我們稱之為「上升到鼎盛之年」。這個週期對你的作用，很大程度是仰賴你在此時的人生方向，所以要仔細地閱讀，來決定它對你的重要性。

要是你已經非常清楚地知道你的個人目標和目的，今年和之後三年將使你提升到有成就和認可的位置。這一年會在你的職業上看到顯著的進步，註記著往上攀爬的第一步，三年後當你的本命牌陣有張方塊8是置換牌

時則達到顛峰。在那時，你將達到職業的頂峰，最後位於一個事業與成就的新水平。許多人在這三年期間達成了偉大的目標與夢想。如果你以事業為重，此時利於推動計畫以精進自己。許多人在這一年或得到晉升或是在某個方面受到了認可。

換句話說，要是你不清楚自己的人生方向或目標，接下來的三年如你所想的那樣，代表人生的高潮——將會是你以目前生活模式度過的最後三年。實際上將要發生的事情，就是你正在收穫這個人生週期所能提供給你的、最好的東西。無論你在此時的人生方向為何，接下來三年你會獲得那個方向的一切好處。讓自己盡情享受它，因為它會慢慢地結出果實而後結束。在鼎盛之年要準備好做出重大的轉變，告別人生的重要篇章，然後邁向一個更好的新週期。

無論在哪一方面，個人的親密關係在這一年都應該是很順利。你實際上手中握有大權，善加利用它，請參閱關於梅花10置換牌的內容來了解更多資訊。

鼎盛之年

置換牌8♦

鼎盛之年正如其名：我們在這一年內某種程度上到達了某個與我們人生有關的最高點，經常在那個時候邁向了一個全新的方向。有人會在他們的鼎盛之年成為美國總統，也有人會在他們的鼎盛之年輸了比賽。我認識的某人，他的公司在那一年達到頂點；而另一個同天生日的人，則在那一年被謀殺。我自己在21歲的鼎盛之年，到達了我音樂生涯的頂峰。在某一種情況，牽涉到的人都會達到他們人生中一個週期的最後終點，大多數情況會展開一個新週期。那些事業心強的人通常在該年會獲得一定的名聲或認可，有些人會是惡名昭彰，如同妮可·辛普森（Nicole Simpson）和羅恩·哥德曼（Ron Goldman），當他們被謀殺時，都是在自己的鼎盛之年（順帶一提，O.J.辛普森的本命牌方塊6，是羅恩那一年的冥王星牌）。你的鼎盛之年會如何演出，大部分仰仗你的人生態度、人生方向，以及你在那時的人生大戲要在哪個舞台粉墨登場而定。

有些人在到達鼎盛之年沒覺察到他們生活正發生什麼，這一年渾渾噩噩就過去了。但即使是這樣的例子，如果我們檢驗該年的情況和事件，我們仍會看到這個強而有力的位置發揮作用。鼎盛之年在本質上就是一種轉化。舊的不去，新的不來。之所以為何經常這麼戲劇性，是因為它的位置在大太陽牌陣的最上方中央。無論我們喜不喜歡，這個位置經常帶來某些名聲或認可。別人會注意我們和我們在做的事。對那些有清楚的人生目標、夢想和方向的人，這會產生巨大的成功，某種程度上包含被公眾認可。但有時在這一年，我們沒達成我們的目標，或是我們達成了，卻不如我們計畫的。喬治·布希輸給比爾·柯林頓時，是他的鼎盛之年。同樣，鮑勃·杜爾（Bob Dole）在輸給柯林頓時，也是剛剛完成了他的鼎盛之年。在這兩個案例，我們仍然見到演出了偉大結局的主題，而這個結局本質上就是鼎盛之年的全部內容。

鼎盛之年在每四十五年到來一次，許多人在一生中會經驗兩次。如果你也把行星守護牌算進去，一個人在離開人間時會經歷到四次或更多次顛峰。

最受福佑之年

置換牌10♦

最有福佑之年從上升鼎盛之年的五年週期結束後開始。在與那兩年相關的一切提升和轉化之後，這一年相較之下似乎很平順。但是，這一年可能有許多好事，因為我們的牌和大太陽牌陣最中央的方塊10置換了。這個位置被水平和垂直方向上都最有利的行星木星支配了。這是實現願望之年。我已經注意到大多數人在這一年間獲得了他們最想要的東西。許多次，這禮物成為他們人生中最重要的祝福之一。收到的禮物可能是世俗層面上的，像是金錢或關係，它或許可能是非常靈性的事物，比如內在的轉化，或是在情緒層面上糾纏一輩子的問題獲得解決。和人們討論在這些年分中到底有什麼發生在他們身上，是件非常有趣的事。

如果你有這樣的一年即將到來，你就有個特別的機會。問問你自己，對你來說，你現在能收到最棒的禮物

是什麼。你在這一年將有機會得到它。對自己誠實，不要只是為了好玩而許下緣木求魚的願望，這是沒用的。這應該是你由衷想要得到的東西——真正帶給你內在幸福與平靜的東西。對所有的可能性保持開放，然後看看會發生什麼事。你現在受到了祝福，沒有什麼能真正傷到你的。相信你可以在你選擇的大多數方向有所進展，要知道神聖的力量保護著你。

實現願望之年

置換牌為 10♠、4♣、3♠、7♠、8♥

當以上這些牌置換時，你就在大太陽牌陣中的木星列。因此，你會在今年獲得一個或更多願望實現的機會。雖然說你的諸願皆成不太正確，木星的影響力保證其中幾個願望絕對在有利的方向進行。通常這對你來說是豐盛的時節。想一想你願望清單上的一些事情，看看它們是否會在今年實現。這一項上面的另一張置換牌紅心 8 大概是對做生意的人最有利的牌，因為它也能帶來其他方面的利益，比如人氣、認可與成功。（請參見下一小節獲得更多訊息。）

功成名就之年

置換牌是 4♥、4♦、2♠、8♥、6♣、6♠ 或 Q♥；長期牌在皇冠列

如果你讀了第74頁的大太陽牌陣圖，會注意到牌陣最上面有三張牌。有梅花 10、方塊 8 和黑桃 K。這三張牌一起被稱為皇冠列，任何人有其中一張牌作為本命牌或守護星牌，將會具有國王般的特質，像是領導力或是對認可的渴望。黑桃國王從來不會移動它的位置，除了擁有這張牌的人之外，沒有人能經驗到最有權勢的位置。但是，我們流年牌陣中的牌和長期牌會有多次落在皇冠列，我們將有機會去經驗那個最高位置相關的一些權力跟認可。

例如，當某個人有張方塊 4 時，他的天王星和海王星週期相應地會出現梅花 10 和方塊 8。這意謂著那一年的這兩個週期，獲得表彰或成名的機會增加了。在這一年的任何週期有黑桃 K 做直接牌，你可能會在工作上有極大進展，只要你願意承擔領導或負責的位置。國王牌與其影響只會為表現像國王般的人帶來國王般的結果。

經常有人連續三年的長期牌都是皇冠列的牌。這些年分後面經常會標示 + 2 或 + 3。這三年將有一年是黑桃 K 當長期牌。在這種情況下，影響會更大，因為這影響力會持續一整年，或是在某些情況下，會連續三年。研究一下你的流年牌陣，看看你什麼時候有黑桃 K 當長期牌。這是在物質層面上帶來成功、最有力量的影響之一。

在列出的年分中，你非常有可能升官或得到工作成果，你的貢獻被那些地位高的人認可，並且在同行中變得有名。年輕人會在求學時經驗到成功與受歡迎。有些人在童年或求學時期會因為這些影響而有特別幸運的經驗。在這些年分中，任何生意人都會明智地去推行和廣告他們的產品和服務，尋求拓展其影響力的範疇。許多人在這些年分中獲得頭銜和其他形式的榮譽與認可。

財源廣進之年

置換牌是梅花 5（方塊 7／紅心 9，或紅心 9／方塊 7 在木星週期）；方塊 8 或方塊 10 在木星週期、長期牌、環境牌或結果牌

說到錢，梅花 5 的人有罕見的善業——雖然並不是你遇到的每個梅花 5 都會有，他們當中有很多人在一生中不同的時期收到大筆金錢。這筆錢通常來的容易，往往也不是他們工作的結果。當你的本命牌或行星守護牌在某些年分有置換牌黑桃 5，你在這段期間就承繼了黑桃 5 的一些財運善業。許多人在那些年分收到一大筆錢。方塊 7 一向被稱為百萬富翁牌，它在木星週期的解釋實際上是巨額的開銷。巨大的花費通常是財源滾滾的結果，所以它代表某種意外之財。

不要在你賺到錢以前先規劃如何花錢。無論如何，這並不保證致富。但是，如果你大致上對財務有正向態度，你可能會對來自宇宙的厚禮感到驚訝。

在木星週期的方塊 8 和方塊 10 是財務成功的最佳指標。但是，必須要聲明，只有那些從事能賺錢的活動者才能得到這種好運。一個有固定收入的人，做打雜工作

或是退休的人，當這些牌出現時，並不會出現任何財務增益。不過，要是你在做生意，或是有機會擴大你的商品和服務時，這些牌代表巨大的財務獲利。

方塊8和方塊10在其他位置也不錯，對大多數人都可以表示財務上的豐盛。但是，再次強調，當你沒有經營任何形式的生意或是工作，卻期待這些牌讓你的收入可能戲劇化地增加，而帶給你富足，那就太傻了。

黑桃國王是長期牌

最有力量又有潛能獲得報酬的長期牌之一是黑桃國王，在物質層面上，它被當作整副牌最有力量的牌。黑桃K當長期牌，對於一個願意為自己的行動負責的人來說，任何事情都有可能成功。對於相信自己沒有個人力量，對自己人生中的事不負責任的人來說，長期牌黑桃K可能沒什麼用。但是對於願意扛起責任的人，這張牌可以像一個神奇的精靈實現你所有願望。有些牌在一生中絕對不會有黑桃K當長期牌。大部分的牌都有，有一些牌還會有四次之多。每當一張牌在一生中遇到了黑桃K超過一次時，我就列出這張牌出現的年分。對於那些準備好利用它的人來說，這些年分就是特別的機會。

人生之路和十三年週期及其守護牌

在本章每一張牌的頁面下，有一個表格列出了十三年週期和相應的守護牌。那些熟悉這套系統的人會辨認出這是人生牌陣的前七張牌，我們也稱之為人生之路牌。本質上，這些牌和我們第一年（0歲）、45歲和90歲的牌陣一樣，每一張牌統治我們人生的十三年。因此，例如，在我們人生牌陣中的水星牌統治了我們人生的前十三年，而金星牌則是下一個十三年，以此類推。這些守護牌對其統轄的週期有整體的影響。例如，任何

人在有紙牌5統治的特定十三年週期時，可能會在那期間經驗到許多旅遊或搬家。

七個十三年週期會給你八十九年，相當接近於大太陽牌四分法（quadrations）的確切數字，四分法是本書創造流年牌陣的方法，人的壽命時間一般來說似乎是90歲左右。

當然不是每個人都能活到90歲，一些人會活更久一點，多數人會少幾年。這就是為什麼我們不能保持這90年週期有精確的長度。特別是在土星週期之後，從52歲到64歲，我們發現更難確定我們是處於哪個週期，以及哪張牌支配我們的生活。我通常天王星和海王星兩張牌一起看，把它們說成是「人生的晚年」。在你自己的研究中，我相信你會發現不同的人存在著不同的差異。有些人會正好在一個週期跨到下一週期時發生改變，比如從火星週期到木星週期，而有的人會發現新週期的開始頭一兩年或更晚時發生變化。

有時候在週期之間的轉變相當深奧。許多人發現他們的人生變化大約在13歲、26歲、39歲……等等。尤其是當新週期的牌和前一週期的牌大相逕庭時，更會有這種情況。例如，在我自己的人生中，我的轉變發生在由黑桃3統轄的火星週期，到由紅心9統轄的木星週期，就是個相當大的差異。黑桃3在我們生活中是一股分散的力量，是一張半固定牌，兩者幾乎相反。類似的情況會發生在由紙牌5統治的週期轉到由一張比較固定的牌統轄的時期，比如：4號牌、6號牌、8號牌等等。

歡迎你更加深入地研究這十三年週期。使用本書在流年牌陣中的相應行星週期，就可以推演出其意義。例如，假使你人生的木星週期由黑桃A統轄，你會查找本書中木星週期的黑桃A，只需把五十二天週期改成十三年週期。我也會建議你閱讀那些牌的基本意義，它們將帶給你更多的洞見。

紅心A的吉利年

預備重生之年：44、89

重生之年：45、90

關鍵之年：52

發現人生目的與命定之年：3+2、7、14、21、24、26、31、38、42+2、46、48+2、52、58、59、66、69、71、75、76、81、83、87、93+2、97+2

福報結尾之年：5、9、13、17、23、27、31、33、37、50、54、58、62、64、72+2、76、78、82、95、99

困境結尾之年：5+3、7、8+2、17+2、18+2、25+2、29+2、32+2、34、38+2、39、42+2、46+2、50+2、53+2、62+2、63+2、70+2、74+2、77+2、78、79+2、83+2、89+2、95+2、98+2

戒慎之年：11+2、12+2、14、35+2、56+2、57+2、59、80+2

個人挑戰之年：1、4、6、8、11、12、14、15、22、24、31、32、34、39、40、43、44、49、53、57、59、60+2、61、64、67、69、76、84+2、85+2、87、88、91、92、94、98

上升到鼎盛之年：37、82

鼎盛之年：40、85

最受福佑之年：42、87

實現願望之年：13、14、22、34、58、59、67、79

功成名就之年：3、6、7、13、23+2、24+2、25+3、33、35、46+2、47+2、48+3、50+2、51+3、52+3、58、70、78、80、93、94+2、95+2、96+3、97

財源廣進之年：3、5、17、19、23、29、42、43、48、50、62、68、70、82、87、90、93、95

紅心A的人生之路和十三年週期的守護牌

水星	金星	火星	木星	土星	天王星	海王星
0~12歲	13~25歲	26~38歲	39~51歲	52~64歲	65~77歲	78~90歲
A♦	Q♦	5♥	3♣	3♠	9♥	7♣

註釋：

　　紅心A在23歲、24和25歲有特別幸運的週期，他們的長期牌是皇冠列牌。但是，因為所有的黑桃A有黑桃3作為守護星牌，這使得成功週期實際上更長，從21歲開始。所以，從21到25歲在職業上有許多晉升或提拔的機會。23歲時特別突出，因為本命牌和守護星牌在那時有張長期牌在皇冠列。在46到48歲和50到53歲有類似的強大影響而獲得成功。

　　53歲是特別需要謹慎的一年，他們的置換牌是黑桃9，並有張黑桃7在土星週期。健康與工作問題會在那年遇到挑戰。在14歲、49歲、50歲和59歲有非常類似的影響，也是需要多加注意的年分。

　　黑桃A很幸運的有四年是黑桃K當長期牌。分別是在25歲、48歲、52歲和96歲。

紅心2的吉利年

預備重生之年：44、89

重生之年：45、90

發現人生目的與命定之年：2、14、22、40、42、50、57、60、68、74、78、85、92、94、100

福報結尾之年：4+2、14、18、28、33、47、57、80、94+2

困境結尾之年：3+2、13、25、27、31、37、39+2、41、44+2、47、53+2、55、58+2、60+2、63+2、68+2、69+3、74+2、77、83+3、84+2、93+2、97

戒慎之年：12、15、20、29、36、40、45、49、66、72

個人挑戰之年：8、17、57、59+2、60、62、64、65、73、77、78、79、80、82、87、89、98

財源廣進之年：7、21、23、25、70、72、84+2、86、98

紅心2的人生之路和十三年週期的守護牌

水星	金星	火星	木星	土星	天王星	海王星
0~12歲	13~25歲	26~38歲	39~51歲	52~64歲	65~77歲	78~90歲
K♥	K♦	6♥	4♣	2♦	J♠	8♣

註釋：

　　所有的紅心2都有同樣的守護星牌，都是方塊2，所以我們可以在查看他們的特別年分時兩個都考慮進去。不過，要注意守護星牌的週期要比本命牌的週期稍微次要一點。身為宇宙雙生子梅花A的另一半，他們在許多方面分享同樣的生命。一個理論是紅心2人也可以從梅花A的流年牌陣來解讀，結果會有關聯，因為這兩張牌在大太陽牌陣中只是每年互換位置而已。方塊2在三十幾歲會有最佳的機會獲得職業和認可的影響力，這似乎對紅心2人來說也是個大有進展的時間點。換句話說，六十幾歲會是這兩張牌都要面臨個人挑戰的時候。84歲這年在健康方面特別有挑戰，有黑桃9和黑桃6在土星。

　　就算不是卓越，紅心2和方塊2在物質方面都有相當好的業。因此，他們的人生從許多方面看都是幸運的。在許多種挑戰性的影響組合的年分包含了25歲、40歲、49歲、57歲、84歲和93歲。

紅心3的吉利年

預備重生之年：44、89

重生之年：45、90

關鍵之年：52

發現人生目的與命定之年：4、6、8、12、13、18、22、23、28、32、34、37、41、46、49、51、53、57、58、63、67、68、76、77、79、82、86、94、96、98

福報結尾之年：12、13、20、23、26+2、28+2、35、36、37、38、57、58、68、69、71+2、73、80、81、82、83

困境結尾之年：2+2、8、9+2、18、19+2、20+2、30+2、33+2、35+2、42+2、45+2、54+2、58、64+2、65+2、75+2、78+3、87+2、88+2、91、92+2、99+2

戒慎之年：5+2、6、12+2、13+2、16、26、36+2、39、50、51、57+2、58+2、61、71+2、81+2、95、96

個人挑戰之年：0、2、4、6、12、13、15、16、19、26、37、40、41、43、47+2、49、58、60、64、66、72、77、80+2、85+2、86、90、92、94

上升到鼎盛之年：38、83

鼎盛之年：41、86

最受福佑之年：43、88

實現願望之年：14、15、23、35、59、60、68、80

功成名就之年：4、7、8、14、26、30+2、31+2、32+2、34、36、49、52、53+3、54+2、55+2、57+2、58+2、59+3、71、79、81、94、97、98

財源廣進之年：1、2、4、24、33、35、40、46、47+2、49、69、81、85、91、92、94、95

紅心3的人生之路和十三年週期的守護牌

水星	金星	火星	木星	土星	天王星	海王星
0~12歲	13~25歲	26~38歲	39~51歲	52~64歲	65~77歲	78~90歲
A♣	Q♣	10♠	5♣	3♦	A♠	7♥

註釋：

　　紅心3有兩種口味——射手座，守護星牌是梅花5；摩羯座，守護星牌是方塊3。這兩張牌中，第一個是在世俗定義中，一般較為成功，梅花5有方塊7這張百位富翁牌在人生牌陣中的木星位置，這往往為他們在某個人生階段帶來財富。

　　對於這兩個生日，在21到27歲之間在財務上會比較幸運，特別是摩羯座的人更是如此。雖然以上的表格沒有反映出來，這七年的週期會有非常有利於財務和商業上的影響，並且在整個階段都會持續下去。57到59歲可能是一生最好的階段，守護星牌也會在財務成功上有良好的影響。59歲是最高點。紅心3幸運地有三年以黑桃K做長期牌，是在32歲、55歲和59歲。

紅心4的吉利年

預備重生之年：44、89

重生之年：45、90

關鍵之年：52

發現人生目的與命定之年：3、4+3、5、9、10、13+2、14+2、17、20、28、31、32、41、49+2、50、55、58+2、59+3、62、69、73、76、77、86、94+2、95、96、98、100

福報結尾之年：3、7、17、19、27+2、31、33、41、42、48、52、62、64、72+2、74、76、82、86、87、93、97

困境結尾之年：2+2、9+2、12、15+2、18+2、19、20+2、27+2、28+2、36+2、40、42+2、44、47+2、52+2、56+2、60+2、62、63+2、65+2、72+2、73+2、75、77、81+2、87+2、89+2、92+2、99+3

戒慎之年：0+3、9、21+3、22+2、28、31、45+3、54、66+3、67+3、73、76、90+3、99

個人挑戰之年：3、4、7、11、22、24、25、31、36、43、44、48、49、51、52、54、58、61、66、67、69、72、81、91、93、94、97

上升到鼎盛之年：2、47、92

鼎盛之年：5、50、95

最受福佑之年：7、52、97

實現願望之年：23、24、32、44、68、69、77、89

功成名就之年：0、6+2、13、14+2、15+2、16、17、23、35+3、43、45、58、61、62、68、80、88、90、93+2、94+2、95+2

財源廣進之年：16、27、33、38、40、49、78、83、85

紅心4的人生之路和十三年週期的守護牌

水星	金星	火星	木星	土星	天王星	海王星
0~12歲	13~25歲	26~38歲	39~51歲	52~64歲	65~77歲	78~90歲
4♦	2♠	8♥	6♣	6♠	Q♥	10♣

註釋：

　　對於多數的紅心4，健康是持續不斷的問題，經常打從出生第一年就開始，在4歲時，可能會再次指向健康的問。45歲的重生之年，同一股影響力又再度造訪，並且有一個機會從較高層面去重新創造他們和健康問題的關係。

　　紅心4往往在求學時體驗一些成功，並且通常在14到20歲之間度過歡樂時光。然後，在35到41歲時，他們的本命牌會在鼎盛的位置度過七年，有張置換牌方塊8，這往往為那些有事業心的人帶來巨大的成功。特別是天蠍座的紅心4，有方塊8作為守護星牌。紅心4幸運地在三年人生中有黑桃K做長期牌，是在15歲、35歲和95歲時。

　　要特別留意21歲和66歲，在那些年分中，它們都有黑桃A做土星和置換牌。

紅心5的吉利年

預備重生之年：44、89

重生之年：45、90

關鍵之年：52

發現人生目的與命定之年：3、7、17、18+2、21、24、26、28、33、34、38、42+2、48、52、59、62、63、64、66、69、73、83、87+2、89、93+2、96、97

福報結尾之年：5、6、12、16、22、37+2、38、40、48、50、51、57、61、67、82+2、83、89、95、96

困境結尾之年：0+2、1+2、2、5+2、8+2、11、14+2、16+2、17+2、18+2、22+2、26+2、29+2、30+2、38、39+2、42、45+2、46+2、48、50+2、53+2、55+2、59+2、61+2、62+2、65+2、71+2、74+2、75+2、84+2、90+2、91+2、95+2、98

戒慎之年：2、11+2、32+2、33+2、44、47、56+2、77+2、78+2、92

個人挑戰之年：3、8、9、10、13、15+2、20、21、25、28、33、35、47、54+2、55、60+2、61、62、63、67、70、74、77、78、80、90、99、100

上升到鼎盛之年：13、58

鼎盛之年：16、61

最受福佑之年：18、63

實現願望之年：10、34、35、43、55、79、80、88、100

功成名就之年：1、9、11、12+2、13+2、24、27、28、34、46、54、56、63+2、64+2、65+2、69、72、73、79、83+2、91+3、92+2、99

財源廣進之年：7、21、23、27、28、29、30、44、52+2、66、72、73、74、75、78、89、97

紅心5的人生之路和十三年週期的守護牌

水星	金星	火星	木星	土星	天王星	海王星
0~12歲	13~25歲	26~38歲	39~51歲	52~64歲	65~77歲	78~90歲
3♣	3♠	9♥	7♣	5♦	Q♠	J♣

註釋：

紅心5人經常在人生的早期——從出生到21歲之間，經驗一些與搬家、改變有關的創傷性經驗，這是因為他們的流年和七年牌陣的安排，且本命牌坐落在大太陽牌陣中的土星行。那些經驗並非都不好，但是關鍵事件對他們成年人格的形成大有影響，這些特質中有許多跟旅遊和個人自由有關。

約莫26到52歲時，他們的生活會安定下來，在大多數情況下，會比較少旅行和變動。不過，在之後，會再次發生十三年左右的變化。

在47歲和55歲時會有特別的挑戰，主要是同時與他們的健康與個人親密關係有關。58歲也是需要特別小心健康問題的一年。

紅心6的吉利年

預備重生之年：44、89

重生之年：45、90

關鍵之年：52

發現人生目的與命定之年：0+2、4、10、14、18、20、23、25、27+2、31+2、35、37、39、45+2、50、51、55、59、63、65、68、70、72+2、76、80、84、89、90+2、92、100

福報結尾之年：3、6、8、9、12+2、13、21、29、34、41、42、47、48、53、54、57+2、58、66、74、79、86、87、88、93、96、98、99

困境結尾之年：11+2、13+2、14、23+2、32+2、34+2、38+2、42+2、47、55、56+2、65、66+3、70+2、72、77+2、79+2、83+2、87+3、95

戒慎之年：12、14+2、18、28、30、35+2、36+2、49、57、59+2、63、73、75、80+2、81+2、82、98

個人挑戰之年：3、10、17、18、21、23、25+2、30、36、38、41+2、44、48、55、58、63+2、68、73、75、81、83、86+2、93、100

上升到鼎盛之年：16、61

鼎盛之年：19、64

最受福佑之年：21、66

實現願望之年：1、13、37、38、46、58、82、83、91

功成名就之年：4、12、14、27、30、31、33+2、34+2、37、49、57、59、72、75、76、82、84+2、85+2、86+2、94

財源廣進之年：2、4、5、6、13、16、24、26、38、45、47、49、50、51、58、60、61、69、71、77、83、92、94、95、96

紅心6的人生之路和十三年週期的守護牌

水星	金星	火星	木星	土星	天王星	海王星
0~12歲	13~25歲	26~38歲	39~51歲	52~64歲	65~77歲	78~90歲
4♣	2♦	J♠	8♣	6♦	4♠	10♥

註釋：

　　紅心6有相當多的財運好年，比其他紅心牌來得多，他們在財務方面有超乎一般的好運。另外，他們整體上都有好財運，如同他們人生牌陣中所有的偶數牌昭示的那樣（這與十三年週期的牌是一樣的）。

　　他們通常在求學時表現很好，在19歲達到了鼎盛之年——就是在那幾年內。總體來說，他們有比其他牌更好的開始，這是因為童年的有利影響。在22歲之後，他們開始學習一些人生功課，這時會遇到改變與挑戰，這是他們走向成熟過程的一部分。在30歲跟31歲時，他們經常會經歷一段追尋他們人生深層意義和目標的過程。藉由認真努力，他們會踏上正確的道路，在工作與生活中獲得更多的快樂跟成就。

　　在65歲和66歲經常會遇到健康與其他的挑戰，導致發生生活上的全新改變。雖然這個結局困難，但是為美好的未來開啟了許多嶄新的可能性。

紅心7的吉利年

預備重生之年：44、89

重生之年：45、90

關鍵之年：52

發現人生目的與命定之年：0、5、9+2、13、15、19、22、25、26、36+2、40、45、50、54+2、56、58、64、67、70、71、73、81+2、83、85、90、95、99+2

福報結尾之年：0、4、8、11、18、25、27、33、37、39、45、49、52、53、60、63、70、72、78、82、84、90、94、98

困境結尾之年：0+2、3、4、6+2、7+2、9、14+3、20+4、21、25+2、27+2、29、30+2、34+2、41+2、42、43+2、45+2、51+2、52+2、53、59+3、65+4、67+2、69、70+2、72+2、76、77+2、80、85、86+3、88+2、90+2、96+2、97+2、99

戒慎之年0+2、20、23+2、44+2、45+2、68+2、89+2、90+2

個人挑戰之年：0+2、1、2、10、11、22、27、30、32、34、40、42、45、46、47、52、55、58、72、75+2、79、85、87、90、91、92、94、100+2

上升到鼎盛之年：25、70

鼎盛之年：28、73

最受福佑之年：30、75

實現願望之年：1、2、10、22、46、47、55、67、91、92、100

功成名就之年：1、10+2、11+2、12+2、13、21、23、36、39、40、46、58、66、68、81、84、85、91、96+2、97+2

財源廣進之年：1、6、9、11、15、16、17、19、20、46、51、54、56、60、61、62、64、65、91、96、99

紅心7的人生之路和十三年週期的守護牌

水星	金星	火星	木星	土星	天王星	海王星
0~12歲	13~25歲	26~38歲	39~51歲	52~64歲	65~77歲	78~90歲
7♦	5♠	J♥	9♣	9♠	2♥	K♥

註釋：

　　從第一個十三年的週期到下一個週期往往戲劇化，從一種相當安穩的生活方式變成有許多改變和旅行的生活方式。之後，在第三週期從26到38歲再次地安定下來。對紅心7小孩來說，3歲和4歲是需要注意健康問題的年分之一。即使健康很好，他們在生活中一直都會有些狀況，以致在他們心中留下烙印，這些可能是情緒或精神上的損失。紅心7有非常靈性導向的人生之路，兩張9號牌和紅心J都反映了這一點。因此，透過付出，他們可能得到失望跟挫折或是成功與報償。

　　7到13歲，特別是10到12歲會過得很快樂。紅心7經常在求學時非常成功，廣受愛戴。如果他們繼續升學，這會持續到大學時期，雖然有很多人會在那個年紀選擇經商。14歲和20歲要特別小心，人生中可能會有些難以處理的了斷。紅心7有個人依戀的問題，這就是了斷關係帶給他們最大衝擊之處。

紅心8的吉利年

預備重生之年：44、89

重生之年：45、90

關鍵之年：52

發現人生目的與命定之年：0、1、3、4、6、8、10、11、18、23、27、35、37、39、41、48、49、51、53、55、56、63、68、72、80、82、84、86、88、93、94、96、98、100+2

福報結尾之年：5、6、12、14+2、21、24、26、40、50、55、57、59、66、69、71、85、95、96

困境結尾之年：5+4、16+2、19+2、21+2、22+2、31+2、33+2、35+2、40+2、42、45、50+4、51、61+2、64+2、67+2、68、74+2、78+4、80+2、85+2、95+4、97

戒慎之年：3、17、21、22+2、27、34、43+3、44+2、47、48、62、66、67+2、72、79、88+3、89+2、93

個人挑戰之年：1、13、15、22、24、26、29、30、33、44、46、56、57、60、66、71、73、76、79、84、89、91

上升到鼎盛之年：24、69

鼎盛之年：27、72

最受福佑之年：29、74

實現願望之年：0、1、9、21、45、46、54、66、90、91、99

功成名就之年：0、3+2、4+2、5+2、12、20、22、35、38、39、45、57、65、67、80、83、84、89+2、90+3

財源廣進之年：2、4、10、12、16+2、18、31、33+2、38、47、55、57、61+2、63、76、78+2、83、87、92、93、100

紅心8的人生之路和十三年週期的守護牌

水星	金星	火星	木星	土星	天王星	海王星
0~12歲	13~25歲	26~38歲	39~51歲	52~64歲	65~77歲	78~90歲
6♣	6♠	Q♥	10♣	8♦	K♠	3♥

註釋：

　　所有的紅心8如果有心專注在職涯上，都有潛能獲得成功。從39歲到77歲的每一年都有皇冠列的影響，這會帶來成功、名聲或聲名狼藉。一般來說，美好的童年會帶給他們很多關注跟認可，給予他們鼓勵，使得他們有很多人在一生中抱持更為積極的態度。人生的第三年應特別小心健康問題，但是其餘的童年時光通常都會平安無事。

　　紅心8在17歲和62歲時有潛在的健康影響，因為他們有黑桃A在土星，且有黑桃3隨之成為置換牌。但是整體來說，他們的人生比其他牌更受祝福，有許多需要感激的事情。

紅心9的吉利年

預備重生之年：44、89

重生之年：45、90

發現人生目的與命定之年：1、8、9、10、15、19、22、26、35、38、56、71、72、79、81、88、91、98、99

福報結尾之年：10、20、21、35+2、42、45、49、56、59、66、86、100

困境結尾之年：0+2、3+2、4、10+2、12、13+2、18+2、20、32+2、42+2、47、55、73、74、76+2、79+2、90+2、93+2、100+2

戒慎之年：43、52、55、56、84

個人挑戰之年：0、4、5、6、7、9、13、16、19、24、27+2、32、36、38、46、56、94、96、97、99

財源廣進之年：11、13、25、27、32、34、76、78、80、94

紅心9的人生之路和十三年週期的守護牌

水星	金星	火星	木星	土星	天王星	海王星
0~12歲	13~25歲	26~38歲	39~51歲	52~64歲	65~77歲	78~90歲
7♣	5♦	Q♠	J♣	9♦	7♠	2♣

註釋：

　　仔細研究紅心9的流年牌陣，在第一週期七年的每一年中，有強烈的9號牌影響，或是7號牌在土星的影響……等等。這告訴我們，在紅心9的人生中，有許多成長年分的標記是挑戰、損失，或者，在某些情況，則是悲劇。這些可能是戲劇化的事件或僅僅是一般事件的情緒化理解。但在其他情況，紅心9的人格在早期這些年形成，傾向於感受到某種程度上受到生活上的傷害。

　　但是，身為半固定牌之一，紅心9有能力去處理這類經驗。他們和宇宙靈魂雙生子方塊7緊密相連，共有許多特質跟人生週期。他們之間主要的不同在於：方塊7在出生時占據了金星／金星行／列位置，那時紅心9則占據了土星／土星的位置。在所有的情況中，土星／土星的位置可以代表最艱難的情況，並且充滿了業債。在大太陽牌陣中的土星位置代表前世的生活，在這些生活中，對因果關係的規則一無所知，而且幾乎沒有意識到我們的言行如何影響周遭的人。如果業力這麼大，有這麼多負面經驗，必須要遭受許多負面經歷去改正它，身處於其中的人經常在早年覺得自己是被單獨挑出來處罰，或者他們是某些殘酷宇宙笑話的犧牲品。這造就了紅心9常見的犧牲者／救世主人格，但也是他們致力於服務和幫助世界的理由。這一點會發生在任何土星行上的人，但也許紅心9是最強烈的。

　　並不是紅心9就沒有能力獲得成功或認可。許多人會在工作上和生活中功成名就，在服務世界時獲致偉大功蹟。對於這一點的特定信號，記得要去查詢他們守護星牌的成功週期。

紅心10的吉利年

預備重生之年：44、89

重生之年：45、90

關鍵之年：52

發現人生目的與命定之年：4、6、9、20+2、21、24、25、29、34、35、39、41、42、44、49、51、54、65、66、69、70、74、79、81、84、86、89、92、94、95、96、97、99

福報結尾之年：0、9、11、19、40、41、54、56、64、82、85、90、99

困境結尾之年：5+2、7+2、8+2、17+2、26+2、28、36+2、50+2、53+3、60+2、63、64+2、71+2、81+2、95+2、97+2、98+2

戒慎之年：8+2、14、17、20、27+2、29+2、30+2、34、53+2、59、65、72、74+2、75+2、79、98+2

個人挑戰之年：12、15、18、19、21、22、23、30、32、33、41、52、57、62、63、67、75、77、78、86、98

上升到鼎盛之年：10、55、100

鼎盛之年：13、58

最受福佑之年：15、60

實現願望之年：7、31、32、40、52、76、77、85、97

功成名就之年：6、8、21、24、25、31、42+2、43+3、44+2、51、53、62+2、66、69、70+3、71+2、76、88、91+2、96、98

財源廣進之年：0、8、16、22、26、28、30、32、33、41+2、42、53、59、61、65、67、71、73、75、77、86、87、98

紅心10的人生之路和十三年週期的守護牌

水星	金星	火星	木星	土星	天王星	海王星
0~12歲	13~25歲	26~38歲	39~51歲	52~64歲	65~77歲	78~90歲
10♦	8♠	A♥	A♦	Q♦	5♥	3♣

註釋：

　　紅心10有特別幸運的童年和青春期，使他們有一個美好的開端，幫助他們形成一個堅強且健康的人格。不過，14歲和17歲時會有挑戰或損失帶來相當強烈的影響，那幾年應該要小心健康和其他問題。

　　在28歲開始的七年週期會非常幸運，因為那個週期的每一張長期牌都位於木星列。在那個時期，應該會有許多成功——包含財務上和其他的成功。在42到44歲通常是獲得經商成功和認可的最佳年分。

　　紅心10幸運地有三年以黑桃K做長期牌，是44歲、71歲和91歲。

紅心J的吉利年

預備重生之年：44、89

重生之年：45、90

發現人生目的與命定之年：5、7+2、8、13、17+2、31、35、36、45、52、60、62、76、77、80、88、97

福報結尾之年：1、6、20、22、30、36、46、51、65、67、75、81、91、96

困境結尾之年：0、1、7+2、10、15+2、26、28+2、29+2、34、39+2、42+2、52+2、53、60+2、73+2、74+2、84+2、87+2、96、97+2、98

戒慎之年：4、8、32、36、49、53、75、81、83、94、98

個人挑戰之年：1、3、8、11、21、25、33、35、46、48、53、54、62、66、68、76、78、80、91、93、98、99

財源廣進之年：12、14、41、43、57、59、78、86、87、88、92

紅心J的人生之路和十三年週期的守護牌

水星	金星	火星	木星	土星	天王星	海王星
0~12歲	13~25歲	26~38歲	39~51歲	52~64歲	65~77歲	78~90歲
9♣	9♠	2♥	K♥	K♦	6♥	4♣

註釋：

　　如你看到上表所述，統轄紅心J頭兩個十三年的都是9號牌，9通常是代表損失和失望。然而，紅心J他們一輩子所落的位置都位於木星列（因為他們是其中一張固定牌，從來不移動到其他位置）。這種木星的影響力提供了他們一種保護，有能力把看起來是負面的經驗轉化成較為正面的。不過，紅心J賦予的天性是能在個人悲劇中看到愛與真理之光。之後在人生牌陣中的兩張K表示工作上的成功和領導地位。請查看守護星的週期，找出獲得成功與認可的特定年分。

　　53歲是要特別注意的一年，黑桃6在土星和黑桃9是長期牌。75歲在健康方面特別有挑戰。

紅心Q的吉利年

預備重生之年：44、89

重生之年：45、90

關鍵之年：52

發現人生目的與命定之年：1、2、4、12、15、19+2、26、27、30、33、37+2、43、46、47、49、57、60、61、64、68、69、71、75、78、82、85、88、91、92、93、94

福報結尾之年：1、14、15、16、24、25+2、30、31、35、40、42、43、46、59、60、61、69、70+2、75、76+2、84、85、87、88、91

困境結尾之年：1+2、6+2、11+3、12+2、20+2、30+2、31+2、35+2、44+2、46、51+2、54+2、57+2、58+2、65+2、75+2、76+2、78、80+2、88、89+3、91+2、96+2

戒慎之年：2+2、10、16、23+2、24+2、40、41、42、47+2、68+2、69+2、85、86、92+3

個人挑戰之年：4、6、9、13、22、24、26、32、44、45、46、49、51、56、69、71、75、80、86、89、94、95、96、99

上升到鼎盛之年：4、49、94

鼎盛之年：7、52、97

最受福佑之年：9、54、99

實現願望之年：1、25、26、34、46、70、71、79、91

功成名就之年：0+3、1+2、2+3、15、18、19、20+2、25、28+2、29+2、37、45、47、49+2、60、63、64、70、82、90、92

財源廣進之年：1、3、24+2、30、34、35、36、38、41、48、60、63、69、79、80、81、83、93

紅心Q的人生之路和十三年週期的守護牌

水星	金星	火星	木星	土星	天王星	海王星
0~12歲	13~25歲	26~38歲	39~51歲	52~64歲	65~77歲	78~90歲
10♣	8♦	K♠	3♥	A♣	Q♣	10♠

註釋：

　　紅心Q是所有牌中以最好的運勢展開的牌，往往在他們的童年時期就強調他們巨大的潛能跟人生專長。許多人直接就展開一份成功的事業，他們可以在所選的任何領域表現出色。從7歲開始的七年週期特別幸運，因為他們的本命牌在木星列，在整個週期置換了黑桃10。紅心9長期牌在11歲時可能會很困難，但這些只是他們成功之路的課題。在21到27歲時他們再次回到木星列，這個週期的好運仰賴他們想在職涯上付出多少努力。最後他們會從28到34歲、49到55歲時處於皇冠列，這帶給紅心Q在所有牌中最大的潛能獲得成功、名聲、認可和幸福。事業心重的紅心Q應該能夠實現他們所有的目標。從63歲開始的七年週期帶給他們大量靈性和其他的祝福。

　　紅心Q在一生中僅有幾年有特別強烈的負面牌，這就是為什麼他們如此受到祝福的原因。68歲是唯一一個突出的年分，因為同時存在著兩種重要的挑戰性影響。

紅心K的吉利年

預備重生之年：44、89

重生之年：45、90

關鍵之年：52

發現人生目的與命定之年：1、2、6+2、7、12、22、23、27、29、33、39、43、47、51、52、54、57、62、67、68、72、75、76、78、82、84、88、92、96、97

福報結尾之年：1+2、3、6、10+2、13+2、18、22、25、27、36、38、44、46+2、48、51、55、58+2、59、67、70、72、81、83、89、91+2、93、96、100+2

困境結尾之年：9+2、10+2、19+2、21、23+2、25+2、32+2、35+2、41、44+2、45、51、54+2、55+2、64+2、68+2、73、77+2、78+2、79、82+2、89+2、94、99+2、100+2

戒慎之年：2+2、3+2、21、26+2、47+2、48+2、55、66、71+2、92+2、93+2

個人挑戰之年：3+2、5、12、14+2、15、18、26、30、33、36、37、48+2、50+2、59+2、63、70+2、71、75、80、81、93+2、95、96

上升到鼎盛之年：28、73

鼎盛之年：31、76

最受福佑之年：33、78

實現願望之年：4、5、13、25、49、50、58、70、94、95

功成名就之年：4、16、24、26、31+2、32+2、33+2、39、42、43、49、61、69、71、84、87、88、94

財源廣進之年：12、14+2、34、39、57、59+2、61、69、83、84、99

紅心K的人生之路和十三年週期的守護牌

水星	金星	火星	木星	土星	天王星	海王星
0~12歲	13~25歲	26~38歲	39~51歲	52~64歲	65~77歲	78~90歲
K◆	6♥	4♣	2◆	J♠	8♣	6◆

註釋：

　　紅心K有一個相對幸運的童年，在形成性格的年分，大多是有好的長期牌。在28到34歲時，他們落在特別有利的位置，往往為他們所選擇的職業帶來巨大的成功。不過，有些人在31歲結婚，那是他們的目標跟夢想。21歲、41歲、47歲、52歲和66歲的健康問題可能會變得突出，儘管這對大多數人來說絕不是終生的問題。在70歲開始的七年通常是最困難的，在那段時期，他們的長期牌落在大太陽牌陣中的土星行。另外，這七年冥王星／結果牌分別是方塊9和黑桃9。

　　紅心K有挑戰性影響的組合，年分在2歲、21歲、25歲、38歲、47歲、55歲、70歲、83歲和92歲。

梅花A的吉利年

預備重生之年：44、89

重生之年：45、90

發現人生目的與命定之年：5、10、15、16、29、32、33、54、60、84、95

福報結尾之年：2、12、35、49+2、59、63、73、78、92

困境結尾之年：7、8+2、13+2、15+3、17、18+2、23+3、24+2、29+2、33、38+2、39+2、48+2、50、84+2、87、89+2、93、98+2

戒慎之年：0、4+2、60、65、80、81、85、86、90、94

個人挑戰之年：5、6、8、12、14、17、19、20、22、28、32、33、34、35、37、42、44、45、48、51、53、59、62+2、65、76、90

財源廣進之年：25、27、39+2、41、53、68、70

梅花A的人生之路和十三年週期的守護牌

水星	金星	火星	木星	土星	天王星	海王星
0~12歲	13~25歲	26~38歲	39~51歲	52~64歲	65~77歲	78~90歲
Q♣	10♠	5♣	3♦	A♠	7♥	7♦

註釋：

　　梅花Q支配了梅花A的人生前十三年，往往代表他們的母親，或多或少在那個時期主導了影響力。她通常也是非常強勢的女性。既然梅花A是其中一張半固定牌，明智的做法是研讀他們守護星牌的流年影響，以便更加了解商業及其他成功、認可的年分。然而，總體說來，這是張成功的牌。

　　人生的最後一年由兩張7號牌統轄，不是有挑戰，就是令人提升，端賴梅花A對自己的人生是否發展出任何靈性的意義和目標而定。

　　要特別謹慎的年分是4歲、32歲、33歲和39歲，這裡有挑戰牌的組合。

梅花2的吉利年

預備重生之年：44、89

重生之年：45、90

關鍵之年：52

發現人生目的與命定之年：3、4、6、7、11+2、12、16、19、20、21、24、31、32+2、34、38、41、42、48、49、50、52+2、53、56、59、61、64+2、65、66、69、77、79、83、87、91、93、94、97

福報結尾之年：2、7、13、18、23、32、37、47、52、54、62、63、68、77、82、92、97

困境結尾之年：1+2、6+2、8+3、15+2、19+2、20+2、22+2、24+2、28+2、32+2、36+2、37+2、40+2、43+3、46+2、51+2、53+2、60+2、64+2、65+2、67+2、68、69+5、73+2、79+2、82+2、85+2、88+2、91+2、94、96+2、98+2、100

戒慎之年：1+2、2+2、7、18、25+2、45、46+2、47+2、51、63、70+2、77、91+2、92+2

個人挑戰之年：2、4、14、24、28、29、31、34、44、47、48、49、66、72、73、74、76、77、81、89、92、94

上升到鼎盛之年：27、72

鼎盛之年：30、75

最受福佑之年：32、77

實現願望之年：3、4、12、24、48、49、57、69、93、94

功成名就之年：3、15、23、24+2、25+3、26+2、38、41、42、48、60、68、70、83、86、87、93

財源廣進之年：3、8、13+2、15、18、21、23、37、40、48、53、58+3、60、63、66、68、85、93、98

梅花2的人生之路和十三年週期的守護牌

水星	金星	火星	木星	土星	天王星	海王星
0~12歲	13~25歲	26~38歲	39~51歲	52~64歲	65~77歲	78~90歲
K♣	J♦	4♥	4♦	2♠	8♥	6♣

註釋：

　　梅花2和他們的一張業力牌黑桃A有終生的連結，黑桃A經常在他們的流年牌陣和七年牌陣以某種方式出現。在第二個七年週期，這變得非常明顯，他們的本命牌在整個週期置換了黑桃A。黑桃A在7歲時支配了該週期的第一年。總體來說，第二個週期在童年對他們影響最大，在該週期有黑桃A、紅心9、方塊9和黑桃6作為長期牌，其中有一些是在更有挑戰性的位置。在這七年內更有可能發展出某種綜合恐懼症。紅心K在這週期的影響是種療癒，幫助減輕其他的影響。這往往是他們父親或是某位帶來幫助又充滿愛的男性的影響。

　　梅花2具有挑戰性影響組合的年分是1歲、20歲、45歲、46歲、51歲、65歲、69歲和91歲。梅花2的實際人生之路是非常幸運的。只是他們的擔憂經常比成功多。

　　21歲到27歲的七年比較突出，在工作、財務、職涯和認可上特別幸運。許多梅花2在人生中獲得巨大的成功，這是一段值得注意的時間，他們會步步高升到顛峰。這攀升會持續到30歲，他們到達鼎盛之年，通常會轉向一個新的位置或採取新方向。總之，他們會在工作上適當的時機有個美好的開始，並保證了未來的成功。

梅花3的吉利年

預備重生之年：44、89

重生之年：45、90

關鍵之年：52

發現人生目的與命定之年：5、9、13、15、16、17、21、28、30、32、34、36、40+2、47、50、54、58、59、60、62、69、75、77+2、79、81、85、95、99、100

福報結尾之年：7、8、29+2、32、36、43、48、53、56、74+2、77、81、88、97、98

困境結尾之年：1、2+2、6、11+2、15、16+2、24+2、26+2、29、30+2、36+2、37+2、43、47+2、52、56+3、58、61+2、63+2、69+2、73+2、81+3、82+2、92+2、98

戒慎之年：2、19+2、30、32、40+2、41+2、47、64+2、75、76、77、85+2、86+2、92

個人挑戰之年：0、2、10、12、14+2、18+2、23、24、26、28、30、31、39、40、41+2、43、45、55、57、59、63、65、68、71、75、76、84、85、86+2、88、90、92、96、100

上升到鼎盛之年：21、66

鼎盛之年：24、69

最受福佑之年：26、71

實現願望之年：6、18、42、43、51、63、87、88、96

功成名就之年：9、17、19、32、35、36、42、54、62、64、68+2、69+2、77、80、81、87、99

財源廣進之年：7+2、19、21、22、23、28、36、42、52、63、64、66、67、68、73、87、97

梅花3的人生之路和十三年週期的守護牌

水星	金星	火星	木星	土星	天王星	海王星
0~12歲	13~25歲	26~38歲	39~51歲	52~64歲	65~77歲	78~90歲
3♠	9♥	7♣	5♦	Q♠	J♣	9♦

註釋：

　　梅花3經常在童年遭遇許多改變，導致他們發展出在成年期多變的個性。旅行是他們大多數人常做的事情，他們往往頻繁地換工作，直到他們從工作上得到自己渴望的金錢為止。13歲到25歲的十三年週期讓他們更為安定，但是總體來說，他們是靜不下來的。他們在人生早年到達了第一個鼎盛之年（24歲），這足以顯示他們有特殊的潛能，在他們下定決心時，可以達成高遠的目標。第二個鼎盛之年是人生最戲劇化的部分，因為恰逢另一個非常幸運的七年週期。69歲經常是突出的，對他們來說是獲得成就跟認可的一年。在這兩個鼎盛之年，都有梅花9做冥王星牌。在大多數情況下，他們的成功伴隨著挑戰性的結束或是損失而來。

　　帶有戒慎意味的組合，並值得注意的年分是2歲、15歲、30歲、36歲、37歲、40歲、47歲、56歲、76歲和81歲，81歲是這其中最突出的。

梅花4的吉利年

預備重生之年：44、89

重生之年：45、90

關鍵之年：52

發現人生目的與命定之年：1、3、6、9+2、13、15、16、19、21、25、26、30、35、36+2、41、42、44、46、51、54+2、57、60、61、64、70、71、75、80、81+2、86、87、89、91、96、99+2

福報結尾之年：1、4、14、17、19、23、26、35、42、49、50、59、62、64、68、71、80、91、94

困境結尾之年：4+2、10+3、14+2、16、20+2、24+2、29+2、31+2、33+2、35+2、41+2、43、44+2、49+2、50、55+2、56、57+2、59+2、64、67+2、74+2、76+2、78+2、80+2、82、85、86+2、89+2、94+2、100+2

戒慎之年：9、10、13+2、23、33、34+2、35+2、37、41、55、58+2、68、74、79+2、80+2、82、84、100

個人挑戰之年：5、11、12、13、14、17+2、19、22、23、27、30、35、37、39、41、42、50、56、58、62+2、65、68、69、72、75+2、80、82、86、88、89、91、95+2

上升到鼎盛之年：15、60

鼎盛之年：18、63

最受福佑之年：20、65

實現願望之年：0、12、36、37、45、57、81、82、90

功成名就之年：3、11、13、26+3、27+2、29、30、36、48、56、58、71、74、75、77+2、78+2、79+2、81、93、97+2

財源廣進之年：1、6、8、9、25、27+2、32、35、37、46、53、54、66、70、72+2、77、80、91、98、99

梅花4的人生之路和十三年週期的守護牌

水星	金星	火星	木星	土星	天王星	海王星
0~12歲	13~25歲	26~38歲	39~51歲	52~64歲	65~77歲	78~90歲
2♦	J♠	8♣	6♦	4♠	10♥	10♦

註釋：

　　梅花4有一條比較幸運的人生之路。人生牌陣中大多數的牌都是偶數，他們的本命牌位於受到祝福的木星列，木星週期的牌都在木星行。他們有個美好的人生開端，比一般人有更多要感激的事。從7歲到20歲，他們的人生有許多改變，這些年分造就了梅花4在成年個性中閒不住的一面。在26歲和27歲時，他們品嘗到認可的滋味，那段週期往往指引進入一個可以創造過上好生活，並持續成功的領域。如果活得夠長，他們可以在77歲到79歲時享受類似的週期。

　　梅花4與其他大多數牌相比，有比較少的挑戰性組合。但是在30歲、36歲、41歲、55歲、74歲、75歲和82歲時，他們應該要特別注意。

梅花5的吉利年

預備重生之年：44、89

重生之年：45、90

關鍵之年：52

發現人生目的與命定之年：2、8、16、18、20、25、29、37、39、43、45、47、53+2、55、61、65、70、74、82、84、88、89、92、98

福報結尾之年：4、5+2、8、13、15、34、35、36、40、44、45、50+2、53、58、60、79、80、81、85、86、89、94、95+2、98

困境結尾之年：0+2、6、9+2、11+2、18+2、21+2、22+2、23+2、25+2、27、30+2、40+4、41+2、45+2、50、54+2、63+2、64+2、67+2、68+4、70+2、75+2、81、85+4、86+2、90+2、94、99+2

戒慎之年：1、12+2、15、31、33+2、34+2、54、57+2、62、76、78+2、79+2、97

個人挑戰之年：2、3、9+2、16、17、19、23、26、34+2、36+2、49、54、56、61、62、66、67、77、79、81+2、85、91、99

上升到鼎盛之年：14、59

鼎盛之年：17、62

最受福佑之年：19、64

實現願望之年：11、35、36、44、56、80、81、89

功成名就之年：2、10、12、19+2、20+2、25、28、29、35、47、55、57、70+3、71+2、72+2、73、74、80、90+2、92、98+2、99+2、100

財源廣進之年：0、2、4、11、12、14、17、26、28、31、45、46、47、49、56、59、62、71、73、88、90、92、94

梅花5的人生之路和十三年週期的守護牌

水星	金星	火星	木星	土星	天王星	海王星
0~12歲	13~25歲	26~38歲	39~51歲	52~64歲	65~77歲	78~90歲
3♦	A♠	7♥	7♦	5♠	J♥	9♣

註釋：

閒不住的梅花5以一種多變的音符展開人生，在人生第五年的土星年置換了紅心5（靈性牌陣），並有黑桃5長期牌。另外，在5歲和6歲時會有失敗和挑戰，在他們的性格中留下不可抹滅的印記。在童年的失敗是導致他們焦躁不安，以及成年時避免承諾的原因。這個多變的時期在他們人生牌陣置換紅心5的時候，再度延續七年。這些加起來是十四年的變化，讓梅花5如此偏好旅遊跟展開新冒險。

19歲和20歲帶給我們一些早期的成功，激勵梅花5在職涯中擔任更為積極的角色。記住梅花5有方塊7出現在人生牌陣，經常讓他們在30多歲或40多歲帶來財務上的富足。

梅花5要特別小心的年分是18歲、45歲、54歲、63歲和97歲，而45歲是其中最為強烈的。

梅花6的吉利年

預備重生之年：44、89

重生之年：45、90

關鍵之年：52

發現人生目的與命定之年：0+3、4、6、8、17、18+2、27、28、41、45+2、49、51、53、62、63+2、72、73、86、90+2、94、96、98

福報結尾之年：7、16+2、21、24、26、30、40、43、52、61、65、66、71、75、85、88、97

困境結尾之年：5+2、6+2、9、15+2、29+2、31+2、32+2、38+2、41+2、46、50+2、51+2、52、58、60+2、63、74+2、77+2、79、83+2、84+2、88+2、95+2、96+2

戒慎之年：2、8+2、9+2、18、22、26、32+2、35+2、47、53+2、54+2、67、71、77+2、80+2、92、98+2、99+2

個人挑戰之年：9、11+2、13、16、34、36、38、39、43、54、56+2、57、61、76、78、81+2、83、86、92、99+2

上升到鼎盛之年：34、79

鼎盛之年：37、82

最受福佑之年：39、84

實現願望之年：10、11、19、31、55、56、64、76、100

功成名就之年：0、2+2、3+3、4+3、10、22、25+2、26+2、27+2、29+2、30+3、31+2、32、45、48、49、55、67、73+2、74+2、75+3、77、90、93、94、100

財源廣進之年：0、3、6、8、13、20、32、33、40、45、51、53、58、65、71、78、82、90、96、98

梅花6的人生之路和十三年週期的守護牌

水星	金星	火星	木星	土星	天王星	海王星
0~12歲	13~25歲	26~38歲	39~51歲	52~64歲	65~77歲	78~90歲
6♠	Q♥	10♣	8♦	K♠	3♥	A♣

註釋：

　　就事業方面，梅花6是整副牌中最幸運的牌之一。這張牌統轄了26歲到64歲之間，十三年週期的牌都在皇冠列，在這裡可能會獲得異乎尋常的認可和成功。當他們確實牽涉到工作事務方面，大多數的梅花6會大張旗鼓或是參與較高層次的商業。另外對這些影響，梅花6從25歲到27歲時有幸運的週期，29歲到31歲會再有一次。這些是在4歲、27歲、31歲和75歲。結合以上所有的影響，梅花6大概可能只是因為出於自己的惰性，否則是沒有理由在任何選擇的職業中落敗的。但是，他們人生中的皇冠列可能是最好的時候，因為70歲到76歲是非常吉利的影響，既有樂趣又非常成功，會大受認可。

　　在4歲、35歲、49歲和80歲，是特別要注意的年分。

梅花7的吉利年

預備重生之年：44、89

重生之年：45、90

關鍵之年：52

發現人生目的與命定之年：5、7、8、9、10、13、18+3、21、25、27、31、32、36、37、41、50、52、53、54、55、58、63+2、66+2、72、77、81、82、87、95+2、97、98、99、100

福報結尾之年：0、2、5、7、15、19、20、21、29、31、45、47、50、52、60、64、65、66、70、76、78、90、92、95、97

困境結尾之年：3、4+2、5+2、12+2、14+4、17、23+2、24+2、28+2、30+2、32、37+4、38+3、44、47、48+2、49+2、52+2、54、57+2、59+4、68+2、69+2、73+2、75+2、76、77、82+4、83+2、85+2、94+2、95+2

戒慎之年：6、17+2、18+2、24、41+3、51、62+2、63+2、69、86+3、96

個人挑戰之年：0+2、3、4、7、16、18、20、23、25、33、40、45+2、49、50、53、63、65、68、70、73、79、90+2、93、97

上升到鼎盛之年：43、88

鼎盛之年：1、46、91

最受福佑之年：3、48、93

實現願望之年：19、20、28、40、64、65、73、85

功成名就之年：7+2、9、12、13、19、31、39、41、54、57、58、64、65+2、66+2、67+2、76、84、86、88+2、89+2、90+2、92+2、93+2、94+2、99

財源廣進之年：1、10、11、22+2、29、42+2、44、46、56、67、74、80、86、87、89、91、99

梅花7的人生之路和十三年週期的守護牌

水星	金星	火星	木星	土星	天王星	海王星
0~12歲	13~25歲	26~38歲	39~51歲	52~64歲	65~77歲	78~90歲
5♦	Q♠	J♣	9♦	7♠	2♣	K♣

註釋：

　　由於方塊8是業力牌，梅花7在他們7歲生日展開了皇冠列的七年。對於他們很多人來說，在那段期間的正面經驗強化了他們對認可和注意的欲望，結果成了一輩子的強迫性動機。並且在21歲到27歲，他們在一個極受祝福的位置度過了七年，置換了方塊10。這個週期強化了他們的信念，打開一些靈性管道，讓他們的心智得以探索。他們經常也會在這個階段獲得一些成功。他們上升到鼎盛與鼎盛之年將在中年到來，獲得進一步成功和認可的機會，並有機會在工作中步入一個新層次。

　　梅花7非常幸運能有四年人生以黑桃K做他們的長期牌，雖然最後兩次發生在他們九十幾歲時。這些年分是7歲、67歲、90歲和94歲。

　　需要多加小心的年分是4歲、17歲、24歲、41歲、59歲、62歲和73歲，其中41歲是最強烈的。

梅花8的吉利年

預備重生之年：44、89

重生之年：45、90

發現人生目的與命定之年：0、3、11、17、21、36、38、44、48、62、66、70、80、83、93

福報結尾之年：6、10、16、24、34、37、51、55、61、69、79、82、96、100

困境結尾之年：1+2、11+2、17+2、29、31+2、32+2、41+2、46+2、56+2、62+2、65、73、76+2、77+2、86+2、91+3、96

戒慎之年：8、38、42、53、83、87、98

個人挑戰之年：5、7、10、24、25、35、37、47、50、52、55+2、70、74、80、82、93、95、97、100

財源廣進之年：0、2、3、17、26、27、29、34、40、45、47、48、53、67、72、74、90、92

梅花8的人生之路和十三年週期的守護牌

水星	金星	火星	木星	土星	天王星	海王星
0~12歲	13~25歲	26~38歲	39~51歲	52~64歲	65~77歲	78~90歲
6♦	4♠	10♥	10♦	8♠	A♥	A♦

註釋：

　　梅花8是在整副牌中人生之路最為幸運的一張，特別是在金錢和職涯上。從13歲到64歲的所有十三年週期都是成功、保護和安全的牌。黑桃8本命牌的力量更是加強了這種成功。身為三張固定牌之一，你得瞧瞧他們的守護星牌獲得認可和回報的時期，很容易看出他們可以在最重要的工作年分獲得盡善盡美的成功。從39歲到51歲的週期可能是他們最幸運的時候了。在那個週期找到的方塊10是最受福佑之點。大量的財務報償完全有可能發生。

　　黑桃8有挑戰性組合的年分很罕見，但不會跟其他牌一樣強烈。它們發生在12歲、57歲和87歲時。

梅花9的吉利年

預備重生之年：44、89

重生之年：45、90

關鍵之年：52

發現人生目的與命定之年：1、4、11+2、14、15、16、20+2、22、25、29、32、33、34、43、44、45、46、51、53、54、56+2、60、61、65+2、70、74、77、78、79、85、88、89、91、94

福報結尾之年：0、14、16、24、27、32、39、40、45、59、61、69、72、81、84、90

困境結尾之年：0+3、10+2、12+2、14+2、15、19+2、21+2、24+2、31+2、34+2、41、45+2、47+2、57+4、64+2、66+2、69+2、76+2、79+2、82、88、90+2、100+2

戒慎之年：3+2、7、24+2、25+2、32、48+2、52+2、69+2、70+2、77、87、93+3、97

個人挑戰之年：2、4、7、8、10、12、15、18、20、22、25、26、27、29、35、37、43、48、49、52、55+2、59、60、62、65、67、70+2、71、72、74+2、78、80、88、92、94、96、97、100

上升到鼎盛之年：5、50、95

鼎盛之年：8、53、98

最受福佑之年：10、55、100

實現願望之年：2、26、27、35、47、71、72、80、92

功成名就之年：1、3、7+2、8+2、9+2、16、19、20、26、27+2、35+2、36+2、38、46、48、56+2、61、64、65、71、83、91、93

財源廣進之年：9、12、30、32、35、36、37、54、75、80、81、82、99

梅花9的人生之路和十三年週期的守護牌

水星	金星	火星	木星	土星	天王星	海王星
0~12歲	13~25歲	26~38歲	39~51歲	52~64歲	65~77歲	78~90歲
9♠	2♥	K♥	K♦	6♥	4♣	2♦

註釋：

　　梅花9人經常在人生的第一年有很多損失，因為黑桃9支配了他們的第一個十三年。這些損失不是肉體上的，就是情感上的，下個十三年是用來探索愛情關係，這或多或少成為他們餘生的驅力。有些在求學時的認可是在他們在8歲時到了第一個鼎盛之年，而且鼓勵他們在成年生活實現更多東西。額外的成功往往發生在27歲。

　　9歲、36歲、與56歲。梅花9人在人生中幸運地有三年以黑桃K作為長期牌。是9歲、36歲和56歲。

　　需要特別小心的年分包括20歲、24歲、52歲、53歲、57歲、65歲、69歲和88歲。

梅花10的吉利年

預備重生之年：44、89

重生之年：45、90

關鍵之年：52

發現人生目的與命定之年：6、11、12、15、16、20、24、25、29、30、34+2、37、39、44、51、56、60、61、62、65、66、69、72、74、75、79、82、84、86、89、96

福報結尾之年：1、5、8、15、19、29、31、46、50、53、60、64、72、74、80、91、95、98

困境結尾之年：3+2、7+2、9+2、11+2、16+2、19、26+4、40+2、48+2、50+2、54+4、56+2、59、61+3、69、71+4、75、85+2、87+2、89、90、93+2、97+2、99+2

戒慎之年：19+2、20+2、37、40、43+2、57、64+2、65+2、82、88+2

個人挑戰之年：2+2、5、9、15、18、20、22、27、29、38、42、44、47+3、52、65、67+2、72、76、87、92+2、93、95、97、99

上升到鼎盛之年：0、45、90

鼎盛之年：3、48、93

最受福佑之年：5、50、95

實現願望之年：21、22、30、42、66、67、75、87

功成名就之年：0+2、1+2、11、14、15、21+3、33、41、43、56、59、60、66、78、79+2、80+2、81+2、86、88

財源廣進之年：0、3、24、31、36、40、42、48、76、85、87、93

梅花10的人生之路和十三年週期的守護牌

水星	金星	火星	木星	土星	天王星	海王星
0~12歲	13~25歲	26~38歲	39~51歲	52~64歲	65~77歲	78~90歲
8♦	K♠	3♥	A♣	Q♣	10♠	5♣

註釋：

　　實際上任何一方面，梅花10人一輩子都活在皇冠列，因為他們的本命牌在大太陽牌陣這帶來海量的成功機會以及公眾的認可。他們許多受職涯驅策，並渴望以某種方式成名。他們旗開得勝，經常在童年與求學時獲得很多成功和認可。然後在21歲，他們開始了七年週期，那時他們的本命牌再次落在皇冠列，這次是在太陽牌的位置，置換方塊8。在他們選擇的領域、工作或學業中，實際上成功將再次降臨，這是在1歲、21歲和81歲時。在45歲的重生之年，他們再次返回上升到鼎盛之年的皇冠列，再次地探訪他們下一個週期的較高層次。對他們這樣的進展，他們的猶豫使得自己和任何的成功渴望只有一線相隔。

　　在工作與健康問題需要特別留意的年分是19歲、40歲、59歲和61歲。

梅花 J 的吉利年

預備重生之年：44、89

重生之年：45、90

關鍵之年：52

發現人生目的與命定之年：2、3、7、20、21、24、25、31、38、42、47、48、52、63、65、66、69、70、71、76、80、81、83、87+2、92、93、97、99

福報結尾之年：10、20、28、36、41+2、44、55、65、73、85、86+2、100

困境結尾之年：0、2+2、4+2、5+2、8+2、10+2、11+2、13、14+3、18+2、19+2、21+2、25+2、33+3、35+3、47+2、49+3、50+2、51+2、53+2、55+2、56+2、61+2、64+2、66+2、70+2、74、78+2、80+2、85、90、92+2、94+2、95+2、98+2、100+3

戒慎之年：7+2、9、22、28+2、29+2、31、43、52+2、54、61、67、73+2、74+2、88、89、97+2、99

個人挑戰之年：1、6、10、11、13、16、17、20、23+2、26、29、31+2、38、43、46、56、58、59、63、68、69、71、74、75、76+2、83、96

上升到鼎盛之年：9、54、99

鼎盛之年：12、57

最受福佑之年：14、59

實現願望之年：6、30、31、39、51、75、76、84、96

功成名就之年：5、7、20、23、24、30、35+2、36+2、37+2、42、50、52、55+2、63+2、64+2、65、68、69、75、84+2、87、95、97

財源廣進之年：13、25、31、33、40、58、76、78、85、94

梅花 J 的人生之路和十三年週期的守護牌

水星	金星	火星	木星	土星	天王星	海王星
0~12 歲	13~25 歲	26~38 歲	39~51 歲	52~64 歲	65~77 歲	78~90 歲
9♦	7♠	2♣	K♣	J♦	4♥	4♦

註釋：

　　按照大多數標準看，梅花 J 有條幸運的人生之路，在他們人生的十三年週期有許多好牌。但是在木星與土星週期他們能真正發揮潛能，往往在某個學術或是工作領域成為領導者。從 21 歲開始的六年是相當幸運的，因為那幾年的長期牌都落在木星行，在 23 歲時梅花 7 的長期牌在各方面受到特別的祝福。下一週期是從 28 歲到 34 歲，是比較棘手的，而且需要處理一些挑戰。28 歲和 31 歲是那七年週期中最有挑戰性的。從 42 歲開始的七年週期是另一個幸運的週期，雖然充滿了艱辛的工作與挑戰。在 63 歲，梅花 J 的本命牌在皇冠列置換了梅花 10，展開七年的週期。對於那些有事業心的人，這往往是獲得豐厚回報和認可的時期，尤其是在 63 歲和 64 歲。

　　對於梅花 J，有些最難處理的個人挑戰是圍繞他們的親密關係和友誼。面對這些問題的年分發生在 7 歲、29 歲、52 歲和 74 歲。健康、生活模式和工作問題有特別挑戰性的影響，發生在 2 歲、31 歲、33 歲、43 歲、61 歲、69 歲、78 歲、80 歲、88 歲和 92 歲。

　　梅花 J 幸運地在人生中有三年是黑桃 K 當長期牌。分別是在 37 歲、64 歲和 84 歲時。

梅花Q的吉利年

預備重生之年：44、89

重生之年：45、90

關鍵之年：52

發現人生目的與命定之年：5、9、10、12+2、14、22+2、23、24、33、36、40、50、54、55、57+2、59、65、67、68、69、78、81、85、95、99、100

福報結尾之年：0、4、6、11、14、22、25+2、32、35、40、43、45、49、51、56、59、66、67、70、74、77、80、85、88、90、94、96

困境結尾之年：1+2、10+2、16+2、19、20+2、21+2、23+2、31、34+4、37、38+2、41+2、44+2、45、48+3、51、55+2、61+3、65+2、66+2、68+2、79+4、81+2、83+2、86+2、91+2、92、100+2

戒慎之年：3、13+3、14+2、37+2、43、58+2、59+2、73、79、82+2、88

個人挑戰之年：0、3、4、5、10、12、14+2、16、17、24、25、27、28、33、36、40、41、42+2、45、46、55、57、59+2、61、69、73、74、78、86、87、88、89、90、93、98、99、100

上升到鼎盛之年：39、84

鼎盛之年：42、87

最受福佑之年：44、89

實現願望之年：15、16、24、36、60、61、69、81

功成名就之年：5、8、9、15、27、35、37+3、38+2、39+2、50、53、54、60+3、61+2、62+2、64+2、65+2、66+2、72、80、82、95、98、99

財源廣進之年：1、3、4、8、19、21、25、43、44、46、48、49、57、64、66、70、89、91、93、94、96

梅花Q的人生之路和十三年週期的守護牌

水星	金星	火星	木星	土星	天王星	海王星
0~12歲	13~25歲	26~38歲	39~51歲	52~64歲	65~77歲	78~90歲
10♠	5♣	3♦	A♠	7♥	7♦	5♠

註釋：

　　梅花Q是在情緒方面特別困難的一張牌。在3歲和4歲時的經驗填滿了人生的前十四年，經常使他們無法相信人。第二個七年比第一個好些，但還是在他們成長為青少年的過程中，仍然有種不安感在情緒層面上。來自於前世的善心有助於抵銷這些情況，並給他們一種積極的觀點。但是在情緒上和親密關係領域，往往也有許多業力要處理。在成長的過程中，往往有財務上受限的感覺，影響到他們的態度跟成年生活。梅花Q的真正祝福是靈性上的，那些與內在建立牢固連結的人會輕鬆度過一切，毫髮無傷。在37歲到39歲，以事業為重的人會經歷成功，領略到自己的強大潛能——如果之前尚未發現的話。在38歲結婚會特別吉利。另一個重要的七年好運週期是在56歲，最後三年帶來了一些至高無上的成就。梅花Q幸運地有三年以黑桃K作為長期牌，分別是39、62歲和66歲。

　　梅花Q要是沒照顧好自己的身體，出於某些原因，許多人沒有做到這一點，會在63到69歲之間看到健康問題，會使得一個原本非常強大而且收益豐厚的週期黯然失色。即使可以獲得巨大的成功與認可，但健康問題會讓他們無福消受。其他特別有挑戰的年分是13歲、14歲、21歲、66歲、73歲、79歲和88歲。

梅花K的吉利年

預備重生之年：44、89

重生之年：45、90

關鍵之年：52

發現人生目的與命定之年：2+3、5、6、14、16、19、26、29、33、43+2、47+3、61、64、71、74、75、78、83、88+2、92+3

福報結尾之年：1、3、10、14、18、20、22、30、32、35、38、39、41、42、44、46、48、55、63+2、65、75、77、80、83、84、86、87、89、91、93、100

困境結尾之年：2+2、3+2、4+2、7+2、8+2、10、13+2、17+2、18+2、22+2、24、27+2、29+2、30、37+2、39+2、40、47+2、48+2、49+3、52+2、53+2、58+2、60、62+2、63+2、67+2、72+2、82+4、86+2、92+2、93+2、94+2、97+2、98

戒慎之年：6+2、7+2、27、28、30+2、32、51+2、52+2、70、72、75+2、77、96+2、97+2

個人挑戰之年：7+2、9+2、12、14、23、27、34、36、37、41、43、52、54+2、59、71、72、74、78、79、81、84、96、97、99+2

上升到鼎盛之年：32、77

鼎盛之年：35、80

最受福佑之年：37、82

實現願望之年：8、9、17、29、53、54、62、74、98、99

功成名就之年：1、2、8、11+2、12+2、13+2、15+2、16+2、17+2、20、28、30、43、46、47、53、59+2、60+2、61+2、65、73、75、88、91、92、98

財源廣進之年：8、10、18+2、19、43、53、55、56、63、64、68、88、92、98、100

梅花K的人生之路和十三年週期的守護牌

水星	金星	火星	木星	土星	天王星	海王星
0~12歲	13~25歲	26~38歲	39~51歲	52~64歲	65~77歲	78~90歲
J♦	4♥	4♦	2♠	8♥	6♣	6♠

註釋：

梅花K有一條在最多方面幸運的人生之路，他們的童年有許多好的因素，給予他們鞏固的基礎，在此之上建立一個美好的人生。當他們上高中，展露自己的潛能，許多人會在11歲到13歲時獲得大量成功，在15歲到17歲時又再發生一次，展示出他們的智力跟能力都超出一般人的水準。他們經常在同時發現他們的領導潛力。在21歲開始的七年週期在某方面更艱難些，許多人發現，健康是他們必須要用心照料的事情。在這段期間，他們的本命牌在大太陽牌陣中置換了黑桃9。不過，他們依然能在這段時期獲得大量成功。另一個類似的週期是在42歲，他們的本命牌置換黑桃A。就成功和認可而言，從56歲開始的七年也許是整個人生中最好的週期。梅花K幸運地有三年是黑桃K作為長期牌，分別是在13歲、17歲和61歲時。

特別有挑戰的年分包括了2歲、6歲、27歲、47歲、52歲、70歲、72歲、96歲和97歲。

方塊A的吉利年

預備重生之年：44、89

重生之年：45、90

關鍵之年：52

發現人生目的與命定之年：2、6、12、13、15+2、17、20、24、25、27、29+2、30+3、34、39、43+2、47、51、55、56、57、60、62、65、70、72、74、75+2、80、84、86、88、92、96、98

福報結尾之年：2、14、18、26、28、38、39、47、59、67、73、83、84、92

困境結尾之年：0+2、4、5+2、7+2、17+4、31+2、33+2、34+2、35、39、43+2、44+2、50+2、51、52+2、62+4、76+2、77、79+2、86+2、89+2、90+3、95+2、97+2、99

戒慎之年：10+2、11+2、20、34+2、35、36、55+2、56+2、65、79+2、80、81、100+2

個人挑戰之年：5+2、11、13+2、16、23、27、30、38、41、45、50、52、56、58+3、59、61、68、69、71、75、78、83、88、95+2

上升到鼎盛之年：36、81

鼎盛之年：39、84

最受福佑之年：41、86

實現願望之年：12、13、21、33、57、58、66、78

功成名就之年：2、5、6、12、16+2、17+2、18+2、24、32、34、39+2、40+2、41+2、43+2、44+2、45+2、47、50、51、57、69、77、79、87+2、88+2、89+2、92

財源廣進之年：4、6、15、19、21、22、35、38、44、49、51、54、60、67+2、80、81、83、85、89、91、94、96

方塊A的人生之路和十三年週期的守護牌

水星	金星	火星	木星	土星	天王星	海王星
0~12歲	13~25歲	26~38歲	39~51歲	52~64歲	65~77歲	78~90歲
Q◆	5♥	3♣	3♠	9♥	7♣	5◆

註釋：

　　雖然方塊A的每一張牌都落在土星行，本命牌的位置卻在大太陽牌陣中的木星／天王星牌，無論是在童年時期還是成年時期，這給予他們樂觀主義，去克服圍繞他們的負面影響。在童年時期有些挑戰的年分，但他們有按照較高的觀點去重新詮釋這些的本領。這些人在這些領域有強勢的工作與職業發展，以及很多好運跟這方面的吉運，使許多人獲得極大的成就。在14歲到20歲特別容易在這些領域成功。無論發生什麼，往往會顯露出他們知道如何賺錢、有能耐賺錢，這是他們人生的主要驅力。但是他們的人生最好的階段從35歲開始，延伸到48歲。在這段期間，他們常常在自己所選擇的領域拔擢到一定的高度，並且也會實現財務上的成功。他們也在這一年到達鼎盛，使得他們成為少數在同一時期有雙重皇冠列影響的牌（同時在流年牌和七年牌陣）。41歲展現出格外不可思議的組合，它是最有福報的一年，還有黑桃K是長期牌，沒有其他的牌能得到如此貴賓待遇。當然，這個週期的成功主要是取決於他們有多清楚自己的目標和方向。方塊A也非常幸運，能有四年有黑桃K作他們的長期牌，這些年分是18歲、41歲、45歲和89歲。

　　要特別小心的年分較少，發生在31歲、35歲、51歲、56歲、52歲和76歲。

方塊2的吉利年

預備重生之年：44、89

重生之年：45、90

關鍵之年：52

發現人生目的與命定之年：1、2、5、16、19、23、24、26、29、30、32、35、40、43、44、46、50、53、57、61、63、64、68、71、74、77、80、85、89、91、95

福報結尾之年：5、11、15、16、18、21、26、29+2、39、43、50、56、60、61、62、63、70、71、74+2、84、88、95

困境結尾之年：6+2、8、16+2、20、21+2、22、30+4、35+2、36、38+2、40+2、43+2、44+2、48、49、51+2、61+2、64、66+2、75+4、77+2、80+2、83+2、87+2、88+2、91、96+3、99

戒慎之年：9+2、10+2、17、33+2、39、54+2、55+2、62、78+2、84、99+2、100+2

個人挑戰之年：2、5、10+2、12、13、18、19、25、32、34、37、39、42、47、50+2、55、57、58、64、70+2、79、82、85、89+2、92、95、100

上升到鼎盛之年：35、80

鼎盛之年：38、83

最受福佑之年：40、85

實現願望之年：11、12、20、32、56、57、65、77

功成名就之年：1、4、5、9+2、10+2、11+3、23、31、32+2、33+3、34+2、36+2、37+2、38+2、46、49、50、56、68、76、78、80+2、81+2、82+2、91、94、95

財源廣進之年：5+2、7+2、12、21、50、52+3、56、57、62、66、95、97+2

方塊2的人生之路和十三年週期的守護牌

水星	金星	火星	木星	土星	天王星	海王星
0~12歲 J♠	13~25歲 8♣	26~38歲 6♦	39~51歲 4♠	52~64歲 10♥	65~77歲 10♦	78~90歲 8♠

註釋：

　　方塊2在物質成功方面有一條最佳的人生之路。大部分人在人生達到了財務上的巨大成功，而且非常富有進取心。許多在早期的成功週期造就了一種感覺，他們有能力去實現自己下定決心的任何事。特別成功的年分是9歲到11歲、32歲到34歲和36歲到38歲。在最後兩個十三年週期的有力之牌，確保了大多數方塊2會帶著大筆金錢退休，活到年老。方塊2也非常幸運在人生中有四年以黑桃K作為長期牌，分別這些是11歲、34歲、38歲和82歲。

　　特別有挑戰的年分，發生在5歲、30歲、35歲、39歲、50歲、75歲、80歲、96歲和99歲。

方塊3的吉利年

預備重生之年：44、89

重生之年：45、90

關鍵之年：52

發現人生目的與命定之年：1+2、7、9、11、13+2、17、28、30、32、34、44、46+3、54、56、58+2、60、62、72、73+2、75、77、79+2、87、89、91+2、94、97、99

福報結尾之年：2、3、12、33、44、47、52、57、78、92、93

困境結尾之年：5、6、10+2、12+2、14+2、22+3、24、26+2、27+2、29+2、30、33+2、36+3、40+3、41+2、43+2、55+2、57+2、59+4、69+2、70、72+2、74+3、75、78+2、81+2、83、85+2、86+2、88+2、100+2

戒慎之年：0、15+2、36+2、37+2、60+2、81+2、82+2

個人挑戰之年：1、2、4、7、9、14、19、20、24、28、32、37、39、49、52+2、53、54、64、65、67+2、71、77、82、84、94、97、99

上升到鼎盛之年：17、62

鼎盛之年：20、65

最受福佑之年：22、67

實現願望之年：2、14、38、39、47、59、83、84、92

功成名就之年：5、13、15、28、31、32、38、40+2、41+2、50、58、60、73、76、77、83、91+2、92+2、93+2、95

財源廣進之年：3、8、10、20、22、23、25、29、37、48、50、53、55、59、65、67、68、70、74、82、86、93、98、100+2

方塊3的人生之路和十三年週期的守護牌

水星	金星	火星	木星	土星	天王星	海王星
0~12歲	13~25歲	26~38歲	39~51歲	52~64歲	65~77歲	78~90歲
A♠	7♥	7♦	5♠	J♥	9♣	9♠

註釋：

　　方塊3擁有一條更具挑戰的人生之路。看一下上面的牌，可以看出大部分的奇數牌有兩個7和兩個9，這兩者被視為物質與世俗層面上最困難的牌。方塊3人在人生的前七年就嘗遍了這些牌，無論好壞，這些牌都塑造了他們的性格。在這前七年經受許多不同種類的苦難，對他們來說是家常便飯。在14到20歲之間的週期要好得多，對他們的生活有療癒性的影響。在這段期間，他們發現自己具有一些值得驕傲的特質。17歲時，他們開始了自己的上升到鼎盛之年，而20歲是鼎盛之年，都使他們獲得了成功與同儕的認可。21到27歲則帶來另一次挑戰，這一次過去的成功會幫助他們度過難關。35到41歲會再有一波高峰，並在40歲和41歲帶給他們額外的成功和認可。總之，他們的靈性傾向決定了他們人生中的成功。這是其中一張必須採納靈性生活方式的牌，才能獲得幸福或成就。

　　特別有挑戰的年分出現在0歲、22歲、32歲、36歲、77歲和81歲。

方塊4的吉利年

預備重生之年：44、89

重生之年：45、90

關鍵之年：52

發現人生目的與命定之年：2、3、4、6、8、9、14、18、19、20、21、22、23+2、27、28+2、29、30、33、35、
39、41、42、43、49、51、59、63、64、65、66+2、67、68、72+2、73、75、78、80、84、86、87、88、94、96、
98

福報結尾之年：2、7+2、17、29、34、38、41、43、52+2、62、74、79、83、84、86、92、97+2

困境結尾之年：1+2、6+2、7+2、9+2、11、12+2、19+2、25+2、26+3、28+2、37+2、38+2、44+2、46+2、51+2、
52+3、57+3、62+2、66+2、67、70+2、71+2、73+2、82+3、83+2、86、89+2、91+2、92、96+2、97+3、99+2

戒慎之年：10+2、17、22、26、31+2、32+2、33、55+2、62、64、71、76+2、77+2、78、90、100+2

個人挑戰之年：6、7、12、14、17、18、20、21、28、32、34+2、35、37、42、46、51、52、53、54、59、63+2、
64、73、77、79+2、87、94、96、97、100

上升到鼎盛之年：12、57

鼎盛之年：15、60

最受福佑之年：17、62

實現願望之年：9、33、34、42、54、78、79、87、99

功成名就之年：0、5+2、6+2、8、10、23、26、27、33、45、53、55、56+2、57+2、58+2、68、71、72、76+2、
78、84+2、85+2、90、98、100

財源廣進之年：6、14、15、28、30+2、43、44、47、55、60、73、74、75+2、88、89

方塊4的人生之路和十三年週期的守護牌

水星	金星	火星	木星	土星	天王星	海王星
0~12歲	13~25歲	26~38歲	39~51歲	52~64歲	65~77歲	78~90歲
2♠	8♥	6♣	6♠	Q♥	10♣	8♦

註釋：

　　方塊4在大多數方面有條相當幸運的人生之路，但他們本命牌的天性會使他們在生活上以某種程度身陷於掙扎之中。也許是梅花6在火星期，代表攻擊性的能量受到了抑制。無論如何，他們似乎會吸引必須日復一日案牘勞形的工作。他們的牌落的位置不錯，人生軌跡最後兩張牌都在皇冠列。這表示他們晚年的一些自由——旅行的自由，並有足夠的錢去支持它。他們往往在人生最後這個階段非常獨立。5歲和6歲帶來某種形式的關注與認可，使他們有種重要的感覺——他們能夠在今生有所成就。7歲到13歲之間帶來許多改變，使他們在成年時整體上較為焦慮。29歲可能是他們的關鍵年，他們會有機會領悟到人生的較高目的。他們有許多人在這一年走出了掙扎的循環，從事一份帶給他們更多滿足的職業。35歲開始的七年可能是非常有生產力與成功的，前提是他們願意付出必要的努力去工作。最終，他們的第二個鼎盛期在57歲到60歲，同時，這七年的牌也在皇冠列，使得這段期間成為人生中最成功的時期。

　　方塊4特別需要小心的年分是12歲、26歲、27歲、28歲、42歲、52歲、57歲、62歲、71歲、72歲、73歲、82歲和87歲。

方塊5的吉利年

預備重生之年：44、89

重生之年：45、90

關鍵之年：52

發現人生目的與命定之年：4、7、10、14+2、31+3、35、39+2、41、49、52、55+2、59+2、76+3、77、78、80、84、86、90、94、97、100

福報結尾之年：2、7、9、10、30、33、38、44+2、51、52、54、75、78、83、89+2、92、97、99、100

困境結尾之年：1+2、2、11+2、15+2、17+3、21、23、27+2、28、33、36+2、46+2、52、56+2、60+2、62、70+3、74+2、81+3、91+2

戒慎之年：7、18+2、23、39+2、40+2、52、63+2、68、84+2、85+2、97

個人挑戰之年：1、3、15、20、22、25、29+2、31、38、40、42+2、45、46、51、62、67、69、71、72、74、75、76、80、83+2、85、86、87、91+2

上升到鼎盛之年：20、65

鼎盛之年：23、68

最受福佑之年：25、70

實現願望之年：5、17、41、42、50、62、86、87、95

功成名就之年：8、16、18、31、34、35、41、53、61+3、62+2、63、76、79、80、86、98

財源廣進之年：5、6、17、20、22、35、36、38、43、50、51、58、62、65、67、81、83、88、89、95、9

方塊5的人生之路和十三年週期的守護牌

水星	金星	火星	木星	土星	天王星	海王星
0~12歲	13~25歲	26~38歲	39~51歲	52~64歲	65~77歲	78~90歲
Q♠	J♣	9♦	7♠	2♣	K♣	J♦

註釋：

　　方塊5人生之路的所有牌都在大太陽牌陣的天王星行，他們在人生中大多數的問題是他們對個人自由與獨立的需要。這些牌中有些是有挑戰性的，但整體說來，他們有很多值得感激之處。火星的十三年週期特別具有挑戰性，因為方塊9支配了這個週期，而且也是他們第一張業力牌，代表他們人生的某種挑戰。在這段週期，看起來會有很多損失，因為他們要放下阻礙他們的前世模式。這種模式始於童年時期，那時他們的侵略性和競爭性表達大多數都遇上的挫敗或失望。在7歲到13歲期間，他們的本命牌置換了同樣一張方塊9，導致在相同領域的一些有挑戰性的情況，但總體上多少都算是幸運的牌。換句話說，他們在這個時期會獲得很多成功，也有挑戰。在35歲到41歲時，他們的財富增加，往往找到一份稱心如意的工作，並且獲得穩定的收入。42歲到45歲是個特別不安定的時期，搬家和改變較為常見。在56歲，他們進入七年週期，最後常常會獲得某種程度上的認可和報酬。此時，許多自我掌控的方法也會取得成功。

　　方塊5特別有挑戰的年分，包括了7歲、21歲、22歲、23歲、52歲、67歲、77歲、80歲和81歲。

方塊 6 的吉利年

預備重生之年：44、89

重生之年：45、90

關鍵之年：52

發現人生目的與命定之年：0+2、7、9、10、12、17、21、24、28+2、32、35、38、40、45+2、54、55、62、66、69、73、80、83、85、90+2、93、95、99、100

福報結尾之年：2、11、13、19+2、23、30、37、42、44、47、56、58、64+2、68、75、78、86、87、89、92

困境結尾之年：1+2、3+2、9、13+2、20、22+2、23、25、32+2、42+2、46+2、56+2、60+2、67+2、70、71、77+2、80、86、87+2、91+2、93+2、98

戒慎之年：4+2、5、13、16、25+3、26+2、30、44、49+2、50、58、61、69、70+3、71+2、75、85、89、94+2、95

個人挑戰之年：6、7、8、10、11、15、19+2、26、28、39、40+2、43、48、51、52、53、58、64+2、68、71、73、84、85、88、89、90、96、97、98

上升到鼎盛之年：6、51、96

鼎盛之年：9、54、99

最受福佑之年：11、56

實現願望之年：3、27、28、36、48、72、73、81、93

功成名就之年：2、4、14+2、15+2、16+2、17、20、21、27、34+2、39、42+2、43+2、47、49、62、63+2、65、66、72、84、92、94

財源廣進之年：2+2、5、17、26、32、34、36+2、37、38、43、44、47、50、54、62、71、74、77、79、81+2、82、88、89、92、95

方塊 6 的人生之路和十三年週期的守護牌

水星	金星	火星	木星	土星	天王星	海王星
0~12 歲	13~25 歲	26~38 歲	39~51 歲	52~64 歲	65~77 歲	78~90 歲
4♠	10♥	10♦	8♠	A♥	A♦	Q♦

註釋：

　　方塊 6 有一條比較幸運的人生之路，只要他們願意付出必要的努力就可以實現他們的目標跟夢想。從支配他們前四個十三年週期的牌看來，有許多機會和值得感激的好事。火星週期特別受到祝福，因為方塊 10 在大太陽牌陣中最有福報的位置。他們的夢想受到保護，有許多都可能實現。第一個七年相當順利，但是從 7 歲到 13 歲往往會有點創傷。黑桃 6、黑桃 7 和黑桃 9 分別掌管了 8 歲、10 歲和 11 歲，代表有挑戰性的經驗與事件，使得方塊 6 滿腔熱血被潑了冷水。有些人會在這段期間發展出無力感，而另一些人則會用他們強烈的競爭性驅力，以一種更有建設性的方式去處理無力感。14 歲到 16 歲有廣受歡迎的成功與認可，有助於撫平先前的創傷經歷。21 歲到 27 歲通常也是幸運的，儘管他們有許多人必須在這段期間非常勤奮工作。32 歲時，他們的生活可能會發生巨大的變化，那是意義非凡且充滿力量的一年。類似的影響還發生在 4 歲跟 49 歲。應該要注意那幾年，事情可能不是大好就是大壞。在 28 歲展開的七年週期末端，方塊 6 往往會獲得某種程度的成功和認可。方塊 6 也很幸運地在人生中能有三年以黑桃 K 作為他們的長期牌，這些是在 16 歲、43 歲和 63 歲時。

　　有比較強烈的挑戰性影響之年，包含了 7 歲、23 歲、25 歲、44 歲、70 歲、71 歲、80 歲、85 歲、89 歲和 95 歲。

方塊7的吉利年

預備重生之年：44、89

重生之年：45、90

發現人生目的與命定之年：19、27、36、43、46、47、52、53、54、55、60、62、64、67、71、81、82、90

福報結尾之年：0、4、11、14、21、41、55、65、66、80+2、87、90、94

困境結尾之年：2、3、31+2、34+2、45+2、48+2、49、55+2、56、58+2、63+2、64、65、77+2、87+2、100

戒慎之年：7、10、11、26、34、39、53、97、100

個人挑戰之年：11、22、36、49、51、52、54、69、72、81、83、84、98

財源廣進之年：9、31、33、56、58、70、72、77、79、89、97

方塊7的人生之路和十三年週期的守護牌

水星	金星	火星	木星	土星	天王星	海王星
0~12歲	13~25歲	26~38歲	39~51歲	52~64歲	65~77歲	78~90歲
5♠	J♥	9♣	9♠	2♥	K♥	K♦

註釋：

　　方塊7通常分成兩類——一類非常成功，而另一類不是。第二類人非常擔憂金錢，而第一類人知道只要他們專注於工作，他們所有的需求都會得到滿足。在人生之路上有兩個9，並且有紅心J在金星週期，從孩提時代就帶給他們許多經歷，教導他們為別人付出以及放下的重要性。這是一張靈性的牌，只有用靈性方式對待生活的人才能快樂地成功。他們也分享宇宙雙生子——紅心9的業力，這兩張牌緊密相連。每隔一年，他們會在大太陽牌陣底下的金星／金星位置和土星／土星位置之間來回移動。這就像每年會走到鐘擺的末端，他們的人生往往反映出這一點。查看他們守護星牌的週期和運動，找出成功和認可在他們人生中出現的具體時間。

　　每隔一年，方塊7就有紅心2在土星週期，這一點是出於半固定牌的移動天性。從4歲開始，方塊7每十六年會落在土星之年，且有紅心2當長期牌。除此之外，這個不尋常的模式只發生在紅心9和梅花A身上（參見紅心9的11歲牌陣）。對方塊7而言，這經常表示在親密關係中有反覆的考驗。

　　有非常重要性的挑戰影響組合，包括了11歲、34歲、87歲和100歲。

方塊8的吉利年

預備重生之年：44、89

重生之年：45、90

關鍵之年：52

發現人生目的與命定之年：8、9、12、19、21、22、26、33+2、36、37、43、49、53、54、57、64、67+2、68、71、74、78、81、82、84、88、90、98、99+2

福報結尾之年：3、8+2、9、13+2、15、20、22、24、27、32+2、39、40、48、53+2、54、58+2、60、65、67、72、73、77、84、85、93、98+2、99

困境結尾之年：2+2、6+2、12+2、13+2、23+2、24、26、32+2、33+2、34、37+2、39+2、43、46、49+2、57+2、58+2、59、68+2、77+2、78+2、82+2、88、92+2、94、96+2、100

戒慎之年：0、9、16+2、17+2、38、40+2、45、48、54、61+2、62+2、85+2、90、99

個人挑戰之年：4、5、17、19+2、23、29、34、36、40+2、44、47、50、51、62、64、68、69、79、84、85、89、94、95

上升到鼎盛之年：42、87

鼎盛之年：0、45、90

最受福佑之年：2、47、92

實現願望之年：18、19、27、39、63、64、72、84

功成名就之年：0+2、8、11、12、18、30、38、40、53、56、57、58+2、59+2、60+2、63、75、81+2、82+2、83+3、85+3、86+2、87+2、98

財源廣進之年：0、28、43、45、55、73、76、88、90

方塊8的人生之路和十三年週期的守護牌

水星	金星	火星	木星	土星	天王星	海王星
0~12歲	13~25歲	26~38歲	39~51歲	52~64歲	65~77歲	78~90歲
K♠	3♥	A♣	Q♣	10♠	5♣	3♦

註釋：

　　作為「太陽牌」，方塊8可以說他們的一輩子都落在皇冠列。他們人生的前七年在這樣的影響之下，使得每一個方塊8都有種「特殊」的感覺，跟著他們一輩子。在第一個二十一年少有什麼挑戰性的影響，第三個七年週期是在14歲到20歲，整個週期都落在最受福佑點上。19歲時，在他們的人生才第一次出現了挑戰性的影響。由於之前有良好的基礎，方塊8好整以暇，能夠處理可能發生在接下來人生中的任何挑戰。但我們別忘了他們的冥王星牌——黑桃A。這仍舊告訴我們，他們所有人在今生必須經歷一次或是多次有挑戰性的個人轉化。黑桃A和黑桃9在流年牌陣中出現可能代表具體要發生的時間。例如在24歲，長期牌黑桃9在大太陽牌陣下置換黑桃A。這是非常可能發生這種轉變的一年。

　　方塊8非常幸運在人生有四年以黑桃K做長期牌，這些年分是在0歲、60歲、83歲和87歲。

方塊9的吉利年

預備重生之年：44、89

重生之年：45、90

關鍵之年：52

發現人生目的與命定之年：0、2、3、10、11、13+2、15、25、30、31、32、34、37、39、40、42、45、47、48、55、56、58+2、60、61、69、70、75、76、77、79、85、87、90、92、93、100

福報結尾之年：0、5、6、10、23、31、45、46、51、54、55、68、76、90、95、96、100

困境結尾之年：0+2、4+2、13+2、14+2、15+2、21+2、24+2、25+2、28+2、31+2、32、35+4、38、44、45+2、49+2、58+2、59+2、60+2、61+2、66+2、70+3、71+2、76+2、80+4、84、90+2、94+2、95

戒慎之年：6、13、14、17+2、33、38+2、39+2、44、46、51、58、59、62+2、78、83+2、84+2、89、96

個人挑戰之年：0、3、6、8、10、16+2、21、22、26+2、37、38、39+2、41、48、51、53、66、67、69、71、73、78、82、83、84+2、86、92、93、96、98+2

上升到鼎盛之年：19、64

鼎盛之年：22、67

最受福佑之年：24、69

實現願望之年：4、16、40、41、49、61、85、86、94

功成名就之年：7、15、17、30、33、34、40、52、54+2、55+2、60、62、75、78、79、85、97

財源廣進之年：5、10、13、21+2、23、24、26、40、50、55、64、66+2、68、69、71、73、79、85、95、100+2

方塊9的人生之路和十三年週期的守護牌

水星	金星	火星	木星	土星	天王星	海王星
0~12歲	13~25歲	26~38歲	39~51歲	52~64歲	65~77歲	78~90歲
7♠	2♣	K♣	J♦	4♥	4♦	2♠

註釋：

　　就一般標準看，方塊9有一條相當幸運的人生之路。但是作為9號本命牌，在人格層面有著先天的挑戰──需要放下某些東西。無論有沒有看似幸運的牌出現在這段時間，這通常會導致人生中的損失和失望。0歲和6歲有挑戰性影響的組合，影響到方塊9小孩的人格形成。然而，他們最終會獲得在精神和物質層面上特別的天賦跟能力，使他們一輩子多多少少受到高度關注。從28歲開始的七年週期是比較幸運的一年，有木星的保護跟祝福影響它。第一個鼎盛之年在22歲，顯示他們許多人有潛力在人生中獲得某些地位。其他在皇冠列交叉的年分發生在54歲和55歲，通常帶來一定的認可和回報。不過方塊9與皇冠列跟大多數牌相比，與皇冠列較少有互動，他們有很多更喜歡在幕後工作，而非在大眾眼前。

　　家人往往是他們最重要的挑戰，因為紅心4在他們人生之路的土星期。17歲和62歲是這些問題浮出檯面的年分。有其他重大挑戰性影響組合的年分包括6歲、13歲、14歲、21歲、31歲、35歲、38歲、39歲、41歲、44歲、58歲、59歲、66歲、70歲、76歲、80歲、83歲、84歲、86歲和96歲，比其他大多數牌多了很多。

方塊10的吉利年

預備重生之年：44、89

重生之年：45、90

關鍵之年：52

發現人生目的與命定之年：1、6、10、11、17、21、23+2、24、34、35、38、39、44+2、46、51、55、56+2、66、68+2、69、79、80、84+2、89、91、96、100

福報結尾之年：10、17、21、22、24、27、29、30、32、33、34、36、55、62、66、69、71、72、74、77、78、79、81、100

困境結尾之年：0+2、2+2、4+2、7+2、11+2、12、14+2、16、17+2、18、21+2、24+2、32、35+2、36+2、37+2、42+2、47+4、52+2、56+2、59+2、62+2、66+2、69+2、80+2、81+2、87+2、90+2、92+2、94+2、97+2

戒慎之年：1、11+2、14+2、15+2、24、25、34、38+2、39、46、56、59+2、60+2、69、70、79、81、83+2、84、91

個人挑戰之年：2、3、13、15、17、21、26、30、38、42、45、48、49、50、51、55、58、60、62、64、66、82、83、87、92、93、94、99、100

上升到鼎盛之年：40、85

鼎盛之年：43、88

最受福佑之年：0、45、90

實現願望之年：16、17、25、37、61、62、70、82

功成名就之年：6、9、10、16、28、36、38、44+2、45+2、46+2、51、54、55、61、67+2、68+2、69+2、71+2、72+2、73+3、81、83、96、99、100

財源廣進之年：0、2、26、45、47、61、71、90、92

方塊10的人生之路和十三年週期的守護牌

水星	金星	火星	木星	土星	天王星	海王星
0~12歲	13~25歲	26~38歲	39~51歲	52~64歲	65~77歲	78~90歲
8♠	A♥	A♦	Q♦	5♥	3♣	3♠

註釋：

　　方塊10整個一生都在最受福佑點度過，四周被木星的祝福圍繞。難怪他們似乎毫不費力就能通過最困難的處境。這不保證幸福，但他們確實有比大多數人有更值得感激之處。前世的靈性祝福先天就保護著他們，而那些領悟到人生靈性面重要性的人，將會獲得最大的收益。這個保護打從出生開始，即使前七年他們有些挑戰性的影響。由於兩張A和紅心5都在土星週期，他們開始尋求自我實現，這成為他們人生中的主旋律。這個主題從21歲到34歲變得更為突出，他們在這兩個七年週期置換了兩張A。有一些成功和認可在43歲到46歲實現，因為有皇冠列的牌影響，獲得人氣與名聲。另外一個與此相似、非常幸運的週期在63歲，並持續到74歲。如果他們活得長，這些可能是他們最燦爛的年分。方塊10也幸運地有三年以黑桃K作為長期牌。分別是46歲、69歲和73歲。

　　值得注意的挑戰性影響組合年分，包括了11歲、14歲、17歲、24歲、55歲、56歲、59歲、62歲、69歲和81歲。

方塊J的吉利年

預備重生之年：44、89

重生之年：45、90

關鍵之年：52

發現人生目的與命定之年：2、4、5+2、8+2、19、22、23、24、26+2、37、38+2、40、41、43、44、47、48、50、53+2、64、67、68、69、70、71+3、82、83、86、88、92、95、96、98+2

福報結尾之年：9、10、11+2、14、15、18、21、29、36、39、42、54、55、56+2、59、60、63、66、74、80、81、87、88、99、100

困境結尾之年：3+4、5+2、15+2、24+2、25、28+2、30+2、34+2、35、39+3、43+2、48+4、56、58+2、62+2、66、69+2、72、73+3、75+2、79+2、80、84+2、88+2、92、93+4、95+2

戒慎之年：6+2、13、23、25、27+2、28+2、29、38、51+2、58、68、70、72+2、73+2、74、83、95、96+2

個人挑戰之年：7+2、8、10、13、16、17、21、24、28、30、33、37、39、42、50、52、53+2、54、55、60、61、66、73、75、82+2、84、87、97、98、100

上升到鼎盛之年：8、53、98

鼎盛之年：11、56

最受福佑之年：13、58

實現願望之年：5、29、30、38、50、74、75、83、95

功成名就之年：4、6、19、22、23、28+2、29+3、30+2、41、48+2、49、51、56+2、57+2、64、67、68、74、77+2、86、94、96

財源廣進之年：0、1、4、6、10、14、16、20、24、31、32、34+2、39、45+2、46、49、51+2、59、65、68、69、76、77、79+2、84、90、91、94、96

方塊J的人生之路和十三年週期的守護牌

水星	金星	火星	木星	土星	天王星	海王星
0~12歲	13~25歲	26~38歲	39~51歲	52~64歲	65~77歲	78~90歲
4♥	4♦	2♠	8♥	6♣	6♠	Q♥

註釋：

　　方塊J總體說來有條幸運的人生之路，但是兩張6號牌表示人生中特定時間的停滯。此外，每一張牌都落在大太陽牌陣的海王星行，使得這些人常有理想、夢想、幻想和照顧的問題。他們的人生以這些因素為基礎，好壞都有。總體上，童年時期是受到保護並且安全的，除了在5歲和7歲的事件可能比較困難。方塊J在11歲時達到了第一個鼎盛之年。這表示他們在學校有一段時間表現優異，廣受歡迎，或者僅僅表示在那個歲數會有很大的改變。從21歲到27歲的週期可能很困難，特別是在23歲到26歲那幾年，會有連續不斷的損失跟挑戰出現。但是接下來的週期，有四年（28歲到31歲）特別順利，往往帶來各式各樣的回報和認可。這引導他們走向另一個辛苦工作但成功的週期（從35歲到41歲）。不過，方塊J最好的年分是在人生下半場。56歲到72歲特別順利，要是他們活得夠長，77歲到83歲會帶給他們最豐盛的回報。方塊J也幸運地能有三年以黑桃K作為長期牌，分別是30歲、57歲和77歲。38歲會是發生重要領悟和正向改變的一年。

　　特別有挑戰性組合影響的年分，包括13歲、23歲、24歲、25歲、44歲、58歲、68歲、69歲、72歲、73歲、89歲和95歲。

方塊 Q 的吉利年

預備重生之年：44、89

重生之年：45、90

關鍵之年：52

發現人生目的與命定之年：2、12+3、13、16、29+2、33+2、43+2、47+2、57+2、61、73、74、78+2、82、83、88、90、92

福報結尾之年：0+2、1+2、8、11、16、19、24+2、28+2、30、32、34、45、46+2、49、56、61、64、69+2、73+2、75、77、79、90+2、91+2、98

困境結尾之年：3、9、13+4、15+2、25+2、30、34+2、40+2、44+2、54、58+4、62、68+2、72+2、79+2、85+2、89+2、95

戒慎之年：8+2、16+2、33、35、37+2、38+2、53、60、61+2、78、82+2、83+2、98

個人挑戰之年：0、4、5、12、20+2、23、27+3、29、31、32、37、38、39、40、43、44、45、50、55、57、60、65+2、70、72、74、77+2、83、85、88、89、90、95

上升到鼎盛之年：18、63

鼎盛之年：21、66

最受福佑之年：23、68

實現願望之年：3、15、39、40、48、60、84、85、93

功成名就之年：6、14、16、29、32、33、39、47+2、48+2、51、59、61、74、77、78、84、96、98+2、99+2、100+2

財源廣進之年：3、4、7、15、22、24、34、36、40、41、44、48、49、52、60、67、69、75、79、81、85、86、91、93、94、97

方塊 Q 的人生之路和十三年週期的守護牌

水星	金星	火星	木星	土星	天王星	海王星
0~12 歲	13~25 歲	26~38 歲	39~51 歲	52~64 歲	65~77 歲	78~90 歲
5♥	3♣	3♠	9♥	7♣	5♦	Q♠

註釋：

　　方塊 Q 的人生之路有巨大的潛能，但也有巨大的挑戰與負面業力要處理。除了一張牌，其餘的人生之路牌都落在了土星行，保證會有一個又一個挑戰，並且需要在每一方面學習人生的法則。通常在童年會有許多旅行或搬遷，造成他們成年後坐不住的天性。童年經常有財務上的限制，尤其是人生第二個七年，這就是為何方塊 Q 都有要處理的匱乏感。他們的人生多變，而且呈現多樣性，直到 39 歲左右，他們進入由紅心 9 統轄的木星十三年週期。由於紅心 9 有更為穩定的影響，他們的人生經常在那時候安定下來。方塊 Q 在 21 歲達到鼎盛之年，通常顯示出他們有極大的潛能。第一個鼎盛之年代表一次在人生中重大的改變，也使他們踏上一條較高的道路。28 歲到 41 歲通常帶來住所和親密關係的多次改變，但是如前所述，他們往往會在那個週期結束後安定下來，也在 40 歲和 41 歲時帶給他們一些財務上的報酬，有些情況下，是相當突出的。在 42 歲到 48 歲這個週期可以帶來一些額外的認可和回報。他們的許多夢想在第二次上升到鼎盛之年和鼎盛之年時（即 63 歲到 66 歲時）得以實現。

　　具有挑戰性影響組合的年分，包括了 8 歲、13 歲、33 歲、37 歲、40 歲、58 歲、78 歲、85 歲和 95 歲。

方塊K的吉利年

預備重生之年：44、89

重生之年：45、90

關鍵之年：52

發現人生目的與命定之年：0、5、6、8、12、16、19、22、27、29、33、36、37+2、38、39、41、48、50、51、53、57+2、61、63、64、71、74、78+2、82+2、84、88、96、98+2

福報結尾之年：4、7、12、25+2、28、39、42、44、52、53、70+2、73、84、87、89、94、97

困境結尾之年：2+2、3+4、8+2、9+2、12+2、16+2、17+2、18、19+2、20+2、25、29+2、30+2、31、36+2、37、38+2、42+2、44、47+2、48+4、53+2、54+2、57+2、60、61+2、62+2、65+2、67、68、72+2、75+2、76+2、81+2、83+2、87+2、92+2、93+4、98

戒慎之年：11、12、20+2、21、37、40、41+2、42+3、56、57、65+2、82、85、86+2、87+3、99

個人挑戰之年：8、14、17、24、27、29、31、40、42、44、56、59、64、65、69、74、85、87、89+2、97

上升到鼎盛之年：22、67

鼎盛之年：25、70

最受福佑之年：27、72

實現願望之年：7、19、43、44、52、64、88、89、97

功成名就之年：10、18、20、33、36、37、43、55、63、65、75+2、76+2、78、81、82、88、100

財源廣進之年：0、8、10、11、18、20、29、31、36、45、49、53、55、63、65、73、74、76、79、81、90、93、98、100

方塊K的人生之路和十三年週期的守護牌

水星	金星	火星	木星	土星	天王星	海王星
0~12歲	13~25歲	26~38歲	39~51歲	52~64歲	65~77歲	78~90歲
6♥	4♣	2♦	J♠	8♣	6♦	4♠

註釋：

　　方塊K是其中一條比較幸運的人生之路。所有的牌都是偶數，從靈數學看來，即使土星牌也是一張有權力和成就的牌。在物質層面的成功，來自於相當順利的童年跟業力。第一個七年週期通常是穩定的，之後十四年出現一些改變和不安全感，但並非那麼嚴重。從20歲到27歲通常有些損失和失望。這也是當方塊K達到他們的第一個鼎盛之年，所以當他們經歷挑戰時，他們也會期待獲得一些成功和認可。20歲、42歲、65歲和87歲會有非常強烈影響的結尾，並不那麼好過。在那些年分時應該要比其他時候更小心謹慎。第一個鼎盛之年對他們往往是巨大的轉化，有梅花9作為長期牌和結果牌。第二個鼎盛之年經常是獲得認可與報價的最佳時機，因為它的長期牌也伴有皇冠列的影響。

　　對方塊K人來說，其他具有挑戰性影響組合的年，分是12歲、37歲、40歲、56歲、57歲、82歲、85歲和99歲。

黑桃A的吉利年

預備重生之年：44、89

重生之年：45、90

關鍵之年：52

發現人生目的與命定之年：4、8、10+2、11、16、19、20、21、25、26、28、30、34、35、37、41、49+2、50、53、55、60、64+2、65、70、73、74、75、79、80、82、83、86、91、94、98、100

福報結尾之年：3+2、6、8、15、16、24、31、38、48+2、51、57、60、69、76、83、93+2、96、98

困境結尾之年：0+2、4、5、7+3、10+2、13、21+2、23+2、24、29、33+4、34、42+2、44+2、45+3、52+2、54、55+2、57、59、65、66+2、76+2、78+2、80+2、84、87+2、89+2、90+2、97+2、100+2

戒慎之年：0+2、1+3、24+2、44、45+2、46+3、69+2、89、90+2、91+3

個人挑戰之年：0、1+3、3、12、15、16、17、26、28、31、35、36、38、39、44、46+2、48、57、60、61、62、68、70、71、73、78、84、87、88、91+2、93+2

上升到鼎盛之年：26、71

鼎盛之年：29、74

最受福佑之年：31、76

實現願望之年：2、3、11、23、47、48、56、68、92、93

功成名就之年：2、14、17+2、18+2、19+2、22、24、37、40、41、47、59、67、69、82、85、86、92

財源廣進之年：12、14、16、18、20、35、37、57、59、61、63、80、82

黑桃A的人生之路和十三年週期的守護牌

水星	金星	火星	木星	土星	天王星	海王星
0~12歲	13~25歲	26~38歲	39~51歲	52~64歲	65~77歲	78~90歲
7♥	7♦	5♠	J♥	9♣	9♠	2♥

註釋：

　　快速瀏覽黑桃A的人生之路，顯示有兩張7號牌和兩張9號牌——從年輕開始，他們的一生充滿了靈性挑戰。記住我們在人生的第一年經歷了人生之路上的所有牌，每一張牌統轄了五十二天週期，在第一個七年逐一體驗了它們——它們是每一年的長期牌。這些7號牌與9號牌造成了塑造黑桃A早年性格的挑戰和損失，這往往為他們的個人生活帶來了一種悲劇感，這種感覺帶入了成年階段。唯有靈性上的了解可以克服這些表面的損失，而且他們有許多人在很早就被靈性的學習吸引。第一個十四年往往非常艱難。雖然也有一些成功，但某種形式的個人悲劇注定要發生。4歲、5歲、10歲和11歲凸顯了挑戰的難度。之後，在14歲，他們進入一個非常幸運的週期，帶來了成功與認可。既然這發生在中學和大學時期，從那時起，他們經常把成功與學術上的成就連結在一起。他們通常有個成功的人生，直到他們到了第一個鼎盛之年（29歲），那時往往會遭受一場人生中的戲劇化改變。他們有些人的童年問題可能會重新浮現，需要處理或是努力。然而，從28歲到34歲那七年的週期整體來說很順利，可望大展鴻圖。從35歲到48歲可能有許多改變跟一定的不確定性。第一組預備重生之年，與重生之年會發生重大的結束和挑戰。一旦黑桃A採用了靈性生活方式，所有物質上的挑戰牌都會成為祝福和寶貴的功課，引導他們走向自我實現和內在平靜。他們在本質上，是整副牌最有靈性的牌之一。

　　黑桃A出現強烈挑戰性影響組合的年分，包括了0歲、1歲、15歲、44歲、45歲、46歲、57歲、60歲、84歲、86歲、87歲、89歲、90歲和91歲。

黑桃2的吉利年

預備重生之年：44、89

重生之年：45、90

關鍵之年：52

發現人生目的與命定之年：1+2、2、3、15+2、20、25、30+2、31、35、36、37、40、42、44、46、48+2、58、60、65、70、73、74、75、79、80、81、87、89、91、92、93

福報結尾之年：17、19、32、33、43、58、64、66、77、78、88

困境結尾之年：2+2、7、9+2、12+2、22、26+2、36+3、40+2、43+2、47+2、54+2、57+2、71+3、73+2、75、76、83+3、88+2、92+2、99+2

戒慎之年：5+2、6+2、22、29+3、50+2、51+2、67、74+3、91、95+2、96+2

個人挑戰之年：6、8、9、19、21、23、26、28、31、32、33、38、42、44、51、53、63、64、68、71、76、77、78、81、82、85、89、90、94、96、98、100

上升到鼎盛之年：31、76

鼎盛之年：34、79

最受福佑之年：36、81

實現願望之年：7、8、16、28、52、53、61、73、97、98

功成名就之年：0、1、4+2、5+2、6+2、7、8+2、9+2、10+2、19、27、29、42、45、46、52+3、53+2、54+2、64、72、74、87、90、91、97

財源廣進之年：5、9、11、13、14、17、32、37、41、54、56、57、59、62、77、82、86、98、99

黑桃2的人生之路和十三年週期的守護牌

水星	金星	火星	木星	土星	天王星	海王星
0~12歲	13~25歲	26~38歲	39~51歲	52~64歲	65~77歲	78~90歲
8♥	6♣	6♠	Q♥	10♣	8♦	K♠

註釋：

　　在許多方面看來，黑桃2都有條幸運的人生之路，只有他們的惰性可以阻撓他們選擇的成功。從務實方面說來，任何問題都沒有藉口。童年時期往往有許多成功，在同學和朋友之間很受歡迎。他們經常在學校中鶴立雞群，因此保證了成年生活佔有一席之地。這張牌需要小心，尤其是在健康方面，他們不可避免地會虐待自己的身體。但是在世俗上，他們擁有想要的一切。14歲到20歲和35歲到41歲這兩個七年的週期為他們的人生帶來一些挑戰性的結束或是損失，打亂他們平常穩定的生活模式。然而，這將拓展他們對人生的理解，並且幫助他們放下真的不需要的東西。在49歲到62歲的週期經常是他們最好的階段，他們有許多人在那個時候能夠實現偉大的目標和成就。黑桃2有幸能以黑桃K作為三年人生的長期牌，這些年分是6歲、10歲和54歲。

　　黑桃2面對挑戰性影響組合的年分是所有牌中最少的，包括了22歲、76歲和91歲。

黑桃3的吉利年

預備重生之年：44、89

重生之年：45、90

關鍵之年：52

發現人生目的與命定之年：1、9、10、16、18、22、23、24、27+2、30、36、42、44、46、54、63、67、68、69、72、78、79、81、87、89、91+2、93、99

福報結尾之年：4、12、22、23、25、30、34、37、42、43、49、57、67、68、70、75、82、83、88、94

困境結尾之年：0、2+2、5、12+2、13、16+2、23+2、31、33+2、37、41、43+2、47+2、48、49+2、59+2、63、64、68+2、78+2、82、88+2、90、92+2、96

戒慎之年：5+2、26+2、27+2、50+2、71+2、72+2、95+2

個人挑戰之年：1、4、6、9、11+2、12、14、22、24+2、27、28、29、32、34、37、45、54、56+2、57+2、61、67、69+2、72、73、74、79、81、82、88、94、99

上升到鼎盛之年：7、52、97

鼎盛之年：10、55、100

最受福佑之年：12、57

實現願望之年：4、28、29、37、49、73、74、82、94

功成名就之年：3、5、18、21+3、22+3、23+2、28、40、41+2、48、49+2、50+3、63、66、67、70+2、73、85、93、95

財源廣進之年：11、26、33、35、38、46、56、78、80、83

黑桃3的人生之路和十三年週期的守護牌

水星	金星	火星	木星	土星	天王星	海王星
0~12歲	13~25歲	26~38歲	39~51歲	52~64歲	65~77歲	78~90歲
9♥	7♣	5♦	Q♠	J♣	9♦	7♠

註釋：

　　黑桃3位於大太陽牌陣中的木星列跟土星行。成功與好處就在那裡，但唯有透過辛勤工作與紀律才能取得。也有一些負面業力要解除，但不會嚴重到阻礙他們獲得幸福與成功。第一個七年有兩張7號牌跟兩張9號牌作為長期牌，帶來一大堆有挑戰性的經驗，將某些特質注入黑桃3的性格中。在第二個七年週期中，他們到達了第一個鼎盛之年，帶來了在課業上的成功，但也是一場重大的改變或轉化。14歲到20歲的週期也有結束或損失的影響，會抵銷那個時期的其他成功牌。但是21歲到23歲非常順利，展示出他們成功的某種潛力。要是他們勤奮工作，他們可以在28歲到34歲之間完成許多夢想。大約39歲時，他們進入木星期，並脫離了前幾年土星行的影響。他們的人生往往在那時候變得輕鬆許多，並在這過程中獲得一些認可。黑桃3是其中一張能夠大器晚成的牌。從49歲到55歲，和70歲到76歲，他們都位於皇冠列，那些事業心強的人會在這個時候獲得最大的成功。黑桃3幸運地有三年以黑桃K作為長期牌。這些年分是23歲、50歲和70歲。

　　黑桃3特別有挑戰性影響組合的年分很少，發生在37歲、67歲和88歲。

黑桃4的吉利年

預備重生之年：44、89

重生之年：45、90

關鍵之年：52

發現人生目的與命定之年：5、12、15、16+2、22、26、27、29、30、33、37、40+2、50、57、60、61+3、66、67+2、72、74、75、76、78、82+2、85+3、95+2、99

福報結尾之年：3、4+2、8、9、10、15、18、24、28+2、34、36、48、49+2、53、54、55、60、63、69、73、77、79、93、94+2、98、99、100

困境結尾之年：6+4、9+2、10+2、16+2、17+2、18+2、19+2、21+2、22+2、27+4、31+2、35+2、41+2、43+2、44+2、46、51+2、53+2、54+3、61+2、62+2、63+2、64+2、66+2、67+2、72+4、74、76+2、80+2、86+2、89+3、91、96+4、99+2、100+2

戒慎之年：3、20+2、21+2、25、28、44+2、48、65+2、66+2、73、89+2、93、94、100

個人挑戰之年：3、7、8+2、20、21+3、23、30、31、32、36、37、43、48、51、53、55、60、65、66+2、68+2、71、75、77、81、82、88、93、97、98+2

上升到鼎盛之年：1、46、91

鼎盛之年：4、49、94

最受福佑之年：6、51、96

實現願望之年：22、23、31、43、67、68、76、88

功成名就之年：7+2、8+2、12、15、16、22、28+2、34、42、44、57、60、61、67、79、86+2、87+3、88+2、89

財源廣進之年：1、11、18、20、29+2、32、39、41、44、65、74、77、84+2、86

黑桃4的人生之路和十三年週期的守護牌

水星	金星	火星	木星	土星	天王星	海王星
0~12歲	13~25歲	26~38歲	39~51歲	52~64歲	65~77歲	78~90歲
10♥	10♦	8♠	A♥	A♦	Q♦	5♥

註釋：

　　總體而言，黑桃4有條幸運的人生之路，成功伴隨著辛勤工作，以及注重創造穩定和安全。他們確實在童年獲得許多成功，給了他們一個比一般人更好的人生開始。他們對財務上普遍的匱乏感既激勵他們，有時也限制他們的成功。從7歲到13歲整個週期都在皇冠列度過，28歲到34歲亦然。兩個週期都能帶來巨大的成功與認可。他們通常在學校出類拔萃，並從他們的心智成就獲得巨大的滿足。然後他們在最受福佑點度過了七年，從42歲到48歲置換方塊10，整副牌中很少有牌如此。在這期間，他們真的能夠實現或擁有他們最渴望的一切。同樣地，唯有他們內在的匱乏感會限制他們的成功，如果他們下定決心，就能藉由努力克服。整體說來，他們手氣非常好，所以沒道理失敗或一文不值。黑桃4也有幸能有三年在人生中以黑桃K作為長期牌。這些年分是8歲、28歲和88歲。21歲、44歲、66歲與89歲有不尋常、需要戒慎的影響組合。可能的話，在這幾年要格外小心。

　　黑桃4體驗到挑戰性影響組合的其他年分，包括了3歲、4歲、9歲、16歲、20歲、27歲、48歲、49歲、54歲、61歲、65歲、66歲、72歲、76歲、89歲、93歲和94歲。

黑桃5的吉利年

預備重生之年：44、89

重生之年：45、90

關鍵之年：52

發現人生目的與命定之年：5+2、6、8、12、17、19、22、23+2、26、35、40+2、44、50+2、57、58、64、67、68、71、85+2、95+2

福報結尾之年：8、18+2、20、22、25、34、38、39+2、44、46、53、63+2、65、67、70、79、84+2、87、89、98

困境結尾之年：1+3、2、6+4、11+3、16+5、20+2、21、26+4、27+2、28+3、32+2、37+2、41+2、46+2、51+4、53+2、56+2、61+3、63+2、71+5、72+2、73+2、77+2、81、82+2、86+2、91+2、96+4

戒慎之年：9+2、19、30+2、31+2、42、54+2、64、75+2、76+2、87、99+2

個人挑戰之年：8、13、15、18、25、31、33+2、41、57、58、60、61、65、66、70、72、76+2、78、83、98

上升到鼎盛之年：Ages 11、56

鼎盛之年：14、59

最受福佑之年：16、61

實現願望之年：8、32、33、41、53、77、78、86、98

功成名就之年：7、9、22、25、26、32、44、49+2、50+2、51+2、52、54、67、69+2、70、71、77+3、78+2、89、97、98+2、99

財源廣進之年：15、19、26、29、31、39、42、60、64+2、71、74、76、87、96

黑桃5的人生之路和十三年週期的守護牌

水星	金星	火星	木星	土星	天王星	海王星
0~12歲	13~25歲	26~38歲	39~51歲	52~64歲	65~77歲	78~90歲
J♥	9♣	9♠	2♥	K♥	K♦	6♥

註釋：

　　黑桃5有兩個9在人生之路上，可能會帶來損失和失望，不過他們在紅心J影響底下開始，往往給予他們很好的靈性基礎，引導他們穿過困擾期，用靈性理解與智慧去讓路途更輕鬆點。在火星週期後的日子相對比較順利，而且我們看到在人生後三分之二的時間可能獲得巨大的成功。他們在14歲時到達第一次鼎盛之年，讓他們體驗到自己的潛能。他們的成功很多都是與人相關，特別是團體。求學時光帶來在該領域的成功，他們將之帶入成年生活與工作領域。從21歲到27歲的週期通常以一些認可和成就收尾，延續到另一個七年，辛勤的工作會帶來更多的回報跟成功。從42歲到48歲的週期帶來額外的成功，但也會有個重要的結束或是完成，使他們有一個新的開始，為他們開啟從49歲到52歲的成功。整體而言，只要他們不斷努力，在一生中一定會有很多成功。黑桃5有幸能有三年以黑桃K作為長期牌。這些年分是51歲、78歲和98歲。

　　黑桃5有特別挑戰性影響的組合年分，發生在16歲、26歲、28歲、41歲、61歲、71歲和72歲。

黑桃6的吉利年

預備重生之年：44、89

重生之年：45、90

關鍵之年：52

發現人生目的與命定之年：0+2、4、11、14、21、24、25、31、32、36、38、39、41、45+3、49+2、59、63、66、69、70、76、77+2、83、86、90+2、94

福報結尾之年：9、11、12、20+2、22、23、26、34、43、44、54、56、61、65、67、68、71、79、88、89、99

困境結尾之年：1+2、7+2、8、9+2、11+2、21+2、23+3、25+2、27+2、28、29+2、35、37+2、40+2、46+2、52+2、53、54+2、56+2、66+3、67、68+2、70+2、71、72、74+2、80+3、84+2、85+2、86、87、91+2、93、97+2、98、99+2

戒慎之年：4+2、5+2、28+2、31、49+2、50+2、73+2、76、94+2、95+2

個人挑戰之年：5、7、9、28、29、32、35、39、50、52、57、58、64、72、73、77、79、82+2、84、95、97

上升到鼎盛之年：30、75

鼎盛之年：33、78

最受福佑之年：35、80

實現願望之年：6、7、15、27、51、52、60、72、96、97

功成名就之年：0、1+2、2+2、3+2、6、18、26、28、41、44、45+3、46+2、47+2、51、63、71、73、86、89、90、96

財源廣進之年：2、10、12、16、17、42、55、57、61、62、75、83、97、100

黑桃6的人生之路和十三年週期的守護牌

水星	金星	火星	木星	土星	天王星	海王星
0~12歲	13~25歲	26~38歲	39~51歲	52~64歲	65~77歲	78~90歲
Q♥	10♣	8♦	K♠	3♥	A♣	Q♣

註釋：

　　黑桃6在第一個七年有個好開頭，但他們與黑桃9的連結帶來一些損失或失望，往往為他們的人格添上悲劇的色彩，黑桃9是他們的第一張業力牌，也是他們在第二個七年的置換牌。他們經常被這些早年人生的挑戰砥礪得堅如磐石，但有時他們會封閉自己，遠離之後出現在面前的機會。巨大的潛能仍在那裡，而他們有許多人抓住了由命運送來的中獎機會。瞧瞧金星、火星和木星週期，它們將會告訴你這些人只要願意就能實現遠大夢想。這三張牌全部都在大太陽牌陣中的皇冠列。從28歲到34歲的週期往往非常重要，並帶來一次澈底的人生轉變。這些企圖心強的人經常實現目標，得到更高層次的認可和回報。隨後的七年週期往往在個人親密關係領域有許多挑戰，35歲和39歲是當中最值得注意。隨後的那個週期可能會是他們人生中最成功和幸運的。在42歲到48歲之間，能夠獲得巨大的成功和認可。那些追求登峰造極的人往往在這段週期達成目標，他們的十三年幸運木星週期恰巧是由黑桃K統轄。所有的黑桃6都有潛力，但唯有那些願意負責的人能臻至實現。

　　黑桃6有特別挑戰性影響組合的年分，發生在21歲、28歲、66歲和72歲。

黑桃7的吉利年

預備重生之年：44、89

重生之年：45、90

關鍵之年：52

發現人生目的與命定之年：0、6、7+2、8、11、17、25、26、28、29、32、33、34、38+2、45、51+2、52+2、56、62、65、71、73、74+2、75、79、83+2、89、90、96、97+3

福報結尾之年：2、6、9、17、22、27、40、41、42、47、50、51、58、62、67、72、85、86、87、92、96、99

困境結尾之年：3+2、4+2、10+2、15、18+2、24+2、26+2、28+2、32+2、39+2、48+2、49+2、55+2、63+2、65+2、66、69+2、71+2、72、75+2、76、84+2、93+3、94+2、100+2

戒慎之年：3、10、21+2、24、36、41、42+2、43+2、48、55、63、66+2、86、87+2、88+2、93、96、100

個人挑戰之年：0、2+2、16+2、18、20+2、22、25、30、33+2、38、40、42、43、44、45、47+2、56、61+2、65、67、70、73、77、78+2、87、88、90、92+2

上升到鼎盛之年：23、68

鼎盛之年：26、71

最受福佑之年：28、73

實現願望之年：0、8、20、44、45、53、65、89、90、98

功成名就之年：11、19、21、34、37、38、44、56、64、66、79、82+3、83+3、89

財源廣進之年：7、9、17、18、19、24、50、52、54、62、63、64、69、77、88、97、99

黑桃7的人生之路和十三年週期的守護牌

水星	金星	火星	木星	土星	天王星	海王星
0~12歲	13~25歲	26~38歲	39~51歲	52~64歲	65~77歲	78~90歲
2♣	K♣	J♦	4♥	4♦	2♠	8♥

註釋：

　　黑桃7落在大太陽牌陣中幸運的木星列，但身為特別幸運者（Seven of Sevens），他們的福報更多來自於靈性層面，而不是世俗層面。健康和工作挑戰是他們人生的一部分，直到他們學到從個人執著中解脫的功課。不過，他們的人生之路是幸運的，他們的確常常成功，總之，他們沒有什麼可抱怨的。童年時期相對順利，在前十四年中，主要都是良好的影響。之後，他們進入一個充滿改變與一些不確定的十四年週期（14歲到27歲），但整個過程仍有多年的良好影響。他們有許多人在這時候發展商業跟財務技能，這通常是每個黑桃7業力定數的主要部分。第一個鼎盛之年也在這個週期中發生，會帶來一次成功的提升，隨後在28歲會有一次挑戰性的結尾。一切都回到他們的本命牌，和踏上靈性道路的需求。任何成功都必須來自於對結果無所執著。總體上，他們人生的牌給予他們持續的機會放下負面的過去習氣。當他們接收到指示，並做出內在的改變，所有的牌都會轉化成更高靈性之光的成功與寧靜。

　　黑桃7特別有挑戰性影響組合的年分，發生在3歲、10歲、24歲、26歲、38歲、42歲、48歲、55歲、71歲、87歲、93歲和100歲。

黑桃8的吉利年

預備重生之年：44、89

重生之年：45、90

關鍵之年：52

發現人生目的與命定之年：1、3、11、15、17+2、18、27、28、36、40、42+2、43、44、46、47、48、56、60、62、63、67、72、73、76、81、85、87+2、88、89、91、93

福報結尾之年：7、17+2、19、28、31、37、41、52、60、62+2、68、73、76、82、86、97

困境結尾之年：1+2、4+4、6、14+2、18+2、22+2、27+2、28+2、32、33+2、34+2、38+2、39+2、42+2、46+2、49+4、50、57、59+2、63+2、67+2、72+2、73+2、75+2、78+2、79+2、84+3、85+3、91+2、94+4

戒慎之年：7+2、8+2、14、19、30、31+2、52+2、53+2、64、76+2、78、97+2、98+2

個人挑戰之年：0、1、8、10、11、17、21、25、29、30、32、34、35+2、40、45、46、53、55、56、62、63、66、70、74、77、79、80+2、83、87、90、91、98、100

上升到鼎盛之年：33、78

鼎盛之年：36、81

最受福佑之年：38、83

實現願望之年：9、10、18、30、54、55、63、75、99、100

功成名就之年：2、3、9、18+2、19+2、20+2、21、22+2、23+2、24+2、29、31、44、47、48、54、66+3、67+2、68+2、74、76、89、92、93、99

財源廣進之年：5、7、9、10、19、27、38、48、50、52、54、55、64、71、95+2、97、99、100

黑桃8的人生之路和十三年週期的守護牌

水星	金星	火星	木星	土星	天王星	海王星
0~12歲	13~25歲	26~38歲	39~51歲	52~64歲	65~77歲	78~90歲
A♥	A♦	Q♦	5♥	3♣	3♠	9♥

註釋：

　　兩個A統轄黑桃8人生的前二十六年，使他們集中在自我探索中。這要不就是造就一個人自我覺察和寧靜，要不就是一個非常自私、不顧他人的人黑桃8在26歲進入土星行，是方塊Q牌，人生之路其餘的牌都是在土星行。土星承諾他們將會覺察到他人所需或是予以關注。由於人生之路都是奇數牌，肯定會有挑戰。但是他們本命牌中天生的力量可以克服一切挑戰，只要他們遵循因果法則行事。儘管第一個七年有點困難，下一個七年要好得多，黑桃8經常在學校表現得良好。他們在同學中鶴立雞群，特別是在16歲、18歲、19歲和20歲，他們尤其有好的影響。這個幸運的影響持續到下一個在21歲展開的七年週期，那時他們再次有皇冠列的牌當長期牌。注意黑桃8有多幸運，有三年以黑桃K做他們的長期牌，分別是20歲、24歲和68歲。早發的成功大大起了促進作用，往往使他們甚至在成年後取得更大的成就。從28歲到34歲的週期中呈現了人生中最艱巨的挑戰，30歲和32歲是那一個週期最為顯著的年分，必然會發生某事的了結。類似的靈性挑戰週期發生在49歲到55歲。人生最佳的週期可能發生在63歲到69歲，使得有遠大志向的人獲得許多成功、認可與報酬。

　　黑桃8有特別挑戰性影響組合的年分，發生在4歲、8歲、14歲、30歲、34歲、49歲、52歲、53歲、78歲、79歲、94歲和98歲。

黑桃9的吉利年

預備重生之年：44、89

重生之年：45、90

關鍵之年：52

發現人生目的與命定之年：0、1、2、3、5、9、11、13、14+2、22、23、32、39、40、41、44、45、46、47、48、50、52、56、58+2、59、67、68、77、84、85、86、89、90、91、92、95

福報結尾之年：0、5、15、21、31、33、35、36、45、50、56、64、66、76、78、80、81、90、95

困境結尾之年：0+2、10+2、13+2、22、24+2、28+2、34+2、38+3、45+2、55+2、57、58+2、63、69+2、71+2、73+2、81+2、90+2、95、100+2

戒慎之年：3+2、4+3、15、19+2、27+2、48+2、49+3、60、64、72+2、93+2、94+3

個人挑戰之年：4、6、7、24、26、28、29、30、31、36、41、43、49+2、51、69、74、75、76、79、80、83、86、87、88、94、96、97

上升到鼎盛之年：29、74

鼎盛之年：32、77

最受福佑之年：34、79

實現願望之年：5、6、14、26、50、51、59、71、95、96

功成名就之年：5、17、25、27、38+2、39+2、40+3、43、44、50、62、70、72、85、88、89、95

財源廣進之年：11、12、13、15、25、30、35、39、42、51、56、57、58、60、70、72、75、80、84、87

黑桃9的人生之路和十三年週期的守護牌

水星	金星	火星	木星	土星	天王星	海王星
0~12歲	13~25歲	26~38歲	39~51歲	52~64歲	65~77歲	78~90歲
2♥	K♥	K♦	6♥	4♣	2♦	J♠

註釋：

　　黑桃9有一條比較好的人生之路，通常為他們帶來物質上的成功。然而，不可避免的是他們本命牌的力量，也就是潛在的損失或失望，所以他們有些人會遇到個人悲劇，同樣地，他們的人生之路也會有成功。整體上，他們的童年受到保護，雖然在有些情況下會有家人過世。大多數黑桃9有些天分，通常是音樂或娛樂方面的。這往往在7歲到13歲的第二個七年週期出現。從21歲到27歲的週期可能帶來巨大的改變，使他們踏上新道途，並在32歲到達第一個鼎盛之年。然後在鼎盛時，他們會做出另一個重大的改變。最成功又有趣的週期會在35歲展開，一直到41歲，許多人也會在那個週期結婚。

　　黑桃9具有強烈挑戰性影響組合的年分，發生在4歲、19歲、49歲、64歲、和94歲。

黑桃10的吉利年

預備重生之年：44、89

重生之年：45、90

關鍵之年：52

發現人生目的與命定之年：3、8、13、14、16、18、20、26、27、31、32、42、44、48、49、51、52、53、58、59、61、63、65、67、72、76、77、84、87、89、93、98

福報結尾之年：0、2、3、12、16、26、30、36、38+2、40、45、47、48、57、61、71、79、81、83、85、90、92、93

困境結尾之年：0+2、7+2、8+2、12+3、13+2、19+2、20+2、22+2、27+2、29+2、30、40+2、41+2、43+2、45+4、52+2、55+2、58+2、61、64+2、65+2、67+2、68、72+2、74+2、78、85+2、86+2、87、88+3、90+2、93、97+2、98+2

戒慎之年：1+2、2、22+2、23+2、46+2、50、59、65、67+2、68+2、91+2

個人挑戰之年：0、1、2、3、4、5、9、10、13、23、25、27、35、39、41、46、47、48、50、53、57、58、64、68、70、72、82、84、85、86、90、91、92、95+2、100

上升到鼎盛之年：3、48、93

鼎盛之年：6、51、96

最受福佑之年：8、53、98

實現願望之年：0、24、25、33、45、69、70、78、90

功成名就之年：1、13+2、14、17、18、21+2、22+2、24、36、42+2、44、46、59、62、63、69、81、89、91、100+2

財源廣進之年：15、25、28、31、34、37、39、73、76、79、82、84

黑桃10的人生之路和十三年週期的守護牌

水星	金星	火星	木星	土星	天王星	海王星
0~12歲	13~25歲	26~38歲	39~51歲	52~64歲	65~77歲	78~90歲
5♣	3♦	A♠	7♥	7♦	5♠	J♥

註釋：

　　黑桃10位於大太陽牌陣中幸運的木星列。這保證了他們人生有一定程度的保護和成功，這是大多數牌不會有的。在人生之路的兩個7可能是困難的，但總可以透過勤奮工作克服，這也是他們最強烈的特質之一。第一個七年是個大雜燴。有這麼多奇數牌當每年的長期牌，一定有一些改變和挑戰性的情況出現在他們的生活。第二個七年往往更順利，而且他們在學校時，經常被發現表現傑出，而在那裡獲得一些認可。從21歲開始，他們有整整七年在皇冠列度過，那些事業心強的人經常在這時候功成名就，同時也有很大的自由度，可以做任何他們想做的事情但是從42歲到48歲這個週期會再次出現，甚至路愈走愈寬，他們置換了皇冠列中太陽位置的方塊8，這對他們是最幸運的週期，這個週期能將他們的專業提升到更高層次，之後在他們51歲時到達了第二個鼎盛之年。之後，從56歲到62歲，他們落在最受福佑點，被木星的祝福圍繞著。如果他們有靈性傾向，這是個時機，當他們跟內在建立最深的連結時，同時也會接收到許多物質上的祝福。很少有牌擁有這麼多美妙的可能性在人生之路上。

　　黑桃10有強烈挑戰性影響組合的年分，發生在2歲、22歲、50歲、64歲、65歲、67歲和85歲。

黑桃J的吉利年

預備重生之年：44、89

重生之年：45、90

關鍵之年：52

發現人生目的與命定之年：1、3、7、10、14、17、19、21、24、28+2、31、35、38、39、41、48、52、55、59、61、62、66、73+2、76、80、83、93、97、100

福報結尾之年：6、17、20、23、26、30、31、34、43、51、62、65、68、75+2、76、88、96

困境結尾之年：2+2、4+2、8+2、9+2、15+2、18、20、23+2、25+2、27、31+2、36、37+2、39+2、40、41+2、43+2、47+2、51+2、54+2、55、58、60+3、67、68+2、70+2、76+2、79、82+2、84+2、88+2、92+2、94+2、98+2、99+2

戒慎之年：5、15、18+2、19+2、23、24、29、38、42+2、50、56、60、63+2、64+2、69、74、83、87+2、95

個人挑戰之年：1、6+2、18、19、21、28、33、35、36、46+2、49+2、50、51、53、54、63、64、66、73、80、81、83、86、87、91、93、96+2

上升到鼎盛之年：44、89

鼎盛之年：2、47、92

最受福佑之年：4、49、94

實現願望之年：20、21、29、41、65、66、74、86

功成名就之年：10、13、14+3、20、32、40、42、55、58、59、65、72+2、73+2、74+2、77、85、87、95+2、96+2、97+2、99+2、100+3

財源廣進之年：4、8、15、18、30+2、41、43、63、69、70、75、86、88、90

黑桃J的人生之路和十三年週期的守護牌

水星	金星	火星	木星	土星	天王星	海王星
0~12歲	13~25歲	26~38歲	39~51歲	52~64歲	65~77歲	78~90歲
8♣	6♦	4♠	10♥	10♦	8♠	A♥

註釋：

　　黑桃J有條非常幸運的人生之路，其中大多數牌都是偶數牌，而在水星週期之後的每張牌都落在木星行。無論是什麼情況，這些人能夠在大多數事情上表現卓越，比大多數牌更會獲得成功與認可。然而，作為「J中之J」，他們難以抓住所有的好運，他們可能想要玩樂，規避責任，這會使他們的成就大打折扣。他們從14歲到20歲花了整整七年在皇冠列度過，而另一個從28歲到34歲的七年會在最受福佑點。他們有那些幸運的年分作為基礎，伴隨那些週期的挑戰可以被視為一種新體驗，而非壞運或困難。黑桃J也有幸能有三年以黑桃K作為他們的長期牌，這些年分是14歲、74歲和97歲。

　　黑桃J有挑戰性影響組合的年分，發生在14歲、15歲、18歲、23歲、24歲、38歲、50歲、59歲、60歲、63歲和79歲。38歲和83歲是不尋常的年分，有四張6號牌在挑戰系的位置，對他們而言，那些牌代表沉重的業報年，應該仔細觀察。

黑桃Q的吉利年

預備重生之年：44、89

重生之年：45、90

關鍵之年：52

發現人生目的與命定之年：7+2、10、11、15、20、23、25、28、33、34、35、38、46、52、55、56、65、70+2、73、78、79、80、83、86、97、100+2

福報結尾之年：1、9、23、27、32、33、46、54、68+2、76、77、78、91、99

困境結尾之年：1、3+2、8+2、10、12+2、14、16、19+2、22+2、26、33、36+2、42、46+2、50+2、53+2、57+2、60、62、64+2、67+2、81+2、83+3、92、93+2、97、98+2

戒慎之年：15+2、16+2、18、37、39+2、58、60+2、61+2、63、84+2

個人挑戰之年：1、2、5、6、15、16、18、19、20、21、31、34、35、38+2、39、41、43、44、48、51、60、61、63、65、66、68、79、83、88、89、91、95、96

上升到鼎盛之年：41、86

鼎盛之年：44、89

最受福佑之年：1、46、91

實現願望之年：17、18、26、38、62、63、71、83

功成名就之年：7、10、11、17、29、37、39、51+2、52+3、53+2、55、56、62、74+3、75+2、76+2、78+2、79+2、80+2、82、84、97、100

財源廣進之年：1、6、9、20、22、23、27、28、44、46、51、54、65、66、68、72+2、85、89、91、96、99

黑桃Q的人生之路和十三年週期的守護牌

水星	金星	火星	木星	土星	天王星	海王星
0~12歲	13~25歲	26~38歲	39~51歲	52~64歲	65~77歲	78~90歲
J♣	9♦	7♠	2♣	K♣	J♦	4♥

註釋：

　　黑桃Q的人生之路混合了靈性與物質方面的好牌。如果他們選擇的話，這提供他們機會在兩個領域獲得成功。另一方面，方塊9和黑桃7可能代表在物質層面上的許多挑戰，尤其是在它們統轄的年分——從13歲到38歲。除了在2歲時可能有健康方面的挑戰，第一個七年過得相當平順。第二個七年在最受福佑點度過。雖然在那段時間有挑戰，但有一種無所不在的保護跟有益的影響力，對他們來說，有助於許多事情發展。26歲時，黑桃9的長期牌置換了強大的黑桃A，這可能對他們來說是個重大的結局年，也許是有些關鍵的個人親密關係到了盡頭。從42歲到48歲的週期相當幸運，經常帶來財務上的福報，在這週期當中，他們也會走到第一次鼎盛之年，在44歲時往往帶來人生的改變，那也是預備重生之年，總之，那對他們是個重要的時刻。之後，在52歲到54歲，他們移動到皇冠列，會獲得一些認可與回報。黑桃Q也有幸能有三年以黑桃K作為他們的長期牌，這些年分是53歲、76歲和80歲。

　　黑桃Q有挑戰性影響組合的年分，發生在15歲、18歲、19歲、60歲和63歲。

黑桃K的吉利年

預備重生之年：44、89

重生之年：45、90

發現人生目的與命定之年：18、24、34、62、86、91、94、96

福報結尾之年：1、2、3、5、7、9、11、13、15、16、17、19、21、23、25、26、27、29、31、33、35、37、39、41、43、45、47+2、49、51、53、55、57、59、61+2、63、65、67、69、71+2、73、75、77、79、81、83、85、87、89、91、92、93、95、97、99

困境結尾之年：4+2、5+2、15+2、17、19、25+2、27、36+2、39+3、49+2、50+2、60+2、70+2、79、81+2、84+3、89、94+2、95+2

戒慎之年：1、6、12、16、46、57、61、68、88、91

個人挑戰之年：0、9、11、18、29、30、35、43、45、47、54、56、61、63、67、74、81、88、90、99

財源廣進之年：9、14、23、28、37、39、82、84

黑桃K的人生之路和十三年週期的守護牌

水星	金星	火星	木星	土星	天王星	海王星
0~12歲	13~25歲	26~38歲	39~51歲	52~64歲	65~77歲	78~90歲
3♥	A♣	Q♣	10♠	5♣	3♦	A♠

註釋：

　　黑桃K是唯一一張一輩子都待在皇冠列的牌。這往往使他們獨立且意志堅強，但也會影響他們有機會獲得巨大的成功——首要條件就是願意承擔巨大的責任。因為所有的黑桃K都有梅花5作為守護星牌，責任經常代表著禁錮，也許這就是他們為什麼實際上只有少數人是盡善盡美。其人生之路本身是有起有落的，但整體來說是強運。人生最後兩段週期是最有挑戰性的。在那些階段的幸福需要一些靈性的人生觀。另一方面，可能會有些財務上的擔憂與損失。想學習更多關於成功和挑戰的特別週期，解讀他們的守護星牌——梅花5的週期。第一個十三年週期由紅心3統轄，往往包含了一些經驗，對黑桃K人在情感結構上有不利的影響。那張牌可以代表在愛情上的不確定，以及得不到足夠的愛的恐懼。在某些情況下，它代表對性或是性別角色上的不確定。對黑桃K最有強烈挑戰的是親密關係領域，他們每隔一年就有紅心2在金星週期，那可能會代表和另一個人之間快樂、美妙的愛情連結。另一個他們流年牌陣有趣的地方在於：每隔一年他們不是有方塊7就是紅心9作為結果牌，這兩張牌都會製造具有挑戰性的情境，之後在年尾轉變成為祝福。結果牌紅心9意謂著來自於特定親密關係結束的好事，結果牌方塊7可以指涉在解決了該年度冥王星牌所代表的某種挑戰後的財富豐盛。

　　黑桃K具有強烈挑戰性影響組合的年分，發生在5歲、15歲、16歲、50歲、60歲、61歲、和95歲。

9
進階解讀

守護星牌的重要性

　　本命牌和守護星牌是你人生之路和性格最重要的兩個象徵。它們不像我們的身分牌，身分牌是可以隨意承擔或拋棄的角色，我們一直都會擁有這兩張主要個人指示牌的性格。你擁有的本命牌取決於一條複雜的公式，這個公式為每一年的每一天分配一張正確的牌。牌的分配並非隨機的，也不是均等的。某些牌的生日明顯多於其他牌。不過，這是必要的，這個系統中的萬事萬物都出於其隱含的原因。你學得愈多，你就會發現更多這樣的原因。

　　守護星牌源自於你的本命牌、人生牌陣和你的太陽星座，涉及占星學。在本書的表格很容易查詢到你的守護星牌，但知道它們怎麼來的對你也會有幫助。

太陽星座的守護星

太陽星座	守護星	太陽星座	守護星
牡羊座	火星	天秤座	金星
金牛座	金星	天蠍座	冥王星、火星＊
雙子座	水星	射手座	木星
巨蟹座	月亮	摩羯座	土星
獅子座	太陽	水瓶座	天王星
處女座	水星	雙魚座	海王星

＊火星是天蠍座的第二守護星

本命牌的人生牌陣

月亮	本命牌	水星	金星	火星	木星	土星	天王星	海王星	冥王星	結果	功課
8♠	A♥	A♦	Q♦	5♥	3♣	3♠	9♥	7♣	5♦	Q♠	J♦
9♠	2♥	K♥	K♦	6♥	4♣	2♦	J♠	8♣	6♦	4♠	10♥
K♠	3♥	A♣	Q♣	10♠	5♦	3♦	A♠	7♥	7♦	5♠	J♥
J♦	4♥	4♦	2♠	8♥	6♣	6♠	Q♥	10♣	8♦	K♠	3♥
Q♦	5♥	3♣	3♠	9♥	7♣	5♦	Q♠	J♣	9♦	7♠	2♣
K♦	6♥	4♣	2♦	J♠	8♣	6♦	4♠	10♥	10♦	8♠	A♥
A♠	7♥	7♦	5♠	J♥	9♣	9♠	2♥	K♥	K♦	6♥	4♣
2♠	8♥	6♣	6♠	Q♥	10♣	8♦	K♠	3♥	A♣	Q♣	10♠
3♠	9♥	7♣	5♦	Q♠	J♣	9♦	7♠	2♣	K♣	J♦	4♥
4♠	10♥	10♦	8♠	A♥	A♦	Q♦	5♥	3♣	3♠	9♦	7♣
5♠	J♥	9♣	9♠	2♥	K♥	K♦	6♥	4♣	2♦	J♠	8♣
6♠	Q♥	10♣	8♦	K♠	3♥	A♣	Q♣	10♠	5♣	3♦	A♠
2♥	K♥	K♦	6♥	4♣	2♦	J♠	8♣	6♦	4♠	10♥	10♦
3♥	A♣	Q♣	10♠	5♦	3♦	A♠	7♥	7♦	5♠	J♥	9♣
7♠	2♣	K♣	J♦	4♥	4♦	2♠	8♥	6♣	6♠	Q♥	10♣
5♥	3♣	3♠	9♥	7♣	5♦	Q♠	J♣	9♦	7♠	2♣	K♣
6♥	4♣	2♦	J♠	8♣	6♦	4♠	10♥	10♦	8♠	A♥	A♦
10♠	5♣	3♦	A♠	7♥	7♦	5♠	J♥	9♣	9♠	2♥	K♥
8♥	6♣	6♠	Q♥	10♣	8♦	K♠	3♥	A♣	Q♣	10♠	5♣
9♥	7♣	5♦	Q♠	J♣	9♦	7♠	2♣	K♣	J♦	4♥	4♦
J♠	8♣	6♦	4♠	10♥	10♦	8♠	A♥	A♦	Q♦	5♥	3♣
J♥	9♣	9♠	2♥	K♥	K♦	6♥	4♣	2♦	J♠	8♣	6♦
Q♥	10♣	8♦	K♠	3♥	A♣	Q♣	10♠	5♣	3♦	A♠	7♥
Q♠	J♣	9♦	7♠	2♣	K♣	J♦	4♥	4♦	2♠	8♥	6♣
A♣	Q♣	10♠	5♣	3♦	A♠	7♥	7♦	5♠	J♥	9♣	9♠
2♣	K♣	J♦	4♥	4♦	2♠	8♥	6♣	6♠	Q♥	10♣	8♦
A♥	A♦	Q♦	5♥	3♣	3♠	9♥	7♣	5♦	Q♠	J♣	9♦
4♣	2♦	J♠	8♣	6♦	4♠	10♥	10♦	8♠	A♥	A♦	Q♦
5♣	3♦	A♠	7♥	7♦	5♠	J♥	9♣	9♠	2♥	K♥	K♦
4♥	4♦	2♠	8♥	6♣	6♠	Q♥	10♣	8♦	K♠	3♥	A♣
7♣	5♦	Q♠	J♣	9♦	7♠	2♣	K♣	J♦	4♥	4♦	2♠
8♣	6♦	4♠	10♥	10♦	8♠	A♥	A♦	Q♦	5♥	3♣	3♠
7♥	7♦	5♠	J♥	9♣	9♠	2♥	K♥	K♦	6♥	4♣	2♦
10♣	8♦	K♠	3♥	A♣	Q♣	10♠	5♣	3♦	A♠	7♥	7♦
J♣	9♦	7♠	2♣	K♣	J♦	4♥	4♦	2♠	8♥	6♣	6♠
10♥	10♦	8♠	A♥	A♦	Q♦	5♥	3♣	3♠	9♥	7♣	5♦
K♣	J♦	4♥	4♦	2♠	8♥	6♣	6♠	Q♥	10♣	8♦	K♠
A♦	Q♦	5♥	3♣	3♠	9♥	7♣	5♦	Q♠	J♣	9♦	7♠
K♥	K♦	6♥	4♣	2♦	J♠	8♣	6♦	4♠	10♥	10♦	8♠
3♦	A♠	7♥	7♦	5♠	J♥	9♣	9♠	2♥	K♥	K♦	6♥
4♦	2♠	8♥	6♣	6♠	Q♥	10♣	8♦	K♠	3♥	A♣	Q♣
3♣	3♠	9♥	7♣	5♦	Q♠	J♣	9♦	7♠	2♣	K♣	J♦
6♦	4♠	10♥	10♦	8♠	A♥	A♦	Q♦	5♥	3♣	3♠	9♥
7♦	5♠	J♥	9♣	9♠	2♥	K♥	K♦	6♥	4♣	2♦	J♠
6♣	6♠	Q♥	10♣	8♦	K♠	3♥	A♣	Q♣	10♠	5♣	3♦
9♦	7♠	2♣	K♣	J♦	4♥	4♦	2♠	8♥	6♣	6♠	Q♥
10♦	8♠	A♥	A♦	Q♦	5♥	3♣	3♠	9♥	7♣	5♦	Q♠
9♣	9♠	2♥	K♥	K♦	6♥	4♣	2♦	J♠	8♣	6♦	4♠
Q♣	10♠	5♣	3♦	A♠	7♥	7♦	5♠	J♥	9♣	9♠	2♥
2♦	J♠	8♣	6♦	4♠	10♥	10♦	8♠	A♥	A♦	Q♦	5♥
5♦	Q♠	J♣	9♦	7♠	2♣	K♣	J♦	4♥	4♦	2♠	8♥
8♦	K♠	3♥	A♣	Q♣	10♠	5♣	3♦	A♠	7♥	7♦	5♠

首先，你需要知道人生牌陣是什麼。人生牌陣本質上是掌管你一輩子的牌陣。在下一本書《撲克命牌・我的愛情》中會有延伸的討論，但我們基於本書的目的，你可以參考136頁的表格。它列出了每一張本命牌的人生牌陣。現在，在135頁找出你的太陽星座，看看是什麼行星守護那個星座。然後從你本命牌的人生牌陣中找到對應你守護星的牌，這就是你的守護星牌。

舉個例子，如果你的生日是12月12日，你的本命牌是梅花6，那你就是射手座。既然木星守護射手座，你要到136頁去瞧瞧你人生牌陣中的木星牌，在那裡，你會看到木星牌是方塊8。因此，你的守護星牌是方塊8。記住，獅子座的守護星牌和他們的本命牌相同，而天蠍座有兩顆守護星，所以也有兩張守護星牌。我通常認定冥王星牌對天蠍座是最重要的，不過我注意到，他們都會不時地用上這兩張牌。

在宮首出生的人

守護星牌是基於你的本命牌和太陽星座推出來的，所以你絕對必須確定你的太陽星座，來找出正確的守護星牌。許多人出生在所謂的「宮首日」（Cusp date），他們可能是兩個星座的其中一個。一年中的每個月，有幾天，通常是二到四天，太陽會從一個星座轉移到下個星座；由於閏年和其他因素，每年可能會在三到四天內範圍發生。當你出生在這些宮首日，你可能需要專業的星座盤來決定你實際上是哪個星座。如果你在宮首日出生，你會找到一個「或」字在你可能的兩個守護星牌底下，這要看你的太陽星座而定。由你決定如何處理太陽星座的問題。這非常重要，你會想要盡可能準確的。

七年週期

在閱讀這本書前，你可能尚未了解到這個訊息，但你每年的長期牌都是七年週期的一部分。這七年的週期從你出生那天展開。你人生的第一年長期牌，與你同一年的水星牌是一樣的，當然，也和你人生牌陣中的水星牌相同。也許你還沒有意識到，0歲牌陣有很多意義。

本質上，那個牌陣是所有後面牌陣的綜合，甚至更多：

1. 你人生第一年的牌陣
2. 你整個一生的牌陣
3. 你45歲和90歲時的人生牌陣
4. 你人生前七年的牌陣
5. 你人生前七週的牌陣
6. 你人生前七天的牌陣

還有許多牌陣。搞懂這個牌陣是這門學問中最先進的一部分，但當你開始研究自己的流年牌陣，其中許多內容對你來說，會變得顯而易見。

我請你比對49歲的人生牌陣當中的長期牌，你人生前七年的行星牌，你會發現它們是完全相同的，例如，19歲的長期牌和你在人生第三年（2歲）的天王星牌一樣，20歲的長期牌是2歲牌陣中的海王星牌，正巧在天王星週期之後。

這可以告訴你的是，長期牌是七年週期的一部分。就像七張行星週期牌也是流年週期的一部分那樣。但在這裡，這個主題變得更有趣了。

流年牌的年齡	統轄七年的歲數
0	0~6
1	7~13
2	14~20
3	21~27
4	28~34
5	35~41
6	42~48
7	49~55
8	56~62
9	63~69
10	70~76
11	77~83
12	84~90
13	91~97
14	98~104

每七年都有一張長期牌、冥王星牌、結果牌、環境牌，也有置換牌。現在，你甚至可以用這個重要訊息從這套系統中推演出更多資訊。在我向你解釋如何找到這些訊息之前，如果你還沒搞懂，讓我告訴你更多關於這七年週期的事情。

正如一年掌管每五十二天週期的牌和掌管每一年的牌，你也有主掌每七年人生週期的牌。這些影響當然更為廣泛。你必須考量更長的週期來理解它們的意義。例如，如果你有一張七年週期的長期牌是梅花5，你可能會發現，這整整七年你在經驗很多改變，而且常常感到不滿意，導致你去旅行或做出重大的改變。當然那七年，你可能會搬家三到四次，也許甚至會離婚或是或屢屢改變親密關係。這七年的長期牌並沒有具體告訴你哪一年會出現這些改變，你可以預期它的影響在哪個週期更為顯著。不過，它確實預言了改變本身在那段週期是主要的重點。所以，當你考量七年影響的牌，要用更寬鬆的方式去理解它們。你可以從使用本書中相同的解釋開始，只是拉長它們發揮效益的時間以契合適當的時間週期，就如同你在每週解讀中縮短時效那樣。

我們可以使用流年牌陣去推演出七年的牌陣，有些人已經理解如何做到這一階段。本質上，你人生第一年的牌陣也是前七年的牌陣，而1歲的牌陣（第二年）是下一個七年的流年牌陣。為了釐清這一點，我提供了137頁的表格給你使用，以確保七年週期對應到正確的年齡。

通常從這些牌陣中獲得的資訊，可以回答那些發生超過一年以上的問題跟事件。要特別注意每個七年週期的結果牌。那張牌的重要性就是，它代表了一個人或是經驗將如何在週期結束後明確地影響你。運用這些訊息，我可以預測我第二個兒子的生日，雖然我的流年牌陣並沒有他的出生信息。我的七年週期結果牌是紅心K，也就是父親牌。就在我結束那個週期時，我妻子懷了孕，在同一年年尾生下了兒子。

別把這七年的週期和前一章提到的人生之路的十三年週期搞混了。它們也有影響，但卻是以不同的方式發揮作用。這就是為什麼這一章屬於進階課程的原因之一。同時有這麼多牌和週期會讓人有點困惑；任何人必須找到一個方法將它們區隔開來，並清楚地記下那是什麼牌。

現在，如果你到這階段，對這套系統有了清楚的認識，你可以使用同樣的原則去決定七週、每週和每日的牌。記住，流年牌陣也統轄你人生牌陣的前七週，和你的人生前七天。書末列出的專業軟體包含了這個功能。你也可以基於以上同樣的原則，瀏覽我們的網站獲得每日的牌。

你現在處於靈性週期還是物質週期？

在我們人生的特定週期，我們不是在靈性週期，就是在物質週期。這些週期持續的時間長度從一年到七年不等，並且會在我們人生的過程中反覆出現。如果我們了解每一個週期的裨益，我們可以得知如何最有效地利用它們，和它們帶給我們的禮物。如果我們知道到哪裡尋找，每個週期都會有些好東西餽贈給我們。

在物質週期當中，我們會在工作上有更多的豐盛和成功。更容易發生好事，而我們會見證自己在關係上、財務上、人氣以及名聲上的成長。我們的許多願望將會成真。在物質週期的過程中，我們會努力一陣子，獲得一定的成功。

然而，一個非常豐盛的物質週期可能一點也不會增加我們的靈性。事實上，它可能會降低我們的靈性和自我覺察力。我們可能會把所有的好運視為理所當然，開始期望人生應該要怎麼樣。假使我們內心害怕某些事物，我們可能會用我們獲得的錢與權力避免面對我們的真相。這經常發生在那些經歷巨大成功和年輕時一帆風順的人身上。我們開始對人生有了要求跟期待，那是為了避免我們內心最深的一些恐懼。當這種情況發生時，我們就要進入「修剪期」。我們到達人生平穩的階段，就必須進入靈性的週期去提升我們的生活。此時，在某種意義上，我們經常覺得行將就木。我們往往失去了真正享受人生的能力，和我們的本來面目斷了連結。

我有一位朋友在從物質週期轉移到靈性週期時度過了一次戲劇性的轉變。她透過一件對她有利的法律案件獲得一大筆錢。這筆錢給她大約一年的時光不需要工作，不必小心翼翼考慮開銷方式。她也從十年的婚姻中

離婚了，過去她從未真正學習做預算，甚至是靠自己賺錢。結果，她以愚蠢的方式花光了她所有的錢。然而，在那個時候，她覺得自己正處於人生最富有的階段。

然後，大約一年後，資金耗盡，該面對現實了。沒有錢，她必須工作，而她發現她從未學過如何去做或享受她的工作。她不得不停止到外面的餐館吃飯，以及使用她的信用卡消費。財富的幻象差不多花了六個月才消退，但她最終發現自己陷入了大麻煩，且必須好好處理。這個領悟促使她展開了她的靈性週期。

當一個靈性週期降臨時，物質的問題會變得棘手而困難。財務會是個嚴重的問題。親密關係可能會變得極為困難，我們可能會有其他的挑戰，比如健康或是工作上的問題。我們會在自己需要最多成長的領域遇上問題。我們執著的人或事會從我們身邊被抽離。事實上，我們經驗最巨大的困難，來自於我們極為執著又不太能自我覺察的領域。我們在這段時間受的苦為的是喚醒我們的真相，撼動我們進入真正的生活。不過，在此時，我們往往會憤恨地抱怨我們的經驗，在整個過程中充滿憤怒與指責，直到我們碰觸到真相，在某些情況下，那可能要花很多年。我們愈是抗拒正在發生的事情，試著避開我們感受的痛苦，那就會更糟。

當我21歲時，我就處於這樣的人生階段。我實現了我想要的，但是我幾乎是不快樂的。我有很多情人、音樂上的成就和財務上的成功，但我發現內在很痛苦。甚至想過自殺，因為我看不到其他選項能幫上我。在兩年的多次祈禱後，我遇見我第一個真正的靈性導師，並且進入他的修院學習瑜伽；這是我今生一個重要靈性週期的開始。

在我的師父的修院度過的第一年是差不多是我人生中最困難的事。我只知道自己別無選擇，並且相信我能夠在那裡使自己進步，從而提升自己。因為太困難了，我每天都得承諾要待在那裡。我會醒來並告訴自己：「我會在這裡多待一天，看我是否受得了。」我討厭這樣。不過，我相信要是我繼續做自己討厭的事情，我的生活會改善。

靈性的週期通常是我們認為最困難的週期，然而，它們卻是讓我們成熟、發展真實智慧的時期。隨著我們提升自己的生活，拓展自我覺察力，它們往往會創造一個物質豐盛的新週期。靈性週期是使我們和內在真我接觸的週期。這是我們真正發展內在智慧和自我接納的時期。例如，在物質週期，即使我們心裡厭惡自己，但我們仍能繼續獲得成功。在靈性週期，內在的自我厭惡會來到表層，必須要處理。沒有我們在靈性週期獲得的智慧，我們就無法繼續進入下一個物質週期。

如果以一個小孩為例，我們可以更清楚地看到這些週期的作用。小孩在母親的懷裡基本上是開心的，但是隨著成長，就必須面對挑戰，學習走路、表達需求、融入社會並學會在我們世界謀生的所有規則。在孩子的成長中有許多嘗試，遭遇新情境必須調整跟學習。簡言之，成年人經歷的靈性週期與挑戰是同義詞。

在整副牌中，有些牌像是7號牌和9以及我的牌——方塊Q，在人生早期會有許多靈性週期。在有些情況下，早年的生活像是充滿了考驗與悲劇。對我們來說，物質週期好像很少，而且很遙遠。然而，早年多磨難的結果就是使這些牌早早發展出許多智慧。因此，當他們三、四十歲時，他們往往有很多人生經驗，幫助他們成年之後或甚至更老的時候獲得好運。霍瑞修・愛爾傑（Horatio Alger）小說裡寫的經典故事就是這類活生生的例子。從這個角度看，人生的逆境經常滋養出力量跟決心。這與許多父母抱持的信念相反，他們盡一切可能的力量去保護他們的孩子遠離人生的艱辛。

在人生早期沒經歷過靈性週期的人通常要在後面補課。這些就是小時了了、大未必佳的人。參加二十週年的中學同學會應該能說服你這一點，你會注意到在中學最受歡迎和成功的人，到成年卻過著悲慘生活。

我們傾向不計一切代價避開靈性週期，但事實上，這些生活的砥礪跟挑戰帶給我們珍貴的智慧贈禮。反過來說，這種智慧在成年後降低了靈性週期的次數和頻率。一旦我們已經學到了靈性週期的功課，我們就不需要再經驗與內在自我分離的痛苦了。我發現靈性覺醒就是一旦展開，無論在哪個週期，都會持續成為我的嚮導和朋友。我覺得靈性和世俗的週期之間的差別愈來愈小，靈性挑戰現在或多或少是持續的，物質成功也是如此。

一個停在自己人生的某個點上，就放棄自我探索和自我分析的人，將會過著受「運氣」和「命運」支配的生活。那些人貼著「看開一點」的標籤，對他們來說，總是有不安的感覺，隨時都有厄運臨門。他們曉得那些靈性週期——就是被他們看作倒楣的週期，一定會在任何時間發生。

隨著每天、每週、每年的靈性挑戰，我真的相信我們所有人都有能力藉由我們的靈性和個人成長，到達一種境界，我們基本上能實現永不停歇的物質成功。我不相信任何人能不經挑戰而成長，藉由把物質挑戰視為靈性發展的機會，我們將會變得更敏銳，更不粗糙。不過，隨著挑戰變得更為精細，我們也會更享受人生，品嘗我們從未有過的體驗。人生變成一場真正的冒險，每天都有更多的奇蹟發生，我們變得「充滿好奇」，對人生的奧祕與美麗充滿好奇。

黑桃A與隱藏的真相

「令那些看不見的人看見。」——《聖經》

第一部分

黑桃A是個某些最深奧的靈性真理直接的象徵。如很多人所知道的那樣，這張牌有很多意思。首先，它是死亡與轉化最古老的象徵之一。數個世紀以來，黑桃A的出現總是在人們的心中留下恐懼，尤其是那些害怕改變的人。其次，黑桃A是先知會最古老的象徵，那是奧祕的科學家、聖人、占星師和導師的團體，負責保存和散布這套有價值的自我認識系統。一個人必須問：「為什麼先知會選擇黑桃A作為他們的象徵？」以及「這張強大的牌真正的意義為何？它對我們的人生的啟示又是什麼？」

黑桃A在非常基本的層次意謂著「祕密」。黑桃A出現在你的解讀中，可能表示在你人生中的某個祕密。它也是最強大的A，而A代表「渴望」與「激情」。A是開始，因此，黑桃A可以代表我們人生在一個深奧層次的新開始。每個人生的新開始都發生在某種死亡之後。自然，黑桃A與死亡相關。

但是在一個較深的層面，黑桃A傳遞給我們許多更深奧的寶貴訊息。黑桃A在整副牌中代表著在世俗幻象面紗之後的隱藏真相。為了了解這一點，我們首先必須明白，我們感知到的一切和真相之間的差別。

用讀報紙作例子。我們坐下來並閱讀某則故事，一篇文章，本質上是一些人對已經發生的某件事作的報導。所以，我們有這份報導，而在報導中，對於發生的事情作出特定結論，當事人的動機、出事的原因和後果。所以，基本上我們對發生的事情有了評斷，而現在回到了檢驗。我們會相信文章告訴我們的事情嗎？我們把那篇文章當成是真相嗎？那件事的真相到底是什麼？

辛普森案是對於這個情況的完美例子。你真的知道這件案子的真相嗎？或者你基於聽到和看到什麼而得出結論？我們必須要對自己誠實，承認我們一無所知。在這個例子中，案子的證據甚至看起來都疑雲重重。我們真的不知道要相信誰。

人生中真正的大師能夠看透幻象面紗，穿越他們的道路直指每件事的核心。當我們看著特定人物，看他們做著人生中的事情，我們有任何辦法知道他們正在做這些事情的真正原因嗎？我的意思是，我們大多數人對生活中的人和其他事情都太快下定論，在大部分情況下，我們都錯了；在某些情況下，錯得離譜。

舉個例子，讓我們假設，你注意到一個人在人生中得到了巨大的財富。這個人被其他人崇拜，然後你看著他或她，對自己說：「哇，我想要成為那個人！他（或她）一定非常快樂！」這是一件很常見的事情，某種程度上，是我們很多人幾乎每天都會做的。不過，你知道為什麼那個人這麼努力工作來累積財力嗎？你知道那個人經歷了什麼才得到這些嗎？如果我們相信媒體告訴我們什麼，我們可能會掉入霍瑞修·愛爾傑的經典故事，這個年輕人出身寒微，辛勤努力，自食其力——經典的美國成功故事。不過，這完全可能是這個人獲得成功的全部動機，來自於一個根深柢固的信念，也就是他或她不值得愛。在這個人成名和財務成功時，他或她可能對家人和朋友做了許多不公的事情。可能有許多人在這個過程中受到傷害，這個人可能是你遇過最痛苦的人，總是不得不保護自己，反抗想像中來自四面八方的攻擊。

唯有知道自己弱點的人可以看到其他人的弱點。唯有具備足夠勇氣去看到自己的錯誤、過失、弱點的人，才能夠在沒有批判的情況下看到他人的錯誤；這就是看透幻象面紗所需要的。事實上我們周圍發生的事情與我們大多數人意識到的完全不同。我們對人生抱持的許多夢想與幻想，是基於媒體、書籍、雜誌和覺察力、道德低落的人呈現給我們看的偽證。那就是那些夢想永遠不會實現的原因。那就是許多我們十分敬重的人自殺和死於其他理由的原因。

我們將會在接下來的部分檢驗更多這種「面紗背後的真相」。如果我們可以開始看到世界真實的樣貌，能發現並深入了解我們的無限力量。一旦看到在我們自己行為後面的隱藏真相，我們將會更全面地理解其他人的行為，不再被任何人或任何事愚弄。讓我們以一段簡短的話來結束第一部分：「開始懷疑你知道的。」傷害我們的並不是我們不知道的事情，而是我們不曉得我們不知道的事情。開始質疑你認為是真理的一切，開放地用不同方式看待事物。創造一些心靈和覺知的彈性，這可能帶來一些深奧的發現和啟示。

第二部分

在這一部分，我們會檢驗生活中更多常見的誤解，如同黑桃Ａ建議我們的一樣，找出如何眼見為憑。

當我們看到一個在世俗眼中十分受到敬重的人，我們看到了什麼？當你看到一位有名的男演員或女演員，非常有名和有錢，你覺得他們是一個非常棒、發展完全的人，一定是充滿良善跟美德的人嗎？因為他們獲得這樣的成功，上帝似乎一定愛他們嗎？換句話說，成功的人都會快樂、舉止得宜，都是慈愛的人嗎？或者，在另一方面，由於他們有極大的需求獲得肯定，他們會拚命避免面對他們內在的自我否定？也許我們尊敬的人實際上有很大的情緒問題，即使是上百萬人的肯定與仰慕無法幫助他們對自己感覺良好。

當我們在辦公室看到一個男人或女人，比如議員或總統，我們看到的會是一個真心為公眾利益付出的人，致力於幫助投票給他或她來掌權的人？還是一個不惜一切代價只對權力名聲感興趣的人？或殫精竭慮甚至謀殺來保有權力，只要他們沒被抓到就好的人？也許我們選的那些人很多都有深層的情緒問題，就像我和你一樣，問題出自於童年，從來沒有被解決。所以，有鑑於此，我想要展示其他的情況，供你深思。

1. 一個男人狂熱地陷入愛情，這是美麗愛情的典範，還是他有放低自尊，需要別人來讓他的生活變好？

2. 一個富有的人，是因為她有健康的財富觀念，還是非常害怕貧窮，所以讓這種感覺完全掌控她的人生？換句話說，一個有錢人富有，是因為手握千萬資產，還是她的內心感覺安全良好？

3. 那個女人是個慈愛體貼的母親，還是一個盡力阻止孩子離開她的人，因為她害怕發現沒有一個人讓她犧牲自己，她就一無是處？

4. 那個男人是世上最棒的情人，因為他有上帝賜予的性感，或是由於他在內心深處憎恨自己而絕望地對性上癮，使性成為他生命中最重要的東西？

5. 電視是個資訊和娛樂的重要來源，抑或是這個國家最有錢的公司巧妙操縱公眾心理來營利的一個工具？

6. 那個女人是個偉大的靈修導師，還是她利用上帝賦予的魅力和靈性力量從她的追隨者身上獲得金錢和性？

7. 保險（人壽、汽車、財產等）是一種很好的機制，及時幫助我們，還是一種經過算計的賭博，我們利用它來避免對自己的行為承擔財務責任？從保險公司的角度，他們是否可以聚集更多金錢而不理賠（通常他們會贏）？

8. 我們讀的報紙或在電視上看到的故事是真實發生的事情，還是一個為了達到其他的目的而製作，並傳播給媒體所編造出來的故事，例如免費出售或宣傳某些商品或服務？從另一個角度來說，這是真實的事情，還是記者基於個人信念的偏見或情緒問題而寫出的報導？

這些都只是現代社會常見的一些誤解。我並不是說，它們一直都是真的，但我想，如果我們知道真相，我們大多數人會感到驚訝。不過，假使我們密切關注，我們會知道真相，但唯有我們先培養對自己誠實的習慣，才會知道真相。

第三部分

關於真相，我學到最重要的是：它是相對的。另一件我學到關於真相的事情，則是：沒有愛的真相不真實。無論我們對人生知道或理解有多少，若未以愛和慈悲來運用這份知識，它就是一無是處。真相可用來當作槌子，去敲擊某人的頭，也可以在一個人需要的時候做療癒按摩。我們會如何運用真相，我們會如何使用已有的真相，將會決定它是不是真相，還是為了達到我們的目的而扭曲的真相。

今日，我們的媒體對社會具有爆炸性的衝擊。我們看到有權力的人用它做工具，企圖影響我們的信仰跟觀念。假若我是個懶人——多數人也是這樣子——我可能會變得依賴媒體或是特定的電視節目來提供我相信的事情。要是我把所有的信念交給自己以外的人，我就是用非常錯誤的方式在特定的人生面向開放我自己。更甚者，我看到我的需求在主導，而非實事求是，靠自己去探索事物真偽，不盲從道聽塗說。

現在我相信每件事情從某個人的角度看來本質上會是好的。我把人生視為一場能量進化的巨大遊戲，我們每個人都在這廣袤宇宙進化的某處。我們每個人都像繁殖期的鮭魚逆流而上，努力去改善我們的人生，竭盡所能。

在某些時候，我們認為需要錢獲得快樂，那我們就瘋狂地賺錢。這錯了嗎？有些已經嘗試過的人發現錢並沒帶來快樂，這可能告訴你，為錢努力是錯的或是壞的。但當他們這麼說時，他們並不知道自己在對誰說話。他們需要自己被金錢迷惑好一陣子，來學習這個功課。

你可能會說耶和華見證人是一群瘋子，或克里希那派教徒簡直秀逗。你知道我曾經當過一年耶和華見證人，並住在修院唱頌讚歡克里希那十年嗎？做這些事不好或有錯嗎？或者它們是步入至高真理的途徑？

之後，當我為人諮詢時，漸漸領悟到，有些從我多年經驗中總結出來的真理，可能並不適用於某些特定發展階段的人。他們可能需要犯錯，經歷特定痛苦，就像我一樣。痛苦一直是我整個人生最偉大的老師。我憑什麼剝奪別人像我一樣從痛苦中學到寶貴教訓的權利呢？我以為我能藉由保護他們免於痛苦來保護他們嗎？

為了跟上新的水瓶時代，我必須允許每個個體自由去追求他們自己選擇的道路，除非他們的行為在某方面損及他人。我必須允許他們從任何真相的角度獲得習來的教訓。我必須相信他們正在做的事情有所作為，因為那對他們當前的成長階段是最好的。這不僅適用於他們的宗教信仰，也適用於他們對生活方式、音樂、親密關係和其他領域的選擇。這是水瓶時代，在這裡，允許每個人都有自己獨特的表達方式。

今天我們比任何時候都更加意識到這個世界的多樣性。因為溝通方式的巨大成長和發展——這是由水瓶座掌管的，我們現在連結這個世界上的一切就像是在自己後院一樣方便。我們現在看到和感受到每個地方發生的事情，被迫決定我們要創造什麼，要如何適應一切。有時這令人害怕，因為我們不斷地被這麼多文化、信念和觀點轟炸。每件事情都被放大，尤其是我們的恐懼和對他人的批判。現在，更甚以往，我們必須覺察到真相的相對性，不要用我們的真相去嘗試和強迫別人，遵循我們在這個進化潮流中的個人位置。

否則，我們可能就像數個世紀以來，以我們自己個人信仰之名自相殘殺。以神之名進行的戰爭和死於非命者比任何戰事要來得多。為了純粹求生或自衛之外的殺戮，依然是殺戮。沒有哲學、宗教或任何理由可以讓它名正言順，也無法免除業力法則，必將自食其果。

所以讓我們開始把世界上的每個人看作盡了全力。無論他們的目標和夢想、信念和想法是什麼，讓我們把他們都看成是在人生的多樣性中找到自己最好的表現方式。這樣，我們會允許自己別那麼完美，全然地去探索人生中的一切。

當我們討論到花色的特質和我們如何在生活中應用時，請參酌143頁的表格。四種花色可以被看作我們的靈魂和性格發展過程中的進化過程。我們一生有四個季節，有這四種主宰的影響掌管特定時期。如果我們檢驗一萬人的人生，我們會看到一種模式浮現，恰好符合這些花色階段。我相信這些階段也是我們靈性與個人成長的一部分，不管它需要的是一輩子還是千秋萬世。我用

相反的順序去列出這些花色，只是為了描繪花色的力量——愈後面的花色，就愈有力量。

紅心是第一個，也最不強大的花色。這不表示任一個花色比另一個更好。事實上，如果我們要完全駕馭自己和外在生活，我們需要掌握所有四種花色。紅心是童年、家與家庭、愛情、親密關係、感覺和情緒。就是在我們的童年時光發展出自尊心。透過我們的父母和家庭生活的影響，形成了我們的感覺和我們的情緒習慣。無論好壞，童年影響了我們剩餘的人生。童年是我們發展基本愛的能力和自尊心的時期。如果我們在這段時期有挑戰性的事件，可能會深深地影響我們，因此形成的那些情感模式，可能要花好幾年去治療跟自我分析才能改變。我們有許多人一再嘗試改變我們對人生的感受，以及我們在情緒上對境況的反應。想想自己。有多少情緒習慣，像是恐懼或憤怒，你努力修正過嗎？你在改變這些模式時有多成功呢？這任務很艱巨。但這種自我之愛的感覺是我們餘生最基礎的，所以它是第一個發展階段的重要性。沒有自我之愛，我們的所有行動無法開花結果，因為它們源自於我們不可愛或是也不值得人愛的信念。即使人們可能在人生中取得偉大成就，但如果他們未曾學會愛自己、信任自己，他們最終會覺得自己一敗塗地。

心理學家和其他人已經發現一個關鍵，就是我們的情緒來自於對自己的信念。負面的情緒模式總是可以溯及一個根深柢固的信念。比如，要是我相信我基本上是不可愛的，每次有人說些我覺得不好聽的話，我可能會報以憤怒或羞恥。別人實際上可能是不可愛的，或甚至表現出對我失望，但我的覺知會受到內在信念而有了色彩。因此，對我來說，真相並不重要，事實是我被自己的個人偏見所左右了。

要是我相信他們是不可愛的或是冷漠的，我已經在我的頭腦作出分析之前，作出了情緒化的反應。這些潛藏的信念就是梅花的來源。如果我們能改變我們對人生和自己的信念，我們可以立即觀察到自己的情緒模式改變。梅花擁有的權力在紅心之上，而如果我們學會如何運用它，我們可以治癒童年的傷口。如果你有一個具體的情緒問題，你可以肯定它存在，那是因為你在某個層面上有對自己的負面信念。訣竅在於，為了找到並且辨別出那個負面信念，一個人必須願意去感受由此升起的負面感受。有個很好的練習，就是允許你自己真切去感受一些負面感覺，最終它會引領你到那個想法、信念或觀念的源頭。例如，它可能引導你想起童年時你的父母對你說過的一句話，在那一刻，對你來說完全是真的。儘管他們不是有意的。探索那些信念會引導我們獲得情緒上的自由。最後，真相會克服所有的負面情緒模式。大多數梅花都在尋找終極的真相。這可能是包山包海的真相。那些真相的其中一條是：宇宙是一個充滿愛的世界。如果我們只把這一條真理用在我們的生活上，它就有潛力療癒無數的情緒傷口。許多人相信這個世界基本上是無愛的，而他們就無法得到愛。

信念是非常強大的東西。它們用無數的方式影響我們的人生，特別是我們的感受。它們表現得像是稜鏡，我們透過它來看人生。我們藉由信念去理解收到的每一個信號，無論我們看到、聽到、品嘗、碰觸或嗅聞到什麼，都透過信念然後才決定其意義。但你知道我們的信念也是非常短暫的東西嗎？信念在很大程度上受我們價值觀影響。簡言之，我們想要的，比我們相信的還要強大。

牌中看到的靈魂進化

花色	季節	特質	人生週期
黑桃	冬天	意志（聖性）	人生晚年
方塊	秋天	價值、渴望（自我價值）	成年／賺錢的時期
梅花	夏天	真相、信念、態度（自我真相）	青春期／求學階段
紅心	春天	感受、情緒（自我之愛）	童年

當我們想要某件東西時，我們可以創造擁有它的理由，我們可以合理化；這個合理化的過程是在行動中塑造信念。當某人對我們人生的任何事物，問我們「為什麼」時，我們可以告訴他們理由，聽起來非常真實而可信。但往往真正且唯一的理由只是因為我們想要它。這經常是個很難弄懂的概念。你真的知道為什麼你喜歡你喜愛的東西嗎？真的嗎？

仔細觀察，我想你會像我一樣，發現我喜歡它們，是因為我喜歡。一旦喜歡或想要某個東西，我的頭腦就會製造一個恰當的信念、原因和選擇去合理化我擁有這件特殊物品或這個人。我們常常製造能支持我們願望的信念。如果我想抽菸，我可以相信抽菸沒關係，而我可以舉出許多一天抽一包菸的人活到一百歲的例子，來證明我的觀點。然後，當我戒菸，我可以舉出抽菸對我不好的所有癌症研究，相信菸是壞東西。所以，關於菸，到底什麼才是真相呢？是我改變了，還是菸一下子很好，接下來又不好了？這是關乎信念的事。它們是我們用來滿足欲望的一種工具，它們就像是我們在不同場合穿的衣服。當我們離開特定場合，我們就會脫掉它們，換上新衣。

現在，讓我們回到你渴望的那些東西上。它們來自哪兒呢？它們是不變的、固定的，還是隨時變化的？假如它們改變了，是誰或什麼會改變它們？在這件事情上，必須考慮到所謂「上帝旨意」的東西。你瞧，不論我們感覺、思考或是想要什麼，最後，如果它背離了宇宙意志，就會遇到衝突和問題。我們可能會將之稱為「道」，或者就像跟我一起打撞球的一位隊友說的「指定區」（the zone）。當我們待在指定區時，我們順應時局，就會事事順利、成功。無論我們想要什麼，似乎都和我們人生其他部分和諧共處，並且水乳交融，成為我們獨特表達的一部分。當我們不在指定區內，儘管盡了最大努力，總是遭遇接二連三的失敗。這就是黑桃的領域。

黑桃這一組的人並不需要是意志的主人，但照理說，他們比其他花色更為專注。他們從經驗中知道上帝的旨意如何流動。他們與自己和別人的許多爭鬥都發生在意志的領域，通常會以工作或健康問題呈現。他們欣賞那些有實踐經驗的人，而非僅僅是對某事有感覺或渴望的人。對黑桃來說，經驗是關鍵字。智慧也是，而智慧只透過經驗來到我們身邊。我們透過考驗與錯誤來領略上帝的意志。透過我們的錯誤和痛苦感受、為此付出代價，我們才真正了解生命最深的層次。我們可能對事物有夢想、欲望、感受和想法，但如果它們背離現實，就不會實現。當我們變得完全與宇宙的意志合一時，就會找到寧靜和了悟。這可能是退場之處，或是在新的存在中，一個全新週期的開端。我們所知道的是，在當前的現實中，就是我們知道的週期。

所以，我們通往人生的道路就從紅心開始，並在黑桃結束。在這條路上，我們體驗了每一組花色提供的許多經驗層次，從中學到許多重要的功課。但是終極成功的祕密可能是反其道而行。藉由讓自己與宇宙意志合一，我們使自己與宇宙賜予我們碩果累累的渴望合一（方塊），對此，我們也提供有效的正當理由（梅花），並給予我們一種自尊的感覺（紅心）。有趣的是，人生可以同時從兩個方面流動，卻又殊途同歸。

牌與我們的個人力量

在確實做了上千次解讀後，我看到了在我們人類身上幾乎會發生的每件事。每次我作的解讀，都努力給予客戶真正能夠改變他們人生的資訊。牌就像占星學般，提供給我們這樣的資訊，但是我肯定，沒有客戶的個人努力，他們的人生就不會改變。

就在最近，我為一位客戶作解讀，在解讀當中，他臉上露出失望的表情打斷我。我問他怎麼回事。他告訴我，他對我的解讀有點失望。我問他為什麼，但是我知道他在想什麼。我讓他詳細地說明之前對解讀有什麼樣的期待。我對他說：「如果這次解讀是你做過最棒的一次，那會是什麼光景？」他回答我：「一個完美的世界？」我說：「是的，如果這次解讀是你想要的一切，那會是怎麼樣？」然後他回答：「嗯，你會看到我的未來，然後告訴我確實應該要做什麼事情，我的人生會變得更好。你會說一些像是——我會讀報紙，找到不可思議的工作機會，然後去應徵。我會賺到百萬美金，從此

以後過著幸福美滿的生活。」我真的很感謝他為我描述這些，我也這樣告訴他了。然後我告訴他，我絕不會給他那樣的解讀。我告訴他，我曉得即使我真的確切告訴他，要怎麼做才會有幫助，並且讓他開心，他也不會去做。如果他都沒有興趣去做我告訴他最好的事，那還有什麼用呢？然後我告訴他，如果我要對他的未來做誠實的預測，我敢打賭他的人生和現在幾乎相同，而且每年每況愈下。對客戶說這些話真嚇人！你的生活基本上和現在一樣，但是比現在更糟。如果有人認真觀察人們的生活和他們的模式，會告訴你這就是社會的常態。

我讓這份陳述停頓一會兒，開始解釋他要如何才能有更好的人生，做什麼才能讓事情發生。我不是故意要給我的客戶壞消息。實際上，我由衷地相信我們所有人都有一天將會「實現它」。只是我們當中的一些人會花很長的時間。通常我們會經歷巨大的痛苦，才會願意放下我們和現實衝突的模式和執著。

所以，在我做的任何解讀，我總是會先了解我的客戶。我知道所有的牌和行星過運以及行星的意義。但這實際上將在某人的人生中如何顯現，完全取決於他們個人的意圖以及他們現在運用自己個人力量的方式。我的老師阿‧雷因（Arne Lein）曾經告訴我，人們的態度可以完全改變他們的命運。他提到有幾位他的客戶有最棒的牌和行運，但是他們負面的態度擋住了任何可能體驗到的好運。與此對照的是，有人在木星有方塊10時，於一年內成了百萬富翁。

我經常在美國各地的廣播節目做嘉賓，人們會叩應做簡短解讀。當我接到七十多歲有固定收入的人打來，詢問我他們財運如何時，總引起我極大的興趣。我知道他們身上將要發生什麼——特別是他們的財運是固定的。無論他們的牌或行星過運如何，他們的財務狀況不會改變太多。整副牌的每一張都有很多個意思，我們的牌總是會反映我們的人生將會發生什麼，但是在一些情況下，如果我們不願或不能做到利用那股力量影響所必須做到的事，我們將無法為一張牌挑選含義。

這就是本篇文章的主要觀點，即牌和占星學是什麼，不是什麼。每個人都很喜歡這些牌，特別是當他們回顧過去，看到牌如何精準地描述出發生在他們生活中

的事情時。但是當我們開始用牌來展示未來的時候，多數人都搞錯了。基本上，人們往往會做錯兩件事。首先，他們真的很擔心在未來看到壞牌。當他們看到黑桃9或黑桃A在未來時會感到忐忑不安。我記得我姊姊在學過如何解讀她的命運之後不久，有一天打電話給我。她說：「羅伯特，我就要死了。」我說：「什麼？」「我查了我的牌，七年後我有死亡牌。」我旋即解釋牌怎麼會有多種含義，死亡牌在我們的人生中會頻繁出現。只有一張死亡牌才真正代表我們肉體的死亡。總之，這是人們用牌參照未來時常犯的錯誤。

另外一個錯誤則是，他們都對所有的好牌感興趣，覺得好牌會為他們處理他們拒絕做的事情。我遇到許多單身的女性客戶，她們似乎無法建立親密關係。她們既有魅力又成功，只是沒法找到伴侶。我經常接到她們打來的電話：「羅伯特，我今年有一張很好的戀愛牌，但什麼事都沒發生。」這意謂著牌錯了，而且不可靠。但是我可以告訴你，牌百分之百準確。所以，這裡是怎麼回事？在每個獨立的情況下，這些女人內在抗拒了戀愛降臨她們生活的可能性。雖然她們聲稱很想要一段親密關係，實際上沒人去做真正想到一段親密關係的人會做的事情。這證明她們內在充滿了強烈的掙扎。一部分的她們想要一段親密關係，但是另一部分不想要有。不幸的是，在這個案例中，不想要有親密關係的那個部分比想要的部分更強烈，雖然這些女人大多沒意識到其他的部分。這個特別的模式在今天非常普遍，在許多職場女性的人生都能找到。

所以，我們應該如何利用親密關係中的牌來處理未來？如果我們盡可能實現它，我們必須做什麼？這個資訊如此重要，所以我希望每個使用牌的人能讀到並且理解它。在這一點上，牌和占星學都是我們的指標。每一年都有挑戰性的影響和有益的影響。一個意識到內在狀態的人總能善盡運用他們得到的每一張牌。只需要做到自我覺察。我用我的牌去規劃未來，知道我自己的局限，並且同時保持對我內在衝突的覺知。我知道如果內心有一部分抗拒，事情就不會在我的人生中發生。我持續努力注意我的感受，尤其是我的恐懼。總地來說，這些恐懼代表影響我命運的往往是潛意識因素。如果一個

人不曉得他們自己的恐懼和內在衝突，就可能沒有能力去改變自己的命運。

你們有些人可能讀過我寫的文章，關於遵循木星過運而獲得持續成功。我個人在過去七年利用它獲得了巨大的成功，並且打算在餘生繼續使用它。但我也看到在我自己人生，由於我的內在掙扎阻擋了木星帶給我的祝福。木星、結果牌和環境牌總是有利的。但我們真的有打開自己的意識去允許好事降臨嗎？這是一個真正的問題。問題並不是「我今年的牌有多好？」而是「我今年允許讓多少好事在人生中顯現？」一旦我們意識到我們真的多麼有力量，我們能夠運用這些牌寫下我們的成功故事。什麼是你未來藍圖中的第一件事？只有你自己拿著那把鑰匙。

黑桃9和人生的不同階段

就影響我們人生的程度而言，黑桃9是整副牌中最強大的牌之一。研究這張牌以及它對我們的影響，可以帶來許多改善我們人生的資訊。我們所有人在不同時期的流年牌陣當中都有黑桃9，有些人有黑桃9當本命命牌或守護星牌，或許我們認識的人有這張牌。不管怎樣，黑桃9總是以某種方式影響我們全部的人，而這張牌可以教我們很多關於生活和它統轄的週期的事。許多人通常對9號牌心懷極大恐懼，對黑桃9尤為如此，這篇文章大概就是為了移除那種恐懼，而更深入地了解人生。

那些熟悉拙作的人現在會知道，數字9代表著週期的結束。為了更加了解這一點，首先我們必須要明白在我們人生的一切都有週期。每件事情都有開始，而且都有結束。比如說你今天有個點子可以改善你的健康。這個發想的階段就是週期的第一階段，你開始了新的節食或是有益健康的運動，你找到並購買正確的器材或是需要的資源，來開啟新計畫。你按表操課一陣子，並且注意觀察成效。這些步驟的每一步都是那個計畫週期的步驟。原本的想法可以被當成是這個週期的紅心牌，獲得必須的材料是第二階段，第三階段可能是閱讀相關書籍，或是和別人聊聊你的新進展。我們繼續這個週期，直到我們達到第八階段，豐收和強大的階段，當我們在

自己的人生到達第八階段，無論那是什麼——新的健康養生法或是親密關係，我們都從中獲得了它最可能的回報。在這裡停下來一會兒，並且要真正了解到第八階段的重要性，這是為了完全地理解跟欣賞第九階段。在第八階段，這件事情或這個人、這個想法或是溝通方式，不管是什麼，對我們來說都到了頂峰。你可以把它想像成樹上的果實達到最成熟的階段。當它在這個時刻被摘下來，會是最甜、味道最好的。任何比這更早的時間，可能會太甜或有一股令人不喜歡的味道。它甚至可能會開始腐爛。所以在第八階段，我們從正在做的事情中收穫到最棒、最豐盛的果實。

在8之後就是9，它說：「好，現在要結束了。是該清理跟準備下一週期的時候了。」所以，要理解9，最重要的事情之一，就是無論是什麼，現在都即將到了盡頭，我們都已經經歷了相當長的一段時間，我們已經從中收穫了它能帶給我們的一切好處。無論是什麼事情，我們手上的好處已經享用殆盡，而任何人有意識地經歷了9的經驗，都會同意這個說法。如果每個在流年牌陣中有9號牌的人，都能停下來想一想，他們對可能要失去東西的恐懼可能大多會消失。只有在我們對將要發生之事的真實本質欠缺認識時，才會使我們害怕。許多人看到9的到來，隨即想成「我身上要發生某個壞事了」。這與現實恰恰相反，這是因為他們沒有仔細觀察他們的生活和發生的事，這是他們唯一會有的感覺。9事實上是個非常重要的祝福。它是淨化的階段，讓我們準備接收下一個即將來到我們人生的祝福。「唯有空杯才能裝滿」，當我們緊抓過去不放，怎能期待新事物、好事進入我們的人生呢？我們不僅抓住過去的事情，也抓住對我們不再有半點好處的事。但是這的確是我們在做的事情，我們視而不見，確實未認清即將結束的事情已經完全物盡其用了。

所以9號牌可以被當成是一種解脫的經驗或是悲慘的損失，但實際上兩者皆非，它只是我們人生中某事的週期到了最後階段。解脫與悲慘的損失只是我們的觀點製造的標籤。關於9號牌唯一留下的問題是：你將選擇哪一種觀點？你我可以善用9號牌的方式，就是當我們看見自己的牌陣有一張或更多牌，我們可以視之為提

醒，停下來審視這個情況一下。我們首先可以問自己的是：「我害怕這張9嗎？」如果是這樣，然後問：「我害怕失去什麼？」跟著問：「我害怕失去的東西已經沒了（或結束了）嗎？」重點是要辨認出是什麼要結束了，然後仔細觀察，看它實際上是否已經結束了。

很多時候，結局並沒有超出我的想像。例如紅心9可以代表離婚或是一段重要親密關係的結束，但也僅僅是親密關係，在目前的形式是結束的。這兩個人實際上在一起，但以某種方式基於尋求改善他們關係的新領悟，他們重新展開了親密關係。這一點也適用於黑桃9的工作情況。你可能實際上沒有丟了工作反而是調職甚至拔擢到一個不同的職位，你在那裡做的事情是天差地別的。所以這裡我們有另一個理由停下來思考，而不是對9號牌的出現真正感到害怕。

考慮到這一切，我們來到了9號牌的黑桃版，這是所有9號牌當中最有影響力的牌，也是三張經典的「死亡牌」之一。在1997年2月4日，O.J.辛普森在他的民事審判中被判有罪。此時他才剛進入土星週期兩天。他的土星週期是哪張牌？──梅花6與黑桃9。他死了嗎？沒有。他的人生有一個了結嗎？有，他的民事審判在那一天結束了。他喜歡結束嗎？可能不是，因為判決和他一直努力的方向相反，可能最後要花掉他大部分的財產。在黑桃9的這個版本，它落在土星週期。黑桃9現在土星通常對我們是一個困難的結局，黑桃9在土星週期通常對我們來說是一個困難的結局。我們一般會把它說成是一種損失，而它往往也是一種業力的結束。辛普森牌中的梅花6暗示著他的結局受業力影響，但是土星也受業力影響。這會使得他的結局帶有雙重業力，這意謂著所發生的事情是他前世言行的結果，而不是他在目前事件中的行為結果。在土星期的黑桃9往往被當事人當作悲慘的損失，雖然並非必然如此。但是，再一次強調，唯有當此人完全沒有意識到自己在這些事件中的角色時，才會有這種感受。

黑桃9可能帶來一種非常有益的結果，甚至在財務上利潤豐厚。它還是可能嚇到你，但是它會帶來一些明顯的好處。我有一位客戶看到將有一張黑桃9來到她的木星週期。她對我坦言，她非常害怕丟了飯碗；公司最近裁了很多人，她害怕會是下一個。果然，她在木星週期被解雇了。然而，木星的影響部分在於，她獲得了一整年的薪水作為補償，因為她的薪水很高，結果得到相當多的一筆錢。

黑桃9在本質上的意思是「生活模式的結束」。黑桃代表我們實際上每天花了時間在生活中做的事情。當黑桃9降臨時，它所代表的結束會以某種有意義的方式改變我們的生活方式或是行程。現在O.J.辛普森的民事審判已經結束了，他不會再花那麼多時間在法庭上。這代表他的作為改變了。我覺得他或許會對判決結果申請上訴，但很可能是他將不必經常出現在法庭上這麼做──可以由他的律師處理。其他黑桃9經驗的例子可能是某人戒菸、開始慢跑、改變職業、生孩子、變成癱子、喪失視力、展開新工作──真的是任何我們每天花時間做的事情，到了一個了結。黑桃9本身既不正面也不負面。僅僅表示我們一直做的事情到了一個尾聲，不會再帶給我們任何益處。如果我們承認它，並且放下，我們就能保持快樂，並為即將開始的新週期做好準備。如果抗拒它，或者只是沒有覺察到那即將發生的結果，我們就會在黑桃9之下遭受比其他牌更多的痛苦。它可以在某些情況下代表人生的結束。在土星週期，幾乎可以確定，黑桃9的結束並不來得那麼容易。它可能是我們長時間迴避或是出於某些理由而拒絕承認的領域。即便如此，保持開放、對這個處境保持開放，就可能會大幅減輕衝擊。

因此，這相當合理地解釋了黑桃9在我們的流年、每週、七年或是其他牌陣週期某個時段的出現。有黑桃9出現的任何位置，還有同時出現的牌，一個人就能用我在這裡提供的資訊對它的含義得到一個更好的解釋。最後要談到本命牌或守護星牌是黑桃9的人。在這種情況下，某種程度上，我們注定一輩子都有黑桃9的經驗。大多數人相當難以理解這個概念。一個結束如何能花上一輩子的時間來完成呢？怎樣的人會需要一輩子的時間去完成他們人生的某些面向呢？為了了解這一點，我們必須用更寬鬆的方式去理解黑桃9，並且延伸我們的觀點來涵蓋一些新概念。每一個黑桃9人都不同，但有一件事情是共通的：關於他們的人生或生活方式，有

某件事情需要完成，但這裡我們在說的事情是更根深柢固的，而且往往較難讓個人看清。之前討論過，當我們沒有意識到我們人生的某件事情已經到了盡頭，已經帶來了一切能給我們的東西，我們就會在結束時受苦。同樣的原則應用在本命牌或守護星牌是黑桃9的人。通常這種人會出於某種理由，選擇故意忽視有必要做個了斷的事，並把事情或模式維持得比一般人還要久。

說不定在前世，許多黑桃9人是8號牌，因為濫用了他們的權力，致使多年的經歷加強了這個負面的行為。記得9就在8後面，而8代表著權力。它可以是一個業因，證明有些黑桃9人之前曾經濫用權力，特別是當我們觀察他們目前的模式時。黑桃9有張紅心K作為業力牌。記住，第一張業力牌代表我們從前世帶來的負面特質，K代表權力與權威，很容易想像許多黑桃9人都有著圍繞控制或權力的課題。另一種可能性是黑桃9的人有一些其他的習慣性模式來看待人生，這在前世已經變得非常根深柢固，所以現在需要花一輩子去解除。還有其他的可能性，但如果你小心地研究遇過的黑桃9人，遲早會發現一種負面的模式（9號牌），往往會與他們的健康、運用意志的力量或是他們的工作（由黑桃主掌）相關，打從他們有記憶以來一直就是個問題。在某些情況下，問題很突出，容易發現，但在其他情況下，外人不曉得，唯有自己人才會知道。我認識一個失去所有家人的黑桃9人，在他16歲前經歷了各式各樣悲劇。他一直在他的信念中掙扎，相信自己做什麼都會失敗。另一個黑桃9女性總是在暴飲暴食和過度沉溺在其他感官享受中掙扎。因不同人的性格變化都是無窮無盡的，但是會有一個共同的基本主題。

就正向的一面，所有的黑桃9在人生中都有許多機會去體驗一般人否認的經驗。這些經驗會是靈性上的。在他們完成自己天命的掙扎中，他們會有片刻的啟示與理解，在某些情況下體驗所謂的「宇宙意識」。在那些片刻，他們對自己以及他人生命的理解會變得清澈透明。他們有機會去一瞥所有人的神聖計畫，從宇宙的視角看見各自的角色。這些片刻感召他們許多人從事有關靈性的工作——幫助他人，並且在別人需要時提供有同情心的支持。這些時刻也會給他們更多需要的理解，幫

助他們穿越必然會遇上的艱辛經驗，繼續追尋自由。而在某些情況下，這些經驗對他們來說，會變成催化劑，使他們最終放下一輩子都在做的主要負面模式。黑桃9並非命中注定要一輩子痛苦和受難、掙扎。他們注定的轉化會發生在任何年齡。當它發生時，他們的生活通常都會轉化成無比的幸福與滿足。身為9號牌，他們天生就是給予者，一旦他們放棄了最難放下的東西，他們甚至會變成更棒的給予者。我在這裡指的是他們在今生最該放下的特定模式。他們經驗的喜悅就像是一個大學畢業的人，即將在講台上領到學位證書。透過一種有意識地完成，他們會有種成就感，以及從陳年舊事中解脫的自由。黑桃9的轉化可能是奉獻他或她的一生，把重要的事物獻給世界。他們不再關心個人得失，而是集中在他人的需求以及如何能夠做出有價值的貢獻上。

搬家與改變的牌

我現在寫這篇文章真是太恰當了，因為我正在搬家，在一個月內穿越美國搬到另一端。這對我們來說是個大遷徙，顯然會協助展示在這樣的改變下，可能會有什麼牌出現。通常我們會把5與搬家、旅行連結在一起，但當涉及搬到另一個家，許多其他的因素就會起作用，全部因素都會以許多方式從牌中呈現。我們實際上是從美國的的一端搬到另一端，所以這次搬家對我們一家人是非常重要的遷徙。

與所有其他的情況一樣，在一個人生命中的重大事件發生時，牌會顯示那件事情對他們的意義，但不必非得是外在表現的那樣。比如，妮可·辛普森（Nicole Simpson，O.J.辛普森前妻）和羅恩·高曼（Ron Goldman，辛普森好友）被謀殺時，O.J.辛普森並沒有顯示悲劇或損失的牌。他反而有成功與成就的牌，向我展示這是場成功的策畫，報復了妮可對他造成的不公。另一個案例就是某人過世時。無論你在那時找到什麼牌，都會告訴你死亡對他們而言是什麼——不是你我可能加諸的死亡想像。對一些人來說，死亡可能是紅心9——重要親密關係的結束，對其他人可能是方塊9——個人財產的損失。在一些情況下，死亡可能會以

5號牌形式出現，指出對那個人來說，只是一場新的冒險和體驗。所以，當我發現凱瑟琳和我的兒子麥可在我們搬家時有如此相異的牌，我並不吃驚。

在我們確定搬家日期之前，我想應該要透過查看我的牌來決定搬家日期。在這特別的一年，我有黑桃A在金星和黑桃5在天王星，我想會發生在這些週期之一。金星統轄了家與家庭，而天王星通常主掌了房地產。在金星週期的黑桃A會表示一次在家中的重生，可以被當成是搬到新家。在天王星週期的黑桃5是一張經典的搬家牌，可能是最強烈的一張，雖然它也有另一個可能的意義。黑桃5是所有的5號牌中最強烈的，通常表示一段長途旅行或是工作或生活方式的一次澈底改變。在天王星，它通常表示財產轉手或搬家。最後這次搬家發生在我的金星週期，我在那時有張黑桃A。現在知道了這一點，我可以預測這次搬家會對我產生深刻的影響，因為黑桃A是一張轉化之牌。

對我的妻子凱瑟琳來說，這次搬家發生在她的天王星週期，就如我所述，這個週期通常與房地產的改變有關係。但是在本命牌的流年牌陣，她這個週期的牌是紅心9。對她來說，這次搬家更像是所有親密關係的結束。對她來說，主要的事情是放下她在這裡建立的所有親密關係，再次重新開始。即便還有一個月才搬，她已經哭了好幾回，意識到有些重要的親密關係要結束了。在她的守護星牌陣，她有一張黑桃8，置換今年人生牌陣中的紅心4。在天王星的方塊8是購買房屋或房地產的信號。這次搬家有相當多的財務細節，是我們迄今做過最大的一筆購置。有趣的是，凱瑟琳在本命牌陣中的長期牌是黑桃9。我和她都感覺是該離開加州的時候了，儘管我們沒有任何特殊的理由這麼做。黑桃9是長期牌，總是代表一些人生重要的篇章將要結束了。儘管今年我沒有9當作長期牌，我置換了方塊9，也起了作用。這對我們整個家庭都像是個9的年分，是重要的結束和完成的一年。

我十五個月大的兒子麥可會在他的火星週期搬家，他有個黑桃J。黑桃J總是意謂著生活方式的改變，往往是更好的改變。雖然你通常不會把它和搬家聯想在一起，我們必須考慮到一個因素，麥可只有1歲大。無論

他意識到的改變是什麼，某種程度對他而言會是新的生活方式，希望會是更好的一種。

金星代表我們的家和家庭，在那個時候的任何牌都可以代表與我們家庭或住家有關的改變或事件發生，那就是為什麼9號牌在金星可以代表搬到新家。黑桃A和9帶有同樣的意思。當然，任何在金星期的5號牌都可以代表居所的改變。

成功預測總統選舉和其他比賽

做解讀時，其中最困難的預測之一可能是跟運動或政治競選有關的。這兩件事情基本上都是具有競爭性的活動，如果比賽中有強烈競爭意味的牌，相對地要更容易看出端倪。一個要看他們的火星牌。在火星週期的7號牌和9號牌意指問題或失敗，有4、8、10、Q與K，則是成功的指標。還有，你可能會想要查找在長期牌、冥王星牌、結果牌、環境牌與置換牌的特定年分，整個瀏覽一遍所有的成功指示牌。不幸的是，這從來都不簡單。我自己預測總統大選有百分之六十準確，而我會在以下解釋失敗的主因。有些選舉真的很簡單。但是大部分的選舉並非如此。對過去二十年許多場選舉而言，在流年牌陣中沒有明確的贏家。若你比較兩位候選人的牌，你沒法明確得出輸贏。這發生在歐巴馬與羅姆尼的對決上。從他們的牌去判斷，羅姆尼較有勝算。那不算是什麼很大的優勢，但這張牌就只是比歐巴馬好一點。你可以自己去比對牌。巴拉克·歐巴馬生於1961年8月4日（方塊9），而米特·羅姆尼生於1947年3月12日（方塊J／紅心Q）。這場選舉在2012年11月6日星期二舉行。只要看看歐巴馬51歲的牌陣，和羅姆尼65歲的牌陣。羅姆尼顯然這一年有比較好的牌，然而他卻落選了。

如果有任何競爭性的比賽，我們通常會假設每個參賽者都想要贏。但事實上，即便在一般情況下，也並非總是如此。因為很難得知在任何競賽中的參賽者真正的意圖。我就曾經看過比賽中的參賽者並不是很想勝出——事實上，他們是想輸掉。當比爾·柯林頓在1988年對上喬治·布希時就發生過。我可以看出布希心不在

焉，只是在公眾面前做個樣子。我不知道他這麼做的原因，但牌會給我們線索。在這場競賽中，他和柯林頓都在鼎盛之年。發生這種事情非常罕見。布希在選舉跟鼎盛之年時，已經在高峰了。所以，我們通常與鼎盛之年有關係的重大改變就表示是他的下台了。另一方面，比爾‧柯林頓還沒有到達他生涯的鼎盛之年，所以他的鼎盛之年的重大改變就是擢升。大多數人不會想到像鼎盛之年這樣的東西，但它絕對是要放在總統大選檢查清單上的項目。我們可以假設在選舉時正值鼎盛之年、並且目前沒有執政的候選人會勝選，那通常是正確的。不需要理會他們流年牌陣中的其他牌會說什麼。這就是鼎盛之年的力量，這是本書第8章探討最重要的的幸運事件之一。當我預測這類型的競賽時，我首先會問自己：「這兩位選手是否真的想要贏呢？」

另一個通常用在總統大選的技巧就是去查看5號牌，有時候是總統或是他太太的牌有9。如果有人為了總統大選而忙碌，但當前並沒有執政，勝利就意謂著入主白宮。這可能對任何家庭來說是個相當重要的搬遷，而且搬家是以5號牌或9號牌示現的。當然，你會在選舉後找出那些搬家牌，也許是在下一年度的一月分。當你看到總統本人的牌會更難，因為你會當成是第一次當選，把他或她的注意力放在許多因素上，而這次搬家可能甚至都不會出現在他或她的牌陣裡。

我最近預測2012年奧林匹克比賽時面對了相同的問題。就是在預測一位知名的中國運動員──劉翔的時候。他生於1983年7月13日，他是第一位獲得三連冠的中國運動員──世界紀錄保持者、世界冠軍和奧運冠軍。在北京奧運的110公尺跨欄比賽時，全中國的眼睛都注視著他。當我看著他的牌，我看到平庸的牌。沒什麼不好，但也沒有表現得很好。當我更深入了解他時，我發現他在2008年奧運的最後一刻落敗，他的粉絲們極其失望。我忍不住揣想，他是否真的有用心比賽。我沒辦法預測他贏，但我可以預測出，無論發生什麼事情，他都會沒事。結果他輸了，非常糟糕。他在第一輪預賽摔倒，沒有完成比賽。之後，我領悟到我應該要看他教練的牌。他的教練是孫海平，出生於1955年1月13日。這場比賽在2012年8月7日和8日舉行。在孫海平的牌當中，他在這段時間有黑桃7和9在土星期。如果我之前查到這邊，我會看見劉翔輸了。所以，要加進你的檢查清單的其他重要事項，就是在你知道競賽會影響到誰時，查看相關人物有沒有成功或失望的牌。

要是你曉得這兩位參賽者的生日，還有另一個在任何競賽中確實重要的條件，就是任一人有和對方的月亮連結或是土星連結。這個條件強度更像是鼎盛之年，通常會決定結果。無論誰是另一個人的月亮，就會落敗。現在這可能不是百分百會發生的情況，但是迄今為止，我還沒失誤過。羅姆尼是歐巴馬的月亮（黑桃J是方塊9本命牌的業力牌）。甚至就算他的流年牌很強悍，我相信月亮的連結有其效用。如果某個人是你的月亮牌，你跟他們競爭的話，他在潛意識會想做些什麼幫你獲勝。他甚至不曉得自己在幹嘛。在競選的最後幾天裡，我看到羅姆尼犯了一些嚴重的錯誤，導致許多人認為扭轉了他的機會。我一直看到太陽／月亮的連結是許多競選活動的原因，包括法律事務。所以，如果你想做出精準預測，也要把它們列入檢查清單中。

同樣的，土星連結非常重要，通常需要看人生牌陣中的土星連結（請參見《撲克命牌‧我的愛情》以獲得更多資訊）。當你是某個人的土星，你就是他們的老師、批評家和限制他們的那個人。有鑑於此，你通常會在任何對抗他們的競賽中獲勝。歐巴馬是希拉蕊‧柯林頓人生牌陣的直接土星牌，這是所有土星連結中最強烈的；她在初選輸給他，然後成為國務卿。所以，瞧瞧在任何比賽中強烈的土星連結，通常這會決定贏家是誰。

我最後在你檢查清單上保留的項目，對你的準確度來說是最重要的一項。這個條件與你有關，不是參賽者。簡而言之，如果你要做出準確的預測，必須完全沒有偏見。如果你有意無意想要讓比賽中的某一方獲勝，你就不能做出客觀的評估。2012年競選時就發生在我身上。我真的不想寫出誰會贏，但我最後在我的電子報上添上一筆。我想讓羅姆尼贏，因為我不會檢視到這裡。而就因為如此，我完全漏掉了羅姆尼是歐巴馬的月亮。我只關注在我想要看到的事情，在流年牌陣的好牌給了羅姆尼比較好的機會。而當我們根本對結果有任何偏愛時，就會發生這種事。我們失去了客觀性、犯了

錯，或是傾向只看到我們想要看到的事物。

另一個例子是當我看第四十七屆超級盃時（我其實很少看職業美式足球賽），我發現我干預了烏鴉隊的比賽。我反省了一下，領悟到我們大多數人都會選擇我們想要贏的一方來觀看比賽。甚至如果我們跟雙方任一隊沒有真正的連結時，我們也會選一隊來認同，這是潛意識的過程。我看到自己選了烏鴉隊，所以當他們和舊金山49人隊進行一場賽事得分或吃癟時，我都會很激動。我看到只要我站在某隊那一邊，就不能真正預測比賽的結果。那使我更有興趣後退一步，只是觀察。但對我來說真正有意思的是，我學到我們在自己觀看的競爭活動中如何認同某人或某事。如果你想要成功預測任何事件，必須將自己置身事外。無論你是否偏向哪一邊，你必須覺察到自己知道得夠多了。我建議是先在你的檢查清單上列出這一項。如果你沒有，你會讓研究傾向於自己的檢視，結果通常就會出錯了。

為了釐清優先順序，底下是檢查清單：

1. 確認你是否對比賽結果有任何偏好，如果你有，除非直到你可以變得沒有偏見，否則就停在這裡。
2. 運用《撲克命牌・我的愛情》去察看競爭對手之間的關係，查看月亮跟土星的連結。一個強烈的月亮或土星連結會決定誰獲勝。
3. 檢查鼎盛之年。用本命牌和守護星牌去找。
4. 確認那一年的牌和指示成功的週期。特別去檢查那一年的火星牌，因為火星掌管競爭性的活動。
5. 檢查參賽者生活中相關人物的牌，以及和競賽結果可能有強烈利害關係者的牌。這包括配偶、教練等等。

在這個小練習中，要記住這些項目，你可以在接下來的比賽締造驚人的預測。

幫助你更準確的黃金解讀法則

你有沒有感覺到自己預測牌的能力更上一層樓了呢？或者，你可以更準確地根據別人的牌來識別人物特徵？我想假如你了解這篇文章的原則，通常你將會在這兩方面做得更棒。

我愛這套牌卡系統。它永遠都對我們說實話。人們會告訴你各式各樣的事情，但牌卡絕不會撒謊。要是你曉得查看哪裡，和如何正確地解讀它們，它們會訴說實際上要發生什麼事。解讀牌的第一條黃金法則確實是關鍵，每個人都需要嫻熟運用：

牌是主觀的，不是客觀的。擺出其他牌，牌會告訴你特定某個人正如何經驗他或她的人生，而非他們的經驗為何。這需要更進一步說明。

首先，沒有牌絕對代表特定事件會發生。沒有「死亡牌」、「離婚牌」或是「百萬富翁牌」，一直都會是這樣的。當然，我們是這樣標註牌。然而，這所有的牌可以為了特定人物以許多方式展現。例如，黑桃A通常稱之為死亡牌，但那張牌可以代表許多不同的事情，例如，它可以代表獲得新工作或是有關於某事的祕密。紅心5和紅心9一般以離婚牌而為人所知，不過，你知道這些同樣的牌也可以代表結婚嗎？為了避免你不懂，讓我來解釋。紅心5確實是指在親密關係或是居所的改變。離婚與結婚都構成改變，通常紅心9確實意指和某人相關的某事結束或是親密關係結束了；但這也可以意謂著與親密關係相關的重要大事將發生。因此，紅心9可以指涉告別單身漢完成結婚的渴望，就如同它可以代表目前婚姻或親密關係的結束一樣。

所以，當我們在解讀某人的牌時，必須考慮的是「我們對這個人有多了解？」我們絕對需要一些關於這個人的參考資料，來精準地解讀牌卡告訴我們的一切。要是你看到的是紅心9和紅心5，知道你當下解讀的人是已婚還是單身不好嗎？它會讓世上的一切變得不同。

我們愈了解某個人，我們在解讀他們的牌時會更精準。但這還有另一個面向，一個相當重要的面向。如果你在一個人的牌陣看到牌和當前你看到他們發生的事情相衝突，更進一步審查會使你獲益良多。通常人們會告訴你發生在他們人生當中的任何事，他們所說的話跟你在牌上看到的可能牴觸。例如，我有一些客人來找我解讀，告訴我關於他們工作的主要問題。然後，當我查看他們的牌時，我看到那年的所有牌都是紅心。在流年牌陣中主導的任何花色告訴你，那個花色的事物確實是最重要的。因此，我就問客人關於他們愛情生活的狀態。

果然，每一次都是他們的愛情生活成了該年度重要的焦點。

一個很好的例子就是研究訃聞，或者是閱讀名人過世的消息。研究他們過世時的牌。你會很訝異自己找到了什麼。傳統上來說，死亡牌通常是黑桃A和黑桃9（在土星週期或是在其他關鍵的位置，但你會看到這些牌很少只會在某人過世時出現。當1986年挑戰者號太空梭爆炸時，所有人都遇難了，我查詢七位往生太空人的生日，沒有在他們的牌陣中找到傳統的死亡牌。我找到最多的牌就是5號牌；死亡當然可以被視為是一次冒險、旅程或巨大轉變。我已經研究過許多往生者的牌，它可以用許多方式表示。對一些人來說，死亡是方塊9，或是物質的損失。建議絕對不要預測任何人的死亡。你是怎麼知道的？在任何時候對任何人顯示的牌，只會告訴我們對他們個人來說將要發生的一件事情。我們可能看到外在的成功，但如果他們的牌有一張是麻煩或挑戰，我們知道那是他們在個人層面上正在發生的事。當我說牌是主觀的，而非客觀的，這就是我的意思。而如果我們真正知道某人的牌在說什麼，我們至少必須要嘗試去了解他們的想法。

牌的另一面通常會告訴你，這個人是否會有牽扯。人們有許多理由不去分享一個情況的全部真相。通常，這是因為他們不想要看起來很糟糕，或是因為他們害怕萬一揭穿真相會發生的事。也或許某個人不想說實話，是因為他或她害怕別人知道的後果。這對我們大多數人都是如此的，即使我們是說實話，我們也可能只是講一部分，而保留一部分，而保留的那部分或許就是由於以上原因而不想分享出來。牌可以揭露的事情，像是祕密戀情、在某些領域的不愉快、健康和工作問題、不滿意工作或親密關係，還有其他重要的資訊都可能會被扣住。

無論我在何時遇到某個人，客戶或熟人，我一旦知道他們生日，我開始更了解他們。例如，我最近有位客戶是梅花J。在解讀時，我問他，他要我看的三、四個女人當中，他實際上和誰發生過關係了。他說出其中一位名字，然後告訴我是哪一個。但我知道他是騎士牌，而我在他的星座盤當中看到了一種傾向拖延或誤導的情況。我持保留態度。他對此坦承不一定是很重要的。我告訴他，無論如何我告訴了他我需要說的一切，而我想我們做了很棒的解讀。不過，有一個小聲音告訴我，他還有事情沒跟我說。我很可能會懷疑騎士牌告訴我的大多數事情，還有少數其他幾張牌也是如此。我在自己的人生不同時刻中一直都是完美的騙子，而從我的直接經驗，我對於這是如何運作很熟悉了。

知道這些牌可以成為真理的泉源真令人欣慰，特別是在一個目前這麼貶低真相的世界。

當你在流年牌陣中找到人生牌陣──小心了！

當我在54歲的海王星週期，我的本命牌陣有張梅花3在海王星，還有梅花7在我的守護星牌陣。身為本命牌方塊Q，這兩張牌都出現在我的人生牌陣。梅花3是我的金星牌，而梅花7是我的土星牌。我不太關注這件事，直到我的海王星週期快要過完了，之後我才領悟到，這兩張牌曾經對我有多重要。我頓悟到的只是，這兩張牌多麼有力量，因為它們來自我的人生牌陣！首先，梅花7是我的土星牌，而每個方塊Q都有在物質層面上的負面問題。悲觀主義甚至吝嗇都是方塊Q模式的一部分。但在海王星的位置，這種對悲觀主義與消極的傾向轉移到了隱藏的國度（海王星）和幻象。基本上，這表現在恐懼和擔憂上。不過，它也正向地表現成對靈性研究的強烈興趣（例如靈修作家埃克·哈托勒〔Eckhart Tolle〕主要的工作），並且用更多時間去做冥想。

梅花3是我的金星牌，而所有的方塊Q必須和一定程度對浪漫愛情的渴望對抗，加上又有無法獲得足夠的愛與魅力的擔憂。這張牌造成許多方塊Q無法結婚。而我當然也經歷過這張牌在我人生過程中的負面與正面影響。在海王星位置，這張牌導致我幻想許多羅曼史和親密關係，渴望與想像更超出了正常的範圍。對我來說幸運的是，這並沒在物質層面實現；這整個週期對心理層面是個干擾，這通常是海王星牌的方式。記住，海王星牌是希望與恐懼的週期，它是我們暗中希望或害怕會

發生的事情。

當我們人生牌陣中的牌出現在流年解讀時，這種經驗的確給我們帶來影響。而現在我總是會建議，當我們查詢流年牌陣時，首先要做的事情，就是要檢查我們的人生牌陣與業力牌發生的情況。使用這些資訊的方法如下：

- 查你的本命牌流年牌陣和你的守護星牌流年牌陣。查看看你的業力牌是否出現在任一牌陣中。第一張業力牌指出可能的困難，第二張業力牌則是正向的經驗。當你從中收到正面或負面的業力時，牌出現的任何一個週期會標誌時間。
- 現在查看你人生牌陣的牌。主要專注在你人生牌陣中的直接牌上。間接牌可能也很重要，但是根據我的經驗，是直接牌扮演最重要的角色。直接牌是唯一在《撲克命牌‧我的愛情》提到的，所以那是最適合查看的地方。
- 就目前而言，我可能會忽略《七雷的小書卷》中提到的宇宙課題和宇宙獎賞牌，以及此外的其他牌。你問為什麼？好，因為這些牌相當難以解讀，而且往往在出現時不會有任何個人的關聯性。所以我會選擇專注在我們最有關聯的牌。
- 當你查看你的人生牌陣，瞧瞧你是否能對照每一張人生牌陣的牌，去辨認出個人的課題和性格特徵。你需要先確定這些訊息，然後才能解釋他們在你流年牌陣中出現的意義。
- 當你在你的流年牌陣中找到你的人生牌陣牌，要注意每一張牌對你個人代表的議題，並且看看在它出現的週期會如何演繹。

這裡有一堆你可能會找到的例子：

如果你的人生牌陣中，土星牌是這一年的長期牌呢？這會告訴你，你將要在今年澈底地處理你的土星課題。如果我有梅花7是長期牌，它告訴我，那一年我會處理我的悲觀主義與負面傾向。本質上，這可能是我確實要處理那部分自我的一年。

如果你這一年的本命牌人生牌陣中，守護星牌是你的長期牌呢？這會告訴你，你的焦點將會是個人守護星牌代表的性格部分。這經常發生，甚至也會發生相反的事。你的本命牌可以是守護星牌的流年牌陣當中的長期牌。這些類型的事件指出，會特定關注對你整個人格結構具體的一部分。你需要熟悉你的本命牌和守護星牌分別描述你整個人格的哪一部分，才能這麼做。但是當你這麼做的時候，那極有幫助。

你的人生牌陣中的木星牌在今年是你的環境牌。這可能是對你相當有利的正向力量，一個很有力量的頂點，當然是要善加利用的優勢。

你的人生牌陣中的冥王星牌在你今年的流年牌陣。如果它有一年的影響力，好比說長期牌或置換牌，你可以打賭，這將會是個變革的一年，建議你真的要好好處理本命冥王星牌的一年。如果它落在特定週期，用法是相同的，但只是縮短時間。你第一張業力牌是你這一年牌陣的土星牌。這可能是特別有挑戰性的週期和年分。在這裡你將會面對你的第一張業力牌代表的議題，但由於土星的壓力，會以更有挑戰性的方式發生。如果你已經和自己的第一張業力牌和平共處，這可能不會讓你困擾。但如果沒有，這就會是非常困難的週期了。

希望這些範例會給你一些可以運用跟探索的東西。我認為當你發現你的人生牌陣中的牌落在流年牌陣，那裡會有更多的意涵。你會發現你的人生有特定的時間表，你會提前知道，你將在你本命模式中多元化的因素促成你的靈性發展。

你的十度區間守護牌

撲克牌與占星學以許多美妙的方式緊緊相繫。其中一個重要的方式便是我們的守護星牌，出自於我們在占星學上的太陽星座。花一分鐘看看你認識的幾個人的守護星牌。首先，要是你仔細查看的話，你會看到每一張守護星牌都來自於當事人的人生牌陣，總是如此。更進一步，在他們人生牌陣中的牌會對應他們太陽星座的守護的行星。一顆行星守護每一個星座，而人生牌陣中的牌對應的行星是被強調的，因此其術語為「守護星牌」。如果你記下這裡的表格，便可以不必查看就能確實知道一個人的守護星牌為何。

星座	守護星
牡羊座	火星
金牛座	金星
雙子座	水星
巨蟹座	月亮
獅子座	太陽
處女座	水星
天秤座	金星
天蠍座	火星／冥王星
射手座	木星
摩羯座	土星
水瓶座	天王星
雙魚座	海王星

我還有一種守護牌不太討論到，儘管我發現它具有很大的意義。我愈看愈覺得它很重要，特別是在親密關係的領域。這稱之為十度區間守護牌（DR牌）。十度區間守護牌就像守護星牌那樣，會在你的人生牌陣中找到。不過，它來自於守護星牌，守護著你的十度區間出生時間底下的太陽星座十度區間。你在哪個區間出生呢？你需要了解的第一件事就是星座的十度區間從何而來。

黃道的每個星座都有30度大小，十二星座給我們總共360度的圓圈環繞我們的星球；但是每個30度的星座區域可以被分成三個十度區間，每一個區間是十度。這三個區間中的第一個自然受到守護這星座的行星統轄。例如，如果你的生日是6月24日，太陽在巨蟹座，大約在這一年那個時候是2度，那就會在你的本命星盤中反映出來。這會使你在巨蟹座的第一個區間，那也是巨蟹座主宰的位置。每個星座的第二個十度區間，則是由同樣元素的星座，按照在黃道本身的順序而掌管。底下的列表就是每個星座的十度區間。為了使用這表格，你必須知道你的太陽在太陽星座的精準度數。如果你不知道，就去www.astro.com用他們的免費星盤查詢，看看你的太陽在該星座有多少度。一旦你知道它在這星座有多少度，你就可以用以下的表格確定你的太陽在哪個區間，是哪顆行星統轄那個區間。

例如，如果你的生日在12月6日，你的太陽星座大概會在射手座16度，使你落在射手的第二個區間——在這個範例中，是由牡羊座統轄，而牡羊座的守護星是火星。對這個生日來說，十度區間守護牌就會是你人生牌陣中的火星牌了。12月6日是梅花Q，在梅花Q人生牌陣中的火星牌是方塊3。因此，射手座梅花Q的DR牌是方塊3，就算他們的冥王星牌、結果牌是黑桃A。我邀請你們所有的梅花Q人瞧瞧你們作為第二守護牌的方塊3，看看你們是否能認同它和它的特徵。不過，要是有一個人在12月18日生，太陽將在射手座超過20度，就成了守護第三區間的獅子座了，這是由太陽主宰的。既然本命牌就是太陽牌，一個在射手座第三區間的人會有一張和它們本命牌相同的DR牌。

星座	第一個十分區間（0-9.59度）	第二個十分區間（10-19.59度）	第三個十分區間（20-29.59度）
牡羊	牡羊	獅子	射手
金牛	金牛	處女	摩羯
雙子	雙子	天秤	水瓶
巨蟹	巨蟹	天蠍	雙魚
獅子	獅子	射手	牡羊
處女	處女	摩羯	金牛
天秤	天秤	水瓶	雙子
天蠍	天蠍	雙魚	巨蟹
射手	射手	牡羊	獅子
摩羯	摩羯	金牛	處女
水瓶	水瓶	雙子	天秤
雙魚	雙魚	巨蟹	天蠍

如果你的本命牌落在太陽星座的第一個十度區間，你的DR牌將會和你的守護星牌相同，讓你有「雙重守護」的本命牌。這可以解釋為什麼在第一個區間的人是他們本命牌特質更彰彰顯的例子，我總是發現這是真的。在其太陽星座第二區間的人，就是在黃道上「初期度數」的人。他們往往會是這張牌更為戲劇化的版本，這用在獅子座的人也是如此，因為他們的雙重太陽／守護星牌加總起來，所以是他們本命牌的戲劇化版本。其

實還有其他區間的人會表現得像這般行事，那些人就是處於獅子座統轄的區間之人。這些包括了太陽星座牡羊座第二區間，以及射手座的第三區間。雖然通常不會以任何具體的方式表現出來，你會注意到這些人在人格上存在著同樣的戲劇天分。羅素‧克洛（Russell Crowe；4月7日生）和布萊德‧彼特（Brad Pitt；12月18日）是好範例。有很多在12月18日出生的人都會成為好萊塢或是非常像獅子座的角色，包括史蒂芬‧席格（Steven Spielberg；動作巨星）、凱蒂‧福爾摩斯（Katie Holmes；女演員）、基思‧理查茲（Keith Richards；搖滾歌手）、克莉絲汀‧阿奎萊拉（Christine Aguilera；流行歌手）、DMX（饒舌歌手）和雷‧李歐塔（Ray Liotta；男演員）。你知道這個生日是紅心K，甚至會比背後的獅子座區間還要更像國王。

十度區間守護牌與親密關係

我有兩張DR牌，因為我是在巨蟹座的第二個十度區間，由天蠍座守護，這樣就有兩顆守護星了（火星和冥王星）。這使我的DR牌是黑桃3和梅花J。我愈是看下去，就看得愈多，特別是當我看到我和自己遇到的人如何連結在一起時。我的太太德希蕾（Desiree）是梅花K／黑桃2。既然我是方塊Q／方塊A，在我的方塊A與她的梅花K已經有月亮的連結了。但加上了DR牌黑桃3，在她的黑桃2與我的黑桃3之間又有一層月亮的連結。她的DR牌是方塊4，在她的方塊4與我的第一張業力牌方塊3之間產生另一個月亮連結。

我也注意到，即使在我的本命牌或守護星牌和梅花10之間沒有直接的連結，但我總是會跟梅花10的人有很強的連結。看到我的DR牌梅花J就能解釋為什麼這種結果如此顯著，而且他們實際上對我來說也有月亮的屬性。我一直都曉得當我遇到梅花10的時候，我們會處得很好，而基於這個原因，他們會欣賞這樣的解讀或是我書中的資訊。

黑桃3和梅花J是我的DR牌，也指出我如何在人生中參與更多與創意有關的工作。我一直都是專業音樂家跟藝術家。我設計過珠寶，並且在許多音樂團體演奏

過。總而言之，DR牌對我來說很有意義，並且一遍又一遍地展示它們自身。

另一個例子，班‧艾佛列克（Ben Affleck）是個獅子座的梅花J（8月15日生），和珍妮佛‧嘉納（Jennifer Garner）（4月17日生）結婚了，她是方塊4／梅花6。他的DR牌在他太陽星座的第三區間，即他的火星牌——梅花2。我經常談論到，我是如何看待許多梅花4和方塊4有美滿的婚姻，這種情況發生的頻率比一般平均值還要來得更常發生。我把它歸因於兩件事情——海王星的連結和梅花J是完美賢妻的固有概念（黑桃7在金星，方塊K底下）。由於這個固有的概念，它需要一個海王星連結來掩蓋。在班和珍妮佛的例子中，當你加上她的守護星牌——梅花6是班的DR牌梅花2具有的海王星連結，他們就有兩個直接的海王星連結了。這對他而言是雙重打擊。他的DR牌是黑桃6，如果你仔細查看，那對他來說就是雙重冥王星了。雖然這段關係被他高度理想化了，我確信她可能對他而言，有時是非常棘手的。而如果我用一句話去衡量這段關係，我會說對她很容易，對他則是有挑戰性。但除此之外，她是個方塊4，對方塊4來說，無論他們的境況如何，或是他們同誰結婚，人生都絕不是輕鬆的。

英國球星大衛‧貝克漢（David Beckham；1975年5月2日生）是黑桃4，守護星牌是方塊10。他和維多利亞（Victoria）結婚，她與珍妮佛‧嘉納是同天生日（方塊4／梅花6有一張DR牌——黑桃6）。因為大衛的DR牌是紅心10，而紅心10有一張梅花J是第一張業力牌，我們看到同樣的海王星連結，就像班與珍妮佛那樣，只是沒那麼強而已。不過，當你聽到大衛跟維多利亞的羅曼史時，你就會感覺到這幾對都是注定在一起的。有趣的是，他們都有兩個4，而4號牌傾向為一切而努力。

如果你還沒有弄懂，那麼我就大大建議你先找出自己的DR牌。同樣的，花些時間去查看在你人生中任何真的很親近的人所屬的牌。我確定你會訝異自己發現了什麼。要是你為其他人做解讀，查詢他們的DR牌。通常，你要找的連結就在那裡了。要注意誰是你DR牌的月亮，而你的DR牌又是誰的月亮，或者是業力上的連

結。我相信你會發現藉由那些牌，你和別人有很多連結，你和他們的牌皆是如此。

在本命牌、守護星牌和十度區間守護牌之間可能有著尚未發現的區別。也許每一種都代表你的人格或人生業力特別的一部分。雖然我覺得差別存在，但我還沒有看出來。然而，現在，我發現它們非常重要。重要到我打算把他們放進我的下一版電腦軟體中。我希望你能享受發掘你自己的牌，並了解它如何為你現在的樣子，以及你連結的人做出的貢獻。

O.J.辛普森傳奇

藉由觀察我們與其他人未揭露的生命，我們有很多可以從牌身上學到的東西。O.J.辛普森的故事與其當中的配角演員，都有許多有價值的課題隱藏其中。為了那些記不住案情的人，這裡列了最初的謀殺和和審判的事實（根據維基百科）。

第一場戲演員：
- O.J.辛普森，生於1947年7月9日——方塊6／梅花8
- 妮可·布朗·辛普森，生於1959年5月19日——梅花K／紅心4
- 羅納德·高爾曼，生於1968年7月2日——方塊K／紅心K
- 弗烈德·高爾曼（Fred Goldman），生於1940年12月6日——梅花Q／黑桃A（羅納德之父）
- 羅伯特·夏皮羅（Robert Shapiro），生於1942年9月2日——方塊9／黑桃7（O.J.的律師）
- 強尼·科克倫（Johnnie Cochran），生於1937年10月2日——方塊7／紅心J（O.J.的律師）
- F·李·貝利（F. Lee Bailey），生於1933年6月10日——方塊7／黑桃5（O.J.的律師）

日期：
- 妮可·辛普森和羅納德·哥德曼的謀殺——1994年6月12日
- O.J.因謀殺受審判——1994年11月2日陪審團宣誓；在1995年1月24日開庭；1995年10月3日宣判
- O.J.的民事審判——於1997年2月5日裁決
- O.J.持槍搶劫案受審——2008年9月15日

O.J.的謀殺審判

身為方塊6，O.J.在職業美式足球非常地成功。他創下了現今三十年後仍無法打破的紀錄，6號人為人所知的就是在競技運動與努力方面表現傑出。他們也因為會為了別人認為不重要的事情打架而聞名。而且，他們通常會打贏。在2013年的超級盃，兩個四分衛都有梅花6做他們的守護星牌。有史以來最好的運動標竿大多數是由6號的男人和女人組成的。所以，在6號人身上，我們會把這視為競爭性，但也是報復性。加上O.J.的冥王星／結果牌是梅花8，那你可能會得到導致暴力的結果。8號人以把事情逼到極限而馳名，一旦他們決定起而行，他們可能會爆發暴力的結果。儘管O.J.和妮可已經大約在謀殺案的兩年前離婚，但他們處得不好。警察有幾次被找來處理他們之間的家庭暴力糾紛。妮可本身是梅花K，是個不能容忍不公的人。甚至這兩個人會結婚都有點奇怪，因為他們的牌沒有太多的連結，而且有聯結的部分並非好牌。在這種情況之下，通常是因為他們有一些過去的業力牽扯。換句話說，這兩個人是注定在一起，來演出先前開始的戲碼。不管怎樣，傳說妮可和羅納德是情人。這一切都是致命的。羅納德去妮可的房子歸還她的眼鏡，她把眼鏡留在他工作的餐廳了。他抵達時，她剛被謀殺，所以羅納德也一起遇害。

在謀殺的當兒，我住在洛杉磯。新聞報完後，我立刻查詢O.J.、羅納德、妮可的牌，找尋答案。首先使我驚訝的是O.J.的牌。

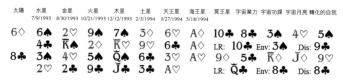

圖1：O.J.辛普森在案發時間的牌

妮可和羅納德的謀殺案發生在O.J.的海王星期，就在他47歲生日之前。當事情發生在接近一個週期尾聲

的時候，我總是會查看那一年的結果牌，看看會發生什麼。當我沒有看到任何損失或失望的牌時，我很訝異。我確實看到他的結果牌——梅花8在這裡以宇宙回報牌的方式呈現。那張梅花8意謂著成功。表示一個計畫的成功實現。而且，如前所述，它可能意謂著以暴力完成一個人的目標；這致使我懷疑O.J.實際上謀殺了他的妻子。

至於羅納德與妮可，他們在人生中那段時間，分享一個非比尋常的連結。他們兩個人都在鼎盛之年，他們在那裡置換了太陽牌——方塊8。鼎盛之年有兩個最為突出的關鍵字眼——改變與名聲，對我們大多數人都是很大程度的變化。鼎盛之年就是我們的人生往往會完全改變方向的一年。

鼎盛之年的冥王星在那一年非常重要，它經常告訴我們關於改變的某件事情會發生，而結果牌也跟著出了一份力。妮可與羅納德兩個人在1994年都有張6號牌在冥王星，6號牌通常是業力的數字，妮可有紅心6，這可能是指她和O.J.之間爭吵不斷升高的業力；羅納德有方塊6，那是O.J.的本命牌。

太陽	水星 5/19/1993	金星 7/10/1994	火星 8/31/1994	木星 10/22/1994	土星 12/13/1994	天王星 2/4/1995	海王星 3/28/1995	冥王星	宇宙業力	宇宙功課	宇宙月亮	轉化的自我
K♣	K♠	K♡	2♡	9♠	3♡	Q♡	3♠	6♡	4♣	9♡	4♠	J♡
	5♣	5♡	8♢	6♠	9♣	J♡	3♡	LR: A♡		Env: K♢		Dis: 8♢
4♡	3♣	5♣	8♡	5♢	Q♣	2♢	K♣	K♠	K♡	2♡	9♠	3♡
	J♠	10♠	A♢	4♢	9♡	2♡		LR: K♠		Env: A♡		Dis: 4♢

圖2：妮可．辛普森在案發時間的牌

太陽	水星 7/2/1993	金星 8/23/1993	火星 10/14/1993	木星 12/5/1993	土星 1/27/1994	天王星 3/20/1994	海王星 5/11/1994	冥王星	宇宙業力	宇宙功課	宇宙月亮	轉化的自我
K♢	K♠	Q♢	2♡	9♢	K♡	Q♣	8♢	6♢	9♣	9♡	A♢	J♡
	Q♡	10♠	K♣	5♢	10♢	J♡	K♡	LR: 9♣		Env: 4♡		Dis: 8♢
K♡	Q♣	8♢	6♢	9♣	9♡	A♢	J♡	6♠	J♣	A♣	J♢	4♡
	K♢	Q♡	10♠	K♣	5♢	10♢	J♡	LR: K♣		Env: J♢		Dis: 10♠

圖3：羅納德．哥德曼在案發時間的牌

在這裡引述O.J.謀殺案審判的開始與發生，大部分是在他47歲時。最重要的是O.J.在這個牌陣中置換了紅心Q。紅心Q不重要，但無論是任何人在何時置換紅心Q，他們會有黑桃K在火星週期。在火星週期的黑桃K是你在任何法律事務上能擁有的最強大、最好的牌。紅心Q有黑桃K在他們的人生牌陣的火星位置，所以，他們很少會在任何法律事務上失敗。

太陽	水星 7/9/1994	金星 8/30/1994	火星 10/21/1994	木星 12/12/1994	土星 2/3/1995	天王星 3/27/1995	海王星 5/18/1995	冥王星	宇宙業力	宇宙功課	宇宙月亮	轉化的自我
6♢	4♡	J♠	K♠	10♢	2♡	Q♠	9♣	6♡	9♢	K♡	2♣	9♡
	10♡	K♢	3♡	8♣	A♣	K♡		LR: J♣		Env: J♢		Dis: Q♡
8♣	J♢	10♠	4♢	8♢	2♢	Q♣	3♡	5♢	4♣	7♠	J♣	7♢
	A♣	K♡	6♢	10♡	K♢	3♡		LR: 7♣		Env: 8♣		Dis: 8♣

圖4：O.J.辛普森因謀殺受審時的牌

O.J.的兩位辯護律師強尼．科克倫與F．李．貝利都有方塊7是本命牌。既然O.J.是方塊6，他就是他倆的月亮。月亮的連結在這邊極為重要。首先，方塊7有能力領導和指引方塊6，那正是O.J.需要的。作為回報，O.J.是他們的月亮，他進一步地發展了們的職業生涯，使他們兩個在一場世紀審判中成為關鍵人物。如我們所知，O.J.被判定是無罪的，在當時似乎是個奇蹟。

O.J.的民事審判

O.J.必須再次面對審判，大部分要感謝弗列德．高爾曼，這回是羅納德與妮可的非法致死。這一次，O.J.有張黑桃K在火星週期，不是最幸運的位置。相反地，他置換了紅心4，而他的宣判是在他的土星週期。

太陽	水星 7/9/1996	金星 8/30/1996	火星 10/21/1996	木星 12/12/1996	土星 2/3/1997	天王星 3/27/1997	海王星 5/18/1997	冥王星	宇宙業力	宇宙功課	宇宙月亮	轉化的自我
6♢	6♡	2♢	K♡	3♡	6♣	J♢	Q♡	4♠	K♠	8♢	2♡	7♣
4♠ 4♡	5♠ 4♢	6♠ 2♠	7♠ 8♡	8♠ 6♣	9♠ 6♠	10♠ Q♡	J♠ 10♣	Q♠ 8♢	K♠ K♠	A♡ 3♡	2♡ A♣	3♡ Q♣
	10♣	K♢	10♡	K♣	9♠	8♢		LR: 8♣		Env: 10♡		Dis: 4♡
	10♢ Q♠	3♢ Q♢	9♣ 6♢	2♣ K♡	8♡ 7♡	A♡ 3♡						
8♣	10♡	9♣	5♣	J♠	A♡	Q♠	10♢	K♢	3♢	7♡	5♠	7♢
8♣ 8♣	9♣ 6♢	10♣ 4♠	J♣ 10♡	Q♣ 10♢	K♣ 8♠	A♢ A♡	2♢ A♢	3♢ Q♢	4♢ 5♡	5♢ 3♣	6♢ 3♠	7♢ 9♡
	A♣	6♠	J♢	4♢	8♡	10♢		LR: 5♡		Env: 8♣		Dis: 8♣
	A♣ 2♡	7♡ A♠	10♠ Q♡	3♠ J♢	9♢ 5♢	2♢ A♢						

圖5：O.J.辛普森因非法致死而受民事審判時的牌

關於置換紅心4時，重要的是你有黑桃6和黑桃9是土星週期底下的牌。我在底下插入了基本牌，這樣你就可以看到他們了。當你將基本牌納入其中時，你要注意那一點。O.J.有兩張黑桃9和兩張6號牌——梅花6與黑桃6。在審判結束之前，我知道他會打輸官司。土星週期中的任何6號牌告訴我們，有一些來自於我們過去的負面業力到期，不容小覷。而土星週期的黑桃6，通常也是最具挑戰性的牌，會導致某種形式的損失。他的敗訴導致三千三百萬美金的損失。但如果你看到那一年的結果牌——另一張黑桃K，你可以看到儘管這項損失可能是具有毀滅性的，但他那年的結尾卻是正向的註解。

這筆三千三百萬美金確實只有支付到很小的一部分。

O.J.持槍搶劫審判

根據維基百科：「2007年9月13日晚上，一群由辛普森帶領的男子進入拉斯維加斯的宮站酒店一個房間。體育紀念品經銷商布魯斯·弗蒙格（Bruce Fromong）作證說，這些人闖入他的旅館房間，持槍劫走各種體育紀念品。三天後，在2007年9月16日，辛普森因涉嫌參與搶劫而被捕，並未獲得保釋。他承認拿走弗格蒙說的那些物品，但是否認闖入房間。辛普森也否認指控他或跟他同夥的人攜帶武器。」

他以十項罪名受審，其中包括搶劫、綁架、使用致命武器涉及綁架和以致命武器侵犯人身。

根據維基百科：「2008年10月3日——恰恰是他因謀殺前妻妮可·布朗與羅納德·哥德曼被判無罪的十三年後——辛普森被判十項罪名成立。在2008年12月5日，辛普森被處以三十三年有期徒刑，並有九年的假釋資格。」辛普森的牌在第三場審判時同樣沒那麼好。

圖6：O.J.辛普森因搶劫受審時間的牌

在這個案例中，不是那一年的牌或甚至是犯罪時的牌。而是他被判刑時的牌述說了這個故事。掌管那段時間的黑桃A在土星週期，被視為傳統的死亡牌。O.J.將在2017年獲得假釋資格——他將會是70歲了。

海王星牌

有一系列的本命牌有強烈的海王星影響。而這個影響會以許多正面和負面的方式，對擁有此類影響的個人顯現。在這裡我會解釋更多關於海王星本身的影響，以及他如何深入影響本命或守護星牌剛好是海王星牌的人。

在人生牌陣中，本書的74頁，有海王星列與海王星行。海王星列就是底下的一列，你會在這裡看到紅心Q、黑桃6、梅花6、紅心8、黑桃2、方塊4和紅心4。海王星行就在最左邊的一行，在那一行你會看到黑桃A、紅心2、梅花8、方塊A、方塊5、方塊J和紅心Q。注意到紅心Q既在行上，也在列上。你可能會想，這帶給它們雙重的海王星影響。這些所有的牌都是海王星牌。此外，我們需要加上所有的9號牌。9是與海王星關聯的數字，所有的9號本命牌和守護星牌人都展現了海王星／雙魚座的特質。海王星是雙魚座的守護星，所以我們也可以加上任何一個太陽星座是雙魚座的人。當你把這一切都加在一起，你可以得到一個每年出生在強大海王星影響底下的名單，而這在許多方面是可以定義和具體的。

9這個數字是循環的最後一個數字。雙魚座守護本命星盤的最後一宮——十二宮。雖然，9號牌與雙魚座和十二宮幾乎是同義字。在生老病死的循環中，海王星代表我們正在消融我們的個體性，並且回歸到與萬有合一。我們變得更完整，而不強調個體性。我們與無限合一，而非成為一個單獨的個體，在他或他自己私人的世界中掙扎。

當你思及至此，這就是為什麼有許多海王星牌的人這麼關心別人。他們感覺到你們的痛苦。他們非常有靈性，是很好的顧問。他們可能有同情心、善於安慰跟寬容。你會感覺到被海王星人理解與接納。這就是這顆行星所展現最好的一面。

9號牌

海王星能量使我們更為別人著想，而不是想到自己，雖然有些海王星牌的人感到矛盾。例如，許多有9號牌的人就有來自前世的模式，相當自私，覺得自己比較重要，傲慢跟傾向去支配別人。這曾經是他們進化的「第八階段」，達到權力的完整伸張。但是那個階段在前世結束了，現在他們必須放下。這是一個人生為9號本命牌或守護星牌的主因。他們幾乎需要一輩子才能放下這些過去的模式。而「放下」的過程往往使他們經驗到像是失望、命運的逆轉、悲劇和困難的情況。他們不

等於這些事情，這只是因為他們對人生中事件的解釋，如果你仔細地檢驗他們說的情況，你會看到他們的悲劇真的就不過是他們認知到的發生事件。我們人生中的某件事是悲劇或祝福，這大大地仰賴我們的觀點。而9號牌只是傾向對事情的發展方向抱著較高的期待。這些期待是無意識的，在過去就一直存在著。因此，9號牌的人通常沒有意識到真正的問題是自己的觀點。對我們所有人而言，情況也相當類似，但是這一點在9號牌身上更為明顯。

9號牌的正面之處，在於他們體驗宇宙祝福真正的時刻，感覺到與萬事萬物合而為一。所有的9號牌都有這些經驗，提醒他們要往哪個方向走。他們的目的就是變得比那個渺小的人更有力量、控制力和支配權。因此，這就是9號人的掙扎，正是許多海王星能量其中一個面向。

在海王星列與行的牌，以及所有太陽星座在雙魚的人，通常會以其他方式表現海王星能量。這包括以下的牌：紅心4、黑桃2、紅心8、梅花6、黑桃6、紅心Q、方塊J、方塊5、方塊A、梅花8、紅心2和黑桃A。我研究過許多人的本命星盤，這些人的牌在海王星的位置，而我總是會在他們本命星盤上發現強烈的海王星影響。在當中，我發現：

1. 太陽或上升星座的守護星在十二宮。
2. 太陽或是上升星座守護星受到海王星強烈的面向，像是合相、四分相、對分相或是三分相。
3. 許多行星不是在雙魚座就是位於十二宮。

我太太是個完美的範例。她是射手座梅花K／黑桃2。一般不會把海王星跟黑桃K聯想在一起，但是可能會用到黑桃2，因為黑桃2是太陽牌陣中的海王星列其中一張牌。果然，她在十二宮有太陽跟水星，使她的雙魚座傾向跟射手座傾向一樣強烈。

我發現大多數黑桃2女人表現得很像太陽星座在雙魚的人。她們有時候會有些脫序的表達方式，往往使對話跟人生中的選擇變得非常奇怪。聰敏如黑桃2，還是有一些跟許多重要層面脫節的部分。所以，我相信這是來自海王星深厚的影響。

你瞧，海王星可以造成困惑的影響，在許多案例中則是欺騙。十二宮是隱密之宮，你可以這麼說。受到海王星深厚影響的人，可能會迷失在他們自己的宮位裡。要留意雙魚座的對宮是處女座，如果處女座是整潔的怪胎又井井有條，那雙魚座就是反其道而行。所以，我們在這裡討論到，受海王星重度影響的牌可以表示很多在人生中的困惑，有時候是欺騙——這既是欺人也是自欺。

有些生日的人受到海王星能量特別集中的影響。首先，前面也提到過的太陽星座是雙魚座的人，會特別戲劇化表現出海王星特質。這樣的一些例子有2月24日（方塊A）、3月4日（黑桃2）、3月8日（黑桃A）、3月12日（方塊J）、3月18日（方塊5）和3月19日（方塊4）。但我們需要加上有雙重9號牌的生日，12月22日（紅心9／方塊9），以及任何紅心Q的生日，因為它們是唯一在整副牌中有雙重海王星牌的一張。這些生日可以或多或少被當成海王星效益的極端範例，因此值得去研究。

在最高級的表現方式上，海王星人會奉獻生命利益眾生，達到宇宙意識，或是兩者皆然。埃克哈・托勒是一位方塊9的靈性導師，就是一個完美的例子。在達成海王星帶來的最高層次時，一個人必須要完全地失去「我」的感受（埃克哈也稱之為「小我」）。在失去「我執」之後，我們變得更認同「大我」，在各方面變得更完整。我們並不是在我們正常的意識狀態領悟出來的，但放掉「我執」就是我們所有問題的答案。一旦我們放下我們對小我的認同，問題就蕩然無存了，而這就是海王星給我們所有人的訊息。就像其他在我們黃道十二宮上的行星，它也有要帶給我們的訊息。不過這是所有宮位的最後一宮，指出我們最終的目的——與一切萬有合一。

你的第二土星牌

你不覺得有一張土星牌就夠了嗎？大多數人都會同意的。但是有兩張土星牌，而第二張通常可以提供關於你的生活方式或是這一年的重要資訊。第二土星牌就是

我所謂的「宇宙功課牌」。多年來，我一直沒有寫太多的內容。坦白說我也沒有用得那麼多。但是最近我從中得到領悟，致使我進一步查看。

讓我們開始從人生牌陣說起，在74頁的圖片，有許多相隔五個位置的牌是同樣的數字：梅花A／黑桃A、紅心2／方塊2、梅花2／黑桃2、紅心3／方塊3、梅花4／黑桃4、紅心5／方塊5、梅花5／黑桃5、紅心6／方塊6、梅花7／黑桃7、梅花8／黑桃8、紅心8／方塊8、紅心9／方塊9和梅花J／方塊J。有趣的是，有13對牌，5號牌與8號牌都有四張是五個位置的排列。另外有趣的是，唯有兩張騎士牌是不同的顏色。其他成對的牌都是相同顏色。

當牌與牌之間有五個位置時，會產生土星連結。而火星與冥王星隔了五個位置，使得摩羯座受到土星主宰，而天蠍座受到火星與冥王星的守護，這在人生當中是真切的。所以有許多宇宙功課牌與人們土星牌的數字相同、花色相異，也就不用驚訝了。不過，很少會發現宇宙功課牌和你流年牌陣中的土星牌有相同的數字，只有人生牌陣會有特別的面貌。即便如此，宇宙功課牌就是超級土星牌。我稱之為宇宙功課牌，是因為我相信它代表我們對周遭世界的責任，而非個人的責任。我將之視為我們必須在人生中扮演的角色，去完成對我們男女同胞的義務。在流年牌陣中，我認為宇宙功課牌給我們關於土星週期牌的額外資訊，有時候會揭示在那個週期發現的重要課題。

當我在2013年土星週期有黑桃9，對我來說是打到痛處。我展開土星週期的同天，我領悟到我將會欠國稅局一大筆錢，甚至比我這輩子有的金錢還要更多。但當我發現在我任一個牌陣的土星週期都沒有方塊牌時，我感到驚訝。直到一兩週之後我發現我的宇宙功課牌在同樣的牌陣都是方塊9。我就一下子弄明白了。我看見我的宇宙功課牌給我許多關於土星週期的資訊，它與那個週期有關係：一旦我領略出方塊9的意涵，就能讓金錢之流從自己身上流出去，土星週期的磨難就結束了。我回到原本想要的地方，現在，這意謂著讓錢流出去。

所以現在我真的會去查看宇宙功課牌，並且將之與我看的任何人的土星週期的牌相比較。它開關了一個

理解的領域：通常土星週期牌本身會述說大部分的故事。但是每隔一段時間，就像我自己的情況一樣，在土星週期找不到的資料，會出現在宇宙功課牌身上。

如何找出你的宇宙功課牌

流年的宇宙功課牌不會出現在《撲克命牌・我的流年》中。這些牌就在結果牌或是宇宙回報牌上面停住了。但如果你想要的話，還是有辦法去找出它。只需要按照底下的說明即可。

1. 查詢這一年你的水星牌，記下來是哪一張。
2. 查看在你現在同樣的年紀，水星牌的流年牌陣。
3. 那張牌的結果牌或是宇宙回報牌，就是你今年的宇宙功課牌。

範例：我是方塊10，42歲。我在2013年的水星牌是方塊3。當我查看方塊3在42歲的流年牌陣，我看到結果牌是梅花J。因此，梅花J是我（方塊10）在42歲的宇宙功課牌。

當你查詢你的宇宙功課牌，首先要查看你的土星牌。看看你是否能反映或是想像土星週期可能會怎樣，去判斷在你土星週期的直接牌與間接牌。一旦你完成了，那麼就去查看宇宙功課牌，瞧瞧那會怎樣提供你的土星週期額外的資訊。看看是否這些牌有任何一張是你認識之人的本命牌、守護星牌。要是這樣的話，他們可能是在你土星週期的重要角色。

在發現宇宙功課牌不久，我開了一堂特別課程。在課堂中的人開始研究他們的流年牌陣，許多人在宇宙功課牌中發現關於他們土星週期的重要資訊。現在，至少對我來說，它變成我的解讀檢查清單上的固定班底。如果困難的牌在土星週期出現，就去檢查宇宙功課牌以獲取土星週期的更多細節。

如果你用這套方法發現任何重要的連結，我會很有興趣收到你的消息。去查詢在你人生中任何過去的重要土星週期，瞧瞧宇宙功課牌是否能夠提供更多關於當時發生事件的任何新訊息。

二、牌義篇
52張牌義說明

牌義詮釋

我在本書中盡可能給予完整的說明。儘管如此，要是你記住下面列出的訣竅，你甚至可以從中獲得更多，並在做個人解讀或專業解讀時善加運用。紙牌在我們生活中展現的方式並非無窮無盡。但還是相當豐富，而我不相信任何一本書能全數囊括其中。

1. 當你查詢牌義，別忘記閱讀紙牌的基本意義。你可能會發現額外的資訊，能夠應用在你正在做的解讀上。例如，讓我們假設你在查詢梅花9在火星週期的牌義。你翻到那裡，注意到它說的是與失望或法律相關的問題。問題是你並沒有涉入一些法律事務。

   不過你閱讀基本牌義，發現這張牌的意思是「想法和計畫的完成」。這基本牌義就可能為你提供這張牌在該時期的含義。也許你完成一些工作或是你一直在進行的計畫，或者是你人生中有其他的了斷會發生。

2. 記住，當紙牌在特殊週期的上方位置，就具有愈大的力量。當了上方的牌，任何紙牌都會變成那段時期的「標題」。在本書的牌義詮釋不會區分是上方的直接牌，還是下方的間接牌。這取決於你要給上方牌多少的比重。

3. 當同一時期的兩張牌似乎互相衝突時，記住：

   A.無論成功牌落在上方還是下方的位置，它是指代表問題的牌得到解決的結果。成功牌通常是4號牌、8號牌、10號牌、J、Q、K。不過，人頭牌可以代表與某些事情相關的人，而不是成功。例如火星週期的黑桃7在方塊J上方，更像是在一些法律事務上與一位狡獪的方塊男性遇到了法律上的衝突，而非營運財務上的創造力在某些法律問題上獲得成功的結果。

   B.由5號牌代表的改變經常會被同一週期的6號牌抵銷。

4. 記住，除了本命牌陣外，要去分別解讀守護星牌陣和身分牌陣。本命牌陣是當中最重要的，有可能在這個牌陣中找到所有人生中重要課題的資料。守護星牌的流年牌陣也會涉及到人生的任何層面，但還是沒像本命牌那麼有影響力。然而你的流年牌陣中有身分牌（你的J、Q、K）只會跟它們支配的領域有關係。通常女人是對應皇后牌，騎士牌對應男人，處理愛情和個人的問題。國王通常只處理工作問題。當然有例外的時候，但最好一開始就是這樣來看待它們。

紅心A
對愛的渴望／展開新戀情

紅心A的基本牌義

紅心A代表對情感或愛的渴望，它是刺激，促使建立新的親密關係。因此，它可以是一段新戀情或是小孩的出生。雖然會受到每個行星守護週期以具體又獨特的方式影響，這種創造性的愛的能量總是代表愛的覺醒或是喚醒某個人心中的熱情。

在較深層面上，紅心A是整副牌中的第一張，可以代表對內在自我的探索。它是「靈魂探索」之牌，通常是內省。也許它是尋找自我認同，或是那些幫助我們無條件愛自己本來面目的東西。為了愛我們自己，我們往往會去愛某個人，這個人反映我們內心想要追尋的東西。這就是為什麼紅心A可以代表一段新親密關係的展開。

水星週期的紅心A

此時，你可能突然迷戀上某個人。這個時間週期也可以帶來一封意外的信件、或是你從未想過的人的愛慕。這段週期也可能會使你對你的感情非常敏感，並為你的愛情生活帶來非常戲劇化的影響，但主要是集中在你的興趣愛好上。在這段期間和這一整年中，你更受那些風趣聰敏的人吸引。

金星週期的紅心A

這段週期可能帶來一封情書或是從某個非常珍視你的人得到友誼。另一個可能性就是你會在這股幸運的影響之下展開新的親密關係。現在所有類型的親密關係對你來說都很重要。如果你一直都在計畫生孩子，這張牌也代表小孩的出生。要是如此，小孩可能是女孩。這是對新戀情最好的影響之一。

火星週期的紅心A

火星的侵略本質會導致你在這段時間積極追逐友誼或是愛情。男人在這段時間可能會更受刺激，但在任何情況下，你會是這段關係的發起者。這股刺激的能量會幫助你交上新朋友，但要避免情緒急躁以及過度敏感，可能會讓你的渴望落空。在這股影響下出生的孩子可能是男孩。

木星週期的紅心A

在這段期間，你可能會發現自己的感覺和行動都是出於對金錢的渴望，其目的是為了無私幫助他人。木星的擴張與有益的影響會把一股人道主義或是靈性的理想，帶入你尋求圓滿的心中。你也可能收到關於金錢或是這種無私目的的信件或情報。你現在展開的親密關係會帶來財務上、愛情方面和靈性上的良好結果。

土星週期的紅心A

土星的業力影響表示，你現在正在處理一些在過去創造出來的經驗。如果你為了獲得某人的愛而受挫或是失敗，這可能是你過去行為的後果，甚至可能是前世。這股影響的另一個可能性即是來自一位需要幫助的朋友或是生病、負擔重的朋友來信。在這段期間生孩子的話，可能會有困難與問題。

這股影響往往表示對感情與關注的渴望遭遇困難，或是不可能實現。它可以代表孤寂和一顆痛苦的心。這股影響可以使我們對愛的需求有點絕望，但是其目的是引導我們將注意力轉向內在，因此我們學會如何從內在滿足自己，減少依賴別人來感覺自己被愛。無論在這段週期發生什麼，都可能幫助你把注意力拉回你的內在需求和感受，最後的結果會是你有更多的能力去愛自己。

天王星週期的紅心A

天王星在這裡的影響力會為你的社交與愛情生活帶來一種不尋常的元素。你可能會收到一份不尋常的浪漫求歡。在這兩種情況下，不尋常也意謂著靈性，「新時代」、水瓶座的、突如其來，或是以某些方式超前當代的。這種影響也可以帶來對工作的渴望，或者是獲得超自然的、神祕的或是未來的知識。你可能會在這個週期遇見許多與眾不同又令人興奮的人。

海王星週期的紅心A

在這段期間或可能一整年當中，你可能發現自己夢想著一段理想的戀情或是生孩子。你可能會遇見某個人。任何在這段時期的愛情都會加上強烈的理想主義與幻想。你要注意，別在你下一個生日之前許下任何重要的承諾。不過，環繞著這樣一個人的神祕感受，可能與你的過去有關，會帶給你重要的自我認識。

這張牌也可以代表展開一段新的親密關係，將帶你進入一個新方向。對女人來說，在這股影響之下懷孕、甚至生子都是常見的。

紅心A是你的冥王星牌

滿足你的情感需求將成為你今年主要的問題，它會促使調整你的生活，來創造新的親密關係。現在有一股對愛情的強烈渴望。無論這是否指向一個人——這個人可能會是你的結果牌，或僅僅找到一個特別的人能分享你喜歡的事物，今年你肯定會在生活上做一些改變，以獲得在這個領域的一些成果。

對你來說是感情上重要的一年。你可能才剛結束一段親密關

係，這段關係可能是在某一方面或更多方面令你不滿意的。你現在意識到，如果你想要在你人生中創造一段新關係或更好的關係，你必須做點什麼。在所有你對愛情與友情的熱情當中，要小心別做過頭，或是對他人期望過高了。記住，每個人的需求不會完全相同，和你的處境也不會完全相同。他們的需求可能是不同的，他們對愛情的渴望可能和你渴望的程度不在同一個水平。無論情況如何，你自己的渴望會引領你做出最好的決定。查詢這一年的結果牌的意涵，來獲得對這份激情的理解，或是找出誰可能是相關人物。

對那些正在準備懷孕的人來說有其他的重要事項。這一年可能對你來說是有挑戰性的，但是別放棄。查詢你的結果牌含義去獲取如何調整你自己的資訊，以實現你的目標或是最恰當地處理這個情況。你的結果牌也可能代表，即將在你下個生日時到來的孩子的本命牌。祝你好運！

肯定句：

我從我的內在發出愛，使我獲得最大的幸福與滿足。然後，我將那份愛顯化為在我人生中的新人或親密關係。

紅心 A 是你的結果牌

某種程度上與你的冥王星連結會是對愛情、新戀情或孩子出生的元素。這種極為刺激的影響告訴我們，你今年的創造衝動是針對今年的愛情、家庭和羅曼史。你的追求可能會是你以新戀情或一個孩子來圓滿這一年。這對女人來說，是其中一個讓孩子出生的最強烈信號。你的冥王星牌會告訴你更多關於這份渴望或你渴望對象的資訊。

肯定句：

我以新的愛來圓滿這一年，可能是情人、朋友、小孩或是其他帶給我巨大喜樂的東西。

紅心 A 是你的長期牌

這將會是一個對你來說有許多種愛的一年。紅心 A 是你的長期牌，可能表示一個或多個重要的個人親密關係開始。這張牌也是小孩的出生牌，可能表示家中的新成員將要到來了，或者分娩的話題在這一年變得非常重要。紅心 A 表示追求愛和感情的動機，使你擺脫故步自封。它是非常刺激的影響，可以使你展開新的親密關係。可能是你已經很久沒有親密關係了，就在這一年你開始在人生中探索，找到一個重要的人。在任何情況下，這張強大的牌通常指出一個或是更多個新的親密關係形成，其中至少有一個是非常重要的。

關鍵字：

渴望愛與感情；展開新的愛情關係與戀情；分娩

紅心 A 是你的環境牌

這一年，當個人親密關係領域的新開始時，會帶來許多回報跟祝福給你。無論你是要展開新戀情或是要把一個新生命帶來人間，對你來說就是幫助你更愛自己的時間。這可能是喜悅愉快的一年，焦點將集中在你和你的需求上，吸引那些能在最深層次滿足你的人到你的身邊。

紅心 A 是你的置換牌

今年你在愛情上的個人滿足會在人生中占有更大的重要性。什麼最能滿足你的愛情渴望將會是焦點。你在情緒上會不安，可能是因為你對目前感情狀態的不滿。這可能會導致新戀情、或甚至是小孩出生；因為在今年許多方面，都意謂著你將開始用新的方式愛自己。我們的親密關係一直都反映我們有多愛自己，所以可以期待在這方面有一些新的體驗。今年你可能會需要更多時間來梳理自己的感受、內在驅力與動機。自我表達可能扮演關鍵的角色，讓你找到你打從心裡尋求的答案。

梅花A
對知識的渴望／開創新想法

梅花A的基本牌義

梅花A表示對某種知識的強烈渴望，或是產生新的點子、計畫或和你周遭世界溝通的方式。這也可能表示對一些特定資訊的渴望，對教育或是你制定的一些新計畫。

梅花A總是代表某種新的開始。這可能是新的工作想法，或是開啟一種新的思維方式，以及與他人溝通的方法。這個開始具體是什麼，要看這張牌在此時你人生中的位置和環境而定，但通常這是計畫展開新事物的好時機。

水星週期的梅花A

這是一股對某件事情有濃厚興趣跟好奇心的影響，產生的非常快。它可能是渴望了解在附近發生的事情或是關於你親戚的新聞。有件事情是你現在馬上就想知道的！這可能也意謂著包含有價值信息的密函。通常，你會在這段時間有好奇心，激發你追求教育上的目標，或是增加你在許多領域上的知識。

金星週期的梅花A

你在這段期間從心智追求中受益，跟所愛之人分享這些追求。你想獲得某種知識或是訊息的願望能如願以償，或者你可能會收到一封歡迎信或是情報，也許是從你深愛的某人來的。你現在會喜歡學習，喜歡處理思考與交流的事物。許多好事會從中而來。你與女人和那些你愛的人的溝通更勝以往的常態。

火星週期的梅花A

這股影響力會賦予對知識和自我改善的積極追求。尋求知識來獲得力量、積極的溝通，以及和男性的溝通將會是焦點。現在所學的知識能夠帶來有價值的回報。還有一種可能性，你需要的特定資訊會於這段期間在一些法律過程中幫助你。總體來說，不論是在特定的資訊還是一般的知識上，你都會更為積極，熱衷於你對知識的追求。

這股影響也意謂著新工作或計畫的開始，尤其是和溝通、出版或是教導有關的事。

木星週期的梅花A

在這段期間，你會發現知識是你最大的財富。在這股影響下，你對知識的渴望可以導向職業上和物質上的成功。一個新的商業或財務的想法或計畫現在會有好成果。遵循你的衝動去展開新事物，看看會發生什麼事情。你現在可能有一大堆的好主意，尤其是跟商業投資有關的。

要注意過於野心勃勃，可能會使你過分重視攀龍附鳳。這可能會損及你的成功。這股影響也會讓你對那些反應沒你快的人、理解力沒你強的人不耐煩。現在應該要小心別讓思考失控。你才思敏捷，需要盡可能投向對實踐上的追求。

土星週期的梅花A

這段週期可能會帶來不受歡迎的信件或消息，也許是來自或關於一個生病的人。未被滿足的求知渴望或無法實現的目標現在也有可能會發生。現在展開的專案、計畫或想法具有挑戰性，需要做更多超乎預期的工作。成功需要一種認真和堅定的態度，半途而廢或斷斷續續都不會有用。想實現你的教育目標，你需要自律跟專注。分心跟缺乏專注的努力可能會在這方面帶來失望。

天王星週期的梅花A

這張牌可能代表展開新工作或溝通方式。人們往往在這股影響下購買電腦或升級他們的電腦。A是開始，而天王星和房地產、你的工作，或是天王星相關事物，如電腦或其他高科技產品有關。

在這股影響下，你的答案來自於不尋常的源頭，像是你的直覺。渴望不尋常的知識，比如說神祕學知識或是關於工作事物的訊息。你可能會收到關於工作或是房地產買賣的信件。你現在的直覺很強烈，可以帶給你無價的資訊，使你在許多方面受益。仔細聆聽，並且相信你從內在聽到的聲音。

海王星週期的梅花A

這張牌表示渴望了解遠方的事物或是從旅行中來的學習。你可能發現自己在這段週期，正在處於尋找人生答案的旅行中。這對此是個很好的影響。對於超越現實國度的資訊或是前世的資訊在這股影響下是正常的。你自己的直覺現在可以引導你發現，關於你和他人的祕密或是無價的訊息。

這張牌也代表新工作的展開，或是帶你走入新方向的想法。

梅花A是你的冥王星牌

有張梅花A在這個強大的位置出現，告訴我們，你今年有許多目標和改變將會與知識和溝通有關。你今年的重要目標之一就是帶自己進入一個全新的心智方向。也許你渴望學習新課程或是了解一種新的人生哲學。你接觸到一些新的想法和信仰可能會在今年帶來生活上的許多變化，有時候，你可能會被這些相同的新想法和概念淹沒。

梅花A也代表作為新資料來源的電腦，所以這個改變可能是

跟電腦有關。你對事物的好奇心將會持續一整年，你可能會發現自己讀了許多本書，參加各種不同的課程，來滿足你對知識的渴求。

這在許多層面將是重要的一年。但在你的心智、你的思維和與他人的溝通方面上尤為如此。你已經做足準備，用一種全新的視角看待生活。查看結果牌。瞧瞧什麼和這個新訊息或是哲學有關係，使得它對你這麼有刺激性跟挑戰性。

肯定句：

知識、新資訊和溝通方式轉化了我。我為自己創造新的開始，進入新的方向。

梅花 A 是你的結果牌

今年活動最後的結果之一，將是你有一種全新的思維或是對未來有截然不同的計畫。這一年可能會看到你接觸一些進階的溝通管道，提升你思維或增加你的知識。你將在心智方面有一個新開始來結束這一年。你的冥王星牌會告訴你更多關於在你想法、哲學或是思維的改變，或是誰會與此有關連。

肯定句：

一些新的計畫、想法、知識或是溝通的形式轉化了我。我用新計畫跟要做的事情來結束這一年。

梅花 A 是你的長期牌

梅花 A 告訴我們，今年你會對某種知識產生強烈的渴望，而新的計畫，想法和溝通形式可能會對你產生重大影響。你可以投入一些新的教育追求或其他一些水星主宰的活動，如寫作、演說或教學。你可以購買一台新電腦或者接觸一些先進的知識體系。這可能意謂著你也開始了一些新的工作。這是你生活中許多領域都有新開始的強烈信號。

今年你天生的好奇心變強了，這會引領你進入許多新的想法、概念、信仰和溝通方式。帶著這個「一」的能量，試著保持放鬆。

肯定句：

我正在思考新的點子和想法、啟動新計畫、主意，以及我未來的工作形式。我接觸到知識的新形態。

梅花 A 是你的環境牌

梅花 A 是半固定牌之一，所以它不會成為任何人的環境牌。

梅花 A 是你的置換牌

梅花 A 是半固定牌之一，所以它不會成為任何人的置換牌。

方塊A
對金錢的渴望／新的生財之道

方塊A的基本牌義

方塊A表示對金錢的渴望或是產生新的賺錢方式。所有的A都代表新開始,渴望開始新的創造週期。A代表純粹的創造性能量。

方塊代表我們的價值體系,我們喜歡或不喜歡的東西,珍惜或丟棄的東西。所以方塊A表示我們經驗到一個新價值的誕生,或是我們忽然喜歡或想要我們之前不在意的東西。

因為方塊通常與金錢和我們的工作有關,方塊A可以代表一個新的事業目標,或是為了一個具體目標而獲得金錢的渴望。

水星週期的方塊A

這股影響帶來忽然想要有更多錢的渴望或是想快速賺錢的渴望。這可能也代表關於金錢事務的信或來電。這種影響對金錢的急躁可能會導致你涉入各種快速致富的計畫中,只要確定你對涉入事件的付出並沒有比它本身的價值高就好。倉促和不耐煩往往會導致犯錯。

金星週期的方塊A

這張牌帶來對金錢的渴望,渴望以某些方式幫助他人,或是渴望過得更奢華一點。基本上,作為慈善或是分享財富的指標,你會在這段期間為你所愛的那些人努力工作。在這段週期,你會選擇花時間和那些能推進你財務計畫或是那些有雄厚財務背景的人待在一起。要注意,勿將對金錢的愛置於你對朋友和家人的愛之前。

火星週期的方塊A

這個影響帶來對金錢的強烈渴望,如果有所節制,就能非常有效地增加你的淨資產。因此,這張牌經常代表展開新的計畫或是事業。對金錢的渴望可能和一些男性朋友或是一件官司訴訟有關係。這也可能代表關於金錢,或是你現在捲入的法律事務相關的信件或電話。在這段期間,你可能會把獲取金錢當成是一種運動。你只要小心別太不守遊戲規則。

木星週期的方塊A

在這段期間,你可能會強烈渴望維持身分地位和財務狀況,促使你更加努力工作跟行動。在這股影響下,你極有可能會展開新工作、職業或是找到新的賺錢方式。在這段時間開始的事情注定會成功。這可能也代表一個與你生意或商業投資有關的重要溝通,這股影響的結果很可能會使你更努力工作和堅持不懈,從而帶來財務上的成功。

土星週期的方塊A

這段週期,你可能會體驗到受挫的金錢渴望或是因為對金錢的渴望(恐懼貧窮)如帶來的健康問題。現在展開任何新的商務或是賺錢事業都必須要有辛苦的努力。這也可能代表渴望獲得金錢來幫助某個需要的人或生病的人。這是業力的影響,即為過去行為付出代價。它可能是你現在經驗的一些問題,源自於你過去的行為——尤其是如果你曾經過度地執著物質地位或財產。

這股影響帶來一種窮困的感覺,往往影響這一整年。有趣的是,我們的豐盛狀態與我們內在的感受比較有關,而非外在事件的狀態。查看你是否真的在財務上表現良好,或你只是對此過於擔心了。

天王星週期的方塊A

這段期間,你可能會開始新的工作或新的賺錢方式。這張牌代表對金錢的野心以某些不尋常的方式或是要用在一些公共服務專案上,但是它也可以只代表展開一項新工作。這可以表示對勞動或是服務團體的重視。在此期間,你可能會耗費精力跟大量時間去協調你的抱負。這張牌也代表關於以上任何事物的一封信或來電。如果你將結合你的靈性或哲學興趣與財務上的興趣結合在一起,你可以獲得成功。

海王星週期的方塊A

這段週期可能帶來鼓勵你去旅行,或是以某些方式與旅行或國外興趣有關的追求目標。這可能是渴望有錢去出差,或是用在遠距商業交易上。建議在海王星幻象的影響之下務必謹慎,確保所有的商務溝通和活動都是清楚透明的。此外,你應該要質疑你的動機和渴望,免得你在這些方面自欺欺人。

這張牌也代表開始一份新工作或是賺錢計畫,帶你進入一個新方向。

方塊A是你的冥王星牌

這將是你在與金錢和財務相關方面做出重大改變的一年。你可能剛剛改變了你的價值觀或者你關於金錢的哲學,這讓你清楚地意識到,你想獲得更多的繁榮和豐富。一股強大的推動力目前很可能會促使你採取行動,在你的生活中創造更多的豐盛。你很可能會為創造更多財富制定全新的計畫,也許會推出一個新的商業或財務目標。

要達到你的財務目標,你將需要在你的做事方式上做出許多

改變。這一直並非易事。今年很可能是物質成功的開端，因為你的新事業在長期意義上可能是相當有利可圖的。查看結果牌獲得更多具體訊息，去了解關於這種獲得豐盛的新渴望，以及你應該要如何予以實踐。

肯定句：

我強烈渴望獲得財務豐盛，轉化了我和我的行動。我為自己、我的工作和人生創造新的開始。

方塊 A 是你的結果牌

你的冥王星牌指出，今年你的主要目標之一，將會以某種方式囊括或促使你最終獲得一種全新的賺錢方式。也許今年是你為自己設定了明確的財務目標，並決定你值得擁有更多的錢花用。無論如何，這股高度激勵的影響可以保證，到今年年底，你將走入一個新方向，實現你的理財夢想。

肯定句：

在今年結束時，我將會用新的方式看待金錢和賺錢。我有一個新職業或工作。

方塊 A 是你的長期牌

獲得金錢的強烈渴望將是你今年生活中的主要影響之一。出於某種原因，你決定今年認真對待你的財務狀況並採取行動，這份渴望會是開始一份新工作或財務目標的信號。

雖然這份渴望可能有助於讓你擺脫財務困境，但要小心不要忽視你生活中的其他重要方面。保持賺錢和其他生活的平衡能獲得最佳結果。在你的流年解讀中查找其他牌，找出你在這方面成功或失敗的跡象。

根本上，這張牌代表在你人生中新價值觀的誕生。好像有新東西進入你的覺知中，而你覺得重要到應該取得。這可能實際上是許多東西，金錢、財產、親密關係或是新類型的工作。現在獲得它們的渴望，將會刺激你做出許多新的行動。

關鍵字：

對於金錢或是新事業與財務目標充滿渴望的一年。

方塊 A 是你的環境牌

這一年將是新的開始，無論是在你的工作還是在其他財務目標上，都會給你帶來許多祝福和好運。這對開創新事業或甚至是新的個人親密關係是一種理想的影響。因為就你的價值觀而言，這是開始的一年，你可能會發現你在生活的許多重要領域都在重新開始，這些領域最終將帶給你更多的喜悅跟滿足。放心，任何有關新賺錢事業、新工作或商業交易的機會都將對你有好處，並為你帶來更大的成功。

方塊 A 是你的置換牌

今年可能會遇到一些財務上的局限，無論是真實還是想像。對物質層面更多的渴望，可能會激勵你進入新的事業或方向，或者它會被證明是一種牽腸掛肚的匱乏感受。新的工作或賺錢事業可能會比預期花費更多的努力，你可能會覺得你所做的只是工作、工作和工作。不安的衝動可能會追上你，激使你去旅行，甚至搬到新的地方。總而言之，你需要更關注你的工作或財務狀況，並投入一點額外的努力來確保生活中的一切正常運作。

黑桃A

對工作的渴望／祕密／生活型態的轉變／先知牌

黑桃A的基本牌義

黑桃A意謂著某種「祕密」。這張牌是許多古老祕密結社的象徵，是「奧祕的鑰匙」。因此，它經常被看作研究，追求奧祕知識，和神祕智慧的象徵。

黑桃A也是傳統上的死亡、改變與轉化牌之一。在你的牌陣中若有這張神祕的牌，你肯定會穿越某種死亡跟重生，或至少是一些重要又強大的改變。

黑桃A的另一個面向就是對工作的渴望。由於所有的A都代表新的開始，當我們準備好展開一份新工作或職業時，會出現黑桃A。

水星週期的黑桃A

這張牌代表祕密活動、溝通或是短程旅行。這可能是關於一位兄弟或姊妹的祕密。也可能是對奧祕知識的渴望，不是世俗的，就是靈性上的，或是對某人某事突然的祕密渴望。這張牌可以代表一個意料之外的改變甚至是家人的死亡，雖然這種可能性不大。它也可以代表一種強大的靈性經驗，改變你的人生。

金星週期的黑桃A

在這段期間，你可能會有一位祕密情人或是密友，可以緩解目前親密關係的無趣感。這可能是祕密的計畫、希望、朋友、禮物，或是對金錢與奢華的祕密渴望與願望。這可以代表一位你分享祕密的密友，或是對藝術工作的渴望，或在某些程度上與女性打交道。這張牌也承諾為你的世俗問題帶來靈性的解決方案。

黑桃A的意思是「轉化」，死亡與重生的過程。無論這段週期的具體情況是什麼，你可能會經驗到跟你愛情生活或家庭相關的一次結束和開始。

火星週期的黑桃A

這張牌可能代表祕密的戀愛或婚姻，特別是對女性來說。還有可能參與祕密工作或調查工作。這也意謂著與男性分享祕密，或者渴望去深入探究生命的「內在奧祕」。在火星位置的黑桃A可能是最具激情和侵略性影響的組合。在這個位置有了這張強大的牌，你有所需的一切驅力和野心，去達成你做的任何事情。藉由運用靈性方式，你可能會為你的問題找到很多答案。在此期間，請注意不要做過頭。有時極端可能會很危險。

木星週期的黑桃A

在這個週期，你可能會捲入祕密的商業交易或是強烈渴望能夠帶來許多成功和金錢的工作。這張牌可能表示在你的生意或財務情況會有劇烈的變化，或是展開一門新生意。在這個時期可能會轉手大筆資金。這張牌的基本意義是一個在你工作上的新開始，或是賺錢的新方法。因為它落在這裡，及最有利益的週期，現在開始的任何新生意或工作都將注定成功。

你也有可能對超自然的顯化有強烈的渴望或是從祕密或神祕資訊的使用上接收許多好處。這套命運紙牌系統由黑桃A代表，因此當這張牌落在此處，人們往往從事一些神祕學或靈性工作來賺錢。無論如何，參與形而上科學的活動會帶來許多祝福。

土星時期的黑桃A

這段時間可能存在某種隱藏的麻煩，比如疾病或不適，不管是你的還是別人的，也許是你不知道的祕密。某個隱藏的東西可能會阻礙你。這對治療師和醫生是個很好的影響。這張牌可以帶來從疾病康復或者健康狀態的某種逆轉。想要發現疾病的根本原因，可能會導致你的痊癒或其他人的康復。

儘管黑桃A意謂著開始，但它也意謂著結束。它是轉化之牌，轉化意謂著舊的死去和新的開始。如果你的某些部分或你的生活方式需要改變，那麼這可能是改變發生的時機。你的其他土星牌可以告訴你更多關於這改變的訊息，或者告訴你，它會影響你生活的哪個方面。儘管我們大多數人都害怕改變，但改變總是會將我們導向更新、更好的東西。

天王星週期的黑桃A

這段時間可能會帶來祕密的房地產交易，與勞動相關的問題，或者關於你的工作的一些祕密。這張牌是野心和欲望之牌。因此，人們經常在其影響下開始新的工作或職業。然而，對於那些在精神道路上的人來說，這張牌具有深刻而神祕的意義，我們也可以同時應用之。

這張牌也可以代表對神祕知識或祕密知識的強烈渴望。這是代表通靈天賦的牌，你甚至可能在這期間會被激發而去參加神祕社團或組織。這張牌可以代表強烈的宗教或是靈性經驗，或是對某些具體工作或專案的強烈渴望。

海王星週期的黑桃A

這段時間可能會帶來一趟祕密旅程，或一段旅程中發現的祕密，或者一段關於遠方興趣的祕密訊息。你在這段時間有很強的直覺，也許是想揭開過去或前世的渴望。這張牌代表一種揭示你的內在自我的祕密和宇宙奧祕的渴望，並且可以是一個激勵因素，讓你參與有意義的研究或實踐。

這張牌也可以代表新工作的展開帶你邁向新的方向。在精神層面上，這是目前最強大的影響之一。渴望深入自己內心最深之處，很可能會得到良好回報。

黑桃A是你的冥王星牌

強大的黑桃A表示，今年將會看到你經歷一些內部和外部的重大變化。你可能不得不面對失去一個或多個親密關係，或者你人生的其他方面可能會結束，這留給你的改變是其他事物無法比擬的。你可能會結束你人生中的一個重要篇章。黑桃A是個人轉變最強大的紙牌之一，它挑戰你放下過去，重新開始。

今年對你來說，你會強烈渴望在人生或工作上做出明確而根本上的改變。你領悟到現在應該要改變了，你準備好用最好的方式去實踐它。

在世俗層面，你可能會想要展開一份全新的工作或是在你的工作方面徹底改變。你可能一直在找尋能真正激勵你全然投入工作的東西。

在更深的一層，你可能遲遲未有一種全新的方式過你的生活，而你會致力在自我探索方面，發覺你自己更深的奧祕。這個探索可能會帶領你去研究形而上學問，像是紙牌或占星學，或者你可能會涉入一些古老神祕的組織。在這股影響下，這些都有可能發生。

在另一方面，某個親近之人的過世將會是今年非常有挑戰性的事。因為黑桃A是轉化牌，這個事件也會在根本上改變你。

查看結果牌去了解更多關於你今年想要改變的資訊。如果結果牌是你認識的某個人，則這個改變將直接與此人相關。若非如此，就研究結果牌的意涵，並將其與徹底改變的基本主題結合起來，以全面了解今年你所面臨的挑戰。

肯定句：

今年我在人生中創造一個強大的轉化。我正在實現許多重要領域的新開始，並放下過去。

黑桃A是你的結果牌

無論你今年的冥王星牌本質是什麼，處理此事的結果肯定將會是在你人生中的重大改變，可能是陳舊事物的死亡和新事物的開展。無論這個轉變是透過目前朋友或家人的離去，或是你自己的健康或工作都扮演了一個重要的角色，你將會在今年結束時出現一個新方向，更加有活力、更健康和更有愛。

肯定句：

我正在我的人生、工作、健康和靈性中創造重大的改變。我用轉化和重新開始作為這一年的結束。

黑桃A是你的長期牌

這可能對你來說是一個重大改變。隨著今年的進展，你可能會經歷一場大幅度的轉變，這種變化可能會影響你生活中的許多重要領域。在這段時期，你必然發生根本上的變化。這可能是關於你的態度或親密關係，但它可能比這更深層。這個變化更可能與你如何過生活，你對待工作和健康的方式，以及你如何保持活力有關。

在這個變化和新的開始之中，你可能會親身體驗到親密關係的死亡與重生。甚至有可能是你認識的人會過世。如果發生這種情況，可能是一個夠接近你的人，讓你更加思及自己的死亡。今年你的工作也可能會發生根本上的變化。你可能進入一個全新的工作領域，結束你生活的舊章節。這種改變可能並不舒適，但最終的結果將會使你更加活躍、更生氣勃勃。

在世俗的層面上，黑桃A意謂著「對工作的渴望」。因此，你可能有壓倒性的渴望去工作和去展開一個新的職業。參與祕密工作或是揭露你自身祕密的工作可能會是今年的重頭戲。黑桃A是代表紙牌科學、先知會和其他祕密組織的牌，幫助人們理解生活中更深層的奧祕，所以今年你也可能發現自己會參與其中。

關鍵字：

今年死亡和轉化圍繞著我。我正在探索人生更深層的奧祕。

黑桃A是你的環境牌

這一年，在你的健康、工作或是其他重要的生活方式等領域有新的開始，這將會帶給你許多祝福與喜悅。對於開始新生意或工作來說這是最好的影響力之一。不過，你今年經驗的開始可能甚至對你來說是比較深層的。你整個的生活方式可能會經歷一次轉化。請放心，任何改變本質上都會是極為正向的。

黑桃A是你的置換牌

這對你來說可能是很重要的一年，也是你在生活方式上發生重大變化的一年。該是徹底改變你人生或生活型態的時候了。如果你認知到這一點，並有意識地做出一些改變，這可能是一個改變人生的一年，它為你提供了一條全新的道路和方向。對於那些完全不知道自己需要改變的人，或者那些對周遭改變有極大恐懼的人來說，這張牌會證明是一個相當大的問題。意外或不想要的事件可能會給你的生活帶來一些戲劇性的變化。有時候這張牌會帶來一位親戚的死亡，但實際發生的情況是，你自己的某個部分正在死去——這部分不再以任何有意義的方式為你或周圍的人服務。這張牌就像外科醫生的刀深切下去，但卻是切除威脅你生活的毒瘤。希望今年你會更加關注你人生的內在部分。

在世俗層面，今年展開的新工作或是計畫會比平常消耗更多精力，並往往是事半功倍。然而，有時這張牌可以代表一種「命運的開始」，一項新的事業最後會引領你到打從你出生那天就注定要做的事。

紅心2
愛的結合

紅心2的基本牌義

紅心2意謂著一個「心的結合」。這張牌說明你的親密關係，包括情人、婚姻伴侶或最親密的朋友。對於渴望戀愛的人來說，這可能是最好的一張牌，因為它是最強大的戀愛牌之一。這也意謂著與親朋好友或家人共度時光。

即使是一個孩子的出生也可以由紅心2顯示，因為母親或父親與嬰兒相處很像是在戀愛。無論紅心2何時出現，你肯定會跟你愛的人共度時光。

水星週期的紅心2

這段時間可能會帶來突然或意想不到的親密關係、對某人的激情，或情人、親朋好友的聚會。這對和一位好友相聚並分享心智上的追求來說，是一股有利的影響。水星的影響為你的生活帶來輕浮和不負責任的特質，你現在可能正在通過實驗和多樣性來了解愛情。在這段期間，親密關係可能不會持續很長時間，但它們會令人愉快。

金星週期的紅心2

這段時間應該會帶給你一段非常滿意的愛情關係。這是各種親密關係中愛與幸福的最佳指標之一。特別是，你可能會與一位親愛的朋友或情人心滿意足地重聚。這也可能是你遇到新朋友並且為了一段愛情長跑、友誼或婚姻而建立好關係的時候。現在的親密關係多少受到了祝福，並為你的人生帶來正向的能量。

火星週期的紅心2

這段週期會帶來積極進取、刺激和激烈的親密關係。過於好鬥可能會導致爭吵和分歧，儘管這對性愛有很好的影響。控制好這股能量，你可以在更正向的領域有所斬獲。請注意，如果處理不當，這種火星的侵略性可能會導致憤怒或爭吵。請用這股能量來擴大你的男性朋友圈子。

木星週期的紅心2

在這段期間，你可以期望透過合夥關係或各種個人親密關係在財務上與靈性上有所得。對商務夥伴的個人關係上，這是一股有利的影響，但通常不推薦這麼做。木星的有利影響導致你在這期間的所有個人關係帶來溫暖而健康的光芒。而現在你人生中的友誼或戀情可能會藉由多種的方式受到祝福。

在一些情況下，這張牌也可以代表小孩順產。

土星週期的紅心2

這段時間可能會帶來業力上的親密關係。你可能有一位密友或情人需要你的幫助來戰勝疾病或負擔。反過來說，他們可能會成為你的負擔。現在開始的任何親密關係可能都會有一種命中注定的力量，並且可能會在許多方面具有挑戰性。你可能要學習愛情或個人在表達性慾上的連帶責任。這種「愛的教訓」的最終結果將是一個更成熟的你，在你最親密的關係中表現得誠實與公正。

天王星週期的紅心2

天王星的行星影響，將在這段時間內為你的親密關係和夥伴關係，帶來不尋常和意外的因素。你的現狀可能會受到合夥或友誼的干擾，或者你會發現自己處於一種不尋常的浪漫情事中。可能會花費一段時間與一位好朋友在工作中或在某些社區事務中碰面。這是個好時機，結交一些「愛你本來面目」的好友。

海王星週期的紅心2

這段時期可能會帶來非常浪漫和理想化的戀愛或友誼。你在旅行時可能會遇到某人，也可能是祕密或神祕事件。海王星的魅力可能會阻止你變得客觀。你遇到的人似乎是你的夢想之一，但建議你要小心。有關於任何愛情的重要決定，都請推遲到生日之後。另外，要注意你交流時產生的誤解，那可能會在你們之間惹上麻煩。

這張牌實際上會影響你一整年，導致你渴望一些完美之愛或情人。你對你的靈魂伴侶心懷夢想，但唯有時間才會告訴你這個是否真的會出現。

紅心2是你的冥王星牌

今年你的主要目標是成功的戀愛關係或友誼。出於這個原因，這一年你將以愛、友誼或浪漫的名義，發自內心作出許多內在的改變。無論你是對夢中情人還是對純粹親密的友情感興趣，如果你想在這些領域取得成功，你將不得不在生活中採取不同的作法。愛與親密需要妥協與合作，這是這張「心的結合」之牌的兩大重點。你對這種關係的強烈渴望，將使你不得不面對你內心阻礙這份親密關係的部分。有時候，這似乎非常有挑戰性或困難重重，但它會幫助你記住你必須面對這些情況的理由——在你的人生中有更多的親密關係。

若是結果牌表示的可能是特定一個人，將是你今年主要的挑戰，向你展示無論你是有意還是無意，你都必須做出必須的改

變，以獲得你想要的愛。如果結果牌不是指一個人，就會指出這個目標或挑戰的其他面向是你今年自己放在眼前的。顯然，你想要成功的親密關係，並且願意為此付出努力。

肯定句：

我創造理想的愛侶。對我的愛情生活、友情感到心滿意足，並且擁抱我的情人。

紅心 2 是你的結果牌

今年你的許多努力結果會是令人滿意的愛情關係，或至少是有深度的友情。紅心 2 是「心的結合」或是「戀愛牌」，顯然這是你這一年的主要目標之一。雖然你可能在生活上或行為上做出改變，才能確定你會實現你渴望的心願。你的冥王星牌將會告訴你更多關於這個心的結合之事，或是描述你要追求的人。

肯定句：

在今年結束時，我將會有戀情或是親密的友誼。我正在發展成功的愛情關係。

紅心 2 是你的長期牌

紅心 2 字面上的意思是「心的結合」。在今年這麼顯著的位置有一張戀情牌，可以打包票，各式各樣的親密關係對你來說是最重要的事情之一。假如你單身，你可能會在今年體驗到重要的親密關係。你可能會有一樁以上的風流韻事。

對你來說，這一年要了解你在關係中的需求為何，怎樣的伴侶最適合你，以及你在愛情方面的整體態度是什麼。你可能只是要回到約會場景，去找出那個特別的人來完成你擁有快樂的家與社交生活的想像。

如果你結婚了，這一點也適用在你和配偶之間，但你的好朋友可能會更為重要，而且你會經歷同樣的過程，去找出你在友誼這方面抱持的態度。在一些情況下，愛情會重燃那些熱情火花。無論如何，愛情和感覺都是重要的，將會是你生活的一大部分。

關鍵字：

親密關係對我而言是重要的。今年我要學習關於愛情與親密關係的一切。

紅心 2 是你的環境牌

因為紅心 2 是半固定牌之一，它絕不會成為任何人的環境牌。

紅心 2 是你的置換牌

因為紅心 2 是半固定牌之一，它絕不會成為任何人的置換牌。

梅花2
與人溝通／恐懼／爭執

梅花2的基本牌義

梅花2意謂著溝通層面的對話、交流、分享想法和合作。然而，它也被稱為恐懼和爭論之牌。當它出現時，你可能會感到不得不與別人交談並建立溝通管道。

更深入地了解自己，你可能會發現你內心的衝突，既渴望獨處又想與別人在一起。與他人交談可能會讓你更清楚你自己是誰。只要確定你對自己是誠實的。

水星週期的梅花2

這段時間可能會帶來智力上的爭辯，或和一個聰明伶俐、頭腦靈光的人爭吵。你想要快速學習的渴望，會帶來不耐煩跟壞脾氣，可能會引發激烈的討論。這種挑釁行為很快就會結束，所以不會造成任何長久的傷害。這段時間還可以遇上一次或多次與朋友或家人突然意外地相逢。還可能一起學習某種東西。

金星週期的梅花2

很可能受那些與你分享心智追求的人所吸引，而這會刺激你加入一個關注這種焦點的團體。你現在不想獨處，這會激使你更積極參與社交活動。在你的戀愛關係中，那些能夠與你交流、也分享心智上共同興趣的人會吸引到你。

火星週期的梅花2

和一位與訴訟或商業交易相關的男子見面，可能是這個時期的一件大事。在火星的影響下，謹言慎行是明智的，因為爭吵的態度現在可能會造成很大的損失。這對爭論有非常強烈的影響，特別是和男性或者與法律程序有關，所以要在這些領域保持謹慎。這段時間也可以看到你為了一個特定的願望而積極搜尋一些具體的資訊。

木星週期的梅花2

在這股影響下的會議，會有成功的商業利益或合夥關係。強調合作且避免爭論以獲得最好的結果，而財務上的回報可能會很豐厚。通常在這段期間，分享你對知識的追求可以帶來物質和個人的利益。這股影響促使和諧與智慧在所有的會議和心智夥伴關係中出現，並透過這些途徑給予財務上的回報。

土星週期的梅花2

在這段期間要避免爭吵和爭執，因為它們現在可能會造成負面的結果。如果你一直對任何人和任何事物都抱持負面態度，你現在將會面對這樣的結果。現在你自己的健康可能會因為你的信念系統而遭受折磨。這段週期也可能是為了某個理由而與醫生或律師的會面。透過合作與正面的態度可以獲得權力與成功。

梅花2也被視為「恐懼牌」。它可能會或多或少經驗到負面的影響。通常是對孤獨的恐懼或是害怕死亡，不大可能是基於現實基礎的恐懼。這種恐懼最佳的處方就是耐性跟做些放鬆、使你開心的事情。任何打算改變你外部情況的嘗試都可能適得其反。在嘗試改變外面世界的任何一個部分之前，先要考慮到你內心的感受，那你獲得成功的機會將會更大。

天王星週期的梅花2

在這段期間，你可以通過分享個人對勞動力或某種社區服務項目的知識和合作努力獲得利益。也可能會出現意想不到的會議。這對於房地產交易或投機活動並不是很好的影響，因為梅花2的爭執本質可能意謂著問題。另外，你必須避免與共事者爭吵，有共同目標會有幫助的。

海王星週期的梅花2

如果你在這個時候旅行，你可能會遇到一個或多個你在心智上有著共同點的人。你也可能會遇到一個在旅行的人，跟你分享許多興趣愛好，並有過一次以上的愉快晤面。通常，這對分享心智追求與交友是很好的影響，特別是那件事情是你一直嚮往的事情。

這張牌往往表示你對某事的祕密恐懼，會在一整年當中反覆影響你。若是如此，你害怕的事情可能絕不會發生，但你必須保持正面的態度去抵銷這些負面的心靈印記。

梅花2是你的冥王星牌

成功的溝通是你今年重要的目標之一，而且會挑戰你溝通、與他人分享想法的方式。今年你可能會被迫比以前進行更多的對話跟溝通，其目的可能是發展並且磨練你的溝通技巧。

梅花2一直是「爭執與恐懼之牌」。如果你發現自己在許多方面有爭論或爭執，仔細觀察何謂「正確」的結果。你有許多爭論和爭吵可能都是基於一些你深層的恐懼，今年浮現的比以往還要多。這一年你可能會經驗很多對孤獨的恐懼，這是許多梅花2人在一生中不得不去面對的事。

你喜歡和他人保持聯絡，而今年，你可能覺得自己處於溝通樞紐的位置。還可能有許多短程旅行和會面，因為你想發展表達自己的能力，跟別人分享你自己。查看結果牌去了解關於你對有

效溝通的渴望，或是去了解在你人生中有個特別的人會反映出你溝通的方式。

肯定句：

我清晰且有效率地溝通。我在學習面對自己最深層的恐懼。

梅花 2 是你的結果牌

在這個位置的梅花 2 意謂著你在努力去和別人溝通。今年你強烈渴望和他人溝通你的主意、想法和意見。你可能有一個特別的訊息要傳遞。你可能會注意到自己容易跟周遭人起爭執。無論是什麼情況，如果你想和別人和諧共處，你必須要改變溝通方式。

肯定句：

我實現成功的溝通，並且轉化爭執為心智上的合作關係。

梅花 2 是你的長期牌

梅花 2 告訴我們，一些水星主宰活動所涉及的合作夥伴關係將在今年發揮重要作用。水星掌管書面和口語詞彙以及各種心智活動。學習、教學、寫作，出版和廣告都屬於它的管轄範圍。這也表示今年的會議或討論和爭論也可能成為主要議題。注意不要不耐煩和急性子，才能獲得最佳結果。你會希望與他人分享你的想法和想法，因此今年可能會吸引很多其他人進入你的生活。梅花 2 甚至可以代表你有些害怕獨處，但這可能正是你需要的，刺激你去尋求別人的陪伴。

今年，你會特別關心如何與他人溝通。你很可能會發現自己經常處於需要與他人建立和諧溝通渠道的情況下。可能會有一個特別的人與你分享許多想法，這些想法將成為你今年關注的焦點。無論如何，和你周遭的人分享所知，卻不引發他們的反彈，將會是一個焦點。

這張牌總是有爭辯的可能，但它會告訴你，你可以在哪裡改進和他人溝通的質量與內容。

關鍵字：

我在學習和他人和諧地溝通。我正在將爭辯轉化成順暢的溝通。

梅花 2 是你的環境牌

在即將到來的這一年，藉由和那些你人生中的人溝通，你將會獲得許多東西，基於共通的心智追求與興趣愛好來建立彼此的友誼。你可能會找到跟你有共通興趣與哲學基礎的人、可以分享想法的人。這同一批人對你來說，絕對是你這一年祝福的源頭。這種幸運的影響有利於各種親密關係。

梅花 2 是你的置換牌

擔心孤獨和爭論的傾向可能會在今年給你帶來一些問題。但是，如果你小心處理，沒有事情會重要到在實際上會成為一個現實的問題。各種各樣的恐懼如影隨形，你需要注意對發生的事情反應過度了。為了對抗這張牌的影響，建議你冥想或者花一些時間進入自己的內心，並探索自己的感受。

在另一方面，這對工作和財務上的成功是相當幸運的位置。這表示即便你可能害怕最糟的事情發生，但你實際上的經驗卻是正向而成功的。

方塊2
利益的結合

方塊2的基本牌義

方塊2表示某種金錢夥伴關係將在你的生活中扮演一個角色。這可能是一個標準的商業合作夥伴關係，也可能是一些不尋常的事情，但最終的結果肯定會與金錢相關。

這種「經濟利益結合」是否成為財富或負擔，則取決於周邊環境和此牌所在的位置。

我們經常需要與別人聯合才能達成我們的財務目標。方塊2將會鼓勵我們發展在我們事業與財務部分之間的互惠關係。當我們在所有商業交易中採取雙贏的態度，這張牌最能帶來成功。

水星週期的方塊2

我們在這裡會有快速來去的商務溝通或會議，這可能是不預期或是短暫的金錢交易或夥伴關係，或是突然需要一些短途旅行的商業交易。也可能是與親戚有關的財務安排，像是兄弟姊妹。在水星之下，夥伴關係可能會快速發生，然後只維持短暫時間。這可能會是快速回收的投資。要對意外有心理準備。

金星週期的方塊2

這代表和一位朋友、情人、配偶或女人的商務合夥關係。這段合夥關係是基於利益的。這也會促使一段愛情伴侶關係，渴望與那些有錢人聯手，也許是出於恐懼，害怕自己擁有的不夠多。當你混合了愛情與金錢時，就要小心了。當你的心凌駕於腦袋之上，總是有可能受到欺騙。

火星週期的方塊2

這代表為了錢和一位男性或律師，或是某個積極進取之人的夥伴關係；這也可能是基於金錢或一些法律事務和一位男性會面。小心別在商業交易中過於爭強好勝或咄咄逼人，特別是和朋友在一起的時候。這對尋找風險投資是個很棒的影響，運用你的聰明才智去做出成功的商業交易。

木星週期的方塊2

這代表了一個有利可圖的商業合作或交易，可能是一個大型組織或涉及大筆資金。這個位置表示，目前在金融合作夥伴關係中取得了很大的成功，所以要善加利用。木星的擴張而有益的影響表明，擴大你的生意將帶來成功。

土星週期的方塊2

在此期間，你可能會遇到金錢交易或合作關係惡化，或造成負擔或限制的交易或合作關係。這可能是與一位年長權威人物合作的結果。透過在這場利益結合中孜孜矻矻地努力，你會得到成功。在土星之下，你的夥伴關係可能有關於命運、業力或是疾病的元素。他們可能不會很愉快，但透過努力，你可能會學到很多東西，並且朝自己的目標踏實邁進。

天王星週期的方塊2

在這段週期，你可能會進入一個房地產的合夥關係或是有個關於勞動議題的會晤。這可能代表簽署房地產合約。讓別人處理細節，別讓對財務的恐懼在此時過度干擾你。在天王星的影響下，夥伴關係可以兼具靈性上與物質上的利益，可能會有不尋常或是超乎預期的元素在其中。現在的焦點更可能是在商業交易和關係上。有時候，我們必須為了推展我們財務的未來而達成跟別人的協定。

海王星週期的方塊2

在此期間，你可能基於旅行或遠距的興趣愛好而展開一個金錢上的夥伴關係。這也可能代表關於一次出差或外國興趣愛好的會議。現在你甚至能應用你的某種通靈能力在商務上獲得成功。在海王星幻象的影響下，總是有可能被你自己或他人欺騙。你在溝通時務必清楚明瞭，格外謹慎。

方塊2是你的冥王星牌

在財務上的夥伴關係、安排或是投資上，在這一年會需要你更加關注，使你在人生中做出一些重要的改變。方塊2意謂著財務上的安排與合約、會議與合同。在你所有的交易中採取「雙贏」的哲學，你將會確保自己的成功和未來獲得豐盛，但你必須要努力直到掌握了其中的訣竅。這一年你可能會有很多會議跟交易，也許要和許多人一起達成你的目標。你需要其他人的合作和投入來完成你自己的目標，而你可能必須要妥協與改變，才能獲取他們的合作。查看結果牌，找出更多關於這些交易的訊息，或是瞧瞧在即將到來的一年，是你生命中的哪個人將成為這些交易的焦點。

肯定句：

在他人的幫助與協助之下，我找到增加我財富的方法。我創造商務夥伴關係上的合作。

方塊 2 是你的結果牌

今年你的重要目標之一可能的結果是成功的商務夥伴關係和安排。你的冥王星牌將告訴你關於這一點的資訊，或是告訴你，你具體將會跟誰一起聯手合作。善用別人的幫助，可能會讓你在這一年經歷一些改變。不過，合作就是你的成功關鍵，而所有的商務交易都必須是「雙贏」的，這樣你和所有人都會從中受益。

肯定句：

我創造成功的商業交易和夥伴關係。今年結束時，我會跟他人建立商務上的關係。

方塊 2 是你的長期牌

方塊 2 表示金錢夥伴關係和交易將在今年的生活中扮演重要角色。這可能是一個標準的商業夥伴關係或不尋常的事情。今年你的財務成功需要其他人的幫助，所以你可以期待有很多電話、會議和商業交易來實現工作和成功的財務安排。藉由別人引導你並分擔風險，你可以增加你的財富。這張牌通常會帶來大量的電話、信件、電子郵件和其他有關金錢或商業的溝通，而且通常被當作有利於賺取更多的錢。

關鍵字：

充滿商業交易、溝通、財務協定與金錢有關會議的一年

方塊 2 是你的環境牌

這將會是你從商務交易與合約中收到祝福的一年。這張牌可以表示通過金融經紀人或生意夥伴而獲得利益。總而言之，你大部分的商業安排應該很順利，而且幫助你增加財富。尋找掌握你成功關鍵的特定人士。主動聯繫、保持聯絡，你不會失望的。現在的人際關係特別成功。

方塊 2 是你的置換牌

這可能是一個重大財務成功的一年，特別是通過與其他人的聯繫。然而，今年這些關係可能需要你多費心思維持健康的狀態。商務與工作上的夥伴可能會有比平常更多的要求跟需要。同時，你可能發現自己在親密關係和工作之間徘徊。你以哪一個為重，都將大幅地決定你有多成功。這可能是非常有生產力的一年，但你必須要努力工作才能獲得成功。

黑桃2
友誼／工作夥伴關係

黑桃2的基本牌義

黑桃2意謂著在工作或友誼中的合一或是夥伴關係。既然這是黑桃，它所指的關係是你和另一個人確確實實花時間在一起做事，不管是在工作或是類似徒步旅行、運動、露營、騎自行車或是另一種運動都算。

黑桃2在你的解讀中出現，你會感覺到需要有其他人在生活中，這樣可能會吸引一段愉快的友誼或是工作關係。這張牌的關鍵就是合作。密切的關係總是需要一些交流才能獲得成功。

水星週期的黑桃2

這張牌帶來意料之外或是忽然的夥伴關係，一段不會持續太久的關係，或是能快速得到回報或結果的關係。這段夥伴關係可能涉及寫作、演說、溝通、電話或書信，而且可能是一位年輕的人，或者是兄弟姊妹。你對夥伴關係的渴望，可能會是來自在特定工作或專案中要承擔一切責任的恐懼。

金星週期的黑桃2

這段週期可能帶來和一位朋友、親戚或是配偶的夥伴關係，可能是女人。這可能是賺錢的夥伴關係，或買賣奢侈品的關係，而這樣的關係可以結合商業和愛情。你的夥伴可能非常富有，而這門「生意」可能會以你家為中心。這也可能表示在你家為了某些工作相關的主題而開會。你可能會在這段期間上課學習一種藝術。

火星週期的黑桃2

這張牌意謂著與男人的夥伴關係。這也可能表示和一位律師針對一項法律事務而會面。這對律師或是涉及協商工作的任何人來說是絕佳的影響。在這股影響之下，你會在夥伴關係中表現得最好，而且有能力在彼此不合的情況下保持心平氣和。雖然這可能是個挑戰，你的踏實努力和辛勤工作現在會帶來許多進展，迎向你的工作目標。

木星週期的黑桃2

這個週期可能帶給你非常有益的商務夥伴關係，或是一個涉入大筆金錢的關係。查看間接牌和其他附近的牌，來決定誰會是那位夥伴。這張牌保證你最大的財務成功會在夥伴關係上，不僅僅是在這個週期，而是延伸到一整年。這張牌也表示成功的商務會議。所有重要的金錢決定都應該要磋商。

土星週期的黑桃2

這段週期可能帶來一段夥伴關係，這可能是個負擔或是限制的來源。這也可能是和一位醫生或生病的朋友見面。現在任何夥伴關係，特別是與商業和工作有關係的，可能需要努力工作跟紀律來獲得成功。

這張牌也表示對你的健康或財富狀態抱持恐懼，這些恐懼可能會使你捲入半信半疑的夥伴關係或是促使你去看醫生。現在要耗費比平常多的耐性才能成功。

天王星週期的黑桃2

這張牌帶來一段夥伴關係，涉及土地、房地產、人道工作、某些未來科技，或是一些「新時代」類型的工作。這還包括了電腦和其他形式的高科技，它在某種程度上必然是創新或不尋常的，而且可能出乎意料之外發生。這段夥伴關係可能讓你有點不確定或是覺得發生得太快。這對於和朋友們共度時光是最好的影響之一。

海王星週期的黑桃2

這股影響帶來與外國興趣愛好、旅行、電影或毒品相關的夥伴關係。這也可能表示任何一種以上的會晤，或是一起加入靈性或宗教上的學習。這段夥伴關係可能有理想主義或甚至是欺騙的元素，而這股影響最好是用在靈性或宗教工作。否則，因為可能還有強烈欺騙或自欺的元素，建議要小心謹慎。

黑桃2是你的冥王星牌

你可能會在今年學到合作和妥協的課題，或許是在一個工作夥伴關係、生活伴侶或朋友的關係上學到。可能有位有技能、能力或是其他你需要的資產的人，來促使一門成功的生意或專案完成。今年在你努力追求成功的生活、工作，與他人一起轟轟烈烈創造時，你應該將合作牢記於心。假如沒有合作，就嘗試「雙贏」哲學。今年你已經挑戰自己去創造和諧的工作關係，而且某種程度上它會延伸到一整年。你可能會將這一點當作是通往你夢想的下一級樓梯，一種你必須精通的特質。

你需要他人的合作與支持。那幫助你去增加你自己的成就，把你的工作融入到生意跟社群中。為了達成這個目標，你必須在你的行為或是溝通中做一些改變。查看結果牌以獲得更多關於這個努力的細節，或是找出你認識或遇見的人當中，誰是你將要在今年必須整合到你生活中的人。

肯定句：

我藉由學習施與受，去創造和諧的友誼和工作關係。

黑桃 2 是你的結果牌

你為自己設定了一個艱巨的任務，必須要有其他人，或至少要有一個關鍵人物的協助與合作，才能完成。現在你必須學習如何在他人的支持下受益，避開合作關係中製造的摩擦。雖然可能會使你在這一年經過許多改變，但你一定會成功地達成。你的冥王星牌會給你更多關於這件事的細節，或者告訴你誰會涉入這項利益結合中。

肯定句：

今年我努力的結果會是成功的工作關係或夥伴關係。我學習合作。

黑桃 2 是你的長期牌

黑桃 2 意謂著在工作上的合一或是夥伴關係。它是「水瓶座時代」的合作與相互尊重之牌。對你而言，這張牌表示這些元素會在今年更為重要，而你會學到合作的價值，無論是在工作上，或是在其他努力方面。我們可以在團體中比我們自己實現得還要更多，而他人往往握著我們邁向成功的鑰匙。你今年會看到，你和他人一起將比靠你自己成就得更多。這張牌也賦予你天賦——敏銳的邏輯思維。今年你可能不想忍受你朋友和同事的不老實，

你在那些要求對事實和情境做出仔細跟縝密思考、評估的工作會表現出色。

關鍵字：

工作夥伴關係的一年，為了渴望的結果而學習合作與妥協的價值。

黑桃 2 是你的環境牌

今年許多祝福透過工作夥伴關係或是和你在生活中一起做事的人而來。這是一張友誼牌，它會從你這一年花時間相處的每個人身上帶來許多好事。這一年尤其適合展開或拓展與生意有關的工作夥伴關係，或是與能幫助你拓展業務範圍的人建立聯繫。合作是成功的關鍵。

黑桃 2 是你的置換牌

這一年你可能學到去珍惜在你人生中的友情和那些你視為工作夥伴的人。你會發現這些關係需要你付出很多力量跟關注，你可能會因為只有自己一個人而覺得不舒服。不過，這張牌帶來一定程度的人緣，有助於你結交新朋友。這張牌也可能是一些健康上的挑戰，但這不是一定會發生的。這張牌真正好的一面是跟你的工作與職業有關的，如果你有任何在你的領域變得更有名的目標，這就是你會實現的一年。這可能被詮釋成加薪或升官，或者只是為了你正在做的事情而變得更有名望。

紅心3
愛情中的舉棋不定／情感的表達

紅心3的基本牌義

紅心3表示創造力或是在愛情中的猶豫，可能會以不同的方式表現出來。這可能是表示同時有兩個或更多的愛情對象，或僅僅是我們不確定要將愛情放在何處。這種猶豫不是帶來更多的樂趣就是擔憂與恐懼，端看我們如何處置。這張牌的影響通常是當我們想要透過實驗跟多樣性學習關於愛情的時候發揮出來。它的出現通常意謂著我們不會做出任何堅定又快速的親密關係承諾——一切等之後再說。

在正向的一面，紅心3是自我表達，而且它的出現可以表示我們說得更多、表達我們的感受，遇到新認識的人。

水星週期的紅心3

如果在這段時期有某些情況不期而至，使你對愛情或友情不知所措，不要感到驚訝。你可能同時收到兩份求愛，或是你深受新認識的人吸引，給你一些理由去質疑你現在的親密關係。這也是一股影響，意謂著不成熟的愛和浮躁的感受。現在別讓你的心失去理智。那有可能是倉促而為。

你的其他的水星牌可能表示你正猶豫的人選或情況。這張牌好的一面就是你有渴望跟動機去認識新朋友，然後表達你的感受，特別是愛與情感。無論在工作上或娛樂上的領域，這對於社交生活跟建立新的連結都是很棒的影響。

金星週期的紅心3

你可能發現自己同時有兩個情人或密友，結果對於要把時間或是心思放在哪裡感到猶豫不決。你受歡迎的程度，也許是情感上的猶豫，現在可能為你帶來麻煩了，所以要小心。假使你所愛之人似乎現在不穩定，他們可能只是反映了你自己。也許你的三心二意會讓你陷入困境。可能從這次經驗學到教訓，之後做出承諾會比較好一點。

火星週期的紅心3

在這段期間，你的侵略性能量會被引導至愛情上。這股非常有創造力的影響可以幫助你結交更多好友或是情人——如果那是你所渴望的話。這也可以是一張三角戀情牌。你可能會發現你在愛情中不耐煩，但這股能量可以幫助你走出去，為了工作或生意結識許多新朋友。這是一股創意自我表達的影響。讓其他人知道你是誰，你的想法是什麼。

你的其他的火星牌可能告訴你，讓你猶豫不決或是有創造力的人是誰，或者是什麼。它也將告訴你，任何在這段期間任何創意上追求有何結果。記住，如果有4號牌、8號牌或10號牌是你其他的火星牌，將預言任何非常好的結果，而在這段時期活躍又有幹勁的創造力會有令人愉快的結果。

木星週期的紅心3

在這段期間，過多的魅力和吸引力可能會導致社交和多情的問題。浪漫過頭或是分散你的興趣可能會導致有問題的親密關係，若你將愛與金錢混為一談，甚至可能使你付出金錢。

在正向的一面，這股能量最好運用在社交與商務情境中獲得成功，把你的魅力用在群眾上。你現在遇到的人可能在這些領域非常有幫助。有時候這也可能代表同時有兩個愛情對象。若是如此，這個挑戰可能在於要同時處理那麼多注意力。

土星週期的紅心3

猶豫不決的愛情或友情可能使你在這段期間生病。你捲入的任何三角戀都會比以前要更困難。你遭遇的情況可能也是你在過去創造出來的，現在必須要面對。你的猶豫可能就是其根源，而現在你可能別無選擇，只能等下去，看看牌會落在那裡。這張牌也可能意謂著你所愛的人有健康問題，使你擔憂。別那麼擔心，照顧好你的身體，直到這個時期結束。

這張牌可以表示對愛情和得不到足夠愛的長期擔憂。通常是我們自己猶豫不決，拒絕堅守維持一段親密關係，而威脅到我們在愛情中的安全感，在某種形式上，我們都需要安全感。

此外，這張牌所指的困難可以被另一個位置上強大的牌所抵銷，例如，任何花色的4號牌、8號牌或10號牌。

天王星週期的紅心3

一個出乎意料的情況可能會在這段期間出現，使你的心思不穩定，就愛情或工作上來說，也無法決定在何處安住你的心。你自己的善變和許多社交興趣可能帶來在愛情與友情或是工作上突如其來的問題，甚至可能是對房地產相關活動的三心二意。預期有些不尋常的風流韻事或社交事件發生，將會向你展示一些關於愛情、內在尚未解決的問題。

然而，這對創意工作、寫作或是自我表達來說，也是美好而有益的影響。你可以多參與一些創意性的專案來緩解心理上的擔憂和焦慮。這對結識新朋友並敞開你的社交生活也是很好的影響。

海王星週期的紅心3

今年的許多幻想和困惑可能都是圍繞浪漫的三角戀情，或者

拓展你的朋友和同事圈子而展開。這種極具創造力的愛情影響，刺激你認識新朋友並嘗試新的浪漫體驗。你想透過實驗去了解愛情。你要特別努力讓所有的溝通清楚明白，因為其他人往往會誤解你和你的意圖——不要留下模稜兩可的機會。

紅心 3 是你的冥王星牌

這張牌可能是在你的愛情生活和社交生活有多樣性與實驗的一年。可能是你才又剛開始約會了，想要重新發掘哪一種親密關係對你最好。這可能意謂著跟許多不同的人約會，而這可能對你會是有挑戰性的新事物。在另一方面，你可能已經在某種浪漫關係或是社交情境中，並且在兩個或以上的人之間分散你的心思。你要做出一些決定，因為如何處理這個狀況會是你今年的主要挑戰。

這張牌往往發生在那些外遇者，或者是質疑現存親密關係或婚姻的人身上。它可能預示離婚或分手。想要發揮出這種影響最正向的一面，就是讓你結交新朋友或認識有趣的人，並學習對每一個對你而言特別的人更清楚地去表達你的感受。你的結果牌將會給予你關於這個處境的更多細節，或者，告訴你在你的生活中，誰會是那個你覺得不確定的人。

肯定句：

我透過表達我的感受，以及對新的親密關係保持開放，學習我在愛情與浪漫中真正要的是什麼。

紅心 3 是你的結果牌

不知何故，今年你努力的結果將會是在你的生活中擁有更多的朋友或者更多的情人。你一直在發展結交新朋友、溝通和分享自己的能力。3 是表達的數字。紅心中的 3，表示你正在發展你表達你的感受和情感和浪漫需求的能力。

當你結束了這一年，你將會發現你的努力有了回報。如果你不能處理好有這麼多人在你的生活中出現，你可能會經驗對愛情猶豫不決跟過度擔憂。查看你的冥王星牌來找出關於這一點的更多細節。

肯定句：

透過實驗，我愈來愈清楚我在親密關係中要的是什麼。我最後有兩個愛情的對象，以及對別人表達感受更好的能力。

紅心 3 是你的長期牌

今年你會有強烈渴望學習關於愛情跟親密關係和友情，大多數是透過實驗。你的思維跟你的心意有關。雖然你可能期待在愛情領域上有許多改變。這可能會是在愛情和友情上有不同經歷的原因。

如果你在一個想要新的親密關係的位置，這可能會是充滿多樣性的一年。這表示你可能會在今年的不同時期愛上一個以上的人。這張牌往往來到一個單身已久、重新進入一段親密關係的人的牌陣上。他們往往需要一年左右的時間去跟合適的人親近，以發現他們真正尋找的是什麼。期間會有困惑和猶豫的時候。但這些僅僅是獲得足夠資訊去做出明智決定的一部分過程。

如果你不是在找一段新的親密關係，這張牌可以表示遇到許多新的有趣人物，或者在你現存的愛情處境中有一些延遲猶豫的因素。有時候紅心 3 可以表示沒有獲得足夠愛的那份恐懼。如果不是這樣的話，你可能會看到你自己對做承諾的猶豫或是不確定，即是你擔憂的根源。

關鍵字：

在愛情和友誼中實驗，並且猶豫不決的一年。我正在學習關於愛和性的功課。

紅心 3 是你的環境牌

今年的利益將來自於你個人或社交關係的範圍。渴望表達你自己和你的感受，將會把許多好事帶進你的生活中。這可能是你成功擴大人脈的一年。你可能遇到一位或兩位新情人，或僅僅是交上一些新朋友，為你的愛情和社交生活帶來更多的樂趣跟多樣性。記住要說出你的感受。

紅心 3 是你的置換牌

情感上的不確定性和優柔寡斷可能會是你今年能量上的負擔。如果你同時涉入兩個關係，或者對目前的關係感到不滿意，你可能會發現你的困境的答案是學會提供給你自己情感上的安全感，而非向外求。你可能與兩個或兩個以上的朋友或親戚有特定關係，需要投入大量注意力去維持。藝術的表達雖然是自我探索的好工具，但今年似乎也會更加沉重，需要付出更多的努力才能完成。在涉及心的問題時，紅心 3 往往讓我們想得太多了。當我們真的需要去感覺自己的感受和相信自己的經驗時，我們往往在腦子裡面翻江倒海，企圖把所有的概念應用在我們的處境。你可能會發現，這一年你正在做很多心靈探索，在這個過程中轉移你的注意力，轉向內在去找到真正的答案。

梅花3
創意／憂慮／透過口說或書寫表達想法

梅花3的基本牌義

梅花3是心智創意之牌，如此有創造力，所以它被稱為「作家牌」。在另一方面，它可以是擔憂、猶豫和精神壓力之牌。無論這張牌何時出現在你的解讀中，你將有機會得從充滿創造力的心智受益，或是由於更多的壓力跟猶豫而受苦。

運用這股影響在寫作上，不論是個人寫作還是專業寫作。對所有你遇見的人表達自己，你將會獲得正向的回報。

水星週期的梅花3

這張牌在這個位置意謂著對短途旅行、工作地點或學習內容的優柔寡斷。同時有兩個機會或兩個責任可能帶來不確定性和擔憂。你自己的不安和善變現在可能是你猶豫不決的根本原因。如果你能看到你是如何造成這種情況的，你可能會發現一種成功解決的辦法。你的其他水星牌可能指出你優柔寡斷之處。這可能是一個人或你生活中的一種情況。

這也是一個非常有創造力的影響，可能帶給你在寫作、談話或是某些形式的口語或寫作表達上的成功。你在這段期間會得到許多好主意。把它們寫下來，之後你會很高興自己這麼做。

金星週期的梅花3

這張牌主要的影響力在於對愛情和友誼上的猶豫。也會對選擇朋友產生不確定感和一些失望。為所愛之人犧牲也可能以某種方式使你迷惑。在這段期間，對許多社交或是個人的愛情追求對象可能會消耗你的精力或是成為負擔。看一下你的善變與猶豫是否就是你對友情失望的根本原因。

火星週期的梅花3

這段時間可能會在涉及男性、訴訟或工作的事務上帶來相當大的猶豫。難以清楚思考或在壓力下作出決策可能會導致失去一次或多次機會。一般來說，過度活躍的腦袋灌滿了憂慮，可能是問題的主要來源。在所有書面和口頭協議中謹慎行事，做些事情緩解緊張和焦慮，能幫助你做出更好的決定。

你其他的火星牌可能告訴你，你感覺猶豫或是有創造力的人或事為何。它們也會告訴你在這段時期，任何創造性追求的結果。記住4號牌、8號牌或10號牌，在這段週期作為其他的火星牌可以預示非常好的結果，在這活躍與創意勃發的時期將會有個愉快的結果。

木星週期的梅花3

這段週期會藉由運用創意或是從事創意工作帶來財務成功。梅花3是「作家牌」。在木星的影響下，任何創意上的追求必然會成功。這也可以表示同時在一個以上的領域獲得成功。你正在學習如何同時做兩件事，並保持你的創意之流源源不絕。

在木星之下，這張牌可以帶來一些對生意或是金錢上的猶豫。哪一個工作？哪一項投資？現在你的腦子有點敏銳跟反覆無常，可能會利用多個機會來獲利。這可能是你需要做兩件事情，因為只做一件事讓你覺得無聊。別擔憂，雙管齊下，看看會發生什麼。

土星週期的梅花3

擔心未來是今年你主要在意的事，特別是在這段期間。這項擔憂可能跟一位家庭成員的疾病或你自己的疾病有關係。你不是擔心疾病，就是積憂成疾了。土星有業力的影響，表示這可能是你過去行為的償還。現在要特別照顧好你的健康與飲食。

你現在有很多創造性的能量，為了保持在正向的心智框架之下，如果你發現一些表達這股創造力的樂觀方法，你會更好。雖然現在有創意的計畫很困難，它卻是你最有興趣追求的事物，你要保持這些創意之流源源流向建設性的計畫跟目標。這張牌所指涉的困難可以被一張在其他位置的強大紙牌消弭，比如，任何4號牌、8號牌或10號牌。

天王星週期的梅花3

這是一股非常有創意的影響，可以為你帶來很多好的想法，或者讓你對生活中的某些情況感到擔憂或煩惱。它可以是對某事猶豫不決的牌，這可能是你的工作、與你一起工作的人或某些房地產事宜。另一方面，這也可以使你在做某種創造性工作時取得成功，尤其是寫作或演講。知道這影響即將到來後，你可以加快一些創意工作，並從中學到很多。

你的其他天王星牌可能會告訴你關於創意表達的事情，或者是你對什麼感到優柔寡斷。

海王星週期的梅花3

這張牌意謂著猶豫、懷疑和擔憂，和旅行有關係，或者是跟遠方有關，對你重要的事情。這也可能表示對許多事情隱隱約約的掛念，大多是微不足道的。這對旅遊不是有利的影響，可能會有問題或是不確定性而讓你掃興。你現在可能會覺得困惑，因為在海王星萬靈丹的強大影響下，有些長期以來的信念受到侵蝕。

現在毒品與酒精甚至可能導致更多的困惑。這對音樂或藝術上的表達是很好的影響，因為它會創造各式各樣的新靈感。

梅花3是你的冥王星牌

這一年是你將爭取更多創造力和更多形式的個人表現或職業表達。無論這是否意謂著同時進行兩項工作，或者在目前工作中更具創造性和表現力，你必須做些努力來實現你渴望的結果。在追求更多創造力時，你也必須對抗頭腦的局限——想得太多可能會導致猶豫不決和擔心，而這些會導致壓力和缺乏重點。

梅花3可以是一張極度擔憂和優柔寡斷的牌——但只有當創造性能量沒有適當表達時才是如此。在這張牌的正面和負面表現之間保持平衡，今年對你來說是一個挑戰。今年的結果牌將會指出——不是一個與你這方面有關的人，就是對你創意驅力與渴望同時做兩件事情的具體內容有關的人。

肯定句：

我發展我的創造力。分配我的興趣和能量轉化了我。我努力成為一位作家，充分表達我的想法與感受。

梅花3是你的結果牌

這一年你的腦子可能裝了很多東西。你可能會與創意寫作或廣告有關。創造性的能量在流動著，而你需要有建設性的出口來表現它們，別讓它們成為擔憂和猶豫。在你下一個生日之前，你可能會成功地涉入某種型態的寫作或其他創意工作。你的冥王星牌會對這一點給予更多的細節，或是披露誰涉入其中。

肯定句：

我利用我的創造力，克服我的擔憂和猶豫。我成為一位成功的作家。

梅花3是你的長期牌

今年你可能會有很多想法。梅花3保證會有活躍的頭腦，充滿新的想法和做事方式。這可能會刺激你在同一時間向不同方向延伸。例如，你可能會同時學習兩件或兩件以上的事情，分別去不同的學校，並且可能同時兼任兩份工作。你有很多好的想法，你將能夠想出一些獨特而有價值的方法來做事和看待事物。

如果善加利用這種心智創造力，你可以在寫作或其他創造性追求方面取得很大的成功。若這種創造力和多功能性走入極端的話，你可能會發現自己在今年的生活以較差的方式來實現這股強大的影響——擔憂與猶豫。

大多數人沒有能力來同時處理這麼多的事情，但有些人卻有——這一切都取決於你。為了充分利用這張牌，寫下你今年想到的所有好主意。你可能無法立即做到這一點，但它們有同樣的價值，當你天生的創意還沒有源源不絕時可以保存下來。

關鍵字：

充滿心智創造力的一年，像是寫作，和激發靈感，或是處理擔憂和猶豫的一年。

梅花3是你的環境牌

今年你將從創意表達，寫作和談話中獲得回報與祝福。這一年你會自信地把想法傳遞給他人，這些想法能夠良好地傳遞出去。這也會是很棒的一年，來寫下你一直想寫的那本書。任何形式的創意表達都將受益於這種影響。將你的努力多樣化，例如同時在多個工作或計畫中工作也將使你受益。

梅花3是你的置換牌

過度興奮的頭腦，再加上對許多事情的一些掛念，可能成為今年必須持續處理的問題。財務問題可能是最重要的問題，即使它們大多出於想像，而非事實。你可能已經參與了太多的項目或計畫。你的感覺分散在很多方向上，無法真正關注任何一個領域。特別是一項寫作計畫，似乎可能會是今年的負擔，或者是比你規劃的還要更耗費心神。

這一年，你好像在和你的腦袋捽角——它有點失控了，你必須要拿回主導權。我們的心智是有價值的工作，用來幫助我們完成事情，但是，當它要對我們的個人快樂負責時，也可能變成負擔跟問題。失控的頭腦難以一次專注在一件事情上。在這種狀態下，我們無法把事情做好，這會減少我們從中尋求的報償，並增加了我們的不確定感。

方塊3
多元價值觀／賺錢的創意／財務的不安

方塊3的基本牌義

當方塊3出現時，表示金錢事務中的猶豫或是擔憂，是你體驗中的一大部分。這張牌具有如此強大的創造性能量，如果我們不為這股強悍的創造性能量找到出口，我們必然會感覺到恐懼和三心二意。當這張牌出現時，關鍵在於找到表達我們自己的方式。

它也可以表示一次有兩個工作機會，或是分配時間給兩個計畫或生意。通常多樣性會是個祝福，允許我們探索其他領域。然而，缺乏專注會導致在一個或另一個計畫中沒有成就或是缺乏細節。了解這一點，會幫助你避免浪費這股無價的創造性力量。

水星週期的方塊3

這段時間可能會導致突然出現的情況，並導致對金錢或工作的一些猶豫不決。這是對金錢問題的精神不安和對物質限制的擔憂。這對於社交魅力是有利的影響，也會溝通關於賺錢方式的新想法。然而，它也是一股擔憂的影響，造成胡思亂想，難以專注在單一道路上獲致成功。

看一下你其他的水星牌，這會告訴你，你的猶豫和擔憂或創造力會與什麼或是誰有關係。另外，記住，這股影響力可以被導向創造性的出口而獲得巨大成功。

金星週期的方塊3

這張牌表示財務擔憂，可能會導致你的關係出現問題。在這個時候，你可能會出於金錢上的擔憂來選擇朋友和戀人，或者為了滿足你對金錢的急需而選擇工作，但從長遠來說並不適合你。無論如何，在此期間將愛與金錢混為一談是不明智的。同時也建議你做一些能讓你放鬆的事，這樣你就能在工作和金錢上做出更好的決定。

火星週期的方塊3

這對創造力和獲得新的賺錢主意是很好的影響。然而，過於好鬥的衝動天性可能會導致目前的財務或法律問題。盡可能保持專注和井井有條來實現你的目標。緊張、對金錢限制的不安全感現在可能導致許多問題。你可能需要等到這段時間後才能解決上述問題。

你的其他火星牌可能會告訴你，讓你感到猶豫或是有創造力的是誰或是什麼。他們也會告訴你在這段期間任何創造上追求的結果為何。記住4號牌、8號牌或10號是你其他的火星牌，會預示著非常好的結果，而且這段活耀而有幹勁的週期會有個令人快樂的結果。

木星週期的方塊3

這裡你有可能一次在一個或更多的領域獲得財務成功，或是透過表達你的創造性能量而獲得財務成功。這對那些創造力領域是特別好的影響，無論是藝術工作或是財務上的創意工作。你同時涉及兩個或更多的金錢項目，也可能會造成三心二意和擔憂。木星週期通常能發揮在這裡發現的任何一張牌最好的一面，特別是財務上的優勢。運用這股影響力從事創意工作去賺更多錢，或者是分配好你已經在不同管道上做的事情來賺更多錢。

土星週期的方塊3

這股影響帶來對金錢的過度擔心，你受到很大的干擾，也許會因此生病。或者，某人的過世或生病導致一些財務上的問題或憂慮。在土星之下，你最近的金錢恐懼大概是出於業力，即是為過去的行為買單。現在保持低調，照顧好你的健康和神經。這股能量並不支持任何形式的投機。

在較深的層面，你現在被賦予了豐富的創造性能量，而且這股能量可能是用在幫助你找到更多更好的方式來賺錢。不過，如果你把這股能量轉為對金錢的擔憂，它就會是一個挑戰，這是這張牌負面的一面。另外，這張牌表示的困難可以被在其他位置上強大的牌消弭，比如任何4號牌、8號牌或10號牌。

天王星週期的方塊3

這種影響可能會對勞資關係、房地產交易或工作帶來猶豫不決和不安全感。另一方面，你可以得到很多關於如何賺更多錢的好主意，並且為了獲得更大的成功而實際上拓展到新的方向。你可能不確定你一直在做的工作對你來說是最好的。儘管你確實有很多好點子，但你在這個時候可能會因為跟金錢有關的直覺而有點困惑。每當有這樣一個強大的創意能量時，端看我們是否善用它創造性的一面，而非讓我們自己杞人憂天。

海王星週期的方塊3

這股影響力帶來對一些金錢事務的擔憂，也許是和旅行或遠方事物有關係的事情。財務上的猶豫不決和困惑會消耗你的精力，隱約的恐懼或擔憂可能會阻撓你完成財務成功的渴望。現在很有可能會發生溝通不良，在這裡應該要特別強調溝通清楚。最好延遲任何重要的財務決定到這段週期之後。

這股影響最好的應對方式指向創意表達。這是對於好主意更好的影響力，既能讓你賺錢，又能讓你表達自己。

方塊 3 是你的冥王星牌

這股強大的影響告訴我們，今年你在一個或多個新的方向努力突破。你渴望有創造力，並探索新的賺錢方式。你正處於探索新價值的中間階段，你可能會嘗試比以前更多的新事物。這可能顯現為同時有兩份工作或生意，或者只是有創意地增加你當前的活動。你正在挑戰自己，想變得更有創意、多才多藝，甚至更羅曼蒂克，這將對你生活中的每個領域產生強烈的影響。

今年在這股強烈且有創意的力量下，你不太可能對未來做出任何明確的決定。這會導致不確定，甚至是在一些領域的擔憂。這張牌通常會表現出財務上的擔憂。為了更好地利用這一年的影響，你需要變得有創意，想出賺錢的點子，同時讓自己有更完整的自我表達形式。今年你愈表現自己，你就愈不擔憂。在你下一個生日之後，你更能投入在一個方向上，並獲得成功。

看一下你的結果牌，以獲得關於這場探索的更多細節，或是判斷你朋友和同事中的誰會涉入這場探索之中。

肯定句：

今年我正在探索不同的價值和生財之道，這正在轉化我。

方塊 3 是你的結果牌

這一年你表達一些潛在的創造力，並嘗試新事物、結交新朋友，和探索新的生財之道。不知何故，你的冥王星牌的能量正在刺激你進入新的方向。你可能處於一個重要的轉折時期，從過去的穩定（和單調）進入一個不確定的未來，有時這可能是可怕的。然而，你的內在的創造力正在被喚醒，因此，你將會非常高興和滿足。

肯定句：

我正在透過實驗跟多元化來學習我要的是什麼。我拓展我在價值觀上的視野。我會以兩種以上的賺錢方式來結束這一年。

方塊 3 是你的長期牌

就你的價值觀而言，你今年在某種程度上位在十字路口。你想要這個還是你想要那個？你與金錢和愛情的關係是什麼？你覺得最重要的是什麼？隨著你在這一年的進展，這些問題愈加出現在你腦海中，你會在工作、愛情和財務上實驗新的方法來獲得滿足，當我們允許自己探索替代方案，我們往往會錯失對當下的焦點，這可能會損及財務上的成功。我們分散了自己的力量，無法專注在任何一個計畫或追求上。

如果是這種情況，記住對你而言重要的是做這些實驗，不要因為沒成功就變得擔憂。這股極為有創造力的影響必須放在有建設性的地方上運作。否則，它可能導致過度為金錢擔憂跟猶豫。今年你需要去實驗跟表達你的創造力。你會決定哪一條路能帶給你最好的長期滿足。今年你會找到幾條生財之道，並且在這些改變中學習如何多元化經營獲得更多的利益。

關鍵字：

創造性的追求金錢，或是對金錢擔憂和猶豫的一年。我會專注在多元化我的收入來源。

方塊 3 是你的環境牌

財務上或生意上的創意想法今年可以為你帶來許多祝福，同時也為你提供一定的保護。你也可以成功地同時承擔多項工作。任何允許你表達創造力的工作極可能使你獲得成功。藝術、音樂、行銷和廣告是能夠從這張牌獲得最大好處的活動。多元化經營，你也會在多方受益。

方塊 3 是你的置換牌

今年你將會體驗與創造力和活躍思維相關的責任。藝術創作、創意商業交易和其他創意事業今年似乎將承受沉重負擔，需要投入比計畫更多的精力。隨著工作與生活的展開，你自己的擔憂天性會是這一年必須要處理的東西。特別是，對金錢的擔憂變得首當其衝，雖然你實際上的財務狀況良好。任何3號牌作為置換牌都是一個信號，表示我們的頭腦有點過於活躍或是想得太多，我們的許多興趣使我們變得不確定跟三心二意。專注於一個計畫、一個主意或是一份工作並予以完成，可能幫助緩解可能出現的一些懷疑跟恐懼。你要嘗試找出一個方法來組織你在工作上或生活中尋求的多樣性，同時不犧牲你的安全感。

黑桃3
創造力／壓力／同時兼兩份工作

黑桃3的基本意義

　　黑桃3是整副牌中最有創意的牌之一。它被視為「藝術家牌」。它非常有創意，如果不能正確地疏導，就會變成猶豫、恐懼或是身體上的壓力了。

　　黑桃3在字面上可以代表我們把自己一分為二，那麼我們就可以同時做兩份工作，或是同時追求兩種生活方式。當我們這麼做時，我們的成功取決於這張牌的位置（木星是最好的，土星是最糟的），以及如何把它的能量有效地引導到創造性的事業上。

水星週期的黑桃3

　　這個週期可能帶來一些不安全感，來自於面對兩個選項的猶豫。這可能是關於工作、健康、旅行、家庭或是朋友的。在這段期間可能還有許多短程旅行，而你可能會同時做兩份工作。你可能會意外地得到兩個工作機會。在這股影響下，多樣性和改變可能會造成更勝平常的焦慮感，而你猶豫不決的個性可能會是潛在的原因。

　　黑桃3被稱為「藝術家牌」，因為它帶來那麼多的創意。利用這股影響去為你的將來創造新點子跟計畫。你的其他的水星牌可能告訴你，你的創造力、猶豫和什麼有關係，或者表示在這五十二天週期你在創造方面的努力結果。

金星週期的黑桃3

　　這股影響帶來許多對浪漫情事和工作上的許多波動與猶豫。這可能是跟你的工作、金錢、一位女人或甚至你的健康有關。你現在可能會害怕單調單一性，特別是在愛情方面。在這段週期，你可能會對你的親朋好友和家人淡然冷漠，而可以期望在你的魅力和友誼上有許多變化。要小心你的三心二意讓你有不安全感。

火星週期的黑桃3

　　這表示懸而未決的生意或工作事宜，結果可能是同時有兩份工作或兩個工作機會。這不是對法律事務有益的一面，因為還有一些疑慮或沒處理好的問題。在這股影響下，你對一切渴望的積極追求，可能讓你捲入更多超乎你所能處理的計畫或工作。此時這可能使你耗費心神，對你沒有幫助。

　　你的其他的火星牌可能告訴你，令你感到猶豫或有創意的是誰，或者是什麼。它也會告訴你，在這段期間任何創意上的追求結果。記住，4號牌、8號牌或10號牌作為其他的火星牌，會向你預示非常好的結果，這個週期中活躍而積極進取的創造力會

有個令人愉快的結果。

木星週期的黑桃3

　　多元化通常會在這個時期帶來許多祝福。如果你能承擔風險，這股影響實際上對許多事情有利，像是賭博或短期投機行為，在黑桃3的影響下，也有可能同時在兩個領域成功，或是在與藝術或創意表達有關的生意上成功。這被稱為「藝術家牌」，所以對於各種藝術或是概念的表達都非常有利。在木星之下，如果導向積極的創造性工作，它會帶來豐厚的財務成功。

土星週期的黑桃3

　　在這種影響下，對工作或金錢問題的優柔寡斷會影響你的健康。懷疑或擔心自己的健康或其他人的健康，則可能會影響你的生意往來。這張牌可以顯示不穩定的健康問題，以及對其他人和環境負面振動特別敏感。建議在健康方面以及選擇與誰一起工作或玩樂要特別謹慎。這張牌可以代表猶豫不決。

　　你在這段時期涉入的創意計畫會更難以達成，但並非不可能。如果你同時做兩份工作，或是做些藝術、音樂和任何方式的創意，只要保持工作，讓你的靈感源源流出。雖然這張牌可能表示你會遇到困難跟猶豫不決的情況，但你會有明確的進展。另外，這張牌表示的困難可以被在其他位置上強大的牌消弭，例如任何4號牌、8號牌或10號牌。

天王星週期的黑桃3

　　這股影響表示對房地產交易、你的工作、員工事務或心理實驗方面的猶豫。在這段期間，你可能發現自己不是同時在做兩份工作，就是在找一個創意的出口來投入自己。這會是樂觀或充滿壓力的影響，取決於你決定如何運用這股非常有創造力的影響。

　　黑桃3被稱為「藝術家牌」，因此，這對自我表達和所有種類的創意工作都是美妙而有益的影響。你可以讓自己參與一些有創意的計畫來緩解任何精神上的擔憂和焦慮。

海王星週期的黑桃3

　　這張牌會帶來對旅程、你的健康、工作或是所有類型的外國興趣愛好的疑慮和不確定。在這段期間，對於所有工作上的安排都要保持清楚簡潔。基本上，這股影響會使你對所有外國的事物或與你很遠的事情產生疑慮。這可能是宗教信仰或是靈異現象，但也會延伸到工作和健康上，因為黑桃也主宰那些部分。要確定你做的任何工作有計畫跟現實的基礎，不然之後你會後悔。

　　在樂觀的一面，這是在藝術表達方面最好的一張成功牌。你

大概會有很多美妙的點子，並且渴望去表達你自己。採取某種形式的表達則可以使你大大地將這張牌帶來的憂慮效應縮到最小。

黑桃 3 是你的冥王星牌

對你來說，這一年主要的目標是達到掌控一個情況，也就是讓你的基本能量被分成兩種或更多的重要方向。這可能會表現成同時進行兩份工作、或是處理一個長期健康問題，這個問題顯示你內在深層的分裂。有時候，你可能感覺到今年你真的被分成了兩半，而這可能給你製造了很多身體與情緒上的壓力。你能克服人生中所有的壓力嗎？那對你而言也是今年的主要目標。有時候我們決定把自己分成好幾個部分，然後必須在不犧牲健康或幸福的情況下，掌握好那些部分的實際行動。

黑桃 3 也被視為「藝術家牌」，你可能會在不同的自我表達方式中，找到更多的安慰與滿足。如果今年你有藝術上的目標，這個領域的成功可能需要一些基本的改變，改變你實現這些目標跟方向的方式。

查一下結果牌來獲得關於你同時做很多事情的資訊、關於如何找到成功方法來表達自己的渴望，或是看看誰會直接與這個情況有關係，幫助你從中學習。

肯定句：

我正在學習如何表達我的創意能量，而不是在這過程中變得很有壓力或是不健康。

黑桃 3 是你的結果牌

這張牌的強大創造性必須謹慎處理，以便發揮它健康積極的一面，因為它可能容易變成壓力和健康狀況不佳。查看你今年冥王星牌的含義，並且結合這股創造性能量的影響，了解你這一年主要目標與挑戰的全貌。這不是做出重大人生決定的一年，而是簡單地透過體驗不同的方式，來了解你喜歡的是什麼。

肯定句：

我將自己打造為成功的藝術家。在這一年的結尾，我會有兩份工作或是一項未決的健康問題。

黑桃 3 是你的長期牌

今年在你的工作或健康方面，你會有點「分裂」。黑桃 3 是整副牌中最有創意的牌之一，而就像所有 3 號牌，保持這張牌的能量免於擔憂、猶豫和壓力就是個挑戰，那是這張牌低層次的一面。這都取決於你如何運用這張強大紙牌的能量。

不知何故，你會面對人生中的十字路口。你可能會同時嘗試或進行太多事情。你渴望在同一時間探索許多方法來變得有創意。如果處理得當，你會比之前更有生產力。訣竅就在於保持高昂的精神，並且清楚你同時在做的許多事情。現在不要期望安頓在某條道路上。跟隨這張牌的能量流動，做些事情來讓自己保持放鬆與平靜。

有時候發生在「黑桃」中的事情是我們無法避免的，而你很有可能在這些方面都獲得成功。只要對你的健康保持覺知，並且把那方面的問題都視為你內在深層衝突或分裂的結果。解決這個衝突，你就解決了問題。

這張牌的最高表現形式是「藝術家牌」，因此它會賜予你許多與藝術相關工作的成功。自我表達是運用這股強大創造力獲致成功的基本條件。

關鍵字：

非常有創造力的一年，必須小心處理，免得變成了壓力跟健康問題。

黑桃 3 是你的環境牌

這一年，許多利益會透過創意自我表達迎面而來。這對任何種類的藝術追求，比如繪畫、設計、音樂或是表演都是特別好的影響。你也可以藉由變化你的工作情境而獲得許多祝福。同時進行兩份工作或是計畫可能會帶給你更多的成功，減少壓力。去尋找表達你自己的方式，多元化經營，善用這張牌的優勢。

黑桃 3 是你的置換牌

這在某些方面是幸運的一年，而你應該看到在你人生中的一些事情，恰恰以你希望的方式出現了。不過，一種傾向分散你精力到許多方向的習慣，可能會導致肉體上的壓力或難以診斷的健康問題。今年如果你願意朝自己的目標做出一些真正的努力，就會得到一些實質的進步，收到許多回報。同時，注意你的身心平靜，這樣你就不會太給自己壓力，不然會降低你享受這些努力成果的能力。

即使你不一定想要，你可能會發現自己在兩個工作之間拉扯，或者在你主導的兩個不同生活之間徘徊。當你這樣做時，你會了解到這可能會有多困難。在這方面，今年你會真正欣賞擁有更為平靜的生活，這促使你未來採取不同的方法，而非將自己分散到這麼多方向去。

紅心4
穩定的愛情與家庭

紅心4的基本牌義

紅心4是對愛情、婚姻與家庭的保護標誌。它代表一個人的婚姻和愛情基礎，在這之上可以建立家庭和生活。紅心4通常被視為良好的影響，特別是健康的家庭和社交生活。當你感覺在友情和愛情領域非常滿足時，你甚至可能拒絕別人的求愛。如果你是單身的話，紅心4作為結果牌或金星牌，會是強烈的結婚訊號。

紅心4與你家和家庭，以及在這些領域發生的事情有關係。它表示在最基本層面上，我們以愛作為建立其他親密關係的基礎。它是心靈之家。

水星週期的紅心4

這張牌通常會帶來一段短暫、但愉快的愛情與浪漫時光。在家中或短途旅行時突然的幸福或快樂，或許是一本好書或一位新朋友。現在不要尋找持久的關係，因為水星是短暫的影響。除非你們分享許多心智上追求，否則任何在這種影響下的婚姻都可能沒法持久。一般來說，這對於分享心智上啟發的享受，是張很棒的牌。

這是一股如此有力量又穩定的影響，即使你的其他水星牌是挑戰或逆境，在這段期間也會產生非常好的結果。

金星週期的紅心4

這張牌通常賦予在愛情、婚姻或友情中更多的快樂。這是對婚姻與創立家庭最好的牌之一，擁有許多祝福，充滿著物質上與心靈上的滿足感。在這股影響之下，你最親密的關係將會令人非常滿意。這張牌可以代表你目前的婚姻，以及現在你可能比以前更樂在其中。

這是一股非常有力量又穩定的影響，即使你的另一張金星牌是挑戰或是逆境，在這段期間都將會產生非常好的結果，。

火星週期的紅心4

這股影響帶來男人與女人積極的快樂關係。在這段期間為了最大化效益而結合了進取心和愛情。現在，在積極追求社交聲望可以帶來成功。這張牌也是成功的標誌，尤其是在法律事務或任何與男人有關的努力方面。對演員或與公眾有互動的人（特別是男性）也是有益的影響。

這張牌穩定的影響力非常強大，即使你的其他火星牌更有挑戰性的跡象，也會為你帶來快樂的時光。即使你的其他火星排表示挑戰或問題，這張牌保證你們會克服它，結果將是樂觀的。一

張在另一個位置的成功牌將進一步加強這張牌的影響力，並可以告訴你在這五十二天的時間裡，你會在什麼方面，或是跟誰一起體驗到這種滿足感。

木星週期的紅心4

這股影響把愛情與金錢結合在一起，獲得在許多領域的成功。社交成功可以帶來財務上的斬獲跟推展。你現在可能在賺錢跟花錢方面會有許多快樂。在這股影響下，你自己的婚姻可以同時帶給你許多心靈上跟物質上的利益。木星有益的擴張影響將幫助你更大的景象——人生可以有多美好。

對於已婚的人，這股影響通常表示你的配偶賺到比平常更多的錢（並給你一些錢去花）。

土星週期的紅心4

這段週期可以看到你愛的某人從病況或出現的其他麻煩中恢復。現在也有可能結婚。你也許會跟比較年長或比較年輕的人結婚，或是跟一位被當成負擔或限制的人結婚。你自己的婚姻現在可能是負擔或責任的來源，而且可能不像在其他時期那樣開心或輕鬆了。在這股影響之下，也可能會為地位或金錢結婚。

這張牌告訴我們，無論你其他的土星牌代表什麼，將會有一些和你的婚姻、家庭或居家生活有關的事情發生。這是張能帶來良好影響的好牌，雖然要付出一些努力。如果你準備在這段時期努力工作，並把你的親密關係和家庭目標放在你的心中第一位，無論出現什麼情況，這張牌可以表示一個有利的結果。

天王星週期的紅心4

某種程度上，你的其他的天王星牌表示的事件將會與婚姻、家庭、房子，或是獲得你在愛情生活中的滿足感有關係。

海王星週期的紅心4

這段週期可能會看到你有一趟愉快的旅行——大概是水上的。你的婚姻或是親密的關係大概會有種理想主義的調調，目前看起來相當美好而羅曼蒂克。確實還有可能經驗到「神聖之愛」，帶有真正的靈性色彩。只要注意在海王星影響下，你可能會把別人看成你想要的樣子，而非他們的真實本性。

這張牌也影響你一整年，導致你夢想有一個完美的婚姻或是一棟你想要的房子。

紅心 4 是你的冥王星

這一年會使你的焦點放在婚姻上面，或是你自己的家庭與最親密的關係上。如果你已經結婚了，你可能需要消化一些新的刺激，來保持你跟配偶關係的平衡。對你來說，你的婚姻方面可能會出現一些問題。有時候這可能是有挑戰性的，因為你最近都沒有處理這些問題。

假如你是單身，你可能只是想過婚姻的概念。要把這些新能量跟概念整合到你人生中可能是個挑戰。通常當紅心 4 是冥王星牌時，你會想要跟本命牌是你結果牌的人共結連理。若是如此，在你下一個生日之前，你們兩個可能最終走在一塊兒，雖然並不一定要結婚。對於實際上結婚來說，這並不是個強勁的影響，除非你有其他的結婚牌出現在你的流年牌陣上，但這可能是為了你最後走上結婚禮堂做準備的一年。這張牌也表示你努力在你的家庭生活獲得更多的成功，通常，如果你有孩子，也會囊括其中，還有你的家，都是由紅心 4 代表的。

一般來說，紅心 4 意謂著你今年渴望有更穩定與更安全的愛情與友情。在這個位置上，也暗示想要擁有這種穩定，你必須要在你生活中的這些關鍵領域採取新方法以獲得它。看一下結果牌以獲得更多細節，了解如何把婚姻的概念融入你的人生全圖，看看誰可能會與你正在體驗的轉化過程有關聯。

肯定句：

婚姻，家與家庭的穩定性轉化了我。我正在創造成功的婚姻或家庭生活。我創造愛、滿足感與安全感。

紅心 4 是你的結果牌

在你的下一個生日前，這是強烈的結婚信號。至少，你應該在年底前找到一個滿意的愛情關係。穩定的戀情和獲得豐沛的愛支持，將會成為你今年努力的結果。你甚至可能發現自己有時拒絕愛情，因為你已經有了。你的冥王星牌會進一步說明，想要實現這種穩定，你必須做出的改變，或者是告訴你，你會跟誰結婚。

不管你這一年的冥王星牌多有挑戰性，這張牌保證每一件事情都會有快樂跟滿意的結果，並且在今年最終會感覺到情緒上的穩固與安定，可能處於一段非常棒的親密關係。

肯定句：

我在最親密的關係發展穩定性。我正在創造家庭或婚姻。今年我最終會結婚。

紅心 4 是你的長期牌

紅心 4 是在愛情與友誼中的保護標誌。這可能是你在情緒上、浪漫和家庭生活獲得滿足的一年。如果你目前已婚，或正處

一段承諾的親密關係，無論環境如何，你的婚姻和家庭都扮演重要的角色。無論有什麼理由，你都必須投入比平常更多的注意力在上面。如果你是單身，也沒有對象，婚姻的概念會變得對你很重要。今年你可能會擁有一個或多個非常令人滿意的親密關係。這對結婚會是較為強烈的影響。不過，還要查看流年牌陣中的其他牌做更明確的判斷。

關鍵字：

愛情、家庭與婚姻中的穩定，對我來說是今年最主要的興趣所在。愛包圍著我。

紅心 4 是你的環境牌

在今年，家、家庭和你最親近的朋友圈會提供一定程度的保護與祝福。這是享受愛情安全感的一年。把這些東西帶入你的生活。如果你打算結婚，這對你會是美妙而療癒的體驗。如果你是已婚，今年許多祝福將透過你的伴侶而來。如果你單身，你會發現你最親近的朋友圈就在那裡，是許多好事的來源。這可能是美妙的一年，買房子或是搬到更舒適的居家環境。你知道你在愛情中想要什麼，這也會使你心想事成。好好享受吧！

紅心 4 是你的置換牌

這張牌提供了成功的潛力，同時夾雜著需要謹慎的影響，應該要仔細去辨之。還有一些事情能夠幫助你理解如何最恰當地處理這種影響。首先，紅心 4 代表我們的婚姻、家庭、最親近的朋友圈，或是我們的家。作為置換牌，你人生的這些領域肯定會在這一年需要你更多的關注，即使你自己並不想把注意力放在這件事情上。

今年處在這個位置的牌本來的特質告訴我們，你可能有一些事業上的抱負支配了你的注意力。也許你正努力讓自己所做的事情獲得更多的認可。既然今年你有黑桃 K 作為結果牌，無疑地，你在某個領域會想要有更多的把握，也許是認可與責任。你很可能在年尾時會實現，但是在這過程中，你必須通過土星週期的試煉。在那段期間，還有一些需要處理的事情，就你而言，是非常重要的事情。那個週期潛在的影響是，你生活中長期存在的問題將會來到審判的時候，重新被評判。這個評判可能相當戲劇化，但並非看來對你有利或是跟你的方向一致。但事實上，它代表一種公斷，清算你人生到目前為止的那些事情。因為紅心 4 的緣故，那些事情往往是跟婚姻、家與家庭或是你的朋友圈有關。研究黑桃 6 和黑桃 9 的基本牌義，以及它們在土星位置的含義，以便更加理解這段週期和今年為你準備了什麼。有了覺察的意識，今年的事件就不會那麼戲劇化，就你而言，可能會有一個有利的結果。

梅花4
井然有序／頭腦清明則心靈平靜

梅花4的基本牌義

梅花4是精神滿足跟穩定之牌。當這張牌出現時,可以肯定你將體驗一些精神上的平靜。無論你從事什麼心智類型的工作,都將從這種穩定跟實際的影響中受益。

這是一個為未來制定計畫的好時機,因為你的思維比以往更為清楚。這張牌帶來組織能力,並有能力針對特定主題,建立穩固的知識基礎。只要小心過於頑固的心態,那可能會使你疏遠他人。

水星週期的梅花4

這段週期會帶來愉悅但是短暫的滿足體驗,像是一本書或是一位新同伴。這股影響也是學習新事物、獲得知識以及與所有心智有關的事情有利,例如寫作、演說或教學。你的研究會是你現在喜樂的來源,而一般來說,你應該會享受人生。

這是一股強大而穩定的影響,甚至即使你的其他水星牌是個挑戰或是逆境,它將在這個時期製造非常好的結果。

金星週期的梅花4

這是非常好的影響,表示家跟婚姻中的滿足,如果你是單身,代表你個人生活的滿足。從知識而來的欣慰感也是一種可能,快樂也存在於和你有類似知識品味的人相伴。現在你大部分的友誼都會很順利,這股影響唯一可能的負面影響是傾向於倔強和固執。

這是一股非常強大而穩固的影響,即使你其他的金星牌是個挑戰或是逆境,這影響將在這個週期產生非常好的結果。

火星週期的梅花4

這是一股很好的影響,可以滿足情感上與心智上的親密關係,特別是與男人的關係。對女人而言,這是一個在婚姻與家庭幸福的信號,也會有來自家中的好消息。對於和友誼的積極追求會在這段期間帶來報償。活躍的思考能成功地被運用到工作上,特別是在組織、效率和實用性的領域中。

這張牌穩固的力量很強大,即使你其他的火星牌是更有挑戰性的,這張牌會為你帶來快樂的時光。甚至你的另一張火星牌表示挑戰或問題,這張牌仍保證你會克服它,而結果會是樂觀的。一張在其他位置的成功牌將會進一步加強這張牌的影響,可以告訴你是誰或是什麼事物,和你在這五十二天週期之間一起體驗這種滿足感。

木星週期的梅花4

這是在財務上與生意上的好信號,是好運之年中最好的信號。雖然更像是透過保持穩定跟專注而來的好運,你也可以從你的生意或職業中在擴張方面的改變而受益。你可以用你的頭腦去善用優勢,也許是規劃或討價還價。現在你大部分的親密關係應該進展順利。一切都運作得很好,都按照計畫進行。你可以變得更有條理和生產力,這應該會帶來更大的財務成功。

土星週期的梅花4

這是一張克服疾病與不利影響的牌。可能是從某個生病的人身上得到好消息,或是在病中仍然過得開心。現在在你有樂觀思考的巨大力量,頭腦的力量可以有建設性的用在許多方面。運用這種力量去療癒你自己或某人,或是移除你道路上的障礙。現在在你顯示出來的懷疑和你內在的信念並不和諧。

這張牌有如此強悍的影響,可以推翻掉在這段期間出現的任何負面影響。即使你其他的土星牌是挑戰或問題,這張牌確保你會有成功的結果,並且將會克服困難。

天王星週期的梅花4

這段週期會帶來在勞務、服務或是在一些房地產活動中的滿足。這張滿足與平靜之牌也表示,在人道主義或是靈性相關活動中的成功。在這股影響之下,你最大的滿足會是透過幫助他人。這可能會發生在某個大型組織中。現在你樂觀的思考與祈禱可以是有效的療癒良藥,即使是對遠方的那些人也是如此。

不論你的另一張天王星牌是什麼,這股影響會在這個週期帶來腳踏實地的強烈力量。這個時期最終的整體結果將會充滿了滿足與愉快。

海王星週期的梅花4

快樂和滿足可以透過旅行或是與遠距事物有關的情況,或一位旅人而來。它也表示在某些角色中的滿足,像是療癒師或是成為某人的「護理師」。你現在感覺到的滿足可能有深層的靈性色彩,因此可能會引起你內在深層的部分共鳴。這股影響也表示和某個看不到的國度或是其他形式的靈異現象連結。

梅花4是你的冥王星牌

這一年你努力工作去達成在你人生一個以上的領域當中的力量、穩固與滿足,那會幫助你整個人生都穩定下來,變得更為滿足。你可能會學習一個新學科或是嘗試灌注你的能量到一個方向

上面。你可能會學習更有條理，並對你的個人事務和職業事務採取更為務實的態度。心智的滿足是你今年的目標之一，不管什麼對此有所貢獻，都會在你的生活中占有更高的地位。

你需要很多思維的力量來完成這個目標，而你可能要在你思考或做事情的方式做一些改變，來完成它。有時候，這似乎非常困難。而其他時候，在你生活中的其他人可能會認為你太固執或太執著於你的目標上，但所有這些都是一個過程，用來實現對你來說最重要的事。透過你的結果牌，可能會透露出這個平靜的心與誰有關係，還有關於你人生的更多細節——哪些是你真正想要變得心平氣和而有條理的部分。

肯定句：

我在我的人生中創造穩定跟滿足。達到內心的平靜與滿足轉化了我。

梅花 4 是你的結果牌

在某種程度上，要和你的冥王星牌一起理解，你想要獲得心靈的力量與滿足。你會做重要且必要的改變，來達成這個目標，而且你會成功。你可能渴望更多知識，或是更加平靜的心。有時候在這場追尋中，他人可能認為你固執而氣量狹窄。然而，專注在你的目標上，意識到你的重點，下定決心，明確的目標能建立心靈的力量。

不管今年你的冥王星牌可能多麼有挑戰性，這張牌證明了一切都有一個快樂而滿意的結局，而你會以穩當的感覺和井井有條來結束這一年。

肯定句：

我在這一年實現心靈的穩定與滿足。

梅花 4 是你的長期牌

這可能是你的心智穩定，並在所有事務中獲得滿足的一年。

不管你的職業與興趣愛好為何，你會發現你可以維持內在平靜，並且一次次為你帶來最好的體驗。這是一種非常樂觀的影響，因為頭腦通常是我們問題的根源。這股影響可以極為成功地應用在任何心智追求上，例如寫作、教學或是學習新學科。你應該會在各種領域都感到滿意。這張牌唯一的負面影響，就是頑固跟胸襟狹窄。但如果對我們來說，一切進展順利，為什麼我們應該要改變呢？就像他們說的：「既然沒壞，幹嘛要修？」

關鍵字：

在所有方面都滿意的一年，精神穩定，組織能力，有時候頑固。

梅花 4 是你的環境牌

藉由穩定而井井有條的心智狀態，這將是你基本上從任何嚴重問題中得到保護的一年。你會在任何與學習、需要有組織相關的事情上獲得成功，而你會覺得內心平靜與穩定，那將有助於你生活大部分的領域。我們並非經常對自己的人生有這麼清楚的看法，並對一切事物有適當的觀點，所以享受這充滿保護與穩定的一年吧！

梅花 4 是你的置換牌

在許多方面這將是一個美好的一年，並且你的思想比平常更加輕鬆和平靜。此外，這將是你實現許多重要願望的一年。成功來自於專注在你的目標上，並且願意為你想要的而努力。今年你可以擁有相當大的力量，特別是心智力量。而你很可能會用這種力量成功地達成你的目標。不過，要注意你在思維上有短視近利的傾向，過於強調你的觀點，排除他人的想法。雖然你有一個對你奏效的公式，但並非適用於每個人。此外，你的固執會令他人疏遠你，這大概並非你真正的意圖。

方塊4
價值觀穩健則財務穩定

方塊4的基本牌義

方塊4意謂著穩固的價值觀，能夠吸引足夠的金錢來滿足我們的安全需求，而且還不只如此。當我們確切知道我們想要什麼時，我們傾向於更快地將這些東西吸引到我們身上。因此，當這張牌出現時，通常意謂著我們已經清楚了我們想要什麼，然後才能得到它。這裡指出了滿意和豐盛，你可能有一個良好財務的基礎，並可以開始在此之上建立一個財務上的未來。當這張牌出現時，管理你的資源可能財源廣進，這張牌賦予你用清晰的頭腦處理財務事宜的能力。

水星週期的方塊4

在這段週期，你可能會發現一些財富翩然而至，或者你渴望的金錢出乎意料地實現了。這可能是投資或是商業交易中的快速成交或是回報。這對於投資金錢促進你的教育或是為你的生意購置設備是很好的影響。一般來說，這張牌意謂著金錢上的滿足，它的影響是短暫，也許出乎意料的。

在這段週期，這是強烈又穩固的影響，即使你其他的水星牌是挑戰或逆境，它們會產生非常棒的結果。

金星週期的方塊4

在此期間，你很可能有錢花在奢侈品上，來美化你的家或你自己，比如服裝。在這段期間，你也可能會與成功的金融人士交往。在這股影響力下，你可以在與家居、服裝、藝術或美容產品相關的生意中賺錢，並且從女性身上獲得很多財務上的成功。這通常表示在所有財務事項中的滿足。

這是一股強大而穩定的影響，即使你的其他金星牌是挑戰或逆境，在們這段時間裡它會產生非常好的結果。

火星週期的方塊4

這股影響力帶來賺錢的積極能力。這也可能表示在法律或稅務事宜，或與男性有關的事物上獲得滿足。這是一張能克服其他疾病影響的牌，可以消弭在同一週期中其他負面的牌帶來的影響。你在財務目標上積極的追求可以帶來巨大的回報。你想要努力工作賺錢。列出心願清單並且付諸行動吧！

這張牌的穩定影響非常有力量，即使你其他的火星牌更具挑戰性，它會為你帶來一個快樂的時期。就算你的另一張火星牌表示挑戰或問題，這張牌表示你將會克服它，將會有個樂觀的結果。在另一個位置上的成功牌會進一步加強這張牌的力量，而且可以告訴你，在這五十二天週期內，你會跟誰或什麼一起經驗這

種滿足感。

木星週期的方塊4

這是你能得到的最棒財運牌之一。它表示在所有商業事宜中的成功與豐盛，或是在大筆投資之下心滿意足。這股影響有利於擴張生意，因為在這個時候你會看到你過去所有的努力都得到好回報。現在，你會按照你原本的計畫，一步一腳印穩健地做下去。這是一張財務保障牌，可以抵銷任何其他的影響，所以別擔心。

土星週期的方塊4

這股影響可以透過另一個人的不幸或死亡帶來金錢。因為它是克服困難之牌，所以它表示一個財務問題令人滿意的結局。透過努力工作、耐心和紀律獲得成功。無論是任何疾病，這張牌確保你將會有良好的醫療照顧。你現在可能會為了結果而更加努力工作，但是好結果必然到來，而且會持續很久。

這張牌有這麼強烈的影響，所以能消弭在這個時期出現的其他負面影響，即使你其他的土星牌是挑戰或問題，這張牌保證你會有個成功的結果，而且可以克服萬難。

天王星週期的方塊4

這是一張財源廣進的牌，表示透過勞務、房地產、人道主義作為或未來科技賺錢。這也可以代表一筆不尋常或是意料之外的財富進帳。此時，你的努力在此時會得到收穫。這股影響帶來與同事、任何大型機構的良好關係，現在對你來說，也可能是獲得財富的來源。一般而言，你會對你的財務狀態感到滿意。

無論你其他的天王星牌是什麼，這股影響會在這個週期帶來腳踏實地的強烈力量。這個時期最終的整體結果將會充滿了滿足與愉快。

海王星週期的方塊4

對於金錢來說，這是張好牌，表示財源與旅遊或外國事物、照顧他人或某種祕密的方式有關。在這股影響下，你所有的商業交易都受到保護。這是一張對於財務事宜滿意的牌，也是一張你能夠花時間來享受你的勞動果實的牌。這也可以表示透過繼承、稅務、保險或是一些祕密的方式賺錢。

方塊4是你的冥王星牌

實現財務穩定可能是今年的一個主要優先事項，你需要做出

一些改變。決定何者是你在生活中想要的，何者是你生活中最重要的，將會是實現這一個目標的主旋律。你也必須把你的興趣愛好專注在單一方向，才能收穫你渴望的成功果實，有時候這也證明可能是一個挑戰。我們所需要做的，就是明確知道自己想要的一切為何，以及想要的原因是什麼。本質上，這就是你今年將要關注的事情。看一下你的結果牌以獲得更多訊息，了解關於你在財務事宜中獲得滿足的這個目標，或是看看是誰，或是什麼會對它產生一些重要的影響。

肯定句：

這一年創造健全的財務狀態轉化了我。我對我的價值觀和目標變得非常清楚。

方塊 4 是你的結果牌

你的許多努力將會被導向追求財務穩定的最終結果。為了實現這個金錢的基礎，在你今年努力的過程中，你可能要清楚對你而言最重要的是什麼。健全與不變的價值觀會吸引豐盛。要實現這一點，你可能在思考與溝通的需求與願望上，必須做出許多改變。然而，你將會得到你努力後該有的報償。

無論你的冥王星牌在這一年如何有挑戰性，這張牌保證每一件到來的事情都會有個快樂而滿意的結果，今年結束時，你將會覺得財務穩健和管理得當。

肯定句：

今年結束時，我達成財務上的滿足與穩定。

方塊 4 是你的長期牌

在你開始這一年時，無論你實際的財務情況如何，你肯定會在今年大部分的時間裡，覺得對金錢與財務心滿意足。對你想要的一切保持穩定的感覺，會不費吹灰之力地吸引到你想要的。也許你正在為長期的富足打基礎，這不是一張在金錢上獲得壓倒性成功的牌。它表示你將會有足夠的一切滿足所需，並且還有餘裕。這是一張非常受歡迎的牌，特別是最近事情不太稱心的時候。

真正發生的事情是，你清楚了解的價值觀，也就是說，什麼事情對你來說最重要，什麼事情不是。至少在今年，在你認為重要的其他事情中，金錢的位置在哪裡，你如何處理金錢。當你把每件事情擺在最佳的位置上，這種知識往往會吸引豐盛與富足。這實際上是一個你必須在今年成功發展的內在過程。去和他人分享你的財富，無論是物質上的還是知識上的，你都會因此增加你的福報。

關鍵字：

我堅定穩健的價值觀鞏固了我的財務資源，並創造了財務上的保障和滿足。

方塊 4 是你的環境牌

擔憂財務，是今日文化中的普遍問題，今年對你來說應該不是個問題。今年針對金錢，你受到相當的保障。這一部分是因為你很清楚你要什麼，不要什麼。結果，你往往會吸引更多的財富到你身邊。今年你是被保護的。你不會有巨大的成功，但你的所有需求都會被滿足，甚至得到更多。

方塊 4 是你的置換牌

今年你可能不得不比你預期的更努力工作，但在許多方面，這些辛苦付出可能會在你的工作或生意中取得更大的成功。今年你被要求做的事情就是真正清楚自己想要什麼，然後願意投入合理的努力來實現目標。如果缺乏這兩種成分中任一種，結果就會大大被削弱。方塊 4 要求我們集中注意力，並投入在一兩個方向，這樣我們更能獲得成功。一旦我們掌握了這個重點，所需要的就是努力工作實現壯舉。基本上，你會實現今年所努力的目標。你投入愈多，回報也就愈多。你的努力很可能會得到更多的認可，尤其是在今年年底之前。你可以得到拔擢或以某種方式變得更出名或更受歡迎。

黑桃4
努力工作帶來安穩與保障

黑桃4的基本牌義

黑桃4是一張滿足與穩定之牌，通常是在健康、工作和所有事務上。在這股影響下，預期會有從病中痊癒和任何工作相關的問題。它可以意謂著努力而穩定地工作，但這通常是一種受歡迎的情況，使我們在生活中覺得更有安全和穩定。

本質上，黑桃4是表示在我們生活中的安全感與基礎最強烈的牌。當它出現在我們的解讀中，我們總是會實現這種滿足感。

水星週期的黑桃4

這個時期可能會帶來意料之外或是突然的滿足，或是解決了某件事，也許是你的工作或健康。這種滿足也可能與短程旅行、溝通、教育或是你的親戚有關。它也可以是某種短暫的滿足。這基本上表示搞定了所指涉的領域的事務。這股影響唯一的負面效應就是頭腦比較頑固。

在這段期間，這是股強大而穩定的影響，即使你底下的水星牌是挑戰或逆境，它仍會產生非常好的結果。

金星週期的黑桃4

這應該是非常棒的週期，標示著在工作與愛情上的成功。可能是與女人、浪漫或是金錢有關的滿足。這是一張美妙的牌，是在婚姻、家庭生活和你工作中的滿足。你可能在某種程度上，從事在情緒上幫助他人的工作。這是透過愛與豐盛克服問題與疾病的一段時間。你會珍惜和那些在心智上、情緒上與你互相激盪又合拍的人在一起。

這是一股強大又穩定的影響，即使你其他的金星牌是挑戰或逆境，在這段時期它將會產生非常棒的結果。

火星週期的黑桃4

這張牌代表在工作上的成功，在與男人相關或是任何需要魄力、勤奮與抱負的工作中獲得成功。這是女性婚姻幸福的一個信號，也是組織與執行能力的標誌，可以發揮這些能力來獲得巨大的成功。這張牌代表對法律事務或稅務的成功結果，對律師和行政主管是有益的。你現在可以用決心跟行動來戰勝任何疾病的影響。

這張牌的穩固影響非常強大，將會帶給你一段快樂時光，即使你其他的火星牌更具有挑戰性。就算你其他的火星牌表示挑戰或問題，這張牌保證你將會克服它，而且會有樂觀的結果。在其他位置的成功牌會進一步加強這張牌的影響，可以告訴你，你將會在這五十二天週期和誰，或者和誰或什麼一起體驗這種滿足感。

木星週期的黑桃4

這張牌表示在生意上和金錢上的滿足，而這些都是你的。勤勞的努力帶來許多好回報。你最大的成功來自於既定的生意，而非風險投資、投機或是賭博而來。這是你辛勤工作獲得巨大回報最好的影響之一。拓展已有的規模，並且把既有的業務跟專業結合在一起。

土星週期的黑桃4

這段週期可以帶來疾病與其他問題的復原。成功現在來自於決心、紀律、辛勤工作或是與病人一起工作。這也帶來與某人的不幸或疾病相關的成功。例如，繼承遺產。成功現在得來不易，但是加上努力，你可以實現得更多。小心食古不化的傾向，因為這會在親密關係中造成問題。

這張牌也有非常強烈的影響，它會超越在這段時期出現的任何負面的影響。即使你其他的土星牌是挑戰或問題，這張牌保證你會得到成功的結果，並且克服難題。

天王星週期的黑桃4

這張牌帶來在你工作、房地產、土地或農場、勞工團體或服務組織相關的成功。這也可以表示在獲得智慧或是某些形式的直覺發展當中的滿足。這對得到一個家或房子有強烈的影響。你現在有強烈的直覺，可以利用它們獲利。這對職業靈媒和那些運用直覺天賦的人來說是很棒的影響。與現在的同事關係很好，有助於你的成功。

無論你其他的天王星牌是什麼，這股影響會在這個週期帶來腳踏實地的強烈力量。這個時期最終的整體結果將會充滿了滿足與愉快。

海王星週期的黑桃4

這張牌表示在商務旅途上的滿足，或是在某些遠距或國外生意、工作上的滿足。這可以表示一個快樂的假期或旅行，現在特別對旅行有益。這個時期也可以實現一個渴望的職業目標。你現在的健康狀態良好，生產力正常。這股影響對腦力工作和工作中的靈感也是有利的。

黑桃4是你的冥王星牌

今年你有一個重要的渴望——在工作上、健康或是生活狀態中創造力量、穩定。你已經決心要努力工作，通過發展內在的力量和毅力來克服一連串的困難。為了達成這個目標，你必須做出

許多改變。也許你已經決定要為你的健康承擔全部的責任，並展開全面的飲食與健身計畫。或者，你可能想要發展更有效率和有組織的工作習慣。

在較深的層次，你想要在人生中有更平靜的內心、穩定和安全感。這可能並不容易，但你做得到。也許事情不會如你所願地發展。無論你對今年的具體目標為何，它會需要內在的力量跟決心，以及想要嘗試新方法的意願。你的結果牌會告訴你關於這個目標更多的訊息，或是告訴你，在你人生中的誰，將會與你設定在眼前的工作密切相關。

肯定句：

我在我的人生中創造穩定跟安全感。良好的健康基礎和在工作中的滿足。我享受學習勤奮與堅持工作的價值。

黑桃 4 是你的結果牌

身為「4 中之 4」，黑桃 4 牌告訴你，你需要用更為堅實與穩固的態度結束這一年，這與你的健康、工作、或居住情況有關係。你做出的改變由你的冥王星代表，告訴我們，為什麼你想要這種穩定，或是誰會與此相關。請放心，雖然這些改變有時看起來很困難，但你可以成功地實現你渴望的穩定，並免除問題。

無論你今年的冥王星牌多麼有挑戰性，這張牌保證一切都會有個快樂而滿意的結果，在這一年的結尾，你將會在你生活絕大部分的區塊感覺到可靠與安全。

肯定句：

我在我人生、健康與工作上創造穩定、安全感和滿足。我為自己創造的基礎滋養了我。

黑桃 4 是你的長期牌

黑桃 4 告訴我們，這將會是在工作與健康事務上滿足的一年。在這股影響之下，可望能從病中痊癒以及從任何工作相關的問題中恢復正常。在你生活中的大部分領域，你會覺得更為「充實」。基礎、架構和安全這些詞變得更為重要，伴隨而來的還有在你生活中創造這些東西的能力。

你的工作和健康應該很好。這張牌實際上表示從某些健康問題中痊癒。這股影響唯一可能的負面作用就是抗拒改變和頑固。不過，同樣的抗拒也是現在能帶給你更多滿足感的力量。在許多方面，今年是個祝福，也是為了未來打下穩固基礎的時機。

關鍵字：

健康良好的一年，穩定的家庭與工作狀況。幾乎在各方面都充滿力量與滿足的一年。辛勤工作帶給我許多回報。

黑桃 4 是你的環境牌

今年你會發現努力工作跟穩定是祝福與保障主要的來源。這張牌將會幫助你戰勝你可能有的任何健康或工作問題，也會對任何可能生起的法律問題，提供一定的保障。今年你的意志是強大的，還有在你人生中創造一些基礎的渴望。黑桃 4 帶來安全感與穩定，但不要忘了你需要為此付出努力。

黑桃 4 是你的置換牌

這一年，你可能覺得自己做的就只是工作、工作、工作。事實上，那可能只是你被召喚要去做的事情，用以創造你渴望的安全生活方式。你的焦點更是圍繞在安全課題上，以及想要一個穩固的家和家庭生活。你的安全感或是你家人的安全感真的是第一優先。你願意去做在你人生中打下這個基礎的應做之事嗎？在另一方面，可能還有健康問題需要處理，那是你在過去忽略的問題。最後，今年在你的工作上，還會有事情需要你多加關注。黑桃主要代表工作與健康。黑桃 4 表示在這些領域擁有安全感跟穩定，這是你今年必須要付出努力之處，那會需要你的一些關注跟貫徹始終。

紅心5
心的改變／搬新家

紅心5的基本牌義

紅心5表示你的心的改變與不安，會以許多方式呈現。在最深的層次上，你可能會對目前的親密關係或家庭情況不滿意，渴望某種改變。

這種不滿意也會延伸到你的生活情況。許多人在這張牌的影響下搬到一個新家或是居住環境。紅心代表家與家庭，也代表我們的愛情關係。任何時期的紅心5都可以表示這些方面的變動。

當這張牌出現時，總是會有機會跟你愛的人分手或離婚，但是你同樣可能會來趟旅行或到新家。這張牌的最高顯化是走出去結交新朋友，告訴別人你正在做什麼，以及你是誰。當這張牌出現時，你可以建立重要的連結。

水星週期的紅心5

這個週期可以表示在感覺上的忽然變化，或是忽然從你愛的人身邊搬走。在這段週期，旅行、分手和改變可以帶來情緒上的混亂與不安。小心因這股影響而變得心浮氣躁。同時，你可能會在這段期間遇到很多有趣的新朋友，有一些人最後會成為愛侶。

金星週期的紅心5

這是離婚牌之一，在這段期間，你很可能會跟所愛之人發生某種分離。可能是你的情緒不安，以及對旅行與冒險的愛，與你自己渴望有穩固的親密關係最後產生了衝突。這張牌可以表示某種旅行，使你離開家人一陣子。這是外出認識有趣新朋友的絕佳時機。

火星時期的紅心5

在火星週期，紅心5承諾你的內在會有許多的改變跟一定程度的焦躁。這些可能會危及愛情和工作上的關係。與一個男人聯絡或是與工作相關的事情，也可能帶來感受或地點的改變。男人提供激勵，但也刺激心神不定。通常，你會變得比平常更不安，這可能會鼓勵在工作或愛情上的改變。小心這股能量，因為分手往往是有破壞性的，所費不貲，尤其是你最後必須捲入訴訟糾紛時。

木星週期的紅心5

在商業人事或地點、旅行的改變，以及各式各樣的改變在這個時期可以帶來報償。這對旅行或是你做生意上的改變是非常棒的影響。社交與商務聯繫應該會帶來比平常更好的運氣，雖然你可能會發現，你的旅行或情緒上的改變會使親密關係受到折磨。

現在出差會非常成功。

在某些情況，這張牌可以代表一場讓你在財務上非常成功的離婚。至少這是保證在財務上，事情的發展對你有利，有許多事情值得你感恩。

土星週期的紅心5

你可能發現自己會在這個時期因為某人的疾病而外出，即使生病的人是你。旅行時要格外小心謹慎。在這股影響下，離開情人或朋友更為痛苦。

在土星之下，你可能會經驗到困難的分手或離婚。若是如此，記住土星帶來的挑戰是出於業力性質。有債必還，甚至是來自前世的業債。看看你的不安是否在這件事情起了作用。

這對度假或旅遊不是好時機，所以盡量把任何旅行安排在這段時期前後。唯一的例外是，如果你有一張強大的牌是其他土星牌，像是4號牌或8號牌，這會帶來令人滿意的結果，以及最小的掙扎。

天王星週期的紅心5

在這段時期，你可能會進行一趟意料之外的旅行或是突然改變心情，或甚至離開所愛之人。這個結果可能源自於你對個人自由的需要，結合了些許不安的心。這股影響可能也會看到你因勞務、工作或是房地產相關的事情而旅行。對於搬新家或是賣房地產來說，這是較強烈的影響之一。

海王星週期的紅心5

這股影響是個強烈的信號，旅行到遠方，也許是為了追愛。在海王星的影響下，你必須小心自己基於某些你的幻想做出決定。另外，不清不楚或是誤解，現在會導致重要的親密關係出問題，甚至是分手。格外注意，你所有的溝通中，你都是被清楚理解的，直到這股影響過去。

如果你多年來一直夢想社交或愛情上的自由，這就是非常有可能實現它的時機。

紅心5是你的冥王星牌

今年，在你的親密關係或婚姻中很可能有重大的改變，導致你在生活中做出其他的重要改變。作為其中一張離婚牌，這可能表示從長期親密關係中真正地分開了。無論你是否要離婚，你將會渴望認識新朋友，並且在社交上或愛情上有不同的經驗。這可能是你在比較深的層面真的想要的事情或需求，但並非是個容易的過程。

在較深的層面上，就愛情與伴侶來說，你正在經歷一次你想要並需要的改變。這可能會在你身上創造不安，你不是想展開很多旅行就是在生活中尋找新邂逅的人。通常結束一段親密關係會變得非常困難、冗長乏味。有時候，結束我們耗費許多時間創造的事情是困難的。

假如你是單身，這張牌可能意謂著在你感情生活中的焦慮，可能會導致很多改變以及情緒上的新體驗。你可能會為了尋找完美的伴侶而在今年談了幾次戀愛，但在你的下個生日到來之前，先假設你會定下來並不明智。看一下你的結果牌，去找出更多關於這些改變的資訊，或是瞧瞧誰與這些新的改變有關連。

肯定句：

我吸引新人物和愛情經驗到我的人生當中。我挑戰去改變我的親密關係，並且放下過去。

紅心 5 是你的結果牌

你今年最主要的目標之一是與改變有關，不是在你的友誼，就是在你的親密關係上。這些重要的改變甚至導致你會脫離目前的一個或一個以上關係。你在情感上想要的一切正在改變，你想要體驗新的、不同的人與快樂。這可能對你來說是巨大轉化的一年。你的冥王星牌可能會具體指出一個對這場改變至關重要的人，或是更進一步描述這個改變。

一個改變即將到來。它引導你到新的方向，提供你更多、更必要的個人自由，它是很好的改變。

肯定句：

我在我的朋友或情人的選擇中實現了新的自由。我成功地拓展了我的朋友與同事的範圍。

紅心 5 是你的長期牌

這一年對你來說，會有很多發自內心的改變。你可能正在分居或離婚的過程中，這將耗費你大量的時間、能量和注意力去處理。它也可能是你在情緒上不安的一年，你想要打破目前的親密關係，或是探索新對象。這與旅行有關，在今年的不同時間裡，可能把你帶離所愛之人。在這張牌的影響下，最常發生的就是搬到新家去。

同時，你會發現你正在尋找的嶄新情緒經驗，在這個過程中，你將遇到的許多新朋友。你看待親密關係、婚姻和友誼的方式很可能會發生根本上的變化。這是轉化的一年，從一種親密關係的方式轉化成另一種，它應該被看作是你的道路引導你所至之處。

關鍵字：

情感轉變、旅行或是遇到許多新朋友的一年。也許主要的焦點是在離婚或搬新家。

紅心 5 是你的環境牌

旅行、搬遷、改變住處，甚至改變你的親密關係狀態，往往會在這一年有樂觀的效應，可能是許多祝福的來源。如果你計畫離婚或改變地點，這是你可以繼續前進並且肯定會有快樂結果的一年。今年你可能會在情緒上或者其他方面感覺不安，這會導致你目前的狀況有所拓展。

紅心 5 是你的置換牌

對你的愛情生活或家、家庭情況不滿可能會在此期間引發一些變化。你甚至可能會渴望旅行或搬到新家。然而，在今年改變並不容易。你的個人或愛情上的自由可能是你渴望，但卻難以實現的。這是改變之牌，但也是對你已有事物的不滿。與所愛之人分居或離婚可能會使你筋疲力竭。如果可能的話，在今年結束後再做打算才是明智之舉。今年你的個人自由很可能會在危急關頭，你必須更加留意使你開心的事情，以便達到目的。

梅花5
計畫或想法的改變

梅花5的基本牌義

「改變想法和計畫」是梅花5的基本牌義。不過,任何5號牌都可以表示改變住所或旅行的機會。梅花5也可以意謂著焦慮不安,這帶來一個探索新國度的渴望——至少是在心理層面上這麼想的。

無論這張牌何時出現,它可能會是你人生中一個改變的信號。你很可能對事情的現狀不滿意,想要拓展新領域。對新計畫、新主意、要去的新地方等等保持開放。這張牌唯一的負面作用就是不想要投入到特定的信念或哲學。

水星週期的梅花5

在這段週期,一趟短程旅行或是意料之外的消息很可能使你忽然改變想法。你可能要進行許多趟短程旅行或是一趟預期之外的旅行或搬家,這可能都要歸因於你的急性子。不要讓這股躁動使你發瘋,可能只是改變太多,將會為你當下的處境帶來許多改善。現在,朋友的建議會很有幫助。

金星週期的梅花5

在這段時期內,你內心的不確定性或情感的浮躁可能會帶來關係中的改變。在這段期間,你甚至可能會在家庭中有變動或改變了住所。要小心別讓你自己的躁動,威脅到你現在對安全的需求。你渴望能在心智方面受到啟發的親密關係以及個人自由。你需要平衡一下這些跟你對安全感的需求,善加利用這股影響。

火星週期的梅花5

在這段期間,你自己的改變能力可能會失控。這可能會引起和一些男人之間的爭論,並迫使一些你不想要的改變發生。在此期間,你對某些男性的看法可能會改變很多次。你的浮躁會比平常更加強烈,並會導致你要不就做出威脅你的親密關係,要不就做出在某方面危及你安全感的決定。

木星週期的梅花5

現在該在你的工作或職業上做改變了。你可能想要做改變,讓你有更多的自由跟更好的財務回報。這可能會是以出差的形式——有利可圖的出差,或是改變你的生意性質或地點。這對銷售和產品行銷與服務,也是一股非常好的影響。告訴別人你正在做什麼事情,你可能會對你得到的結果感到驚訝。

即使你的計畫出乎意料地需要改變,這股影響保證任何改變都會引導你得到更好的東西,以及財務上更多的報償。

土星週期的梅花5

在這段期間,你可能會對自己不滿,這些感覺會促使你現在做出一些改變。這也可能表示旅行去看一位生病的朋友或是因為你生病了而旅行。現在的改變比平常更不能使你滿意了,或者會以某種你不同意的方式強迫你改變。這股影響可能會促使你在生活中做出有建設性的改變。

這對度假或旅遊不是好時機,所以儘量把任何旅行安排在這段時期前後。唯一的例外是,如果你有一張非常強大的牌作為其他的土星牌,比如4號牌或8號牌,將帶來令人滿意的結果,以及最小的掙扎。

天王星週期的梅花5

在天王星的梅花5,對於改變住所或是銷售房地產是非常強烈的影響。也可能發生與你工作相關的改變。這是一股進步的影響,促使一個人生活做出必要的改變,有時候相當激烈而出人意料。在這段時期,非常有利於需要旅行或是採取先進新方法的工作,還有與大型組織一起進行的人道工作。

海王星週期的梅花5

這是個比較強烈的信號之一,代表在水上或國外的長途旅行。這次旅行可能是最愉快的,並帶來新的朋友和學習機會。這段時間也可能帶來許多以某種方式幫助別人的機會,從而帶來許多滿足感。這股影響可能會讓你很難專注於任何一件事——你甚至可能因為太分散而失去一些東西,但這對旅行是非常棒的。

梅花5是你的冥王星牌

這對你來說,是有許多重要變化的一年。在內心,你的基本生活理念發生了改變,導致你焦躁不安,渴望拓展新方向。你生活中可能會有突發狀況,打亂你和你的計畫,而如果你不小心,你可能會覺得自己被犧牲了。你可能產生許多新想法或是溝通的形式,這將挑戰你拓展到新的方向。也許你想要做些旅行或是搬到新地方。也許你渴望一個新職業或是更有利的健康條件。無論你渴望什麼樣的改變,它們肯定會需要額外的心力跟決心來實現。

無論今年發生什麼樣的變化,從較深的層次來看,它們只不過是你的基本人生哲學發生內部變化的一面鏡子。這種人生觀上的改變可能會導致你放棄過去五到十年中認知的許多東西,甚至是你許多年的友誼。你正處於一個轉化的過渡期,可能影響到你一輩子或是你人生的重要面向。唯有當你抗拒這些改變的時候,

這場轉化才會變得很困難。

把這股改變的影響與你的結果牌牌義結合在一起，在內在與外在的層面上，獲得你今年最主要目標的完整圖像。如果結果牌是你認識的人的本命牌，那麼，他們很可能是你經歷這個過程中的主要刺激。

肯定句：

我受到挑戰，去改變我的哲學、想法與計畫。這對我和我的想法是重要的轉化之年，我拓展我對世界和我自己的觀點。我是有無限的可能。

梅花 5 是你的結果牌

梅花 5 作為結果牌，表示你將會發生改變與轉化。在你下一個生日之前，你可能會搬到新地點或展開新工作。焦慮與不安的感覺驅使你去探索新領域。你可能經驗到在你人生哲學、或你思考與溝通的方式發生根本上的改變。這可能是新科技的結果。你的冥王星牌會告訴你，誰或者是什麼事物，與這次計畫或想法的改變有關係。

即將到來的改變會是有利的，引導你到新的方向，並且提供給你更多、更必要的個人自由。

肯定句：

我以一種新的人生觀和溝通方式結束這一年。我以重要的方式來改變我的人生計畫。

梅花 5 是你的長期牌

這對你來說是重大改變的一年，包含了你的想法跟你外在的環境。在更深的層次上，你正在經歷一次轉變，改變你的信仰架構或是你的人生哲學，或是你向來思考未來的方式。這些改變可以是在你人生中許多新影響的結果，可能來自你在旅行時學到的東西。這張牌往往出現在那些透過學校或新工作接受新觀念的人的牌陣當中。

這張牌經常是以好奇與不安的方式顯現。許多人在這股影響下搬到新地方，所以如果你在考慮搬遷，可能就是在這一年了。不過它顯化在外在，但也反映了你思考模式的改變。當這張牌出現時，旅行也是一種常見的經驗，這大概是一種較容易表現其能量的方式。

這張牌的負面可能性是懷疑別人的想法，不堅守任何哲學或思想。你可以感受到別人的意見跟想法像一片葉子在風中飄搖。要是如此，請放心，這只是過程的一部分。你的觀點正在改變，直到今年結束前都不會安定下來。

關鍵字：

我改變我的想法或是基本的哲學。今年我經常旅行。我的計畫在今年改變很多。

梅花 5 是你的環境牌

旅行、搬家和其他改變會在今年帶給你的人生益處。你正在經驗拓展你的思考局限以及視角，那將會提升你看待自己與人生的方式。讓這些改變發生吧！因為它們是你的進化與成長的必要部分。今年是旅行的好機會。它們會帶來祝福。同時，要對新觀點、信念與視角打開心胸。

梅花 5 是你的置換牌

這可能是你非常不滿意的一年，你可以在很多層面上，為你的生活做出一些改變，來滿足內心渴望，用有意義的方式拓展你的生活。同時，如果不能對你其他的生活保持覺察，同樣的不滿可能會成為問題的根源。你對自由或冒險的渴望會付出比你以為的價值更高的代價，在另一方面，有時候這張牌表示在某個人生命中對改變的需求，即使我們正在抗拒改變。今年很有可能發生重要的變化或搬遷，在某些方面上，那個改變是困難的。你的土星週期是那個改變最可能發生的時機之一。這張置換牌的好處之一，在這個位置的人經常在這一年收到大筆的金錢。不過，今年的主軸是心智、計畫或甚至工作或生活情況的改變。

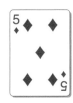

方塊5
價值觀或工作的改變／出差

方塊5的基本牌義

方塊5表示在你的財務狀態上上下下或是金錢進進出出的改變。這張牌也表示你現在生意上的改變，像是地點或是你做生意的方法。這張牌另一個可能的表現就是出差。

在最深的層次，方塊5表示這段時間中，你會改變價值觀。如果我們的價值觀，或是我們真正想從生活中獲得什麼都改變了，很可能也會同時發生了許多其他的改變。我們可以搬到新地點、得到新工作或甚至是改變新的親密關係。換句話說，當這張牌出現時，所有事物的價值都容易受到影響而改變，特別在它是長期牌、冥王星牌或結果牌的時候。

當任何5號牌出現時，我們對自己擁有的東西不滿是常常發生的事。方塊5可以帶來對於一個人的工作或職務上的不滿，還有上述方面的不滿。由於這種不滿而生起的改變，也是這張牌常見的影響。在更深的層面上，5代表從安全到冒險的進化（從4到5），拓展到新的方向，要求開疆闢土，蒐集新經驗。

水星週期的方塊5

這張牌表示，在就業、物質情況或家庭財務狀況突然發生意外變化。可能是意外損失金錢。它也可以表示為你的工作或金錢交易而做的短程旅行。在這種影響下，變化正在發生，變化可能會反覆無常，也可能與教育或兄弟姊妹有關。

金星週期的方塊5

在這段期間，你可能發現花在你的朋友或情人身上的開銷變大了。你不應該在這股影響下和朋友做生意。你對愛情或是奢侈的渴望可能會耗盡你的資源。過分強調金錢會影響到你在這段時期的友情，特別是跟你人生中的某個女人有關。這是一股在情緒上不穩定與焦慮的影響，這可能是現在導致改變的原因。

火星週期的方塊5

在這股影響下，衝動行為或與他人競爭可能損失金錢。這也可能代表出差或生意上的改變。在商業交易中可能會受到一些男性的干擾。這不一定是一種負面影響，因為它可以為積極的改變提供動力。但是，在火星之下，你必須小心別過於好勝或不耐煩，因為這可能會產生負面結果。

木星週期的方塊5

在這股影響下，生意和旅遊上的改變，在財務方面是有利的。這是成功出差，銷售和促銷，或改變職業的最佳影響之一。

這種影響也促進了誠實和償還債務。你自己的奢侈可能會耗盡你的資源，所以要小心。在這段時間，方塊5可能表示大筆金錢易手，改變你的工作或賺錢的方式。如果是這樣，隨順這些改變，因為它們會引導你到更大的成功與滿足。

土星週期的方塊5

在土星之下，這張牌帶來焦躁的感覺，導致損失金錢與財務上的不安。這也可能由於你自己或某個人生病而帶來生意上的改變。你可能會發現許多金錢花費在醫療保健上，或是為了同樣的原因而進行許多短程旅行。為了追求痊癒，可能會嘗試許多處方。

這對度假或旅遊不是好時機，所以儘量把任何旅行安排在這段時期前後。唯一的例外是，如果你有一張非常強大的牌作為其他的土星牌，比如4號牌或8號牌，將帶來令人滿意的結果，以及最小的掙扎。

天王星週期的方塊5

這對改變住所或生意有很大的影響，也許是意料之外的。這可以表示購買或出售房地產。這也表示了為商業目的而進行陸路旅行。現在改變你做生意的方式、改變人事安排或開張地點，對現在是有益的，但對所有交易應保持謹慎的態度。意外情況必然會發生。

海王星週期的方塊5

這張牌代表長途出差或是遠距離的商業事務。在這股影響之下，要特別小心溝通和合約。你可能會做許多你夢想要做的事。對於長途出差或是改變生意的地點，這是最強烈的信號，並且會有利可圖的。不過，在海王星之下，你必須小心欺騙跟誤解。

這張牌也代表買賣重要的東西，也許是離你居住地很遠的東西。

方塊5是你的冥王星牌

今年你將會受到內在改變的挑戰，這個改變在於你基本價值系統，會導致你的人生中許多外在的重要改變。你可能覺得你有時候被迫改變，但是如果你仔細想想，你會注意到你已經渴望這些改變很久了。現在你的渴望得償夙願了。但是在這個大轉變發生的時候，並不是所有時候都容易順應時勢。

在這張強大的牌影響之下，你可能改變工作，你的生意的地點、你的住所甚至是你主要的關係狀態。你想要的東西和之前不同了。你的優先順序改變了，而你將受到挑戰是否會順應內在的

真理。只要你是想要改變、並需要改變的那個人，這樣過程就會輕鬆一點。為了了解這個改變的完整情況，看一下你結果牌的牌義，並把它和這個在價值觀根本上的改變結合在一起。

肯定句：

我遇到了挑戰，並且被轉化了，我在生活中做出必要而且重要的改變。為了推動個人和職業上的進步，我的價值觀正在改變。

方塊5是你的結果牌

這對你來說是充滿許多變化的一年，作為面對你的冥王星牌的結果，你可能會發現到年底時，你處在一個和今年年初時完全不同的位置。可能會有新的親密關係、居住地點和新的職業生涯。在這些變化的背後，你正在經歷著你基本價值觀的轉變。有時候，人們與環境似乎都與你作對，可能會有一些挑戰。但改變似乎是必然的。

當人們和情況似乎與你作對時，可能會有一些挑戰。但似乎這種變化是不可避免的。

即將到來的改變會是有利的，引導你到新的方向，並且提供給你更多、更必要的個人自由。

肯定句：

我以全新的價值觀結束這一年，使我自由地探索人生中的新領域。

方塊5是你的長期牌

這對你來說將是一個重要的過渡之年，這將使你在下一個生日之前進入一個全新的領域。這是一個對你來說最重要的根本性改變，可能會導致你的工作、賺錢方式，甚至是親密關係有重大變化。在這個強大的過渡期間，你甚至可以搬到新的地點。由於我們的生活建構在提供我們覺得最重要的東西這個基礎上，當這個內在景象——即我們認為重要的東西改變時，我們的外在世界別無選擇，只能順應。

為了充分利用今年的優勢，讓這些改變在你的生活中流動起來，而不必確切地知道未來會發生什麼。當你在轉化的時候，你必須改變，背離過往，未來並不總是清晰的。但是，在我們所能看到的範圍之外，總會有無垠的天空。期待改變，別在你下一個生日之前做出重大的承諾，會是比較明智的做法。

關鍵字：

我經驗我價值觀的重大改變，今年這會影響我生活每個重要的領域。

方塊5是你的環境牌

你的工作或生意中的有益改變將會帶來今年的祝福。任何與工作或賺錢相關的旅行也將成為利益的來源。在這股影響之下，衡量你可以用這種影響力擴張，或改變你目前的賺錢方式，會是明智的。此外，任何旅行，搬家或改變都會帶來樂觀的結果。你的價值觀會變得更為開闊，並帶來回報與祝福。

方塊5是你的置換牌

對你的財務狀況和焦慮感到不滿，可能會激發你今年在人生中做出的重大改變。然而大部分的改變，無論是在你工作或個人的生活上，就你的時間跟精力而言，將會耗費比平常更高的代價。你的不滿可能會在這一年期間，令你感到煩惱跟火大，因為有些東西超出了你對生活的需求，但你卻說不出個所以然。在某種程度上，你很可能會在這一年改變工作，或者至少你會嘗試一些新的生財之道。只要小心你做的改變別造成了不安和不穩定感。儘量維持在某方面的堅定，當你需要的時候，你就能善加利用它了。

黑桃5
生活方式或居地的改變／長途旅行／換工作

黑桃5的基本牌義

黑桃5是旅遊或搬家、生意變動最強烈的信號之一。它也可能表示你健康狀態的改變。在最基本的層面上，黑桃5意謂著在你生活方式中的改變，或是你日常工作的變動。當這張牌出現時，這將會影響你每天生活的方式或是做的事。

這張牌通常帶來一定程度的焦慮，以及對改變或旅行的渴望。它會導致你對向來的生活方式不滿意，激發你想要新事物、新的生活方式和經驗。這張牌有強烈的射手座影響。

水星週期的黑桃5

這段時間可能會導致你的家或生意突然或意外搬到新位置。無論是好還是壞，你可能也會經歷突然的健康變化。另一種可能性是改變僱傭關係或生意模式，甚至是換新工作。你現在可能會覺得非常不安，這可能是因為在這段期間發生了一些變化的原因。你會更受工作中的靈活性吸引。

金星週期的黑桃5

這段週期可能會為愛情而旅行，或是使你離開所愛的人。你可能會在你的愛情生活中有所改變，或者有位女性來訪。出差或是改變是有利的，並會帶來金錢。現在你可能會比平常更善變，這也許是親密關係發生改變的原因。這是搬新家或是更好住所的絕佳時機。現在你甚至會重新改建或裝潢你家。

火星週期的黑桃5

這表示改變與旅行會和工作或某位男人有關。可以是搬家或是換新地點。此時，你可能會發現和男性一起工作比較有動力，這些可能是催化劑，刺激有成效的改變。這股影響可以帶來對稅務、保險或法律事務的改變。你現在可能非常焦慮不安，那刺激你去旅行，甚至搬家、換工作。不過，個人的親密關係可能會受到折磨。

木星週期的黑桃5

這表示一個更好的改變，無論是搬新家或是換新工作。此時任何搬遷或旅遊會在許多方面獲得報償。現在出差可能會賺到大筆金錢。也可能表示一大筆錢易手。在這個時期，你工作方式或地點的所有改變，幾乎都是有益的。這可能是在你人生這個領域遲遲未兌現的改變。現在跟隨你內在躁動的直覺，追求那些給你更多變化的事。

這對行銷和販售你的商品與服務也是絕佳的影響。

土星週期的黑桃5

健康問題或由某人疾病引發的旅程，可能會導致你的工作或家庭在這個時期發生改變。職業或工作的改變將涉及更多的工作和一些問題，儘管這可能是無法避免的。現在在改變往往會帶來更多的壞處，而非好處，雖然你可能無法避開它們，因為它們基於其他理由，可能是必須存在的。這張牌還可以代表你的健康狀況（更糟糕的）或看醫生。

這對度假或旅遊不是好時機，所以儘量把任何旅行安排在這段時期前後。唯一的例外是，如果你有一張非常強大的牌作為其他的土星牌，比如4號牌或8號牌，將帶來令人滿意的結果，以及最小的掙扎。

天王星週期的黑桃5

在這段期間，你會發生一些重要的改變。這可能會是職業或企業勞動力的改變。這對銷售房地產或是改變住所也是個強烈的信號，這兩者都可能出人意料。改變或是旅遊現在可能會不期而至，並可能會讓你感到有點不安全或是不穩定。這些改變大多是早就該發生的，而且在許多方面都是有益的。

海王星週期的黑桃5

這是為了生意或是休憩的長途旅行最強烈的信號。這股影響也可能看到你做生意或住家地點的改變。在這股影響之下，要小心所有的商業交易，並且避開毒品與酒精。在這段期間有可能遭遇欺騙與困惑，還有可能捲入不勞而獲的騙局。這張牌也表示改變職業。

黑桃5是你的冥王星牌

這一年在你面前有一些具有挑戰性的強大改變。你可能覺得這些事情被強加在你身上，但那更像是你一直都渴望如此，並且在之前就已經需要它們了。不過，現在它們在你面前，你必須改變了。這些改變可能與你的工作或生意、你的住所或健康狀況有關。如果是後者的話，這會是參與一些改善健康計畫的好時機。某種程度上，旅行原來也是有挑戰性的。你可能想要旅行或度假，最後出現了超乎你想像的一大堆問題。

這些改變可能反應你生活方式的重要轉化，而這個轉化並不總是輕鬆的。以一些不同的方式去實現你的生活方式、工作或是健康，現在正是時候！在這些改變完成後，所有的事情都會在明年安頓下來。同時，做些事情讓你保持放鬆。把你的結果牌與這張牌結合在一起，獲得有關這個改變的全貌，包含跟什麼有關，

或誰將涉入其中。

肯定句：

我的健康、工作、生活模式或住所的改變轉化了我。我在這些領域做出重要的改變。

黑桃5是你的結果牌

你以某種方式和你的冥王星牌連結，今年你正在做出一些重要的改變，這會讓你在下一個生日之前，有許多方面處於全新的情況。你可能會在年底之前更換工作、住所，或者擁有全新的健康樣貌。當一個人準備進行重大人生轉變時，通常會出現黑桃5，並且因為它是結果牌，所以你可以放心，儘管有時可能會很艱難，但你仍然可以成功完成。如果你一直渴望你的生活方式發生重大變化，你的願望即將實現。

即將到來的改變會是有利的，引導你到新的方向，並且提供給你更多、更必要的個人自由。

肯定句：

我以新工作、新的健康樣貌、新的住所或新的生活方式結束這一年。我做出重大的轉變。

黑桃5是你的長期牌

黑桃5是旅行或搬家或改變生意地點最強大的信號，但更深層次上，它意謂著一種改變，以某種方式影響你每天所做的事，是一種「生活方式的改變」。它可以表示你的工作或健康中的改變。你可能會面臨在你的生活方式中做根本改變的需求，這會影響到你生活的每個領域。在某些情況下，這張牌只是反映了工作環境或處理生意的方式有了改變。但通常情況下，它表示許多更

為基本的改變，無論是一個人的住所，生活方式還是健康狀況。

在所有的改變之下可能有內在的焦慮。你的時機已到，你要轉到新方向上。這些新方向可能是工作領域或是你家的位置。今年你可能強烈地渴望旅行，讓自己向偉大的冒險出發。希望這些改變會帶來更好的事情。

關鍵字：

改變的一年，在工作上或健康、旅遊、生活方式，或是住所的改變。我的人生正在重要的方面做出改變。

黑桃5是你的環境牌

這一年，大多數改變與旅行的機會會帶來各式各樣的祝福。這包含了生意、生活方式、生活狀況、工作或住所的改變。接納改變並尋求旅行的機會，旅行是你在人生中獲得更多好處的信號。這可能是重要的轉化之年，並且會引導你向更廣闊和更自由的生活方式邁進一步。

黑桃5是你的置換牌

你今年很可能會搬到新家或換工作。在這張強大的變化之牌下，你甚至可能同時做這兩件事。預計你的生活方式會有一些重大變化，這些改變將導致你在目前的週期中更充分地表達你的生命力。實際上的改變可能會帶給你許多工作，耗費你的能量，有時候你可能會感到負擔沉重。但這是你向前走的時機。好好調整自己並且順應而行。黑桃代表我們的生活方式——我們實際上每天做的事。這張強大的5號牌告訴你，你的生活模式某種程度上會在今年做出重大改變。盡力順應這些改變，你將會被帶到一個更適合你和所愛之人的地方。

紅心6
締造和平／感情業力的清償／業力關係

紅心6的基本牌義

紅心6是個人關係中平衡與平靜的強大影響。在很大程度上,它對你的影響取決於你在愛情生活中的現狀以及你在這方面有多負責任。這張牌會要求解決所有未償還的情債,並鼓勵你對你最親密關係中的行為和言論負責。你可能會發現你必須做出妥協和調整來完成這一點。

在更普遍的層面上,紅心6也會披露你今生的特殊目的,也就是藉由和別人分享愛,來幫助他們。當這張牌出現時,你可能會變得對你要實踐的特殊任務變得有覺知。這也是平靜之牌,你直覺上知道如何在靈性意義上去愛他人。當紅心6出現時,我們有時候會有命中注定的邂逅。由於我們前世的行為,我們還有一些注定要經歷的親密關係。紅心6可以表示像這樣的關係開始的時機。它實際上的位置會告訴你,那會是怎樣的親密關係,或是你將如何去體驗它。

水星週期的紅心6

在這段週期,你會面對你和最愛的人過去溝通的結果。如果你以前是負責任的,而且一直願意給予和接納,這可能會是平靜與幸福的時期。如果你有過去所招致的未了情債,你可能必須要償還這些,並有機會在這個重要的領域承擔更多的責任。你要在你的身心之中實踐「愛的法則」。

金星週期的紅心6

這應該是你在個人親密關係中的滿足、穩定和幸福的時期。你可以運用「愛的法則」,在你的家庭與愛情方面願意做出妥協來克服任何障礙與困難。在所有與心有關的事務上負責、公正地行事,你將會確保寧靜將主宰你的家與你的心。任何在這段週期的戀情都會是為了處理業債。

火星週期的紅心6

在這段週期,紅心6穩定的影響會導致親密關係的問題得以處理跟穩定。雖然你可能會在這個時候沒有耐性,你也許會不得不慢下來,對你所有的個人事務負責。你現在會得到你給他人的東西,所以要特別小心你給了什麼。請放心,無論是法律或愛情上,都會有個對各方公正平等的處理結果。

木星週期的紅心6

在這段期間,你很可能會因為過去為別人做好事,而收到一些好的「愛情業力」。你在過去努力負起責任,並願意在愛情與

友誼上妥協,現在你將收穫果實,進入你人生中的其他人會以某種方式來報答你。保持你的鎮定,「種瓜得瓜,種豆得豆」,讓你放一百二十個心,你處在一個快樂的豐收時期,充滿了平靜與家庭和諧。

土星週期的紅心6

在這段期間,你會直接面對你言行的結果,特別是愛情與友誼上的。這張牌往往在這一年帶來一個以上的業力親密關係,也有許多為我們的言行與性慾負責相關的課題。這個時期的最終結果是你會變得更成熟,知道你給出什麼就會收到什麼。這會在之後為親密關係帶來成功。

我們往往沒意識到,我們怎麼行動或是我們的言行如何影響周遭的人。在土星下的紅心6會幫助你增加在這些方面的覺察。

你其他的土星牌可能會定義你和誰有業力關係,或者告訴你,可能會在這段時間發生在親密關係中的挑戰。

天王星週期的紅心6

這是一股對人道主義追求和勞動、同事關係中的成功影響。對於在這些領域的漸進過程中也是很好的,堅持選定的方法並且努力貫徹。要注意,不要讓這種穩定性成為你在工作和友誼中固執和僵化的藉口。你現在可能不得不妥協,來維持和朋友、工作的平靜與和諧,但這合作將是值得的。

現在藉由調整你最微妙的想法和感受,你可以與你的人生目標緊密聯繫在一起,特別是當它與你的工作、人們、你的朋友圈、家庭有關的時候。

海王星週期的紅心6

即使你已經制定計畫,你也不可能在這種影響下旅行。放鬆和享受和平安寧。現在你的家、家庭和親密關係應該是滿足的來源,所以盡情享受吧!這種影響不支持任何旅行或任何種類的改變。遠處的事物現在會順利進行而不會有變數。如果你傾聽你的潛意識,這種影響會帶來深刻的精神啟示。

這張牌在海王星的另一個可能的好處,就是你會發現或是深入你的人生目的。你只需要去聆聽你的想法與感受,特別是在你獨處或冥想時。

紅心6是你的冥王星牌

今年的一些主要關鍵詞是戀愛中的讓步和責任。你很可能會遇到很多情況,在那裡你很清楚你在關係中的表現,以及這種行為如何影響你生活中的其他人。這可能是與朋友或同事在一起,

但通常是與我們密切相關的人。你可能會發現自己捲入了一個或多個具有挑戰性的親密關係，這些關係似乎並不符合你期望的方式，除非你耗費大量心神去解決問題。這些「注定」的關係往往是我們自己的明鏡，幫助我們看到我們在最親密的關係當中的表現。它們教給我們的課題通常很困難，但我們所學到的價值是不可估量的。

這張強大的業力牌會挑戰你做出調整和妥協，以便在所有的關係中做到公平合理。假如你沒有得到你想要的愛，或你覺得應得的，審視一下你給出了多少愛。你目前的親密關係或新的親密關係可能會有一些宿命的成分，你肯定會在今年學到很多關於愛情的功課。你的結果牌或許代表一個特定的人，跟你有業力之間的連結，與你需要解決的愛情課題有關，不然就是能描述出這一年你面對的挑戰進一步的細節。

這張牌最大的潛力之一是，你可以真正在人生中發現一個重要而有意義的目標，或是加強你和這個目標的連結。這張牌在這個重要的位置出現是一個信號，表示你會在這個時候找到你人生所象徵的更偉大的意義。

肯定句：

我學習在我的個人親密關係中做出讓步，並負起完全的責任。我正在發現我真正的人生目的。

紅心 6 是你的結果牌

在你人生中的這個時候，你面臨的挑戰將會大大地展現你過去對最親近的人表現出的行為結果。這種業力影響告訴我們，你將會學到很多關於「愛情法則」的事。簡言之，就是「以其人之道，還治其人之身」。可能會有一個或更多的親密關係，需要處理過去的情債。有可能是一個本命牌是你冥王星牌的人。

這張牌也會在你下一個生日之前，帶給你特別的禮物。你可能會在把注意力轉向內在時發現一個特別的人生目的，涉及用一種特別的方式去愛別人。這個目的可能轉化你的生命，給它一個更有意義的方向。

肯定句：

藉由聆聽我的內在心聲，我在人生中找到我的特別目的，引導我到最高的天命。我加強我在所有親密關係與愛情當中的責任感。

紅心 6 是你的長期牌

紅心 6 是穩定的象徵，也許是愛情與感情生活中的千篇一律。對於那些在愛情中尋求安全基礎的人來說，這可能是一個受歡迎的情況，儘管可能會有妥協和課題。與此同時，紅心 6 的業力本質表明，親密關係在某種程度上解決過去的債務，甚至是前世。如果一個重要的新關係今年進入你的生活，你可以打賭，就愛情與感情而言，這將帶來業力的平衡。這一年將向你展現付出的價值，在你的愛情方面會「種瓜得瓜，種豆得豆」。

無論這一年在你的親密關係中的事件具體有什麼本質，你所

在乎的愛情和友情的連結上，你的經驗將會幫助你發展出為你自己負責的認知。

關鍵字：

我在愛情中學習責任，以及如何在我最親近的關係中退讓以維持平衡。我敞開自己，為我的人生之路找到一個特別而更高尚的目的。

紅心 6 是你的環境牌

這一年有一張「和平使者牌」作為你的環境牌，幫助他人，並為你的所有愛情關係負責，將會帶來許多祝福。事實上，你可以從過去愛過的人那裡得到一些好的業力回報。在外在的可能性是，你可以遇到一個新情人，這個情人實際上是你在前世認識的人，但是更有可能的是，在你的愛情生活中幾乎沒有什麼變化。

紅心 6 是你的置換牌

6 號牌表示業力法則，規定了種什麼因、得什麼果。在紅心花色中，6 代表我們更加覺察我們在個人親密關係領域的行為。今年落在這個位置上時，你非常可能學習到在這個領域中的功課。今年發生在你生活中的一些注定的事件，完全可能是你過去在個人親密關係中一些行為的結果。你可能並不喜歡這些事。就你而言，它們甚至可能看起來並不公平，所發生的事情是你不應該承受的，這些可能會是比較困難的情況，特別是在你今年的土星週期時，而且它們會捲入一些重要的親密關係。然而，這些事件是公平公正的，無論是在這一生還是前世做的，都是你在過去所做所為的結果。

有時候這張牌會吸引一些業力親密關係到我們的生活中。這通常是回到我們身邊的前世關係，目的是解決一些未了斷的事務。假如某個新認識的重要人物今年進入你的生活，這很可能就是原因。注意你們之間發生的事——你們在這段關係中要處理的真正課題是什麼？

問題將會圍繞著公平，以及在愛情與家庭事務中，對我們個人的責任有所覺知。由你決定探索任何出現的狀況，並且對於學習公平保持敞開的態度。你可能會一直以為你在特定領域的行為都是正確合理的，但事實上並非如此。如果你希望能善用這股強大的影響，保持開放的心胸，無論需要什麼都樂於付出。

問題將圍繞公平展開，意識到我們在愛和家庭方面的個人責任。你應該去探索任何出現的情況，並對公平性進行更多的了解。你可能一直認為你在某些領域的行為是好的，而事實上他們沒有。保持開放的心態，如果你想從這個強大的影響中獲得最大的收益，願意提供你任何問題。

在光明的一面，這張牌將在今年帶給你精神上非凡的集中力量，應該會在你的生意或工作帶來更多的成功。

梅花6
覺知到命運／直覺／為過去所言付出代價

梅花6的基本牌義

梅花6是直覺之牌。它的出現表示，你的直覺會比平時更強烈。這也是言論和交流中的責任之牌，做出妥協來維持和平的環境。當這張牌出現時，發生的狀況會為你的生活帶來平衡與穩定。任何失衡的東西都必須被糾正，所以可能會有業債要償還。

由於梅花6是業力上的影響，當梅花6出現時，人們往往會收到他們過去言論的果實。這種業力可能是好的，也可能是壞的，端看這個人說過什麼，並且在許多情況下，在過去承諾過什麼。當這張牌出現時，你應該要準備好實現承諾，並且願意履行你在過去對他人所說的話。

在更普遍的層面上，梅花6的出現可以表示，我們變得對自己人生的特別目的變得更有覺知，那就是，和別人分享更高的知識。這也被稱為「施洗約翰」之牌或是「洗禮之牌」。因此它對你來說可以是一項重要使命的先兆。將會引導你到靈性意義上更高的目的與生活方式。

水星週期的梅花6

這可能意謂著一段相對平靜與和諧的時期，但只有幾天。這是一張有直覺潛能的牌，但現在懶惰的傾向可能會阻止你利用它做任何事情。如果你對你和他人溝通的方式願意採取負責的行動，並且也願意做些讓步與調整，你的生活現在會很和諧。這會是一段非常平靜與愉快的時期。

金星週期的梅花6

這張牌代表你的個人親密關係處於缺乏變化的狀態。是好是壞取決於你現在的處境，還有你在這個時候渴望什麼。如果你可以做些妥協，並且願意對你和所愛之人溝通的方式負責，現在可能是平靜與安寧的。

火星週期的梅花6

這張牌代表著與男性關係的和諧，以及你目前可能捲入任何法律問題當中的穩定性。你可以放心，任何法律事務的結果都將獲得公平處置。你的直覺現在很強烈，可以用來幫助你實現你的目標和渴望。通過努力和敏感度，你現在可以得到一些真正的進步，但如果你過得太爽，你可能會安於現狀而不想努力。

木星週期的梅花6

直覺和敏感度的提高是目前所有領域取得巨大成功的關鍵，特別是金融和商業相關的領域。同時，安於現狀可能是你最大的障礙。戰勝你現在的滿足安逸，並在這股幸運的影響下做出額外的努力。每一個努力都會得到很大的回報。當然，如果你已經有了想要的一切，你可以坐下來享受它。

堅持已經開始的事情與項目是個好主意。在這段期間，除非有其他的信號出現，那就是你的財務收益所在。

土星週期的梅花6

無論健康狀態是好是壞，在這股影響之下都不會改變。你的直覺強烈，但你可能發現很難順應它，或者恐懼會阻礙你運用它。你可能會感覺為形勢所迫，不得不對他人讓步與調整。要注意你跟別人如何說話，因為你給出什麼，就會得到什麼。

對別人的想法與計畫保持開放，以便善用這股強大的影響。假如你過去撒謊，或是沒有履行承諾，這可能就是你必須要履行或澄清的時候了。此外，這股影響可以表示，你變得對自己的人生目的更為覺知的時候。你正被引導到與神的意志一致的狀態。

天王星週期的梅花6

這可能是一個直覺和敏感增強的時期。如果你願意，你可以將這些天賦應用在你的工作上並取得良好效果，然而這也可能是你對自我感覺良好的時候，因此你選擇不使用這些可用的天賦做太多事。無論如何，這將是你的工作和生活穩定的一段時期，特別是如果你願意與朋友和同事做一些妥協來維持和平的話。

現在藉由和你最細微的想法與感受協調一致，你可以和你今生的目的建立強烈的連結。

海王星週期的梅花6

這很可能是一段令人愉快的時光。不過，如果你計畫在這段時間來趟旅行，那可能不會成行。你的直覺很強烈，可以用在追求知識或靈性目標，而且能為你帶來一些有價值的自我認識和理解。對於內在成長，以及簡單地享受你努力的成果，這是個好時機。這段時間不適合在你生活中計畫或執行任何重大改變。

這張牌在海王星的另一個可能的好處，就是你會發現或是深入你的人生目的。你只需要去聆聽你的想法與感受，特別是在你獨處或冥想時。

梅花6是你的冥王星牌

在你生活中的主要情況會抗拒改變，對你來說，今年這證實可能是個挑戰。你會覺得好像你必須做出許多妥協才能保持和平，以達到最棒的穩定狀態。今年與你的轉變有關的，將是你的直覺和通靈能力，或是必須充分利用看似穩定不變的情況。

為了維持你個人與職業關係上的和諧與開放，今年在溝通的層面必須妥協跟負起責任，而這對你而言，今年會是個挑戰。你可能會覺得自己原地踏步，這可能是你對世界憤怒和憎恨的原因。在更深的層次上，試著去檢視你如何創造了這個情境，以及你希望透過體驗它、運用它，達到什麼成果。無論你是否覺察到自己的直覺能力，它都扮演了重要的角色，以理解並掌控這一年即將來到你生命中的情境與狀況。

你將在這一年努力了解你今生的主要目的為何。雖然一些在你生活中的情況看似穩定而不可動搖，但這是你聆聽內在聲音的機會，讓你接收向你而來的訊息。許多人終其一生都不曉得他們所為何來。注意你內在的想法，你就能找到你的目的。

看一下你的結果牌以得到更多訊息，了解是什麼或誰會在今年與梅花6的穩定力量一起轉化你。

肯定句：

我學習真實與信守承諾。我正在發現我真正的人生目的。

梅花 6 是你的結果牌

今年你諸多努力的成果之一，便是發展強化的直覺，和你周遭的那些人創造和平與有效率的溝通。6有強大而穩定的影響，並且要求負責任與願意退讓，以便有效地處理事情。你的冥王星牌將告訴你，誰涉入這些情況，或是給你更多的訊息，來了解你運用直覺與認真負責的溝通更多的細節。

這張牌也表示，這是你發現一個特殊目的或自己天命的一年。這個目的可能與跟世界分享真理，或更高形式的知識有關。傾聽你的內在聲音，這會向你透露許多訊息。

肯定句：

藉由傾聽我的內心聲音，我發現自己在人生中的特別目的，那會指引我走向最高的道路。

梅花 6 是你的長期牌

梅花6是直覺之牌，能找到一個人的個人或職業之路或是天命。如果你傾向發展你的通靈能力，或是你想專業地運用它，這可能是在該領域有許多進展的一年。你天生的直覺力在今年被強化，而它們成為你關注的焦點。總體說來，這對你是相對穩定的一年。在你所有溝通方面的平靜與和諧來愈多。為了維持這樣的和諧，一個人往往必須讓步，並且願意從他人的視角去看待事情。

這張牌的另一個面向，就是要處理溝通中的誠實與責任。在這股強大的影響下，你可能會有一些經驗，幫助你珍惜這些品質的價值，在你對自己與對他人的溝通都是如此。

在這一年，許多人用這張牌發現他們人生有一個特別的目的，一個非常有意義和令人滿足的目的。如果你聆聽內在之聲，你可能會發現你也有自己的天命。

關鍵字：

在溝通與工作之中學習責任的一年，以及擁有直覺力的一年。藉由與我的內在一致，我發現我的人生有一個特別的目的。

梅花 6 是你的環境牌

這對你來說可能是很重要的一年，在很多方面都有更加細微和靈性的性質。這是你可以聽到內心聲音的一年，並獲得從你的高我而來的重要訊息。如果你一直想知道你的人生目標是什麼，那麼今年是你能夠發現的一年。當我們認知到我們的人生目的時，這張牌經常出現在人生的關鍵時期。對你而言，這個目的可能需要把知識或智慧帶給別人。

梅花 6 是你的置換牌

在這張強大的業力與平衡之牌影響下，你很可能不得不接受你在以往做過的一些事並作出補償。這張牌還有其他一些同樣重要的影響，可能會在很多層面上影響你，所以請仔細閱讀以了解將要發生的事。

首先，今年你可能會有一些經歷，都是你曾經對他人說過的話──不真實或不公正所造成的結果。例如，有人以特定方式對全世界聲稱他們是無罪的，但其實有罪，可能就會在這股強大的業力影響下而被抓到。梅花6可能意味清算，而在這個情況下，清算的結果和誤傳的時間有多久、有多少人受影響，都是相等的。不過，如果你和人交流時一直都是誠實的，沒有用什麼特別的理念哲學使人受傷或痛苦，你就不必擔心。這張牌的負面影響只會發生在一直誤用他們語言或文字的人身上，然而，令人驚訝的是，在這種影響下，祕密會如何浮上檯面。

另一方面，這張牌可以對你的工作和事業產生強大而樂觀的作用。這可能是你變得更加了解和認可自己貢獻的一年。在正常工作環境中受僱的人可能會得到加薪或晉升。其他那些個體戶會發現他們的生意蒸蒸日上，這是因為大眾變得對他們的作為有更多的認識。這是個投入資源做廣告或媒體行銷的理想時機，因為在這些領域的成功幾乎是可以肯定的。總而言之，就工作而言，這應該是飛黃騰達的一年。

最後，這張牌指出需要更為關注一個人的人生目的。那些以某個使命或目標為基準，而行動、計畫與工作的人，總是比那些毫無方向或意義的人能成就更多。在這一年，環境可能造成你對人生的反省，並且真誠地努力去找出最適合你的路。一旦找到這條路，不管外在環境為何，你就有義務在靈性層面去盡力遵循它。跟著你為自己設定的道路，或只是找出你應該走的路，就可能是這一年重大的挑戰之一了。

方塊6
工作平穩／財務業力的清償／發現天命

方塊6的基本牌義

只要你的牌中存在這種強大而穩定的影響，你可以打賭會有某種結算。雖然這通常是以支付或償還金融債務的形式出現，但它可以用支付其他形式的「價值」呈現。方塊6也會鼓勵你在金錢方面做出妥協，並對你的所有債務和涉及交換價值有關的行為承擔全部責任。

當這張牌出現在一個顯著的位置時，它可能代表我們有機會發現我們人生的特殊腹地，並且帶我們踏上天命之路。如果你覺得被特定的志業或使命所吸引，它可能為你的人生開啟了一個全新而強大的方向。

水星週期的方塊6

這張牌表示生意方面缺乏變化，並且在這方面進展順利。在方塊6影響之下，你無法逃避債務和義務。所以如果你欠債，現在就必須要還。反之亦然。這種影響不支持生意上的變動，你可能會發現任何旅行計畫或生意變更都推遲到後面進行。準備好還清你欠別人的錢，特別是跟教育或你的交通工具有關的錢。

金星週期的方塊6

這張牌表示財務和社交事宜運行平穩無礙，但此時要注意過於安逸。與家庭成員或所愛的人可能會有需要解決的財務問題，這可能是保持你們之間的愛流動的關鍵。以負責任的態度處理你的所有金錢事務，將會為你帶來更大的幸福和豐盛。

火星週期的方塊6

此時你可能會陷入自己的債務窘境。發生的事情反映了你的價值系統，所以要留意。現在誠實為上策。法律與生意上的借貸、困難現在將會發生，而你會得到你應得的。現在你做出的一切承諾都得兌現，所以小心你的言行。不要讓害怕失敗的恐懼，導致你耽誤了先前開始的財務交易，它們是你最好的籌碼。

木星週期的方塊6

在這段期間，你可能會收到別人欠你的錢，那將有助於你的財務成功。你就收下吧！同時，你最好的成功來自於保持不變，並且對你現有的生意合約開放地做出讓步跟調整。在這個時期要避免投機和賭博。只要繼續為他人付出，就會看到回報源源而來。

土星週期的方塊6

這張牌表示，即使你渴望變化，金錢，健康或生意都毫無起色。金融債務和義務都必須在此時償還，而且可能會很昂貴，這取決於你在過去如何處理這些事宜。在金融交易中，任何偏離嚴格的誠實與公平的行為，可能將在許多方面付出非常昂貴的代價。雖然現在可能很難妥協和誠實，但它們是通向自由的唯一途徑。

現在你可能要面對你過去作為的結果，而你可能不喜歡你看到的，或是未察覺到你要為這些行為付出代價的時機。但是，這就是業力運作的方式，如果你公平而誠實地面對它，你將會從這個經驗學習並成長。

天王星週期的方塊6

這張牌可以表示，工作地點或工作類型缺少變化，或者缺少業績或房地產乏人問津。在這段時間裡，一切都會保持不變，但是你的財務第六感可能會給你提供一些寶貴的洞見，讓你了解賺錢的方法。請記住，你所收到的，正是你給別人的，在這段期間，你可能不得不意外償還一些未結清的債務。給得多就拿得多。

現在藉由和你最細微的想法與感受協調一致，你可以和你今生的目的建立強烈的連結——特別是它把你的工作和營利事業連結在一起的時候。

海王星週期的方塊6

這張牌代表長途旅行的延遲，或單調和令人失望的旅程。這很可能是與商務有關的旅程。任何遠方的生意也不會有任何變化。但是，你可以直觀地認識到新的，或祕密的生財之道，以後可能會有利可圖。盡可能對你的財務狀況誠實與理解，過去的債務可能會在這個時候成為焦點。

這張牌在海王星的另一個可能的好處，就是你會發現或是深入你的人生目的。你只需要去聆聽你的想法與感受，特別是在你獨處或冥想時。

方塊6是你的冥王星牌

方塊6對解決財務問題和償還債務具有非常強大的影響。在某種程度上你不是大力整頓一番，就是要努力發展一種對你的金錢和債務明確而良好的價值觀。也許你有很多債務，要誠實正直地面對這種情況，竭盡所能地履行你的義務。要不然，你本性非常焦慮，但今年你想要獲得持續努力的好處。有時候，方塊6創

造了一種情況，即財務方面不動如山，當你渴望改變時，這可能是具有挑戰性的。

這張牌最大的潛力之一是，你可以真正在人生中發現一個重要而有意義的目標，或是加強你和這個目標的連結。這張牌在這個重要的位置出現是一個信號，表示你會在這個時候找到你人生所象徵的更偉大的意義。

無論如何，在方塊6的影響下，你將會被挑戰並獲得成功，尤其是把它的意義跟你今年結果牌的牌義結合在一起時。

肯定句：

我在我所有的金融交易中學習誠實與公平的價值。我正在發現我真正的人生目的。

方塊6是你的結果牌

作為處理你今年的冥王星牌的結果，你最終將解決一些未結清的債務，不是你欠別人，就是別人欠你。今年發生的的挑戰情況會向你展示，在你金錢與商業交易中要完全的公平，結果會導致你對金錢與債務有更成熟和健康的態度。這自然而然地帶到一個穩定的財務狀況，因為所有過去的債務都處理了，並帶來了平衡。

方塊6作為今年的結果牌，還有另一個特殊的意義。也就是說，它可以預示一個時機——你真正發現你的人生有一個特殊的目標或目的，或深化你與這個目標的連結。既然有這麼多人在尋找他們的特殊目的，那麼你現在非常幸運有這個發現的機會。

肯定句：

藉由傾聽我的內在聲音，我發現自己在人生中的特別目的，那會指引我走向最高的道路。我在所有財務事宜上強化我的責任感。

方塊6是你的長期牌

方塊6是一個非常穩定的影響，當它是長期牌時，這種影響會持續一整年。如果你在一年之始擁有良好的財務狀況，這可能會很好，因為這張牌會維持年初的狀態。然而，如果你以某種方式進入缺錢的一年，這可能會很困難。今年你可能會發現自己陷入財務困境，掙扎著站起來，卻持續有未付的帳單抽乾你的帳戶。

這張強大的「業力之牌」，可以確保你的財務狀況的任何失衡將在今年內獲得平衡。這可能意謂著你償還了現有的債務，或者你償還了先前貸款的錢。在這種影響下附上完全的責任是明智的做法，因為不誠實的交易可能立即得到報應。另一方面，如

果你認識到這張強大牌固有的潛力，並且在所有的生意跟金融交易中付得更多。這肯定會帶給你額外的回報，特別是在這張業力金錢牌的影響之下。種瓜得瓜，種豆得豆。

無論如何，今年你的許多經驗將證明在你的所有財務事宜上，都需要個人的誠信和責任。

換個角度來說，這張牌可以註記為，你為你的生活和工作找到更深層次目標的一年。在這樣一個突出位置上，任何6號牌都可以表示，當我們發現了我們注定要做之事的時間。在這種情況下，這將涉及幫助其他人找到更有意義的價值觀來建立他們的生活。

關鍵字：

關注財務責任的一年，平衡賬戶、和為了財務平衡而讓步。我開放自己，為了我人生的工作，發現一個特殊而更高的目的。

方塊6是你的環境牌

這是從你堅持做下去的工作獲得最大利益的一年。雖然你可能收到來自他人的財務償還，但不要指望在你的工作或生意會有許多變化。相反地，如果你想要最大的成功，找到方法去改善或從你正在做的事得到更多的成果。另外，對你所有的金融債務和交易要誠實和負責任，這將會帶來額外的祝福。尤其是在火星週期，應該會非常成功。

方塊6是你的置換牌

無論你是否認為公平或公正，過去未償還的財務責任可能需要在今年解決。事實是，無論在財務層面發生什麼。都會是公平的，但從個人的角度來看，可能不會出現這種情況。既生為人，我們的個人觀點很少完整或完全精確，這就是我們對自己不能完全理解之事反應的緣故。因此，圍繞著這種類型債務的財務狀況可能會在今年出現，也許這些債務已經有一段時間未償還了，或者是至少一直存在的。

這種影響的另一個可能的表現是，無論如何，你現在的就業狀況，一整年都幾乎保持原樣。你可能希望在這個領域做一些改變，這張牌往往表示事情將保持原樣。在大多數情況下，從這張牌中獲得最大收益的最佳方式，是發展我們已經在做的事情，而非另闢蹊徑。

最後，這張牌通常代表了我們進行一些靈魂探索的一年，以便更加了解我們的人生目的和個人天命。當他或她對生活有著明確的目標時，就變得更加強大。找到這個目標，或者繼續堅持下去，可能會成為你今年的重要課題。

黑桃6
命運／業力的運作／對過去所為付出代價

黑桃6的基本牌義

黑桃6是最強大的業力牌。當這張牌出現時，你可以預期在工作和健康領域的事務變得順利。不過，假設你在這些領域有不良或負面的習性，或是你的生活方式包含了一些有意無意傷害他人的行為，你可能必須在這張強大的牌出現時，去處理你的債務。無論這張牌出現時發生何事，把它視為路標，在你的道路上做些調整。

在這張牌的影響下，有些發生的事件是我們在人生中某些時候注定要發生的。這些事件往往改變我們人生的過程，總是會讓事情變得更好，即使在事發當時看似沒有那麼美好或是盡如己意。

黑桃6會造成一切事務獲得解決之道，並且帶來一些你需要的平靜進入你的生活中，如果在那段時間，你花了一些時間去調整最深刻的感受和想法，你可能會意識到有一條來自內在的特殊訊息。這條訊息可以引導你去完成你人生中的特殊使命，以某種重要的方式使他人振奮。黑桃6就是命運之牌。

水星週期的黑桃6

在這段週期，你可以預期穩定的工作、穩定的健康，和穩定地追求教育目標。然而，如果你在這週期展開時已經沒有工作了，你可能會保持這個狀態。同時，在這段時間你會受到鼓勵，對你和他人的溝通負責任，並且做出妥協，以維護和平及達成你的目標。要小心你說的話，和你說的方式，要不然別人就不得不指正你了。

金星週期的黑桃6

這個時期應該在財務、愛情生活和工作其中一個領域是穩定的。你想要在你家和大部分的親密關係中創造和平。為了這麼做，你就得為所愛之人調整，學習在愛情中承擔責任的藝術。這張強大的牌還有另一個可能性，就是開始一段「業力親密關係」。這可能是「宿命」或注定的關係，你虧欠別人，就必須要償還，或是拿回別人欠你的業債。

火星週期的黑桃6

這段時間可能會導致與男性的訴訟或一些交易的解決。這張牌表示穩定的工作和穩健的健康狀態，會抵銷任何促進變化的影響。如果你涉及法律事務，請放心，結果在各方面都是公正的。你現在應該小心一切好戰的行為和表達，因為這種強大的業力影響向你保證──種瓜得瓜、種豆得豆。

木星週期的黑桃6

在這段週期，你的生意跟財務興趣應該會順利而穩定。維持你現在的業務，帶來最大的報酬，現在可能難以有什麼變化。從你和最近相關的人所做的事情上，找出獲得最大成果的方法。很可能是在這段期間結束之前，一切你應得的好處或回報會降臨。你給予的愈多，你就獲得愈多。

土星週期的黑桃6

現在你面臨的任何肉體問題都可能是打從過去養成的不良健康習慣累積而成的結果。因為這是「三重業力」影響，你人生大部分的領域，都可能是你過去對別人或自己的身體加諸思想言語或行為方面的傷害，因而接收的報應。現在是該對你的健康、工作和生活方式負完全責任的時候了，並且願意做出適當的修改以糾正任何問題。

這是整副牌中最強大的牌。因為土星週期也是業力跟「命定」的週期，使得這個影響加乘了三倍。當你看到這張牌的到來，明智之舉是評估你過去的行為，並且盡可能承擔更多責任。你進入這週期時，尤其重要的是，要確定你的健康跟工作習慣是樂觀、誠實而健康的。你人生中失衡的每件事──那些有點不安和經常極端的行為，大抵都將會歸於平衡。

天王星週期的黑桃6

無論你是否渴望，這段時間的特徵，將會是商業、勞資關係、房地產交易或你的健康缺乏變化。現在需要特別努力，才能展開任何事情，所以你可能會覺得你一成不變。這張牌非常適合靈媒或天生的療癒師使用，因為它在這段時間會送來更多那種天賦。如果你選擇對你的天賦更有覺知，你的直覺就會變得活躍而唾手可得。

這是如此強大的一股業力影響，以至於你可能發現自己不得不面對你過去一些行為的後果。在黑桃6的影響下，發生的事情往往是「命中注定」的。

現在藉著讓你最精微的意念與感受調和一致，你可以和自己的人生目的建立強烈的連結，特別是當它與你的工作和職業相關時。

海王星週期的黑桃6

在這段週期，你可能會有一次漫長而單調的旅行，或是你規劃的旅行取消或延期了。黑桃6穩定的影響經常會阻礙大部分規劃好的事情，抵銷地點、工作或是健康上的改變。這對靈修或直覺研究是絕佳的影響，你可能對人生和自我的奧祕有著敏銳的感悟，你對因果定律的理解，將會幫助你克服與他人不合的情況。

這張牌在海王星的另一個可能的好處，就是你會發現或是深入你的人生目的。你只需要去聆聽你的想法與感受，特別是在你獨處或冥想時。

黑桃6是你的冥王星牌

今年的健康和工作問題可能會成為你的焦點，因為這是一張

沉重的「業力牌」，無論好壞，它都會帶給你過去行為的後果。黑桃6傾向於在所有事情上創造和平與平衡，而這可能需要償還過去的債務。如果你最近沒照顧好身體，那麼現在是你可能被迫做出改變的時候了。工作和其他生活方式領域也是如此。

今年你的另一個主要目標，就是不得不面對工作或健康中的某種靜態情況，而或許你一直都想要有所改變。黑桃6是一個強大的影響，使事物停滯不前、毫無改變。它可以阻礙旅行、搬遷、就業或健康上的變化，因此在這一年開始之前，就讓這些領域保持良好狀態是明智之舉。它可以表示試圖找工作或試圖改變工作的一年，不得不對應該領域缺乏成功或一成不變的情況。你今年的成功將來自承認當前形勢，並做出妥協和調整，以充分利用已有的成果。

在所有的開銷中維持平衡。這即是你的成功關鍵。這張牌也可以表示不太理想的健康狀況，一直提醒你，需要去改變你的健康習慣了。你的結果牌將會給你更多關於這個停滯情況的資訊，或者告訴你，誰牽涉其中。

這張牌最大的潛力之一是，你可以真正在人生中發現一個重要而有意義的目標，或是加強你和這個目標的連結。這張牌在這個重要的位置出現是一個信號，表示你會在這個時候找到你人生所象徵的更偉大的意義。

肯定句：

我正在學習對我的健康、我的工作和生活習慣負責任。我學習妥協。我正在發現我真正的人生目標。

黑桃6是你的結果牌

某種程度上跟你的冥王星牌有關，今年的要點是責任與妥協。黑桃6的出現表示，你今年主要目標之一，與你償還過去的某種義務有關係。這些可能與工作、健康或任何生活領域有關係。請放心，你在下個生日之前會領悟到對你的行為負責的重要性，並且會有相當多的進步。

在你下一個生日之前，這張牌也會帶給你一個特殊的禮物。你可能藉由將注意力轉向內在，發現你的人生有個特別的目的，可以激勵你成就偉大事業。這個目的會轉化你的人生，給它更有意義的方向。

肯定句：

藉著聆聽我內在的聲音，我發現我在人生中的特別目的，那將指引我朝向最高的天職。我在所有健康和工作事務上加強我的責任感。

黑桃6是你的長期牌

在強大的黑桃6影響下，這將是在許多層面上有所經驗的一年。在純粹世俗的層次上，黑桃6表示這將是在工作、健康、職業或居住地點上幾乎沒有改變的一年。當今年展開時，如果你狀況不錯，這一年就會很順遂。然而，如果這一年開始時你沒有工作，你可能不得不面對一整年都找不到新工作的情況，這張牌「缺乏改變」的影響非常強烈。今年大概沒有機會旅行，而且在住所上也沒有變化。

在較深的層次，黑桃6具有強烈的「業力天平」影響。它表示今年你所得到的正是你所付出的，在你的工作和自己的健康方面皆然。假如你今年經驗到任何健康方面的難題，它們很可能就是你不夠重視自己健康的後果。在這股影響之下，為了改善你的健康，你要做的就是把建設性的能量用於愛惜自己的身體，並開始養成更多健康的習慣。在工作方面，你可能發現自己捲入必須妥協與調整的情境，做出一點讓步或是多做一點事，你整個工作的狀況才會順利進展。在所有事務中保持平衡是你今年重要的主題。

最後，黑桃6是「命運」或「命定」之牌。當這張牌出現時，我們常常會有重大的轉折點，引領我們走向最終的命運。如果你花時間和你內心深處的想法與感受和諧一致，你可能會得到重要的訊息，知道你下一步要去哪兒，以及你將會怎麼做。

關鍵字：

學習對你的工作、健康習慣和生活方式負責任的一年。保持平靜的一年，也許是為我的人生功課發現一個特殊而有意義的目的。

黑桃6是你的環境牌

如果你注意的話，這是「命運」之牌，這可能是發生命中注定事件的一年，以重要的方式將你引向你的命運。這張牌最高的意義可能是，你找到你人生真正目的的一年，你會為那個目的做出承諾。在另一方面，這張牌更為世俗的意義就是，做著同樣的工作並找出方法改善之，你將會從中受益。

黑桃6是你的置換牌

這可能是一個重要的一年，將對你的人生產生巨大影響，這取決於你目前的生活狀態以及你過去做過的事情。黑桃6是所有最強烈的業力影響之一，它承諾任何未償還的債務將得到解決和處理。這些債務可能有很多種，儘管黑桃花色主要是著重工作和健康。因此，首先要找出這張牌在那些領域中對你的意義。你是否保持了良好的工作和健康習慣，或者你在一段特定時間之內過著不健康的生活？如果後者屬實，那麼今年可能會出現一些健康問題，因為所有這些習慣都浮出水面，必須加以處理。這些健康挑戰的強度，將與你過去的習慣、和你維持那種習慣的時間長短成正比。

這張牌也表示償還來自過去的負面業力。黑桃與我們的意志相關，它可以表示在法律或其他事務上與他人的鬥爭。如果你一直都和任何人有競爭激烈或是敵對的情況，這一年很可能代表要處理這些勝負的時機。無論你認為結果是否公正，它都會是公正的。

這股影響特別對工作和職涯上非常有利。當這張牌在這個位置出現時，許多人聲名鵲起、功成名就。這股影響對那些做生意的人和財務領域的人最有幫助，確保會有巨額報償以及擴張的機會。任何擴張的機會都可能帶來更大的成功。

這張牌的潛在主題就是找出我們個人的命運或目的。你今天大概會有一些機會來調整你的人生方向，並且揚棄那些對於實現你心動的目標和渴望沒有幫助的活動。

無論你個人處境為何，今年注定的事情必然發生，將會以重要的方式改變你的人生過程。隨著所有這一切的發生，在所有交易中練習公平，你將被引導到正確的道路上，實現你自己並且有所成就。

紅心7
無條件的愛／學習不執著的親密關係

紅心7的基本牌義

紅心7表示，當這張牌出現時，可能表示著在親密關係中的愛與感情有許多挑戰。紅心7可以顯示我們愛的那些人背叛了。無論如何，我們將會被測試，看看我們在特定方面對別人有多執著。

7是個極有靈性的數字，如果你嘗試一種新的處理方式，採取更為無私或不執著的態度，它將保證在愛情中的成功。如果我們允許別人做自己，不對他們要求過頭，我們不僅僅更了解他們的本來性格，也允許自己有作自己的自由，並且經驗到沒有恐懼與執著的感受。當7出現時，會出現許多強烈的靈性體驗。

水星週期的紅心7

在這段週期，你很可能會有突如其來的意外麻煩或友誼上的變化。嫉妒和混亂可能會出乎意料地引起問題和失望。但這不會是一個長期的問題——它來得快去得也快。現在在你所有的溝通中運用應變能力和外交能力，以避免爭論或誤解。放棄你對你的想法或他人的執著，以獲得最佳結果。

你的另一張水星牌可能表示誰或什麼會捲入這張牌所表示的個人挑戰當中。一張強大的牌，像是4號牌、8號牌或10號牌，將會幫助你緩解挑戰，也會為這個情況帶來快樂的結局。這張牌是靈性之愛牌，唯有面對並放下恐懼與執著，才能帶來成功。

金星週期的紅心7

在這段期間，不忠誠的朋友或情人可能是在情緒上導致極大失望的原因。不可靠的朋友或同事可能會導致很多問題。主要的課題是，別在你的友誼中如此天真。你可能會發現，你在尚未了解一個人的時候就給出了你的信任跟友誼。有些人可能不像他們外表看起來的那樣子，也不值得你相信他們。你要看穿別人真正的面目。

你的其他的金星牌可能會告訴你，是誰或是什麼事情，將與這個情感上或個人上的挑戰有關係。另外要記住，另一張強烈或強大的金星牌，例如4號牌、8號牌或10號牌，可以抵銷這張牌的逆境，並且從挑戰性的情況帶來非常正面的結果。

火星週期的紅心7

這段時間可能會帶來一個可怕的和具有挑戰性的法律或個人問題，可能與一個男人有關。你自己的任性或爭吵只會降低你在目前情況下獲得成功的機會。仔細檢視你的期望和執著，這是解決當前事件的關鍵。保持著你沒有任何人或事可以失去的信念而

行，你將會得到比你能意識到的還要更多的成功。現在也有可能發生靈性啟示。

看一下你另一張火星牌，找出在這段週期，是什麼或是誰涉入這些挑戰。另外記住，一張正面的牌，例如4號牌、8號牌或10號牌，會告訴你無論當前的挑戰如何，對於在這五十二天週期出現的情況，你可能會有個快樂又有成效的結果。

木星週期的紅心7

現在可能會出現與愛情和金錢相關的挑戰性情況。如果你將這兩者混為一談，並且對人或金錢有一些執著，你可能會發現自己陷入了困境。另一方面，這種受到祝福的靈性影響力，使得你比平常更容易在愛情和商業上採取奉獻和無私的態度。如果你這樣做，你就有機會體驗到超乎你想像的愛與財務豐盛。

土星週期的紅心7

在這段週期，嫉妒、充滿恐懼的執著和背叛可能是可觀的情緒創傷肇因。這給你的回報可能會是你健康上的負面效應。你可能覺得被某人背叛，或是出現一些情況，威嚇到你在個人親密關係中的安全感。你的另一張土星牌往往是這場戲中某個人的本命牌。你現在在受到了挑戰，要在你最親密的關係中練習不執著的態度，並且克服對被拋棄的恐懼。你可能覺得自己現在被迫做出犧牲，但如果你在當前處境應用你的智慧，你就能學到真愛的價值。

另外，記住由這張牌表示的困難或挑戰，能夠被另一個土星位置上強大的牌抵銷，比如，任何一張4號牌、8號牌或10號牌。

天王星週期的紅心7

這段週期，在朋友、同事或合作夥伴方面可能會遇到意想不到的挑戰。你可能會感到被你的朋友圈或你在意的熟人所背叛或拋棄。你現在正面臨著挑戰，你要放棄對別人的恐懼和執著，讓他們成為他們自己。你在此期間的其他牌可能是你執著的人。在正向方面，你有機會體驗較高層次的無條件之愛，這可能會導致戲劇性地開放你的心靈。當這張牌出現時，我們經常發現自己為他人進行諮詢、提供幫助。

這對靈性事務、學習新的靈性資訊、參加課程等等都是有利的影響。另外記住，在這個週期的另一個位置，一張正向的牌，例如4號牌、8號牌或10號，就會抵銷任何可能生起的問題，並且帶來整體的好結果。

海王星週期的紅心7

雖然出現的影響能使你的心大為敞開，並且經驗到無條件的愛，它往往會帶來對某人或是某個珍視的夢想具有的個人執著所引發的挑戰。你大概在計畫一次度假卻出了差錯。問題的答案就在你心中。你有力量向內檢視你自己，做出有意義的評價。去挑戰你以真實和愛之名的幻想。

紅心7是你的冥王星牌

今年你可能會在個人親密關係領域被挑戰很多次。不是朋友、家人就是情人，會導致你看清，你對別人愛你的方式抱持著期待與執著。有時候，你可能會覺得被他人傷害或犧牲，而你會由於受傷的感覺而想要責備他人。更深的檢視將揭示你失敗的原因——你將自己不合理的要求加諸你所愛護、關心之人，你將會學到超越這個執著的層次，以一種比過去更為健康和坦率的新方式處於個人親密關係之中。

你可能已經參與一些人道主義工作或是諮詢工作，為別人付出許多，在這一年內，這有時候也會挑戰你。這是對你生活中的人發展靈性跟不執著之愛的一年，既給他們也給你做真實自己的自由。

看一下你的結果牌，找出誰會具體地涉及「愛的意識」的提升中，或是看看還有什麼會牽涉其中。

肯定句：

我正在學習如何經驗對他人的無條件之愛，並在這過程中，我釋放我自己。

紅心7是你的結果牌

儘管今年似乎不時出現問題，但實際上，你已經承擔了非常重要的挑戰和工作。這個挑戰就是無條件地愛別人。這意謂著你必須面對你的個人恐懼，這些恐懼已經制約了你的本能反應，而非出於你自己根本上的渴望。這並非一直是個簡單的過程。在這個過程中，你可能會感覺被他人背叛，甚至被遺棄。藉由與自己內在更高的力量連結，你會從這場重要的戰爭中獲得勝利。

肯定句：

我在那些我最親密的人之間創造更高的靈性之愛與不執著的愛。我學習釋放執著與恐懼。

紅心7是你的長期牌

紅心7表示，在你的親密關係之中，愛情與感情方面可能面臨許多挑戰。7作為一個極度靈性的數字，承諾唯有在放下執著、少考量自己的個人需求，並且更多自我付出之下，才能獲得愛情中的成功。在這一整年中，會有許多次，看起來是你最親近的朋友、家人或情人讓你失魂落魄。

在這些經驗中尋找隱藏的課題。將當下視為你被邀請，放下執著、用更大的視野去看待事物。讓你的靈性力量升起，戰勝這個領域，而你會發現你轉變為一個更快樂、滿足的人。對於那些涉及靈性工作的人，這張牌預示在這一年會有諸多進展與成功。這將會是非常成功的一年，去付出你自己，尤其是作為一個諮商師或是個人幫助者的角色。

關鍵字：

在這一年學習釋放他人和他們對我們的愛，相關的恐懼與執著。我學習信任。

紅心7是你的環境牌

這可能是你真正體驗無條件之愛的一年。當你讓別人成為自己，你也讓你成為你自己，這樣，你將能夠體驗到新的個人自由。全然的自由意謂著，對別人沒有執著，也不擔心他們是否愛我們。這也意謂著曉得我們的生活中總會有足夠的愛，因為愛來自內在。

紅心7是你的置換牌

這一年你可能要面對自己情緒上的不安，學習允許你生命中的其他人擁有更多的自由，脫離你的情緒操控。7可以從我們被遺棄和背叛的恐懼中帶來自由，並且真正地經驗到靈性之愛與無條件的愛。然而，這只會發生在我們認出我們的恐懼和執著之後，並且決定努力放下我們控制他人的需求，不再使那些我們愛的人按我們要求的方式行事。今年你被要求做出這樣的調整，而且需要一些努力和決心才能實現更加充滿愛的存在方式。今年是我們稱之為「靈性循環」的一年。外在層次的事情看起來很困難，而且在個人關係中尤其如此。這並不是說你們所有的關係都很艱難，但其中會有一個或多個會讓你更深入地向內了解自己，為面臨的挑戰尋求答案。這對你將是放下的一年，你可能會犧牲某些個人欲望，以獲得更高的什麼，也許是會讓你生活中的其他人受益的東西。追隨你的靈感，並在你的個人生命中敞開地選擇更高的道路。雖然有時很困難，但它會帶領你進入一個有更多內在平靜的地方，以及真正充滿愛的親密關係。

7

梅花7
翻轉負面思考／接觸靈性知識

梅花7的基本牌義

當梅花7出現時，你不是接觸靈性知識——帶領一個人回歸自我的知識，就是被挑戰，放下你的心態跟信念，那些想法使你陷入較低的層次。這張牌最負面的一面就是負面思考。對你來說，它如何呈現，將會取決於你提升自己想法的能力。

水星週期的梅花7

在這段時期，甚至是今年，你將接觸到高水平的思維模式，並且有機會將負面態度轉化為靈性啟發。也許你已經對一些計畫或想法變得執著，所以受到挑戰了。也許你注意到，你有多擔憂它，並且想要改變它。現在是練習正向肯定句的時候了。你真的就是你心中所想的，而現在你有機會證明這一點。

你的其他的水星牌可能告訴你，你學習用更為正向態度去發展的跟什麼或跟誰有關。無論如何，一張強大的基本牌，如4號牌、8號牌或10號牌，將會幫助你緩解這張牌的負面，也就是帶來擔憂或挫折的一面。

在較高的層次，這對你來說是很棒的影響，可以獲取一些在靈性方面的新資訊。多留意好書、音樂和工作坊，可能會為你開展人生不同的一面。

金星週期的梅花7

這段時間可能會給你最衷心的期望帶來挑戰或障礙。這可能表現為與女人或所愛之人的爭吵。你可能成為八卦的對象，或計畫遭到反對，尤其是與愛情有關的。你現在可以改變任何負面的經驗，提升你的態度，放下恐懼和執著。請記住，你自己的計畫可能不是最適合你的，如果你心胸開放，那麼可能會發生更好的事。

你的其他金星牌可能會告訴你，這個情緒或個人的挑戰會跟誰或什麼事情有關。此外，請記住，另外一張強烈或強大的金星牌，如4號牌、8號牌或10號，可以緩解這張牌的逆勢，並從困難的情況帶來非常樂觀的結果。

火星週期的梅花7

這對爭執是一股強烈的影響，會帶來麻煩、擔憂和悲觀。你和男人的親密關係可能在這段期間有點困難，但問題的解決之道就在你心中，不是在他們身上。在此時，反對你的計畫或願望可能會激發你的怒火跟負面情緒。

建議要小心和男人有關的法律事務，除非你可以為你的態度與信念負起完全的責任。恐懼往往是憤怒與負面思想的根源。現

在以正向肯定句提升你的思維高度，接觸靈性知識與靈感的源頭，善加利用這段週期。

看一下你的另一張火星牌，找出在這段週期，是什麼或是誰涉入這些挑戰。另外記住，一張正面的牌，例如4號牌、8號牌或10號牌，會告訴你無論當前的挑戰如何，對於在這五十二天週期出現的情況，你可能會有個快樂又有成效的結果。

木星週期的梅花7

在這段週期，任何在生意或財務上的挑戰，可以追溯到負面的態度或是自我限制的計畫與想法。現在是拓展你的思路的好時機、接觸各種形式的靈性知識，將會對你有多方面的好處，將幫助你獲得與這張牌有關的領悟狀態。記住，思想造就事實，你正是你所想的模樣。這張牌可以從神祕知識或自我改進的課題的學習上，帶來財務與靈性的報償。

土星週期的梅花7

負面態度、擔憂和悲觀在這段時間都會影響你的健康。在某些情況下，會涉入醜聞或是中傷。必須要有一個樂觀的態度，耐心還有精神上的紀律，才能維持你的安康。在這段週期，你將會公平地面對你自己負面態度與信念的結果。靈性與精神自律是掌握一切的關鍵，不僅是你自己，而是任何外在層面的問題。

此外，要記住這張牌所指的困難或挑戰可以被另外一張強大的土星牌抵銷，例如，任何一張4號牌、8號牌或10號牌。

天王星週期的梅花7

這段週期可能帶來與工作、一位朋友、或是房地產易手的意外麻煩或疑惑。在這股較高的靈性影響下，無論當前的情況本身如何，你必須準備放棄你的計畫，並採取樂觀的態度。那麼你就可能體驗到這張牌的「較高心智」潛能，學習新的靈性資訊，參加課程等等。

另外記住，在這個週期的另一個位置，一張正向的牌，例如4號牌、8號牌或10號，就會抵銷任何可能生起的問題，並且帶來整體的好結果。

海王星週期的梅花7

這股影響會引起你對想像中問題的擔憂。你的困惑源自於杞人憂天，這是由海王星刺激的。你要力求平衡與明智。一些珍藏的理想可能遭到阻礙或被事件搞糊塗了。與此相關的旅行可能會有許多令人失望的經歷。不過，要是你運用這張牌的靈性特質，釋放對你計畫的恐懼和執著，你可能會經驗到這張牌的較高

意識。

對追求靈性知識來說，這是絕佳的影響——讀書、參加課程等等，那將會深化你對生活的理解，知道如何適應它。

梅花7是你的冥王星牌

今年，你已經接受了或將要面臨的一項重大挑戰，這將使你的思維更加正向和富有成效。無論是由你自己親自動手，還是在事件和環境中迫使你，你都會發現你自己的想法是你許多問題的根源，並且你有力量藉著改變你的態度和想法來改變它們。當你用自己的想法創造更美好的生活，提升自己和你的生活時，你必須放下看待事物的陳舊方式。

許多實現這目標的知識可能來自靈性或勵志的書籍或課程。你可能會接觸到許多新想法和概念，雖然你知道這些新的想法和概念可以幫助你，但它們並不總是易於付諸實踐。但是，這張牌保證你有能力做出必要的改變，並在從內心掙扎中獲致成功。你的結果牌要不指向某個能幫助你實現這個目標的人，要不就是給你更多關於這種新思維方式的資訊。

肯定句：

我啟迪我的心靈，把負面想法轉化為正面、較高層次的思維方式。

梅花7是你的結果牌

結果牌是梅花7，表示你將學習放下自我防衛的思考與溝通模式。想克服你今年面對的挑戰，你將會採取積極的態度或是一套新的信念。你可能正學習或分享靈性的智慧，或者某人某事將提醒你「一個人會成為自己所想的樣子」。你的冥王星牌將會給你，你要實踐的這個新的、正面的靈性意識更多的資訊。

肯定句：

我要提升我的意識到更為樂觀、向上的想法與信念。我運用靈性的思維方式。

梅花7是你的長期牌

今年你會採取一些新而強大的思考方式，那將會使你的人生更好，並幫助你克服任何你思考方式中阻礙你負面部分。你也可能會和別人分享這些新的思維模式。你領悟到自己的思考模式大幅度地影響你在生活中的成敗，這促使你有意識地採用新的思維與信念模式。你可能會閱讀新書或是參加工作坊，學習正向肯定的科學。當你實踐這些肯定句時，你會想要和他人分享，藉由此舉，你將會得到許多內在的成就。在實踐正向思維並與他人分享時，你可能會達到新的意識型態，在你度過這影響很大的一年中，你會有許多小小的啟悟。

梅花7又被稱為「靈性知識之牌」。任何與更高心智或靈性思維的哲學或觀念的研究，今年將只為你帶來好處。

關鍵字：

我受到較高知識的影響，我正學習轉化我的負面思維轉化為有覺知的心智力量。

梅花7是你的環境牌

這是你能從接觸許多「靈性知識」而獲得許多益處的一年。靈性知識包括了各種能引領我們回到更深刻的自我了解的資訊。所以，你可以參加一些工作坊，閱讀一些新書，或是遇見一些使你接觸這些資訊的新朋友。若是如此，敞開你自己去接受。這個資訊將會是你人生中的祝福，是許多好事的來源。

梅花7是你的置換牌

今年潛藏的所有不同的事件和經驗，將是你將面臨和努力處理的微妙個人挑戰。很可能是你學習採取更樂觀的態度以及更正向地表達你的想法、感受等等。梅花7代表了更高的精神意識。在最高境界上，這張牌帶來了對生命真正意義的深刻認識，以及擺脫生活中所有憂慮和恐懼的自由感。你可能會說，這是你今年的目標之一，想實踐更多這張牌更高層次的一面。藉由此舉，你可能會面臨負面的思維和溝通模式，這是多年使你裹足不前的負面慣性反應。假如你對靈性哲學和概念感興趣，這將是你必須腳踏實地實踐這些事物的一年。

這可能看似在一些方面是困難的一年，但從更高的視野看，它有非常好的意圖。你要準備好重生，進入更新、更高水平的生活，而不是你一直過日子的方式。畢竟，你正處於人生中最重要的週期之一，下一個十年你將達到顛峰的位置。這一年要清理心靈之屋，為下一年做好必要的準備，才能全然體驗即將到來的美妙改變。

方塊7
財務的挑戰／學習欣賞事物的價值

方塊7的基本牌義

　　方塊7是其中一張靈性金錢牌。當它出現時，我們總是要面對我們對金錢有多執著，並且有機會體驗到感激的態度帶來真正的豐盛。

　　無論是否跟金錢有關，計畫賺錢、戀愛，情況會自動呈現來測試我們對宇宙豐盛的信念。藉由領悟，之後釋放我們的恐懼，我們可以將執著轉化為大膽無畏和個人的自由。

水星週期的方塊7

　　這段週期可以帶來意外的金錢支出或是損失，使你覺得貧困而害怕。你自己的衝動或是過度消費可能是這問題的根源。這對投機、賭博或是任何快速致富的計畫不是有利的影響。無論具體狀況如何，在這段週期的情況是鼓勵你放下你對金錢的恐懼，並且採取豐盛的意識，那會吸引比你所想還要更多的金錢。

　　如果你有另一張正面而強大的水星牌，像是4號牌、8號牌或10號牌，在這時期，無論你可能遇到的財務問題為何，你都有機會輕鬆克服它。在其他的情況下，同樣一張牌底牌可能透露是誰或什麼會涉入出現的挑戰中。另外，記住水星週期發生的事情往往來得快，去得也快。

金星週期的方塊7

　　在金星的方塊7表示花錢在朋友、情人或女性朋友或親戚身上。可能會為了奢侈品或密友而砸大錢。你現在覺得非常揮霍，這可能是為了掩蓋感情上的不安和被愛的渴望。不過，你真正恐懼現在將會曝光，你將不得不處理你內在對金錢和愛情的不安全感。練習感激和肯定句去圓滿這份內在的空虛。

　　你另一張金星牌可能告訴你，是誰或者是什麼會與這個財務上、情緒上和個人的挑戰有關。也要記住，另外一張強烈或強大的金星牌，如4號牌，8號牌或10號，可以緩解這張牌的逆勢，並從挑戰的情況帶來非常樂觀的結果。

火星週期的方塊7

　　這段週期將會呈現來自投資、付款或損失的財務挑戰。這可能是法律事務、爭論、賭博或投機的結果。你自己好戰的本性根不耐煩在這個問題上扮演重要的角色。任何金錢問題的根源都是對於貧窮和對金錢規劃的執著。對你的根本態度負責任，你就能將這逆境轉為意外的財富。

　　看一下你另一張火星牌，找出是什麼或是誰會在這段週期內涉入這個挑戰。另外記住，一張正面的牌，例如4號牌、8號牌

　　或10號牌，會告訴你無論當前的挑戰如何，對於在這五十二天週期出現的情況，你可能會有個快樂又有成效的結果。

木星週期的方塊7

　　這張牌在這裡叫作「百萬富翁牌」。它往往表示花掉一大筆錢，但是也有一大筆錢進來充盈。如果在這段週期覺得很富足，你會吸引到大量的金錢。當然，如果你的豐盛思維只是掩蓋了對貧窮和有限資源的恐懼，那就不會發生了。但是現在在你有很多機會去戰勝對金錢的恐懼，並領悟到這張牌「幸運數字7」的這一面。這張牌也可以表示在你的生意或職業中，有一大筆為了擴張而做的財務投資。

土星週期的方塊7

　　這張牌表示與你自身、同事、朋友或親戚健康有關的金錢損失，或是因為你自己的健康問題而短少資金。在這段期間，你將要公平地面對你內在富足或貧困的水平，而你可能覺得被迫面對可怕的資金短缺。藉由正向思考和對你所擁有事物的感激，你可以把這個情況轉為財務上的成功。

　　此外，要記住這張牌所指的困難或挑戰可以被另外一張強大的土星牌抵銷，例如，任何一張4號牌、8號牌或10號牌。

天王星週期的方塊7

　　這股影響能帶來意外或是不尋常的損失或金錢支出，或者是與房地產、勞工（雇員）有關的情況，或是讓你覺得擔憂金錢的投機。現在如果你選擇的話，你有機會經驗一種無拘無束的豐盛富足感。你所要做的就是練習感恩，並且遵循你直覺，知道你在這宏偉的宇宙豐盛之中是安全而受到保護的。

　　這對靈性事物、學習新靈性資訊、參加課程等等都是有利的影響。另外記住，在這個週期的另一個位置，一張正向的牌，例如4號牌、8號牌或10號，就會抵銷任何可能生起的問題，並且帶來整體的好結果。

海王星週期的方塊7

　　在這段週期內，不明確和不良的溝通可能是造成對金錢和財務擔憂的原因。與此同時，這張牌處在靈性的位置可以提高你克服恐懼的機會。請放心，藉由欣賞你所擁有的東西，並且意識到你內在自我是所有豐盛與財富的泉源，你可以戰勝任何出現的資金短缺問題。

方塊 7 是你的冥王星牌

具有挑戰性的財務狀況可能會成為你今年的主題。為你的財務狀況承擔更多責任的時候到了，但這並非從外在角度來說。神祕的方塊 7 說，豐盛可以通過駕馭內在來實現。

思想即是物質。如果你對金錢抱持恐懼，並且想著你有的那麼少，你就會吸引更多貧窮到身上。無論這一年的財務挑戰是什麼，你可以確定，它們是根源於你對金錢與豐盛抱持的態度與信念，在這個重要領域面對你自己的時機已到。改變你的態度，就能改變結果，這就是幸運的方塊 7 能帶來巨大財富所得的情況。

你今年的結果牌將會進一步闡述你今年的財務挑戰性質，或是指出一個直接與此有關的人。

肯定句：

藉由轉化我對財產和金錢的態度，我正在學習創造和維護我人生中無限的真正富足。

方塊 7 是你的結果牌

今年你的主要挑戰之一，就是克服對金錢的擔憂或憂慮。如果處理得宜，你這一年最終可能會有比你想像中還要多的錢。這可能不是簡單的任務，因為你必須打破墨守陳規的態度和觀念——你認為你的財富是受到你自己之外的力量控制的。當你拿回你的力量，你的冥王星牌將會在那裡為你指路。

方塊 7 的成功要求我們，無論財務狀況有多麼不理想，都要繼續堅持我們的工作跟生活。它還要求我們表現信心和信念，相信一切都會更好。為了從這種強大的靈性影響中獲得最高和最有利的體現，你最好的工具是感恩之心。

肯定句：

我正在學習對我的財務無所畏懼，並且相信宇宙的豐盛富足。

方塊 7 是你的長期牌

在這一年中，你將學到一些有關金錢，以及它在你生活中的作用的寶貴經驗。通過一些可能具有挑戰性的環境和情況，你會面臨你對金錢和內在豐盛程度的內心態度。你覺得富足，還是感到貧窮呢？方塊 7 將把這個內在狀態置於你的面前，這樣你就可以看到你的內在狀態即是你外在實相的根源。如果你發現自己在今年遇到了一個又一個財務問題，那就問問自己，你是否處於恐懼狀態，或對生活中的金錢和物質感到放鬆。一旦你選擇了內心的富足和感恩之心，這種影響就會帶來巨大物質上的成功。在這種幸運的靈性影響下，你可以有直接和強大的體驗——被宇宙支持和照顧。

這張牌被稱為「百萬富翁牌」，當一個人選擇它代表的豐盛態度，會有很大的影響。

關鍵字：

我了解到，豐盛是一種精神狀態，感恩之心會吸引財富。我感激我擁有的一切。

方塊 7 是你的環境牌

因為方塊 7 是半固定牌之一，所以絕不會成為任何人的環境牌。

在每週解讀中，方塊 7 環境牌會帶來對金錢事物的自由感，並且可能有一些美妙的財富收益。

方塊 7 是你的置換牌

因為方塊 7 是半固定牌之一，所以絕不會成為任何人的置換牌。

7

黑桃7
健康與工作問題／學習貫徹信念

黑桃7的基本牌義

強大的黑桃7將會挑戰你提升到更高的思考、表達和行動的層次。它的挑戰主要會在工作與健康領域、以及你可能持有一些負面模式、需要改變的領域當中顯化。如果你願意對你的情況負責，練習正面積極的方式，而非抱怨環境，你可以實現這張牌強大的靈性潛能，締造新高。在它的最高形式中，這是「信心之牌」。

水星週期的黑桃7

這張牌可能會以某種方式引起與頭部相關的疾病，例如頭痛或牙痛，或在某些情況下發生某種事故。這段時間也會給你的工作或駕駛相關的事物帶來一些麻煩。好消息是，因為這是水星週期，這種情況可能會非常快速而沒有痛苦。水星週期的事情發生得很快，對我們的生活並沒有太大的影響。儘管如此，現在看看你的工作，思維和健康習慣是個好主意，看看它們是否需要提升到更積極健康的層次。接觸靈性智慧會幫助你提升自己，並可能帶來對真理的深刻了解。

你的其他的水星牌可能會告訴你，是誰或什麼會捲入黑桃7的挑戰中。也要記住，一張強大的正面牌，像是4號牌、8號牌和10號牌作底牌，將有助於緩解挑戰，會為發生的情況帶來非常正面的結果。

金星週期的黑桃7

這張牌可以代表與夜夜笙歌，風流韻事或和某位女性朋友有關的疾病。可能會有一位親密的朋友、情人或家庭成員生病，現在也面臨挑戰。不管具體情況如何，你的內心態度或習慣都是你遇到的任何個人難題的根源。現在是檢驗你對獲得足夠感情的恐懼的時候了，你要練習讓別人做自己。

你的其他的金星牌可能告訴你是誰或者是什麼，會跟你的感情或個人挑戰有關。同時記住，一張強大的正面牌，像是4號牌、8號牌和10號牌作底牌，將有助於緩解這張牌的逆境，會為發生的情況帶來非常正面的結果。

火星週期的黑桃7

這張牌可能帶來工作過勞的疾病，或者是來自某位男性的激情或麻煩。這也代表在法律事務中的困難。在這個時候自暴自棄可能會使事情惡化。這段週期可能會發生許多爭執、衝突和失望。這張牌代表一個挑戰，可以透過謹慎地檢視自己的負面態度和情緒習慣來達到最好的效果。

看一下你另一張火星牌，找出是什麼或是誰涉入在這段時期可能會出現的挑戰。另外記住，一張正面的牌，例如4號牌、8號牌或10號牌，會告訴你無論當前的挑戰如何，對於在這五十二天週期出現的情況，你可能會有個快樂又有成效的結果。

木星週期的黑桃7

這段週期會帶來由於擔憂金錢或工作而生的疾病，也許是工作過頭了。你現在可能會過勞，而原因可能是出於恐懼。這也可以表示由於生病而耗費金錢或時間。這張牌是強大的靈性影響，比平常給予你更多的支持，藉由應用信念、感激、智慧、自我誠實和紀律克服你的世俗問題。你要發展樂觀的心態。現在，任何幫助他人的企圖，或是對你的工作採取更真誠的基本態度，會為你帶來更大的財富。這張強大的「信念之牌」也可以帶來許多對人生更深刻的領悟。

這張牌在任何位置都被當作困難的牌，但因為它落在木星，更容易實現它較高的靈性利益。然而，那些非常執著於外在環境或天生極端的物質主義者，在這張牌出現時，仍然會遇到一些非常困難的挑戰。這全都取決於個人的觀點。

土星週期的黑桃7

這是代表某種健康問題的強烈跡象之一。在這段期間，消極的態度或生活習慣會帶來疾病和其他難題。這一時期的業力表示，這些問題是深層的負面情緒或生活方式的結果，使幸福的生活失去平衡了。你無法保持負面的態度與想法，而不影響到你的健康與工作。你可能被迫做點什麼。樂觀的態度和健康的生活習慣可以為自己和他人的療癒有很大的進展。

在更深的層次上，你可能要面對你內心最深層的恐懼，還有一些通常對你自己或是人生根深柢固的負面信念。雖然這可能是艱難的時期，你將會安然度過，並且成為更自由跟快樂的人。這是一個自然的淨化過程，使你清理各種雜質，現在，對你接收的訊息保持敞開，一切都會好轉。

此外，要記住這張牌所指的困難或挑戰可以被另外一張強大的土星牌抵銷，例如，任何一張4號牌、8號牌或10號牌。

天王星週期的黑桃7

雖然你的工作可能沒有得到完全的肯定，但不要讓它成為工作問題的來源。這個週期可能會帶來某種意外疾病或與工作有關的麻煩，或許是出於工作過勞。你可能忽然要面對你自己的恐懼，或是負面心態或壞習慣，這都是現在必須糾正的。如果你聽從召喚，極可能會成功。接觸靈性的知識跟人會帶來很大的幫

助，為你的成功加分。

這對靈性事物、學習新靈性資訊、參加課程等等都是有利的影響。另外記住，在這個週期的另一個位置，一張正向的牌，例如4號牌、8號牌或10號，就會抵銷任何可能生起的問題，並且帶來整體的好結果。

海王星週期的黑桃7

這段時間可能會導致工作上的困難，或與旅行、藥物或祕密有關的疾病。擔心不切實際的期望以及其他負面習慣可能會成為這段期間任何困難的原因。然而這種組合的精神本質表示，通過誠實地對待自己，並尋找解決你現在面臨問題的方法，你可以獲得更高狀態的意識和自由。

黑桃7是你的冥王星牌

這張強大的靈性之牌會堅持認真看待你的工作和健康習慣，並在你的人生中根除任何負面事物和創造負面結果。出於這個原因，這張牌通常與工作和健康問題有關。顯然，你已經準備好在生活中做一些改變，以獲得更好的健康習慣和生活方式。

黑桃7是其中一張強大的靈性影響，可以代表在物質和世俗層面上遇到最大的問題。如果你一直對工作或健康抱持負面態度或模式，這股強大的影響將導致你直接了當地面對它們，甚而體驗持有這種心態的結果。現在，你比以前任何時候更加主宰自己的命運了。為了讓你獲得在工作和健康上想要的成功，你必須改變你的行為，並且在你對待這些領域整體的做法做些改變。

黑桃7被稱為「信心之牌」。這張牌的成功要求我們提升到人生新層次，超越我們日常的恐懼和顧慮。對於那些參與靈性工作的人來說，這股影響挑戰你獲得更多的成功，並且朝著你跟個人的目標邁進。你的結果牌不是說出更多關於這個挑戰的細節，就是指出一個你需要採取更加正面和不執著的態度對待的人。

肯定句：

我正在探索上帝力量的源頭，並將我生命中的所有負面變為無畏與感恩。我活出我的信仰。

黑桃7是你的結果牌

你的冥王星代表這一年主要挑戰的一部分，你將要處理身上負面模式的功課，它可能已經影響了你的健康或是你和他人一起有效率工作的能力了。黑桃7將會向你展示需要提升的領域，你肯定會看清它們，並且對此付出一些努力。實現這個健康或靈性的新層次可能並非易事，但你在下一個生日前一定能做到。

肯定句：

我以更為正向的健康和工作習慣完成度過這一年，或在工作中創造更多的靈性。

黑桃7是你的長期牌

黑桃7表示，這可能是工作和健康上艱難的一年，或者是在靈性工作上取得成功的一張牌。這可能是你必須正視任何負面態度或模式的一年，它們累積已久了。把這張牌作為靈性上的挑戰。現在是檢視了解你的想法、言論和行為的時候了，並看看它們是如何創造你的世界的。然後，就有可能實現這張牌獲得靈性成功上的潛力。有這張幸運的牌在，今年的內在發展潛力是巨大的。你今年遇到的任何問題都有內在的解決之道。請把自己看作是成功和健康的來源，並採取積極步驟來創造你所期望的工作和健康狀況。

黑桃7也被稱為「信心之牌」，是最有靈性潛能的牌之一。因此，使那些聆聽它訊息的人有很大的可能性獲得成功或個人自由，並且學習如何行住坐臥得就像是個「煥發光彩的人」。

關鍵字：

對工作和健康採取正向態度與習慣的一年。學習創造良好健康與人生。

黑桃7是你的環境牌

這可能是你從任何對健康和工作的擔憂體驗到個人自由的一年。這是最強大的靈性牌之一，因此，你可能會對較高的本性有一些強烈而直接的體驗。它是信心之牌，使我們在人生中勇往直前，我們知道自己的真正道路，而無須擔憂物質層面。

黑桃7是你的置換牌

有黑桃7作為你的置換牌，同時會帶來一些祝福跟警告。這個位置的祝福，保障你的生活總體上有一定的成功。這是你會實現一些願望的一年。你可以透過你流年牌陣中的其他牌來決定這些願望將會如何，特別是木星牌與結果牌。

在另一方面，你的工作和健康習慣可能帶來一種需求，要你投入更多精力來覺察你的生活方式。在這張強大的牌影響之下，不是有工作問題，就是有健康問題是稀鬆平常的經驗。你可能受到召喚，去調整你生活的特定面向，才能更加健康快樂。在工作上的挑戰也可能促使你重新思考你的目標與計畫。但是要記住，這張牌是信心之牌。儘管發生的事情可能讓你產生懷疑和疑慮，今年你都要堅持去做自己受到召喚的事情。如果你的目標跟夢想真有價值，堅持下去，你將會直接發現「信念」的神奇力量。

紅心8
情緒的力量／魅力／人緣佳，特別是異性緣

紅心8的基本牌義

紅心8是一張相當有情感力量、魅力和個人吸引力的牌。這股力量可以用來帶給你團體活動中的成功，比如演出和銷售工作。它也可以是具有療癒力量的信號，一股「靈性力量」聚集在你身上，可以用在許多方面改善你的生活。當這張牌出現時，這股力量就隨你使用了。

紅心8將給予你在個人和職業上與人相處的能力。它可以為你帶來更多的社交樂趣、改善親密關係，或在你的生意中獲得更多成功。

水星週期的紅心8

這段週期會帶來突然的社交成功經驗，也許是在聚會、團體或是一些教育活動中。你將會有特定的魅力使你成為聚會焦點，至少是一段時間。這股影響不會持續太久，而你應該注意你在親密關係中會否過分強硬。在這時間，與你所愛之人相處時，我行我素帶來的壞處總是比好處來得多。

這是一股強大而穩定的影響，即使你的另一張水星牌是挑戰或逆境，它將在這段週期產生非常良好的結果。

金星週期的紅心8

在這段週期，你最起碼會有社交上的成功。你的魅力跟熱情會在你所有的親密關係中擁有最樂觀的結果，個人和職業上的關係皆然。這就是所謂的「花花公子牌」，許多有這張牌在這個位置的人，在這段週期，甚至一整年，經驗到愛情上的重大成功。你最拿手的就是在人前表現自己，所以盡情表現吧！只是要小心，你在所有的成功領域中肆無忌憚，以無理的要求和期望欺侮你最親近的朋友。

這是一張強大而穩定的牌，即使你另外一張金星牌是挑戰或逆境，它都將在這段週期產生非常好的結果。

火星週期的紅心8

紅心8是在人群中具有魅力跟力量的天賦，尤其是以男性為主導的團體。在這段時期，活潑進取的魅力將會有助於社交和商業活動中的成功。你要小心別過度關注社交而損及健康或工作，因為火星能量可能非常具有刺激性。將這個天賦用在你的工作目標上，以便善加利用它。

這張牌的影響強大而無往不利，它將會為你帶來一個快樂又成功的時期。即使你的另一張火星牌表示挑戰或難關，這張牌保障你會克服它，並有一個樂觀的結果。在另一個位置上有一張正面的牌，可以告訴你是誰，或者是什麼將與你在這五十二天內體驗的成功有關係。

木星週期的紅心8

這股幸運的影響帶給你魅力跟社交力量，可以用在你所有的商業和個人領域獲致成功。透過朋友和同事的合作，你現在可以實現許多，尤其是在公眾有關的努力上。藉由與他人合作，可能實現巨大的財務成功。伴隨這股影響而來的還有一定程度的療癒力量，你可以用在你自己或他人身上。

土星週期的紅心8

這張牌給予你力量去克服疾病，如果你願意的話，還能治癒或幫助他人。現在你有很多魅力跟情感力量，這可以成功地用來推展你的職業與財務目標。在土星的業力影響下，你可能發現你自己的力量——即在感情上得到想要的一切，會引導你進入一些困難的親密關係，那也許反映出你處理這個力量時的不成熟。

這張牌是如此強烈的影響，所以會抵銷在這段週期出現的任何負面影響。即使你的另一張土星牌是挑戰或難題，這張牌保證你將會有個成功的結果並且克服困難。

天王星週期的紅心8

在靈性研究和團隊工作中的成功現在是重點了。你現在經驗的力量和魅力可以應用在你的工作或人道主義上的努力，並且獲得巨大的成功。在這段週期，你應該看到不管你把這個力量用在哪裡，你都會成功，雖然在天王星的影響下，與靈性有關的活動最為明顯。這是一張與朋友和同事合作的牌。

由於這張牌的力量，它幾乎保證了這將是一個非常成功而豐盛的週期。即使你的另一張天王星牌是挑戰或逆境之一，這張牌的力量將會戰勝它，並且對發生的情況有個成功的結果。

海王星週期的紅心8

在這段期間，報償和好朋友將會透過旅行而來。總體說來，這應該是有愉快社交經驗和友誼的一段時光。此時，你可能發現你奉獻自己的療癒力量去幫助他人。你自己的健康應該也很良好。現在要小心，別人很清楚地了解你，因為海王星影響會增加誤會的可能性。歡迎參加任何團體活動。你閃閃發光。

你現在有力量去實現你的夢想，特別是與親密關係相關的夢想。只要你可以釐清自己真正希望做的事情，你幾乎肯定能實現它。

紅心 8 是你的冥王星牌

今年你會改變自己看待與處理事物的方式，才能在公眾和人們的交際中獲得更多成功。也許你現在涉入的生意需要更多人氣或是更多交流來獲得成功。或者，也許你已經沉潛一陣子，想要重出江湖，與大家見面，也或者你正在學習公開演說。所有對應公眾的職業都特別受這張牌眷顧，只要你願意付出努力獲得你想要的成功。

這張牌的另一個面向，是在愛情生活中發展魅力和成功。紅心8被稱為「花花公子牌」，因此，你可能會改變自己的行為，以獲得更多的社交和愛情上的成功。無論今年你面臨的挑戰具體是什麼，這張牌告訴你，你的成功繫於將注意力集中在你的目標上，並朝著一個方向專一致志。你必須在一個方向上全心投入，運用你所有的力量。那麼也許你會實現你的目標。因為這是冥王星牌，它也告訴你，這是你最近可能沒有做過的事情，你必須做些改變才能獲得這個成功。

你的結果牌將會告訴你關於這個社交、公眾或是愛情上你渴望的成功，或者指出誰會直接與此過程有關聯。這也可能表示你生活中必須要打交道的人，他或她在今年展現了很多個人與社交上的力量，有時候你會發現有挑戰。

肯定句：

藉由學習如何集中我的愛的能量，我在個人和職業的親密關係上與人們創造更多的成功。

紅心 8 是你的結果牌

今年你為自己設定的目標有一個重要的面向——與周遭的人相處時，發展並運用你的魅力跟個人力量。發展這項能力可能並不容易，因為它需要在你的溝通方面做出重大改變。然而，努力是值得的。你會在大家支持你的努力，並完成你的目標與夢想來結束這一年。你也會知道你可以輕鬆地處理好公眾關係。

肯定句：

我培養我在朋友、同事和公眾關係中的力量。今年我累積個人的愛的力量。

紅心 8 是你的長期牌

紅心8告訴你，今年你將擁有相當大的情感力量，這將為任

何與演出、表演或銷售工作，這些與人群打交道的活動帶來成功。這也是你身上發展的「靈性力量」的一個指標，這種力量可以用來改善你的生活。這是一張走出去以某種方式與人見面、受人矚目的牌。今年是宣傳你的信仰並傳播訊息很棒的一年。只是要小心，當你使用這股力量獲得自己的成功時，別傷害到他人。

這張牌最有趣之處大概是它如何調劑你的愛情生活與社交生活。這張牌被稱為「花花公子牌」，賦予你更多的魅力跟吸引力，你可以運用它來獲得在這些重要領域中任何想要的東西。

關鍵字：

我對那些我愛的人，一起工作的人表現愛與個人的力量。藉由朋友，我增加我的人氣跟力量。

紅心 8 是你的環境牌

如果你一直在等待在社交上和愛情上，真正好玩的一年，這就是了。紅心8將會帶來許多和人們交往時許多有益的經歷，是否運用這股愛的能量和魅力在你個人、社交上和生意上的生活，完全取決於你。實際上，與人們往來，你將會擁有比平常更多的成功。所以勇往直前，保障你可以得到你所想要的。這也是一張對於療癒情緒傷口非常好的牌。

紅心 8 是你的置換牌

這張牌有可能成為你有史以來最好的一年。雖然在這之前的一年裡你受到挑戰，要發展出一種更有靈性和不太執著的方式，來對待你的個人親密關係，這一年你的努力將會有些回報。期待在你和他人的往來中會比平常更多的說服力，今年也有很多機會享受在團體中受歡迎的感覺。你甚至可能想要為自己規劃一次美妙的生日聚會，盡可能地邀請許多人和你一起慶祝。

今年對那些想要在工作或職業中獲得更高認可的人來說，可以帶來特別好的結果。你有機會晉升到高層，你的工作變得更加受到公眾的認可。這絕對是一個廣告行銷和推廣自己和自家產品的一年，因為實際上保證會成功。尤其是在木星、土星和天王星週期，這些領域應該會充滿成功。

今年實際上是「兩年迷你成功」週期的開端，期間你的運氣特別好。這份好運總是更眷顧那些清楚知道自己想從人生中獲得什麼的人。

8

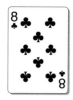

梅花8
成就／全神貫注和計畫帶來成功

梅花8的基本牌義

梅花8是精神力量之牌，在一個目標或對象上專心致志的能力，直到看到獲得成功的結果。這種力量通常用在一些心智或教育工作。藉由全神貫注，它賦予克服所有問題的力量，當我們需要在心智層面上學習或有所成就時，它通常會發生。

梅花8是三張「固定牌」之一。當它出現時，我們有機會把精力集中在某個特定的目標或對象上。它是聚精會神之牌。因為全神貫注，必然會成功。

水星週期的梅花8

這張牌代表快速獲取知識與權力，或是你一直處理的某個情況快速進展。這可能是一次速學學習，或是忽然有機會教學、演說，或是學習。這股影響能成功地克服任何障礙或是當前的問題，尤其是與溝通有關的。與團體有關的成功也很突出，像是教學、演說或寫作。

在這段期間，即使你另一張水星牌是挑戰或逆境，這是一股如此強大而穩定的力量，將會產生非常好的結果。

金星週期的梅花8

你的心智力量在這段週期可以帶來金錢與成功，特別是與女性有關的。這可能表示女校或女性的進步。這可以表示通靈能力或陰性面的發展。特別能帶來與各種女性團體有關的成功。你可能是業務員或老師、演說家，但無論是什麼性別，你會在此時發現更多與女性有關的成功。

在這段期間，即使你另外一張金星牌是挑戰或逆境，這一張如此強大又穩定的影響將會產生非常好的結果。

火星週期的梅花8

這種影響帶來了與男性相關的成功，以積極進取的精神力而獲得一切事物上的成功。這可能是男校或男性團體的進展。可能會出現對知識或教育的強烈渴望。這是在政治領域或法律相關事務上取得成功的信號。野心可以讓你走得長遠，但要小心冥頑不靈，這可能會導致你的私人關係受到牽連。

這張牌的影響強大而無往不利，它將會為你帶來一個快樂又成功的時期。即使你的另一張火星牌表示挑戰或難關，這張牌保障你會克服它，並有一個樂觀的結果。在另一個位置上有一張正面的牌，可以告訴你是誰，或者是什麼將與你在這五十二天內體驗的成功有關係。

木星週期的梅花8

你的心智力量在此時帶來許多金錢與生意上的成功。恰當地應用教育和知識，將會在你的生意和人際交往中帶來引人注目的成功。此時，你的心智天賦是你最大利益的來源。這表示在群眾中的成功，像是開會或演講、教學。你現在擁有比平常更大的力量。你要明智地運用，以獲得人緣與益處。

這可能是今年增加你的財務所得最棒的影響之一了，所以要確定善加利用。對於那些擁有自己事業的人來說，它特別有效。但即使你受僱於他人，你的心智力量能帶給你升遷或某種形式更大的成功。

土星週期的梅花8

透過運用知識，這股影響帶給你力量去克服疾病或是逆境。現在，你可以藉由努力工作和耐心獲得許多成就。這是建設性自我發展的良機。在這股影響下，你可能會因為自己固執的觀點或想法而在關係上經驗到一些問題。此外，這對賭博或是投機型的投資是不利的影響。

這張牌是如此強烈的影響，所以會抵銷在這段週期出現的任何負面影響。即使你的另一張土星牌是挑戰或難題，這張牌保證你將會有個成功的結果並且克服困難。

天王星週期的梅花8

在這段週期，你可以運用知識，帶來在勞雇關係或房地產交易上的權力。此時基於你的心智力量，藉著開會處理這些領域注定會成功。可能是與教育、志願工作、房地產、形而上學、勞雇關係、高科技或是發展通靈能力有關的任何領域獲得成功。你可以運用先進或不尋常的知識來幫助你的事業。

由於這張牌的力量，它幾乎保證了這將是一個非常成功而豐盛的週期。即使你的另一張天王星牌是挑戰或難題，這張牌的力量將會戰勝它，並且對發生的情況有個成功的結果。

海王星週期的梅花8

此時，擁有一些關於國外或遠方事物，或是與旅行相關事物的特殊知識，可以帶來許多成功。通過通靈感應和運用所得的知識，你有力量去療癒他人。這股影響允許運用隱藏的資訊和豐富的直覺。你對形而上學主題以及揭露人生奧祕的興趣，可以在這段時期帶來許多滿足。

你也有能力通過心理敏感和應用所獲得的知識來醫治他人。這種影響允許訪問隱藏的信息和大量的直覺。你對形而上學科的

興趣和揭示生命的奧祕可能會在這段時間內得到很大的滿足。

梅花 8 是你的冥王星牌

梅花 8 作為冥王星牌，代表這是發展你的心智能力，專注在特定目標與抱負的一年。有了專注，你的生活中將有更多成功到來，但唯有在你自己身上做改變之後，你才會更加聚精會神、專心致志。你可能在心智領域上渴望成功，比如寫作、學習、教學、演說或是溝通。

從某種角度上，你今年渴望的成功，來自穩固而強大的心智狀態，也許是堅持一兩個重要的原則，直到有所成。有時其他人可能會認為你頑固不化，但是在內在，你意識到只有全心全意才可以實現你渴望的成功。你必須發展完成這個目標的新習慣，這過程並非總是容易的。不過，這種影響是有益的，你應該會完成你想要達到的一切目標。將你的結果牌結合這張「心智力量之牌」的意義一起解釋，能獲得全面的資訊，可以使你理解為何這種心智力量與成功對你很重要，或者是誰會與這個進程有關。不知何故，今年你所渴望的成功來自一個固定而強大的精神狀態，可能是通過堅持一兩個重要的原則，直到它們有了結果。其他人可能會認為你固執，但內心深處，你感覺到需要這種一心一意才能完成你的願望。你將不得不養成新的習慣來完成這個目標，而這樣做並不總是容易的。但是，影響是好的，你應該完成所有你想要達到的目標。將這張心智能力牌的含義與你的結果牌結合起來，以便了解為什麼這種心理能力和成功對你而言非常重要，或者參與其中的發展。

肯定句：

我從強大的心智狀態創造成功。我學會專注在我的意念上，以達成不可能之事。

梅花 8 是你的結果牌

這張強大的牌幾乎保證在任何領域的成功，特別是牽涉到心智與溝通方面。你可能必須努力工作以達成這個目標，而且可能

也要在生活中做改變，但是有梅花 8 作結果牌，實際上你的成功勢在必得。假如你的冥王星牌是你認識的某人，他們可能直接牽涉到你的成功，也許甚至向你反映出你所尋找的力量。

肯定句：

我創造心智力量與成功。我透過不變而堅決的心智克服困難，達成我的目標。

梅花 8 是你的長期牌

這一年梅花 8 帶給你豐沛的心智力量。這股力量可以在水星主宰的任何職業領域中為你帶來成功，譬如演說、寫作或是教育。這股力量也可以克服通往你目標之路上的大部分問題與障礙。這股影響唯一的負面面向可能是強硬與頑固的觀念，會使你對他人霸道。把你的目標設定得高一點，並且專注在成功上。

這張牌的許多成功來自於聚精會神在明確的目標上。透過清楚的定義，這表示在你的生活中排除某些選擇，把更多的心力放在一個主要的目標上。隨著你這一年的進步，你將會直接經驗到專心致志的力量。享受它帶給你的成功吧。

關鍵字：

心智力量與成就的一年，尤其是在心智或溝通領域。我集中心力獲得更多成功。

梅花 8 是你的環境牌

因為梅花 8 是其中一張固定牌，它絕不會成為任何人的環境牌。

梅花 8 是你的置換牌

因為梅花 8 是其中一張固定牌，它絕不會成為任何人的置換牌。

8

方塊8
破財／累積財富後花掉一大筆錢

方塊8的基本牌義

方塊8告訴你，你將會有可觀的財務力量。這股賺錢的力量是你的，你可能為了某個特別的目的而想要使用這力量。財力可以來自許多途徑。你可以賺錢或是借錢，但可以確定的是，為了擁有這種財力，你必須要非常清楚你想要多少錢，還有擁有這筆錢的目的為何。你知道，方塊8代表專注跟集中在我們的價值上，並且對什麼是我們生活中最重要的事，和不重要的事做出選擇。透過這種專注，我們所需要的金錢總會被吸引到我們這裡。當我們想要花大錢買東西時，這張牌通常會出現。

水星週期的方塊8

這張牌代表快速得到的錢或是意外之財，一個渴望的財務目標快速獲利。這可能是因為不耐煩造成的，或可能是你擁有一些無價的資訊，或因為你現在正在進行短程旅行。這是為數不多的速成發財計畫可能成功的時機之一。無論如何，你將會在這段期間獲得某些財務上的力量。

在這段期間，即使你的另一張水星牌是挑戰或逆境，這是一股如此強大而穩定的力量，將會產生非常好的結果。

金星週期的方塊8

這表示由藝術、居家用品、美容或女人而賺到的大筆金錢。你的金錢力量現在是強大的，也許和你的朋友、情人或配偶，或某個女人有關係。你更喜歡與有錢人作伴，金錢可能是你在所有友誼中的考量。要小心別把它變成最重要的條件。這是對金錢最好的一張牌。你有財力去享受最好的人生。

在這段期間，即使你的另外一張金星牌是挑戰或逆境，這一張如此強大又穩定的影響，將會產生非常好的結果。

火星週期的方塊8

這股影響帶來財務資源去實現你渴望的目標。這是一張財務與商業力量之牌，可能是在男性主導的組織中，或者，它可以表示為了金錢考量和男人會晤。這張牌可以表示，法律或稅務相關的事務或遺產圓滿成功。對於你的財務目標積極追求可以帶來巨大的成功。你有力量實現它！

這張牌的影響強大而無往不利，它將會為你帶來一個快樂又成功的時期。即使你的另一張火星牌表示挑戰或難關，這張牌保障你會克服它，並有一個樂觀的結果。在另一個位置上有一張正面的牌，可以告訴你是誰，或者是什麼將與你在這五十二天內體驗的成功有關係。

木星週期的方塊8

這是因努力而獲得認可和回報之牌。現在，有一大筆錢進入你的生活，可能會讓你富有。這股幸運的影響之下，促進了所有商業和金融交易的擴張。這種影響帶來了對金錢的關注，甚至可能過頭了。金錢就是力量，但必須明智地運用，出於良好的目的，才能帶來內心的滿足。

方塊8牌通常在重要的添購時會出現。它通常帶來你需要的金錢來購買你所需之物。在這段週期，你的財務成功程度取決於你是否建立好如何獲得大筆金錢的管道。如果你找到方法去增加你提供的商品和服務的數量，你可以為這股影響創造更多方式為你帶來報償。

土星週期的方塊8

這張牌代表藉由疾病、死亡或另一個人的死亡（比如遺產）、或者是藉由工作，獲得大筆金錢。或是，這筆錢可能跟死亡、醫院或是療癒有關係。這也可以表示與醫生會面。你可能必須在不太理想的情況下努力工作，但你會成功的——現在金錢到來就是證明。這張牌是透過耐心跟忍耐克服疾病或不如意的影響。

這張牌是如此強烈的影響，所以會抵銷在這段週期出現的任何負面影響。即使你的另一張土星牌是挑戰或難題，這張牌保證你將會有個成功的結果並且克服困難。

天王星週期的方塊8

在這股影響下，銷售房地產會帶來許多金錢。這也可能表示透過員工，透過運用你的直覺天賦來賺錢，或者是把金錢用於人道主義努力來幫助他人。一般來說，在這股影響下，你將會擁有許多財力，不是以超乎尋常的方式發生，就是出乎意料地發生了。你也可能找到金錢來自於電腦或某種先進科技有關的工作，這將是一個好時機來購買你任何清單上的高科技產品。

由於這張牌的力量，它幾乎保證了這將是一個非常成功而豐盛的週期。即使你的另一張天王星牌是挑戰或難題，這張牌的力量將會戰勝它，並且對發生的情況有個成功的結果。

海王星週期的方塊8

這表示與旅行或一些遠方的商業利益有關的大筆資金。這很可能是你的財務夢想或願望實現了。這種財力可能是繼承或祕密參與的結果。可能會有一些困惑或欺騙，所以要謹慎。如果你從事療癒工作，或者在某種程度上照顧他人，這是一張特別好的牌。

很可能有什麼東西是你一直想買的，你也許一整年都在夢想著它。若是如此，你現在將會有錢得到它。當然，你必須要決定那確切是什麼。

方塊 8 是你的冥王星牌

這一年，你的其中一個主要目標將會是在生活中創造更多的金錢。你渴望擁有金錢所代表的力量，有能力去購買對你重要的東西。為了獲得這種力量，你必須要改變你的行為和你對金錢的態度。

這張牌表示你需要一組固定又堅定的價值觀。也就是說，你需要清楚你想要什麼、為什麼你想要它。一旦你清楚自己想要什麼，那麼你就可以專心致志於追求這些財務目標。這種投入總是會帶來成功，但由於這是冥王星牌，獲得這些特質的過程有時很可能會遇到挑戰，並使你在對待金錢、工作和財務方面做出根本上的改變。你的結果牌會告訴你，關於你尋求的這種財務力量更多的訊息，或者是指出一個你生活中與此密切相關的人。

肯定句：

我創造財務豐盛來購買我想要跟應得的東西。我將自己所有的價值觀投入一道「財富能量」的強大串流中。

方塊 8 是你的結果牌

今年，作為與你主要的挑戰和目標面對面的結果，你將能累積、賺取或借貸一大筆錢，那是你為了一個特別的目的而需要的。唯有你知道你內在的目標時，在今年結束前，這張牌才會給你一個獲得財務成功的樂觀信號。今年把你的目標訂高一點，並且面對你的冥王星挑戰，你知道你最後會成功的。

在你下一個生日之前，你將會擁有你想要的資金去花大錢做重要的採購。

肯定句：

我創造財力量。我累積金錢資源來實現我的目標。今年結束時，我將會在財務上成功。

方塊 8 是你的長期牌

方塊 8 告訴你，你將會有一筆可觀的財力。你有能力賺大錢，而你應該發現你擁有比平常更多的錢。這張牌也代表實現財

務收益。今年也許你有一些明確的目標，與你想要購買的東西有關係。方塊 8 保證你，當你需要的時候，將會擁有必要的金錢。小心在你的金錢交易中不要欺凌他人，或是總是強迫他人按照你的意思去做。雖然你可能有權力這麼做，你在他人身上創造的負面振動，有天將會回到你身上。

方塊 8 也被當作名聲或是「太陽牌」，當一個人在其工作或職業上，升遷到某個亮眼的新職務，會看到這張牌出現，這張牌絕大部分是張很棒的牌，將會帶給你許多你需要的或想要的東西。

關鍵字：

消耗財力與金錢的一年。累積財富。我利用我的價值觀力量來吸引更多金錢到我的生命中。

方塊 8 是你的環境牌

這可能是你有財務收入在你的生活中進行一些重要添購的一年。無論是購買新房子、汽車、船還是其他重要物品，可能有什麼你想要買的東西，你現在會有辦法獲得它。一般來說，這對財務、還有工作或生意中的成功是好兆頭。對財富的祝福心存感激，現在它是你生活的一部分了。

方塊 8 是你的置換牌

今年是你生命中最幸運的年分之一，你將在其中進行一次重大轉變。當我們置換方塊 8 時，它被稱為鼎盛之年。這意謂著，對你而言，今年註記了一個漫長週期的結束，也許是七到十五年，在這當中，你已經爬上了一條特定的人生道路，每一年都進步一點。現在你已經走完了這趟旅程，留下的問題是，你下一步要去哪裡。

在這幸運的一年，許多人在他們所選擇的職業中到達了顛峰。他們往往達到他們努力爭取和奮鬥的目標，或是取得聲望或認可。那些對名氣或認可的渴望通常會在今年實現。但對所有人來說，今年代表一個重大的轉折點，也是今年之前，一直追求多年的特定生活模式的結束。預計結果會有一些重大的改變。

黑桃8
意志力／工作和健康上卓然有成

黑桃8的基本牌義

黑桃8是最有物質力量跟意志力的牌。當這張牌出現時，你會發現自己在健康和工作事務上經驗到更多權力。這張牌表示成功，以及有能力克服在過程中遇到的一切困難。力量來自於集中我們的意志，縮小我們感興趣的範圍。因此，我們往往會對不重要的領域沒興趣，從而將力量匯聚一處。

水星週期的黑桃 8

這段時間應該能快速完成一些工作或達到理想的教育目標。這指出了克服工作或健康方面的障礙。表示立即或突然成功。你現在可能只是「遇上」一個很好的工作狀態。這一時期唯一的負面缺點可能是利用你的權力欺凌他人。如果你用智慧平衡這種天賜的權力，你現在可以走得非常長遠。

在這段期間，即使你另一張水星牌是挑戰或逆境，這是一股如此強大而穩定的力量，將會產生非常好的結果。

金星週期的黑桃 8

在此期間，活躍而富有成效的社交生活將帶來許多回報。你的工作現在可以帶來很多金錢和社會成功。這張牌也可以代表和女性團體的會面、社區活動，或只是純粹娛樂。這種影響帶來了與女性、朋友、社交場合，家庭和家庭相關的諸多權力，以及有強烈的渴望保持良好的溝通，擁有聰明富裕的朋友。

在這段期間，即使你另一金星牌是挑戰或逆境，這是一股如此強大而穩定的力量，將會產生非常好的結果。

火星週期的黑桃 8

這段時間會為你帶來雄心壯志，盡可能去實現你想要的成功。尤其有利於，在法律問題上或在與男性團體或協會打交道方面取得成功。這是你能找到的最強大能量組合之一。你可以透過自己的意志和勤奮努力來實現你渴望的任何事情。只是要小心，你的魯莽行徑會否令人反感。

這張牌的影響強大而無往不利，它將會為你帶來一個快樂又成功的時期。即使你的另一張火星牌表示挑戰或難關，這張牌保障你會克服它，並有一個樂觀的結果。在另一個位置上有一張正面的牌，可以告訴你是誰，或者是什麼將與你在這五十二天內體驗的成功有關係。

木星週期的黑桃 8

這是代表生意和個人的力量與成功最強烈的象徵之一。在這

段期間，你不是擴張你的經營，就是和某個大公司建立連結，這種連結是無價的，會使你的財務力量明顯增加。這也是最佳的信號之一，表示良好的健康，和從你可能面對的任何問題中復原。你現在可以藉由真誠的努力和正直克服所有的障礙。

為了充分利用這張牌提供的機會，你應該想辦法擴大你的商業利益。固定收入的人可能不會體驗這張牌的經濟效益，因為他們無法增加讓更多財富顯現的商品或服務數量。但是，如果你有一門生意，這是擴大和開啟更多豐盛的一年。你正處於一個富足的週期中間。

土星週期的黑桃 8

這段週期帶給你克服疾病和所有工作或商業問題的能力。工作和健康的成功將通過辛勤努力、紀律和耐心來實現。如果你為此工作，現在可能會締造成功的新高度。這不是不勞而獲的時期，你的工作或健康可能會有一些限制或與之相關的義務。但是，這張牌保證，通過持續努力就能克服障礙。

這張牌是如此強烈的影響，所以會抵銷在這段週期出現的任何負面影響。即使你的另一張土星牌是挑戰或難題，這張牌保證你將會有個成功的結果並且克服困難。

天王星週期的黑桃 8

這段週期將成為組織或勞工團體、房地產、人道主義工作或某些科學工作中的權力和成功。你也有能力克服疾病和大多數其他障礙。現在有利於與員工的關係，所有與大公司或組織的合作都應該證明是非常成功的。在這段週期，你可以建立一些重要且有利可圖的關係。

由於這張牌的力量，它幾乎保證了這將是一個非常成功而豐盛的週期。即使你的另一張天王星牌是挑戰或難題，這張牌的力量將會戰勝它，並且對發生的情況有個成功的結果。

海王星週期的黑桃 8

這段週期可以在管理外國或遠方的利益方面獲得成功。這對任何形式的旅行都有很好的影響，特別是與商業相關的。在這種影響下，只要小心你的情緒。如果你允許它們影響你的生意，你可能會蒙受損失。最好在此期間區隔開個人的感受，並利用這張牌提供的成功機會。

你現在有力量去實現夢想。只要你釐清自己真正希望做的是什麼，你幾乎保證能達到目的。

黑桃8是你的冥王星牌

今年你將一個巨大的挑戰置於眼前。這個挑戰可能是與工作或健康有關，或者通常只是要擁有更多的意志力量。無論如何，你將會在生活中做些正向改變，才能達到這個目標，而它並非總是容易的。

也許你的健康一直都不是你所想要的那樣，你想要展開一個健身或是節食計畫來鍛鍊你的強健體魄。或者，也許你想在工作方面有更多成功，甚至是晉升到承擔更高層面的責任。無論你今年具體的目標為何，成功絕對需要內在的力量跟決心。你的結果牌將會進一步描述這股你尋求的力量，或是某個與此密切相關的人。

肯定句：

我透過無限的意志力量，使我的意志調整和宇宙的意志頻率一致，在工作中創造健康與成功。

黑桃8是你的結果牌

作為今年你面對冥王星牌並且與此密切相關的結果，是強大的意志力量和決心發展的要素，可以幫助你克服在你道路上的任何障礙。障礙可能與工作或健康有關，或者僅僅如你的冥王星牌所述，但確定的是，年底你將會實現這股力量與成功，當情況艱難時，別忘了這一點，因為它們必然發生。

肯定句：

我在工作和健康以及其他生活中的領域創造成功。我培養意志力來克服所有的問題。

黑桃8是你的長期牌

黑桃8告訴我們，今年會發現你體驗更多的力量，掌控你的健康和工作事務，並且通常有更多的權力。這種力量可以用於在工作中升到更高的位置，以改善你的健康狀況或在你生活的任何領域取得更多成功。這張牌所顯示的力量和成功必須正確應用跟引導才能獲得最佳效果。如果你濫用這種權力欺凌他人，或強加你的意志在他們身上，你將創造惡業，這會導致你未來的問題。確定你的目標，明智地使用這股力量。你手中正握著魔法棒。你所需要做的就是多一點勤奮努力和決心。

關鍵字：

在這一年，你可以運用物質和意志的力量克服任何在工作上、健康上或其他方面的任何問題。

黑桃8是你的環境牌

黑桃8在今年給你力量跟決心去完成許多好事。透過辛勤努力與專注，許多祝福會來到你身邊。這張牌對於任何法律事務中的成功是個好兆頭，或者有助於克服各種工作或健康問題。如果你願意肯定自己、強而有力，沒什麼事情做不到的。今年你在許多方面受到保護，但別忘了付出一點努力。

黑桃8是你的置換牌

如果你有努力的方向，這是你努力工作並取得許多成果的一年。你也可以期望克服任何可能出現的問題，尤其是與工作或健康有關的問題。今年是推出健身計畫或新生意的好年分。你有能力在你的生活中取得一些真正的進步。藉此機會使用這種力量。把它用在工作上，你可能會對自己能做的事感到驚訝。

力量以及在你的生活中運用它，在這一年也是你需要解決的課題。黑桃8是整副牌中最有力量的牌之一，往往當我們有這張牌時，我們可能試圖濫用它，或是犧牲我們自己的利益來迎合他人。如何運用你的力量，無論你是否捲入與他人之間「爭權奪利」之中，那會是你在這有趣的一年決定你成敗的因素。

8

紅心9
一段關係的完結／給與幫助或諮詢

紅心9的基本牌義

紅心9是一張在情感上失望與個人在感情層面上有所損失的牌，然而，這是愛的完成與「宇宙之愛」的牌。紅心9可能是一個或多個重要親密關係的結束信號。若是如此，這些關係最有可能已經對你不再有任何益處了。到了它們該結束的時間了，無論你是否在它們發生時意識到這一點。

不過，紅心9也可以代表我們藉由諮詢或是分享我們的愛與慈悲來幫助他人。它表示用一種多多少少無私的方式付出愛。

水星週期的紅心9

這個時期可能會對某個人突然失望，幸運的是，失望也很快消失。你可能在匆忙中誤判某人，太快表現出友善和喜歡。同樣的錯誤判斷在經濟上也可能付出昂貴代價。你現在感覺到的任何心痛，都可以幫助你在關係中變得更成熟，並幫助你看到自己和他人的真實面貌。這對賭博或任何類型的投機也是不利的影響。

看看你的其他水星牌，以了解更多關於你生活中的這個情感挑戰或是結束的訊息。它可能會指出你的生活中的誰或什麼事情即將抵達終點。這也可能表示即將發生的情況，結果將會如何。

金星週期的紅心9

對愛情，浪漫和財務狀況的失望，在這個時候有明顯的可能性。你可能會發現你在情感的幸福道路上存在很多障礙，包括缺乏物質資源。這是較強烈的離婚牌之一，因此有出現痛苦分居的可能性。請記住，困難實際上是機會，使我們了解自己並淨化我們自己的動機。無私奉獻是療癒之道。

你其他的金星牌告訴你，這個情感或個人的挑戰、或結局，會與誰或什麼相關。另外記住，一張強烈或強大的金星牌，比如4號牌、8號牌或10號牌，可以抵銷這張牌的逆勢，從一開始看似失望的情況，帶來非常樂觀的結果。

火星週期的紅心9

在這段週期，你和你所愛的人之間可能存在嫉妒或誤解。在這段時間內，在生意和個人方面都要小心與男性相關的事務。在此期間，你可能傾向於將不如意的情況拋諸腦後，進而開闢新天地。你自己的懶散，伴隨著對他人的失望，可能使你萌生退意，或對出現的問題沒有耐心。如果你堅持不懈，就能克服它。在商業和個人情況下，建議小心與男性相關。在此期間，你可能傾向於留下不良情況，並轉向更加綠色的牧場。你自己的懶惰以及對其他人的失望可能會促使你退出或讓你對目前的問題不耐煩。如果你堅持下去，你可以克服。

看一下你另一張火星牌，找出在這段週期當中，是什麼，或是誰涉入這個挑戰或是與結局有關。另外要記住，一張樂觀的牌，例如4號牌、8號牌或10號牌，會告訴你，無論出現什麼挑戰，對這五十二天週期發生的情況，你可能會有個快樂而頗有成效的結果。

木星週期的紅心9

紅心9在木星稱為「願望牌」。的確，在這個時期你會使你的一個或多個重要的願望得以實現。然而，這也是某些重要親密關係結束之牌。在這股影響下，許多人離了婚。若是如此，很可能是輕鬆分開或是財富流向你這一邊。在這期間，也可能是和你有生意或職業往來的人之間的親密關係告終。如果這樣，放手讓他們走，因為這對結束過去的事物或親密關係是有利的影響。

如果你從事靈性工作或是幫助、或以某種形式教導他人，這張牌是巨大成功的信號，也可以帶來巨大的財務回報。這是諮商師和愛的給予者之牌。任何與此相關的活動都會得到巨大的回報，在財務上和你的內在自我方面皆然。

土星週期的紅心9

在這段週期，可能出現由於情緒問題而造成的疾病或其他不幸。個人的親密關係具有挑戰性又令人失望，但是，與大眾互動會是滿足與喜悅的來源。這可能是因為你捲入了一個注定發生的沉重業力關係，要教導你更多關於你自己和你的愛的本質。在任何情況下，你人生中的一個或多個親密關係已經到了完成的地方，現在即將告終。放下個人執著，以及在你人生中不再有益的關係，最終將會引導你到新的、更好的親密關係中，這張牌通常代表一次困難的離婚。

同時要記住，這張牌所表示的困難或挑戰，可以由另一個位置上一張強大的牌抵銷，例如任何的4號牌、8號牌或10號牌。

天王星週期的紅心9

意想不到的情況會帶來工作、愛情、浪漫情事以及在這段時間與朋友之間的失望，工作中可能會出現嫉妒和醜聞。紅心9在天王星的時期，好友難求。現在不要對期望別人過頭，並多注意任何形式的人道主義工作，來獲得靈感和療癒。

完全有可能的是，有些不再適合你的友誼，現在是讓他們離開的時候了。把這些結尾看做圓滿，並且甘願放手。更好的新親密關係即將到來。

這對靈性事務、學習新的靈性資訊、參與課程等等都是有利

的影響。另外記住，一張樂觀的牌，比如4號牌、8號牌或10號牌，會抵銷任何可能出現的問題，帶來整體的好結果。

海王星週期的紅心9

無論是旅遊或是遠方的事務，這個週期會帶來失望。你自己在自由與人相伴之間的內在衝突，現在將會造成誤會跟心痛。即使不是不可能，海王星的魔力也會造成誤解，使得難以清楚溝通。然而在幫助他人和實現靈性目標方面存有許多成功的潛力。

在此期間，長久以來珍貴的戀愛關係完全有可能告終或失去。這可能是你今年一直時常擔心失去的東西。若是如此，不要害怕或失望。這個結局實際上對你和每個你人生中的人都是最好的安排。放手吧，許多更好的新事物很快就會到來取而代之。

紅心9是你的冥王星牌

今年你可能會結束一個或多個最重要的親密關係。現在是放棄這些並繼續前進的時候了，然而，這可能並不容易做到。要麼你想要結束，而這對你來說是一個問題；或者你不希望它結束，但它還是結束了。可能會出現個人的執著，使這些了斷非常困難。這些結束可能以離婚呈現，無論是個人還是職業上，或者是與你親近的某人離開或死亡。即使是寵物的死亡也會成為紅心9的一次經驗，特別是你與寵物有深厚感情。

如果這些結束使你多多少少感到失望，很可能是你在感情上執著於某人。你可能對此心存矛盾。大概是你自己內在的兩個部分——一邊想要結束這些親密關係，一邊不想。如果你可以整合自己的想法，就能解決這個內在衝突，到達兼容之處。

宇宙決定結束必須發生。如果你改變自己的視野，你可能會發現這些結束對於所有相關的人都是最好的安排，也包括了你。你的結果牌將會進一步描述這些結束，或是告訴你，誰會是你將要結束關係的人。

肯定句：

我放下那些曾經對我有益，但是現在在我的生活中已經失去意義的親密關係。我讓自己自由地向前邁進，進入更好的親密關係。

紅心9是你的結果牌

今年努力的最後結果可能是結束一個或多個重要親密關係。你可能會感覺到這些將在今年結束，而你甚至可能會想要這樣

做，因為你知道，這是為了你自己的利益。紅心9意謂著放棄個人執著。當你放下某個人時，你會神奇地轉化到更高層次的意識，並在你的個人親密關係中引發一個新的開始，在你已經抵達的人生新位置上，你將會吸引新的人——更適合你的人。你的冥王星牌會告訴你是誰或什麼與此相關。

肯定句：

我釋放對我最高的善意不再有益的陳舊親密關係。我學習無所執著去愛。

紅心9是你的長期牌

今年你可能會有一個或多個情感上的重要結束或損失。至少，你可能會涉入與過去戀人或配偶的分離。但是這張牌也可以表明家人或朋友圈裡的人死亡。當寵物死亡時，我甚至看到這張牌出現。

你的一些親密關係即將結束，如果你深入自己的內心，你會發現這些結局有很好的理由——這對你和其他人都好。這張牌通常意謂著失望，但只有當我們抗拒結束時才是這種情況。如果你放手，讓宇宙照顧你，你可以體驗到這張強大的牌所代表的高度靈性覺知和高度意識。今年，加入送愛給別人的工作，特別是大型團體，一定會獲得巨大的成功。你是給予者。

關鍵字：

我學習放下他人，無條件地付出愛。我圓滿一些重要的親密關係，讓它們離開。

紅心9是你的環境牌

由於紅心9是半固定牌之一，它絕不會在流年牌陣中成為某人的環境牌或置換牌。

在每週解讀中，紅心9讓你輕易地放下一些不再對你有益的親密關係，你以慈悲的方式從為他人提供諮詢獲得利益。

紅心9是你的置換牌

由於紅心9是半固定牌之一，它絕不會在流年牌陣中成為某人的環境牌或置換牌。

9

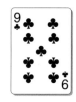

梅花9
完成計畫／感到失望／和群體分享知識

梅花9的基本牌義

梅花9字面上的意思是「完成計畫或想法」。當這張牌出現時，它表示一段時間，當一些想法、思考或溝通方式，或是你的一些個人計畫準備要結束了。如果你選擇抗拒結束，你會由於強硬堅持那些對你不再有用的事物、想法或計畫而經驗到巨大的失望。當這張牌出現時，如果一切似乎都與你作對，大概是因為你抗拒放下某件實際上對你已經沒有任何好處的事情。

在樂觀的一面，你準備好開啟一種更好的新思維模式。梅花9被當做一個信號，表示可能發生強大的靈性經驗，像是宇宙意識，而它表示參與散播較高真理到世上的努力，獲得成功。

水星週期的梅花9

在這個時候，可能會出現一些令人失望的事，或是突然出現的壞消息，但它去得也快。這可能是有人突然反對你的願望或計畫。可能會有些突然且意料之外的失望，但它會很快過去。這股影響也可以表示你的教育突然中斷，也許是因為一位家庭成員使然。

你的另一張水星牌會告訴你，在這段週期，你的生活中有什麼事或親密關係將要結束了。9通常表示一個生命的循環即將結束。無論我們覺得自己要畢業，還是因損失而失望，完全取決在我們身上。

金星週期的梅花9

這是一張失望牌，與朋友或與你親愛的人有關。不忠的或不合作的朋友可能是令人心痛的原因之一。由於目前情況的結果，你自己的個人計畫和項目可能會被犧牲掉。這種影響可能會帶來延遲，或是結婚計畫中斷，或者是伴侶或情人的背叛。在這股影響下，採取一種普世的方式去愛，可以帶來成功和快樂。

你的其他的金星牌告訴你，這個情感或個人的挑戰或結局，會與誰或什麼相關。另外記住，一張強烈或強大的金星牌，比如4號牌、8號牌或10號牌，可以抵銷這張牌的逆勢，從一開始看似失望的情況，帶來非常樂觀的結果。

火星週期的梅花9

這段時間可能會引發來自某位男性的麻煩訴訟或競爭。在這種影響下，與男性的親密關係尤其不利。由於爭論或質疑某人，你甚至可能會丟了工作。這張牌可能會引起別人的敵意，特別是如果你表達了很多攻擊性和不耐煩。急躁甚至可能導致你改變你的工作。此時對任何賭博和投機活動要小心。

看一下你另一張火星牌，找出在這段週期當中，是什麼，或是誰會涉入這個挑戰或是與結局有關係。另外要記住，一張樂觀的牌，例如4號牌、8號牌或10號牌，會告訴你，無論出現什麼挑戰，對這五十二天週期發生的情況，你可能會有個快樂而頗有成效的結果。

木星週期的梅花9

這種影響通過傳播知識或通過某種靈性教導來獲得財務上的成功。這也表示，這段時間會帶來一段展開方案或賺錢方式的高峰。雖然結局往往被視為損失，因為這張牌屬於木星時期，這個結束肯定會為你帶來更多你真正想要從生活中獲得的東西。現在，你取得成功的最佳機會，會是在工作中運用一種普世皆然的方式跟付出的方式，認識到你自己的心智力量。

別抗拒任何可能在這週期發生的結束，或是了斷。它們將會很快帶你到一個新開始，有更多好事等著你。

土星週期的梅花9

這段時間可能會讓你經歷許多挫折和擔憂，而這種心態也會影響你的健康。你的憂慮也可能導致一些商業損失，甚至對你的健康造成不利影響。你對你自己或他人向來抱持的負面想法可能是你問題的根源。如果你對自己的思想負責，並培養更好的態度和信仰，現在就有療癒的可能性。社區或無私服務也可以有所助益。

這張牌表示在你人生中重要的某件事情將要結束了。因為這張牌落在土星，你大概會比平常更抗拒和不喜歡這個結束。因此，這對你而言，代表了一些個人挑戰和學習的機會，最後終能拓展你自己的眼界和你的世界。

同時要記住，這張牌所表示的困難或挑戰，可以由另一個位置上一張強大的牌抵銷，例如任何的4號牌、8號牌或10號牌。

天王星週期的梅花9

現在你和合作夥伴或是勞工團體可能有一些問題，肯定有精神上的挫折跟擔憂。另外，也可能會有失敗的房地產交易，這對房地產投資不是好時機。此外，通靈實驗可能會被證明是令人失望的。此時不要對他人期望過高，你要在工作與友誼中採取付出更多和普世皆然的方式，來發揮這張牌的潛力。

這張牌的基本含義是某種計畫或心智職業的結束。這可能代表著工作或思考方式的結束。這張牌只意謂著結束了。無論你的經歷是完成還是失望，都將取決於你對即將結束之事的態度。

這對靈性事務、學習新的靈性資訊、參加課程等都是有利的

影響。另外，請記住，在這段週期的其他位置上有一張樂觀的牌，例如4號牌，8號牌或10號牌，將抵銷任何有問題的情況，並帶來整體上的好結果。

海王星週期的梅花9

在這個時期思考與溝通中的模糊可能導致問題。在所有的交易中要強調清楚明確。也會有跟旅遊相關的失望，或者個人夢想和抱負的落空。這對吸毒或是通靈實驗不是好時機，因為它們現在可能會有負面影響。然而，在某種社區計畫或是以靈性為基礎的工作中提供服務是非常有利的影響。

在這段週期內，你長久以來珍惜的夢想完全有可能結束。這可能是今年你一直時常擔心的東西。若是如此，不要害怕或失望。這個結局實際上對你和每個你人生中的人都是最好的安排。放手吧，許多更好的新事物很快就會到來取而代之。

梅花9是你的冥王星牌

這一年可能不是非常上進且令人滿意，就是充滿了失望與痛苦結尾的一年。無論如何你將面臨一些挑戰，你要放棄不合時宜的概念、想法和思考與溝通的方式。你甚至可能結束特定的職業類型或是工作，準備展開新的工作。這些結束可能對你來說難以消化或下嚥。你愈是抗拒發生的改變，你遭受的痛苦就愈多。今年，你必須放下，騰出空間迎接下一年將要發生的新開始。這是畢業的一年。我們有時候有多麼抗拒丟棄無用之物，是不是很可笑？

所有這些結束在許多方面很有可能對你都有好處。這張牌告訴我們，你已經達到了人生重要領域的頂峰和一個圓滿境地。這將是去除糟粕的一年，對你自己身上那些不再對你有益的東西說再見。不過，我們的頭腦往往難以放下。

在樂觀的一面，你可以發展跟學習更多靈性知識。這種教育或分享概念會被證明是無價的經驗，拓展跟豐富你對人生的看法。你的結果牌將進一步釐清你在哪些領域做了斷，變得更開放，或者它可能指向一個密切參與拓展思維的人。

肯定句：

我放下限制的概念跟溝通方式，並且採用更為宏觀的思維模式。

梅花9是你的結果牌

今年對你來說，很大一部分挑戰將是放棄不合時宜的想法、項目、計畫或溝通方式。這是完成的一年，有時可能看起來像令人失望的結局。梅花9說，你正在完成你生活中的一個重要篇章，現在是另闢新天地的時機了。對所有形式的靈性智慧敞開，因為這會幫助你更容易改變。你的冥王星牌將告訴你，關於這些結局或涉及的人更多的資訊。

肯定句：

今年我完成計畫，並放下過去。透過釋放陳舊的思想方式，我拓展自己的理解。

梅花9是你的長期牌

梅花9可能是一個令人失望和沮喪的牌，它出現在我們人生中的事情即將告終時。然而，你有力量把這變成「畢業之年」和獲得巨大滿足的一年。這一年你將會在你的生命中經驗一些重要的結束。這可能會以某個損失或工作或職業的結束呈現，或是許多人反對你的計畫，以至於你不得不放棄它們。宇宙試著去告訴你，這是放下一些珍視的想法或計畫的時候了，繼續前進。如果你可以看到這一點，並且順應改變，你會發現你更容易接受這個結束。

梅花9是「宇宙智慧牌」。這表示心靈可以意識到我們稱之為「實相」真實界線外的事情。因此，在這張牌的影響下，許多人經歷了某種獨特而強大的靈魂覺醒。積極地運用之，這張牌會以宇宙的知識獎勵你，而成功就在與他人分享之中。這張牌的一切好處來自於對宇宙意志的臣服，放下我們有限的思維。

關鍵字：

有一些內心失望跟結束計畫的一年，或者是重要的結果和結束的一年，此時會獲得和分享靈性知識。

梅花9是你的環境牌

今年將帶來好運和祝福，藉由放下過去、放棄陳腐的想法和觀點，甚至放下某些在你的生活中不再有建設性目的的工作。雖然今年你的生活中可能會有一些重要的結束，但請放心，這些將是相對來說沒有痛苦的，充滿了各種奇妙的祝福。而且，通過接觸某種靈性知識，你在對生活的理解方面會有一些重大突破。今年是各式各樣的結束會輕鬆降臨的一年，並且把你帶入一個更加成功的新階段。

梅花9是你的置換牌

這可能是你在內心層面上經歷了一些失望的一年。你所做的計畫可能不如預期，你正在進行的一些計畫到了盡頭，以一種不愉快的方式結束，甚至可能陷入對你人生中的事件完全沮喪。事實上，你的生活中會有一些重要的完成，但它們無須成為失望或抑鬱的來源。這張牌所暗示的挑戰就是放下過去，而不會因情況感覺被犧牲。

這對你來說可能是關鍵的一年，你可以在這裡度過漫長的旅程。為了充分利用它，試著看看你生活中的哪些方面真的已經達到了對你不再有用的程度。這可能是你的工作，因為梅花指的是心智工作。但在更深的層面上，可能有一些信念、觀點、計畫和期望必須要清除，從而為更寬廣、更健康的生活鋪路——它們想要進入你的生活。瞧瞧你習慣溝通、思考和解釋你人生中事件的方式，找出什麼需要清理跟釋放的線索。當放棄這些負面模式，而不是向我們放棄時抱持的恐懼屈服，自由的感覺和宇宙意識便隨即而至。你正在為一個即將開始的嶄新週期做準備。當你放手，對曾經造就你的一切表示敬意，你將獲得一個光明的新未來做為獎勵。

方塊9
財物損失／工作的完結／價值系統的終結

方塊9的基本牌義

方塊9往往是和各種財務損失有關係，但它真正的意義是指，我們過去一直抱持的一些價值觀了結了。因此，這可能是一個信號，表示某個你做了很久的工作結束了，或是結束某種追尋。這可能是追求某個財務目標、親密關係或是其他有價值的「東西」。

在方塊9的影響下，看起來損失金錢，記住，那只是在為即將進帳的金錢預備。有時候我們需要花些錢來刺激更多進帳。

實際上，方塊9代表我們曾經珍重跟累積的某個事物結束了。它從一個價值的層面升級到另一個。如果我們能學會放下，當我們轉入個人發展的下一個層次，我們會經驗到自由與愉快的感覺。唯有那些沒感覺到人生中真正發生什麼的人，以及那些對人生沒有信心與愛的人，才會把結束當成失望。

水星週期的方塊9

這股影響帶來意料之外、忽然的財務失望，去得也快。這可能是跟短程旅行或兄弟姊妹有關的金錢損失。可能是速成致富計畫的損失。這張牌可以帶來一大堆對財務問題或一些大額資金支出的精神焦慮。很可能是因為你自己花錢如流水或是魯莽的結果。

如果你能夠放下並繼續前進，在這段週期發生的結束會帶來一種自由跟擴張的感覺。你另外一張水星牌會告訴你關於這個情況更多的訊息，也許是指出你需要放下的是誰或什麼。

金星週期的方塊9

這張牌顯示很多錢花在家中或奢侈品上。如果你做過頭了，你可能沒有許多餘裕去滿足其他需求。由於經濟因素，現在可能會出現親密關係的問題。你可能有一個女性朋友有金錢問題。在這段期間，你的許多財務問題可能與親密關係或你希望過奢侈生活的願望有關。在此期間，你的鋪張浪費可能使你與別人合不來。

你的其他的金星牌告訴你，這個情感或個人的挑戰或結局，會與誰、或什麼相關。另外記住，一張強烈或強大的金星牌，比如4號牌、8號牌或10號牌，可以抵銷這張牌的逆勢，從一開始看似失望的情況，帶來非常樂觀的結果。

火星週期的方塊9

這股影響會導致投機、法律事務或與男性有關的損失。此時不利於積極進取的商業活動和投機行為，可能帶來損失。要格外謹言慎行。儘管在此期間你會受投機和賭博吸引，但你最佳回報來自長期投資。這也可能代表繼承遺產或稅收或保險事宜的困難。

看一下你另一張火星牌，找出在這段週期當中，是什麼，或是誰會涉入這個挑戰或是與結局有關係。另外要記住，一張樂觀的牌，例如4號牌、8號牌或10號牌，會告訴你，無論出現什麼挑戰，對這五十二天週期發生的情況，你可能會有個快樂而頗有成效的結果。

木星週期的方塊9

在這股影響之下，這張牌可以表示富裕。花大錢或砸大錢投資也就表示你有錢才能花錢。在這期間內，有可能同時賺大錢和損失慘重。這張牌表示浪費的傾向和對金錢缺乏判斷，也會導致荷包失血到難受的地步。你可能會感到心滿意足，不過，那只是在與慈善或其他社區服務相關的服務之中。

現在的工作或職業很可能會結束，但如果這樣的話，這可能會成為你一生中最好的了斷之一。結束會很容易，也許在財務上有保障。如果你抗拒現在發生的任何結束，那麼你只會剝奪自己有神奇的改變，進而妨礙你進入一個更美好的新階段。

土星週期的方塊9

這張牌帶來對疾病或某人死亡的有關財務狀況感到失望。遺產或花在醫療保健或葬禮上的錢可能會有問題。奢侈或投機現在一定會帶來困難。這是一種沉重的業力影響，會帶來難以克服的問題。任何偏離公平或合法交易的行為都會帶來嚴重的後果。

這張牌的基本牌義是「放下某些價值」。這可能是工作、親密關係或是其他一些你珍惜一段時間的東西或事物。基於這張牌落在土星位置，你很可能比平常更抗拒這個結束。在這種情況下，對你可能是一個個人挑戰，有具體要教導你的功課。記住，雖然土星是老師，他也是幫手。我們在他影響之下學到的教訓永遠使我們更為成熟，公正，以及在生活中獲得更大成功的能力。

同時要記住，這張牌所表示的困難或挑戰，可以由另一個土星位置上一張強大的牌抵銷，例如任何的4號牌、8號牌或10號牌。

天王星時期的方塊9

這股影響會給房地產或勞工相關領域帶來財務上的失望或損失。這可能意謂著失業或與員工有關的損失。避免所有投機和「賺快錢」的交易。長期投資是可以的，但此時也應該小心。這種影響帶來了一般意義上的財務問題，但也為那些將時間和資源捐獻給慈善事業的人保證了巨大的成功。

這張牌的基本牌義是「有價值的東西結束了」。你以前一直想要或是為之努力的東西現在已經無用武之地，即將煙消雲散。如果你意識到這對你來說是個循環的結束，你就能放下並向前走，放眼未來有更好的事物降臨。

這對靈性事務、學習新的靈性資訊、參加課程等都是有利的

影響。另外，請記住，在這段週期的其他位置上有一張樂觀的牌，例如4號牌、8號牌或10號牌，將抵銷任何有問題的情況，並帶來整體上的好結果。

海王星週期的方塊9

這種影響會帶來與旅遊、國外投資、毒品和酒精或欺騙有關的損失。然而，這筆錢可能是投資在你的生意或其他金融工具的錢——這些資金將在你的投資獲利時給你回報。現在的旅行可能會比你計畫的貴得多，可能無法更樂在其中。即使在最有利的情況下，在與此牌相關的所有財務相關交易中，也應該小心謹慎。

在樂觀的一面，你可能經歷到一個持續好一段時間有關財務的計畫了結了。它的完成可能是你有點失落或是困惑，但是在你下一個生日之前，你會回到行動中，繼續朝著新目標和理想邁進。這是一股絕佳的影響，讓你布施金錢給窮人或是在財務上幫助他人，而不抱期待跟回報。

在這段週期，你長久以來珍惜的夢想或是你擁有的財物可能會到了盡頭或是失去。這可能是你今年時常覺得擔心會失去的事情。如果是這樣，不要害怕或失望。這個結局實際上是你和你生活中其他人的最佳選擇。放手吧，許多更好的新事物很快就會取而代之。

方塊9是你的冥王星牌

在這段期間，你常常會面對一個又一個的財務支出，這些可能真的會有損你的富足感以及財務健康。無論你將這筆錢投資於未來，或是捐給慈善機構、投資失利、支付必須的開銷，或是有意外的財務支出，比如，車子壞了，今年你將不得不破點財。唯有放下並相信宇宙會提供你一切所需的態度，才能幫助你保持內心平靜。今年是財富流出的週期。接下來總是有讓金錢回流的週期。

這也是你完成特定類型工作或賺錢創業或職業的一年。通常，當這張牌是冥王星，我們往往拒絕放棄某種支持，也許它們在我們的生活中已經沒有任何真正的意義了。有時這張牌會預示，工作或職業與我們的意願背道而馳的一年。如果我們領悟到，該往前邁進的時間已至，乾脆地接納發生的事情，我們可以跟著它得到更好的結果。在9之後的年分，總是有更好的新事物隨之而來。

你的結果牌會進一步指出這筆錢會如何花費，或是告訴你誰與這筆金錢支出和完成有關係。

肯定句：

我正在釋放自己，從那些曾經對我有益，但現在沒有幫助的事物、職業和人物中釋放出來。我讓自己自由自在地走向人生中更棒、更好的事物。

方塊9是你的結果牌

這張強大的「宇宙價值」之牌保證，你下一個生日之前會對金錢更不執著，並且有了對金錢上嶄新的宏觀視野，讓你感到更自由，不像以前那樣關注。與你的冥王星牌有關係，你會透過對豐盛本質的真正理解，學習並掌握財務的藝術——它隨著週期起起伏伏，唯有隨順它，我們才能有平靜的心。

肯定句：

我學習釋放財務擔憂，並且順應我人生中的豐盛週期。我學會斷捨離。

方塊9是你的長期牌

這對你可能是主要財務支出的一年，重複發生與你金錢狀況有關的失落，除非你學會讓豐盛流入你的人生，去掉你的個人障礙。如果你達到了適當的心理狀態，這張牌實際上可以帶給你突如其來的財富。今年還會有許多錢要付，因為方塊9代表這類事情發生的時間。不過，記住，錢就像潮汐，有潮起必然有潮落。如果你不阻撓能量流，不試圖控制它，它甚至會比以前來得更多。順應它吧。

同時，這張牌告訴我們，你的生活中有很多事情，不管他們是財產、工作、金錢或人際關係如何，都已經對你不再有真正的用處。今年是完成這些事情的一年，並為即將到來的新開始做好準備。

關鍵字：

無論是投資或消費，都是開銷大的一年。我學習順應豐盛之流。我釋放我曾經珍惜過、如今在我的人生已經沒有真正需求的事物。

方塊9是你的環境牌

放棄你曾經非常珍視過的事物、人們或是工作，將會在這一年帶來許多祝福和回報。在某些層次，這是放下過去，準備邁向許多更好的新事物的一年。通常，我們害怕放下我們人生中的事物，害怕損失會剝奪使我們快樂的那些重要又必要的事物。然而，你在今年是受到保護的，而且所有的結束都可以為你帶來更多的好運跟快樂。

方塊9是你的置換牌

這對於你的價值觀或工作而言將是一個重要的「畢業之年」。如果你沒有意識到，自己已經達到了一個週期的末端，並且必須繼續前進，那麼你可能會遇到許多財物損失，失去你的工作，或者在某種程度上，對於失去你珍惜的事物有關的失望。但是，無論如何，你不必一定要有這般損失。事實是，你價值系統內的某些重要東西，對你而言已經物盡其用。這可能是指你現在的工作路線、你蒐集或擁有的東西，或者你的整個生活方式和對你來說重要的東西。如果你的本命牌是方塊，這一點尤其應驗，因為你已經傾向於根據金錢價值來評估人生中的一切。

所以，今年有些事物即將結束，一切都取決於你把它看成悲劇還是值得慶祝的理由——當慶祝你從這一層次往前到下一個階段，畢業了。你如何處理這個結束，會決定你今年快樂的程度。最佳的態度是放手跟放下，知道你失去的是不再對你有益的東西。事實上，今年是為即將開始的新人生做準備。這個新人生對你而言會更健康，充滿了愉快的驚喜。所以，以喜悅來擁抱這一年出現的結束吧。你已經走了漫長的路才到達現在的位置，你不會失去任何屬於你的東西。

9

黑桃9
失業／健康不佳／死亡／重要生活習慣的結束

黑桃9的基本牌義

黑桃9可能是一張損失與失望之牌。不過，這張牌的真實本質透露出，它在你人生中任何週期的出現都不必是一場災難。實際上，黑桃9代表完成一些重要的事情。無論是特定職業、生活方式，或是你對待自己健康與身體方式的結束。都將取決於這張牌的位置，以及你目前所處的環境。但是請放心，當這張強而有力的牌出現時，你人生的某個重要面向即將告終了。

這也是死亡牌之一，當這張牌出現時，在你人生中將有某種形式的死亡。我們在人生的過程中經歷許多小死亡，就像是蛇蛻皮，每一次這麼做時，我們都會達到一個更好的新位置。因此，黑桃9不是一張需要害怕的牌，反而是受歡迎的牌。它總有能力去清除所有不需要和無用的碎片，並使我們重新回到一個更加活躍跟滿意的新過程。

水星週期的黑桃9

這張牌帶來突然的疾病、意外或是工作上的麻煩。這可能是失望，但大概也不會持續很久。這可能是突然的工作損失或是一些意外的壞消息。這也可能是在短程旅行中遇到的問題，像是車禍，或是和一位兄弟姊妹的一些麻煩。現在最好要慢下來，以安全的速度做事情，直到這個週期結束。另外，現在要注意負面的態度。

既然所有的9都代表完成跟結束，你的其他的水星牌可以表示你生活中的誰或什麼即將抵達終點。它也可能是指你放下之後的最終結果，或是關於這個結束的背景資訊。

金星週期的黑桃9

這股影響可能帶來由於愛情關係而生的疾病，或是與家庭有關的失望。這也可能是密友、婚姻伴侶或家庭成員的疾病。

這張牌告訴你，你的生活方式一些主要的部分將要圓滿或完成了。這可能是一個親密關係，或是與你的家或家庭有關的事情。要是你拒絕這段週期預定的完成，親密關係或友情的結束會造成許多悲傷。這在家裡或是個人親密關係中是困難的影響，但是唯有我們頑固地想要抓住在我們人生中即將離開的人事物才如此。這一切的困難都可以被當成對情感力量與成熟度的測試。

你的其他的金星牌告訴你，這個情感或個人的挑戰或結局，會與誰或什麼相關。記住，另外一張強烈或強大的金星牌，比如4號牌、8號牌或10號牌，可以抵銷這張牌的逆勢，從一開始看似失望的情況，帶來非常樂觀的結果。

火星週期的黑桃9

這段週期可能帶來困難的法律訴訟或是與男人或男性團體有關的問題。任何頑固的態度或魯莽可能會在這段週期帶來工作和健康方面的麻煩。疾病也會干擾工作。要小心所有與男性的往來，儘量在法庭外解決困難，因為這股影響不利於這些事情。通

過在這些領域採取更普遍（無私）的態度，你可能會找到巨大的成功。

看一下你另一張火星牌，找出在這段週期當中，是什麼，或是誰會涉入這個挑戰或是與結局有關係。另外要記住，一張樂觀的牌，例如4號牌、8號牌或10號牌，會告訴你，無論出現什麼挑戰，對這五十二天週期發生的情況，你可能會有個快樂而頗有成效的結果。

木星週期的黑桃9

在這段週期，你可能會遇到一個重要的完成，或工作、生計的結束。這個結束在某種程度上，會以重要方式影響你的基本生活方式。你似乎做特定的工作很長一段時間了，現在是時候向前嘗試一些新事物的時候了。不要拒絕這些結束，因為它們肯定會引導你走向一個更令人興奮與豐盛的新未來。即使你被開除了，在這股影像下，必然會帶來更好的東西。

你現在受到木星的祝福，你所需要做的就是仔細檢視你的情況，了解到好事將要發生。事實上，是你的渴望促使這一切發生。

土星週期的黑桃9

這是你或一位朋友生病的強烈指標。這種疾病可能會持續下去，很難診斷，並可能干擾工作或其他計畫。你應該注意自己的健康。這是最困難的影響之一，它代表了償還業債，也就是對過去所做事情付出代價。現在任何負面心態或壞習慣只會雪上加霜。

這張牌也可以表示工作、親密關係或其他在你人生重要的領域的結束。你的另外一張土星牌可以告訴你，在這段週期即將到達告終是怎樣的情況。在土星影響之下，你可能會比在其他情況下更抗拒這個結束。然而，無論如何，它都將結束，最後帶給你更好的東西。這張牌通常表示在我們人生中的某件事，對我們來說真的無益，已經懸而未決太久了。無論這件事情的死亡是什麼，通常在土星都會來得困難，不過隨後總是會有很棒的療癒。

同時要記住，這張牌所表示的困難或挑戰，可以由另一個土星位置上一張強大的牌抵銷，例如任何的4號牌、8號牌或10號牌。

天王星週期的黑桃9

這股影響可以帶來在工作上、勞工關係、人道主義努力或是房地產交易的失望。在這段週期，要小心這些領域。現在可能會出現許多挑戰，克服它們可以帶來重大的進展。遠離投機取巧，現在你可能會發現直覺的洞察力可以幫助你作決定和幫助他人。

在更深的層面上，這張牌表示你準備好邁向另一個工作或是新的生活方式。這可能是個時機，能放下過去你放不下的事情，為即將到來的新生活騰出空間，這是一張完成與畢業之牌。不過，我們有許多人在這個時機到來時拒絕放手。不論這些事情是

什麼，如果你能讓它們逐漸遠離你，你將會發現你的感覺更輕鬆、自在，並且準備好迎接一個令人興奮的新未來。

這對靈性事務、學習新的靈性資訊、參加課程等都是有利的影響。另外，請記住，在這段週期的其他位置上有一張樂觀的牌，例如4號牌、8號牌或10號牌，將抵銷任何有問題的情況，並帶來整體上的好結果。

海王星週期的黑桃9

這種影響可能會導致與水、毒品、酒精或旅行相關的疾病或事故。這也可能是與旅行或遠方事件有關的失望。隱藏的疾病和失望也有可能出現。任何與旅行或毒品、酒精相關的事現在都令人失望。不過，如果一個人從事幫助別人的人道主義工作，這張牌可以代表巨大的成就感。

在這段週期，完全有可能的是，你長期珍視的夢想或職業將會告終或失去。這可能是你今年時常覺得擔心會失去的事情。如果是這樣，不要害怕或失望。這個結局實際上是你和你生活中其他人的最佳選擇。放手吧，許多更好的新事物很快就會取而代之。

黑桃9是你的冥王星牌

今年你有最具挑戰性的牌之一——黑桃9。這張牌可以表示各式各樣損失的一年。在很多方面，這將是完成和結束的一年。你可能會失去工作或不得不面對長期造就的健康問題，強迫你改變習慣。你甚至可能會失去一個你認識的人，這個逝去對你來說可能難以應付。

對一些人來說，這樣戲劇化的轉變和改變非常難處理。「一切都是最好的安排」，這種態度將幫助你以明智與平靜的心度過今年。

今年對你的要求是，讓你放棄你生活方式的某些重要部分——這些對你或你周圍的人都不再有益處了。無論你是否可以看清楚，你都已經在這些領域到了盡頭，需要繼續前進。如果你抗拒的話，那麼這些結束似乎會被強加於你身上。在你為人生的全新篇章做準備時，將這當作是完成的一年吧。明年將會是一個全新的開始，帶領你邁向一個全新的方向，這對你來說在各個層面上都會更好。

你的結果牌會告訴你更多關於這一年前面對你的挑戰的訊息，也許會給你一些線索，你人生中的哪些領域幾乎要告一段落了。也可能會指出跟這些結束直接相關的人。

肯定句：

藉由發生在我人身中的親密關係、工作或生活習慣結束，我在今年受到了轉化。我釋放一直牽絆我的一切，我藉此讓自己自由。

黑桃9是你的結果牌

某種程度上，與你今年的冥王星牌有關的部分，將成為「結束」的元素。這可能是你認識的人、工作或健康習慣的死亡，它們造成了你現在可能遇到的問題。這個放手一定會帶你到一個更好的地方，一種心情，你會更自由自在地生活。你正在結束你人生中的一個重要篇章，這將帶你進入一個即將到來的新開始。在這個過程中，可能有些事情你已經做了很長一段時間，現在你要學會放手並停止這樣做。放下，去過活吧。

肯定句：

我學習放下在我人生中已經完成其存在目的的人們、生活習慣和工作。他們圓滿了，而我自由邁向更好的新事物。

黑桃9是你的長期牌

身為超級9號牌，黑桃9是最強烈的信號，表示這對你而言是重要的結束之年。你可能告別了你做了很久的工作或是遇到健康問題，導致你在生活方式或習慣上做了重大的改變。黑桃9往往會和工作、健康問題或失落有關係，但這只發生在我們不想要放下現在肯定對我們來說一定要結束的人事物、工作或習慣時，這是重要的了結之年。無論你在這一年開頭在做什麼，在你下一個生日之前可能會結束。可能是你的家人或認識的人過世，或是最後以一種嚴重的方式影響你的生活方式的諸多情況之一。

黑桃9也是靈性工作的強烈信號之一，可以代表今年你在這個領域的許多成功。這可以表示放下正在消逝的東西，以及拓寬你的人生目標，加入某種人道主義工作。這將幫助你領悟到這張強大的牌的成功潛能。

關鍵字：

在你人生中重要的結束與完成之年。他們可能與健康問題或是家人的過世有關。

黑桃9是你的環境牌

這很可能是你將要結束你人生重要週期的一年，為你進入下一個新開始而做準備。結局代表已完成的階段，因此它們可以成為慶祝和致謝的理由。無論這些完成是與你的工作、健康還是你生活方式的另一個重要方面有關係，現在到了放手的時候，準備邁進更美好的新人生階段。

黑桃9是你的置換牌

這對你來說可能是關鍵的一年，在這一年你人生的一個重要篇章即將結束。你生活中的某些方面已經達到了圓滿之境，現在必須要清理乾淨，為成長與機會的新週期騰出空間。做好準備，開放地對待大多數領域中的結束，你將有可能減少遭受這張牌所帶來的失望和沮喪。

通常健康問題會在這張牌影響下發揮作用。如果你有任何不良習慣負面地影響你的健康，今年有非常好的機會，必須清除這些習慣。在許多情況下，可能是攸關生死的問題——擺脫惡習，不然就是為之覆滅。但是對自己有所覺察的人來說，他們不會驚訝，結束將會被當作他們進化之旅的下一階段。

這張牌的另一個常見表現是失去工作，或者與我們親近的人過世了。在任何這些情況下，無論它們當時對我們看起來多麼不公平，失去的東西都不是真正的我們的一部分，而是對我們已經不再有好處了。唯有我們對未知恐懼會讓我們依附於工作、親密關係和其他我們心裡知道對自己不利的東西之上。我們寧可忍受熟悉的事物，而非面對不確定的未來。但是當黑桃9出現時，重要的大掃除將會出現。只是你生活中的那些領域受影響，無論是工作、健康、生活方式或親密關係，都取決於你個人的情況。人生是永遠都在變遷的現象，雖然我們受到事物的本來面目吸引，最後一切都必須進化跟成長。這一年對你而言，代表著畢業之年。你已經走了很長的一段路，現在已經有了長足的進步，你已經準備好迎接新的未來。所有保留的東西都要除舊布新，為新的人生騰出空間。

紅心10
團體或大眾領域的成功／大型聚會／婚禮

紅心10的基本牌義

紅心10字面上的意思就是有「十顆心」。紅心代表人，所以這張牌表示牽涉到與你有愛的連結，人數眾多的活動。它有點像是梅花10，但是它牽涉到更多家庭、朋友圈或是音樂家、藝術家和其他表演者的觀眾。在它最高的表現形式上，紅心10帶來在大眾和團體方面的許多成功。

為了善加運用這張牌，當它出現時，你可以計畫做廣告和促銷活動。最起碼，這張牌代表你在社交場合度過美妙時光，比如令你大受歡迎的聚會。它也可以表示婚禮或其他大型家庭聚會。

水星週期的紅心10

這張牌會帶來在一些團體中突然的社交成功，或是在處理溝通、出版和演說方面的成功。這可以表示聚會，像是生日派對或是其他聚會，有許多人為你的機智與魅力所傾倒。當這張牌出現時，這影響可以藉由安排廣告或行銷來獲得生意上或財務上的成功。

金星週期的紅心10

這是一張與心有關的事物獲得成功的牌，無論是個人還是社交上皆然。在這種影響下，你可以擁有任何你想要在愛情或社交上的任何東西。這可能表示非常成功的戀情。與女性的關係現在會比平常更好，她們可以成為你生活中許多美好事物的來源。無論是在一對一的情況下，還是在某種形式的聚會或團體情境中，都會滿足你對情感的渴望。

火星週期的紅心10

在這股影響下，所有領域的關係都應該非常成功，尤其是和男性或男性團體。這也可以轉化為訴訟或法律事務的成功。在這種影響下，積極追求的友誼和親密關係應該為你帶來成功和快樂，這肯定是你在所有社交和個人情境下扮演主動角色的時候了。這對表演者和藝術家以及與大眾打交道的人是很棒的影響。

木星週期的紅心10

無論是個人還是社交上的成功都可以在這段期間帶來財務收益。現在將你的魅力和吸引力運用到你的事業中會獲得驚人的效果。友誼和夥伴關係將在你選擇的領域順風順水。如果你參與銷售、表演或任何涉及人群的生意，這對社交和財務上的成功是最棒的影響之一。另外，這也顯示出和宗教機構打交道會獲得成功。

土星週期的紅心10

假如現在有任何困難出現，比如生病或是其他難關，你有能力克服它們。如果你需要，朋友會及時相助。這張牌會給予保護的影響，是克服失望的一張牌。這張牌也顯示出和大眾交流的成功，但你必須要努力工作才能實現。在這段週期，你的聲望在某種程度上會成為一種包袱。

天王星週期的紅心10

這對於工作中的成功，以及涉及公共或慈善事業的一切都有很好的影響。這也是一個好時機，可以獲得靈性研究方面相關的成功與認可。這也可以轉化為房地產相關業務或活動的成功。你現在的成功可能會出乎意料地發生，就像在天王星週期經常發生的事情那樣。這對開發靈能力或研究來說是一張好牌。

在這段時間內，你可以在任何可能參加的社交場合度過美好的時光，所以，多外出去受人注目吧！

海王星週期的紅心10

這個週期可能帶來旅行，或與外國有關的事務中的成功。如果你正在旅行，你將會交上許多新朋友，並且可能在旅途中可能還會有生意上的聯繫。這對演員以及其他藝術表演者是強烈成功的信號。作為靈性揭示的結果，你也可能在與公眾的情誼和關係中體驗到療癒。

紅心10是你的冥王星牌

今年你感覺到有必要更加融入大眾或是你的朋友圈。對你來說，與更多的人連結是重要的事情，這會是你在人生做出重大改變，來實現它的一年。你可能從事一樁需要公開曝光的生意，而你發起了新的一輪廣告活動。或者，同樣可能的是，你已經厭倦了蹲在家裡，決定想要出去找更多樂子。紅心10就是讓你出去的影響。你可能要做些改變來完成它，剛開始可能並非易事。但回報會很超值。

紅心10也被當成表演者牌卡之一。在冥王星的位置，它可以表示這是你的重要目標逐漸獲得大眾注意的一年，或是必須和更多團體打交道，讓他們喜歡你。和他們分享你喜歡的東西有很大的關係。這是一張成功之牌，所以今年很可能需要投入大量精力和決心實現這些目標。作為冥王星牌，這些目標會讓你對自己做出重大改變。

你的結果牌將會告訴你更多關於你今年所渴望的這種社交或公開曝光的資訊，或是指出一個可能涉入其中的人。

我藉由創造更多的聲望和公開亮相來轉化我自己。我改變自己以獲得社交上的影響。

紅心10是你的結果牌

今年大部分活動和變化的結果，將是更多的權力和大眾知名度或任何群眾的認可。也許你想在社交上變得更加活躍，或者需要為你的生意做宣傳。無論如何，這影響承諾，儘管你可能需要努力工作，但在你的下一個生日之前，你肯定能在這些領域取得成功。你的冥王星牌將告訴更多關於這個成功的資訊，或描述某個牽涉其中的人。

肯定句：

我為我的工作或事業實現更多社交上的成功和聲望，或是公開曝光。我創造知名度。

紅心10是你的長期牌

紅心10告訴我們，成功、認可與聲望將會在今年降臨在你身上。特別有利於大眾或大型團體交涉的活動。這份認可將會在你人生扮演重要的角色，這取決於你人生的其他境遇。也許你正經營一份你想要更多曝光跟認可的事業。這是一個絕佳的信號，你將會在那些領域獲得巨大的成功。這也是對表演者最棒的牌之一，因為紅心10表示你將受到大型團體的擁戴。通常，這是能得到的最佳影響之一。它可以克服可能出現的負面影響，而你甚至會變得出名！

關鍵字：

我被人們的愛與仰慕圍繞著。我在大眾團體方面獲得成功，享受很多聲望。

紅心10是你的環境牌

你的能力得到公眾的認可，並在任何大型團體中得到好評，你今年將會受惠於此，並為你帶來更大的成功。記住，這對任何形式的藝術追求或是為你的生意刊登廣告或促銷宣傳都是有利的一年。這也會對家庭和社交互動是有利的一年，在聚會和大型社交場合尤為如此。

紅心10是你的置換牌

在今年，社交或是家庭承諾、或是牽涉公眾與大型團體的工作，可能會比你原先計畫的，占用更多的時間跟心力。你必須在這方面投入更多注意力，並且付出比預期更多的努力來使一切步入正軌。同樣，如果你和一門生意有關，把你的產品推向市場，將需要很多的精力跟決心。紅心10代表團體，無論是小孩、顧客、粉絲或是參加你婚禮的人都算數。今年這些領域將會消耗你的心神，要你多加關注，才能維持良好的狀態跟親密關係。

10

梅花10
溝通或教學上的成功／活躍的心智

梅花10的基本牌義

　　梅花10經常帶來在心智相關領域或追求上可觀的成功。這可能是出版、教學或其他領域，有眾多人從你的天賦跟心智才華中獲益。當這張牌出現時，你的才華和努力獲得認可是很常見的。

　　本質上，梅花10是「老師牌」。它表示散播知識或是資訊給群眾。這對於那些從事出版、廣播或電視工作的人是一張很棒的牌——許多資訊會在那裡大量地傳播出去。

水星週期的梅花10

　　這張牌表示一個突然或意外的成功，好消息或一個獲得某種類型知識的機會。這對於從事演講、寫作、教學或與群眾有關的事務來說是一張很棒的牌。顯示出獲得良好的教育，並在心智領域迅速獲得接納或成功。這可能不是一個持續很久的影響，但它可能會帶來某個可望的目標有所實現。

金星週期的梅花10

　　我們在這裡會獲得一些關於人或朋友有關的好消息或成功。這強調了有智力色彩的社交活動。與女性關係的成功。擁有正確的知識會打開大門，並建立許多有益的聯繫，結交許多朋友。這是一張令人滿意的牌，可以被別人立刻接納，這也許是心智追求方面有關的往來。朋友，特別是女性，將會非常激勵人心和充滿樂趣。

火星週期的梅花10

　　這股影響幾乎在所有生活領域帶來成功，尤其是和教育、演說、寫作或教學，與男人之間的關係方面。成功來自於應用你對人類本性的了解與常識。這股影響可以表示在法律事務或訴訟，或是任何你積極追求的事情，或是與男性團體往來，比如互助會或同事。你現在將會被認出來！

木星週期的梅花10

　　這是通過應用知識在財務和商業上取得巨大成功的強大信號。這種成功可能在任何與心智有關的活動中，例如出版、演說、教育或任何溝通領域。通過運用你對人性的固有理解，你可以在這段時間內獲得很多回報。金錢和生意會非常順利，如果你善用你的頭腦，你甚至可以做得更好。

土星週期的梅花10

　　這張牌表示克服不良影響，特別是通過應用智慧和知識。現在對你來說，療癒的力量尤其可以透過自然的方法呈現出來。運用它去療癒自己和他人吧。通過自我掌控，你可以在這段週期戰勝許多問題。若是一個人準備好付出努力時，這張牌也會在任何與心智相關的領域帶來成功，像是出版或教學。

　　對勤奮工作做好準備。這張牌的成功潛能唯有在願意付出很多努力的人才能獲取。事實上，這張牌往往表示需要做很多事情的專案或工作。

天王星週期的梅花10

　　這股影響帶來在勞工事務、房地產交易以及任何種類的教學或寫作中的成功與認可。這對人道主義工作或為你的社區無私服務也是非常好的影響。這股影響也對開發通靈能力或是和電子、未來科技有關的工作有益處。你的直覺現在可能非常強烈。把它用在你的工作獲得成功，並且了解你自己和別人。

海王星週期的梅花10

　　這是一個非常好的影響，它帶來了很多成功和夢想的實現。此時，旅行也可能是非常有益處的，還有利於任何國外或與你有某種距離的商業或獲利。這段時間可能會讓你在寫作、教學、演說或學習方面取得成功和認可，尤其是在它與幫助或照顧他人有關的時候。

梅花10是你的冥王星牌

　　今年將把重點放在你的心智上，以及你如何使用它、和你如何與別人分享你的知識。也許你參與了出版、寫作、教學、演說或傳播等心智領域的工作。在這種情況下，你可能試圖在該領域獲得更多成功或認可。梅花10總是表示接觸到許多的人，它指的是知識透過你傳遞給他人。某種程度上，這是你今年的目標與挑戰。

　　為了實現你的目標，你必須對你做事情的方式做一些改變，而這些改變可能會比以前你經歷的更有挑戰。換句話說，你的頭腦對你來說可能已經過於強大了，這是你學習管理它的能量或重新控制它的一年，以便讓你在晚上安然入眠。無論具體情況如何，你與你思想的關係都是焦點。它不是你的盟友，就是你的敵人。你的結果牌將進一步描述你如何處理頭腦和心智領域，或是描述與此相關的某個人。

我輩挑戰要充分發揮我頭腦的全部潛力。我渴望在教學或其他溝通領域中成功。

梅花10是你的結果牌

梅花10保證你在下一個生日之前，你將會得到一些重要的成就，特別是與溝通或教學、或是接觸大眾有關的事情。梅花10是老師牌，與世界分享他或她的知識。這種成功將會轉化你。你的冥王星牌將會告訴你更多關於你將如何帶給世界知識的資訊，或是誰將成為你成功的關鍵因素。

肯定句：

身為老師或溝通者，我實現了許多成功。我利用我的頭腦獲得大眾的認可。

梅花10是你的長期牌

梅花10可以在心智相關領域或努力之中帶來可預見的成功和認可。這可能是出版、教學或其他領域的大眾能從你的天賦和才華中受益。今年你的才能和努力將會獲得認可，並將以某種方式觸及你生活中的所有領域，你做的事情會成為眾所矚目的焦點。然而，如果你的頭腦今年沒有一個頗有成效和建設性的出口，那麼梅花10可能會呈現為壓力問題和夜不成眠的問題。你要為出現的心智力量找到一個適當的出口。它可以為你帶來一定程度的成功和認可。

關鍵字：

心智上的成就與擁有很多想法的一年。我和大眾分享我的知識。

梅花10是你的環境牌

這對你來說，可能是一個非常成功的一年，特別是如果你涉及廣播、電視、教學、出版、寫作、溝通或公共演說。你可能會有很多想法和很多工作要做，但你的努力將會得到很好的回報。所有與知識和人群有關的事情都會為你的生活帶來祝福。散布你的訊息來獲得成功。

梅花10是你的置換牌

這是你生命中非常重要的一年，其間，你展開了一個最重要的變化和進化週期。這張牌的效果在很大程度上取決於你當前的生活方向，無論你是職業還是目標導向，還是你現在正在努力的目標（如果你有的話）。對於那些有著明確目標和方向的人來說，今年可以帶來很多成功，實際上甚至還有更好的未來。在今年，在一切你認定是重要且有意義的事情上，保證會有一些進展。

今年的親密關係尤其會比平常更順利。你將擁有與人交往中的某種力量，如同黑桃K在你的金星週期所表示的，它會帶給你在你所有親密關係或公眾領域當中的成功。為了獲得這股力量，你必須樂意大聲而清晰地宣布你想要從中獲得什麼。在國王牌的影響下，成功並非來自謙虛而退縮的態度。那些與表演藝術、廣告或是其他處理公眾事務的工作，應該注意到在這些領域會發生不尋常的成功。你的魅力到了史上新高。

今年標誌著你「最後上升到鼎盛」之年。從某種意義上說，你正在走上幾年前展開的旅程的最後一步。三年後，你將達到頂峰、你的目的地，並準備展開新的旅程。好好利用接下來的三年享受自己，並盡可能多地從目前的人生階段中累積財富。所有這一切都將迅速改變，你會很高興你花了時間，來享受你旅程中這個最美妙的階段。

方塊10
專注於處理一筆巨額金錢

方塊10的基本牌義

方塊10是一張財務成功的牌，它被視為是流年牌陣可以得到財務的最好的牌。它也指出了與群眾的互動成功。

本質上，方塊10意謂著大量的金錢和對金錢的迷戀或痴迷。這並不總是意謂著你會收到大筆資金。有時候它可能僅僅意謂著對財務的專注。然而，當方塊10落入木星或作為流年結果牌時，獲得巨額財務收益的機會比較大。

水星週期的方塊10

這張牌顯示了突然的財務成功，或許一次投機性的投資，與兄弟或姊妹有關，或者是短途旅行。這一筆飛來橫財可能會很快花光。這是非常有利的信號，表示教育、寫作、演說或教學領域上的財務成功。你會比平時更注重金錢，這將有助於你的成功，也許有助於你的進修教育。注意一下你過於在乎金錢，可能會導致在其他方面短視近利。

金星週期的方塊10

這張牌代表財務成功，與藝術、女性用品或居家用品，你認識的某個女人，或是你自己的情人或婚姻。以上這些任何一種都可能是一筆意外之財的來源。這對藝術家可能是巨大的成功。在這股影響下，你會選擇與有錢的朋友或情人多多共處。金錢在你的愛情關係或婚姻中明顯是優先的，也許過頭了。

火星週期的方塊10

在這段週期，驅力、野心和真誠的努力將帶來巨大的財務成功。這種成功可能是在法律事務，或是以某種方式與男性有關。在這段期間要拒絕投機的誘惑。成功來自於正確運用價值觀與公正公平。你現在有能力創造巨額的金錢，但它必須來自誠實的努力跟光明正大的行為。偏離更高的價值觀可能會帶來麻煩。

木星週期的方塊10

這在生意和金錢中可能是最成功的信號之一。所有在財務和生意收益的擴張都將帶來附加的成功。這張牌代表大筆金錢易手，通常是進了你口袋。這可能是一筆投資的結果，或是經營你生意的結果。可靠的商業直覺和好運現在站在你這邊，而你現在將會更喜歡跟成功和有類似想法的人為伍。

這張牌可以說被視為財務成功的最好一張牌。但是，只有那些從事有可能從企業經營獲利的人才能獲得這麼巨大的成功。不要在某人沒有工作或固定收入的情況下，告知這張牌會給他們帶來這麼巨大的成功。那是不會發生的。

土星週期的方塊10

這張牌帶來財務上的成功，其成功來自於健康或是一些與年長的權威人士有關的事務。有可能會是繼承遺產。這筆錢會通過辛勤努力和更多的責任感而獲得。這張牌也可以表示你的財務成功，由於你自己或其他人的疾病而延遲了。這對醫生或那些從事療癒職業的人來說，是一張財務成功之牌。

天王星週期的方塊10

這張牌藉由出售房地產或土地（農場），處理勞務或員工、新技術或某些人道主義計畫帶來財務上的成功。金錢來自通靈工作或一些與土地有關的生意。這張牌可以表示意外地進帳的錢，或是從不尋常來源而來的錢。這可能來自宗教、通靈或超自然相關的活動。

海王星週期的方塊10

這張牌表示來自旅行、航運或外國生意利益的成功和豐盛。也有可能是，通過照顧他人或與毒品或酒精有關的事務賺錢，或從一些隱藏的資源中賺錢。這大概是一段很棒的時光，到海外出差或愉快的旅行。在這段週期，你最大的滿足感來自於與他人分享你的好運。

方塊10是你的冥王星牌

財務問題今年可能成為焦點。今年你會直接或間接地處理一大筆資金，這將是一件導致你發生很多變化和個人成長的事情。這可能是你的錢或其他人的錢，但錢在你的生活中會很重要。這可能只是你用來工作的錢，或者它可能是獲得的遺產。在某種程度上，這筆巨款將挑戰你。這可能是因為你決定今年要賺很多錢。你的生意可能正處於你希望進行重大擴張的階段。

在更深的層次上，方塊10告訴我們，你想要拓展你的價值觀。這是拓展你的自我價值和物質界限的一年，也就是你認為你可以賺到的，或擁有的物質的極限。雖然這似乎是外在的事件，真正的改變發生在你的內在。你認為你真正值多少錢？你允許自己擁有多少錢呢？

無論情況如何，你將會在你的人生中做出決定，才能在這個領域得到你要的成功，這似乎很困難。你的結果牌將會給你一些更多關於這筆錢的資訊，或是告訴你，你認識的人當中誰會直接涉入其中。

肯定句：

我渴望大筆金錢。我被這項渴望轉化，或是受到處理大筆金錢的挑戰。

方塊10是你的結果牌

今年主要的目標跟挑戰是由你的冥王星牌代表，某種程度上會涉及一大筆錢或是財務上的成功。你可能在你擴張你的價值觀時，會考慮到你周遭的人和你的社區或國家的人的需求，實際上你會得到可觀的財富。你愈拓展你的視野，你就能賺到愈多的錢。這可以代表以一種重要的方式把你的產品和服務提供給大眾。

肯定句：

我創造財務豐盛，或是以獲得大筆的金錢來結束這一年。我拓展我的價值觀。

方塊10是你的長期牌

今年你會對錢再三斟酌。這可能是一大筆錢。但是，這張牌並不能保證你會真正賺取或獲得一大筆錢。你可能會捲入某個需要處理大筆款項的事務，但錢不一定是你的。這可能與遺產、工作、離婚或其他原因有關。在某些情況下，這張牌確實表示賺了很多錢。這雖然並非絕對，但你肯定會對錢一再琢磨。

關鍵字：

處理大筆金錢或是對大筆金錢有概念的一年。可能會獲得巨大的財務成功。

方塊10是你的環境牌

今年財務事宜應該順利進行，你也應該有一定的財務保障。如果有涉及大筆資金的情況，這些情況應該以你有利的方式自行解決。你甚至可能會感覺因為手中握有大筆金錢可用而感到有保障。有了這種保障，你可以安全地進行業務擴張或是其他的金融交易，來增加你的財富。

這是最強大的願望牌之一。你會期待重要的事情如你所願地發生。今年對你來說是收成福報的一年，回報你前世的善業。

方塊10是你的置換牌

今年在這個最吉祥的位置有這張牌，被稱為處於「最受福佑點」。你被木星的影響所包圍，這是充滿靈性和物質祝福的行星。研究表明，處於這個位置的人通常會得到他們最衷心渴望的東西。有時候，實現的願望具有更世俗的性質，比如金錢或者商業上的成功，而在其他時候，這種願望更具有靈性的本質。你的祝福確切屬於哪一種，將取決於你的生活方式，以及你認為什麼最重要而定。

在這一年，人們的生活中取得了重大突破，而其他人的祈禱則得到了回應。這不僅僅是滿足一些普通願望，而是更個人化和更有意義的東西。你能夠決定它是什麼，問問你自己，它剛好會是此刻你最想要的東西。但即使這麼做，結果通常是個謎，直到它真的發生。這個祝福的具體發生時機也不明確。眾所皆知的是，就是它會在你下一個生日前的某個時候發生。

10

黑桃10
工作、健康、法律事務中的成功／工作狂

黑桃10的基本牌義

對於工作與健康當中的成功和滿足來說，黑桃10是最好的牌之一。雖然你可能在它出現時，期待會非常勤奮地工作。這張牌的特性是克服工作和健康中的一切困難。

就像塔羅牌中的權杖10一樣，在這張牌的影響下，你的工作往往似乎是負擔，或者你可能會沉溺於所有你必須做的事情。這張牌可以是一種「工作狂」類型的影響。但是，如果你有一個特定的目標清單，並希望成功實現這些目標，那麼在你的解讀中就沒有比這張更好的牌了。

水星週期的黑桃10

這個週期會帶來突然的成功，或是由於完成工作而獲得快速的回報。這可能是投機交易、短程旅行或是追求水星主宰的某種追求獲得的成功。這些會包括教育、寫作、演說、溝通、出版或教學。你有強大的心智力量，現在可以用來獲得快速的回報，你可以在這段週期獲得許多認可。黑桃10在水星的表現與梅花10相似，因為梅花和水星兩者都處理與溝通、教育和心智有關的項目。

金星週期的黑桃10

這是一張在愛情、家庭、金錢、工作、健康和家庭中獲得成功和幸福的牌。這是一種克服消極性和問題的影響。這種成功可能會以某種方式與女性或藝術和音樂相關聯。這對於為了工作而結婚或與一大群人工作也是有利的影響。擴張生意是有利的，你應該有足夠的資源來做到這一點。

火星週期的黑桃10

這種影響保證了通過努力工作和毅力獲得巨大成功。這也是表示健康良好和有能力克服問題的信號，特別是訴訟和與男人有關的事。如果你在這段時間內一展雄心並且努力以赴，你可以獲得非凡的成果，並克服所有問題。這種影響特別有益於與男人的關係或工作。

木星週期的黑桃10

這是工作和金錢追求方面獲致成功的最強大的信號之一。這種影響有利於拓展生意，以及同強勢的有錢人打交道。金錢也可能透過旅行而來。誠實和正直將使你大有斬獲。現在要想長遠一點。現在對你來說正是時候，要拓展你的經營到可能的規模。對政治、宗教和與大眾有關的工作是有利的，但你也可以在其他類型的工作中蓬勃發展。

土星週期的黑桃10

這種影響可以通過努力工作來獲得成功，可能是在療癒或醫療領域。這種影響還可以帶來從疾病康復的能力，以及藉由毅力和決心克服困難的能力。你現在可能會覺得你為成功付出了高昂的代價，因為工作比平常更艱難，這對你的時間和自由上有很多要求。然而，這就是你現在必須做的，它會帶給你想要的成功。

天王星週期的黑桃10

這張牌代表勞務、房地產或其他土地相關事業的成功。這張牌暗示了通常在工作中的成功、克服工作困難與健康問題。這種成功也可運用於人道主義工作、未來科技的領域，或是透過某種不尋常的方式運用。這是一股絕佳的影響，以一種療癒跟樂觀的方式，賦予你與群眾打交道的特殊才能。

海王星週期的黑桃10

這張牌帶來了很可觀的成功，特別是與旅行或遠方的興趣愛好有關。這也可能與你的健康、水、藥物或酒精有關，或者是某個祕密或隱藏的事務。這種成功和認可可能是實現一個長久以來珍惜的夢想。在這個週期，也有利於靈性研究和抱負。黑桃10的力量是這般強大，克服了海王星的虛幻本質。

黑桃10是你的冥王星牌

今年你決定在一定程度上完成很多事情。無論這是在工作還是在健康領域，顯然你決定做出重大改變。如果你想要實現自己的目標和夢想，就需要改變。這種改變很可能涉及艱苦的工作，但勤奮不懈會讓你變得更強大、更成功。黑桃10經常涉及與群體一起工作，要不就是謀求他們的幫助或者教導他們。這是一張成功的牌，但今年的成功可能會讓你在生活中發生根本性的改變。這完全取決於你如何處理它。

很可能是你在某個情況下不得不比平常更為努力工作，並且出於某種原因，也為你造成了一些問題。這是一張工作狂牌。

你的結果牌可能告訴你，你今年渴望的成功具體是哪一種，或是透露出，你認識的人當中，誰是成功與努力工作中不可或缺的部分。

肯定句：

我被努力工作轉化了，而我渴望在我人生的所有領域獲得不可限量的成功。

黑桃10是你的結果牌

雖然你有時會覺得自己今年是一個工作狂，但最終的結果將會是你非常成功，特別是如果你的工作以某種方式涉及到一群人。你的冥王星牌會給你具體的資訊，關於你在哪裡或與誰共享這個成就，但是你肯定會成功。冥王星牌還會告訴你，為了實現這項成功，你可能必須做出的改變。

肯定句：

我透過勤奮工作和決心在今年創造更多的成功。我和群體創造成功。

黑桃10是你的長期牌

黑桃10是你工作和健康方面獲得成功和滿足最好的牌之一，但你肯定必須為此努力。有了這張強大的牌，建議你列出今年想要完成的所有事項並付諸行動。你會成功的。有時候，你會覺得你所做的只是工作、工作和工作，但對於大多數人來說，回報將超過付出的努力。與團體相關的成功特別突出。

關鍵字：

勤奮工作與重大成就的一年。在大眾方面的成功是肯定的。列出許願清單，並且願意為此努力。

黑桃10是你的環境牌

在今年，願意努力工作，並採取額外的計畫，會為你帶來異乎尋常的成功。這股影響還可以幫助你克服可能存在的健康或工作挑戰。為了從這張有利的牌中獲得最大收益，請在今年開始時列出你希望完成的目標和事情。結合這份清單，加上願意盡一切努力，可以在你渴望的領域給你帶來巨大的成就。

黑桃10是你的置換牌

這對你來說可能是艱苦的一年，而且你可能不得不在你的工作和家庭和家庭時間之間做出一些艱難的選擇。當黑桃10發生時，我們有機會成就偉業。然而，我們經常承接這麼多工作，使我們感覺要被必須做的工作壓垮了，由於這一點，使我們開始認為，我們所有要做的就是工作、工作、工作。對那些非常的目標與職業導向的人來說，這可能是有利的。但即使在這些情況下，有時候工作可能還是太多了。但是某方面來說，勤奮工作和實現重要的目標是今年的主軸，是你必須要耗費先前預期之外的精力處理的。

然而，你將會從今年的努力收到許多回報，並且實現你之前一直渴望的一些夢想，雖然你可能要為此非常勤奮努力，最後，努力是值得的。

10

紅心J
大愛精神／為了更高的善而服務犧牲

紅心J的基本牌義

紅心J被稱為「基督之牌」或「靈性犧牲牌」。無論它何時出現，你都會感受到，並且受到鼓勵去提升你的思維、表達和行動到更高的層次。你也可能在這股影響出現時做出某種個人的犧牲。這很可能是為了某個比你小的人，當然它也可以採取其他的形式。這張牌所處的週期位置將勾勒出你想要做出的犧牲具備的確切性質。

無論如何，這張牌確實帶來強烈的驅力，將更高的靈性之愛帶進我們的人生，鼓勵我們以一個比平常更高層次的動機行事。

水星週期的紅心J

在這段週期裡，你將獲得一個創造性思考的天賦，可以提出一些關於如何快速賺錢的好主意。你可能會從投資中迅速獲得一些回報，來自於投資、銷售或是某種形式的市場行銷或促銷。這會是一個很棒的時機，去為你的生意做些行銷計畫，或者嘗試你的快速致富計畫。你可能發現其中一個會和溝通領域有關。

對於加入學習靈性之愛，這是一股強力的影響。它可以代表為了幫助那些不如我們幸運的人，而放棄一些自己的想法跟計畫。

金星週期的紅心J

這張牌表示放棄你的個人渴望去幫助家中的某個人。這可能是一位年輕的朋友、情人或親戚。這向來是在愛中犧牲的牌，通常是為了某個更年輕的人。你被更高的真理領悟所激發，做出高貴而勇敢的事。這張牌還可以讓你掌握自己的情緒和感情上的衝動，這可以為你在所有的個人親密關係中帶來更多的成功。

火星週期的紅心J

在「犧牲之牌」紅心J的影響下，你可以在這個週期很輕易地發現自己做平常不會做的事情。例如，你可能會為了更高層次的理由或真理，決定放棄一些珍惜的願望或激情。例如，其他擁有這張牌的人全都以遵從更高層次的智慧為名，已經放棄了性、官司和其他競爭性的目標。這張牌讓你掌握自己的情緒和激情，並鼓勵你為了更高層次、更無私的追求，去提升你的行為。

在這段週期你也可能會遇到幾位紅心花色的男人，讓你覺得受吸引或是生氣。

木星週期的紅心J

在犧牲之牌——紅心J於木星的靈性影響之下，能帶來許多

祝福，但是大多是導向了幫助他人或是達成靈性目標上。在這股影響下，把你的情緒力量導向無私的行為，會獲得最大的成功。你正被一股更高形式的靈性能量影響，結果你可能有許多深奧的啟示。在你今年這個特別的週期，掌控你的情緒、個人關係、以及為他人行善，都能帶來無限的祝福。

在一個更為世俗的層次上，任何紅心花色的男人可能會是財務和其他祝福的來源，尤其是那些比較年輕或從事創意工作的人。

土星週期的紅心J

在這個時候，你可能會感覺到一些限制，是由疾病或某個跟你很近的人的不幸帶來的，通常是一位善良的年輕男子。你感覺必須放下你個人的欲望去幫助這個人，但你會感到受到某種束縛或限制。這股影響通常表示在困難時你必須做出必要的犧牲。這個時期的另一張牌可能會給你關於什麼或是誰將與此相關的細節。

留意紅心花色的男人，特別是比較年輕或是可能用浪漫或創意的方式接近你的人。在這個週期，這些某種程度上很可能會證明是負擔。

天王星週期的紅心J

這是一種有益的影響，有利於在你的工作或社區或靈性服務上奉獻自己。現在你的生活中出現了強大的靈性影響，這可能會激勵你表現得更正直，或鼓勵你做出一些個人犧牲。你可能已經決定放棄你一部分的個人自由或個性，或放棄一些熟悉的東西，全都是以真理和為他人的利益。

任何你認識的紅心花色男人現在可能會表現得很奇怪，或是讓你對他們的意圖或承諾感到不確定。最好是讓他們按自己的意思來，並且維持開放的友誼。

海王星週期的紅心J

在這段週期，你的生活中會出現一種非常強大的靈性影響，它可能帶來深刻的啟示，激勵你達到更高層次的思想和行動。你的夢想和珍惜的渴望正在經歷一場真理和靈性在更高層次上的轉變。這可能會促使你放棄舊的思維模式、欲望和抱負，並轉而以無私的方式幫助別人。

在這段週期，甚至在一整年中，你可能難以客觀地看待任何遇到的紅心花色年輕男子。你很容易將你對浪漫或其他方面的幻想投射在他們身上。因此，最好不要在下一個生日之前做出與他們有關的重要決定。

紅心J是你的冥王星牌

今年很可能看到你處於不得不做出重大犧牲的位置。這些可能是犧牲你的時間、資源或目標，以幫助其他人或更高層次的靈性理想。現在有一種不容被忽視的強大的靈性或宗教的影響出現，即使你覺得很難按照你所受到感召的去做。紅心J所代表的犧牲往往與年輕人有關，但你可以僅僅是因為遵循更高的原則或理想而為之。你今年正在學習重要的功課，並且體驗以新方式看待人生與愛情。

在更高的層面上，紅心J冥王星牌代表一個進入較高層次之愛的啟蒙。紅心J所代表的較高層次之愛，就是無私，並且願意為所愛之人犧牲。有時候，你接觸到這種較高層次之愛的能量可能會很有挑戰性，但結果將會拓展你對愛和真理的深層理解。

你的結果牌將會告訴你更多關於進入更高層次之愛的啟蒙，或是告訴它與誰有關，或是誰涉入其中。

肯定句：

通過我的經驗，我學習犧牲的意義與價值。我轉化我的愛的本質，到更高又更有意義的靈性層面。

紅心J是你的結果牌

犧牲之牌紅心J為你的生活帶來強大的靈性影響。你可以通過放棄個人的欲望去幫助某人，來學習犧牲的意義，也許是一個你非常喜歡的年輕人。有時候這可能是有挑戰性的，雖然結果將拓展你對人生的觀點，並與你自己的靈性深深聯繫。你的冥王星牌顯示你要為誰犧牲，或者提供關於這些犧牲的更多資訊。

這張牌也是個強大的信號，在下一個生日之前，你可能最後會和某位年輕的紅心男人在一起。無論是朋友、情人或是家庭成員，都有強烈的跡象表示，在今年你們倆會以某種有意義的方式結合在一起。

今年我為了較高層次的靈性目的而做出犧牲。我活出我的靈性，並遵循我的內在指引。

紅心J是你的長期牌

今年，你在生活中擁有強大的靈性影響，也就是所謂的「犧牲卡之牌」——紅心J。這對你意謂著，今年你受到召喚要做出一些個人犧牲，並在某方面上是幫助他人。這可能涉及不得不放棄一些個人目標和野心，或者只是為了幫助不幸的人而付出你的時間和資源。你今年正在學習犧牲的真正意義。你為之做出犧牲的人通常是比你年輕的。

然而，有時候犧牲只是出於原則。你受到召喚在你的人生中擔任更高層次的角色。在你周圍有著強大的靈性能量，而你可能會對你自己的靈性有一些強而有力的啟示。也有可能你會在今年展現紅心J的一些個性特質——感情上的頑固與不成熟。

關鍵字：

我被基督的精神包圍。今年這鼓勵我做出個人的犧牲，昇華我的行為。

紅心J是你的環境牌

由於紅心J是固定牌之一，它絕不會成為任何人流年牌陣中的環境牌或置換牌。

在每週解讀中，這張牌會由你和周遭的人分享靈性之愛而帶來益處。你可能發現你在本週受到鼓舞，並且在你的個人親密關係中提升到新層次的愛。

紅心J是你的置換牌

由於紅心J是固定牌之一，它絕不會成為任何人流年牌陣中的環境牌或置換牌。

梅花J
靈性知識的啟蒙／運用心智的創造力

梅花J的基本牌義

梅花J告訴我們,你將會處理一些非常有創意和年輕的能量。在整副牌中,這是在精神上最有創造力的牌之一,會帶來一定程度的成功。這特別適用於那些從事腦力或溝通相關職業的人。

有時候當梅花J出現時,我們面對某種形式的知識或是資訊,會對我們的人生有轉化的作用。我們可以透過浸淫在靈性或是一些其他形式的知識或資訊,提升到新的思維模式。

當然,梅花J也是所有梅花花色的男性的身分牌,所以這張牌可以代表你認識的一位特定的梅花男性在你的生活扮演一個特殊的角色。不過,就這一點,重要的是注意到那名男性會以騎士的性格表現出來。任何花色的騎士牌都會永遠浪漫、有創意、有說服力和年輕,但也可能不負責任、狡猾或不誠實。就這一點上,梅花J也不例外。

水星週期的梅花J

這個週期,甚至這一整年,這張強大的創意牌帶給你的祝福,是快速、強而有力,並且極具創造性的頭腦。這股力量可以應用在任何計畫上獲得巨大成功,這牽涉到寫作或是創造性的心智追求。你甚至可能會為計畫想出一些超出目前這個時代的主意。這張牌也代表開始進入一種新的思維或溝通方式。

金星週期的梅花J

這段週期可以與一些聰明伶俐的年輕人建立良好的關係。對於女性來說,這可能是一位情人或追求者。這個人可能會非常善妒和輕浮,所以在做出任何長期的承諾或計畫之前,請檢視他的性格。有了這種影響,你可能會渴望與聰明機智的人交往。現在,你也非常機智、迷人和有吸引力。你的創造性能量很高,可以成功地運用在許多方面。

在此期間,創造力和魅力將帶給你與群體相處的許多成功,特別是異性。你要運用所得的一些想法來促進你個人和專業上兩者的成功。

火星週期的梅花J

這張強大的心智之牌帶給你的成功,是在任何你可以發揮聰明才智或創造力的領域。這可能運用在寫作、創作或是公開演說。這張牌也代表一位律師或男性同事,是你在法律事務中相關的人。在火星週期,建議在你的溝通方面要謹慎。雖然你可能知道你是對的,你的不耐煩會妨礙別人對你說的話做出正向的回應。

在這個週期,你可能會發現有幾個梅花花色的男人使你受到吸引或生氣。

木星週期的梅花J

在這段期間,你可以期待在你任何或所有的創造性心智追求中獲得成功。這可能表示許多成功和金錢來自於寫作、教學、演說或其他形式的創意。你的思維敏捷而聰慧,可以專注在賺錢的方式上,那會變得對你相當有利。你銷售你的想法或產品的能力正在顛峰。在這個有利的條件下,你要溝通這些想法並拓展你的工作領域。

今年你會傾向於從梅花男性那裡接收到好事,特別是那些年輕或從事創意工作的人。

土星週期的梅花J

創造性計畫在這段週期看起來可能是一種負擔,甚至會持續一整年。你必須更加努力以獲得好點子並實踐它們,而且額外付出的回報似乎比平時要少。事實上,這是一個為未來而建設的時期。雖然你的進步似乎受到阻礙,但你正在為未來的成功奠定基礎。在做出口頭承諾時要非常小心,因為如果隨便做了而不打算履行,它們可能會回頭纏著你。

留意梅花花色的男士,尤其是那些年輕或可能以浪漫或有創造力的方式接近你的人。在這段週期,這些某種程度上很可能會證明是負擔。在某些情況下,這張牌可以代表一個不守信或不誠實的醫生或醫師。在此期間把你的健康置於醫生的手中要格外小心。

天王星週期的梅花J

這是一股強大而頗有成效的影響,對於所有的心智追求,特別是那些需要創意點子的追求尤為如此。你現在獲得的概念和靈感將遠遠超過它們的時代,並會帶領你取得進一步的成功。當你的頭腦適應非常高的振動時,你可能會有一些通靈經驗。如果你認識一些梅花花色的男性,他們今年會有些不可預料。給他們所需要的空間和自由吧。

你認識的任何梅花男性現在可能會表現得很奇怪,或是讓你對他們的意圖或承諾感到不確定。最好是讓他們按自己的意思來,並且維持開放的友誼。

海王星週期的梅花J

這是一個非常有創意和鼓舞人心的影響,保證能從你的頭腦和直覺能力中獲得許多天賦。如果你參與任何需要創造力和靈感

的工作或計畫，那麼這個時候你將表現突出。你現在也可能擅長銷售工作。你在這個週期和今年遇到的梅花男人，對你可能像個謎。雖然他們似乎是你夢寐以求的一切，但你可能無法完全信任他們。

在這段週期，甚至在一整年中，你可能難以客觀地看待任何遇到的梅花花色年輕男子。你很容易將你對浪漫或其他方面的幻想投射在他們身上。因此，最好不要在下一個生日之前做出與他們有關的重要決定。

梅花 J 是你的冥王星牌

對你來說，今年面臨的主要挑戰之一就是發展創造力，以便在心智領域取得成功，也許是當一名作家。梅花 J 的特質很可能會在你今年的生活中發揮直接的作用，不管是因為你表現得像騎士，試圖扮演騎士，還是你認識某個表現得像騎士的人。甚至有可能三個全都在同一時間發生。這些特質主要圍繞心智創意、思維敏捷和快速交談。這對於那些參與銷售或促銷活動的人來說是一個有利的影響，今年你可能會試圖進一步了解這方面。也許你只是想在你所從事的任何工作上得到更好的主意。

梅花 J 的另一個方面是不誠實或不老實。出於這個原因，你可能會發現今年出現的事件，與你自己或其他人的不誠實行為有關。

在更深層次上，梅花 J 可以代表更高層次知識的啟蒙。所以，對於許多人來說，這張牌會接觸新觀點、溝通模式或信念體系，從而對他們產生轉化的效應。其中一些甚至可能是靈性上或與個人成長有關。

無論如何，你將會做出有意識的努力去實現你的目標或是處理梅花 J 這些有創造性、年輕卻往往不成熟的能量。你的結果牌將告訴你更多關於這種能量的資訊，或是指出直接會涉入這個挑戰的某個人。

肯定句：

今年我轉化我自己，變得更有心智創造力跟成功。我在心智層面展開更好的新生活。

梅花 J 是你的結果牌

作為今年冥王星牌所代表的挑戰的結果，你將在心智領域獲得更多的創造力和成功。這可能意謂著作為某種作家的成功。在這個過程中，你可能會通過接觸新形式的交流或資訊而被轉化，使你的想法超前到目前時代的先進科技。準備好往前進入未探索的知識領域。

這張牌也是一個強大的信號，在你下一個生日之前，你可能最後會和某位年輕的梅花男性在一起。無論是朋友、情人或家庭成員，都有強烈的跡象表示，你們倆將會在今年結束時，以某種更有意義的方式結合在一起。

肯定句：

身為作家或點子王，我在某個心智領域獲得成功。我革新了

自己的思維模式。

梅花 J 是你的長期牌

梅花 J 告訴我們，今年你將會面對一些非常有創造力和年輕的能量，無論是你自己的，還是那些在心智上受到刺激的人的，也可能是比較年輕的人。這種創造力可以成功而有益地轉化到許多努力上，如寫作、銷售工作，或任何需要創意跟新點子的地方。今年你確實非常有創造力，並且可望從各種形式的創意工作中獲得良好的效果。不利的一面是，要注意在這種影響下傾向於不負責任和輕浮，並且要小心那些在你人生中扮演那個角色的人。

對於那些對人生的靈性面有興趣的人，梅花 J 有另一個重要的意義。它往往代表較高層次知識的啟蒙。這可能表示你接觸一些新點子或是哲學，這能翻轉你對自己或人生的看法。你整個溝通方式在這一整年當中會發生一次戲劇化的轉變。

關鍵字：

增強心智創造力和直覺，進入新的知識形態和溝通方式的一年。

梅花 J 是你的環境牌

在這一年裡，你會藉由有創意地運用頭腦和思維能力，而獲得許多回報。如果你一直渴望新的想法，對於如何改善你的生活和工作環境，有充滿創意和進取的想法，這是你的願望將實現的一年。這是個表達你自己的時機，把你最狂野的想法說出來與他人分享的一年。今年無論你是演說還是寫作，你都將會受到別人的歡迎。

梅花 J 是你的置換牌

你可能在今年參與的創意計畫，有時會被證明是一種負擔，因為消耗的時間和精力比預期的要多。而且，與其他不誠實的人打交道也可能會被證實是有挑戰性的。今年最好是在你一切個人和商業上的關係將保持坦率，並且抵制誘惑涉入任何不誠實或可恥的事情中。儘管按照大多數標準來看，這實際上可能是成功的一年，但參與這類活動可能會破壞你的努力，或在其他領域造成損害。

今年那些涉入浪漫戀情的梅花男性可能會發現他們的人生有些挑戰性，因為梅花 J 代表戀愛中的你。

在更深層次上發生的事情是，你正被召喚提升到溝通、思考和觀念的新水平，這是基於更高的原則和更多的自我責任。有鑑於此，你可能會接觸到一些新的哲學，這些哲學挑戰你在這些方面做出一些改變。與靈性書籍、工作坊等接觸會對這方面有所幫助。今年要注意固執的傾向，一個固定的頭腦沒有空間去容納新的資料或改變。

J

方塊J

追求更高的價值／透過業務能力或創意而致富

方塊J的基本牌義

方塊J通常代表一個比較年輕而有商業頭腦的男人。他們常常是某些產品或想法的業務員或推銷員，並且始終涉足商業或金融領域。當這張牌出現時，描述的這個人不是在你的生活中扮演重要角色，就是你自己將會親自表現這些特質。

因此，方塊J被當作一張擁有巨大財務成功的牌，特別是透過推銷、銷售或是其他非常類似的方式，在事業中非常有創造力。

在另一方面，如果你知道某位男性的本命牌是方塊，騎士可以表示，他將在你的人生以騎士牌的角色出現，扮演一個浪漫、有創造力或是不誠實的角色。

在靈性的層面上，這張牌往往表示，當我們在生活中提升到一個新的價值層次的時機。這可能是透過接觸許多人或事而發生，鼓舞我們把收購的物品和囤積的東西放在我們人生中適當的位置。這樣，當這張牌出現時，我們的人生會被大大地改善。

水星週期的方塊J

在這段期間，你被賦予創意的心智，關於如何快速賺錢，可以想出許多很棒的主意。你可能從投資、銷售或是某個其他類型的行銷或促銷方式，發現一些快速的回報。這會是很棒的時機，為你的生意做些規劃，或是嘗試你的速成致富計畫。你可能會發現這些事情會涉及溝通的層面之一。

在這個時期，你往往會發現和方塊花色的男性相處得很好。在一般情況下，這張牌將在一整年內帶來和他們之間的良好互動。你要運用和他們之間的連結來開啟新的溝通方式。

金星週期的方塊J

在這段週期，你在財務上擁有強大的財務力量，可以幫助你獲得更多金錢。這股影響特別對於銷售奢侈品、美容、居家或是任何女性用品格外有利。這對那些從事藝術工作的人也是有利的影響。運用這股影響，想出更好的方法去推銷你自己或你的產品。你的創造性能量正在流動，而且這可以讓許多金錢流向你。

這張牌也表示你與某個較為年輕或是浪漫的方塊花色男子談戀愛。若是如此，親密關係將是契合而愉快的。只要記住騎士並不總是說實話——雖然會很好玩。

火星週期的方塊J

這張牌可以代表一位律師。如果你是男性，你可能會跟這個人競爭。如果你是女性，你可能會受他吸引。他也可能是一位財務顧問或會計。除了這些可能性，這張牌給你能力去銷售或推廣你的點子、產品或是服務，並獲得巨大的成功。這是在財務上最強烈的創造性影響。積極進取地運用它，這可能會獲得豐厚的報酬。

你也可能在這段週期發現有幾位方塊男性，讓你感到受吸引或生氣。

木星週期的方塊J

這個時期可以運用創造性的點子去銷售你的產品或服務，使你的財務受到可觀的幫助。你的創意和商業天賦現在結合得很好，可以讓你賺很多錢。對那些以銷售為業的人來說，這是最棒的影響之一。在這段週期和這一年，方塊男性會為你的生活帶來很大的利益。讓他們向你展示更有利可圖的方式來賺錢吧。

土星週期的方塊J

這張牌代表一位生意人，或是和你有債務或問題的人。這可能是一個業力的親密關係，需要努力工作跟耐心才能成功。在這個時候有必要規範跟平衡你的事務。用創造性的計畫來賺錢，對你來說似乎是個負擔，但這是使你立足跟未來獲得成功的必要部分。你現在會獲得成功，但你需要為此勤奮努力。

留意方塊花色的男人，特別是比較年輕或是可能用浪漫或創意的方式接近你的人。在這個週期，這些某種程度上很可能會證明是負擔。

天王星週期的方塊J

這張牌代表在你生活中的方塊男性，也許是在房地產、選舉、電腦或是勞務關係有關的。他可能是非常好的朋友，只要你對他應該怎麼做不抱期待。要不然他就會讓你覺得靠不住。在任何情況下，他是相當有創意和創新能力的。在這段週期，你都有他身上所有的特質，如果你將之運用在你的事業上，你肯定會收到高額的財務回報。

現在你認識的任何方塊男性可能會表現得很奇怪，或是你對他們的意圖或承諾覺得不確定。最好是讓他們按自己的意思來，並且維持開放的友誼。

海王星週期的方塊J

這張牌可以代表一個旅行中的商人或是你在旅途中遇到的年輕商人。若是如此，要小心不要太相信他。可能會被捲入騙局。在其他方面，這張牌承諾你，透過運用創造力跟銷售能力在你目前的事業或專業上，會為你帶來財務上的成功。如果你目前的工

作必須要有一些創意的點子來推動事情前進，現在在做就對了。

在這段週期，甚至在一整年中，你可能難以客觀地看待任何遇到的方塊花色年輕男子。你很容易將你對浪漫或其他方面的幻想投射在他們身上。因此，最好不要在下一個生日之前做出與他們有關的重要決定。

方塊J是你的冥王星牌

這一年你想要在你的生意上更為有創意和成功。也許你需要一些好的商業點子，因為最近事情沒什麼進展。也或許你只是渴望賺更多錢，並且需要一些好主意和創意的方式來產生更多的進帳。它對你而言是個挑戰，但你的目標就在眼前。為了實現這個目標，你將不得不在你做事情的方式上做許多改變。你也必須為了你生活中的成功或缺乏成功負上全部的責任。

方塊J是皇室家族的一員，一位領袖，而你必須要擔任有創意的領袖去實現你今年的目標。它被稱為「業務員之牌」，因此，我們會在學習行銷自己或是我們的產品時得到這張牌，或者是我們實際上販售東西給別人時。所有的騎士都有不成熟或不誠實的面向，今年你可能發現自己在處理這些部分。不成熟或是逃避責任將不會使你得到想要的結果。

你的結果牌將會進一步描述今年你對創造力的需求，或是告訴你，是誰會跟你為自己設定的這個挑戰有所關連。

肯定句：

今年，我轉化我自己，成為在財務上更有創意和成功的人。我在與金錢和豐盛的關係中，展開一個更好的新生活。

方塊J是你的結果牌

某種程度上和你冥王星牌有關係，也許是作為它的結果，你會轉化為一個非常有創意跟成功的商人。這可能是銷售的角色或是市場行銷專員或僅僅是對你目前的生意想到了好主意。你可能並不想當老闆或是對這門生意負全部的責任，但你將會尋求認可，還有你創造性能量的出口。你要多元化經營，那就會將報酬加倍。

這張牌也是一個強大的信號，在你下一個生日之前，你可能最後會和某位年輕的方塊男性在一起。無論是朋友、情人或家庭成員，都有強烈的跡象表示，你們倆將會在今年結束時，以某種更有意義的方式結合在一起。

肯定句：

今年我變成一個成功的業務員或是在財務上有創意的生意人。我創造金錢上的成功。

方塊J是你的長期牌

這是張業務員之牌，也是成功企業家之牌。如果你對這些領域感興趣，這就是你會發揮自己，實現許多成功和豐盛的一年。你將會有許多機會在生活中發揮這些能力，而且它們會對你的進帳大有幫助。事實上，這股創造性的能量可以用在你參與的任何工作或業務上，所以你要好好想想你可以運用的方式。與銷售有關的一切事情。要小心避免負責任的傾向，或是扭曲事實來順應你的需要，這是與這張強大的牌相關的其他面向。

這張牌可以代表你在今年的某些時間點投入銷售工作中。你推銷所相信的事情的能力達到顛峰。你要利用它們去獲得人生中更多的財富跟幸福。

對於那些對人生中的靈性面感興趣的人而言，方塊J有另一個重要的意義。它往往表示開啟較高層次的價值觀。這可能表示你接觸一些新點子或是哲學，這能翻轉你對自己或人生的看法。反過來說，這可能在很大程度上影響你的工作或職業。

關鍵字：

透過運用創造性的點子和銷售能力獲得財務成功的一年。我開啟較高層次的價值觀，把更多真正的幸福帶進我的生活中。

方塊J是你的環境牌

如果你準備好促銷或是銷售你的點子、產品或服務，這張牌保證會有財務上的成功。今年你有能力去吸引正確的人，並讓他們支持你。運用這股影響去增加銷售，或僅僅是得到更好的方法去賺錢。身為「業務員之牌」，方塊J會在銷售方面帶來更多成功，不過所有類型的生意和財務目標都會獲益。

方塊J是你的置換牌

對你來說，創造性的財務目標和對付能言善道、有創意的人會是個挑戰，你要耗費比你想像中更多的時間跟心力。在進入任何一個增進財務的計畫或是合夥關係之前，仔細地審視交易，以及你要交涉的人將是明智之舉。方塊J有可能代表在商業交易中的不誠實，所以你應該要小心其他人可能會不誠實，或是你捲入自己明知不誠實的交易。在這股影響下，兩者都可能被證明是麻煩。

今年那些涉入浪漫戀情的方塊男性可能會發現他們的人生有些挑戰性，因為方塊J代表戀愛中的你。

在更深層次上，你被召喚提升到一個個人和職業價值觀的新層次，那是基於豐盛與誠實的原則之上。擔心擁有的不夠——這樣恐懼常常會促使我們偷工減料、想要不勞而獲。但那些行動長久看來將會創造更多的匱乏，強化我們本身對貧窮的信念。豐盛與服務他人的態度永遠都會孕育更多的財富與幸福。

J

黑桃J
藝術或創作上的成功╱被詐騙

黑桃J的基本牌義

黑桃J大概是整副牌中最有創意的。他被稱為「演員牌」、「小偷牌」和「靈性啟蒙牌」。只是它如何在你生活中顯現，將大大地取決於你的價值觀和職業是什麼。

無論如何，當黑桃J出現時，看好你的個人資產是明智之舉。只是要比平常更小心，因為極可能是某個人將你洗劫一空，要不就是以某種另外的方式做出不誠實的事。

具有如此有創造力的力量，黑桃J可以帶來在任何藝術追求上的巨大成功。這是一股可用來在許多方面促進成功的能量。

最後，黑桃J可以代表開啟更高層次生活方式。例如，你可能讀一本書，鼓勵你展開規律的健身計畫。因為那本書導致你基本生活方式的正向改變，這可以被當成是靈性的啟蒙。當然，還有比一個新的健身計畫更深入的靈性啟蒙，但是要記住，黑桃J的啟蒙將對你的日常生活產生明顯的影響。

水星週期的黑桃J

在這段週期，你被賦予創造性思維的天賦，可以產生一些極佳的點子，能以許多方式幫助你。這個天賦可能是藝術上的，所以你可能會得到一些很好的主意來寫作或說明某件事。雖然在這張牌出現時要小心，因為它可以表示與駕駛、你的車或是短程旅行有關的竊盜事件。另外，也要小心來自於你兄弟姊妹企圖欺騙。只要謹慎一點，享受這張強大的牌有創意的一面吧。事實上，你可以閱讀一些書或是接觸到一些新資訊，那可以在你的生活中創造正向的改變。

金星週期的黑桃J

這就是所謂的「演員牌」，在這段週期，可以看到你在其中一個創意領域取得了很多的成功。同時，在這段時期，你應該覺察到家中遭竊的可能性。密切關注你的財產。為了充分發揮這種影響，你要將創造性的能力應用於藝術或銷售產業上。這是整副牌中最有創意的牌，必須有意識地處理以發揮它正面進取的一面。

黑桃花色的男性，特別是那些比較年輕或是用浪漫的方式接近你的人，將會帶來很多樂趣，而現在你和他們一定會有愉快的互動。只要記住，所有的騎士牌經常都會不誠實。他們所言並非皆真。

火星週期的黑桃J

在這段週期要小心，和男性之間或是法律糾紛當中是不誠實的。如果你被偷了，你付出的代價可能超出了你學到的教訓。要小心律師，特別是現在你覺得受吸引的那位可能不是非常誠實。

如果你或他們沒有照本宣科，你將會失去很多。你要運用這股強大的影響，為你的工作或事業激發更多有創意的點子。

你也可能在這段週期發現有幾位黑桃花色男性，讓你感到受吸引或生氣。

木星週期的黑桃J

這段時間會看到你不是藉由運用創造力而獲得許多財務成功，就是有一次靈性啟蒙會改變你的生活。這是高度靈性的影響，可以帶給你智慧，改變你的命運，尤其是當它作為木星位置上方的牌時。在另一方面，如果你採取任何創意點子，你將從賺錢獲得的收益得到莫大的好處。

在更為世俗的層面上，任何黑桃花色的男人可能會是今年財務上和其他祝福的來源，特別是那些比較年輕或是從事創意職業的人。

土星週期的黑桃J

這張牌可以表示困難，與一位不能勝任的醫生有關。在這個週期，甚至是一整年，明智的做法是不要完全相信你的醫生。在某種程度上，也存在著被掠劫一空的可能，所以建議看管好你的個人財物，小心那些不誠實或聲名狼藉的人。在這個週期的另外一張牌會給予你關於黑桃J影響的進一步細節。

留意黑桃花色的男性，特別是那些比較年輕或是可能用浪漫或有創意的方式接近你的人。在這個週期，這些某種程度上很可能會證明是負擔。

天王星週期的黑桃J

在你人生這段週期的這張「演員牌」或「搶劫牌」，警告你要在幾個領域中謹慎小心。一個是在房地產事務，另一個是你和同事的工作領域。看好你自己和你的財物。此時，你的創造力到達顛峰，你提出的一些主意是超前這個時代的，可以成功運用在你的工作或是生意中獲得更多利益。

在靈性層面，這張牌也表示你展開新的生活方式，這與較高層次的靈性法則或是哲學相符。這是進入較高層次人生的啟蒙之牌。

任何你知道的黑桃男性都可能表現得很奇怪，或是你對他們的意圖或承諾覺得不確定。最好是讓他們按自己的意思來，並且維持開放的友誼。

海王星週期的黑桃J

雖然這張牌有許多創造性的力量，可以應用於任何成功的領域，但它也是一個警示，要你提防欺騙和搶劫，尤其是與外國人或討海人有關。在靈性上，這對你來說可能是一個非常重要的時

期，因為內在啟蒙導致你開始進入更高的層次。然而，在世俗的層面上，要小心那些看起來可以實現你的夢想，但實則不然的人。

在這段週期，甚至在一整年中，你可能難以客觀地看待任何遇到的黑桃花色年輕男子。你很容易將你對浪漫或其他方面的幻想投射在他們身上。因此，最好不要在下一個生日之前做出與他們有關的重要決定。

黑桃J是你的冥王星牌

正如你從關鍵字中看到的，黑桃J擁有許多不同的含義和可能的表達方式。你應該對所有的可能性保持警戒，因為今年肯定會有一件出現在你的生活中。在黑桃J的影響下，你應該總是提防以某種方式被洗劫的可能性。對你的事務、親密關係中要多加小心，並且看管好你的財物。不過，這也會是你做了很多努力去發展創造力的一年。無論是透過藝術或是一般的形式。黑桃J也被稱為「演員牌」，它預示著你投入大量心力在一種創造性的藝術或在舞台上，變得更為成功的一年。

在另一個層面上，今年可以在精神信仰方面為你帶來新的開始。你可能加入一個新的宗教或某個靈修團體，這可能會挑戰你去改變你生活中的許多領域。無論如何，有黑桃J在如此突出的位置，這對你會是強大的一年。你的結果牌將在今年進一步描述這一個重大挑戰或轉變，或告訴你牽涉其中的人為何。

肯定句：

我轉化我自己到更高層次的生活與存在。我變得更有創意跟表達力，同時學習真理與誠實的價值。

黑桃J是你的結果牌

這張強大的牌作為你的結果牌，保證你在下一個生日之前會在表演、創意寫作或是其他創意上的追求獲得成功，或是你會接觸一個靈性訓練，這將改變你生活大部分的領域。這可能對你來說是重大轉化的一年，你在此基於真理與較高層次的智慧展開全新的生活方式。甚至在世俗層面上，成功也屬於你，但尤其是在創意領域。

這張牌也是一個強大的信號，在你下一個生日之前，你可能最後會和某位年輕的黑桃男性在一起。無論是朋友、情人或家庭成員，都有強烈的跡象表示，你們倆將會在今年結束時，以某種更有意義的方式結合在一起。

肯定句：

我創造自己成為一個成功的藝術家、演員或音樂家。我以一種較高層次、更健康的生活方式結束這一年。

黑桃J是你的長期牌

黑桃J通常代表一個勤勞的年輕人，他可能也容易出現不誠實的行為和違法行為，所以今年如果你認識或者遇到這樣的人，

要緊盯著他。在更有靈性的層面上，這會被當作進入更高層次智慧的「啟蒙」。某種程度上，這個人今年會在你的生活扮演一個重要的角色，並且成為你關注的焦點之一。今年你可能發現自己對付幾個狡詐的人，或是發現你犯下不老實的錯誤。建議要特別小心你所有的戀情，不要在尚未深入了解一個人時隨便相信別人。另外，看好你的貴重物品，鎖好門。

從完全不同的意義上來說，這可能是你接觸許多新的靈性哲學和概念的一年。你甚至可能開始實踐一種新意識型態，與你已經開始的一些新靈修途徑有關。接觸這些新事物可能導致在你生活方式中的重大改變，它鼓勵你為了健康跟人生做出更好的事。

關鍵字：

在創意領域成功的一年，像是表演、演出。被「洗劫」或是啟發靈性的一年。

黑桃J是你的環境牌

這對所有創造性的追求都具有極佳的影響，如果你參與任何創意活動，它實際上保證了你的成功。這包括表演、銷售、音樂、繪畫、雕塑、設計或其他創意工作。不過，這張牌也可以代表你今年的新開始，「開始」進入更健康或更有靈性的新生活方式。與更高層次的生活方式的任何接觸將是有益的。今年你可能會在日常生活安排中發起一些新的事，這對你的健康和生活方式將產生非常樂觀的影響。

黑桃J是你的置換牌

創造性的計畫和對付那些不誠實的人在今年可能會很困難，導致要耗費超過你計畫更多的精力跟注意力。如果你是任何一種類型的藝術家，你的工作現在可能會需要你更多的關注，才能維持你慣常的成功水平。如果你期待這一點，透過你必須付出的額外努力，你可以創造更多的成功。這是很好的一年，可以調整你的心智到專一的方向，計畫你未來的成功。只是萬一它耗費比你計畫更多的努力，不要太驚訝。

對付那些天生不誠實的人也可能在今年被證明是一個負擔。在這股影響之下，看好你的個人財物是明智之舉，特別注意要上好鎖等等。如果你選擇對自己不誠實，你可能會受到這種選擇的負面結果，因為今年在這種影響之下，都不利於一切不誠實的交易。

今年那些涉入浪漫戀情的黑桃男性可能會發現他們的人生有些挑戰性，因為方塊J代表戀愛中的你。

你可能感覺到你的生活方式需要一個澈底的改變，升級到一個新層次。也許你想在你的日常生活中增加一些運動，或者每天都要進行一段時間冥想。或者你可能想要改善飲食習慣，要不就是每週花一些時間進行靈修研究和練習。無論如何，似乎都有必要提升到新的生活型態——更健康、更正面的那種。儘管今年可能會有挑戰性，但如果你願意付出努力和時間，你就能達成。

J

紅心Q
結婚／生小孩／感官享受與性愛

紅心Q的基本牌義

紅心Q是一張有許多重要含義的牌。在一方面，它代表「奉獻的母親」，因此可以表示一個女人懷孕或生孩子的時候。它可以是一個男人或女人結婚的信號，特別是在金星、長期牌或結果牌的位置上。

它也是享受性愛跟浪漫幻想之牌。你可以肯定，當它出現時，這些特質會出現在你的生活中。

紅心Q唯一的負面表現，就是傾向懶惰、幻想或是自我放縱。它可能導致一個人增加體重或是性愛上癮或其他方面。

水星週期的紅心Q

這張牌表示社交上的魅力，而現在你可能會運用它去幫助朋友或是親戚。這股影響有利於聚會和社交場合，以及和家庭成員的溝通。你要用這股影響去清除尚未解決的誤會。在這段期間結婚很可能會有良好但不會持續很久的溝通。整體說來，這應該是一段令人享受的浪漫時光。

金星週期的紅心Q

在金星的紅心Q是一個特殊和受祝福的影響結合，保證了一段充滿愛與親密的時期。這是結婚或生孩子或受孕的最佳信號之一。有了這張牌，出生的孩子很可能是一個女孩。在這段期間，與女性之間良好的親密關係，以及性愛和其他愉悅的享受都有強烈的可能性。你的魅力和吸引力可以成功地用在任何親密關係上。

火星週期的紅心Q

在這段時間的婚姻標示著，相當程度的攻擊性或性能量。現在，透過運用情感和社交力量以及魅力，你可以取得很大成就。今年懷孕或出生的孩子很可能是一個男孩。這是一張享受性愛之牌。但是，如果你已經結婚了，如果處理不當，這種激情可能會變成憤怒。與你所愛的人一起做事，有建設性地引導這種能量吧。

在這段期間，你也可能會發現有幾位紅心女性讓你感到受吸引或生氣。

木星週期的紅心Q

在這股影響之下，婚禮或是孩子的出生會對財務有益，並在許多方面受到祝福。小心這股擴張性的影響，不要讓你過度沉溺於享受，進而損及你的健康或體重。這股影響促進輕鬆、舒服和享樂，使愛與金錢融洽地結合在一起。它也在一整年中為你的個

人親密關係帶來靈性的品質，使得它們煥發出善良和優雅的氣息。

這張牌的另一個重要意義是，你的婚姻伴侶今年會賺更多錢。所以，換句話說，這張牌是你的伴侶在財務上成功的一個很好的信號，無論他們可能涉及哪些工作皆然。它也適用於非婚姻關係，但僅止於你的伴侶幫忙在經濟上支持你時。這是對婚姻最好的影響之一，也是一年中最好的結婚時間之一。

今年，所有本命牌是紅心花色的女性對你來說，可能是在財務上或其他方面的祝福。向她們尋求指引跟幫助吧。

土星週期的紅心Q

今年或這段週期新締結的婚姻，或任何一種承諾的關係都可能帶有業力色彩。你們有可能被帶到一起來解決過去的業債，甚至是前世的。同樣，今年出生的孩子可能會有一些挑戰。在這段週期，甚至一整年，性愛和其他形式的享樂受到限制或是被當作是負擔。你正在學習愛的責任和浪漫表達的責任，也許還加上你如何對周遭的人表達愛和浪漫的責任。這可能是非常療癒的經驗，最後增加你獲得成功的親密關係的機會。

留意紅心花色的女性，特別是那些與你有浪漫戀情的人。在這段週期，這些某種程度上很可能被證明是麻煩或負擔。

天王星週期的紅心Q

這股影響可以帶來意料之外或不尋常的婚姻，或是浪漫的邂逅。也顯示出怪異的性愛。你的愛情或婚姻伴侶現在似乎有點難以預測。現在是時候，在你的個人親密關係允許一點自由了，你要放下執著。也許你自己需要一點空間。如果你給彼此足夠的空間喘息，你就能實現更高層次的關係，自由是你的了。創造一些空間吧。

在這段週期，甚至延伸到一整年，任何紅心花色的女人似乎有點捉摸不定。為了確保你和她們之間的關係，最好是退一步，讓她們照自己的意思來或是讓她們做自己。良好的友誼來自無條件的愛和接納。

海王星週期的紅心Q

這段週期很可能會帶來非常浪漫和理想的親密接觸。有時它可能帶來一位祕密情人。然而，你的所有私人關係似乎都會呈現浪漫的光芒，滿足你所有的夢想。今年你一直夢想結婚，現在可能會成真。如果你是女性，你也可能夢想著有一個孩子。之後，你會發現你是否真的想要你夢想的東西。等到你的生日過後再做出承諾或決定。

在這段週期，甚至在一整年中，你可能難以客觀地看待任何遇到的紅心花色女性。你很容易將你對浪漫或其他方面的幻想投

射在她們身上。因此，最好不要在下一個生日之前做出與她們有關的重要決定。

紅心Q是你的冥王星牌

這張牌的影響取決於你今年開始的婚姻狀況。如果你是單身，你很可能常常想到結婚的概念，你選擇認真考慮一下未來的可能性。如果你從未結婚，或是你之前有過一段不好的婚姻。你大概會遇到想要結婚的對象，這通常由結果牌表示。無論情況如何，結婚似乎就是你在你需要時間去考慮跟適應的事情了。如果你可以檢視你內在對它的矛盾，假設那就是你要的，你有可能會結婚。它操之在己。

如果你已經結婚或是在一段承諾的親密關係中，這可能對你來說非常有挑戰性，你必須學習要付出多少才能夠創造一段成功的夥伴關係。

這張牌也可以表示圍繞著母性的問題，不是已經生下的孩子，就是還沒出生的孩子。紅心Q在冥王星往往發生在某人想要有孩子的年分中。在一些情況下，結果牌會是即將出生的孩子的本命牌。

這張牌最後一種可能的解釋是在物質上過分放縱。在冥王星中有這張牌的人正在與他們的節食纏鬥，並試圖克服飲食失調或體重問題。在這些情況下，這張牌表示，這些領域的事情通過探索「打破幻夢」，得以改善。這種失調通常會與企圖逃避自己不想面對的情況有關係。

你的結果牌將進一步描述今年結婚或生子將如何挑戰你，或是告訴你，誰會是那項挑戰不可或缺的一部分。

肯定句：

我在我的人生中創造足夠的愛、幸福與喜樂，並且與我人生中其他的部分達成平衡。

紅心Q是你的結果牌

今年你不是結婚就是會生孩子。冥王星牌可以是你結婚對象或出生的孩子的本命牌。如果你已經結婚或是有小孩了，你可能會被你的婚姻或是你的母親身分挑戰。你必須要在你的行為上做出改變，才能維持成功的親密關係。你很可能會成功。你的冥王星牌指出誰與這項挑戰有關，或是給出相關的具體資訊。

這張牌也是一個強大的信號，你可能最後會在下一個生日之前和某位紅心女士走在一起。無論這是朋友、情人或是家庭成員，都有強烈的跡象表示，你們倆將會在今年結束時，以某種更有意義的方式結合在一起。

肯定句：

在下一個生日之前，我變成已婚，或做了父母，或是找到一位非常匹配的伴侶。

紅心Q是你的長期牌

不是紅心人就是婚姻在今年將會在你的生活扮演重要的角色。你的焦點很可能是在愛情和親密關係上。如果你是單身人

士，這張牌今年對你可以表示婚姻。至少，你可以期待一段非常愉快跟令人滿意的親密關係。

對已婚人士來說，紅心Q告訴我們，你的家庭和與配偶之間的親密關係將會比平常更為重要。這可能有好有壞，取決於你流年牌陣的另一張牌而定。紅心Q也是母性之牌，所以很常出現在女人懷孕或生子的年分。這張牌也賦予藝術或任何與大眾往來的生意當中巨大的成功。

如果你的本命牌剛好是紅心，而你是女性，紅心Q是你的長期牌，也表示你這一年更關注自己身為母親或浪漫伴侶的角色。對於單身女性，這經常是一個信號，新的親密關係將會進入她們的生活中。

關鍵字：

關注於結婚、結婚的概念、母親的角色、生孩子的概念或是喜歡奢華享受的一年。

紅心Q是你的環境牌

這可能是一個快樂和享樂的一年，在你的個人和親密關係中獲得成功的一年。如果你已婚，你將從你的婚姻中得到祝福。也許你的配偶今年會賺更多的錢，或者給你很多禮物。如果願意的話，未婚的人可以有一個非常幸運的婚姻。至少，會有很好的機會遇見一個人，你和對方可能有一段非常愉悅的性關係。有孩子的婦女可以從她們作為母親的角色中獲得好運，如果你是紅心花色女性，你會在浪漫和親職方面有特別的好運。

無論你的情況如何，你將會在個人親密關係領域獲得許多享受。

紅心Q是你的置換牌

這張牌有許多不同種類的效應，大多數仰賴你個人的情況而定。首先，對那些已婚的人，他們會發現自己的婚姻需要比平常更多的關注。透過這一年，你很可能不時地覺得那某種程度上對你是個負擔，因為它特別要求你要多付出一些時間跟心力。如果你是有孩子的婦女，那麼今年對你也有負擔上的影響，你再次被要求投入更多的時間跟精力才能有效率地管理。

那些嘗試懷孕的人可能發現今年這方面是艱難的，而那些單身的人可能發現難以找到性伴侶或愛侶。一般來說，這對愉悅、享樂和浪漫並非這麼有利的影響。

如果你剛好是紅心花色的女人，你的個人生活會是今年挑戰的來源。這可能包含了你是母親、妻子或戀人的角色。對於所有的其他人，通常和紅心女性相處，以及那些本命牌或守護星牌是紅心Q的人來說，可能會榨乾你的精力，你得比平常付出更多注意力才行。

在樂觀的一面上，這張牌在法律事務和任何涉及男性或男性團體的競爭性企業或工作上，會帶來巨大的成功。你甚至會發現今年在你的圈子哩，你獲得了一定的知名度或更多的聲望。尤其是你的金星和火星週期，應該會特別精彩。如果你有希望達成的清楚方向和目標，這特別準確。

Q

梅花Q
溝通領域的服務／敏銳的直覺

梅花Q的基本牌義

梅花Q是一張有強烈直覺和良好組織能力的牌，渴望以某種形式的知識或資訊來服務和滋養他人。就像梅花K，她很有權威和力量。不過，她的力量更多來自於她天性中接納的一面。她在事發之前就能知道，並且在較高的心智振動上運作。她可能非常有控制慾和不耐煩。

當你在你的解讀中得到這張牌時，它會帶來任何溝通領域的成功。它可以幫助你更接納你的直覺，讓你覺得更想要服務他人。它是張成功的牌，很像梅花8或梅花10，但也代表母親滋養的特質。

水星週期的梅花Q

這張牌代表一位聰明機敏的女士，你能夠輕鬆地與她溝通。這位女士喜歡社交生活和聰明人，但可能有點專制。她也可能掌握某種不尋常的資訊。這張牌可能代表你具有上述相同的特質。你必須戒慎愛爭論和不耐煩的本性，並用你的敏感來幫助他人充分利用這種影響。這張牌是對那些涉及以某種知識或溝通的形式幫助他人的人來說，這張牌是巨大成就的象徵。它也賜予你一種敏銳的直覺本能，你現在可以信任他來獲得成功。

金星週期的梅花Q

這張皇室牌在這段週期贈送給你幾樣天賦，你只需知道它們的存在即可運用。首先，你的直覺會比平常強很多。許多關於你家庭或工作的訊息可能會來到你身邊。你的心智力量也增強了。這個心智力量可以為你帶來在工作上或友誼上的成功，尤其是女性。你現在會從一個更高的層次去愛他人。

總體說來，這是在工作上成功的牌，特別是用一種比較滋養他人的方式表現出來時。和梅花女性的親密關係在這段週期會變得更好，甚至延伸到一整年。可能會有幾位梅花女性在此期間扮演重要的角色。

火星週期的梅花Q

這張牌代表聰明但有攻擊性和急性子的女人。對男人來說，這個女人可能是心儀的對象。對女人來說，她可能是個對手。這個女人會有強大的意志跟許多男性特質。如果你展示出以上的性格，你必須要小心，不要激起別人的憎恨與敵意。在這段期間，和女人往來要特別謹慎。

在這段期間，你也可能會發現有幾位梅花女性讓你感到受吸引或生氣。

木星週期的梅花Q

在這段週期藉由在工作上運用你的直覺和組職能力，可能可以獲得在職業上和財務上的許多成功。這張強大的心智力量與直覺之牌將賦予你洞見，改進你賺錢的方法、創意寫作能力、組織力和整體的商業敏銳度，將會在許多方面幫助你。雖然你可能發現自己有不耐煩的一面，但是你擁有的敏銳頭腦還是有其價值。

今年，所有梅花花色的女性對你而言，都是財務上或其他方面的祝福。向她們尋求指引和幫助吧。

土星週期的梅花Q

在這段期間，你必須注意你說了什麼和說話的方式。你任何的不耐煩都可能導致比原本更多的問題。你遇到或相關的大多數梅花女性現在似乎是個負擔或難題，也許每一個都有不同的功課要教你。你從事的任何心智工作看起來都比較困難，但是結果將會建立一個更為穩固的基礎，你可以在此之上奠定未來的成功。

留意梅花花色的女性，特別是那些與你有浪漫戀情的人。在這段週期，這些某種程度上很可能被證明是麻煩或負擔。

天王星週期的梅花Q

這是一股非常有靈性和創造性的影響，幾乎可以在任何可以應用心智力量、創造力和直覺的領域取得成功。許多想法和資訊都會出現在你的腦海裡，其中許多資訊可能對你的工作或個人生活非常有幫助。你可能看起來比平時更不耐煩，開車時要小心。但總體來說，這將是一個頗有成效和愉快的心智成功週期。

在這段週期，甚至延伸到一整年，任何梅花花色的女人似乎有點捉摸不定。為了確保你和她們之間的關係，最好是退一步，讓她們照自己的意思來或是讓她們做自己。良好的友誼來自無條件的愛和接納。

海王星週期的梅花Q

這是一個非常賦予靈感和直覺上的影響，可以在任何精神領域取得成功。如果你正在從事任何一種讓組織力、創意點子或直覺發揮重要作用的工作，這段時間可能會有許多成功。在這段週期，你可能希望扮演更有服務性的角色，並且確實有很多可以幫助其他人的資訊來到你身邊。你與耶穌之母——瑪莉亞同行在一條路上。

在這段週期，甚至在一整年中，你可能難以客觀地看待任何遇到的梅花花色女性。你很容易將你對浪漫或其他方面的幻想投射在她們身上。因此，最好不要在下一個生日之前做出與她們有關的重要決定。

梅花 Q 是你的冥王星牌

作為你今年的轉化之牌──梅花 Q，告訴我們直覺變得更強或是在心智方面能幫助他人的位置上，會導致你在你的生活中做出重大改變。皇后代表服務和「幫手」。梅花和直覺上的知識或心智方面的職業有關。你受到挑戰要去擔任一個助人的角色，利用你豐富的心智能力和天生通靈能力去接收內在的指引。

你很可能會涉入教學、組織、溝通或是寫作，你渴望在這些領域其中之一更加地成功。想成功，你必須在你一直做的事情上有所改變，而改變往往看起來是個難題或負擔。然而，你的目標就在眼前，你應該會成功。你的結果牌會告訴你，是誰或什麼會捲入你所尋求的這種心智力量之中。

肯定句：

用知識和溝通服務時，我轉化了我的服務能力。藉由分享我個人的真理和直覺訊息，我學習去愛與滋養他人。

梅花 Q 是你的結果牌

在某種程度上與你今年的冥王星牌相關，你將與你內在的指導來源建立更強的聯繫，並在你使用自己的心智為他人服務的領域取得成功。這可能是一個老師、作家、出版商甚至是祕書，但一定是和溝通相關的領域。在靈性方面，這張牌可以將你提升到新的靈感層次，直接收到更高的知識和指導，為你敞開。

這張牌也是強大的信號，在你下一個生日之前，你最後可能會和某位梅花女性走在一起。無論是朋友、情人或家庭成員，都有強烈的跡象表示，你們倆將會在今年結束時，以某種更有意義的方式結合在一起。

肯定句：

我通過服務能力獲得更多的直覺和成功。我接收到神聖的知識。

梅花 Q 是你的長期牌

今年是你在其中一個資訊領域獲得精通水準的一年。無論你是學校老師、祕書還是公關人員，任何水星統轄的職業或努力都將因你生活中這個強大影響而受益匪淺。你也可能發現自己處於某個服務的位置，以某種方式與資訊有關連。提供他人知識或資訊可以採取多種形式。今年你很可能會參與其中一項。同時，你天生的直覺能力比平常更強，你可能會發現今年你可以從隱藏的資訊為自己帶來好處。你今年正站在「知識的皇家殿堂」。要用這股影響獲得成功和成就。

如果你的本命牌剛好是梅花，而你是女性，梅花 Q 是你的長期牌，也可以表示這一年，你會把許多注意力放在你的母親身分或愛侶角色上。對單身女性來說，這往往是一個信號，新的親密關係將進入她們的生活中。

關鍵字：

我用知識或資訊來服務他人獲得成功的一年。我協助用真理滋養他人。

梅花 Q 是你的環境牌

梅花 Q 將在今年帶來許多祝福，特別是一個能發揮直覺，組織能力和任何溝通領域的工作。這是藉由服務和與他人分享知識和資訊而成功的牌。如果你是梅花女性，今年你可能在你生活中愛情或親職方面獲得更多成功。

梅花 Q 是你的置換牌

如果你是梅花花色的女姓，你個人今年的生活，包括了你作為母親、妻子或戀人的角色，有時將會是個負擔，並且需要努力來完持。如果你付出必要的努力，這就不會是嚴重的問題。只是這個時期你會耗費比平常更多的時間跟精力。

對於你其他的方面，組織性的角色和計畫將比平時更耗時且更困難。所有梅花花色的女姓有時可能被證明是一種負擔，特別是那些本命牌或守護星牌是梅花 Q 的人。如果你的工作通過溝通和組織服務他人，這將是一個你必須花費額外精力才能獲得成功的領域。

Q

方塊Q
事業有成的女性／透過滋養和幫助他人而致富

方塊Q的基本牌義

方塊Q代表一個喜歡鋪張浪費的女人，花錢常常超過她的能力。有時候她成功地經營自己的生意或是某種規模的事業。透過金錢來服務是她的座右銘，而她通常是慷慨大方的，特別是對她所愛之人。當這張牌出現時，你生活中有一個這樣的女人（或男人），或是你可能發現自己扮演那個角色。

如果這張牌創意的一面可以應用在你從事一些生意或財務上的追求，可以帶來更多財務上的成功。當涉及生意和財務時，方塊Q是一張運籌帷幄的牌，特別是在促銷跟行銷方面。

基於同樣的原因，當這張牌出現時，要小心超出預算的傾向。方塊Q只喜歡最好的一切，即使她負擔不起。

水星週期的方塊Q

在這段週期，你的腦筋敏銳，你可能有一些關於如何為自己賺錢的好主意。方塊Q帶給你關於金錢的理解能力，可以運用在任何生意上來獲得成功。不過，她也會刺激你突然去購物，並且花錢買一兩樣奢侈品。要小心你在別人面前打腫臉充胖子，不要因此讓荷包失血。這是一個上課學習如何賺錢的好時機。

金星週期的方塊Q

在這個週期，關於如何成功地在生意中創造更多金錢，你特別有靈感。把這個能力用在任何你需要財務增長或創造性行銷計畫當中。你會在與居家或美容、藝術有關的生意獲得最棒的成功。方塊Q也鼓勵你走出去，花錢在居家、新衣服或美容產品上。要小心別超出了你的預算。

在此期間，你和方塊女性的關係應該非常融洽。現在會有幾位那樣的人在你的生活中扮演重要的角色。那個角色很可能會使你感到愉悅而享受。

火星週期的方塊Q

與男性有關的生意獲得成功是這張掌控財務之牌的主軸。你對財務的積極追求可能帶來巨大的回報，而你對銷售的感覺好得不得了。同時，對你來說，要慢下來並控制這股急切想要花錢買奢侈品的衝動很困難，這是這張牌的消極面。在這段週期將你的急性子引導到工作上，會得到最棒的結果。

在這段期間，你也可能會發現有幾位方塊女性讓你感到受吸引或生氣。

木星週期的方塊Q

如果你運用她的智慧和商業理解力到你目前的賺錢方式上，這張強大的財務掌控之牌可以帶給你巨大的回報。現在是擴大你的業務和賺錢方式的時候了，並開發更好的新方式來推銷你的產品和服務。你的時機很好，你的慷慨之心可能會鼓勵你幫助那些比你自己不幸的人。這也可以為你現在佩戴的皇冠增光。

今年，所有方塊花色的女性對你而言，都是財務上或其他方面的祝福。向她們尋求指引和幫助吧。

土星週期的方塊Q

雖然在此期間你的生意和銷售能力比平時好，但你對貧窮的恐懼可能會阻礙你為你想要的財富付出的努力。在此期間要小心花太多錢去購買你實際上負擔不起的物品。如果不檢視，這些花費甚至可能會影響你的健康，因為你比平常更容易擔心金錢。利用這段時間在你的生意中穩健努力，以便日後獲得更大的成功。

留意方塊花色的女性，特別是那些與你有浪漫戀情的人。在這段週期，這些某種程度上很可能被證明是麻煩或負擔。

天王星週期的方塊Q

對於涉及到房地產或是運用你的通靈天賦獲得財務成功，這是一股絕佳的影響。你的商業敏銳度現在很強。運用它去發展有效的方法來行銷你的產品和服務。你有可能獲得意外之財。同時，要小心衝動過度消費的傾向，這是這張牌的消極面。

在這段週期，甚至延伸到一整年，任何方塊花色的女人似乎有點捉摸不定。為了確保你和她們之間的關係，最好是退一步，讓她們照自己的意思來或是讓她們做自己。良好的友誼來自無條件的愛和接納。

海王星週期的方塊Q

在這段期間，你的商業直覺很強烈，它可以幫助你實現你一直夢想的財務目標，或是幫助有需要的人。這是一張透過成功銷售和行銷獲得財務收益的牌。同時，小心花錢在奢侈品上的傾向，那可能會榨乾你的資源，導致你擔憂金錢。運用你的創意到正面進取的方向，創造你夢寐以求的財富。

在這段週期，甚至在一整年中，你可能難以客觀地看待任何遇到的方塊花色女性。你很容易將你對浪漫或其他方面的幻想投射在她們身上。因此，最好不要在下一個生日之前做出與她們有關的重要決定。

方塊Q是你的冥王星牌

今年你會非常擔憂金錢。這張強大的牌告訴你，今年你將被轉化，以某種方式實現你想要的豐盛，同時不會因為金錢的誘惑而動搖。不是你發現自己一擲千金，使得自己破產，就是你真的想在所有的商業和財務追求中獲得更多的成功。

方塊Q是有昂貴品味的女人的牌，喜歡展現財富和奢華。但是，她經常入不敷出。她的天賦是她有一個偉大的商業頭腦，並且知道如何成功經營一家企業。她也能感覺到一樁好買賣。把今年當作是你想要運用或是處理她的某種特質。當你努力工作創造更多金錢的時候，瞧瞧你是否也會被自己的價值觀誘惑。重大的轉化就可能蘊含在這個過程中。

你的結果牌將會告訴你關於這個挑戰的更多資訊，或是指出直接與此相關的某個人。

肯定句：

在處理財務和生意的服務過程中，我被轉化了。透過分享更高層次的價值觀，我學習去愛與滋養他人。

方塊Q是你的結果牌

某種程度上，作為面對今年挑戰的結果，你將會獲得事業中的豐盛和成功，同時不讓自己受錯誤的價值觀引誘。方塊Q是一張帶給他人較高層次價值觀的牌，在你下一個生日之前，這可能是你最後扮演的另一個重要角色。預期會不斷遇到挑戰，但最終你會在你的生意上成功。對於女性來說，這可以表示在今年展開你自己的生意。

這張牌也是強大的信號，在你下一個生日之前，你最後可能會和某位方塊女性走在一起。無論是朋友、情人或家庭成員，都有強烈的跡象表示，你們倆將會在今年結束時，以某種更有意義的方式結合在一起。

肯定句：

我在維持一份較高層次的價值觀時創造豐盛，把金錢放在我的人生中的正確位置。我在自己的事業上變得成功。

方塊Q是你的長期牌

方塊Q代表一個經常入不敷出的女人她往往成功地經營自己的事業或某種規模的生意。透過金錢服務是她的座右銘，她對她所愛的人很慷慨。今年你的生活中可能會有這樣的女人（或男人）成為你主要的焦點。然而，這也意謂著你將擁有上述方塊Q的一些屬性。這股影響非常有利於管理生意，以及幾乎所有的生意或其他方面的生意與財務的成功。然而，你應該也注意到方塊Q的昂貴品味，這隨著她的商業敏銳度而來。在內在，方塊Q是一個給予他人更高層次和更有靈性的價值觀的人，這是你今年可能要扮演的角色。

幾乎對於任何企業或其他方面的業務和財務成功管理都非常有利。然而，人們也應該意識到鑽石女王的昂貴品味，這與她的商業頭腦一樣。內心深處，鑽石女王是一個給予他人更高的精神價值觀的人——今年你可能扮演的另一個重要角色。

如果你的本命牌剛好是方塊，而且你是女性，方塊Q是你的長期牌，也可以表示這一年對你身為母親或戀人的角色有很多的關注。對單身女性來說，這往往是一個信號，新的親密關係將進入她們的生活。

關鍵字：

在生意或是在為他人服務中實現財務成功的一年。砸大錢買奢侈品。

方塊Q是你的環境牌

這是財務應該改進的一年，而且你在生意相關的活動上有許多成功。你現在創造性的能量滿點，而你將會在如何改善你的財務狀況，更有效地販售你的商品、服務或點子這方面，獲得很好的主意。如果你是方塊花色的女性，利益將透過戀情和你作為母親的角色而來。無論你的本命牌是什麼，你往往也會從所有方塊女性身上得到好處。

方塊Q是你的置換牌

這張牌提醒你，要小心揮霍無度跟花錢不慎。方塊Q喜歡穿上最好的衣服，只買高檔貨而顯得招搖過市。然而，她經常入不敷出，雖然她可能看起來像是有錢人，她實際上的財務狀態可能不如表象般。就這一點上，在這股影響之下，謹慎掌控你的花錢習慣，按照預算消費以確保你的財務安穩。

自己創業的女人可能也發現，現在必須付出更多的注意力在生意上，今年出現問題的機率似乎增加了。那不會有嚴重的問題，只是需要比平常更多的努力罷了。

任何方塊花色的女性可能會發現她們的個人生活比平常需要更多的時間跟精力。包括了她們作為母親、妻子或戀人的角色，有時這些領域將會是個負擔，並且需要努力來完成。對於所有的牌來說，與本命牌或是守護星牌是方塊Q的的人往來，可能都會要求同樣額外的努力。

在樂觀的一面，這張牌往往帶來一個非常幸運的財務機會——你可以查看木星位置的方塊7。如果你今年有這張牌，你有個特別的機會去體驗真正的方式，它會帶來源源不絕的金錢。

Q

黑桃Q
組織能力／刻苦耐勞／自我錘鍊終成大師

黑桃Q的基本牌義

黑桃Q被稱為「自我駕馭之牌」，是位於我們所說的「靈性牌陣」中最高成就與認可的一張牌。無論這張牌何時出現，我們都獲得一個特殊的機會，藉由駕馭我們的內在而在我們的外在生活創造許多成功。這意謂著，藉由改變我們內在的想法、信念和態度，來創造更多成功，而非試圖改變我們外在的環境。

我們很少領悟到，並非是我們的努力創造我們的成功和失敗，那實際上是基於我們內在的態度跟心智狀態。黑桃Q教導我們，如果我們能掌控我們內在的狀態，我們可以掌控宇宙跟當中的一切。皇后有最強的女性特質，接納模式。為了真正接納，我們必須實現一種心智狀態，毫不猶豫地允許一切事物到來。這通常需要一些內在探索，來達到這個境界，這是大多數的我們從來沒做過的事，因為它未被當作我們文化的一部分教導出去。靈修的成就者學習駕馭自己而非耗費時間嘗試去改變外在環境。那些大成就者體驗了她們內在由黑桃Q代表的陰性面真正力量。黑桃Q落在大太陽牌陣中的太陽位置，在靈性上，這可以被當作最高成就的位置。由這一點，我們可以導出，從我們靈魂和靈的角度，自我駕馭是我們可以憧憬的最高層次特質，值得最高層次的認可與回報。

黑桃Q是辛勤工作的女性牌，也是一位很好的管理者，所以當她出現在我們的牌陣中，我們也可以期待組織能力和工作中的成功。

水星週期的黑桃Q

在這段週期，你將會有機會體驗「駕馭你的頭腦」。這可以翻譯成控制你的思想，反過來可以控制你在生活中顯化的事物。藉由了解到你思考的方式決定事情如何在你生活中發生，為你在自己的世界創造的一切負責。另外，在這段週期，你可能發現自己在某個心智計畫上努力，你現在的組織能力是很強的。

金星週期的黑桃Q

在這段週期，你可以期待你所有的個人親密關係有更好的結果，因為你將能善加掌控你的感受跟情緒。當你發展控制自己情感跟情緒的力量時，浪漫愛情就會在適當之處發生。家中的事也進展順利，因為你堅定並明智地處理一切出現的人事物。享受這個「駕馭靈性」的時期吧。

在這期間，任何你認識的黑桃女性之間的親密關係都應該相當令人愉快，事實上，現在會有幾個這樣的人扮演重要的角色，不是非常浪漫、友善，就是以其他愉悅的方式。

火星週期的黑桃Q

在這段期間，你可以期待從你的工作和你充滿激情追求的事情上獲得更好的結果，因為現在，你已經掌控了你自己跟你的欲望。反過來，這將帶給你在工作和法律事務上的更多成功，當你發展耐心與理解，那將為你吸引成功。你現在可能必須非常努力工作，但是你的組織能力將會幫助使一切各就各位，讓你待在正確的軌道上。

在這段期間，你也可能會發現有幾位黑桃女性讓你感到受吸引或生氣。

木星週期的黑桃Q

這是一股強大的靈性影響，也會在你的生意和金錢處境上有強大而有力的影響。通過掌控你自己，你能吸引好運到你的生活中。這是運用你的組織能力和辛勤努力工作的時候。這麼做可以為你帶來比你意識到更多的財務成功。現在財務應該會進展順利，甚至延伸到一整年。

這張牌的力量在我們改變內在態度和信念時會顯化。你會驚訝於你現在可能會實現的有多少成功，不必改變你世界的任何事，除了你自己。這張牌帶來的實現，一切都來自於我們內在，以實實在在的方式來展現我們人生中的真相。

今年，所有黑桃花色的女性對你而言，都是財務上或其他方面的祝福。向她們尋求指引和幫助吧。

土星週期的黑桃Q

這張強大的自我駕馭之牌會給你克服今年可能要處理的任何健康問題或其他困難所需要的一切。藉由對你的健康和人生負起完全的責任，你將會在一個做出改變的位置，並且有正面的作用。你可能發現，現在你必須非常努力工作，但是結果是值得的，報酬是更好的健康與更少的問題。你正在學習如何從內在改變自己生活的奧祕，這是最高的靈性成就之一。

留意黑桃花色的女性，特別是那些與你有浪漫戀情的人。在這段週期，這些某種程度上很可能被證明是麻煩或負擔。

天王星週期的黑桃Q

這是一股高度靈性的影響，可以表示在這段時間，當你有一些深入的覺知與自我實現的經驗。在這段週期，必然有一些有趣的體驗，提升你到理解和覺知的新層次。在實際的一面上，你將會發現你的工作和房地產方面的事情進展非常順利，因為你努力工作把這種新的理解運用在你生活的世俗情況中。

在這段週期，甚至延伸到一整年，任何黑桃花色的女人似乎有點捉摸不定。為了確保你和她們之間的關係，最好是退一步，讓她們照自己的意思來或是讓她們做自己。良好的友誼來自無條件的愛和接納。

海王星週期的黑桃Q

通過冥想和內心反思，你可以在你的生活中實現一些有意義的改變。你最深的夢想，即那些成為你生活中主要驅動力的夢想，正

在被提升到新的層次。期待一些深刻且改變生活的實現。在世俗的一面，現在你的生活中很多領域都會變得更好，因為你不再試圖改變他人，而是改變自己，這讓你體驗更多的喜悅和成功。

在這段週期，甚至在一整年中，你可能難以客觀地看待任何遇到的黑桃花色女性。你很容易將你對浪漫或其他方面的幻想投射在她們身上。因此，最好不要在下一個生日之前做出與她們有關的重要決定。

黑桃Q是你的冥王星牌

與你今年的結果牌有關係，你打算培養從內在駕馭自己的能力、更高層次的組織力，或兩者皆然。黑桃Q是一張強大的牌，你確實會被要求很多。自我駕馭來自內在知識與自我控制。它來自於用更高的準則去控制一個人的思想、態度、信念、言語和行動。你知道自己不必改變世界，只要透過改變自己，就能擁有你想要的一切。

黑桃Q可以是一張苦差事跟勞碌之牌。如果你發現自己今年不得不努力工作，可能會做一些你覺得討厭或反感的工作，不要感到驚訝。黑桃是工作，而皇后把她的工作視為業力瑜伽——一個用來淨化她想法跟情緒的工具。

這是你設定在自己面前的目標，你必須有充分的理由來證明你為什麼要這樣做。當你進入這一年時，把這些理由放在內心最重要的地方。你無疑地必須在自己內在和外在兩者做些改變，才能達成這個目標，而這並不總是容易的。你的結果牌可能也表示一個重要的人，那是你正在追尋的目標的一部分。結果牌也會為你提供更多的線索，關於你生活的哪個領域是你渴望在內在掌控得更好的部分。

肯定句：

我藉由改變我的信念、想法、觀念以及對世界的概念發展我的能力，轉化我的人生。我變成我自己的主宰。

黑桃Q是你的結果牌

這張有力量的靈性成就之牌保證了，無論由你的冥王星代表的主要挑戰和今年的改變為何，你將實現與之相關的成功，另外藉由深入內心得到的答案，並且在你身上做出根本的改變，你將會實現你生活任何領域的成功。儘管這些改變可能有時非常困難，最後的結果將是值得這些額外的努力的。

這張牌也是強大的信號，在你下一個生日之前，你最後可能會與某位黑桃女性走在一起。無論是朋友、情人或家庭成員，都有強烈的跡象表示，你們倆將會在今年結束時，以某種更有意義的方式結合在一起。

肯定句：

我成為自己的主人，也是我人生中一切事物的主人。我和他人分享服務的價值。

黑桃Q是你的長期牌

黑桃Q是「自我駕馭之牌」，許多由這張牌代表的人已經實踐了這一點。他們有一份內在的冷靜，那代表知識與經驗，可以成功地用在任何方面。無論如何，他們是出色的商人，個性強烈。他們的工作往往是「靈魂的勞動」，這意謂著，他們從工作中所得的比物質回報更多。

黑桃Q是整副牌第二強大的牌，你非常幸運今年能有它。這是你能實現自己夢想的一年，但不是透過尋常途徑。這一年，所有的成功來自於你內在，藉由掌控你自己，你也控制了你一切外在事件的成因。因為沒有你的同意，什麼事情都不會發生在你的生活中，你收回你的力量去創造你渴望的世界，而不是企圖改變別人。

這一年你會有黑桃Q的品質可以任意運用，這可能對你來說，確實是個自我駕馭和成就的一年。現在辨認出你所擁有的力量，並且用在你渴望的任何事物上。從你內在尋找答案，讓內在的覺知幫助你實現所有外在的努力。

如果你的本命牌剛好是黑桃，而且你是女性，黑桃Q是你的長期牌，也可以表示這一年對你身為母親或情人的角色有很多的關注。對單身女性來說，這往往是一個信號，新的親密關係將進入她們的生活。

關鍵字：

努力工作和靈性上「自我駕馭」的一年。我駕馭我自己，因此，我駕馭我整個人生。

黑桃Q是你的環境牌

今年的祝福與好運將來自於勤奮努力、組織和靈性上的自我駕馭。這是重要的一年，你可能實際上做出一些重大的內在改變，可以提升你對自己人生的覺知，繼而改變你的命運。尤其是，你可能發現目前達到自我駕馭相對容易，似乎會吸引一切你需要的東西，而你無須為此辛勤付出。所以，雖然這張牌表示成功來自於努力工作，你也可以從深入內在而受益，學習如何不費力地吸引你想要的東西。想獲得更多的資訊，請閱讀黑桃Q的基本牌義。

如果你是黑桃女性，利益來自於你作為母親、妻子或情人的角色而來。每個人都會從和所有類型的黑桃女性之間的親密關係而受益。

黑桃Q是你的置換牌

你可能會發現你被一份有點無趣的工作或職業給綁住了，或者在你的人生戲劇中，你正在處理自己的個人掙扎。黑桃Q告訴我們，今年你需要超越整個掙扎概念，走向新的生活，讓事物更輕易來到你身邊。是我們的心智、信念和態度，決定了我們如何感知我們的生活，我們當中的很多人都持有根深柢固的「奮鬥心態」，當作是理所當然的事。「人生苦短」是一句熟稔的人生箴言，影響今日數百萬人的生活。如果你覺得你的生活在某些領域只是一場持續的掙扎，今年將給你機會來檢驗你的信念和態度，這樣你可以把這一點變成一種更幸福、更省力的生活。

黑桃Q需要內在的努力，不是外在的掙扎。如果我們往內看，我們會看到我們就是人生起伏的原因，我們能夠做些重大的改變，從而帶來更大的成功，並且更輕鬆自在。

如果你是黑桃花色的女性，這張牌也代表對你作為母親、妻子或戀人的角色中的一些挑戰。今年這些方面需要你投入更多的關注，不然經常似乎是個負擔。

在樂觀的一面，今年你處在你人生中一個非常幸運的循環的中間。去年，你處於鼎盛的位置，而明年，你將會是在最受祝福的位置。你今年做的內在功課是為了明年即將到來的祝福做準備。你愈是敞開自己去接受，你就會從這個你人生中最重要的時期受益。

Q

紅心K
戀情成功與好人緣／成為父親(男)／尋覓良緣(女)

紅心K的基本牌義

紅心K是愛的花色最高層次的牌，表示透過愛、慈悲和智慧來統御。他擁有愛的所有力量跟知識，並且知道如何運用它，雖然當這張牌出現時，它賦予你機會對自己的感情和浪漫衝動有更多掌控。這會在你所有的個人親密關係帶來更多的成功。

對於男士，這也是一張充滿的父親，和享受性愛之牌。雖然，它可以表示孩子的概念或出生。對女士，紅心K表示完美的愛人或同伴，它往往表示有一個令人享受的性愛關係，或是在某種情況下，表示結婚。

但是對我們所有人來說，紅心K帶來我們處理自己情感的成功、與大眾互動和其他任何藝術領域的成功，以及各種形式浪漫上的成功。

水星週期的紅心K

這段週期可能會讓你花時間與一個善良、聰明的男士共度時光，這是一股很好的影響。他可能會在你的生活中來去匆匆，但你會發現他在智力上是令人受到啟發又友善。你現在有很多情緒上的力量和魅力，可以幫助你結識新朋友，或者在涉及與人打交道的任何事務或工作中給你帶來回報。你以充滿愛的方式進行溝通的能力可以帶來很多回報。

金星週期的紅心K

這張牌帶來情緒力量、魅力以及掌握情緒和感情的能力。這種力量可以用於任何個人或職業關係上的成功。對於男性來說，這張牌可以表示今年某個時候成為父親。它總是透過在愛中展現領導能力，帶來在家庭方面的成功與和諧。你現在是「愛的主人」，可以從他人身上獲得你想要的東西。你要有智慧地使用這股力量。

還有一些紅心花色的男性或女性在這段週期當中，在你的人生扮演重要的角色。好消息是他們對你是很好的影響，帶給你更多喜悅跟友誼。它們當中甚至有一位會勾起你的戀愛意圖。對於女性，這張牌往往代表一個新的戀人和一個非常令人滿足的人。

火星週期的紅心K

這張牌表示一段週期，你的熱情高漲，你有辦法積極運用自己的魅力與「愛的力量」，從別人身上得到你想要的一切。對男士來說，這張牌可以表示今年某個時候成為父親，如果是這樣，你可能會有個男孩。你可能對自己的感覺有更成熟的態度，可以用在愛情和浪漫中獲得成功。

在這段週期，你也可能發現幾位紅心花色的男人讓你覺得受吸引或生氣。

木星週期的紅心K

財務和其他祝福將來自你駕馭自己的感覺，以及有能力與生意和家庭中的那些人以魅力和優雅來溝通。你擁有很多「愛的力量」任意運用，你要明智地使用它。在這段時間裡，你應對他人的能力可能讓你感到震驚。對於男性來說，這可能表明今年孩子的出生。如果是這樣，它將受到祝福。

今年，所有紅心花色的男性對你來說，都會是財務或其他方面的祝福，特別是那些比較年長或是在工作中擔任領袖角色的人。

土星週期的紅心K

透過情緒上的自我控制、智慧和療癒力量，你將能夠克服這一時期可能出現的任何困難，這通常是今年最具挑戰性的時期。在健康、醫療或其他領域的成功將有助於你情緒上的成熟。你現在是「充滿愛的父親」，即使這份責任似乎是個負擔，它保證你最後會成功，並且增長智慧。

對女性來說，這張牌可以表示來自某個有戀愛意圖的男人的難題。

要留意紅心花色的男人，特別是那些比較年長或可能是權威或專責位置的人。某種程度上，這些人很可能在這段期間會證明是個麻煩或負擔。

天王星週期的紅心K

在這段時間內，強大的通靈能力、勤奮工作和服務他人的領導力可以帶來成功。此外，你可能會與某個有這些特質的人連結，這對你會有好處。這種影響使社區或志工工作受益匪淺。你的愛會產生一些意想不到並令人滿意的結果。你自己的通靈能力將隨時在你做的事情中幫助你。

對於男性來說，這張牌可以表示孩子的出生或是意外懷孕。它也代表在他們浪漫愛情生活中的成功。

在這個週期，甚至是一整年中，紅心花色的男人，特別是年長的，看起來有點捉摸不定。當他們在你生活中表現出這種影響時，你最好不要對他們有太多期待。

海王星週期的紅心K

這張牌帶來了一段時光，你的魅力和吸引力時刻處於顛峰，可以用來獲得愛情或職業上的成功。特別有利於和旅行或度假相

關的社交或浪漫場合。對於男性來說，這可以表示一個孩子出生或懷孕的一年。對於女性來說，這可能意謂著你遇上夢中情人。你現在有相當大的愛和療癒力量，可以用來幫助別人或你自己。

在這段週期，甚至在一整年中，你可能難以客觀地看待任何遇到的紅心花色男性。你很容易將你對浪漫或其他方面的幻想投射在他們身上。因此，最好不要在下一個生日之前做出與他們有關的重要決定。

紅心K是你的冥王星牌

今年，你正在大幅度地在心和情緒層面上努力。也許你所從事的生意有很多要聯繫的人，在推銷你的點子或獲得更多合作方面，你需要獲得更多的成功。同樣可能的是，你作為父親的角色已經成為焦點，你已經決定投入更多精力在其中。這是「父親牌」，可以代表作為男人，你真正想成為父親的一年。

對女性來說，這張牌可以表示你有強烈的渴望在今年邂逅一位戀人，一個具有所有理想特質的人，像是浪漫、貼心、床技一流。紅心K向來被稱為「所有女人夢想的男人」和「完美情人」。在這種情況下，結果牌可能表示，在你下一個生日之前，你實際上將遇到並且交往的男人的本命牌。

在更深的層次，你可能決定要為你的情感承擔一個更為成熟跟負責的角色。也許你在進行療癒，並且清理妨礙你如今幸福的過往餘痕。

無論你生活中哪一方面受到這張牌的影響，你尋求的這個目標將會需要你身上一點決心。你必須在自己身上做一些改變，而這些改變並不總是那麼容易。你的結果牌將進一步定義你尋求的這種情感力量，或是以某種方式告訴你，誰將會涉入其中。

肯定句：

我成為我情感的主人，因此，我也是我所有關係的主人。我培養「國王般」的愛，並且拓展我的能力去接納，並且給予愛來幫助他人。

紅心K是你的結果牌

紅心K表示，你正在發展與今年冥王星牌有關的情感與愛的力量。這張牌賦予你魅力和良好的溝通，這在以人為本的商業中很有用。出於這個原因，這張牌可能意謂著在今年年底，在任何表演藝術或你的浪漫生活中都會取得巨大成功。

為了獲得更多的內在控制和理解你的情緒，或者你渴望的成功，你必須在自己內在做出改變。好消息是，即使可能很困難，你也會成功。

這張牌也是一個強大的信號，在你下一個生日之前，你可能與一些紅心花色的人在一起。無論是朋友、情人或家庭成員，都有強烈的跡象表示，你們倆將會在今年結束時，以某種更有意義的方式結合在一起。

如果你是男性，這張牌可能表示你在下一個生日之前可能會成為父親。如果你是女性，這可能意謂著找到你夢想中的愛侶。

肯定句：

我創造人際交往和情緒更多的力量。我使自己成為父親或是更加成功的父親。

紅心K是你的長期牌

紅心K透過愛來統轄。他擁有所有愛的力量和知識，並且知道如何使用它。這張強大的牌賦予你強大的力量，今年你可以將它應用於你的個人和職業生涯上取得巨大的成功。這張牌是藝術或任何與大眾打交道的成功指標。請記住不要濫用這種權力。用愛來統轄，一切都會對你有利。

作為今年可能與你有重要關係的人，紅心K通常是一位年長的男人，善良、脾氣好，具有相當的魅力和情感上的說服力。紅心K是強烈感情的標記，有力量去影響他人的，可以幫助你實現目標，要不就是讓你陷入困境。

對女人來說，紅心K可以表示一位情人，或是夢中的白馬王子。這也可以表示婚姻。對於男人來說，紅心K可以表示他們作為父親的角色，今年這將會成為他們人生中一個重要的部分。

關鍵字：

我能駕馭我的情緒。今年我在我所有的親密關係都有掌控力。我專注在我身為父親或戀人的角色（男人）。今年我集中我的注意力在擁有一位戀人上（女人）。

紅心K是你的環境牌

這對個人關係來說可能是一個非常好的一年，也適用於駕馭自己的情緒。你對人們相當有魅力和掌控力，可以在許多方面獲得更大的成功。由於這也被稱為「父親牌」，因此今年男性也可以從父親相關方面上受益。對於女性來說，這張牌可以表示一個理想的情人進入你的生活，一個有很多好東西與你分享的人。

紅心K是你的置換牌

對於父親來說，這張牌可能表明你必須比平常花更多的時間和精力在這個角色上。也許你的孩子會有自己的問題，現在你必須奉獻更多自己的精力來幫助他們度過。這對所有男人也是一個信號，表示他們的愛情將面臨挑戰。當一些挑戰出現在那個領域，你處理個人親密關係的方式就需要檢視了。在這裡我不是指真正嚴重的問題，而是那些需要你給予更多關注的問題。

紅心花色的男性也可能會發現，他們作為領導者或其他人的老闆的角色，今年同樣需要更多努力和開銷。

女性會發現她們的愛侶比平常更需要她們，或者更難找到合適的戀人。對於男女雙方而言，掌握自己的情緒可能是今年需要解決的問題。你被要求對你的個人親密關係採取更加「高貴」的態度，你對其他人的行為和評論不那麼敏感，而你對愛情和友誼採取更加高尚的態度。

梅花K
溝通或教學上的權威／得到成功與認可

梅花K的基本牌義

梅花K是知識花色中最高的牌。它賦予在任何溝通領域的掌控力跟成功，尤其是當我們能夠並願意承擔領導的位置或責任的情況。記住每一個國王都有王土。如果你參與溝通有關的領域，願意出來主導，沒有比這更好的一張牌來表示你的成功。

梅花K有很強的直覺，可以明辨是非真假，永遠不會做任何事情去違背他或她的正直或內在真理。每當這張強大的牌在解讀中出現時，要將這些特質銘記在心。

水星週期的梅花K

這張強大又充滿智慧的牌，在這個時期跟這一年中，保證了在你一切心智追求上的成功。你有能力將真理從幻覺區隔開來，並且分辨無數看似令人驚訝的細節。你可以把「知識的國王」其心智力量運用在任何心智追求領域並獲得成功。你可能甚至在工作或某些心智追求上扮演領導的角色，使你從眾人中鶴立雞群。現在你的直覺也非常地強烈。

金星週期的梅花K

藉由展現梅花K的心智力量，以及明辨秋毫的能力，這張牌帶給你在家庭和個人親密關係上的成功。現在這股心智力量可以用在你生活的一切領域，以清除未解決的親密關係問題或是家庭事務留下的混亂。你也可以運用這股力量在你的工作或事業上獲得更多的成功，尤其如果與女性、藝術或是某種程度上與娛樂有關的話。從這張「心智駕馭」牌在你生活中的出現，你就期待許多樂觀的結果吧。

火星週期的梅花K

在這段期間，作為這張「駕馭心智」之牌的結果，你可以期待在生活中有更多的成功。如果你捲入任何法律事務，就期待你會占上風吧。涉及男人或男性團體的情況也是一樣的。這股影響給予你在一切的追求上運用知識和智慧的能力，並保證了成功。任何心智領域會突出，特別是那些你積極追求的部分。

在這段週期，你也可能發現幾位梅花花色的男人讓你覺得受吸引或生氣。

木星週期的梅花K

在你的生意或職業中，這段週期可能會帶給你許多成功，尤其是在一些心智領域，比如寫作、演說、教學或出版。你的心智力量達到顛峰，並且有能力在你從事的工作中做出根據情報的出色選擇。這絕對是拓展你的經營範圍跟放遠眼光的好時機。

今年，任何梅花花色的男人都可能是財務或其他方面的祝福，特別是那些比較年長或在工作中處於領導角色的人。

土星週期的梅花K

雖然土星時期通常是最困難的，但這張強大的牌的出現將保證你透過運用你的智力、成熟和對眼前事物明察秋毫的能力來獲得成功。梅花K的心智力量可以幫助解決健康問題或任何其他似乎給你帶來負擔的困難。運用它來療癒你自己的負面精神信念，它們阻礙了你通往幸福的道路。

要留意梅花花色的男人，特別是那些比較年長或可能是權威或專責位置的人。某種程度上，這些人很可能在這段期間會證明是個麻煩或負擔。

天王星週期的梅花K

在這段時間裡，這張強大的牌將帶給你幾項重要的天賦，你可以用它們在人生中來獲得更多的成功和幸福。首先，你可以期望在心智領域的任何工作中取得成功。你可以在工作中擔任領導職務並自信地有所進展。你的直覺現在也非常活躍。它將使你在工作和那些有助於你成功的領域獲得珍貴的洞察力。

在這個週期，甚至是一整年中，梅花花色的男人，特別是年長的，看起來有點捉摸不定。當他們在你生活中表現出這種影響時，你最好不要對他們有太多期待。

海王星週期的梅花K

在此期間，任何涉及使用你的心智、直覺或組織能力的工作都可望取得成功。這將是一個很棒的時間來擴大你的工作範圍，並實現你在這方面的一些夢想。你的直覺現在非常強，你可以收到關於你內在自我的寶貴知識，這將引導你走向更好的方向。在你生活的每個領域都能善於區別，而且你可迅速進步。

在這段週期，甚至在一整年中，你可能難以客觀地看待任何遇到的梅花花色男性。你很容易將你對浪漫或其他方面的幻想投射在他們身上。因此，最好不要在下一個生日之前做出與他們有關的重要決定。

梅花K是你的冥王星牌

梅花K今年將藉由你的願望轉化你，使你在心智領域取得成功，比如寫作、演說、教學或出版。你渴望那種能夠讓你在你的領域處於領導地位的心智力量，為了實現這個目標，你必須對自己做出一些根本上的重大改變。你很可能會對你的生活做出一些

重要的區分，這會改變你的道路。

「帶來成功的心智力量」是梅花K的重要關鍵詞。無論你是作家、老師、演說家或是在任何溝通領域工作，可以肯定那種心智力量，獲取和善用正確資訊的能力，是你今年成功的關鍵。你將不得不在你向來做事的方法有所改變，才能獲得這樣的成功，那並不總是容易的。不過，這是你為自己設定的目標，你必須做到。

梅花K就像其他的國王牌，會成為一個領袖，並且在心智領域或努力上承擔更多的責任。也許你渴望在某個領域提升到一個被認可的權威地位，或是你想要在工作中承擔更多的領導工作。

當你在發展這股力量時要小心別欺凌他人。伴隨權力而來的總是濫用的誘惑。你的結果牌將會給你關於這個心智力量和你尋求的權威更多的資訊，或是告訴你，誰將與此有關。

肯定句：

我轉化我自己變得更加負責任，在我的溝通當中表達清晰，在某個對我重要的領域擔任領袖和權威的地位。

梅花K是你的結果牌

今年，在某種程度上與你的冥王星牌有關，你將被轉化並對你的生活負起全部責任。利用心智的力量創造你想要的東西，可以在你的工作上取得重大成就，並把你拔擢到領導和專責的位置上。只要你準備好並拿起「皇冠」，它就是你的。請放心，在你下一個生日之前，你將戴上這個「知識的皇冠」。

這張牌也是一個強大的信號，在你下一個生日之前，你最後可能會跟某位梅花男性走在一起。無論這是朋友、情人或是家庭成員，都有強烈的跡象表示，你們倆將會在今年結束時，以某種更有意義的方式結合在一起。

肯定句：

我在我的工作上獲得心智力量和領導地位的成功。我掌控我的心智和人生。

黑桃K是你的長期牌

這張牌意謂著你將在許多方面取得成功。你的心智力量很強大，在教學、寫作、管理或溝通等任何心智領域都能獲得成功。藉由應用你所知道的，今年你可以實現的目標沒有限制。任何涉及法律事務的事情都會成功。你要利用這種影響在你擅長的領域擔任領導地位。現在是主動出擊的時候了。

梅花K是通過他們獲得或發展的知識掌握更多權力和權威的人。今年可能會看到你與這樣一個人有很大的關係，或者展示和處理你自己個性的這一面。身為國王，這個人要求他人的尊重，並且通常會得到它。通常，他們被視為一些生意或企業的負責人。無論如何，他們是靠自己的真理生活的人，不喜歡別人干涉。你會發現自己今年展現出這些特質的部分或全部，這些特徵可以用於你的工作中取得很大的成功。如果你的工作涉及寫作、溝通、出版、教學或演講，這可能會特別有利。任何心智上的努力都必然會因這種影響而獲得成功。

關鍵字：

在涉及知識和心智辨別力的所有領域取得了許多成功的一年。我在某些溝通領域擔任指揮的角色。

梅花K是你的環境牌

今年是你可以在某種形式的知識中發揮領導作用並因你的成就受到認可的一年。也許你正在研究一門新主題，你精通或了解一個新職業。無論如何，這張牌保證你能夠成為你所學習或從事工作的大師。你也可能在工作中晉升到更高的職位，是讓你在同儕中要更負責任的位置。

梅花K是你的置換牌

如果你涉入了讓你處於責任地位的工作，那麼今年可能要比平時更加努力。另外，如果你被視為某個領域的權威，尤其是某些資訊或溝通領域的權威，或者你開展了與溝通領域相關的生意，那麼你會發現在這方面還需要付出更多的努力。總而言之，今年你肯定要在這些領域投入更多的關注、時間和精力。

對於所有人來說，這張牌可能表明希望在某些領域變得更加有知識，並且今年你必須努力工作才能達到這個層次的資訊。就這一點而言，如果你打算去上學或閱讀書籍，你將不得不比你想像中還要投入更多。

在樂觀的一面，這張牌有很好的職業影響，往往帶來一種特殊的天賦或是在年終時帶來獎勵。在下一個生日之前，你可能會獲得一些認可、升遷或是更棒的影響。

K

方塊K
大老闆／因承擔責任而致富

方塊K的基本牌義

方塊K通常可以代表一個成功的商人，一個經營自己的生意、或者一個金融行業人士，比如銀行家或股票經紀人。他很成功，並具有強烈的價值觀，這使他獲得了成功。所以，當這張牌出現時，你可以與這樣的人打交道，或者你自己表現出這些特質。

當我們準備好開始自己的生意時，方塊K經常出現，如果我們這麼做，它保證會取得巨大的成功。它是金錢和價值相關花色中最高的牌，因此，它賦予財務成功或生意機會所需的一切。當這張牌出現時，不要浪費它。要找到自己做生意的某個方法，並予以實踐。

水星週期的方塊K

在此期間，你可以應用你才思敏捷的思考在某些點子或商業上，看到自己獲得快速但是重大的財務成功。對於你從事的大多數投資或經營有非常好的影響，可以獲得成功，特別是在那些「速成發財」或牽涉到教育、汽車或短程旅行的事情上。現在多用你的大腦。你得到的想法會比你以為的更值錢。

金星週期的方塊K

這一時期將帶來相當可觀的財務成功。這可以用與女性、藝術或家庭用品或美容用品有關的商業或職業。如果你準備好了。現在是展開自己事業的時候了。這對藝術家或音樂家來說也是有力的影響，它會鼓勵你善加行銷自己，並達成更有利可圖的商業交易。

火星週期的梅花K

在此期間，你可以期待獲得一定的財務成功，特別是如果你有正在積極追求的特定目標時。法律事務將以對你有利的方式進行，你可以在自己的生意或處理自己的投資方面做得很好。現在在你的生活中，你是「財務大師」。運用這股影響去賺更多錢或是展開你自己的事業。成功是肯定的，尤其是這張牌是火星週期上方的牌時。

在這段週期，你也可能發現幾位梅花花色的男人讓你覺得受吸引或生氣。

木星週期的方塊K

這對賺錢是最棒的牌之一，尤其是如果你是自己的事業的負責人或在工作中處於領導地位。你會尋找巨大的回報。你手中能

夠處理的事情愈多，你就賺得愈多。這是擴張你生意的機會，也可能有其他的賺錢活動，回報會非常巨大。另外，對幫助或是任何有學問商人的建議要保持開放，尤其是方塊男性。

今年，任何方塊花色的男人都可能是財務或其他方面的祝福，特別是那些比較年長或在工作中處於領導角色的人。

土星週期的方塊K

儘管在此期間可以獲得財務上的成功，但你可能並不覺得為達到目標而付出的努力和精力的難關是划算的。如果你有自己的事業，這尤其準確。把自己看成是為了未來成功打下基礎。你現在處理的問題將為後來更多的擴張和豐盛奠定基礎。你生活中的方塊男性可能會擔任你的老師角色，不然他們可能會成為負擔。

要留意方塊花色的男人，特別是那些比較年長或可能是權威或專責位置的人。某種程度上，這些人很可能在這段期間會證明是個麻煩或負擔。

天王星週期的方塊K

這張牌代表了一位為他的成功而努力工作的房地產經紀人或大亨。他也可能在電腦或電子行業獲得成功，或者以他的通靈能力賺錢。這個人可能是一個朋友，儘管你可能對他的來去感到不確定。在這段期間，方塊K也為你提供了一定的業務能力，這可以帶來巨大的財務回報，特別是如果你處在上述其中某個領域時。

在這個週期，甚至是一整年中，方塊花色的男人，特別是年長的，看起來有點捉摸不定。當他們在你生活中表現出這種影響時，你最好不要對他們有太多期待。

海王星週期的方塊K

通過應用方塊K帶入你生活中的商業知識，你可以在這段週期實現一些財務夢想。雖然這可能代表你認識或遇到的人，但請記住，你也有這種能力，藉由在工作生意上採取正確的行動來賺更多的錢。如果你準備好了，這是展開你自己生意的時機，尤其是當它涉及進出口、航運或與海洋相關的事時。

在這段週期，甚至在一整年中，你可能難以客觀地看待任何遇到的方塊花色男性。你很容易將你對浪漫或其他方面的幻想投射在他們身上。因此，最好不要在下一個生日之前做出與他們有關的重要決定。

方塊K是你的冥王星牌

今年你的主要目標之一將是實現更多的財富，可能是通過創

辦自己的事業或在某公司擔任領導職務。方塊K是成功企業主之牌。他在財務領域擁有全部的權威，並且知道如何從他所做的一切中獲得利潤。他可能過度物質主義，但他知道自己做得非常好。

在某方面來說，你或許想要更像他，或者不得不與這樣一個對你非常有挑戰性的人打交道。在任何一種情況下，無論是在財務上或是在商業經驗和成功領域，你都會非常有挑戰。也許你考慮很久想要展開自己的事業，這就是你追求它的一年。

這張牌也表示你對展開自己生意的想法，是你今年主要的課題，你需要釐清怎麼做。你的結果牌將會給你更多的相關資訊，或是告訴你，誰會涉入其中。

肯定句：

藉由擔任領導地位和承擔我生意或工作上的權力，我轉化我自己，變得在財務上更加成功。

方塊K是你的結果牌

這張強大的牌可以保證在下一個生日之前掌握更多的財富。你甚至可能最終擁有自己的生意，這張牌非常受歡迎。「掌握價值」是這張牌的關鍵詞，因此它的影響比外在的豐盛更為深刻。你正在學習知道你想要什麼，以及如何以富有成效的方式回應他人的價值觀。你的冥王星牌將說出更多關於這個轉化為「大師」的資訊。

這張牌也是一個強大的信號，在你下一個生日之前，你最後可能會跟某位方塊男性走在一起。無論這是朋友、情人或是家庭成員，都有強烈的跡象表示，你們倆將會在今年結束時，以某種更有意義的方式結合在一起。

肯定句：

我成為我自己事業的老闆或是以更多的財富結束這一年。我在我的公司擔任領導的角色。

方塊K是你的長期牌

方塊K是一張非常強大的財務成功牌，如果你決定開始自己的事業或擔任目前工作的領導職位，成功就是你的。你將獲得使企業獲得成功的「訣竅」。這可以應用於市場行銷、銷售、管理或任何成功的商業角色，但作為業務主管尤其強大。你要運用這種影響來啟動你自己的企業。

今年，你比以往都更有可能在你的生意和財務方面取得成功。方塊K在商業和金融領域給予你許多支持，並且實際上保證你將在這些事業中做出更有利可圖的決策。重點在於生意上，小心別讓金錢成為你生活中唯一的目標，否則結果可能會讓其他方面因此遭殃。

記住，這張牌表示的財務成功只會發生在那些實際上擁有自己生意的人身上，或是那些願意在工作上擔任領導職務的人。

關鍵字：

財務成功，和你在生意中擔任領導職務的一年。展開你自己的生意。

方塊K是你的環境牌

這對你來說可能是一個非常好的一年，特別是如果你有自己的事業。利益來自於所有你說了算的工作，尤其是那些極度以金融為導向的工作。這是你展開自己生意或是擴張你現有生意的最佳時機之一。在今年可能出現的法律事務中，你也應該會很順利，因為你有力量在許多領域獲得成功。

方塊K是你的置換牌

對於那些參與商業活動的人，或者那些在任何生意或公司中處於當責位置的人，如果你希望保持良好的業績和成功，你在這些領域的角色今年將需要你投入更多的時間和精力。然而，這在很多方面都是一種幸運的影響，如果你願意付出必要的努力，你今年確實擁有獲得許多成功的力量。擁有這張牌的任何人今年都將擁有相當大的力量——透過專注心念和意志來克服障礙的力量。除非其他牌強烈抵制這種影響，否則健康問題今年也應該會有所改善，但抵銷的可能性比較小。你有能力去真正地完成任務，而且這種能力幾乎可以應用於你選擇的任何區域當中。

如果參與經營生意，你將會在今年學到關於如何成為一位成功商人的一些功課。這些功課可能是把生意跟友誼分開，那麼你就能在處理你的一切商業交易時保持專業的作法。你對其他人有時可能顯得無情或冷酷，但根本上，你必須以專業和商業的方式來處理你一切生意的事宜，才能避免潛在的問題。

K

黑桃K
因承擔責任而功成名就／達成目標

黑桃K的基本牌義

黑桃K是整副牌中最後一張和最強大的牌，代表著對自己的環境和自我的駕馭。每當這張牌出現時，你可以肯定將會獲得好運和好結果。

它對法律事務和商業特別有利，但也可以應用於生活的任何領域以取得成功。它確實是「無往不利」之牌，但卻為那些已經準備好並願意為自己的生活和工作承擔責任，和那些在工作中擔任領導職位的人帶來最大的祝福。請記住，這是一個我們正在談論的國王，每個國王都有一個王國。

當這張有利的牌出現時，要準備好擔任領導角色，按照自己的智慧過生活。成功是你的，但你必須要站出來宣告這一點。

水星週期的黑桃K

這個時期可能會讓你花時間與一個有權力、聰明的男人在一起，是一股有利的影響。他可能會很快進入你的生活，但如果你想向他學習，你會發現他在智力上令人受刺激和對你有幫助。你今年有很多心智力量，並且只要是在教育方面，你大概可以完成你渴望的任何事。記住，把你的注意力放在特定目標可以帶來許多回報。

這是一張如此強大的牌，你可能會在此期間實現你的許多願望。如果你負責在你正在從事的工作擔任主管或領導的位置，這尤其準確。在此期間，領導力能夠在此時以驚人的方式獲得回報。好好利用它。

金星週期的黑桃K

在此期間，由於整副牌最強大的牌出現，你可以期待在你的家以及與一切你最親密的關係獲得更多的成功。黑桃K的智慧將幫助你在情感和感情上作出重要的區分，這將保證你的幸福和成功。對你來說，這段時間和這一年，你將與所愛之人一起體驗許多幸福。列出「愛的願望清單」，看看會發生什麼。

這也是一對生意成功很好的一張牌，如果你從事藝術、美容產品或和人們一起工作。你將會發現，你現在有一定的掌控力，可以帶來巨大的成功。

火星週期的黑桃K

由於黑桃K統治你的火星週期，今年任何涉及法律事務的事件都將對你有利。你可以期待與男性有更好的關係，並在任何你熱衷於追求的項目中取得巨大成功。事實上，如果你願意應用他現在帶給你的智慧，這張牌可以保證你生活的每個領域都獲得成功。如果你準備好在你的工作或業務中擔任領導角色，現在正是時候。

在這段週期，你也可能發現幾位黑桃花色的男人讓你覺得受吸引或生氣。

木星週期的黑桃K

這也許是事業成功最好的一張牌。如果你已準備好對你的生意負責，那麼你在這個週期和今年所能實現的成就將無可限量。現在就信任你的智慧，並且準備好拓展你的行動以利用這股幸運的影響。這絕對是設定目標和優先順序的好時機。你設定的許多目標都將按照你的計畫進行。

今年，任何黑桃花色的男人都可能是財務或其他方面的祝福，特別是那些比較年長或在工作中處於領導角色的人。

注意：這張牌的巨大財務利益只會顯化在那些擁有自己事業，或那些處於領導或管理職位的人，他們有可能會晉升。這張牌可能是整副牌中最幸運的一張，但只會給那些準備好、並願意為自己的生活和財務狀況承擔全部責任的人帶來祝福。如果你正在為其他人工作，或者你是一個固定收入或失業的人，那麼期望這張牌可以帶來巨大的財務利益是不明智的。但是，無論你的情況如何，它仍將在你生活的其他方面帶來一些好結果。

土星週期的黑桃K

雖然土星通常是一年中最困難的時期，但是今年黑桃K出現在這個位置，承諾你將能夠克服可能出現的任何困難，特別是那些與健康或工作有關的。這張強大的牌也會對你一整年產生有利的影響，讓你在生活中的每個領域都有更好的成功機會。可以肯定的是，今年你的健康狀況會很好，因為這主要是掌握在自己手中。

這對你事業上的進步和成功是一個特別好的影響。透過努力工作和承擔責任的意願，你可以走得很遠，並且收到與你的努力同等的認可。

要留意黑桃花色的男人，特別是那些比較年長或可能是權威或專責位置的人。某種程度上，這些人很可能在這段期間會證明是個麻煩或負擔。

天王星週期的黑桃K

這張強大的牌保證了在這段期間的成功和成就。它是如此地強大，所以無論你想要成就什麼，都能夠實現。你將不得不必須為此而努力，你必須願意客觀地看待自己，採取必要的行動來實現你的目標。然而成功是必然的。天王星的影響特別帶來在工作

上、房地產和團體相關事務方面的良好結果。另外，你可能會發現在電腦或高科技相關領域的成功。

在這個週期，甚至是一整年中，黑桃花色的男人，特別是年長的，看起來有點捉摸不定。當他們在你生活中表現出這種影響時，你最好不要對他們有太多期待。

海王星週期的黑桃K

在這一年這個靈性而夢幻的時期，你現在擁有黑桃K，這是整副牌中最強大的牌。現在，你可以完成你為自己設定的大多數任務或目標。這些目標可能與國外的興趣、海外旅行、度假、靈性發展或克服毒品或酒精成癮有關。無論如何，成功是必然的，因為這張最有智慧的牌賦予你智慧和真理的禮物。

在這段週期，甚至在一整年中，你可能難以客觀地看待任何遇到的黑桃花色男性。你很容易將你對浪漫或其他方面的幻想投射在他們身上。因此，最好不要在下一個生日之前做出與他們有關的重要決定。

黑桃K是你的冥王星牌

黑桃K表示你今年的重要目標之一，就是在你的生活實現掌控力，或許是你所選擇的工作當中的領導地位。黑桃K是整副牌最後一張，是最強大跟最成功的牌。他有經驗去做他選擇的事情，並且總是成功。這正是你渴望的東西，這一年你會為之努力。

如果你可望成為成功的黑桃K，你需要考慮一些關於他的事情，那會幫到你。首先，他掌控了一切他做的事情。他關心是否工作順利完成，勝過他會得到多少或是他工作最後會有怎樣的結果。

黑桃K是一位領袖，但不會誇耀或濫用他的領導力。他也是駕馭他工作和他自己的大師。如果你希望獲得他更多的成功，在今年效法他的特質是明智之舉。那對你可能是個挑戰，因為冥王星牌通常代表今年開始時，我們並未擁有的能力、人或其他東西，我們必須在內在做出一些重大的改變才能獲得這些。

你的結果牌，將會告訴你更多關於你尋求的掌控力或領導力的資訊，或是誰會以重要的方式涉入這項掌控。

肯定句：

藉由願意精通我做的一切，並為我自己的成敗負上完全的責任，我發展真實的力量和權威。

黑桃K是你的結果牌

作為你的結果牌，黑桃K承諾你將獲得你所尋求的掌控力，不僅僅是你的冥王星牌指涉的領域，而是在你實際上選擇的任何生活領域。黑桃K是整副牌中最強大的牌，代表著在你所涉及的任何工作領域擔任領導的地位。你可能不得不努力工作以取得這種掌控力和成功，但結果將是非常值得的。列一份願望清單，並準備好擁有你想要的一切。

這張牌也是一個強大的信號，在你下一個生日之前，你最後可能會跟某位黑桃男性走在一起。無論這是朋友、情人或是家庭成員，都有強烈的跡象表示，你們倆將會在今年結束時，以某種更有意義的方式結合在一起。

肯定句：

今年我獲得了可觀的掌控力，我可以把它運用在我選擇的任何生活領域。我將開始承擔領導的角色並掌控我的命運。

黑桃K是你的長期牌

這對你來說可能是非凡的一年，你可以完成大部分你下定決心的任務。強烈建議你今年為自己設定較高的目標，善加利用一生一次、最多兩次的影響。

就駕馭物質和成就而言，黑桃K被認為是整副牌中最強大的牌。所有法律和工作事宜都應該按照你的方式進行，你可以自信地繼續自己所選擇的方向。想從這種影響中獲得最大收益，你得找到一個可以承擔責任的領域，並以某種方式承擔領導者的角色。幾乎沒有限制。你被賦予最高的掌控力，可以掌握新情況或現有的情況。請明智運用它。

這裡應該提到的是，這張牌所表示的力量和成功，只會表現在那些準備好、並願意承擔責任的人身上。例如，這可能意謂著，你必須成為某種類型的領導者，或擁有自己的事業，才能充分利用這張強大的牌。

關鍵字：

我是我命運的主人。透過運用知識和經驗，我可以在今年成就一切。

黑桃K是你的環境牌

由於黑桃K是其中一張固定牌，它絕不會成為任何人流年牌陣中的環境牌或置換牌。

在每週解讀中，黑桃K帶來事業上的成功，以及在所有能夠發揮權威和願意承擔責任的領域中的成功。在物質層面，它是整副牌中最強大的牌。

黑桃K是你的置換牌

由於黑桃K是其中一張固定牌，它絕不會成為任何人流年牌陣中的環境牌或置換牌。

牌義關鍵字表

	紅心	梅花	方塊	黑桃
A 渴望、開始	新戀情、小孩出生、渴望戀愛、戀愛	新點子、新的心智計畫誕生、渴望知識	新的財務計畫、渴望金錢、新的賺錢主意	轉化、祕密、死亡與重生、對工作的渴望
2 一對朋友、一起做事情	戀愛、情人或朋友的結合	討論想法、研究或爭吵	商業交易與會面、財務安排	一起工作、合作
3 猶豫、創造力	對愛情猶豫或擔心、三角戀	心智創造力或擔憂、作家牌	擔憂金錢，或是從兩個資源賺錢、創造力	精神壓力、同時做兩份工作
4 穩定、很好的供給	婚姻、對愛情與家庭關係滿意	精神寧靜跟穩定、心智力量、頑固	財務上的滿足、充裕的資金、良好價值觀	良好的健康、從健康或工作問題中復原
5 改變、旅行、搬家	離婚、改變心情或感受、離開所愛之人的旅行	改變計畫或想法、旅行、搬家、焦慮	出差、改變價值觀、金錢轉手	遠距旅行、搬遷位置、工作或健康的改變
6 和平、業力	愛情的妥協、沒有變化的親密關係或業力關係	直覺、通靈能力、在溝通中讓步、口業	償債的義務、沒有改變的財務	死亡或生病（土星）、償還業債、失業
7 靈性勝利或挑戰	靈性之愛、放下個人執著	靈性知識、放下負面思考模式跟信念	豐盛意識、放下對金錢的恐懼或擔憂	工作或健康挑戰、靈性工作、靈性體驗
8 權力、成功	社交上的聲望、愛的力量與魅力、在團體中的權力	無所不能的心智力量、心智領域的成功	花錢、財務力量、財務成功的指標	良好的健康、克服困難、工作和健康中的成功
9 結束、完成	離婚、親密關係的結束與完成、宇宙之愛	結束、計畫的完成、精神失望、宇宙知識	金錢外流、財務上的損失或失望、投資	死亡（土星）或健康問題、失去工作
10 成功、為數眾多	在大眾方面的成功、藝術上的成功、許多社交活動、聚會	老師、心智領域的成功、想太多	一大筆錢，不一定是你的	透過努力工作獲得成功、成就
J 駕馭創造力	基督之牌、為了更高的理由犧牲、情緒上的不成熟、頑固	心智創造力、透過創意而成功、頑固和不成熟	業務員、在財務創造中的成功、有可能不誠實	靈性啟蒙或是小偷牌、一種新的人生哲學
Q 駕馭與服務	母親之牌、對女人是孩子出生，沉溺於性愛或是感官享受、懶惰	聖母瑪莉亞之牌、心智與直覺的成功和掌控	財務與商業的掌控、砸大錢或是購物行	自我駕馭、在勤勞的工作中提供服務
K 駕馭和權威	充滿愛的父親之牌、駕馭情感、社交高手	駕馭心智、權威跟成功	商業與財務高手	統御所有的渴望、在所有領域中的權威和成功

個人流年牌陣一覽表（0-99歲）

紅心 A

歲數	水星	金星	火星	木星	土星	天王	海王	長期	冥王/結果	環境	置換
0	A♦	Q♦	5♥	3♣	3♠	9♥	7♣	A♦	5♦/Q♠	A♥	A♥
	J♠	9♠	3♦	6♣	K♣	7♠					
1	9♦	5♣	K♦	J♦	7♦	J♠	3♣	Q♦	8♦/10♦	3♥	A♦
	8♣	A♣	2♣	9♠	J♣	3♦					
2	4♠	8♣	J♦	10♠	4♦	8♦	2♦	5♥	Q♣/3♥	Q♣	2♦
	3♠	6♥	K♠	A♦	9♠	9♥					
3	8♠	3♠	10♠	10♣	K♠	Q♠	2♥	3♣	8♦/6♦	10♦	6♣
	6♥	7♠	A♦	3♥	J♦	3♦	K♠				
4	Q♠	10♦	K♦	3♣	7♥	5♠	9♥	3♠	4♥/8♥	Q♠	8♠
	Q♣	J♣	Q♦	K♠	3♥	2♠					
5	5♥	3♠	3♦	A♦	9♠	Q♣	2♦	9♥	J♠/9♣	8♦	K♣
	10♠	8♦	Q♥	6♣	K♦	2♦					
6	6♠	10♦	A♦	10♥	6♦	10♠	K♠	7♣	J♠/A♣	7♠	2♠
	7♥	2♣	6♥	K♦	3♦	10♣	6♦				
7	5♠	3♠	Q♥	K♠	10♣	2♥	4♠	9♦	10♥/3♣	J♠	6♠
	Q♣	9♠	J♠	6♦	A♦	8♥					
8	2♥	A♦	6♠	8♥	7♠	7♣	3♠	5♠	8♠/5♣	10♠	9♠
	7♥	3♥	10♦	6♦	10♣	3♠					
9	2♠	7♥	8♥	J♠	J♦	8♠	4♣	K♦	10♥/9♦	4♠	K♥
	6♣	4♥	5♠	9♣	2♠	4♠					
10	8♦	Q♦	4♦	K♠	Q♠	6♠	J♠	J♥	10♦/5♣	4♥	2♣
	9♥	7♣	10♠	4♠	8♥	K♠					
11	A♦	9♥	K♥	J♥	6♥	10♦	A♣	7♦	Q♥/8♠	10♠	A♠
	4♣	9♦	2♠	4♥	8♣	A♣					
12	7♦	7♠	J♥	3♣	Q♠	2♥	10♦	J♠	6♠/K♥	Q♥	7♥
	9♣	5♠	J♣	6♠	Q♦	10♦					
13	4♥	7♣	3♦	5♥	10♥	K♠	6♦	3♣	2♥/3♠	9♠	8♥
	A♦	5♦	J♣	K♥	J♥	6♥	10♥				
14	Q♠	4♠	K♦	6♥	A♠	10♣	3♥	4♠	10♠/J♠	6♦	7♠
	3♣	J♣	9♥	J♦	3♦	4♠					
15	2♠	6♠	9♠	5♣	9♣	6♥	8♣		7♥/10♥	3♠	K♦
	9♥	2♥	2♣	8♥	K♥	6♦					
16	7♠	9♥	5♣	A♦	4♦	7♥	2♦	J♦	Q♣/7♣	J♦	3♣
	A♠	K♣	2♣	10♥	6♥	4♥					
17	5♥	A♠	A♦	10♦	J♠	Q♥	10♠		9♦/9♠	J♠	5♦
	J♦	8♣	A♠	7♠	3♠	7♥					
18	Q♠	10♣	9♣	A♠	5♦	6♠	Q♥	4♦	8♦/3♠	10♥	9♦
	Q♣	K♥	8♣	9♠	4♦	Q♦					
19	K♣	10♦	A♠	7♦	3♦	Q♣	4♣	8♦	K♥/3♥	5♠	Q♦
	7♥	4♥	J♠	4♦	3♦	8♦					
20	4♠	10♣	7♣	2♠	J♥	7♥	Q♥	2♦	2♥/10♠	4♦	3♦
	9♣	3♠	Q♦	4♦	9♦	Q♥					
21	A♦	5♠	5♦	8♣	2♣	K♦	2♠	8♠	6♥/J♣	5♥	6♥
	K♣	4♣	3♣	3♠	10♦	8♦					
22	4♦	4♣	8♣	K♥	7♠	A♣	3♦	3♠	10♥/5♣	4♦	5♣
	J♥	7♥	9♠	4♠	10♠	9♣					
23	10♦	Q♥	10♠	9♥	6♣	J♥	K♥	10♠	3♠/A♣	4♠	5♣
	K♣	4♦	9♦	7♦	5♣	5♥					
24	10♣	2♠	9♥	K♦	J♠	5♥	8♠	10♣	7♣/4♥	6♥	5♥
	7♥	4♠	7♦	A♦	A♦	8♠					
25	5♠	Q♥	5♣	10♥	9♠	7♥	K♦	K♠	K♠/Q♦	3♦	4♦
	6♣	3♥	A♠	4♥	9♥	2♥					
26	J♥	2♠	10♥	2♥	J♣	10♠	8♦	Q♠	Q♠/6♥	Q♦	5♠
	5♦	A♠	4♦	10♣	4♥	A♦					
27	K♦	A♠	9♦	Q♦	10♣	10♠	10♠	2♥	6♣/7♦	9♦	10♥
	7♠	3♥	3♣	2♣	5♥	4♠					
28	4♥	6♦	10♥	4♠	A♦	6♠	10♦	Q♠	5♣/3♦	5♦	J♣
	Q♠	9♠	9♣	7♠	A♠	10♦					
29	2♠	Q♠	4♣	J♦	Q♦	5♣	8♠	10♦	9♠/A♠	3♣	J♦
	Q♥	5♦	8♣	A♣	10♥	8♠					
30	9♥	K♥	9♠	A♠	Q♣	Q♥	J♦	K♦	4♦/3♦	K♠	3♠
	7♥	10♣	J♦	8♠	2♣	J♠					
31	K♣	Q♠	A♠	9♦	7♠	K♦	Q♥	3♦	J♠/3♦	7♠	6♦
	5♣	5♠	8♥	8♠	2♠	Q♥					
32	6♥	2♥	4♣	J♦	10♠	4♦	K♦	7♥	2♠/8♣	8♥	9♦
	4♠	K♣	3♣	5♠	9♥	5♦					
33	8♠	6♠	K♣	A♠	2♥	2♣	A♦	5♠	4♥/9♣	7♥	Q♥
	Q♠	J♦	8♥	8♣	A♣	5♣					
34	10♠	6♦	4♣	5♠	7♦	10♣	J♥	9♦	Q♣/Q♦	A♠	10♠
	2♠	5♥	4♦	9♣	9♣	Q♥					
35	4♥	3♠	5♣	8♥	9♦	Q♣	2♦		K♣/K♠	2♣	4♥
	2♠	J♣	Q♠	Q♦	4♣	K♣					
36	4♠	2♠	8♥	K♣	2♠	♣	Q♦		4♦/7♣	K♥	4♠
	5♥	7♦	A♣	10♠	10♣	Q♦					
37	6♣	K♠	6♠	2♥	2♠	10♦	6♠	3♦	J♣/Q♦	9♠	10♣
	7♠	5♠	5♥	4♥	J♦	10♠	2♠				
38	8♠	J♠	Q♣	10♠	8♠	A♠	6♠	A♦	9♠/5♣	6♠	J♠
	K♦	10♥	7♠	7♥	A♦	6♠					
39	5♣	2♦	10♠	5♦	3♦	Q♣	A♠	9♠	4♥/Q♠	2♠	A♣
	2♠	3♥	7♠	3♠	8♥	A♠					
40	K♠	8♠	A♣	6♠	7♠	J♣	4♦	Q♣	3♣/5♦	K♣	8♦
	9♦	Q♦	4♦	2♦	10♥	J♥	7♣				
41	9♣	4♣	9♦	7♠	K♥	Q♥	7♠	2♦	J♦/2♥	8♠	Q♠
	5♣	4♥	8♥	3♠	6♣	7♠					
42	6♠	6♠	8♠	4♠	10♥	Q♦	Q♥	6♠	9♥/10♥	6♠	10♦
	4♠	J♥	10♣	Q♠	3♠	5♦					
43	4♠	4♣	4♣	8♥	7♠	9♥	J♣	10♦	J♥/10♠	2♦	Q♣
	7♣	9♠	3♦	9♦	J♦	4♠					
44	A♣	3♥	4♥	5♦	6♦	7♥	8♥	A♦	7♦/10♥	A♦	3♥
	4♠	10♦	3♦	9♣	2♠	8♥					
45	A♦	Q♦	5♥	3♣	3♠	7♥	7♠	10♥	5♦/Q♠	A♥	A♥
	J♠	9♠	3♦	6♠	K♣	7♠					
46	9♦	5♣	K♦	J♦	9♥	J♠	3♠	9♥	8♦/10♥	3♥	A♦
	8♣	2♥	2♣	9♠	J♣	3♦					
47	4♠	8♣	J♦	10♠	4♦	8♦	2♦	10♠	Q♣/3♥	Q♣	2♦
	3♠	6♥	K♠	A♦	9♠	7♦					
48	8♠	3♠	10♠	10♣	K♠	Q♠	A♣	K♠	8♦/6♦	10♦	6♣
	6♠	9♥	A♦	3♥	J♦	3♦	K♠				
49	Q♠	10♦	K♦	3♣	7♥	5♠	7♥	5♠	4♥/8♥	Q♠	8♠
	Q♣	J♣	Q♦	K♠	3♥	2♠					

附錄表格（50–99歲）

歲數	水星	金星	火星	木星	土星	天王	海王	長期	冥王/結果	環境	置換
50	5♥ 10♠	3♠ 8♦	3♦ Q♥	A♦ 6♣	9♠ K♦	Q♣ 2♦	2♦	3♠	J♣/9♣	8♦	K♣
51	6♠ 7♥	10♦ 2♣	A♦ 6♥	10♥ K♦	6♦ 3♦	10♠ 10♣	K♣ 6♦	Q♥	J♠/2♥	7♣	2♠
52	5♠ Q♣	3♠ 9♣	Q♥ J♠	K♠ 6♦	10♣ A♦	A♣ 8♥	4♠	K♠	10♥/3♣	J♠	6♠
53	A♣ 7♥	A♦ 3♥	6♠ 10♦	8♥ 6♦	7♠ 10♣	7♠ 3♠	3♠	10♣	8♣/5♣	10♣	9♣
54	2♠ 6♣	7♥ 4♥	8♥ 5♠	J♠ 9♣	J♦ 2♠	8♣ 4♠	4♣	2♥	10♥/9♦	4♠	K♥
55	8♠ 7♥	Q♦ 7♦	4♦ 10♣	K♣ 4♠	Q♠ 8♥	6♣ K♠	J♠	4♠	10♦/5♣	4♥	2♣
56	A♦ 4♣	7♦ 9♦	K♦ 2♠	J♥ 4♥	6♥ 8♣	10♠ 2♥	2♥	2♥	Q♣/8♠	10♠	A♠
57	9♥ 9♣	7♦ 5♠	J♠ J♦	3♦ 6♠	Q♠ Q♦	A♣ 10♦	10♦	A♦	6♠/K♥	Q♥	7♦
58	4♥ A♦	7♣ 5♦	3♠ J♦	5♥ K♥	10♥ J♥	K♠ 6♥	6♦ 10♥	6♠	A♣/3♠	9♣	8♥
59	Q♠ 3♠	4♣ J♣	K♦ 9♠	6♥ J♥	A♠ 3♦	10♣ 5♠	3♥	8♥	10♠/J♠	6♦	7♠
60	2♠ 7♦	6♣ A♣	5♠ 2♣	5♠ 8♥	8♠ K♥	3♠ 6♥	6♥	7♠	7♥/10♥	3♠	K♦
61	7♠ A♠	7♦ K♣	5♠ 2♣	A♦ 10♥	4♦ 6♥	7♥ 4♥	2♦	7♣	Q♣/7♠	J♦	3♠
62	5♥ J♦	A♠ 8♣	A♦ 2♥	10♦ 7♣	J♠ 3♣	Q♥ 7♥	7♥	3♠	9♦/9♠	J♣	5♦
63	Q♠ Q♣	10♣ K♥	5♠ 6♠	A♠ 9♠	5♦ 4♦	6♠ Q♦	Q♥	2♠	8♦/3♠	10♥	9♠
64	K♣ 7♥	10♦ 4♥	A♣ J♠	9♥ 4♦	3♦ 3♠	Q♣ 4♣	4♣	7♥	K♥/3♥	5♠	Q♦
65	4♠ 9♣	10♣ 3♠	9♥ Q♦	2♠ 4♦	J♥ 9♦	7♦ Q♥	Q♥	8♥	A♣/10♠	4♦	3♦
66	A♦ K♣	5♠ 4♠	5♦ 3♣	8♣ 3♠	2♠ 10♦	K♦ 8♦	2♠	J♠	6♥/J♣	5♥	6♦
67	4♦ J♥	3♠ 7♦	8♣ 9♥	K♥ 4♠	7♠ 10♠	K♠ 9♦	3♦	J♦	10♥/5♣	5♠	4♣
68	10♦ K♠	Q♥ 4♦	10♠ 9♣	7♦ 9♥	6♣ 5♠	J♥ 5♥	K♥	J♣	3♠/2♥	4♣	5♣
69	10♣ 7♥	2♠ 4♠	7♦ 9♥	K♣ 2♥	J♠ A♦	5♦ 8♠	8♠	4♠	7♣/4♥	6♥	5♥
70	5♠ 6♠	Q♥ 3♥	5♣ A♠	10♥ 4♥	9♠ 7♦	7♥ A♣	K♦	8♦	K♠/Q♦	3♦	4♦
71	J♥ 5♦	2♠ A♠	10♥ 4♦	A♣ 10♣	J♣ 4♥	10♠ A♦	8♦	Q♦	Q♠/6♥	Q♦	5♠
72	K♦ 7♣	5♣ 3♥	9♣ 3♣	Q♥ 2♣	10♣ 5♥	10♦ 4♠	10♠	4♦	6♣/9♣	9♦	10♥
73	4♥ Q♠	6♦ 9♠	10♥ 9♣	4♠ 9♥	A♦ 2♥	6♠ 10♦	10♦	K♠	5♣/3♠	5♦	J♣
74	2♠ Q♥	Q♠ 5♦	4♠ 8♣	J♦ 2♥	Q♦ 10♥	5♠ 8♠	8♠	Q♠	9♠/A♠	3♣	J♦
75	7♦ 7♥	K♥ 10♣	9♣ J♥	A♠ 8♠	Q♣ 2♣	Q♥ J♣	J♦	6♣	4♦/3♦	K♦	3♠
76	K♣ 5♣	Q♠ 5♠	A♠ 8♥	9♦ 8♠	7♠ 2♣	K♦ Q♥	Q♥	J♠	J♠/3♠	7♠	6♦
77	6♥ 4♠	A♣ K♠	4♠ 3♠	J♣ 5♣	10♠ 7♦	4♥ 5♦	K♦	A♠	2♠/8♣	8♥	9♣
78	8♠ Q♠	6♠ J♦	K♠ 8♥	A♠ 8♦	A♣ 2♠	2♠ 3♠	A♦	9♥	4♥/9♣	7♥	Q♥
79	10♠ 2♠	6♦ 5♥	4♠ 4♦	5♦ Q♠	9♥ 9♠	10♣ Q♥	J♥	K♦	Q♣/Q♦	A♠	10♠
80	4♥ 2♠	3♣ J♥	5♠ Q♠	8♥ Q♦	5♦ 4♣	Q♠ K♥	2♦	J♥	K♣/K♠	4♣	4♥
81	4♠ 5♥	2♠ 9♥	8♥ 2♥	K♦ 10♠	2♠ 10♣	J♠ Q♥	Q♦	6♥	4♦/7♣	K♥	4♠
82	6♣ 7♠	5♣ 5♥	A♠ 4♥	2♠ J♦	10♦ 10♠	6♦ 2♠	10♦		J♣/Q♦	9♠	10♣
83	8♠ K♦	J♠ 10♥	Q♣ 7♠	10♠ 7♥	8♠ A♦	A♠ 6♠	6♠	A♣	9♠/5♠	9♠	J♠
84	5♠ 2♠	2♦ 3♥	10♠ 7♠	5♥ 5♠	3♦ 8♥	3♠ A♠	A♠	7♦	4♥/Q♠	2♠	7♠
85	K♠ 9♦	8♠ Q♥	2♥ 4♦	6♠ 2♦	7♠ 10♥	J♠ J♥	4♦ 7♣	7♠	3♠/5♦	K♣	8♦
86	9♣ 5♣	5♣ 4♥	9♦ 8♥	7♠ 3♠	K♥ 6♠	Q♥ 7♠	7♠	J♥	J♦/2♣	8♠	Q♠
87	6♠ 4♦	6♣ J♥	8♠ 10♣	4♠ Q♣	10♥ 3♦	Q♦ 5♦	Q♥	3♦	7♦/10♦	6♠	10♦
88	4♠ 7♥	4♦ 3♥	4♠ 3♦	8♥ 9♦	7♠ J♦	J♠ 5♣	Q♠		J♥/10♦	2♦	Q♣
89	2♥ 4♠	3♠ 10♠	4♥ 3♦	5♥ 9♣	9♠ J♠	2♠	2♥		9♥/10♥	A♦	3♥
90	A♦ J♠	Q♣ 9♠	5♦ 3♦	9♣ 6♠	3♠ K♣	9♥ 7♠	7♠	10♦	5♦/Q♠	A♥	A♥
91	9♦ 8♣	5♣ A♣	K♦ 2♠	J♦ 9♣	7♦ J♣	J♠ 3♠	3♠	4♥	8♦/10♥	3♥	A♦
92	4♠ 3♠	8♠ 6♥	J♦ K♠	10♠ A♦	4♦ 9♠	8♦ 9♥	7♠		Q♣/3♥	Q♠	2♦
93	8♠ 6♠	4♠ 7♠	10♠ A♦	10♣ 3♥	Q♣ J♦	Q♠ 3♦	2♥ K♠	3♦	8♦/6♦	10♦	6♠
94	Q♠ Q♣	10♦ J♣	K♠ Q♦	3♦ K♠	7♥ 9♥	9♠ 2♠	5♥		4♥/8♥	Q♠	8♠
95	5♥ 10♠	3♠ 8♦	3♦ Q♥	A♦ 6♣	9♠ K♦	Q♣ 2♦	2♦	10♥	J♣/9♣	8♦	K♣
96	6♠ 7♥	10♦ 2♣	A♦ 6♥	10♥ K♦	6♦ 3♦	10♠ 10♣	K♣ 6♦	K♣	J♠/A♣	7♠	2♠
97	5♠ Q♣	3♠ 9♣	Q♥ J♠	K♠ 6♦	10♣ A♦	2♥ 8♥	4♠	6♦	10♥/3♣	J♠	6♠
98	2♥ 7♥	A♣ 3♥	6♠ 10♦	8♥ 6♦	7♠ 10♣	7♠ 3♠	3♠	Q♠	8♣/5♣	10♣	9♠
99	2♠ 6♣	7♥ 4♥	8♥ 5♠	J♠ 9♣	J♦ 2♠	8♣ 4♣	4♣	4♠	10♥/9♦	4♠	K♥

紅心 2

歲數	水星	金星	火星	木星	土星	天王	海王	長期	冥王/結果	環境	置換
0	K♥	K♦	6♥	4♣	2♥	J♠	8♣	K♥	6♦/4♠		
	A♠	Q♥	J♦	5♦	A♠	8♣					
1	10♦	Q♥	4♣	Q♦	2♣	A♠	9♥	K♦	4♦/J♥		
	5♥	10♥	5♣	4♥	7♠	9♥					
2	6♠	8♥	Q♦	3♦	A♥	4♠	8♣	6♥	J♦/10♠		
	K♥	6♦	10♥	K♦	3♥	8♣					
3	8♦	6♥	3♦	5♦	9♠	K♥	9♥	4♣	5♣/J♥		
	4♣	4♦	6♥	Q♥	7♥	9♥					
4	K♣	A♠	5♦	9♦	Q♣	10♠	8♣	2♦	10♥/9♠		
	6♠	J♦	4♦	8♥	10♠	8♣					
5	J♠	J♦	9♦	K♦	2♠	6♠	9♥	J♠	6♥/J♥		
	3♦	5♣	Q♦	6♦	2♣	9♥					
6	6♣	K♥	K♦	3♣	Q♠	9♠	8♣	8♠	4♦/3♥		
	K♣	10♥	5♣	A♠	8♦	8♣					
7	4♠	10♥	3♣	8♥	8♠	K♣	9♥	10♦	Q♦/J♥		
	9♦	6♥	5♦	J♦	8♠	9♥					
8	A♦	6♠	8♥	7♣	7♠	3♠	8♣	Q♥	5♣/J♣		
	6♣	4♦	6♥	K♥	J♠	8♣					
9	10♠	4♦	7♠	A♠	2♥	6♠	9♥	4♣	5♦/J♥		
	3♣	Q♦	K♦	10♥	2♠	9♥					
10	3♥	K♣	A♠	7♥	10♣	J♣	8♣	Q♦	6♥/5♦		
	A♦	5♣	Q♦	6♠	4♠	8♣					
11	9♣	5♦	7♥	K♥	A♥	A♦	9♥	2♣	K♦/J♥		
	7♠	5♦	8♥	4♦	8♠	9♥					
12	10♦	6♣	K♥	2♣	4♥	5♠	8♣	A♠	Q♦/5♦		
	3♥	6♥	5♦	K♣	10♠	8♣					
13	3♠	6♥	2♣	6♠	Q♣	3♥	9♥	9♥	8♥/J♥		
	7♥	K♦	A♠	5♣	2♥	9♥					
14	8♦	A♦	6♠	9♠	Q♥	5♥		6♠	5♦/4♣		
	10♦	Q♦	K♦	6♣	9♣	8♣					
15	J♣	Q♦	9♠	K♣	8♠	10♠	9♥	8♥	A♠/J♥		
	2♣	8♥	K♥	6♥	A♥	9♥					
16	J♠	3♥	K♣	2♠	6♥	4♣	8♣	Q♦	K♦/3♣		
	8♦	5♦	8♥	A♠	3♠	8♣					
17	5♠	5♦	2♠	6♣	7♠	8♥	9♥	3♦	K♥/J♥		
	9♠	A♠	6♠	Q♦	Q♠	9♥					
18	4♠	10♦	6♣	8♠	J♦	3♦	8♣	A♥	8♥/9♦		
	J♠	K♦	A♠	3♥	J♣	8♣					
19	5♥	K♦	8♠	A♦	10♠	J♠	9♥	4♠	6♠/J♥		
	2♠	K♥	K♣	5♦	Q♠	9♥					
20	10♠	8♦	A♦	2♠	10♥	9♦	8♣	8♣	A♠/3♣		
	4♠	8♥	K♦	10♦	5♠	8♣					
21	4♣	8♥	2♦	3♥	4♥	4♠	9♥	8♠	K♣/J♥		
	8♠	6♠	6♣	K♦	7♠	9♥					
22	9♣	J♠	3♥	A♥	4♦	3♣	8♣	6♥	K♥/7♠		
	10♠	A♠	6♠	8♦	5♥	8♣					
23	3♦	A♠	A♥	10♦	Q♥	10♠	9♥	3♦	6♦/J♥		
	2♠	K♣	A♠	8♥	10♠	9♥					
24	3♠	4♠	10♦	Q♦	5♦	7♠	8♣	5♦	6♠/7♥		
	9♣	K♥	K♣	J♠	4♠	8♣					
25	9♦	K♥	Q♣	8♦	6♦	9♣	9♥	9♠	A♦/J♥		
	A♥	6♣	3♥	A♠	4♥	9♥					
26	J♣	10♠	8♦	Q♠	6♥	7♥	8♣	K♥	K♣/2♣		
	3♠	6♠	6♣	4♠	3♦	8♣					
27	3♣	6♠	Q♣	J♠	J♦	3♠	9♥	9♥	3♥/J♥		
	Q♣	A♠	10♦	K♥	Q♥	9♥					
28	5♠	9♠	J♠	7♣	Q♦	2♠	8♣	K♠	6♣/9♠		
	J♣	K♣	A♦	10♠	9♥	8♣					
29	7♠	K♣	7♣	4♠	10♥	J♣	9♥	A♠	10♦/J♥		
	Q♠	3♥	8♦	6♠	6♥	9♥					
30	5♥	3♠	4♣	10♣	5♦	9♠	8♣	5♦	A♦/2♠		
	5♠	6♠	3♥	9♣	3♣	8♣					
31	7♥	2♣	10♦	10♣	4♦	5♠	9♥	9♦	8♦/J♥		
	7♠	10♦	J♠	K♣	J♦	9♥					
32	4♣	J♠	10♦	4♦	K♥	2♠	8♣	Q♣	3♥/8♣		
	5♥	A♦	10♦	3♠	7♠	8♣					
33	2♣	A♠	4♥	9♣	5♠	5♥	9♥	10♠	J♠/J♥		
	10♣	8♦	4♠	6♣	10♥	9♥					
34	3♦	5♠	9♣	Q♥	8♥	8♠	8♣	8♠	10♦/2♦		
	4♣	3♥	8♠	J♣	7♥	8♣					
35	9♠	3♥	Q♥	3♠	6♥	4♣	9♥	J♠	4♠/J♥		
	4♥	J♠	10♠	A♦	4♦	9♥					
36	9♦	5♥	3♠	6♦	A♠	2♦	8♣	J♦	8♦/A♠		
	3♦	10♦	J♠	5♠	2♣	8♣					
37	2♠	10♦	6♦	J♣	Q♦	3♦	9♥	9♦	10♠/J♥		
	Q♥	4♠	9♣	3♥	5♣	9♥					
38	3♠	4♣	J♠	J♦	K♥	A♥	8♣	K♦	J♠/Q♣		
	9♦	8♦	4♠	5♥	9♠	8♣					
39	8♠	8♦	J♦	5♠	5♦	9♠	9♥	2♠	9♣/J♥		
	6♦	10♠	3♠	10♦	6♥	9♥					
40	7♠	3♦	5♠	10♥	6♦	Q♣	8♣	6♠	4♠/Q♠		
	3♣	J♠	10♠	4♣	2♠	8♣					
41	2♦	J♠	10♥	5♥	K♦	3♣	9♥	9♥	3♠/J♥		
	J♦	9♣	J♣	8♦	Q♦	9♥					
42	7♥	5♥	5♦	4♦	K♣	Q♠	8♣	6♦	10♠/7♠		
	7♠	4♠	9♠	3♦	8♠	8♣					
43	A♥	4♠	4♦	4♣	8♥	7♠	9♥	K♥	J♣/J♥		
	10♥	3♠	5♠	J♠	5♦	9♥					
44	2♣	3♠	4♣	5♠	6♣	7♠	8♣	K♦	9♣/10♠		
	7♥	10♠	3♠	9♦	2♦	8♣					
45	Q♣	10♠	5♣	3♦	A♠	7♥	9♥	3♣	5♠/J♥		
	4♦	J♣	5♥	4♠	K♦	9♥					
46	9♠	7♠	3♦	6♥	A♦	10♣	8♣	Q♠	3♠/4♦		
	2♣	9♠	J♣	3♠	A♥	8♣					
47	Q♠	9♠	6♥	9♦	K♥	2♣	9♥	9♣	5♥/J♥		
	5♣	5♠	4♣	10♠	8♥	9♥					
48	2♠	7♠	9♦	Q♦	3♥	4♦	8♣	8♣	J♣/Q♣		
	9♠	3♠	5♠	7♣	Q♠	8♣					
49	7♣	3♠	Q♦	3♠	6♠	9♠	9♥	A♠	4♣/J♥		
	6♥	5♥	3♦	9♣	A♠	9♥					

歲數	水星	金星	火星	木星	土星	天王	海王	長期	冥王/結果	環境	置換
50	8♠	2♣	3♣	5♦	10♦	Q♥	8♣	10♥	5♠/6♦		
	2♠	J♣	5♥	7♥	Q♠	8♣					
51	10♣	J♣	5♦	7♠	K♣	2♠	9♥	3♠	3♦/J♥		
	Q♦	4♣	9♦	3♠	K♥	9♥					
52	2♦	9♠	7♠	K♦	8♦	6♦	8♣	8♥	5♥/J♦		
	8♠	5♠	4♣	2♣	7♣	8♣					
53	4♥	5♠	K♦	7♥	6♣	8♠	9♥	8♠	9♦/J♠		
	5♦	3♦	3♣	J♠	6♠	9♥					
54	A♥	2♠	7♥	8♥	J♠	J♦	8♣	K♣	4♣/10♥		
	2♦	5♥	3♦	9♠	10♣	8♣					
55	Q♥	5♠	8♥	2♣	A♦	2♦	9♥	9♥	3♣/J♥		
	K♦	9♦	7♠	5♠	K♣	9♥					
56	Q♣	8♣	2♣	A♣	4♠	10♥	8♣	A♦	3♦/4♦		
	A♥	4♣	9♦	2♠	4♥	8♣					
57	6♦	4♣	A♠	9♠	3♥	A♥	9♥	6♠	7♠/J♥		
	8♥	3♣	7♥	5♥	6♣	9♥					
58	Q♠	2♦	9♠	K♥	10♠	4♦	8♣	8♥	9♦/5♣		
	Q♣	3♦	3♣	8♠	Q♥	8♣					
59	J♦	3♦	K♥	2♠	10♦	Q♣	9♥	7♠	7♥/J♦		
	A♠	7♠	2♠	4♣	A♦	9♥					
60	7♣	A♥	2♠	6♠	9♠	5♠	8♣	7♠	3♣/6♦		
	Q♠	9♦	7♠	2♦	6♦	8♠					
61	10♥	9♦	6♠	8♠	8♦	Q♠	9♥	3♠	2♣/J♥		
	K♦	7♥	9♠	3♦	3♥	9♥					
62	10♣	Q♣	8♠	K♣	3♠	6♥	8♣	8♣	7♠/Q♦		
	7♠	3♣	7♥	A♥	J♦	8♣					
63	4♦	3♣	K♣	2♦	J♠	7♣	9♥	10♠	9♦/J♥		
	6♠	2♣	2♠	9♦	10♦	9♥					
64	4♥	Q♠	2♦	6♣	J♠	Q♦	8♣	4♦	7♥/5♦		
	10♣	7♠	2♠	Q♣	10♥	8♣					
65	5♣	7♠	6♣	A♥	4♠	10♣	9♥	7♠	2♠/J♥		
	K♦	9♠	8♠	3♣	8♦	9♥					
66	Q♥	7♣	A♥	A♦	5♠	5♦	8♣	A♠	2♣/K♦		
	4♥	7♥	9♠	Q♠	4♦	8♣					
67	6♥	7♥	A♦	Q♠	10♠	4♦	9♥	2♦	8♠/J♥		
	6♣	2♠	2♦	7♠	J♠	9♥					
68	6♦	10♣	Q♣	3♥	5♥	K♦	8♣	J♣	9♠/8♥		
	Q♥	2♣	2♠	7♣	5♣	8♣					
69	Q♦	2♣	3♥	Q♠	9♣	Q♥	9♥	9♥	2♦/J♥		
	A♦	8♠	A♥	7♥	4♠	9♥					
70	J♦	4♥	Q♠	10♦	4♠	8♥	8♣	3♥	2♠/A♠		
	6♥	9♠	8♠	10♣	6♥	8♣					
71	5♦	9♠	10♦	7♠	3♠	6♠	9♥	K♣	A♥/J♥		
	3♥	2♦	Q♣	2♣	10♠	9♥					
72	10♥	Q♥	7♣	8♦	3♦	A♠	8♣	A♠	8♠/K♥		
	J♦	2♠	2♦	4♥	Q♦	8♣					
73	K♦	2♠	8♦	10♣	J♠	J♥	9♥	7♥	Q♣/J♥		
	10♦	A♥	Q♠	9♠	9♠	9♥					
74	4♦	6♦	10♣	J♠	9♠	K♥	8♣	10♣	2♦/6♠		
	10♥	8♠	A♥	Q♥	5♦	8♣					
75	8♥	8♠	J♠	4♥	5♠	10♥	9♥	J♣	Q♠/J♥		
	8♦	Q♣	7♠	2♠	3♠	9♥					
76	5♣	J♦	4♥	4♠	3♣	6♠	8♣	8♠	A♥/K♣		
	4♦	2♦	Q♣	6♦	K♦	8♣					
77	A♠	2♦	4♠	Q♥	5♥	4♦	9♥	9♣	7♣/J♥		
	J♠	Q♠	10♣	8♠	J♣	9♥					
78	6♦	10♥	Q♥	10♠	7♠	K♣	8♣	5♣	Q♣/6♦		
	5♣	A♥	Q♠	J♦	8♥	8♣					
79	K♥	A♥	10♠	6♦	4♣	5♠	9♥	7♥	10♣/J♥		
	4♠	7♣	4♥	2♦	5♠	9♥					
80	Q♦	4♦	6♦	9♣	7♥	6♣	8♣	K♥	Q♠/A♦		
	6♥	Q♣	7♠	10♥	A♠	8♣					
81	6♠	Q♣	9♣	J♠	3♦	6♥	9♥	A♥	4♥/J♥		
	10♠	10♣	Q♥	A♥	5♥	9♥					
82	5♦	5♠	J♦	3♠	2♣	A♦	8♣	A♦	7♣/3♦		
	Q♦	Q♣	10♠	4♦	K♥	8♣					
83	K♣	Q♠	3♠	10♠	9♦	Q♦	9♥	9♥	Q♥/J♥		
	9♣	4♥	6♦	Q♣	4♦	9♥					
84	K♦	6♥	10♥	J♠	9♠	3♥	8♣	10♦	10♠/10♦		
	5♦	7♣	4♥	5♠	6♠	8♣					
85	6♣	7♠	J♦	4♦	3♠	5♦	9♥	6♣	6♦/J♥		
	3♠	Q♥	J♦	Q♠	3♦	9♥					
86	8♥	Q♦	4♦	5♠	2♠	10♦	8♣	K♥	4♥/8♦		
	K♦	10♣	Q♥	6♥	K♣	8♣					
87	A♦	10♣	5♠	K♣	5♠	K♦	9♥	2♣	J♦/J♥		
	J♣	6♦	10♥	7♣	5♥	9♥					
88	A♠	5♦	5♠	5♥	8♠	8♦	8♣	4♦	Q♥/J♠		
	8♥	4♥	6♦	Q♦	6♣	8♣					
89	3♥	4♦	5♥	6♥	7♥	8♥	9♥	5♠	10♥/J♥		
	5♠	J♦	4♥	10♣	3♠	9♥					
90	K♥	K♦	6♥	2♠	2♦	J♠	8♣	8♣	6♦/4♦		
	A♠	Q♥	J♦	5♦	A♦	8♣					
91	10♦	Q♥	4♣	Q♦	2♣	A♠	9♥	3♠	4♦/J♥		
	5♦	10♥	5♠	4♥	7♠	9♥					
92	6♠	8♥	Q♦	3♦	A♥	4♠	8♣	6♥	J♦/10♦		
	K♥	6♦	10♥	K♦	3♥	8♣					
93	8♦	6♦	3♦	5♦	9♠	K♥	9♥	2♣	5♣/J♥		
	4♣	4♦	6♥	Q♥	7♥	9♥					
94	K♣	A♠	5♦	9♦	Q♣	10♠	8♣	6♠	10♥/9♣		
	6♠	J♦	4♦	8♥	10♦	8♣					
95	J♠	J♦	9♠	K♦	2♠	6♠	9♥	Q♣	6♦/J♥		
	3♦	5♣	Q♦	6♦	2♠	9♥					
96	6♣	K♥	K♠	3♣	Q♠	9♣	8♣	3♥	4♦/3♠		
	K♣	10♥	5♠	A♠	8♦	8♣					
97	4♠	10♥	3♠	8♥	8♠	K♣	9♥	9♥	Q♦/J♥		
	9♦	6♥	5♠	J♦	9♠	9♥					
98	A♦	6♠	8♥	7♠	7♣	3♠	8♣	8♦	5♠/J♣		
	6♠	4♦	6♥	K♥	J♠	8♣					
99	10♠	4♦	7♠	A♠	2♦	6♠	9♥	A♦	5♦/J♥		
	3♣	Q♦	K♦	10♥	2♠	9♥					

紅心3

歲數	水星	金星	火星	木星	土星	天王	海王	長期	冥王/結果	環境	置換
0	A♣ 4♥	Q♣ Q♠	10♠ Q♦	5♣ 6♦	3♥ K♥	A♥ 7♥	7♥	A♣	7♦/5♠	3♥	3♥
1	A♥ 10♣	9♦ 6♠	5♣ Q♦	K♦ 2♠	J♦ 8♠	7♥ J♠	J♠	Q♣	3♣/8♦	Q♣	A♣
2	5♦ 8♣	4♣ 2♥	7♠ K♥	J♣ 6♦	9♥ 10♥	10♣ K♦	K♦	10♠	7♣/5♠	10♦	A♦
3	4♥ J♦	8♣ 3♦	J♣ K♠	Q♥ A♥	5♥ 6♠	7♣ 7♥	A♦	5♣	10♦/Q♣	Q♣	2♦
4	6♣ 2♠	J♦ 9♥	Q♥ A♥	4♠ Q♣	K♠ J♠	8♥ Q♦	A♣	3♦	7♦/3♠	8♦	6♣ K♠
5	8♦ 10♦	Q♠ 10♥	7♠ 9♦	Q♦ K♠	A♠ Q♣	4♦ K♠	7♥	A♠	10♠/7♥	7♣	8♠
6	5♣ Q♥	J♦ 7♣	Q♦ 9♣	A♥ 2♦	6♠ 7♠	10♦ A♦	A♥	7♥	10♥/6♦	J♠	K♣
7	2♠ A♠	Q♠ K♥	A♥ 3♦	Q♠ 7♠	3♠ Q♦	9♥ 4♠	K♠	A♥	10♣/2♥	10♣	2♠ 3♠
8	4♦ 10♦	J♦ 6♦	9♣ 10♣	K♠ 3♠	4♠ A♥	A♣ 7♥	4♥	9♦	5♠/K♦	4♠	6♠
9	A♣ A♠	A♥ Q♣	2♠ Q♠	7♥ 3♠	8♥ 4♠	J♠ J♦	J♦	5♠	8♣/4♠	4♥	9♠
10	K♠ 2♦	A♠ 10♠	7♥ 4♦	10♣ 6♦	J♣ K♥	8♣ 6♦	6♥	K♦	5♠/5♦	10♠	K♥
11	7♣ 7♥	9♦ J♠	5♥ 4♠	5♣ 6♥	8♥ 7♥	2♦ K♠	10♣	J♦	Q♠/4♣	Q♥	2♣
12	A♥ 6♥	7♦ 5♦	7♠ K♣	J♥ 10♠	3♦ 8♠	Q♠ 2♥	2♥	7♦	10♦/6♣	9♣	A♣
13	9♥ 6♦	8♥ 4♣	J♥ J♠	Q♥ 2♠	8♥ 9♥	A♣ Q♠	Q♠	A♠	2♦/9♠	6♦	7♦
14	10♠ A♥	J♠ 3♠	Q♦ J♣	5♠ 9♥	5♣ J♥	K♠ 5♠	3♠	5♦	A♣/J♦	3♠	8♥
15	8♦ K♦	4♥ 10♥	7♠ 6♠	3♦ J♥	2♠ Q♠	5♠ 4♦	Q♣	4♠	Q♥/10♠	J♦	7♠
16	K♣ 7♦	2♠ A♣	6♦ K♥	4♣ 7♥	8♠ 9♠	K♦ 3♦	3♦	7♠	A♠/5♠	J♣	K♦
17	8♥ 2♣	7♥ 8♠	4♠ K♥	A♥ 5♠	5♥ 3♦	A♠ 10♠	A♦		10♦/J♠	10♥	3♠
18	5♣ J♣	2♣ 8♠	A♥ 2♥	Q♠ J♠	10♣ K♦	A♠ A♠	9♥		5♦/6♠	5♥	5♦
19	8♦ 10♦	4♠ 9♠	6♦ 2♦	2♣ 6♠	3♠ 5♥	2♠ 9♦	9♣	10♣	7♦/J♦	4♦	9♦
20	8♠ A♠	Q♠ 10♠	2♣ 10♣	9♥ 5♥	Q♦ K♦	10♣ 6♥	6♥	K♦	9♠/Q♣	5♥	Q♦
21	4♥ 6♦	4♠ J♦	9♥ 9♥	K♣ 5♥	J♥ 5♥	A♠ 9♣	9♣	4♥	A♣/Q♥	5♣	3♦
22	A♥ 8♠	4♦ 6♥	3♠ K♦	8♣ J♦	K♥ Q♠	8♠ A♠	K♣	8♣	3♦/10♥	4♣	6♥
23	5♥ J♥	K♦ A♠	8♣ 5♦	9♠ 4♦	8♥ 4♠	8♠ 6♠	Q♦	J♣	5♠/4♣	6♥	4♣
24	Q♠ K♠	9♣ 5♥	Q♥ 6♦	7♦ 9♥	2♠ 4♦	J♥ 5♣	9♠	Q♥	J♦/2♥	3♦	5♠
25	4♠ A♠	K♣ 4♥	7♦ 9♥	7♠ 2♠	10♣ A♥	3♣ 6♣	6♣	5♥	J♠/10♠	Q♦	5♥
26	4♦ 2♦	9♣ Q♣	4♣ 2♣	5♠ 10♠	6♠ 7♦	A♠ A♣	7♠	7♠	K♠/9♦	9♦	4♦
27	J♥ 3♣	K♣ 2♠	5♠ 5♥	A♣ 4♠	10♥ 10♠	Q♥ A♥	7♠	A♦	8♦/3♦	5♦	5♠
28	7♠ J♠	6♥ Q♣	5♥ K♦	9♦ K♥	4♠ 5♠	Q♠ 4♥	Q♥	Q♣	2♦/9♥	3♣	10♥
29	10♠ 8♦	K♥ 6♠	5♠ 6♦	6♥ 9♥	A♥ 2♥	2♠ Q♠	Q♠	J♦	4♣/J♦	K♦	J♣
30	K♣ 9♥	8♥ 3♣	6♥ 8♠	J♣ 2♥	9♥ 5♠	4♠ 6♠	6♠	Q♥	6♠/2♣	7♠	J♦
31	7♥ A♠	9♥ 4♠	6♥ J♥	2♣ 6♠	10♦ K♥	9♣ 10♥	J♠	4♠	5♥/Q♦	8♥	3♠
32	8♠ 4♠	8♦ 4♦	2♣ 7♥	5♦ 6♠	8♥ K♥	7♠ 9♠	9♣	K♠	10♣/J♣	7♥	6♦
33	3♦ 4♥	A♣ K♠	6♥ K♦	10♥ 4♠	Q♥ 7♦	10♠ 3♣	7♠	8♦	K♣/8♦	A♠	9♣
34	6♠ 8♦	2♠ J♣	K♣ 7♥	2♠ 8♠	A♣ 2♥	K♥ 4♣	A♥	A♠	10♠/6♦	2♣	Q♥
35	Q♥ K♣	3♠ 5♠	6♥ 5♥	4♠ 8♠	9♥ 6♠	4♠ 9♠	J♥	8♦	10♦/9♦	K♥	10♠
36	10♠ K♣	K♦ J♣	4♣ 8♥	7♥ 9♠	3♣ 6♥	10♠ 9♠	A♠	Q♠	8♠/K♣	9♠	4♥
37	4♥ 5♣	K♣ 9♥	7♥ 2♥	9♠ Q♥	K♥ 4♠	10♥ 9♣	9♠	7♠	5♥/J♠	6♠	4♠
38	2♦ 8♥	3♠ 4♦	2♠ 5♣	A♣ 10♠	K♠ J♣	Q♠ Q♥	3♠	Q♦	10♥/9♦	2♠	10♦ K♣
39	8♣ 7♥	10♣ 5♠	10♦ 8♥	Q♥ A♣	6♦ A♥	2♣ 2♠	5♠	A♠	6♠/4♦	K♣	J♠
40	4♣ K♣	A♦ Q♣	Q♥ 8♥	5♣ 4♦	Q♦ 7♥	K♠ 2♠	2♣	4♦	10♠/8♦	8♠	7♠
41	K♠ 5♦	6♦ 9♠	2♥ 10♠	2♦ A♥	J♠ 5♠	10♥ J♥	5♦	7♦	K♦/3♣	6♠	8♦ J♠
42	6♦ 4♣	6♥ 10♠	5♦ 7♥	8♥ K♣	9♠ 2♦	9♠ J♠	J♥		J♣/K♣	2♦	Q♥
43	2♠ 5♥	2♦ J♥	6♣ 4♠	6♥ 10♦	5♠ K♦	9♥ 3♣	9♣	J♦	7♦/Q♠	A♦	10♦
44	4♥ J♠	5♠ 6♠	6♥ Q♦	7♠ 5♦	8♥ J♠	7♦ 4♠	10♥	Q♦	J♥/Q♥	A♥	Q♠
45	2♥ 4♥	Q♣ Q♠	10♠ Q♦	5♣ 6♦	3♦ K♥	A♠ 7♥	7♥	A♥	9♥/5♠	3♥	3♥
46	A♥ 10♣	9♦ 6♠	5♣ 2♠	K♦ 2♠	J♦ 8♠	9♥ J♠	J♠	6♠	3♣/8♦	Q♠	A♥
47	5♦ 8♣	4♣ A♣	7♠ K♥	J♣ 6♦	7♦ 10♥	10♣ K♦	K♦	10♦	7♣/5♠	10♦	A♦
48	4♥ J♦	8♣ 3♦	J♣ K♠	Q♥ A♥	5♥ 6♠	7♣ 9♥	A♦	A♦	10♦/Q♣	Q♠	2♦
49	6♣ 2♠	J♦ 7♠	Q♥ A♥	4♠ Q♣	K♠ J♠	8♦ Q♦	2♥	2♠	7♣/3♠	8♦	6♠ K♠

歲數	水星	金星	火星	木星	土星	天王	海王	長期	冥王/結果	環境	置換
50	8♠	Q♣	7♠	Q♦	A♠	4♦	9♥	Q♠	10♠/7♥	7♣	8♠
	10♦	10♥	9♦	K♠	Q♣	K♣					
51	5♠	J♠	Q♦	A♥	6♠	10♦	A♦	A♥	10♥/6♦	J♠	K♣
	Q♥	7♠	9♣	2♦	7♠	A♦					
52	2♠	Q♣	A♥	5♠	3♠	Q♥	K♠	5♠	10♣/A♣	10♣	2♠
	A♠	K♥	3♦	7♠	Q♦	4♠	3♠				
53	4♦	J♦	9♣	K♠	4♠	2♥	4♥	3♠	5♠/K♦	4♠	6♠
	10♦	6♦	10♣	3♠	A♥	7♥					
54	2♥	A♥	2♠	7♥	8♥	J♠	J♦	Q♥	8♣/4♣	4♥	9♠
	A♠	Q♣	Q♠	3♠	4♠	J♦					
55	K♣	A♠	7♥	10♣	J♣	8♣	6♥	K♠	5♠/5♦	10♠	K♥
	2♠	10♠	4♦	6♦	K♥	6♥					
56	7♣	9♦	5♥	7♠	8♠	2♦	10♣	4♦	Q♠/4♣	Q♥	2♣
	9♥	J♠	4♠	6♥	7♥	K♠					
57	A♥	9♥	7♠	J♦	3♦	Q♠	A♣	J♦	10♦/6♠	A♣	A♠
	6♥	5♦	K♣	10♠	8♣	A♣					
58	7♦	8♥	J♥	Q♦	8♠	2♥	Q♠	9♣	2♦/9♠	6♦	7♥
	6♦	4♣	J♣	2♠	9♦	Q♠					
59	10♠	J♠	Q♦	5♣	5♠	K♠	3♠	K♠	2♥/J♦	3♠	8♥
	A♥	3♠	J♣	9♠	J♥	3♦	5♠				
60	8♦	4♥	7♠	3♦	2♣	4♠	Q♣	4♠	Q♥/10♣	J♦	7♠
	K♦	10♥	6♠	J♥	Q♦	4♦					
61	K♣	2♠	6♦	4♣	8♣	K♣	3♦	A♠	A♠/5♠	J♣	K♦
	9♥	2♥	K♥	7♥	9♠	3♦					
62	8♥	9♥	4♣	A♥	5♥	A♠	A♦	4♥	10♦/J♠	10♥	3♣
	2♠	8♠	K♥	5♠	3♦	10♠					
63	5♣	2♠	A♥	Q♠	10♦	9♠	A♣		5♦/6♠	5♠	5♦
	J♣	8♠	2♠	J♠	K♦	A♠					
64	8♦	4♠	6♦	2♣	3♠	2♠	9♣	A♥	7♣/J♦	4♦	9♠
	10♦	9♠	2♦	6♠	5♥	9♠					
65	8♠	Q♠	2♣	7♦	Q♠	10♦	6♥	2♠	9♠/Q♣	5♥	Q♦
	A♠	10♠	10♣	5♥	K♦	6♥					
66	4♥	4♠	7♦	K♣	J♥	A♠	9♣	7♥	2♥/Q♥	5♣	3♦
	6♥	J♦	9♣	5♥	5♥	9♣					
67	A♥	4♦	3♣	8♠	K♥	7♠	K♣	8♥	3♦/10♥	6♥	
	8♠	6♥	K♣	J♥	Q♠	7♣					
68	5♥	K♦	8♣	9♣	8♥	8♠	Q♦	J♠	5♠/4♣	6♥	4♣
	J♥	A♠	5♦	4♥	4♠	6♠					
69	Q♠	9♦	Q♥	9♥	2♦	J♥	9♠	J♦	J♦/A♣	3♦	5♣
	K♠	5♥	6♦	7♦	4♦	5♠					
70	4♠	K♣	9♥	7♠	10♣	3♣	6♣	K♣	J♠/10♠	Q♦	5♥
	A♠	4♥	7♦	A♣	A♥	6♠					
71	4♦	9♠	4♦	5♠	6♠	7♠	A♠		K♠/9♦	9♦	4♦
	2♦	Q♣	2♣	10♠	9♥	2♥					
72	J♥	K♣	5♠	2♥	10♥	Q♥	7♣	7♥	8♦/3♦	5♦	5♠
	3♣	2♣	5♥	4♠	10♠	A♥					
73	7♠	6♥	5♦	9♠	4♠	Q♠	Q♥	10♣	2♦/7♥	3♣	10♥
	J♠	Q♣	K♦	K♥	5♠	4♦					
74	10♠	3♠	5♣	6♥	A♥	2♠	J♣		4♠/J♦	K♦	J♣
	8♦	6♠	6♦	7♠	A♣	Q♠					

歲數	水星	金星	火星	木星	土星	天王	海王	長期	冥王/結果	環境	置換
75	K♣	8♦	6♥	J♣	9♠	4♣	6♣	8♣	6♠/2♣	7♠	J♦
	9♣	3♣	8♠	A♠	5♠	6♣					
76	9♥	9♠	6♦	2♣	10♦	9♣	J♣	6♥	5♥/Q♦	8♥	3♠
	A♠	4♣	J♥	6♣	K♥	10♥					
77	8♠	8♦	2♣	5♦	8♥	7♠	9♣	7♣	10♣/J♦	7♥	6♦
	4♣	4♦	7♥	6♣	K♥	9♣					
78	3♦	2♥	6♥	10♥	Q♥	10♠	7♠	9♦	K♣/8♣	A♠	9♣
	4♥	K♠	K♦	4♠	9♥	3♠					
79	6♣	2♠	K♠	2♣	2♥	K♥	A♥	5♥	10♠/6♦	2♣	Q♥
	8♦	J♣	7♥	8♣	A♣	4♠					
80	Q♥	3♣	6♥	4♣	7♥	4♠	J♥	7♠	10♦/9♦	K♥	10♠
	K♣	5♣	5♥	8♦	6♠	9♠					
81	10♠	K♦	4♣	7♥	3♣	10♦	A♦	8♥	8♠/K♥	9♠	4♥
	K♣	8♣	4♦	3♥	6♠	9♠					
82	4♥	K♠	7♥	9♠	K♥	10♥	9♣	2♦	5♥/J♠	6♠	4♠
	5♣	7♦	A♣	Q♥	4♠	9♠					
83	2♦	K♣	2♠	2♥	7♣	Q♠	3♠	10♣	10♥/9♦	2♠	10♣
	8♥	4♦	5♠	10♠	J♣	Q♥	K♣				
84	8♣	10♣	10♣	Q♥	6♣	2♥	A♥		6♠/4♦	K♣	
	7♠	5♠	8♥	A♠	A♥	2♠					
85	4♣	A♥	Q♥	5♠	Q♠	K♠	2♠	7♣	10♠/8♦	8♠	7♣
	K♣	Q♠	8♥	4♦	7♥	2♠					
86	K♠	6♠	A♣	2♦	J♠	10♥	5♥	7♠	K♦/3♣	6♣	8♦
	5♦	9♦	10♠	A♦	5♠	J♥	J♠				
87	6♠	6♥	5♦	8♥	9♠	9♠	J♠	J♥	J♣/K♥	2♦	Q♠
	4♣	10♠	7♥	9♣	2♦	J♠					
88	2♠	2♦	6♣	6♦	5♠	9♦	9♣	3♦	9♥/Q♠	A♦	10♦
	5♥	J♥	4♠	10♦	K♣	3♣					
89	4♥	5♦	6♥	7♥	8♥	9♥	10♥	Q♠	J♥/Q♥	A♦	Q♣
	J♠	6♠	Q♦	5♦	J♣	4♣					
90	A♣	Q♣	10♣	3♣	3♦	A♠	7♥	2♥	7♦/5♠	3♦	3♥
	4♥	2♠	Q♦	6♦	K♥	7♥					
91	A♥	9♦	5♣	K♦	J♦	7♦	J♠	9♥	3♣/8♦	Q♣	A♥
	10♣	6♠	Q♦	2♠	8♠	J♠					
92	5♦	4♣	7♣	J♠	9♥	10♠	K♦	8♥	7♣/5♦	10♣	A♦
	8♣	2♥	K♥	6♦	10♥	K♦					
93	4♥	J♣	J♣	Q♥	5♥	7♣	A♦	J♥	10♦/Q♣	Q♠	2♦
	J♦	3♦	K♠	A♥	6♠	7♦					
94	6♣	J♦	Q♥	4♣	K♠	8♦	A♣	Q♦	7♦/3♠	8♦	6♣
	2♠	9♥	A♥	Q♣	Q♦	K♠					
95	8♦	Q♠	7♠	Q♦	A♠	4♦	7♥	8♦	10♠/7♥	7♠	8♠
	10♦	10♥	9♦	K♠	Q♣	K♣					
96	5♠	J♠	Q♦	A♥	6♠	10♠	A♣	A♠	10♥/6♦	J♠	K♣
	Q♥	7♣	9♣	2♦	7♠	A♦					
97	2♠	Q♣	A♥	5♠	3♠	Q♥	K♠	Q♠	10♣/2♥	10♣	2♠
	A♠	K♥	3♦	7♠	Q♦	4♠	3♠				
98	4♦	J♦	9♣	K♠	4♠	2♥	4♥	10♠	5♠/K♦	4♠	6♠
	10♦	6♦	10♣	3♠	A♥	7♥					
99	A♣	A♥	2♠	7♥	8♥	J♠	J♦	J♦	8♣/4♣	4♥	9♠
	A♠	Q♣	Q♠	3♠	4♠	J♦					

紅心4

歲數	水星	金星	火星	木星	土星	天王	海王	長期	冥王/結果	環境	置換
0	4♦	2♠	8♥	6♣	6♠	Q♥	10♠	4♦	8♦/K♠	4♥	4♥
	Q♠	Q♦	6♦	K♥	7♥	3♥					
1	5♠	Q♠	6♣	3♥	A♥	9♣	5♣	2♠	K♦/J♦	10♠	4♠
	7♠	9♥	2♥	5♥	10♥	5♣					
2	J♠	K♠	10♦	A♣	Q♠	9♣	6♥	8♥	9♦/K♥	Q♥	10♣
	8♠	3♣	7♠	4♦	Q♦	5♥	Q♠				
3	8♣	J♣	Q♥	5♦	7♣	A♦	10♦	6♣	Q♣/3♣	9♠	J♠
	K♣	5♦	8♠	2♦	4♠	10♦					
4	8♥	10♣	5♥	7♠	2♣	2♠	A♦	6♠	4♦/6♦	6♦	7♣
	Q♠	10♠	8♠	3♣	6♠	A♦					
5	K♠	7♣	2♥	J♠	J♦	9♣	K♦	Q♥	2♠/6♠	3♠	8♦
	9♠	K♥	4♦	10♣	5♦	J♥	J♦				
6	4♣	7♥	9♠	8♠	3♥	5♠	J♦	10♣	Q♦/A♥	J♦	Q♠
	8♥	4♦	8♣	A♠	J♥	J♦					
7	10♦	J♠	7♣	7♥	5♦	K♥	5♠	5♠	7♦/9♣	J♣	10♦
	K♦	J♥	10♥	Q♥	2♠	6♠					
8	5♠	K♦	7♥	6♣	8♠	7♥	9♥	Q♠	J♥/5♥	10♥	Q♣
	J♦	Q♣	2♠	9♠	Q♦	8♥					
9	2♥	10♠	4♦	7♠	A♥	2♦	6♣	6♠	9♥/5♦	5♠	3♥
	5♠	9♣	2♠	4♣	A♥	6♠					
10	4♠	K♥	7♣	2♠	3♠	9♥	J♦	3♥	6♠/6♦	4♦	A♥
	J♣	Q♣	10♠	8♥	J♦						
11	9♠	8♥	K♣	Q♦	7♥	J♣	2♠	A♥	3♠/5♦	5♥	A♦
	8♣	A♣	A♥	4♣	9♥	2♠					
12	5♠	8♣	Q♦	5♥	K♦	3♠	10♣	9♦	Q♥/10♠	5♣	2♦
	3♦	A♠	K♠	4♠	Q♣	9♥					
13	7♣	3♦	5♥	10♥	K♣	6♦	2♥	5♠	3♠/6♦	4♣	6♣
	10♦	7♦	4♠	10♠	Q♦	2♣	K♠				
14	6♦	9♣	K♣	2♣	2♠	3♣	9♥	J♠	4♦/6♣	6♥	8♠
	Q♥	9♦	K♥	K♠	10♠	Q♠					
15	7♠	3♦	2♣	4♠	Q♣	Q♥	10♣	K♠	9♦/4♣	3♦	K♣
	5♥	3♠	5♠	J♠	K♣	10♣					
16	10♠	9♣	4♠	5♦	6♥	5♥	K♠	10♦	J♠/A♣	Q♦	2♠
	2♦	A♥	A♠	K♣	2♠	10♥	6♥				
17	3♣	3♦	5♠	K♠	10♥	2♥	5♠	A♠	5♦/2♦	7♠	6♦
	Q♥	4♣	J♣	6♥	4♠	6♠					
18	2♥	4♠	10♦	6♠	8♠	J♦	3♦	Q♠	8♣/8♥	5♦	9♠
	2♦	10♠	9♣	6♦	6♥	3♦					
19	Q♠	2♦	6♣	J♣	Q♦	8♠	7♥	9♣	5♦/9♠	3♠	K♥
	J♠	4♦	3♣	4♣	A♥	7♥					
20	3♠	K♥	K♦	K♣	6♦	J♠	J♣	6♥	9♣/8♥	K♦	Q♣
	9♥	J♦	10♥	7♥	6♣	K♠					
21	4♠	9♥	K♣	J♥	A♠	9♠	A♣	8♣	Q♥/7♣	7♠	A♠
	7♥	9♠	Q♠	4♦	8♠	J♥					
22	7♦	8♠	J♥	2♣	6♦	2♥	9♣	J♣	J♠/3♥	8♥	7♥
	4♣	8♥	Q♦	10♦	K♥	4♣					
23	4♦	J♦	2♣	7♠	5♦	K♠	6♥	Q♥	2♥/3♦	7♥	8♥
	4♠	6♠	Q♣	3♥	J♥	A♠					
24	6♦	5♠	K♣	A♣	A♦	10♥	10♦	5♥	5♥/J♣	A♠	7♠
	2♠	9♦	Q♣	J♥	2♠	3♠					
25	Q♠	10♦	4♣	8♥	8♣	2♠	A♠	7♣	2♦/5♦	2♣	K♦
	9♥	2♥	A♥	6♣	3♥	A♠					
26	8♠	9♥	8♥	4♠	K♦	2♦	10♣	A♦	Q♥/J♦	K♥	3♣
	A♦	8♦	A♥	5♦	A♠	4♦					
27	7♠	A♦	4♠	9♣	J♣	5♠	2♦	10♦	9♠/Q♣	9♠	5♦
	Q♦	8♣	A♣	J♦	2♠	2♦					
28	6♦	10♥	4♠	A♦	6♠	10♦	5♣	8♥	3♠/3♦	6♠	9♦
	Q♥	3♥	J♠	Q♣	K♦	K♥					
29	8♦	9♣	A♦	7♦	2♣	Q♥	7♥	10♣	3♥/10♠	2♠	Q♦
	2♦	4♦	J♣	K♦	2♠	7♥					
30	5♠	10♥	7♦	Q♠	J♥	2♦	5♠	5♥	2♥/5♥	K♣	3♦
	4♣	3♦	K♥	K♦	9♠	5♣					
31	4♠	3♠	6♠	8♠	A♥	K♣	Q♠	7♠	A♠/9♦	8♠	6♥
	8♦	7♥	2♠	3♦	9♣	3♠					
32	K♦	2♠	8♠	3♥	8♠	8♦	2♣	2♣	5♦/8♥	6♠	4♣
	J♥	2♦	9♠	5♠	10♥	Q♣					
33	9♣	5♣	5♥	9♥	J♠	J♥	3♥	2♠	3♦/A♣	2♦	5♣
	K♠	K♦	4♣	7♦	3♣	7♠					
34	10♥	Q♠	9♥	K♣	2♣	6♠	7♠	A♦	J♦/4♦	A♦	5♥
	2♦	5♠	7♦	A♣	4♠	7♣					
35	3♣	5♠	8♥	5♦	Q♠	2♦	K♣	K♠	K♠/K♥	A♥	4♣
	J♠	10♠	A♦	4♦	9♥	2♥					
36	J♥	Q♠	5♦	2♥	9♦	5♥	3♠	4♣	6♦/A♠	3♥	5♠
	6♠	A♦	K♦	10♥	4♦	4♠					
37	K♣	7♥	9♠	K♥	10♥	9♣	5♥	2♥	J♠/7♦	Q♣	10♥
	J♦	10♠	2♠	A♥	7♠	5♠					
38	4♦	6♥	5♠	7♥	4♠	10♦	9♠	J♠	8♥/3♦	10♦	J♣
	6♦	Q♣	4♣	7♦	A♣	9♣					
39	Q♠	6♦	7♥	Q♦	K♥	8♥	7♣	J♦	Q♣/A♦	Q♠	J♦
	5♣	6♠	8♣	A♠	5♦	7♠					
40	9♥	3♦	4♠	A♦	Q♥	5♦	Q♦	9♦	K♦/2♣	8♦	3♠
	2♦	10♥	J♥	7♣	A♥	9♦					
41	8♦	6♦	A♠	9♠	8♣	K♣	5♠	K♦	J♣/3♦	7♣	6♦
	8♥	3♣	6♠	7♠	A♥	5♣					
42	A♠	2♥	7♥	9♣	5♥	4♦	K♣	4♦	Q♠/8♦	J♠	9♣
	5♠	K♠	2♠	8♥	9♥	6♠					
43	7♣	10♦	K♣	A♦	2♥	A♥	4♠	7♥	4♦/4♣	10♣	Q♦
	6♦	Q♦	6♠	8♣	A♣	8♥					
44	5♥	6♦	7♥	8♦	7♦	10♥	J♥	9♠	Q♥/K♥	4♠	10♠
	Q♠	7♠	K♦	6♦	Q♣	5♣					
45	4♦	2♠	8♥	6♣	6♠	Q♥	10♠	8♠	8♦/K♠	4♥	4♥
	Q♠	Q♦	6♦	K♥	7♥	3♥					
46	5♠	Q♠	6♣	3♥	A♥	9♣	5♣	2♠	K♦/J♦	10♠	4♠
	7♠	7♥	A♣	5♥	10♥	5♣					
47	J♠	K♠	10♦	2♣	Q♠	9♣	6♥	5♣	9♦/K♥	Q♥	10♣
	8♠	3♣	7♠	4♦	Q♦	5♥	Q♠				
48	8♣	J♣	Q♥	5♥	7♣	A♦	10♦	J♦	Q♣/3♣	9♣	J♠
	K♣	5♦	8♠	2♦	4♠	10♦					
49	8♥	10♣	5♥	7♠	2♣	2♠	A♦	10♦	4♦/6♦	6♦	7♣
	Q♠	10♠	8♠	3♣	6♠	A♦					

歲數	水星	金星	火星	木星	土星	天王	海王	長期	冥王/結果	環境	置換
50	K♠ / 9♠	7♣ / K♥	A♣ / 4♦	J♠ / 10♣	J♦ / 5♦	9♦ / J♥	K♦ / J♦	J♠	2♠/6♠	3♠	8♦
51	4♣ / 8♥	7♥ / 4♦	9♠ / 6♣	8♠ / 2♠	3♥ / J♠	5♣ / J♦	J♦	7♣	Q♦/A♥	J♦	Q♠
52	10♦ / K♦	J♠ / J♥	7♣ / 10♥	7♥ / Q♥	5♦ / 2♠	K♥ / 6♠	5♣	7♥	9♥/9♣	J♣	10♦
53	5♠ / J♦	K♦ / Q♣	7♥ / 2♠	6♣ / 9♠	8♠ / Q♦	9♥ / 8♥	9♠	5♦	J♥/5♥	10♥	Q♣
54	A♣ / 5♠	10♦ / 9♣	4♦ / 2♣	7♠ / 4♣	A♠ / A♥	2♦ / 6♣	6♣	K♥	7♦/5♦	5♠	3♥
55	4♠ / J♠	K♥ / Q♣	7♠ / 2♣	2♠ / 10♦	3♦ / 8♦	7♦ / J♦	J♦	5♣	6♠/6♦	4♦	A♥
56	9♠ / 8♣	8♥ / 2♥	K♣ / A♥	Q♦ / 4♠	9♦ / 9♠	J♣ / 2♠	2♠	5♠	3♠/5♠	5♥	A♦
57	5♠ / 3♦	8♣ / A♠	Q♣ / K♠	5♥ / 4♠	K♦ / Q♠	3♠ / 7♦	10♣	K♦	Q♥/10♠	5♣	2♦
58	7♣ / 10♦	3♦ / 9♥	5♥ / 4♠	10♥ / 10♠	K♣ / Q♦	6♦ / 2♣	A♣ / K♠	7♥	3♠/6♥	4♣	6♣
59	6♦ / Q♥	9♠ / 9♦	K♣ / K♥	2♣ / K♠	2♦ / 10♠	3♣ / Q♠	7♦	6♣	4♦/6♣	6♥	8♠
60	7♠ / 5♥	3♣ / 3♣	2♣ / 5♠	4♣ / J♣	Q♣ / K♣	Q♥ / 10♣	10♣	8♠	9♦/4♣	3♦	K♠
61	10♦ / 2♦	9♣ / A♥	4♠ / A♠	5♦ / K♣	6♥ / 2♣	5♥ / 10♥	K♠ / 6♥	7♦	J♣/2♥	Q♦	2♠
62	3♣ / Q♥	3♦ / 4♣	5♣ / J♣	K♠ / 6♥	10♥ / 4♠	A♣ / 6♣	5♠	9♦	5♦/2♠	9♦	6♠
63	A♣ / 2♦	4♣ / 10♠	10♣ / 9♣	6♣ / 6♥	8♠ / 10♥	J♦ / 3♦	3♦	2♥	8♣/8♥	5♠	9♠
64	Q♣ / J♠	2♦ / 4♦	6♣ / 3♣	J♣ / 4♣	Q♣ / A♦	8♣ / 7♦	7♦	10♠	5♦/9♣	3♣	K♥
65	3♠ / 7♦	K♥ / J♦	K♦ / 10♥	K♣ / 7♦	6♦ / 6♣	J♠ / K♠	J♣	4♦	9♣/8♦	K♦	2♣
66	4♠ / 7♥	7♥ / 9♠	K♣ / Q♠	J♥ / 4♦	A♣ / 8♠	9♣ / 2♥	2♥	7♠	Q♥/7♣	7♠	A♠
67	9♥ / 4♣	8♣ / 8♥	J♥ / Q♦	2♣ / 10♣	6♣ / K♦	A♣ / 9♣	9♣	A♥	J♠/3♥	7♥	7♦
68	4♦ / 4♠	J♦ / 6♠	2♣ / Q♦	7♠ / 3♥	5♦ / J♥	K♠ / A♠	6♥ / 5♦	2♦	A♣/3♥	7♥	8♠
69	6♦ / 2♠	5♠ / 9♦	K♣ / Q♣	A♣ / J♦	A♦ / 2♣	10♥ / 3♣	10♠	6♣	5♥/J♣	A♠	7♦
70	Q♠ / 7♦	10♦ / A♣	6♣ / A♥	8♥ / 6♠	8♠ / 3♥	2♠ / A♠	A♠	4♠	2♦/5♦	5♠	K♦
71	8♠ / A♦	7♥ / 8♦	8♥ / A♥	4♠ / 5♦	K♦ / A♠	2♥ / 4♦	10♣	K♥	Q♥/J♦	K♥	3♠
72	7♠ / Q♥	A♦ / 8♣	4♠ / 2♥	9♣ / J♦	J♣ / 2♠	5♣ / 2♦	2♦	7♠	9♠/Q♣	3♠	5♦
73	6♦ / Q♥	10♥ / 3♥	4♣ / J♠	A♦ / Q♣	6♠ / K♦	10♦ / K♥	5♣	2♠	3♠/3♦	A♠	9♦
74	8♦ / 2♦	9♣ / 4♦	A♦ / A♣	9♥ / K♦	2♠ / 2♠	Q♥ / 7♥	7♥	3♦	3♥/10♠	2♠	Q♦

歲數	水星	金星	火星	木星	土星	天王	海王	長期	冥王/結果	環境	置換
75	5♠ / 4♣	10♥ / 3♦	9♥ / K♥	Q♠ / K♦	J♥ / 9♠	2♦ / 5♠	5♣	9♥	A♣/5♥	K♠	3♦
76	4♠ / 8♦	3♣ / 7♥	6♠ / 2♠	8♣ / 3♦	A♥ / 9♣	K♣ / 3♠	Q♠	J♦	A♠/9♦	8♠	6♥
77	K♦ / J♥	2♠ / 2♦	8♣ / 9♠	3♥ / 5♠	8♠ / 10♥	8♦ / Q♣	2♠	9♠	5♦/8♦	6♠	4♣
78	9♣ / K♠	5♣ / K♦	5♥ / 4♣	7♦ / 9♥	J♠ / 3♣	J♥ / 7♠	3♥	8♥	3♦/2♥	2♦	5♣
79	10♥ / 2♦	Q♠ / 5♠	7♦ / 9♥	4♣ / 2♥	J♠ / 4♠	6♠ / 7♣	7♣	K♣	J♦/4♦	A♦	5♥
80	3♣ / J♠	5♠ / 10♠	8♥ / A♦	5♣ / 4♦	Q♣ / 7♠	2♦ / A♣	K♣	Q♦	K♠/K♥	A♥	4♦
81	J♥ / 6♠	Q♠ / A♦	5♠ / K♦	A♣ / 10♥	9♠ / 4♦	5♥ / 4♠	3♠	7♦	6♦/A♠	3♥	5♠
82	K♣ / J♦	7♥ / 10♠	Q♠ / 2♠	K♥ / A♥	10♥ / Q♠	9♠ / 5♠	5♥	J♣	J♠/9♥	Q♣	10♥
83	4♦ / 6♦	6♥ / Q♣	5♦ / 4♣	7♥ / 9♥	4♠ / 2♥	10♦ / 9♣	10♣	2♠	8♥/3♦	10♦	J♣
84	Q♠ / 5♣	6♦ / 6♠	7♦ / 8♣	Q♦ / 2♥	K♦ / 5♦	8♥ / 7♠	7♦	5♠	Q♣/A♦	Q♠	J♦
85	7♦ / 2♦	3♥ / 10♥	4♣ / J♥	A♦ / 7♣	Q♥ / 9♦	5♦	Q♦	8♣	K♦/2♣	8♦	3♠
86	8♠ / 8♥	6♦ / 3♣	A♠ / 6♣	9♠ / 7♠	8♠ / A♥	K♣ / 5♠	5♣	Q♦	J♣/3♦	7♣	6♦
87	A♠ / 5♠	A♣ / 8♠	7♦ / 2♠	9♠ / 7♦	5♥ / 7♣	4♦ / A♠	K♣	5♥	Q♠/8♣	J♠	9♣
88	7♣ / 6♦	10♥ / Q♣	K♠ / 6♣	3♥ / 8♠	A♠ / 2♥	A♥ / 8♥	4♠	K♦	4♦/4♣	10♠	Q♥
89	5♥ / Q♠	6♥ / 7♠	7♥ / K♦	8♥ / 6♦	9♥ / 5♠	10♥	J♥	3♠	Q♥/K♥	4♠	10♠
90	4♦ / Q♠	2♠ / Q♦	8♥ / 6♦	6♣ / K♦	8♠ / 7♥	Q♥ / 3♥	10♣	10♣	8♦/K♠	4♥	4♥
91	5♠ / 7♠	Q♠ / 9♥	6♣ / 2♥	3♥ / 5♦	A♦ / 10♥	9♦ / 5♣	5♣	7♣	K♦/J♦	10♠	A♠
92	J♠ / 8♠	K♣ / 3♣	10♦ / 7♠	A♣ / 4♦	Q♣ / Q♠	9♠ / 5♥	3♦ / Q♠		9♦/K♥	Q♥	10♣
93	8♣ / K♣	J♣ / 5♦	Q♥ / 8♣	5♥ / 2♦	7♣ / 4♠	A♦ / 10♦	10♦	5♥	Q♣/3♣	J♣	J♠
94	8♥ / Q♠	10♣ / 10♠	5♥ / 8♠	7♠ / 3♣	A♣ / 6♣	2♠ / A♦	A♦	10♥	4♦/6♦	6♦	7♣
95	K♠ / 9♠	7♣ / K♥	2♥ / 4♦	J♠ / 10♣	J♦ / 5♦	9♦ / J♥	K♦ / J♦	K♠	2♠/6♠	3♠	8♦
96	4♠ / 8♥	7♥ / 4♦	9♠ / 6♣	8♠ / 2♠	3♥ / J♠	5♣ / J♦	J♦	7♣	Q♦/A♥	J♦	Q♠
97	10♦ / K♦	J♠ / J♥	7♣ / 10♥	7♥ / Q♥	5♦ / 2♠	K♥ / 6♠	5♣	2♥	7♦/9♣	J♣	10♦
98	5♠ / J♠	K♦ / Q♣	7♥ / 2♠	6♠ / 9♠	8♠ / 7♦	7♦ / 8♥	9♠	6♦	J♥/5♥	10♥	Q♣
99	2♥ / 5♠	10♠ / 9♣	4♦ / 2♠	7♠ / 4♠	A♠ / A♥	2♦ / 6♣	6♠	9♣	9♥/5♦	5♠	3♥

紅心5

歲數	水星	金星	火星	木星	土星	天王	海王	長期	冥王/結果	環境	置換
0	3♣	3♠	9♥	7♣	5♦	Q♠	J♣	3♣	9♦/7♠	5♥	5♥
	4♠	K♦	7♠	A♣	4♦	J♠					
1	K♣	7♥	2♦	2♠	9♣	4♠	7♣	3♠	K♠/Q♣	5♣	4♦
	10♥	5♣	4♥	7♠	9♥	2♥					
2	J♥	3♠	2♠	2♥	6♠	8♥	Q♦	9♥	3♦/A♥	4♣	5♠
	Q♠	4♥	8♠	3♣	7♠	4♦					
3	7♣	A♥	10♠	Q♣	3♠	6♥	8♥	7♣	10♥/7♦	6♥	10♥
	9♦	5♣	8♦	10♠	6♠	K♦					
4	7♠	2♣	2♠	A♠	4♦	6♦	6♥	5♦	2♦/K♥	3♦	J♣
	3♦	9♣	A♠	7♠	A♣	6♥					
5	3♠	3♦	A♠	9♣	Q♣	2♦	J♣	Q♠	9♠/4♥	Q♦	J♦
	7♥	Q♠	8♠	2♠	2♠	J♠					
6	9♥	Q♥	A♠	4♥	4♠	7♥	9♠	J♣	8♠/3♥	9♦	3♠
	4♠	3♣	J♥	J♠	10♠	6♠					
7	J♦	3♦	4♥	10♦	J♠	7♠	7♥	K♣	5♦/K♥	5♦	6♦
	2♦	K♣	10♠	J♣	10♠	7♥					
8	A♥	2♥	A♦	6♠	8♥	7♠	7♣	7♥	3♠/8♣	3♠	9♣
	K♦	K♠	8♦	2♦	9♥	Q♠					
9	J♣	6♦	K♠	4♦	2♥	10♠	4♦	2♦	7♠/A♠	K♦	Q♥
	3♦	9♠	10♠	8♠	A♠	2♦					
10	8♥	2♣	A♦	2♦	7♦	3♣	J♥	2♠	4♠/Q♣	7♠	10♠
	3♠	4♣	8♠	9♠	7♦						
11	7♣	8♦	2♦	10♣	Q♠	9♣	5♠	9♣	J♦/K♠	8♥	4♥
	3♠	9♠	3♦	Q♣	A♦	Q♥					
12	K♦	3♠	10♣	Q♥	10♠	6♠	7♥	4♠	8♠/9♦	7♥	4♠
	6♣	7♠	A♠	8♥	3♣	7♥					
13	10♥	K♠	6♦	2♥	3♠	6♥	2♣	7♠	6♠/Q♣	A♠	10♠
	J♠	K♣	6♠	7♠	8♥	3♠					
14	8♣	5♣	4♣	8♥	J♣	4♥	6♥	J♥	9♣/K♣	2♣	J♠
	7♣	5♠	J♠	4♥	4♦	6♦					
15	2♦	5♠	8♥	9♣	3♥	8♦	4♥	3♠	7♠/3♦	K♥	7♣
	3♠	5♠	J♠	K♣	10♠	4♥					
16	K♠	J♣	A♣	10♥	9♣	6♠	8♠	2♠	8♦/Q♠	9♠	8♦
	10♦	Q♣	7♠	5♠	2♠	J♥	9♦				
17	A♠	A♦	10♦	J♠	Q♥	7♥	9♠	2♥	9♠/10♣	6♠	Q♠
	2♦	7♠	10♣	8♦	10♥	9♦					
18	6♦	10♥	J♣	A♦	2♠	Q♣	7♥	6♠	9♥/6♥	2♠	10♦
	8♠	J♥	4♣	3♠	8♦	Q♠					
19	K♦	8♠	A♦	10♣	J♠	9♥	6♠	8♥	J♥/8♥	K♣	Q♣
	9♦	9♣	3♥	10♠	9♠	2♦					
20	A♣	5♣	7♠	6♠	A♥	4♠	10♣	Q♦	7♦/2♠	8♠	3♥
	K♦	6♥	3♥	A♠	10♠	10♣					
21	4♦	Q♣	6♣	8♦	K♥	7♦		7♣	Q♠/3♦	6♠	A♥
	5♣	3♥	5♥	J♠	6♥						
22	10♦	2♣	9♠	9♥	5♦	8♦	A♦		Q♦/2♠	2♦	A♦
	8♣	2♥	10♠	8♠	6♦	8♦					
23	K♦	8♣	9♠	8♥	8♠	Q♦	5♠	10♦	4♣/5♣	A♦	2♦
	K♦	A♥	K♠	4♦	9♥	7♦					
24	J♣	K♥	8♠	3♠	K♠	3♠	A♠	Q♣	Q♦/2♣	A♥	6♣
	6♦	9♥	4♦	5♠	2♥	K♠					

歲數	水星	金星	火星	木星	土星	天王	海王	長期	冥王/結果	環境	置換
25	3♦	6♥	7♣	3♥	4♠	K♣	7♦	3♣	7♠/10♣	3♥	8♠
	4♣	6♠	Q♣	K♠	5♣	3♠					
26	6♣	K♥	3♥	4♦	9♣	4♠	5♠	6♥	6♠/A♠	Q♣	K♣
	8♥	Q♦	7♥	10♥	7♠	5♠					
27	6♦	6♥	4♦	2♠	2♠	8♥	K♠	8♥	5♦/2♥	10♦	2♠
	4♠	10♠	A♥	7♣	3♥	3♣	2♠				
28	K♣	K♥	7♥	K♠	3♣	A♠	K♦	7♠	2♠/8♦	Q♠	6♠
	4♣	A♠	5♦	2♣	4♦	10♠					
29	A♣	4♦	6♦	10♣	J♠	9♦	K♥	2♣	8♣/2♦	8♦	9♠
	4♠	5♣	6♥	2♠	3♠	K♥					
30	3♠	4♦	10♣	5♦	9♠	8♣	A♦	2♠	2♠/10♦	7♣	K♥
	10♥	7♠	K♣	A♠	10♠	A♦					
31	Q♦	Q♣	8♠	7♠	3♦	10♥	5♦	A♦	6♥/2♦	J♠	2♠
	7♦	9♠	3♣	A♦	10♣	K♠					
32	4♦	7♠	7♣	J♥	A♥	6♥	2♥	4♦	4♣/J♣	10♣	A♠
	A♦	10♦	3♠	7♠	8♠	2♥					
33	9♥	J♠	J♥	3♥	3♦	A♣	6♥	6♦	10♥/Q♥	4♠	7♥
	A♠	2♥	9♠	6♦	Q♣	6♥					
34	7♠	9♥	3♥	6♠	2♠	K♠	2♠	6♥	A♣/K♥	4♥	8♥
	4♦	Q♠	9♠	Q♥	J♥	A♥	2♠				
35	3♦	K♥	7♣	A♥	4♥	4♣		3♠	8♥/5♦	10♠	9♠
	8♥	6♠	9♣	J♥	3♥	K♣					
36	3♠	6♥	A♠	2♠	8♠	8♥	A♥	3♦	4♠/2♠	Q♥	K♠
	7♦	A♣	10♠	10♣	Q♥	A♥					
37	J♠	7♦	2♦	4♦	8♠	4♠	5♠	A♦	4♣/9♦	9♣	3♠
	4♥	J♦	10♠	2♠	A♥	7♠					
38	6♣	4♥	4♦	6♥	5♦	7♥	4♠	9♠	10♦/9♣	6♦	5♦
	9♠	8♣	2♥	9♦	8♦	4♠					
39	3♦	3♠	A♠	4♥	Q♣	6♦	7♥	Q♣	Q♦/K♥	3♠	9♦
	4♣	Q♥	10♥	2♣	8♠	Q♠					
40	J♦	6♥	4♦	9♥	3♥	4♣	A♦	2♦	Q♥/5♠	J♦	Q♦
	4♠	7♠	5♦	8♠	8♦	A♦					
41	K♦	3♣	9♥	3♠	J♥	4♠	7♥		A♣/8♥	J♣	3♦
	A♠	K♥	Q♣	8♠	10♦	7♦					
42	4♦	K♣	Q♣	8♠	10♣	3♠	3♥	9♥	A♥/6♠	10♦	6♥
	J♦	A♠	8♦	K♥	6♥	Q♦					
43	8♠	8♦	8♣	Q♥	J♠	J♦	3♥	Q♥	2♠/2♦	5♠	4♠
	J♥	4♠	10♦	K♦	J♣	3♣					
44	6♥	7♠	8♥	7♦	10♥	J♥	Q♥	A♠	K♥/2♥	4♦	5♣
	K♠	8♠	A♠	9♥	K♣	6♠					
45	3♣	3♠	7♦	7♣	5♦	Q♠	J♣	4♥	9♦/7♠	5♥	5♥
	4♠	K♦	9♥	2♠	4♦	J♣					
46	K♣	7♥	2♦	2♠	9♠	4♠	5♠		K♠/Q♠	5♠	4♦
	10♥	5♠	4♥	7♠	7♦	J♣					
47	J♥	3♠	2♠	A♣	6♠	8♥	Q♦	7♥	3♦/A♥	4♣	5♠
	Q♠	4♥	8♠	7♣	7♠	4♦					
48	7♣	A♥	10♦	Q♠	3♣	6♥	8♥	9♠	10♥/9♥	6♥	10♥
	9♦	5♠	8♦	10♠	6♠	K♦					
49	7♠	2♣	2♠	A♦	4♦	6♦	6♥	J♦	2♦/K♥	3♦	J♣
	3♦	9♠	A♠	9♥	2♥	6♥					

歲數	水星	金星	火星	木星	土星	天王	海王	長期	冥王/結果	環境	置換
50	3♠	3♦	A♦	9♠	Q♣	2♦	J♣	3♦	9♣/4♦	Q♦	J♦
	7♥	Q♠	8♣	2♥	2♠	J♣					
51	7♦	Q♥	A♠	4♥	4♣	7♥	9♠	4♥	8♣/3♥	9♦	3♠
	4♠	3♣	J♥	J♣	10♠	6♠					
52	J♦	3♦	4♥	10♣	J♠	7♠	7♥	10♦	5♦/K♥	5♦	6♦
	2♦	K♣	10♣	J♣	10♠	7♥					
53	A♥	A♣	A♦	6♠	8♥	7♠	7♣	J♠	3♠/8♣	3♣	9♣
	K♦	Q♣	8♦	2♦	7♦	Q♠					
54	J♣	6♦	K♠	4♥	A♣	10♠	4♦	7♠	7♠/A♠	K♦	Q♥
	3♦	9♠	10♣	8♣	2♥	2♦					
55	8♥	2♣	A♦	2♦	9♥	3♣	J♥	7♥	4♣/Q♣	7♠	10♠
	3♠	6♣	8♠	3♦	9♠	7♥					
56	7♠	8♦	2♥	10♠	Q♠	4♣	5♠	A♥	J♦/K♠	8♥	4♥
	3♠	9♣	3♦	Q♣	A♣	Q♥					
57	K♦	3♣	10♣	Q♥	10♠	6♠	7♥	2♥	8♠/9♦	7♥	4♠
	6♣	9♥	2♥	8♥	3♣	7♥					
58	10♥	K♠	6♦	A♣	3♣	6♥	2♣	A♦	6♠/Q♣	A♠	10♣
	J♠	K♣	6♣	7♠	9♥	8♥	3♠				
59	8♣	5♦	4♣	8♥	J♣	4♥	6♦	6♠	9♠/K♣	2♣	J♠
	7♣	2♠	J♠	4♣	4♦	6♦					
60	2♦	5♠	8♥	6♣	3♥	8♦	4♦	8♥	7♠/3♦	K♥	7♣
	3♠	5♣	J♠	K♣	10♣	4♦					
61	K♠	A♣	2♥	10♥	9♠	6♠	8♠	7♠	8♦/Q♠	9♠	8♦
	10♦	Q♣	7♠	5♠	2♠	J♥	9♦				
62	A♠	A♦	10♠	J♠	Q♥	7♥	9♦	7♣	9♠/10♠	6♠	Q♠
	2♦	7♠	10♣	8♦	10♥	9♦					
63	6♦	10♥	A♣	A♦	2♠	Q♠	7♥	J♣	7♦/6♥	2♠	10♦
	8♠	J♥	3♣	4♠	8♠	Q♠					
64	K♦	8♠	A♦	10♣	J♠	7♥	6♠	6♦	J♥/8♥	K♣	Q♣
	9♦	9♣	3♥	10♦	9♠	2♦					
65	2♥	5♣	7♠	6♣	A♥	4♠	10♣	K♠	9♥/2♠	8♠	3♥
	K♦	6♥	3♥	A♠	10♠	10♣					
66	4♦	Q♣	6♣	8♦	K♥	9♥	9♦	4♥	Q♠/3♦	6♠	A♥
	5♦	9♣	3♥	6♦	J♦	9♦					
67	10♦	2♦	7♠	9♠	7♦	5♦	8♦	2♥	Q♦/2♠	2♦	A♦
	8♣	A♠	10♠	A♠	6♠	8♦					
68	K♦	5♣	9♠	8♠	8♠	Q♦	5♠	10♠	4♣/5♣	A♦	2♦
	K♥	A♥	K♠	4♦	9♠	9♥					
69	J♣	K♥	8♥	3♣	K♠	3♦	2♥	4♦	Q♦/2♣	A♥	6♣
	6♦	7♠	4♦	5♣	9♠	3♥	K♠				
70	3♦	6♥	7♣	3♥	4♠	K♣	9♥	8♥	7♠/10♣	3♥	8♠
	4♣	6♠	Q♣	K♠	5♠	3♠					
71	6♣	K♥	3♥	4♦	9♠	4♠		2♠	6♠/A♠	Q♣	K♠
	8♥	Q♦	7♥	10♥	7♠	5♠					
72	6♣	6♥	4♦	2♠	2♠	8♥	K♠	A♥	5♦/A♣	10♦	2♠
	4♠	10♣	A♥	7♣	3♥	3♠	2♣				
73	K♣	K♥	7♥	K♠	3♥	2♥	K♦	2♥	2♠/8♦	Q♠	6♠
	4♣	A♠	5♦	2♣	4♦	10♠					
74	2♥	4♦	6♦	10♣	J♠	9♥	K♥	7♦	8♠/2♦	8♦	9♠
	4♠	5♣	6♥	2♣	3♣	K♥					
75	3♠	4♠	10♣	5♦	9♠	8♣	A♠	3♣	2♠/10♦	7♣	K♦
	10♥	7♠	K♣	A♣	10♠	A♦					
76	Q♦	Q♣	8♠	7♠	3♦	10♥	5♦	J♥	6♥/2♦	J♠	2♣
	9♥	9♦	3♣	A♦	10♣	K♠					
77	4♦	9♥	7♣	J♥	A♥	6♥	4♣	7♠	4♣/J♣	10♣	A♠
	A♦	10♦	3♠	7♠	8♣	A♣					
78	7♦	J♠	J♥	3♥	3♦	2♥	6♥	8♦	10♥/Q♥	4♠	7♥
	A♠	2♥	9♠	6♥	6♥						
79	7♠	9♦	3♥	6♣	2♠	K♠	2♣	2♦	2♥/K♥	4♥	8♥
	4♦	Q♠	9♠	Q♥	J♥	A♥	2♠				
80	3♦	K♦	7♣	A♥	4♥	3♣	5♣	10♠	8♥/5♦	10♠	A♠
	8♦	6♠	9♣	J♥	3♥	K♣					
81	3♠	6♦	A♣	2♦	8♣	8♦	A♥	Q♠	4♠/2♦	Q♥	K♦
	9♥	2♥	10♠	10♣	Q♥	A♥					
82	J♠	9♥	2♦	4♦	8♣	5♠	4♠	4♣	4♣/9♦	9♠	3♣
	4♥	J♦	10♠	2♠	A♥	7♠					
83	6♣	4♥	4♦	6♥	5♦	7♥	4♠	5♠	10♦/9♣	6♦	5♦
	9♠	8♣	A♣	9♠	8♦	4♠					
84	3♠	3♠	A♥	4♦	Q♠	6♦	7♥	K♦	Q♦/K♥	3♠	9♦
	4♣	Q♥	10♥	9♠	8♠	Q♠					
85	J♦	6♥	4♥	7♠	3♥	4♠	A♦	3♠	Q♥/5♣	J♦	Q♦
	4♠	7♠	5♦	8♠	8♦	A♦					
86	K♦	3♣	7♦	2♠	J♥	4♠	7♥	10♣	2♥/8♥	J♣	3♦
	A♠	K♥	Q♣	8♠	10♦	7♥					
87	4♦	K♣	Q♠	4♣	10♠	7♣	3♠	Q♥	A♥/6♠	10♥	6♥
	J♦	A♦	8♣	K♥	6♥	Q♦					
88	8♠	8♦	8♣	Q♥	3♠	J♦	9♠	10♠	2♠/2♦	5♠	4♣
	J♥	4♣	10♦	K♣	3♣	9♣					
89	6♥	7♥	8♥	9♥	10♥	J♥	Q♥	6♠	K♥/A♣	4♦	5♣
	K♠	8♠	A♥	7♥	7♣	6♣					
90	3♣	3♠	9♥	9♣	5♦	Q♠	J♣	7♥	9♦/7♠	5♥	5♥
	4♠	K♥	7♠	A♣	4♦	J♠					
91	K♣	7♥	2♦	2♠	9♣	4♠	7♣	10♥	K♠/Q♣	5♣	4♦
	10♥	5♣	4♥	7♥	9♥	2♥					
92	J♥	3♠	2♠	2♥	6♠	8♥	Q♦	K♠	3♦/A♥	4♠	5♠
	Q♠	4♥	8♠	3♠	7♠	4♦					
93	7♣	A♦	10♦	Q♣	3♠	6♥	8♥	6♦	10♥/7♦	6♥	10♥
	9♦	5♣	8♦	10♠	A♣	K♦					
94	7♠	2♠	2♠	A♣	4♦	6♦		2♥	2♦/K♥	3♦	J♣
	3♦	9♣	A♠	7♠	4♣	6♥					
95	3♠	3♦	A♥	9♠	Q♠	2♦	J♣	3♠	9♣/4♦	Q♦	J♦
	7♥	Q♠	8♣	A♣	2♠	J♠					
96	9♥	Q♥	A♠	4♥	4♣	7♥	9♠	4♥	8♠/3♥	9♦	3♠
	4♠	3♣	J♥	J♣	10♠	6♠					
97	J♦	3♦	4♥	10♣	J♠	7♠	7♥	2♣	5♦/K♥	5♦	6♦
	2♦	K♣	10♣	J♣	10♠	7♥					
98	A♥	2♥	A♦	6♠	8♥	7♠	8♠		3♠/8♣	3♣	9♣
	K♦	K♣	8♠	2♣	9♥	Q♠					
99	J♣	6♦	K♠	4♥	2♥	10♠	4♦	5♦	7♠/A♠	K♦	Q♥
	3♦	9♠	10♣	8♣	A♠	2♦					

紅心6

歲數	水星	金星	火星	木星	土星	天王	海王	長期	冥王/結果	環境	置換
0	4♣ 5♠	2♦ Q♣	J♠ 10♣	8♣ 2♠	6♥ 9♥	4♠ 3♣	10♥	4♣	10♦/8♠	6♥	6♥
1	A♦ J♥	10♣ Q♥	8♣ 7♣	3♠ 7♥	4♥ 8♥	5♠ J♦	Q♠	2♦	6♣/3♥	3♦	4♣
2	9♦ K♠	K♥ A♦	2♣ 9♠	7♥ 9♥	5♥ 2♦	J♥ A♥	3♠	J♠	2♠/2♥	Q♦	5♣
3	8♥ Q♥	10♥ 7♦	7♦ 9♥	4♠ 7♦	7♠ 4♠	J♠ 4♦	4♦	8♠	K♦/A♠	9♦	5♥
4	2♦ 5♥	K♥ 3♦	3♥ 9♠	6♣ A♠	J♦ 7♥	Q♥ A♣	4♠	6♦	K♣/8♦	5♦	4♦
5	J♥ J♠	10♥ 9♣	6♣ A♦	A♣ 8♥	8♣ A♠	2♣ 4♠	3♠	4♠	5♦/10♦	3♠	3♠
6	4♠ K♦	Q♣ 3♦	7♣ 10♣	8♦ 6♦	8♥ A♥	9♥ 7♥	2♣	10♥	5♥/9♥	K♦	10♥
7	A♠ 5♦	6♦ J♦	6♣ 9♠	Q♣ 9♥	4♣ 2♥	J♣ 9♦	9♦	A♦	3♥/2♠	7♣	J♣
8	10♥ K♥	5♦ J♠	Q♣ 8♣	K♣ 2♥	8♦ 6♣	3♥ 4♦	4♦	10♣	J♦/9♣	8♥	J♦
9	7♦ Q♥	3♠ 8♥	9♣ J♦	9♣ 4♦	Q♦ 6♦	K♥ 8♠	K♣	8♣	A♦/Q♠	7♥	3♠
10	5♠ 3♥	5♦ 2♦	9♣ 10♠	7♣ 4♦	4♥ 6♦	4♠ K♦	K♥	3♠	7♠/2♠	A♠	6♦
11	10♦ 7♥	A♣ K♠	Q♣ 10♣	8♣ 3♥	2♣ 7♥	A♠ J♠	4♠	4♥	10♥/8♣	2♠	9♣
12	4♦ 5♦	J♣ K♣	K♠ 10♠	9♣ 8♣	A♣ 2♥	6♦ 3♦	4♣	5♠	A♠/9♠	K♥	Q♥
13	2♣ 10♥	6♠ A♥	Q♠ A♦	3♦ 5♦	9♥ J♦	8♥ K♥	J♥	Q♠	Q♦/8♦	9♠	10♠
14	A♠ 10♥	10♣ K♣	3♥ 5♦	10♠ 8♦	J♠ Q♣	Q♦ 3♠	5♣	9♦	A♠/K♠	6♠	4♥
15	7♥ A♥	10♥ 9♥	10♠ 2♥	3♠ 2♣	6♦ 8♥	8♠ K♥	K♥	K♥	A♦/K♦	2♠	4♠
16	5♥ 4♥	K♠ 2♦	J♣ A♥	A♠ A♠	10♥ K♣	9♥ 2♣	6♠ 10♥	2♣	8♠/8♦	K♣	10♣
17	8♦ 4♠	7♠ 6♠	Q♦ 4♥	2♠ Q♥	4♦ 4♠	9♥ J♠	J♠	7♦	J♦/2♦	8♠	J♠
18	3♥ 10♥	5♠ 3♦	Q♣ 4♥	A♥ 2♦	Q♠ 10♠	10♣ 9♠	9♣	5♥	A♠/5♦	6♠	7♣
19	K♠ 7♣	4♦ 8♦	2♥ A♠	5♥ K♣	K♦ C♣	8♠ J♥	A♦ K♦	J♥	10♣/J♠	2♦	8♦
20	9♠ 3♥	Q♣ A♠	7♣ 10♠	4♦ 10♣	3♠ 5♥	K♥ K♦	K♦	3♠	K♣/6♦	A♦	Q♠
21	J♣ A♥	5♥ J♦	4♦ 8♥	Q♠ Q♦	6♠ 10♣	8♣ J♠	K♥	8♥	7♦/9♦	A♥	10♦
22	7♥ K♦	A♦ J♦	Q♣ Q♠	10♠ 7♣	4♥ K♣	7♦ ♥	8♠	10♥	J♥/2♣	3♥	Q♣
23	2♥ 7♥	3♦ 9♦	A♠ Q♠	A♥ 9♦	10♦ 6♦	Q♥ 10♠	10♠	7♦	9♥/6♣	Q♠	3♥
24	4♣ 7♠	8♦ J♦	A♥ Q♠	10♠ J♠	2♠ 5♠	9♥ K♦	K♠	4♠	J♠/5♦	10♦	A♥
25	7♣ 8♣	3♥ A♣	4♠ 6♦	K♣ 9♠	7♦ 8♠	7♠ 10♣	10♣	7♠	3♣/6♠	Q♠	A♦
26	7♥ 2♠	8♣ 10♦	K♠ K♣	2♣ 4♣	A♦ J♦	3♣ 9♥	5♠	J♠	Q♦/3♦	8♦	2♦
27	4♦ J♣	2♠ 7♦	2♣ 4♣	8♥ 3♦	K♠ K♣	5♦ Q♠	2♥ K♣	4♦	3♣/6♠	7♣	6♣
28	5♦ Q♦	9♦ 8♠	4♠ 8♦	Q♠ K♠	Q♥ 3♦	2♦ 10♥	7♥	2♦	A♠/10♠	J♠	8♠
29	A♥ 2♣	2♠ 3♣	Q♠ K♥	4♣ 5♥	J♦ 4♠	Q♦ 5♠	5♣	K♥	8♠/9♠	10♣	K♣
30	J♣ Q♥	9♦ 6♦	4♠ 10♦	6♠ 4♠	6♠ Q♠	2♠ 8♥	K♠ 6♠	3♥	7♠/A♠	4♠	2♣
31	2♦ Q♦	2♠ 9♠	K♥ 7♠	K♠ 6♠	8♥ 4♣	2♥ 10♠	7♥	6♣	6♣/10♣	4♥	6♦
32	2♥ Q♥	4♠ 3♦	J♣ 9♦	10♠ 6♠	4♥ 8♥	K♦ 2♠	2♠	J♦	8♣/3♥	10♠	9♣
33	10♥ 5♥	Q♥ A♠	10♠ 2♦	7♠ 9♠	K♣ 6♦	8♣ Q♣	Q♣	Q♥	6♣/7♣	Q♥	K♥
34	3♣ 9♥	8♦ K♦	A♣ 8♥	4♠ Q♣	5♦ 10♠	5♦ K♠	7♠	4♠	9♦/3♥	9♠	2♣
35	4♠ Q♣	9♥ 7♣	4♠ 10♠	J♥ A♠	10♠ 8♠	9♠ A♣	A♣	J♥	Q♦/4♦	6♦	A♠
36	7♦ 9♠	4♥ 3♥	J♥ K♣	Q♠ J♣	5♦ 8♦	2♥ 9♥	9♦	10♥	5♥/3♠	3♠	7♥
37	A♠ 4♣	K♦ J♠	Q♠ K♣	A♥ 3♠	6♣ J♥	K♠ 10♦	6♠ 6♣	Q♣	2♥/2♠	J♦	8♥
38	5♦ 10♦	7♥ 8♠	4♠ J♦	10♦ J♥	9♠ Q♠	8♥ 2♦	3♦	A♣	2♣/7♠	J♣	7♠
39	10♥ 9♥	J♦ 2♥	9♠ 6♦	3♥ 10♠	Q♦ 8♠	10♠ 10♦	10♦	8♠	Q♥/6♣	10♥	K♦
40	4♥ 9♣	9♠ 5♠	3♥ 6♦	4♠ 6♠	A♦ 10♦	Q♥ A♠	5♣	2♠	Q♦/K♦	5♠	3♠
41	A♥ K♣	9♠ 8♠	4♠ A♣	9♦ K♦	7♠ 10♣	K♥ Q♥	Q♥	3♣	7♣/J♦	4♦	5♦
42	5♦ Q♦	8♥ 3♠	9♠ 5♥	9♠ J♦	J♠ A♦	J♠ 8♦	K♦	4♠	3♣/2♠	5♥	9♦
43	5♠ Q♥	9♦ A♣	7♣ 7♠	Q♠ A♦	Q♦ 10♣	Q♠ Q♣	Q♠		3♠/3♦	5♣	Q♦
44	7♥ 9♠	8♦ 2♠	7♣ 8♦	10♥ A♦	J♥ 7♣	Q♥ K♥	K♥	7♣	2♥/2♣	4♠	3♦
45	4♣ 5♠	2♦ Q♣	J♠ 10♣	8♣ 2♠	6♦ 9♥	4♠ 3♣	10♥	8♦	10♦/8♠	6♥	6♥
46	A♦ J♥	10♣ Q♥	8♣ 7♦	3♠ 7♥	4♥ 8♥	5♠ J♦	Q♠	A♥	6♣/3♥	3♦	4♣
47	9♦ K♠	K♥ A♦	2♣ 9♠	9♥ 7♦	5♥ 2♦	J♥ A♥	3♠	9♦	2♠/A♣	Q♦	5♣
48	8♥ Q♥	10♥ 7♦	9♥ 7♠	4♠ A♠	7♠ 4♠	J♠ 4♦	4♦	4♣	K♦/A♠	9♦	5♥
49	2♦ 5♥	K♥ 3♦	3♥ 9♣	6♣ A♠	J♦ 9♥	Q♥ 2♥	4♠	A♠	K♠/8♦	5♦	4♦

歲數	水星	金星	火星	木星	土星	天王	海王	長期	冥王/結果	環境	置換
50	J♥ / J♠	10♥ / 9♣	6♣ / A♦	2♥ / 8♥	8♠ / A♠	2♣ / 4♣	3♣	6♠	5♦/10♦	3♣	5♠
51	4♦ / K♦	Q♣ / 3♦	7♣ / 10♣	8♦ / 6♦	8♥ / A♥	9♦ / 7♥	2♣	6♠	5♥/7♦	K♦	10♥
52	A♠ / 5♦	6♠ / J♦	6♣ / 9♠	Q♣ / 7♦	4♣ / A♠	J♣ / 9♦	9♦	Q♣	3♥/2♠	7♠	J♣
53	10♥ / K♥	5♦ / 3♠	Q♣ / 8♣	K♣ / A♠	8♠ / 6♠	3♥ / 4♦	4♦	4♣	J♦/9♣	8♥	J♦
54	9♦ / Q♥	3♠ / 8♥	9♣ / J♥	9♣ / 4♦	Q♦ / 6♦	K♥ / 8♠	K♣	J♠	A♦/Q♠	7♥	3♠
55	5♠ / 3♥	5♦ / 2♦	9♣ / 10♠	7♣ / 4♦	4♥ / 6♦	4♠ / K♥	K♥	9♦	7♠/2♠	A♠	6♦
56	10♦ / 7♥	2♥ / K♠	Q♣ / 10♣	8♠ / 3♥	2♣ / 9♥	A♠ / J♠	4♠	10♥	10♥/8♣	2♠	9♣
57	4♦ / 5♦	J♣ / K♣	K♠ / 10♠	9♠ / 8♠	2♥ / A♠	6♦ / 3♥	4♣	5♠	A♠/9♠	K♥	Q♥
58	2♣ / 10♥	6♠ / A♥	Q♣ / A♦	3♦ / 5♦	7♥ / J♥	8♥ / K♥	J♥	Q♣	Q♦/8♦	9♠	10♠
59	A♠ / 10♥	10♣ / K♠	3♥ / 5♦	10♠ / 8♦	J♠ / Q♠	Q♦ / 3♠	5♣	K♣	5♠/K♠	6♠	4♥
60	7♥ / A♥	10♥ / 7♦	10♠ / A♠	3♠ / 2♣	6♦ / 8♥	8♠ / K♥	K♥	8♦	A♦/K♦	2♠	4♠
61	5♥ / 4♥	K♠ / 2♦	J♣ / A♥	2♥ / A♠	10♥ / K♣	9♥ / 2♣	6♠	3♥	8♠/8♦	J♠	10♣
62	8♣ / 4♠	7♠ / 6♠	Q♦ / 4♥	2♣ / Q♥	4♦ / 4♣	9♣ / J♣	J♣	4♠	J♦/2♦	8♠	J♠
63	3♥ / 10♥	5♠ / 3♦	2♠ / 4♥	A♥ / 2♦	Q♠ / 10♥	10♣ / 9♦	9♣	7♦	A♠/5♦	6♠	7♣
64	K♠ / 7♣	4♦ / 8♠	A♣ / A♠	5♥ / 5♠	K♦ / 6♠	8♠ / J♥	A♦	3♠	10♣/J♠	2♦	8♦
65	9♠ / 3♥	Q♣ / A♠	4♦ / 10♠	4♥ / 10♣	3♠ / 5♥	K♥ / K♦	K♦	9♠	K♣/6♦	A♦	Q♠
66	J♣ / A♦	5♥ / J♥	4♦ / 8♥	Q♣ / Q♦	6♣ / 10♣	8♦ / J♠	K♥	9♣	9♥/9♦	A♥	10♦
67	7♥ / K♦	A♥ / J♦	Q♠ / Q♠	10♠ / 7♠	4♥ / K♠	9♥ / 3♥	8♠	Q♦	J♦/2♣	3♥	Q♣
68	A♣ / 7♥	3♦ / 9♣	A♠ / Q♠	A♥ / 9♠	10♦ / 6♦	Q♥ / 10♠	10♠	K♥	7♦/6♣	A♣	3♥
69	4♣ / 7♠	8♦ / J♦	A♥ / Q♠	10♣ / J♣	2♠ / 5♠	7♦ / K♦	K♦	K♣	J♠/5♦	10♦	A♥
70	7♣ / 8♣	3♥ / 2♥	4♠ / 6♦	K♣ / 9♠	9♥ / 8♠	7♠ / 10♣	10♣	5♠	3♦/6♣	Q♠	A♦
71	7♥ / 2♠	8♣ / 10♣	K♣ / 4♠	2♣ / 4♣	3♣ / J♦	5♠ / 7♠	5♦		Q♦/3♦	8♦	2♦
72	4♦ / J♣	2♠ / 9♦	2♣ / 4♣	8♥ / 3♦	K♠ / K♠	5♦ / Q♣	A♣	9♣	3♦/6♠	J♦	6♣
73	5♦ / Q♦	9♠ / 8♣	4♠ / 8♦	Q♠ / K♣	Q♥ / 3♦	2♦ / 10♥	7♦	7♣	A♠/10♦	J♠	8♠
74	A♥ / 2♣	2♠ / 3♣	Q♠ / K♥	4♣ / 5♥	J♦ / 4♠	Q♦ / 5♣	5♦	4♥	8♠/9♦	10♣	K♠
75	J♣ / Q♥	9♦ / 6♦	4♣ / 10♦	6♣ / 4♠	6♠ / Q♠	2♣ / 8♥	K♠	4♠	7♠/2♥	4♠	2♠
76	2♦ / Q♦	2♠ / 9♠	K♥ / 7♠	K♠ / 6♠	8♥ / 4♣	A♣ / 10♠	7♥	K♥	6♣/10♣	4♥	6♠
77	A♣ / Q♥	4♠ / 3♦	J♣ / 9♦	10♠ / 6♠	4♥ / 8♥	K♦ / 2♠	2♠	10♦	8♣/3♥	10♠	9♠
78	10♥ / 5♥	Q♥ / A♠	10♠ / 2♦	7♠ / 9♠	K♣ / 6♦	8♠ / Q♠	Q♣	A♣	6♠/7♣	Q♥	K♥
79	3♣ / 7♦	8♦ / K♦	A♦ / 8♥	4♠ / Q♣	5♦ / 10♠	5♥ / K♠	7♠	Q♣	9♦/3♥	9♠	2♣
80	4♣ / Q♣	7♦ / 7♣	4♠ / 10♥	J♥ / A♠	10♦ / 8♣	9♦ / 2♥	2♥	8♠	Q♦/4♦	6♦	A♠
81	9♥ / 9♠	4♦ / 3♥	J♥ / K♣	Q♠ / J♠	5♦ / 8♦	A♠ / 9♦	9♥	2♠	5♥/3♠	3♠	7♦
82	A♠ / 4♣	K♦ / J♠	Q♠ / K♣	A♥ / 3♠	6♠ / J♥	K♠ / 10♦	6♠	A♠	A♣/2♠	J♦	8♥
83	5♦ / 10♣	7♥ / 8♠	4♠ / J♦	10♦ / J♥	9♠ / Q♠	8♥ / 2♦	3♦	4♠	2♠/7♠	J♣	7♠
84	10♥ / 7♦	J♥ / A♠	9♠ / 6♦	3♥ / 10♠	8♠ / 3♠	10♣ / 10♦	10♦	4♦	Q♥/6♣	10♥	K♦
85	4♥ / 9♣	7♠ / 5♠	3♥ / 6♦	4♣ / 6♠	A♦ / 10♦	Q♥ / A♠		J♣	Q♦/K♦	5♠	4♣
86	A♥ / K♣	9♠ / 8♠	4♣ / 2♥	9♦ / K♦	9♠ / 10♠	5♥ / Q♥	Q♥	K♠	7♣/J♦	4♦	5♦
87	5♦ / Q♦	8♥ / 3♠	9♠ / 5♥	9♣ / J♦	J♠ / A♦	J♣ / 8♠	K♥	9♣	3♣/2♠	5♥	9♦
88	5♠ / Q♥	9♦ / A♠	9♠ / 7♠	9♥ / A♦	2♦ / 10♣	2♠ / Q♣		A♣	3♣/3♦	5♠	Q♦
89	7♥ / 9♠	8♥ / 2♠	9♥ / 8♠	10♥ / A♦	J♥ / 7♣	Q♥ / K♥	K♥	6♦	A♣/2♣	4♣	3♦
90	4♣ / 5♠	2♦ / Q♣	J♠ / 10♣	8♠ / 2♥	6♦ / 9♦	4♠ / 3♣	10♥	4♠	10♦/8♠	6♥	6♥
91	A♦ / J♥	10♣ / Q♥	8♣ / 7♠	3♠ / 7♥	4♥ / 8♥	5♠ / J♦	Q♠	2♣	6♠/3♥	3♦	4♣
92	9♠ / K♠	K♥ / A♠	2♠ / 9♠	7♠ / 9♥	5♦ / 2♠	J♥ / A♥	3♠	6♠	2♠/2♥	Q♦	5♠
93	8♥ / Q♥	10♥ / 7♥	7♠ / 9♥	4♠ / 2♥	7♠ / 9♦	J♠ / 4♦	4♦	Q♣	K♦/A♠	9♠	5♠
94	2♦ / 5♥	K♥ / 3♦	3♥ / 9♣	9♣ / A♥	J♦ / 7♠	Q♥ / A♣	A♠	3♥	K♠/8♦	5♠	4♦
95	J♥ / J♠	10♥ / 9♣	6♣ / A♦	A♣ / 8♥	8♠ / A♠	2♣ / 4♣	3♣	9♥	5♦/10♦	3♣	5♠
96	4♠ / K♦	Q♣ / 3♦	7♣ / 10♣	8♦ / 6♦	8♥ / A♥	9♦ / 7♥	2♣	8♥	5♥/9♦	K♦	10♥
97	A♠ / 5♦	6♠ / J♦	6♣ / 9♠	Q♣ / 9♠	4♣ / 2♥	J♦ / 9♦	9♦	J♣	3♥/2♠	7♠	J♣
98	10♥ / K♥	5♦ / J♠	Q♣ / 8♠	K♣ / 2♥	8♠ / 6♠	3♥ / 4♦	4♦	A♠	J♦/9♣	8♥	J♦
99	7♦ / Q♥	3♠ / 8♥	9♠ / J♥	9♣ / 4♦	Q♦ / 6♦	K♥ / 8♠	K♣	10♣	A♦/Q♠	7♥	3♠

紅心 7

歲數	水星	金星	火星	木星	土星	天王	海王	長期	冥王/結果	環境	置換
0	7♦	5♠	J♥	9♦	9♠	2♥	K♥	7♦	K♦/6♥	7♥	7♥
	3♥	4♥	Q♠	Q♦	6♦	K♥					
1	2♦	2♠	9♣	4♣	7♥	K♠	Q♣	5♠	2♥/10♦	A♠	8♥
	8♥	J♦	Q♣	6♥	J♥	Q♥	7♣				
2	9♠	6♣	10♥	Q♥	5♣	8♠	A♠	J♥	A♦/K♣	2♣	7♣
	J♣	8♦	3♦	J♥	9♠	J♠					
3	9♦	Q♦	3♥	4♥	8♣	J♠	Q♥	9♣	5♥/7♣	K♥	K♦
	9♥	2♥	4♣	4♦	6♥	Q♥					
4	5♠	9♥	4♥	K♥	10♣	5♥	7♠	9♠	2♣/2♠	9♠	3♣
	5♣	5♦	4♣	9♣	Q♥	2♦					
5	4♠	5♣	8♥	K♥	K♣	A♥	5♥	2♥	3♠/3♦	6♠	5♦
	Q♠	8♣	A♠	2♠	J♥	5♥					
6	9♠	8♠	3♥	♥	J♦	Q♦	A♥	K♥	6♠/10♦	2♠	9♦
	2♣	6♥	K♦	3♦	10♣	6♦					
7	5♦	K♥	5♣	7♦	9♣	2♣	10♠	2♠	6♥/A♠	K♣	Q♦
	5♥	2♥	K♣	10♣	J♣	10♠					
8	6♣	8♠	7♥	9♦	J♥	♥	A♥	2♠	2♥/A♦	8♠	3♦
	3♥	10♦	6♦	10♣	3♠	A♥					
9	8♥	J♠	J♦	8♠	4♣	10♥	9♦	9♣	Q♥/8♦	6♣	6♥
	5♦	10♠	J♣	10♦	K♥	6♠					
10	10♣	J♣	8♣	6♦	5♠	5♦	9♣	4♠	7♣/4♥	2♦	4♣
	J♥	5♥	3♣	6♠	8♠	3♦					
11	K♥	A♥	A♣	9♥	K♦	J♥	6♥	7♣	10♦/A♣	A♦	5♣
	K♠	10♣	3♥	7♦	J♠	4♠					
12	8♠	9♠	9♥	10♥	K♣	J♦	3♣	K♠	2♠/2♦	A♥	5♥
	5♥	6♣	7♣	A♣	8♥	3♣					
13	J♠	A♥	4♥	7♣	3♥	5♥	10♥	Q♣	K♣/6♦	3♥	4♦
	K♦	A♠	5♣	2♦	9♥	2♥					
14	J♥	9♦	7♣	2♥	8♥	A♥	6♠	9♠	9♠/Q♥	Q♣	♠
	J♦	5♣	10♣	8♠	2♦	8♥					
15	10♥	10♠	3♣	9♥	J♥	K♥	A♦	6♠	K♦/7♦	10♦	10♥
	2♠	A♠	J♣	K♣	4♥	6♠					
16	2♦	Q♣	7♣	10♠	8♥	Q♦	K♥	10♥	4♥/10♦	Q♠	J♣
	9♠	3♦	3♥	7♦	A♣	K♥					
17	9♦	9♠	10♣	Q♠	6♦	4♥	3♣	Q♥	3♦/5♣	8♦	J♦
	A♥	J♦	8♠	A♠	7♦	3♣					
18	9♥	6♥	3♥	5♣	2♣	A♥	Q♠	5♦	10♣/9♣	7♠	3♠
	5♥	8♠	J♥	8♥	8♦						
19	5♦	5♠	3♠	5♠	10♥	A♥	8♠		K♣/10♦	J♠	6♦
	4♥	4♣	4♦	4♣	A♥						
20	Q♥	2♥	10♠	8♦	A♦	2♦	10♥	A♠	9♦/8♣	10♠	9♣
	6♣	K♠	J♣	4♥	9♥	J♦					
21	3♣	Q♦	K♠	5♣	2♥	4♣	8♥	9♦	2♦/3♥	4♠	Q♥
	9♠	Q♠	4♦	8♠	4♣	6♥					
22	A♦	Q♠	10♣	4♥	7♦	8♥	J♥	Q♦	2♣/6♥	4♥	10♣
	9♦	9♠	10♠	9♠	3♦	A♥					
23	2♦	Q♣	4♥	4♦	J♦	2♠	7♥	3♥	9♦/K♠	10♠	4♥
	9♦	9♠	9♠	6♦	10♠	6♥					
24	6♣	9♠	4♦	6♥	4♦	8♦	A♥	4♥	10♣/2♠	Q♥	4♠
	4♠	7♠	A♣	A♦	8♠	A♥					
25	K♦	K♠	Q♦	2♥	9♦	K♥	Q♣	8♣	8♦/6♣	9♣	10♣
	5♠	J♠	4♠	2♦	Q♠	A♦	9♦				
26	8♣	K♣	2♣	A♦	3♣	5♣	Q♦	J♣	3♦/J♠	6♦	J♠
	10♥	7♣	5♠	5♥	8♥	Q♦					
27	4♥	7♠	A♦	4♠	9♣	J♣	5♣	Q♥	2♦/9♠	3♠	7♣
	9♦	A♠	5♠	J♠	4♦	5♣					
28	K♠	3♠	A♣	K♣	2♠	8♠	10♣	5♠	J♣/J♦	J♦	8♦
	3♠	6♦	2♦	7♠	7♣	J♥					
29	3♥	10♠	3♣	5♠	6♥	A♥	♠	9♥	Q♠/4♣	J♣	Q♠
	4♥	2♦	4♦	♣	K♦	2♠					
30	Q♦	K♦	3♣	10♠	7♣	6♦	A♥	4♥	9♥/K♥	10♥	10♦
	10♣	J♥	8♠	2♣	J♥	J♦					
31	6♣	10♣	10♠	4♦	5♠	9♥	8♦	8♥	J♥/A♦	5♠	Q♣
	2♠	3♦	9♣	3♠	Q♠	4♦					
32	A♣	A♠	2♦	4♣	Q♥	5♦	4♦	10♣	7♦/7♣	4♦	3♦
	6♣	K♥	9♠	3♥	♣	4♦					
33	8♥	6♦	4♠	♣	10♦	7♠	2♠	5♥	J♦/9♠	5♥	A♦
	K♣	3♦	9♣	Q♦	5♦	2♠					
34	3♠	4♥	10♥	Q♠	9♥	K♣	J♠	7♠	6♠/7♠	5♠	A♦
	8♣	2♥	4♣	3♥	8♦	J♠					
35	6♣	8♣	Q♠	A♦	10♣	6♠	7♠	4♠	2♣/A♠	4♣	2♦
	10♦	Q♥	K♠	8♥	3♦	7♠					
36	3♣	10♦	A♦	8♠	K♣	9♠	A♣	5♠	6♠/Q♣	6♥	6♣
	Q♦	9♥	8♥	A♠	Q♠	9♣	K♠				
37	9♠	K♥	10♥	9♣	5♥	J♠	7♦	8♥	2♦/4♦	3♦	8♠
	2♣	8♦	6♦	K♠	A♠	9♦					
38	4♠	10♠	9♠	8♥	3♦	7♠	K♥		8♦/3♥	Q♦	K♠
	A♦	6♠	A♥	K♦	10♥	7♠					
39	Q♦	K♥	8♥	7♠	Q♣	A♠	K♠	K♣	K♣/2♥	9♦	2♠
	5♥	4♣	Q♥	10♥	9♣	Q♣					
40	J♠	10♦	A♥	K♠	8♠	A♣	6♣	A♥	7♦/J♣	5♦	6♠
	2♣	3♥	K♣	Q♣	8♥	4♦					
41	A♣	8♥	Q♦	4♦	5♠	2♠	10♣	5♥	8♣/4♦	3♣	9♠
	5♥	A♠	K♥	Q♠	8♦	10♦					
42	9♠	5♥	4♦	K♠	Q♠	8♠	10♠	9♠	7♣/3♦	K♦	K♥
	K♦	2♦	J♠	3♥	4♣	10♠					
43	6♠	6♠	10♦	10♥	9♠	K♦	K♣	8♠	K♥/4♥	7♠	2♣
	7♦	2♠	8♦	10♠	4♦	K♠					
44	8♥	7♦	10♥	J♥	Q♦	K♥	2♥	3♥	2♠/3♣	8♥	A♠
	10♠	3♠	9♦	2♦	♣	2♥					
45	9♥	5♠	J♥	9♣	9♠	A♠	K♥	5♣	K♦/6♥	7♥	7♥
	3♥	4♥	Q♠	Q♦	6♦	K♥					
46	2♦	2♠	9♣	4♣	7♣	K♠	Q♣	J♦	A♣/10♦	A♠	8♥
	8♥	J♦	Q♣	6♥	J♥	Q♥	7♣				
47	9♠	6♣	10♥	Q♥	5♣	8♠	A♠	Q♦	A♦/K♣	2♠	7♠
	J♣	8♦	3♦	J♥	9♠	J♠					
48	9♦	Q♦	3♥	4♥	8♣	J♠	Q♥	A♥	5♥/7♣	K♥	K♦
	7♥	A♠	4♣	4♦	6♥	Q♥					
49	5♠	7♥	4♥	8♥	10♣	5♥	7♠		2♣/2♠	9♠	3♣
	5♣	5♦	4♣	7♣	Q♥	2♦					

歲數	水星	金星	火星	木星	土星	天王	海王	長期	冥王/結果	環境	置換
50	4♠	5♣	8♥	K♥	K♣	A♥	5♥	K♥	3♠/3♦	6♠	5♦
	Q♥	8♣	2♥	2♠	J♣	5♥					
51	9♣	8♠	3♥	5♣	J♦	Q♦	A♥	5♣	6♠/10♦	2♠	9♦
	2♣	6♥	K♦	3♦	10♣	6♦					
52	5♦	K♥	5♣	9♥	9♣	2♣	10♠	7♦	6♥/A♣	K♣	Q♦
	5♥	2♦	K♣	10♣	J♣	10♠					
53	6♣	8♠	9♥	9♣	J♥	5♥	A♥	9♣	A♣/A♦	8♠	3♦
	3♥	10♦	6♦	10♣	3♠	A♥					
54	8♥	J♠	J♦	8♣	4♣	10♥	9♦	9♣	Q♥/8♦	6♣	6♥
	5♦	10♠	J♣	10♦	K♥	6♠					
55	10♣	J♠	8♣	6♥	5♠	5♦	9♣	10♠	7♦/4♦	2♦	4♣
	J♥	5♥	3♣	6♠	8♠	3♦					
56	K♥	A♥	A♦	7♦	K♦	J♥	6♥	6♣	10♦/2♥	A♦	5♣
	K♠	10♣	3♥	9♥	J♠	4♠					
57	8♠	9♦	7♦	10♥	K♣	J♦	3♠	8♠	2♠/2♦	A♥	5♦
	5♥	6♣	9♥	2♥	8♥	3♠					
58	J♠	A♥	4♥	7♣	3♦	5♥	10♥	7♦	K♠/6♦	3♥	4♦
	K♦	A♠	5♣	2♦	7♦	A♣					
59	J♥	9♦	7♣	A♣	8♦	A♦	6♠	9♦	9♠/Q♦	Q♣	5♠
	J♦	5♣	10♣	8♠	2♦	8♥					
60	10♥	10♠	3♣	6♦	8♠	K♥	A♦	J♥	K♦/9♥	10♦	10♥
	2♠	A♣	J♣	4♣	4♠	6♠					
61	2♦	Q♣	7♣	10♠	8♦	Q♦	K♥	5♥	4♥/10♦	Q♠	J♣
	9♠	3♦	3♥	9♥	2♥	K♥					
62	9♦	9♠	10♠	Q♠	6♦	4♥	3♣	A♥	3♦/5♣	8♦	J♠
	A♥	J♦	8♣	2♥	7♣	3♣					
63	7♦	6♦	3♥	5♠	2♣	A♥	Q♠	8♦	10♦/9♣	7♣	3♠
	5♥	8♣	J♥	3♣	4♣	8♦					
64	5♦	9♣	5♠	3♣	5♠	10♥	A♥	J♠	K♣/10♦	J♠	6♦
	4♥	J♠	4♦	3♣	4♠	A♥					
65	Q♥	A♣	10♠	8♦	A♦	2♦	10♥	J♦	9♦/8♣	10♣	9♣
	6♣	K♠	J♣	4♥	7♦	J♦					
66	3♣	Q♦	K♠	5♣	A♣	4♣	8♥	8♣	2♦/3♥	4♠	Q♥
	9♠	Q♠	4♦	8♣	2♥	4♥					
67	A♦	Q♠	10♣	4♦	9♥	8♠	J♥	4♣	2♣/6♦	4♥	10♠
	9♦	4♣	10♠	9♣	3♦	A♥					
68	2♦	J♣	4♥	4♣	J♥	2♣	7♠	10♥	5♦/K♣	10♠	4♦
	9♦	Q♣	9♠	6♦	10♠	6♥					
69	6♣	9♣	4♦	6♥	4♣	8♦	A♥	9♦	10♣/2♠	Q♥	4♠
	4♠	9♥	2♥	A♦	8♠	A♥					
70	K♦	K♣	Q♠	A♣	9♣	K♥	Q♣	10♣	8♦/6♦	9♣	10♣
	5♠	J♠	4♠	2♦	Q♠	A♦	9♦				
71	8♣	K♣	4♠	3♣	5♦	Q♦	J♣		3♦/J♠	6♦	J♠
	10♥	7♠	5♠	5♥	8♦	Q♥					
72	4♥	7♣	A♦	4♣	9♣	J♣	5♣	8♣	2♦/9♦	3♠	7♣
	9♦	A♠	5♣	J♠	4♦	5♠					
73	K♠	3♣	2♥	K♦	2♠	8♦	10♣	6♥	J♣/J♦	J♦	8♦
	3♥	6♦	7♠	7♦	7♠	J♥	2♠				
74	3♥	10♠	3♠	5♠	6♥	A♥	2♠	5♠	Q♠/4♣	7♦	Q♠
	4♥	2♦	4♦	J♣	K♦	2♠					

歲數	水星	金星	火星	木星	土星	天王	海王	長期	冥王/結果	環境	置換
75	Q♦	K♦	3♣	10♠	7♣	6♦	A♥	5♦	7♦/K♥	10♥	10♦
	10♣	J♥	8♠	2♣	J♣	J♦					
76	6♣	10♦	10♣	4♦	5♠	7♣	8♦	9♣	J♥/A♦	5♠	Q♣
	2♠	3♦	9♣	3♠	Q♠	4♥					
77	2♥	A♠	2♦	4♠	Q♥	5♦	4♦	K♥	9♥/7♣	4♦	3♥
	6♣	K♥	9♠	3♥	4♠	4♦					
78	8♥	6♦	4♠	4♣	10♦	9♦	2♠	A♥	J♦/9♠	5♥	A♥
	K♣	3♦	9♣	Q♦	5♦	2♠					
79	3♠	4♦	10♥	Q♠	7♦	K♣	J♣	A♦	6♠/7♠	5♣	A♦
	8♣	A♣	3♦	8♦	J♣						
80	6♠	8♣	Q♠	A♦	10♣	6♠	7♠	9♥	2♣/A♠	4♣	2♦
	10♦	Q♥	K♠	8♥	3♦	9♥					
81	3♣	10♦	A♦	8♠	K♠	9♠	2♥	K♦	6♠/Q♣	6♥	6♣
	Q♦	7♦	8♥	A♠	Q♠	9♠	K♠				
82	9♠	K♥	10♥	9♣	5♥	J♠	9♥	J♥	2♦/4♦	3♦	8♠
	2♣	8♦	K♠	A♠	9♥						
83	4♠	10♦	K♣	9♦	3♦	4♠	7♠	8♦	8♦/3♥	Q♦	K♣
	A♦	6♠	A♥	K♦	10♥	7♠					
84	Q♦	K♦	8♥	7♠	3♣	A♦	K♣	8♠	K♣/A♦	9♦	2♠
	5♥	4♣	Q♥	10♦	9♣	8♠	Q♣				
85	J♠	10♦	A♥	K♣	8♠	2♥	6♣	9♦	7♣/J♣	5♦	6♠
	2♣	3♥	K♣	Q♠	8♥	4♦					
86	2♥	8♦	Q♦	4♦	5♠	2♠	10♦	9♦	8♣/4♦	3♠	9♠
	5♥	A♠	K♦	Q♠	8♠	10♦					
87	9♠	5♦	4♦	K♣	Q♠	8♣	10♠	10♥	7♣/3♠	K♦	K♥
	K♦	2♦	J♠	3♥	4♠	10♣					
88	6♠	6♦	10♣	10♦	9♠	K♦	K♣	K♣	K♥/4♥	7♠	2♣
	9♥	2♠	8♠	10♦	4♦	K♠					
89	8♥	9♥	10♥	J♥	9♦	K♥	A♣	J♦	2♣/3♣	8♥	A♠
	10♠	3♠	9♦	2♦	8♣	A♣					
90	7♦	5♠	J♥	9♣	2♥	K♦	3♣		K♦/6♥	7♥	7♦
	3♥	4♥	Q♠	10♦	6♦	K♥					
91	2♠	2♠	Q♣	4♠	7♣	K♠	Q♣	J♠	2♥/10♦	A♠	8♥
	8♥	J♦	Q♠	6♦	J♥	Q♥	7♣				
92	9♠	6♠	10♥	Q♦	5♠	A♠		A♥	A♦/K♠	2♠	2♣
	J♠	8♦	3♦	J♥	9♠	J♠					
93	9♦	Q♦	3♣	4♦	3♣	J♣	Q♥	4♥	7♥/7♣	K♥	K♦
	9♥	2♥			Q♣	Q♥					
94	5♠	9♦	4♦	8♦	3♣		7♠	7♣	2♣/2♠	A♠	3♣
	5♣	5♦	4♣	J♣	Q♥	2♦					
95	4♠	5♣	8♥	K♥	K♣	A♥	5♥	3♦	3♠/3♦	6♠	5♦
	Q♠	8♣	A♣	2♠	J♣	5♥					
96	9♣	8♠	3♥	5♣	J♦	Q♦	A♥	5♥	6♠/10♦	2♠	9♦
	2♣	6♥	K♦	3♦	10♣	6♦					
97	5♦	K♥	5♣	7♦	9♣	2♣	10♠	10♥	6♥/A♣	K♣	Q♦
	5♥	2♦	K♣	10♣	J♣	10♠					
98	6♣	8♠	7♦	9♣	J♥	5♥	A♥	J♥	2♥/A♦	8♠	3♦
	3♥	10♦	6♦	10♣	3♠	A♥					
99	8♥	J♠	J♦	8♣	4♣	10♥	9♦	9♦	Q♥/8♦	6♣	6♥
	5♥	10♠	J♣	10♦	K♥	6♠					

紅心 8

歲數	水星	金星	火星	木星	土星	天王	海王	長期	冥王/結果	環境	置換
0	6♣	6♠	Q♥	10♣	8♥	K♠	3♥	6♣	A♣/Q♣	8♥	8♥
	7♠	3♠	10♦	4♣	J♥	10♠	8♦				
1	K♥	8♠	J♣	10♠	5♥	K♣	7♥	6♠	2♦/2♠	7♥	7♠
	J♦	Q♠	6♥	J♥	Q♥	7♠					
2	Q♦	3♦	A♥	4♠	8♣	J♥	10♠	Q♥	4♦/8♦	A♠	K♦
	7♦	A♣	5♣	5♠	4♣	10♠					
3	10♥	7♦	4♠	7♠	J♠	4♦	K♦	10♣	A♠/6♠	2♣	3♣
	5♥	9♣	5♠	8♦	10♠	6♠					
4	10♣	5♥	7♠	2♣	2♠	A♠	4♦	8♦	6♦/6♥	K♥	5♦
	10♦	8♣	2♥	6♠	J♦	4♦					
5	K♥	K♣	A♥	5♥	3♠	3♦	A♦	K♠	9♠/Q♣	9♠	9♦
	A♠	4♣	3♣	6♥	J♠	9♠					
6	9♦	2♣	5♥	9♥	Q♥	A♠	4♥	3♥	4♣/7♦	6♠	Q♦
	4♦	6♣	2♠	J♠	J♦	4♥					
7	8♠	K♣	9♥	Q♦	J♥	4♦	A♠	K♥	A♣/2♦	2♠	3♦
	A♥	Q♣	9♠	J♠	6♦	A♦					
8	7♠	7♣	3♠	8♣	5♥	J♣	Q♦	8♠	10♠/Q♠	K♣	6♥
	9♦	4♥	J♦	Q♣	2♣	8♠					
9	J♠	J♦	8♣	4♣	10♥	9♦	Q♥	J♣	8♦/4♠	8♠	4♣
	J♥	4♦	6♦	8♠	K♠	6♥					
10	2♣	A♦	2♦	7♦	3♣	J♥	4♣	10♠	Q♣/2♥	6♠	
	K♠	J♠	A♥	9♥	7♣	10♣					
11	K♣	Q♦	7♥	J♣	2♠	3♠	5♦	5♥	6♠/6♣	2♦	5♥
	4♦	8♠	9♥	2♦	7♠	5♦					
12	7♣	A♦	4♠	8♣	6♥	4♦	J♣	K♣	K♠/9♣	A♦	4♦
	3♣	7♥	5♦	4♣	7♦	A♣					
13	J♥	Q♦	8♣	A♣	Q♥	2♦	9♠	7♥	K♥/10♠	A♥	5♠
	3♠	5♥	J♠	K♣	6♠	7♥					
14	J♣	4♥	6♥	9♣	K♣	2♣	2♦	Q♦	3♣/9♥	3♥	10♥
	6♠	7♥	J♦	5♣	10♣	8♠					
15	6♣	3♥	8♣	4♦	9♠	3♠	2♠	3♦	4♠/Q♣	4♣	J♣
	K♥	6♥	A♥	9♥	2♣	7♥					
16	Q♦	K♥	4♥	10♦	9♣	4♠	5♦	A♥	6♥/5♥	10♦	J♦
	A♦	3♠	8♣	2♥	8♦	5♦					
17	7♦	4♣	A♥	5♦	A♠	A♦	10♦	4♠	J♠/Q♥	Q♠	3♠
	4♦	K♣	J♥	5♦	5♠	Q♠					
18	9♦	K♥	5♥	6♦	10♥	J♣	A♦	8♣	2♠/Q♣	8♦	6♦
	4♦	4♣	5♦	5♠	5♣	A♦					
19	10♠	A♣	4♥	Q♠	2♦	6♠	J♣	J♦	Q♦/8♣	7♠	9♣
	8♠	K♣	J♦	4♥	7♦	3♠					
20	5♦	3♦	K♠	5♥	A♣	5♣	7♠	10♠	6♣/A♥	J♠	Q♥
	K♥	10♦	5♠	8♣	2♥	4♠					
21	2♦	3♥	4♥	4♠	9♥	K♠	J♥	10♥	A♠/9♣	10♠	10♠
	Q♦	10♣	J♠	K♥	6♥	A♠					
22	6♣	J♠	4♠	4♥	A♠	4♠	K♦	7♠	9♦/K♠	4♠	4♦
	Q♦	10♠	K♥	9♣	4♥	4♠					
23	8♠	Q♦	5♠	4♠	5♣	Q♠	A♦	4♠	J♠/6♠	4♥	4♠
	10♥	9♦	2♥	2♦	K♣	A♠					
24	3♣	K♠	3♦	A♠	Q♦	2♠	3♥	7♠	Q♠/9♣	10♠	10♣
	10♥	7♣	10♠	6♣	10♦	2♦	Q♦				
25	8♣	2♠	A♠	2♦	5♦	5♥	3♦	J♠	6♥/7♣	Q♥	J♠
	J♣	8♦	10♥	4♦	7♠	3♦					
26	4♠	K♦	2♦	10♣	Q♥	J♣	5♦	4♦	6♣/K♥	9♣	7♣
	Q♦	7♥	10♥	7♣	5♠	5♥					
27	K♠	5♦	2♥	3♣	6♠	Q♠	J♠	K♦	J♦/3♠	6♦	8♦
	6♥	9♣	6♣	K♦	8♦	J♥	6♠				
28	A♥	4♥	6♦	10♥	4♣	A♠	8♠	10♣	10♦/5♣	3♠	Q♠
	4♠	6♠	5♠	J♦	3♠	6♠					
29	3♦	3♣	5♦	4♥	8♦	9♣	A♦	5♥	7♦/2♣	J♦	10♦
	J♠	J♥	K♣	A♠	J♦	3♠					
30	8♠	J♦	4♥	5♠	10♥	7♦	Q♠	7♠	J♥/2♦	J♣	Q♠
	6♠	6♥	Q♥	6♦	10♦	4♠					
31	2♥	7♥	6♠	10♣	10♠	4♦	5♠	2♠	9♥/8♦	10♥	3♥
	8♣	2♥	Q♥	A♥	5♣	5♠					
32	7♠	9♣	10♣	J♦	Q♣	9♥	2♠	2♠	3♠/K♥	5♠	A♥
	2♠	6♥	Q♥	3♦	9♦	6♠					
33	6♦	4♠	J♣	10♦	7♦	2♠	J♦	A♦	9♠/8♦	4♦	A♦
	8♣	A♣	5♣	A♥	Q♠	J♥					
34	8♠	8♣	10♦	2♦	A♠	9♠	K♦	4♦	A♠/7♥	5♥	2♦
	Q♣	10♠	K♠	7♠	6♥	9♥					
35	5♦	Q♣	2♦	K♣	K♠	K♥	2♥	K♥	9♠/3♥	5♣	6♣
	3♥	7♦	7♠	7♥	10♦	Q♥	K♠				
36	K♥	2♠	J♣	Q♥	4♦	7♠	9♥	K♣	6♠/5♣	4♠	8♣
	A♠	Q♠	9♣	K♠	7♥	Q♦					
37	10♣	Q♣	Q♥	7♠	6♥	A♠	K♦	A♥	Q♠/A♥	6♥	K♣
	2♦	9♠	A♦	3♠	J♠	K♦					
38	3♦	2♠	7♠	8♠	3♦	2♦	K♠	5♥	2♠/A♣	3♦	2♠
	4♦	5♠	10♠	J♣	Q♥	K♣	3♥				
39	7♣	Q♠	A♦	K♠	5♣	2♥	9♠	3♠	8♦/J♦	Q♦	6♠
	A♠	A♥	2♠	3♥	9♠						
40	2♥	7♥	3♦	5♠	10♥	6♦	Q♣	3♦	8♣/4♦	9♦	9♠
	4♦	7♦	2♠	3♥	K♣	Q♣					
41	Q♦	4♦	5♠	2♠	10♦	8♠	4♦	A♦	8♦/6♦	5♦	K♥
	3♣	6♣	7♣	A♥	5♣	4♦					
42	9♦	9♠	J♣	J♠	K♦	3♦	2♠	2♥	3♠/4♦	3♠	2♠
	9♥	6♠	K♣	4♦	5♠	K♦					
43	7♦	9♠	7♣	J♥	10♠	A♠	2♣		A♠/5♦	K♦	A♠
	4♥	6♦	Q♦	8♣	A♣						
44	7♦	10♥	J♥	Q♥	K♥	2♥	4♣	5♥	3♣/4♦	7♠	7♥
	A♥	4♠	10♦	3♦	9♣	2♣					
45	6♣	6♠	Q♥	10♣	8♥	K♠	3♥	7♥	2♥/Q♣	8♥	8♥
	7♠	3♠	10♦	4♣	J♥	10♠	8♦				
46	K♥	8♠	J♣	10♠	5♥	K♣	7♥	Q♥	2♦/2♠	7♥	7♠
	J♦	Q♠	6♥	J♥	Q♥	7♠					
47	Q♦	3♦	A♥	4♠	4♣	J♥	10♠	A♠	4♦/8♦	A♠	K♦
	9♥	2♥	5♣	5♠	4♣	10♠					
48	10♥	9♥	4♠	7♠	J♠	4♦	K♦	4♥	A♠/6♠	2♠	3♣
	5♥	9♣	5♠	8♦	10♠	6♠					
49	10♣	5♥	7♠	2♣	2♠	A♠	4♦	8♠	6♦/6♥	K♥	5♦
	10♦	8♣	A♣	6♠	J♦	4♦					

歲數	水星	金星	火星	木星	土星	天王	海王	長期	冥王/結果	環境	置換
50	K♥	K♣	A♥	5♥	3♠	3♦	A♥	K♣	9♠/Q♣	9♠	9♦
	A♠	4♣	3♣	6♥	J♠	9♣					
51	9♣	2♠	5♥	7♦	Q♥	A♠	4♥	9♥	4♣/7♥	6♠	Q♦
	4♦	6♣	2♠	J♠	J♦	4♥					
52	8♠	K♣	7♦	Q♦	J♥	4♦	A♦	Q♦	2♥/2♦	2♠	3♦
	A♥	Q♣	9♣	J♠	6♦	A♦					
53	7♠	7♠	3♠	8♣	5♠	J♣	Q♦	J♥	10♠/Q♠	K♣	6♦
	9♦	4♥	J♦	Q♣	2♣	9♠					
54	J♠	J♦	8♣	4♣	10♥	9♦	Q♥	4♦	8♦/4♠	8♠	4♣
	J♥	4♦	6♦	8♠	K♣	6♥					
55	2♣	A♠	2♦	9♥	3♣	J♥	4♣	A♠	Q♣/A♣	6♠	5♣
	K♠	J♠	A♥	7♦	7♠	10♣					
56	K♣	Q♦	9♥	J♠	2♠	3♠	5♦	7♠	6♠/6♣	2♦	5♥
	4♦	8♠	7♦	A♣	7♦	5♦					
57	7♣	A♦	4♠	8♦	6♥	4♦	J♣	7♣	K♠/9♠	A♦	4♦
	3♣	7♦	5♥	6♣	9♥	2♦					
58	J♥	Q♦	8♦	2♥	Q♠	2♦	9♠	3♠	K♥/10♠	A♥	5♠
	3♠	5♥	J♠	K♣	6♣	7♠					
59	J♣	4♥	6♦	9♠	K♣	2♣	2♦	8♠	3♣/7♦	3♥	10♥
	6♠	7♥	J♦	5♣	10♣	8♠					
60	6♣	3♦	8♦	4♦	7♠	3♦	2♣	Q♣	4♠/Q♣	Q♣	J♠
	K♥	6♥	A♥	7♦	A♣	2♠					
61	Q♦	K♥	4♥	10♦	9♠	4♠	5♦	J♣	6♥/5♥	10♦	J♦
	A♦	3♠	8♣	A♣	8♦	5♦					
62	9♥	4♣	A♥	5♥	A♠	A♦	10♦	Q♦	J♠/Q♥	Q♠	3♠
	4♦	K♣	J♦	5♠	5♠	Q♠					
63	9♦	K♥	5♦	10♥	J♣	A♦	J♠		2♠/Q♣	8♦	6♦
	4♠	7♣	5♠	5♦	5♠	A♦					
64	10♠	2♥	4♥	Q♠	2♦	6♣	♣		Q♦/8♦	7♣	9♠
	8♠	K♠	J♣	4♠	9♥	3♠					
65	5♦	3♦	K♠	5♥	2♥	5♣	7♠	8♠	6♣/A♥	J♠	Q♥
	K♥	10♥	5♠	8♣	A♣	4♣					
66	2♦	3♦	4♥	4♠	7♦	K♣	J♥	4♣	A♠/9♣	10♣	10♠
	Q♦	10♣	J♠	K♥	6♥	A♦					
67	6♣	J♦	5♠	5♠	3♠	A♠	K♥	10♥	9♥/K♣	4♠	4♦
	Q♦	10♦	K♥	9♠	4♥	4♠					
68	8♠	Q♣	5♠	4♠	5♣	Q♠	A♦	9♦	J♠/6♠	4♥	4♠
	10♣	7♦	A♣	2♦	K♠	A♦					
69	3♣	K♠	3♦	2♦	Q♦	2♣	3♥	Q♥	Q♠/9♣	10♠	10♠
	10♥	7♠	10♣	6♠	10♦	2♦	Q♦				
70	8♣	2♠	A♠	2♦	5♦	5♥	3♦	2♣	6♥/7♣	Q♥	J♠
	J♣	8♦	10♥	4♦	7♠	3♦					
71	4♠	K♦	2♦	10♣	Q♥	J♦	5♥	A♦	6♣/K♥	9♣	7♦
	Q♥	7♥	10♦	7♠	5♠	5♥					
72	K♠	5♦	A♣	3♣	6♠	Q♠	J♠	2♦	J♦/3♠	6♦	8♦
	6♦	9♣	6♣	K♦	8♦	J♥	6♠				
73	A♥	4♦	6♦	10♥	4♦	A♦	6♠	7♦	10♦/5♣	3♠	Q♠
	4♠	6♦	5♠	J♦	3♠	6♠					
74	3♦	3♣	5♦	4♥	8♦	9♣	A♦	3♣	9♥/2♣	J♦	10♦
	J♠	J♥	K♣	A♠	J♦	3♠					
75	8♠	J♣	4♥	5♠	10♥	9♥	Q♠	J♥	J♥/2♦	J♣	Q♣
	6♠	6♥	Q♥	6♦	10♦	4♠					
76	A♣	7♥	6♠	10♣	10♠	A♦	5♠	4♣	7♦/8♦	10♥	3♥
	8♠	2♣	Q♥	A♥	5♣	5♠					
77	7♠	9♣	10♣	J♦	Q♣	7♦	6♠	K♣	3♠/K♥	5♠	A♥
	2♠	6♥	Q♥	3♦	9♦	6♠					
78	6♦	4♠	J♣	10♦	9♦	2♠	J♦	Q♦	9♠/8♦	4♦	A♦
	8♠	2♥	5♣	A♥	Q♠	J♦					
79	8♠	8♣	10♠	2♦	J♠	9♠	K♦	7♦	A♠/7♥	5♥	2♦
	Q♣	10♠	K♠	7♠	6♥	7♦					
80	5♦	Q♠	2♦	K♣	K♠	K♥	A♠	J♣	9♠/3♥	5♠	6♠
	3♦	9♥	7♠	7♥	10♦	Q♥	K♠				
81	K♥	2♣	J♣	Q♥	4♦	7♣	J♠	♠	6♠/5♠	4♣	8♠
	A♠	A♣	9♣	K♠	7♦	Q♦					
82	10♣	Q♣	Q♥	7♠	6♥	A♠	K♣	3♠	Q♠/A♥	6♥	K♣
	2♦	9♠	A♦	3♣	J♣	K♦					
83	3♦	2♣	7♠	8♦	5♥	2♦	K♣	5♦	2♠/2♥	3♦	2♠
	4♦	5♠	10♠	J♣	Q♥	K♣	3♥				
84	7♣	Q♣	A♦	K♠	K♣	8♠			8♦/J♦	Q♦	6♦
	A♠	A♥	2♠	3♥	7♠	5♠					
85	A♣	Q♣	3♦	K♠	10♥	6♠	Q♣	A♦	8♠/4♠	9♦	9♠
	4♦	7♥	2♣	3♥	K♠	Q♣					
86	Q♦	4♠	6♠	2♠	10♦	8♣	4♦	4♠	8♦/6♦	5♦	K♥
	3♣	6♠	7♣	A♥	5♣	4♥					
87	9♠	9♣	J♠	A♣	K♥	3♣	2♠	8♦	2♠/4♠	♣	2♣
	7♦	8♠	K♣	4♥	A♠	K♣					
88	7♠	7♥	J♣	J♥	10♠	2♣	2♥	6♥	A♠/5♠	K♠	A♠
	4♥	6♦	Q♦	6♣	8♣	2♥					
89	9♥	10♥	J♥	Q♥	K♥	A♣	2♣	4♦	3♣/4♠	7♠	7♥
	A♥	4♠	10♠	3♦	6♣	2♣					
90	6♣	6♣	Q♥	10♣	8♦	K♠	3♥	J♠	A♣/Q♣	8♥	8♦
	7♠	3♠	10♦	4♣	J♥	10♠	8♦				
91	K♥	8♠	J♣	10♠	5♥	K♣	7♦	J♥	2♦/2♠	7♥	7♠
	J♦	Q♠	6♥	J♥	Q♥	7♣					
92	Q♦	3♦	A♥	4♠	8♠	J♦	10♠	Q♠	4♦/8♦	A♠	K♦
	7♦	A♠	5♠	5♠	J♦	10♠					
93	10♥	7♦	4♠	7♠	J♠	4♦	K♦	8♦	A♠/6♠	2♠	3♣
	5♥	9♠	6♣	8♦	10♠	6♣					
94	10♣	5♥	7♠	4♣	2♠	A♦	4♦	A♣	6♦/6♥	K♥	5♦
	10♦	8♣	2♥	6♠	J♦	4♦					
95	K♥	K♣	A♥	5♥	3♠	3♦	A♦	Q♠	9♠/Q♣	9♠	9♦
	A♠	4♣	3♣	6♥	J♠	9♣					
96	9♣	2♠	5♥	9♥	Q♥	A♠	4♥	2♦	4♣/7♥	6♠	Q♦
	4♦	6♣	2♠	J♠	J♦	4♥					
97	8♠	K♣	9♥	Q♦	J♥	4♦	A♦	9♠	A♣/2♦	2♠	3♦
	A♥	Q♣	9♣	J♠	6♦	A♦					
98	7♠	7♠	3♠	8♣	5♣	J♣	Q♦	J♣	10♠/Q♠	K♣	6♥
	9♦	4♥	J♦	Q♣	2♣	9♠					
99	J♠	J♦	8♣	4♣	10♥	9♦	Q♥	4♥	8♦/4♠	8♠	4♣
	J♥	4♦	K♣	A♠	K♣	6♥					

紅心9

歲數	水星	金星	火星	木星	土星	天王	海王	長期	冥王/結果	環境	置換
0	7♣	5♦	Q♠	J♣	9♦	7♠	2♣	7♣	K♣/J♦		
	8♠	2♦	9♣	5♣	K♠	6♣					
1	4♦	J♥	6♦	6♠	A♣	9♠	7♠	5♦	3♦/6♥		
	2♥	5♥	10♥	5♣	4♥	7♠					
2	10♣	K♦	7♣	5♠	3♣	7♥	9♠	Q♠	6♣/10♥		
	2♦	A♥	3♠	6♥	K♠	A♠					
3	5♣	J♥	J♦	K♠	A♠	2♠	7♥	J♣	9♦/Q♥		
	2♥	4♣	4♦	6♥	Q♠	7♥					
4	4♥	8♥	10♣	5♦	7♠	7♣	2♠	9♦	A♦/4♦		
	A♥	Q♣	J♣	Q♦	K♠	3♦					
5	6♥	J♥	10♥	6♣	A♣	8♠	2♣	7♠	3♣/5♦		
	2♥	3♦	5♣	Q♦	6♦	2♣					
6	Q♥	A♠	4♥	4♣	7♥	9♠	8♠		3♥/5♣		
	Q♣	Q♠	5♠	5♦	K♠	10♦					
7	Q♦	J♥	4♠	A♦	A♣	2♦	9♠	4♦	7♠/K♠		
	2♥	9♦	6♥	5♦	J♠	9♠					
8	6♦	K♥	Q♥	3♦	2♣	2♠	2♦	J♥	10♦/6♥		
	Q♠	7♣	5♥	K♦	K♠	8♦					
9	5♦	J♥	5♠	3♥	A♣	A♥	2♠	6♦	7♥/8♥		
	2♥	3♣	Q♦	K♦	10♥	2♠					
10	J♦	6♠	6♦	9♦	9♠	8♠	A♥	6♠	8♦/Q♦		
	7♣	10♣	4♣	8♥	J♠						
11	K♦	J♥	6♥	10♦	A♣	Q♣	8♠	A♣	2♠/A♠		
	2♥	7♠	5♦	8♥	4♦	8♠					
12	10♥	K♣	J♦	3♣	2♠	2♦	Q♣	9♠	J♠/5♦		
	10♣	4♥	3♦	A♠	K♠	4♦					
13	8♥	J♥	Q♦	8♦	A♣	Q♠	2♦	7♠	9♠/K♠		
	2♥	7♥	K♦	A♠	5♣	2♦					
14	4♦	6♣	10♥	7♠	8♠	A♥	Q♠	10♣	4♠/K♦		
	4♥	Q♥	9♦	K♥	K♠	10♠					
15	A♠	J♥	5♦	J♠	A♣	7♠	A♥	K♦	2♠/6♠		
	2♥	2♣	8♥	K♦	6♥	A♥					
16	5♣	A♦	4♦	7♥	2♦	Q♠	7♠	7♣	10♠/8♦		
	Q♥	6♦	3♣	6♠	K♠	9♣					
17	K♥	J♥	K♦	4♠	A♣	10♠	Q♠	5♠	8♠/K♠		
	2♥	9♠	A♠	6♠	Q♦	Q♠					
18	6♥	3♥	5♣	2♠	A♥	Q♠	10♣	3♣	9♣/A♠		
	6♦	J♥	7♠	K♣	K♠	A♠					
19	6♠	J♥	8♦	10♠	A♣	4♥	Q♠	7♥	2♦/6♠		
	2♥	2♠	K♥	K♣	5♦	Q♠					
20	Q♦	10♦	6♥	9♠	Q♠	7♠	4♥	9♠	3♠/K♥		
	J♦	10♥	7♦	6♣	K♠	J♠					
21	K♠	J♥	A♠	9♠	A♠	Q♥	7♣	5♠	A♥/A♠		
	2♥	8♠	6♠	6♠	K♦	7♠					
22	5♦	8♦	Q♦	2♠	Q♠	10♣	Q♥	J♥	J♣/6♠		
	10♥	4♦	2♣	A♠	K♠	5♠					
23	6♣	J♥	K♥	3♠	A♣	6♦	10♣	J♦	Q♣/3♦		
	2♥	2♦	K♣	A♦	8♥	10♣					
24	K♦	J♠	5♠	8♣	7♠	4♥	6♦	K♣	5♠/K♣		
	4♦	5♣	9♠	3♥	K♠	5♥					
25	A♣	J♥	6♠	J♣	A♣	J♦	4♥	A♠	Q♠/10♦		
	2♥	A♥	6♣	3♥	A♠	4♥					
26	8♠	4♠	K♦	2♦	10♣	Q♥	J♦	2♠	5♥/6♣		
	5♠	6♥	2♠	10♦	K♠	4♣					
27	3♥	J♥	K♣	5♠	A♣	10♥	Q♥	7♥	7♣/8♦		
	2♥	Q♣	A♦	10♠	K♥	Q♥					
28	A♠	10♠	8♥	A♥	4♥	6♠	10♥	4♥	4♣/A♣		
	6♥	Q♦	8♠	8♦	K♠	3♦					
29	10♦	J♥	6♣	5♥	A♣	4♦	6♦	8♥	10♣/J♠		
	2♥	Q♠	3♥	8♦	6♠	6♦					
30	K♥	9♣	A♠	Q♣	Q♥	J♦	4♦	10♣	3♦/3♥		
	Q♦	5♦	2♦	J♠	K♠	9♦					
31	8♦	J♥	A♦	4♣	A♣	5♠	J♦	5♥	4♥/4♠		
	2♥	7♣	10♦	J♠	K♣	J♦					
32	6♠	3♠	K♣	Q♠	6♦	10♥	5♠	7♠	9♦/10♦		
	5♦	K♦	A♥	4♠	K♠	3♣					
33	J♠	J♥	3♥	3♦	A♣	6♥	10♥	2♠	Q♥/10♠		
	2♥	10♣	8♦	4♠	6♣	10♥					
34	K♣	J♣	6♠	7♠	J♦	4♦	6♥	2♠	3♣/8♦		
	K♦	8♥	Q♣	10♠	K♠	7♠					
35	4♠	J♥	10♠	9♠	A♣	Q♦	4♦	6♥	6♦/9♠		
	2♥	4♥	J♠	10♠	A♦	4♦					
36	6♣	5♠	K♠	10♣	10♥	5♣	Q♦	J♥	7♠/J♣		
	8♥	A♠	Q♠	9♣	K♠	7♥					
37	10♠	J♥	8♦	3♣	A♣	5♦	5♣	10♥	J♦/3♣		
	2♥	Q♥	4♠	9♠	3♥	5♣					
38	A♦	5♥	6♣	4♥	4♦	6♥	5♦	6♣	7♥/4♣		
	A♠	K♥	7♣	3♠	K♠	2♣					
39	9♣	J♥	J♠	7♠	A♣	K♦	6♥	A♣	10♥/J♣		
	2♥	6♦	10♠	3♠	10♦	6♥					
40	3♥	4♣	A♦	Q♥	5♣	Q♠	K♦	8♠	2♣/10♠		
	K♥	6♠	10♣	J♣	K♠	9♠					
41	3♠	J♥	4♦	7♥	A♣	8♥	Q♦	2♠	4♦/5♣		
	2♥	J♦	9♣	J♠	8♦	Q♦					
42	10♦	3♦	3♥	6♦	6♥	5♦	8♠	Q♥	9♠/9♦		
	6♠	K♦	4♥	5♠	K♠	9♠					
43	J♣	J♥	10♠	2♠	A♣	A♠	5♦	A♠	5♣/5♦		
	l2♥	10♥	3♠	5♠	J♠	5♦					
44	8♦	9♦	10♦	J♦	Q♦	K♦	A♠	4♥	2♠/3♠		
	K♣	6♣	Q♥	5♥	K♠	8♠					
45	5♠	J♥	9♣	9♠	A♣	K♥	K♦	4♠	6♥/4♣		
	2♥	4♦	J♣	5♥	4♠	K♦					
46	J♠	3♣	8♠	10♥	5♦	8♥	K♥	7♥	8♠/J♣		
	6♣	A♦	6♠	4♣	K♠	2♦					
47	5♥	J♥	3♠	2♠	A♣	6♠	8♥	9♠	Q♦/3♣		
	2♥	5♣	5♠	4♣	10♠	8♥					
48	4♠	7♣	J♠	4♦	K♣	A♠	6♠	8♠	2♦/5♣		
	A♦	3♦	J♦	3♠	K♠	A♥					
49	4♣	J♥	J♣	8♠	A♣	K♠	A♠	Q♦	5♦/9♦		
	2♥	6♥	5♥	3♦	9♣	A♠					

歲數	水星	金星	火星	木星	土星	天王	海王	長期	冥王/結果	環境	置換
50	10♠ 3♥	7♥ 10♦	4♠ 10♥	5♣ 9♦	8♥ K♠	K♥ Q♣	K♣	J♥	A♥/5♥		
51	3♦ 2♥	J♥ Q♦	5♠ 4♣	2♦ 9♦	A♣ 3♠	6♣ K♥	K♥	4♦	K♦/3♣		
52	9♣ 10♦	2♣ 8♦	10♠ 4♦	6♥ 3♣	A♠ K♠	6♠ Q♠	6♣	A♦	Q♣/4♣		
53	9♦ 2♥	J♥ 5♦	5♥ 3♦	A♥ 3♠	A♠ J♠	A♣ 6♠	6♠	A♣	8♥/7♠		
54	3♠ 8♦	9♠ J♠	9♣ 5♣	Q♦ 7♠	K♥ K♠	K♣ 7♣	A♦	2♦	Q♠/3♦		
55	3♣ 2♥	J♥ K♦	4♣ 9♦	Q♠ 7♠	A♠ 5♠	3♥ K♣	K♣	9♠	A♠/7♥		
56	J♣ J♠	2♠ 4♠	3♠ 6♥	5♦ 7♠	6♠ K♠	6♠ 10♣	3♥	6♦	7♣/9♦		
57	7♠ 2♥	J♥ 8♥	3♣ 3♣	Q♠ 7♥	A♣ 5♥	10♦ 6♠	6♠	K♥	K♥/2♣		
58	5♠ 4♠	8♠ 10♠	J♣ Q♦	K♦ 2♣	K♣ K♠	A♦ 4♥	10♦	Q♥	10♣/3♣		
59	7♥ 2♥	J♥ A♠	9♠ 7♠	7♠ 2♣	A♠ 4♣	8♦ A♦	A♦	3♦	6♠/9♠		
60	5♥ 10♠	2♦ 9♣	5♠ 5♦	8♥ 9♠	6♣ K♠	3♥ Q♥	8♦	2♣	4♥/7♠		
61	2♣ 2♥	J♥ K♥	3♣ 7♥	10♣ 9♠	A♠ 3♦	J♠ 3♥	3♥	2♠	K♣/2♦		
62	4♣ 9♠	A♥ 3♠	5♥ K♦	A♠ 2♠	A♦ K♠	10♦ 6♦	J♠	2♦	Q♥/7♥		
63	9♠ 2♥	J♥ 6♠	7♠ 2♣	4♥ 2♠	A♠ 9♠	4♠ 10♦	10♦	5♦	6♣/8♠		
64	3♦ 3♠	Q♣ J♣	4♣ 8♥	K♦ 8♠	3♥ K♠	8♥ J♥	4♠	J♥	6♦/2♣		
65	2♠ 2♥	J♥ K♣	7♥ 9♠	Q♥ 8♠	A♠ 3♣	10♠ 8♦	8♦	5♠	A♦/2♦		
66	9♦ J♠	Q♠ 5♠	3♦ A♠	6♠ 2♦	10♦ K♠	J♠ 10♥	10♠	3♥	J♦/9♠		
67	8♠ 2♥	J♥ 6♠	2♣ 2♦	6♦ 2♠	A♠ 7♠	9♠ J♠	J♠	A♣	3♥/A♥		
68	3♣ 5♠	7♣ 5♥	9♦ K♥	K♠ A♠	8♦ K♠	4♠ 4♦	9♣	A♥	10♥/2♠		
69	2♦ 2♥	J♥ A♦	9♠ 8♠	J♦ A♥	A♠ 7♥	3♠ 4♠	4♠	2♠	10♦/Q♣		
70	7♠ 5♥	10♣ 4♦	3♣ 6♠	6♣ Q♣	J♠ K♠	10♠ 5♣	3♠	J♦	4♦/8♠		
71	A♥ 2♥	J♥ 3♦	2♠ 2♦	10♥ Q♦	A♣ 2♠	J♣ 10♦	10♠	6♠	8♦/Q♠		
72	7♥ 4♣	4♥ 3♦	7♠ K♣	A♦ Q♠	4♠ K♠	9♣ 6♥	J♣	6♦	5♣/2♦		
73	Q♣ 2♥	J♥ 10♦	8♠ A♥	4♦ Q♠	A♠ 9♠	5♥ 9♠	9♣	9♦	J♠/7♣		
74	2♣ 3♦	Q♥ 9♦	7♥ 6♣	3♥ 7♠	10♠ K♠	3♠ Q♦	5♠	9♠	6♥/A♥		
75	Q♠ 2♥	J♥ 8♦	2♦ Q♣	5♣ 7♣	A♣ 2♠	5♥ 3♠	3♠	8♠	4♠/10♣		
76	9♠ 9♦	6♦ 3♣	2♣ A♦	10♦ 10♣	9♠ K♠	J♣ 5♦	5♥	A♥	Q♦/Q♣		
77	7♣ 2♥	J♥ J♠	A♥ Q♠	6♥ 10♣	A♠ 8♠	4♠ J♣	J♣	K♦	10♠/4♥		
78	2♠ 3♣	J♥ 7♠	9♠ 3♥	8♦ 4♥	3♠ K♠	5♠ K♦	4♣	J♥	5♦/Q♦		
79	10♣ 2♥	J♥ 4♠	Q♣ 7♣	Q♦ 4♦	A♣ 2♦	3♦ 5♠	3♠	5♠	6♥	9♣/Q♥	
80	8♠ 7♠	10♥ 7♥	2♠ 10♦	J♠ Q♥	A♣ K♠	5♥ 8♥	3♦	10♦	K♦/7♣		
81	4♥ 2♥	J♥ 10♠	Q♠ 10♣	5♦ Q♥	A♣ A♥	9♣ 5♥	5♥	A♣	3♠/6♥		
82	2♦ 7♥	4♦ 7♣	8♠ 8♦	4♦ 6♦	5♠ A♠	4♣ A♥	9♦	Q♣	8♥/10♣		
83	Q♥ 2♥	J♥ 9♣	7♠ 4♥	K♦ 6♦	A♣ Q♣	3♠ 4♣	3♣	8♠	J♣/J♦		
84	A♥ 2♣	5♥ 9♠	2♦ J♠	10♠ J♦	5♥ K♠	3♦ K♥	3♣	10♥	A♠/4♥		
85	6♦ 2♥	J♥ 3♠	10♣ Q♥	8♥ J♠	A♣ Q♠	7♠ 3♦	3♣	K♣	5♠/10♣		
86	Q♣ 9♠	6♥ 2♠	A♥ 9♠	9♣ 10♥	4♠ K♠	9♠ 6♠	7♠	J♦	K♥/Q♥		
87	J♦ 2♥	J♥ J♣	4♠ 6♦	A♠ 10♥	A♣ 7♣	7♥ 9♦	9♦	3♣	5♥/4♦		
88	Q♠ 2♠	Q♦ 8♠	Q♣ 10♠	3♠ 4♦	3♦ K♠	3♣ K♣	7♥	2♠	6♠/6♦		
89	10♥ 2♥	J♥ 8♠	Q♥ J♦	K♥ 4♦	A♣ 10♣	2♣	3♣	2♦	4♣/5♣		
90	7♣ 8♠	5♥ 2♦	Q♠ 5♣	6♣ 5♣	9♦ K♠	7♠ 6♠	2♣	Q♣	K♣/J♦		
91	4♦ 2♥	J♥ 5♥	6♦ 10♥	6♠ 5♣	A♣ 4♥	9♠ 7♠	7♠	8♥	3♦/6♥		
92	10♣ 2♦	K♦ A♥	7♣ 3♠	5♠ 6♥	3♠ K♠	7♥ A♦	9♠	J♦	6♠/10♥		
93	5♣ 2♥	J♥ 4♣	J♦ 4♦	K♣ 6♥	A♣ Q♥	2♠ 7♥	7♥	Q♣	9♦/Q♦		
94	4♥ A♥	8♥ Q♣	10♣ J♣	5♥ Q♦	7♠ K♠	3♣ 3♥	2♠	8♦	A♦/4♦		
95	6♥ 2♥	J♥ 3♦	10♥ 5♣	6♣ Q♦	A♣ 6♦	8♠ 2♣	2♠	A♣	3♣/5♦		
96	Q♥ Q♣	A♥ Q♠	4♥ 5♠	4♠ 5♠	7♥ K♠	9♠ 10♦	8♠	Q♠	3♥/5♣		
97	Q♦ 2♥	J♥ 9♦	4♠ 6♥	A♦ 5♦	A♣ J♦	2♦ 9♠	9♠	2♦	7♠/K♦		
98	6♦ Q♠	K♥ 7♥	Q♥ 5♥	3♦ 4♦	2♣ A♠	A♠ 8♥	2♦	4♦	10♦/6♦		
99	5♦ 2♥	J♥ 3♣	5♠ Q♦	3♥ K♦	A♣ 10♥	A♥ 2♠	2♠	6♣	7♥/8♥		

紅心 10

歲數	水星	金星	火星	木星	土星	天王	海王	長期	冥王/結果	環境	置換
0	10♦	8♠	A♥	A♠	Q♣	5♥	3♣	10♦	3♠/9♥	10♥	10♥
	6♥	5♠	Q♣	10♣	2♠	9♦					
1	5♦	8♥	K♥	8♠	J♣	10♣	5♥	8♠	K♣/7♥	5♠	J♣
	5♣	4♥	7♠	9♥	2♥	5♥					
2	Q♥	5♣	8♠	A♠	A♦	K♣	6♦	A♥	4♥/J♠	4♦	J♦
	K♦	3♥	8♣	2♥	K♥	6♦					
3	7♦	4♠	7♥	J♠	4♦	K♠	A♠	A♦	6♠/2♦	5♥	3♠
	7♣	Q♦	J♥	6♦	10♣	2♠					
4	9♣	5♠	J♠	A♥	Q♠	10♠	K♦	Q♦	3♦/7♥	5♣	6♦
	K♣	9♠	8♦	6♦	10♣	K♦					
5	6♣	A♣	8♠	2♣	3♣	5♦	10♦	5♥	Q♥/8♣	4♠	9♣
	9♦	K♠	Q♣	K♠	7♦	3♥					
6	6♦	10♠	K♠	J♠	A♣	10♠	J♣	J♣	5♦/7♠	6♥	Q♥
	5♣	A♠	8♦	8♣	2♥	K♣					
7	3♣	8♥	8♣	K♠	9♥	Q♦	J♥	5♦	4♦/A♦	3♦	10♠
	Q♥	2♠	6♠	4♣	4♥	K♦					
8	5♦	Q♣	K♣	8♠	3♥	4♦	J♦	8♥	9♣/K♠	Q♦	4♥
	Q♥	A♠	5♠	A♦	8♠	4♥					
9	9♦	Q♥	8♠	4♠	10♦	2♣	K♦	K♥	6♠/6♥	9♦	4♠
	2♠	9♥	2♥	3♣	Q♦	K♦					
10	3♠	K♠	10♠	A♣	Q♥	5♥	8♥	8♠	2♣/A♦	5♦	10♣
	Q♠	9♠	2♠	5♠	A♠	3♣	Q♥				
11	8♣	3♦	4♥	3♦	6♦	J♠	10♠	J♣	4♦/9♠	A♣	J♠
	10♦	K♥	Q♠	7♠	J♣	10♠					
12	K♣	J♦	3♣	2♠	2♦	Q♣	J♠	10♠	5♦/5♣	K♦	7♣
	Q♥	5♠	Q♠	9♠	8♦	J♠					
13	K♠	6♦	2♥	3♠	6♦	2♠	6♠	5♥	Q♣/3♦	7♠	8♦
	A♥	A♦	5♦	J♦	K♥	J♥	6♥				
14	7♠	8♠	A♥	Q♠	4♠	K♠	6♥	Q♥	A♠/10♣	8♥	Q♠
	K♣	5♦	8♣	9♠	3♠	6♥					
15	10♠	3♠	6♦	8♠	K♥	A♦	K♦	5♣	7♦/5♥	7♥	10♦
	6♠	J♥	Q♦	4♦	C♣	3♥					
16	9♦	6♠	8♠	8♦	Q♠	7♦	2♣	8♠	J♥/3♣	A♠	Q♣
	6♥	4♥	2♠	A♥	A♠	K♣					
17	2♥	5♠	5♥	2♠	6♠	7♥	8♦	A♠	9♥/K♥	2♠	3♥
	9♦	5♥	2♦	7♠	10♣	8♦					
18	J♣	A♣	2♠	Q♣	7♥	9♥	6♥	A♦	3♥/5♣	K♥	A♥
	3♦	4♥	2♦	10♣	6♥						
19	A♥	K♣	10♦	A♠	7♥	3♦	Q♣	K♣	4♠/K♥	9♠	A♦
	8♣	A♠	10♣	7♠	2♣	Q♣					
20	9♦	8♣	A♠	3♣	6♠	4♣	J♦	6♦	4♦/5♠	6♠	2♦
	7♥	6♣	K♠	J♣	4♥	9♥					
21	6♦	7♥	3♣	Q♦	K♣	5♠	2♥	7♦	4♣/8♦	2♠	6♣
	10♠	7♦	J♣	5♠	A♣	2♠	K♠				
22	5♣	5♥	10♣	2♦	Q♣	9♠	9♥	4♠	5♦/8♦	K♣	8♠
	4♦	2♣	A♦	A♠	9♠	Q♥					
23	2♠	7♥	2♦	J♣	4♥	4♦	J♦	7♠	2♣/7♠	8♠	K♣
	3♠	4♣	K♣	3♠	10♦	J♦					
24	10♠	5♥	J♠	K♥	8♥	3♠	K♠	J♠	3♦/A♣	6♣	2♠
	7♣	10♣	6♣	10♦	2♣	Q♦	8♥				
25	9♠	7♥	K♦	K♠	Q♦	2♥	9♦	4♦	K♥/Q♣	2♦	6♠
	4♦	7♠	3♦	8♥	J♣	8♦					
26	2♥	J♣	10♠	8♦	Q♠	6♥	7♥	K♦	8♣/K♠	A♦	9♠
	7♣	5♠	5♥	8♥	Q♦	7♥					
27	Q♥	7♠	8♦	3♦	A♠	8♣	8♠	A♠	K♥/A♥	A♥	K♥
	3♠	5♦	9♠	7♠	10♣	8♠					
28	4♠	A♣	6♠	10♠	5♠	3♠	3♦	9♣	5♥/K♣	3♥	2♣
	9♥	6♥	Q♦	8♠	8♦	K♠					
29	J♣	9♥	10♦	J♥	6♠	5♥	A♠	5♣	4♦/6♠	Q♣	A♠
	8♠	A♥	Q♥	5♦	8♣	A♣					
30	7♦	Q♠	J♥	2♠	5♠	2♥	5♥	J♠	3♠/4♠	10♦	7♥
	7♠	K♣	A♠	10♠	A♦	5♥					
31	5♦	6♥	2♦	2♠	K♥	K♠	8♥	A♥	2♥/7♥	Q♠	8♥
	J♣	3♥	A♠	4♠	J♥	6♣	K♥				
32	5♣	9♦	10♦	6♠	J♠	Q♦	5♠	Q♠	3♣/3♦	8♦	7♠
	Q♣	2♣	4♥	J♥	2♦	9♠					
33	Q♥	10♠	7♠	K♠	8♣	Q♣	6♠	10♦	7♣/K♥	7♣	K♦
	9♥	2♥	10♣	8♦	4♠	6♠					
34	Q♠	9♥	K♣	J♣	6♠	7♣	J♦	K♦	4♦/6♥	J♠	3♠
	J♠	9♣	10♣	K♦	6♠	5♦					
35	2♠	J♠	J♣	5♥	3♦	K♦	7♠	6♠	A♥/4♥	10♣	5♦
	A♠	8♣	A♠	6♥	Q♣	7♠					
36	5♣	Q♦	7♠	J♠	3♥	10♠	K♦	A♣	4♣/7♥	4♠	9♣
	4♦	4♠	3♠	4♥	6♠	A♦					
37	9♣	5♥	J♠	7♦	2♦	4♦	8♠	8♠	4♠/5♠	4♥	Q♦
	7♣	5♦	3♦	6♠	Q♣	8♠					
38	9♦	Q♠	7♠	Q♥	J♥	7♣	K♦	2♠	2♥/3♠	10♠	3♦
	7♠	7♥	A♦	6♠	A♥	K♦					
39	J♣	9♠	3♥	8♠	10♥	10♦	Q♥	3♠	6♣/2♦	Q♥	6♥
	9♣	8♠	Q♣	7♥	5♥	4♣					
40	6♠	Q♣	8♣	4♠	2♠	9♠	2♦	5♦	K♥/K♠	9♣	4♣
	J♥	7♣	A♥	9♦	Q♦	4♥					
41	5♥	K♦	3♦	9♥	3♠	J♥	4♠	10♦	7♥/A♣	6♦	5♣
	K♠	6♠	7♠	7♥	9♠	2♠					
42	Q♦	Q♥	9♥	10♦	3♦	3♥	6♦	6♦	6♥/5♦	3♠	5♥
	7♦	9♠	7♦	A♣	J♣	6♦					
43	9♠	K♦	K♣	K♦	4♥	7♣	10♦	10♠	K♠/A♦	J♦	4♦
	3♠	5♠	J♠	5♦	9♥	2♥					
44	J♥	Q♠	K♥	2♥	2♠	3♠	4♣	K♠	5♣/6♠	J♣	5♠
	3♥	J♠	6♠	Q♦	5♦	J♣					
45	10♦	8♠	A♥	A♦	Q♦	5♥	3♠	J♠	3♠/7♦	10♥	10♥
	6♥	5♠	Q♣	10♣	2♠	9♦					
46	5♦	8♥	K♥	8♠	J♣	10♠	5♥	A♠	K♣/7♥	5♠	J♣
	5♣	4♥	7♠	7♥	A♦	5♥					
47	Q♥	5♣	8♠	A♠	A♦	K♣	6♦	10♣	4♥/J♠	4♦	J♦
	K♦	3♥	8♣	A♠	K♥	6♦					
48	9♥	4♠	7♠	J♠	4♦	K♦	A♠	A♣	6♠/2♦	5♥	3♠
	7♣	Q♦	J♥	6♦	10♣	2♠					
49	9♣	5♠	J♠	A♥	Q♠	10♦	K♦	3♠	3♦/7♥	5♣	6♦
	K♣	9♠	8♦	6♦	10♣	K♦					

歲數	水星	金星	火星	木星	土星	天王	海王	長期	冥王/結果	環境	置換
50	6♠ 9♦	2♥ K♠	8♠ Q♣	2♣ K♣	3♣ 9♥	5♦ 3♥	10♦	8♥	Q♥/8♣	4♣	9♣
51	6♦ 5♠	10♠ A♠	K♠ 8♦	J♠ 8♣	2♥ A♣	10♣ K♣	J♣	8♠	5♦/7♠	6♥	Q♥
52	3♣ Q♥	8♥ 2♠	8♠ 6♠	K♣ 5♣	7♦ 4♥	Q♦ K♦	J♥	K♣	4♦/A♦	3♦	10♠
53	5♦ Q♥	Q♣ A♠	K♠ 5♣	8♦ A♦	3♥ 8♠	4♦ 4♠	J♥	9♥	9♣/K♠	Q♦	4♥
54	9♥ 2♠	Q♥ 7♦	8♣ A♣	4♠ 3♣	10♣ Q♦	2♣ K♦	K♦	Q♦	6♠/6♥	9♦	4♠
55	3♠ Q♠	K♠ 9♠	10♣ 2♠	2♥ 5♦	Q♥ A♠	5♥ 3♣	8♥ Q♥	J♥	2♣/A♦	5♦	10♣
56	8♣ 10♦	3♦ K♥	4♣ Q♠	3♣ 7♣	6♦ J♣	J♠ 10♠	10♠	5♦	4♥/9♠	♣	J♠
57	K♣ Q♥	J♦ 5♠	3♣ Q♠	2♣ 9♠	2♦ 8♦	Q♣ J♠	J♠	Q♣	5♦/5♠	K♦	7♣
58	K♠ A♥	6♦ A♦	A♣ 5♦	3♠ J♦	6♥ K♥	2♣ J♥	6♠ 6♥	K♣	Q♣/3♥	7♠	8♦
59	7♠ K♣	8♠ 5♦	A♥ 8♣	Q♠ Q♣	4♠ 3♠	K♦ 6♥	6♥	8♦	A♠/10♣	8♥	Q♠
60	10♠ 6♠	3♠ J♥	6♦ Q♦	8♠ 4♦	K♥ Q♣	A♦ 3♥	K♦	3♥	9♥/5♥	7♥	10♦
61	9♦ 6♥	6♠ 4♥	8♠ 2♦	8♦ A♦	Q♠ A♠	9♥ K♣	2♣	4♦	J♥/3♣	A♠	Q♣
62	A♣ 9♦	5♠ 5♥	5♦ 2♦	2♠ 7♠	6♣ 10♣	7♣ 8♦	8♦	J♦	7♦/K♥	2♣	3♥
63	J♣ 3♦	A♠ 4♦	2♠ 2♦	Q♠ 10♠	7♥ 9♣	7♦ 6♥	6♥	9♦	3♥/5♣	K♥	A♥
64	A♥ 8♣	K♣ 2♥	10♦ 10♣	A♠ 7♠	9♥ 2♣	3♦ Q♣	Q♣	Q♥	4♣/K♥	9♠	A♦
65	9♦ 7♥	8♣ 6♣	A♠ K♠	3♠ J♣	6♠ 4♥	4♣ 7♦	J♦	8♦	4♦/5♠	A♠	2♦
66	6♦ 10♠	7♥ 9♥	3♣ J♣	Q♦ 5♠	K♠ A♠	5♣ 2♦	A♣ K♠	4♠	4♣/8♥	2♠	6♣
67	5♠ 4♦	5♥ 2♣	10♦ A♠	2♦ K♣	7♣ 5♠	9♠ Q♥	7♦	10♠	5♦/8♦	K♣	7♠
68	2♠ 3♣	7♥ 4♣	2♦ K♦	J♠ 3♠	4♥ 10♦	4♦ J♦	J♦	7♣	2♣/7♠	8♠	K♣
69	10♠ 7♣	5♥ 10♣	J♣ 6♣	K♥ 10♦	8♥ 2♦	3♣ Q♦	K♠ 8♥	K♦	3♦/2♥	6♣	2♠
70	9♠ 4♦	7♥ 7♠	K♦ 3♦	K♠ 8♥	Q♦ J♣	A♣ 8♦	9♦	3♠	K♥/Q♣	2♦	6♠
71	A♣ 7♠	J♠ 5♠	10♠ 5♦	8♦ 8♠	Q♠ Q♦	6♥ 7♥	7♦	K♠	8♣/K♣	A♦	9♠
72	Q♥ 3♠	7♣ 5♦	8♦ 9♠	3♦ 7♠	A♠ 10♣	8♣ 8♠	8♠	10♠	K♥/A♥	A♥	K♦
73	4♠ 7♦	A♦ 6♥	6♠ Q♦	10♦ 8♠	5♠ 8♦	3♠ K♠	3♦	A♠	5♥/K♣	3♥	2♠
74	J♣ 8♠	7♥ A♥	10♠ Q♥	J♥ 5♦	6♠ 8♣	5♥ 2♥	2♥	Q♥	4♦/6♦	Q♣	A♠

歲數	水星	金星	火星	木星	土星	天王	海王	長期	冥王/結果	環境	置換
75	9♥ 7♠	Q♠ K♣	J♥ A♠	2♠ 10♠	5♣ A♥	A♣ 5♥	5♥	5♥	3♠/4♠	10♦	7♦
76	5♦ J♣	6♥ 3♥	2♦ A♠	2♠ 4♠	K♥ J♥	K♠ 6♠	8♥ K♥	8♥	A♣/7♦	Q♠	8♥
77	5♣ Q♣	9♦ 2♣	10♦ 4♥	6♠ J♥	J♠ 2♦	Q♦ 9♠	5♠	8♣	3♣/3♦	8♦	7♠
78	Q♥ 7♦	10♠ A♥	7♠ 10♠	K♠ 8♦	8♠ 8♦	2♠ 5♣	6♣	3♦	7♣/K♥	7♣	K♦
79	Q♠ J♠	7♦ 9♣	K♣ 10♣	J♣ K♥	6♠ 6♦	7♣ 5♦	J♦	4♦	4♦/6♥	J♠	3♣
80	2♠ A♠	J♠ 8♣	J♣ 2♥	5♦ 6♥	3♦ Q♣	K♦ 7♠	7♠	3♣	A♥/4♥	10♣	5♦
81	5♣ 4♦	Q♦ 4♠	7♠ 3♠	J♠ 4♥	3♥ 6♠	10♠ A♦	K♦	6♦	4♣/7♦	4♠	9♦
82	9♣ 7♠	5♥ 5♦	9♠ 3♦	9♥ 6♠	2♦ 8♦	4♦	8♠	J♠	4♣/5♠	4♥	Q♦
83	9♦ 7♠	Q♦ 7♦	9♥ A♦	Q♥ 6♠	J♥ A♥	7♠ K♦	K♦	10♠	A♣/3♣	10♠	3♦
84	J♣ 9♣	9♠ 8♠	3♥ Q♠	8♠ 7♦	10♣ 5♦	10♦ 4♠	Q♥	K♣	6♠/2♣	Q♥	6♦
85	6♠ J♥	Q♣ 7♣	8♠ A♥	4♠ 9♦	Q♠ Q♦	9♣ 4♥	2♦	J♦	K♥/K♣	9♣	4♣
86	5♥ K♠	K♦ 6♠	3♥ 7♠	7♦ 9♥	3♠ 9♠	J♥ 2♠	4♠	3♣	7♣/2♥	6♦	5♠
87	Q♦ 7♣	Q♥ 9♦	7♠ 9♥	10♦ 2♦	3♦ J♣	3♥ 6♦	6♦	2♠	6♥/5♦	3♠	5♥
88	9♠ 3♠	K♠ 5♠	K♣ J♠	K♥ 5♦	4♥ 7♥	7♠ A♣	10♦	2♦	K♠/A♠	J♠	4♦
89	J♥ 3♥	Q♥ J♠	K♥ 6♠	A♠ Q♦	2♠ 5♦	3♠ J♣	4♣	Q♣	5♦/6♣	J♦	5♠
90	10♦ 6♥	8♠ 5♠	A♥ Q♣	A♦ 10♣	Q♦ 2♠	3♣ 9♦	J♠	3♠/9♥	10♦	10♠
91	5♦ 5♣	8♥ 4♥	K♥ 7♠	8♠ 9♥	A♣ 2♥	10♠ 5♥	5♥	K♠	K♣/7♥	5♠	J♣
92	Q♥ K♦	5♠ 3♥	8♠ 8♠	A♠ 2♥	A♦ K♥	7♠ 6♦	6♦		4♥/J♠	4♦	J♦
93	7♦ 7♣	4♠ Q♦	7♠ J♥	J♠ 6♦	10♠ 10♦	K♦ 2♣	A♠	2♥	6♠/2♦	5♥	3♠
94	9♣ K♣	5♠ 9♠	J♠ 8♦	A♥ 6♦	Q♠ 10♣	10♦ K♦	K♦	3♠	3♦/7♥	5♠	6♦
95	6♣ 9♦	A♣ K♠	8♠ Q♣	2♠ K♣	3♠ 7♦	5♦ 3♥	10♠	6♥	Q♥/8♣	4♠	9♣
96	6♦ 5♦	10♠ A♠	K♠ 8♦	J♠ 8♣	A♣ 2♥	10♠ K♠	2♦		5♦/7♠	6♦	Q♥
97	3♣ Q♥	8♠ 2♠	8♠ 6♠	K♣ 5♣	9♥ 4♥	Q♦ K♦	J♥	6♠	4♦/A♦	3♦	10♠
98	5♦ Q♥	Q♣ A♠	K♣ 5♣	8♦ A♦	3♥ 8♠	4♦ 4♠	J♥	7♠	9♣/K♠	Q♦	4♥
99	9♦ 2♠	Q♥ 9♥	8♣ A♣	4♠ 3♣	10♣ Q♦	2♣ K♦	K♦	8♠	6♠/6♥	9♦	4♠

紅心 J

歲數	水星	金星	火星	木星	土星	天王	海王	長期	冥王/結果	環境	置換
0	9♣	9♠	2♥	K♣	K♦	6♥	4♣	9♣	2♦/J♠		
	10♠	8♦	8♥	7♠	3♠	10♦					
1	6♦	6♠	A♣	9♠	7♠	3♦	6♥	9♠	A♦/10♣		
	Q♥	7♣	7♥	8♥	J♦	Q♠					
2	3♠	2♠	2♥	6♠	8♥	Q♦	3♦	2♥	A♥/4♦		
	9♣	J♠	A♠	7♥	J♣	8♦					
3	J♦	K♣	A♣	7♠	9♦	Q♦		K♥	3♥/4♥		
	6♦	10♣	8♣	A♠	10♦	7♣					
4	J♣	8♠	2♥	K♣	A♠	5♣	9♦	K♦	Q♣/10♠		
	3♠	4♠	K♥	2♣	5♠	J♠					
5	10♥	6♣	A♣	8♠	2♣	3♣	5♣	6♥	10♦/Q♥		
	J♦	4♥	9♠	K♥	4♦	10♣					
6	5♠	2♦	2♥	6♣	K♥	K♦	3♣	4♣	Q♠/9♣		
	J♣	10♠	6♠	9♥	5♥	4♠					
7	4♦	A♦	A♣	2♦	9♠	7♠	K♦	6♦	8♦/6♦		
	10♥	Q♥	8♣	6♣	4♥						
8	5♥	A♥	2♥	A♦	6♠	8♥	7♠	6♠	7♣/3♦		
	5♠	9♣	K♣	2♠	4♣	10♠					
9	5♣	3♥	A♠	A♥	2♠	7♥	8♥	A♣	J♠/J♦		
	4♦	6♦	8♠	K♣	6♥	Q♥					
10	4♣	Q♣	2♥	3♥	K♣	A♠	7♥	9♠	10♣/J♣		
	5♥	3♠	8♣	8♠	3♦						
11	6♥	10♦	A♣	Q♠	8♠	2♣	A♠	7♠	4♠/10♦		
	5♣	J♦	2♦	6♣	Q♦	6♦					
12	3♦	Q♠	2♥	10♦	6♣	K♥	7♣	3♦	4♥/5♦		
	4♣	J♣	A♦	2♦	9♦	3♠					
13	Q♦	8♦	A♠	2♦	9♠	K♥	6♥		10♠/4♦		
	6♥	10♥	A♥	A♦	5♦	J♦					
14	9♦	7♣	2♥	8♦	A♠	6♠	9♠	3♠	Q♥/5♥		
	3♦	5♠	3♥	A♥	J♣						
15	5♦	J♠	A♣	7♠	A♥	6♠	2♠		9♠/5♦		
	Q♦	4♦	Q♣	3♥	K♦	10♥					
16	3♣	10♣	2♥	J♠	3♥	K♥	2♠	2♥	6♦/4♦		
	9♦	5♥	10♦	Q♣	7♠	5♠					
17	K♦	4♠	A♣	10♣	Q♣	8♠	K♣	6♠	3♠/6♦		
	5♦	5♣	Q♠	10♦	8♥	4♦					
18	7♠	4♥	2♥	4♠	10♠	6♣	8♠	8♥	J♦/3♦		
	3♣	4♣	8♦	Q♠	7♥	5♥					
19	8♥	10♠	A♣	4♦	Q♠	2♦	6♣	Q♦	J♠/Q♦		
	K♦	6♥	7♣	8♠	A♠	5♠					
20	7♥	Q♥	2♥	10♠	8♦	A♦	2♦	3♦	10♥/9♦		
	7♠	3♦	J♠	7♣	2♣	4♠					
21	A♠	9♣	A♣	Q♥	7♣	A♥	A♦	J♦	5♠/5♦		
	8♥	Q♦	10♣	J♠	K♥	6♥					
22	2♣	6♦	2♥	Q♣	J♠	3♥	A♥	K♣	4♦/3♣		
	7♥	9♦	4♠	10♣	9♠	3♦					
23	K♥	3♠	A♣	6♦	10♣	Q♣	3♥	A♣	5♥/K♦		
	A♠	5♦	4♥	4♠	6♠	Q♦					
24	9♠	J♦	2♥	3♠	4♠	10♦	Q♣	2♠	5♣/7♦		
	2♣	3♣	10♠	4♥	2♠	9♦					

歲數	水星	金星	火星	木星	土星	天王	海王	長期	冥王/結果	環境	置換
25	6♠	J♣	A♣	J♦	4♥	Q♠	10♦	7♥	4♣/8♥		
	K♥	K♦	Q♥	10♠	K♣	5♦					
26	2♠	10♥	2♥	J♣	10♠	8♦	Q♠	9♦	6♥/7♦		
	9♠	7♠	9♣	Q♥	8♠	3♣					
27	K♣	5♠	A♣	10♥	Q♥	7♣	8♦	Q♠	3♦/A♠		
	6♠	8♥	6♦	9♣	6♣	K♦					
28	8♠	4♦	2♥	5♠	9♠	J♠		J♣	Q♦/2♠		
	2♠	7♥	3♠	6♦	2♦	7♠					
29	6♣	5♥	A♣	4♦	6♦	10♣	J♠	8♠	9♦/K♥		
	K♣	A♠	J♦	3♠	A♦	8♥					
30	2♦	5♠	2♥	5♥	3♠	4♠	10♣	2♥	5♦/9♣		
	8♠	2♣	J♣	J♦	A♥	7♥					
31	A♦	6♣	A♣	5♠	J♦	4♥	4♠	K♣	3♣/6♦		
	6♣	K♥	10♥	J♣	3♥	A♠					
32	A♥	6♦	2♥	4♣	J♣	10♠	4♥	A♠	K♦/2♦		
	2♦	9♠	5♠	10♥	Q♣	2♦					
33	3♥	3♦	A♣	6♥	10♥	Q♥	10♠	5♦	7♠/K♣		
	A♦	6♠	4♦	5♠	10♦	K♥					
34	Q♣	Q♦	2♥	3♦	5♠	9♣	Q♥	9♦	8♥/8♠		
	A♥	2♠	5♥	4♦	Q♠	9♠					
35	10♦	9♥	A♣	Q♦	4♦	6♦	9♣	10♥	7♥/6♣		
	3♥	K♣	5♥	5♠	8♦	6♠					
36	Q♠	5♦	2♥	9♠	5♥	3♠	6♦	6♣	A♠/2♦		
	Q♣	8♠	4♣	5♠	7♠	2♠					
37	8♦	3♣	A♣	5♠	5♣	J♦	3♠	A♣	2♣/A♦		
	10♦	6♣	6♥	4♣	J♠	K♣					
38	7♣	K♣	2♥	3♠	4♠	J♣	J♦	8♠	K♥/A♥		
	Q♠	2♦	3♥	6♥	10♣	8♠					
39	J♠	7♠	A♣	K♦	6♥	10♥	J♣		9♠/3♦		
	8♦	A♦	Q♦	3♦	4♦	6♠					
40	10♣	8♦	2♥	7♠	3♦	5♠	10♥	3♣	6♠/Q♦		
	7♣	A♥	9♦	Q♦	4♥	2♦					
41	4♠	7♥	A♣	8♥	Q♦	4♦	5♠	5♦	2♠/10♦		
	J♠	3♥	5♦	9♦	10♠	A♦					
42	4♦	A♠	2♥	7♥	9♦	5♥	4♦	5♠	K♣/Q♠		
	10♣	Q♣	3♦	5♦	Q♥	A♥					
43	10♠	2♣	A♣	A♠	5♦	5♣	5♥	2♦	8♠/8♦		
	4♠	10♦	K♦	3♣	9♣	3♥					
44	Q♥	K♦	2♥	2♠	3♠	4♣	5♣	2♥	6♣/7♦		
	4♥	Q♠	7♠	K♦	6♦	Q♣					
45	9♣	9♠	A♣	K♣	K♦	6♥	4♣	6♠	2♦/J♠		
	10♠	8♦	8♥	7♠	3♠	10♦					
46	6♦	6♠	2♥	9♠	7♠	3♦	6♥	K♥	A♦/10♣		
	Q♥	7♠	7♥	8♥	J♦	Q♠					
47	3♠	2♠	A♣	6♠	8♥	Q♦	3♦	K♦	A♥/4♦		
	9♣	J♠	A♠	7♥	J♣	8♦					
48	J♦	K♣	2♥	2♠	7♥	9♠	Q♦	3♠	3♥/4♦		
	6♦	10♣	2♣	A♠	10♥	7♠					
49	J♣	8♠	A♣	K♣	A♠	5♦	9♦	4♦	Q♣/10♠		
	3♠	4♠	K♥	2♣	5♠	J♠					

歲數	水星	金星	火星	木星	土星	天王	海王	長期	冥王/結果	環境	置換
50	10♥	6♣	2♥	8♠	2♣	3♣	5♦	A♦	10♦/Q♥		
	J♦	4♥	9♠	K♥	4♦	10♣					
51	5♠	2♦	A♣	6♣	K♥	K♦	3♣	A♣	Q♠/9♣		
	J♠	10♠	6♠	9♠	5♥	4♠					
52	4♦	A♦	2♥	2♦	9♠	7♠	K♦	2♦	8♦/6♦		
	10♥	Q♥	2♠	6♠	5♠	4♥					
53	5♥	A♥	A♣	A♦	6♠	8♥	7♠	9♠	7♣/3♠		
	5♠	9♣	K♠	2♠	4♠	10♠					
54	5♣	3♥	2♥	A♥	2♠	7♥	8♥	7♠	J♠/J♦		
	4♦	6♦	8♠	K♣	6♥	Q♥					
55	4♣	Q♣	A♣	3♥	K♣	A♠	7♥	K♦	10♣/J♣		
	5♥	3♠	6♠	8♠	3♦	9♣					
56	6♥	10♦	2♥	Q♣	8♠	2♣	A♠	5♥	4♠/10♥		
	5♣	J♦	2♦	6♣	Q♦	6♦					
57	3♠	Q♠	A♣	10♦	6♣	K♥	2♣	A♥	4♥/5♠		
	4♠	J♣	A♦	2♦	9♦	3♠					
58	Q♦	8♦	2♥	Q♠	2♦	9♠	K♥	2♦	10♠/4♦		
	6♥	10♥	A♥	A♦	5♦	J♦					
59	9♦	7♣	A♣	8♦	A♦	6♠	9♠	A♦	Q♥/5♥		
	3♦	5♠	3♥	A♥	3♦	J♣					
60	5♦	J♠	2♥	7♣	A♥	2♠	6♠	6♠	9♣/5♦		
	Q♥	4♦	Q♣	3♥	K♦	10♥					
61	3♦	10♣	A♣	J♠	3♥	K♣	2♠	8♥	6♦/4♣		
	9♦	5♥	10♦	Q♣	7♠	5♠					
62	K♦	4♠	2♥	10♣	Q♣	8♠	K♣	7♠	3♠/6♥		
	5♦	5♠	Q♠	10♦	8♥	4♦					
63	7♠	4♥	A♣	4♠	10♦	6♠	8♠	5♣	J♦/3♦		
	3♣	4♠	8♦	Q♠	7♥	5♥					
64	8♥	10♠	2♥	4♥	Q♠	2♦	6♣	3♥	J♣/Q♦		
	K♦	6♥	7♣	8♠	A♠	5♠					
65	7♥	Q♥	A♣	10♠	8♦	A♦	2♦	A♠	10♥/9♦		
	7♠	3♦	J♠	7♣	2♣	4♠					
66	A♠	9♣	2♥	Q♥	7♣	A♥	A♦	A♥	5♠/5♦		
	8♥	Q♦	10♣	J♠	K♥	6♥					
67	2♣	6♦	A♣	9♠	J♠	3♥	A♥	2♠	4♦/3♣		
	7♥	9♠	4♠	10♣	9♠	3♦					
68	K♠	3♠	2♥	6♦	10♣	Q♣	3♥	7♥	5♥/K♦		
	A♥	5♦	4♥	4♠	6♠	Q♦					
69	9♠	J♦	A♣	3♠	4♦	10♦	Q♣	8♥	5♣/7♠		
	2♠	3♣	10♠	4♥	2♠	9♦					
70	6♠	J♣	2♥	J♦	4♥	Q♠	10♦	4♣	4♣/8♥		
	K♥	K♣	Q♥	10♠	K♣	5♦					
71	2♠	10♥	A♣	J♣	10♠	8♥	Q♠	Q♣	6♥/7♥		
	9♠	A♠	9♣	Q♥	8♠	3♣					
72	K♣	5♠	2♥	10♥	Q♥	7♣	8♦	2♥	3♦/A♠		
	6♠	8♥	6♦	9♠	6♠	K♦					
73	8♠	4♦	A♣	5♥	9♣	J♠	7♣	3♥	Q♦/2♣		
	2♠	7♥	3♠	6♦	2♦	7♠					
74	6♣	5♥	2♥	4♦	6♦	10♣	J♠	K♣	9♦/K♥		
	K♣	A♠	J♦	3♠	A♦	8♥					
75	2♦	5♣	A♣	5♥	3♠	4♠	10♣	A♠	5♦/9♠		
	8♠	2♣	J♣	J♦	A♥	7♥					
76	A♦	4♠	2♥	5♣	J♦	4♥	4♠	7♥	3♣/6♦		
	6♣	K♥	10♥	J♠	3♥	A♠					
77	A♥	6♥	A♣	4♠	J♣	10♠	4♥	6♥	K♦/2♠		
	2♦	9♠	5♠	10♥	Q♣	2♣					
78	3♥	3♦	2♥	6♥	10♥	Q♥	10♠	10♦	7♠/K♣		
	A♦	6♠	4♠	5♠	10♦	K♥					
79	Q♣	Q♦	A♣	3♠	5♠	9♠	Q♥	A♣	8♥/8♠		
	A♥	2♠	5♥	4♦	Q♠	9♠					
80	10♥	9♦	2♥	Q♦	4♦	6♦	9♣	Q♠	7♥/6♦		
	3♥	K♣	5♠	5♥	8♦	6♠					
81	Q♠	5♦	A♣	9♦	5♥	3♠	6♦	8♠	A♠/2♦		
	Q♣	8♠	A♣	6♦	7♠	2♠					
82	8♦	3♣	2♥	5♦	5♠	J♦	3♠	2♣	2♠/A♦		
	10♦	6♠	6♥	6♣	J♠	K♠					
83	7♣	K♦	A♣	3♠	4♠	J♦	J♦	A♠	K♥/A♥		
	Q♠	2♦	3♦	6♥	10♣	8♠					
84	J♠	7♠	2♥	K♦	6♥	10♥	J♣	3♦	9♠/3♥		
	8♦	A♠	Q♦	3♦	4♠	6♣					
85	10♣	8♥	A♣	7♠	3♦	5♠	10♥	Q♠	6♠/Q♣		
	7♣	A♥	9♣	Q♦	4♥	2♦					
86	4♠	7♥	2♥	8♦	Q♦	4♦	5♠	2♥	2♠/10♦		
	J♠	3♥	5♠	9♦	10♠	A♠					
87	4♥	A♠	A♣	7♥	9♦	5♥	4♦	10♦	K♣/Q♠		
	10♣	Q♥	3♠	5♥	Q♦	A♥					
88	10♠	2♠	2♥	A♠	5♠	5♣	5♥	6♣	8♠/8♦		
	4♠	10♦	K♦	3♣	9♣	3♥					
89	Q♥	K♥	A♣	2♠	3♠	4♣	5♣	K♥	6♣/7♣		
	4♥	Q♠	7♠	K♦	6♦	Q♣					
90	9♣	9♠	2♥	K♦	K♦	6♥	4♣	2♣	2♦/J♠		
	10♠	8♦	8♥	7♠	3♠	10♦					
91	6♦	6♠	A♣	9♠	7♠	3♦	6♥	Q♦	A♦/10♣		
	Q♥	7♣	7♥	8♠	J♦	Q♠					
92	3♠	2♠	2♥	6♠	8♥	Q♦	3♦	8♦	A♥/4♦		
	9♣	J♠	A♠	7♥	J♣	8♦					
93	J♦	K♣	A♣	2♠	7♥	9♦	Q♦	A♣	3♦/4♥		
	6♦	10♣	A♣	A♠	10♥	7♠					
94	J♣	8♠	2♥	K♣	A♠	5♦	9♦	Q♠	Q♣/10♠		
	3♠	4♠	K♥	2♣	5♠	J♠					
95	10♥	6♣	A♣	8♠	2♣	3♣	5♦	2♦	10♦/Q♥		
	J♦	4♥	9♠	K♥	4♦	10♣					
96	5♠	2♦	2♥	6♣	K♥	K♦	3♣	9♠	Q♠/9♣		
	J♣	10♠	6♠	9♠	5♥	4♠					
97	4♦	A♦	A♣	2♦	9♠	7♠	K♦	K♥	8♦/6♦		
	10♥	Q♥	2♠	6♠	5♠	4♥					
98	5♥	A♥	2♥	A♦	6♠	8♥	7♠	9♦	7♣/3♠		
	5♠	9♣	K♠	2♠	4♠	10♠					
99	5♣	3♥	A♣	A♥	2♠	7♥	8♥	7♣	J♠/J♦		
	4♦	6♦	8♠	K♣	6♥	Q♥					

紅心 Q

歲數	水星	金星	火星	木星	土星	天王	海王	長期	冥王/結果	環境	置換
0	10♣/J♦	8♦/5♦	K♠/A♠	3♥/8♠	A♣/2♥	Q♥/A♠	10♠	10♣	5♣/3♦	Q♥	Q♥
1	4♣/7♣	Q♦/7♥	2♣/8♥	A♠/J♦	9♥/Q♠	4♦/6♥	J♥	8♦	6♦/6♠	9♠	10♠
2	5♣/7♣	8♠/5♦	A♠/J♦	A♦/6♠	K♣/2♣	6♦/10♦	4♥	K♠	J♠/K♠	6♦	4♥
3	5♥/7♥	7♣/9♥	A♦/2♥	10♦/4♣	Q♣/4♦	3♣/6♥	6♥	3♥	8♥/10♥	3♠	4♠
4	4♠/2♦	K♠/7♠	8♦/7♥	A♣/5♣	7♠/5♦	3♠/4♣	Q♦/7♣	A♣	3♣/6♠	J♦	10♣
5	8♣/6♣	5♠/K♦	6♣/2♣	4♣/A♥	10♣/10♠	3♥/8♦	8♦	Q♣	Q♠/7♠	J♣	J♠
6	A♠/7♣	4♥/9♣	4♣/2♦	7♥/7♠	8♠/A♦	8♠/3♥	3♥	10♠	5♣/J♦	10♥	7♣
7	K♠/2♠	10♣/6♠	2♥/5♣	8♣/4♥	10♥/K♦	3♣/J♥	8♥/10♥	4♣	8♠/K♣	5♠	8♦
8	3♦/A♠	2♣/5♣	2♠/A♦	2♦/8♠	10♦/4♠	6♥/10♥	10♥	Q♦	5♦/Q♣	4♦	Q♠
9	8♦/8♥	4♠/J♥	10♣/4♦	2♠/6♦	K♦/8♠	6♠/K♣	6♥	2♣	7♦/3♣	5♥	10♦
10	5♥/10♥	8♣/Q♠	2♣/9♠	A♣/2♠	2♦/5♦	7♦/A♠	3♣	A♠	J♥/4♣	J♠	Q♣
11	2♥/5♥	9♣/3♠	5♣/9♠	7♥/3♦	K♥/Q♣	A♥/A♦	A♦	9♥	9♥/K♦	4♣	3♥
12	10♠/5♠	6♠/Q♣	7♥/9♠	8♠/8♦	9♥/J♠	9♥/10♥	10♦	4♦	K♣/J♦	6♥	A♥
13	2♠/8♣	A♠/A♣	6♠/Q♣	5♦/3♦	7♥/3♣	5♠/8♠	J♥		J♠/K♣	3♦	A♦
14	5♥/9♦	8♣/K♥	5♦/K♠	4♣/10♠	8♥/Q♠	J♣/9♥	4♥	5♣	6♦/9♣	Q♦	2♦
15	10♣/8♦	9♦/7♦	4♣/10♠	4♦/9♠	K♠/5♦	J♦/9♠	2♥/K♠	8♠	J♣/Q♦	9♦	6♣
16	J♦/6♦	3♠/3♣	6♣/6♠	9♠/K♠	A♥/9♠	7♠/7♥	9♥	A♠	5♣/A♠	5♦	8♠
17	7♥/4♣	9♣/J♠	9♠/6♥	10♠/9♠	Q♥/6♣	6♦	4♦		3♥/3♦	3♠	K♣
18	8♦/A♥	3♠/Q♣	10♠/K♥	K♦/6♣	Q♦/8♠	4♦/4♦	K♠/Q♦	K♣	5♠/A♣	K♦	2♠
19	7♠/6♦	9♦/3♠	6♥/5♠	K♠/Q♦	4♦/10♠	2♥/A♦	5♥	6♦	K♦/8♣	7♠	6♠
20	2♥/A♥	10♠/9♣	8♦/3♠	A♦/Q♦	2♦/4♦	10♥/9♦	9♠	4♥	8♣/A♠	8♥	9♠
21	7♣/4♠	A♥/5♠	A♠/7♠	5♠/3♦	5♦/Q♣	8♣/4♣	2♣	5♥	K♦/2♠	7♥	K♥
22	J♣/9♥	6♠/10♥	8♥/4♦	6♣/4♣	J♦/A♦	4♠/K♠	5♠	7♣	3♠/A♠	A♠	2♣
23	10♠/2♠	9♥/2♠	6♠/7♠	J♥/5♠	K♥/8♠	3♠/A♠	A♣	A♦	6♦/10♣	2♣	A♠
24	7♦/3♦	2♦/A♠	J♠/5♠	9♠/8♠	J♦/6♠	2♥/3♠	3♠	10♦	4♠/10♦	K♥	7♦
25	5♣/10♠	10♥/K♣	9♠/5♦	7♥/10♦	K♦/J♥	K♠/K♥	Q♣/K♦	Q♣	2♥/9♦	9♠	8♥
26	J♦/8♠	5♥/3♣	6♣/Q♠	K♥/J♥	3♥/9♠	4♦/7♠	9♣	3♣	4♣/5♠	6♠	7♠
27	7♠/9♥	8♠/2♥	3♦/Q♣	A♠/A♦	8♣/10♦	8♠/K♥	K♥	6♥	A♥/K♦	2♠	K♠
28	2♦/3♥	9♠/J♠	A♠/Q♣	10♠/K♦	8♥/K♥	A♥/5♠	4♦	4♠	6♦/10♥	K♣	3♠
29	7♥/5♦	3♥/8♣	10♠/A♣	3♠/10♥	5♠/8♠	6♥/A♥	A♥	K♠	2♠/Q♠	8♠	5♦
30	J♦/6♦	4♦/10♦	3♦/4♠	3♥/Q♠	K♣/8♥	8♠/6♠	6♥	8♦	J♣/9♦	6♣	9♦
31	J♠/A♥	3♠/5♣	3♥/5♠	7♠/8♥	9♠/8♠	6♦/A♣	2♠	A♣	10♦/9♣	2♦	Q♦
32	5♥/3♦	4♦/9♠	7♦/6♠	7♣/8♥	J♥/2♠	A♥/6♥	6♥	7♠	2♥/4♣	A♦	3♦
33	10♠/J♠	7♠/2♣	K♣/8♠	8♠/9♦	Q♣/3♠	6♣/J♣	7♠	3♠	K♥/3♣	A♥	6♥
34	8♥/J♥	8♠/A♥	8♠/2♠	10♦/5♥	J♠/4♦	9♠/Q♠	Q♦		K♦/A♣	3♥	4♣
35	3♠/K♠	6♥/8♥	4♠/3♦	9♥/7♥	4♠/7♠	J♥/7♥	10♥		9♦/A♠	Q♣	5♠
36	4♦/A♥	7♠/5♥	9♥/7♠	6♠/A♣	5♠/10♠	K♣/10♣	10♣	5♠	10♥/5♣	10♦	5♥
37	7♠/4♠	6♥/9♣	A♠/3♥	K♦/5♠	Q♠/9♥	A♥/2♦	6♣	6♦	K♠/6♠	Q♠	4♦
38	J♥/K♣	7♠/3♥	K♣/8♥	2♥/4♦	3♠/5♣	4♠/10♠	J♠	4♠	J♦/K♥	8♠	5♠
39	6♣/10♥	2♠/9♣	2♥/8♠	6♠/Q♣	4♦/7♦	3♠/5♥	Q♣	10♣	4♠/7♦	7♠	10♥
40	5♣/J♦	Q♦/Q♠	K♦/3♦	2♣/7♠	10♠/A♣	8♦/3♠	3♠	3♥	A♠/9♦	J♠	J♠
41	7♠/6♥	J♦/K♣	2♣/8♣	5♠/A♣	6♠/K♦	A♠/10♣	10♣	8♦	Q♠/3♥	10♣	J♦
42	9♥/A♥	10♠/4♠	3♠/J♥	3♥/10♣	6♠/Q♠	6♥/3♣	5♠	A♠	8♥/9♦	4♠	3♠
43	J♠/A♠	J♠/7♠	3♥/A♦	2♠/10♣	2♦/Q♣	6♣/6♥	6♥	4♥	5♠/9♦	4♥	6♦
44	K♥/5♥	2♥/K♠	2♣/8♠	3♠/A♠	4♠/9♥	5♠/K♣	6♣	4♠	7♣/8♠	10♠	9♠
45	10♣/J♦	8♦/5♦	K♠/A♦	3♥/8♣	2♥/A♣	Q♣/A♠	10♠	7♠	5♣/3♦	Q♥	Q♥
46	4♣/7♣	Q♦/7♥	2♣/8♥	A♠/J♦	7♠/Q♠	4♦/6♥	J♥	9♠	6♦/6♠	9♣	10♠
47	5♣/7♣	8♠/5♦	A♠/J♦	A♦/6♠	K♣/2♣	6♦/10♦	4♥	8♠	J♠/K♠	6♦	4♥
48	5♥/7♥	7♣/9♥	A♦/2♥	10♦/4♣	Q♣/4♦	3♣/6♥	6♥	3♥	8♥/10♥	3♠	4♠
49	4♠/2♦	K♠/7♠	8♦/7♥	2♥/5♠	7♠/5♦	3♠/4♣	Q♦/7♣	K♠	3♣/6♠	J♦	10♣

歲數	水星	金星	火星	木星	土星	天王	海王	長期	冥王/結果	環境	置換
50	8♣	5♠	6♦	4♣	10♣	3♥	8♦	10♣	Q♠/7♠	J♣	J♠
	6♣	K♦	2♦	A♥	10♠	8♦					
51	A♠	4♥	4♣	7♥	9♠	8♠	3♥	2♥	5♣/J♦	10♥	7♣
	7♠	9♣	2♦	7♠	A♦	3♥					
52	K♠	10♣	A♣	4♠	10♥	3♣	8♥	4♠	8♠/K♣	5♠	8♦
	2♠	6♠	5♣	4♥	K♦	J♥	10♥				
53	3♦	2♣	2♠	2♦	10♦	6♥	10♥	10♥	5♦/Q♣	4♦	Q♠
	A♠	5♣	A♦	8♠	4♠	10♥					
54	8♦	4♠	10♣	2♣	K♦	6♠	6♥	3♣	9♥/3♠	5♥	10♦
	8♥	J♥	4♦	6♦	8♠	K♣					
55	5♥	8♣	2♣	A♦	2♦	9♥	3♣	8♥	J♥/4♣	5♠	Q♣
	10♥	Q♠	9♠	2♠	5♦	A♠					
56	A♣	9♣	5♠	7♥	K♥	A♥	A♦	3♦	7♦/K♦	4♣	3♥
	5♥	3♠	9♠	3♦	Q♣	A♦					
57	10♠	6♠	7♥	8♠	9♦	7♦	10♥	2♣	K♣/J♦	6♥	A♥
	5♠	Q♠	9♠	8♦	J♠	10♥					
58	2♠	A♠	6♣	5♠	9♥	5♠	8♠	2♠	J♣/K♦	3♦	A♦
	8♣	2♥	Q♣	3♦	3♣	8♠					
59	5♥	8♣	5♠	4♣	8♥	J♣	4♥	2♠	6♦/9♣	Q♦	2♦
	9♦	K♥	K♠	10♠	Q♠	7♦					
60	10♦	9♦	4♠	4♣	K♠	J♥	A♠	10♦	J♣/Q♠	9♦	6♣
	8♦	9♥	10♠	9♣	5♦	9♠	K♠				
61	J♦	3♠	6♠	9♠	A♥	7♠	7♦	6♥	5♣/A♠	5♦	8♠
	6♦	3♣	6♠	K♠	9♣	7♠					
62	7♥	9♠	9♠	10♠	Q♠	6♦	4♥	10♥	3♣/3♦	3♣	K♣
	4♠	J♣	6♥	4♠	6♣	4♥					
63	8♦	3♠	10♣	K♠	Q♠	4♣	K♠	8♦	5♠/2♥	K♦	2♠
	A♥	Q♣	K♥	6♠	9♠	4♦	Q♦				
64	7♠	9♦	6♥	K♠	4♦	A♣	5♥	4♠	K♦/8♠	7♠	6♠
	6♦	3♣	5♠	Q♦	10♠	A♦					
65	A♣	10♠	8♦	A♣	2♦	10♥	9♦	10♣	8♣/A♠	8♥	9♠
	A♥	9♣	3♠	Q♦	4♦	9♦					
66	7♣	A♥	A♦	5♠	5♦	8♣	2♣	2♣	K♦/2♠	7♥	K♥
	4♠	5♣	7♠	3♦	Q♣	2♣					
67	J♣	8♣	8♥	J♠	4♠	4♥		K♦	3♥/A♠		2♠
	7♥	10♥	4♠	2♠	A♥	K♠					
68	10♠	7♠	6♣	J♥	K♥	3♠	2♥	6♠	6♦/10♣	2♣	A♠
	2♣	2♠	7♠	5♠	8♣	2♥					
69	9♥	2♦	J♥	9♠	J♠	A♣	3♠	6♥	4♠/10♦	K♥	7♥
	3♠	A♠	5♦	8♠	6♠	3♠					
70	5♣	10♥	9♠	7♥	K♦	K♠	Q♦	5♥	A♣/9♦	9♠	8♥
	10♠	K♣	5♦	10♦	J♥	K♥	K♦				
71	J♦	5♥	6♠	K♥	3♥	4♦	9♠	8♥	4♣/5♠	6♠	7♠
	8♠	3♣	Q♠	J♥	9♠	7♥					
72	7♣	8♦	3♦	A♠	8♠	8♠	K♥	2♣	A♥/K♦	2♠	K♦
	7♦	A♣	Q♠	A♦	10♦	K♥					
73	2♦	7♦	A♠	10♠	8♥	A♥	4♥	A♦	6♦/10♥	K♣	3♦
	3♥	J♠	Q♣	K♦	K♥	5♠					
74	7♥	3♥	10♠	3♠	5♠	6♥	A♥	2♦	2♠/Q♠	8♠	5♦
	5♦	8♣	2♥	10♥	8♠	A♥					
75	J♦	4♦	3♦	3♥	K♣	8♦	6♥	7♦	J♣/9♦	♣	9♦
	6♦	10♦	4♠	Q♠	8♥	6♠					
76	J♠	3♠	3♥	9♥	9♠	6♦	2♣	3♠	10♦/9♣	2♦	Q♦
	A♥	5♣	5♠	8♥	8♠	2♣					
77	5♥	4♦	9♥	7♣	J♥	A♥	6♥	2♥	A♠/4♣	A♦	3♦
	3♦	9♦	6♠	8♥	2♠	6♥					
78	10♠	7♠	8♣	Q♠	6♠	7♠	9♠		K♥/3♣	A♥	6♥
	J♠	2♠	8♠	3♥	3♠	J♣					
79	8♥	8♠	8♣	10♦	2♦	J♠	9♠	5♠	K♦/A♠	3♥	4♣
	J♥	A♥	2♠	5♥	4♦	Q♠					
80	3♠	6♥	4♦	7♥	4♠	J♥	10♥	7♥	9♦/2♥	Q♠	5♣
	K♠	8♥	3♦	9♥	7♠	7♥					
81	4♦	7♣	7♦	6♠	5♠	K♣	10♣	K♥	10♥/5♣	10♦	5♥
	A♥	5♥	9♠	2♥	10♠	10♣					
82	7♠	6♥	A♠	K♦	Q♠	A♥	6♣	A♥	K♠/6♠	A♥	4♦
	4♠	4♣	3♥	5♣	7♦	A♠					
83	J♥	7♠	K♣	A♠	3♣	4♠	J♣	A♦	J♦/K♥	8♦	5♠
	K♣	3♥	8♥	4♠	10♠						
84	6♣	2♠	2♠	6♠	4♦	3♠	4♠	10♠	4♠/9♥	7♠	10♦
	10♥	9♣	8♠	Q♠	7♥	5♥					
85	5♣	Q♦	K♦	2♠	10♠	8♠	3♠	6♠	A♠/9♥	J♠	J♣
	J♦	Q♠	3♦	9♥	3♠						
86	7♣	J♦	2♣	5♦	6♠	A♠	10♣	7♦	Q♠/3♥	10♠	J♦
	6♥	K♣	6♣	2♥	K♦	10♣					
87	7♦	10♦	3♦	3♥	6♦	6♥	5♦	8♠	8♥/9♠	4♠	3♠
	A♥	4♦	J♥	10♦	Q♣	3♥					
88	J♠	J♦	3♥	2♠	2♦	6♥	9♠		5♠/9♦	4♥	6♦
	A♠	7♠	A♦	10♣	3♣	6♥					
89	K♥	A♣	3♠	4♣	5♠	6♣	9♥		7♣/8♠	10♠	9♣
	5♥	K♣	8♠	A♠	7♦	K♣					
90	10♣	8♦	K♠	3♥	8♠	Q♠	10♠	10♥	5♣/3♦	Q♥	Q♥
	J♦	5♦	A♠	8♣	2♥	A♠					
91	4♣	Q♦	2♠	A♠	9♥	4♦	J♥	2♠	6♦/6♠	9♣	10♣
	7♣	7♥	8♥	J♦	Q♠	6♥					
92	5♠	8♠	A♠	A♠	K♠	6♦	4♠	A♥	J♠/K♠	6♦	4♥
	7♣	5♦	J♠	6♠	2♣	10♠					
93	5♥	7♣	A♦	10♦	Q♣	3♣	6♥	6♣	8♥/10♥	3♠	4♠
	7♥	9♦	2♥	4♣	4♦	6♥					
94	4♠	K♠	8♦	4♣	7♣	3♠	Q♦	5♦	3♣/6♠	J♦	10♣
	2♦	7♠	7♥	5♣	5♦	7♣					
95	8♣	5♠	6♦	4♠	10♣	3♥	8♦	7♦	Q♠/7♠	J♣	J♠
	6♣	K♦	2♠	A♥	10♠	8♦					
96	A♠	4♥	4♣	7♥	9♠	8♠	3♥		5♣/J♦	10♥	7♣
	7♠	9♣	2♦	7♠	A♦	3♥					
97	K♠	10♣	2♥	4♠	10♥	3♣	8♥	8♠	8♠/K♣	5♠	8♦
	2♠	6♠	5♣	4♥	K♦	J♥	10♥				
98	3♦	2♣	2♠	2♦	10♦	6♥	10♥	5♥	5♦/Q♣	4♦	Q♠
	A♠	5♣	A♦	8♠	4♦	10♥					
99	8♦	4♠	10♣	2♣	K♦	6♠	6♥	8♣	7♦/3♠	5♥	10♦
	8♥	J♥	4♦	6♦	8♠	K♣					

紅心 K

歲數	水星	金星	火星	木星	土星	天王	海王	長期	冥王/結果	環境	置換
0	K♦	6♥	4♣	2♣	J♠	8♠	6♦	K♦	4♠/10♥	K♥	K♥
	7♥	3♥	4♥	Q♠	Q♦	6♦					
1	8♠	J♣	10♠	5♥	K♣	7♥	2♦	6♥	2♠/9♣	9♠	2♣
	7♦	6♣	A♦	6♦	4♣	K♣					
2	2♣	7♦	5♥	J♥	3♠	2♠	2♥	4♣	6♠/8♥	6♠	A♠
	6♦	10♥	K♦	3♥	8♣	2♥					
3	9♥	5♣	J♥	J♦	K♣	A♣	2♠	2♦	7♥/9♦	8♠	7♥
	Q♠	9♠	J♣	3♣	J♣						
4	3♥	6♣	J♦	Q♥	4♠	K♠	8♦	J♠	A♠/7♣	K♣	8♥
	2♣	5♠	J♠	9♦	J♥	3♠	4♠				
5	K♣	A♥	5♥	3♠	3♦	A♦	9♠	8♠	Q♣/2♦	8♠	7♦
	4♦	10♣	5♦	J♦	J♦	4♥					
6	K♦	3♣	Q♠	9♣	8♣	4♦	3♠	6♦	6♥/4♠	6♣	K♦
	7♦	A♣	Q♦	4♣	9♥	3♠					
7	5♣	7♦	9♣	Q♣	10♠	6♥	A♠	8♠	6♠/6♣	2♦	3♣
	3♦	7♠	Q♦	4♠	8♣	3♥					
8	Q♥	3♦	2♣	2♠	2♦	10♠	6♥	J♣	10♥/5♦	A♦	5♦
	J♠	8♣	2♥	6♣	4♦	6♥					
9	K♣	A♦	Q♠	3♦	5♠	3♠	10♦	10♠	8♠/7♣	A♥	9♦
	6♠	9♦	7♥	5♦	10♠	J♣					
10	7♠	Q♠	3♦	9♥	J♦	8♠	6♦	5♥	9♦/9♠	3♥	Q♦
	6♥	3♥	2♦	10♠	4♦	6♦					
11	A♥	A♦	9♠	K♦	J♥	6♥	10♦	K♣	A♦/Q♣	Q♣	3♦
	Q♠	7♣	J♣	10♠	10♥	10♦					
12	2♣	4♥	5♠	8♣	Q♦	5♦	K♦	7♥	3♠/10♣	10♦	6♥
	7♠	6♦	4♦	7♠	2♠	8♠					
13	10♠	4♦	8♠	9♦	5♠	7♠	J♦	2♦	4♠/9♥	Q♠	4♦
	J♥	6♥	10♥	A♥	A♦	5♦					
14	2♠	10♦	Q♣	7♠	7♥	J♥	9♦	2♣	7♣/2♥	8♠	5♣
	K♠	10♠	Q♠	9♥	4♦	Q♥					
15	A♦	K♦	7♣	5♦	2♦	5♠	8♥	7♦	6♠/3♥	7♠	5♥
	6♥	A♥	9♠	2♦	5♣	8♠					
16	4♥	10♦	9♠	4♠	5♦	6♥	5♥	5♥	K♠/J♠	J♠	4♦
	7♠	9♠	3♦	3♥	7♠	A♠					
17	J♥	K♠	4♠	A♠	10♠	J♥	5♠		K♣/3♦	10♣	2♥
	A♠	3♦	10♠	A♠	5♣						
18	5♥	6♣	10♥	J♣	A♠	2♠	Q♣	3♠	7♥/9♥	4♠	10♥
	6♣	9♠	4♦	Q♦	Q♥	A♥					
19	3♥	8♦	4♠	6♦	2♣	3♣	2♠	2♥	9♠/7♣	4♦	J♣
	K♣	5♦	Q♠	9♦	2♥	2♠					
20	K♦	K♣	6♦	J♠	J♣	9♠	8♥	2♦	5♦/3♦	10♠	J♦
	10♦	5♠	8♣	2♥	4♠	8♥					
21	7♠	9♣	3♦	4♦	6♠	10♠	J♠	9♥	10♠/J♦	Q♥	3♠
	6♥	A♣	J♥	5♥	J♦	10♣					
22	7♠	K♣	3♦	10♥	5♣	5♥	10♦	5♣	2♦/7♣	Q♣	6♦
	9♣	4♥	4♣	8♥	Q♦	10♦					
23	3♠	A♣	6♦	10♠	Q♠	3♥	5♥	J♦	K♦/8♣	6♦	9♣
	A♥	K♠	4♦	9♠	7♦	5♠					
24	8♥	3♣	K♠	3♣	A♠	Q♠	2♣	J♦	3♥/Q♠	3♠	Q♥
	K♣	J♠	4♣	8♦	2♦	9♣					
25	Q♣	8♦	6♦	9♣	9♥	A♦	J♥	K♣	6♠/J♣	J♦	10♠
	K♦	Q♥	10♠	K♣	5♦	10♦					
26	3♥	4♦	9♣	4♣	5♠	6♠	A♠	A♣	7♠/K♣	J♣	4♥
	K♦	J♠	K♣	J♣	6♦	9♦					
27	A♥	K♦	4♠	9♦	Q♦	10♣	10♦	2♠	10♠/6♣	10♥	4♠
	Q♥	9♦	2♥	Q♣	A♦	10♦					
28	7♥	K♠	3♣	A♣	K♦	2♠	8♦	3♥	10♣/J♣	5♠	10♣
	5♣	4♥	Q♥	3♥	J♠	Q♠	K♦				
29	8♣	2♦	6♠	Q♣	8♥	3♦	3♣	6♠	5♦/4♥	4♦	J♠
	5♥	4♠	5♣	6♥	2♣	3♣					
30	9♠	A♣	Q♣	Q♥	J♦	4♦	3♦	J♦	3♥/K♣	5♥	7♣
	K♦	9♠	5♣	4♥	4♣	3♦					
31	K♠	8♦	2♥	7♥	6♣	10♠	10♣	Q♥	4♦/5♦	5♣	8♦
	10♥	J♣	3♥	A♣	4♠	J♥	6♣				
32	Q♠	6♦	10♥	5♣	9♦	10♦	6♣	4♠	J♠/Q♦	4♣	Q♠
	9♣	3♥	4♠	4♦	7♥	6♠					
33	3♣	7♥	8♥	6♦	4♠	J♣	10♦	K♠	7♦/2♠	6♥	10♦
	10♠	J♥	A♦	6♠	4♦	5♠					
34	A♥	10♠	6♦	4♣	5♠	7♦	10♠	8♦	J♥/Q♠	3♦	Q♣
	6♣	5♦	J♣	10♥	J♠	9♣					
35	2♥	9♠	3♦	Q♥	3♠	6♥	4♠	4♣	9♥/4♣	Q♦	3♦
	A♥	2♠	J♠	Q♠	Q♦	4♣					
36	2♣	J♣	Q♥	4♦	7♠	9♥	6♣	A♥	5♠/K♣	9♦	A♥
	2♦	5♠	J♦	3♣	7♠	6♠					
37	10♥	9♣	5♦	J♠	7♦	2♦	4♦	5♥	8♠/4♠	5♦	A♦
	8♣	A♠	Q♦	Q♠	10♣	4♦					
38	A♥	8♦	3♠	Q♣	10♠	8♠	A♠		6♠/9♠	3♠	2♦
	7♠	3♠	K♣	4♣	5♦	9♥					
39	8♥	7♣	Q♣	A♦	K♠	K♣	2♥	3♦	8♠/8♦	K♦	6♣
	3♣	7♦	2♣	9♠	J♠	J♦	K♠				
40	K♣	2♠	5♥	J♦	6♥	4♥	9♥	A♦	3♥/4♣	7♠	8♠
	6♠	10♣	J♣	K♣	9♠	K♦					
41	Q♥	7♠	J♦	2♣	5♦	6♠	A♠	A♦	10♣/Q♣	8♥	K♣
	Q♣	8♠	10♦	7♥	5♥	A♠					
42	3♠	2♦	4♦	3♣	4♠	8♣	Q♠		2♦/A♦	7♥	2♣
	6♥	Q♦	3♠	5♥	J♦	A♦	8♦				
43	4♥	7♣	10♦	K♣	A♦	2♥	A♥	3♣	4♠/4♦	A♠	6♠
	6♠	Q♠	2♦	8♦	2♣	4♦					
44	2♥	2♠	3♠	5♠	6♠	7♠	Q♠		8♣/9♦	2♠	9♠
	6♥	9♠	2♠	8♦	A♦	7♠					
45	K♦	6♥	4♣	2♦	J♠	8♣	6♦	9♣	4♠/10♥	K♥	K♥
	7♥	3♥	4♥	Q♠	Q♦	6♦					
46	8♠	J♣	10♠	5♥	K♣	7♥	2♦	8♣	2♠/9♣	9♠	2♣
	9♥	6♣	A♦	6♦	4♣	K♣					
47	2♣	9♠	5♥	J♥	3♠	2♠	A♣	4♦	6♠/8♥	6♠	A♠
	6♦	10♥	K♦	3♥	8♣	A♦					
48	7♠	5♦	J♥	J♦	K♣	2♠	2♠	A♠	7♥/9♦	2♠	7♥
	Q♠	9♠	J♣	3♣	2♦						
49	3♥	6♦	J♦	Q♥	4♠	K♠	8♦	J♦	2♥/7♣	K♣	8♥
	2♣	5♠	J♠	9♦	J♥	3♠	4♠				

歲數 50–74

歲數	水星	金星	火星	木星	土星	天王	海王	長期	冥王/結果	環境	置換
50	K♣	A♥	5♥	3♠	3♦	A♦	9♠	7♦	Q♣/2♦	8♠	7♠
	4♠	10♣	5♦	J♥	J♦	4♥					
51	K♦	3♣	Q♣	9♣	8♣	4♦	3♠	9♣	6♥/4♠	6♣	K♦
	9♥	2♥	Q♦	4♣	9♦	3♠					
52	5♣	9♥	9♣	2♠	10♠	6♥	A♠	2♣	6♠/6♣	2♦	3♣
	3♦	7♣	Q♦	4♣	3♠	3♥					
53	Q♥	3♦	2♣	2♠	2♦	10♦	6♥	10♠	10♥/5♦	A♦	5♦
	J♠	8♣	A♣	6♠	4♦	6♥					
54	K♣	A♥	Q♠	3♦	5♠	3♣	10♦	6♥	8♠/7♣	A♥	9♦
	6♠	9♦	7♥	5♦	10♠	J♣					
55	7♠	2♠	3♦	7♦	J♥	6♠	6♦	A♠	9♦/9♠	3♥	Q♦
	6♥	3♦	2♦	10♠	4♦	6♦					
56	A♥	A♣	7♠	K♦	J♥	6♥	10♦	Q♥	2♥/Q♣	Q♠	3♦
	Q♥	7♠	J♣	10♠	10♥	10♦					
57	2♣	4♥	5♠	8♣	Q♠	5♥	K♦	3♦	3♠/10♣	10♦	6♥
	7♠	6♦	4♦	7♠	2♠	8♠					
58	10♠	4♦	8♣	9♠	5♣	7♠	J♦	2♣	4♠/9♣	Q♠	4♣
	J♥	6♥	10♥	A♥	A♦	5♦					
59	2♠	10♦	Q♣	9♥	7♥	J♥	9♠	2♠	7♣/A♣	8♦	5♠
	K♠	10♠	Q♠	7♦	4♥	Q♥					
60	A♦	K♦	9♥	5♥	2♠	5♠	8♥	2♦	6♣/3♥	7♣	5♦
	6♥	A♥	7♦	A♠	2♠	8♠					
61	4♦	10♦	9♣	4♠	5♦	6♥	5♥	10♦	K♠/J♣	J♠	4♦
	7♥	9♠	3♦	3♥	9♥	2♥					
62	J♥	K♦	4♠	2♥	10♣	Q♣	8♠	6♥	K♣/3♠	K♣	5♠
	5♠	3♦	10♠	A♦	3♥	2♣					
63	5♥	6♦	10♠	J♣	A♠	2♠	Q♣	K♣	7♥/7♦	4♠	10♥
	6♣	9♠	4♦	Q♦	Q♥	A♥					
64	3♥	8♦	4♠	6♦	2♣	3♣	2♠	A♠	9♣/7♠	4♥	J♠
	K♣	5♦	Q♠	7♠	A♠	2♠					
65	K♦	K♣	6♦	J♠	J♣	9♠	8♥	Q♠	5♦/3♦	10♠	J♦
	10♦	5♠	8♠	A♣	4♠	8♥					
66	9♥	9♣	Q♠	3♦	6♠	10♦	J♠	3♦	10♠/J♦	Q♥	3♠
	6♥	A♦	J♥	8♥	Q♦	10♣					
67	7♠	K♣	3♠	10♥	5♠	10♥	5♦	2♦	2♦/7♦	4♠	6♦
	9♣	4♥	4♠	8♥	Q♦	10♦					
68	3♠	2♥	6♦	10♣	Q♣	3♥	5♥	3♠	K♦/8♣	6♦	9♣
	A♥	8♠	4♦	9♠	9♥	5♠					
69	8♥	3♣	K♠	3♦	2♥	Q♦	2♣	10♦	3♥/Q♠	3♠	Q♥
	K♣	J♠	4♠	8♣	A♠	9♣					
70	Q♣	8♦	6♠	9♣	7♦	A♦	J♥	7♠	6♠/J♣	J♦	10♠
	K♦	Q♥	10♠	K♣	5♦	10♦					
71	3♥	4♦	9♣	4♠	5♠	6♠	A♠	2♠	7♠/K♠	J♣	4♦
	K♦	J♠	K♠	J♣	6♦	9♦					
72	A♥	K♦	4♣	9♠	Q♦	10♣	10♦	3♦	10♠/6♣	10♥	4♠
	Q♥	7♦	A♣	Q♠	A♦	10♦					
73	7♥	K♠	3♣	2♥	K♦	2♠	8♦	9♥	10♠/J♣	5♠	10♠
	5♥	4♦	Q♥	3♦	J♠	Q♦					
74	8♣	2♦	6♠	Q♣	8♠	3♦	3♠	J♦	5♦/4♥	4♦	J♠
	5♥	4♠	5♠	6♥	2♠	3♠					

歲數 75–99

歲數	水星	金星	火星	木星	土星	天王	海王	長期	冥王/結果	環境	置換
75	9♣	A♠	Q♣	Q♥	J♦	4♦	3♦	6♠	3♥/K♣	5♥	7♣
	K♦	9♠	5♠	4♥	4♠	3♦					
76	K♠	8♥	A♣	7♥	6♠	10♣	10♠	6♦	4♦/5♠	5♣	8♦
	10♥	J♣	3♥	A♠	4♠	J♥	6♣				
77	Q♠	6♦	10♥	5♠	9♥	10♦	6♠	A♥	J♠/Q♦	4♣	Q♠
	9♣	3♥	4♣	4♦	7♥	6♠					
78	3♣	7♥	8♥	6♦	4♠	J♣	10♠	A♠	9♥/2♠	6♥	10♦
	10♠	J♥	A♦	4♠	5♠						
79	A♥	10♠	6♦	4♦	6♠	5♠	9♥	10♣	J♥/Q♣	3♦	Q♣
	6♣	5♦	J♠	10♥	J♠	9♣					
80	A♣	9♠	3♦	Q♠	3♠	6♥	4♣	K♦	7♦/4♠	Q♦	3♥
	A♥	2♠	J♦	Q♠	Q♦	4♠					
81	2♣	J♣	Q♥	4♦	7♠	7♦	6♣	J♥	5♠/K♣	9♦	A♥
	2♦	5♠	J♦	3♠	7♠						
82	10♥	9♣	5♥	J♠	9♥	2♦	4♦	6♥	8♠/4♠	5♦	A♦
	8♣	2♥	Q♦	Q♠	10♠	4♦					
83	A♥	8♠	J♣	Q♠	10♠	8♠	A♠	10♦	6♠/9♠	3♠	2♦
	7♣	3♠	K♠	2♣	5♦	7♠					
84	8♥	7♠	Q♣	A♣	K♠	K♣	A♠	2♣	8♠/8♦	K♦	6♠
	3♠	9♥	2♠	9♠	J♠	J♦	K♠				
85	K♣	2♠	5♥	J♦	6♥	4♥	7♠	4♦	3♥/4♣	7♠	8♠
	6♠	10♠	4♣	5♠	A♥	K♦					
86	Q♥	7♣	J♦	Q♣	5♦	6♠	A♠	5♠	10♠/Q♠	8♥	K♣
	Q♣	8♠	10♦	7♥	5♥	A♠					
87	3♣	2♠	2♣	4♠	8♦	Q♣	K♠	8♣	2♦/2♥	7♥	2♠
	6♥	Q♦	3♠	5♦	J♦	A♦	8♦				
88	4♥	7♣	10♦	K♠	A♠	A♣	A♥	Q♦	4♠/4♦	A♠	6♠
	6♠	Q♣	2♦	8♦	2♠	4♣					
89	A♣	2♠	2♣	5♠	5♠	6♠	7♣	5♥	8♦/9♣	2♣	9♠
	6♥	9♠	8♦	8♣	A♦	7♣					
90	K♦	6♥	4♣	2♦	J♠	2♠	J♦	K♦	4♠/10♥	K♥	K♥
	7♥	3♥	4♦	Q♠	Q♦	6♦					
91	8♠	J♣	10♠	5♥	K♣	7♥	2♦	10♠	2♠/9♣	9♠	2♣
	7♥	6♣	A♠	6♦	4♣	K♠					
92	2♣	7♠	5♥	J♥	3♠	2♠	4♦		6♠/8♦	6♠	A♠
	6♦	10♥	K♦	3♥	8♠	2♥					
93	9♥	5♠	J♥	J♦	K♣	A♣	2♠	8♣	7♥/9♦	2♠	7♥
	Q♠	9♠	J♠	3♠	2♣						
94	3♥	6♠	J♦	Q♥	4♠	K♠	9♦		A♠/7♣	K♣	8♥
	2♣	5♠	J♠	9♦	J♥	3♠	4♠				
95	K♣	A♥	5♥	3♠	3♦	A♦	9♠	5♠	Q♣/2♦	8♠	7♠
	4♦	10♣	5♦	J♥	J♦	4♥					
96	K♦	3♣	Q♣	9♠	8♠	4♦		7♠	6♥/4♠	6♣	K♦
	7♦	A♣	Q♠	4♣							
97	5♣	7♦	9♣	2♠	10♠	6♥	A♠	J♦	6♠/6♣	2♦	3♣
	3♦	7♠	Q♦	4♠	3♥						
98	Q♥	3♦	2♣	2♠	2♦	10♦	6♥	2♠	10♥/5♦	A♦	5♦
	J♠	8♣	2♠	4♦	6♥						
99	K♣	A♥	Q♠	3♦	5♠	3♣	10♦	10♦	8♠/7♣	A♥	9♦
	6♠	9♦	7♥	Q♦	10♠	J♣					

梅花 A

歲數	水星	金星	火星	木星	土星	天王	海王	長期	冥王/結果	環境	置換
0	Q♣	10♠	5♣	3♣	A♥	7♥	7♦	Q♣	5♠/J♥		
	4♦	J♣	5♥	4♠	K♦	7♦					
1	9♠	7♠	3♦	6♥	A♦	10♣	8♠	10♠	3♠/4♠		
	2♣	9♣	J♣	3♠	A♥	8♠					
2	Q♠	9♣	6♥	9♦	K♥	2♣	7♦	5♣	5♥/J♥		
	5♣	5♠	4♣	10♠	8♥	7♦					
3	2♠	7♥	9♦	Q♦	3♥	4♥	8♦	3♦	J♣/Q♥		
	9♠	3♠	5♠	7♠	Q♣	8♠					
4	7♣	3♠	Q♦	3♣	6♠	9♠	7♦	A♠	4♣/J♥		
	6♥	5♥	3♦	9♣	A♠	7♦					
5	8♠	2♣	3♣	5♦	10♦	Q♥		7♥	5♠/6♥		
	2♠	J♣	5♥	7♥	Q♠	8♣					
6	10♣	J♣	5♣	7♠	K♣	2♠	7♦	7♦	3♦/J♥		
	Q♦	4♣	9♠	3♠	K♥	8♠					
7	2♦	9♠	7♠	K♦	8♠	6♦	8♣	9♠	5♥/J♥		
	8♠	5♠	4♣	2♣	7♠	8♠					
8	4♥	5♠	K♦	7♥	6♠	8♠	7♦	7♠	9♦/J♥		
	5♦	3♦	3♣	J♣	6♥	7♦					
9	A♥	2♠	7♥	8♥	J♠	J♦	8♣	3♦	4♣/10♥		
	2♦	5♥	3♦	9♠	10♣	8♠					
10	Q♥	5♥	8♥	2♣	A♦	2♦	7♦	6♥	3♣/J♥		
	K♦	9♦	8♠	5♠	K♣	7♦					
11	Q♣	8♠	2♣	A♣	4♠	10♥	8♣	A♦	3♦/4♦		
	A♥	4♣	9♦	2♠	4♥	8♣					
12	6♦	4♣	A♠	9♠	3♥	A♥	7♦	10♣	7♠/J♥		
	8♥	3♣	7♥	5♥	6♣	7♦					
13	Q♠	2♦	9♠	K♥	10♠	4♦	8♠		9♦/5♣		
	Q♣	3♦	3♣	8♠	Q♥	8♣					
14	J♦	3♦	K♦	A♠	10♦	Q♣	7♦	Q♠	7♥/J♥		
	A♠	7♦	2♣	4♠	A♦	7♦					
15	7♣	A♥	2♠	6♠	9♣	5♥	8♠	9♣	3♠/6♥		
	Q♠	9♦	7♠	2♦	6♦	8♣					
16	10♥	9♦	6♠	8♠	8♣	Q♠	7♦	6♥	2♣/J♥		
	K♥	7♥	9♠	3♠	3♥	7♦					
17	10♣	Q♣	8♠	K♣	3♠	6♥	8♠	9♦	7♠/Q♦		
	7♣	3♣	7♥	A♥	J♦	8♣					
18	4♦	3♣	K♣	2♦	J♠	7♣	7♦	K♥	9♠/J♥		
	6♠	6♣	2♠	9♦	10♦	7♦					
19	4♥	Q♠	2♦	6♣	J♣	Q♦	8♠	2♣	7♦/5♣		
	10♣	7♣	2♣	Q♣	10♥	8♣					
20	5♣	7♣	6♣	A♥	4♠	10♦	7♦	7♦	2♠/J♥		
	K♣	9♠	8♠	3♠	8♦	7♦					
21	Q♥	7♣	A♥	A♦	5♦	5♠	8♠	2♠	2♣/K♦		
	4♦	7♥	4♥	4♠	K♣	8♣					
22	6♥	7♣	A♦	Q♣	10♠	4♥	7♦	7♥	8♠/J♥		
	6♣	2♠	2♦	7♠	J♠	7♦					
23	6♦	10♣	Q♠	3♥	5♥	K♦	8♠	9♦	9♠/8♥		
	Q♥	2♠	2♠	7♣	5♠	8♣					
24	Q♦	2♣	3♥	Q♠	9♣	Q♥	7♦	Q♦	2♦/J♥		
	A♦	8♠	A♥	7♥	4♠	7♦					
25	J♦	4♥	Q♠	10♦	4♣	8♥	8♠	3♥	2♠/A♠		
	6♦	9♠	8♠	10♣	6♥	8♣					
26	5♦	9♠	10♦	7♣	3♠	6♦	7♦	4♥	A♥/J♥		
	3♥	2♦	Q♣	2♣	10♠	7♦					
27	10♥	Q♥	7♣	8♦	3♦	A♠	8♠	8♣	8♠/K♥		
	J♦	2♠	2♦	4♥	Q♦	8♣					
28	K♦	2♠	8♦	10♣	J♣	J♦	7♦	7♣	Q♣/J♥		
	10♦	A♥	Q♠	9♠	9♣	7♦					
29	4♦	6♦	10♣	J♠	9♦	K♥	8♠	3♠	2♦/6♠		
	10♥	8♠	A♥	Q♥	5♦	8♣					
30	8♥	8♠	J♠	4♥	5♠	10♥	7♦	Q♦	Q♠/J♥		
	8♦	Q♣	7♣	2♠	3♠	7♦					
31	5♦	J♠	4♥	4♠	3♣	6♠	8♠	3♣	A♥/K♥		
	4♦	2♦	Q♣	6♦	K♦	8♣					
32	A♠	2♦	4♠	Q♥	5♦	4♦	7♦	6♠	7♣/J♥		
	J♠	Q♠	10♣	8♠	J♣	7♦					
33	6♥	10♥	Q♥	10♠	7♠	K♣	8♠	9♠	Q♣/6♠		
	5♣	A♥	Q♠	J♦	8♥	8♣					
34	K♥	A♥	10♠	6♦	4♠	5♠	7♦	7♦	10♣/J♥		
	4♠	7♣	4♥	2♦	5♠	7♦					
35	Q♦	4♦	6♦	9♣	7♥	7♣	8♠	8♠	Q♠/A♠		
	6♥	Q♣	7♠	10♦	A♥	8♣					
36	6♠	Q♣	9♣	J♦	3♦	6♥	7♦	2♣	4♥/J♥		
	10♠	10♣	Q♥	A♥	5♥	7♦					
37	5♦	5♣	J♦	3♠	2♣	A♦	8♠	3♣	7♣/3♦		
	Q♦	Q♠	10♣	4♦	K♥	8♣					
38	K♠	Q♠	3♠	10♥	9♦	Q♦	7♦	5♦	Q♥/J♥		
	9♣	4♥	6♦	Q♣	4♣	7♦					
39	K♦	6♥	10♥	J♣	9♠	3♥	8♣	10♦	10♣/10♦		
	5♦	7♣	4♥	5♣	6♠	8♣					
40	6♣	7♣	J♣	4♦	3♠	5♦	7♦	Q♥	6♦/J♥		
	3♠	Q♥	J♦	Q♠	3♦	7♦					
41	8♥	Q♦	4♦	5♠	2♠	10♦	8♠	8♣	4♥/8♠		
	K♦	10♣	Q♥	6♥	K♣	8♣					
42	A♦	10♣	5♦	5♣	7♠	K♦	7♦	10♣	J♦/J♥		
	J♣	6♦	10♥	9♦	9♣	7♦					
43	A♠	5♦	5♣	5♥	8♠	8♦	8♣	J♣	Q♥/J♠		
	8♥	4♥	6♦	Q♦	6♣	8♣					
44	3♥	4♥	5♥	6♥	7♥	8♥	7♦	5♦	10♥/J♥		
	5♠	J♦	4♦	10♣	3♣	7♦					
45	K♥	K♦	6♥	4♣	2♣	J♠	8♠	7♦	6♦/4♣		
	A♠	Q♥	J♦	5♦	A♥	8♣					
46	10♦	Q♥	4♣	Q♦	2♣	A♠	7♦	K♣	4♦/J♥		
	5♥	10♥		5♥	4♥	7♦					
47	6♠	8♥	Q♦	3♦	A♥	4♠	8♣	2♠	J♦/10♦		
	K♥	6♦	10♥	K♦	3♥	8♣					
48	8♦	6♦	3♦	5♦	9♠	K♥	7♦	7♦	5♣/J♥		
	4♣	4♦	6♦	Q♥	7♥	7♦					
49	K♣	A♥	5♦	9♦	Q♣	10♠	8♣	2♦	10♥/9♣		
	6♠	J♦	4♦	8♥	10♦	8♣					

歲數	水星	金星	火星	木星	土星	天王	海王	長期	冥王/結果	環境	置換
50	J♠	J♦	9♦	K♦	2♠	6♠	7♦	9♠	6♥/J♥		
	3♠	5♣	Q♦	6♦	2♣	7♦					
51	6♠	K♥	K♦	3♣	Q♠	9♣	8♣	7♠	4♦/3♠		
	K♣	10♥	5♣	A♠	8♦	8♣					
52	4♠	10♥	3♣	8♥	8♠	K♣	7♦	K♦	Q♦/J♥		
	9♦	6♥	5♦	J♦	9♠	7♦					
53	A♠	6♠	8♥	7♠	7♠	3♠	8♠	8♦	5♣/J♣		
	6♣	4♦	6♥	K♥	J♠	8♠					
54	10♠	4♦	7♠	A♠	2♦	6♣	7♦	6♦	5♦/J♥		
	3♠	Q♦	K♦	10♥	2♠	7♦					
55	3♥	K♠	8♠	7♥	10♣	J♣	8♣	8♣	6♥/5♠		
	A♠	5♣	Q♦	6♠	4♣	8♣					
56	9♣	5♣	7♥	K♥	A♥	A♠	7♦	4♥	K♦/J♥		
	7♠	5♦	8♥	4♦	8♠	7♦					
57	10♦	6♣	K♥	2♣	4♥	5♠	8♣	5♠	Q♦/5♥		
	3♥	6♥	5♦	K♣	10♠	8♣					
58	3♠	6♥	2♣	6♠	Q♣	3♥	7♦	K♦	8♥/J♥		
	7♥	K♦	A♠	5♠	2♦	7♦					
59	8♦	A♦	6♠	9♠	Q♥	5♠	8♣	7♥	5♦/4♣		
	10♦	Q♣	K♦	6♠	9♠	8♣					
60	J♣	Q♦	9♠	K♣	Q♠	10♦	7♦	6♣	A♠/J♥		
	2♣	8♥	K♥	6♥	A♥	7♦					
61	J♠	3♥	K♣	2♠	6♦	4♣	8♣	8♠	K♦/3♦		
	8♠	5♦	8♥	A♦	3♠	8♣					
62	5♠	5♦	2♠	6♣	7♠	8♠	7♦	7♠	K♦/J♥		
	9♠	A♣	6♠	Q♦	Q♣	7♦					
63	4♠	10♦	6♣	8♠	J♦	3♠	8♣	A♥	8♥/9♦		
	J♠	K♦	A♠	3♥	J♣	8♠					
64	5♥	K♦	8♠	A♠	10♣	J♠	7♦	2♠	6♠/J♥		
	2♠	K♥	K♣	5♦	Q♠	7♦					
65	10♠	8♦	A♦	2♦	10♥	9♠	8♣	7♦	A♠/3♣		
	4♠	8♥	K♥	10♦	5♠	8♣					
66	4♣	8♥	2♣	3♥	4♥	4♠	7♦	8♥	K♣/J♥		
	8♠	6♠	6♣	K♦	7♣	7♦					
67	9♣	J♠	3♥	A♥	4♦	3♠	8♣	J♠	K♥/7♦		
	10♠	A♣	6♠	8♣	5♥	8♣					
68	3♦	A♣	A♥	10♦	Q♥	10♠	7♦	J♦	6♣/J♥		
	2♦	K♣	A♦	8♥	10♣	7♦					
69	3♠	4♣	10♠	Q♣	5♣	7♠	8♠	8♣	6♠/7♥		
	9♣	K♥	K♣	J♠	4♣	8♣					
70	9♦	K♥	Q♣	8♠	6♦	9♣	7♦	Q♥	A♦/J♥		
	A♥	6♣	3♥	A♠	4♥	7♦					
71	J♣	10♠	8♦	Q♠	6♥	7♥	8♣	5♥	K♣/2♣		
	3♠	8♣	6♣	4♠	3♦	8♣					
72	3♣	6♠	Q♠	J♠	J♦	3♠	7♦	8♥	3♥/J♥		
	Q♣	A♠	10♣	K♥	Q♥	7♦					
73	5♠	9♣	J♠	7♣	Q♦	2♣	8♣	2♣	6♣/9♠		
	J♠	K♦	A♠	10♠	9♦	8♣					
74	7♠	K♣	7♠	4♠	10♥	J♣	7♦	A♦	10♦/J♥		
	Q♠	3♥	8♦	6♠	6♦	7♦					
75	5♥	3♠	4♠	10♣	5♦	9♠	8♣	2♦	A♦/2♠		
	5♠	6♣	3♥	9♣	3♣	8♠					
76	7♥	6♣	10♣	10♠	4♦	5♠	7♦	7♦	8♦/J♥		
	7♣	10♦	J♠	K♣	J♦	7♦					
77	4♣	J♣	10♠	4♦	K♣	2♠	8♣	Q♣	3♥/8♠		
	5♥	A♦	10♦	3♠	7♠	8♣					
78	2♣	A♣	4♦	9♣	5♣	5♥	7♦	8♠	J♠/J♥		
	10♣	8♦	4♠	6♠	10♥	7♦					
79	3♦	5♠	9♣	Q♥	9♦	8♠	8♣	2♣	10♦/2♦		
	4♣	3♥	8♦	J♠	7♥	8♠					
80	9♠	3♥	Q♥	3♠	6♥	4♣	7♦	A♠	4♣/J♥		
	4♥	J♠	10♠	A♣	4♦	7♦					
81	9♣	5♥	3♠	6♣	A♠	2♦	8♣	4♠	8♦/A♦		
	3♦	10♦	J♠	5♣	2♣	8♣					
82	2♠	10♦	6♣	J♣	Q♦	3♣	7♦	10♥	10♠/J♥		
	Q♥	4♠	9♣	3♥	8♣						
83	3♣	4♠	J♣	J♦	K♦	A♥	8♣	8♣	J♠/Q♣		
	9♠	8♦	4♠	5♦	9♠	8♣					
84	8♠	8♦	J♦	5♠	5♦	9♦	7♦	6♦	9♣/J♥		
	6♦	10♠	3♠	10♦	6♥	7♦					
85	7♠	3♦	5♠	10♥	6♠	Q♠	8♣	4♣	4♠/Q♣		
	3♣	J♠	10♠	4♠	2♠	8♣					
86	2♦	J♠	10♥	5♥	K♦	3♣	7♦	A♠	3♠/J♥		
	J♦	9♣	J♣	8♦	Q♦	7♦					
87	7♥	9♦	5♥	4♦	K♣	Q♠	8♣	9♠	10♠/7♣		
	7♠	4♠	9♣	3♠	8♠	8♣					
88	A♥	4♠	4♣	4♠	8♦	7♠	7♦	3♥	J♣/J♥		
	10♥	3♠	5♠	J♠	5♦	7♦					
89	2♣	3♣	4♣	5♠	6♣	7♠	8♣	A♥	9♣/10♣		
	7♥	10♠	3♠	9♦	2♦	8♣					
90	Q♣	10♠	5♣	3♠	A♠	7♥	7♦	7♦	5♠/J♥		
	4♦	J♠	5♥	4♠	K♦	7♦					
91	9♠	7♠	3♦	6♥	A♦	10♠	8♣	Q♠	3♠/4♥		
	2♣	9♣	J♠	3♣	A♥	8♣					
92	Q♠	9♠	6♥	9♠	K♦	2♠	7♦	2♦	5♥/J♥		
	5♣	5♠	4♠	10♠	8♥	7♦					
93	2♠	7♥	9♣	Q♠	3♦	4♥	8♣	9♠	J♣/Q♥		
	9♠	3♠	5♠	4♠	8♣						
94	7♣	3♠	Q♦	3♠	6♠	9♠	7♦	K♥	4♣/J♥		
	6♥	5♥	3♦	9♣	A♠	7♦					
95	8♠	2♣	3♣	5♠	10♦	Q♥	8♣	10♠	5♠/6♠		
	2♠	J♣	5♥	7♥	Q♠	8♣					
96	10♣	5♦	7♠	K♣	2♠	7♦		4♦	3♦/J♥		
	Q♦	4♠	3♠	K♥	7♦						
97	2♦	9♠	7♠	K♣	8♠	6♦	8♣	8♣	5♥/J♦		
	8♠	5♠	4♣	3♣	6♦	7♦					
98	4♥	5♠	K♦	7♥	6♣	8♠	7♦	J♦	9♦/J♥		
	5♦	3♠	3♦	J♣	6♠	7♦					
99	A♥	2♠	7♥	8♦	J♠	J♦	8♣	3♦	4♣/10♥		
	2♦	5♥	3♦	9♠	10♣	8♣					

梅花2

歲數	水星	金星	火星	木星	土星	天王	海王	長期	冥王/結果	環境	置換
0	K♣	J♦	4♥	4♦	2♠	8♥	6♣	K♣	6♠/Q♥	2♠	2♣
	9♥	8♠	2♦	9♣	5♣	K♠					
1	A♠	9♥	4♦	J♦	6♦	6♠	A♣	J♦	9♠/7♠	K♥	A♠
	9♣	J♠	3♠	A♥	8♠	A♣					
2	7♦	5♥	J♥	3♠	2♠	2♥	6♠	4♥	8♥/Q♦	9♠	7♦
	10♦	Q♥	7♣	5♠	J♦	6♠					
3	A♥	8♠	3♠	10♠	10♣	K♠	Q♠	4♦	2♥/8♦	6♠	8♥
	A♠	10♥	7♠	Q♦	J♥	6♦	10♣				
4	2♠	A♦	4♦	6♦	6♥	2♦	K♥	2♠	3♥/6♣	2♠	7♠
	5♠	J♠	9♦	9♥	3♠	4♠					
5	3♣	5♦	10♦	Q♥	8♠	5♠	6♦	8♥	4♠/10♣	K♠	K♦
	9♥	2♥	3♦	5♠	Q♦	6♦					
6	5♥	9♥	Q♥	A♠	4♥	4♠	7♥	6♣	9♠/8♠	8♠	3♣
	6♥	K♦	3♦	10♣	6♦	A♥					
7	10♠	6♥	A♠	4♦	6♠	Q♣	4♣	A♠	J♣/9♦	6♠	5♦
	7♣	8♠	8♣	5♠	5♠	4♠					
8	2♠	2♥	10♦	6♥	10♥	5♦	Q♣	9♥	K♣/8♦	2♦	9♦
	9♠	Q♦	8♥	9♦	4♥	J♦					
9	K♦	6♠	6♥	7♦	3♠	9♠	9♣	4♦	Q♦/K♥	A♦	Q♦
	4♣	A♥	6♣	4♥	5♠	9♠					
10	A♦	2♦	7♣	3♣	J♥	4♠	Q♣	J♥	2♥/3♥	A♥	3♦
	10♦	8♦	J♦	4♥	J♣	Q♠					
11	A♠	4♣	10♥	6♣	4♦	3♣	6♦		6♦/J♠	3♥	6♥
	K♦	9♠	5♠	8♦	6♠	K♠					
12	4♥	5♠	8♣	Q♣	5♥	K♦	3♠	6♠	10♣/Q♥	Q♣	4♣
	J♥	4♠	J♣	A♠	2♦	9♦					
13	6♠	Q♣	3♥	9♥	8♥	J♥	Q♦	A♣	8♦/A♣	10♦	5♣
	K♠	4♥	10♦	7♦	4♥	10♠					
14	2♦	3♣	9♥	4♦	6♣	10♥	7♠	7♥	8♠/A♥	Q♠	5♥
	4♣	A♦	7♦	A♣	A♠	7♥					
15	4♠	Q♣	Q♥	10♣	9♦	4♣	4♦	5♥	K♠/J♦	8♦	4♦
	8♥	K♥	6♥	9♥	2♥						
16	J♥	3♣	10♠	2♥	J♠	3♥	K♣	J♥	2♠/6♦	7♣	5♠
	10♥	6♥	4♥	2♦	A♥	A♠					
17	4♦	9♣	J♠	J♦	2♦	6♠	3♥	3♠	8♥/7♥	J♠	10♦
	8♠	K♥	5♠	3♦	10♠	A♦					
18	A♥	Q♠	10♠	9♣	A♠	5♠	6♠	2♠	Q♥/8♥	10♣	J♣
	2♠	9♦	10♦	7♦	A♣	6♠					
19	3♣	6♠	9♣	7♠	J♦	Q♥	7♠	2♥	9♦/6♥	4♦	J♦
	Q♣	10♦	8♣	A♣	10♣	7♠					
20	9♥	Q♦	10♠	6♥	9♠	Q♣	7♣	6♠	4♥/3♠	4♥	3♠
	4♣	2♦	J♥	7♠	3♦	J♠					
21	K♦	2♠	6♥	J♣	5♥	4♦	Q♣	A♥	6♣/8♦	10♠	6♦
	Q♥	4♠	5♣	7♠	7♠	6♦					
22	6♦	2♥	9♣	J♠	3♥	A♥	4♦	8♠	3♣/8♦	Q♥	9♣
	A♦	K♠	5♠	Q♥	9♥	10♥					
23	7♠	5♦	K♠	6♥	2♥	3♦	A♠	3♠	A♥/10♦	9♣	Q♥
	2♠	7♣	5♠	8♠	A♠	Q♥					
24	3♥	Q♠	9♣	Q♥	7♦	2♦	J♥	10♠	9♠/J♦	6♠	10♠
	3♣	10♠	4♥	2♠	9♦	Q♣					

歲數	水星	金星	火星	木星	土星	天王	海王	長期	冥王/結果	環境	置換
25	A♥	5♠	Q♥	5♣	10♥	9♠	7♥	10♠	K♦/K♠	3♠	4♥
	3♣	7♣	2♠	J♦	9♣	Q♦					
26	A♦	3♣	5♠	Q♦	3♦	J♠	Q♣	K♠	4♥/8♠	J♦	4♠
	10♠	7♦	A♣	3♥	2♦	Q♣					
27	8♥	K♠	5♦	2♥	3♠	6♠	Q♠	Q♠	J♠/J♦	J♣	10♣
	5♥	4♠	10♠	A♥	7♠	3♥	3♣				
28	8♣	6♠	9♠	3♥	7♠	6♥	5♦	2♠	9♦/4♠	10♥	J♠
	4♦	10♣	5♥	4♠	A♠	5♦					
29	Q♥	7♥	3♥	10♠	3♠	5♠	6♥	A♦	A♥/2♠	5♠	7♣
	3♣	K♥	5♥	4♠	5♣	6♥					
30	K♠	7♠	A♣	8♥	8♠	J♠	4♥	4♦	5♠/10♥	4♦	8♦
	J♣	J♦	A♥	7♥	10♣	J♥	8♠				
31	10♥	9♣	J♣	5♥	Q♦	Q♣	8♠	6♥	7♣/3♦	5♥	Q♠
	Q♥	A♥	5♠	5♠	8♥	8♠					
32	5♦	8♥	7♠	7♣	10♣	J♦	Q♣	6♥	9♥/6♠	5♣	10♦
	4♥	J♥	2♦	9♠	5♠	10♥					
33	A♦	4♥	9♣	5♣	5♥	9♥	J♠	2♦	J♥/3♦	4♣	Q♣
	8♠	9♦	3♠	J♣	7♠	Q♥					
34	A♣	K♥	A♥	10♠	6♦	4♣	5♠	K♥	7♦/10♣	6♥	3♥
	A♦	6♠	3♠	10♠	3♦	5♣					
35	A♠	J♦	10♠	5♠	7♠	7♦	8♠	3♣	10♥/2♠	3♦	A♥
	6♣	9♠	3♠	5♦	K♥	8♠					
36	J♣	Q♥	4♦	7♣	9♥	6♣	5♠	5♦	K♣/10♣	Q♦	A♦
	8♣	2♥	3♦	10♦	J♠	5♠					
37	A♦	8♣	7♣	3♥	4♥	K♣	7♥	10♦	9♠/K♥	9♦	2♦
	8♦	6♦	K♠	A♠	9♦	7♥					
38	7♠	8♦	3♥	2♦	K♠	2♠	A♣	Q♥	K♣/Q♠	5♦	6♣
	5♥	5♥	A♠	K♥	7♣	3♠	K♠				
39	2♠	6♠	4♦	9♣	8♣	4♠	7♦	8♣	A♥/5♠	3♣	8♠
	9♠	J♣	J♦	9♠	K♥	4♥					
40	10♠	8♦	3♦	A♠	7♦	6♦	7♥	5♠	J♠/10♦	K♦	K♣
	3♥	K♣	Q♠	8♥	4♦	7♥					
41	5♦	6♠	A♠	10♣	Q♠	3♥	K♠	6♦	6♣/2♥	7♠	2♠
	4♣	3♦	6♦	4♦	3♠	2♦	Q♠				
42	4♦	8♦	Q♠	K♠	2♦	A♠	A♦	5♥	10♣/5♠	8♥	6♦
	9♠	10♦	6♦	Q♠	A♠	5♠					
43	A♣	A♠	5♦	5♣	5♥	8♠	8♦	9♥	8♠/Q♥	7♥	9♠
	4♣	K♥	6♠	Q♠	2♦	8♦					
44	3♠	4♠	5♦	6♣	7♦	8♠		Q♥	10♣/J♠	A♠	K♥
	8♥	A♥	4♠	10♦	3♦	9♠					
45	K♣	J♦	4♥	4♦	2♠	8♥		A♠	6♠/Q♥	2♣	2♣
	7♦	8♠	2♦	9♣	5♠	K♠					
46	A♠	7♠	4♦	J♦	6♦	6♠	2♥	4♥	9♠/7♠	K♥	A♠
	9♣	J♣	3♠	A♥	8♠	2♥					
47	9♥	5♦	J♥	3♠	2♠	A♣	6♠	4♣	8♥/Q♦	9♠	7♦
	10♦	Q♥	7♣	5♠	J♦	6♠					
48	A♥	8♠	3♠	10♠	10♣	K♠	Q♠	7♥	A♠/8♦	6♠	6♥
	A♠	10♥	7♠	Q♦	J♥	6♦	10♣				
49	2♠	A♦	4♦	6♦	6♥	2♦	K♥	10♠	3♥/6♣	2♠	7♠
	5♠	J♠	9♦	J♥	3♠	4♠					

歲數	水星	金星	火星	木星	土星	天王	海王	長期	冥王/結果	環境	置換
50	3♣	5♦	10♦	Q♥	8♣	5♠	6♦	6♥	4♣/10♦	K♣	K♦
	7♥	A♣	3♦	5♣	Q♦	6♦					
51	5♥	7♦	Q♥	A♠	4♥	4♣	7♥	A♠	9♠/8♦	8♠	3♣
	6♥	K♦	3♦	10♣	6♦	A♥					
52	10♠	6♥	A♠	6♠	6♠	Q♣	4♣	6♠	J♣/9♦	6♣	5♦
	7♣	8♣	2♥	8♠	5♠	4♣					
53	2♠	2♦	10♦	6♥	10♥	5♦	Q♣	6♣	K♣/8♦	2♦	9♦
	9♠	Q♦	8♥	9♦	4♥	J♣					
54	K♦	6♠	6♥	9♥	3♠	9♠	9♣	Q♣	Q♦/K♥	A♦	Q♦
	4♣	A♥	6♣	4♥	5♠	9♣					
55	A♦	2♠	9♥	3♣	J♥	4♣	Q♠	4♣	A♣/3♥	A♥	3♦
	10♦	8♦	J♦	4♦	J♣	Q♣					
56	A♠	4♣	10♦	8♣	3♦	4♦	3♣	2♠	6♦/J♠	3♥	6♦
	K♦	9♣	5♠	8♠	6♠	K♣					
57	4♥	5♠	8♣	Q♦	5♥	K♦	3♠	2♦	10♣/Q♥	Q♣	4♣
	J♥	4♣	J♣	A♣	2♥	9♦					
58	6♠	Q♣	3♥	7♦	8♥	J♥	Q♦	10♦	8♦/2♥	10♦	5♣
	K♠	4♥	10♦	9♥	4♠	10♠					
59	2♦	3♣	7♦	4♦	6♣	10♥	7♠	6♥	8♠/A♥	Q♠	5♥
	4♣	A♦	9♥	2♥	A♠	7♠					
60	4♠	Q♣	Q♥	10♣	9♠	4♣	4♦	10♥	K♠/J♦	8♦	4♦
	8♥	K♥	6♥	A♥	7♠	A♣					
61	J♥	3♣	10♣	A♣	J♠	3♥	K♣	5♦	2♠/6♦	7♣	5♠
	10♥	6♥	4♦	2♦	A♥	A♠					
62	4♦	9♣	J♣	J♦	2♦	6♠	3♥	Q♣	8♥/9♥	J♠	10♥
	8♠	K♥	5♠	3♦	10♠	A♦					
63	A♥	Q♠	10♠	9♠	A♠	5♦	6♠	K♦	Q♥/8♦	10♣	J♠
	2♠	9♦	10♥	9♥	2♥	6♠					
64	3♣	2♠	9♣	7♠	J♦	Q♥	7♠	A♠	9♦/6♥	4♠	J♦
	Q♣	10♦	8♣	2♥	10♣	7♠					
65	7♦	Q♦	10♦	6♥	9♠	Q♣	7♠	6♥	4♥/3♠	4♥	3♠
	4♣	2♦	J♥	7♠	3♦	J♠					
66	K♦	2♠	6♥	J♣	5♥	4♦	Q♣	7♦	6♣/8♦	10♠	6♦
	Q♥	4♠	5♠	7♠	3♠	Q♣					
67	6♦	A♣	9♣	J♠	3♥	A♥	4♦	3♠	3♠/8♦	Q♥	9♦
	A♣	K♣	5♠	Q♥	7♦	10♥					
68	7♠	5♦	K♠	6♥	A♠	3♠	A♠	9♠	A♥/10♦	4♣	Q♥
	2♠	A♣	5♠	8♠	2♥	Q♥					
69	3♥	Q♠	4♣	Q♥	9♥	2♦	J♥	9♣	9♠/J♦	6♦	10♠
	3♠	10♠	4♥	2♠	9♦	Q♣					
70	A♥	5♠	Q♥	5♣	10♥	9♠	7♥	A♦	K♦/K♠	3♠	4♥
	3♣	7♣	2♠	J♦	9♦	Q♦					
71	A♦	3♣	5♣	Q♥	3♦	J♠	2♦		4♥/8♠	J♦	4♠
	10♠	9♥	2♥	3♥	2♦	Q♣					
72	8♥	K♣	5♦	A♣	3♠	6♠	Q♣	7♦	J♠/J♦	J♣	10♠
	5♦	4♠	10♠	A♥	7♠	3♥	3♣				
73	8♣	6♠	9♠	3♥	7♠	6♥	5♦	3♣	9♦/4♠	10♦	J♠
	4♦	10♠	5♦	4♠	A♥	5♦					
74	Q♥	7♥	3♥	10♠	3♠	5♠	6♥	J♥	A♥/2♠	5♠	7♣
	3♠	K♥	5♥	4♠	5♠	6♥					
75	K♠	7♠	2♥	8♥	8♠	J♠	4♥	4♣	5♠/10♥	4♦	8♦
	J♣	J♦	A♥	7♥	10♣	J♥	8♠				
76	10♦	9♣	J♠	5♥	Q♦	Q♣	8♠	Q♣	7♣/3♦	5♥	Q♠
	Q♥	A♥	5♠	5♠	8♥	8♠					
77	5♦	8♥	7♠	9♣	10♣	J♦	Q♣	A♠	7♦/6♠	5♣	10♦
	4♥	J♥	2♥	9♠	5♠	10♥					
78	A♦	4♥	9♣	5♣	5♥	7♠	J♠	4♠	J♥/3♥	4♣	Q♠
	8♠	9♠	3♠	7♣	Q♥						
79	2♥	K♥	A♥	10♠	6♦	4♣	5♠	10♥	9♥/10♣	6♥	3♥
	A♦	6♠	3♠	10♦	3♦	5♣					
80	A♠	J♥	10♠	5♠	8♦	9♥	8♠	8♠	10♥/2♠	3♦	A♥
	6♣	9♦	3♠	5♦	K♦	8♠					
81	J♣	Q♥	4♦	7♠	7♥	5♠	3♦		K♣/10♣	Q♦	A♦
	8♣	A♣	3♦	10♦	J♠	5♠					
82	A♦	8♣	7♠	3♥	4♥	K♣	7♥	4♦	9♠/K♥	9♦	2♦
	8♠	6♦	K♣	A♠	9♥	9♦					
83	7♠	8♥	3♥	2♠	5♥	2♠	3♣		K♣/Q♠	5♦	6♣
	5♦	7♠	A♥	K♥	3♠	K♠					
84	2♠	6♠	4♦	3♠	4♣	4♠	9♥	4♦	A♥/5♣	3♠	8♠
	9♠	J♠	J♦	K♠	K♥	3♦					
85	10♠	8♦	3♠	A♠	9♥	9♠	7♥	5♠	J♠/10♦	K♦	K♣
	3♥	K♣	Q♠	8♥	4♦	7♥					
86	5♥	6♠	A♠	10♠	6♣	3♥	K♠	8♠	6♠/A♣	7♣	2♠
	4♣	3♦	6♥	4♦	3♠	2♦	Q♠				
87	4♠	8♦	Q♠	K♠	2♦	2♥	A♦	Q♦	10♣/5♠	8♥	6♠
	9♠	10♦	6♣	Q♠	A♠	5♣					
88	2♥	A♠	5♠	5♠	5♥	8♠	8♠	5♥	8♣/Q♥	7♥	9♠
	4♣	K♥	5♠	Q♠	2♦	8♦					
89	3♠	4♣	5♠	6♣	7♠	8♠	4♣	K♦	10♣/J♣	A♠	K♥
	8♥	A♥	4♠	10♦	4♦	6♦					
90	K♣	J♠	4♥	4♦	2♠	3♣	3♠		6♠/Q♥	2♣	2♠
	9♥	8♠	2♦	6♦	5♠	K♣					
91	A♠	9♥	4♦	J♠	6♦	6♠	A♠	6♠	9♠/7♠	K♥	A♠
	9♣	J♣	3♠	A♥	8♠	A♣					
92	7♦	5♥	J♥	3♠	2♠	2♥	Q♠		8♥/Q♠	9♠	7♥
	10♦	Q♥	7♣	5♦	J♥	6♠					
93	A♥	8♠	3♠	10♠	10♣	K♠	Q♠	3♥	2♥/8♦	6♠	8♥
	A♠	10♥	7♣	Q♦	J♥	6♦	10♣				
94	2♠	A♦	4♦	6♦	6♥	2♦	K♥	9♥	3♥/6♣	3♠	9♠
	5♠	J♠	9♦	J♥	8♠	4♣					
95	3♣	5♦	10♦	Q♥	8♣	5♠	6♦	8♥	4♣/10♦	K♣	K♦
	9♥	2♦	3♦	5♣	Q♦	6♦					
96	5♥	9♥	Q♥	A♠	4♥	4♣	7♥	J♥	9♠/8♦	8♠	3♣
	6♥	K♦	3♦	10♣	6♦	A♥					
97	10♠	6♥	A♠	A♠	6♠	Q♣	4♣	Q♦	J♣/9♦	6♣	5♦
	7♣	8♣	A♠	8♠	5♠	4♣					
98	2♠	2♦	10♦	6♥	10♥	5♦	Q♣	2♦	K♣/8♦	2♦	9♦
	9♠	Q♦	8♥	9♦	4♥	J♣					
99	K♦	6♠	6♥	7♠	3♠	9♠	9♣	3♣	Q♦/K♥	A♦	Q♦
	4♣	A♥	6♣	4♥	5♠	9♣					

梅花3

歲數	水星	金星	火星	木星	土星	天王	海王	長期	冥王/結果	環境	置換
0	3♠	9♥	7♣	5♦	Q♣	J♣	9♦	3♠	7♠/2♣	3♠	3♣
	10♥	6♥	5♠	Q♣	10♣	2♠					
1	8♦	10♥	5♦	8♥	K♦	8♠	J♣	9♥	10♠/5♥	K♦	5♦
	A♥	8♣	A♠	2♣	9♣	J♣					
2	7♥	9♠	6♣	10♥	Q♥	5♣	8♠	7♣	A♠/A♦	7♠	9♦
	7♠	4♦	Q♦	5♦	Q♠	4♥					
3	6♥	8♥	10♥	7♦	4♠	7♠	J♠	5♦	4♦/K♦	8♥	Q♦
	J♣	2♠	K♥	Q♠	9♠	J♠					
4	6♠	9♠	7♠	6♣	J♥	J♣	8♠	Q♠	2♥/K♣	7♥	3♦
	6♣	A♦	4♥	Q♠	10♠	8♠					
5	5♦	10♦	Q♥	8♣	5♠	6♥	4♣	J♣	10♣/3♥	A♠	6♥
	6♥	J♠	9♠	A♦	8♥	A♠					
6	Q♠	9♣	8♣	4♣	3♠	6♥	4♠	9♦	Q♣/7♣	2♠	4♣
	J♥	J♣	10♠	6♠	9♠	5♥					
7	8♥	8♠	K♣	9♥	Q♦	J♥	4♦	8♠	A♦/A♣	K♥	5♣
	K♠	Q♠	6♠	7♦	10♠	8♦					
8	9♠	4♣	9♥	6♣	K♥	Q♥	3♦	10♥	2♣/2♠	9♠	5♥
	J♣	6♠	7♠	4♣	5♦	3♦					
9	10♦	8♠	7♣	Q♣	5♥	J♣	6♦	5♦	K♠/4♥	6♠	4♦
	Q♦	K♦	10♥	2♠	9♥	2♥					
10	J♥	4♣	Q♣	2♥	3♥	K♠	A♠	8♥	7♥/10♣	2♠	A♠
	Q♥	10♥	Q♠	9♠	2♠	5♦					
11	6♦	J♣	10♠	4♥	9♥	8♥	K♣	K♥	Q♦/7♦	4♣	10♥
	2♣	K♠	9♣	8♠	8♦	6♠					
12	2♠	2♦	Q♣	J♠	5♦	5♣	8♥	8♠	7♣/A♦	8♠	J♣
	7♥	5♦	6♣	7♦	A♣	8♥					
13	4♣	7♥	J♠	A♥	4♥	7♣	3♦	J♣	5♥/10♥	6♠	J♦
	8♠	Q♥	8♠	A♠	Q♣	3♦					
14	9♥	4♦	6♣	10♥	7♠	8♠	A♥	7♥	Q♠/4♠	2♦	3♠
	J♣	9♠	J♥	3♦	5♠	3♥					
15	6♥	7♦	10♥	8♠	6♥	8♠	8♠	9♠	K♥/A♦	A♦	6♦
	7♣	10♦	J♦	3♦	5♠	A♠					
16	10♣	2♥	J♠	3♥	K♣	2♠	6♦	6♣	4♣/8♣	A♥	9♣
	6♠	K♠	9♠	7♣	9♥	Q♦					
17	3♦	5♠	K♠	10♥	2♥	5♠	5♦	10♥	2♠/6♠	3♥	Q♥
	7♥	A♥	J♦	8♠	A♠	7♠					
18	K♣	2♦	J♠	7♠	7♦	9♠	J♥	Q♥	7♠/4♥	Q♣	10♠
	4♣	8♦	Q♠	7♥	5♥	4♦					
19	2♠	9♣	7♣	J♦	Q♥	7♠	9♦	5♣	6♥/K♠	10♦	4♥
	4♣	A♥	7♥	4♥	J♠	4♦					
20	6♠	4♣	J♦	4♦	5♠	3♥	8♠	8♠	Q♠/2♣	Q♠	4♠
	8♦	7♦	A♣	K♣	9♠	8♠					
21	Q♦	K♠	5♠	2♥	4♠	8♥	2♥	6♥	3♥/4♥	8♦	10♣
	3♠	10♦	8♦	2♠	A♥	K♣					
22	8♣	K♥	7♠	K♠	3♦	10♥	5♠	8♥	5♥/10♦	7♣	J♠
	6♦	Q♣	3♠	9♦	5♠	5♣					
23	7♣	9♦	K♣	8♦	4♠	9♣	10♥	10♥	2♠/7♥	J♠	7♣
	4♠	K♦	3♠	10♦	J♦	10♥					
24	K♠	3♦	A♣	Q♦	2♣	3♥	2♠	7♦	9♣/Q♥	10♠	8♦
	10♠	4♥	2♠	9♠	Q♣	J♥	2♦				

歲數	水星	金星	火星	木星	土星	天王	海王	長期	冥王/結果	環境	置換
25	6♣	J♠	10♠	3♠	4♦	8♠	2♠	4♠	A♥/5♠	4♠	Q♠
	7♣	2♠	J♦	9♣	Q♦	2♠					
26	5♣	Q♦	3♦	J♠	Q♣	4♥	8♠	7♠	9♥/8♥	4♥	10♦
	Q♠	J♥	9♠	7♠	9♣	Q♥					
27	6♠	Q♠	J♠	J♦	3♠	9♥	3♥	J♠	J♥/K♣	10♠	Q♣
	2♣	5♥	4♠	10♠	A♥	7♣					
28	A♣	K♣	2♠	8♦	10♣	J♣	J♦	6♠	7♦/Q♣	Q♥	3♥
	6♠	8♥	4♠	8♣	5♠	J♦					
29	5♦	4♦	8♦	9♠	A♦	7♦	2♣	9♠	Q♥/7♦	9♣	A♥
	K♥	5♥	4♠	5♠	6♥	2♣					
30	10♠	7♣	6♦	A♥	9♥	K♥	9♠	7♦	A♠//Q♣	6♦	A♦
	8♣	2♥	5♠	6♣	3♥	9♠					
31	6♠	8♣	A♥	K♣	Q♠	A♠	9♠	4♣	7♠/K♦	3♠	2♦
	A♦	10♣	K♠	5♦	5♥	7♦					
32	3♠	A♦	K♣	9♠	K♠	7♥	A♣	J♥	A♠/2♦	J♠	6♠
	5♠	9♥	5♦	K♠	A♥	4♠	K♣				
33	7♥	8♥	6♦	4♠	J♣	10♦	7♥	J♣	2♠/J♦	J♣	8♠
	7♠	3♥	4♥	K♠	K♦	4♠					
34	8♦	A♠	4♠	5♦	5♥	7♠	9♦	A♠	3♥/6♣	10♥	K♣
	K♣	A♠	8♠	Q♦	6♦	9♦					
35	5♣	8♥	5♦	Q♣	2♠	K♣	K♠	5♦	K♥/2♥	5♠	2♠
	J♣	5♠	10♣	6♦	4♠	9♠	2♦				
36	10♦	A♠	8♠	K♣	9♠	A♣	6♠	10♦	Q♣/9♣	4♦	6♠
	7♠	6♣	K♥	2♦	5♦	J♦					
37	A♣	5♦	5♣	J♦	3♠	2♣	A♦	Q♥	8♣/7♣	5♥	9♠
	J♣	K♦	8♥	2♦	9♠	A♦					
38	4♣	J♣	J♦	K♥	A♥	8♣	J♠	A♣	Q♣/10♣	5♣	K♥
	Q♦	2♠	10♦	6♠	5♠	J♠					
39	A♠	4♥	Q♠	6♦	7♥	Q♦	K♥	5♠	8♥/7♠	4♣	2♠
	7♦	2♠	J♥	J♠	9♥	K♠					
40	5♦	7♦	6♦	J♥	10♣	8♦	2♥	6♦	7♠/3♦	6♥	A♣
	J♠	10♠	4♣	2♠	8♠	2♥					
41	9♥	3♠	J♥	4♠	7♥	A♣	8♥	4♣	Q♦/4♦	3♦	7♠
	6♣	7♣	A♥	5♠	4♥	8♥					
42	2♠	2♦	4♠	8♦	Q♠	K♠	2♦	Q♠	A♣/A♦	Q♦	8♠
	5♦	Q♥	A♥	4♦	J♥	10♣	Q♣				
43	7♥	6♠	6♦	10♠	10♥	9♠	K♦	9♣	K♣/K♥	9♠	7♠
	9♣	3♥	5♦	J♥	4♠	10♦					
44	4♠	5♠	Q♣	7♠	8♠	J♣	10♠	A♠	J♦/Q♣	5♦	K♦
	7♦	A♣	5♠	J♦	4♦	10♠					
45	3♠	7♦	7♣	5♦	Q♠	J♣	9♠	4♦	7♠/2♣	3♣	3♣
	10♥	6♥	5♠	Q♣	10♣	2♠					
46	8♦	10♥	5♦	8♥	K♥	8♠	J♣	3♠	10♠/5♥	K♦	5♦
	A♥	8♣	2♥	2♣	9♣	J♣					
47	7♥	9♠	6♣	10♥	Q♥	5♣	8♠	6♥	A♠/A♦	7♠	9♦
	7♠	4♦	Q♦	5♦	Q♠	4♥					
48	6♥	8♥	10♥	9♥	4♠	7♠	J♠	4♠	4♦/K♦	8♥	Q♦
	J♣	2♠	K♥	Q♠	9♠	J♠					
49	6♠	9♠	9♥	4♣	J♥	J♠	8♠	8♥	A♠/K♣	7♥	3♦
	6♣	A♦	4♥	Q♠	10♠	8♠					

歲數	水星	金星	火星	木星	土星	天王	海王	長期	冥王/結果	環境	置換
50	5♦	10♦	Q♥	8♣	5♠	6♦	4♣	8♠	10♣/3♥	A♠	6♥
	6♥	J♠	9♣	A♦	8♥	A♠					
51	Q♠	9♣	8♣	4♦	3♠	6♥	4♠	K♣	Q♣/7♦	2♣	4♣
	J♥	J♣	10♠	6♠	9♠	5♥					
52	8♥	8♠	K♣	7♦	Q♦	J♥	4♦	9♥	A♦/2♥	K♥	5♣
	K♠	Q♣	6♣	9♥	10♦	8♦					
53	9♠	4♣	7♦	6♦	K♥	Q♥	3♦	Q♦	2♣/2♠	9♠	5♥
	J♣	6♥	9♥	2♥	5♦	3♦					
54	10♦	8♠	7♣	Q♣	5♥	J♣	6♦	J♥	K♠/4♥	6♠	4♦
	Q♠	K♦	10♥	2♠	7♦	A♣					
55	J♥	4♣	Q♠	A♣	3♥	K♣	A♠	4♦	7♥/10♣	2♠	5♠
	Q♥	10♥	Q♠	9♠	2♠	5♦					
56	6♦	J♠	10♣	4♥	9♠	8♥	K♣	9♠	Q♦/9♥	K♣	10♥
	2♣	K♦	9♣	5♣	8♠	6♠					
57	2♠	2♦	Q♣	J♠	5♦	5♣	8♥	4♣	7♣/A♦	8♠	J♣
	7♥	5♥	6♣	9♥	2♥	8♥					
58	4♦	7♥	J♠	A♥	4♥	7♣	3♦	9♥	5♥/10♥	6♣	J♥
	8♠	Q♥	8♣	2♥	Q♣	3♦					
59	7♦	4♦	6♣	10♥	7♠	8♠	A♥	6♦	Q♠/4♠	2♦	3♠
	J♣	9♠	J♥	3♦	5♠	3♥					
60	6♥	7♥	10♥	10♠	3♠	6♦	8♠	K♥	K♥/A♣	A♦	6♦
	7♣	10♦	J♦	3♦	5♠	8♠					
61	10♠	A♣	J♠	3♥	K♣	2♠	6♦	Q♥	4♣/8♣	A♥	9♣
	6♠	K♠	9♣	7♣	7♦	Q♥					
62	3♦	5♣	K♠	10♥	A♣	5♠	5♦	3♦	2♠/6♣	3♥	Q♥
	7♥	A♥	J♦	8♣	2♥	7♠					
63	K♣	2♦	J♠	7♠	9♥	9♠	J♦	10♦	7♠/4♥	Q♣	10♠
	4♣	8♦	Q♠	7♦	5♥	8♠					
64	2♠	9♣	7♠	J♦	Q♥	7♠	9♦	8♠	6♥/K♠	10♦	4♦
	4♣	A♥	7♥	4♥	J♠	4♦					
65	6♠	4♣	J♠	4♦	5♠	3♥	8♠	7♠	Q♠/2♣	Q♠	4♠
	8♦	9♥	2♥	K♣	9♠	8♠					
66	Q♦	K♠	5♣	A♣	4♠	8♥	2♦	Q♣	3♥/4♥	8♠	10♣
	3♠	10♦	8♦	2♠	A♥	K♣	4♣				
67	8♣	K♥	5♠	3♦	10♥	5♥			5♥/10♦	4♣	J♠
	6♦	Q♣	3♠	J♠	5♦	5♠					
68	7♣	9♦	K♣	8♦	4♠	9♣	10♥	J♣	2♠/7♣	J♠	7♣
	4♣	K♦	3♠	10♦	J♦	10♥					
69	K♠	3♦	2♥	Q♦	2♣	3♥	Q♠	6♦	9♣/Q♥	Q♣	8♦
	10♠	4♥	2♠	9♠	Q♣	J♥	2♣				
70	6♣	J♠	10♠	3♠	4♦	8♠	2♦	J♥	A♥/5♠	4♠	Q♠
	7♣	2♠	J♦	9♣	Q♦	2♦					
71	5♣	Q♦	3♦	J♠	Q♠	4♦	8♠	4♦	7♦/8♥	4♥	10♦
	Q♠	J♥	9♠	7♠	9♠	Q♥					
72	6♠	Q♠	J♠	J♠	3♠	7♦	3♥	Q♠	J♥/K♠	10♠	Q♣
	2♣	5♥	4♠	10♠	A♥	7♣					
73	2♥	K♦	2♠	8♦	10♣	J♦	2♥		9♥/Q♣	Q♥	3♦
	6♠	8♦	4♠	6♠	5♠	J♣					
74	5♠	4♦	8♦	9♠	A♠	9♦	2♣	3♥	Q♥/7♥	9♣	A♥
	K♥	5♥	4♠	5♠	6♥	2♥					
75	10♠	7♣	6♦	A♥	7♦	K♥	9♣	K♠	A♠/Q♣	6♦	A♦
	8♣	A♣	5♠	6♠	3♥	9♣					
76	6♠	8♣	A♥	K♣	Q♠	A♠	9♦	A♠	7♠/K♦	3♠	2♦
	A♦	10♣	K♠	5♦	5♥	9♥					
77	3♦	A♦	K♠	9♠	K♠	7♥	2♥	6♦	A♠/2♦	J♦	6♣
	5♣	7♦	5♠	K♣	A♥	4♠	K♠				
78	7♥	8♥	6♦	4♠	J♣	10♠	9♥	J♠	2♠/J♦	J♣	8♠
	7♠	3♥	4♥	K♣	K♥	4♣					
79	8♦	A♥	4♠	5♦	5♥	7♠	9♦	10♠	3♥/6♣	10♥	K♣
	K♣	A♠	8♠	Q♦	6♦	9♦					
80	5♣	8♥	5♦	Q♣	2♦	K♠	K♠	4♥	K♥/A♣	5♠	2♠
	J♣	5♠	10♠	6♦	4♠	9♠	2♦				
81	10♦	A♦	8♠	K♠	9♠	2♥		9♠	Q♣/9♠	4♦	6♠
	7♠	A♣	K♥	2♦	J♦						
82	2♥	5♠	5♣	J♠	3♠	2♣	A♦	8♥	8♣/7♣	5♥	9♠
	J♣	K♦	8♥	2♠	9♠	A♦					
83	4♣	J♣	J♦	K♣	A♥	2♣	J♠	K♣	Q♣/10♠	5♠	K♥
	Q♦	2♠	10♦	6♦	5♣	5♠					
84	A♠	4♥	Q♠	6♦	7♥	Q♦	K♥	2♠	8♥/7♣	4♠	2♠
	9♥	2♣	9♠	J♠	J♦	K♠					
85	5♦	9♥	J♦	10♣	8♥	A♣	2♦		7♠/3♦	6♥	A♠
	J♠	10♠	4♣	2♠	8♥	A♣					
86	7♦	3♠	J♥	4♠	7♥	2♥	8♥	Q♣	Q♦/4♦	3♦	7♥
	6♣	7♠	A♥	5♠	4♥	8♥					
87	2♠	2♣	4♠	8♦	Q♣	K♠	2♦	J♠	2♥/A♦	Q♦	8♥
	5♦	Q♥	A♥	4♦	J♥	10♣	Q♣				
88	7♥	6♠	6♦	10♣	10♥	9♠	K♣	5♦	K♠/K♥	9♦	7♠
	9♣	3♥	5♥	J♥	4♠	10♦					
89	4♣	5♣	6♣	7♠	8♠	9♣	10♣	5♠	J♣/Q♣	5♦	K♦
	9♥	2♥	4♦	J♦	4♦	10♣					
90	3♠	9♥	7♣	5♠	Q♠		9♦	8♥	7♠/2♣	3♠	3♠
	10♥	6♥	5♠	Q♣	10♣	2♠					
91	8♦	10♥	5♠	8♥	K♥	8♠	J♠	4♣	10♣/5♥	K♦	5♦
	A♥	8♣	A♠	2♠	9♣	J♣					
92	7♥	9♠	6♠	10♥	Q♠	5♠		7♥	A♠/A♦	7♠	9♦
	7♠	4♦	Q♦	5♥	Q♠	4♥					
93	6♥	8♥	10♥	7♦	4♠	7♠	J♠	J♠	A♦/K♦	8♥	Q♦
	J♣	2♠	K♥	Q♠	9♣	J♠					
94	6♠	9♠	7♦	9♣	J♥	8♠	8♠	A♥	2♥/K♣	7♥	3♦
	6♣	A♦	4♥	Q♠	10♠	8♠					
95	5♦	10♦	Q♥	8♣	5♠	6♦	4♣	4♥	10♣/3♥	A♠	6♥
	6♥	J♠	9♣	A♦	8♥	A♠					
96	Q♠	9♣	8♣	4♦	3♠	6♥	4♠		Q♣/7♦	2♠	4♣
	J♥	J♣	10♠	6♠	9♠	5♥					
97	8♥	8♠	K♣	9♥	Q♦	J♥	4♦	3♦	A♦/A♣	K♥	5♣
	K♠	Q♠	4♣	7♦	10♦	8♦					
98	9♠	4♣	9♥	6♦	K♥	Q♥	3♦	9♥	2♣/2♠	9♠	5♥
	J♣	6♥	7♦	4♣	5♦	3♦					
99	10♦	8♠	7♣	Q♠	5♥	J♣	6♦	4♦	K♠/4♥	6♠	4♦
	Q♦	K♦	10♥	2♠	7♦	2♥					

梅花4

歲數	水星	金星	火星	木星	土星	天王	海王	長期	冥王/結果	環境	置換
0	2♦	J♠	8♣	6♦	4♣	10♦	10♦	2♦	8♠/A♥	4♣	4♣
	J♥	10♠	8♦	8♥	7♥	3♠					
1	Q♦	2♣	A♠	9♥	4♦	J♥	6♦	J♠	6♠/A♣	6♥	5♣
	K♠	2♦	K♥	7♦	6♣	A♦					
2	7♠	J♣	9♥	10♣	K♦	7♣	5♠	8♣	3♣/7♥	3♦	5♥
	10♠	8♥	7♦	A♣	5♣	5♠					
3	6♣	6♣	A♥	8♠	3♠	10♠	10♣	6♦	K♠/Q♠	Q♠	4♦
	4♦	6♥	Q♥	7♥	9♥	2♥					
4	J♥	J♣	8♠	2♥	C♣	A♠	5♦	4♠	9♦/Q♣	9♦	5♠
	7♣	Q♥	2♦	7♠	7♥	5♣					
5	10♣	3♥	8♦	Q♠	7♠	Q♠	A♠	10♥	4♦/7♦	5♦	10♣
	3♣	6♥	J♠	9♣	A♦	8♥					
6	7♥	9♠	8♠	3♥	5♣	J♥	Q♦	10♦	A♥/6♠	3♣	J♣
	9♦	3♠	K♥	7♦	A♣	Q♦					
7	J♣	9♠	3♥	8♠	A♥	A♥	5♠	Q♦	3♠/Q♥	K♦	J♦
	2♣	7♠	8♣	A♣	5♠						
8	9♥	6♦	K♦	Q♥	3♦	7♣	2♠	2♣	2♦/10♦	7♠	3♠
	10♠	7♠	J♥	5♠	9♣	K♣					
9	10♥	9♦	Q♥	8♦	4♦	10♠	2♣	A♠	K♦/6♠	8♥	6♦
	A♥	6♣	4♥	5♠	9♠	2♣					
10	Q♣	2♥	3♥	K♣	A♠	7♥	10♣	9♥	J♣/8♣	7♥	9♣
	8♣	K♠	J♠	A♥	9♥						
11	5♠	J♦	K♠	Q♥	2♥	9♣	5♣	4♦	7♥/K♥	A♠	Q♥
	9♦	2♠	4♥	8♣	C♣	A♥					
12	A♠	9♠	3♥	A♥	7♦	7♠	J♥	J♥	3♦/Q♠	2♠	10♠
	J♣	A♦	2♦	9♥	3♠	C♣					
13	7♥	J♠	A♥	4♥	7♠	3♦	5♥	6♦	10♥/K♠	K♥	4♥
	J♣	2♠	9♥	Q♠	3♥	6♦					
14	8♥	J♣	4♥	6♦	K♣	2♣	7♠		2♦/3♣	9♠	4♠
	A♦	7♠	A♠	A♠	7♠	4♦					
15	4♦	K♠	J♦	2♥	J♣	Q♦	9♠	J♣	K♣/Q♠	6♠	10♣
	4♠	6♠	A♠	A♥	9♠	J♣					
16	8♣	K♦	3♦	A♠	5♠	Q♥	J♦	9♥	3♦/6♣	2♠	J♠
	10♣	8♠	4♠	10♠	5♠	J♦					
17	A♥	5♥	A♠	A♦	10♦	J♠	Q♥	10♣	7♥/9♦	K♠	7♣
	J♠	6♥	4♠	6♠	4♥	Q♥					
18	K♠	8♠	A♣	4♦	3♣	K♣	2♦	K♦	J♠/7♣	8♠	8♦
	8♦	Q♣	7♥	5♦	8♠	J♥	3♠				
19	K♥	3♥	8♦	6♦	6♦	2♣	3♦	7♣	2♠/9♣	Q♠	
	A♥	7♥	4♥	J♠	4♦	3♣					
20	J♦	4♦	5♠	3♥	8♠	Q♠	2♠	5♠	9♥/Q♦	2♦	10♣
	2♦	J♥	7♠	3♦	J♠	7♣					
21	8♥	2♦	3♥	4♥	4♠	9♥	K♠	6♣	J♥/A♠	A♦	Q♣
	3♣	3♠	10♦	8♦	2♠	A♥					
22	A♣	6♥	7♥	A♦	Q♣	10♠	4♥	2♣	7♦/8♠	A♥	3♥
	8♥	Q♠	10♦	K♥	9♣	4♥					
23	5♣	Q♠	A♦	A♦	6♠	7♦	3♠	A♥	7♠/9♦	3♥	A♥
	K♣	3♠	10♦	J♦	10♥	3♠					
24	8♦	A♥	10♠	2♠	9♥	K♦	J♠	8♠	5♦/8♠	Q♣	A♦
	8♣	2♥	9♣	K♥	K♣	J♠					
25	8♥	8♣	2♠	A♠	2♦	5♦	5♦	3♠	3♦/6♥	10♦	2♦
	6♠	Q♣	K♠	5♣	3♠	7♦					
26	5♠	6♠	A♠	7♠	K♠	9♦	A♣	10♠	5♦/9♠	Q♠	6♣
	J♦	9♥	5♣	6♥	2♠	10♠	K♠				
27	9♠	Q♦	10♣	10♣	10♠	6♣	7♦	10♣	7♥/4♦	8♦	8♠
	3♦	K♣	Q♠	K♠	6♥	J♣					
28	A♦	6♠	10♣	5♠	3♠	3♦	5♥	J♥	K♣/K♥	7♣	K♠
	A♠	5♦	2♣	4♦	10♣	5♦					
29	J♦	Q♦	5♣	8♠	9♠	A♠	K♠	C♣	K♦/2♥	J♠	2♠
	10♠	9♣	Q♣	10♣	10♦	7♠	9♠				
30	6♣	6♠	2♣	K♠	7♠	A♠	8♥	8♠	8♠/J♣	10♠	6♠
	3♦	K♥	K♦	9♠	5♣	4♥					
31	A♣	5♠	J♣	4♦	4♠	3♠	6♠	2♥	8♣/A♥	4♠	9♣
	10♠	6♥	Q♦	9♠	7♣	6♠					
32	J♣	10♠	4♥	K♦	2♠	8♠	3♥	K♣	8♠/8♦	4♥	K♥
	4♦	7♥	6♣	K♥	9♣	3♥					
33	5♦	Q♠	2♦	10♣	9♦	4♦	K♦	A♠	Q♦/A♥	10♠	2♣
	7♦	3♣	7♠	3♥	4♥	K♠					
34	5♠	7♦	10♣	J♠	Q♣	Q♦	2♦	5♦	3♦/5♠	Q♥	A♠
	3♥	8♦	J♣	7♥	8♣	2♦					
35	9♥	4♠	J♥	10♦	9♦	A♣	Q♦	10♣	4♦/6♦	9♣	7♦
	K♥	A♥	2♠	J♦	Q♠	Q♦					
36	7♥	3♣	10♦	A♦	8♠	K♣	9♠	3♥	A♣/6♠	6♦	8♥
	5♣	7♠	2♠	6♦	J♥	Q♣	8♠				
37	9♦	8♥	10♣	Q♣	Q♥	7♠	6♥	8♦	A♠/K♦	3♠	7♠
	J♠	K♣	3♠	J♥	10♦	6♣					
38	J♣	J♦	K♥	A♥	8♠	J♣	Q♣	Q♠	10♠/8♦	J♠	K♦
	7♠	A♣	9♠	4♥	6♦	Q♠					
39	4♠	7♦	A♥	J♣	2♦	10♠	5♥	7♠	3♦/3♣	J♣	3♠
	Q♥	10♥	9♠	8♠	Q♠	7♦					
40	A♦	Q♠	5♦	Q♦	K♦	2♣	10♠	Q♦	8♦/3♠	10♥	5♦
	2♠	8♣	2♦	3♣	J♠	10♠					
41	9♦	7♠	K♥	Q♥	7♠	J♦	2♠	A♠	5♦/6♠	5♠	9♠
	3♦	6♦	4♦	3♠	2♦	Q♠					
42	10♦	Q♠	Q♥	9♥	10♦	3♦	3♥	Q♦	6♦/6♥	4♦	Q♠
	10♠	7♥	K♠	2♦	7♥						
43	8♥	7♠	9♦	J♣	J♥	10♠	4♣	9♠	A♣/A♠	5♥	3♦
	K♥	6♠	Q♠	2♦	8♦	2♣					
44	5♣	6♣	7♠	8♠	9♠	10♦		8♠	Q♣/K♣	5♠	6♥
	10♥	3♥	J♠	6♠	Q♦	5♦					
45	2♦	J♠	8♣	6♦	4♠	10♥	10♦	3♥	8♠/A♥	4♣	4♣
	J♥	10♠	8♦	8♥	7♠	3♠					
46	Q♦	2♣	A♠	7♠	4♦	J♥	6♦	5♠	6♠/2♥	6♥	5♣
	K♠	2♦	K♥	9♥	6♣	A♦					
47	7♠	J♣	7♦	10♣	K♦	7♠	5♠	J♦	3♣/7♥	3♦	5♥
	10♠	8♥	9♥	2♥	5♣	5♠					
48	6♣	6♣	A♥	8♠	3♠	10♠	10♦	Q♦	K♠/Q♠	Q♠	4♦
	4♦	6♥	Q♥	7♥	7♠	A♠					
49	J♥	J♣	8♠	A♠	K♠	A♠	5♦	J♣	9♦/Q♣	9♦	5♠
	7♣	Q♥	2♦	7♠	7♥	5♣					

歲數	水星	金星	火星	木星	土星	天王	海王	長期	冥王/結果	環境	置換
50	10♣	3♥	8♦	Q♠	7♠	Q♦	A♠	9♦	4♦/9♠	5♦	10♥
	3♣	6♥	J♠	9♣	A♦	8♥					
51	7♥	9♦	8♠	3♥	5♣	J♦	Q♦	3♦	A♥/6♠	3♣	J♣
	9♠	3♠	K♥	9♥	2♥	Q♦					
52	J♣	9♠	3♥	2♠	Q♠	A♥	5♠	2♠	3♠/Q♥	K♦	J♦
	2♣	7♠	8♣	2♥	8♠	5♠					
53	7♦	6♦	K♥	Q♥	3♦	2♣	8♠	Q♠	2♦/10♦	7♠	3♠
	10♠	7♥	J♥	5♠	9♣	K♠					
54	10♥	9♠	Q♥	8♦	4♠	10♣	2♣	A♥	K♦/6♠	8♥	6♦
	A♥	6♣	4♥	5♠	9♣	2♣					
55	Q♣	A♠	3♥	K♣	A♠	7♥	10♣	5♠	J♣/8♣	7♥	9♣
	8♥	K♠	J♠	A♥	7♦	7♣					
56	5♠	J♦	K♣	Q♥	A♠	9♣	5♠	9♥	7♥/K♥	A♠	Q♥
	9♦	2♠	4♥	8♣	2♥	A♥					
57	A♠	9♠	3♥	A♥	9♥	7♠	J♥	6♦	3♦/Q♠	2♣	10♠
	J♠	A♦	2♥	9♠	3♠	2♠					
58	7♥	J♠	A♥	4♥	7♣	3♦	5♥	K♥	10♥/K♠	K♥	4♥
	J♣	2♠	9♦	Q♠	3♥	6♦					
59	8♥	J♣	4♥	6♦	9♣	K♠	2♣	Q♥	2♦/3♣	9♦	4♠
	A♥	9♥	2♥	A♠	7♠	2♣					
60	4♦	K♠	J♦	A♣	J♦	Q♠	9♠	3♦	K♣/Q♠	6♠	10♣
	4♠	6♣	A♦	7♦	J♠	A♠	A♣				
61	8♠	K♦	3♠	A♠	5♠	Q♥	J♦	2♣	3♠/6♠	2♠	J♠
	10♣	8♠	4♠	10♠	5♠	J♦					
62	A♥	5♥	A♠	A♦	10♦	J♠	Q♥	2♠	7♥/9♦	K♣	7♣
	J♣	6♥	4♠	6♣	4♥	Q♥					
63	K♠	5♠	2♥	4♦	3♠	K♣	2♦	10♥	J♠/7♠	8♠	8♦
	8♦	Q♣	7♥	5♥	8♠	J♥	3♣				
64	K♥	3♥	8♠	4♠	6♠	2♣	3♦		2♠/9♣	6♣	Q♠
	A♥	7♥	4♥	J♠	4♦	3♠					
65	J♦	4♦	5♠	3♥	8♠	Q♠	2♦	Q♥	7♦/Q♦	2♦	10♦
	2♦	J♥	7♠	3♦	J♠	7♣					
66	8♥	2♣	3♥	4♦	4♠	7♦	K♣	8♦	J♥/A♠	A♦	Q♣
	3♣	3♠	10♠	8♦	2♠	A♥					
67	2♥	6♥	7♠	A♦	Q♣	10♠	4♥	4♠	9♥/8♠	A♥	3♦
	8♥	Q♣	10♦	K♥	9♣	4♥					
68	5♣	Q♠	A♦	J♣	6♠	9♥	3♣	10♣	7♣/9♦	3♥	A♥
	K♦	3♠	10♦	J♦	10♥	3♣					
69	8♣	A♥	10♣	2♠	7♥	K♦	J♠	2♣	5♦/8♠	Q♣	A♦
	8♣	A♣	9♣	K♥	K♣	J♠					
70	8♥	8♣	2♠	A♠	2♦	5♦	5♥	Q♣	3♦/6♥	10♦	2♦
	6♠	Q♣	K♠	5♠	3♠	9♥					
71	5♠	6♠	A♠	7♠	K♠	2♥	2♥		5♦/9♠	Q♠	6♠
	J♦	7♠	5♣	6♥	2♠	10♦	K♠				
72	9♦	Q♦	10♣	10♦	10♠	6♣	9♥	3♥	7♥/4♦	8♦	8♠
	3♦	K♣	Q♠	K♣	6♥	J♣					
73	A♦	6♠	10♦	K♥	3♠	3♦	5♥	K♣	K♣/K♥	7♣	K♣
	A♠	5♦	2♠	4♦	10♠	5♥					
74	J♠	Q♠	5♠	8♠	9♠	A♠	K♣	A♠	K♦/A♣	J♠	2♠
	10♠	9♠	Q♣	10♣	10♦	7♠	9♠				
75	6♣	6♠	2♠	K♠	7♠	2♥	8♥	7♥	8♠/J♠	10♠	6♠
	3♦	K♥	K♠	9♠	5♣	4♥					
76	2♥	5♣	J♠	4♥	4♠	3♣	6♠	10♣	8♣/A♥	4♠	9♠
	10♠	6♥	Q♦	9♠	7♠	6♠					
77	J♣	10♠	4♥	K♣	2♠	8♠	3♦	5♠	8♠/8♦	4♦	K♠
	4♦	7♥	6♣	K♥	9♠	3♥					
78	5♦	Q♠	2♦	10♣	9♠	4♦	K♦	J♦	Q♦/A♥	10♠	2♣
	9♥	8♣	Q♣	3♠	4♥	K♠					
79	5♣	9♥	10♣	J♥	Q♣	Q♦	A♣	K♠	3♦/5♠	Q♥	A♠
	3♥	8♦	J♣	7♥	8♣	A♣					
80	7♦	4♠	J♥	10♦	9♦	2♥	Q♦	Q♥	4♦/6♦	9♠	7♥
	K♥	A♥	2♠	J♦	Q♠	Q♦					
81	7♥	3♣	10♦	A♦	8♠	K♠	9♦	2♥	2♥/6♠	6♦	8♥
	5♣	7♣	2♠	6♦	J♥	Q♣	8♠				
82	9♦	8♠	10♣	Q♠	Q♥	7♠	6♥	9♣	A♠/K♦	3♠	7♠
	J♠	K♠	3♠	J♥	10♦	6♥					
83	J♣	J♦	K♣	A♥	8♠	J♠	A♣	5♣	10♠/8♠	J♠	K♦
	9♥	2♥	J♣	4♥	6♦	Q♣					
84	4♠	9♥	A♥	5♠	2♦	10♠	5♥	A♠	3♦/3♣	J♣	3♠
	Q♥	10♥	9♠	8♠	Q♣	7♥					
85	A♦	Q♥	5♣	Q♦	K♦	2♣	10♠	9♠	8♦/3♠	10♥	5♦
	2♠	8♠	A♠	3♣	J♠	10♠					
86	9♦	7♠	K♥	Q♥	Q♣	J♦	2♣	3♥	5♦/6♠	5♣	9♦
	3♥	6♦	4♥	3♠	2♦	Q♠					
87	10♥	Q♦	Q♥	7♠	10♠	3♦	3♥	A♥	6♦/6♥	4♠	Q♦
	10♠	7♥	K♦	2♠	J♠	3♥					
88	8♥	7♠	7♦	J♣	J♥	10♠	7♠		2♥/A♠	5♥	3♦
	K♥	6♠	Q♠	2♠	8♠	2♠					
89	5♣	6♠	7♠	8♠	9♠	10♠	J♠	A♠	Q♣/K♣	5♠	6♥
	10♥	3♥	J♠	4♠	Q♦	5♦					
90	2♠	J♠	8♠	6♠	4♠	10♥	10♦	J♥	8♠/A♥	4♠	4♣
	J♥	10♠	8♦	9♦	7♠	3♠					
91	Q♦	2♣	A♠	9♠	4♦	J♥	6♦	7♥	6♠/A♣	6♥	5♣
	K♠	2♦	K♥	7♠	6♣	A♦					
92	7♠	J♣	9♥	10♠	K♣	7♠	J♠		3♣/7♦	3♦	5♥
	10♠	8♥	7♠	A♠	5♠	5♠					
93	6♣	2♣	A♥	8♠	3♠	10♠	10♣	A♥	K♠/Q♠	Q♦	4♦
	4♦	6♥	Q♣	7♥	9♦	2♦					
94	J♦	J♣	8♠	2♥	5♣	5♠		4♥	9♦/Q♣	9♠	5♠
	7♣	Q♥	2♦	7♠	7♥	4♥					
95	10♣	3♥	8♠	Q♠	7♠	Q♦	A♠	7♣	4♦/7♦	5♦	10♠
	3♣	6♥	J♠	9♣	A♦	8♥					
96	7♥	9♠	8♠	3♥	5♣	J♦	Q♦	3♦	A♥/6♠	3♣	J♣
	9♦	3♠	K♥	7♠	A♠	Q♦					
97	J♣	9♠	3♥	2♠	Q♠	A♥	5♠	5♥	3♠/Q♥	K♦	J♦
	2♣	7♥	8♣	A♠	8♠	5♠					
98	9♦	6♦	K♥	Q♥	3♦	2♣	2♠	8♥	2♦/10♦	7♠	3♠
	10♠	7♥	J♥	5♠	9♣	K♣					
99	10♥	9♦	Q♥	8♦	4♠	10♣	2♣	J♣	K♦/6♠	8♥	6♦
	A♥	6♣	4♥	5♠	9♣	2♣					

歲數	水星	金星	火星	木星	土星	天王	海王	長期	冥王/結果	環境	置換
0	3♦	A♠	7♥	7♦	5♣	J♥	9♣	3♦	9♠/2♥	5♣	5♣
	K♠	6♣	2♣	9♥	8♠	2♦					
1	K♦	J♦	7♦	J♠	3♣	8♦	10♥	A♠	5♦/8♥	4♣	5♥
	4♥	7♠	9♥	2♥	5♥	10♥					
2	8♠	A♠	A♦	K♣	6♦	4♥	J♠	7♥	K♠/10♦	6♥	4♦
	5♠	4♣	10♠	8♥	7♦	A♣					
3	J♥	J♦	K♣	A♣	2♠	7♥	9♣	7♦	Q♦/3♥	3♦	5♠
	8♦	10♠	6♠	K♦	8♥	5♥					
4	J♠	A♥	Q♠	10♦	K♣	3♦	7♥	5♠	5♠/9♥	Q♦	10♦
	5♦	4♣	7♦	Q♥	2♦	7♠					
5	8♥	K♥	K♣	A♥	5♥	3♠	3♦	J♥	A♦/9♠	9♦	J♣
	Q♦	6♦	2♣	9♥	2♥	3♦					
6	J♦	Q♦	A♥	6♠	10♦	A♠	10♥	9♣	6♦/10♦	5♦	J♦
	A♠	8♦	8♣	2♥	K♣	10♥					
7	7♦	9♣	7♣	10♦	8♠	6♠	6♠	K♦	6♣/Q♣	3♣	3♠
	4♥	K♦	J♥	10♥	Q♥	2♠					
8	J♣	Q♦	10♠	Q♠	10♦	J♠	A♠	J♦	3♣/9♠	K♦	6♦
	A♦	8♠	4♣	10♥	Q♥	A♠					
9	3♥	A♣	A♥	2♠	7♥	8♥	J♠	7♦	J♦/8♣	7♠	9♣
	7♠	K♣	7♣	A♦	7♥	8♦					
10	10♥	3♠	K♠	10♠	A♣	Q♥	5♥	J♠	8♥/2♣	8♥	Q♥
	Q♦	6♠	4♠	8♣	2♥	A♦					
11	7♥	K♥	A♥	A♦	9♥	K♦	J♥	3♣	6♥/10♦	7♥	10♠
	J♦	2♦	6♣	Q♦	6♦	A♠					
12	8♥	7♣	A♦	4♠	8♥	6♥	4♦	8♦	J♣/K♠	A♠	4♥
	J♦	6♠	Q♦	10♦	A♥	9♣					
13	7♠	J♦	4♦	9♣	Q♥	2♠	A♠	10♥	6♣/5♦	2♣	4♠
	2♦	9♥	2♥	7♥	K♣	A♠					
14	5♠	K♠	3♠	A♠	J♦	3♦	K♥	8♠	2♠/10♦	K♥	10♣
	10♣	8♠	2♦	8♥	6♠	7♥	J♦				
15	8♣	3♠	6♥	7♥	10♦	10♠	3♠	A♠	6♦/8♠	9♠	J♠
	J♠	K♠	10♠	4♥	5♥	3♠					
16	A♦	4♦	7♥	2♦	Q♣	7♠	10♠	A♦	8♥/Q♦	6♠	7♣
	J♦	4♣	10♣	8♠	4♠	10♠					
17	K♠	10♥	2♥	5♠	5♦	2♠		K♣	7♣/8♦	2♠	8♦
	Q♠	10♦	8♥	4♦	K♠	J♥	5♦				
18	2♣	A♥	Q♠	10♣	9♠	A♠	5♦	6♦	6♠/Q♥	K♣	Q♠
	A♦	8♥	4♣	9♣	3♦	5♦					
19	3♠	5♠	10♥	A♥	K♣	10♠	A♠	4♥	7♦/3♦	8♠	10♦
	6♣	J♥	K♣	6♥	7♣	8♦					
20	7♠	6♣	A♥	4♠	10♣	7♦	2♠	J♠	J♥/7♥	6♣	Q♣
	5♦	6♦	Q♣	Q♠	6♠	A♦					
21	2♥	4♣	8♥	2♦	3♥	4♥	4♠	J♥	9♥/K♣	2♦	3♥
	7♠	3♦	Q♣	2♠	Q♥	4♠					
22	5♥	10♦	2♦	7♠	9♠	9♥	5♦	J♦	8♦/Q♦	A♦	A♥
	3♣	6♦	Q♣	8♠	J♣	5♦					
23	Q♠	A♦	J♠	6♠	7♦	7♣	2♠	K♣	9♦/K♣	A♥	A♦
	8♣	A♠	Q♦	2♣	8♠	7♠					
24	7♠	8♣	6♠	7♥	6♠	9♠	4♦	A♣	6♥/4♣	3♥	2♦
	9♠	3♥	K♠	5♥	6♦	9♥					

歲數	水星	金星	火星	木星	土星	天王	海王	長期	冥王/結果	環境	置換
25	10♥	9♠	7♥	K♦	K♠	Q♦	2♥	2♠	9♦/K♦	Q♣	6♣
	3♠	7♦	5♥	4♣	6♠	Q♣	K♠				
26	Q♠	3♦	J♠	Q♣	4♥	8♠	9♥	7♥	8♥/4♣	10♦	8♠
	6♥	2♠	10♦	K♠	4♣	J♦					
27	2♦	9♠	Q♣	5♥	6♦	6♥	4♦	9♦	2♠/2♣	Q♠	K♣
	7♥	9♠	A♠	5♠	J♠	4♦					
28	3♠	3♦	5♥	K♠	K♥	7♥	K♠	J♠	3♣/A♣	8♦	2♠
	4♥	Q♥	3♦	J♠	Q♣	K♦	K♥				
29	8♠	9♠	A♠	K♠	K♦	2♥	7♠	A♥	K♣/7♣	7♣	6♠
	6♥	2♣	3♣	K♥	5♥	4♠					
30	2♥	5♠	3♠	4♠	10♣	5♦	9♠	Q♠	8♣/A♦	J♠	9♠
	4♥	4♣	3♦	K♥	K♦	9♠					
31	J♦	4♥	4♠	3♣	6♠	8♣	A♥	10♦	K♣/Q♠	10♣	K♥
	5♠	8♥	8♠	2♣	Q♥	A♥					
32	9♦	10♦	6♣	J♠	Q♦	5♠	3♠	K♦	3♦/A♦	4♠	2♠
	9♥	5♦	K♦	A♥	4♠	K♠					
33	5♥	9♦	J♠	J♥	3♥	3♦	A♣	3♦	6♥/10♥	4♥	A♠
	A♥	Q♠	J♦	8♥	8♣	A♣					
34	7♥	10♣	J♥	Q♣	Q♦	2♥	3♦	7♥	5♠/9♠	10♠	7♥
	2♣	A♦	6♠	3♠	10♦	3♦					
35	8♥	5♦	Q♣	2♦	K♣	K♠	K♥	8♥	2♥/9♠	Q♥	8♥
	5♥	8♦	6♠	9♣	J♠	3♥	K♣				
36	Q♦	7♠	J♠	3♥	10♠	K♣	4♠	K♥	7♥/3♣	9♣	7♠
	7♣	2♦	6♥	J♥	Q♣	8♠					
37	J♦	3♠	2♣	A♦	8♣	7♣	3♥	K♣	4♥/K♣	6♦	K♦
	9♥	2♦	Q♥	4♠	9♣	3♥					
38	10♣	9♥	A♦	5♥	6♠	4♥	4♦	A♥	6♥/5♦	3♠	3♣
	10♠	J♣	Q♥	K♠	3♥	8♥					
39	2♦	10♠	5♦	3♦	3♣	A♠	4♥	5♥	Q♠/6♦	J♦	5♦
	6♠	8♣	A♣	5♦	7♠	4♥					
40	Q♦	K♦	2♣	10♠	8♦	3♦	A♠	♠	9♦/9♠	J♣	9♦
	6♥	9♣	5♠	6♦	6♣	10♦					
41	J♣	3♦	10♠	7♦	Q♣	6♥	A♥	3♦	9♣/4♣	10♥	Q♦
	4♥	8♥	3♠	6♣	7♣	A♥					
42	7♠	K♣	7♦	J♦	J♥	4♥	A♠	J♦	2♥/7♥	5♠	3♦
	2♣	9♠	10♦	6♠	Q♠	A♠					
43	5♥	8♠	8♦	8♣	Q♥	J♠	J♦	Q♦	3♥/2♠	4♦	6♥
	J♣	A♥	7♠	9♠	3♦	9♦					
44	6♠	7♠	8♦	9♣	10♠	J♣	Q♣	A♥	K♣/A♦	5♥	4♣
	J♥	4♥	Q♠	7♠	K♦	6♦					
45	3♦	A♠	7♥	9♥	5♠	J♥	9♣	6♠	9♠/A♣	5♠	5♣
	K♠	6♣	2♣	7♠	8♠	2♦					
46	K♦	J♦	9♥	J♠	3♣	8♦	10♥	10♦	5♦/8♥	4♣	5♥
	4♥	7♠	7♣	A♠	5♥	10♥					
47	8♠	A♠	A♦	K♣	6♠	4♥	J♠	A♦	K♠/10♦	6♥	4♦
	5♠	4♣	10♠	8♥	9♦	2♥					
48	J♥	J♦	K♣	2♥	2♠	7♥	9♣	10♥	Q♦/3♥	3♦	5♠
	8♦	10♠	6♠	K♦	8♥	5♥					
49	J♠	A♥	Q♠	10♦	K♦	3♦	7♥	7♦	5♠/7♦	Q♦	10♥
	5♦	4♣	7♣	Q♥	2♦	7♠					

歲數	水星	金星	火星	木星	土星	天王	海王	長期	冥王/結果	環境	置換
50	8♥ Q♦	K♥ 6♦	K♣ 2♣	A♥ 7♦	5♥ A♣	3♠ 3♦	3♦	9♣	A♦/9♠	9♦	J♣
51	J♦ A♠	Q♦ 8♦	A♥ 8♣	6♠ A♣	10♦ K♣	A♠ 10♥	10♥	2♣	6♦/10♠	5♦	J♦
52	9♥ 4♥	9♣ K♦	2♣ J♥	10♠ 10♥	6♥ Q♥	A♠ 2♠	6♠	10♠	6♣/Q♣	3♣	3♠
53	J♣ A♠	Q♦ 8♠	10♠ 4♠	Q♠ 10♥	10♠ Q♥	J♠ A♠	A♠	6♥	3♣/9♠	K♦	6♦
54	3♥ 7♠	2♥ K♠	A♥ 7♣	2♠ A♠	7♥ 9♥	8♥ 8♦	J♠	A♠	J♦/8♣	7♠	9♣
55	10♥ Q♦	3♣ 6♠	K♠ 4♠	10♠ 8♣	2♥ A♣	Q♥ A♦	5♥	6♠	8♥/2♣	8♥	Q♥
56	7♥ J♦	K♥ 2♦	A♥ 6♠	A♦ Q♦	7♥ 6♥	K♥ A♠	J♥	J♣	6♥/10♦	7♥	10♠
57	8♥ J♦	7♣ 6♠	A♠ Q♦	4♠ 10♦	8♥ A♥	6♥ 9♣	4♦	Q♠	J♣/K♠	A♠	4♥
58	7♠ 2♦	J♦ 7♠	4♠ A♣	9♣ 7♥	Q♥ K♦	2♠ A♠	A♠	10♠	6♣/5♦	2♣	4♠
59	5♠ 10♣	K♠ 8♠	3♠ 2♦	2♥ 8♥	J♦ 6♠	3♦ 7♥	K♥	Q♠	2♠/10♦	K♥	10♣
60	8♣ J♠	3♦ K♣	6♥ 10♣	7♥ 4♥	10♥ 5♥	10♠ 3♠	3♠	10♠	6♦/8♦	9♠	J♠
61	A♥ J♦	4♦ 4♣	7♥ 10♣	2♦ 8♠	Q♠ 4♠	7♣ 10♠	10♠	J♠	8♥/Q♦	6♠	7♣
62	K♠ Q♠	10♥ 10♦	A♣ 8♥	5♠ 4♦	5♦ K♣	2♠ J♥	6♣	A♠	7♣/8♦	2♠	8♦
63	2♣ A♦	A♥ 8♥	Q♠ 4♠	10♠ 7♣	9♣ 5♠	A♠ 5♦	5♠	3♥	6♠/Q♥	K♣	Q♠
64	3♠ 6♣	5♠ J♥	10♥ K♦	A♥ 6♥	K♠ 7♠	10♦ 8♠	A♠	A♣	9♥/3♦	8♠	10♦
65	7♠ 5♦	6♠ 6♦	A♥ Q♣	4♠ Q♠	10♠ 6♠	9♥ A♦	2♠	A♥	J♥/7♦	6♠	Q♣
66	A♣ 7♠	4♣ 3♦	8♥ Q♠	2♠ 2♣	3♥ Q♥	4♥ 4♠	4♠	2♠	7♦/K♣	2♦	3♥
67	5♥ 3♠	10♣ 6♦	2♦ Q♣	7♠ 3♠	9♠ J♦	7♥ 5♠	5♠	7♥	8♦/Q♦	A♦	A♥
68	Q♠ 8♣	A♦ 2♥	J♠ Q♥	6♠ 2♣	9♥ 2♠	3♣ 7♣	7♣	8♥	9♦/K♣	A♥	A♦
69	7♠ 9♠	8♣ 3♥	6♠ K♠	7♥ 5♥	6♠ 6♦	9♥ 7♦	4♦	J♠	6♥/4♦	3♥	2♥
70	10♥ 3♠	9♣ 9♥	7♥ 5♥	K♠ 4♣	K♠ 6♠	Q♦ Q♣	A♣	10♥	9♦/K♥	Q♣	6♣
71	Q♦ 6♥	3♣ 2♠	J♠ 10♦	Q♣ K♠	4♥ 4♣	8♠ J♦	7♠	3♠	8♥/4♠	10♦	8♠
72	2♦ 7♥	9♠ 9♠	Q♣ A♠	5♥ 5♠	6♠ J♠	6♥ 4♦	4♦	K♠	2♠/2♦	Q♠	K♣
73	3♠ J♦	3♦ Q♥	5♥ 3♦	K♠ J♠	K♥ Q♣	7♥ K♦	K♠	10♠	3♣/2♦	8♦	2♠
74	8♠ 6♥	9♣ 2♣	A♠ 3♣	K♠ K♥	K♠ 5♥	A♦ 4♠	7♠	A♠	K♣/7♣	8♠	6♠
75	A♣ 4♥	5♥ 4♣	3♠ 3♦	4♠ K♥	10♠ K♠	5♦ 9♠	9♠	Q♥	8♣/A♦	J♠	9♠
76	J♦ 5♠	4♥ 8♥	4♠ 8♠	3♠ 2♣	6♠ Q♥	8♠ A♥	A♥	5♥	K♣/Q♠	10♣	K♥
77	9♦ 7♥	10♦ 5♦	6♣ K♦	J♠ A♥	Q♦ 4♠	5♠ K♠	3♣	7♥	3♦/A♦	4♠	2♣
78	5♥ A♥	7♦ Q♠	J♠ J♦	J♥ 8♥	3♦ 2♥	2♥	K♥	6♥/10♥	4♥	A♠
79	9♥ 2♣	10♣ A♦	J♥ 6♠	Q♣ 3♠	Q♦ 10♠	A♣ 3♦	3♦	A♥	5♠/9♣	10♠	7♥
80	8♥ 5♥	5♦ 8♦	Q♣ 6♠	2♦ 9♠	K♠ J♥	K♠ 3♥	K♥	A♦	A♠/9♠	Q♥	8♥
81	Q♦ 7♣	7♠ 2♦	J♠ 6♦	3♦ J♥	10♠ Q♣	K♦ 8♠	4♠	9♥	7♥/3♦	9♠	7♠
82	J♦ 7♦	3♠ A♣	2♣ Q♥	A♠ 4♠	8♠ 3♥	7♣	3♥	K♦	4♥/K♣	6♠	K♥
83	10♣ 10♠	7♦ J♣	A♣ Q♥	5♥ K♣	6♣ 3♥	4♥ 8♥	J♥	6♥/5♦	3♠	3♣
84	2♦ 6♠	10♠ 8♣	5♥ 2♦	3♦ 5♦	3♠ 7♠	A♠ 4♥	4♥	8♥	Q♠/6♦	J♦	5♦
85	Q♦ 6♥	K♦ 6♠	2♣ 6♣	10♠ 10♦	8♦	3♠	A♠	7♣	9♦/9♠	J♣	9♦
86	J♣ 4♥	3♦ 8♥	10♠ 3♦	9♥ 6♠	3♣ 7♠	6♥ A♥	A♥	A♦	9♠/4♣	10♥	Q♦
87	7♠ 2♣	K♦ 9♠	9♥ 10♦	J♦ 6♣	J♥ A♠	4♥ A♠	A♠	4♠	A♣/7♥	5♠	3♦
88	5♥ J♣	8♠ A♥	8♦ 7♠	8♠ 9♠	3♥ 3♦	J♠ 9♦	J♦	8♦	3♥/2♠	4♦	6♥
89	6♣ J♥	9♣ 4♦	9♥ Q♠	10♠ 7♠	J♣ K♦	Q♣ 6♦	6♥	K♣/A♦	5♥	4♣
90	3♠ K♠	A♥ 6♦	7♦ 2♣	3♦ 9♥	9♣ 8♠	4♦ 2♦	9♠	4♦	9♠/2♦	5♣	5♠
91	K♦ 4♥	J♣ 7♠	7♦ 9♥	J♠ 2♥	3♣ 5♥	8♠ 10♥	10♥	7♠	5♦/8♥	4♣	5♥
92	8♠ 5♠	A♠ 4♣	A♦ 10♠	K♠ 8♥	6♦ 7♠	4♥ A♣	J♦	K♠/10♦	6♥	4♦
93	J♥ 8♦	J♦ 10♠	K♣	A♣ K♦	2♠ 8♥	7♥ 5♦	9♦	4♠	Q♦/3♥	3♦	5♠
94	J♠ 5♦	A♥ 4♣	Q♠ 7♣	10♦ Q♠	K♦ 2♦	3♦ 7♠	7♥	9♣	5♠/9♥	Q♦	10♦
95	8♥ Q♦	K♥ 6♦	K♠ 2♣	A♥ 9♥	5♠ 2♥	3♠ 3♦	3♦	Q♥	A♦/9♠	9♦	J♣
96	J♦ A♠	Q♦ 8♦	A♥ 8♣	6♠ 2♣	10♠ K♣	A♠ 10♥	10♥	2♠	6♦/10♠	5♦	J♦
97	7♦ 4♥	9♣ K♦	2♣ J♥	10♠ 10♥	6♥ Q♥	A♠ 2♠	6♠	A♠	6♣/Q♣	3♣	3♠
98	J♣ A♠	Q♦ 8♠	10♠ 4♠	Q♠ 10♥	10♣ Q♥	J♠ A♠	A♠	5♠	3♦/9♠	K♦	6♦
99	3♥ 7♠	A♠ K♠	A♥ A♦	2♠ 7♦	7♥ 8♦	8♥	J♠	K♠	J♦/8♣	7♠	9♣

梅花6

歲數	水星	金星	火星	木星	土星	天王	海王	長期	冥王/結果	環境	置換
0	6♠ / 2♣	Q♥ / 9♥	10♣ / 8♠	8♦ / 2♦	K♠ / 9♣	3♥ / 5♠	A♥ / K♠	6♠	Q♣/10♠	6♣	6♣
1	3♥ / A♠	A♥ / 6♦	9♦ / 4♣	5♣ / K♠	K♦ / 2♦	J♦ / K♥	7♦	Q♥	J♠/3♣	2♦	8♣
2	10♦ / 10♣	Q♥ / Q♣	5♣ / 4♠	8♠ / 2♠	A♠ / 9♦	A♦ / K♣	K♠	10♣	6♦/4♥	A♦	K♣
3	2♣ / K♦	A♥ / 8♥	8♠ / 5♥	8♠ / 9♠	10♠ / 8♣	10♠ / 8♦	K♠ / 10♠	8♦	Q♠/2♥	A♥	Q♠
4	J♦ / A♦	Q♥ / 4♥	4♠ / Q♠	K♠ / 10♠	8♦ / 8♠	A♠ / 3♠	7♠	K♠	3♠/Q♦	3♥	6♠
5	A♣ / K♦	8♠ / 2♦	2♣ / A♥	3♣ / 10♠	5♥ / 8♦	10♦ / Q♥	Q♥	3♥	8♣/5♠	Q♣	9♠
6	K♥ / 2♠	K♦ / J♠	3♣ / J♦	Q♠ / 4♥	9♣ / 8♥	8♠ / 4♦	4♦	A♣	3♠/6♥	10♦	K♥
7	Q♣ / 7♦	4♠ / 10♦	J♣ / 8♠	9♦ / 4♦	3♥ / 5♣	Q♠ / K♠	3♥		A♥/5♠	Q♠	3♣
8	8♠ / 4♦	7♦ / 6♥	9♦ / K♥	J♥ / J♠	5♥ / 8♣	A♥ / 2♥	2♥	A♥	A♦/6♠	8♦	A♠
9	9♥ / 4♥	5♦ / 5♦	J♥ / 9♠	5♠ / 2♣	3♥ / 4♦	A♣ / A♥	A♥	9♦	2♠/7♥	7♣	7♥
10	J♠ / 8♠	10♦ / 3♦	5♣ / 9♣	10♥ / 7♥	3♠ / J♥	K♠ / 5♥	10♠ / 3♠	5♣	A♣/Q♥	J♠	8♥
11	3♥ / Q♦	7♠ / 6♦	9♦ / A♠	5♥ / J♥	7♠ / 5♠	8♦ / J♦	2♦	K♦	10♣/Q♠	10♣	7♥
12	K♥ / 7♦	2♣ / A♣	4♥ / 8♥	5♠ / 3♠	8♣ / 7♥	Q♦ / 5♦	5♥	J♦	K♦/3♠	4♠	K♦
13	5♦ / 7♠	7♥ / 9♠	5♠ / 8♥	8♦ / 3♠	J♠ / 5♥	K♦ / J♠	K♣	7♦	A♦/10♦	4♥	3♦
14	10♥ / 9♣	7♠ / 8♣	8♠ / 2♥	A♥ / 10♦	Q♠ / Q♥	4♠ / K♦	K♦	10♥	6♥/A♠	10♠	5♦
15	3♥ / A♦	8♦ / 7♥	4♥ / 2♠	7♠ / A♠	3♦ / J♣	2♦ / 4♠	A♠	Q♥	Q♣/Q♥	Q♥	9♦
16	9♠ / K♦	A♥ / J♠	7♠ / Q♠	9♥ / J♣	5♣ / Q♦	A♠ / 4♦	4♦	5♣	7♥/2♦	9♣	Q♦
17	7♣ / 4♥	8♦ / Q♥	9♥ / 4♠	K♥ / J♠	J♥ / 6♥	4♠ / 4♠	8♠		A♣/10♣	6♦	3♦
18	8♠ / 9♠	J♦ / 4♦	3♦ / Q♦	8♣ / Q♥	8♥ / A♥	9♦ / Q♣	K♥	A♠	5♥/6♦	3♠	6♥
19	J♣ / J♥	Q♦ / K♦	8♣ / 6♥	7♥ / 7♠	5♦ / 8♦	9♠ / A♠	5♣	A♦	3♠/5♠	J♦	4♣
20	A♥ / K♠	4♠ / J♣	10♣ / 4♥	7♦ / 9♥	2♠ / J♦	J♥ / 10♥	7♥	K♣	Q♥/2♦	J♣	5♠
21	8♦ / K♦	K♥ / 7♥	7♣ / 9♦	9♦ / 2♥	Q♠ / 8♠	3♦ / 4♦	6♠	2♣	10♦/J♠	10♥	5♥
22	J♦ / 2♠	4♠ / 2♦	5♠ / 7♠	3♠ / 8♠	A♠ / 7♥	K♦ / A♣	9♦	A♥	K♠/4♣	5♠	4♦
23	J♥ / 3♦	K♥ / 7♥	3♠ / J♣	A♣ / 8♦	6♥ / J♠	10♣ / 8♠	Q♦	8♠	3♥/5♥	4♦	5♠
24	9♦ / 10♦	4♦ / 2♦	6♥ / Q♦	4♣ / 8♥	8♦ / 10♥	A♥ / 7♣	10♠		2♠/9♥	5♥	10♥
25	J♠ / 3♥	10♠ / A♠	3♠ / 4♥	4♦ / 9♥	8♠ / 2♥	2♣ / A♥	A♥	10♠	5♠/Q♥	5♣	J♣
26	K♠ / 4♠	3♥ / 3♦	4♦ / 8♣	9♣ / 2♥	4♠ / 3♠	5♠ / 6♠	6♠	10♣	A♠/7♠	4♣	J♦
27	7♦ / K♦	7♥ / 8♦	4♦ / J♥	7♠ / 6♠	A♠ / 8♥	4♠ / 6♦	9♣	K♠	J♣/5♣	6♥	3♠
28	9♠ / 5♠	3♥ / J♦	7♠ / 3♠	6♥ / 6♠	5♦ / 8♥	9♦ / 4♠	4♠	J♦	Q♠/Q♥	3♦	6♦
29	5♥ / 7♣	A♣ / K♠	4♦ / Q♦	6♦ / 5♠	10♣ / 7♦	J♠ / 3♦	9♦	Q♥	K♥/8♣	Q♦	9♣
30	6♠ / 3♥	2♣ / 9♣	K♣ / 3♠	7♠ / 8♣	A♠ / 2♥	8♥ / 5♠	8♠	4♠	J♠/4♥	9♦	Q♥
31	10♣ / K♥	10♠ / 10♥	4♦ / J♠	5♠ / 3♦	9♥ / A♠	8♦ / 4♠	J♥	K♠	A♦/4♣	5♦	10♠
32	J♠ / K♥	Q♦ / 9♣	5♠ / 3♥	3♣ / 4♠	3♦ / 4♦	A♦ / 7♥	K♣	8♦	9♠/K♣	3♣	4♥
33	7♣ / 10♥	K♥ / 9♥	3♣ / 2♥	7♥ / 10♣	8♦ / 8♥	6♦ / 4♠	4♠	A♣	J♣/10♦	K♦	4♠
34	2♠ / 5♦	K♠ / J♦	2♠ / 10♥	A♠ / J♠	K♣ / 9♣	A♥ / 10♣	10♠ / K♥	7♠	6♦/4♣	7♠	10♠
35	8♣ / 9♦	Q♠ / 3♠	A♣ / 5♥	10♠ / K♦	6♠ / 8♠	7♠ / 2♣	2♣	A♣	A♠/J♠	8♥	J♠
36	5♠ / K♥	K♠ / 2♦	10♣ / 5♥	10♥ / J♦	5♣ / 3♣	Q♦ / 7♠	7♠	8♠	J♠/3♥	7♥	7♣
37	K♠ / 6♥	6♠ / 4♣	2♥ / J♠	2♠ / K♣	10♦ / 3♠	6♦ / J♥	J♦	2♣	Q♦/3♦	A♠ / 10♦	8♦
38	4♥ / 5♠	4♦ / J♠	6♥ / 3♣	5♦ / Q♦	7♥ / 2♠	4♠ / 10♦	10♦	3♦	9♣/8♥	2♣	Q♦
39	2♣ / J♣	2♠ / J♥	6♠ / 8♦	4♦ / A♠	3♠ / Q♦	4♣ / 3♦	4♠	5♦	7♦/A♥	K♥	10♦
40	7♣ / 10♦	J♦ / A♠	4♦ / 5♣	3♠ / 6♥	5♦ / 9♣	7♦ / 5♠	10♦		J♥/10♠	9♠	Q♣
41	2♥ / 7♠	2♦ / A♥	J♠ / 5♠	10♦ / 4♦	5♥ / 8♥	K♦ / 3♣	3♣	Q♥	9♥/3♣	6♠	3♥
42	8♠ / Q♠	4♠ / 4♣	10♥ / 5♠	Q♦ / 2♠	Q♥ / 9♠	9♦ / 10♦	10♦	K♦	3♦/3♥	2♠	A♥
43	6♥ / 8♣	5♠ / A♠	9♦ / 8♥	9♠ / 4♦	7♥ / 6♦	Q♠ / Q♦	Q♦	K♦	Q♠/3♣	K♣	A♠
44	7♣ / Q♥	8♠ / 5♦	9♦ / K♠	10♠ / 8♠	J♣ / A♠	Q♠ / 9♥	K♣	3♠	A♦/2♦	8♠	2♦
45	6♠ / 2♦	Q♥ / 7♦	10♠ / 8♠	8♦ / 2♦	K♠ / 9♣	3♥ / 5♣	2♥ / K♠	Q♠	Q♣/10♠	6♣	6♠
46	3♥ / A♦	9♦ / 6♦	9♦ / 4♣	5♣ / K♠	K♦ / 2♦	J♦ / K♥	9♥	9♠	J♠/3♣	2♦	8♣
47	10♦ / 10♣	Q♥ / Q♣	5♣ / 4♠	8♠ / 2♠	A♠ / 9♦	A♦ / K♣	K♣	8♠	6♦/4♥	A♦	K♣
48	2♣ / K♦	A♥ / 8♥	8♠ / 5♥	3♠ / 9♠	10♠ / 5♠	10♠ / 8♦	K♠ / 10♠	4♦	Q♠/A♠	A♥	2♠
49	J♦ / A♦	Q♥ / 4♥	4♠ / Q♠	K♠ / 10♠	8♦ / 8♠	2♥ / 3♣	7♣	Q♠	3♠/Q♦	3♥	6♠

歲數	水星	金星	火星	木星	土星	天王	海王	長期	冥王/結果	環境	置換
50	2♥	8♠	2♣	3♣	5♦	10♦	Q♥	4♣	8♣/5♦	Q♣	9♠
	K♦	2♦	A♥	10♠	8♦	Q♥					
51	K♥	K♣	3♣	Q♠	9♣	8♣	4♦	J♠	3♠/6♦	10♦	K♥
	2♠	J♠	J♦	4♥	8♥	4♦					
52	Q♣	4♣	J♣	9♠	3♥	2♠	Q♠	9♦	A♥/5♠	Q♠	2♣
	9♥	10♦	8♠	4♦	3♣	K♠					
53	8♠	9♥	9♠	J♥	5♥	A♥	A♣	3♥	A♦/6♠	8♦	A♠
	4♦	6♥	K♥	J♠	8♠	A♣					
54	7♥	5♦	J♥	5♣	3♥	2♥	A♥	2♠	2♠/7♥	7♣	7♥
	4♥	5♠	9♣	2♣	4♣	A♥					
55	J♠	10♦	5♣	10♥	3♣	K♠	10♠	Q♠	2♥/Q♥	J♠	8♥
	8♠	3♦	9♣	7♥	J♥	5♥	3♠				
56	3♥	7♣	9♣	5♥	7♣	8♦	2♦	8♠	10♣/Q♠	10♣	7♣
	Q♦	6♦	A♠	J♥	5♣	J♦					
57	K♥	2♣	4♥	5♣	8♣	Q♦	5♥	7♦	K♦/3♣	4♠	K♣
	9♥	2♥	8♥	3♣	7♥	5♥					
58	5♦	9♥	5♣	8♠	J♣	K♦	K♣	9♦	A♦/10♦	4♥	3♣
	7♠	9♣	8♥	3♣	5♥	J♠					
59	10♥	7♠	8♣	A♥	Q♠	4♠	K♦	J♥	6♥/A♠	10♠	5♦
	9♣	8♣	A♣	10♦	Q♥	K♦					
60	3♥	8♦	4♥	7♠	3♦	2♣	4♠	7♥	Q♣/Q♥	Q♥	9♦
	A♦	7♥	2♠	A♠	J♠	4♠					
61	9♠	A♥	7♠	7♦	5♠	A♦	4♦	A♥	7♥/2♦	9♣	Q♦
	K♦	J♠	Q♠	J♣	Q♦	4♦					
62	7♣	8♦	7♦	K♥	J♥	K♦	4♠	2♥	2♥/10♣	6♦	3♦
	4♥	Q♥	4♣	J♣	6♥	4♠					
63	8♠	J♦	3♦	8♣	8♥	9♦	K♥	9♥	5♥/6♠	3♠	6♥
	9♠	4♦	Q♦	Q♥	A♥	Q♣					
64	J♣	Q♦	8♣	7♥	5♦	9♠	5♠	5♦	3♠/5♠	J♦	4♠
	J♥	K♦	6♥	7♠	8♦	A♠					
65	A♥	4♠	10♣	9♥	2♠	J♥	7♥	J♥	Q♥/A♣	J♣	5♠
	K♠	J♣	4♥	7♦	J♦	10♥					
66	8♦	K♣	9♥	9♣	Q♠	3♦	6♠	5♠	10♦/J♠	10♥	5♥
	K♦	7♣	7♥	A♣	8♠	6♠					
67	J♦	4♠	5♠	3♠	A♠	K♦	9♦	3♥	K♣/4♣	A♠	4♣
	2♠	2♦	7♠	J♠	9♥	2♥					
68	J♥	K♥	3♠	2♥	6♦	10♣	Q♣	A♣	3♥/5♥	4♦	5♠
	3♦	7♠	J♣	8♦	J♠	8♠					
69	9♦	4♠	6♥	4♣	8♦	A♥	10♣	A♥	2♠/7♠	5♥	10♥
	10♦	2♦	Q♦	8♥	10♥	7♣					
70	J♠	10♠	3♠	4♦	8♠	2♣	A♥	J♠	5♠/Q♥	5♠	J♣
	3♥	A♠	4♥	7♦	A♣	A♥					
71	K♥	3♥	4♦	9♣	4♣	5♠	6♠	10♦	A♠/7♠	4♣	J♦
	4♠	3♦	8♣	A♠	3♣	6♠					
72	9♥	7♥	4♥	7♠	A♥	4♠	9♣	5♣	J♣/5♣	6♥	3♠
	K♦	8♦	J♥	6♣	8♥	6♦					
73	9♠	3♥	7♠	4♥	5♦	9♥	4♠	10♥	Q♠/Q♥	3♦	6♦
	5♠	J♦	3♣	6♠	8♥	4♣					
74	5♥	2♥	4♣	6♦	10♣	J♦	3♠		K♥/8♣	Q♦	9♣
	7♣	K♠	Q♦	5♠	9♥	3♠					
75	6♠	2♣	K♠	7♠	2♥	8♥	8♠	K♠	J♠/4♥	9♦	Q♥
	3♥	9♠	3♣	8♣	A♣	5♠					
76	10♣	10♠	4♦	5♠	7♣	8♦	J♥	10♠	A♦/4♣	5♦	10♠
	K♥	10♥	J♣	3♥	A♠	4♠					
77	J♠	Q♦	5♠	3♠	3♦	A♦	K♣	3♥	9♠/K♠	3♣	4♥
	K♥	9♣	3♥	4♠	4♦	7♥					
78	7♣	K♥	3♠	7♥	8♥	6♦	4♠	7♠	J♣/10♦	K♦	4♠
	10♥	7♠	A♣	10♣	4♦	4♠					
79	2♠	K♣	2♣	2♥	K♥	A♥	10♠	9♦	6♦/4♣	7♠	10♣
	5♦	J♦	10♥	J♠	9♣	10♣	K♥				
80	8♣	Q♠	A♦	10♣	6♦	7♠	2♠	5♥	A♠/J♦	8♥	J♠
	9♦	3♠	5♦	K♣	8♠	2♠					
81	5♠	K♣	10♣	10♥	5♠	Q♦	7♠	7♠	J♠/3♥	7♥	7♣
	K♥	2♦	5♦	J♦	3♠	7♠					
82	K♠	6♠	A♣	2♠	10♦	6♦	J♠	8♠	Q♦/3♦	A♠	8♦
	6♥	4♣	J♠	K♣	3♠	J♥	10♦				
83	4♥	4♠	6♥	3♥	4♥	A♠	10♦	2♦	9♣/8♥	2♣	Q♠
	5♠	J♠	3♠	Q♦	2♠	10♦					
84	2♣	2♠	6♠	4♦	3♠	4♠	4♠	K♥	9♥/A♥	K♥	10♦
	J♣	J♥	8♦	4♥	Q♦	3♦					
85	7♣	4♦	4♠	3♣	5♦	9♥	6♦	2♣	J♥/10♦	9♠	Q♣
	10♦	A♠	5♦	6♥	9♣	5♠					
86	A♣	2♦	J♠	10♥	5♦	K♦	3♣	4♥	7♦/3♠	6♠	3♥
	7♣	A♥	5♠	4♦	8♥	3♣					
87	8♠	4♣	10♥	Q♦	Q♥	7♦	10♠	5♠	3♦/3♥	2♠	A♥
	Q♠	A♣	5♣	2♠	9♠	10♦					
88	6♥	5♠	9♣	9♠	3♠	9♦	Q♣	2♣	Q♣/3♣	K♠	A♣
	8♣	3♠	8♥	4♦	6♦	Q♠					
89	7♣	5♣	9♣	10♣	J♣	Q♣	K♣	Q♦	A♦/2♦	8♠	2♦
	Q♥	5♦	K♠	8♠	A♠	7♦					
90	6♠	Q♥	10♣	4♠	K♠	3♥	A♣	5♦	Q♣/10♠	6♠	6♣
	2♣	9♦	2♠	9♣	5♣	K♠					
91	3♥	A♥	9♦	5♣	K♦	J♦	7♦	5♦	J♠/3♦	2♦	8♠
	A♦	6♦	4♣	K♠	2♦	K♥					
92	10♥	Q♥	5♠	8♦	4♦	J♦	7♦		6♦/4♦		K♣
	10♣	Q♣	4♣	2♠	9♦	K♣					
93	2♣	A♥	8♠	3♠	10♠	10♣	K♠	5♣	Q♠/2♥	A♥	2♠
	K♦	8♥	5♥	9♠	5♣	8♦	10♠				
94	J♦	Q♥	4♦	5♥	8♥	A♣	7♠	8♠	3♠/Q♦	3♥	6♠
	A♦	4♥	10♠	4♥	3♠						
95	A♣	8♠	2♠	3♠	5♦	10♦	Q♥	J♣	8♣/5♠	Q♣	9♠
	K♦	2♦	A♥	10♠	8♦	Q♥					
96	K♥	K♦	3♣	Q♠	9♣	8♠	4♦	K♣	3♠/6♦	10♦	K♥
	2♠	J♣	J♦	4♥	8♥	4♦					
97	Q♣	4♣	J♣	9♦	3♥	2♠	Q♠	K♣	A♥/5♠	Q♠	2♣
	7♥	10♦	8♦	4♦	3♣	K♠					
98	8♠	7♥	9♦	J♥	5♥	A♥	2♥	10♥	A♦/6♠	8♦	A♠
	4♦	6♥	J♠	8♠	8♥	2♥					
99	9♥	5♦	J♥	5♣	3♥	A♠	A♥	7♠	2♠/7♥	7♣	7♥
	4♥	5♠	9♣	2♣	4♣	A♥					

梅花7

歲數	水星	金星	火星	木星	土星	天王	海王	長期	冥王/結果	環境	置換
0	5♦	Q♠	J♣	9♦	7♠	2♣	K♣	5♦	J♦/4♥	7♠	7♣
	A♥	J♠	9♠	3♦	6♠	K♣					
1	K♠	Q♣	2♥	10♦	Q♥	4♠	Q♦	Q♠	2♠/A♠	J♠	8♦
	7♥	8♥	J♦	Q♠	6♥	J♥	Q♥				
2	5♠	3♣	7♥	9♠	6♣	10♥	Q♥	J♣	5♣/8♠	10♣	Q♠
	5♦	J♣	6♠	2♣	10♦	Q♥					
3	A♦	10♦	Q♣	3♣	6♥	8♥	10♥	9♦	7♦/4♠	4♠	10♦
	Q♦	J♥	6♦	10♣	2♣	A♠					
4	3♠	Q♦	3♣	6♠	9♠	7♥	4♣	7♠	J♥/J♣	4♥	Q♣
	Q♥	2♦	7♠	7♥	5♣	5♦					
5	2♥	J♠	J♦	9♦	K♦	2♠	6♠	2♣	9♥/6♥	10♠	3♦
	3♠	4♠	7♥	5♠	8♠	6♠					
6	8♠	8♥	9♣	2♣	5♥	9♥	Q♥	K♣	A♠/4♥	Q♥	A♥
	9♣	2♦	7♠	A♦	3♥	Q♥					
7	7♥	5♦	K♥	5♣	7♥	9♣	2♣	K♠	10♠/6♥	9♠	A♦
	8♣	A♣	8♠	5♠	4♣	2♣					
8	3♠	8♣	5♠	J♣	Q♥	10♠	Q♠	Q♣	10♣/J♠	6♦	2♦
	5♥	K♦	K♠	8♦	2♦	9♥					
9	Q♣	5♥	J♠	6♦	K♠	4♥	2♥	2♥	10♠/4♦	3♠	6♦
	A♦	7♦	8♦	J♠	5♦	7♠	K♠				
10	4♥	4♠	K♥	7♠	2♠	3♦	9♥	10♦	J♦/6♠	J♦	8♠
	10♣	4♠	8♥	K♠	J♠	A♥					
11	9♦	5♥	7♠	8♠	2♦	10♣	Q♠	Q♥	4♣/5♠	J♣	K♣
	J♣	10♠	10♥	10♦	K♥	Q♠					
12	A♦	4♠	8♠	6♥	4♦	J♣	K♠	4♣	9♠/A♣	10♥	2♠
	2♠	8♠	K♦	K♥	7♠	6♦	4♦				
13	3♦	5♥	10♥	K♠	6♦	2♥	Q♦		6♥/2♣	5♠	6♠
	10♣	8♣	9♣	4♦	8♦	6♦					
14	2♥	8♣	A♣	6♠	9♠	Q♥	5♥	5♠	8♣/5♦	4♦	9♠
	2♠	J♠	4♠	4♦	6♦	5♥					
15	A♥	2♠	6♠	9♠	5♠	8♠	3♠	3♣	6♥/7♥	5♥	K♥
	10♦	J♦	3♦	5♠	8♠	3♠					
16	10♠	8♥	Q♦	K♠	4♥	10♦	9♣	7♥	4♠/5♦	5♠	2♣
	9♥	Q♥	6♦	3♣	6♠	K♠					
17	8♦	9♥	K♥	J♠	K♠	4♠	A♠	9♠	10♣/Q♣	4♠	A♠
	3♣	7♥	A♥	J♦	8♠	A♣					
18	7♦	9♠	J♥	7♠	4♥	2♥	4♠	6♣	10♦/6♣	6♥	7♥
	5♠	5♦	5♣	A♦	8♥	4♠					
19	J♦	Q♥	7♠	9♠	6♥	K♠	4♦	10♥	2♠/5♥	3♦	8♥
	8♦	A♠	5♠	6♣	J♥	K♦	6♥				
20	4♥	3♠	K♥	K♠	K♣	6♦	J♠	Q♥	J♠/9♣	Q♦	7♠
	2♣	4♣	2♦	J♦	7♠	3♦					
21	A♥	A♠	5♠	5♦	8♣	2♣	K♦	A♦	2♠/6♥	9♦	K
	9♥	2♦	8♠	6♣	8♠	K♦					
22	9♠	9♥	5♣	8♠	Q♦	2♠	Q♠	10♦	10♣/Q♥	5♦	3♣
	K♣	3♥	8♣	6♥	K♦	J♦					
23	9♦	K♣	8♦	4♣	9♠	10♥	2♠	Q♣	7♥/2♦	3♣	5♦
	5♠	8♣	A♠	Q♥	2♦	2♠					
24	4♥	6♦	5♠	K♣	A♠	A♦	3♠	10♥	10♠/5♥	K♦	9♦
	10♣	6♣	10♦	2♦	Q♦	8♥					

歲數	水星	金星	火星	木星	土星	天王	海王	長期	冥王/結果	環境	置換
25	3♥	4♠	K♣	7♦	7♠	10♣	3♣	6♥	6♣/J♠	7♠	Q♦
	2♠	J♦	9♣	Q♦	2♣	3♣					
26	3♠	6♦	7♠	A♥	J♥	2♠	10♥	8♥	2♥/J♣	8♥	3♦
	5♠	5♥	8♥	Q♦	7♥	10♥					
27	8♦	3♦	A♠	8♠	8♠	K♥	A♥	10♥	K♦/4♣	7♥	6♥
	3♥	3♣	2♣	5♥	4♠	10♠					
28	Q♦	2♣	8♣	6♣	9♠	3♥	7♠	3♠	6♥/5♦	A♠	4♣
	J♥	2♠	7♥	3♠	6♥	2♦					
29	4♠	10♥	J♣	9♥	10♦	J♥	6♣	Q♦	5♥/A♣	2♠	5♣
	K♠	Q♦	5♠	7♦	3♦	9♥					
30	6♦	A♥	9♥	K♥	9♣	A♥	Q♠	3♣	Q♥/J♦	K♥	5♦
	2♦	3♠	7♥	A♣	8♦	Q♣					
31	3♦	10♥	5♦	6♥	2♦	3♠	K♥	6♠	K♠/8♥	9♠	4♦
	10♦	J♠	K♣	J♦	9♥	2♥					
32	J♥	A♥	6♦	2♥	4♣	J♣	10♠	9♠	4♥/K♦	6♠	5♣
	A♠	K♣	Q♦	6♦	J♦	8♦					
33	K♥	3♣	7♥	8♥	6♦	4♠	J♣	7♦	10♦/7♦	2♠	10♥
	Q♥	J♠	2♣	8♠	9♥	3♠					
34	J♦	4♦	6♥	3♣	8♥	A♥	4♠	4♣	5♦/5♥	K♠	J♣
	4♥	2♥	5♠	7♦	A♣	4♠					
35	A♥	4♥	3♠	5♣	8♥	5♦	Q♣	2♥	2♦/K♣	8♠	J♦
	10♥	A♠	8♠	A♣	6♥	Q♣					
36	9♥	6♣	5♠	K♣	10♣	10♥	5♣	J♠	Q♦/7♣	6♠	3♠
	2♠	6♦	J♥	Q♣	8♠	4♠					
37	3♥	4♥	K♣	7♥	9♠	K♥	10♥	J♦	9♣/5♦	2♦	6♦
	5♦	3♦	6♠	Q♣	8♠	10♥					
38	K♦	2♥	3♦	4♣	J♣	J♦	K♥	9♦	A♥/8♣	A♦	9♣
	3♠	K♣	5♦	5♦	9♥	A♠					
39	Q♣	A♦	K♣	K♣	2♥	8♠	8♦	K♦	J♦/5♠	A♥	Q♥
	4♥	5♦	6♠	8♠	A♣	5♦					
40	J♣	4♦	3♠	5♦	7♦	6♦	J♥	2♠	10♣/8♦	3♥	10♠
	A♥	9♦	Q♦	4♥	2♦	10♥					
41	J♦	2♣	5♦	6♠	A♠	10♣	Q♠	6♠	3♥/K♠	Q♣	4♦
	A♥	5♣	4♥	8♥	3♣	6♠					
42	3♠	A♥	6♠	9♠	5♦	A♠	10♥	8♦	Q♦/Q♥	10♦	4♣
	9♦	7♦	8♣	Q♣	6♦	10♥					
43	10♦	K♠	A♦	2♦	A♥	4♠	4♦	8♥	4♣/8♥	Q♠	10♣
	9♠	3♦	9♦	J♦	5♣	J♣	A♥				
44	8♣	9♦	10♣	J♣	Q♣	K♠	A♦	9♦	2♦/3♦	8♦	J♠
	K♥	6♥	9♠	2♠	8♦	A♦					
45	5♦	Q♠	J♣	9♦	7♠	2♣	K♣	5♦	J♦/4♦	7♣	7♠
	A♥	J♠	9♠	3♦	6♠	K♣					
46	K♠	Q♣	A♠	10♦	Q♥	4♦	Q♦	5♦	2♠/A♠	J♠	8♦
	7♥	8♥	J♦	Q♠	6♥	J♥					
47	5♠	3♣	7♥	9♠	6♣	10♥	Q♥	9♦	5♣/8♠	10♣	Q♠
	5♦	J♦	6♠	2♣	10♦	Q♥					
48	A♦	10♦	Q♣	3♣	6♥	8♥	10♥	Q♥	9♥/4♦	4♠	10♦
	Q♦	J♥	6♦	10♣	2♦	A♠					
49	3♠	Q♦	3♣	6♠	9♠	7♥	4♣	7♦	J♥/J♣	4♥	Q♣
	Q♥	2♦	7♠	7♥	5♣	5♦					

歲數	水星	金星	火星	木星	土星	天王	海王	長期	冥王/結果	環境	置換
50	A♣	J♠	J♦	9♦	K♦	2♠	6♠	5♦	7♦/6♥	10♠	3♥
	3♠	4♠	7♠	5♠	8♠	6♠					
51	8♦	8♥	9♣	2♣	5♥	7♦	Q♥	K♥	A♠/4♥	Q♥	A♥
	9♣	2♠	7♠	A♦	3♥	Q♥					
52	7♥	5♥	K♥	5♠	9♥	9♣	2♣	5♣	10♠/6♥	9♣	A♦
	8♣	2♥	8♠	5♠	4♠	2♣					
53	3♠	8♣	5♣	J♠	Q♦	10♠	Q♠	7♠	10♣/J♠	6♠	2♦
	5♥	K♠	K♠	8♠	2♠	7♠					
54	Q♣	5♥	J♣	6♦	K♠	4♥	A♣	9♣	10♠/4♦	3♠	6♣
	A♦	9♥	8♦	J♠	5♣	7♠	K♠				
55	4♥	4♠	K♥	7♠	2♠	3♦	7♦	2♣	J♦/6♠	J♦	8♠
	10♣	4♣	8♥	K♠	J♠	A♥					
56	9♦	5♥	7♠	8♦	2♦	10♣	Q♠	3♠	4♣/5♠	J♣	K♣
	J♣	10♠	10♥	10♦	K♥	Q♠					
57	A♦	5♣	8♦	6♥	4♦	J♣	K♠	8♠	9♣/2♠	10♥	2♠
	2♠	8♠	K♦	K♥	7♠	6♦	4♦				
58	3♦	5♥	10♥	K♠	6♦	A♣	3♠	5♣	6♥/2♣	8♠	6♠
	10♣	5♠	9♣	4♦	8♦	6♠					
59	A♣	8♣	A♦	6♠	9♠	Q♥	5♥	J♣	8♣/5♦	4♦	9♠
	2♠	J♠	4♠	4♦	6♦	5♥					
60	A♥	2♠	6♠	9♣	5♠	8♠	3♠	Q♦	6♥/7♥	5♥	K♥
	10♦	J♦	3♦	5♠	8♠	3♠					
61	10♠	8♥	Q♦	K♣	4♥	10♠	9♣	10♠	4♠/5♦	5♠	2♣
	7♦	Q♥	6♦	3♣	6♠	K♠					
62	8♦	7♦	K♥	J♠	K♦	4♠	2♥	Q♠	10♠/Q♣	4♠	A♠
	3♣	7♥	A♥	J♦	8♣	2♥					
63	9♥	9♠	J♥	7♠	4♥	A♦	4♠	Q♣	10♦/6♣	6♥	7♥
	5♠	5♠	5♠	A♣	8♥	4♠					
64	J♦	Q♥	7♠	9♦	6♥	K♠	4♠	5♥	A♣/5♥	3♦	8♥
	8♠	A♠	5♣	6♠	J♥	K♦	6♥				
65	4♥	3♠	K♥	K♦	K♣	6♦	J♠	J♣	J♣/9♣	Q♦	7♠
	2♠	4♣	2♦	J♥	7♠	3♦					
66	A♥	A♠	5♠	5♠	8♠	2♣	K♦	6♦	2♠/6♥	9♠	K♦
	7♦	A♣	8♠	6♠	6♠	K♦					
67	9♠	7♥	5♠	8♠	Q♦	A♠	K♠		10♦/Q♥	5♠	3♠
	K♣	3♥	8♠	6♥	K♦	J♦					
68	9♦	K♣	8♠	4♠	9♠	10♥	2♠	4♥	7♥/2♥	3♣	5♦
	5♣	8♣	2♥	Q♥	2♣	2♠					
69	4♥	6♥	5♠	K♠	A♠	A♦	10♥	2♥	10♠/5♥	K♦	9♦
	10♣	6♣	10♦	2♠	Q♦	8♥					
70	3♥	4♠	K♣	9♥	7♠	10♣	3♣	4♥	6♣/J♠	7♠	Q♦
	2♠	J♦	9♣	Q♦	2♠	3♣					
71	6♠	4♠	9♥	A♦	J♦	2♠	10♥	4♠	♣/J♥	8♥	3♦
	5♠	5♥	8♥	Q♦	7♥	10♦					
72	8♦	3♦	A♠	8♠	8♠	K♥	A♥	K♥	K♦/4♣	7♥	6♥
	3♥	3♣	2♠	5♥	4♠	10♠					
73	Q♦	2♠	8♣	6♠	9♠	3♥	7♠	7♠	6♥/5♦	A♠	4♠
	J♥	2♠	7♥	3♠	6♦	2♠					
74	4♠	10♥	J♣	7♦	10♠	J♦	6♠	2♠	5♥/2♥	2♣	5♠
	K♠	Q♦	5♠	9♥	3♦	9♦					
75	6♦	A♥	7♦	K♥	9♣	A♠	Q♣	3♦	Q♥/J♦	K♥	5♥
	2♠	3♠	9♥	2♥	8♠	Q♣					
76	3♦	10♥	5♦	6♥	2♦	2♠	K♥	9♥	K♠/8♦	9♠	4♦
	10♠	J♠	K♣	J♦	7♥	A♣					
77	J♥	A♥	6♥	A♣	4♣	J♠	10♠	9♦	4♥/K♦	6♠	5♠
	A♠	K♣	Q♦	6♦	J♦	8♦					
78	K♥	3♠	7♥	8♥	6♦	4♠	J♣	5♥	10♣/9♥	2♠	10♥
	Q♥	J♠	2♣	8♠	9♦	3♠					
79	J♦	4♦	6♥	3♠	8♦	A♠	4♠	7♠	5♦/5♥	K♣	5♠
	4♥	2♦	5♠	9♥	2♥	4♠					
80	A♥	4♦	3♣	5♠	8♥	5♠	Q♣	8♠	2♦/K♣	8♠	J♠
	10♥	4♠	8♠	2♥	6♥	Q♣					
81	7♦	6♦	5♠	K♣	10♣	10♥	5♣	2♦	Q♦/7♠	6♠	3♠
	2♠	6♦	J♥	Q♣	8♦	4♣					
82	3♥	4♦	K♣	7♥	2♠	K♥	10♥	10♣	9♣/5♥	2♦	6♦
	5♠	3♦	6♦	Q♣	8♠	10♥					
83	K♦	A♥	3♠	4♦	J♣	J♦	K♥	Q♠	A♥/8♣	A♦	9♣
	3♠	K♠	2♠	5♦	7♠	A♠					
84	Q♠	A♠	K♠	2♠	A♠	8♠	8♦	A♦	J♦/5♠	A♥	Q♦
	4♥	5♠	6♠	8♣	2♥	5♦					
85	J♣	4♦	5♦	5♥	9♦	6♦	J♠	4♠	10♠/8♥	3♥	10♠
	A♥	9♠	Q♠	4♥	2♥	10♥					
86	J♦	2♠	5♦	6♠	A♠	10♣	Q♠	8♦	3♥/K♠	A♣	4♥
	A♥	5♣	4♥	8♥	3♣	6♣					
87	3♠	A♥	6♠	6♠	8♠	A♣	10♥	6♥	Q♦/Q♥	10♦	4♠
	9♦	9♥	2♥	6♦	6♠	10♥					
88	10♦	K♣	A♠	A♠	4♦	4♠	4♠		4♣/8♥	Q♠	10♣
	9♠	3♦	9♦	J♦	5♠	J♣	A♥				
89	8♣	9♠	10♣	J♣	Q♣	K♣	A♦	J♣	2♦/3♦	8♠	J♠
	K♥	6♥	9♠	A♠	8♦	A♦					
90	5♦	Q♠	♣	9♦	7♠	A♣	K♠	K♠	J♦/4♥	7♠	7♣
	A♥	2♦	9♠	3♦	6♠	K♣					
91	K♠	Q♣	2♥	10♦	Q♥	4♣	Q♦	3♦	2♠/A♣	J♠	8♦
	7♥	8♥	J♦	Q♠	6♥	J♥	Q♥				
92	5♠	3♣	7♥	9♠	6♠	10♥	5♣		5♦/8♦	10♠	2♣
	5♦	J♣	2♠	10♦	Q♥						
93	A♦	10♦	Q♣	3♣	6♥	8♥	10♥	10♥	7♦/4♠	4♠	10♦
	Q♦	J♥	6♦	10♣	4♣	A♠					
94	3♠	Q♥	3♠	6♦	9♠	7♦	4♣	K♠	J♥/J♣	4♥	Q♣
	Q♥	2♦	7♥	5♠	5♦						
95	2♥	J♠	J♦	9♦	K♦	2♠	6♠	6♦	9♥/6♥	10♠	3♥
	3♠	4♠	7♠	5♠	8♠	6♠					
96	8♦	8♥	9♦	2♣	5♥	9♦	Q♥	2♥	A♠/4♥	Q♥	A♥
	9♣	2♠	7♠	A♦	3♥	Q♥					
97	7♥	5♦	K♥	5♣	7♦	9♣	2♣	3♠	10♠/6♥	9♣	A♦
	8♣	A♣	8♠	5♠	4♠	2♣					
98	3♠	8♣	5♣	J♣	Q♦	10♠	Q♠	2♥	10♣/J♠	6♦	2♦
	5♥	K♠	2♦	J♠	2♠	9♥					
99	Q♣	5♥	J♣	6♦	K♠	4♥	2♥	8♠	10♠/4♦	3♠	6♣
	A♦	7♦	8♦	J♠	5♣	7♠	K♠				

梅花8

歲數	水星	金星	火星	木星	土星	天王	海王	長期	冥王/結果	環境	置換
0	6♦	4♠	10♥	10♦	8♣	A♥	A♠	6♦	Q♦/5♥		
	2♥	A♠	Q♥	J♦	5♠	A♦					
1	3♠	4♥	5♠	Q♠	6♠	3♥	A♥	4♠	9♦/5♣		
	A♣	2♣	9♣	J♠	3♠	A♥					
2	J♦	10♠	4♦	8♦	2♦	Q♣	3♥	10♥	5♦/4♣		
	2♥	K♥	6♦	10♥	K♦	3♥					
3	J♣	Q♥	5♥	7♦	A♦	10♦	Q♣	10♦	3♣/6♥		
	A♣	9♠	3♠	5♠	7♠	Q♣					
4	10♥	9♣	5♣	J♠	A♥	Q♠	10♦	8♠	K♦/3♣		
	2♥	6♠	J♦	4♦	8♥	10♦					
5	5♠	6♦	4♣	10♣	3♥	8♦	Q♠	A♥	7♠/Q♦		
	A♣	2♦	J♠	5♥	7♥	Q♠					
6	4♦	3♠	6♥	4♠	Q♣	7♠	8♦	A♦	8♥/9♦		
	2♥	K♣	10♥	9♣	A♠	8♦					
7	5♥	J♦	3♦	4♥	10♦	J♠	7♣	3♠	7♥/5♦		
	A♣	8♠	5♠	4♣	2♣	7♣					
8	5♣	J♣	Q♦	10♠	Q♠	10♣	J♠	4♥	A♠/3♣		
	2♥	6♣	4♦	6♥	K♥	J♠					
9	4♣	10♥	9♦	Q♥	8♦	4♠	10♣	5♠	2♣/K♦		
	A♣	2♦	5♥	3♦	9♠	10♣					
10	6♥	5♠	5♦	9♣	7♣	4♥	4♠	Q♠	K♥/7♠		
	2♥	A♦	5♣	Q♦	6♠	4♠					
11	3♦	4♦	3♣	6♦	J♠	10♠	4♥	6♣	9♠/8♥		
	A♣	A♥	4♠	9♦	2♠	4♥					
12	Q♦	5♥	K♦	3♠	10♣	Q♥	10♠	3♥	6♠/7♦		
	2♥	3♥	6♥	5♦	K♣	10♠					
13	9♥	5♣	7♠	J♦	4♠	9♣	Q♥	A♥	2♠/A♠		
	A♣	Q♣	3♦	3♠	5♠	Q♥					
14	5♦	4♣	8♥	J♣	4♥	6♦	9♣	J♦	K♣/2♣		
	2♥	10♦	Q♦	K♦	6♠	9♣					
15	3♣	6♥	7♥	10♥	10♠	3♠	6♦	10♠	8♠/K♥		
	A♣	Q♠	9♦	7♠	2♦	6♦					
16	K♦	3♦	A♠	5♠	Q♥	J♦	3♠	4♦	6♣/9♠		
	2♥	8♦	5♦	8♥	A♠	3♠					
17	7♠	Q♦	2♣	4♦	9♠	J♥	J♦	8♦	2♦/6♠		
	A♣	7♣	3♠	7♥	J♠	8♦					
18	8♥	9♦	K♥	5♦	6♦	10♥	J♣	2♦	A♦/2♠		
	2♥	J♠	K♦	A♠	3♥	J♣					
19	7♥	5♦	9♠	5♠	3♠	5♠	10♥	Q♣	A♥/K♠		
	A♣	10♣	7♠	2♠	Q♠	10♥					
20	A♠	3♣	6♠	4♠	J♦	4♦	5♠	3♥	3♥/8♦		
	2♥	4♠	8♥	K♥	10♦	5♠					
21	2♣	K♦	2♠	6♥	J♣	5♥	4♦	J♣	Q♣/6♠		
	A♣	4♥	7♠	9♠	Q♣	4♦					
22	K♥	7♠	K♣	3♦	10♥	5♣	5♥	Q♥	10♦/2♣		
	2♥	10♠	A♠	6♠	8♦	5♥					
23	9♠	8♥	8♠	Q♦	5♠	4♠	5♣	5♥	Q♠/A♠		
	A♣	Q♥	2♠	2♠	7♠	5♠					
24	6♠	7♥	6♣	9♦	4♦	6♥	4♠	7♠	8♦/A♥		
	2♥	9♣	K♥	K♣	J♠	4♠					
25	2♠	A♠	2♦	5♦	5♥	3♦	6♥	A♦	7♣/3♥		
	A♣	6♦	9♠	8♠	10♣	6♥					
26	K♠	2♣	A♦	3♣	5♣	Q♦	3♦	10♦	J♠/Q♣		
	2♥	3♠	6♠	6♣	4♠	3♦					
27	8♠	K♥	A♥	K♦	4♣	9♦	Q♦	Q♠	10♣/10♦		
	A♣	J♦	2♠	2♦	4♥	Q♦					
28	6♣	9♠	3♥	7♠	6♥	5♠	9♦	10♥	4♠/Q♠		
	2♥	J♣	K♣	A♦	10♠	9♦					
29	2♦	6♠	Q♣	8♥	3♦	3♣	5♦	9♣	4♥/8♦		
	A♣	10♥	8♠	A♥	Q♥	5♦					
30	A♦	2♠	10♦	7♥	Q♦	K♦	3♣	5♠	10♠/7♣		
	2♥	5♠	6♣	3♥	9♣	3♣					
31	A♥	K♣	Q♠	A♠	9♦	7♠	K♦	J♠	Q♥/J♠		
	A♣	4♦	2♦	Q♣	6♦	K♦					
32	3♥	8♠	8♦	2♣	5♦	8♥	7♠	A♥	9♣/10♠		
	2♥	5♥	A♦	10♦	3♠	7♠					
33	Q♦	6♣	7♣	K♥	3♣	7♥	8♠	Q♠	6♦/4♠		
	A♣	5♣	A♥	Q♠	J♦	8♥					
34	10♦	2♦	J♠	9♠	K♦	A♠	7♥	10♦	3♠/4♥		
	2♥	4♣	3♥	8♦	J♣	7♥					
35	Q♠	A♦	10♠	6♠	7♠	2♣	A♠	8♠	J♦/10♠		
	A♣	6♥	Q♣	7♣	10♥	A♠					
36	8♦	A♥	4♠	2♠	8♥	K♥	2♣	6♦	J♣/Q♣		
	2♥	3♦	10♦	J♠	5♠	2♣					
37	7♣	3♥	4♥	K♣	7♥	9♠	K♥	4♠	10♥/9♣		
	A♣	Q♦	Q♠	10♣	4♦	K♥					
38	J♠	Q♣	10♠	8♠	A♠	6♠	9♠	10♣	5♠/6♦		
	2♥	9♦	8♦	4♠	5♥	9♠					
39	10♣	10♦	Q♥	6♣	2♣	2♠	8♠	3♥	4♦/3♣		
	A♣	5♦	7♣	4♥	5♠	6♠					
40	4♠	Q♠	9♣	2♦	K♥	K♣	2♠	8♦	5♥/J♦		
	2♥	3♣	J♠	10♠	4♣	2♠					
41	4♥	8♦	6♦	A♦	9♣	8♠	K♣	Q♠	5♣/J♣		
	A♣	K♦	10♣	Q♥	6♥	K♣					
42	10♠	7♥	3♠	A♥	6♠	6♥	8♠	4♦	4♣/10♥		
	2♥	7♦	4♠	9♠	3♦	8♠					
43	Q♥	J♠	J♦	3♦	2♠	2♦	6♣	3♠	6♥/5♠		
	A♣	8♥	4♦	6♦	Q♦	6♦					
44	9♣	10♣	J♣	Q♣	K♣	A♦	2♦	6♥	3♦/4♦		
	2♥	7♥	10♠	3♠	9♦	2♦					
45	6♦	4♠	10♥	10♦	8♠	A♥	A♥	4♠	Q♦/5♥		
	A♣	A♠	Q♥	J♦	5♦	A♦					
46	3♠	4♥	5♠	Q♠	6♠	3♥	A♥		9♦/5♣		
	2♥	2♣	9♣	J♠	3♠	A♥					
47	J♦	10♠	4♦	8♦	2♦	Q♣	3♥	7♣	5♦/4♣		
	A♣	K♥	6♦	10♥	K♦	3♥					
48	J♣	Q♥	5♥	7♦	A♦	10♦	Q♣	8♦	3♣/6♥		
	2♥	9♠	3♠	5♠	7♠	Q♣					
49	10♥	9♣	5♣	J♠	A♥	Q♠	10♦	5♥	K♦/3♦		
	A♣	6♠	J♦	4♦	8♥	10♦					

歲數	水星	金星	火星	木星	土星	天王	海王	長期	冥王/結果	環境	置換
50	5♠	6♦	4♣	10♣	3♥	8♦	Q♠	J♦	7♠/Q♦		
	2♥	2♠	J♣	5♥	7♥	Q♠					
51	4♦	3♠	6♥	4♠	Q♣	7♠	8♦	3♦	8♥/9♦		
	A♣	K♠	10♥	5♣	A♠	8♦					
52	5♥	J♦	3♠	4♥	10♣	J♠	7♣	4♥	7♥/5♦		
	2♥	8♠	5♠	4♣	2♣	7♠					
53	5♠	J♣	Q♦	10♠	Q♠	10♣	J♠	10♦	A♠/3♣		
	A♣	6♣	4♦	6♥	K♥	J♠					
54	4♠	10♥	9♦	Q♥	8♦	4♠	10♣	J♠	2♣/K♦		
	2♥	2♦	5♥	3♦	9♠	10♣					
55	6♥	5♠	5♦	9♠	7♣	4♥	4♠	7♣	K♥/7♠		
	A♣	A♦	5♣	Q♦	6♠	4♠					
56	3♦	4♦	3♣	6♦	J♠	10♠	4♥	5♣	9♠/8♥		
	2♥	A♥	4♣	9♣	2♠	4♥					
57	Q♦	5♥	K♦	3♠	10♣	Q♥	10♠	J♣	6♠/7♥		
	A♣	3♥	6♥	5♦	K♣	10♠					
58	9♦	5♣	7♠	J♦	4♠	9♣	Q♥	Q♦	2♠/A♠		
	2♥	Q♠	3♦	3♣	8♠	Q♥					
59	5♦	4♣	8♦	J♣	4♥	6♦	9♣	10♠	K♣/2♣		
	A♣	10♦	Q♥	K♦	6♣	9♣					
60	3♣	6♥	7♥	10♥	10♠	3♠	6♦	Q♠	8♠/K♥		
	2♥	Q♠	9♦	7♠	2♦	6♦					
61	K♦	3♦	A♠	5♠	Q♥	J♦	3♠	10♣	6♠/9♠		
	A♣	8♦	5♦	8♥	A♦	3♠					
62	7♠	Q♦	2♣	4♦	9♣	J♣	J♦	J♠	2♦/6♠		
	2♥	7♠	3♣	7♥	A♥	J♦					
63	8♥	9♦	K♣	5♥	6♦	10♥	J♣	4♣	A♦/2♠		
	A♣	J♠	K♦	A♠	3♥	J♣					
64	7♥	5♦	9♠	5♠	3♠	5♠	10♥	10♥	A♥/K♣		
	2♥	10♣	7♥	2♣	Q♣	10♥					
65	A♠	3♦	6♠	4♦	J♦	4♦	5♠	9♦	3♥/8♠		
	A♣	4♠	8♥	K♥	10♦	5♠					
66	2♣	K♦	2♠	6♥	J♣	5♥	4♦	Q♥	Q♣/6♣		
	2♥	4♥	7♥	9♠	Q♠	4♦					
67	K♥	7♠	K♣	3♦	10♥	5♥	5♦	8♦	10♦/2♠		
	A♣	10♠	A♠	6♠	8♦	5♥					
68	9♠	8♥	8♠	Q♦	5♠	4♣	5♣	4♠	Q♠/A♦		
	2♥	Q♥	2♣	2♠	7♠	5♣					
69	6♠	7♥	6♦	9♦	4♦	6♥	4♠	10♣	8♦/A♥		
	A♣	9♠	K♥	K♣	J♠	4♠					
70	2♠	A♠	2♦	5♦	5♥	3♦	6♥	6♥	7♣/3♥		
	2♥	6♦	9♠	8♠	10♣	6♥					
71	K♣	2♠	A♦	5♠	Q♦	3♦	5♠		J♠/Q♣		
	A♣	3♠	6♠	6♠	4♠	3♦					
72	8♠	K♥	A♥	K♦	4♦	9♦	Q♦	5♦	10♣/10♦		
	2♥	J♦	2♠	2♦	4♥	Q♦					
73	6♠	9♠	3♥	7♠	6♥	5♥	9♦	9♣	4♠/Q♠		
	A♣	J♠	K♣	A♦	10♠	9♥					
74	2♦	6♠	Q♠	8♥	3♦	3♠	6♠	7♠	4♥/8♦		
	2♥	10♥	8♠	A♥	Q♥	5♦					
75	A♦	2♠	10♦	7♥	Q♠	K♠	3♣	4♥	10♠/7♣		
	A♣	5♠	6♣	3♥	9♠	3♣					
76	A♥	K♣	Q♠	A♠	9♥	7♠	K♦	4♠	Q♥/J♠		
	2♥	4♦	2♦	Q♣	6♦	K♦					
77	3♥	8♠	8♦	2♣	5♦	8♥	7♠	3♦	9♣/10♣		
	A♣	5♥	A♦	10♦	3♠	7♠					
78	Q♣	6♦	7♦	K♠	3♣	7♥	8♥	4♦	6♦/4♠		
	2♥	5♠	A♥	Q♠	J♦	8♥					
79	10♦	2♦	J♠	9♠	K♦	A♠	7♥	3♣	3♠/4♥		
	A♣	4♣	3♥	8♦	J♣	7♥					
80	Q♠	A♦	10♣	6♠	7♠	2♣	A♠	6♦	J♦/10♠		
	2♥	6♥	Q♣	7♣	10♥	A♠					
81	8♦	A♥	4♠	2♠	8♥	K♦	2♣	J♠	J♣/Q♥		
	A♣	3♦	10♠	J♠	5♦	2♣					
82	7♣	3♥	4♦	K♣	7♥	9♠	K♥	10♠	10♥/9♣		
	2♥	Q♦	Q♠	10♣	4♦	K♥					
83	J♠	Q♣	10♣	8♠	A♠	6♠	9♠	4♥	5♠/6♦		
	A♣	9♦	8♦	4♣	5♥	9♠					
84	10♠	10♦	Q♥	6♦	2♠	2♠	6♠	Q♦	4♦/3♠		
	2♥	5♦	7♠	4♥	5♠	6♠					
85	4♠	Q♠	6♣	2♦	K♥	K♣	2♠	5♥	5♥/J♦		
	A♣	3♠	J♠	10♠	4♣	2♠					
86	4♥	8♦	6♦	A♦	9♠	8♦	K♣	K♦	5♠/J♣		
	2♥	K♦	10♣	Q♥	6♥	K♣					
87	10♠	7♣	3♠	A♥	6♠	6♣	8♠	3♠	4♣/10♦		
	A♣	7♦	4♠	9♦	3♦	8♠					
88	Q♥	J♠	J♦	3♦	2♠	2♦	6♠	10♣	6♥/5♦		
	2♥	8♥	4♦	6♦	Q♦	6♣					
89	9♣	10♣	J♣	5♠	K♣	A♦	2♦	Q♥	3♦/4♦		
	A♣	7♥	10♠	A♠	9♦	2♦					
90	6♦	4♠	10♦	10♦	8♠	A♥	A♦	10♠	Q♦/5♦		
	2♥	A♠	Q♥	J♦	5♦	A♦					
91	3♠	4♥	5♠	Q♠	6♠	3♦	A♥	9♦	9♦/5♣		
	A♣	2♠	9♠	J♣	3♣	A♥					
92	J♦	10♠	4♦	8♦	2♦	Q♣	7♥		5♦/4♦		
	2♥	K♦	6♦	10♥	K♦	3♥					
93	J♣	Q♥	5♦	7♣	A♦	10♦	Q♣	7♠	3♣/6♥		
	A♣	9♠	3♠	8♠	7♠	Q♣					
94	10♥	9♣	5♠	J♠	A♥	Q♠	10♦	J♦	K♦/3♠		
	2♥	6♥	J♦	4♦	8♥	10♦					
95	5♠	6♦	4♣	10♣	3♥	8♦	Q♠	4♠	7♠/Q♦		
	A♣	2♠	J♠	5♥	7♥	Q♠					
96	4♦	3♠	6♥	4♠	Q♣	7♣	8♦	9♣	8♥/9♦		
	2♥	K♣	10♥	5♣	A♠	8♦					
97	5♥	J♦	3♠	4♥	10♦	J♠	7♣	Q♥	7♥/5♦		
	A♣	8♠	5♠	4♣	2♣	7♣					
98	5♣	J♠	Q♦	10♠	Q♠	10♣	J♠	5♦	A♠/3♣		
	2♥	6♠	4♦	6♦	K♥	J♠					
99	4♣	10♦	9♦	Q♥	8♦	4♠	10♣	4♠	2♣/K♦		
	A♣	2♦	5♥	3♦	9♠	10♣					

梅花9

歲數	水星	金星	火星	木星	土星	天王	海王	長期	冥王/結果	環境	置換
0	9♠	2♥	K♥	K♦	6♥	4♣	2♦	9♠	J♠/8♣	9♠	9♣
	5♣	K♠	6♣	2♣	9♥	8♠					
1	4♠	7♣	K♠	Q♣	2♥	10♥	Q♥	2♥	4♣/Q♦	6♦	Q♥
	J♣	3♣	A♥	8♠	A♣	2♣					
2	6♥	9♦	K♥	2♣	7♦	5♥	J♥	K♥	3♠/2♠	3♠	10♠
	J♠	A♠	7♥	J♣	8♦	3♦					
3	4♣	6♦	2♣	A♥	8♠	3♠	10♠	K♦	10♣/K♠	J♦	4♥
	J♠	3♣	A♣	K♥	Q♠						
4	5♣	J♠	A♥	Q♠	10♠	K♦	3♦	6♥	7♥/5♠	J♣	4♠
	A♠	7♦	A♣	6♥	5♥	3♦					
5	4♥	K♠	7♣	2♥	J♠	J♦	9♦	4♣	K♦/2♠	10♥	10♣
	A♦	8♥	A♠	4♣	3♠	6♥	J♠				
6	8♣	4♦	3♣	6♥	4♠	Q♣	7♣	2♦	8♦/8♥	5♠	J♠
	2♦	7♠	A♦	3♥	Q♥	7♣					
7	2♣	10♠	6♥	A♠	6♥	6♣	Q♣	4♠	4♣/J♦	4♦	7♣
	J♠	6♦	A♦	8♥	A♥	Q♣					
8	K♠	4♠	A♣	4♥	5♠	K♦	7♥	7♣	6♣/8♠	5♥	8♦
	K♣	2♠	4♣	10♠	7♥	J♥	5♠				
9	Q♦	K♥	K♣	A♠	Q♠	3♦	5♠	K♠	3♣/10♦	5♠	Q♠
	2♣	4♣	A♥	6♣	4♥	5♠					
10	7♣	4♥	4♠	K♥	7♠	2♠	3♦	Q♣	9♥/J♦	4♣	10♦
	7♥	J♣	5♥	3♠	8♠						
11	5♣	7♥	K♥	A♥	A♦	9♥	K♦	2♥	J♥/6♥	6♥	Q♣
	5♠	8♦	6♠	K♣	3♠	2♣					
12	A♣	6♦	4♣	A♠	9♠	3♥	A♥	10♦	7♦/7♠	3♦	3♥
	5♣	J♦	6♠	Q♦	10♦	A♥					
13	Q♥	2♠	A♠	6♠	5♦	7♦	5♠	Q♥	8♠/J♣	Q♦	A♥
	4♦	8♦	6♠	7♣	10♣	5♠					
14	K♣	2♠	2♦	3♣	9♥	4♦	6♣	6♥	10♥/7♠	9♠	A♦
	8♣	2♥	10♦	Q♠	K♦	6♣					
15	5♣	8♠	3♣	6♥	7♥	10♥	10♠	9♦	3♠/6♦	5♦	2♦
	5♦	9♠	K♠	Q♥	8♦	7♥					
16	4♠	5♦	6♥	5♥	K♠	J♣	A♣	K♥	10♥/9♣	3♣	6♣
	7♣	9♥	Q♥	6♦	3♣	6♠	K♠				
17	J♣	J♦	2♦	6♠	3♥	8♥	7♦	5♣	4♣/A♥	K♦	8♠
	3♠	K♦	2♠	K♠	6♦	9♠					
18	A♠	5♦	6♠	Q♥	8♦	3♠	10♠	7♦	K♦/Q♦	7♠	K♣
	6♥	10♥	3♦	4♥	2♦	10♠					
19	7♣	J♦	Q♥	7♠	9♦	6♥	K♠	5♥	4♦/2♥	8♥	2♠
	3♥	10♦	9♠	2♦	6♠	5♥	9♦				
20	8♥	5♦	3♦	K♠	5♥	A♣	5♠	J♥	7♠/6♣	7♥	6♠
	3♠	Q♦	4♦	9♦	Q♥	A♥					
21	A♣	Q♥	7♣	A♥	A♦	5♠	4♣		8♣/2♣	A♠	A♠
	3♥	6♦	J♦	9♠	5♦	5♦					
22	J♠	3♥	A♥	4♦	2♣	4♣	K♥	6♣	7♠/K♣	2♠	K♥
	4♥	4♣	8♥	Q♦	10♦	K♥					
23	10♥	2♠	7♥	2♦	J♣	4♥	4♦	2♣	J♦/2♣	K♥	2♣
	7♥	5♠	5♥	K♥	A♥	K♠					
24	Q♥	7♦	2♦	J♥	9♠	J♦	A♥	3♠/4♦	9♠	A♠	
	K♥	K♣	J♠	4♠	8♠	2♥					
25	9♥	A♦	J♥	6♠	J♣	A♣	J♦	8♠	4♥/Q♠	6♠	7♥
	Q♦	2♣	3♣	7♣	2♠	J♦					
26	4♣	5♠	6♠	A♣	7♠	K♣	9♠	3♠	A♣/5♦	2♠	8♥
	Q♥	8♠	3♣	Q♠	J♥	9♠	7♠				
27	J♣	5♠	2♦	9♠	Q♣	5♥	6♦	10♠	6♥/4♦	K♣	7♠
	6♣	K♦	8♦	J♥	6♠	8♥					
28	J♠	7♠	Q♦	2♣	8♠	6♣	9♠	5♣	3♥/7♣	8♠	K♦
	7♦	A♣	10♦	A♥	Q♠	9♠					
29	A♦	7♦	2♣	Q♥	7♥	3♥	10♠	A♠	3♠/5♠	6♣	3♣
	Q♣	10♣	10♦	7♠	9♠	4♣					
30	A♣	Q♣	Q♥	J♦	4♦	3♠	3♥	A♥	K♣/8♦	2♦	5♦
	3♣	8♠	2♥	5♠	6♣	3♥					
31	J♣	5♥	Q♦	Q♣	8♠	7♣	3♦	Q♠	10♥/5♦	A♦	9♥
	3♠	Q♠	4♥	8♣	7♥	2♠					
32	10♣	J♦	Q♠	9♥	6♠	3♠	K♥	10♦	Q♠/6♦	A♥	Q♦
	3♥	4♠	4♦	7♥	6♠	K♥					
33	5♣	5♥	9♥	J♠	J♥	3♥	3♦	K♦	A♣/6♥	3♥	3♦
	Q♦	5♦	2♠	7♥	K♣	3♦					
34	Q♥	8♥	8♠	8♠	10♦	2♥	J♠	3♦	9♠/K♦	Q♣	6♥
	10♣	K♥	6♠	5♦	J♦	10♥					
35	7♥	6♠	8♣	Q♠	A♥	10♣	6♠	4♥	7♠/2♣	10♦	4♣
	J♥	3♥	K♠	5♥	5♥	8♥					
36	J♦	3♦	6♥	7♦	4♥	J♥	Q♠	K♠	5♦/2♥	Q♠	5♠
	K♠	7♥	Q♦	9♥	8♥	A♠					
37	5♥	J♠	7♦	2♦	4♦	8♠	4♠	7♠	5♠/4♣	8♦	5♥
	3♥	5♠	9♥	2♥	Q♥	4♠					
38	8♥	3♦	2♣	7♠	8♠	3♥	2♦	2♥	K♠/2♠	7♣	4♦
	4♥	6♦	Q♣	4♣	7♦	A♣					
39	J♦	J♠	7♠	A♣	K♦	6♥	10♥	J♠	J♣/9♦	5♠	5♣
	8♠	Q♣	7♥	5♥	4♣	Q♥					
40	2♦	K♥	K♣	2♠	5♥	J♦	6♥	J♦	4♥/9♦	10♣	10♥
	5♠	6♦	6♣	10♦	A♠	5♠					
41	4♣	9♦	7♠	K♥	Q♥	7♣	J♦	9♦	2♣/5♦	4♠	J♣
	J♣	8♦	Q♦	9♥	2♥	J♦					
42	J♠	J♣	K♥	3♠	2♠	2♥	4♠	8♠	8♦/Q♠	4♥	J♦
	3♦	8♠	8♣	2♥	7♠	4♠					
43	7♦	Q♠	Q♦	Q♣	3♠	3♦	K♣	4♦	7♥/6♠	10♠	3♠
	3♥	5♦	J♦	4♠	10♦	K♦					
44	10♣	J♣	Q♣	K♣	A♦	2♦	3♦	3♠	4♦/5♦	Q♥	6♦
	2♣	8♥	A♥	4♠	10♦	3♦					
45	9♠	A♣	K♥	K♦	6♥	4♣	2♦	6♥	J♠/8♦	9♣	9♠
	5♣	K♠	6♣	2♣	7♦	8♠					
46	4♠	7♣	K♠	Q♣	A♠	10♣	Q♥	4♥	4♣/Q♦	6♦	Q♥
	J♣	3♣	A♥	8♣	2♥	2♣					
47	6♥	9♦	K♥	2♣	9♥	5♥	J♥	Q♣	3♠/2♠	3♠	10♠
	J♠	A♠	7♥	J♣	8♦	3♦					
48	4♣	6♦	2♣	A♥	8♠	3♠	10♠	7♠	10♣/K♠	J♦	4♥
	J♠	3♣	J♠	2♠	K♥	Q♠					
49	5♣	J♠	A♥	Q♠	10♠	K♦	3♦	2♣	7♥/5♠	J♣	4♠
	A♠	9♥	2♥	6♥	5♥	3♦					

歲數	水星	金星	火星	木星	土星	天王	海王	長期	冥王/結果	環境	置換
50	4♥	K♠	7♣	A♣	J♠	J♦	9♦	10♠	K♦/2♠	10♥	10♣
	A♠	8♥	A♠	4♣	3♣	6♥	J♠				
51	8♣	4♣	3♠	6♥	4♠	Q♣	7♣	6♥	8♦/8♥	5♠	J♠
	2♠	7♠	A♦	3♥	Q♥	7♣					
52	2♠	10♠	6♥	A♠	6♠	6♠	Q♣	A♠	4♣/J♣	4♦	7♣
	J♠	6♦	A♦	8♥	A♥	Q♣					
53	K♠	4♠	2♥	4♥	5♠	K♦	7♥	6♠	6♣/8♠	5♥	8♦
	K♣	2♠	4♣	10♠	7♠	J♥	5♠				
54	Q♦	K♥	K♣	A♠	Q♠	3♦	5♠	6♣	3♣/10♦	5♣	Q♠
	2♠	4♣	A♥	6♣	4♥	5♠					
55	7♣	4♥	4♣	K♥	7♠	2♠	3♦	Q♣	7♦/J♦	4♠	10♦
	7♥	J♠	5♦	3♠	6♠	8♠					
56	5♣	7♥	K♥	A♠	A♠	7♠	K♦	K♠	J♥/6♥	6♥	Q♣
	5♠	8♠	6♠	K♣	3♠	2♠					
57	2♥	6♦	4♣	A♠	9♠	3♥	A♥	4♠	9♥/7♠	3♦	3♥
	5♣	J♦	6♠	Q♠	10♦	A♥					
58	Q♥	2♠	A♠	6♠	5♠	9♥	5♠	A♠	8♠/J♣	Q♦	A♥
	4♦	8♠	6♠	7♠	10♣	5♠					
59	K♣	2♣	2♦	3♠	7♦	4♠	6♣	4♥	10♥/7♠	9♦	A♦
	8♣	A♠	10♦	Q♦	K♦	6♣					
60	5♣	8♠	3♣	6♥	7♥	10♥	10♠	5♠	3♠/6♥	5♦	2♦
	5♦	9♠	K♠	Q♥	8♦	9♥					
61	4♠	5♦	6♥	5♦	K♠	J♣	2♥	K♦	10♥/9♦	3♣	6♠
	7♠	7♦	Q♥	6♠	3♣	6♠	K♠				
62	J♣	J♦	2♦	6♠	3♥	8♠	9♥	7♥	4♣/A♥	K♦	8♠
	3♠	K♦	2♠	K♠	6♦	J♠					
63	A♠	5♦	6♠	Q♥	8♦	3♠	10♠	Q♦	K♦/Q♦	7♠	K♠
	6♥	10♥	3♦	4♥	2♦	10♠					
64	7♣	J♦	Q♥	7♠	9♦	6♥	K♠	K♦	4♦/A♣	8♥	2♠
	3♥	10♥	9♠	2♦	6♠	5♥	9♦				
65	8♥	5♦	3♦	K♠	5♦	2♥	5♣	K♣	7♠/6♦	7♥	6♠
	3♠	Q♦	4♦	9♦	Q♥	A♥					
66	2♥	Q♥	7♣	A♥	A♦	5♠	5♦	A♦	8♦/2♣	A♠	9♠
	3♥	6♦	J♦	9♦	5♥	5♦					
67	J♠	3♦	A♥	4♦	3♠	K♦	Q♠		7♠/K♣	2♠	K♠
	4♥	4♣	8♥	Q♦	10♦	K♥					
68	10♥	2♠	7♥	2♦	J♣	4♥	4♦	3♦	J♦/2♣	K♥	2♣
	9♥	5♠	5♥	K♦	A♥	K♠					
69	Q♥	9♥	2♦	J♥	9♠	J♦	A♣	5♠	3♠/4♠	9♠	A♠
	K♥	K♣	J♠	4♣	8♣	A♣					
70	7♦	A♦	J♥	6♠	♣	2♥	J♦	7♠	4♥/Q♠	6♠	7♥
	Q♦	2♣	3♠	7♠	2♠	J♦					
71	4♠	5♦	6♥	7♠	K♠	9♦	4♦	3♠	2♥/5♦	2♠	8♥
	Q♥	8♠	2♠	Q♠	J♥	9♠	7♠				
72	J♣	5♠	2♦	9♠	Q♣	5♦	6♦	4♠	6♥/4♦	K♣	7♠
	6♣	K♠	8♠	J♥	6♠	8♥					
73	J♠	7♠	Q♦	2♣	5♠	6♠	9♠	K♥	3♥/7♠	8♠	K♦
	9♥	2♦	10♦	2♦	9♠						
74	A♦	9♥	2♠	Q♥	7♠	3♥	10♠	7♠	3♠/5♠	6♠	3♣
	Q♣	10♣	10♦	7♠	9♠	4♣					
75	A♠	Q♣	Q♥	J♦	4♦	3♦	3♥	2♠	K♣/8♦	2♦	5♦
	3♣	8♠	A♣	5♠	6♣	3♥					
76	J♣	5♥	Q♦	Q♣	8♠	7♣	3♦	3♦	10♥/5♦	A♦	9♦
	3♠	Q♠	4♥	8♦	7♥	2♠					
77	10♣	J♦	Q♣	7♦	6♠	3♠	K♥	5♣	Q♠/6♦	A♥	Q♦
	3♥	4♣	4♦	7♥	6♣	K♥					
78	5♣	5♥	7♦	J♠	J♥	3♥	3♥	7♥	2♥/6♥	3♥	3♦
	Q♦	5♦	2♣								
79	Q♥	8♥	8♠	8♣	10♦	2♦	J♠	K♥	9♠/K♦	Q♣	6♥
	10♣	K♥	6♣	5♦	J♦	10♥					
80	7♥	6♣	8♠	Q♠	A♦	10♣	6♠	A♥	7♣/2♣	10♦	4♣
	J♥	3♥	K♣	5♠	5♥	8♦					
81	J♦	3♦	6♥	9♥	4♥	J♥	Q♠	A♦	5♦/A♣	Q♠	5♣
	K♠	7♥	Q♦	7♦	8♥	A♠					
82	5♥	9♠	9♥	2♦	4♥	8♠	4♠	9♥	5♠/4♣	8♦	5♥
	3♥	5♠	7♦	A♠	7♥	2♦					
83	8♠	3♦	2♣	7♠	8♠	7♥	2♦	K♦	K♠/2♠	7♣	4♦
	4♥	6♦	Q♣	4♣	9♥	2♥					
84	J♥	J♠	9♥	2♦	K♦	6♥	10♥	A♣	J♠/9♦	J♠	5♠
	8♠	Q♣	7♦	5♦	4♣	Q♥					
85	2♦	K♥	K♣	2♠	5♥	J♦	6♥	6♦	4♥/7♦	10♣	10♥
	5♠	6♦	6♣	10♦	A♠	5♠					
86	4♣	9♥	2♣	K♥	Q♥	7♣	J♦	4♠	2♠/5♦	5♠	J♣
	J♠	8♥	Q♦	7♦	A♣	J♦					
87	J♠	J♣	K♥	2♣	2♠	4♠	4♠	A♠	8♦/Q♣	4♥	J♦
	3♦	8♠	8♣	4♣	7♠	4♠					
88	9♥	Q♣	Q♣	2♣	3♦	3♦	3♦	7♥	7♥/6♠	10♠	3♠
	3♥	5♥	J♥	4♠	10♦	K♦					
89	10♣	A♣	Q♣	K♣	A♣	2♦	3♦	3♥	4♦/5♦	Q♥	6♦
	2♣	8♥	A♥	4♦	10♦	3♠					
90	9♠	2♥	K♣	K♣	6♥	3♣	2♣	A♥	J♠/8♣	9♠	8♠
	5♣	K♠	6♣	6♣	2♥	8♠					
91	4♠	7♣	K♠	Q♣	2♥	10♦	Q♥	Q♥	4♣/Q♦	6♦	Q♥
	J♣	3♣	A♥	8♣	A♣	2♣					
92	6♥	9♥	K♥	2♠	7♥	5♥	J♥	2♠	3♠/2♠	3♠	10♠
	J♠	A♠	7♥	J♠	8♠	3♦					
93	4♣	6♣	2♣	A♥	8♠	10♠	A♠		10♣/K♠	J♠	4♥
	J♠	3♣	2♣	8♣	K♥	Q♠					
94	5♣	J♠	A♥	Q♣	10♦	K♦	3♦	6♠	7♥/5♠	7♣	
	A♠	7♦	A♣	6♥	5♥	3♦					
95	4♥	K♠	7♣	2♠	J♠	J♦	9♦	5♦	K♦/2♠	10♥	10♣
	A♠	8♥	A♠	4♣	3♣	6♥	J♠				
96	8♣	4♣	3♠	6♥	4♠	Q♣	7♣	7♣	8♦/8♥	5♠	J♠
	2♦	7♠	A♦	3♥	Q♥	7♣					
97	2♣	10♠	6♥	A♠	6♠	6♣	Q♣	5♠	4♣/J♣	4♦	7♣
	J♠	6♦	A♦	8♥	A♥	Q♣					
98	K♠	4♠	4♥	4♦	5♠	K♦	7♥	K♣	6♣/8♠	5♥	8♦
	K♣	2♠	4♣	10♦	7♠	J♥	5♠				
99	Q♦	K♥	K♣	A♠	Q♠	3♦	5♠	2♣	3♣/10♦	5♣	Q♠
	2♣	4♣	A♥	6♣	4♥	5♠					

梅花10

歲數	水星	金星	火星	木星	土星	天王	海王	長期	冥王/結果	環境	置換
0	8♦	K♠	3♥	A♣	Q♣	10♠	5♣	8♦	3♦/A♠	10♠	10♣
	2♠	9♦	3♣	10♥	6♥	5♠	Q♣				
1	8♣	3♠	4♥	5♠	Q♠	6♣	3♥	K♠	A♥/9♦	4♠	J♠
	6♠	Q♦	2♠	8♠	J♠	3♥					
2	K♦	7♣	5♠	3♠	7♥	9♠	6♣	3♥	10♥/Q♥	4♥	7
	Q♣	4♠	2♠	9♦	K♠	6♣					
3	K♠	Q♠	2♥	8♦	6♦	3♦	5♦	A♣	9♠/K♥	10♠	8♦
	2♣	A♠	10♥	7♣	Q♦	J♥	6♦				
4	5♥	7♠	2♣	8♣	A♦	4♦	6♦	Q♣	6♥/2♦	Q♥	Q♠
	K♦	10♥	K♣	9♠	8♦	6♦					
5	3♥	8♦	Q♠	7♠	Q♦	A♠	4♦	10♠	7♦/10♠	9♣	10♦
	5♦	J♥	J♦	4♥	9♠	K♥					
6	J♣	5♦	7♠	K♣	2♠	7♥	3♦	5♦	J♥/5♠	6♦	Q♣
	6♦	A♥	7♥	2♣	6♥	K♦					
7	2♥	4♠	10♥	3♣	8♥	8♠	K♣	8♣	9♥/Q♦	3♣	3♥
	J♣	10♠	7♥	5♦	7♣	K♣					
8	J♠	A♠	3♠	8♣	7♣	6♥	6♦	3♠	K♥/Q♥	J♦	A♥
	3♠	A♥	7♥	3♥	10♥	6♦					
9	2♣	K♦	6♠	6♥	7♠	3♠	9♠	4♥	9♣/Q♦	J♣	A♦
	8♣	A♣	2♦	5♥	3♦	9♠					
10	J♣	8♣	6♥	5♠	5♦	9♣	7♣	5♠	4♥/4♠	10♥	2♦
	4♣	8♥	K♠	J♠	A♥	9♥					
11	Q♠	4♠	5♠	J♦	K♣	Q♥	2♥	Q♠	9♣/5♠	5♠	6♣
	3♥	7♠	J♠	4♠	6♥	7♥	K♠				
12	Q♥	10♠	6♠	7♥	8♠	9♦	9♥	6♣	10♥/K♣	4♦	8♠
	4♥	3♦	A♣	K♠	4♠	Q♣					
13	3♣	4♦	7♥	J♠	A♥	4♥	7♠	3♥	3♦/5♥	5♥	K♣
	5♠	9♣	4♦	8♦	6♠	7♣					
14	3♥	10♠	J♠	Q♦	5♠	5♠	K♠	K♦	3♠/A♠	5♠	2♠
	8♠	2♦	8♥	6♦	7♥	J♦	5♣				
15	9♦	4♠	4♦	K♠	2♥	J♠	7♠		Q♦/9♠	4♣	6♠
	4♥	5♥	2♦	J♦	K♣						
16	2♥	J♠	3♥	K♣	2♠	6♦	4♦	5♠	8♣/K♦	6♥	9♠
	8♠	4♠	10♠	5♣	J♦	4♣					
17	Q♣	8♠	K♣	3♠	6♥	8♣	7♠	3♠	Q♥/2♣	3♦	K♥
	8♦	10♥	9♣	5♥	2♦	7♠					
18	9♣	A♠	5♥	6♠	Q♥	8♦	3♠	7♥	10♠/K♦	Q♦	2♣
	9♥	6♦	J♦	7♠	K♣	K♠					
19	J♠	9♥	6♠	J♥	8♥	10♠	A♣	9♠	4♥/Q♠	9♦	A♠
	7♠	7♣	Q♣	10♥	8♣	A♣					
20	7♦	2♠	J♥	7♥	Q♥	2♥	10♠	6♣	8♦/A♦	5♦	7♥
	5♥	K♦	6♥	3♥	A♠	10♠					
21	10♥	6♦	7♥	7♣	Q♦	K♠	5♣	K♠	2♥/4♣	3♠	8♥
	J♠	K♥	6♥	A♦	J♥	8♥	Q♦				
22	Q♥	J♣	6♠	8♥	6♣	J♦	4♠	Q♠	5♠/3♠	K♦	7♠
	9♠	3♦	A♥	J♥	7♥	9♦					
23	Q♣	3♥	5♥	K♣	8♠	9♠	8♥	2♥	8♠/Q♦	7♠	K♦
	9♥	2♥	2♦	K♠	A♠	8♥					
24	2♠	9♥	K♦	J♠	5♦	8♠	7♠	8♦	4♥/6♦	8♥	3♣
	6♣	10♦	2♦	Q♦	8♥	10♥					
25	3♣	6♣	J♠	10♠	3♠	4♦	8♠	6♦	2♣/A♥	7♥	5♦
	6♥	8♣	A♣	6♦	9♠	8♠					
26	Q♥	J♦	5♥	6♣	K♥	3♥	4♦	3♦	9♣/4♣	A♠	9♦
	4♥	A♦	8♦	A♥	5♦	A♠					
27	10♣	10♠	6♣	7♦	7♥	4♥	7♠	5♦	A♦/4♣	2♣	Q♦
	8♠	10♥	3♠	5♦	9♠	7♠					
28	J♣	J♦	7♦	Q♣	J♥	8♠	4♦	5♥	2♥/5♠	K♥	3♦
	5♥	4♣	A♠	5♦	2♣	4♦					
29	J♠	9♦	K♥	8♣	2♦	6♠	Q♣	7♠	8♥/3♦	9♠	6♥
	10♦	7♠	9♠	4♠	10♠	9♦					
30	5♦	9♠	8♣	A♣	2♠	10♦	7♥	2♣	Q♦/K♦	6♠	4♣
	J♥	8♠	2♣	J♣	J♦	A♥					
31	10♠	4♦	5♠	9♥	8♦	J♥	A♦		4♣/A♣	2♠	5♣
	K♠	5♦	5♥	7♠	9♥	3♣					
32	J♦	Q♣	9♥	6♠	3♠	K♥	Q♠	A♦	6♦/10♥	K♣	5♥
	8♠	J♣	7♠	A♣	9♠	Q♠					
33	9♦	4♦	K♦	Q♦	A♥	8♠	6♠	4♦	K♠/A♥	8♠	4♦
	8♦	4♠	6♣	10♥	9♥	2♥					
34	J♥	Q♣	Q♦	2♥	3♦	5♠	9♠	6♦	Q♥/8♥	6♠	5♠
	K♥	6♣	5♦	J♦	10♥	J♠					
35	6♠	7♠	2♣	A♠	J♦	10♠	5♠	3♥	8♦/7♦	2♦	10♥
	6♦	4♠	9♠	2♦	6♦	4♣					
36	10♥	5♣	Q♦	7♠	9♠	3♥	10♠	8♦	K♦/4♣	A♦	J♣
	Q♥	A♥	5♥	7♥	A♣	10♠					
37	Q♣	Q♥	7♠	6♥	A♠	K♦	Q♠	Q♠	A♥/6♣	A♥	J♦
	4♦	K♥	8♣	A♣	Q♦	Q♠					
38	9♥	A♠	5♥	6♣	4♥	4♦	6♥	7♠	5♦/7♥	3♥	3♠
	8♠	J♦	J♥	Q♣	2♦	3♦					
39	10♦	Q♥	6♠	3♠	2♠	6♠	4♦	Q♦	3♠/4♣	Q♣	6♦
	K♦	9♠	2♦	2♦	2♠	4♦					
40	8♦	2♥	7♠	3♦	9♠	10♥	6♠	A♠	Q♣/8♦	10♦	9♣
	J♣	K♠	9♠	K♦	9♥	K♥					
41	Q♠	3♥	K♠	6♣	2♥	2♦	J♠	4♦	10♥/5♦	Q♠	Q♥
	Q♥	6♥	K♣	8♠	A♣	K♦					
42	5♠	5♠	7♠	K♦	7♦	J♦	J♥		4♥/A♠	8♦	10♠
	Q♣	3♣	5♦	Q♥	A♥	4♦					
43	10♥	9♠	K♦	K♣	K♥	4♥	7♣	5♦	10♦/K♠	7♠	4♥
	Q♣	6♥	Q♥	A♠	7♠	A♦					
44	J♣	Q♠	K♠	A♦	2♠	3♦	4♦	7♠	5♦/6♦	J♠	4♠
	3♣	7♦	A♣	5♠	J♦	4♦					
45	8♦	K♠	3♥	2♠	Q♣	10♠	5♣	K♣	3♦/A♠	10♣	10♣
	2♠	9♦	3♣	10♥	6♥	5♠	Q♣				
46	8♣	3♠	4♥	5♠	Q♠	6♣	3♥	2♠	A♥/9♦	4♠	J♠
	6♠	Q♦	2♠	8♠	J♠	3♥					
47	K♦	7♣	5♠	3♠	7♥	9♠	6♣	7♦	10♥/Q♥	4♥	7♣
	Q♣	4♠	2♠	9♦	K♣	6♣					
48	K♠	Q♠	A♠	8♦	6♦	3♦	5♦	3♦	9♠/K♥	10♠	8♦
	2♣	A♠	10♥	7♣	Q♦	J♥	6♦				
49	5♥	7♠	2♣	2♠	A♣	4♦	6♦	2♥	6♥/2♦	Q♥	Q♠
	K♦	10♥	K♣	9♠	8♦	6♦					

歲數	水星	金星	火星	木星	土星	天王	海王	長期	冥王/結果	環境	置換
50	3♥	8♦	Q♠	7♠	Q♦	A♠	4♦	4♠	9♥/10♠	9♣	10♦
	5♦	J♥	J♦	4♥	9♠	K♥					
51	J♣	5♦	7♠	K♣	2♠	9♥	3♦	10♥	J♥/5♠	6♦	Q♣
	6♠	A♥	7♥	2♣	6♥	K♦					
52	A♣	4♠	10♥	3♣	8♥	8♠	K♣	3♣	7♦/Q♦	3♠	3♥
	J♣	10♠	7♥	5♥	2♦	K♣					
53	J♠	A♠	3♣	9♠	4♣	7♦	6♦	8♥	K♥/Q♥	J♦	A♥
	3♠	A♥	7♥	3♥	10♦	6♥					
54	2♠	K♣	6♠	6♥	9♥	3♠	9♠	8♠	9♣/Q♦	J♣	A♦
	8♠	2♥	2♦	5♥	3♦	9♠					
55	J♣	8♠	6♥	5♠	5♥	9♠	7♣	K♣	4♥/4♠	10♥	2♦
	4♠	8♥	K♠	J♠	A♥	7♦					
56	Q♠	4♠	5♠	J♣	K♠	Q♥	A♣	J♠	9♣/5♣	5♠	6♠
	3♥	9♥	J♠	4♠	6♥	7♥	K♠				
57	Q♥	10♠	6♠	7♠	8♠	9♦	7♦	A♠	10♥/K♣	4♦	8♠
	4♥	3♦	A♠	K♠	4♠	Q♣					
58	3♣	4♠	7♥	J♠	A♥	4♥	7♣	3♣	3♦/5♥	5♥	K♣
	5♠	9♠	4♦	8♠	6♠	7♣					
59	3♥	10♠	J♠	Q♦	5♠	5♠	K♠	9♠	3♠/2♥	2♠	
	8♠	2♦	8♥	6♠	7♥	J♠	5♣				
60	9♦	4♣	4♠	K♠	J♠	A♣	J♠	4♣	Q♦/9♠	4♠	6♠
	4♥	5♥	3♠	5♠	J♠	K♠					
61	A♣	J♠	3♥	K♠	2♠	6♦	4♣	9♥	8♣/K♦	6♥	9♠
	8♠	4♠	10♠	5♣	J♦	4♣					
62	Q♣	8♠	K♣	3♠	6♥	8♣	7♠	6♦	Q♦/2♣	3♦	K♥
	8♠	10♥	9♦	5♥	2♦	7♠					
63	9♣	A♠	5♠	6♠	Q♥	3♠	2♣		10♠/K♦	Q♦	2♠
	7♦	6♥	J♦	7♠	K♣	K♣					
64	J♠	7♠	6♠	J♠	8♠	10♠	2♥	K♣	4♥/Q♠	9♦	A♠
	7♠	2♣	Q♣	10♥	8♠	2♥					
65	9♥	2♠	J♥	7♥	Q♥	A♣	10♠	6♠	8♦/A♦	5♦	7♥
	5♥	K♦	6♥	3♥	A♠	10♠					
66	10♥	6♦	7♥	3♣	Q♦	K♠	5♣	6♥	A♣/4♣	3♣	8♥
	J♠	K♥	6♥	A♦	J♥	8♥	Q♦				
67	Q♥	J♣	6♠	8♥	J♦		7♦		5♠/3♣	K♦	8♠
	9♠	3♦	A♥	J♦	7♥	9♦					
68	Q♣	3♠	5♥	K♦	8♠	9♠	8♥	3♠	8♠/Q♦	8♠	K♦
	7♦	A♣	2♦	K♣	A♠	8♥					
69	2♠	7♠	K♠	J♠	5♠	8♠	7♠	9♠	4♥/6♦	8♥	3♣
	6♣	10♦	2♦	Q♦	8♥	10♥					
70	3♣	6♣	J♠	10♠	3♠	4♦	8♠	J♣	2♣/A♥	7♥	5♦
	6♥	8♣	2♥	6♦	9♠	8♠					
71	Q♥	J♦	5♥	6♣	K♠	3♥	4♦	8♠	9♣/4♣	A♠	9♠
	4♥	A♥	8♦	A♥	5♠	A♠					
72	10♦	10♠	6♣	9♥	7♥	4♥	7♠	6♥	A♦/4♠	2♣	Q♦
	8♠	10♥	3♠	5♦	9♠	7♠					
73	J♣	J♦	9♥	Q♠	J♥	8♠	4♦	5♠	A♠/5♠	K♥	3♦
	5♥	4♠	A♠	10♠	2♣	4♦					
74	J♠	9♦	K♥	8♠	2♦	6♠	Q♠	5♦	8♥/3♦	9♠	6♥
	10♦	7♠	9♠	4♣	10♠	9♣					
75	5♦	9♠	8♠	A♦	2♠	10♦	7♥	9♣	Q♦/K♦	6♠	4♣
	J♥	8♠	2♣	J♣	J♦	A♥					
76	10♠	4♦	5♣	7♦	8♦	J♥	A♦	7♣	4♣/2♥	2♠	5♣
	K♠	5♦	5♥	9♥	9♦	3♣					
77	J♦	Q♣	7♣	6♠	3♠	K♥	Q♠	Q♠	6♦/10♥	K♣	5♥
	8♠	J♣	9♥	2♥	J♠	Q♠					
78	9♠	4♦	K♣	Q♠	A♥	8♠	6♠	4♣	K♠/A♠	8♠	4♦
	8♠	5♣	6♠	10♥	7♦	A♣					
79	J♥	Q♣	Q♠	A♣	3♦	5♠	9♣	5♠	Q♥/8♥	6♣	5♠
	K♥	6♣	5♦	J♦	10♥	J♠					
80	6♠	7♠	2♣	A♣	J♦	10♠	5♠	J♦	8♦/9♥	2♦	10♠
	6♦	4♠	9♠	2♦	3♣	J♣					
81	10♠	5♣	Q♦	7♠	J♠	3♥	10♠	K♠	K♦/4♣	A♦	J♣
	Q♥	A♥	5♥	9♥	2♥	10♠					
82	Q♣	Q♥	7♣	3♣	A♠	K♦	Q♠	Q♥	A♥/6♣	A♥	J♦
	4♦	K♥	8♠	2♥	Q♦	Q♠					
83	7♦	A♦	5♠	6♣	4♥	4♦		2♥	5♦/7♥	3♥	3♠
	8♠	J♦	J♥	Q♠	2♦	3♦					
84	10♦	Q♥	6♠	2♣	2♠	6♠	4♦	Q♥	3♠/4♣	Q♣	6♦
	K♦	9♦	K♣	Q♠	2♦	4♦					
85	8♥	A♣	7♠	3♠	5♠	10♥	J♠	10♠	Q♣/8♠	10♦	9♣
	J♣	K♠	9♦	K♦	7♠	K♥					
86	Q♠	3♥	K♠	2♠	8♣	2♠	J♠	6♠	10♥/5♥	Q♠	Q♥
	Q♥	6♥	K♣	8♣	2♥	K♦					
87	5♠	5♣	7♠	K♦	9♥	J♦	J♥	7♥	4♦/A♠	8♦	10♠
	Q♣	3♣	5♠	Q♥	A♦	4♦					
88	10♥	9♠	K♠	2♠	5♠	4♥		7♠	10♦/K♣	7♣	4♥
	Q♣	6♥	Q♥	A♠	7♠	A♦					
89	J♠	Q♣	K♣	2♠	2♦	3♦		9♦	5♦/6♦	J♠	4♠
	3♣	9♥	2♥	J♦	3♥						
90	8♦	K♠	3♠	A♣	2♣	3♠		9♥	3♦/A♠	10♠	10♣
	2♠	9♠	3♣	10♥	6♥	5♠	Q♣				
91	8♣	3♠	4♥	5♠	2♠	6♣	3♥	3♣	A♥/9♦	4♠	J♠
	6♠	Q♠	2♠	J♠	3♥						
92	K♠	7♠	5♠	3♠	7♥	9♠		4♠	10♥/Q♠	4♦	7♣
	Q♠	4♠	2♠	9♠	K♠	6♠					
93	K♠	Q♠	2♥	8♠	6♠	3♦		5♠	7♥ 9♠/K♥	10♠	8♦
	2♣	A♠	10♥	J♣	Q♦	J♥	6♠				
94	5♥	7♠	2♠	2♠	A♠	4♦		J♠	6♥/2♦	Q♥	Q♠
	K♦	10♥	K♣	9♠	8♠	6♦					
95	3♥	8♦	Q♠	7♠	Q♦	A♠	4♠	A♥	7♦/10♠	9♣	10♦
	5♦	J♥	J♦	4♥	9♠	K♥					
96	J♣	5♦	7♠	K♣	2♠	7♠		3♦	J♥/5♠	6♦	Q♣
	6♠	A♥	7♥	2♣	6♥	K♦					
97	2♥	4♠	10♥	3♣	8♥	8♠	K♣	7♣	9♥/Q♦	3♠	3♥
	J♣	10♠	7♥	5♥	2♦	K♣					
98	J♠	A♠	3♣	9♠	4♣	9♥	6♦	3♥	K♥/Q♥	J♦	A♥
	3♠	A♥	7♥	3♥	10♦	6♥					
99	2♣	K♦	6♠	6♥	7♠	3♠	9♠	10♠	9♣/Q♦	J♣	A♦
	8♣	A♣	2♦	5♥	3♦	9♠					

梅花J

歲數	水星	金星	火星	木星	土星	天王	海王	長期	冥王/結果	環境	置換
0	9♦	7♠	2♣	K♣	J♥	4♥	4♦	9♦	2♠/8♥	J♣	J♣
	5♥	4♠	K♣	7♥	A♣	4♦					
1	10♠	5♥	K♣	7♥	2♦	2♠	9♣	7♠	4♠/7♣	10♥	J♦
	3♣	A♥	8♣	A♣	2♣	9♠					
2	9♥	10♣	K♦	7♣	5♠	3♠	7♥	2♠	9♠/6♣	5♠	3♠
	8♦	3♦	J♥	9♣	J♠	A♠					
3	Q♥	5♥	7♣	A♦	10♦	Q♣	3♣	K♣	6♥/8♥	4♦	6♦
	2♠	K♥	Q♠	9♣	J♠	3♣					
4	8♠	2♥	K♣	A♠	5♦	9♦	Q♣	J♦	10♠/8♣	5♥	9♣
	Q♦	K♠	3♥	2♠	9♥	A♥					
5	9♣	4♥	K♠	7♠	2♥	J♠	J♦	4♥	9♦/K♦	5♠	Q♥
	5♥	7♥	Q♠	8♠	A♣	2♠					
6	5♦	7♠	K♣	2♠	7♥	3♦	J♥	4♦	5♠/2♦	4♠	10♠
	10♠	6♠	9♠	5♥	4♠	3♣					
7	9♦	3♥	2♠	Q♠	A♥	5♠	3♠	10♠	Q♥/K♠	6♥	4♥
	10♠	7♥	5♥	5♦	K♣	10♣					
8	Q♦	10♠	Q♣	10♠	J♠	A♠	3♣	5♥	9♠/4♣	3♦	4♠
	6♠	7♦	A♣	5♦	3♦	3♣					
9	6♦	K♠	4♥	2♥	10♠	4♦	7♠	K♣	A♠/2♦	Q♦	10♣
	10♦	K♥	6♠	9♦	7♥	5♦	10♠				
10	8♣	6♥	5♠	5♦	9♣	7♣	4♥	7♥	4♠/K♥	9♦	J♠
	Q♣	2♣	10♦	8♦	J♦	4♥					
11	2♠	3♣	5♠	6♠	6♥	3♥	7♠	2♦	9♦/5♥	5♦	7♣
	10♠	10♥	10♣	K♥	Q♣	7♥					
12	K♠	9♣	A♠	6♦	4♣	A♠	9♠	2♠	3♥/A♥	3♣	8♦
	A♦	2♣	9♥	3♠	2♣	J♥	4♣				
13	K♦	K♣	A♣	10♦	3♣	5♣	4♦	9♣	7♥/J♠	K♣	Q♠
	2♠	9♣	Q♠	3♥	6♦	4♣					
14	4♥	6♦	9♣	K♣	2♠	2♦	3♣	9♥	9♥/4♦	7♠	10♦
	9♠	J♥	3♥	5♠	3♥	A♥					
15	Q♦	9♠	K♣	Q♠	10♦	A♠	A♠	10♣	J♥/5♦	8♥	Q♣
	4♣	4♠	6♣	A♦	7♥	2♠					
16	A♣	10♥	9♣	6♠	8♠	8♦	Q♠	K♦	7♦/2♣	7♥	3♥
	Q♦	4♦	6♣	K♣	J♠	Q♠					
17	J♦	2♦	6♠	8♥	7♦	4♣	7♠		A♥/5♥	A♠	A♥
	6♥	4♠	6♠	4♦	Q♥	4♣					
18	A♦	2♠	Q♣	7♦	9♥	6♥	3♥	5♠	5♠/2♣	3♣	A♦
	8♣	2♥	J♠	K♦	A♠	3♥					
19	Q♦	8♥	7♥	5♦	9♠	5♠	3♠	3♠	5♠/10♥	K♥	2♦
	8♥	8♠	K♠	J♦	4♠	7♥					
20	9♣	8♥	5♦	3♦	K♠	5♥	A♣	7♥	5♣/7♠	9♠	6♠
	4♥	9♥	J♦	10♦	7♥	6♣	K♠				
21	5♥	4♦	Q♣	6♣	8♦	K♥	7♦	Q♥	9♦/Q♠	6♠	8♠
	5♠	A♠	2♦	K♠	10♥	10♠					
22	6♠	8♥	J♦	4♠	3♠	3♠	5♥		A♠/K♦	2♠	K♠
	5♠	5♣	3♣	6♦	Q♣	3♠					
23	4♥	4♦	J♦	2♠	7♠	5♦	K♠	7♣	6♥/2♥	2♣	2♠
	8♦	9♠	8♦	6♣	3♦	7♠					
24	K♥	8♥	3♣	K♠	3♠	A♣	9♦	A♦	2♠/3♥	8♠	6♠
	5♠	K♦	6♥	7♠	J♦	Q♠					
25	A♣	J♦	4♥	Q♠	10♦	4♣	8♥	10♦	8♣/2♠	6♣	9♠
	8♦	10♥	4♦	7♠	3♦	8♥					
26	10♠	8♦	Q♠	6♥	7♥	8♣	K♣	Q♠	2♣/A♦	2♦	K♥
	6♦	9♠	K♥	K♦	J♠	K♣					
27	5♣	2♦	9♠	Q♣	5♥	6♦	6♥	3♣	4♦/2♠	A♦	2♣
	7♦	4♣	3♦	K♣	Q♠	K♠					
28	J♦	7♦	Q♣	J♥	8♠	4♦	2♥	8♠	5♠/9♠	A♥	A♠
	K♣	A♦	10♠	9♦	8♣	2♥					
29	9♥	10♦	J♥	6♣	5♥	A♣	4♦	2♥	6♦/10♣	3♥	7♥
	K♦	2♠	7♥	4♦	2♦	4♦					
30	9♦	4♣	6♠	6♠	2♠	K♣	7♠	K♣	A♣/8♥	Q♣	8♥
	J♦	A♥	7♥	10♣	J♥	8♠	2♠				
31	5♥	Q♦	Q♣	8♠	7♣	3♦	10♥	A♠	5♦/6♥	10♦	7♠
	3♥	A♠	4♠	J♥	6♠	K♥					
32	10♠	4♥	K♦	2♠	8♠	3♥	8♠	5♦	8♦/2♠	Q♠	K♦
	7♦	A♣	J♠	Q♠	10♣	8♠					
33	10♦	7♦	2♠	J♦	9♠	8♠	3♠	9♦	5♠/4♣	8♦	3♠
	7♣	Q♥	J♠	2♣	8♠	9♦					
34	6♠	7♠	J♦	4♦	6♦	3♣	8♦	Q♠	A♦/4♠	7♠	5♦
	7♥	8♠	2♥	4♠	3♥	8♦					
35	5♥	3♦	K♦	7♠	A♥	4♥	3♣	5♣	5♣/8♥	J♠	9♦
	5♠	10♣	6♦	4♠	9♣	2♦					
36	Q♥	4♦	7♦	9♠	6♣	5♠	K♣	4♥	10♣/10♥	10♣	Q♦
	8♦	9♦	6♥	9♠	3♦	K♣					
37	Q♦	3♦	9♥	10♠	J♥	8♦	3♣	K♠	A♣/5♦	4♠	3♦
	K♦	8♥	2♦	9♠	A♦	3♣					
38	J♦	K♥	A♥	8♠	2♠	Q♣	10♠	7♦	8♠/A♠	4♥	6♥
	Q♥	K♣	3♥	8♥	4♦	5♣					
39	9♠	3♦	8♣	10♦	10♦	Q♥	2♥		2♣/2♠	10♠	4♣
	J♥	8♦	A♦	Q♣	3♦	4♠					
40	4♠	3♣	5♦	7♦	6♦	J♥	10♣	J♠	8♥/2♦	Q♥	5♠
	K♠	9♠	K♦	9♠	K♥	6♠					
41	3♦	10♠	7♦	Q♣	6♥	A♦	9♠	J♦	4♣/9♦	9♣	5♥
	8♦	Q♦	9♥	2♦	J♦	9♠					
42	K♦	3♣	2♦	2♦	4♠	8♦	Q♠		K♠/2♦	6♦	4♦
	6♦	10♥	7♠	9♦	7♦	A♠					
43	J♥	10♠	Q♣	A♣	A♣	5♦	5♣	7♠	5♥/8♠	3♠	5♠
	A♥	7♣	9♠	3♦	9♦	J♦					
44	Q♣	K♣	A♦	2♦	3♦	4♦	5♦	K♣	6♦/9♥	J♦	10♥
	4♣	10♥	3♥	J♠	6♠	Q♦					
45	9♦	7♠	2♣	K♣	J♥	4♥	4♦	2♠	2♠/8♥	J♣	J♣
	5♥	4♠	K♣	9♥	2♥	4♦					
46	10♠	5♥	K♣	7♥	2♦	2♠	9♣	7♠	4♠/7♣	10♥	J♦
	3♣	A♥	8♣	A♣	2♣	9♠					
47	7♦	10♣	K♦	7♣	5♠	3♠	7♥	3♣	9♠/6♣	5♠	3♠
	8♦	3♦	J♥	9♣	J♠	A♠					
48	Q♥	5♥	7♣	A♦	10♦	Q♣	3♣	J♥	6♥/8♥	4♦	6♦
	2♠	K♥	Q♠	9♣	J♠	3♣					
49	8♠	A♠	K♣	A♠	5♦	9♦	Q♣	9♦	10♠/8♣	5♥	9♣
	Q♦	K♠	3♥	2♠	7♦	A♥					

歲數	水星	金星	火星	木星	土星	天王	海王	長期	冥王/結果	環境	置換
50	9♠ 5♥	4♥ 7♥	K♠ Q♠	7♣ 8♣	A♣ 2♥	J♠ 2♠	J♦	3♥	9♦/K♦	5♣	Q♥
51	5♦ 10♠	7♠ 6♠	K♣ 9♠	2♠ 5♥	9♥ 4♠	3♦ 3♣	J♥	2♠	5♠/2♦	4♣	10♠
52	9♠ 10♠	3♥ 7♥	2♠ 5♥	Q♠ 2♦	A♥ K♣	5♠ 10♣	3♠	Q♠	Q♥/K♠	6♥	4♥
53	Q♦ 6♠	10♠ 9♥	Q♠ 2♥	10♣ 5♦	J♠ 3♦	A♠ 3♠	3♣	A♥	9♠/4♣	3♦	4♠
54	6♦ 10♥	K♠ K♥	4♥ 6♠	A♣ 9♦	10♠ 7♥	4♦ 5♦	7♠ 10♠	5♠	A♠/2♦	Q♦	10♣
55	8♣ Q♣	6♥ 2♣	5♠ 10♠	5♦ 8♣	9♣ J♦	7♠ 4♥	4♥	3♠	4♠/K♥	9♦	J♠
56	2♠ 10♠	3♠ 10♥	5♦ 10♦	6♠ K♥	6♠ Q♣	3♥ 7♣	7♣	Q♦	9♦/5♥	5♦	7♣
57	K♠ A♦	9♣ 2♦	2♥ 9♥	6♠ 3♠	4♠ 2♠	A♠ J♥	9♠ 4♠	10♠	3♥/A♥	3♣	8♦
58	K♦ 2♠	K♣ 9♦	A♦ Q♠	10♦ 3♥	10♣ 6♦	3♣ 4♣	4♣	Q♠	7♥/J♠	K♦	Q♠
59	4♥ 9♠	6♦ J♥	9♣ 3♣	K♣ 5♠	2♣ 3♥	2♣ A♥	3♠	10♣	7♦/4♣	7♠	10♦
60	Q♦ 4♣	9♣ 4♦	K♣ 6♠	Q♠ A♦	10♦ 7♥	7♠ 2♠	A♠	J♠	J♥/5♦	8♥	Q♣
61	2♥ Q♦	10♥ 4♦	9♣ 6♣	6♠ K♦	8♠ J♠	8♦ Q♠	Q♠	A♠	9♥/2♦	7♥	3♥
62	J♦ 6♥	2♦ 4♠	6♠ 6♣	3♥ 4♥	8♠ Q♥	9♥ 4♣	4♣	3♠	A♥/5♥	A♠	A♥
63	A♦ 8♣	2♠ A♣	Q♣ J♠	7♥ K♦	7♦ A♠	6♥ 3♥	3♥	6♦	5♣/2♦	2♣	A♦
64	Q♦ 8♥	8♣ 8♠	7♥ K♣	5♦ J♦	9♠ 4♠	5♣ 9♥	3♠	K♠	5♠/10♥	K♥	2♠
65	9♣ 4♥	8♥ 7♦	5♠ J♦	3♦ 10♥	K♠ 7♦	5♦ 6♣	2♣ K♠	4♥	♣/7♠	9♠	6♦
66	5♥ 5♠	4♦ A♠	Q♣ 2♦	6♠ K♠	8♦ 10♥	K♥ 10♠	9♥	2♥	9♦/Q♠	6♠	8♠
67	6♠ 5♦	8♥ 5♣	J♦ 3♣	4♠ 6♦	3♥ Q♣	3♠ 3♠	10♠		A♠/K♦	2♠	K♠
68	4♥ 8♦	4♦ J♠	J♦ 8♠	2♠ Q♣	7♠ 6♠	5♦ 3♦	K♠ 7♠	4♦	6♥/A♣	K♣	2♠
69	K♥ 5♠	8♦ K♦	3♣ 6♥	K♠ 7♠	3♦ J♦	2♥ Q♠	Q♦	7♠	2♣/3♥	8♠	6♠
70	2♥ 8♠	J♦ 10♥	4♥ 4♦	Q♠ 7♠	10♦ 3♦	4♣ 8♥	8♥	8♣	8♣/2♠	K♣	9♠
71	10♠ 6♦	8♦ 9♠	Q♠ K♥	6♥ K♦	7♦ J♠	8♠ K♣	K♣	6♥	2♣/A♦	2♦	K♥
72	5♣ 9♥	2♦ 4♣	9♠ 3♥	Q♠ K♣	5♦ Q♠	6♦ K♣	6♥	5♠	4♦/2♦	A♦	2♣
73	J♥ K♠	9♥ A♦	Q♣ 10♠	J♥ 9♦	8♠ 8♠	4♦ A♣	A♦	5♦	5♠/9♣	A♥	A♠
74	7♦ K♦	10♦ 2♠	J♥ 7♥	6♣ 4♥	5♥ 2♦	2♥ 4♦	4♦	9♣	6♦/10♣	3♥	7♥

歲數	水星	金星	火星	木星	土星	天王	海王	長期	冥王/結果	環境	置換
75	9♦ J♦	4♣ A♥	6♠ 7♥	6♠ 10♣	2♣ J♥	K♠ 8♠	7♠ 2♣	7♣	2♥/8♥	Q♣	8♥
76	5♥ 3♥	Q♦ A♠	Q♣ 4♠	8♠ J♥	9♥ 6♣	3♥ K♥	3♦	10♥	4♥ 5♦/6♥	10♦	7♠
77	10♠ 9♥	4♥ 2♥	K♦ J♠	2♠ Q♠	8♠ 10♣	3♥ 8♠	8♠	2♠	8♦/2♣	Q♠	K♦
78	10♦ 7♣	9♥ Q♥	2♠ J♦	J♦ 9♣	9♠ K♠	8♠	9♦	3♠	5♠/4♣	8♦	3♣
79	6♠ 7♥	7♣ 8♣	J♦ A♣	4♦ 4♣	6♥ 3♥	3♠ 8♦	8♦	5♦	A♦/4♠	7♣	5♦
80	5♥ 5♠	3♦ 10♣	K♦ 6♦	7♣ 4♣	A♥ 9♠	4♥ 2♦	3♠	6♠	5♦/8♥	J♠	9♦
81	Q♥ 8♦	4♦ 9♦	7♣ 6♥	7♦ 9♠	6♠ 3♥	5♠ K♣	K♣	6♣	10♣/10♥	10♣	Q♦
82	Q♦ K♦	3♦ 8♥	7♦ 2♦	10♠ 9♠	J♥ A♥	8♠	3♠	3♥	2♥/5♦	4♠	3♦
83	J♦ Q♥	K♥ K♣	A♥ 3♥	8♣ 8♥	3♠ 4♦	Q♣ 5♠	10♠	7♣	8♠/A♠	4♥	6♥
84	9♠ J♥	3♥ 8♦	8♠ A♣	10♠ Q♦	10♦ 3♦	Q♥ 4♠	6♣	K♠	2♠/2♦	10♠	4♣
85	4♦ K♠	3♣ 9♠	5♦ K♦	9♥ 7♦	6♦ K♥	J♥ 6♠	10♦	9♠	8♥/A♣	Q♥	♣
86	3♦ 8♦	10♠ Q♦	9♥ 7♠	Q♠ A♣	6♥ J♦	A♥ 9♠	9♣	A♠	4♠/9♥	♣	5♥
87	K♥ 6♦	3♣ 10♥	2♠ 7♣	2♣ 9♦	4♠ 5♥	8♦ 2♥	Q♣	6♦	K♠/2♦	6♦	4♦
88	J♥ A♥	10♠ 7♠	2♠ 9♠	2♠ 3♦	A♠ 9♦	5♦ J♠	5♠	4♠	5♥/8♣	3♠	5♠
89	Q♣ 4♣	K♠ 10♥	A♦ 3♥	2♠ J♠	5♠ 6♠	4♦ Q♦	A♠		6♦/7♦	J♦	10♥
90	9♣ 5♥	7♠ 4♠	2♣ K♦	6♣ 7♠	J♦ A♣	9♣ 4♦			2♠/8♥	♣	J♣
91	10♠ 3♣	5♥ A♥	K♣ 8♠	7♥ A♣	2♦ 2♣	2♠ 9♣	9♠	K♦	4♠/7♣	10♥	J♦
92	9♥ 8♦	10♠ 3♦	K♣ J♥	7♠ 9♣	5♠ J♠	3♥ A♥	K♠		9♠/6♠	5♠	♠
93	Q♥ 2♠	5♦ K♥	7♣ Q♠	A♦ 9♣	10♦ J♠	Q♣ 3♦	3♣	A♦	6♥/8♥	4♦	6♦
94	8♠ Q♦	2♦ K♠	K♣ 3♥	A♠ 2♠	5♦ 9♥	Q♣ A♥	10♦		10♠/8♣	5♥	9♣
95	9♣ 5♥	4♦ 7♥	K♣ Q♠	7♣ 8♣	2♥ A♣	J♠ 2♠	J♦	10♣	9♦/K♦	5♣	Q♥
96	5♥ 10♠	7♠ 6♠	K♣ 9♠	2♠ 5♦	7♦ 4♠	3♦ 3♦	J♥	3♣	5♠/2♦	4♠	10♠
97	9♦ 10♠	3♠ 7♥	2♠ 5♥	Q♠ 2♦	A♥ K♣	5♠ 10♣	3♠	4♣	Q♥/K♠	6♥	4♥
98	Q♦ 6♠	10♠ 7♦	Q♠ A♠	10♣ 5♦	J♠ 3♦	A♠ 3♣	3♣	4♦	9♠/4♣	3♦	4♠
99	6♦ 10♦	K♠ K♥	4♥ 6♠	2♥ 9♦	10♠ 7♥	4♦ 5♦	7♠ 10♠	6♦	A♠/2♦	Q♦	10♣

梅花Q

歲數	水星	金星	火星	木星	土星	天王	海王	長期	冥王/結果	環境	置換
0	10♠	5♣	3♦	A♠	7♥	7♠	5♠	10♠	J♥/9♣	Q♣	Q♣
	10♣	2♠	9♦	3♠	10♥	6♥					
1	2♥	10♦	Q♥	4♣	Q♦	2♣	A♠	5♣	9♥/4♦	10♦	3♥
	10♠	8♦	9♦	3♠	9♠	A♠					
2	3♥	5♦	4♣	7♠	J♣	9♥	10♣	3♦	K♦/7♣	Q♠	A♥
	4♠	2♠	9♦	K♣	6♣	10♣					
3	3♣	6♥	8♥	10♥	7♦	4♠	7♠	A♠	J♠/4♦	8♠	A♦
	8♣	A♠	9♠	5♠	5♠	7♠					
4	10♠	8♣	10♥	9♠	5♠	J♠	A♥	7♥	Q♠/10♦	7♣	2♦
	J♣	Q♦	K♠	3♥	2♠	9♥					
5	2♦	J♣	9♣	4♥	K♠	7♠	2♥	7♠	J♠/J♦	J♠	6♠
	K♣	7♦	3♥	10♦	10♥	9♠	K♠				
6	7♣	8♠	8♥	9♠	2♠	5♥	9♥	5♠	Q♥/A♠	10♣	8♠
	Q♠	5♠	5♦	K♠	10♦	8♠					
7	4♣	J♣	9♣	3♥	♠	Q♠	A♥	2♥	5♠/3♠	8♠	K♣
	9♣	J♠	6♠	A♦	8♥	A♥					
8	K♣	8♦	3♦	4♣	J♣	9♠	K♠	10♦	4♠/A♣	4♥	2♠
	2♣	9♠	Q♦	8♠	9♠	4♥	J♠				
9	5♥	J♣	6♠	K♣	4♥	2♥	10♠	Q♥	4♦/7♠	10♠	6♠
	Q♠	3♠	4♠	J♦	3♥	A♠					
10	2♥	3♥	K♣	A♠	7♥	10♣	J♠	4♣	8♣/6♥	Q♥	9♠
	2♣	10♦	8♦	J♠	4♥	J♣					
11	8♠	2♣	A♠	4♠	10♥	5♣	3♦	Q♦	4♦/3♣	9♠	K♥
	A♦	Q♥	5♥	9♠	9♠	3♦					
12	J♠	5♦	5♣	8♥	7♠	A♠	4♠	2♣	8♦/6♥	6♦	2♣
	9♥	10♣	4♥	3♦	A♠	K♠					
13	3♥	9♥	8♥	J♥	Q♠	8♠	A♣	A♠	Q♠/2♠	3♠	A♠
	3♠	3♣	8♠	Q♥	8♠	A♠					
14	7♦	7♥	J♥	9♠	7♠	2♥	8♠	3♥	A♦/6♠	J♦	7♥
	3♠	6♥	10♥	K♠	5♦	8♠					
15	Q♥	10♣	9♠	4♠	4♠	K♠	J♦	5♦	2♥/J♣	J♣	8♥
	3♥	K♦	10♥	6♠	J♥	Q♦	4♦				
16	7♣	10♠	8♥	Q♦	K♥	4♥	10♠	4♣	9♣/4♠	10♥	7♠
	7♠	5♠	2♠	J♥	9♦	5♥					
17	8♠	K♣	3♠	6♥	8♠	7♥	Q♥	7♠	2♥/4♦	5♠	K♣
	9♥	2♥	9♠	A♠	6♠	Q♥					
18	7♥	9♥	6♥	3♥	5♣		A♥	J♣	Q♠/10♣	4♦	3♣
	K♥	6♣	9♠	4♦	Q♦	Q♥					
19	4♣	K♥	3♥	8♦	4♠	6♦	2♣	9♥	3♠/2♠	5♥	5♦
	10♥	8♣	A♠	10♦	7♠	J♣					
20	7♣	4♥	3♠	K♥	K♦	K♣	6♦	10♣	J♠/J♣	5♠	9♦
	Q♠	6♠	A♦	2♠	5♠	5♦					
21	6♣	8♦	K♥	7♦	9♦	Q♠	3♦	3♣	6♠/10♦	4♣	Q♦
	2♣	Q♥	4♠	5♠	7♠	3♦					
22	10♠	4♥	7♠	8♠	J♥	9♣	6♦	6♥	2♥/9♣	6♥	3♦
	3♠	9♣	5♠	5♦	3♠	6♦					
23	3♥	5♥	K♦	8♠	9♠	8♥	8♠	8♥	Q♦/5♠	3♦	6♥
	6♠	3♦	7♠	J♣	8♠	J♠					
24	5♣	7♠	8♠	6♠	7♥	6♠	9♠	10♥	4♦/6♥	Q♦	4♣
	J♥	2♣	3♠	10♠	4♥	2♠					
25	8♠	6♦	9♣	9♥	A♦	J♥	6♠	7♦	J♣/A♣	9♦	5♣
	K♠	5♠	3♠	7♦	5♥	4♣					
26	4♥	8♠	9♥	8♥	4♠	K♦	2♦	4♠	10♣/Q♥	5♣	5♥
	2♣	10♠	7♦	A♣	3♥	2♦					
27	5♥	6♦	6♥	4♦	2♠	2♠	8♥	7♠	K♠/5♦	3♣	4♦
	A♠	10♠	K♥	Q♥	9♥	2♥					
28	J♥	8♠	4♦	2♥	5♠	9♣	♠	10♠	7♣/Q♣	K♦	5♠
	K♦	K♥	5♠	4♥	Q♥	3♥					
29	8♥	3♦	3♠	5♦	4♥	8♦	9♣	8♠	A♦/7♦	7♠	10♥
	10♥	10♦	7♠	9♠	4♣	10♠					
30	Q♥	J♦	4♦	3♦	3♥	K♣	8♦	10♥	6♥/J♣	8♥	J♣
	7♠	2♣	3♦	7♦	A♣	8♦					
31	8♠	7♣	3♦	10♥	5♠	6♥	2♦	9♠	2♠/K♥	7♠	J♦
	6♦	K♦	8♣	A♣	4♦	2♦					
32	9♥	6♠	3♠	K♥	Q♠	6♦	10♥	5♣	5♣/9♦	A♠	3♠
	2♣	4♥	J♦	2♦	9♠	5♠					
33	6♣	7♠	K♥	3♦	7♥	8♥	6♦	J♠	4♠/J♣	2♠	6♦
	6♥	5♥	A♠	2♦	9♥	6♦					
34	Q♦	A♠	3♦	5♠	9♠	Q♥	8♥	A♥	8♠/8♦	K♥	9♠
	10♠	K♠	7♠	6♥	9♥	K♦					
35	2♦	K♠	K♠	K♣	2♠	9♠	3♥	2♦	Q♥/3♠	9♠	Q♥
	7♣	10♥	A♠	8♠	A♠	6♥					
36	9♣	J♦	3♦	6♥	7♠	4♥	J♥	J♣	Q♠/5♦	6♠	10♠
	8♠	4♣	5♠	7♠	2♠	6♦					
37	Q♥	7♠	6♥	A♠	K♦	Q♠	A♥	9♠	6♣/K♠	2♠	4♥
	8♠	10♥	7♣	5♦	3♦	6♠					
38	10♠	8♠	6♠	9♠	5♠		6♦	4♥	5♣/10♠	K♠	4♠
	4♠	7♠	A♣	9♣	4♥	6♦					
39	A♦	K♠	K♠	2♥	8♠	8♦	J♦	K♠	5♠/5♦	8♠	10♠
	7♥	5♥	4♣	Q♥	10♥	9♠	8♠				
40	8♣	4♠	Q♠	9♠	2♠	K♠	K♣	7♠	2♠/5♦	6♣	J♠
	8♥	4♦	7♦	2♠	3♥	K♣					
41	6♥	A♥	9♣	4♠	9♦	7♠	K♥	2♥	Q♥/7♣	2♦	7♣
	8♠	10♦	7♦	5♥	A♠	K♥					
42	K♠	2♥	A♠	A♦	10♠	5♠	5♠	7♠	7♠/K♦	A♦	8♦
	3♣	5♦	Q♥	A♦	4♦	J♦	10♣				
43	3♠	3♦	3♣	7♦	6♠	6♦	10♠	8♦	10♥/9♠	A♥	Q♠
	6♥	Q♥	A♠	7♠	A♦	10♣					
44	K♣	A♦	2♦	3♦	4♦	5♦	6♦	8♥	9♥/8♦	3♥	10♦
	5♣	J♥	4♦	Q♠	7♠	K♦					
45	10♠	5♣	3♦	A♠	7♥	9♥	5♠	9♠	J♥/9♣	Q♣	Q♠
	10♠	2♠	9♦	3♣	10♥	6♥					
46	A♣	10♦	Q♠	4♣	Q♦	2♠	A♠	2♠	7♦/4♦	10♦	3♥
	10♠	8♦	9♠	3♠	9♠	A♠					
47	3♥	5♦	4♣	7♠	J♣	7♦	10♠	5♥	K♦/7♦	Q♠	A♥
	4♠	2♠	9♦	K♣	6♣	10♣					
48	3♣	6♥	8♥	10♥	9♥	4♠	7♠	A♥	J♠/4♦	8♦	A♦
	8♣	2♥	9♠	3♠	5♠	7♦					
49	10♠	8♣	10♥	9♠	5♣	J♠	A♥	4♠	Q♠/10♦	7♣	2♦
	J♣	Q♦	K♠	3♥	2♠	7♥					

歲數	水星	金星	火星	木星	土星	天王	海王	長期	冥王/結果	環境	置換
50	2♦	J♣	9♣	4♥	K♠	7♣	A♣	J♠	J♠/J♦	J♠	6♣
	K♠	9♥	3♥	10♦	10♥	9♦	K♠				
51	7♣	8♣	8♥	9♦	2♣	5♥	7♦	9♣	Q♥/A♠	10♣	8♠
	Q♠	5♣	5♦	K♠	10♦	8♠					
52	4♣	J♣	9♦	3♥	2♠	Q♠	A♥	3♥	5♠/3♠	4♠	K♣
	9♣	J♠	6♦	A♦	8♥	A♥					
53	K♣	8♣	3♥	4♦	J♣	9♣	K♠	2♠	4♠/2♥	4♥	2♠
	2♠	9♠	Q♦	8♥	9♦	4♥	J♣				
54	5♥	J♣	6♣	K♣	4♥	A♣	10♠	Q♠	4♦/7♠	10♠	6♠
	Q♠	3♠	4♠	J♦	3♥	A♠					
55	A♣	3♥	K♣	A♣	7♥	10♣	J♣	A♥	8♣/6♥	Q♥	9♠
	2♠	10♠	8♦	J♦	4♥	J♣					
56	8♠	2♣	A♣	4♣	10♥	8♣	3♣	K♣	4♦/3♣		K♥
	A♦	Q♥	5♥	3♠	9♠	3♦					
57	J♠	5♦	52♣	8♥	7♠	A♦	4♠	8♠	8♦/6♥	6♦	2♣
	7♦	10♣	4♥	3♦	A♠	K♠					
58	3♥	7♦	8♥	J♥	Q♦	8♦	2♥	3♥	Q♠/2♦	3♠	A♠
	3♦	3♣	8♠	Q♥	8♣	2♥					
59	9♥	7♥	J♥	9♣	7♠	A♦	8♦	4♦	A♦/6♠	J♦	7♥
	3♠	6♥	10♥	K♠	5♦	8♦					
60	Q♥	10♣	9♦	4♣	4♦	K♠	J♦	J♦	A♠/J♣	J♣	8♥
	3♥	K♦	10♥	6♠	J♦	Q♥	4♦				
61	7♣	10♠	8♦	Q♦	K♦	4♦	10♦	9♠	9♣/4♠	10♥	7♠
	7♠	5♠	2♠	J♥	9♠	5♦					
62	8♠	K♣	3♠	6♥	8♣	7♠	Q♦	K♠	2♣/4♦	5♠	K♦
	7♦	A♣	9♠	A♠	6♠	Q♦					
63	7♥	7♦	6♥	3♥	5♠	2♣	A♥	5♥	Q♠/10♣	4♦	3♣
	K♥	6♠	9♠	4♦	Q♥	Q♥					
64	4♣	K♥	3♥2	8♦	4♠	6♦	2♠	J♣	3♣/2♠	5♥	5♠
	10♥	8♠	2♥	10♣	7♠	2♠					
65	7♠	4♥	3♠	K♥	K♠	K♣	6♦	6♦	J♠/J♣	5♠	9♠
	Q♠	6♠	A♦	2♠	5♠	5♦					
66	6♣	8♣	K♥	9♥	9♠	Q♠	3♦	K♠	6♠/10♦	J♣	Q♦
	2♠	Q♥	4♠	5♣	7♠	3♦					
67	10♠	4♥	9♥	8♠	J♥		6♦	4♥	A♥/9♣	6♦	3♦
	3♠	J♣	5♦	5♠	3♠	6♦					
68	3♥	5♥	K♦	8♠	9♠	8♥	8♠	2♥	Q♦/5♠	3♦	6♥
	6♣	3♦	7♠	J♣	8♦	J♠					
69	5♣	7♥	8♣	6♠	7♥	6♠	9♦	10♠	4♦/6♥	Q♦	4♣
	J♥	2♣	3♣	10♠	4♥	2♠					
70	8♦	6♥	9♣	7♠	A♦	J♥	6♠	2♥	J♣/2♥	9♦	5♣
	K♠	5♠	3♠	9♥	5♥	4♣					
71	4♥	8♠	7♦	8♥	4♠	K♦	2♦	3♥	10♣/Q♦	5♦	5♥
	2♣	10♠	9♥	2♥	3♦	2♦					
72	5♥	6♦	6♥	4♦	2♠	2♣	8♥	K♠	K♠/5♦	J♣	4♦
	A♦	10♦	K♥	Q♥	7♦	A♣					
73	J♥	8♠	4♦	A♣	5♠	9♣	J♠	A♠	7♣/Q♦	K♦	5♠
	K♦	K♥	5♣	4♦	Q♥	3♦					
74	8♥	3♠	3♣	5♦	4♥	8♠	9♠	7♥	A♦/9♥	7♠	10♥
	10♣	10♦	7♠	9♠	4♣	10♠					

歲數	水星	金星	火星	木星	土星	天王	海王	長期	冥王/結果	環境	置換
75	Q♥	J♦	4♠	3♦	3♥	K♣	8♦	10♣	6♥/J♣	8♥	J♣
	7♣	2♠	3♠	9♥	2♥	8♦					
76	8♠	7♣	3♦	10♥	5♦	6♥	2♦	J♣	2♠/K♥	7♥	J♦
	6♦	K♦	8♣	2♥	4♦	2♦					
77	7♠	6♠	3♠	K♥	Q♠	6♦	10♥	8♠	5♠/9♦	A♠	3♠
	2♣	4♥	J♥	2♦	9♠	5♠					
78	6♣	7♠	K♥	3♣	7♥	8♥		2♠	4♠/J♣	2♣	6♦
	6♥	5♥	A♥	2♦	9♦	10♣					
79	Q♦	A♣	3♠	6♠	3♠	Q♥	8♥	A♠	8♠/8♣	K♥	9♣
	10♠	K♠	7♠	6♥	7♠	K♦					
80	2♦	K♠	K♠	K♥	A♣	9♠	3♥	4♠	Q♥/3♠	9♠	Q♥
	7♣	10♥	A♠	8♠	2♥	6♥					
81	9♣	J♦	3♠	6♥	9♥	4♥	J♥	10♥	Q♠/5♦	6♠	10♠
	8♠	4♣	5♣	7♠	2♠	6♦					
82	Q♥	7♠	6♥	3♠	K♦	Q♠	A♥	8♣	2♣/K♦	2♠	4♥
	8♠	10♦	4♣	5♦	9♥	2♠					
83	10♠	8♠	A♠	6♠	9♠	9♠		3♦	5♠/10♣	K♣	4♠
	4♣	9♥	2♥	9♣	4♥	6♦					
84	A♦	K♠	K♠	A♣	8♠	8♦	J♥	A♠	5♠/5♦	8♠	10♣
	7♥	5♥	4♠	Q♥	10♥	9♠	8♠				
85	8♠	4♠	Q♠	9♠	2♥	K♥			2♠/5♥	6♣	J♠
	8♥	4♠	7♥	2♠	3♥	K♣					
86	6♥	A♥	9♠	5♠	9♦	7♠	K♥	5♠	Q♥/7♣	2♦	7♣
	8♠	10♦	7♥	5♥	A♠	K♥					
87	K♠	2♦	2♥	A♠	10♣	5♠	8♥		7♠/K♦	A♠	8♦
	3♣	5♦	Q♥	A♥	4♦	J♥	10♣				
88	3♠	3♦	3♠	7♥	6♠	6♦	10♣	7♠	10♥/9♠	A♥	Q♠
	6♥	Q♥	A♠	7♠	3♦	10♣					
89	K♣	A♠	2♦	3♠	4♥	5♦	6♦	A♦	7♦/8♦	3♥	10♦
	5♠	J♥	4♥	Q♠	7♠	K♦					
90	10♠	5♠	3♠	A♠	7♥	J♠	4♠		J♥/9♣	Q♠	Q♠
	10♣	2♠	9♥	3♠	10♥	6♥					
91	2♥	10♦	Q♥	4♠	Q♦	2♠	A♠	3♥	9♥/4♦	10♦	3♥
	10♠	8♦	9♥	3♠	9♠	A♠					
92	3♥	5♦	4♠	7♠	J♠	9♥		9♣	K♦/7♠	Q♠	A♥
	4♠	2♠	9♥	K♠	6♠	10♣					
93	3♣	6♥	8♥	10♥	7♦	4♠	7♠	8♥	J♠/4♦	8♠	A♦
	8♣	A♠	9♠	4♥	7♠						
94	10♠	8♣	10♥	Q♣	5♠	J♠	A♥	J♥	Q♠/10♦	7♣	2♦
	J♣	Q♦	K♠	3♥	2♠	6♥					
95	2♦	J♣	9♣	4♥	K♠	7♣	2♥	Q♦	J♠/J♦	J♠	6♣
	K♣	7♦	3♥	10♦	10♥	9♦	K♠				
96	7♠	8♦	8♥	9♦	2♠	5♥	7♥	8♦	Q♥/A♠	10♣	8♠
	Q♠	5♠	5♦	K♠	10♦	8♠					
97	4♣	J♣	9♦	3♠	2♠	Q♠	A♥	A♠	5♠/3♠	4♠	K♣
	9♣	J♠	6♦	A♦	8♥	A♥					
98	K♣	8♦	3♥	4♦	J♠	9♠	K♠	7♦	4♠/A♣	4♥	2♠
	2♠	9♠	Q♦	3♦	9♦	4♥	J♦				
99	5♥	J♦	6♠	K♠	4♥	2♥	10♠	7♥	4♦/7♠	10♠	6♠
	Q♠	3♠	4♠	J♦	3♥	A♠					

梅花 K

歲數	水星	金星	火星	木星	土星	天王	海王	長期	冥王/結果	環境	置換
0	J♦	4♥	4♦	2♣	8♥	6♣	6♠	J♦	Q♥/10♣	K♣	K♣
	7♣	A♥	J♠	9♣	3♦	6♠					
1	7♥	2♦	2♠	9♣	4♣	7♠	K♠	4♥	Q♣/2♥	8♠	2♠
	5♦	K♦	5♠	3♦	4♦	10♦	4♠				
2	6♦	4♥	J♠	K♠	10♦	A♣	Q♠	4♦	9♣/6♦	6♣	6♠
	6♣	10♣	Q♣	4♠	2♠	9♦					
3	A♣	2♠	7♥	9♦	Q♦	3♥	4♥	2♠	8♣/J♣	2♦	9♠
	5♦	8♠	2♦	4♦	10♦	4♥					
4	A♠	5♦	9♣	Q♠	10♦	8♠	10♥	8♥	9♣/5♣	A♦	K♥
	9♦	8♦	6♦	10♣	K♦	10♥					
5	A♥	5♥	3♠	3♦	A♦	9♠	Q♣	6♣	2♦/J♣	A♥	2♣
	7♦	3♥	10♦	10♥	9♦	K♠					
6	2♠	7♦	3♦	J♥	5♠	2♠	2♥	6♠	6♣/K♥	3♥	A♠
	10♥	5♣	A♠	8♦	8♣	2♥					
7	9♥	Q♦	J♠	4♦	A♦	A♣	2♦	7♥	9♠/7♠	Q♣	7♥
	10♣	J♣	10♠	7♥	5♥	2♦					
8	8♦	3♥	4♦	J♦	9♣	K♠	4♠	2♦	A♣/4♥	10♦	8♥
	2♠	4♣	10♠	7♠	J♥	5♠	9♣				
9	A♦	Q♠	3♦	5♠	3♣	10♦	8♠	2♠	7♠/Q♣	Q♠	7♠
	6♥	Q♥	8♥	J♥	4♦	6♦					
10	A♠	7♥	10♣	J♣	8♣	6♥	5♠	9♣	5♦/9♣	8♦	K♦
	7♦	A♣	K♦	9♦	7♠	5♣					
11	Q♦	7♥	7♣	2♠	3♠	5♦	6♠	4♠	6♠/3♥	7♣	3♣
	3♣	2♣	K♦	9♣	5♠	8♦					
12	J♦	3♣	2♠	2♦	Q♣	J♠	5♦	7♣	5♣/8♥	J♠	5♦
	10♠	8♣	2♥	3♦	6♥	5♦					
13	A♦	10♦	10♠	3♣	4♣	7♥	J♠	K♠	A♥/4♦	10♣	9♣
	6♣	7♠	9♠	8♥	3♠	5♥					
14	2♣	2♣	3♠	9♥	4♦	6♣	10♥	6♦	7♠/8♠	4♠	Q♦
	5♦	8♦	Q♣	3♠	6♥	10♥					
15	Q♠	10♦	9♠	A♠	J♥	5♦	J♠	4♥	A♠/7♣	4♥	3♦
	10♣	4♥	5♥	3♠	5♠	J♠					
16	2♠	6♦	4♣	8♣	K♠	3♦	A♠	J♠	5♠/Q♥	10♠	6♥
	2♣	10♥	6♥	4♦	2♦	A♥					
17	3♠	6♥	8♣	7♠	Q♦	2♠	4♦	K♠	9♠/7♣	Q♥	4♣
	J♥	5♦	5♠	Q♠	10♦	8♥					
18	2♦	J♣	7♠	9♠	J♥	7♠	10♦		4♥/2♥	A♣	5♣
	K♠	3♠	10♠	9♥	6♦	J♦					
19	10♦	A♠	7♠	3♦	Q♣	4♣	K♥	A♣	3♥/8♦	6♦	5♥
	5♦	Q♠	9♥	2♥	2♠	K♥					
20	6♦	J♠	J♣	9♣	8♥	5♣	3♦	Q♠	K♠/5♥	3♠	4♦
	9♠	8♠	3♣	8♦	7♦	A♠					
21	J♥	A♠	9♠	A♣	Q♥	7♦	A♥	A♠	A♦/5♠	J♦	5♦
	4♣	3♣	3♠	10♦	8♦	2♠					
22	3♦	10♥	5♣	5♥	10♦	2♦	7♣	2♠	9♠/9♥	Q♣	10♥
	3♥	8♠	6♥	K♦	J♦	Q♠					
23	8♦	4♠	9♣	10♥	2♠	A♥	2♦	7♥	J♣/4♥	10♦	J♣
	A♦	8♥	10♠	9♥	2♥	2♦					
24	A♠	A♦	10♥	10♠	5♠	J♣	K♥	9♦	8♥/3♣	5♠	J♦
	J♠	4♣	8♣	2♥	9♣	K♥					

歲數	水星	金星	火星	木星	土星	天王	海王	長期	冥王/結果	環境	置換
25	7♦	7♠	10♣	3♣	6♣	J♠	10♠	Q♦	3♠/4♦	4♦	3♠
	5♦	10♦	J♥	K♥	K♦	Q♥					
26	2♣	A♦	3♠	5♣	Q♠	3♦	J♠	3♥	Q♣/4♥	5♥	6♦
	J♣	6♦	9♦	K♣	K♦	J♠					
27	5♠	A♣	10♥	Q♥	7♣	8♦	3♦	4♥	A♠/8♣	5♠	9♣
	Q♠	K♠	6♥	J♣	7♦	4♣					
28	K♥	7♥	K♠	3♠	A♣	K♣	A♠	A♠	8♦/10♣	4♣	Q♥
	A♦	10♠	9♦	8♠	2♥	J♣					
29	7♣	4♠	10♥	J♣	9♥	10♦	J♥	5♦	6♣/5♥	6♥	10♠
	A♠	J♦	3♠	A♦	8♥	J♠					
30	8♦	6♥	J♣	9♦	4♣	6♣	6♠	9♦	2♣/K♣	3♦	4♥
	A♠	10♠	A♦	5♥	10♥	7♠					
31	Q♠	A♣	9♦	7♠	K♦	Q♥	J♠	Q♣	3♠/3♦	Q♦	4♣
	J♦	9♥	2♥	7♣	10♦	J♠					
32	9♠	K♣	7♥	A♣	A♠	2♦	4♠	10♠	Q♥/5♥	9♦	10♣
	Q♦	6♦	J♦	8♦	10♠	7♣	A♠				
33	8♣	Q♣	6♠	7♣	K♥	3♣	7♥	8♣	8♥/6♦	5♦	J♠
	3♦	9♣	Q♦	5♦	2♠	7♥					
34	J♣	6♠	7♠	J♦	4♦	6♥	3♣	10♥	8♦/A♣	3♣	7♠
	A♠	8♠	Q♦	6♦	9♦	3♣					
35	K♠	K♥	2♥	9♠	3♥	Q♥	3♠	A♥	6♥/4♣	K♠	8♠
	5♣	5♥	8♠	6♠	6♣	J♥	9♥				
36	10♣	10♥	5♣	Q♦	7♠	J♠	3♦	5♥	10♠/K♣	7♠	Q♠
	J♣	8♦	9♦	6♥	9♠	3♥					
37	7♥	9♠	K♥	10♥	9♣	5♥	J♠	3♠	7♦/2♦	8♥	10♦
	3♠	J♥	10♦	6♣	6♥	4♣					
38	Q♠	3♠	10♥	9♦	Q♦	7♥	Q♥	3♦	J♥/7♠	7♥	Q♣
	3♥	8♥	4♦	5♠	10♠	J♣					
39	2♥	8♠	8♦	J♦	5♠	5♥	9♦	A♦	9♥/9♣	A♠	3♥
	Q♠	2♦	4♦	10♣	K♥	9♠					
40	2♠	5♥	J♦	6♥	4♥	9♥	3♥	9♠	4♣/A♦	2♣	A♥
	Q♣	8♥	4♦	7♦	2♣	3♥					
41	5♣	J♣	3♦	10♠	7♦	Q♣	6♥	Q♣	A♥/9♣	K♥	A♣
	8♣	A♣	K♦	10♣	Q♥	6♦					
42	Q♠	8♦	10♣	7♠	3♠	A♥	6♠	2♠	6♣/8♣	9♥	2♦
	4♥	5♠	K♣	2♠	8♥	9♥					
43	K♥	4♥	7♣	10♦	K♠	A♦	2♥	7♦	A♥/4♣	6♠	6♣
	7♥	7♠	2♠	8♠	10♠	4♦	K♠				
44	A♦	2♦	3♦	4♦	5♦	6♦	7♥	3♦	8♦/9♣	2♠	8♠
	6♣	Q♥	5♥	K♠	8♠	A♠					
45	J♦	4♥	4♦	2♣	8♥	6♣	6♠	J♥	Q♥/10♣	K♣	K♣
	7♣	A♥	J♠	9♠	3♦	6♠					
46	7♥	2♦	2♠	9♣	4♣	7♠	K♠	5♠	Q♣/A♦	8♠	2♠
	5♦	K♦	5♠	3♦	4♦	10♦	4♠				
47	6♦	4♥	J♠	K♠	10♦	2♥	Q♠	2♦	9♣/6♥	6♣	6♠
	6♣	10♣	Q♣	4♠	2♠	9♦					
48	2♥	2♠	7♥	9♦	Q♦	3♥	4♥	2♥	8♣/J♣	2♦	9♠
	5♦	8♠	2♦	4♦	10♦	4♥					
49	A♠	5♦	9♦	Q♠	10♠	8♣	10♥	9♥	9♣/5♣	A♦	K♥
	9♠	8♦	6♦	10♣	K♦	10♥					

歲數	水星	金星	火星	木星	土星	天王	海王	長期	冥王/結果	環境	置換
50	A♥	5♥	3♠	3♦	A♦	9♠	Q♣	Q♦	2♦/J♣	A♥	2♣
	9♣	3♥	10♦	10♥	9♦	K♠					
51	2♣	9♥	3♦	J♥	5♠	2♦	A♣	J♥	6♣/K♥	3♥	A♠
	10♥	5♣	A♠	8♦	8♣	A♣					
52	7♦	Q♦	J♥	4♦	A♦	2♥	2♦	4♦	9♠/7♠	Q♣	7♥
	10♣	J♣	10♠	7♥	5♥	2♦					
53	8♦	3♥	4♦	J♥	9♣	K♠	4♠	A♦	2♥/4♦	10♦	8♥
	2♠	4♣	10♠	7♠	J♥	5♠	9♣				
54	A♦	Q♠	3♦	5♠	3♣	10♦	8♠	A♣	7♣/Q♣	Q♠	7♠
	6♥	Q♥	8♥	J♥	4♦	6♦					
55	A♠	7♥	10♦	J♣	8♣	6♥	5♠	2♦	5♦/9♣	8♦	K♦
	9♥	2♥	K♥	9♦	7♠	5♠					
56	Q♦	9♥	J♣	2♠	3♠	6♠	8♠		6♣/3♥	7♣	3♠
	3♣	2♣	K♠	9♠	5♠	8♠					
57	J♦	3♣	2♠	2♦	Q♣	J♠	5♠	3♥	5♣/8♠	J♠	5♠
	10♠	8♠	A♣	3♥	6♥	5♠					
58	A♦	10♥	10♣	3♠	4♣	7♥	J♠	4♦	A♥/4♦	10♣	9♦
	6♠	7♠	9♠	8♥	3♠	5♥					
59	2♣	2♦	3♠	7♣	4♦	6♣	10♥	J♦	7♠/8♠	4♠	Q♦
	5♠	8♠	Q♠	3♠	6♥	10♥					
60	Q♠	10♦	7♦	A♠	J♥	5♦		9♣	2♥/7♠	4♥	3♦
	10♠	4♥	5♥	3♠	5♠	J♠					
61	2♠	6♦	4♠	8♠	K♠	3♦	A♠	K♠	5♠/Q♥	10♠	6♥
	2♣	10♥	6♥	4♥	2♦	A♥					
62	3♠	6♥	8♣	7♠	Q♦	2♣	4♦	4♠	9♣/J♣	Q♥	4♣
	J♥	5♠	5♣	Q♠	10♦	8♥					
63	2♦	J♠	7♠	9♥	9♠	J♥	7♠	A♦	4♥/A♣	9♠	5♠
	K♠	3♠	10♣	7♦	6♦	J♦					
64	10♦	A♠	9♠	3♦	Q♣	4♣	K♥	Q♠	3♥/8♠	6♦	5♦
	5♦	Q♠	7♦	A♣	2♠	K♥					
65	6♦	J♠	J♣	9♠	8♠	5♦	3♦	3♦	K♠/5♥	3♠	4♦
	9♠	8♠	3♠	8♦	9♦	2♥					
66	J♥	A♠	9♣	2♥	Q♥	7♣	A♥	5♠	A♦/5♠	J♦	5♠
	4♣	3♣	3♠	10♦	8♦	2♠					
67	3♦	10♥	5♣	5♥	10♦	2♦	7♥		9♠/7♦		10♦
	3♥	8♣	6♥	K♠	J♦	Q♠					
68	8♦	4♠	9♣	10♦	2♠	7♥	2♦	10♦	J♣/4♦	10♥	J♣
	A♦	8♥	10♣	7♦	A♦	2♦					
69	A♠	A♦	10♥	10♠	5♥	J♣	K♥	8♠	8♥/3♣	5♠	J♦
	J♠	4♣	8♣	A♣	9♣	K♥					
70	9♥	7♠	10♣	3♣	6♣	J♠	10♠	A♠	3♠/4♦	4♦	3♠
	5♠	10♦	J♥	K♥	K♦	Q♥					
71	2♣	A♦	3♠	5♠	Q♦	3♦	J♠	7♥	Q♣/4♥	5♥	6♦
	J♣	6♦	9♠	K♥	K♦	J♠					
72	5♠	2♥	10♥	Q♦	7♠	8♦	3♦	10♠	A♠/8♣	5♣	9♣
	Q♠	K♠	6♥	J♣	9♥	4♣					
73	K♥	7♥	K♠	3♣	2♥	K♦	2♠	J♣	8♦/10♣	4♣	Q♥
	A♦	10♥	9♠	8♣	A♠	J♠					
74	7♣	4♠	10♥	J♣	7♥	10♦	J♥	8♣	6♣/5♥	6♥	10♠
	A♠	J♦	3♠	A♦	8♥	J♠					

歲數	水星	金星	火星	木星	土星	天王	海王	長期	冥王/結果	環境	置換
75	8♦	6♥	J♣	9♠	4♣	6♣	6♠	6♥	2♣/K♠	3♦	4♥
	A♠	10♠	A♠	5♥	10♦	7♠					
76	Q♠	A♠	9♠	7♠	K♦	Q♥	J♠	5♠	3♠/3♥	Q♦	4♠
	J♦	7♦	A♠	7♠	10♦	J♠					
77	9♠	K♠	7♥	2♥	A♠	2♦	4♠	Q♦	Q♥/5♥	9♦	10♣
	Q♦	6♦	J♦	8♦	10♠	7♣	A♠				
78	8♣	Q♠	6♣	3♠	K♥	3♣	7♥	7♥	8♥/6♦	5♦	J♠
	3♦	9♠	Q♦	5♦	2♠	7♥					
79	J♣	6♠	7♠	J♦	4♦	6♥	3♣	J♣	8♦/A♦	7♣	7♣
	A♠	8♠	Q♦	6♦	9♦	3♣					
80	K♠	K♥	A♠	9♠	3♥	Q♥	5♠	2♠	6♥/4♣	K♦	8♦
	5♣	5♥	8♦	6♠	9♣	J♥	3♥				
81	10♣	10♥	5♣	Q♦	7♠	J♠	J♥	3♠	10♠/K♦	7♠	Q♠
	J♣	8♦	9♦	6♦	3♦	3♥					
82	7♥	9♠	K♥	10♦	9♠	5♥	J♠	5♠	9♥/2♦	8♥	10♦
	3♠	J♥	10♦	6♣	6♥	4♠					
83	Q♠	3♠	10♥	9♠	Q♦	9♥	Q♥	6♠	J♥/7♣	7♥	Q♣
	3♥	8♠	4♦	5♠	10♠	J♣					
84	A♣	8♠	8♦	J♦	5♠	9♠	9♦	J♦	7♦/9♣	A♠	3♥
	Q♠	2♦	4♦	10♠	K♦	9♦					
85	2♠	5♥	J♦	K♥	4♥	7♠	3♦	3♠	4♣/A♦	2♣	A♥
	Q♣	8♥	4♦	7♠	3♥						
86	5♣	J♣	3♦	10♠	9♥	Q♣	6♦	2♠	A♥/9♣	K♥	A♦
	8♣	2♥	K♦	10♣	Q♥	6♥					
87	Q♠	8♣	10♠	7♣	3♠	A♥	6♠	2♦	6♣	8♠	9♠
	2♦	4♦	5♠	2♠	8♥	7♦					
88	K♥	4♥	7♠	10♠	5♠	A♠		Q♣	A♥/4♦	6♠	6♣
	7♥	9♥	2♠	8♠	10♠	K♠					
89	A♦	2♦	3♦	4♦	5♦	6♦	7♦	J♠	8♦/9♦	2♠	8♠
	6♣	Q♥	5♥	4♠	A♠	A♠					
90	J♦	4♦	4♦	3♠	7♥	3♦		5♦	Q♥/10♣	K♠	K♣
	7♣	A♥	J♠	9♠	3♦	6♠					
91	7♥	2♦	2♠	4♣	4♠	7♣	K♠	A♦	Q♣/2♥	8♠	2♠
	5♦	K♦	5♠	3♦	4♦	10♦	4♠				
92	6♦	4♦	J♠	K♠	10♠	A♠		10♦	9♦/6♦	6♠	6♦
	6♣	10♥	Q♠	4♠	2♠	9♠					
93	A♣	2♠	7♥	9♦	Q♦	3♥	4♥	10♣	8♠/J♣	2♦	9♠
	5♦	8♠	2♦	4♠	10♦	4♥					
94	A♠	5♦	9♦	Q♣	10♠	4♣	10♥	3♣	9♠/5♣	A♦	K♥
	9♠	8♦	6♦	10♣	K♦	10♥					
95	A♥	5♥	3♠	3♦	A♦	9♠	Q♣	4♠	2♦/J♣	A♥	2♣
	7♦	3♥	10♦	10♥	9♦	K♠					
96	2♠	7♠	3♦	J♥	5♠	2♦	7♥	J♣	6♠/K♦	3♥	A♠
	10♥	J♣	A♠	8♦	8♥	7♥					
97	9♥	Q♦	J♥	4♦	A♦	A♣	2♦	J♠	9♠/7♠	Q♣	7♥
	10♣	J♣	10♠	7♥	5♥	2♦					
98	8♣	3♥	4♦	J♥	9♣	K♠	4♠	2♠	A♣/4♥	10♦	8♥
	2♠	4♣	10♠	7♠	J♥	5♠	9♣				
99	A♦	Q♠	3♦	5♠	3♣	10♦	8♠	2♦	7♣/Q♣	Q♠	7♠
	6♥	Q♥	8♥	J♥	4♦	6♦					

方塊 A

左表（歲數 0–24）

歲數	水星	金星	火星	木星	土星	天王	海王	長期	冥王/結果	環境	置換
0	Q♦	5♥	3♣	3♠	9♥	7♥	5♦	Q♦	Q♠/J♣	A♦	A♦
	8♣	2♥	A♠	Q♥	J♦	5♦					
1	10♣	8♣	3♠	4♥	5♠	Q♠	6♠	5♥	3♥/A♥	A♥	2♦
	6♦	4♣	K♠	2♦	K♥	7♠					
2	K♥	6♦	4♥	J♠	K♠	10♦	A♣	3♠	Q♠/9♣	3♥	6♣
	9♠	9♥	2♦	A♥	3♠	6♥	K♠				
3	10♦	Q♣	8♣	6♥	8♥	10♥	7♦	3♠	4♠/7♠	Q♣	8♠
	3♥	J♦	3♦	K♠	A♥	6♠					
4	4♦	6♦	6♥	2♦	K♥	3♥	6♣	9♥	J♦/Q♥	10♦	K♣
	4♥	Q♠	10♠	8♠	3♣	6♠					
5	9♠	Q♣	2♦	J♣	9♠	4♥	K♠	7♠	7♣/2♥	Q♠	2♠
	8♥	A♠	4♣	3♠	6♥	J♠	9♠				
6	10♥	6♦	10♠	K♠	J♠	A♣	10♠	5♦	J♣/5♦	8♦	6♠
	3♥	Q♥	7♣	9♣	2♦	7♥					
7	A♣	2♦	9♠	7♠	K♦	8♦	6♦	10♣	8♠/5♥	7♠	9♠
	8♥	A♥	Q♣	9♠	8♥	6♦					
8	6♠	8♥	7♠	7♣	3♠	8♠	5♣	8♣	J♣/Q♦	J♠	K♥
	8♠	4♠	10♥	Q♥	A♠	5♠					
9	Q♠	3♦	5♠	3♠	10♦	8♠	7♠	3♠	Q♣/5♥	10♣	2♠
	7♥	8♦	J♠	5♠	7♠	K♠					
10	2♦	7♣	3♣	J♥	4♣	Q♠	2♥	4♥	3♥/K♣	A♠	A♠
	5♣	Q♦	6♠	4♠	8♣	2♥					
11	9♥	K♦	J♥	6♥	10♥	A♣	Q♣	5♠	8♠/2♣	4♥	7♥
	Q♥	5♥	3♠	9♠	3♦	Q♣					
12	4♠	8♦	6♥	4♦	J♣	K♠	9♣	Q♠	A♣/6♦	10♠	8♦
	2♦	9♦	3♠	2♠	J♥	4♠	J♠				
13	10♦	10♣	3♠	4♦	7♥	J♠	A♥	7♣	4♥/7♣	Q♥	7♠
	5♠	J♦	K♥	J♥	6♥	10♥					
14	6♠	9♠	Q♥	5♥	8♠	5♦	4♣	K♣	8♥/J♣	9♠	K♦
	7♦	A♣	A♠	8♠	4♣	4♣					
15	K♦	7♣	5♥	2♦	5♠	8♥	6♦	6♦	3♥/8♦	6♦	3♣
	7♥	2♠	A♠	J♠	4♣	4♠					
16	4♦	7♥	2♦	Q♣	7♠	10♠	8♥	4♥	Q♦/K♣	3♠	5♦
	3♠	8♣	2♥	8♦	5♦	8♥					
17	10♦	J♠	Q♥	7♥	9♥	9♠	10♠	J♠	Q♠/6♦	J♦	9♠
	3♥	2♣	8♠	K♥	5♠	3♦					
18	2♠	Q♣	7♥	9♥	6♥	3♥	5♣	K♠	2♣/A♥	J♣	Q♦
	8♥	4♠	7♣	5♠	5♦	5♦					
19	10♣	J♠	9♥	6♠	J♥	8♥	10♠	10♦	A♣/4♥	10♥	3♦
	Q♥	6♦	3♦	5♠	Q♦	10♠					
20	2♦	10♥	9♦	8♣	A♠	3♠	6♠	A♣	4♣/J♦	5♠	6♥
	2♠	5♣	5♦	6♦	Q♣	Q♠					
21	5♠	5♠	8♣	2♠	K♦	2♠	6♥	10♠	J♣/5♦	4♦	4♠
	J♥	8♥	Q♦	10♣	J♠	K♥					
22	Q♣	10♠	4♥	7♥	8♠	J♥	2♣	Q♣	6♦/2♥	5♥	5♣
	K♠	5♠	Q♥	9♥	10♥	4♦					
23	J♠	6♠	7♥	3♠	7♥	9♥	K♣	3♣	8♦/4♠	5♠	5♥
	8♥	10♠	9♥	2♥	2♠	K♠					
24	10♥	10♠	5♥	J♠	K♥	8♥	3♠	6♥	K♠/3♣	4♠	4♦
	8♠	A♥	7♥	4♠	7♦	A♠					

右表（歲數 25–49）

歲數	水星	金星	火星	木星	土星	天王	海王	長期	冥王/結果	環境	置換
25	J♥	6♠	J♣	A♣	J♦	4♥	Q♠	8♥	10♦/4♣	6♥	5♠
	9♦	7♥	5♠	J♠	4♠	2♦					
26	3♣	5♣	Q♦	3♦	J♣	Q♣	4♥	10♥	8♠/9♥	3♦	10♥
	8♠	A♥	5♦	A♣	4♦	10♣					
27	4♠	9♣	J♣	5♣	2♦	9♠	Q♣	7♦	5♥/6♦	Q♦	J♣
	10♦	K♥	Q♥	9♥	2♦	Q♣					
28	6♠	10♠	5♠	3♠	3♦	5♥	K♣	4♦	K♥/7♥	9♦	J♦
	10♠	9♦	8♠	2♥	J♣	K♠					
29	7♦	2♣	Q♥	7♦	3♥	10♠	3♠	6♦	5♠/6♥	5♦	3♠
	8♥	J♠	J♥	K♣	A♠	J♦					
30	2♠	10♦	7♦	Q♦	K♦	3♣	10♠	6♥	7♣/6♦	3♣	6♦
	5♥	10♥	7♠	K♣	A♠	10♠					
31	4♣	A♣	5♣	J♦	4♥	4♠	3♣	2♦	6♠/8♣	K♦	9♣
	10♣	K♠	5♦	5♥	7♦	9♦					
32	K♣	9♠	K♣	7♦	A♣	A♠	2♦	K♥	4♠/Q♠	7♠	Q♥
	10♦	3♠	7♠	8♠	2♥	5♠					
33	4♥	9♣	5♣	5♥	9♥	J♠	J♥	3♥	3♥/3♦	8♥	10♠
	6♠	4♦	5♠	10♦	K♥	10♠					
34	4♠	5♠	5♥	7♠	9♥	3♥	6♠	6♠	2♠/K♣	7♥	4♥
	6♠	3♠	10♦	3♦	5♣	2♠					
35	10♣	6♦	7♠	2♦	A♣	J♦	10♠	9♠	5♠/8♠	A♠	4♠
	4♦	9♥	2♥	4♥	J♠	10♠					
36	8♠	K♠	9♠	A♣	6♠	Q♣	9♣	Q♣	J♦/3♦	2♣	10♣
	K♦	10♥	4♠	4♠	3♠	4♥	6♠				
37	8♣	7♠	3♥	4♥	K♣	7♥	9♠	2♦	K♥/10♥	K♥	J♠
	3♣	J♠	K♦	8♥	2♦	9♠					
38	5♥	6♣	4♥	4♦	5♦	5♥	7♥	J♣	4♠/10♦	9♠	7♣
	6♠	A♥	K♦	10♥	7♠	7♥					
39	K♠	K♣	2♥	3♠	8♦	J♦	J♠		5♦/9♦	6♠	8♦
	Q♦	3♦	4♠	6♠	J♣	J♥	8♦				
40	Q♥	5♣	Q♦	K♦	2♦	10♠	8♦	4♥	3♠/A♣	2♠	Q♠
	5♥	4♠	7♠	5♦	8♠	8♦					
41	9♠	8♠	K♣	5♠	J♣	3♦	10♠	K♠	7♦/Q♣	K♣	10♦
	5♠	J♥	J♠	3♥	5♦	9♠					
42	10♣	5♠	5♠	7♠	K♣	7♥	J♥	10♥	J♥/4♥	8♠	Q♣
	8♦	K♥	6♥	Q♦	3♠	5♥					
43	2♥	A♥	4♠	4♦	4♠	8♥	7♠	6♦	9♥/J♣	6♣	3♥
	10♣	Q♣	6♥	Q♥	A♠	7♠					
44	2♦	3♦	4♦	5♦	6♦	9♥	8♦	10♦	9♦/10♦	2♦	A♥
	7♣	K♥	6♥	9♠	2♠	8♦					
45	Q♦	5♥	3♣	3♠	7♥	7♣	5♦	K♠	Q♠/J♣	A♦	A♦
	8♣	A♣	A♠	Q♥	J♦	5♦					
46	10♣	8♣	3♠	4♥	5♠	Q♠	6♠	J♠	3♥/A♥	A♥	2♦
	6♦	4♣	K♠	2♦	K♥	9♠					
47	K♣	6♦	4♥	J♠	K♠	10♦	2♥	A♣	Q♠/9♣	3♥	6♣
	9♠	7♠	2♦	A♥	3♠	6♥	K♠				
48	10♦	Q♣	3♣	6♥	8♥	10♥	9♥	10♠	4♠/7♠	Q♣	8♠
	3♥	J♦	3♦	K♠	A♥	6♠					
49	4♦	6♦	6♥	2♦	K♥	3♥	6♠	A♠	J♦/Q♥	10♦	K♣
	4♥	Q♠	10♠	8♠	3♣	6♣					

歲數	水星	金星	火星	木星	土星	天王	海王	長期	冥王/結果	環境	置換
50	9♠	Q♣	2♦	J♣	9♣	4♥	K♠	2♦	7♣/A♣	Q♠	2♠
	8♥	A♠	4♣	3♣	6♥	J♠	9♣				
51	10♥	6♣	10♣	K♠	J♠	2♥	10♣	9♠	J♣/5♦	8♦	6♠
	3♥	Q♥	7♣	9♣	2♦	7♠					
52	2♥	2♦	9♠	7♣	K♦	8♦	6♦	7♠	8♣/5♥	7♣	9♠
	8♥	A♥	Q♣	9♣	J♠	6♦					
53	6♠	8♥	7♠	7♠	3♠	8♣	5♠	K♠	J♣/Q♦	J♠	K♥
	8♠	4♠	10♥	Q♥	A♠	5♣					
54	Q♠	3♣	5♠	3♣	10♦	8♠	7♣	8♦	Q♣/5♥	10♣	2♣
	9♥	8♦	J♠	5♣	7♠	K♠					
55	2♦	9♥	3♣	J♥	4♣	Q♣	A♣	6♦	3♥/K♣	4♠	A♠
	5♣	Q♦	6♠	4♠	8♣	A♣					
56	7♦	K♦	J♥	6♥	10♦	2♥	Q♣	6♠	8♠/2♣	4♥	7♠
	Q♥	5♥	3♠	9♠	3♦	Q♠					
57	4♠	8♦	6♥	4♦	J♣	K♠	9♣	8♥	2♥/6♦	10♠	8♥
	2♦	9♦	3♠	2♠	J♥	4♣	J♠				
58	10♦	10♣	5♣	3♠	7♥	J♠	A♥	7♠	4♥/7♣	Q♥	7♠
	5♠	J♠	K♥	J♥	6♥	10♥					
59	6♠	9♠	Q♥	5♠	8♣	5♠	4♠	7♠	8♦/J♣	9♣	K♦
	9♥	2♥	A♠	7♠	2♠	4♠					
60	K♦	9♥	5♥	2♠	5♠	8♥	6♠	3♠	3♥/8♦	6♦	3♣
	7♥	2♠	A♠	J♠	4♠	4♠					
61	4♠	7♥	2♦	Q♣	7♠	10♠	8♥	8♠	Q♦/K♥	3♠	5♦
	3♠	8♣	A♣	8♠	5♠	8♥					
62	10♦	J♠	Q♥	7♥	9♠	9♠	10♠	5♣	Q♠/6♦	J♦	9♦
	3♥	2♠	8♠	K♥	5♠	3♦					
63	2♠	Q♣	7♥	7♠	6♥	3♥	Q♠	2♣/A♥		J♣	Q♦
	8♥	4♠	7♣	5♠	5♠						
64	10♣	J♠	7♦	6♠	J♥	8♥	10♠	3♦	2♥/4♦	10♥	3♦
	Q♥	6♦	3♣	5♠	Q♠	10♠					
65	2♦	10♥	9♦	8♠	A♠	3♣	6♠	5♠	4♣/J♦	5♠	6♥
	2♠	5♣	5♦	6♠	Q♣	Q♠					
66	5♠	5♦	8♣	2♣	K♦	2♠	6♥	3♣	J♣/5♥	4♦	4♣
	J♥	8♥	Q♦	10♣	J♠	K♥					
67	Q♣	10♠	4♥	9♥	8♠	J♥	2♠	10♥	6♥/A♣		5♠
	K♠	A♠	Q♥	7♠	10♥	4♠					
68	J♠	6♠	9♥	3♣	7♥	9♦	K♣	8♠	8♦/4♠	5♣	5♥
	8♥	10♣	7♠	A♠	2♠	K♣					
69	10♥	10♣	5♥	J♠	K♥	8♥	3♣	7♠	K♠/3♦	Q♣	4♠
	8♠	A♥	7♥	4♠	9♥	2♥					
70	J♥	6♠	J♣	2♥	J♦	4♥	Q♠	2♦	10♦/4♣	6♥	5♠
	9♦	7♥	5♥	J♠	4♠	2♦					
71	3♣	5♠	Q♦	3♦	J♠	Q♣	4♥	7♦	8♠/7♦	3♦	10♥
	8♦	A♥	5♠	A♣	4♠	10♠					
72	4♠	9♣	J♣	5♣	2♦	9♠	Q♣	3♣	5♥/6♦	Q♦	J♣
	10♦	K♥	Q♥	7♦	A♣	Q♣					
73	6♠	10♦	J♣	3♣	3♦	5♥	K♣	J♥	K♥/7♥	9♦	J♦
	10♠	9♦	8♣	K♣	8♠						
74	9♥	2♣	Q♥	7♥	3♥	10♦	4♠	4♣	5♠/6♥	5♦	3♠
	8♥	J♠	J♥	K♣	A♠	J♠					
75	2♠	10♦	7♥	Q♠	K♦	3♣	10♠	Q♣	7♣/6♦	3♣	6♦
	5♥	10♥	7♠	K♣	A♠	10♠					
76	4♣	2♥	5♠	J♦	4♥	4♠	3♣	2♥	6♠/8♣	K♦	9♣
	10♣	K♠	5♦	5♥	9♥	9♦					
77	K♣	9♠	K♣	7♥	2♥	A♠	2♦	9♥	4♠/Q♥	7♠	Q♥
	10♦	3♠	7♠	8♣	A♣	5♥					
78	4♥	9♠	4♣	5♥	7♦	J♠	J♥	K♦	3♥/3♦	8♥	10♠
	6♠	4♦	5♠	10♦	K♥	10♠					
79	4♠	5♦	5♥	7♠	9♦	3♥	6♣	J♥	2♠/K♠	7♥	4♥
	6♠	3♠	10♦	3♦	5♣	2♣					
80	10♣	6♠	7♠	2♣	A♠	J♦	10♠	6♥	5♠/8♦	A♠	4♠
	4♦	7♥	A♣	4♥	J♠	10♠					
81	8♠	K♠	9♠	2♥	6♠	Q♠	9♣	10♦	J♦/3♦	2♣	10♣
	K♦	10♥	4♣	3♦	4♥	6♠					
82	8♣	7♠	3♥	4♥	K♣	7♥	9♠	A♣	K♥/10♥	K♦	J♠
	3♣	J♣	K♦	8♥	2♦	9♠					
83	5♥	4♥	4♦	6♥	5♦	7♥		Q♣	4♠/10♦	9♠	7♣
	6♠	A♥	K♣	10♥	7♥						
84	K♠	K♣	A♠	8♠	8♦	J♦	4♠		5♦/9♦	6♠	8♦
	Q♦	3♦	4♠	6♣	J♣	J♥	8♦				
85	Q♥	5♦	Q♦	K♦	2♠	10♠	8♦		3♠/A♠	2♠	Q♠
	5♥	4♠	7♠	5♦	8♠	8♦					
86	9♠	8♠	K♣	3♠	K♣	3♦	10♠	6♥	9♥/Q♣	K♠	10♦
	5♠	J♥	J♠	3♥	5♦	9♦					
87	10♣	5♠	5♠	7♠	K♦	9♥	J♦	4♦	J♥/4♥	8♠	Q♣
	8♦	K♥	6♥	Q♠	3♠	5♥					
88	A♣	A♥	4♠	4♦	4♣	8♥	7♠	J♣	7♦/J♣	6♠	3♥
	10♣	Q♦	6♥	Q♦	A♠	8♦					
89	2♦	3♦	4♠	5♠	6♦	7♥	8♦	K♠	9♦/10♦	2♠	A♥
	7♣	K♥	6♥	9♠	2♠	8♦					
90	Q♦	5♦	3♠	3♠	9♥	2♦	9♣		Q♠/J♣	A♠	A♦
	8♣	2♦	A♠	Q♦	J♦	5♦					
91	10♣	8♣	3♠	4♥	5♠	Q♠	6♣	10♦	3♥/A♥	A♥	2♦
	6♦	4♣	K♠	2♠	K♥	7♦					
92	K♠	6♦	4♥	J♠	K♠	10♠		10♦	Q♠/9♦	3♥	6♠
	9♠	9♥	2♦	A♥	6♥	K♠					
93	10♦	Q♣	3♣	6♥	8♥	10♥	7♠	3♣	4♠/7♠	C♣	8♠
	3♥	J♦	3♦	K♠	A♥	6♠					
94	4♦	6♦	6♥	2♦	K♥	3♥		4♣	J♦/Q♥	10♦	C♣
	4♥	Q♠	10♠	8♠	3♣	6♣					
95	9♠	Q♣	2♠	J♠	9♠	4♥	K♠	7♥	7♣/2♥	Q♠	2♠
	8♥	A♠	4♣	3♣	6♥	J♠	9♣				
96	10♥	6♣	10♠	K♠	J♠	A♠	10♠	J♠	J♠/5♦	8♦	6♠
	3♥	Q♣	7♣	9♣	2♦	7♠					
97	A♣	2♦	9♠	7♠	K♦	8♦	6♦	A♥	8♠/5♥	7♣	9♠
	8♥	A♥	Q♣	9♣	J♠	6♦					
98	6♠	8♥	7♠	7♠	3♠	8♣		6♠	J♣/Q♦	J♠	K♥
	8♠	4♠	10♥	Q♥	A♠	5♣					
99	Q♠	3♣	5♠	3♣	10♦	8♠		9♠	Q♣/5♥	10♣	2♣
	7♦	8♠	J♠	5♠	7♠	K♠					

方塊2

歲數	水星	金星	火星	木星	土星	天王	海王	長期	冥王/結果	環境	置換
0	J♠ 9♣	8♣ 5♣	6♥ K♠	4♠ 6♣	10♥ 2♣	10♦ 9♥	8♠	J♠	A♥/A♦	2♦	2♦
1	2♠ K♥	9♣ 7♦	4♠ 6♠	7♠ A♦	K♠ 6♦	Q♠ 4♠	2♥ K♠	8♣	10♦/Q♥	A♦	6♣
2	Q♣ A♥	3♥ 3♠	5♠ 6♥	4♠ K♠	7♠ A♦	J♠ 9♠	9♥	6♦	10♣/K♦	A♥	8♠
3	5♠ 4♠	9♠ 10♦	6♣ 4♥	5♥ K♣	2♣ 5♦	A♥ 8♠	8♠	4♠	3♠/10♠	3♥	K♣
4	K♥ 7♠	3♥ 7♥	6♣ 5♠	J♦ 5♦	Q♥ 4♠	4♠ 7♣	K♠ Q♥	10♥	8♦/A♣	Q♠	2♠
5	J♣ A♥	9♣ 10♠	4♥ 8♣	K♠ Q♥	7♠ 6♠	2♥ K♦	J♠	10♦	J♦/9♦	10♦	6♠
6	2♥ 7♠	6♣ A♦	K♥ 3♥	K♦ Q♥	3♠ 7♣	Q♠ 9♣	9♠	8♠	8♣/4♦	Q♠	9♠
7	9♠ K♣	7♠ 10♣	K♦ J♠	8♦ 10♠	6♦ 7♥	8♣ 5♥	5♥	2♠	J♦/3♦	8♦	K♥
8	10♦ 9♥	6♥ Q♠	10♥ 7♠	5♦ 5♥	Q♠ K♠	K♣ K♠	8♦	9♣	3♥/4♦	7♠	2♣
9	6♣ 5♥	9♥ 3♦	5♣ 9♠	J♥ 10♣	5♠ 8♠	3♥ A♣	A♣	4♠	A♥/2♠	J♠	A♥
10	7♦ 10♠	3♣ 4♣	J♥ 6♥	Q♣ K♥	2♥ 6♥	3♥ 3♥	7♣		K♣/A♠	10♠	7♥
11	10♣ 6♣	Q♠ Q♦	4♣ 6♦	5♠ A♠	J♦ J♥	K♠ 5♣	Q♥ J♦	K♠	2♥/9♣	4♠	8♥
12	Q♣ 9♦	J♠ 3♠	5♠ 2♠	5♣ J♥	8♥ 4♣	7♣ J♣	A♦	Q♣	4♠/8♦	4♥	7♠
13	9♠ 9♥	K♥ 2♥	10♠ 7♥	4♦ K♣	8♣ A♥	9♥ 5♣	5♣	2♥	7♠/J♥	10♠	K♠
14	3♣ 8♥	9♥ 6♠	4♦ 7♥	6♣ J♦	10♥ 5♣	7♠ 10♣	8♠	Q♣	A♥/Q♠	Q♥	3♠
15	5♠ 6♦	8♥ 8♠	6♣ A♣	5♥ Q♠	8♦ 9♦	4♥ 2♠	7♠	3♥	3♦/2♣	9♣	5♦
16	Q♣ A♥	7♠ A♠	10♠ K♣	8♥ 2♣	Q♦ 10♥	K♥ 6♥	4♥	5♦	10♦/9♣	6♦	9♦
17	6♠ 7♠	3♥ 10♦	8♥ 8♦	7♦ 10♥	4♣ 9♦	A♥ 5♥	4♥	5♠	A♥/A♦	3♠	Q♦
18	J♠ 10♠	7♣ 9♣	7♥ 6♥	9♠ 10♥	J♥ 3♦	7♠ 4♥	4♥	7♠	2♥/4♠	J♦	3♦
19	6♣ 6♠	J♣ 5♥	Q♦ 9♦	8♣ 4♣	9♥ 6♥	5♥ 10♦	9♠	J♣	5♠/3♠	A♣	6♥
20	10♥ J♥	9♦ 7♠	8♣ 3♥	A♠ J♠	3♥ 7♣	6♠ 2♣	4♣	9♥	J♦/4♦	10♥	4♦
21	3♥ K♠	4♥ 10♦	4♠ 10♠	9♥ 7♦	K♠ J♣	J♥ 5♠	A♥	5♠	9♠/A♣	5♠	5♠
22	7♣ 7♠	9♠ 8♠	9♥ 7♥	5♦ A♣	8♦ 6♦	Q♦ 2♠	2♠	9♣	Q♠/10♣	4♦	5♥
23	J♣ K♣	4♥ A♣	4♥ 8♥	2♣ 10♣	5♣ 9♥	2♥ 2♥	5♦	4♣	K♠/6♥	5♥	4♦
24	J♥ Q♦	9♠ 8♥	J♦ 10♥	2♥ 7♣	3♠ 10♣	4♠ 6♣	10♥	6♣	Q♣/5♣	5♣	5♠

歲數	水星	金星	火星	木星	土星	天王	海王	長期	冥王/結果	環境	置換
25	5♦ Q♠	5♥ A♦	3♦ 9♦	6♥ 7♥	7♣ 5♠	3♥ J♠	4♠	2♣	K♣/7♦	4♣	10♥
26	10♠ Q♠	Q♥ 2♣	J♦ 10♠	5♥ 7♦	6♣ A♣	K♥ 3♥	3♥	A♥	4♦/9♣	6♥	J♣
27	9♠ 4♥	Q♣ Q♦	5♥ 8♣	6♠ A♣	6♥ J♦	4♥ 2♠	2♠	8♠	2♣/8♥	3♦	J♠
28	9♥ 7♠	A♠ 7♣	10♠ J♥	8♥ 2♠	A♥ 7♥	4♥ 3♠	6♦	K♥	10♥/4♣	Q♦	3♠
29	6♠ 4♦	Q♣ J♣	8♥ K♦	3♦ 2♠	3♣ 7♥	5♠ 4♥	4♥	3♥	8♦/9♣	9♦	6♦
30	5♣ J♠	2♥ K♠	5♥ 9♦	3♠ 4♦	4♠ 9♥	10♣ Q♦	5♠	6♣	9♠/8♠	5♥	9♣
31	2♠ Q♣	K♥ 6♦	K♠ K♦	8♥ 8♣	2♥ A♠	7♥ 4♦	6♣	J♦	10♣/10♠	3♣	Q♥
32	4♠ 9♠	Q♥ 5♠	5♥ 10♥	4♦ Q♣	7♥ 2♣	7♠ 4♥	J♥	Q♥	A♥/6♦	K♦	10♠
33	10♣ 9♣	9♦ 6♦	4♦ Q♣	K♦ 6♥	Q♦ 5♥	A♥ A♠	8♠	4♠	6♠/K♠	7♠	4♥
34	J♠ 5♠	9♥ 7♠	K♠ A♣	A♠ 4♦	7♥ 7♣	3♠ 4♥	4♥	K♠	10♥/Q♠	8♦	4♠
35	K♣ 3♦	K♠ J♠	K♥ 5♠	2♥ 10♣	9♠ 6♦	3♥ 4♠	Q♥	J♣	3♠/6♥	7♥	10♣
36	8♣ 5♦	8♦ J♦	A♥ 3♣	4♠ 7♠	2♠ 6♣	8♥ K♥	K♥	9♣	2♣/J♣	A♠	J♠
37	4♦ 9♠	8♠ A♦	4♠ 3♣	5♠ J♠	4♠ K♦	9♠ 8♥	8♥	4♥	10♣/Q♠	2♣	7♠
38	K♠ 3♦	2♠ 6♥	A♣ 10♣	K♠ 8♠	Q♠ J♦	3♠ J♥	10♥ Q♦	K♠	9♦/Q♦	K♥	8♦
39	10♠ 4♦	5♦ 10♣	3♦ K♦	3♣ 9♦	A♠ K♣	4♥ Q♠	Q♠	7♣	6♦/7♥	9♠	A♠
40	K♥ 10♥	K♣ J♦	2♠ 7♠	5♥ A♥	J♦ 9♦	6♥ Q♦	4♥	2♥	9♥/3♦	6♠	10♣
41	J♠ Q♠	10♥ 2♣	5♥ 4♣	K♠ 3♦	3♠ 6♦	9♥ 4♥	3♠	J♠	J♥/4♦	2♠	Q♠
42	A♣ J♠	A♦ 3♥	10♠ 4♣	5♦ 10♠	5♠ 7♥	7♠ K♦	K♦	2♦	7♦/J♦	K♠	3♦
43	6♣ 8♦	6♥ 2♣	5♠ 4♣	9♠ K♥	9♣ 6♠	7♦ Q♦	Q♠	6♣	Q♦/Q♠	8♠	A♥
44	3♦ 8♣	4♦ 2♥	5♦ 7♥	6♦ 10♠	9♥ 3♠	8♦ 9♦	9♦	K♥	10♦/J♣	6♣	A♦
45	J♠ 9♣	8♣ 5♣	6♦ K♠	4♠ 6♣	10♥ 2♣	10♦ 7♦	8♠	K♦	A♥/A♦	2♦	2♦
46	2♠ K♥	9♣ 9♦	4♠ 6♣	7♠ A♦	K♠ 6♦	Q♠ 4♠	2♥	3♣	10♦/Q♥	A♦	6♣
47	Q♣ A♥	3♥ 3♠	5♠ 6♥	4♣ K♠	7♠ A♦	J♣ 9♠	7♥	Q♠	10♣/K♦	A♥	8♠
48	5♠ 4♠	9♠ 10♦	6♣ 4♥	4♠ K♣	2♠ 5♦	A♥ 8♠	8♠	4♣	3♠/10♠	3♥	K♣
49	K♥ 7♠	3♥ 7♥	6♣ 5♣	J♦ 5♦	Q♥ 4♣	4♠ 7♠	K♠ Q♥	9♣	8♦/2♥	Q♣	2♠

歲數	水星	金星	火星	木星	土星	天王	海王	長期	冥王/結果	環境	置換
50	J♣	9♠	4♥	K♠	7♣	A♣	J♠	7♠	J♦/9♦	10♦	6♠
	A♥	10♠	8♦	Q♥	6♣	K♦					
51	A♣	6♠	K♥	K♦	3♣	Q♠	9♣	K♦	8♣/4♦	Q♠	9♠
	7♠	A♦	3♥	Q♥	7♣	9♣					
52	9♠	7♠	K♣	8♠	6♦	8♣	5♥	8♦	J♦/3♦	8♦	K♥
	K♣	10♣	J♣	10♠	7♥	5♥					
53	10♦	6♥	10♥	5♦	Q♣	K♣	8♦	6♦	3♥/4♦	7♣	2♣
	7♠	Q♥	7♣	5♥	K♦	K♠					
54	6♣	7♠	5♦	J♥	5♣	3♥	2♥	8♣	A♥/2♠	J♠	A♠
	5♥	3♦	9♠	10♣	8♣	2♥					
55	9♥	3♣	J♥	4♣	Q♣	A♣	3♥	5♥	K♣/A♠	10♣	7♥
	10♠	4♦	6♦	K♥	6♥	3♥					
56	10♣	Q♠	4♣	5♠	J♣	K♠	Q♥	10♦	A♣/9♠	4♠	8♥
	6♣	Q♦	6♦	A♠	J♥	5♣	J♦				
57	Q♣	J♠	5♦	5♠	8♥	7♣	A♦	6♥	4♠/8♦	J♥	7♠
	9♦	3♠	2♣	J♥	4♣	J♠					
58	9♠	K♥	10♠	4♦	8♣	9♦	5♣	10♥	7♠/J♦	10♠	K♥
	7♠	A♣	7♥	K♦	A♠	5♣					
59	3♣	7♦	4♦	6♣	10♥	7♠	8♠	5♦	A♥/Q♠	Q♥	3♣
	8♥	6♠	7♥	J♦	5♣	10♣					
60	5♠	8♥	6♣	3♥	8♦	4♥	7♠	Q♣	3♦/2♣	9♣	5♦
	6♦	8♣	2♥	Q♠	9♦	7♠					
61	Q♣	J♣	10♠	8♠	Q♦	K♥	4♥	K♣	10♦/9♣	6♦	9♦
	A♥	A♠	K♣	2♣	10♥	6♥					
62	6♠	3♥	8♠	9♥	4♣	A♥	5♥	8♦	A♠/A♦	3♠	Q♦
	7♠	10♣	8♦	10♥	9♦	5♥					
63	J♠	7♠	9♥	9♠	J♥	7♠	4♥	6♣	A♣/4♦	J♦	3♦
	10♠	9♣	6♥	10♥	3♣	4♥					
64	6♠	J♣	Q♦	8♣	7♥	5♦	9♠	9♠	5♣/3♠	J♣	6♥
	6♠	5♥	9♦	9♠	3♥	10♦					
65	10♥	9♥	8♣	A♠	3♠	6♠	4♠	5♦	J♦/4♦	10♥	4♣
	J♥	7♠	3♦	J♠	7♠	2♣					
66	3♥	4♥	4♠	7♠	K♣	J♥	A♠	J♥	9♠/2♥	5♠	5♣
	K♠	10♥	10♠	9♥	J♣	5♠					
67	7♠	9♠	7♠	5♠	8♠	Q♦	2♠	5♠	Q♠/10♠	4♣	2♥
	7♠	J♠	9♥	2♥	6♣	2♠					
68	J♣	4♥	4♦	J♦	2♣	7♠	5♦	3♥	K♠/6♥	5♥	4♦
	K♣	A♠	8♥	10♣	7♦	A♣					
69	J♥	9♠	J♦	A♣	3♠	4♠	10♦	A♣	Q♠/5♣	5♦	5♠
	Q♦	8♥	10♥	7♣	10♣	6♣					
70	5♦	5♥	3♦	6♥	7♣	3♥	4♠	7♦	K♣/9♥	4♣	10♥
	Q♠	A♦	9♠	7♥	5♠	J♠					
71	10♣	Q♥	J♦	5♥	6♠	K♣	3♠	3♣	4♦/9♣	6♥	J♣
	Q♣	2♠	10♠	9♥	2♥	3♥					
72	9♠	Q♣	5♥	6♠	6♥	4♦	2♠	J♥	2♣/8♥	3♦	J♦
	4♠	Q♦	8♣	2♥	J♦	2♠					
73	7♦	A♠	10♠	8♥	A♥	4♥	6♥	4♣	10♥/4♣	Q♦	3♠
	7♠	7♣	J♥	2♠	7♥	3♠					
74	6♠	Q♣	8♠	3♦	3♣	5♠	4♥	Q♠	8♦/9♣	9♠	6♦
	4♦	J♣	K♦	2♠	7♥	4♥					
75	5♣	A♣	5♥	3♠	4♠	10♣	5♦	2♥	9♠/8♣	5♦	9♣
	J♠	K♠	9♦	4♦	7♠	Q♦					
76	2♠	K♥	K♠	8♥	A♣	7♥		3♥	10♣/10♠	3♣	Q♥
	Q♣	6♦	K♣	8♠	2♥	4♥					
77	4♠	Q♥	5♥	4♦	9♥	7♠	J♥	10♣	A♥/6♥	K♦	10♠
	9♠	5♠	10♥	Q♣	2♣	4♥					
78	10♣	9♠	4♥	K♠	Q♦	A♥	8♠	Q♠	6♦/K♠	7♠	4♥
	9♠	6♦	Q♠	6♥	5♥	A♠					
79	J♠	9♠	K♦	A♠	7♥	3♠	4♥	4♣	10♥/Q♠	8♥	4♠
	5♠	9♥	2♥	4♠	7♣	4♥					
80	K♣	K♠	K♥	A♠	9♠	3♥	Q♥	5♠	3♠/6♥	7♥	10♣
	3♣	J♣	5♠	10♠	6♦	4♠	9♠				
81	8♣	8♠	A♥	4♠	2♠	8♥	K♥	J♦	2♣/J♣	A♠	J♠
	5♠	J♦	3♣	7♠	6♣	K♥					
82	4♠	4♠	4♠	4♠	4♦	9♦	8♥	K♠	10♠/Q♣	2♠	7♣
	9♠	A♦	3♣	J♣	K♦	8♥					
83	K♠	2♠	2♥	K♣	Q♠	3♠	10♥	Q♥	9♦/Q♦	K♥	8♣
	3♦	6♥	10♣	8♠	J♦	J♥	Q♠				
84	10♣	5♥	3♥	3♠	A♠	4♦		Q♣	6♦/7♥	9♠	4♥
	4♦	10♣	K♦	9♦	K♣	Q♠					
85	K♥	K♣	2♠	5♥	J♠	6♥	4♥	J♠	7♦/3♥	6♠	10♦
	10♥	J♥	A♥	A♥	Q♠						
86	J♠	10♥	5♥	K♠	9♣	3♥	3♠	5♠	J♥/4♠	2♠	Q♣
	Q♠	2♠	4♣	3♦	6♥	4♥					
87	2♥	A♦	10♠	5♠	4♣	5♠	K♦	5♣	9♥/J♠	K♣	3♥
	J♠	3♥	4♠	10♠	7♥	K♦					
88	6♣	6♥	4♠	5♠	9♠	9♥	Q♠	8♥	Q♦/Q♣	8♠	A♥
	8♦	2♣	4♠	K♥	6♦	Q♠					
89	3♦	4♠	5♣	6♦	6♦	9♦		7♣	10♦/J♦	6♣	A♦
	8♣	A♠	7♥	10♠	3♠	9♦					
90	J♠	8♠	6♥	6♣	10♥	10♠	6♠	A♦	A♥/A♦	2♠	2♦
	9♣	5♣	K♠	4♣	2♠	9♥					
91	2♠	9♠	4♠	7♠	K♠	Q♣	2♥	9♠	10♦/Q♥	A♦	6♣
	K♥	7♦	6♠	A♦	6♦	4♣	K♠				
92	Q♣	3♥	5♦	4♠	7♠	J♠	9♥	K♥	10♣/K♦	8♠	
	A♥	3♠	6♥	K♠	A♦	9♠					
93	5♠	9♣	4♣	5♠	2♠	A♥	8♠	10♠	3♠/10♠	3♥	K♣
	4♠	10♦	4♥	K♣	5♦	8♠					
94	K♥	3♥	6♣	J♦	Q♥	4♠		4♦	8♦/A♣	Q♣	2♠
	7♠	7♥	5♣	5♦	4♣	Q♥					
95	J♣	9♣	4♥	K♠	7♣	2♥	J♠	8♣	J♦/9♦	10♦	6♠
	A♥	10♠	8♦	Q♥	6♣	K♦					
96	2♥	6♠	K♥	K♦	3♣	Q♠		9♣	8♣/4♦	Q♠	9♠
	7♠	A♦	3♥	Q♥	7♣	9♣					
97	9♠	7♠	K♣	8♠	6♦	8♣	5♥	8♦	J♦/3♦	8♦	K♥
	K♣	10♣	J♣	10♠	7♥	5♥					
98	10♦	6♥	10♥	5♦	Q♣	K♣	8♦	3♠	3♥/4♦	7♣	2♣
	9♣	6♦	7♠	5♥	K♦	K♠					
99	6♣	9♥	5♦	J♥	5♠	3♥	A♣	9♥	A♥/2♠	J♠	A♠
	5♥	3♦	9♠	10♣	8♠	A♣					

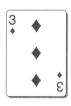

方塊3

歲數	水星	金星	火星	木星	土星	天王	海王	長期	冥王/結果	環境	置換
0	A♠	7♥	7♦	5♣	J♥	9♣	9♠	A♣	2♥/K♥	3♦	3♦
	6♠	K♣	7♣	A♥	J♠	9♠					
1	6♥	A♦	10♣	8♣	3♠	4♥	5♠	7♥	Q♠/6♣	Q♦	6♥
	4♦	10♦	4♠	K♣	5♠	K♦					
2	A♥	4♠	8♣	J♦	10♠	4♣	8♦	7♦	2♦/Q♣	9♦	4♣
	J♥	9♣	J♠	A♠	7♥	J♣					
3	5♦	9♠	K♦	9♥	5♣	J♥	J♦	5♠	K♣/A♣	5♦	5♣
	K♠	A♥	6♠	7♦	A♦	3♥					
4	7♥	5♠	9♥	4♥	8♥	10♣	5♥	J♥	7♠/2♣	3♣	5♥
	9♣	A♠	7♥	A♣	6♥	5♥					
5	A♦	9♠	Q♣	2♦	J♠	9♠	4♥	9♣	K♠/7♣	K♦	4♦
	5♣	Q♦	6♦	2♣	9♥	2♥					
6	J♥	5♠	2♦	2♥	6♠	K♥	K♦	9♠	3♣/Q♠	7♥	5♠
	10♣	6♦	A♥	7♥	2♣	6♥					
7	4♥	10♦	J♠	7♣	7♥	5♦	K♥	6♥	5♠/7♦	8♥	10♥
	7♠	Q♦	4♠	3♠	3♥	A♠					
8	2♣	2♠	2♦	10♦	6♥	10♥	5♦	A♦	Q♣/K♣	7♥	J♣
	3♣	J♣	6♠	7♦	A♣	5♦					
9	5♠	3♣	10♦	8♠	7♠	Q♣	5♥	10♣	J♠/6♦	A♠	J♦
	9♠	10♣	8♣	A♣	2♦	5♥					
10	9♥	J♠	6♦	9♦	9♠	8♠	8♣		A♥/8♦	2♣	3♠
	9♣	7♥	J♥	5♦	3♠	6♠					
11	4♦	3♣	6♦	J♠	10♠	4♥	9♠	3♠	8♥/K♣	K♥	6♦
	Q♣	A♦	Q♥	5♥	3♠	9♠					
12	Q♠	2♥	10♦	6♣	K♥	2♣	4♥	4♥	5♠/8♣	9♠	4♣
	A♠	K♠	4♠	Q♠	9♥	10♣					
13	5♥	10♥	K♠	6♦	2♥	3♠	6♥	5♠	2♣/6♦	6♠	Q♥
	3♣	8♠	Q♥	8♠	A♠	Q♣					
14	K♥	2♠	10♦	Q♣	7♦	7♥	J♥	A♥	9♦/7♣	2♠	10♠
	5♠	3♥	A♥	3♠	J♣	9♠					
15	2♣	4♠	Q♣	Q♥	J♣	10♦	4♠	4♠	4♦/K♣	K♣	4♥
	5♠	8♠	3♣	7♣	10♦	J♦					
16	A♠	5♠	Q♥	J♦	3♠	6♣	9♠	8♣	A♥/7♠	8♠	4♠
	3♥	7♠	A♣	K♥	7♥	9♠					
17	5♣	K♠	10♥	2♥	5♠	5♦		J♦	6♣/7♣	K♣	10♠
	10♠	A♦	3♥	4♣	K♥	5♠					
18	8♣	8♥	9♦	K♦	5♥	6♦	10♥	10♠	J♣/A♦	2♦	J♠
	4♥	2♦	10♠	9♣	6♥	10♥					
19	Q♣	4♣	K♦	3♥	8♠	4♠	6♦	4♦	2♣/3♣	A♦	7♣
	5♠	Q♦	10♠	A♦	Q♥	6♦					
20	K♠	5♥	A♣	5♠	7♠	6♠	A♥	8♦	4♠/10♣	A♥	8♦
	J♠	7♣	2♠	4♣	2♦	J♥	7♠				
21	6♠	10♦	J♠	10♦	J♦	9♣	7♠	5♦	8♠/3♣	3♥	Q♠
	Q♣	Q♦	Q♥	4♠	5♠	7♠					
22	10♥	5♠	5♥	10♦	2♦	7♣	9♠	9♠	9♥/5♦	Q♣	10♦
	A♥	J♥	7♥	9♦	4♠	10♣					
23	A♠	A♥	10♦	Q♥	10♠	9♥	6♠	K♥	J♥/K♥	10♦	Q♠
	7♠	J♣	8♦	J♠	8♠	Q♣					
24	A♣	Q♦	2♠	3♥	Q♠	9♣	Q♥	9♥	7♦/2♦	Q♠	3♥
	A♠	5♦	8♦	6♠	3♠	Q♥					
25	6♥	7♣	3♥	4♠	K♣	7♦	7♠	5♠	10♣/3♣	8♦	A♥
	8♥	J♣	8♦	10♥	4♦	7♠					
26	J♠	Q♣	4♥	8♠	9♥	8♥	4♠	J♥	K♦/2♦	7♣	A♦
	8♣	2♥	3♠	6♠	6♣	4♠					
27	A♠	8♣	8♠	K♥	A♥	K♦	4♠	J♦	9♦/Q♦	J♠	2♦
	K♣	Q♠	K♠	6♥	J♣	7♦					
28	5♥	K♣	K♥	7♦	K♠	3♣	C♣	7♥	K♦/2♦	10♣	6♦
	10♥	9♥	6♥	Q♦	8♠	8♦	K♠				
29	3♣	5♦	4♥	8♦	9♣	A♦	7♦	5♠	2♣/Q♥	4♠	8♠
	9♦	6♣	7♣	K♠	Q♦	5♠					
30	3♥	K♣	8♦	6♥	J♠	9♥	4♣	9♦	6♣/6♦	4♥	K♣
	K♥	K♦	9♠	5♠	4♥	4♣					
31	10♥	5♦	6♥	2♦	5♠	K♥	K♠		8♥/2♥	10♠	2♠
	9♣	3♠	Q♠	4♥	8♦	7♥	2♠				
32	A♦	K♣	9♠	K♣	7♦	A♣	A♠	8♥	2♦/4♦	Q♥	6♠
	9♦	6♣	8♥	2♠	6♥	Q♥					
33	A♣	6♥	10♥	Q♥	10♠	7♠	K♣	10♠	8♣/Q♣	9♠	9♠
	9♣	Q♦	5♦	2♠	7♥	K♣					
34	5♠	9♠	Q♥	8♥	8♠	8♠	10♦	5♦	2♦/J♠	6♦	K♥
	5♣	2♠	A♦	6♠	3♠	10♦					
35	K♦	7♠	A♥	4♥	4♣	5♣	8♥	A♦	5♦/Q♣	3♠	2♠
	7♠	7♠	7♥	10♦	Q♥	K♠					
36	6♥	7♠	4♥	J♥	Q♠	5♦	2♥	9♠	9♦/5♦	J♦	A♠
	10♦	J♠	5♠	2♣	8♣	2♥					
37	9♥	10♠	J♥	8♦	3♣	A♠	5♦	Q♣	5♣/J♦	J♣	7♦
	6♠	Q♠	8♠	10♥	7♣	5♦					
38	2♣	7♠	3♥	3♦	2♦	K♠	2♠	2♦	A♣/K♣	10♥	8♥
	6♥	10♣	8♠	J♦	J♥	Q♠	2♦				
39	3♣	A♣	4♥	Q♠	6♦	7♥	Q♦	J♣	K♥/8♥	5♠	7♠
	4♠	6♠	J♥	8♦	A♦						
40	5♠	10♥	6♦	Q♣	8♦	4♦	Q♠		9♣/2♦	4♦	K♦
	7♦	A♣	3♠	Q♥	J♦	Q♠					
41	10♣	7♦	Q♣	6♥	A♥	9♣	4♣	4♥	9♦/7♣	5♥	3♣
	6♦	4♦	3♠	2♦	Q♠	2♣					
42	3♥	6♦	6♥	3♥	5♥	Q♠			J♥/J♣	Q♣	5♦
	8♠	8♠	2♥	5♥							
43	3♣	7♥	6♠	6♦	10♣	10♥	9♠	5♠	K♦/K♣	4♣	9♦
	9♦	J♦	5♣	J♣	A♥	7♦					
44	4♠	5♦	6♦	9♥	8♥	9♦	10♠	2♦	J♦/Q♠	6♥	Q♦
	9♣	2♣	8♥	A♥	4♠	10♦					
45	A♠	7♥	9♥	5♠	J♥	9♠	9♠	2♥	A♣/K♥	3♦	3♦
	6♠	K♣	7♠	A♥	J♠	9♠					
46	6♥	A♦	10♣	8♠	9♠	3♥	4♥	6♠	Q♠/6♣	Q♦	6♥
	4♦	10♦	4♣	K♣	5♦	K♦					
47	A♥	4♠	8♣	J♦	10♠	4♦	8♦	K♥	2♦/Q♣	9♦	4♣
	J♥	9♣	J♠	A♠	7♥	J♣					
48	5♦	9♠	K♦	7♥	5♠	J♥	J♦	K♦	K♣/2♦	5♦	5♣
	K♠	A♥	6♠	9♥	A♦	3♥					
49	7♥	5♠	7♥	4♥	8♥	10♣	5♥	4♥	7♠/2♣	3♣	5♥
	9♣	A♠	9♥	2♥	6♥	5♥					

歲數	水星	金星	火星	木星	土星	天王	海王	長期	冥王/結果	環境	置換
50	A♠	9♠	Q♣	2♦	J♣	9♣	4♥	10♦	K♠/7♣	K♦	4♦
	5♠	Q♠	6♦	2♣	7♦	A♣					
51	J♠	5♠	2♦	A♣	6♣	K♥	K♦	J♠	3♣/Q♠	7♠	5♠
	10♣	6♦	A♥	7♥	2♣	6♥					
52	4♥	10♦	J♠	7♣	7♥	5♦	K♥	7♣	5♣/9♥	8♥	10♥
	7♠	Q♦	4♠	3♠	3♥	A♠					
53	2♣	2♠	2♦	10♦	6♥	10♥	5♠	7♥	Q♣/K♣	7♥	J♠
	3♣	J♣	6♠	9♥	2♥	5♦					
54	5♠	3♣	10♦	8♠	7♣	Q♣	5♥	5♠	J♣/6♦	A♠	J♦
	9♠	10♣	8♣	2♥	2♦	5♥					
55	7♥	J♦	6♠	6♦	9♥	9♠	8♠	K♥	A♥/8♦	2♠	3♠
	9♠	7♥	J♥	5♥	3♠	6♣					
56	4♦	3♠	6♦	J♠	10♠	4♥	9♠	2♣	8♥/K♣	K♥	6♦
	Q♥	A♦	Q♥	5♥	3♠	9♠					
57	Q♠	A♣	10♦	6♠	K♥	2♣	4♥	2♠	5♠/8♠	9♠	9♣
	A♥	K♠	4♠	Q♣	7♦	10♣					
58	5♥	10♦	K♠	6♦	A♣	3♠	6♥	2♦	2♣/6♠	6♠	Q♥
	3♠	8♠	Q♥	8♣	2♥	Q♣					
59	K♥	2♠	10♦	Q♣	9♥	7♥	J♥	10♦	9♦/7♠	2♠	10♠
	5♠	3♥	A♥	3♠	J♣	9♠					
60	2♣	4♠	Q♠	Q♥	10♦	9♦	4♠	6♥	4♦/K♠	K♠	4♥
	5♠	8♠	3♣	7♠	10♦	J♥					
61	A♠	5♠	Q♥	J♦	3♠	6♣	9♠	10♥	A♥/7♠	8♠	4♠
	3♥	9♥	2♥	K♥	7♥	9♠					
62	5♣	K♠	10♥	A♣	5♠	5♦	2♠	5♦	6♣/7♣	8♠	10♣
	10♠	A♦	3♥	2♣	8♠	K♥	5♠				
63	8♣	8♥	9♠	K♥	5♥	6♦	10♥	5♠	J♣/A♥	2♦	J♠
	4♥	2♦	10♠	9♣	6♥	10♥					
64	Q♣	4♠	K♥	3♦	8♣	4♠	6♦	3♠	2♣/3♠	A♦	7♣
	5♠	Q♦	10♠	A♣	Q♥	6♦					
65	K♠	5♥	2♥	5♠	7♠	6♣	A♥	10♦	4♠/10♣	A♥	8♦
	J♠	7♥	2♣	4♣	2♦	J♥	7♠				
66	6♠	10♣	J♠	10♠	J♦	9♠	7♠	8♠	8♠/3♠	3♥	Q♠
	Q♣	2♣	Q♥	4♠	5♣	7♠					
67	10♥	5♣	5♥	10♦	7♥			7♠	7♣/5♦	Q♣	10♦
	A♥	J♥	7♥	9♣	4♠	10♣					
68	A♠	A♥	10♦	Q♥	10♠	7♦	6♣	Q♠	J♥/K♥	10♦	Q♣
	7♠	J♣	8♦	J♠	8♠	Q♣					
69	2♥	Q♠	2♣	3♦	Q♠	9♣	Q♥	5♥	9♥/2♦	Q♠	3♥
	A♠	5♦	8♦	6♠	3♠	Q♥					
70	6♥	7♣	3♥	4♠	K♣	9♥	7♠	9♥	10♣/3♣	8♦	A♥
	8♥	J♣	8♦	10♥	4♦	7♠					
71	J♠	Q♠	4♦	8♠	7♦	8♦	4♥	J♠	K♦/2♦	7♣	A♠
	8♠	3♣	6♠	6♠	4♠						
72	A♠	8♣	8♠	K♥	A♥	K♦	4♣	6♠	9♦/Q♦	J♠	2♦
	K♣	Q♠	K♠	6♥	J♦	9♥					
73	5♥	K♣	K♥	7♥	K♠	3♠	2♥	6♠	K♦/2♠	10♠	6♠
	10♥	7♦	6♦	Q♦	8♠	8♦	K♠				
74	3♣	5♦	4♥	8♦	9♠	A♣	9♥	9♠	2♣/Q♥	4♠	8♠
	9♦	6♣	7♣	K♠	Q♦	5♠					
75	3♥	K♣	8♦	6♥	J♣	9♦	4♣	9♠	6♠/6♠	4♥	K♣
	K♥	K♦	9♠	5♠	4♥	4♣					
76	10♥	5♦	6♥	2♦	2♠	K♥	K♠	8♠	8♥/A♣	10♠	2♠
	9♣	3♠	Q♠	4♥	8♦	7♥	2♠				
77	A♦	K♣	9♠	K♠	7♥	2♥	A♠	4♦	2♦/4♠	Q♥	6♠
	9♦	6♠	8♥	2♠	6♥	Q♥					
78	2♥	6♥	10♥	Q♥	10♠	7♠	K♣	3♣	8♣/Q♣	9♠	
	9♣	Q♦	5♦	2♥	7♥	K♣					
79	5♠	9♣	Q♥	8♦	8♠	8♣	10♦	6♦	2♦/J♠	6♦	K♥
	5♣	2♣	A♦	6♠	3♠	10♦					
80	K♦	7♣	A♥	4♦	3♣	5♣	8♥	J♠	5♦/Q♣	3♠	A♣
	9♥	7♣	7♥	10♦	Q♥	K♣					
81	6♥	9♥	4♥	J♥	Q♠	5♦	A♣	10♠	9♦/5♥	J♦	A♠
	10♦	J♠	5♠	2♣	8♣	A♣					
82	7♦	10♠	J♥	8♦	3♣	2♥	5♦	4♥	5♣/J♦	J♣	7♥
	6♠	Q♣	8♠	10♥	7♠	5♦					
83	2♣	7♥	8♦	3♥	2♦	K♠	6♠	9♠	2♥/K♣	10♠	7♥
	6♥	10♣	8♠	J♦	J♥	Q♠	2♦				
84	3♣	A♠	4♥	Q♠	6♦	7♥	Q♦	Q♠	K♥/8♦	5♠	7♠
	4♠	6♠	J♣	J♥	8♦	A♦					
85	5♠	10♥	6♠	Q♠	8♠	4♠	Q♠	2♥	9♣/2♦	4♦	K♦
	9♥	2♠	6♥	Q♥	J♦	A♠					
86	10♠	9♥	Q♣	6♥	A♥	9♣	4♣	10♥	9♦/7♠	5♥	3♣
	6♦	4♦	3♠	2♦	Q♠	2♣					
87	3♥	6♦	6♥	5♦	8♥	9♠	9♣	6♠	J♠/J♣	5♠	5♦
	8♠	3♦	A♠	9♦	7♠	4♥					
88	3♠	7♥	6♠	6♦	10♠	10♥	9♠	K♥	K♦/K♣	4♠	9♠
	9♦	J♦	5♠	J♣	A♥	7♣					
89	4♠	5♦	6♦	7♦	8♦	9♦	10♦	2♣	J♦/Q♦	6♥	Q♦
	9♣	2♠	8♥	A♦	9♠	10♦					
90	A♠	7♥	7♦	6♥	J♥	9♠		4♥	2♥/K♥	3♦	3♦
	6♠	K♣	7♦	A♥	J♠	9♠					
91	6♥	A♦	10♣	8♠	3♠	4♥	5♠	5♥	Q♠/6♣	Q♦	6♥
	4♦	10♦	4♠	K♣	5♦	K♦					
92	A♥	4♠	8♠	J♦	10♠	4♦	8♠	10♥	2♦/Q♣	9♠	Q♦
	J♥	9♠	J♠	A♠	7♥	J♣					
93	5♦	9♣	K♥	9♥	Q♣	J♥	J♦	K♠	K♣/A♣	5♠	5♣
	K♠	A♥	6♠	7♠	A♦	3♥					
94	7♥	5♣	9♥	4♥	8♥	10♣		6♦	7♥/2♣	3♠	5♥
	9♣	A♠	7♦	A♣	6♥	5♥					
95	A♦	9♠	Q♣	2♦	J♠	9♠	4♥	2♥	K♠/7♣	K♦	4♦
	5♣	Q♦	6♦	2♠	9♥	2♥					
96	J♥	5♠	2♦	2♥	2♣	K♥	K♦	3♠	3♣/Q♠	7♠	5♠
	10♣	6♦	A♥	7♥	2♠						
97	4♥	10♦	J♠	7♣	7♥	5♦	K♥	6♥	5♣/7♦	8♥	10♦
	7♠	Q♦	4♠	3♠	3♥	A♠					
98	2♠	2♠	2♦	10♦	6♥	10♥	5♦	K♥	Q♣/K♣	7♥	J♣
	3♠	2♦	6♠	A♣	A♠	5♦					
99	5♠	3♣	10♦	8♠	7♣	Q♠	5♥	2♠	J♣/6♦	A♠	J♦
	9♠	10♣	8♣	A♠	2♥	5♥					

方塊4

左半

歲數	水星	金星	火星	木星	土星	天王	海王	長期	冥王/結果	環境	置換
0	2♠ J♣	8♥ 5♥	6♣ 4♠	6♠ K♦	Q♥ 7♠	10♣ A♣	8♦	2♠	K♠/3♥	4♦	4♦
1	J♥ 10♦	6♦ 4♠	6♣ K♣	A♣ 5♦	9♠ K♦	7♠ 5♠	3♦	8♥	6♥/A♦	5♥	5♠
2	8♦ Q♦	2♦ 5♥	Q♣ Q♠	3♥ 4♥	5♠ 8♠	4♠ 3♠	7♠	6♣	J♠/9♦	5♠	10♣
3	K♦ 6♥	A♠ Q♥	6♣ 7♥	2♦ 9♥	9♣ 2♥	4♠ 8♠		6♠	6♣/2♣	4♠	J♣
4	6♦ 8♥	6♥ 10♦	2♣ 8♣	K♥ 2♥	3♥ 6♠	5♣ J♦	J♦	Q♥	Q♥/4♠	6♥	J♦
5	7♦ 10♣	10♠ 5♦	7♥ J♥	4♣ J♦	5♣ 4♥	8♥ 9♠	K♥	10♣	K♣/A♥	3♦	3♠
6	3♠ 6♣	6♥ 2♠	4♠ J♠	Q♣ J♦	7♥ 4♥	8♠ 8♥	8♥	8♠	9♦/2♣	Q♦	6♦
7	A♦ 3♣	A♣ K♠	2♠ Q♠	9♠ 6♠	8♣ 7♦	K♦ 10♦	8♦	J♥	6♦/8♣	9♦	9♣
8	J♦ 6♥	9♣ K♥	K♠ J♠	4♠ 8♠	A♣ 2♥	4♥ 6♣	5♠	6♦	K♦/7♥	5♦	Q♥
9	7♠ 6♦	A♠ 8♠	2♦ K♠	6♥ 6♥	9♥ Q♥	J♥ 8♥		6♠	5♠/3♥	3♠	10♠
10	K♦ 6♦	Q♠ K♥	6♣ 6♥	J♠ 3♥	10♦ 2♦	5♠ 8♠	10♥	A♣	3♠/K♠	K♦	4♥
11	3♣ 8♠	6♦ 9♥	6♣ 2♥	10♠ 7♠	4♥ 5♦	9♠ 8♥	8♥	9♠	K♣/Q♦	6♠	4♠
12	J♣ 7♣	K♠ 2♠	9♣ 8♠	A♣ K♦	6♦ K♥	4♣ 7♠	A♠ 6♦	7♠	9♠/3♥	8♥	10♣
13	8♣ 8♠	9♠ 6♠	5♠ 7♠	7♠ 10♣	J♦ 5♠	4♠ 9♠		3♠	Q♥/2♠	7♥	J♠
14	6♣ 6♦	10♥ 5♦	7♠ 9♣	8♠ 2♠	A♥ J♠	Q♠ 4♠	4♠	8♠	K♦/6♥	A♠	7♣
15	K♠ Q♣	J♦ 3♥	2♥ K♦	9♣ 10♠	Q♦ J♥	9♠ Q♦	K♣	2♦	Q♠/10♦	2♣	8♦
16	7♥ 6♣	2♦ K♦	Q♣ J♠	7♣ Q♠	10♠ ♣	8♥ Q♥	Q♦	Q♣	K♥/4♥	K♥	Q♠
17	9♣ K♠	J♦ J♥	J♥ 5♦	2♦ 5♠	6♠ Q♠	3♥ 10♦	3♥		7♦/4♣	9♠	10♦
18	3♣ Q♦	K♣ Q♥	2♦ A♣	J♠ Q♠	7♣ K♥	7♠ 6♣	9♠	5♠	J♥/7♠	6♠	Q♣
19	2♥ 3♣	5♥ 4♣	K♦ A♥	8♠ 7♠	A♦ 4♥	10♣ J♠	J♠	4♣	9♥/6♠	2♠	3♥
20	5♠ 9♦	3♥ Q♥	8♠ A♥	Q♠ 9♠	2♣ 3♠	9♥ Q♦	Q♦	7♠	10♦/6♥	K♣	A♥
21	Q♣ 8♠	6♣ A♠	8♣ 4♥	K♥ 7♥	7♠ 9♠	9♠ Q♠	Q♠	K♦	3♦/6♠	8♠	A♠
22	3♣ 2♣	8♠ A♦	K♥ K♠	7♠ 5♠	K♣ Q♥	3♦ 9♥	10♥	A♠	5♠/5♥	6♣	2♦
23	J♦ 9♠	2♣ 7♦	7♠ 5♠	5♦ 5♦	K♠ A♥	6♥ K♠	2♥	6♠	3♦/A♠	2♦	6♠
24	6♥ 5♣	4♣ 9♠	8♠ 3♥	A♥ K♠	10♠ 5♥	2♠ 6♦	9♠	2♦	K♦/J♠	A♠	8♠

右半

歲數	水星	金星	火星	木星	土星	天王	海王	長期	冥王/結果	環境	置換
25	8♠ 7♠	2♣ 3♦	A♥ 8♥	5♠ J♠	Q♥ 8♦	5♣ 10♥	10♥	5♠	9♠/7♦	A♥	K♣
26	9♣ 10♦	4♣ 4♥	5♠ A♦	6♠ 8♦	A♠ A♥	7♠ 5♦	K♠ A♠	9♠	9♦/A♣	3♥	2♠
27	2♠ 5♣	2♣ 7♥	8♥ 9♦	K♠ A♠	5♦ 5♠	2♥ J♠	3♠	4♣	6♠/Q♠	Q♣	6♠
28	2♥ 10♣	5♠ 5♥	9♠ 4♠	J♠ A♠	7♣ 5♠	Q♦ ♣		6♦	8♣/6♠	10♦	9♠
29	6♦ J♣	10♣ K♦	J♠ 2♠	9♦ 7♥	K♥ 4♥	8♣ 2♦	2♠	6♥	6♠/Q♠	Q♠	K♥
30	3♦ 9♥	3♥ Q♦	K♣ 5♦	8♠ 2♠	6♥ J♠	J♣ K♠	9♠	2♠	4♣/6♠	8♦	2♠
31	5♠ 2♦	9♥ Q♣	8♣ 6♠	J♥ K♦	A♦ 8♣	4♠ A♣	A♠	K♥	5♣/J♦	7♣	A♠
32	7♦ 7♥	7♣ 6♠	J♥ K♥	A♥ 9♣	6♥ 3♥	2♥ 4♠	4♣	3♥	J♣/10♠	J♠	7♦
33	K♦ 5♠	Q♦ 10♦	A♥ K♥	8♠ 10♠	6♠ J♥	K♣ A♥	A♠ 6♠	4♣	2♥/2♣	10♣	8♥
34	6♥ Q♠	3♣ 9♠	8♠ Q♥	A♦ J♥	4♠ A♥	5♦ 2♠	5♥	J♦	7♠/9♠	4♠	7♠
35	6♦ 9♥	9♣ 2♥	7♥ 4♥	6♣ J♠	8♣ 10♠	Q♠ A♥	A♦	7♦	10♣/6♠	4♥	K♦
36	7♣ 4♠	9♥ 3♠	6♠ 4♥	5♠ 6♠	K♠ A♦	10♣ K♣	10♥	10♠	5♠/Q♣	10♠	3♣
37	8♠ K♥	4♣ 8♠	5♠ A♣	4♣ Q♦	9♦ Q♠	8♥ 10♣	10♣	7♥	Q♣/Q♥	Q♥	5♦
38	6♥ 5♣	5♦ 10♠	7♥ J♣	4♠ Q♥	10♦ K♣	9♠ 3♥	8♥	4♠	3♦/2♣	9♠	9♦
39	3♠ 10♣	4♦ K♦	4♠ 9♦	7♦ K♣	A♥ Q♠	8♣ 2♦	2♦	5♣	10♠/5♥	6♦	Q♦
40	3♣ 7♥	5♦ 2♣	7♦ 3♥	6♦ K♣	J♥ Q♠	10♣ 8♥	8♥	8♥	2♥/7♠	3♠	3♦
41	5♠ 3♠	2♠ 2♦	10♦ Q♠	8♠ 2♠	4♥ 4♣	8♠ 3♦	6♠	K♥	A♦/9♠	J♦	6♥
42	K♣ J♥	Q♠ 10♦	8♣ Q♣	10♠ 3♠	7♠ 5♦	3♠ Q♥	A♥	6♠	6♠/6♠	2♥	4♠
43	4♣ K♠	8♥ K♣	7♠ 7♥	9♥ 7♦	J♣ 2♠	J♥ 8♠	10♠	6♥	2♣/A♦	10♥	5♠
44	5♦ 10♣	6♦ 3♣	9♥ 7♦	8♥ A♣	9♦ 5♠	10♣ J♦	J♦	4♠	Q♦/K♦	5♠	5♥
45	2♠ J♣	8♥ 5♥	6♣ 4♠	6♠ K♦	Q♥ 9♥	10♣ 2♥	8♦	Q♣	K♠/3♥	4♦	4♦
46	J♥ 10♦	6♦ 4♠	6♣ K♣	2♥ 5♦	9♠ K♦	7♠ A♠	3♦	7♠	6♥/A♦	5♥	5♠
47	8♦ Q♦	2♦ 5♥	Q♣ Q♠	3♥ 4♥	5♠ 8♠	4♠ 3♠	7♠	8♦	J♣/7♦	5♣	10♦
48	K♦ 6♥	A♠ Q♥	6♣ 7♥	2♦ 7♦	5♠ A♠	9♠ 4♠	4♠	8♥	6♠/2♣	4♠	J♣
49	6♦ 8♥	6♥ 10♦	2♣ 8♣	K♥ A♣	3♥ 6♠	6♠ J♦	J♦	A♦	Q♥/4♠	6♥	J♦

歲數	水星	金星	火星	木星	土星	天王	海王	長期	冥王/結果	環境	置換
50	9♥	10♠	7♥	4♠	5♣	8♥	K♥	A♣	K♣/A♦	3♦	3♠
	10♣	5♦	J♥	J♦	4♥	9♠					
51	3♠	6♥	4♠	Q♣	7♠	8♦	8♥	2♦	9♦/2♣	Q♦	6♦
	6♠	2♠	J♠	J♦	4♥	8♥					
52	A♦	2♥	2♦	9♠	7♠	K♦	8♦	9♠	6♦/8♣	9♦	9♣
	3♣	K♠	Q♠	6♠	9♥	10♦					
53	J♦	9♣	K♠	4♠	2♥	4♥	5♠	7♠	K♦/7♥	5♦	Q♥
	6♥	K♥	J♠	8♣	A♣	6♣					
54	7♠	A♠	2♦	6♣	7♠	5♦	J♥	K♦	5♣/3♥	3♣	10♠
	6♦	8♠	K♣	6♥	Q♥	8♥					
55	K♦	Q♠	6♣	J♠	10♦	5♣	10♥	8♦	3♠/K♠	K♦	4♥
	6♦	K♥	6♥	3♥	2♦	10♠					
56	3♣	6♦	J♠	10♣	4♥	9♠	8♥	J♦	K♣/Q♦	7♠	4♠
	8♠	7♦	A♣	7♠	5♦	8♥					
57	J♣	K♠	9♣	2♥	6♦	4♣	A♠	9♣	9♠/3♦	8♥	10♣
	7♣	2♠	8♠	K♦	K♥	7♠	6♦				
58	8♥	9♥	5♣	7♠	J♦	4♠	9♣	K♠	Q♥/2♠	7♥	J♠
	8♦	6♠	7♣	10♣	5♠	9♣					
59	6♦	10♥	7♠	8♠	A♥	Q♠	4♠	4♠	K♦/6♥	A♠	7♠
	6♦	5♥	7♣	2♠	J♠	4♠					
60	K♠	J♦	A♣	J♣	Q♠	9♠	K♣	A♣	Q♠/10♦	2♣	8♦
	Q♣	3♥	K♦	10♥	6♠	J♥	Q♥				
61	7♥	2♦	Q♣	7♠	10♠	8♥	Q♦	4♦	K♥/4♥	K♦	Q♠
	6♣	K♦	J♠	Q♠	J♣	Q♦					
62	9♣	Q♣	J♦	2♦	6♠	3♥	8♥	5♠	9♥/4♣	A♠	10♦
	K♣	J♥	5♦	5♣	Q♠	10♦					
63	3♣	K♠	2♦	J♠	7♠	9♥	9♠	7♠	J♥/7♠	6♠	Q♣
	Q♦	Q♥	A♥	Q♣	K♥	6♣					
64	A♦	5♥	K♦	8♠	A♦	10♣	J♠	A♠	7♦/6♣	2♠	3♥
	3♠	4♣	A♥	7♥	4♥	J♠					
65	5♠	3♥	8♠	Q♠	2♣	7♦	Q♦	2♦	10♦/6♥	J♣	A♥
	9♦	Q♥	A♥	9♣	3♠	Q♦					
66	Q♣	6♣	8♣	K♥	9♥	9♦	Q♠	6♣	3♦/6♠	8♠	A♦
	8♣	2♥	4♥	7♥	9♠	Q♠					
67	3♠	8♣	K♥	7♠	K♠	3♥	10♥	9♥	5♣/5♥	6♠	2♦
	2♥	A♦	5♠	A♠	Q♥	7♦					
68	J♦	2♣	7♠	5♦	K♠	6♥	A♣	5♠	3♦/A♠	2♦	6♣
	9♣	9♥	5♠	5♥	K♥	A♥	K♠				
69	6♥	4♣	8♣	A♥	10♣	2♠	7♦	J♥	K♦/J♠	A♦	8♠
	5♣	9♠	3♥	K♠	5♥	6♦					
70	8♠	2♣	A♥	5♠	Q♥	5♣	10♥	K♦	9♠/7♥	A♥	K♣
	7♠	3♦	8♥	J♣	8♦	10♥					
71	9♠	4♣	5♠	6♠	A♠	J♥	7♠	Q♠	9♦/2♥	3♥	2♠
	10♣	4♥	A♠	8♠	A♥	A♦					
72	2♠	J♣	8♥	K♣	5♦	A♣	3♣	6♣	6♠/Q♠	A♣	6♠
	5♣	7♥	9♦	A♠	5♠	J♠					
73	A♣	5♠	9♣	A♠	7♠	Q♦	2♣	J♠	8♠/6♣	10♦	9♠
	10♠	5♦	4♠	A♠	5♦	2♠					
74	6♦	10♣	J♠	9♠	K♥	8♣	2♦	10♦	6♠/Q♣	Q♠	K♥
	J♣	K♦	2♠	7♥	4♥	2♦					
75	3♦	3♦	K♣	8♠	6♥	J♣	9♦	5♣	4♣/6♣	8♦	2♣
	7♦	Q♦	5♦	2♦	J♠	K♠					
76	5♠	7♦	8♠	J♥	A♦	4♣	2♥	10♥	5♣/J♦	7♣	A♠
	2♦	Q♣	6♦	K♦	8♣	2♥					
77	9♥	7♣	J♥	A♥	6♥	A♣	4♠	3♠	J♣/10♠	J♠	7♥
	7♥	6♣	K♥	9♠	3♥	4♠					
78	K♦	Q♠	A♥	8♠	6♠	K♠	A♠	6♦	A♣/2♣	10♣	8♥
	5♠	10♠	K♥	10♠	J♥	A♦	6♠				
79	6♥	3♣	8♠	A♦	4♠	5♦	5♥	J♠	7♠/9♦	4♠	7♠
	Q♠	9♠	Q♥	J♥	A♥	2♠					
80	6♠	9♣	7♥	6♣	8♠	Q♠	A♦	10♠	10♣/6♠	4♥	K♦
	7♠	A♣	4♥	J♠	10♠	A♦					
81	7♣	7♦	6♠	5♠	K♣	10♠	10♥	4♥	5♣/Q♦	10♠	3♣
	4♠	3♠	4♥	6♠	A♦	K♦					
82	8♠	5♠	4♠	2♥	9♦	8♥	10♣	9♠	Q♣/Q♥	Q♥	5♦
	K♥	8♣	2♥	Q♦	Q♠	10♣					
83	6♥	5♦	7♥	4♠	10♦	9♣	J♠	8♥	3♦/2♣	9♠	9♦
	5♣	10♠	J♣	Q♥	K♣	3♥					
84	3♠	4♣	4♠	9♠	A♥	5♣	2♦	J♣	10♠/5♥	6♦	Q♦
	10♣	K♦	9♠	K♣	Q♠	2♦					
85	3♣	5♦	9♥	6♠	J♥	10♠	4♥	K♠	A♣/7♠	3♠	3♦
	7♥	2♣	3♥	K♣	Q♠	8♥					
86	5♠	2♠	10♦	8♣	4♦	6♦	9♠		A♦/9♠	J♦	6♥
	3♠	2♦	Q♠	4♠	3♦						
87	K♣	Q♠	8♣	10♠	7♠	3♠	A♥	A♣	6♠/6♣	J♣	4♣
	J♥	10♣	Q♣	8♣	5♦	Q♥					
88	4♣	8♥	7♣	7♦	J♠	J♥	10♠	6♦	2♣/2♥	10♥	5♣
	K♠	K♣	7♥	9♥	2♠	8♠					
89	5♦	6♠	7♠	8♠	9♦	10♠	J♦	4♣	Q♦/K♦	5♠	5♥
	10♣	3♠	9♥	2♦	J♦						
90	2♠	8♥	6♣	9♠	Q♥	10♣	8♦	A♠	K♠/3♥	4♦	4♦
	J♣	5♥	4♠	K♦	7♠	A♣					
91	J♥	6♦	6♠	A♣	9♠	7♠	3♦	8♣	6♥/A♦	5♥	5♠
	10♦	4♠	K♣	5♦	K♦	5♠					
92	8♦	2♦	Q♠	3♦	5♠	4♠	7♠	9♦	J♣/9♦	5♠	10♣
	Q♦	5♥	Q♠	4♥	8♠	3♠					
93	K♦	A♠	Q♠	2♦	6♠		4♣	5♣	6♣/2♣	4♣	J♣
	6♥	Q♥	7♥	9♥	2♥	4♠					
94	6♦	6♥	2♦	K♠	3♦	6♣	J♦	7♠	Q♥/4♠	6♥	J♦
	8♥	10♦	8♣	2♥	6♠	J♠					
95	7♦	10♠	7♥	4♠	4♣	8♥	K♥	J♦	K♣/A♥	3♦	3♠
	10♣	5♦	J♥	J♦	4♥	9♠					
96	3♠	6♥	4♠	Q♣	7♠	8♦	8♥	2♦	9♦/2♣	Q♦	6♦
	6♣	2♠	J♠	J♦	4♥	8♥					
97	A♦	A♣	2♦	9♠	7♠	K♦	8♦	9♣	6♦/8♣	9♦	9♣
	3♣	K♠	Q♠	7♠	7♦	10♦					
98	J♦	9♣	K♠	4♠	A♣	4♥	5♠	6♣	K♦/7♥	5♦	Q♥
	6♥	K♥	J♠	8♣	2♦	6♣					
99	7♠	A♠	2♦	6♠	9♥	5♦	J♥	10♥	5♣/3♥	3♣	10♠
	6♦	8♠	K♣	6♥	Q♥	8♥					

方塊5

歲數	水星	金星	火星	木星	土星	天王	海王	長期	冥王/結果	環境	置換
0	Q♠	J♣	9♦	7♠	2♣	K♣	J♦	Q♠	4♥/4♦	5♦	5♦
	A♦	8♣	2♥	A♠	Q♥	J♦					
1	8♥	K♥	8♠	J♣	10♠	5♥	K♠	J♣	7♥/2♦	3♣	9♣
	K♦	5♠	3♦	4♦	10♦	4♠					
2	4♣	7♠	J♣	9♥	10♣	K♦	7♣	9♦	5♠/3♣	K♦	Q♣
	J♦	6♠	2♣	10♦	Q♥	7♣					
3	9♠	K♥	9♥	5♣	J♥	J♦	K♣	7♠	A♣/2♠	7♠	3♦
	8♠	2♥	4♠	10♦	4♥	K♣					
4	9♦	Q♣	10♠	8♠	10♥	J♣	5♣	2♣	J♠/A♥	8♥	6♥
	4♣	7♠	Q♥	2♦	7♠	7♥					
5	10♦	Q♥	8♣	5♣	6♦	4♠	10♣	K♣	3♥/8♦	7♥	4♣
	J♥	J♦	4♥	9♠	K♥	4♦					
6	7♠	K♣	2♠	7♦	3♦	J♥	5♠	J♦	2♦/2♥	A♠	5♣
	K♠	10♦	8♠	9♥	Q♣	Q♠					
7	K♥	5♣	7♠	9♣	2♣	10♠	6♥	8♥	A♣/6♠	A♣	5♥
	J♦	9♠	9♥	2♥	9♦	6♥					
8	Q♣	K♣	8♠	3♥	4♥	J♦	9♣	K♥	K♠/4♠	K♥	4♦
	3♦	3♠	J♣	6♠	7♥	A♣					
9	J♥	5♣	3♥	A♣	A♥	2♠	7♥	8♠	8♥/J♠	9♠	5♠
	10♠	J♣	10♦	K♥	6♠	9♦					
10	9♣	7♣	4♥	4♠	K♥	7♠	2♠	J♣	3♦/9♥	6♠	10♥
	A♠	3♣	Q♥	10♥	Q♠	9♠					
11	6♠	6♣	3♥	7♠	9♦	5♥	7♠	10♠	8♣/2♦	Q♣	J♣
	8♥	4♦	8♠	9♥	2♥	7♠					
12	5♣	8♥	7♣	A♦	4♠	8♦	6♥	5♥	4♦/J♣	K♣	J♦
	K♣	10♠	8♣	2♥	3♥	6♥					
13	7♦	5♠	8♠	J♣	K♦	K♣	A♠	K♣	10♦/10♣	8♠	3♠
	J♦	K♥	J♥	6♥	10♦	A♥					
14	4♣	8♥	J♣	4♥	6♦	9♣	K♣	4♠	2♣/2♦	6♥	6♦
	8♦	Q♣	3♠	6♦	10♥	K♠					
15	J♠	A♥	7♠	4♥	2♠	6♠	9♠	7♠	5♠/8♣	2♦	9♠
	9♠	K♠	Q♥	9♦	7♦	10♠					
16	6♥	5♥	K♠	J♣	A♣	10♥	9♦	J♣	6♠/8♠	A♦	Q♥
	8♥	A♦	3♠	8♣	2♥	8♦					
17	2♠	6♠	7♠	8♦	9♥	K♥	J♦	9♥	K♣/4♠	A♥	10♠
	5♣	Q♠	10♠	8♥	4♦	K♣					
18	6♠	Q♥	8♦	3♠	10♠	K♦	Q♦	10♣	4♣/K♠	3♥	4♥
	5♣	A♦	8♥	4♠	7♣	5♠					
19	9♠	5♠	3♠	A♠	10♥	A♥	K♣	K♦	10♦/A♠	Q♣	4♠
	Q♠	9♥	2♥	2♠	K♥	K♠					
20	3♦	K♠	5♥	A♣	5♣	7♠	6♣	7♣	A♥/4♠	10♦	10♣
	6♦	Q♣	Q♠	6♠	A♦	2♠	5♣				
21	8♣	2♣	K♣	2♦	6♥	J♣	5♥	9♠	4♦/Q♣	Q♠	J♠
	9♣	3♥	6♠	J♦	9♦	4♠					
22	8♦	Q♣	2♠	Q♠	10♣	Q♥	J♠	K♥	6♠/8♥	8♦	7♣
	5♠	5♣	4♦	Q♣	3♠	J♠					
23	K♠	6♥	7♥	3♦	A♠	A♥	10♦	9♥	Q♥/10♠	7♠	8♦
	4♥	4♠	6♠	2♦	3♥	J♥	A♠				
24	8♠	7♠	4♥	2♦	5♠	K♣	A♠	5♣	A♦/10♥	J♠	Q♠
	8♦	6♠	3♠	Q♥	3♦	A♠					
25	5♥	3♦	6♥	7♣	3♥	4♠	K♣	J♥	7♦/7♠	10♣	10♦
	10♦	J♥	K♥	K♦	Q♥	10♠					
26	9♠	10♦	7♣	3♠	6♦	7♦	A♥	J♦	J♥/2♠	4♠	Q♣
	A♠	4♦	10♣	4♥	A♦	8♦					
27	2♥	3♣	6♠	Q♠	J♠	J♦	3♠	K♣	9♥/3♥	4♥	3♥
	9♠	7♠	10♣	8♠	10♥	3♠					
28	9♠	4♦	Q♠	Q♥	2♦	9♥	A♠	9♦	10♠/8♥	10♠	A♥
	2♠	4♦	10♣	5♥	4♣	A♠					
29	4♥	8♦	9♣	A♦	7♦	2♣	Q♥	Q♣	7♥/3♣	Q♥	A♦
	8♣	A♣	10♥	8♠	A♥	Q♥					
30	9♠	8♣	A♦	2♠	10♦	7♥	Q♠	10♠	K♦/3♣	9♠	2♦
	2♦	J♠	K♠	9♦	4♦	9♥					
31	6♥	2♦	2♠	K♥	K♠	8♥	2♥	8♠	7♥/6♠	6♦	6♣
	5♥	7♦	9♠	3♣	A♦	10♣	K♠				
32	8♥	7♠	9♣	10♣	J♦	Q♣	9♥	10♥	6♠/3♣	3♠	8♣
	K♦	A♥	4♠	K♣	3♠	5♠					
33	Q♠	2♦	10♣	9♦	4♦	K♦	Q♦	9♣	A♥/8♠	J♦	K♣
	2♠	7♥	K♣	3♦	9♣	Q♦					
34	5♥	7♠	9♣	3♥	6♠	2♠	K♣	5♠	2♠/A♣	2♠	2♠
	J♦	10♥	J♠	9♣	10♠	K♥	6♣				
35	Q♣	2♦	K♠	K♠	K♥	2♥	9♠	10♦	3♥/Q♥	10♥	6♠
	K♦	8♠	8♣	6♦	9♠	3♠					
36	2♥	9♠	5♥	3♠	6♦	A♠	2♦	Q♥	8♣/8♦	5♠	9♠
	J♦	3♣	7♠	6♣	K♥	2♦					
37	5♣	J♦	3♠	2♣	A♦	8♣	7♠	3♣	3♥/4♦	4♦	K♦
	3♦	6♠	Q♣	8♠	10♥	7♠					
38	7♥	4♠	10♦	9♠	8♥	3♦	2♠	5♠	7♠/8♠	5♥	2♣
	9♥	A♠	K♥	7♠	3♠	K♠					
39	9♣	9♥	9♣	J♥	9♠	A♠	7♠	6♦	K♦/6♥	5♠	A♠
	7♣	4♥	4♣	8♣	6♣	3♣					
40	7♠	6♦	J♥	10♣	8♥	2♥	A♠	4♣	3♦/5♠	4♣	7♦
	8♠	8♦	A♦	5♥	4♦	7♠					
41	6♠	A♠	10♣	Q♠	3♥	K♠	6♣	10♠	2♥/2♦	6♥	8♥
	9♦	10♠	A♦	5♠	J♥	J♠	3♥				
42	8♥	9♠	9♣	J♠	J♠	K♥	2♠	K♠	2♠/A♠	3♦	2♦
	Q♥	A♥	4♦	J♥	10♣	Q♠					
43	5♣	5♥	8♠	8♦	8♣	Q♥	J♠	K♣	J♦/3♥	Q♦	K♦
	9♥	2♥	10♥	6♠	9♠	J♠					
44	6♠	9♥	8♦	9♠	10♦	J♦	Q♦	2♠	K♦/A♥	9♠	3♣
	J♣	4♣	10♥	3♥	J♠	6♠					
45	Q♠	J♣	9♦	7♠	2♣	K♣	J♦	7♦	4♥/4♦	5♦	5♦
	A♦	8♣	A♠	A♠	Q♥	J♦					
46	8♥	K♥	8♠	J♣	10♠	5♥	K♠	3♦	7♥/2♦	3♣	9♦
	K♦	5♠	3♦	4♦	10♦	4♠					
47	4♣	7♠	J♣	7♠	10♣	K♦	7♠	J♥	5♠/3♣	K♦	Q♦
	J♦	6♠	2♣	10♦	Q♥	7♣					
48	9♠	K♥	7♠	5♠	J♥	J♦	K♣	5♠	2♥/2♠	7♠	3♦
	8♠	2♥	4♠	10♦	4♥	K♣					
49	9♦	Q♣	10♠	8♠	10♥	9♠	5♣	K♥	J♠/A♥	8♥	6♥
	4♣	7♣	Q♥	2♦	7♠	7♥					

歲數	水星	金星	火星	木星	土星	天王	海王	長期	冥王/結果	環境	置換
50	10♦ J♥	Q♥ J♦	8♣ 4♥	5♠ 9♠	6♦ K♥	4♣ 4♦	10♣	5♠	3♥/8♦	7♥	4♣
51	7♥ K♠	K♣ 10♦	2♥ 8♠	9♥ 7♦	3♦ Q♣	J♥ Q♠	5♠	7♦	2♦/A♣	A♠	5♣
52	K♥ J♦	5♠ 9♠	9♥ 7♣	9♣ A♣	2♣ 9♦	10♠ 6♥	6♥	9♣	A♠/6♠	2♣	5♥
53	Q♣ 3♦	K♠ 3♣	8♠ J♣	3♥ 6♠	4♦ 9♥	J♥ 2♥	9♣	K♣	K♠/4♣	K♥	4♦
54	J♥ 10♠	5♣ J♣	3♥ 10♦	2♥ K♥	A♥ 6♠	2♠ 9♦	7♥	10♠	8♥/J♠	9♠	5♠
55	9♣ A♠	7♠ 3♣	4♥ Q♥	4♠ 10♥	K♥ Q♠	7♠ 9♠	2♠	6♥	3♦/7♦	6♠	10♥
56	6♠ 8♥	6♠ 4♣	3♥ 8♠	7♣ 7♠	9♣ A♥	5♥ 7♠	7♠	Q♣	8♦/2♦	2♠	J♣
57	5♣ K♠	8♥ 10♠	7♣ 8♠	A♠ A♠	4♠ 3♥	8♦ 6♥	6♥	K♣	4♦/J♣	K♣	J♦
58	9♥ J♦	5♠ K♥	8♠ J♥	J♣ 6♥	K♦ 10♥	K♣ A♥	A♦	8♦	10♦/10♣	8♠	3♠
59	4♣ 8♦	8♥ Q♣	J♣ 3♣	4♥ 6♥	6♦ 10♥	9♣ K♣	K♣	3♥	2♣/2♦	6♦	6♦
60	J♠ 9♠	2♥ K♠	7♣ Q♥	A♥ 8♠	2♠ 9♥	6♠ 10♠	9♣	4♦	5♣/8♦	2♦	9♣
61	6♥ 8♥	5♥ A♦	K♠ 3♠	J♠ 8♣	2♥ A♣	10♥ 8♦	9♦	J♦	6♠/8♦	A♦	Q♥
62	2♠ 5♣	6♣ Q♠	7♣ 10♦	8♦ 8♥	7♦ 4♦	K♥ K♣	J♥	9♣	K♦/4♠	A♥	10♠
63	6♠ 5♣	Q♥ A♠	8♣ 8♥	3♠ 4♠	10♠ 7♠	K♣ 5♠	Q♦	J♥	4♣/K♠	3♥	4♥
64	9♠ Q♠	5♣ 7♠	3♠ A♣	5♠ 2♠	10♥ K♥	A♥ K♣	K♣	5♣	10♦/A♠	Q♣	4♠
65	3♠ 6♦	K♠ Q♣	5♥ Q♠	2♥ 6♠	5♠ A♦	7♠ 2♠	6♣	3♥	A♥/4♠	10♥	10♣
66	8♣ 9♠	2♣ 3♥	K♦ 6♦	2♠ J♦	6♥ 9♦	J♣ 5♥	5♥	A♣	4♦/Q♣	Q♠	J♠
67	8♦ 5♠	Q♦ 3♣	2♠ 6♦	Q♠ Q♣	10♠ 3♠	Q♥ J♠	J♣	A♥	6♠/8♥	8♦	7♣
68	K♠ 4♥	6♥ 4♣	A♣ 6♠	3♠ Q♣	A♠ 3♥	A♥ J♥	10♦ A♠	2♠	Q♥/10♠	7♠	8♦
69	8♠ 8♠	6♣ 6♠	4♥ 3♠	6♦ Q♥	5♠ 3♦	K♣ A♠	A♠	7♥	A♦/10♥	J♠	Q♠
70	5♥ 10♦	3♣ J♥	6♥ K♥	7♣ K♦	3♥ Q♥	4♠ 10♠	K♣	9♣	9♥/7♠	10♠	10♦
71	9♠ A♣	10♦ 4♣	7♣ 10♣	3♠ 4♥	6♦ A♦	9♥ 8♠	A♥	7♠	J♥/2♠	4♠	Q♠
72	A♣ 9♠	Q♣ 7♠	6♠ 10♣	Q♠ 8♠	J♠ 10♥	J♦ 3♠	3♠	4♥	7♦/3♥	4♥	3♥
73	9♦ 2♠	4♠ 4♦	Q♠ 10♣	Q♥ 5♥	2♦ 4♠	7♥ A♠	A♠	4♠	10♠/8♥	10♠	A♥
74	4♥ 8♣	8♦ 2♥	9♠ 10♥	A♦ 8♠	9♥ A♥	2♠ Q♠	Q♥	K♥	7♦/3♥	Q♥	A♦

歲數	水星	金星	火星	木星	土星	天王	海王	長期	冥王/結果	環境	置換
75	9♠ 2♦	8♣ J♠	A♦ K♣	2♠ 9♠	10♦ 4♦	7♥ 7♦	Q♦	7♠	K♦/3♣	9♣	2♦
76	6♥ 5♥	2♦ 9♥	2♠ 9♦	K♥ 3♣	K♠ A♦	8♥ 10♠	A♣ K♠	2♠	7♥/6♣	6♦	6♣
77	8♥ K♦	7♥ A♥	9♣ 4♠	10♣ K♠	J♠ 3♠	Q♠ 5♣	7♥	6♠	6♠/3♠	3♠	8♠
78	Q♠ 2♠	2♦ 7♠	10♣ Q♣	9♦ 3♦	4♦ Q♠	K♦	6♣		A♥/8♠	J♦	K♣
79	5♥ J♦	7♥ 10♥	9♦ J♠	3♦ 9♣	2♠ 10♣	A♠ K♥	K♠ 6♣	3♥	2♣/2♥	J♣	2♠
80	Q♣ K♦	2♦ 8♠	K♣ 2♣	K♠ 6♠	K♥ 9♦	A♣ 3♠	9♣	7♣	3♥/Q♥	10♥	6♠
81	A♣ J♦	9♦ 3♣	5♥ 7♠	3♠ 6♠	6♦ K♥	A♠ 2♦	2♦	9♦	8♣/8♦	5♠	9♠
82	5♣ 3♦	J♠ 6♠	3♠ Q♠	2♠ 8♠	A♦ 10♥	8♠ 7♠	5♥		3♥/4♥	4♦	K♥
83	7♥ 7♦	4♠ A♠	10♦ K♥	9♠ 7♠	8♥ 3♠	3♦ K♠	7♠	7♠	7♠/8♦	5♥	2♣
84	9♠ 7♣	7♥ 4♥	9♠ 5♠	J♥ 6♠	J♠ 8♠	7♠ 2♥	2♥	5♠	K♦/6♥	5♠	A♠
85	9♥ 8♠	6♦ 8♦	J♥ A♦	10♣ 5♥	8♥ 4♥	A♣ 7♠	7♠	8♥	3♦/5♠	4♣	7♥
86	6♠ 9♦	A♠ 10♠	10♣ A♠	Q♠ 5♦	3♥ J♥	K♠ J♠	6♠ 3♥	7♣	A♣/2♦	6♥	8♥
87	8♥ Q♥	9♠ A♥	9♣ 4♦	J♠ J♥	J♣ 10♣	K♥ Q♣	3♣	A♦	2♠/2♣	3♦	7♠
88	5♣ 7♥	5♥ A♠	8♠ 10♥	8♠ 3♠	8♠ 5♠	Q♥ J♣	J♠	4♠	J♦/3♥	Q♦	K♦
89	6♦ J♣	7♦ 4♣	8♦ 10♥	9♦ A♠	10♦ J♠	J♦ A♠	Q♦	8♦	K♦/A♠	9♦	3♣
90	Q♠ A♠	J♣ 8♠	9♦ 2♥	Q♠ A♠	J♣ Q♥	J♦	6♥		4♥/4♥	5♠	5♦
91	8♥ K♦	K♥ 5♠	8♠ 3♦	J♣ 4♦	10♠ 10♦	5♥ 4♠	K♣	7♦	7♥/2♦	3♠	9♦
92	4♠ J♦	7♠ 6♠	J♠ 2♠	9♥ 10♠	10♣ Q♥	K♥ 7♠	5♠	5♠	5♠/3♣	K♣	Q♦
93	9♠ 8♠	K♥ 2♦	9♥ 4♣	9♣ 10♦	J♥ 4♥	J♦ K♣	K♣	8♠	A♣/2♠	7♠	3♦
94	9♦ 4♣	Q♣ 7♣	10♣ Q♥	8♣ 2♦	10♥ 7♠	4♣ 7♥	J♠	J♠	J♠/A♥	8♥	6♥
95	10♦ J♥	Q♥ J♦	8♣ 4♥	5♠ 9♠	6♦ K♥	4♣ 4♦	10♣	K♦	3♥/8♦	7♥	4♣
96	7♠ K♠	K♣ 10♦	2♠ 8♠	7♠ 9♦	3♦ Q♠	J♥ Q♠	5♠	K♣	2♦/2♥	A♠	5♣
97	K♥ J♦	5♣ 9♠	7♣ 9♠	9♣ 2♥	2♣ 9♦	10♠ 6♥	6♥	A♦	A♠/6♠	2♣	5♥
98	Q♣ 3♦	K♣ 3♣	8♣ J♣	3♥ 6♠	4♦ 7♠	J♦ 2♠	9♣	4♣	K♣/4♠	K♥	4♦
99	J♥ 10♠	5♣ J♣	3♥ 10♦	A♠ K♥	A♥ 6♠	2♠ 9♦	7♥	8♥	8♥/J♠	9♠	5♠

方塊6

歲數	水星	金星	火星	木星	土星	天王	海王	長期	冥王/結果	環境	置換
0	4♠ K♥	10♥ 7♥	10♦ 3♦	8♠ 4♥	A♥ Q♠	A♦ Q♦	Q♥	4♠	5♥/3♣	6♦	6♦
1	6♠ 4♣	A♣ K♠	9♠ 2♦	7♠ K♥	3♦ 7♦	6♥ 6♣	A♦	10♥	10♣/8♦	3♠	9♣
2	4♥ 10♥	J♠ K♦	K♠ 3♥	10♦ 8♣	A♣ 2♥	Q♠ K♥	9♠	10♦	6♥/9♦	J♦	Q♥
3	3♦ 10♣	5♦ 2♣	9♠ A♠	K♥ 10♥	9♥ 7♣	5♠ Q♦	J♥	8♠	J♦/K♣	J♣	10♠
4	6♥ 10♣	2♦ K♦	K♠ 10♥	3♥ K♣	6♣ 9♠	J♦ 8♦	Q♥	A♥	4♠/K♠	10♥	4♥
5	4♣ 2♣	10♣ 9♥	3♥ 2♥	8♦ 3♦	Q♠ 5♠	7♠ Q♦	Q♦	A♦	A♠/4♦	5♠	4♠
6	10♠ A♥	K♠ 7♥	J♠ 2♣	A♣ 6♥	10♣ K♦	J♣ 3♦	5♦ 10♣	Q♦	7♠/K♣	4♦	10♣
7	8♣ A♦	5♥ 8♥	J♥ A♥	3♦ Q♣	4♥ 9♣	J♠ J♠	6♠		7♣/7♥	7♥	J♠
8	K♥ 10♣	Q♥ 3♠	3♦ A♥	2♣ 7♥	2♠ 3♥	2♦ 10♦	10♦	A♣	6♥/10♥	5♠	7♣
9	K♠ 8♠	4♥ K♣	2♥ 6♥	10♠ Q♥	4♥ 8♥	7♠ J♥	A♠ 4♦	9♠	2♦/6♣	4♣	8♦
10	9♦ K♥	9♠ 6♥	8♠ 3♥	A♥ 2♦	8♦ 10♠	Q♦ 4♦	4♦	7♠	K♦/Q♠	6♥	Q♠
11	J♠ A♠	10♠ J♥	4♥ 5♣	9♠ J♦	8♥ 2♦	K♣ 6♣	Q♦	3♦	7♦/J♣	3♦	10♦
12	4♣ 4♦	A♠ 7♣	9♠ 2♠	3♥ 8♠	A♥ K♦	7♠ K♥	7♠	6♥	J♥/3♦	Q♦	Q♣
13	2♥ 4♣	3♠ J♣	6♥ 2♠	2♣ 9♦	6♠ Q♠	Q♠ 3♥	3♥	A♦	9♥/8♥	9♦	3♥
14	9♣ 5♥	K♣ 7♣	2♥ 2♠	2♠ J♠	3♣ 4♠	9♥ 4♥	4♦	4♥	6♣/10♥	5♦	A♥
15	8♠ 8♠	K♥ A♠	A♥ Q♠	K♦ 9♦	7♥ 8♠	5♥ 2♦	2♦	J♠	5♠/8♥	3♣	A♦
16	4♣ 3♣	8♣ 6♠	K♦ K♣	3♦ 9♣	A♣ 7♣	5♠ 9♥	Q♥	K♠	J♦/3♠	K♦	2♦
17	4♥ J♠	3♣ 7♦	3♥ 9♣	5♦ 3♠	K♠ K♦	10♥ 2♠	2♥ K♠	10♦	5♠/5♦	7♠	6♣
18	10♥ J♦	J♣ 7♠	A♦ K♣	2♠ K♠	Q♣ 2♥	7♥ 10♠	9♥	A♣	6♥/3♥	8♥	8♠
19	2♣ 3♦	3♣ 5♠	2♠ Q♠	9♠ 10♠	J♦ A♦	Q♥ Q♥	Q♠		7♠/9♦	7♥	K♣
20	J♠ Q♣	J♣ Q♠	9♠ 6♠	8♥ A♦	5♠ 2♠	3♦ 5♣	K♠ 5♦	9♣	5♥/A♣	A♠	2♠
21	7♥ J♦	3♣ 9♦	Q♥ 5♥	K♣ 5♦	5♠ 9♠	2♥ 3♥	4♠	3♦	8♥/2♦	2♠	6♠
22	2♥ Q♣	Q♣ 3♠	J♠ J♣	3♥ 5♦	A♥ 4♦	4♦ 5♠	3♣	5♦	8♣/K♥	K♥	9♠
23	10♣ 10♠	Q♣ 6♥	3♥ 7♥	5♥ 9♦	K♦ 2♠	8♣ 9♠	9♠	9♠	8♥/8♠	9♠	K♥
24	5♠ 9♥	K♣ 4♦	A♠ 5♣	A♦ 9♠	10♦ 3♥	10♠ K♠	5♥	K♥	J♣/K♥	6♠	2♣
25	9♣ 9♠	9♥ 8♠	A♦ 10♣	J♥ 6♥	6♠ 8♣	J♣ A♣	A♠	9♥	J♦/4♥	2♠	A♠
26	7♦ 9♦	A♥ K♥	J♥ K♦	2♠ J♠	10♥ K♣	2♥ J♣	J♣	5♠	10♠/8♦	K♣	7♥
27	6♥ 9♠	4♦ 6♦	2♠ K♦	2♣ 8♦	8♥ J♥	K♠ 6♠	5♦ 8♥	J♥	2♥/3♣	8♠	8♥
28	10♥ 2♦	4♥ 7♠	A♦ 7♣	6♠ J♥	10♦ 2♠	3♠ 7♥	3♥		3♦/5♦	6♣	7♦
29	10♣ 9♥	4♥ 2♥	9♦ Q♠	K♥ 3♥	8♣ 8♦	2♦ 6♠	6♠	2♦	Q♣/8♥	2♦	K♦
30	A♥ 10♦	9♥ 4♠	K♥ Q♠	9♣ 8♥	A♠ 6♠	Q♣ 6♥	Q♥	K♥	J♦/4♦	A♦	3♣
31	2♠ K♦	10♦ 8♣	9♣ A♣	J♣ 4♦	5♦ 2♦	Q♦ Q♣	Q♣	3♦	8♠/7♣	A♥	5♦
32	10♥ J♦	5♠ 8♦	9♦ 10♠	10♦ 7♠	6♣ A♣	Q♦ K♣	6♣		5♠/3♣	3♥	9♦
33	4♠ Q♣	J♣ 6♥	10♦ 5♥	7♦ A♠	2♠ 2♦	J♦ 9♠	9♠	J♦	8♦/3♠	Q♣	Q♦
34	4♠ 9♦	5♠ 3♣	7♦ K♣	10♣ 8♠	J♥ A♠	Q♣ Q♦	Q♦	Q♥	2♥/3♦	10♦	3♦
35	9♣ 4♠	7♥ 9♠	6♣ 2♦	8♣ 3♣	Q♠ J♠	A♦ 5♠	10♣	4♣	6♠/7♠	Q♠	6♥
36	A♠ J♥	2♦ Q♣	8♠ 8♠	8♦ 4♣	A♥ 5♠	4♠ 7♠	2♠	10♣	8♥/K♦	8♦	4♣
37	J♣ K♠	Q♣ A♠	3♦ 9♦	9♥ 7♦	10♠ 7♥	J♥ 2♣	8♦	3♥	3♣/A♣	7♣	5♦
38	5♣ Q♣	10♣ 4♦	9♣ 7♦	A♦ A♠	5♦ 9♣	6♣ 4♦	4♦	8♦	4♦/6♦	J♠	5♥
39	7♥ 10♠	Q♦ 3♠	K♥ 10♦	8♦ 6♥	7♠ 9♥	Q♣ 2♥	A♦	Q♠	K♠/K♣	10♣	4♦
40	J♥ 6♣	10♣ 10♦	8♥ A♠	2♥ 5♠	7♠ 6♥	3♦ 9♣	9♠		10♥/6♠	4♠	5♠
41	A♦ 4♦	9♠ 3♠	8♠ 2♦	K♣ Q♠	5♣ 2♣	J♣ 4♣	3♦	Q♦	10♠/7♦	4♥	10♥
42	6♦ 10♥	5♥ 2♦	8♦ 9♦	9♠ 7♦	9♣ A♣	J♦ J♣	10♠		K♥/3♦	10♠	J♣
43	10♣ Q♦	10♥ 6♣	9♣ 8♣	K♦ A♣	K♠ 8♥	K♥ 4♦	4♦	K♠	7♣/10♣	Q♥	J♦
44	9♥ Q♣	8♠ 5♣	9♣ J♥	10♦ 4♥	J♦ Q♠	Q♦ 7♠	K♣	J♠	A♠/2♠	9♣	3♠
45	4♠ K♥	10♥ 7♥	10♦ 3♥	8♠ 4♥	A♥ Q♠	A♦ Q♦	Q♦	A♣	5♥/3♣	6♦	6♦
46	6♠ 4♣	2♥ K♠	9♠ 2♦	7♠ K♥	3♦ 9♠	6♥ 6♣	A♦	10♠	10♣/8♦	3♠	9♣
47	4♥ 10♥	J♠ K♦	K♠ 3♥	10♦ 8♣	2♥ A♣	Q♠ K♥	Q♥	J♣	6♥/9♦	J♦	Q♥
48	3♦ 10♣	5♦ 2♣	9♠ A♠	K♥ 10♥	7♦ 7♣	5♠ Q♦	J♥	5♦	J♦/K♣	J♣	10♠
49	6♥ 10♣	2♦ K♦	K♠ 10♥	3♥ K♣	6♣ 9♠	J♦ 8♦	Q♥	8♠	4♠/K♠	10♥	4♥

歲數	水星	金星	火星	木星	土星	天王	海王	長期	冥王/結果	環境	置換
50	4♣	10♣	3♥	8♦	Q♠	7♠	Q♦	5♥	A♠/4♦	5♠	4♠
	2♣	7♦	A♣	3♦	5♣	Q♦					
51	10♠	K♣	J♠	2♥	10♣	J♣	5♦	J♦	7♠/K♣	4♦	10♣
	A♥	7♥	2♣	6♥	K♦	3♦	10♣				
52	8♣	5♥	J♦	3♦	4♥	10♦	J♠	3♦	7♣/7♥	5♥	J♠
	A♦	8♥	A♥	Q♣	9♣	J♠					
53	K♥	Q♥	3♦	2♣	2♠	2♦	10♦	4♥	6♥/10♦	5♣	7♣
	10♣	3♠	A♥	7♥	3♥	10♦					
54	K♠	4♥	A♣	10♠	4♦	7♠	A♠	10♦	2♦/6♣	4♣	8♦
	8♠	K♣	6♥	Q♥	8♥	J♥	4♦				
55	9♦	9♠	8♠	A♥	8♦	Q♦	4♦	J♠	K♦/Q♠	6♥	Q♠
	K♥	6♥	3♥	2♦	10♠	4♦					
56	J♠	10♠	4♥	9♠	8♥	K♣	Q♦	K♥	9♥/J♣	3♦	10♦
	A♠	J♥	5♣	J♦	2♦	6♠					
57	4♣	A♠	9♠	3♥	A♥	9♥	7♠	Q♥	J♥/3♦	Q♦	Q♣
	4♦	7♣	2♠	8♠	K♦	K♥					
58	A♣	3♠	6♥	2♣	6♠	Q♣	3♥	3♦	7♦/8♥	9♦	3♥
	4♦	J♣	2♠	9♦	Q♠	3♥					
59	9♦	K♣	2♠	2♦	3♣	7♥	4♦	2♠	6♣/10♥	5♦	A♥
	5♥	7♣	2♠	J♠	4♠	4♦					
60	8♠	K♥	A♦	K♦	9♥	5♥	2♦	2♠	5♠/8♦	3♣	A♥
	8♣	2♥	Q♠	9♦	7♠	2♦					
61	4♣	8♣	K♦	3♦	A♠	5♠	Q♥	2♦	J♦/3♠	K♦	2♦
	3♠	6♠	K♣	9♣	7♣	7♦					
62	4♥	3♣	3♦	5♠	K♠	10♥	A♣	10♦	5♠/5♦	7♠	6♦
	J♠	9♥	9♠	3♠	K♦	2♠	K♠				
63	10♥	J♠	A♦	2♠	Q♣	7♥	7♦	K♠	6♥/3♦	9♥	8♠
	J♦	7♠	K♣	K♠	3♠	10♠					
64	2♣	3♠	2♠	9♠	7♣	J♦	Q♥	4♦	7♠/9♦	7♥	K♣
	3♦	5♠	Q♦	10♠	A♦	Q♥					
65	J♠	J♣	9♣	8♥	5♦	3♦	K♠	2♥	5♥/2♦	A♠	2♠
	Q♣	Q♠	6♠	A♦	2♠	5♣	5♦				
66	7♥	3♣	Q♦	K♠	5♣	A♣	4♣	10♠	8♥/2♦	2♣	6♣
	J♦	9♦	5♥	5♦	9♣	3♥					
67	A♣	9♠	J♠	3♥	A♥	3♦	4♦		5♣/K♥	K♥	9♠
	Q♣	3♠	J♠	5♦	5♠	3♠					
68	10♠	Q♣	3♥	5♥	K♦	8♣	9♠	7♠	8♥/8♠	9♠	K♥
	10♠	6♥	7♥	9♦	Q♠	9♠					
69	5♠	K♣	A♠	A♦	10♥	10♠	5♥	A♠	J♣/K♥	6♠	2♣
	7♦	4♦	5♠	9♠	3♥	K♠					
70	9♣	7♠	A♦	J♥	6♠	J♣	2♥	9♦	J♦/4♥	2♠	A♠
	9♠	8♠	10♣	6♥	8♣	2♥					
71	9♥	A♥	J♠	2♠	10♥	A♦	4♥	J♣	10♠/8♦	K♣	7♦
	9♦	K♥	K♣	J♠	K♠	J♣					
72	6♥	4♦	2♠	2♣	8♥	K♠	5♦	8♠	A♣/3♦	8♠	8♦
	9♣	6♣	K♦	8♦	J♥	6♠	8♥				
73	10♥	J♣	A♦	6♦	10♦	5♠	3♠	A♥	3♦/5♥	6♠	7♦
	2♦	7♦	7♣	J♦	2♠	7♥					
74	10♣	J♠	9♦	K♥	8♦	2♦	6♠	8♦	Q♣/8♥	2♦	K♦
	7♦	A♣	Q♠	3♥	8♦	6♠					
75	A♥	7♠	K♥	9♣	A♠	Q♣	Q♥	Q♦	J♦/4♦	A♦	3♣
	10♦	4♠	Q♠	8♥	6♠	6♥					
76	2♣	10♦	9♠	J♣	5♥	Q♦	Q♣	4♦	8♠/7♣	A♥	5♦
	K♦	8♠	2♥	4♦	2♦	Q♣					
77	10♥	5♦	9♠	10♦	J♠	Q♦	J♠		5♠/3♣	3♥	9♦
	J♦	8♦	10♠	7♠	A♠	K♣					
78	4♠	A♣	10♦	9♥	2♠	J♦	9♠	10♠	8♦/3♦	Q♣	Q♦
	Q♣	6♥	5♥	A♠	2♥	9♠					
79	4♣	5♠	9♥	10♣	J♥	Q♣	Q♦	4♦	A♣/3♦	10♠	3♦
	9♦	3♣	K♣	A♠	8♠	Q♦					
80	9♣	7♥	6♣	8♠	Q♠	A♦	10♠	9♠	6♠/7♠	Q♠	6♥
	4♠	9♠	2♦	3♠	J♣	5♠					
81	A♠	2♦	8♣	8♦	A♥	4♠	2♠	8♥	8♥/K♥	8♦	4♣
	J♥	Q♣	8♠	4♣	5♠	7♠					
82	J♣	Q♦	3♦	7♦	10♠	J♥	8♦	K♣	3♣/2♦	7♣	5♠
	K♠	A♠	9♦	9♥	7♦	2♠					
83	5♣	10♠	7♠	A♦	7♥	6♠	4♥	Q♦	4♦/6♥	J♠	5♥
	Q♣	4♠	9♥	2♦	9♣	4♦					
84	7♥	Q♦	K♥	8♥	9♣	Q♣	A♦	4♣	K♠/K♣	10♠	4♦
	10♠	3♠	10♦	6♥	7♦	A♣					
85	J♥	10♣	8♥	4♣	7♠	3♦	A♠		10♥/6♠	4♠	5♠
	6♣	10♠	4♠	5♠	6♥	9♣					
86	A♦	9♠	8♠	K♣	5♠	5♣	3♦	9♠	10♠/9♥	4♦	10♦
	4♦	3♠	2♦	Q♣	2♣	4♣					
87	6♥	5♦	8♥	9♠	9♣	J♠	J♣	3♥	K♥/3♣	10♠	J♣
	10♥	7♦	9♦	2♥	2♦	J♣					
88	10♣	10♥	9♠	K♦	5♠	K♥	4♥	A♥	7♣/10♦	Q♥	J♦
	Q♦	6♣	8♠	2♥	8♥	4♥					
89	7♠	8♦	9♦	10♦	J♦	Q♦	K♦	7♠	A♠/2♦	9♣	3♠
	Q♣	J♣	J♥	4♦	Q♠	7♠					
90	4♠	10♥	10♦	A♦	9♥	A♦	Q♦	7♠	5♥/3♣	6♦	6♦
	K♥	7♥	3♥	4♦	Q♠	Q♦					
91	6♠	A♠	9♠	7♠	3♦	6♥	A♦	2♥	10♦/8♣	3♠	9♣
	4♣	K♠	2♠	K♥	7♦	6♣					
92	4♥	J♠	K♦	10♦	A♠	3♠	3♦		6♥/9♦	J♦	Q♥
	10♥	K♦	3♥	8♣	2♦	K♥					
93	3♦	5♦	9♠	K♥	9♠	5♣	J♥	6♥	J♦/K♣	J♣	10♠
	10♣	2♠	A♠	10♥	7♣	Q♦					
94	6♥	2♦	K♥	J♥	9♣	J♦	Q♥	2♣	4♠/K♠	10♥	4♥
	10♣	K♦	10♥	K♣	A♠	8♦					
95	4♣	10♣	3♥	8♦	Q♠	7♠	Q♦	6♠	A♠/4♦	5♠	4♠
	2♣	9♥	2♥	3♦	5♣	Q♦					
96	10♠	K♠	J♠	A♠	10♣	5♦		5♦	7♠/K♠	4♦	10♠
	A♥	7♥	2♣	K♦	K♦	3♦	10♣				
97	8♣	5♥	J♦	3♦	4♥	10♦	J♠	3♥	7♣/7♥	5♥	J♠
	A♦	8♥	A♥	Q♣	9♣	J♠					
98	K♥	Q♥	3♦	2♣	2♠	2♦	10♦	9♣	6♥/10♦	5♣	7♣
	10♣	3♠	A♥	7♥	3♥	10♦					
99	K♠	4♥	2♥	10♠	4♦	7♠	A♠	K♠	2♦/6♣	4♣	8♦
	8♠	K♣	6♥	Q♥	J♥	4♦					

方塊7

歲數	水星	金星	火星	木星	土星	天王	海王	長期	冥王/結果 環境 置換
0	5♠	J♥	9♣	9♠	2♥	K♥	K♦	5♠	6♥/4♣
	A♣	4♦	J♣	5♥	4♠	K♦			
1	J♠	3♣	8♦	10♥	5♦	8♥	K♥	J♥	8♠/J♣
	6♣	A♦	6♦	4♣	K♠	2♦			
2	5♥	J♥	3♠	2♠	2♥	6♠	8♥	9♣	Q♦/3♦
	A♣	5♣	5♠	4♠	10♠	8♥			
3	4♠	7♠	J♥	4♠	K♦	A♠	6♠	9♠	2♦/5♠
	A♦	3♥	J♦	3♥	K♠	A♥			
4	4♣	J♥	J♣	8♠	2♥	K♣	A♠	2♥	5♦/9♦
	A♣	6♥	5♥	3♦	9♣	A♠			
5	10♠	7♥	4♠	5♣	8♥	K♥	K♣	K♥	A♥/5♦
	3♥	10♦	10♥	9♦	K♠	Q♣			
6	3♦	J♥	5♠	2♠	2♥	6♣	K♥	K♦	K♦/3♣
	A♣	Q♦	4♣	9♦	3♠	K♥			
7	9♣	2♣	10♠	6♥	A♠	6♠	6♣	J♠	Q♣/4♣
	10♦	8♦	4♦	3♠	K♠	Q♠			
8	9♦	J♥	5♥	A♥	2♥	A♠	6♠	3♣	8♥/7♠
	A♣	5♦	3♦	3♠	J♣	6♥			
9	3♠	9♠	9♣	Q♦	K♥	K♠	A♠	8♦	Q♠/3♦
	8♦	J♠	5♠	7♠	K♠	7♥			
10	3♣	J♥	4♣	Q♣	2♥	3♥	K♠	10♥	A♠/7♥
	A♣	K♦	9♦	7♠	5♠	K♣			
11	J♣	2♠	3♠	5♦	6♠	K♣	3♥	5♦	7♣/9♦
	J♠	4♠	6♥	7♦	K♠	10♣			
12	7♠	J♥	3♦	Q♠	2♥	10♦	6♣	8♥	K♥/2♣
	A♣	8♥	3♣	7♥	5♥	6♠			
13	5♠	8♠	J♣	K♠	K♠	A♥	10♦	K♥	10♣/3♣
	4♠	10♠	Q♦	2♣	K♠	4♥			
14	7♥	J♥	9♠	7♠	2♥	8♦	A♦	5♥	6♠/9♠
	A♣	A♠	7♠	2♥	A♦				
15	5♥	2♦	5♠	8♠	6♠	3♥	8♦	J♥	4♥/7♠
	10♠	9♠	5♦	9♠	K♠	Q♥			
16	2♣	J♥	3♣	10♣	2♥	J♠	3♥	3♠	K♣/2♠
	A♠	K♥	7♥	9♠	3♦	3♥			
17	4♣	A♥	5♥	A♠	A♦	10♦	J♠	2♠	Q♥/7♠
	9♣	3♠	K♦	2♠	K♠	6♦			
18	9♠	J♥	8♠	4♥	2♥	4♠	10♦	2♥	6♣/8♠
	A♣	6♠	4♣	A♠	2♥	10♦			
19	3♦	Q♣	4♣	K♥	3♥	8♦	4♠	6♠	6♦/2♣
	3♠	J♣	8♥	8♠	K♠	J♦			
20	2♠	J♥	7♥	Q♥	2♥	10♠	8♦	8♥	A♦/2♦
	A♣	K♣	9♠	8♠	3♣	8♦			
21	9♦	Q♠	3♦	6♠	10♦	J♠	10♠	4♠	J♦/9♦
	J♣	5♠	A♠	2♦	K♠	10♥			
22	8♠	J♥	2♣	6♠	2♥	9♣	J♠	7♠	3♥/A♥
	A♣	6♠	4♠	2♦	7♠	J♠			
23	3♣	7♠	9♦	K♠	8♥	4♠	9♣	J♠	10♥/2♣
	5♠	5♥	K♥	A♠	4♠	4♦			
24	2♦	J♥	9♠	J♦	2♥	3♠	4♠	4♦	10♦/Q♣
	A♣	A♦	8♠	A♥	7♥	4♠			
25	7♠	10♣	3♣	6♣	J♠	10♠	3♠	K♦	4♦/8♠
	5♥	4♣	6♠	Q♣	K♠	5♣			
26	A♥	J♥	2♠	10♥	2♥	J♣	10♠	A♠	8♦/Q♠
	A♣	3♥	2♦	Q♣	2♣	10♠			
27	7♥	4♥	7♠	A♦	4♠	9♣	J♣	6♠	5♣/2♦
	4♣	3♦	K♣	Q♠	K♠	6♥			
28	Q♣	J♥	8♠	4♦	2♥	5♠	9♣	4♣	J♠/7♠
	A♣	10♦	A♥	Q♠	9♠	9♠			
29	2♣	Q♥	7♥	3♥	10♠	3♠	5♠	J♥	6♥/A♥
	3♦	9♦	6♣	7♣	K♠	Q♦			
30	Q♠	J♥	2♦	5♣	2♥	5♥	3♠	J♣	4♠/10♣
	A♣	8♦	Q♣	7♣	2♠	3♠			
31	9♠	6♦	2♣	10♦	9♣	J♣	5♥	8♠	Q♦/Q♣
	9♦	3♣	A♦	10♣	K♦	5♦			
32	7♣	J♥	A♥	6♥	2♥	4♣	J♣	2♥	10♠/4♣
	A♣	J♥	Q♠	10♣	8♠	J♣			
33	2♠	J♦	9♠	8♦	3♠	5♠	4♠	K♣	5♦/Q♠
	3♣	7♠	3♥	4♥	K♠	K♦			
34	10♣	J♥	Q♣	Q♦	2♥	3♠	5♠	A♠	9♣/Q♥
	A♣	4♠	7♠	4♥	2♠	5♠			
35	8♠	10♥	2♠	J♠	J♣	5♥	3♦	10♠	K♦/7♠
	7♠	7♥	10♦	Q♥	K♠	8♥			
36	4♥	J♥	Q♠	5♠	2♥	9♠	5♥	7♥	3♠/6♠
	A♣	10♠	10♣	Q♥	A♥	5♥			
37	2♦	4♦	8♠	4♠	5♠	4♣	9♠	4♠	8♥/10♣
	7♥	2♣	8♦	6♦	K♠	A♠			
38	Q♥	J♥	7♣	K♠	2♥	3♣	4♠	5♠	J♣/J♦
	A♣	9♣	4♥	6♦	Q♣	4♣			
39	A♥	5♠	2♦	10♠	5♥	3♦	4♣	8♥	A♠/4♦
	2♣	9♠	J♠	J♦	K♠	K♥			
40	6♦	J♥	10♣	8♦	2♥	7♦	3♦	K♥	5♠/10♠
	A♣	3♠	Q♥	J♦	Q♠	3♦			
41	Q♣	6♥	A♥	9♣	4♣	9♦	7♠	K♣	K♥/Q♠
	9♠	2♠	4♠	10♥	K♠	6♠			
42	J♦	J♥	4♥	A♠	2♥	7♥	9♦	3♦	5♥/4♦
	A♣	J♣	6♦	10♥	7♠	9♦			
43	Q♠	Q♦	Q♣	3♠	3♦	3♣	7♥	J♥	6♠/6♦
	2♠	8♠	10♠	4♦	K♠	K♣			
44	10♥	J♥	Q♥	K♥	2♥	2♣	3♣	5♠	4♣/5♦
	A♣	5♠	J♦	4♦	10♣	3♦			
45	7♣	5♦	Q♠	J♣	9♦	7♠	2♣	2♦	K♣/J♦
	8♠	2♦	9♣	5♣	K♠	6♣			
46	4♦	J♥	6♦	6♠	2♥	9♠	7♠	2♥	3♦/6♦
	A♣	5♥	10♣	4♥	5♥				
47	10♣	K♦	7♠	5♠	3♣	7♥	9♠	6♣	6♣/10♥
	2♦	A♥	3♠	6♥	K♠	A♠			
48	5♣	J♥	J♦	K♣	2♥	2♠	7♥	K♥	9♦/Q♣
	A♣	4♠	4♦	6♥	Q♥	7♥			
49	4♥	8♥	10♣	5♥	7♠	2♠	2♠	9♣	A♦/4♦
	A♥	Q♣	J♣	Q♦	K♠	3♥			

歲數	水星	金星	火星	木星	土星	天王	海王	長期	冥王/結果	環境	置換
50	6♥	J♥	10♥	6♣	2♥	8♠	2♣	2♣	3♣/5♦		
	A♣	3♦	5♣	Q♦	6♦	2♣					
51	Q♥	A♠	4♥	4♣	7♥	9♠	8♠	10♠	3♥/5♣		
	Q♣	Q♠	5♠	5♦	K♠	10♦					
52	Q♦	J♥	4♦	A♦	2♥	2♦	9♠	6♥	7♠/K♦		
	A♣	9♦	6♥	5♦	J♦	9♠					
53	6♦	K♥	Q♥	3♦	2♣	2♠	2♦	A♠	10♦/6♥		
	Q♠	7♠	5♥	K♦	K♠	8♠					
54	5♦	J♥	5♣	3♥	2♥	A♥	2♠	6♠	7♥/8♥		
	A♣	3♣	Q♦	K♦	10♥	2♠					
55	J♠	6♠	6♥	9♠	9♠	8♠	A♥	6♣	8♦/Q♦		
	7♠	10♠	4♣	8♥	K♠	J♠					
56	K♦	J♥	6♥	10♦	2♥	Q♣	8♠	9♦	2♣/A♠		
	A♣	7♠	5♦	8♥	4♦	8♠					
57	10♥	K♠	J♦	3♣	2♠	2♦	Q♣	J♥	J♠/5♦		
	10♣	4♥	3♦	A♠	K♠	4♠					
58	8♥	J♥	Q♦	8♦	2♥	Q♠	2♦	5♥	9♠/K♥		
	A♣	7♥	K♦	A♠	5♣	2♦					
59	4♦	6♠	10♥	7♠	8♠	A♥	Q♠	A♥	4♠/K♦		
	4♦	Q♠	9♦	K♥	K♠	10♠					
60	A♠	J♥	5♦	J♠	2♥	7♣	A♥	2♥	2♠/6♠		
	A♣	2♣	8♥	K♦	6♥	A♥					
61	5♣	A♦	4♦	7♥	2♦	Q♣	7♣	A♠	10♠/8♥		
	Q♥	6♦	3♣	6♠	K♠	9♣					
62	K♥	J♥	K♦	4♠	2♥	10♣	Q♣	6♠	8♠/K♣		
	A♠	9♠	A♠	6♠	Q♦	Q♣					
63	6♥	3♥	5♠	2♣	A♥	Q♠	10♠	3♠	9♣/A♠		
	6♦	2♦	7♠	K♣	K♠	3♠					
64	6♠	J♥	8♥	10♠	2♥	4♥	Q♠	9♠	2♦/6♠		
	A♣	2♠	K♥	K♣	5♦	Q♠					
65	Q♦	10♦	6♥	9♠	Q♣	7♣	4♥	9♠	3♠/K♥		
	J♦	10♥	7♥	6♣	K♠	J♣					
66	K♣	J♥	A♠	9♣	2♥	Q♥	7♣	Q♦	A♥/A♦		
	A♣	8♠	6♠	6♣	K♦	7♣					
67	5♦	8♠	Q♠	2♠	Q♣	10♣	Q♥	K♥	J♣/6♠		
	10♥	4♦	2♣	A♠	K♠	5♠					
68	6♣	J♥	K♥	3♠	2♥	6♦	10♣	K♣	Q♣/3♥		
	A♣	2♦	K♣	A♣	8♥	10♣					
69	K♦	J♠	5♦	8♠	7♥	4♥	6♦	A♠	5♠/K♣		
	4♦	5♣	9♠	3♥	K♠	5♥					
70	A♦	J♥	6♠	J♣	2♥	J♦	4♥	3♠	Q♠/10♦		
	A♣	A♥	6♣	3♥	A♠	4♥					
71	8♥	4♠	K♣	2♦	10♣	Q♥	J♦	J♥	5♥/6♣		
	5♣	6♥	2♠	10♦	K♠	4♠					
72	3♥	J♥	K♣	5♠	2♥	10♥	Q♥	4♠	7♣/8♦		
	A♣	Q♣	A♦	10♦	K♥	Q♥					
73	A♠	10♠	8♥	A♥	4♥	6♥	10♥	Q♣	4♣/A♦		
	6♦	Q♦	8♠	8♦	K♠	3♦					
74	10♦	J♥	6♣	5♥	2♥	4♦	6♦	2♥	10♣/J♠		
	A♣	Q♠	3♥	8♦	6♠	6♦					

歲數	水星	金星	火星	木星	土星	天王	海王	長期	冥王/結果	環境	置換
75	K♥	9♠	A♠	Q♣	Q♥	J♦	4♦	3♥	3♦/3♥		
	Q♦	5♦	2♦	J♠	K♠	9♦					
76	8♦	J♥	A♦	4♣	2♥	5♣	J♦	K♣	4♥/4♠		
	A♣	7♠	10♦	J♠	K♣	J♦					
77	6♠	3♠	K♥	Q♠	6♦	10♠	5♣	J♣	9♦/10♦		
	5♦	K♦	A♥	4♠	K♠	3♣					
78	J♠	J♥	3♥	3♦	2♥	6♥	10♥	2♠	Q♥/10♠		
	A♠	10♠	8♦	4♣	6♦	10♥					
79	K♣	J♠	6♠	7♣	J♦	4♦	6♥	3♠	3♣/8♦		
	K♦	8♦	Q♣	10♠	K♠	7♠					
80	4♠	J♥	10♦	9♦	2♥	Q♦	4♦	5♦	6♦/9♣		
	A♣	4♥	J♠	10♠	A♦	4♦					
81	6♣	5♠	K♣	10♠	10♥	5♣	Q♦	6♠	7♠/J♠		
	8♥	A♠	Q♠	4♣	K♠	7♥					
82	10♠	J♥	8♦	3♠	2♥	5♦	5♠	6♠	J♦/3♦		
	A♣	Q♥	4♠	9♠	3♥	5♠					
83	A♦	5♥	6♠	4♥	4♦	5♦	3♥		7♥/4♠		
	A♠	K♥	7♠	3♠	K♠	2♣					
84	9♣	J♥	J♠	7♠	2♥	K♦	6♥	7♠	10♥/J♣		
	A♣	6♦	10♠	3♠	10♦	6♥					
85	3♥	4♣	A♦	Q♥	5♠	Q♦	K♦	J♥	2♣/10♠		
	K♥	6♠	10♠	J♠	K♠	9♠					
86	3♠	J♥	4♠	7♥	2♥	8♥	Q♦	3♦	4♦/5♠		
	A♣	J♦	9♠	J♣	8♦	Q♦					
87	10♦	3♦	3♥	6♠	6♥	5♦	8♥	Q♠	9♠/9♣		
	6♠	K♣	4♥	5♦	A♠	2♠					
88	J♣	J♥	10♠	2♠	2♥	A♠	5♦	2♥	5♣/5♥		
	A♣	10♥	3♠	5♠	J♠	5♦					
89	8♦	9♠	10♦	J♦	Q♦	K♦	A♠	10♦	2♠/3♠		
	K♣	Q♣	Q♥	5♠	K♠	8♠					
90	5♠	J♥	9♠	9♣	2♥	K♣	K♦	6♣	6♥/4♣		
	A♣	4♦	5♥	4♠	K♦						
91	J♠	3♣	8♦	10♥	5♠	8♥	K♥	5♠	8♠/J♣		
	6♣	A♦	6♦	4♣	K♠	2♦					
92	5♦	J♥	3♠	2♠	2♥	6♠	8♥	8♠	Q♦/3♦		
	A♣	5♠	5♠	4♠	10♠	8♥					
93	4♠	7♠	J♠	4♦	K♦	A♠	6♠	J♣	2♦/5♠		
	A♦	3♥	J♦	3♦	K♠	A♥					
94	4♣	J♥	J♣	8♠	2♥	K♣	A♠	K♦	5♦/9♦		
	A♣	6♥	5♥	3♦	9♠	A♠					
95	10♠	7♥	4♠	5♠	8♥	K♥	K♠	K♣	A♥/5♥		
	3♥	10♦	10♥	9♠	K♠	Q♣					
96	3♦	J♥	5♠	2♠	2♥	6♣	K♥	A♦	K♦/3♣		
	A♣	Q♦	4♠	9♦	3♠	K♥					
97	9♣	2♣	10♠	6♥	A♠	6♠	6♣	10♦	Q♣/4♦		
	10♦	8♦	4♦	3♣	K♠	Q♠					
98	9♦	J♥	5♥	A♥	2♥	A♦	6♠	7♥	8♥/7♠		
	A♣	5♦	3♦	3♣	J♠	6♥					
99	3♠	9♠	9♣	Q♠	K♥	K♣	A♦	J♥	Q♠/3♦		
	8♦	J♠	5♠	7♠	K♠	7♣					

方塊 8

歲數	水星	金星	火星	木星	土星	天王	海王	長期	冥王/結果	環境	置換
0	K♠	3♥	A♣	Q♥	10♠	5♠	3♦	K♠	A♠/7♥	8♦	8♦
	8♥	7♠	3♣	10♦	4♣	J♥	10♠				
1	10♥	5♦	8♥	K♥	8♠	J♣	10♠	3♥	5♥/K♣	7♣	Q♠
	9♦	3♠	9♠	A♠	Q♣	10♠					
2	2♦	Q♣	3♥	5♦	4♣	7♠	J♠	A♣	9♥/10♣	J♠	10♦
	3♦	J♥	9♣	J♠	A♠	7♥					
3	6♦	3♦	5♦	9♠	K♥	9♥	5♠	Q♣	J♥/J♦	10♣	Q♠
	10♠	6♠	K♦	8♥	5♥	9♥					
4	A♣	7♣	3♠	Q♦	3♠	6♠	9♠	10♠	7♦/4♣	4♠	3♥
	6♦	10♣	K♦	10♥	K♣	9♠					
5	Q♠	7♠	Q♦	A♠	4♦	7♠	10♠	5♠	7♥/4♠	4♥	A♥
	Q♥	6♣	K♦	2♦	A♥	10♠					
6	8♥	9♦	2♣	5♥	9♥	Q♥	A♠	3♦	4♥/4♣	10♠	A♦
	8♣	2♥	K♣	10♥	5♣	A♠					
7	6♦	8♣	5♥	J♠	3♦	4♥	10♦	10♥	J♠/7♣	Q♥	2♦
	4♦	3♣	K♠	Q♠	4♣	7♦					
8	3♥	4♦	J♦	9♠	K♠	4♠	A♣	5♦	4♥/5♠	9♣	Q♣
	2♦	9♥	Q♠	7♠	5♥	K♦	K♠				
9	4♠	10♣	2♣	K♦	6♠	6♥	7♠	8♥	3♠/9♣	6♦	8♠
	J♠	5♠	7♠	K♠	7♠	A♦					
10	Q♠	4♦	K♦	Q♠	6♣	J♠	10♦	K♥	5♣/10♥	3♠	K♣
	J♦	4♥	J♣	Q♣	2♣	10♦					
11	2♦	10♣	Q♠	4♣		J♦	K♠	8♠	Q♥/2♥	J♦	2♠
	6♠	K♣	3♣	8♣	K♦	5♠					
12	6♥	4♦	J♣	K♠	9♠	A♦	6♦	J♣	4♣/A♠	J♣	6♠
	J♠	10♥	Q♥	5♠	Q♠	9♠					
13	A♣	Q♠	2♦	9♠	K♥	10♠	4♦	10♠	8♣/9♦	10♥	9♠
	6♣	7♠	10♣	5♦	9♠	4♦					
14	A♦	6♠	9♠	Q♥	5♥	8♣	5♦	2♦	4♣/8♥	5♠	K♥
	Q♣	3♠	6♥	10♥	4♣						
15	4♥	7♠	3♦	2♠	9♠	Q♣	Q♥	Q♣	10♣/9♠	4♦	2♣
	7♦	10♠	9♣	5♦	9♠	K♠					
16	Q♠	7♦	2♣	J♥	3♦	10♣	2♥	3♥	J♠/3♥	5♥	A♠
	5♦	8♥	A♦	3♠	8♣	2♥					
17	9♥	K♥	J♥	K♠	4♠	A♥	10♥	5♦	Q♣/8♣	5♠	7♥
	10♥	9♦	5♥	2♦	7♠	10♣					
18	3♠	10♠	K♦	Q♦	J♣	K♠	5♠	4♣	A♣/4♦	6♣	8♥
	Q♠	7♥	5♥	8♠	J♥	3♠	4♣				
19	4♠	6♦	2♣	3♠	2♠	7♣	7♣	7♠	J♦/Q♥	6♥	7♠
	A♠	5♣	6♠	J♥	K♦	6♥					
20	A♦	2♦	10♥	9♠	8♣	A♠		J♣	6♠/4♣	3♦	K♠
	7♦	A♣	K♠	9♠	8♠	3♠					
21	K♥	7♠	9♦	Q♠	3♥	6♠	10♦	6♦	J♠/10♠	Q♦	3♣
	2♥	A♥	K♣	4♣	3♠	3♠					
22	Q♦	2♠	Q♠	10♠	Q♥	J♣	6♠	3♦	8♥/6♣	9♦	5♦
	5♥	8♣	2♥	10♠	A♠	6♠					
23	4♠	9♣	10♥	2♠	7♥	2♦	J♣	5♦	4♥/4♦	5♦	9♦
	J♠	8♠	Q♠	6♠	3♦	7♠					
24	A♥	10♣	2♠	9♠	K♠	J♠	5♠	9♠	8♠/7♦	3♣	Q♦
	6♠	3♠	Q♥	3♦	A♠	5♦					
25	6♦	9♣	9♥	A♦	J♥	6♠	J♣	K♥	A♣/J♦	K♦	3♦
	10♥	4♦	7♠	3♦	8♥	J♣					
26	Q♠	6♥	7♥	8♠	K♣	2♣	A♦	9♥	3♣/5♣	7♠	6♥
	A♥	5♦	A♠	4♦	10♣	4♥					
27	3♦	A♠	8♣	8♠	K♥	A♥	K♦	5♠	4♣/9♦	8♥	4♣
	J♥	6♠	8♥	6♦	9♣	6♣					
28	10♣	J♣	J♦	7♦	Q♣	J♥	8♠	A♣	4♦/2♦	7♥	5♣
	K♠	3♦	10♥	9♥	6♦	Q♥					
29	9♣	A♥	7♦	2♣	Q♥	7♥	3♦	7♣	10♠/3♠	A♠	5♥
	6♠	6♥	9♥	2♥	Q♠	3♥					
30	6♥	J♣	9♥	4♣	6♣	6♠	2♣	3♠	K♠/7♥	2♣	4♦
	Q♣	7♣	2♠	3♠	7♦	A♣					
31	J♥	A♦	4♣	A♣	5♣	J♦	4♥	Q♠	4♠/3♠	K♥	5♠
	7♥	2♠	3♠	9♣	3♠	Q♠					
32	2♣	5♦	8♥	7♠	9♠	10♣	J♦	3♣	Q♣/9♥	9♠	10♥
	10♥	7♠	A♠	K♣	Q♦	6♦					
33	3♠	5♠	4♣	5♦	Q♠	2♦	10♠	6♠	9♦/4♦	6♠	J♣
	4♠	6♣	10♥	9♥	2♦	10♣					
34	A♠	4♠	5♠	5♥	7♠	9♦	3♦	9♠	6♣/2♦	2♠	J♦
	J♣	7♥	8♣	2♥	4♣	3♥					
35	7♠	8♠	10♥	2♠	J♠	J♣	5♥	Q♠	3♦/K♦	K♠	3♠
	6♥	9♠	J♥	3♥	K♣	5♠					
36	A♥	4♠	2♠	8♥	K♥	2♠	7♣	7♠	Q♥/4♦	8♠	6♦
	9♦	6♥	9♠	3♥	K♣	J♠					
37	3♣	A♣	5♠	5♣	J♦	3♠	2♣	Q♣	A♦/8♣	6♠	9♣
	6♦	K♠	A♠	9♦	7♦	7♥					
38	3♥	2♥	K♣	2♠	A♠	K♣	Q♠	A♠	3♠/10♥	2♦	Q♥
	4♥	5♥	9♠	8♠	2♥	9♦					
39	J♦	5♠	5♠	9♠	9♥	9♣	J♥	4♦	J♠/7♠	A♦	10♠
	A♦	Q♠	3♦	4♠	6♣	J♣					
40	3♠	A♠	9♠	9♠	7♥	2♠	10♦	7♦	A♥/K♣	A♥	4♥
	A♦	5♥	4♠	7♠	5♦	8♠					
41	6♦	A♥	9♠	8♠	K♣	5♣	J♣	10♠	3♦/10♠	3♥	4♠
	Q♦	9♥	2♥	J♦	9♣	J♣					
42	Q♣	K♠	2♦	A♣	A♦	10♠	5♠	8♥	5♣/7♣	Q♥	10♣
	K♥	6♦	Q♦	3♠	5♥	J♦	A♥				
43	8♣	Q♥	J♠	J♦	3♥	2♠	2♦	9♦	6♣/6♥	10♦	J♠
	2♣	4♣	K♥	6♠	Q♠	2♦					
44	9♦	10♦	J♠	Q♦	K♦	A♠	2♠	2♣	3♠/4♦	Q♠	7♠
	A♦	7♣	K♥	6♥	9♠	2♠					
45	K♠	3♥	2♥	Q♣	10♠	5♣	3♦	5♥	A♠/7♥	8♦	8♦
	8♥	7♠	3♠	10♦	4♣	J♥	10♠				
46	10♥	5♦	8♥	K♥	8♠	J♣	10♠	9♥	5♥/K♣	7♠	Q♠
	9♦	3♠	9♠	A♠	Q♣	10♠					
47	2♦	Q♣	3♥	5♦	4♦	7♠	J♣	Q♥	7♦/10♣	J♠	10♦
	3♦	J♥	9♣	J♠	A♠	7♥					
48	6♦	3♦	5♦	9♠	K♥	7♠	5♠	A♠	J♥/J♦	10♣	Q♣
	10♠	6♠	K♦	8♥	5♥	9♦					
49	2♥	7♠	3♠	Q♦	3♠	6♠	9♠	6♦	9♥/4♦	4♠	3♥
	6♦	10♣	K♦	10♥	K♣	9♠					

歲數	水星	金星	火星	木星	土星	天王	海王	長期	冥王/結果	環境	置換
50	Q♠	7♠	Q♦	A♠	4♦	9♥	10♠	8♠	7♥/4♠	4♥	A♥
	Q♥	6♣	K♦	2♦	A♥	10♠					
51	8♥	9♣	2♣	5♥	7♦	Q♥	A♠	5♥	4♥/4♣	10♠	A♦
	8♣	A♣	K♣	10♥	5♣	A♠					
52	6♦	8♠	5♥	J♦	3♦	4♥	10♦	J♦	J♠/7♣	Q♥	2♦
	4♦	3♣	K♠	Q♠	6♠	9♥					
53	3♥	4♦	J♦	9♣	K♠	4♠	2♥	3♦	4♥/5♠	9♣	6♣
	2♦	7♦	Q♠	7♠	5♥	K♦	K♠				
54	4♠	10♣	2♣	K♦	6♠	6♥	9♥	4♥	3♠/9♠	6♦	8♠
	J♠	5♣	7♠	K♠	7♣	A♦					
55	Q♦	4♦	K♦	Q♠	6♣	J♠	10♦	10♦	5♣/10♥	3♠	K♣
	J♦	4♥	J♣	Q♣	2♣	10♦					
56	2♦	10♣	Q♠	4♣	5♠	J♦	K♠	3♥	Q♥/A♣	J♦	2♠
	6♠	K♣	3♣	2♣	K♦	9♣	5♠				
57	6♥	4♦	J♣	K♠	9♠	2♥	6♦	4♦	4♣/A♠	J♣	6♠
	J♠	10♥	Q♥	5♠	Q♠	9♠					
58	2♥	Q♠	2♦	9♠	K♥	10♠	4♦	J♦	8♣/9♦	10♥	9♠
	6♠	7♣	10♣	5♠	9♣	4♦					
59	A♦	6♠	9♠	Q♥	5♥	8♣	5♦	9♣	4♣/8♥	5♠	K♥
	Q♣	3♠	6♥	10♥	K♣	5♦					
60	4♥	7♠	3♦	2♣	4♠	Q♣	Q♥	K♠	10♣/9♦	4♦	2♣
	9♥	10♠	9♣	5♦	9♠	K♠					
61	Q♠	9♥	2♣	J♥	3♦	10♣	A♣	4♠	J♠/3♦	5♥	A♠
	5♦	8♥	A♦	3♠	8♠	A♣					
62	7♠	K♥	J♥	K♦	4♠	2♥	10♣	A♠	Q♣/8♠	5♣	7♥
	10♥	9♣	5♥	2♦	7♠	10♣					
63	3♠	10♠	K♣	Q♦	4♣	K♠	5♠	4♠	2♥/4♣	4♣	8♥
	Q♠	7♥	5♥	8♠	J♥	3♣	4♣				
64	4♠	6♦	2♣	3♣	2♠	9♣	7♠	10♣	J♦/Q♥	6♥	7♠
	A♠	5♣	6♣	J♥	K♦	6♥					
65	A♦	2♦	10♥	9♠	8♠	A♠	3♣	2♣	6♠/4♣	3♦	K♦
	9♥	2♥	K♣	9♠	8♠	3♣					
66	K♥	9♥	9♦	Q♠	3♦	6♠	10♦	K♦	J♠/10♠	Q♦	3♣
	2♠	A♥	K♣	4♠	3♣	3♠					
67	Q♦	2♠	Q♠	10♠	Q♥	J♠	6♠	6♠	8♥/6♠	9♦	5♦
	5♥	8♣	A♣	10♠	A♠	6♠					
68	4♠	9♣	10♥	2♠	7♥	2♦	J♣	6♥	4♥/4♦	5♦	9♦
	J♠	8♠	Q♣	6♠	3♦	7♠					
69	A♥	10♠	2♠	7♦	K♦	J♠	5♦	7♦	8♠/7♣	3♣	Q♦
	6♠	3♠	Q♥	3♦	A♠	5♦					
70	6♦	9♣	7♦	A♦	J♥	6♠	J♣	Q♦	2♥/J♦	K♦	3♦
	10♥	4♦	7♠	3♦	8♥	J♣					
71	Q♠	6♥	7♥	8♠	K♣	2♠	A♦	4♦	3♣/5♣	7♠	6♥
	A♥	5♦	A♠	4♦	10♣	4♥					
72	3♦	A♠	8♣	8♠	K♥	A♥	K♦	K♦	4♣/9♦	8♥	4♣
	J♥	6♠	8♥	6♦	9♠	6♠					
73	10♣	J♠	J♦	9♥	Q♣	J♥	8♠	Q♠	4♦/A♣	7♥	5♠
	K♠	3♠	10♥	7♦	6♥	Q♦					
74	9♣	A♥	9♥	2♣	Q♥	7♥	3♥	6♠	10♣/3♠	A♠	5♥
	6♠	6♦	7♦	A♣	Q♠	3♥					

歲數	水星	金星	火星	木星	土星	天王	海王	長期	冥王/結果	環境	置換
75	6♥	J♣	9♦	4♣	6♣	6♠	2♣	J♠	K♠/7♠	2♣	4♦
	Q♣	7♣	2♠	3♠	9♥	2♥					
76	J♥	A♦	4♣	2♥	5♣	J♦	4♥	10♦	4♠/3♣	K♥	5♦
	7♥	2♠	3♦	9♣	3♠	Q♠					
77	2♣	5♦	8♥	7♠	9♠	10♣	J♦	2♦	Q♣/7♦	9♠	10♦
	10♠	7♣	A♠	K♣	Q♦	6♦					
78	3♠	5♠	4♣	5♦	Q♠	2♦	10♣	10♣	9♦/4♦	6♠	J♣
	4♠	6♠	10♥	7♠	A♣	10♠					
79	A♦	4♠	5♦	5♥	7♠	9♥	3♥	Q♠	6♣/2♠	2♠	J♦
	J♣	7♥	8♣	A♣	4♠	3♦					
80	9♥	8♠	10♥	2♠	J♠	J♣	5♥	4♣	3♦/K♦	K♣	3♠
	6♠	9♠	J♥	3♥	K♣	5♠					
81	A♥	4♠	2♠	8♥	K♥	2♠	J♣	5♠	Q♥/4♦	8♠	6♦
	9♦	6♥	9♠	3♥	K♣	J♠					
82	3♣	2♥	5♦	5♣	J♦	3♠	2♣	J♦	A♦/8♣	6♠	9♣
	6♦	K♠	A♠	9♦	9♥	7♥					
83	3♥	2♦	K♠	2♠	2♥	K♠	Q♠	K♠	3♠/10♥	2♦	Q♥
	4♠	5♥	9♠	8♠	A♣	9♥					
84	J♦	5♠	5♦	9♥	7♥	9♣	J♥	6♥	J♠/7♠	A♦	10♣
	A♦	Q♦	3♦	4♠	6♣	J♣					
85	3♠	A♥	9♥	9♠	7♥	J♠	10♦	4♥	A♥/K♠	A♥	4♥
	A♠	5♥	4♠	7♠	5♦	8♠					
86	6♠	A♥	9♠	9♣	5♠	5♣	J♠	J♣	3♦/10♠	3♥	4♠
	Q♦	7♦	A♣	J♦	9♣	3♠					
87	Q♣	K♠	2♦	2♥	A♦	10♣	5♠	K♠	5♠/7♠	Q♠	10♣
	K♥	6♥	Q♦	3♠	5♥	J♦	A♦				
88	8♣	Q♥	J♠	J♦	3♥	2♠	2♦	9♣	6♠/6♥	10♦	J♠
	2♣	4♠	K♥	6♠	Q♠	2♦					
89	9♦	10♦	J♦	Q♦	K♦	A♠	A♠		3♠/4♠	Q♠	7♣
	A♦	7♠	K♥	9♥	Q♠	2♠					
90	K♠	3♥	A♠	Q♠	10♠	6♦			A♠/7♥	8♠	8♠
	8♥	7♠	3♠	10♦	4♣	J♥	10♠				
91	10♥	5♦	8♥	K♥	8♠	J♣	10♠	A♣	5♥/K♣	7♣	Q♠
	9♥	3♠	9♠	A♠	Q♣	10♠					
92	2♦	Q♠	3♥	5♦	4♠	7♠		Q♠	9♥/10♠	J♠	10♦
	3♦	J♥	9♠	A♠	A♥	7♥					
93	6♦	3♦	5♦	9♠	K♥	9♥	5♣	2♦	J♥/J♦	J♣	Q♣
	10♠	6♥	K♦	8♥	5♥	9♦					
94	A♣	7♠	3♠	Q♦	3♣	6♠	9♠		7♦/4♣	4♠	3♥
	6♦	10♣	K♦	10♥	K♣	9♠					
95	Q♠	7♠	Q♦	A♠	4♦	7♥	10♠	K♥	7♥/4♠	4♥	A♥
	Q♥	6♣	K♦	2♦	A♥	10♠					
96	8♥	9♦	2♠	5♥	9♥	Q♥	A♠	10♠	4♥/4♣	10♠	A♦
	8♣	2♥	K♠	10♥	5♠	A♠					
97	6♦	8♠	5♥	J♦	3♦	4♥	10♦	4♦	J♠/7♣	Q♥	2♦
	4♦	3♣	K♠	Q♠	6♣	7♦					
98	3♥	4♦	J♥	9♣	K♠	4♠	A♠	A♦	4♥/5♠	9♠	6♣
	2♦	9♥	Q♠	7♦	5♥	K♦	A♠				
99	4♠	10♣	2♣	K♦	6♠	6♥	7♦	6♠	3♠/9♠	6♦	8♠
	J♠	5♣	7♠	K♠	7♣	A♦					

方塊9

歲數	水星	金星	火星	木星	土星	天王	海王	長期	冥王/結果	環境	置換
0	7♠	2♣	K♣	J♦	4♥	4♦	2♠	7♠	8♥/6♣	9♦	9♦
	3♣	10♥	6♥	5♠	Q♣	10♣					
1	5♣	K♦	J♦	7♥	J♣	3♣	8♦	2♣	10♥/5♦	5♦	Q♦
	3♠	9♠	A♠	Q♠	10♠	8♦					
2	K♥	2♣	7♦	5♥	J♥	3♠	2♠	K♣	2♥/6♠	3♣	3♦
	K♣	6♣	10♣	Q♣	4♠	2♠					
3	Q♦	3♥	4♥	8♣	J♣	Q♥	5♥	J♦	7♣/A♦	K♦	6♥
	5♣	8♠	10♠	6♠	K♦	8♥					
4	Q♣	10♠	8♠	10♥	9♣	5♣	J♠	4♥	A♥/Q♠	7♠	4♣
	J♥	3♠	4♠	K♥	4♣	5♠					
5	K♦	2♠	6♠	9♥	6♥	J♥	10♥	4♦	6♠/A♣	8♥	5♣
	K♠	Q♣	K♠	7♦	3♥	10♦					
6	2♣	5♥	9♥	Q♥	A♠	4♥	4♣	2♠	7♥/9♠	7♥	5♥
	3♠	K♥	7♦	A♣	Q♦	4♠					
7	3♥	2♠	Q♠	A♥	5♠	3♠	Q♥	5♠	K♠/10♣	A♠	4♦
	6♥	5♦	J♠	9♠	9♥	2♥					
8	J♥	5♥	A♥	2♥	A♦	6♠	8♥	K♦	7♠/7♣	2♣	5♠
	4♥	J♦	Q♣	2♣	9♠	Q♥					
9	Q♥	8♦	4♠	10♣	2♠	K♦	6♠	J♦	6♥/7♦	K♥	10♥
	7♥	5♦	10♠	J♣	10♦	K♥					
10	9♠	8♠	A♥	8♦	Q♦	4♥	K♦	7♦	Q♠/6♣	9♠	J♣
	7♠	5♠	K♣	7♦	A♠	K♦					
11	5♥	7♠	8♣	2♦	10♣	Q♠	4♣	J♠	5♠/J♦	6♣	J♦
	2♠	4♥	8♠	A♣	A♥	4♣					
12	9♥	10♥	K♣	J♦	3♣	2♠	2♦	3♣	Q♣/J♠	2♠	3♠
	3♠	2♣	J♥	4♠	♣	A♦					
13	5♣	7♠	J♦	4♥	9♣	Q♥	2♠	8♦	A♠/6♣	K♣	6♦
	Q♠	3♥	6♦	4♣	3♠	2♠					
14	7♣	2♥	8♦	A♦	6♠	9♠	Q♥	K♥	5♥/8♣	8♠	9♣
	K♥	K♠	10♠	9♠	9♥	4♥					
15	4♣	4♦	K♠	J♦	2♥	8♥	Q♦	2♣	9♠/K♣	6♣	Q♥
	7♠	2♦	6♦	8♣	A♣	Q♠					
16	6♠	8♠	8♦	Q♠	7♦	2♣	J♥	7♦	3♣/10♣	2♦	10♠
	5♥	10♦	Q♣	7♠	5♠	2♠					
17	9♠	10♠	Q♠	6♦	4♥	3♠	3♦	5♥	5♠/K♠	A♦	4♥
	5♥	2♦	7♠	10♠	8♦	10♥					
18	K♥	5♥	6♦	10♥	♣	A♦	2♠	J♥	Q♣/7♥	A♥	4♠
	10♦	7♦	♣	6♠	4♣	2♠					
19	6♥	K♠	4♦	2♥	5♦	K♦	8♠	3♠	A♦/10♣	3♥	10♣
	9♣	3♥	10♦	9♠	2♦	6♠	5♥				
20	8♣	A♠	3♣	6♠	4♣	J♦	4♦	2♠	5♠/3♥	Q♣	J♠
	Q♥	A♥	9♣	3♠	Q♦	4♦					
21	Q♠	3♦	6♠	10♦	J♠	10♠	J♦	Q♦	9♠/7♣	10♦	J♣
	5♥	5♦	9♠	3♥	6♦	J♣					
22	K♠	4♣	A♣	6♥	7♦	A♦	Q♣	3♥	10♠/4♥	Q♠	8♦
	4♠	10♣	9♠	3♦	A♥	J♥	7♥				
23	K♣	8♦	4♠	9♠	10♥	2♠	7♥	4♦	2♦/J♣	8♦	Q♠
	Q♠	9♠	6♦	10♠	6♥	7♥					
24	4♦	6♥	4♠	8♣	A♥	10♠	2♠	8♦	9♥/K♦	7♠	10♦
	Q♣	J♥	2♠	3♠	10♠	4♥					
25	K♥	Q♣	8♦	6♦	9♣	9♥	A♦	J♣	J♥/6♣	J♠	Q♣
	7♥	5♠	J♠	4♠	2♦	Q♠					
26	A♣	5♦	9♠	10♦	7♣	3♠	6♦	Q♥	7♦/A♥	10♣	3♥
	K♥	K♦	J♠	K♣	J♠	6♦					
27	Q♥	10♣	10♠	10♠	6♣	7♦	7♥	5♥	4♥/7♠	4♠	A♥
	A♠	5♠	J♠	4♦	5♣	7♥					
28	4♠	Q♠	Q♠	2♦	9♥	A♠	10♠	Q♣	8♥/A♥	4♥	A♦
	8♠	2♥	J♠	K♣	A♦	10♠					
29	K♥	8♣	2♦	6♠	Q♣	8♥	3♦	10♠	3♣/5♦	10♠	2♦
	6♣	7♣	K♠	Q♦	5♠	7♦					
30	4♣	6♣	6♠	2♣	K♠	7♠	A♣	8♠	8♥/8♠	Q♥	6♦
	4♦	9♥	Q♦	5♦	2♦	J♠	K♠				
31	7♠	K♦	Q♥	J♠	3♠	3♥	7♦	10♥	9♠/6♦	9♣	8♠
	3♣	A♦	10♣	K♠	5♦	5♥					
32	10♦	6♣	J♠	Q♦	5♠	3♣	3♦	9♠	A♦/K♠	6♦	K♣
	6♠	8♥	2♠	6♥	Q♥	3♦					
33	4♦	K♦	Q♦	A♥	8♠	6♠	K♠	5♣	A♠/2♥	3♠	2♠
	3♠	J♣	7♣	Q♥	J♠	2♣	8♦				
34	3♥	6♣	2♠	K♠	2♦	A♠	K♥	J♠	A♥/10♠	J♦	6♠
	3♣	K♣	A♠	8♠	Q♦	6♦					
35	A♠	Q♦	4♦	6♦	9♠	7♥	6♠	K♦	8♣/Q♠	J♣	9♠
	3♠	5♦	K♠	8♠	6♣						
36	5♥	3♠	6♦	A♠	2♦	8♠	8♦	2♠	A♥/4♠	10♥	K♥
	6♥	9♠	3♥	K♠	7♣	8♦					
37	8♥	10♣	Q♣	Q♥	7♠	6♥	A♠	6♠	K♦/Q♠	5♠	2♣
	7♦	7♠	2♣	8♠	6♦	K♠					
38	Q♦	7♦	Q♥	J♥	7♠	K♠	2♥	9♥	3♣/4♦	4♦	A♠
	8♦	4♥	5♥	9♠	8♣	2♥					
39	9♥	9♣	J♠	A♠	7♠	A♣	K♦	6♥	6♥/10♥	5♥	7♥
	K♣	Q♠	2♦	4♦	10♣	K♦					
40	9♠	7♥	J♠	10♦	A♥	K♠	8♠	J♥	A♣/C♣	5♣	8♥
	Q♦	4♥	2♠	10♥	J♥	7♣	A♥				
41	7♠	K♥	Q♥	7♣	J♦	2♣	5♦	10♥	6♠/A♥	4♣	7♠
	10♠	A♦	5♠	J♥	J♠	3♥					
42	5♥	5♦	K♠	Q♠	8♠	10♠	7♠	2♠	3♠/A♥	6♥	K♦
	7♦	A♣	J♠	6♦	10♥	7♠					
43	9♣	7♦	Q♠	Q♦	Q♣	3♠	3♦	5♥	3♣/7♥	3♦	3♣
	J♦	5♣	J♣	A♥	7♦	9♠					
44	10♦	J♦	Q♦	K♦	A♠	2♠	3♠	9♥	4♠/5♣	Q♦	5♦
	2♦	8♣	2♥	7♥	10♠	3♠					
45	7♠	2♣	K♣	J♦	4♥	4♦	2♠	Q♥	8♥/6♣	9♦	9♦
	3♣	10♥	6♥	5♠	Q♣	10♣					
46	5♣	K♦	J♦	9♥	J♠	3♣	8♦	A♠	10♥/5♦	5♦	Q♦
	3♠	9♠	A♠	Q♣	10♠	8♦					
47	K♥	2♣	9♥	5♥	J♥	3♠	2♠	4♥	A♣/6♠	3♠	3♦
	K♣	6♣	10♣	Q♣	4♠	2♠					
48	Q♦	3♥	4♥	8♣	J♣	Q♥	5♥	4♠	7♣/A♦	K♦	6♥
	5♣	8♠	10♠	6♠	K♦	8♥					
49	Q♣	10♠	8♣	10♥	9♣	5♣	J♠	3♥	A♥/Q♠	7♠	4♣
	J♥	3♠	4♠	K♥	2♣	5♠					

方塊 10

歲數	水星	金星	火星	木星	土星	天王	海王	長期	冥王/結果	環境	置換
0	8♠ 4♣	A♥ J♥	A♦ 10♠	Q♦ 8♦	5♥ 8♥	3♠ 7♠	3♠	8♠	9♥/7♣	10♦	10♦
1	Q♥ 4♠	4♣ K♣	Q♦ 5♦	2♣ K♦	A♠ 5♠	9♥ 3♦	4♦	A♥	J♥/6♦	Q♠	Q♣
2	A♣ Q♥	Q♠ 7♣	9♣ 5♦	6♥ J♦	9♦ 6♠	K♥ 2♣	2♠	A♦	7♦/5♥	8♦	3♥
3	Q♣ 4♥	3♠ K♠	6♥ 5♦	8♦ 8♠	10♥ 2♦	7♠ 4♠	4♠	Q♦	7♠/J♠	7♠	A♥
4	K♦ 8♣	3♦ 2♥	7♥ 6♠	5♠ J♦	9♥ 4♦	4♥ 8♥	8♥	5♥	10♣/5♦	J♠	A♦
5	Q♥ 10♥	8♣ 9♦	5♠ K♠	6♦ Q♣	4♣ K♣	10♣ 7♦	3♥	3♣	8♦/Q♠	10♣	2♦
6	A♦ 8♠	10♥ 9♥	6♦ Q♣	10♠ 8♠	K♠ 5♦	J♠ K♠	A♣	3♠	10♣/J♣	4♠	6♣
7	J♠ 8♦	7♣ 4♦	7♥ 3♣	5♦ K♠	K♥ Q♠	5♣ 6♠	7♦	Q♥	9♣/2♣	4♥	8♣
8	6♥ 6♦	10♥ 10♣	5♦ 3♠	Q♠ A♥	K♣ 7♥	8♠ 3♥	3♥	4♣	4♦/J♦	10♠	K♠
9	8♠ K♥	7♣ 6♠	Q♣ 9♦	5♥ 7♥	J♣ 5♦	6♦ 10♠	K♠	Q♦	4♥/2♦	Q♥	2♠ J♣
10	5♣ 8♦	10♥ J♦	3♠ 4♦	K♠ J♣	10♠ Q♠	A♣ J♣	Q♥	2♠	5♥/8♥	9♠	9♣
11	A♣ K♥	Q♣ Q♠	8♠ 7♣	2♣ J♣	A♠ 10♠	4♠ 10♥	10♥	A♠	8♣/3♦	6♦	9♠
12	6♣ A♥	K♥ 9♣	2♣ 5♠	4♥ J♦	5♠ 6♠	8♣ Q♦	Q♦	9♥	5♥/K♦	3♠	K♥
13	10♠ 7♠	3♦ 4♠	4♠ 10♠	7♥ Q♦	J♠ 2♣	A♥ K♠	4♥	4♦	7♣/3♠	J♦	2♣
14	Q♣ Q♦	7♦ K♦	7♥ 6♠	J♥ 9♠	9♥ 8♠	7♣ 2♥	2♥	A♣	8♦/A♦	J♣	A♠
15	9♥ J♦	A♠ 3♦	J♥ 5♠	5♦ 8♠	J♠ 3♠	A♠ 7♦	7♣	Q♠	A♥/2♠	10♥	7♦
16	9♣ Q♠	4♠ 7♠	5♦ 5♠	6♥ 2♠	5♥ J♥	K♠ 9♠	J♠	9♣	A♣/10♥	5♠	8♥ 5♥
17	J♠ 8♥	Q♥ 4♦	7♥ K♠	9♠ J♦	9♠ 5♦	10♠ 5♠	Q♠		6♥/4♥	4♦	7♠
18	6♣ 7♦	8♣ A♣	J♦ 6♠	3♦ J♣	8♣ 2♠	8♥ 9♥	9♦	9♦	K♥/5♦	5♥	K♦
19	A♠ 9♠	7♣ 2♦	3♦ 6♠	Q♣ 5♦	4♣ 9♦	K♥ 9♣	3♥	K♥	8♦/4♠	5♣	3♣
20	6♥ 5♠	9♠ 8♣	Q♣ 2♥	7♦ 4♠	4♥ 8♥	3♠ K♥	K♥	2♣	K♦/K♣	4♣	5♦
21	J♠ 8♦	10♠ 2♠	J♦ A♥	9♠ K♠	7♠ 4♠	8♠ J♣	3♠	Q♣	10♣/10♥	6♥	9♦
22	2♦ K♥	7♣ 9♣	9♠ 4♥	9♥ 4♠	5♦ 8♥	8♣ Q♦	Q♦	3♣	2♠/Q♠	3♦	Q♦
23	Q♥ J♦	10♠ 10♥	9♥ 3♠	6♦ 4♦	J♥ K♦	K♥ 3♠	3♠	6♥	A♣/6♦	Q♦	3♦
24	Q♠ 2♦	5♦ Q♦	7♠ 8♥	8♣ 10♦	6♠ 7♣	7♥ 10♣	6♠	8♥	9♦/4♦	9♦	6♦
25	4♣ J♥	8♥ K♥	8♣ K♦	2♠ Q♥	A♠ 10♠	2♦ K♣	5♠	10♥	5♥/3♦	5♦	4♣
26	7♠ K♠	3♠ 4♣	6♦ J♦	7♠ 9♥	A♥ 5♣	J♥ 6♥	2♠	7♦	10♥/2♥	3♣	5♣
27	10♠ K♥	6♠ Q♥	7♦ 9♥	7♥ 2♥	4♥ Q♣	7♠ A♦	A♦	4♠	4♠/9♣	K♦	5♥
28	5♠ A♥	3♠ Q♠	3♦ 9♠	5♦ 9♠	K♠ 7♥	K♥ A♠	7♥	K♦	K♠/3♣	7♠	4♦
29	J♥ 7♠	6♠ 9♠	5♥ 4♣	A♣ 10♠	4♦ 9♣	6♦ Q♣	10♣	3♦	J♠/9♦	8♥	5♠
30	7♥ 4♠	Q♦ Q♠	K♦ 8♥	3♠ 6♠	10♦ 6♥	7♠ Q♥	6♦	7♦	A♥/9♥	7♥	10♥
31	9♠ J♠	J♠ K♣	5♥ J♦	Q♦ 9♥	Q♠ 2♥	8♦ 7♠	7♠	5♠	3♦/10♥	A♠	J♣
32	6♠ 3♠	J♠ 7♠	Q♠ 8♠	5♠ 2♥	3♠ 5♥	3♦ A♦	A♦	9♥	K♣/9♣	2♣	J♦
33	7♦ K♥	2♠ 10♠	J♥ J♥	9♠ A♦	8♦ 6♠	3♠ 4♦	5♠	4♥	4♣/5♦	K♥	3♠
34	2♦ 3♦	J♠ 5♠	9♠ 2♠	K♠ K♥	A♠ 6♠	7♥ 3♠	3♠	8♥	4♥/10♥	9♠	6♦
35	9♦ Q♥	A♣ K♠	Q♦ 8♥	4♦ 3♦	6♦ 7♥	9♠ 7♠	7♥	Q♥	6♣/8♣	6♠	9♣
36	A♦ J♠	8♠ 5♠	K♠ 2♣	9♠ 8♣	A♣ 2♥	6♠ 3♦	Q♣	8♠	9♣/J♣	2♠	Q♥
37	6♦ 6♣	J♣ 6♥	Q♣ 4♣	3♦ J♠	9♥ K♣	10♠ 3♠	J♥	5♠	8♦/3♠	K♣	10♠
38	9♠ 6♣	8♥ 5♠	3♦ J♥	2♠ 3♣	7♠ Q♦	3♥ 2♠	3♥	6♦	2♦/K♣	8♠	4♥
39	Q♣ 6♥	6♠ 9♦	2♠ 2♥	2♠ 6♦	6♠ 10♠	4♦ 3♠	3♠	4♣	4♣/4♠	6♠	4♠
40	A♥ A♠	K♠ 5♣	8♠ 6♥	A♠ 9♠	6♠ 5♠	7♣ 6♦	J♣	10♣	4♦/3♣	2♦	10♠ 6♣
41	8♣ 7♥	A♥ 5♥	8♦ A♠	6♦ K♥	A♥ Q♣	9♠ 8♠	8♠	3♥	K♣/5♠	A♦	J♠
42	3♦ 6♣	3♥ Q♠	6♠ A♠	6♥ 5♠	5♦ 2♠	8♥ 9♠	9♠	A♦	9♠/J♥	A♥	7♥
43	K♠ K♦	A♦ 3♣	2♥ 9♠	A♥ 3♥	4♠ 5♥	4♦ J♦	4♣	10♥	8♥/7♠	3♥	8♠ 4♠
44	J♦ 3♦	Q♦ 9♣	K♠ 2♠	A♠ 8♥	2♠ A♥	3♠ 4♠	4♠	6♦	5♠/6♦	Q♣	Q♠
45	8♠ 4♠	A♥ J♥	A♦ 10♠	Q♦ 8♦	5♥ 8♥	3♠ 7♠	3♠	10♠	7♦/7♣	10♦	10♦
46	Q♥ 4♠	4♣ K♣	Q♦ 5♦	2♣ K♦	A♠ 5♠	7♦ 3♦	4♦	K♠	J♥/6♦	Q♠	Q♣
47	2♥ Q♥	Q♠ 7♣	9♠ 5♦	6♥ J♦	9♦ 6♠	K♥ 2♣	2♠	J♠	9♥/5♦	8♦	3♥
48	Q♣ 4♥	3♠ K♠	6♥ 5♦	8♦ 8♠	10♥ 2♦	9♥ 4♠	4♠	A♠	7♠/J♠	7♠	A♥
49	K♦ 8♣	3♦ A♠	7♥ 6♠	5♠ J♦	7♥ 4♦	4♥ 8♥	8♥	J♠	10♣/5♥	J♠	A♦

歲數	水星	金星	火星	木星	土星	天王	海王	長期	冥王/結果	環境	置換
50	Q♥ 10♥	8♣ 9♣	5♠ K♠	6♦ Q♣	4♣ K♣	10♣ 9♥	3♥	7♣	8♦/Q♠	10♣	2♦
51	A♦ 8♣	10♥ 7♣	6♦ Q♣	10♠ Q♠	K♠ 5♠	J♠ 5♦	2♥ K♠	7♥	10♣/J♣	4♠	6♣
52	J♠ 8♦	7♣ 4♦	7♥ 3♣	5♦ K♠	K♥ Q♠	5♠ 6♣	9♥	5♦	9♣/2♣	4♥	8♠
53	6♥ 6♦	10♥ 10♣	5♣ 3♣	Q♣ A♥	K♣ 7♥	8♦ 3♥	3♥	K♥	4♦/J♦	10♠	K♣
54	8♠ K♥	7♣ 6♣	Q♣ 9♦	5♥ 7♣	J♣ 5♦	6♦ 10♠	K♠ J♣	5♠	4♥/A♣	Q♥	2♠
55	5♣ 8♠	10♥ J♣	3♠ 4♥	K♠ J♣	10♠ Q♣	2♥ 2♣	Q♥	7♦	5♥/8♥	9♣	6♠
56	2♥ K♥	Q♣ Q♠	8♠ 7♣	2♠ J♣	A♠ 10♠	4♠ 10♥	10♥	6♥	8♣/3♦	6♦	9♠
57	6♣ A♥	K♥ 9♣	2♠ 5♠	4♥ J♦	5♠ 6♠	8♣ Q♦	Q♦	10♥	5♥/K♦	3♠	K♥
58	10♣ 9♥	3♣ 4♠	4♣ 10♠	7♥ Q♦	J♠ 2♣	A♥ K♠	4♥	5♦	7♣/3♦	J♦	2♣
59	Q♣ Q♦	9♥ K♣	7♥ 6♣	J♥ 9♣	9♦ 8♠	7♣ A♠	A♣	Q♣	8♦/A♦	J♣	A♠
60	7♦ J♦	A♠ 3♦	J♥ 5♠	5♦ 8♠	J♠ 3♠	2♥ 7♠	7♠	K♣	A♥/2♠	10♥	7♦
61	9♠ Q♣	4♠ 7♠	5♠ 5♠	6♦ 2♠	5♥ J♥	K♠ 9♦	J♣	8♠	2♥/10♥	5♠	8♥
62	J♠ 8♥	Q♥ 4♣	7♥ K♣	9♦ J♥	9♠ 5♦	10♠ 5♣	Q♠	3♥	6♦/4♥	4♦	7♠
63	6♣ 9♥	8♣ 2♥	J♦ 6♣	3♦ 2♣	8♠ 2♠	8♥ 9♦	9♦	8♠	K♥/5♥	5♥	K♦
64	A♠ 9♠	9♥ 2♦	3♦ 6♠	Q♣ 5♥	4♦ 9♥	K♥ 9♠	3♥	7♠	8♦/4♠	4♣	3♣
65	6♥ 5♠	9♣ 8♣	Q♣ A♣	7♠ 4♠	4♥ 8♥	3♠ K♥	K♥	Q♠	K♦/K♣	4♣	5♦
66	J♠ 8♦	10♠ 2♠	J♦ A♥	9♠ K♣	7♠ 4♠	8♠ 3♣	3♠	5♥	10♣/10♥	6♥	9♦
67	2♦ K♥	7♠ 9♣	9♠ 4♥	7♠ 4♠	5♦ 8♥	8♠ Q♦	Q♦	J♣	2♠/Q♠	3♦	Q♠
68	Q♥ J♦	8♠ 10♥	7♦ 3♣	6♣ 4♣	J♥ K♣	K♥ 3♠	3♠	6♦	2♥/6♦	Q♦	3♦
69	Q♣ 2♥	J♣ Q♦	7♠ 8♥	8♠ 10♦	6♠ 7♣	7♥ 10♣	6♣	K♠	9♦/4♦	9♦	6♥
70	4♣ J♥	8♥ K♥	8♣ K♦	2♠ Q♥	A♠ 10♠	2♦ K♣	5♦	5♣	5♥/3♦	5♦	4♣
71	7♣ K♠	3♠ 4♣	6♣ J♣	9♠ 7♠	A♥ 5♠	J♥ 6♥	2♠	10♥	10♥/A♣	3♠	5♣
72	10♠ K♥	♣ Q♥	9♥ 7♦	7♥ A♣	4♥ Q♣	7♠ A♦	3♠	4♠	4♠/9♠	K♦	5♦
73	5♣ A♥	3♠ 2♦	3♦ 3♠	5♦ 9♥	K♣ 9♦	K♥ 2♥	7♥	K♠	K♠/3♣	7♠	4♦
74	J♥ 7♠	6♣ 9♠	5♥ 4♣	2♥ 10♠	4♣ 9♣	6♦ Q♣	10♣	10♠	J♠/9♦	8♥	5♠

歲數	水星	金星	火星	木星	土星	天王	海王	長期	冥王/結果	環境	置換
75	7♥ 4♠	Q♦ Q♠	K♦ 8♥	3♠ 6♠	10♠ 6♥	7♣ Q♥	6♦	A♣	A♥/7♦	7♥	10♥
76	9♣ J♠	J♣ K♣	5♥ J♦	Q♦ 7♠	Q♣ A♣	8♠	7♣	Q♥	3♦/10♥	A♠	J♣
77	6♣ 3♠	J♣ 7♠	Q♦ 8♣	5♠ A♣	3♣ 5♥	3♣ A♦	A♠	A♣	K♣/9♠	2♣	J♦
78	9♣ K♥	2♠ 10♠	J♦ J♥	9♠ A♦	8♦ 4♦	5♠ 6♦	5♠	Q♣	4♣/5♦	K♥	3♠
79	2♦ 3♦	J♣ 5♣	9♠ 2♣	K♦ A♦	A♠ 6♠	7♥ 3♠	3♠	8♠	4♥/10♥	9♠	6♦
80	9♦ Q♥	2♥ K♠	Q♦ 8♥	4♦ 3♦	6♦ 9♥	9♣ 7♠	7♥	2♠	6♣/8♣	6♠	9♣
81	A♠ J♠	8♠ 5♣	K♣ 2♣	9♠ 8♠	2♥ A♣	6♠ 3♦	Q♣	A♠	9♣/J♦	2♠	Q♥
82	6♦ 6♣	♣ 6♥	Q♦ 4♣	3♦ J♠	7♦ Q♣	10♠ 3♣	J♥	4♠	8♦/3♣	K♣	10♠
83	9♣ 6♣	8♥ 5♣	3♦ J♠	2♣ 3♣	7♠ Q♦	8♠ 2♠	J♥	10♥	2♦/K♠	8♠	4♥
84	Q♥ 6♥	6♣ 7♦	2♠ A♠	2♠ 6♦	6♠ 10♠	3♠ 3♠	6♠	4♠	4♣/4♦	6♠	4♠
85	A♥ A♠	K♠ 5♣	8♠ 6♥	2♥ 9♥	6♠ 6♦	7♠ 6♣	3♠	K♥	4♦/3♣	2♦	10♣
86	8♣ 7♥	4♦ 5♥	8♦ A♠	6♦ K♥	A♠ Q♣	9♠ 8♠	8♠	2♣	K♣/5♣	A♠	J♠
87	3♦ 6♣	3♥ Q♠	6♠ A♠	6♥ 3♠	5♦ 2♣	8♥ 9♠	9♠	4♥	9♠/J♠	A♥	7♣
88	K♠ K♦	A♦ 3♣	A♠ 9♠	A♥ 3♠	4♠ 5♥	4♦ J♥	4♠	5♠	8♥/7♠	3♥	8♦
89	J♦ 3♠	Q♠ 9♣	K♠ 2♠	A♠ 4♥	3♠ 4♠	4♥	4♠	8♣	5♠/6♠	Q♣	Q♠
90	8♠ 4♣	A♥ J♥	A♦ 10♠	Q♦ 8♦	5♥ 8♥	3♣ 7♠	3♠	Q♦	9♥/7♣	10♦	10♦
91	Q♥ 4♠	4♣ K♣	Q♦ 5♠	2♣ K♦	A♠ 5♠	9♥ 3♦	4♥	10♣	J♥/6♦	Q♠	Q♣
92	A♣ Q♥	Q♠ 7♠	9♠ 5♦	6♥ J♦	9♠ 6♣	K♥	3♠		7♦/5♦	8♠	3♥
93	Q♣ 4♥	3♣ K♣	6♥ 5♦	8♥ 8♠	10♥ 2♦	7♦ 4♠	4♠	4♣	7♠/J♠	7♠	A♥
94	K♦ 8♣	3♦ 2♥	7♥ 6♠	5♦ J♦	9♥ 4♦	4♥ 8♥	7♥	7♥	10♠/5♥	J♠	A♦
95	Q♥ 10♥	8♣ 9♦	5♠ K♠	6♠ Q♣	4♠ K♣	10♠ 7♠	3♥	J♠	8♦/Q♠	10♣	2♦
96	A♦ 8♠	10♥ 9♦	6♦ 6♠	10♠ A♣	K♠ K♣	J♠	A♥		10♣/J♣	4♠	6♣
97	J♠ 8♦	7♣ 4♦	7♥ 3♣	5♦ K♠	K♥ Q♠	5♠ 6♣	7♥	4♥	9♣/2♣	4♥	8♠
98	6♥ 6♦	10♥ 10♣	5♣ 3♠	Q♣ A♥	K♣ 7♥	8♦ 3♥	3♥	Q♣	4♦/J♦	10♠	K♣
99	8♠ K♥	7♣ 6♠	Q♣ 9♦	5♥ 7♣	J♣ 5♦	6♦ 10♠	K♠ J♣	7♦	4♥/2♥	Q♥	2♠

方塊 J

歲數	水星	金星	火星	木星	土星	天王	海王	長期	冥王/結果	環境	置換
0	4♥ 5♦	4♦ A♦	2♠ 8♣	8♥ 2♥	6♣ A♠	6♠ Q♥	Q♥	4♥	10♣/8♦	J♦	J♦
1	7♦ Q♠	J♠ 6♥	3♣ J♥	8♣ Q♥	10♥ 7♣	5♣ 7♥	8♥	4♦	K♥/8♠	J♣	3♠
2	10♦ 6♠	4♦ 2♣	8♦ 10♦	2♦ Q♥	Q♣ 7♣	3♥ 5♦	5♦	2♠	4♣/7♠	10♥	6♦
3	K♣ 3♦	A♣ K♠	2♠ A♥	7♥ 6♠	9♦ 7♦	Q♦ A♠	3♥	8♥	4♥/8♣	5♥	9♣
4	Q♥ 4♦	4♠ 8♥	K♠ 10♦	8♠ 8♣	A♠ 2♥	7♠ 6♠	3♠	6♣	Q♦/3♣	4♦	Q♥
5	9♦ 4♥	K♦ 9♠	2♠ K♥	6♠ 4♦	9♥ 10♣	6♥ 5♥	J♥	6♠	10♥/6♣	5♥	10♠
6	Q♦ 4♥	A♥ 8♥	6♠ 4♦	10♦ 6♠	A♦ 2♠	10♥ J♠	6♦	Q♥	10♠/K♠	5♣	4♥
7	3♦ 9♠	4♥ 9♥	10♦ 2♥	J♠ 9♦	7♣ 6♥	7♥ 5♦	5♦	7♦	K♥/5♣	4♣	4♠
8	9♣ Q♣	K♠ 2♣	4♠ 9♠	A♣ Q♦	4♥ 8♥	5♠ 9♥	K♦ 4♥	J♠	7♥/6♣	6♥	10♣
9	8♣ 3♥	4♣ A♠	10♥ Q♣	9♦ Q♠	Q♥ 3♠	8♠ 4♠	4♠	3♣	10♣/2♣	3♦	J♠
10	6♠ 4♥	6♦ J♣	9♠ Q♠	8♠ 2♣	A♥ 10♦	8♦ 8♦	8♦		Q♦/4♦	Q♦	7♣
11	K♠ 2♦	Q♥ 6♣	2♠ Q♦	7♣ 6♦	8♣ A♠	7♠ J♥	K♥ 5♣	10♥	A♥/A♦	9♦	8♦
12	3♣ 6♠	2♠ Q♦	2♦ 10♦	Q♣ A♥	J♠ 9♠	5♦ 5♠	5♣	5♦	8♥/7♣	5♦	Q♠
13	4♠ K♥	9♣ J♥	Q♥ 6♥	2♠ 10♥	A♠ A♥	6♠ A♦	5♥	8♥	7♦/5♠	3♣	10♦
14	3♦ 5♣	K♥ 10♣	♠ 8♠	10♠ 2♦	Q♣ 8♥	7♦ 6♠	7♥	10♠	J♥/9♦	K♦	Q♣
15	2♥ 3♦	J♣ 5♠	Q♠ 8♠	9♠ 3♣	K♣ 7♠	Q♠ 10♦	10♦	4♦	9♥/A♠	7♠	3♥
16	3♠ 4♣	6♣ 10♣	9♠ 8♠	A♥ 4♠	7♠ 10♠	9♥ 5♠	5♣	8♠	A♦/4♦	8♥	A♥
17	2♦ 8♠	6♣ A♣	3♥ 7♠	8♥ 3♠	7♥ 7♥	4♠ A♥	A♥	2♠	5♥/A♥	7♥	A♦
18	3♦ 7♠	8♣ K♣	8♥ K♠	9♦ 3♠	K♥ 10♣	5♥ 9♥	6♦	Q♣	10♥/J♣	A♥	2♦
19	Q♥ 4♠	7♠ 7♦	9♦ 3♠	6♥ J♣	K♠ 8♥	4♦ 8♠	2♥ K♠	3♥	5♥/K♦	2♠	6♣
20	4♦ 10♥	5♠ 7♥	3♥ 6♣	8♠ K♠	Q♠ J♣	2♠ 4♠	9♥	5♦	Q♦/10♦	K♥	8♠
21	9♠ 9♠	5♠ 5♥	3♠ 5♠	10♠ 3♥	10♣ 6♦	9♠	K♣		7♥/3♣	9♠	K♣
22	4♠ Q♠	5♠ 7♣	3♠ K♣	A♠ 3♥	K♦ 8♠	9♦ 6♥	K♠ K♦	A♣	4♣/A♣	6♠	2♠
23	2♣ 10♥	7♠ 3♣	5♦ 4♦	K♠ K♦	6♥ 3♠	7♥ 10♠	3♦	2♠	A♠/A♥	2♠	6♠
24	2♥ Q♠	3♠ J♣	4♠ 5♠	10♦ K♦	Q♠ 6♥	5♦ 7♠	7♠	7♥	8♣/6♣	K♠	9♠
25	4♥ 9♣	Q♠ Q♦	10♦ 2♣	4♣ 3♠	8♥ 7♣	8♣ 2♠	2♠	9♦	A♠/2♦	8♠	K♥
26	5♥ 9♥	6♣ 5♣	K♥ 6♥	3♥ 2♠	4♦ 10♦	9♣ K♠	4♣	Q♦	5♠/6♠	6♣	2♣
27	3♠ 2♠	9♥ 2♦	3♥ 4♥	J♦ Q♦	K♣ 8♣	5♠ A♣	A♣	3♥	10♥/Q♥	2♦	A♠
28	7♦ 3♣	Q♠ 6♠	J♥ 8♥	8♠ 4♠	4♦ 6♣	2♥ 5♠	Q♥	9♣/J♠	A♦	7♠	
29	Q♦ 3♠	5♣ A♦	8♠ 8♥	9♠ J♠	A♠ J♥	K♠ K♣	K♦ A♠	4♠	2♥/7♠	A♥	8♥
30	4♦ A♥	3♣ 7♦	3♥ 10♣	K♣ J♥	8♦ 8♠	6♥ 2♣	J♣	K♠	9♦/4♣	3♥	7♠
31	4♥ 9♥	4♠ 2♥	3♣ 7♣	6♠ 10♦	8♠ J♠	A♥ K♣	K♠	8♦	Q♠/A♠	Q♣	K♦
32	Q♣ 8♦	9♥ 10♠	6♠ 7♣	3♠ A♠	K♦ K♣	Q♠ Q♦	6♦	A♣	10♥/5♣	10♦	3♠
33	9♠ 8♥	8♥ 8♣	3♠ A♣	5♠ 5♠	4♣ A♥	5♦ Q♠	Q♠	7♦	2♦/10♣	A♠	5♦
34	4♦ 10♥	6♥ J♠	3♠ 9♠	8♦ 10♣	A♠ K♥	4♠ 6♣	5♦	3♠	5♥/7♠	8♦	9♦
35	10♠ Q♠	5♠ Q♦	8♦ 4♣	7♠ K♥	8♠ A♥	10♥ 2♠	9♦	J♠/J♣	7♣	Q♦	
36	3♦ 3♣	6♥ 7♠	7♠ 6♣	4♥ K♥	J♥ 2♦	Q♠ 5♠	5♠	K♦	2♥/9♦	J♠	3♦
37	3♠ 10♠	2♣ A♥	A♥ A♥	8♣ 7♠	7♣ 5♠	3♥ 5♥	4♦	2♠	K♣/7♥	10♣	6♥
38	K♥ J♥	A♥ Q♠	8♠ 2♦	J♠ 3♠	Q♣ 6♥	10♠ 10♣	8♠	6♠	A♠/6♠	4♠	4♣
39	5♠ K♠	5♦ K♥	9♠ 3♣	9♥ 7♠	9♣ 2♣	J♥ 9♠	J♠	9♥	7♠/A♣	4♥	5♠
40	6♥ Q♠	4♦ 3♦	9♠ 7♠	3♥ A♣	4♣ 3♠	A♦ Q♥	Q♥	6♥	5♣/Q♦	10♠	5♦
41	2♣ 9♣	5♦ J♣	6♠ 8♦	A♠ Q♦	10♣ 9♥	Q♠ 2♥	3♦	J♥	K♠/6♣	Q♥	4♦
42	J♠ A♠	4♦ 8♦	A♠ K♠	2♥ 6♠	7♥ Q♦	9♦ 3♠	J♦	4♦/K♠	9♠	5♠	
43	3♥ 5♣	2♠ J♠	2♦ A♥	6♣ 7♠	6♥ 9♠	5♠ 3♦	9♠	A♥	9♣/7♦	6♦	10♥
44	Q♦ 4♦	K♦ 10♣	A♠ 3♣	2♠ 7♠	3♠ A♣	4♠ 5♠	5♠	6♠	6♠/7♠	3♠	J♠
45	4♥ 5♦	4♦ A♦	2♠ 8♣	8♥ A♣	6♣ A♠	6♠ Q♥	Q♥	10♦	10♣/8♦	J♦	J♦
46	9♥ Q♠	J♣ 6♥	3♠ J♥	8♦ Q♥	10♥ 7♣	5♦ 7♥	8♥	A♦	K♥/8♠	J♣	3♠
47	10♠ 6♠	4♦ 2♣	8♦ 10♦	2♦ Q♥	Q♣ 7♣	3♥ 5♦	5♦	10♥	4♣/7♠	10♥	6♦
48	K♣ 3♦	2♦ K♠	2♠ A♥	7♥ 6♠	9♦ 9♥	Q♦ A♠	3♥	6♦	4♥/8♣	5♠	9♣
49	Q♥ 4♦	4♠ 8♥	K♠ 10♦	8♠ 8♣	2♥ A♥	7♠ 6♠	3♠	3♦	Q♦/3♣	4♦	Q♥

歲數	水星	金星	火星	木星	土星	天王	海王	長期	冥王/結果	環境	置換
50	9♦	K♦	2♠	6♠	7♦	6♥	J♥	4♥	10♥/6♣	5♥	10♠
	4♥	9♠	K♥	4♦	10♣	5♦					
51	Q♦	A♥	6♠	10♠	A♦	10♥	6♦	10♦	10♣/K♠	5♣	4♥
	4♥	8♥	4♦	6♣	2♠	J♠					
52	3♦	4♥	10♠	J♠	7♣	7♥	5♦	J♠	K♥/5♣	4♣	4♠
	9♠	7♥	A♣	9♠	6♥	5♦					
53	9♣	K♠	2♥	4♥	5♠	K♦	7♠		7♥/6♣	6♥	10♣
	Q♣	2♣	9♠	Q♦	8♥	9♦	4♥				
54	8♣	4♣	10♥	9♦	Q♥	8♠	4♠	7♥	10♠/2♣	3♦	J♠
	3♥	A♠	Q♣	Q♠	3♠	4♠					
55	6♠	6♦	9♥	9♠	8♠	A♥	8♠	5♦	Q♦/4♦	Q♦	7♣
	4♥	J♣	Q♣	2♣	10♦	8♦					
56	K♠	Q♥	A♣	9♠	5♠	7♥	K♥	9♣	A♥/A♦	9♦	8♦
	2♦	6♣	Q♣	6♦	A♠	J♥	5♣				
57	3♣	2♠	2♦	Q♣	J♠	5♦	5♣	K♠	8♥/7♣	5♦	Q♠
	6♠	Q♦	10♦	A♥	9♣	5♠					
58	4♠	9♠	Q♥	2♠	A♠	6♣	5♦	4♠	9♥/5♠	3♣	10♦
	K♥	J♥	6♥	10♥	A♥	A♦					
59	3♦	K♥	2♠	10♦	Q♣	9♥	7♥	A♣	J♥/9♦	K♦	Q♣
	5♣	10♣	8♠	2♦	8♥	6♠					
60	A♣	J♣	Q♦	9♠	K♠	Q♠	10♦	4♥	7♦/A♠	7♠	3♥
	3♦	5♠	8♠	3♣	7♣	10♦					
61	3♠	6♣	9♠	A♥	7♠	7♠	5♣	5♠	A♦/4♦	8♥	A♥
	4♥	10♣	8♠	4♦	10♠	5♣					
62	2♦	6♠	3♥	8♥	9♥	4♣	A♥	K♦	5♥/A♠	7♥	A♦
	8♣	2♥	7♠	3♣	7♥	A♥					
63	3♦	8♠	8♥	9♠	K♥	5♥	6♦	8♣	10♥/J♠	A♣	2♦
	7♠	K♣	K♠	3♠	10♣	7♦					
64	Q♥	7♠	9♦	6♥	K♠	4♠	A♥	4♣	5♥/K♦	2♣	6♣
	4♠	9♥	3♠	J♠	8♥	8♠	K♠				
65	4♦	5♠	3♥	8♠	Q♠	2♣	7♦	10♥	Q♦/10♦	K♥	8♠
	10♥	7♥	6♣	K♠	J♣	4♥					
66	9♠	7♠	8♠	3♠	10♣	10♥	6♥	9♦	7♥/3♣	9♠	K♣
	9♦	5♥	5♦	9♣	3♥	6♦					
67	4♠	5♠	3♠	A♠	K♥	9♥	K♠	Q♥	4♣/2♥	6♠	2♠
	Q♠	7♠	K♣	3♥	8♠	K♦					
68	2♣	7♠	5♦	K♠	6♥	A♣	3♦	8♠	A♠/A♥	2♠	6♠
	10♥	9♣	4♣	K♦	3♠	10♦					
69	A♣	3♠	4♠	10♦	Q♣	5♣	7♠	4♠	8♣/6♠	K♣	9♠
	Q♠	J♣	5♠	K♦	6♥	7♠					
70	4♥	Q♠	10♦	Q♣	8♥	8♣	2♠	6♠	A♠/2♦	8♠	K♥
	9♣	Q♦	2♠	3♠	7♥	2♠					
71	5♥	6♣	K♥	3♥	4♦	9♠	4♣	6♦	5♠/6♣	6♣	2♣
	7♠	5♦	6♦	2♠	10♦	K♠					
72	3♠	7♠	3♥	J♥	K♣	5♠	2♥	9♦	10♥/Q♥	2♦	A♠
	2♠	2♦	4♥	Q♦	8♣	2♥					
73	9♥	Q♠	J♥	8♠	4♦	A♣	5♠	9♠	9♣/J♠	A♦	7♥
	3♦	6♣	8♥	4♣	6♣	5♠					
74	Q♦	5♠	8♠	3♠	A♠	K♠	K♦	8♠	A♣/7♠	A♥	8♥
	3♠	A♦	8♥	J♠	J♥	K♣	A♠				
75	4♦	3♦	3♥	K♣	8♦	6♥	J♣	A♥	9♦/4♣	3♥	7♠
	A♥	7♥	10♣	J♥	8♠	2♠					
76	4♥	4♠	3♣	6♠	8♠	A♥	K♣	8♦	Q♠/A♠	Q♣	K♦
	7♦	A♣	7♠	10♦	J♠	K♠					
77	Q♥	7♦	6♠	3♠	K♥	Q♠	6♦	K♠	10♥/5♣	10♦	3♠
	8♦	10♠	7♠	A♠	K♣	Q♠					
78	9♠	8♠	2♠	5♦	5♦	Q♠	Q♥		2♦/10♣	Q♠	5♦
	8♠	8♣	2♥	5♠	A♥	Q♠					
79	4♦	6♥	3♣	8♦	A♦	4♠	5♦	2♥	5♥/7♠	8♦	9♦
	10♥	J♠	9♣	10♣	K♥	6♣					
80	10♠	5♠	8♦	9♥	8♠	10♥	2♠	9♣	J♠/J♣	7♣	Q♦
	Q♠	Q♦	4♣	K♥	A♥	2♠					
81	3♦	6♥	9♥	4♥	J♥	Q♠	5♠	5♣	A♣/9♦	J♠	3♦
	3♣	7♠	6♣	K♥	2♦	5♦					
82	3♠	2♠	A♥	8♠	7♣	3♥	4♥	7♥	K♠/7♥	10♠	6♥
	10♠	2♠	A♥	7♠	5♠	5♥					
83	K♥	A♥	8♠	J♠	Q♣	10♠	8♠	K♥	A♠/6♠	4♠	4♣
	J♥	Q♠	2♦	3♦	6♥	10♣					
84	5♠	5♠	9♥	7♦	9♠	J♥	J♠	3♠	7♠/2♥	4♥	5♠
	K♠	K♥	3♠	9♥	2♠	9♠					
85	6♥	4♥	7♦	3♥	4♣	A♠	Q♥	2♠	5♣/Q♦	10♠	5♥
	Q♠	3♥	9♥	2♥	3♠	Q♥					
86	2♣	5♥	6♠	A♠	10♦	3♥	2♦		K♠/6♣	Q♥	4♦
	9♣	J♠	8♦	Q♦	7♦	A♣					
87	J♥	4♥	A♠	A♣	7♥	9♠	5♥	Q♣	4♦/K♣	9♣	5♠
	A♦	8♦	K♥	6♥	Q♦	3♠					
88	3♥	2♠	2♦	6♠	6♥	5♠	9♠	J♠	9♣/9♥	6♦	10♥
	5♠	J♣	A♥	7♠	9♠	3♦					
89	Q♦	K♦	A♠	4♥	3♠	4♠	5♠	5♦	6♠/7♠	3♠	J♣
	4♦	10♣	4♣	9♦	2♥	A♠					
90	4♥	4♦	2♠	8♦	6♠	6♣	Q♥	5♣	10♠/8♦	J♦	J♦
	5♠	A♦	8♣	2♦	A♠	Q♥					
91	7♦	J♠	3♣	8♦	10♥	5♠	8♥	4♠	K♥/8♠	J♣	3♠
	Q♠	6♥	J♥	Q♥	7♣	7♥					
92	10♠	4♥	8♦	2♦	Q♠	3♥	5♦	9♠	4♣/7♥	10♥	6♦
	6♠	2♠	10♦	Q♥	7♠	5♦					
93	K♣	A♣	8♠	7♥	9♦	Q♦	3♥	Q♥	4♥/8♣	5♣	9♣
	3♦	K♠	A♥	9♠	7♥	A♦					
94	Q♥	4♥	K♠	8♦	4♣	7♣	3♠	2♠	Q♦/3♣	4♦	Q♥
	4♦	8♥	10♦	8♠	2♥	6♠					
95	9♦	K♦	2♠	6♠	9♥	6♥	J♥	A♠	10♥/6♣	5♥	10♠
	4♥	9♠	K♥	4♦	10♣	5♦					
96	Q♦	A♥	6♠	10♠	A♦	10♥	6♠		10♠/K♠	5♣	4♥
	4♥	8♥	4♦	6♣	2♠	J♠					
97	3♦	4♥	10♠	J♠	7♣	7♥	5♦	5♦	K♥/5♣	4♣	4♠
	9♠	9♥	2♥	9♦	6♥	5♦					
98	9♣	K♠	4♠	A♠	4♥	4♠	K♦	3♦	7♥/6♣	6♥	10♣
	Q♣	2♠	9♦	Q♠	8♥	9♦	4♥				
99	8♣	4♥	10♥	9♦	Q♥	8♠	4♠	K♥	10♣/2♣	3♦	J♠
	3♥	A♠	Q♣	Q♠	3♠	4♠					

方塊Q

歲數	水星	金星	火星	木星	土星	天王	海王	長期	冥王/結果	環境	置換
0	5♥	3♣	3♠	9♥	7♣	5♦	Q♠	5♥	J♣/9♦	Q♦	Q♦
	6♦	K♥	7♥	3♥	4♥	Q♠					
1	2♣	A♠	9♥	4♦	J♥	6♦	6♠	3♣	A♠/9♠	9♦	3♦
	2♠	8♠	J♠	3♥	10♥	6♠					
2	3♦	A♥	4♠	8♣	J♥	10♥	4♦	3♠	8♦/2♦	5♦	6♥
	5♥	Q♠	4♥	8♠	3♣	7♠					
3	3♥	4♥	8♣	J♣	Q♥	5♥	7♣	9♥	A♦/10♦	3♣	4♣
	J♥	6♦	10♣	2♣	A♠	10♥					
4	3♣	6♠	9♠	7♦	4♣	J♥	J♣	7♠	8♠/2♥	K♦	5♣
	K♠	3♥	2♠	9♥	A♥	Q♣					
5	A♠	4♥	7♦	10♦	7♥	4♠	5♣	5♦	8♥/K♥	7♠	5♥
	6♦	2♣	9♥	2♥	3♦	5♣					
6	A♥	6♠	10♦	A♣	10♥	6♦	10♠	Q♠	K♠/J♠	8♥	4♦
	4♣	9♦	3♠	K♥	7♦	A♣					
7	J♥	4♦	A♦	A♣	2♦	9♠	7♠	2♠	K♦/8♦	7♥	5♠
	4♠	8♠	3♥	A♠	K♥	3♦					
8	10♠	Q♠	10♣	J♠	A♠	3♠	9♠	A♠	4♠/9♥	A♠	10♥
	8♥	9♠	4♥	J♦	Q♣	2♣					
9	K♥	K♣	A♦	Q♠	3♦	5♠	3♠	9♥	10♦/8♠	2♠	J♣
	K♦	10♥	2♠	9♥	2♥	3♣					
10	4♦	K♦	Q♠	6♣	J♠	10♥		4♦	10♥/3♠	K♥	J♥
	6♠	4♣	8♣	2♥	A♦						
11	7♦	J♣	2♠	3♠	5♦	6♠	6♣	J♥	3♥/7♣	9♠	3♠
	6♦	A♠	J♥	5♣	J♦	2♦					
12	5♥	K♦	3♠	10♣	Q♥	10♠	6♠	6♦	7♥/8♠	6♠	6♦
	10♦	A♥	9♠	4♣	J♦	6♠					
13	8♦	A♣	Q♠	2♠	9♠	K♥	10♠	6♠	4♦/8♣	2♠	9♣
	2♣	K♠	4♥	10♦	7♦	4♠					
14	5♣	5♠	K♠	3♠	A♣	J♦	3♦	3♦	K♥/2♠	K♣	Q♥
	K♦	Q♣	9♠	8♣	2♥	10♦					
15	9♠	K♣	Q♠	10♦	9♥	A♠	J♥	A♥	5♦/J♠	8♠	10♠
	4♦	Q♣	3♥	K♦	10♥	A♠					
16	K♥	4♥	10♦	9♣	4♠	5♦	6♥	4♠	5♥/K♠	6♠	4♥
	4♦	6♣	K♦	J♠	Q♠	J♣					
17	2♠	4♦	9♠	J♠	J♦	2♦	3♠	8♣	3♦/8♥	2♦	4♥
	Q♣	9♥	2♥	9♠	A♠	6♠					
18	4♣	K♠	5♠	A♣	4♦	3♣	K♣	J♦	2♦/J♠	A♦	10♣
	Q♥	A♥	Q♣	K♥	6♠	9♠	4♦				
19	8♣	7♥	5♦	9♠	A♠	3♠	5♠	10♠	10♥/A♥	A♥	J♠
	10♠	A♦	Q♥	6♦	3♦	5♠					
20	10♦	6♥	9♠	Q♣	7♣	4♥	3♠	4♦	K♥/K♦	3♥	7♣
	4♦	9♦	Q♥	A♥	9♣	3♠					
21	K♠	5♣	2♥	4♣	8♥	2♠	3♥	3♥	4♥/4♠	Q♣	8♦
	10♣	J♠	K♦	6♥	A♦	J♥	8♠				
22	2♠	Q♠	10♣	Q♥	J♣	6♠	8♥	4♦	6♣/J♦	10♠	Q♠
	10♦	K♥	9♣	4♥	4♣	8♥					
23	5♠	4♣	5♣	Q♠	A♦	J♠	6♠	8♣	7♦/3♣	Q♠	10♦
	3♥	J♥	A♠	5♦	4♦	4♠					
24	2♣	3♥	Q♠	9♣	Q♥	7♦	2♠	J♣	J♥/9♠	8♦	Q♠
	8♥	10♥	7♣	10♣	6♣	10♦					
25	2♥	9♦	K♥	Q♣	8♦	6♠	9♣	Q♥	9♥/A♠	7♣	3♥
	2♣	3♣	7♣	2♠	J♦	9♣					
26	3♦	J♠	Q♣	4♥	8♠	9♥	8♥	5♥	4♠/K♦	J♠	A♥
	7♥	10♥	7♣	5♠	5♥	8♥					
27	10♠	10♦	10♠	6♣	7♥	7♥	4♥	7♣	7♠/A♦	10♣	A♦
	8♣	A♣	J♦	2♠	2♦	4♥					
28	2♣	8♣	Q♣	5♥	3♥	7♥	6♥	3♣	5♦/9♦	4♠	2♦
	8♠	8♦	K♠	3♦	10♥	9♥					
29	5♣	8♠	9♠	A♠	K♠	K♦	2♥	6♠	7♠/K♣	4♥	6♦
	5♠	7♦	3♦	9♦	6♣	7♥	K♣				
30	K♦	3♣	10♠	7♦	6♦	A♦	9♥	9♠	K♥/9♣	10♠	8♣
	5♦	2♦	J♠	K♣	9♦	4♦					
31	Q♣	8♠	7♣	3♦	10♥	5♦	6♥	7♦	2♦/2♠	Q♥	K♣
	9♠	7♦	6♠	4♣	10♠	6♥					
32	5♠	3♦	3♦	A♦	K♣	9♠	K♠	4♠	7♥/4♣	9♠	2♠
	6♦	J♦	8♦	10♠	7♠	A♥	K♣				
33	A♥	8♠	6♠	K♠	A♠	2♥	2♣	J♥	A♦/4♥	6♦	6♠
	5♦	2♠	7♥	K♣	3♦	9♣					
34	2♥	3♦	5♠	9♠	Q♥	8♥	8♠	J♣	8♣/10♦	3♠	9♠
	6♦	9♦	3♣	K♣	A♠	8♠					
35	4♦	6♦	9♣	7♥	6♠	8♣	Q♠	A♠	A♦/10♣	J♦	K♥
	4♣	K♥	A♠	2♠	J♦	Q♠					
36	7♠	J♠	3♥	10♠	K♦	4♣	7♥	4♠	3♣/10♦	J♣	2♣
	9♥	8♥	A♠	Q♠	9♣	K♠					
37	3♦	9♥	10♠	J♥	8♦	3♠	A♣	7♦	5♦/5♣	10♥	A♠
	Q♠	10♣	4♦	K♥	8♠	A♣					
38	7♠	Q♥	J♥	7♠	K♦	2♥	3♠	10♠	4♣/J♣	5♠	7♥
	2♠	10♦	6♣	5♠	J♠	3♠					
39	K♥	8♥	7♣	Q♠	A♦	K♠	K♣	7♥	2♥/8♠	4♦	8♥
	3♦	4♠	6♣	A♣	J♥	8♠	A♦				
40	K♦	2♣	10♠	8♦	3♠	A♠	9♦	4♠	9♠/7♥	5♦	7♠
	4♥	2♦	10♥	J♥	7♣	A♥					
41	4♦	5♠	2♠	10♦	8♠	4♦	8♠	5♣	6♦/A♠	5♣	K♦
	9♥	2♥	J♦	9♠	J♣	8♦					
42	Q♥	9♥	10♠	3♦	3♥	6♦	6♥	A♥	5♦/7♥	4♠	3♣
	3♠	5♦	J♦	A♠	8♦	K♥					
43	Q♣	3♠	3♥	A♣	7♦	9♠	6♦	6♠	10♣/10♥	6♥	5♦
	6♣	8♠	A♣	8♦	4♦	6♦					
44	K♦	A♠	2♠	3♠	4♠	5♠	6♠	10♦	7♠/8♠	3♦	9♦
	5♦	J♣	4♣	10♥	3♥	J♠					
45	5♥	3♣	3♠	7♦	7♠	5♦	Q♠	A♦	J♣/9♦	Q♦	Q♦
	6♦	K♥	7♥	3♥	4♥	Q♠					
46	2♣	A♠	7♠	4♦	J♥	6♦	6♠	10♥	2♥/9♠	9♦	3♦
	2♠	8♠	J♠	3♥	10♣	6♠					
47	3♦	A♥	4♠	4♣	J♦	10♥	4♦	6♦	8♦/2♦	5♦	6♥
	5♥	Q♠	4♥	8♠	3♣	7♠					
48	3♥	4♥	8♣	J♠	Q♥	5♥	7♣	10♠	A♦/10♦	3♣	4♣
	J♥	6♦	10♣	2♠	A♠	10♥					
49	3♣	6♠	9♠	9♥	4♣	J♥	J♣	J♥	8♠/A♠	K♦	5♣
	K♠	3♥	2♠	7♠	A♥	Q♣					

歲數	水星	金星	火星	木星	土星	天王	海王	長期	冥王/結果	環境	置換
50	A♥	4♦	9♥	10♠	7♥	4♠	5♣	4♦	8♥/K♥	7♠	5♥
	6♦	2♣	7♦	A♣	3♦	5♣					
51	A♥	6♠	10♦	A♦	10♥	6♦	10♠	A♦	K♠/J♠	8♥	4♦
	4♣	9♦	3♠	K♥	9♥	2♥					
52	J♠	4♦	A♦	2♥	2♦	9♠	7♠	A♣	K♦/8♦	7♥	5♠
	4♣	3♠	3♥	A♠	K♥	3♦					
53	10♠	Q♣	10♣	J♠	A♠	3♠	9♠	2♦	4♣/7♦	A♠	10♥
	8♥	9♦	4♥	J♦	Q♣	2♣					
54	K♥	K♣	A♦	Q♠	3♦	5♠	3♣	9♠	10♦/8♠	2♣	J♣
	K♦	10♥	2♠	7♦	A♣	3♣					
55	4♦	K♦	Q♠	6♣	J♠	10♦	5♣	7♠	10♥/3♣	K♥	J♠
	6♠	4♠	8♣	A♣	A♦	5♣					
56	9♥	J♣	2♠	3♠	5♦	6♠	6♣	10♠	3♥/7♣	3♠	3♠
	6♦	A♠	J♥	5♣	J♦	2♣					
57	5♥	K♦	3♠	10♣	Q♥	10♠	6♠	Q♠	7♥/8♣	6♠	6♦
	10♥	A♥	9♣	5♣	J♦	6♠					
58	8♦	2♥	Q♠	2♦	9♠	K♥	10♠	10♠	4♦/8♣	2♠	9♣
	2♣	K♠	4♥	10♦	9♥	4♠					
59	5♠	5♠	K♠	3♠	2♥	J♦	3♦	J♠	K♥/2♠	K♣	Q♥
	K♦	6♣	9♠	8♠	A♣	10♦					
60	9♠	K♣	Q♠	10♦	7♥	A♠	J♥	A♠	5♦/J♠	8♠	10♠
	4♦	Q♣	3♥	K♦	10♥	6♠					
61	K♥	4♥	10♠	9♣	4♠	5♦	6♥	3♣	5♥/K♠	6♠	4♥
	4♦	6♣	K♦	J♠	Q♠	J♣					
62	2♣	4♦	9♣	J♣	J♦	2♦	6♠	9♠	3♥/8♥	2♦	4♠
	Q♣	7♠	A♣	9♠	A♠	6♠					
63	4♠	K♠	5♠	2♥	4♦	3♠	K♣	K♥	2♦/J♠	A♠	10♣
	Q♥	A♥	Q♣	K♥	6♣	9♠	4♦				
64	8♣	7♥	5♦	9♠	5♠	3♠	5♠	K♣	10♥/A♥	A♥	J♠
	10♠	A♦	Q♥	6♦	3♦	5♠					
65	10♦	6♥	9♠	Q♣	7♠	4♥	3♠	A♠	K♥/K♠	3♥	7♣
	4♦	9♦	Q♥	A♥	9♠	3♠					
66	K♠	5♠	A♠	4♣	8♥	2♠	3♥	Q♠	4♥/4♠	Q♣	8♦
	10♣	J♠	K♥	6♥	A♦	J♥	8♥				
67	2♠	Q♠	10♣	Q♥	J♠	6♠	8♥	3♦	6♣/J♦	10♦	Q♠
	10♦	K♥	9♣	4♥	4♠	8♥					
68	5♠	4♣	5♣	Q♠	A♠	J♠	6♠	5♠	9♥/3♣	Q♠	10♦
	3♥	J♥	A♣	5♦	4♥	4♠					
69	2♣	3♥	Q♠	9♣	Q♥	9♥	2♦	3♣	J♥/9♠	8♦	Q♣
	8♥	10♥	7♣	10♣	6♣	10♦					
70	A♣	9♣	K♥	Q♣	8♦	6♦	9♣	4♦	7♦/A♦	7♣	3♥
	2♣	3♣	7♣	2♠	J♦	9♣					
71	3♦	J♠	Q♣	4♥	8♠	7♥	8♥	K♦	4♠/K♦	J♠	A♥
	7♥	10♥	7♣	5♠	5♥	8♥					
72	10♣	10♣	10♠	6♣	9♥	7♥	4♥	Q♠	7♠/A♦	10♣	A♦
	8♣	2♥	J♦	2♠	2♦	4♥					
73	2♣	8♣	6♣	9♣	3♥	7♠	6♥	6♣	5♦/9♦	4♠	2♦
	8♠	8♦	K♣	3♦	10♥	7♦					
74	5♣	8♠	9♠	A♠	K♠	K♠	A♠	J♠	7♠/K♣	4♥	6♣
	5♠	9♥	3♦	9♠	6♣	7♣	K♠				
75	K♦	3♣	10♠	7♣	6♦	A♥	7♦	10♦	K♥/9♣	10♠	8♠
	5♦	2♦	J♠	K♠	9♦	4♦					
76	Q♣	8♠	7♣	3♦	10♥	5♠	6♥	5♣	2♦/2♠	Q♥	K♣
	9♠	7♠	6♠	4♣	10♠	6♥					
77	5♠	3♠	3♣	A♦	K♣	9♠	K♠	7♦	7♥/2♥	9♣	2♠
	6♦	J♦	8♦	10♠	7♠	A♠	K♣				
78	A♥	8♠	6♠	K♠	A♠	2♠	2♣	J♦	A♦/4♦	6♦	6♠
	5♠	2♥	7♥	K♠	3♦	3♦					
79	A♣	3♠	5♠	9♣	Q♥	8♥	8♠	2♠	8♣/10♦	3♠	9♠
	6♦	9♦	3♣	K♣	A♠	8♠					
80	4♦	6♦	9♣	7♥	6♣	8♠	Q♠	3♠	A♦/10♣	J♦	K♥
	4♣	K♥	A♥	2♠	J♦	Q♠					
81	7♠	J♠	3♥	10♠	K♦	4♣	7♥	5♦	3♣/10♦	J♣	2♠
	7♦	8♥	A♠	Q♠	9♣	K♠					
82	3♦	7♠	10♠	J♥	8♦	3♣	2♥	6♠	5♦/5♣	10♥	A♠
	Q♠	10♣	4♦	K♥	8♠	2♥					
83	9♥	Q♥	J♥	7♣	5♦	A♠	3♣	6♣	4♣/J♣	5♠	7♥
	2♠	10♦	6♣	5♠	J♠	3♣					
84	K♥	8♥	7♦	Q♣	A♦	A♠	K♣	5♥	A♣/8♠	4♦	8♥
	3♦	4♠	6♠	J♣	J♥	8♦	A♦				
85	K♦	2♣	10♠	8♠	3♠	A♠	9♠	K♦	9♣/7♥	5♥	7♠
	4♥	2♦	10♥	J♥	7♣	A♥					
86	4♠	5♣	2♠	10♠	8♠	4♥	8♠	3♠	6♦/A♦	5♣	K♦
	7♦	A♣	J♦	9♣	J♣	8♠					
87	Q♥	7♦	10♠	3♦	3♥	6♦	6♥	10♣	5♦/8♥	4♣	3♣
	3♠	5♥	J♦	A♠	8♦	K♥					
88	Q♣	3♠	3♣	3♣	7♦	6♦	6♥	Q♥	10♣/10♥	6♥	5♦
	6♣	8♠	2♥	8♥	4♥	6♦					
89	K♦	A♠	2♠	3♣	5♦	5♠		10♠	7♠/8♠	3♦	9♦
	5♦	J♣	4♣	10♥	3♥	J♠					
90	5♥	5♣	3♠	5♥	9♥	Q♠	6♠		J♣/9♦	Q♦	Q♦
	6♦	K♥	7♥	3♥	4♥	Q♠					
91	2♣	A♠	9♥	4♦	J♥	6♦	6♠	8♦	A♠/9♠	9♠	3♦
	2♠	8♠	J♠	3♥	10♣	6♠					
92	3♠	A♥	4♣	8♠	J♦	10♠		A♠	8♦/2♦	5♥	6♥
	5♥	Q♠	4♥	8♠	3♣	7♠					
93	3♥	4♦	8♣	J♣	Q♥	5♥	7♣	Q♠	A♦/10♦	3♣	4♥
	J♥	6♦	10♣	A♠	10♥						
94	3♣	6♠	9♠	7♦	J♥	J♣		2♦	8♠/2♥	K♦	5♣
	K♠	3♥	2♠	9♥	A♥	Q♣					
95	A♠	4♦	7♥	10♠	7♥	4♠	5♣	9♠	8♥/K♥	7♠	5♥
	6♦	2♣	9♥	2♥	3♦	5♣					
96	A♥	6♠	10♦	A♦	10♥	6♦	10♠	K♥	K♠/J♠	8♥	4♦
	4♣	9♦	3♠	K♥	7♦	A♠					
97	J♥	4♦	A♦	A♠	2♦	9♠	7♠	10♠	K♦/8♦	7♥	5♠
	4♣	3♠	3♥	A♠	K♥	3♦					
98	10♠	Q♠	10♣	J♠	A♠	A♠	9♠	5♠	4♣/9♥	A♠	10♥
	8♥	9♦	4♥	J♦	Q♣	2♣					
99	K♥	K♣	A♦	Q♠	3♦	5♠	3♣	5♠	10♦/8♠	2♣	J♣
	K♦	10♥	2♠	7♦	2♥	3♣					

方塊K

歲數	水星	金星	火星	木星	土星	天王	海王	長期	冥王/結果	環境	置換
0	6♥	4♣	2♣	J♠	8♣	6♥	4♠	6♥	10♥/10♣	K♦	K♦
	7♦	A♣	4♦	J♣	5♥	4♠					
1	J♦	7♦	J♠	3♣	8♣	10♥	5♦	4♣	8♥/K♥	7♠	3♣
	5♠	3♦	4♦	10♦	4♠	K♣					
2	7♣	5♠	3♣	7♥	9♠	6♠	10♥	2♦	Q♥/5♣	8♥	5♦
	3♥	8♣	2♥	K♥	6♦	10♥					
3	A♠	6♠	2♣	5♠	9♣	4♣		J♠	2♣/A♥	7♥	9♦
	8♥	5♥	9♠	5♠	8♦						
4	3♦	7♥	5♠	9♥	4♥	8♥	10♣	8♣	5♥/7♠	A♠	Q♦
	10♥	K♣	9♠	8♦	6♥	10♣					
5	2♠	6♠	9♥	6♥	J♥	10♥	6♣	6♦	A♠/8♦	2♣	3♦
	2♦	A♥	10♠	8♦	Q♥	6♠					
6	3♣	Q♠	9♣	8♠	4♣	3♠	6♥	4♠	4♠/Q♣	K♥	6♥
	3♦	10♣	6♦	A♥	7♥	2♣					
7	8♦	6♦	8♣	J♦	3♦	4♥		J♠	10♣/J♠	9♠	4♣
	J♥	10♥	Q♥	2♠	6♠						
8	7♥	6♣	8♠	7♥	9♣	J♥	5♥	7♦	A♥/2♥	6♠	5♣
	K♠	8♦	2♥	9♥	Q♠	7♠					
9	6♠	6♥	7♦	3♠	9♠	9♣	Q♦	J♠	K♥/K♣	2♠	5♥
	10♥	2♠	9♥	2♥	3♣	Q♦					
10	Q♠	6♣	J♠	10♦	5♠	10♥	3♠	3♣	K♠/10♠	K♣	4♣
	9♦	7♠	5♠	K♠	7♥	A♣					
11	J♦	6♥	10♦	A♣	Q♠	8♠	2♣	8♦	A♠/4♠	8♠	5♠
	9♣	5♠	8♦	6♠	K♠	3♠					
12	3♠	10♣	Q♥	10♠	6♠	7♥	8♠	10♥	9♦/9♥	6♣	10♥
	K♥	7♠	6♦	4♦	7♠	2♠					
13	K♣	A♦	10♦	10♣	3♠	4♣	7♥	5♦	J♠/A♥	2♦	J♣
	A♠	5♣	2♦	9♥	2♥	7♥					
14	6♥	A♠	10♣	3♥	10♠	J♠	Q♦	7♣	5♣/5♠	A♦	J♠
	6♣	9♣	8♣	10♦	Q♦						
15	7♦	5♥	2♣	9♠	7♥	3♥		5♠	8♦/4♦	A♥	3♠
	10♥	6♠	J♥	Q♦	4♦	Q♣					
16	3♦	A♠	5♠	Q♥	J♦	3♠	6♠	3♣	9♠/A♥	3♥	6♦
	J♠	Q♠	A♣	Q♦	4♦	6♠					
17	4♠	A♣	10♣	Q♠	8♠	K♠	3♠	7♥	6♥/8♣	Q♠	6♦
	2♠	K♠	6♦	J♠	7♥	9♠					
18	Q♦	4♣	K♠	5♠	A♣	4♥	3♠	9♠	K♣/2♦	10♦	Q♥
	A♠	3♥	J♣	8♣	2♥	J♠					
19	8♠	A♥	10♣	J♠	9♥	3♠	J♥	6♠	8♥/10♠	Q♠	10♠
	6♥	7♣	8♦	6♣	K♣						
20	K♣	6♦	J♠	J♣	Q♣	8♥	5♦	10♥	3♦/K♠	8♦	4♥
	6♥	3♣	A♠	10♠	10♠	5♥					
21	2♠	6♥	J♣	5♥	4♣	Q♠	6♣	A♠	8♦/K♥	7♠	4♠
	7♣	9♥	2♥	8♠	6♠	4♠					
22	9♦	9♠	4♣	A♣	6♥	7♥	A♦	6♠	Q♣/10♠	J♠	10♣
	J♦	Q♠	7♣	K♠	3♥	8♠	6♥				
23	8♣	9♠	8♥	8♠	Q♦	5♠	4♣	2♦	5♣/Q♠	10♠	J♠
	3♠	10♦	J♦	10♥	3♠	4♠					
24	J♠	5♠	8♠	7♣	4♥	6♠		5♠	K♣/A♦	4♠	7♣
	6♥	7♠	J♦	Q♠	J♣	5♠					
25	K♠	Q♦	2♥	9♦	K♥	Q♣	8♣	9♠	6♦/9♣	4♥	8♦
	Q♥	10♠	K♣	5♦	10♦	J♥	K♥				
26	2♦	10♣	Q♣	J♦	5♥	6♣	K♥	4♣	3♥/4♦	10♠	Q♠
	J♠	K♣	J♣	6♦	9♦	K♥					
27	4♣	9♦	Q♦	10♣	10♦	10♠	6♣	6♠	7♦/7♥	Q♥	10♦
	8♦	J♥	6♠	8♥	6♦	9♣					
28	2♠	8♦	10♣	J♣	J♦	7♠	Q♣	3♦	J♥/8♠	9♣	Q♠
	K♥	5♣	4♥	Q♦	3♥	9♠					
29	2♥	7♠	K♣	7♣	4♠	10♥	J♣	7♥	9♥/10♦	6♦	3♥
	2♠	7♥	4♥	2♦	4♥	J♣					
30	3♣	10♣	7♣	6♦	A♥	9♥	K♣	5♠	9♣/A♠	3♠	A♥
	9♠	5♣	4♥	4♣	3♥	K♥					
31	Q♥	J♠	3♠	3♥	7♦	9♠	6♠	9♥	2♣/10♦	J♠	A♦
	8♣	A♣	4♦	2♦	Q♣	6♦					
32	2♠	8♠	3♥	8♠	8♦	2♣	5♦	4♥	8♥/7♠	J♠	2♦
	A♥	4♠	K♠	3♠	5♥	9♥					
33	Q♦	A♥	8♠	6♠	K♠	A♠	2♥	8♥	2♣/A♦	10♥	6♣
	4♣	7♦	3♣	7♠	3♥	4♥	K♠				
34	A♠	7♥	3♣	4♥	10♥	Q♠	9♥	10♣	K♣/J♣	5♠	8♠
	8♥	Q♣	10♠	K♠	7♠	6♥					
35	7♠	A♥	4♥	4♣	5♥	8♥	5♦	2♠	Q♣/2♥	4♦	K♣
	8♠	2♣	6♠	9♠	3♥	5♥					
36	4♣	7♥	3♣	10♦	A♦	8♠	K♠	6♠	9♠/A♣	5♥	2♣
	10♥	4♦	4♠	3♣	4♥	6♠	A♦				
37	Q♠	A♥	6♣	K♣	6♠	2♥	2♠	9♥	10♦/6♦	5♣	6♣
	8♥	2♦	9♠	A♣	3♣	J♣					
38	2♥	3♣	4♣	J♣	J♦	K♥	A♥	6♥	8♣/J♣	9♠	9♣
	10♥	7♠	7♥	A♦	6♠	A♥					
39	6♥	10♥	4♣	9♠	3♥	3♦	8♣	J♥	10♦/Q♣	6♥	K♥
	9♦	K♣	Q♠	2♦	4♦	10♣					
40	2♣	10♣	8♦	3♠	A♠	9♠		10♥	7♥/J♠	3♦	2♣
	9♥	K♥	6♠	10♣	4♣	K♠					
41	3♣	9♥	3♠	J♥	4♠	7♥	A♣		8♥/Q♣	Q♦	A♠
	10♣	Q♥	6♥	K♣	8♠	A♣					
42	7♦	J♠	J♥	4♥	A♠	2♥	7♥		9♥/5♥	9♦	7♥
	2♦	J♠	3♥	4♥	10♠	7♥					
43	K♣	K♥	4♥	7♣	10♦	K♠	A♦	Q♠	2♥/A♥	5♦	8♥
	3♣	9♣	3♥	5♥	J♥	4♠	10♦				
44	A♠	2♠	3♣	4♠	5♠	6♠	7♠	9♣	8♠/9♣	3♣	7♠
	6♦	Q♣	5♣	J♥	4♦	Q♠					
45	6♥	4♣	2♣	J♠	8♣	6♥	4♠	4♣	10♥/10♦	K♦	K♦
	9♥	2♥	4♦	J♣	5♥	4♠					
46	J♦	9♥	J♠	3♠	8♦	10♥	5♦	4♠	8♥/K♥	7♠	3♣
	5♠	3♦	4♦	10♦	4♠	K♣					
47	7♠	5♠	3♣	7♥	9♠	6♠	10♥	3♠	Q♥/5♣	8♥	5♦
	3♥	8♠	A♣	K♥	6♦	10♥					
48	A♠	6♠	2♣	5♠	9♠	4♣	6♠	6♥	2♣/A♥	7♥	9♦
	8♥	5♥	9♠	5♠	8♦	10♠					
49	3♦	7♥	5♠	7♣	4♦	8♥	10♠	8♠	5♥/7♠	A♠	Q♦
	10♥	K♣	9♠	8♦	6♦	10♣					

歲數	水星	金星	火星	木星	土星	天王	海王	長期	冥王/結果	環境	置換
50	2♠	6♠	7♦	6♥	J♥	10♥	6♣	6♦	2♥/8♠	2♣	3♦
	2♦	A♥	10♠	8♦	Q♥	6♣					
51	3♣	Q♠	9♣	8♣	4♦	3♠	6♥	8♠	4♠/Q♣	K♥	6♥
	3♦	10♣	6♦	A♥	7♥	2♣					
52	8♦	6♦	8♣	5♥	J♦	3♦	4♥	5♥	10♦/J♠	9♠	4♣
	J♥	10♥	Q♠	2♠	6♠	5♣					
53	7♥	6♣	8♠	9♥	9♠	J♥	5♥	J♠	A♥/A♣	6♠	5♣
	K♠	8♦	2♦	7♠	Q♠	7♣					
54	6♠	6♥	9♥	3♠	9♠	9♣	Q♦	3♦	K♥/K♣	2♠	5♥
	10♥	2♠	7♥	A♣	3♣	Q♦					
55	Q♠	6♣	J♠	10♦	5♠	10♥	3♠	4♥	K♠/10♠	K♣	4♦
	9♦	7♠	5♠	K♣	9♥	2♥					
56	J♥	6♥	10♦	2♥	Q♣	8♠	2♣	7♥	A♠/4♠	8♠	5♥
	9♣	5♠	8♦	6♠	K♣	3♠					
57	3♠	10♣	Q♥	10♠	6♠	7♥	8♠	6♠	9♦/7♦	6♣	10♥
	K♥	7♠	6♦	4♦	7♠	2♠					
58	K♣	A♦	10♦	10♣	3♣	4♣	7♥	8♠	J♠/A♥	2♦	J♣
	A♠	5♠	2♦	7♦	A♣	7♥					
59	6♥	A♠	10♣	3♥	10♠	J♠	Q♦	7♦	5♣/5♠	A♦	J♦
	6♣	9♠	8♠	A♠	10♦	Q♦					
60	9♥	5♦	2♦	5♠	8♥	6♣	3♥	9♠	8♦/4♦	A♥	3♠
	10♥	6♠	J♥	Q♦	4♦	Q♣					
61	3♦	A♠	5♠	Q♥	J♦	3♠	6♣	J♥	9♠/A♥	3♥	6♦
	J♠	Q♠	J♣	Q♠	4♦	6♠					
62	4♠	2♥	10♣	Q♣	8♠	K♣	3♠	5♥	6♥/8♣	Q♦	9♣
	2♠	K♠	6♦	J♠	9♥	9♣					
63	Q♦	4♣	K♣	5♠	2♥	4♦	3♣	6♠	K♣/2♦	10♦	Q♥
	A♠	3♥	8♣	8♦	A♠	J♠					
64	8♠	A♦	10♣	J♠	7♦	6♠	J♥	6♥	8♥/10♠	Q♠	10♠
	6♥	7♣	8♦	A♠	5♠	6♠					
65	K♣	6♦	J♠	J♣	9♣	8♥	5♦	7♦	3♦/K♠	8♦	4♥
	6♥	3♥	A♠	10♠	10♣	5♥					
66	2♠	6♥	♣	5♥	4♦	Q♣	6♣	3♠	8♦/K♥	7♣	4♠
	7♣	7♠	A♠	8♠	6♠	6♣					
67	9♦	K♠	4♣	2♥	6♥	7♥	A♠	9♠	Q♣/10♠	J♠	10♠
	J♠	Q♠	7♠	K♣	3♥	8♠	6♥				
68	8♣	9♠	8♥	8♠	Q♦	5♠	4♣	9♠	5♣/Q♠	10♣	J♠
	3♠	10♣	J♦	10♥	3♣	4♣					
69	J♠	5♦	8♠	7♣	4♥	6♦	5♠	Q♦	K♣/A♠	4♠	7♣
	6♥	7♠	J♦	Q♠	J♣	5♠					
70	K♠	Q♦	A♠	9♠	K♥	Q♣	8♦	Q♠	6♦/9♣	4♥	8♦
	Q♥	10♠	K♠	5♦	10♦	J♥	K♥				
71	2♦	10♣	Q♥	J♦	5♥	6♣	K♥		3♥/4♦	10♠	Q♠
	J♠	J♣	J♠	6♦	9♠	K♥					
72	4♣	9♦	Q♦	10♣	10♦	10♠	6♣	J♠	9♥/7♥	Q♥	10♦
	8♦	J♥	6♠	8♥	6♦	9♣					
73	2♠	8♦	10♣	J♣	J♦	9♥	Q♣	10♦	J♥/8♠	9♠	Q♣
	K♥	5♠	4♥	Q♥	3♥	J♠					
74	A♣	7♠	K♣	7♠	4♠	10♥	J♣	5♠	7♦/10♦	6♠	3♥
	2♠	7♥	4♥	2♦	4♦	J♣					
75	3♣	10♠	7♣	6♦	A♥	7♦	K♥	10♥	9♣/A♠	3♠	A♥
	9♠	5♣	4♥	4♠	3♦	K♥					
76	Q♥	J♠	3♠	3♥	9♥	9♠	6♦	3♠	2♣/10♦	J♠	A♦
	8♠	2♥	4♦	2♦	Q♣	6♦					
77	2♠	8♣	3♥	8♠	8♦	2♣	5♦	J♥	8♥/7♠	J♣	2♦
	A♥	4♠	K♠	3♣	5♠	7♦					
78	Q♦	A♥	8♠	6♠	K♠	A♠	6♣		A♣/A♦	10♥	6♣
	4♣	9♥	3♦	4♥	K♠						
79	A♠	7♠	3♠	4♦	10♥	Q♠	7♦	10♦	K♠/J♣	5♠	8♠
	8♥	Q♣	10♠	K♠	7♠	6♥					
80	7♣	A♥	4♥	3♣	5♠	8♥	5♦	A♣	Q♣/2♦	4♦	K♣
	8♠	2♠	6♠	9♠	3♠	5♦					
81	4♣	7♥	3♣	10♦	A♠	8♠	K♠	Q♠	9♠/2♥	5♥	2♠
	10♥	4♦	4♠	3♠	4♥	6♠	A♦				
82	Q♠	A♥	8♣	8♠	A♠	2♠	8♠		10♦/6♦	6♠	
	8♥	2♦	9♠	A♦	3♠	J♠					
83	A♣	3♠	4♠	J♣	J♦	K♥	Q♥	2♣	8♠/J♠	4♠	9♠
	10♥	7♠	7♠	A♦	6♠	A♥					
84	6♥	10♥	J♣	9♠	3♥	8♠	10♣	3♠	10♦/Q♥	6♦	K♥
	9♦	K♣	Q♠	2♠	4♦	10♣					
85	2♣	10♠	8♦	3♠	A♠	9♥	9♠	10♣	7♥/J♠	3♦	2♣
	7♦	K♥	6♠	10♣	J♠	K♠					
86	3♣	7♥	3♠	J♥	4♠	7♥	2♥	Q♥	8♥/Q♦	Q♠	A♠
	10♣	Q♥	6♥	K♣	8♠	2♥					
87	9♥	J♦	J♥	4♦	A♠	A♣	7♥	10♠	9♦/5♥	9♦	7♥
	2♦	J♠	3♥	4♣	10♠	7♥					
88	K♣	K♥	4♥	7♠	10♠	K♠	A♦	6♠	A♠/A♥	5♠	8♥
	3♣	9♠	3♥	5♥	J♥	4♠	10♦				
89	A♠	2♠	3♠	4♠	5♠	6♠	7♠	7♥	8♠/9♠	3♣	7♠
	6♦	Q♣	5♠	J♥	4♠	Q♠					
90	6♥	4♣	2♦	3♠	8♠	6♠	4♠	8♠	10♥/10♦	K♦	K♦
	7♦	A♣	4♦	5♥	5♦	4♠					
91	J♦	7♦	J♠	3♠	8♥	10♥	5♦	K♣	8♥/K♥	7♠	3♣
	5♠	3♦	4♠	10♦	4♠	K♣					
92	7♣	5♦	3♠	7♥	9♠	6♠	10♥	A♦	Q♥/5♥	8♠	5♦
	3♥	8♠	2♥	K♥	6♦	10♥					
93	A♠	6♠	2♦	5♠	9♠	4♦	6♠	10♦	2♣/A♥	7♥	9♦
	8♥	5♥	9♣	6♦	8♦	10♠					
94	3♦	7♠	5♦	9♥	4♥	8♥	5♠	7♠	5♥/7♠	A♠	Q♦
	10♥	K♣	9♠	8♦	6♦	6♣					
95	2♠	6♠	9♥	6♥	J♥	10♥		3♣	A♠/8♠	2♣	3♦
	2♦	A♥	10♠	8♦	Q♥	6♣					
96	3♣	Q♠	9♣	8♣	4♦	3♠	6♥		4♠/Q♣	K♥	6♥
	3♦	10♣	6♦	A♥	7♥	2♣					
97	8♦	6♦	8♣	5♥	J♦	3♦	4♥	7♥	10♦/J♠	9♠	4♣
	J♥	10♥	Q♥	2♠	6♠	5♣					
98	7♥	6♣	8♠	7♦	9♠	J♥	5♥	6♥	A♥/2♥	6♠	5♣
	K♠	8♦	2♦	7♠	Q♠	7♣					
99	6♠	6♥	7♦	3♠	9♠	9♣	Q♦	A♠	K♥/K♣	2♠	5♥
	10♥	2♠	9♥	2♦	3♣	Q♦					

黑桃 A

歲數	水星	金星	火星	木星	土星	天王	海王	長期	冥王/結果	環境	置換
0	7♥ Q♥	7♦ J♦	5♠ 5♦	J♥ A♠	9♣ 8♣	9♠ 2♥	2♥	7♥	K♥/K♦	A♠	A♠
1	9♥ Q♣	4♦ 10♠	J♥ 8♦	6♦ 9♦	6♣ 3♣	A♣ 9♠	9♠	7♦	7♣/3♦	2♣	7♥
2	A♦ 7♥	K♣ J♣	6♦ 8♦	4♥ 3♦	J♠ J♥	K♠ 9♣	10♦ J♠	5♠	A♠/Q♠	K♥	8♦
3	6♠ 10♥	2♦ 7♣	5♠ Q♦	9♣ J♥	4♣ 6♦	6♠ 10♣	J♥		A♥/8♠	9♠	7♠
4	5♦ 7♦	9♦ A♣	Q♣ 6♥	10♠ 6♥	8♣ 3♦	10♥ 9♣	9♣	9♠	5♠/J♠	6♠	K♦
5	4♦ 4♣	7♦ 3♣	10♠ 6♥	7♥ J♠	4♣ 9♠	5♣ A♦	8♥	9♠	K♥/K♣	2♠	3♣
6	4♥ 8♦	4♣ 8♣	7♥ 2♥	9♠ K♣	8♠ 10♥	3♥ 5♣	5♣	2♥	J♦/Q♦	K♣	5♦
7	6♦ K♥	6♣ 3♦	Q♣ 7♣	4♣ Q♦	9♠ 4♣	3♥ 3♠	9♥		2♠/Q♠	8♠	9♦
8	3♣ 5♣	9♠ A♦	4♣ 8♣	9♥ 4♣	6♣ 10♥	K♥ Q♥	Q♥	4♦	3♦/2♣	6♣	Q♦
9	2♦ Q♣	6♣ Q♠	9♥ 3♣	5♦ 4♣	J♥ J♦	5♣ 3♥	3♥	J♥	A♠/A♥	2♦	3♦
10	7♥ 3♣	10♣ Q♥	J♣ 10♥	8♣ Q♠	6♥ 9♠	5♠ 2♠	5♦	6♠	9♣/7♦	A♦	6♥
11	4♠ J♥	10♥ J♣	9♣ J♦	3♦ 2♦	4♠ 6♣	3♣ Q♦	6♦	6♠	J♠/10♠	A♥	4♣
12	9♠ K♠	3♥ 4♠	A♥ Q♣	7♥ 9♥	7♠ 10♠	J♥ 4♥	3♦	A♣	Q♠/2♥	3♥	5♣
13	6♣ 5♣	5♣ 2♦	7♠ 9♥	6♠ 2♥	8♠ 7♥	3♣ K♣	K♦	9♠	K♠/A♦	Q♠	5♥
14	10♣ 7♠	3♥ 2♣	10♠ 4♣	J♠ A♣	Q♦ 7♠	5♠ A♣	A♦	K♠	K♠/3♠	10♦	4♦
15	J♥ J♣	5♦ 4♣	5♠ 4♠	K♣ A♦	4♣ 7♠	2♠	K♣		6♠/9♠	5♠	
16	5♠ K♣	Q♥ 2♣	J♥ 10♥	3♠ 6♥	6♣ 4♥	9♠ 2♦	A♥	6♦	7♠/9♥	8♦	10♥
17	A♦ 6♠	10♦ Q♦	J♥ Q♠	Q♥ 9♥	7♥ 2♥	9♠ 9♠	4♥		10♠/Q♠	7♠	J♠
18	5♦ 3♥	6♠ J♣	Q♥ 8♣	8♦ 2♥	3♠ J♠	10♣ K♦	K♦	J♠	Q♦/4♣	J♥	J♦
19	7♦ 5♣	3♦ 7♣	Q♣ J♥	4♣ K♦	K♥ 6♦	3♥ 7♣	8♦	K♠	4♠/6♦	J♣	3♠
20	3♣ 10♠	6♠ 10♣	4♣ 5♥	J♦ K♦	4♦ 6♥	5♠ 3♥	3♥	10♦	8♠/Q♠	4♠	6♦
21	9♣ 2♦	A♣ K♠	Q♥ 10♥	7♠ 10♠	A♥ 7♦	A♦ J♣	5♠	6♠	5♦/8♣	4♥	9♦
22	K♦ 6♠	9♦ 8♣	K♣ 5♥	4♣ 8♣	6♥ 2♥	7♥ 10♠	2♦		A♦/Q♣	8♠	Q♥
23	A♥ 5♣	10♦ 4♦	Q♥ 4♠	10♠ 6♠	9♥ Q♦	6♣ 3♥	J♥	5♠	K♥/3♠	Q♥	10♠
24	A♦ 5♦	10♥ 8♣	10♠ 6♠	5♥ 3♠	J♣ Q♥	K♥ 3♦	8♥	9♣	3♣/K♠	9♠	4♥
25	2♦ 4♥	5♦ 9♥	5♥ 2♥	3♦ A♥	6♥ 6♣	7♣ 3♥	3♥	4♣	4♠/K♣	6♦	4♠
26	7♠ 4♦	K♠ 10♣	9♦ 4♥	A♣ A♦	5♦ 8♦	9♠ A♥	10♦ 5♦	6♠	7♣/3♠	3♠	10♣
27	8♦ 5♠	8♠ J♠	K♥ 4♦	A♥ 5♣	K♦ 7♥	4♣ 9♦	9♦	2♣	Q♦/10♣	J♦	J♠
28	10♠ 5♠	8♥ 2♣	A♥ 4♦	4♥ 10♣	6♦ 5♥	10♥ 4♣	4♠	5♦	A♦/6♠	J♣	7♠
29	K♠ J♦	K♣ 3♠	2♥ A♦	7♠ 8♥	K♣ J♠	7♠ J♥	4♠ K♣	9♦	10♥/J♣	10♥	8♦
30	Q♠ 10♠	Q♥ A♦	J♦ 5♥	4♦ 10♥	3♦ 7♠	3♥ K♣	K♠	Q♣	8♦/6♦	5♠	Q♠
31	9♥ 4♠	7♠ J♦	K♦ 6♣	Q♥ K♥	J♠ 10♥	3♠ J♣	3♥	10♠	7♦/9♠	4♦	10♦
32	2♦ K♣	4♦ Q♦	Q♥ 6♦	5♦ J♦	4♦ 8♦	7♦ 10♠	7♣	8♣	J♥/A♥	5♥	Q♣
33	2♥ 2♦	2♣ 9♣	A♦ 6♦	4♥ Q♣	9♣ 6♥	5♣ 5♥	5♥	10♥	9♥/J♣	5♣	3♥
34	7♥ 8♠	3♠ Q♦	4♥ 6♦	10♥ 9♦	Q♠ 3♠	9♥ K♣	K♣	5♠	J♣/6♠	4♠	A♥
35	J♦ 8♣	10♠ A♠	5♠ 6♥	8♠ Q♠	7♠ 7♠	8♠ 10♥	10♥	4♦	2♠/J♠	6♥	A♦
36	2♦ Q♠	8♠ 9♣	8♣ K♠	A♠ 7♥	4♣ Q♦	2♠ 9♥	8♥	7♦	K♥/2♣	3♦	2♦
37	K♦ 9♦	Q♠ 7♦	A♥ 7♥	6♣ 2♣	K♠ 8♦	6♠ 6♥	2♥ K♠	10♠	2♠/10♦	Q♦	6♣
38	6♠ K♥	9♠ 7♣	5♥ 3♠	6♦ K♣	5♠ 2♣	10♣ 5♦	9♥	7♥	A♦/5♥	9♦	8♠
39	4♥ A♥	Q♠ 2♠	6♦ 3♥	7♥ 9♠	Q♦ 8♥	K♥ 8♦	8♥	4♠	7♣/Q♣	5♦	K♣
40	9♠ 5♣	9♠ 6♥	7♥ 9♣	J♠ 5♠	10♦ 6♦	A♥ 10♦	K♠	5♦	8♠/A♠	3♣	2♠
41	10♣ K♥	Q♠ Q♣	3♥ 8♠	K♣ 10♦	6♣ 7♥	2♥ 5♥	2♦	8♥	J♠/10♦	K♦	6♠
42	2♥ 5♣	7♠ 2♠	9♠ 9♠	5♦ 10♠	4♦ 6♦	3♥ Q♠	Q♠	4♦	8♠/10♦	7♠	9♦
43	5♠ 7♠	5♦ A♦	5♥ 10♣	8♠ Q♣	8♦ 6♥	8♣ Q♥	Q♥	4♣	J♠/J♦	8♥	K♣
44	2♠ 9♥	3♦ K♣	4♠ 6♠	5♦ Q♥	6♦ 5♥	7♠ K♠	8♠	7♥	9♠/10♦	7♥	2♦
45	7♥ Q♥	9♥ J♦	5♣ 5♦	J♥ A♠	9♠ 8♠	9♠ A♠	A♠	9♠	K♥/K♦	A♠	A♠
46	7♦ Q♣	4♦ 10♠	J♥ 8♦	6♦ 9♦	6♣ 3♣	2♥ 9♥	9♠	8♠	7♠/3♦	2♣	7♥
47	A♦ 7♣	K♣ J♠	6♦ 8♦	4♥ 3♦	J♠ J♥	K♠ 9♣	10♦ J♠	3♥	2♥/Q♠	K♥	8♠
48	6♠ 10♥	2♦ 7♣	5♠ Q♦	9♣ J♥	4♣ 6♦	6♣ 10♣	5♠	5♠	A♥/8♠	9♠	7♠
49	5♦ 9♥	9♦ 2♥	Q♣ 6♥	10♠ 5♥	8♣ 3♦	10♥ 9♣	9♣	6♠	5♣/J♠	6♠	K♦

歲數	水星	金星	火星	木星	土星	天王	海王	長期	冥王/結果	環境	置換
50	4♦	9♥	10♠	7♥	4♠	5♣	8♥	6♣	K♥/K♣	2♠	3♣
	4♣	3♣	6♥	J♠	9♣	A♦					
51	4♥	4♣	7♥	9♠	8♠	3♥	5♣	Q♣	J♦/Q♦	K♣	5♦
	8♥	8♠	A♣	K♣	10♥	5♣					
52	6♠	6♣	Q♠	4♣	J♣	9♠	3♥	4♣	2♠/Q♠	8♠	9♦
	K♥	3♦	7♠	Q♦	4♠	3♠					
53	3♣	9♠	4♣	7♥	6♦	K♥	Q♥	J♣	3♦/2♣	6♣	Q♦
	5♣	A♦	8♣	4♠	10♥	Q♥					
54	2♦	6♣	7♠	5♣	J♥	5♠	3♥	9♣	2♥/A♥	2♦	3♦
	Q♣	Q♠	3♠	4♠	J♦	3♥					
55	7♠	10♣	J♣	8♠	6♥	5♠	5♦	3♥	9♣/7♣	A♦	6♥
	3♣	Q♥	10♥	Q♠	9♠	2♠					
56	4♠	10♥	8♣	3♣	4♠	3♣	6♥	3♣	J♠/10♠	A♥	4♣
	J♥	5♣	J♦	2♣	6♣	Q♦					
57	9♠	3♥	A♥	9♥	7♠	J♥	3♦	9♠	Q♠/A♣	3♥	5♣
	K♠	4♣	Q♣	7♦	10♣	4♥					
58	6♣	5♦	9♥	5♠	8♠	J♣	K♦	4♣	K♣/A♦	Q♣	5♥
	5♠	2♦	7♦	A♣	7♥	K♦					
59	10♣	3♥	10♠	J♠	Q♦	5♠	5♠	9♥	K♠/3♠	10♦	4♦
	7♠	2♠	4♠	A♥	9♥	2♥					
60	J♥	5♦	J♠	2♥	7♠	A♥	2♠	6♥	6♠/9♣	Q♠	5♠
	J♣	4♠	4♠	6♣	A♦	7♥					
61	5♠	Q♥	J♦	3♠	6♠	9♠	A♥	K♥	7♠/7♥	8♦	10♥
	K♣	2♣	10♥	6♥	4♥	2♥					
62	A♦	10♦	J♠	Q♥	7♥	9♦	9♠	Q♥	10♠/Q♠	7♣	J♣
	6♠	Q♦	Q♣	7♦	A♣	9♠					
63	5♦	6♠	Q♠	8♦	3♠	10♠	K♦	2♦	Q♦/4♣	3♥	J♦
	3♥	J♣	8♣	A♠	J♠	K♦					
64	9♥	3♦	Q♣	4♠	K♥	3♥	8♦	6♣	4♠/6♦	10♣	3♠
	5♣	5♦	J♥	K♦	6♥	7♠					
65	3♣	6♠	4♣	J♦	4♦	5♠	3♥	9♥	8♠/Q♠	4♠	6♦
	10♠	10♣	5♥	K♣	6♥	3♥					
66	9♣	2♥	Q♥	7♣	A♥	A♠	5♠	5♠	5♦/8♣	4♥	9♣
	2♠	K♠	10♥	10♠	9♥	J♣					
67	K♦	9♠	K♠	4♣	2♥	6♥	7♠	J♥	A♦/Q♣	10♠	Q♥
	6♠	8♣	5♥	8♣	A♣	10♠					
68	A♥	10♦	Q♥	10♠	7♠	6♣	J♥	5♣	K♥/3♠	Q♥	10♠
	5♦	4♥	4♠	6♠	Q♦	3♥					
69	A♦	10♦	10♠	5♥	J♣	K♥	8♥	3♥	3♣/K♠	9♣	4♥
	5♦	8♣	6♠	3♠	Q♥	3♦					
70	2♦	5♦	5♥	3♦	6♥	7♣	3♥	7♥	4♠/K♣	6♦	4♠
	4♥	7♣	A♣	A♥	6♣	3♥					
71	7♠	K♠	9♦	2♥	5♦	9♠	10♠	10♣	7♣/3♠	3♠	10♣
	4♦	10♣	4♦	8♣	A♥	5♦					
72	8♣	8♠	K♥	A♥	K♣	4♣	9♦	J♣	Q♦/10♣	J♦	J♠
	5♠	J♠	4♠	5♣	7♥	9♦					
73	10♠	8♥	A♥	4♥	6♦	10♥	4♣	8♣	A♦/6♠	J♣	7♠
	5♦	2♠	4♦	10♣	5♥	4♣					
74	K♠	K♦	A♣	7♠	K♣	7♠	4♠	6♥	10♥/♣	10♠	8♦
	J♦	3♠	A♦	8♥	J♠	J♥	K♣				
75	Q♣	Q♥	J♦	4♦	3♦	3♥	K♣	5♠	8♦/6♥	5♠	Q♠
	10♠	A♦	5♥	10♠	7♠	K♣					
76	9♦	7♠	K♦	Q♥	J♠	3♠	3♥	5♦	9♥/9♠	4♦	10♦
	4♠	J♥	6♣	K♥	10♥	J♣					
77	2♦	4♠	Q♥	5♦	4♦	9♥	7♣	4♠	J♥/A♥	5♥	Q♣
	K♣	Q♦	6♦	J♦	8♦	10♠					
78	A♣	2♣	A♠	4♥	9♣	5♥	10♥		7♦/J♠	5♣	3♥
	2♦	9♠	6♦	Q♣	6♥	5♥					
79	7♥	3♠	4♥	10♥	Q♠	7♥	K♣	8♣	J♣/6♠	4♠	A♥
	8♠	Q♦	6♥	9♦	3♣	K♣					
80	J♦	10♠	5♠	8♠	9♥	8♠	10♥	3♠	2♠/J♠	6♥	A♦
	8♣	2♥	6♥	Q♣	7♠	10♥					
81	2♦	8♣	8♠	A♥	4♠	2♠	3♥	4♦	K♥/2♣	3♦	2♦
	Q♠	9♣	K♠	7♥	Q♦	7♠					
82	K♦	Q♠	A♥	Q♣	K♠	6♠	A♣	3♠	2♠/10♦	Q♦	6♣
	9♦	9♥	7♥	2♣	8♦	6♦	K♠				
83	6♠	3♠	5♠	6♦	5♣	10♠	7♦	6♦	A♦/5♥	9♦	8♠
	K♥	7♣	3♠	K♠	2♣	5♦					
84	4♥	Q♠	6♦	7♦	2♦	K♥	8♥	9♠	7♦/Q♣	5♦	K♣
	A♥	2♠	3♦	7♠	5♠	8♥					
85	9♦	9♠	7♥	J♠	10♦	A♥	K♠	3♥	8♠/2♦	3♣	2♠
	5♣	6♥	9♠	5♠	6♦	6♣	10♦				
86	10♣	Q♠	3♥	K♠	5♣	A♠	2♦	A♥	J♠/10♥	K♦	6♠
	K♥	Q♣	8♠	10♦	7♥	5♥					
87	A♣	7♥	9♦	5♥	4♦	K♣	Q♠	7♦	8♦/10♠	7♠	9♠
	5♣	2♣	9♠	10♦	6♣	Q♠					
88	5♠	5♠	5♥	8♠	9♠	8♠	Q♥	7♠	J♣/J♦	8♥	K♥
	7♠	A♣	10♠	Q♣	6♥	Q♥					
89	2♠	3♠	5♣	5♠	9♥	7♠	A♠	J♥	9♠/10♠	7♥	2♠
	7♦	K♠	9♣	Q♥	5♥	J♥					
90	7♥	7♠	5♠	J♥	9♣	9♠		3♦	K♥/K♦	A♣	A♠
	Q♥	J♦	5♦	A♦	8♣	2♥					
91	9♥	4♦	J♥	6♦	4♠	A♣	9♠	6♠	7♠/3♦	2♠	7♥
	Q♣	10♠	8♥	9♦	3♣	9♠					
92	A♦	K♠	6♦	4♥	J♠	K♠	10♦		A♣/Q♠	K♥	8♦
	7♠	J♠	8♠	3♦	J♥	J♠					
93	6♠	2♦	5♣	10♠	8♣	9♣	2♣	7♦	A♥/8♠	9♠	7♠
	10♥	7♣	Q♦	J♥	6♦	10♣					
94	5♦	9♦	Q♣	10♠	8♣	10♥	10♣	5♠	5♦/J♠	6♠	K♦
	7♠	A♣	6♦	5♥	3♦	9♠					
95	4♦	7♦	10♠	7♥	4♠	5♣	8♥	8♠	K♥/K♣	2♠	3♣
	4♣	3♠	6♥	J♠	9♣	A♦					
96	4♥	4♣	7♥	9♠	8♠	3♥	5♣	J♣	J♦/Q♦	K♣	5♦
	8♥	8♠	2♥	K♣	10♥	5♣					
97	6♠	6♣	Q♠	4♣	J♣	9♠	3♥	K♦	2♠/Q♠	8♠	9♦
	K♥	3♦	7♠	Q♦	4♠	3♠					
98	3♣	9♠	4♣	9♥	6♦	K♥	Q♥	10♣	3♦/2♣	6♣	Q♦
	5♣	A♦	8♣	4♠	10♥	Q♥					
99	2♦	6♣	9♥	5♦	J♥	5♣	3♥	3♥	A♣/A♥	2♠	3♦
	Q♣	Q♠	3♠	4♠	J♦	3♥					

黑桃2

歲數	水星	金星	火星	木星	土星	天王	海王	長期	冥王/結果	環境	置換
0	8♥	6♣	6♠	Q♥	10♣	8♦	K♠	8♥	3♥/A♣	2♠	2♠
	9♦	3♣	10♥	6♥	5♠	Q♣	10♣				
1	9♣	4♠	7♠	K♠	Q♣	2♥	10♦	6♣	Q♥/4♦	K♣	6♠
	8♠	J♠	3♥	10♣	6♠	Q♦					
2	2♥	6♠	8♥	Q♦	3♦	A♥	4♠	6♠	8♣/J♦	8♠	9♠
	9♦	K♣	6♠	10♣	Q♠	4♠					
3	7♥	9♦	Q♦	3♥	4♥	8♠	J♣	Q♥	Q♥/5♥	6♣	K♥
	K♥	Q♠	9♠	J♠	3♣	Q♣					
4	A♦	4♦	6♦	6♥	2♦	K♥	3♥	10♣	6♣/J♦	2♦	2♣
	9♥	A♥	Q♣	J♣	Q♦	K♠					
5	6♠	9♥	6♥	J♥	10♥	6♣	A♣	8♦	8♠/2♣	A♦	A♠
	J♣	5♥	7♥	Q♠	8♠	A♠					
6	7♦	3♦	J♥	5♠	2♦	2♥	6♣	K♠	K♥/K♦	A♥	7♥
	J♠	J♦	4♥	8♥	4♦	6♠					
7	Q♠	A♥	5♠	3♠	Q♥	K♠	10♣	9♣	2♥/4♠	3♥	8♥
	6♠	5♠	4♥	K♦	J♥	10♥	Q♥				
8	2♦	10♦	6♥	10♥	5♦	Q♣	K♣	4♠	8♦/3♥	Q♣	7♠
	4♣	10♠	7♠	J♥	8♠	2♣					
9	7♥	8♥	J♠	J♦	8♠	4♣	10♥	7♣	9♦/Q♥	10♦	K♣
	9♥	2♥	3♣	Q♦	K♦	10♥					
10	3♦	9♥	J♦	6♠	6♥	9♥	9♠	K♠	8♠/A♥	Q♠	3♣
	5♦	A♠	3♣	Q♥	10♥	Q♠					
11	3♠	5♦	5♠	3♣	3♥	7♣	9♦	Q♣	5♥/7♠	8♦	5♦
	4♥	8♣	A♠	A♥	4♠	9♦					
12	2♦	Q♣	J♠	5♠	5♠	8♥	7♣	2♥	A♦/4♠	7♠	9♦
	8♠	K♦	K♥	7♠	6♦	4♦					
13	A♠	6♣	5♠	7♦	5♠	8♠	J♣	10♦	K♦/K♣	J♠	Q♦
	9♦	Q♠	3♥	6♦	4♠	J♣					
14	10♦	Q♣	7♦	7♥	J♥	9♦	7♠	2♥	2♥/8♦	10♣	3♦
	J♠	4♣	4♥	6♠	5♥	7♠					
15	6♠	9♥	5♠	8♣	3♣	3♥	7♥	6♠	10♥/10♠	4♠	6♥
	A♠	J♣	4♠	4♣	4♠	A♦					
16	6♦	4♠	8♠	K♣	3♦	A♠	5♠	8♥	Q♥/J♦	4♥	4♣
	J♥	9♦	5♥	10♠	Q♥	7♠					
17	6♠	7♠	8♦	9♥	K♥	J♥	K♦	Q♦	4♠/A♠	10♠	2♠
	K♠	6♦	J♠	7♦	3♥	3♠					
18	Q♣	7♠	9♥	6♥	3♥	5♠	2♠	3♠	A♥/Q♠	Q♥	5♦
	9♦	10♦	7♠	A♣	6♠	2♣					
19	9♣	7♠	J♦	Q♥	7♠	7♦	6♥	A♥	K♠/4♦	9♠	4♦
	K♥	K♠	5♦	Q♠	9♥	2♥					
20	J♥	7♥	Q♥	2♥	10♠	8♦	A♦	4♠	2♦/10♥	6♦	5♠
	5♣	5♦	6♦	Q♣	Q♠	6♠					
21	6♥	J♣	5♥	4♦	Q♣	6♠	8♦	7♥	K♥/7♠	3♠	10♥
	A♥	K♣	4♣	3♠	3♠	10♦					
22	Q♠	10♣	Q♥	J♦	8♦	8♥	6♠	9♦	J♦/4♠	J♦	J♣
	2♦	7♠	J♠	7♦	A♣	6♠					
23	7♥	2♦	J♣	A♥	4♦	J♦	2♠	Q♦	7♠/5♦	J♣	J♦
	7♠	5♠	8♠	A♣	9♥	2♠					
24	9♥	K♦	J♠	5♦	8♠	7♠	4♥	3♥	6♦/5♠	10♦	3♠
	9♦	Q♣	J♥	2♠	3♣	10♠					

歲數	水星	金星	火星	木星	土星	天王	海王	長期	冥王/結果	環境	置換
25	A♠	2♦	5♦	5♥	3♦	6♥	7♠	4♥	3♥/4♠	5♠	6♦
	J♦	9♣	Q♦	2♣	3♣	7♣					
26	10♥	2♥	J♣	10♠	8♦	Q♠	6♥	8♣	7♥/8♣	4♦	9♣
	10♦	K♠	4♣	J♦	9♥	5♣					
27	2♣	8♥	K♠	5♦	2♥	3♣	6♠	J♣	Q♠/J♠	5♥	Q♥
	2♦	4♥	Q♦	8♣	A♣	J♠					
28	8♦	10♣	J♦	J♦	7♦	Q♣	J♥	A♦	8♠/4♦	5♣	10♠
	7♥	3♦	6♦	2♦	7♠	7♣					
29	Q♠	4♣	J♦	Q♦	5♦	8♠	9♠	4♦	A♠/K♠	4♣	4♥
	7♥	4♦	2♦	4♦	J♣	K♦					
30	10♦	7♥	Q♦	K♦	3♣	10♠	7♠	6♦	6♦/A♥	6♥	4♠
	3♠	7♦	A♣	8♦	Q♣	7♦					
31	K♥	K♠	8♥	2♥	7♥	6♣	10♣	6♥	10♠/4♦	3♦	10♣
	3♦	9♣	3♠	Q♠	4♥	8♦	7♥				
32	8♣	3♥	8♠	8♦	2♣	5♦	8♥	2♦	7♠/9♣	Q♦	J♠
	6♥	Q♥	3♦	9♦	6♠	8♥					
33	J♦	9♣	8♦	3♠	5♠	4♣	5♦	K♥	Q♠/2♦	9♦	7♣
	7♥	K♣	3♦	9♣	Q♦	5♦					
34	K♠	2♦	A♣	K♥	A♥	10♠	6♦	3♥	4♣/5♦	5♦	8♦
	5♥	4♦	Q♠	9♠	Q♥	J♥	A♥				
35	J♠	J♣	5♥	3♦	K♦	7♠	A♥	6♠	4♥/3♦	3♠	Q♠
	J♦	Q♠	Q♦	4♣	K♥	A♥					
36	8♥	K♥	2♣	J♣	Q♥	4♥	7♣	9♥	9♥/6♣	K♦	10♦
	6♦	J♥	Q♣	8♠	4♣	5♣					
37	10♦	6♦	J♣	Q♦	3♦	9♥	10♠	6♥	J♥/8♦	7♠	Q♣
	A♥	7♠	5♠	5♥	4♥	J♦					
38	A♣	K♠	Q♠	3♠	10♦	9♦	Q♦	J♥	7♦/Q♥	8♥	3♦
	10♦	6♠	5♠	J♠	3♦	Q♦					
39	6♠	4♦	5♠	4♣	A♠	7♦	A♥	10♥	5♣/2♦	7♥	A♣
	3♥	7♠	5♠	8♥	A♠	A♥					
40	5♥	J♦	6♥	4♦	9♥	3♦	4♣	6♣	A♦/Q♥	A♠	A♦
	8♣	2♥	3♣	J♠	10♠	4♣					
41	10♦	8♣	4♥	8♦	6♦	A♥	9♠	A♣	8♠/K♠	2♣	2♦
	4♠	10♥	K♠	6♠	7♠	7♦					
42	2♣	4♦	8♦	Q♣	K♠	2♥	A♠	7♦	A♦/10♣	K♥	6♦
	8♥	9♦	6♠	K♠	4♥	5♠	K♠				
43	2♦	6♣	6♥	5♠	9♦	2♣	7♦	3♦	Q♠/Q♦	9♠	8♣
	8♠	10♠	4♦	K♠	K♣	7♦					
44	3♠	4♦	5♠	6♦	7♠	8♠	9♠	J♥	10♠/J♣	6♠	K♣
	8♦	A♦	7♣	K♥	6♥	9♠					
45	8♥	6♣	6♠	Q♥	10♣	8♦	K♠	5♠	3♥/2♥	2♠	2♠
	9♦	3♣	10♥	6♥	5♠	Q♣	10♠				
46	9♣	4♠	7♠	K♠	Q♣	A♠	10♦	6♣	Q♥/4♣	K♣	6♠
	8♠	J♠	3♥	10♣	6♠	Q♦					
47	A♣	6♠	8♥	Q♦	3♦	A♥	4♠	2♥	8♣/J♦	8♠	9♠
	9♦	K♣	6♣	10♣	Q♠	4♠					
48	7♥	9♦	Q♦	3♥	4♥	8♠	J♣	6♣	Q♥/5♥	6♣	K♥
	K♥	Q♠	9♠	J♠	3♣	J♣					
49	A♦	4♦	6♦	6♥	2♦	K♥	3♥	Q♠	6♣/J♦	2♦	2♣
	7♦	A♥	Q♣	J♠	Q♦	K♠					

歲數	水星	金星	火星	木星	土星	天王	海王	長期	冥王/結果	環境	置換
50	6♥ / J♣	7♦ / 5♥	6♥ / 7♥	J♥ / Q♠	10♥ / 8♣	6♣ / 2♥	2♥	A♥	8♠/2♣	A♦	A♠
51	9♥ / J♠	3♦ / J♦	J♥ / 4♥	5♠ / 8♥	2♦ / 4♦	A♣ / 6♣	6♣	5♠	K♥/K♦	A♥	7♥
52	Q♠ / 6♠	A♠ / 5♣	5♠ / 4♥	3♠ / K♦	Q♥ / J♥	K♠ / 10♥	10♣ / Q♥	3♠	A♣/4♠	3♥	8♥
53	2♦ / 4♣	10♦ / 10♣	6♥ / 7♣	10♥ / J♥	5♦ / 5♠	Q♣ / 9♣	K♣	Q♥	8♦/3♥	Q♣	7♠
54	7♥ / 7♦	8♥ / A♣	J♠ / 3♣	J♦ / Q♦	8♣ / K♦	4♣ / 10♥	10♥	K♠	9♦/Q♥	10♠	K♦
55	3♦ / 5♦	7♦ / A♠	J♦ / 3♣	6♠ / Q♥	6♥ / 10♥	9♦ / Q♠	9♠	10♣	8♠/A♥	Q♠	3♣
56	3♠ / 4♥	5♦ / 8♣	6♥ / 2♥	6♣ / A♥	3♥ / 4♣	7♥ / 9♥	9♦	2♣	5♥/7♠	3♥	5♦
57	2♦ / 8♠	Q♣ / K♦	J♠ / K♥	5♠ / 7♠	5♠ / 6♦	8♥ / 4♦	7♣	10♠	A♦/4♠	7♠	9♦
58	A♠ / 9♦	6♣ / Q♠	5♦ / 3♥	9♦ / 6♦	5♠ / 4♣	8♠ / J♣	J♣	6♥	K♦/K♣	J♠	Q♦
59	10♦ / J♠	Q♣ / 4♠	9♥ / 4♦	7♥ / 6♦	J♥ / 5♦	9♦ / 7♣	7♣	10♥	A♣/8♦	10♣	3♦
60	6♠ / A♠	9♣ / J♣	5♣ / 4♣	8♦ / 4♠	3♠ / 6♦	6♥ / A♦	7♥	5♦	10♥/10♠	4♠	6♥
61	6♦ / J♥	4♣ / 9♦	8♣ / 5♦	K♠ / 10♦	3♦ / Q♣	A♠ / 7♠	5♠	Q♣	Q♥/J♦	4♥	4♠
62	6♣ / K♠	7♣ / 6♦	8♦ / J♠	7♦ / 9♥	K♥ / 9♣	J♥ / 3♠	K♦	K♣	4♠/2♥	10♠	5♣
63	Q♣ / 9♦	7♦ / 10♦	7♦ / 7♥	6♥ / 2♥	3♥ / 6♠	5♠ / 2♣	2♣	7♥	A♥/Q♠	Q♥	5♥
64	9♣ / K♥	7♣ / K♣	J♠ / 5♣	Q♥ / Q♠	9♠ / 7♠	9♥ / A♣	6♥	8♥	K♠/4♠	9♣	4♦
65	J♥ / 5♣	7♥ / 5♦	Q♥ / 6♣	A♠ / Q♣	10♠ / Q♠	8♦ / 6♠	A♦	J♠	2♦/10♥	6♦	5♠
66	6♥ / A♥	J♣ / K♣	5♥ / 4♣	4♦ / 3♣	Q♣ / 3♠	6♣ / 10♦	8♦	J♥	K♥/9♥	3♠	10♥
67	Q♠ / 2♦	10♣ / 7♣	Q♥ / J♠	J♣ / 9♥	6♠ / 2♥	8♥ / 6♣	6♠	8♠	J♦/4♠	J♦	J♣
68	7♥ / 7♣	2♦ / 5♣	J♠ / 8♣	4♥ / 2♥	4♣ / Q♥	J♦ / 2♣	2♣	4♣	7♠/5♦	J♣	J♦
69	7♦ / 9♦	K♦ / Q♣	J♠ / J♥	5♦ / 2♣	8♣ / 3♣	7♣ / 10♠	4♥	10♥	6♦/5♠	10♥	3♠
70	A♠ / J♥	2♦ / 9♣	5♦ / Q♦	5♥ / 2♣	3♦ / 3♣	6♥ / 7♠	7♣	3♦	3♥/4♠	5♠	6♦
71	10♥ / 10♥	A♣ / K♣	J♣ / 4♣	10♠ / J♦	8♥ / 7♠	Q♠ / 5♦	6♥	9♥	7♥/8♣	4♦	9♣
72	2♣ / 2♦	8♥ / 4♦	K♠ / Q♦	5♦ / 8♠	A♣ / 2♥	3♣ / J♦	6♠	J♦	Q♠/J♦	5♥	Q♦
73	8♥ / 7♥	10♣ / 3♠	J♦ / 6♦	J♣ / 2♦	9♥ / 7♥	Q♣	J♦	6♠	8♠/4♣	5♣	10♠
74	Q♠ / 7♥	4♣ / 4♥	J♠ / 2♦	Q♠ / 4♦	5♦ / J♣	8♠ / K♦	9♠	6♠	A♠/K♠	4♣	4♥
75	10♦ / 3♠	7♥ / 9♥	Q♥ / 2♥	K♠ / 8♠	3♣ / Q♣	10♠ / 7♣	7♣	9♦	6♦/A♥	6♥	4♠
76	K♥ / 3♦	K♠ / 9♣	8♥ / 3♠	A♣ / Q♠	7♥ / 4♥	6♣ / 8♦	10♣ / 7♥	9♠	10♠/4♦	3♦	10♦
77	8♣ / 6♥	3♥ / Q♥	8♠ / 3♦	8♦ / 9♦	2♠ / 6♠	5♦ / 8♥	8♥	3♠	7♠/9♣	Q♦	J♠
78	J♠ / 7♥	9♠ / K♠	8♦ / 3♦	3♠ / 8♣	5♠ / Q♦	4♠ / 5♦	3♦	5♠	Q♠/2♦	9♦	7♣
79	K♠ / 5♥	2♣ / 4♦	2♥ / Q♠	K♥ / 9♠	A♥ / Q♥	10♠ / J♥	6♦ / A♥	6♠	4♣/5♣	5♠	8♦
80	J♠ / J♦	J♣ / Q♠	5♥ / Q♦	3♦ / 4♣	K♦ / K♥	7♠ / A♥	A♥	6♣	4♥/3♣	3♠	Q♠
81	8♥ / 6♦	K♥ / J♥	2♣ / Q♣	J♣ / 8♠	Q♥ / 4♣	4♦ / 5♣	7♣	3♥	7♦/6♣	K♦	10♦
82	10♦ / A♥	6♦ / 7♠	Q♣ / 3♠	Q♦ / 5♥	3♦ / 4♥	7♦ / J♦	10♠	7♣	J♥/8♦	7♠	Q♣
83	2♥ / 10♦	K♣ / 6♠	Q♠ / 5♠	3♠ / A♠	10♥ / 3♣	9♦ / Q♦	Q♦	9♦	9♥/Q♥	8♠	3♥
84	6♠ / 3♥	4♦ / 7♠	3♠ / 5♠	4♠ / 8♥	4♠ / A♠	9♥ / A♥	A♥	2♦	5♣/2♦	7♥	A♥
85	5♥ / 8♣	J♦ / A♣	6♥ / 3♣	4♥ / J♠	7♥ / 10♠	3♥ / 4♣	4♣	Q♣	A♦/Q♥	A♠	A♦
86	10♦ / 4♠	8♣ / 10♥	4♦ / K♠	8♦ / 6♠	A♦ / 7♠	A♥ / 9♠	9♠ / J♠	J♠	8♠/K♣	C♣	2♦
87	2♣ / 8♥	4♠ / 7♦	8♣ / 6♠	Q♣ / K♣	K♠ / 4♥	2♦ / 5♠	2♥ / K♠	5♦	A♦/10♣	K♥	6♣
88	2♣ / 8♠	6♠ / 10♠	6♦ / 4♦	5♦ / K♠	3♦ / 7♥	9♣	9♠	5♠	Q♠/Q♦	9♠	8♠
89	3♠ / 8♦	4♠ / A♥	5♠ / 7♠	6♠ / K♥	7♠ / 6♠	8♠ / 8♥	8♥		10♠/J♠	6♠	K♣
90	8♥ / 9♦	6♦ / 3♦	6♠ / 10♥	6♥ / 6♥	9♣ / 5♠	K♠ / Q♣	7♣ / 10♣		3♥/A♣	2♠	2♠
91	9♣ / 8♠	4♣ / J♣	7♣ / 3♥	K♠ / 10♣	A♣ / 6♠	2♥ / Q♦	10♦	A♠	Q♥/4♣	K♠	6♠
92	2♦ / 9♦	6♠ / K♣	8♥ / 6♣	Q♣ / 10♣	3♦ / Q♣	A♥ / 4♠	A♠	6♠	8♣/J♦	8♠	9♠
93	7♥ / K♥	9♦ / Q♠	Q♦ / 9♣	3♥ / J♠	4♥ / 3♣	8♣ / J♣	J♣	5♦	Q♥/5♥	6♣	K♥
94	A♦ / 9♥	4♦ / A♥	6♦ / 4♣	6♥ / Q♦	2♦ / Q♦	K♥ / K♠	3♥	7♦	6♣/J♦	2♦	2♣
95	6♠ / J♣	9♥ / 5♥	6♥ / 7♥	J♥ / Q♠	10♥ / 8♠	6♣ / A♣	A♣	5♠	8♠/2♣	A♦	A♠
96	7♠ / J♠	3♥ / J♦	J♥ / 4♥	5♠ / 8♥	2♦ / 4♦	2♥ / 6♣	6♠	8♠	K♥/K♦	A♥	7♥
97	Q♠ / 6♠	A♥ / 5♣	Q♦ / 4♥	A♠ / K♦	Q♥ / J♥	K♠ / 10♥	10♣ / Q♥	J♣	2♥/4♠	3♥	8♥
98	2♦ / 4♣	10♦ / 10♣	6♥ / 7♣	10♥ / J♥	5♦ / 5♠	Q♣ / 9♣	K♣	10♦	8♦/3♥	Q♣	7♠
99	7♥ / 9♥	8♥ / 2♥	J♠ / 3♣	J♦ / Q♦	8♣ / K♦	4♣ / 10♥	10♥	Q♣	9♦/Q♥	10♠	K♦

黑桃3

歲數	水星	金星	火星	木星	土星	天王	海王	長期	冥王/結果	環境	置換
0	9♥	7♣	5♦	Q♠	J♣	9♥	7♠	9♥	2♣/K♣	3♠	3♠
	10♦	4♣	J♥	10♠	8♦	8♥					
1	4♥	5♠	Q♠	6♣	3♥	A♥	9♦	7♣	5♣/K♦	J♦	6♦
	9♠	A♠	Q♣	10♠	8♦	9♦					
2	2♠	2♥	6♠	8♥	Q♦	3♦	A♥	5♦	4♠/8♣	J♣	9♣
	6♥	K♠	A♦	9♠	9♥	2♦					
3	10♠	10♣	K♠	Q♠	2♥	8♦	6♦	Q♠	3♦/5♦	10♥	Q♥
	5♠	7♠	Q♣	8♣	A♣	9♦					
4	Q♦	3♣	6♠	9♠	7♥	4♣	J♥	J♣	J♦/8♠	5♠	10♠
	4♠	K♥	2♣	5♠	J♠	9♦					
5	3♦	A♦	9♠	Q♣	2♥	J♣	9♠	9♦	4♥/K♣	4♦	4♥
	4♠	7♠	5♠	8♠	6♠	7♥					
6	6♥	4♠	Q♣	7♣	8♦	8♥	9♥	7♠	2♣/5♦	5♥	4♠
	K♥	7♦	A♣	Q♦	4♣	9♦					
7	Q♥	K♠	10♣	2♥	4♠	10♠	3♠	4♥	8♥/8♠	5♣	10♣
	3♥	A♠	K♥	3♦	7♥	Q♦	4♠				
8	8♣	5♠	J♣	Q♦	10♠	Q♠	10♠	5♠	J♠/A♠	4♣	J♠
	A♥	7♥	3♥	10♦	6♦	10♣					
9	9♠	9♣	Q♦	K♥	K♠	A♦	Q♠	Q♠	3♦/5♠	6♥	7♠
	4♠	J♦	3♥	A♠	Q♣	Q♠					
10	K♠	10♠	A♣	Q♥	5♥	8♥	2♣	6♠	A♦/2♦	3♦	8♦
	6♣	8♠	3♦	9♣	7♥	J♥	5♥				
11	5♦	6♠	6♠	3♥	7♣	9♥	5♥	3♥	7♠/8♦	Q♦	Q♠
	9♠	3♦	Q♣	A♦	Q♥	5♥					
12	10♣	Q♥	10♠	6♠	7♥	8♠	9♦	A♥	9♥/10♥	9♦	10♦
	2♣	J♥	4♣	J♣	A♦	2♦					
13	6♥	2♣	6♠	Q♣	3♥	9♥	8♥	9♦	J♥/Q♥	5♦	Q♠
	5♥	J♠	K♣	6♣	7♥	9♦					
14	A♣	J♦	3♦	K♥	2♠	10♦	Q♣	2♠	7♦/7♥	3♣	3♥
	6♥	10♥	K♣	5♦	8♦	Q♣					
15	6♠	8♣	K♥	A♠	K♦	7♦	5♥	2♥	2♦/5♠	K♦	A♥
	5♣	J♠	K♣	10♠	4♥	5♥					
16	6♣	9♠	A♥	7♠	9♥	5♣	A♦	6♠	4♦/7♥	7♠	A♦
	8♣	2♥	8♦	5♦	8♥	A♦					
17	6♥	8♣	7♠	Q♦	2♣	4♦	9♣	8♥	J♣/J♦	8♥	2♦
	K♦	2♣	K♣	6♦	J♠	7♦					
18	10♠	K♠	Q♣	4♣	K♠	5♠	A♣	Q♦	4♦/3♣	7♥	6♣
	10♣	9♥	6♦	J♥	8♠	K♣	K♠				
19	5♠	10♥	A♥	K♣	10♦	A♠	7♠	3♦	3♦/Q♣	A♠	8♠
	J♣	8♥	8♠	K♠	J♦	4♠					
20	K♥	K♦	K♣	6♦	J♠	J♣	9♠	A♥	8♥/5♦	2♣	K♣
	Q♦	4♦	9♦	Q♥	A♥	9♣					
21	10♣	10♥	6♦	7♥	3♣	Q♦	K♣	10♠	5♣/2♥	K♥	2♣
	10♦	8♦	2♠	A♥	K♣	4♦	3♦				
22	A♠	K♦	9♠	K♣	4♣	A♣	6♥	10♣	7♦/A♦	9♠	6♠
	J♣	5♦	5♠	3♣	3♦	Q♣					
23	A♣	6♦	10♣	Q♠	3♥	5♥	K♦	K♠	8♣/9♠	6♠	9♠
	10♦	J♦	10♥	3♠	4♣	K♦					
24	4♠	10♦	Q♣	5♠	7♠	8♠	6♦	Q♠	7♥/6♦	2♠	K♥
	Q♥	3♦	A♠	5♦	8♦	6♠					
25	4♦	8♠	2♣	A♥	5♠	Q♥	5♣	2♥	10♥/9♠	K♣	2♣
	7♥	5♥	4♦	6♠	Q♣	K♠					
26	6♦	7♠	A♥	J♥	2♠	10♥	2♥	8♦	J♣/10♠	8♠	A♠
	6♠	6♣	4♠	3♦	8♣	2♥					
27	9♥	3♥	J♥	K♣	5♠	A♣	10♥	6♦	Q♥/7♣	6♠	7♥
	5♥	9♠	7♠	10♠	8♠	10♥					
28	3♦	5♥	K♣	K♥	7♥	K♠	3♠	Q♦	A♣/K♦	2♦	8♥
	6♦	2♦	7♠	7♠	J♥	2♠	7♥				
29	5♠	6♥	A♥	2♠	Q♠	4♣	J♦	3♠	Q♦/5♠	A♦	7♠
	A♦	8♥	J♠	J♥	K♣	A♠					
30	4♠	10♣	5♦	9♠	8♣	A♥	2♠	6♠	10♦/7♥	A♥	K♦
	7♥	A♣	8♦	Q♣	7♣	2♠					
31	3♥	7♥	9♠	6♦	2♣	10♥	9♣	9♠	J♣/5♥	3♥	3♣
	Q♠	4♥	8♦	7♥	2♠	3♦					
32	K♥	Q♠	6♠	10♥	5♠	9♥	10♦	7♦	6♣/J♠	Q♣	5♦
	7♠	8♣	2♥	5♥	A♦	10♦					
33	5♠	4♣	5♦	Q♠	2♥	10♣	9♦	4♣	4♦/K♦	10♥	9♦
	J♣	7♣	Q♥	J♠	2♣	8♠					
34	4♥	10♥	Q♠	9♥	K♣	J♣	6♠	J♥	7♣/J♦	Q♠	Q♦
	10♦	3♦	5♣	2♣	A♦	6♠					
35	6♥	4♣	9♥	4♠	J♥	10♥	9♦	3♦	A♣/Q♦	8♦	3♦
	5♦	K♦	8♠	2♣	6♣	9♦					
36	6♦	A♠	2♦	8♣	8♣	A♥	4♠	A♦	2♠/8♥	7♣	6♥
	4♥	6♠	A♦	K♦	10♥	4♦					
37	2♣	A♦	8♠	7♠	3♥	4♥	K♣	9♠	7♥/9♠	J♠	4♣
	J♥	10♦	6♣	6♥	4♣	J♠					
38	10♥	9♥	Q♦	7♦	Q♥	J♥	7♠	Q♣	K♦/2♥	10♣	5♠
	K♠	2♥	5♦	9♥	A♠	K♥					
39	4♣	4♠	7♦	A♥	5♠	2♥	10♠	2♦	5♥/3♦	4♠	5♥
	10♦	6♥	9♥	2♥	6♦	10♠					
40	A♠	9♠	9♥	7♥	J♠	10♦	A♥	J♣	K♠/8♠	4♥	4♦
	Q♥	J♦	Q♠	3♦	7♦	A♣					
41	J♥	4♠	7♥	A♣	8♥	Q♦	4♦	9♠	5♠/2♠	10♠	5♠
	2♥	Q♠	2♣	4♠	3♦	6♦					
42	A♥	6♠	6♠	8♠	4♣	10♥	Q♦	6♦	Q♥/9♥	Q♥	10♥
	5♥	J♦	A♦	8♠	K♥	6♥					
43	3♦	3♣	7♥	6♠	6♦	10♣	10♥	4♠	9♠/K♣	9♣	J♠
	5♠	J♠	5♦	9♥	2♦	10♥					
44	4♠	5♠	6♠	7♠	8♠	9♠	10♠	Q♠	J♠/Q♠	6♦	J♦
	9♦	2♦	8♣	2♥	7♥	10♠					
45	7♦	7♣	5♦	Q♠	J♣	9♥	7♠	7♠	2♣/K♣	3♠	3♠
	10♦	4♣	J♥	10♠	8♦	8♥					
46	4♥	5♠	Q♠	6♣	3♥	A♥	9♦	8♦	5♣/K♦	J♦	6♦
	9♠	A♠	Q♣	10♠	8♦	9♦					
47	2♠	A♣	6♠	8♥	Q♦	3♦	A♥	8♥	4♠/8♣	J♣	9♣
	6♥	K♠	A♦	9♠	7♥	2♦					
48	10♠	10♣	K♠	Q♠	A♠	8♦	6♦	9♦	3♦/5♦	10♥	Q♥
	5♠	7♠	Q♣	8♣	2♥	9♠					
49	Q♦	3♣	6♠	9♠	9♥	4♣	J♥	Q♥	J♣/8♣	5♠	10♠
	4♠	K♥	2♣	5♠	J♠	9♦					

歲數 50–74

歲數	水星	金星	火星	木星	土星	天王	海王	長期	冥王/結果	環境	置換
50	3♦	A♥	9♠	Q♣	2♦	J♣	9♣	K♠	4♥/K♠	4♦	4♥
	4♥	7♠	5♠	8♠	6♠	7♣					
51	6♥	4♠	Q♣	7♦	8♠	8♥	9♦	10♣	2♣/5♥	5♥	4♠
	K♥	9♥	2♥	Q♦	4♠	9♦					
52	Q♥	K♠	10♠	A♣	4♠	10♥	3♣	2♥	8♥/8♠	5♣	10♣
	3♥	A♠	K♥	3♦	7♠	Q♦	4♠				
53	8♣	5♠	J♣	Q♦	10♠	Q♠	10♣	4♠	J♠/A♠	4♣	J♠
	A♥	7♥	3♥	10♦	6♦	10♣					
54	9♠	9♣	Q♦	K♥	K♣	A♠	Q♠	10♥	3♦/5♦	6♥	7♣
	4♠	J♦	3♥	A♠	Q♣	Q♠					
55	K♠	10♠	2♥	Q♥	5♥	8♥	2♣	3♣	A♦/2♦	3♦	8♦
	6♠	8♠	3♦	9♣	7♥	J♥	5♥				
56	5♦	6♠	6♥	3♥	7♠	9♠	5♥	8♣	7♠/8♦	Q♦	Q♠
	9♠	3♦	Q♣	A♦	Q♥	5♥					
57	10♣	Q♥	10♠	6♠	7♥	8♠	9♦	5♣	7♦/10♥	9♦	10♦
	2♣	J♥	4♣	J♠	A♥	2♥					
58	6♥	2♣	6♠	Q♣	3♥	7♦	8♥	J♠	J♥/Q♦	5♦	Q♣
	5♥	J♠	K♣	6♠	7♥	9♠					
59	2♥	J♦	3♦	K♥	2♠	10♦	Q♣	Q♦	9♦/7♥	3♣	3♥
	6♥	10♥	K♣	5♦	8♦	Q♣					
60	6♦	8♠	K♥	A♦	K♦	9♥	5♥	10♠	2♦/5♠	K♦	A♥
	5♣	A♠	K♣	10♣	4♥	5♥					
61	6♣	9♠	A♥	7♠	7♦	5♣	A♦	Q♠	4♦/7♥	7♠	A♦
	8♣	A♣	8♦	5♦	8♥	A♠					
62	6♥	8♣	7♠	Q♦	2♣	4♦	9♣	10♣	J♣/J♦	8♥	2♦
	K♦	2♠	K♠	6♦	J♠	9♥					
63	10♠	K♦	Q♠	4♣	K♠	5♠	2♥	9♠	4♦/3♣	7♥	6♣
	10♣	7♦	6♦	J♦	7♠	K♣	K♠				
64	5♠	10♥	A♥	K♣	10♦	A♠	9♣		3♦/Q♣	A♠	8♠
	J♣	8♥	8♠	K♠	J♦	4♠					
65	K♥	K♠	K♣	6♦	J♠	J♠	9♣	Q♦	8♥/5♦	2♣	K♠
	Q♦	4♦	9♦	Q♥	A♥	9♠					
66	10♣	10♥	6♦	7♥	3♣	Q♦	K♠	K♥	5♣/A♣	K♥	2♠
	10♦	8♦	2♠	A♥	K♣	4♣	3♣				
67	A♠	K♦	9♣	K♠	4♣	2♥	6♥	K♠	7♥/A♣	9♠	6♣
	J♣	5♦	3♣	6♦	Q♣						
68	2♥	6♦	10♣	Q♣	3♥	5♥	K♦	A♠	8♣/9♠	6♦	9♠
	10♦	J♦	10♥	3♠	4♠	K♦					
69	4♠	10♥	Q♣	5♠	7♠	8♠	6♠	Q♠	7♥/6♣	2♠	K♥
	Q♥	3♠	A♠	5♠	8♠	6♠					
70	4♦	8♠	2♣	A♥	5♠	Q♥	5♣	K♠	10♥/9♠	K♣	2♣
	9♥	5♥	4♣	6♠	Q♣	K♠					
71	6♦	9♥	A♥	J♥	2♠	10♥	A♣	10♠	J♣/10♠	8♠	A♠
	6♥	6♠	4♠	3♠	8♠	A♠					
72	7♦	3♥	J♥	K♣	5♠	2♥	10♥	A♣	Q♥/7♣	6♣	7♦
	5♦	9♠	7♠	10♣	8♠	10♥					
73	3♦	5♥	K♣	K♥	7♥	K♠	3♣	Q♥	2♥/K♦	2♦	8♥
	6♦	2♦	7♠	7♠	J♥	2♠	7♥				
74	5♠	6♥	A♥	2♠	Q♠	4♣	J♦	5♥	Q♦/5♣	A♦	7♠
	A♦	8♥	J♠	J♥	K♣	A♠					

歲數 75–99

歲數	水星	金星	火星	木星	土星	天王	海王	長期	冥王/結果	環境	置換
75	4♠	10♣	5♠	9♠	8♠	A♠	2♠	8♥	10♦/7♥	A♥	K♦
	9♥	2♥	8♦	Q♣	7♠	2♠					
76	3♥	9♥	9♠	6♦	2♣	10♣	9♣	2♣	J♣/5♥	3♥	3♣
	Q♠	4♥	8♦	7♥	2♠	3♦					
77	K♥	Q♠	6♦	10♥	5♠	9♥	10♣	5♦	6♣/J♠	Q♣	5♦
	7♠	8♣	A♣	5♥	A♦	10♦					
78	5♠	4♣	5♦	Q♠	2♦	2♣	9♦	6♠	4♦/K♦	10♣	9♦
	J♣	7♠	Q♥	J♣	8♠						
79	4♥	10♥	Q♠	7♦	K♣	J♠	6♠	6♣	7♣/J♦	Q♠	Q♦
	10♦	3♦	5♣	8♣	A♦	6♠					
80	6♥	4♣	7♦	4♣	J♥	10♦	9♦	3♦	2♥/Q♦	8♦	3♦
	5♦	K♦	8♠	2♣	6♠	9♦					
81	6♦	A♠	2♦	8♠	8♠	A♥	4♠	7♣	2♠/8♦	7♣	6♥
	4♥	6♠	A♦	K♦	10♥	4♦					
82	2♣	A♠	6♠	7♠	3♥	4♥	K♣	9♦	7♥/9♠	J♠	4♣
	J♥	10♦	6♥	6♥	4♠	J♠					
83	10♥	9♦	Q♠	9♥	Q♥	J♥	7♣	5♥	K♦/A♣	10♠	5♣
	K♠	2♣	5♦	7♠	A♠	K♥					
84	4♣	4♠	9♠	A♥	5♠	2♦	10♠	10♣	5♥/3♦	4♠	5♥
	10♦	6♥	7♦	A♣	6♦	10♠					
85	A♠	9♠	9♠	7♥	J♠	10♥	A♥	Q♥	K♠/8♦	4♥	4♥
	Q♥	J♦	Q♠	3♦	9♥	2♥					
86	J♥	4♠	7♥	2♦	5♥	Q♦	4♦	10♥	5♠/2♠	10♠	5♠
	2♦	Q♠	A♣	4♣	3♦	6♦					
87	A♥	6♠	6♣	8♠	4♣	10♥	Q♦	6♠	Q♥/7♦	Q♥	10♥
	5♥	J♦	A♦	8♦	K♥	6♥					
88	3♥	3♠	7♥	6♠	9♦	10♣	10♥	7♥	9♠/K♣	9♠	6♣
	5♠	A♠	5♦	7♠	A♣	10♥					
89	4♠	5♠	6♠	7♠	8♠	9♠	10♠	8♠	J♠/Q♠	6♦	J♦
	9♥	2♦	8♣	4♥	7♥	9♠					
90	9♥	7♥	5♦	9♠		7♠	9♦		2♠/K♣	3♠	3♠
	10♦	4♣	J♥	10♠	8♦	8♥					
91	4♥	5♠	Q♠	6♣	3♥	A♥	9♦	6♥	5♣/K♦	J♠	6♦
	9♠	4♠	Q♣	10♠	8♦	9♦					
92	2♠	2♥	6♠	8♥	Q♦	3♦	A♥	2♠	4♠/8♣	J♣	2♣
	6♥	K♠	A♦	9♠	9♥	2♦					
93	10♠	10♣	K♠	Q♠	2♥	8♠	6♦	6♠	3♦/5♦	10♥	Q♥
	5♠	7♠	A♣	A♠	9♠						
94	Q♦	3♣	6♠	9♠	7♦		J♥	Q♣	J♠/8♠	5♠	10♠
	4♠	K♥	2♣	5♠	9♦						
95	3♦	A♦	9♠	Q♣	2♦	J♣	9♣	3♥	4♥/K♠	4♦	4♥
	4♠	7♠	5♠	8♠	6♠	7♣					
96	6♥	4♣	Q♠	7♣	8♠	8♥	9♦		2♣/5♥	5♥	4♠
	K♥	7♥	A♠	Q♦	4♠	9♦					
97	Q♥	K♠	10♠	2♥	4♠	10♥	3♣	8♥	8♥/8♠	5♣	10♣
	3♥	A♠	K♥	3♦	7♠	Q♦	4♠				
98	8♣	5♠	J♣	Q♦	10♠	Q♠	10♣	A♠	J♠/A♠	4♣	J♠
	A♥	7♥	3♥	10♦	6♦	10♣					
99	9♠	9♣	Q♦	K♥	K♣	A♠	Q♠	J♦	3♦/5♠	6♥	7♣
	4♠	J♦	3♥	A♠	Q♣	Q♠					

黑桃4

歲數	水星	金星	火星	木星	土星	天王	海王	長期	冥王/結果	環境	置換
0	10♥ K♦	10♦ 7♦	8♠ A♣	A♥ 4♦	A♦ J♣	Q♣ 5♥	5♥	10♥	3♣/3♠	4♠	4♠
1	7♣ K♣	K♠ 5♦	Q♣ K♦	2♥ 5♠	10♦ 3♦	Q♥ 4♦	4♣	10♦	Q♦/2♣	4♥	10♣
2	8♣ 2♠	J♦ 9♦	10♠ K♣	4♦ 6♠	8♦ 10♣	2♦ Q♣	Q♣	8♠	3♥/5♦	10♠	J♠
3	7♠ 10♦	J♣ 4♥	4♦ 4♣	K♦ 5♦	A♠ 8♠	6♠ 2♦	2♦	A♥	5♠/9♣	Q♥	7♣
4	K♠ K♥	8♦ 2♣	A♣ 5♠	7♠ J♠	3♠ 9♦	Q♦ J♥	3♣ 3♠	A♦	6♠/9♠	9♠	8♦
5	5♣ 7♠	8♥ 5♠	K♥ 8♠	K♣ 6♠	A♥ 7♠	5♥ 3♠	3♠	Q♦	3♦/A♦	6♦	Q♠
6	Q♣ 3♣	7♣ J♥	8♣ J♣	8♥ 10♠	9♦ 6♠	2♣ 9♠	5♥	5♥	9♥/Q♥	3♠	10♦
7	10♥ 3♠	3♣ 3♥	8♥ A♠	8♣ K♥	K♣ 3♦	9♥ 7♠	Q♦	7♣	J♥/4♦	J♦	Q♣
8	A♣ 10♥	4♥ Q♥	5♠ A♣	K♦ 5♠	7♥ A♦	6♣ 8♠	8♠	K♠	7♥/9♦	J♣	3♥
9	10♣ J♦	2♣ 3♥	K♦ A♠	6♠ Q♣	6♦ Q♠	7♦ 3♠	3♠	Q♣	9♠/9♣	10♥	A♥
10	K♥ 8♣	7♠ 2♥	2♠ A♦	3♦ Q♦	9♥	J♦	2♥		6♦/9♣	5♠	A♦
11	10♥ 6♥	8♣ 7♥	3♠ K♠	4♦ 10♠	K♣ 3♥	6♦ 7♠	J♠	10♦	10♠/4♥	4♦	2♦
12	8♦ Q♣	6♥ 9♥	4♦ 10♣	J♠ 4♦	K♠ 3♦	9♠ A♠	A♣ K♠	Q♥	6♦/4♣	5♥	6♣
13	9♣ 10♠	Q♥ Q♦	2♠ 2♣	A♠ K♠	6♠ 4♥	5♥ 10♦	7♠	4♣	5♠/8♠	5♠	8♠
14	K♦ 4♦	6♥ 6♦	A♠ 5♥	10♣ 7♣	3♥ 8♠	10♠ J♠	J♠	8♣	Q♦/5♣	4♣	K♣
15	Q♣ 6♣	Q♥ A♥	10♠ 7♥	9♠ 2♠	4♣ A♠	4♦ 4♣	K♠	J♦	J♦/2♥	6♥	2♠
16	5♦ 10♠	6♥ 5♣	5♥ J♦	K♠ 4♠	J♣ 10♣	A♣ 8♠	10♥	10♠	9♦/6♠	3♦	6♠
17	A♣ 6♠	10♠ 4♥	Q♣ Q♥	8♠ 4♠	J♣ J♠	3♠ 6♥	K♥	4♦	8♣/7♥	Q♦	9♣
18	10♦ 7♣	6♥ 5♠	8♠ 5♥	J♠	3♦ A♦	8♣ 8♥	8♥	8♦	9♦/K♥	9♠	K♥
19	6♦ 7♦	2♣ 3♠	3♠ J♣	2♣ 8♥	9♠ 8♠	7♣ K♠	J♦	2♦	Q♥/7♠	5♦	2♣
20	10♣ 8♥	7♦ K♥	2♠ 10♦	J♥ 5♠	7♥ 8♠	Q♥ 2♥	2♥	Q♣	10♠/8♠	3♣	A♠
21	9♥ 5♠	K♣ 7♠	J♥ 3♦	A♠ Q♠	9♠ 2♣	A♣ Q♥	Q♥	7♠	7♣/A♥	K♦	7♥
22	5♣ 10♣	3♠ 9♠	A♠ 3♦	K♦ A♥	9♦ J♥	K♠ 7♥	4♣ 9♦	J♠	A♣/6♥	7♠	8♥
23	9♣ 6♠	10♥ Q♦	2♠ 3♥	7♥ J♥	2♦ A♠	J♣ 5♦	4♥	4♦	4♦/J♦	8♥	7♠
24	10♦ 7♦	Q♣ A♣	5♣ A♦	7♠ 8♠	8♠ A♥	6♠ 7♥	7♥	K♦	6♣/9♦	7♥	K♦

歲數	水星	金星	火星	木星	土星	天王	海王	長期	冥王/結果	環境	置換
25	K♣ 2♦	7♦ Q♠	7♠ A♦	10♣ 9♦	3♣ 7♥	6♠ 5♠	J♠	A♠	10♠/3♠	A♠	3♣
26	K♦ 3♦	2♠ 8♣	10♣ 2♥	Q♥ 3♠	J♦ 6♠	5♥ 6♣	6♣	6♠	K♥/3♥	2♣	5♦
27	9♣ 10♠	J♣ A♥	5♠ 7♠	2♠ 3♥	9♠ 3♣	Q♣ 2♣	5♥	2♦	6♦/6♥	K♥	9♦
28	Q♠ 6♣	Q♥ 5♠	2♦ J♦	9♥ 3♣	A♠ 6♠	10♠ 8♥	8♥	K♠	A♥/4♥	9♠	Q♦
29	10♥ 5♣	J♣ 6♥	9♥ 2♣	10♦ 3♣	J♥ K♥	6♠ 5♥	5♥	8♦	A♣/4♥	6♠	3♦
30	10♣ Q♠	5♦ 8♥	9♠ 6♠	8♣ 6♥	A♦ Q♥	2♠ 6♦	10♦	A♣	7♥/Q♦	2♠	6♦
31	3♠ J♥	6♠ 6♣	8♣ K♥	A♠ 10♥	K♣ J♣	Q♠ 3♥	A♠	7♠	9♦/7♠	K♣	4♣
32	Q♥ K♠	5♦ 3♣	4♦ 5♠	7♦ 9♥	7♣ 5♦	J♥ K♦	A♥	3♠	6♥/2♥	8♠	5♣
33	J♣ 6♣	10♦ 10♥	7♦ 9♥	2♠ 2♥	J♦ 10♣	9♠ 8♦	8♦	Q♦	3♠/5♠	6♠	5♥
34	5♦ 7♠	5♦ 4♦	7♠ 2♦	9♠ 5♠	3♦ 7♠	6♣ A♣	2♠	3♠	K♠/2♣	2♦	4♦
35	J♥ 9♠	10♦ 2♦	9♥ 3♣	A♣ J♣	Q♦ 5♠	4♦ 10♠	6♦		9♣/7♥	A♠	5♠
36	2♠ 3♠	8♥ 4♥	K♣ 6♠	2♣ A♦	J♣ K♦	Q♥ 10♥	4♦	8♥	7♣/9♣	A♥	10♥
37	5♠ 9♣	4♣ 3♥	9♦ 5♠	8♥ 9♥	10♣ 2♥	Q♣ Q♥	Q♥	K♥	7♠/6♥	3♥	J♣
38	10♥ 5♥	9♣ 9♠	8♥ 8♣	3♣ 2♥	2♣ 9♦	7♠ 8♦	8♦	K♣	3♥/2♣	Q♠	J♦
39	7♦ 6♣	A♥ J♣	5♠ J♥	2♦ 8♠	10♠ A♦	5♥ Q♦	3♦	A♥	3♣/A♦	10♦	3♠
40	Q♠ 7♠	9♣ 5♦	2♦ 8♠	K♦ 8♦	K♣ A♦	3♦ 5♥	5♥	5♥	J♦/6♥	Q♠	6♦
41	7♥ 10♥	A♣ K♠	8♥ 6♠	Q♦ 7♠	4♦ 7♦	5♠ 9♠	2♠	3♠	10♦/8♣	8♦	9♣
42	8♦ 9♣	Q♠ 3♦	K♣ 8♣	2♦ 8♣	A♣ 2♥	A♦ 7♠	10♥	Q♣	5♠/5♦	7♠	Q♥
43	4♦ 10♦	4♣ K♦	8♥ 3♣	7♠ 9♣	9♥ 3♥	J♣ 5♥	J♥	7♣	10♠/2♣	J♠	10♠
44	5♠ 10♦	6♣ 3♦	7♠ 9♣	8♠ 2♣	9♠ 8♥	10♠ A♥	J♠	8♦	Q♠/K♠	10♣	4♥
45	10♥ K♦	10♦ 9♥	8♠ 2♥	A♥ 4♦	A♦ J♣	Q♣ 5♥	5♥	8♥	3♣/3♠	4♠	4♠
46	7♠ K♣	K♠ 5♦	Q♣ K♦	A♠ 5♠	10♦ 3♦	Q♥ 4♦	4♣ 10♦	9♦	Q♦/2♣	4♥	10♣
47	8♣ 2♠	J♦ 9♦	10♠ K♣	4♦ 6♠	8♦ 10♣	2♦ Q♣	Q♣	2♣	3♥/5♦	10♠	J♠
48	7♠ 10♦	J♣ 4♥	4♦ K♣	K♦ 5♦	A♠ 8♠	6♠ 2♦	2♦	5♥	5♠/9♣	Q♥	7♠
49	K♠ K♥	8♦ 2♣	2♥ 5♠	7♠ J♠	3♠ 9♦	Q♦ J♥	3♠ 3♠	10♥	6♠/9♠	9♣	8♦

歲數	水星	金星	火星	木星	土星	天王	海王	長期	冥王/結果	環境	置換
50	5♣	8♥	K♥	K♣	A♥	5♥	3♠	3♠	3♦/A♦	6♦	Q♠
	7♠	5♠	8♠	6♠	7♣	3♠					
51	Q♣	7♠	8♦	8♥	9♦	2♣	5♥	8♥	7♦/Q♥	3♠	10♦
	3♠	J♥	J♣	10♠	6♠	9♠					
52	10♥	3♣	8♥	8♠	K♣	7♥	Q♦	8♠	J♥/4♦	J♦	Q♣
	3♠	3♥	A♠	K♥	3♦	7♠					
53	2♥	4♥	5♠	K♦	7♥	6♣	8♠	K♣	9♥/9♦	J♣	3♥
	10♥	Q♥	A♠	5♠	A♦	8♠					
54	10♣	2♥	K♦	6♣	6♥	9♥	3♠	9♥	9♠/9♣	10♥	A♥
	J♠	3♥	A♠	Q♣	Q♠	3♠					
55	K♥	7♠	2♠	3♦	7♦	J♥	6♠	Q♦	6♦/9♦	5♠	A♦
	8♣	A♠	A♦	5♣	Q♦	6♠					
56	10♥	8♣	3♦	4♦	3♣	6♦	J♠	A♣	10♠/4♥	4♦	2♦
	6♥	7♠	K♠	10♣	3♥	9♥					
57	8♦	6♥	4♦	J♣	K♠	9♣	2♥	4♥	6♦/4♣	5♥	6♣
	Q♣	7♥	10♣	4♥	3♦	A♠	K♠				
58	9♣	Q♥	2♠	A♠	6♣	5♥	9♥	5♠	5♠/8♠	5♣	8♠
	10♠	Q♦	2♣	K♠	4♥	10♦					
59	K♦	6♥	A♠	10♠	3♥	10♠	J♠	K♦	Q♦/5♣	5♣	K♠
	4♦	6♦	5♥	7♣	2♠	J♠					
60	Q♣	Q♥	10♣	9♦	4♦	4♦	K♠	7♥	J♦/A♣	6♥	2♠
	6♣	A♦	7♥	2♠	A♠	J♣	4♣				
61	5♦	6♥	5♥	K♣	J♣	2♥	10♥	6♠	9♦/6♠	6♦	6♠
	10♠	A♣	J♦	4♦	10♣	8♠					
62	2♥	10♣	Q♣	8♠	K♣	3♣	6♥	8♠	8♣/7♠	Q♦	9♠
	6♠	4♥	Q♥	4♦	J♣	6♥					
63	10♦	6♣	8♣	J♦	3♦	8♣	8♥	10♣	9♣/K♥	9♦	K♥
	7♣	5♠	5♦	5♣	A♦	8♥					
64	6♦	2♣	3♣	2♠	9♠	7♣	J♦	2♣	Q♥/7♠	5♦	2♣
	9♥	3♠	J♣	8♥	8♠	K♠					
65	10♣	9♥	2♠	J♦	7♥	Q♥	A♣	K♦	10♠/8♦	3♠	A♠
	8♥	K♥	10♦	5♠	8♣	A♣					
66	7♦	K♠	J♥	A♠	9♣	2♥	Q♥	6♠	7♣/A♥	K♦	7♥
	5♣	7♠	3♦	Q♣	2♣	Q♥					
67	5♠	3♣	A♠	K♦	9♦	K♠	4♣	6♥	2♥/6♦	7♦	6♠
	10♣	9♠	3♦	A♥	J♥	7♥	9♦				
68	9♣	10♥	2♠	7♦	2♦	J♣	4♥	7♦	4♦/J♦	8♥	7♠
	6♠	Q♦	3♥	J♥	A♠	5♦					
69	10♦	Q♣	5♣	7♠	8♦	6♣	7♥	3♠	6♣/9♦	7♥	K♦
	9♥	2♥	A♦	8♠	A♥	7♥					
70	K♣	9♥	7♠	10♣	3♦	6♣	J♠	K♥	10♠/3♠	A♠	3♣
	2♦	Q♠	A♦	9♦	7♥	5♠					
71	K♦	2♦	10♣	Q♥	J♦	5♦		7♠	K♥/3♦	2♣	5♦
	3♦	8♣	A♣	3♠	6♦	2♣					
72	9♣	J♣	5♣	2♦	9♠	Q♣	5♦	2♠	6♦/6♦	K♥	9♦
	10♠	A♥	7♣	3♥	3♠	2♣					
73	Q♠	Q♥	2♦	7♦	A♠	10♠	8♥	3♦	A♥/4♥	9♠	Q♦
	6♠	5♠	J♦	3♠	6♠	8♥					
74	10♥	J♣	7♦	10♦	J♥	6♣	5♥	9♥	2♥/4♦	6♠	3♦
	5♣	6♥	2♣	3♣	K♥	5♥					
75	10♣	5♦	9♠	8♣	A♦	2♠	10♦	J♦	7♥/Q♦	2♠	6♥
	Q♠	8♥	6♠	6♥	Q♥	6♦					
76	3♣	6♠	8♣	A♥	K♣	Q♠	A♠	6♠	9♦/7♠	K♣	4♣
	J♥	6♣	K♥	10♥	J♣	3♥					
77	Q♥	5♥	4♦	9♥	7♣	J♥	A♥	10♥	6♥/A♣	8♠	5♣
	K♠	3♣	5♣	7♥	5♦	K♦					
78	J♣	10♦	9♥	2♣	J♦	9♠	8♦	8♣	3♣/5♠	6♣	5♥
	6♣	10♥	7♣	A♥	10♣	8♦					
79	5♦	5♥	7♠	9♣	3♥	2♠		3♦	K♠/2♣	2♦	4♦
	7♣	4♥	2♦	5♠	9♥	2♥					
80	J♥	10♥	9♥	2♦	Q♦	4♦	6♦	4♦	9♣/7♥	A♠	A♠
	9♠	2♦	3♠	J♣	5♠	10♣					
81	2♠	8♥	K♥	2♣	J♣	Q♥	4♦	3♦	7♣/7♦	A♥	10♥
	3♠	4♥	6♠	A♦	K♦	10♥					
82	5♠	4♣	9♦	8♥	10♠	4♣	Q♥	6♦	7♠/6♥	3♥	J♣
	9♠	3♥	5♠	7♦	3♠	Q♦					
83	10♦	9♥	8♥	3♦	2♣	7♠	8♦	J♠	3♥/2♦	Q♣	J♦
	5♥	9♠	8♠	A♣	9♦	8♦					
84	9♥	A♥	5♠	2♠	10♠	5♥	3♦	8♦	3♠/A♣	10♦	3♦
	6♣	J♣	J♥	8♠	A♦	Q♦					
85	Q♠	9♣	2♠	K♥	K♣	2♠	5♥	6♥	J♦/6♦	9♠	6♦
	7♠	5♠	8♠	8♦	A♦	5♦					
86	7♥	2♥	8♦	Q♦	4♦	5♠	2♠	4♦	10♦/8♣	8♦	9♣
	10♥	K♠	6♠	7♠	9♥	9♠					
87	8♦	Q♣	K♠	2♠	2♥	A♦	10♣	J♣	5♠/5♣	7♣	Q♥
	9♣	3♦	8♠	A♦	J♣	7♠					
88	4♦	4♠	8♥	7♦	7♦	J♥	J♥	K♠	10♠/2♣	J♠	10♠
	10♦	K♠	3♦	9♠	3♦	5♥					
89	5♠	6♠	8♠	A♠	3♠	9♥	10♠	J♠	9♣ Q♠/K♠	10♣	4♥
	10♦	3♦	9♣	2♦	8♥	A♥					
90	10♥	10♦	8♠	A♥	A♠	Q♦	5♥	A♠	3♠/3♠	4♦	4♠
	K♦	7♦	A♠	4♦	J♣	5♥					
91	7♣	K♠	Q♣	2♥	10♣	Q♥	4♣	9♣	Q♦/2♣	4♥	10♣
	K♣	5♦	K♠	3♠	3♦	4♦					10♦
92	8♣	J♦	10♠	4♦	8♦	2♦		Q♥	3♥/5♦	10♠	J♠
	2♥	9♦	K♠	6♠	10♣	Q♠					
93	7♠	J♠	4♦	K♦	A♠	6♠	2♦	2♠	5♠/9♣	Q♥	7♣
	10♦	4♥	K♣	5♦	8♠	2♦					
94	K♠	8♦	A♠	7♣	3♠	Q♦	3♣	A♠	6♠/9♠	7♣	8♦
	K♥	2♣	5♠	J♠	9♦	J♥	3♠				
95	5♣	8♥	K♥	K♣	A♥	5♥	3♠	6♠	3♦/A♦	6♦	Q♠
	7♠	5♠	8♠	6♠	7♣	3♠					
96	Q♣	7♠	8♦	8♥	9♦	2♣	5♥		9♥/Q♥	3♠	10♦
	3♠	J♥	J♣	10♠	6♠	9♠					
97	10♥	3♣	8♥	8♠	K♣	7♥	Q♦		J♥/4♦	J♦	Q♣
	3♠	3♥	A♠	K♥	3♦	7♠					
98	A♣	4♥	5♠	K♦	7♥	6♣	8♠	K♣	7♦/9♦	J♣	3♥
	10♥	Q♥	A♠	5♠	A♦	8♠					
99	10♣	2♥	K♦	6♣	6♥	9♥	3♠	6♥	9♠/9♣	10♥	A♥
	J♦	3♥	A♠	Q♣	Q♠	3♠					

黑桃 5

歲數 0–24

歲數	水星	金星	火星	木星	土星	天王	海王	長期	冥王/結果	環境	置換
0	J♥	9♣	9♠	2♥	K♥	K♦	6♥	J♥	4♣/2♦	5♠	5♠
	Q♣	10♣	2♠	9♥	3♣	10♥					
1	Q♠	6♣	3♥	A♥	9♥	5♣	K♦	9♣	J♦/7♥	4♦	10♥
	3♦	4♦	10♦	4♠	K♣	5♥					
2	3♣	7♥	9♠	6♠	10♥	Q♥	5♠	9♠	8♠/A♠	5♥	J♣
	4♣	10♠	8♥	7♦	A♣	5♣					
3	9♣	6♣	6♠	A♥	8♠	3♠	2♥		10♠/10♣	5♣	J♦
	7♠	Q♣	8♠	4♣	3♠						
4	9♥	4♥	8♥	10♠	5♥	7♠	2♣	K♥	2♠/A♦	4♣	3♠
	J♠	9♦	J♥	3♠	4♠	K♥					
5	6♦	4♣	10♣	3♥	8♣	Q♠	7♠	K♦	Q♦/A♠	6♥	6♦
	8♠	6♠	7♠	3♠	4♠	7♠					
6	2♦	2♥	6♣	K♥	K♦	3♠	Q♠	6♥	9♠/8♣	3♦	9♣
	5♦	K♠	10♦	8♠	9♥	Q♣					
7	3♠	Q♥	K♣	10♠	2♥	4♠	10♥	Q♠	3♣/8♥	Q♦	Q♥
	4♣	2♣	7♠	A♠	8♠						
8	K♦	7♥	6♣	8♠	7♥	9♠	J♥	6♣	5♥/A♥	9♠	10♠
	9♣	K♣	2♠	4♣	10♠	7♠					
9	3♣	10♥	8♠	7♠	Q♠	5♥	J♣	3♥	6♦/K♠	5♦	4♥
	9♣	2♣	4♠	A♥	6♠	4♥					
10	5♦	9♣	7♠	4♥	4♠	K♥	7♠	A♥	2♠/3♦	3♣	4♠
	K♣	7♦	A♠	K♦	9♠	7♠					
11	J♦	K♠	Q♥	2♥	9♣	5♠	7♥	9♦	K♥/A♥	K♦	10♣
	8♦	6♠	K♣	3♣	2♣	K♦	9♣				
12	8♣	Q♦	5♥	K♦	3♠	10♠	Q♥	5♣	10♠/6♠	7♠	J♠
	Q♠	9♠	8♠	J♠	10♥	Q♥					
13	8♠	J♣	K♦	K♠	A♦	10♠	10♠	K♠	3♠/4♠	8♥	7♣
	9♣	4♦	8♠	6♠	7♠	10♣					
14	K♠	3♠	A♣	J♦	3♦	K♥	2♠	3♠	10♦/Q♣	7♥	8♦
	3♥	A♥	J♣	J♣	9♠	J♥	3♦				
15	8♥	6♠	3♥	8♠	4♥	7♠	3♦	7♥	2♠/4♠	A♠	Q♠
	8♠	3♠	7♠	10♠	J♦	3♦					
16	Q♥	J♦	3♠	6♠	9♠	A♥	7♠	9♠	9♥/5♣	2♠	10♦
	2♠	J♥	9♠	5♥	10♠	Q♣					
17	5♦	2♠	6♠	7♠	8♦	9♥	K♥		J♥/K♦	K♥	Q♠
	3♦	10♠	A♠	3♥	2♣	8♠					
18	A♣	4♦	3♠	K♣	2♦	J♠	7♣	10♥	7♦/9♠	9♠	3♥
	5♦	5♣	A♦	8♥	4♠	7♣					
19	10♥	A♥	K♣	10♦	A♠	7♠	3♦	Q♥	Q♣/4♣	6♠	A♥
	Q♦	10♠	A♠	Q♥	6♦	3♦					
20	3♥	8♠	Q♠	2♠	9♥	Q♥	10♠	5♣	6♥/9♠	2♠	A♦
	8♣	2♥	4♠	8♥	K♥	10♦					
21	5♦	8♣	2♣	K♦	2♠	6♥	J♠		5♥/4♣	K♣	2♦
	A♠	2♦	K♠	10♥	10♠						
22	3♠	A♠	K♦	9♠	K♠	5♣	A♣	4♣	6♥/7♥	8♠	6♣
	Q♥	9♠	10♥	4♦	4♣	A♦	K♠				
23	4♣	5♣	Q♠	A♦	J♠	6♠	7♦	6♠	3♠/7♣	6♠	8♠
	5♥	K♥	A♥	K♠	4♦	9♠					
24	K♣	A♠	A♦	10♦	10♠	5♥	J♥	2♣	K♥/8♦	2♦	K♣
	K♦	6♥	7♠	J♦	Q♠	J♣					

歲數 25–49

歲數	水星	金星	火星	木星	土星	天王	海王	長期	冥王/結果	環境	置換
25	Q♥	5♣	10♥	9♠	7♥	K♦	K♠	A♥	Q♦/2♥	A♦	2♠
	J♠	4♠	2♦	Q♠	A♦	9♠	7♥				
26	6♠	A♠	7♠	K♠	9♦	A♣	5♦	8♠	9♠/10♦	A♥	6♠
	5♥	8♥	Q♦	7♥	10♥	7♣					
27	A♣	10♦	Q♥	7♣	8♦	3♦	A♠	3♠	8♣/8♠	3♥	9♠
	J♠	4♦	5♣	7♥	9♦	A♠					
28	9♣	J♠	7♠	Q♦	2♣	8♠	6♣	9♥	9♠/3♥	Q♣	K♥
	J♦	3♠	6♠	8♥	4♠	6♣					
29	6♥	A♥	2♠	Q♠	4♠	J♦	Q♦	4♥	5♣/8♠	10♦	2♣
	7♦	3♦	9♦	6♣	7♠	K♠					
30	10♥	7♥	Q♠	J♥	2♠	5♠	2♥	8♥	5♥/3♠	Q♠	A♠
	6♠	3♥	9♣	3♣	8♣	2♥					
31	9♥	8♦	J♥	A♠	4♣	A♠	5♠	10♠	J♦/4♥	8♦	7♥
	8♥	8♠	2♣	Q♥	A♥	5♣					
32	3♣	3♦	A♦	K♠	9♠	K♠	7♥	5♥	A♣/A♥	7♠	8♥
	10♥	Q♣	2♣	4♥	J♥	2♦	9♠				
33	4♣	5♦	Q♠	2♦	10♣	9♦	4♦	7♠	K♦/Q♦	J♠	7♠
	10♦	K♥	10♠	J♥	A♦	6♠					
34	9♣	Q♥	8♥	8♠	8♣	10♦	2♦	2♠	J♠/9♠	10♣	K♦
	7♠	A♣	4♠	7♣	4♥	2♦					
35	8♦	7♥	8♠	10♥	J♠	J♠	J♣	6♠	5♥/3♦	4♠	3♠
	10♣	6♥	4♠	9♠	2♦	5♣					
36	K♣	10♣	10♥	5♠	Q♦	7♠	J♠	4♣	3♥/10♠	4♥	5♦
	2♠	8♣	2♥	3♦	10♦	J♠					
37	4♣	9♦	8♥	10♣	Q♣	Q♥	7♠	10♦	6♥/A♣	10♠	9♦
	5♥	4♦	J♦	10♠	2♠	A♥					
38	6♦	5♦	10♠	9♥	A♦	5♥	6♠	3♥	4♥/4♦	Q♥	Q♦
	J♠	3♥	Q♦	2♠	10♦	6♣					
39	5♦	9♦	9♥	9♣	J♥	J♠	7♥	8♦	A♣/K♦	9♣	3♦
	8♥	A♠	A♥	2♠	3♥	7♠					
40	10♥	6♠	Q♣	8♠	4♠	Q♠	9♣	Q♠	2♦/K♥	6♦	6♥
	6♦	6♣	10♦	A♠	5♣	6♥					
41	2♠	10♦	8♣	4♥	8♠	6♠	A♣	7♠	9♠/8♠	3♠	4♠
	J♥	J♠	3♥	5♦	9♦	10♠					
42	5♠	7♠	K♣	7♠	J♦	J♥	4♦	2♦	A♠/2♥	J♦	5♠
	K♠	2♠	8♥	9♥	6♠	K♠					
43	9♥	9♣	7♦	Q♠	Q♦	Q♣	8♠	2♥	3♦/3♠	J♣	5♦
	J♠	5♦	9♥	2♥	10♥	3♠					
44	6♠	7♠	8♠	9♠	10♠	J♠	Q♠	6♠	K♠/A♥	10♥	4♦
	J♦	4♦	10♣	3♣	7♦	A♠					
45	J♥	9♣	9♠	A♣	K♥	K♦	6♥	K♥	4♣/2♥	5♠	5♠
	Q♣	10♣	2♠	9♦	3♣	10♥					
46	Q♠	6♠	3♥	A♥	9♠	5♠	K♦	K♦	J♦/9♥	4♦	10♥
	3♦	4♦	10♠	4♠	K♣	5♦					
47	3♣	7♥	9♠	6♠	10♥	Q♥	5♠	3♣	8♠/A♠	5♥	J♣
	4♣	10♠	8♥	9♥	2♥	5♣					
48	9♣	4♣	6♠	2♠	A♥	8♠	3♠	Q♠	10♠/10♣	5♣	J♦
	7♠	Q♣	8♠	2♥	9♠	3♠					
49	7♦	4♥	8♥	10♠	5♥	7♠	2♠	3♠	2♠/A♦	4♣	3♠
	J♠	9♦	J♥	3♠	4♠	K♥					

歲數	水星	金星	火星	木星	土星	天王	海王	長期	冥王/結果	環境	置換
50	6♦	4♣	10♣	3♥	8♦	Q♠	7♠	Q♥	Q♦/A♠	6♥	6♦
	8♣	6♠	7♣	3♠	4♠	7♠					
51	2♦	A♣	6♣	K♥	K♦	3♣	Q♠	K♠	9♣/8♣	3♦	9♣
	5♦	K♣	10♣	8♠	7♦	Q♣					
52	3♠	Q♥	K♣	10♠	A♣	4♠	10♥	10♣	3♣/8♥	Q♦	Q♥
	4♣	2♣	7♣	8♣	2♥	8♠					
53	K♦	7♥	6♣	8♠	9♥	9♦	J♥	2♥	5♥/A♥	9♦	10♠
	9♠	K♣	2♣	4♣	10♠	7♠					
54	3♣	10♠	8♠	7♣	Q♣	5♥	J♣	4♠	6♦/K♠	5♦	4♥
	9♠	2♣	4♣	A♥	6♣	4♥					
55	5♦	9♠	7♠	4♥	4♠	K♥	7♠	10♥	2♠/3♦	3♣	4♠
	K♣	9♥	2♥	K♦	9♠	7♠					
56	J♦	K♠	Q♥	A♣	9♠	5♠	7♥	K♦	K♥/A♥	K♦	10♣
	8♦	6♠	K♣	3♠	2♠	K♦	9♠				
57	8♣	Q♦	5♥	K♠	3♠	10♣	Q♥	7♠	10♠/6♠	7♠	J♠
	Q♠	9♠	8♠	J♠	10♥	Q♥					
58	8♠	J♠	K♦	K♣	A♦	10♦	10♣	6♣	3♣/4♣	8♥	7♣
	9♠	4♦	8♠	6♠	7♣	10♣					
59	K♠	3♠	2♥	J♦	3♦	K♥	2♠	8♠	10♦/Q♣	7♥	8♦
	3♥	A♥	3♠	J♣	9♠	J♥	3♦				
60	8♥	6♣	3♥	8♦	4♥	7♠	3♦	7♠	2♣/4♣	A♠	Q♠
	8♠	3♣	7♣	10♦	J♦	3♦					
61	Q♥	J♦	3♠	6♣	9♠	A♥	7♠	9♦	7♦/5♣	2♣	10♦
	2♠	J♥	9♦	5♥	10♦	Q♣					
62	5♦	2♠	6♣	7♠	8♦	7♥	K♥	J♥	J♥/K♦	K♥	Q♣
	3♦	10♠	A♦	3♥	2♣	8♠					
63	2♥	4♦	3♠	K♣	2♠	J♠	7♠	3♣	9♥/9♠	9♠	3♥
	5♦	5♣	A♦	8♥	4♦	7♠					
64	10♥	A♥	K♣	10♦	A♠	9♥	3♦	10♦	Q♣/4♣	6♠	A♥
	Q♦	10♠	A♦	Q♥	6♦	3♦					
65	3♥	8♠	Q♠	2♣	7♦	Q♦	10♦	8♠	6♥/9♠	2♠	A♦
	8♣	A♣	4♠	8♥	K♥	10♦					
66	5♦	8♠	2♣	K♦	2♠	6♥	J♣	7♣	5♥/4♦	K♣	2♦
	A♠	2♦	K♠	10♥	10♠	9♥					
67	3♠	A♥	K♦	9♠	K♣	2♥	Q♦		6♥/7♥	8♠	
	Q♥	7♦	10♥	4♦	2♠	A♠	K♠				
68	4♣	A♣	Q♠	A♦	J♠	6♠	9♥	5♥	5♣/7♣	6♥	8♠
	5♥	K♥	A♥	K♣	4♠	9♣					
69	K♣	A♣	A♦	10♥	10♠	5♦	J♣	J♣	K♥/8♥	2♦	K♣
	K♦	6♥	7♠	J♦	Q♠	J♣					
70	Q♥	5♣	10♥	9♠	7♥	K♦	K♠	5♦	Q♦/A♣	A♦	2♠
	J♠	4♣	2♦	Q♠	A♦	9♦	7♥				
71	6♠	A♣	7♠	K♣	9♦	2♥	5♦	J♣	9♠/10♦	A♥	6♠
	5♥	8♥	Q♦	7♦	10♥	7♠					
72	2♥	10♠	Q♥	7♠	8♦	3♦	A♠	7♠	8♣/8♠	3♥	9♠
	J♠	4♦	5♣	7♥	9♦	A♠					
73	9♣	J♠	7♠	Q♦	2♠	8♠	6♠	4♥	9♠/3♥	Q♣	K♥
	J♦	3♠	6♠	8♥	4♠	6♣					
74	6♥	A♥	2♠	Q♠	4♦	J♦	Q♦	4♠	5♣/8♠	10♦	2♣
	9♥	3♦	9♦	6♠	7♣	K♠					
75	10♥	9♥	Q♠	J♥	2♠	5♣	A♣	K♥	5♥/3♠	Q♠	A♠
	6♣	3♥	9♣	3♠	8♠	A♣					
76	7♦	8♦	J♥	A♦	4♠	2♥	5♠	7♠	J♦/4♥	8♦	7♥
	8♥	8♠	2♣	Q♥	A♥	5♠					
77	3♣	3♦	A♦	K♣	9♠	K♠	7♥	J♦	2♥/A♠	7♠	8♥
	10♥	Q♣	2♣	4♥	J♥	2♦	9♠				
78	4♣	5♦	Q♠	2♦	10♣	9♦	4♠	K♠	K♣/Q♦	J♠	7♠
	10♦	K♥	10♠	J♥	A♦	6♠					
79	9♣	Q♥	8♥	8♠	8♠	10♠	2♦	Q♥	J♠/9♠	10♣	K♦
	9♥	2♥	4♠	7♠	4♥	2♦					
80	8♦	9♥	4♠	10♥	2♠	J♠	J♠	2♥	5♥/3♦	4♠	3♣
	10♣	6♦	4♠	9♠	2♠	3♣					
81	K♣	10♣	10♥	5♣	Q♦	7♠	J♠	9♣	3♥/10♠	4♥	5♦
	2♣	8♣	A♠	3♦	10♦	J♠					
82	4♠	9♦	8♥	10♣	Q♣	Q♥	7♠	5♠	6♥/A♣	10♠	9♦
	5♥	4♦	J♦	10♠	2♠	A♥					
83	6♠	5♦	10♦	7♦	A♣	5♥	Q♣	6♥	4♥/4♦	Q♥	Q♦
	J♠	3♣	Q♦	2♠	10♦	6♣					
84	5♦	9♦	7♦	9♠	J♥	J♠	7♠	8♣	2♥/K♦	9♣	3♦
	8♥	A♥	A♥	2♠	3♥	7♠					
85	10♥	6♦	Q♠	8♦	4♠	Q♠	9♣	Q♦	2♦/K♥	6♦	6♥
	6♦	6♠	10♦	A♠	5♠	6♥					
86	2♠	10♦	8♠	4♥	8♠	6♦	A♦	5♥	9♠/8♠	3♠	4♠
	J♥	J♠	3♥	5♠	9♦	10♠					
87	5♣	7♠	K♦	9♥	J♦	J♥	4♥	K♦	A♠/A♣	J♠	5♣
	K♠	2♠	8♥	2♥	6♠	K♣					
88	9♦	5♠	9♥	Q♠	9♥	A♠	3♠	3♠	3♦/3♣	J♠	5♥
	J♠	5♦	7♠	A♣	10♥	3♠					
89	6♠	7♠	8♠	9♠	10♠	J♠	Q♠	10♣	K♠/A♥	10♥	4♦
	J♦	4♦	10♠	3♥	9♥	2♥					
90	J♥	9♦	9♠	2♥	K♦	K♦	6♥	Q♥	4♠/2♦	5♠	5♠
	Q♣	10♣	2♠	9♦	3♣	10♥					
91	Q♠	6♣	3♥	A♥	9♦	5♣	K♦	8♠	J♦/7♦	4♥	10♦
	3♦	4♦	10♦	4♠	K♣	5♦					
92	3♠	7♥	9♠	6♠	10♦	Q♥	5♠	J♥	8♠/A♠	J♠	5♣
	4♣	10♠	8♥	7♦	A♠	5♠					
93	9♣	4♣	6♣	2♣	A♥	8♠	3♠	K♦	10♠/10♣	5♠	J♦
	7♠	Q♣	8♣	2♣	9♥	3♠					
94	9♥	4♦	8♥	10♣	5♦	7♠	A♣	K♣	2♠/A♦	4♠	3♠
	J♠	9♦	J♥	3♠	4♥	K♥					
95	6♦	4♣	10♣	3♥	8♦	Q♠	7♠	A♦	Q♦/A♠	6♥	6♦
	8♠	6♠	7♣	3♠	4♠	7♠					
96	2♦	2♦	6♣	K♥	K♦	3♠	Q♠	10♦	9♣/8♣	3♦	9♣
	5♦	K♣	10♣	8♠	7♦	Q♣					
97	3♠	Q♥	K♠	10♠	2♥	4♠	10♥	10♣	3♣/8♥	Q♦	Q♥
	4♣	2♣	7♣	8♣	A♣	8♠					
98	K♦	7♥	6♠	8♠	9♥	9♦	J♥	K♠	5♥/A♥	9♦	10♠
	9♠	K♣	2♣	4♣	10♠	7♠					
99	3♣	10♠	8♠	7♣	Q♣	5♥	J♠	3♠	6♦/K♠	5♦	4♥
	9♣	2♣	4♣	A♥	6♠	4♥					

黑桃6

歲數	水星	金星	火星	木星	土星	天王	海王	長期	冥王/結果	環境	置換
0	Q♥	10♣	8♦	K♠	3♥	A♠	Q♣	Q♥	10♠/5♣	6♠	6♠
	K♣	7♣	A♥	J♠	9♠	3♦					
1	A♣	9♠	7♠	3♦	6♥	A♦	10♠	10♣	8♣/3♠	2♠	9♠
	Q♦	2♠	8♠	J♠	3♥	10♣					
2	8♥	Q♦	3♦	A♥	4♠	8♠	J♦	8♦	10♠/4♦	K♣	K♥
	2♣	10♦	Q♥	7♠	5♦	J♦					
3	2♦	5♠	9♣	4♠	6♣	6♣	A♥	K♠	8♠/3♠	8♠	2♣
	7♦	A♦	3♥	J♦	3♦	K♠					
4	9♠	7♦	4♣	J♥	J♠	8♠	2♥	3♥	K♣/A♠	6♣	A♠
	J♦	4♦	8♥	10♦	8♠	2♥					
5	9♥	6♥	J♥	10♥	6♠	A♠	8♠	A♣	2♣/3♣	2♦	7♥
	7♣	3♠	4♥	7♠	5♠	8♠					
6	10♦	A♠	10♥	6♦	10♠	K♠	J♠	Q♣	A♣/10♣	A♦	8♥
	9♠	5♥	4♠	3♣	J♥	J♣	10♠				
7	6♣	Q♣	4♠	J♣	9♥	3♥	2♠	A♣	Q♠/A♥	A♥	7♠
	5♣	4♥	K♦	J♥	10♥	Q♥					
8	8♥	7♠	7♠	3♠	8♠	5♠	J♣	9♠	Q♦/10♠	3♥	K♣
	7♦	A♣	5♠	3♦	3♠	J♣					
9	6♥	7♠	3♠	9♠	9♠	Q♦	K♥	7♠	K♣/A♦	Q♣	3♠
	9♦	7♥	5♦	10♠	J♠	10♠					
10	6♦	9♥	9♠	8♠	A♥	8♦	Q♦	3♦	4♦/K♦	10♦	5♦
	4♠	8♣	2♥	A♠	Q♦						
11	6♣	3♥	7♠	9♠	5♥	7♠	8♦	6♥	2♦/10♣	Q♠	9♠
	K♣	3♣	2♠	K♠	9♣	5♠					
12	7♥	8♠	9♠	9♥	10♥	K♣	J♦	A♦	3♣/2♠	8♦	Q♦
	Q♦	10♦	A♥	9♣	5♠	J♦					
13	Q♣	3♥	9♥	8♥	J♥	Q♠	8♦	10♣	A♣/Q♠	7♠	3♦
	7♣	10♣	4♦	9♦	6♦	Q♦					
14	9♠	Q♥	5♥	5♣	5♠	4♣	8♥	8♥	J♣/4♥	J♠	6♥
	7♥	J♦	5♣	10♣	8♠	2♦					
15	9♣	5♠	8♠	3♣	6♥	7♥	10♥	Q♦	10♠/3♦	10♠	4♣
	J♥	Q♠	4♦	Q♠	3♥	K♠					
16	8♠	8♣	Q♠	7♦	2♣	J♥	3♣	3♦	10♣/2♥	4♠	5♠
	K♠	9♣	7♠	9♥	Q♥	6♦					
17	3♥	8♣	7♠	4♠	5♥	A♠	A♥	A♦/10♦	4♥	5♥
	Q♦	Q♣	9♥	2♦	9♠	A♠					
18	Q♥	8♦	3♠	10♠	K♠	Q♦	4♣	4♠	K♠/5♠	10♠	4♦
	2♣	2♠	9♦	10♦	7♦	A♣					
19	J♥	8♥	10♠	A♠	4♥	Q♠	2♦	8♠	6♠/J♣	Q♥	5♠
	5♥	9♦	9♠	3♦	10♦	9♠					
20	4♣	J♦	4♦	5♠	3♥	8♠	Q♠	J♦	2♣/9♥	9♠	10♥
	A♦	2♠	5♣	5♦	6♦	Q♣					
21	10♦	J♠	10♠	J♦	4♠	7♠	8♦	2♦	3♠/10♣	6♦	J♣
	6♣	K♦	7♠	9♥	J♥	A♠					
22	8♥	6♣	J♦	4♠	5♠	3♠	A♠	5♠	K♦/9♦	3♠	J♦
	8♦	5♦	8♠	2♥	10♠	A♠					
23	7♠	3♣	7♠	9♦	K♠	8♦	4♠	9♠	9♣/10♥	J♦	3♠
	Q♦	3♥	J♥	A♠	5♦	4♥					
24	7♥	6♠	9♠	4♦	6♥	4♠	8♦		A♥/10♣	J♠	6♦
	3♠	Q♥	3♦	A♠	5♦	8♦					
25	J♣	A♣	J♦	4♥	Q♠	10♦	4♣	6♠	8♥/8♣	10♥	9♣
	Q♠	K♠	5♣	3♠	7♦	5♥					
26	A♠	7♠	K♠	9♦	A♣	5♠	9♠	2♠	10♦/7♠	5♠	Q♥
	6♣	4♠	3♦	8♣	2♥	3♠					
27	Q♠	J♠	J♦	3♠	9♥	3♥	J♥	A♥	K♣/5♠	4♦	10♣
	8♥	6♦	9♣	6♠	K♦	8♦					
28	10♦	5♠	3♦	3♦	5♥	K♣	K♥	9♠	7♥/K♣	5♥	4♥
	8♥	4♦	6♠	5♠	J♦	3♠					
29	Q♣	8♥	3♦	3♣	5♦	4♥	8♦	7♦	9♣/A♦	5♣	4♠
	6♦	9♥	2♥	Q♠	3♥	8♦					
30	2♣	K♠	7♠	A♣	8♥	8♠	J♠	4♠	4♥/5♦	4♠	10♣
	6♥	Q♥	6♦	10♦	4♠	Q♠	8♥				
31	8♣	A♥	K♣	Q♠	A♠	9♦	7♠	J♥	K♦/Q♥	6♥	J♠
	4♣	10♠	6♥	Q♦	9♠	7♠					
32	3♠	K♥	Q♠	6♦	10♥	5♠	9♥	J♣	10♦/6♠	3♦	7♠
	8♥	2♠	6♥	Q♥	3♦	9♥					
33	K♠	A♠	2♥	2♣	A♦	4♥	9♠	8♠	5♣/5♥	Q♦	8♦
	4♦	5♠	10♦	K♥	10♠	J♥	A♦				
34	7♠	J♦	4♦	6♥	3♣	8♠	A♦	2♥	4♠/5♥	9♦	Q♠
	3♠	10♦	3♦	5♣	2♠	A♦					
35	7♠	2♣	A♠	J♦	10♠	5♠	8♠	9♥	7♦/8♠	5♦	10♦
	9♣	J♥	3♥	K♠	5♠	5♥					
36	Q♣	9♠	J♦	3♦	6♥	7♠	4♥	6♥	J♥/Q♠	3♣	Q♣
	A♦	K♦	10♥	4♦	4♠	3♠					
37	2♥	2♠	10♦	6♦	J♣	Q♦	3♦	J♥	9♥/10♠	K♦	3♥
	Q♣	8♠	10♥	7♠	5♦	3♦					
38	9♠	5♠	6♦	5♠	10♠	9♥	A♦	10♥	5♥/6♦	7♠	A♥
	A♥	K♦	10♥	7♦	7♥	A♦					
39	4♦	3♠	4♠	4♠	7♠	A♥	A♣	6♠	2♦/10♠	8♥	A♦
	8♣	A♣	5♦	7♠	4♥	5♠					
40	Q♣	8♠	4♠	Q♠	9♠	2♦	K♥	A♠	K♣/2♠	7♥	2♦
	10♣	J♠	K♠	9♠	K♦	9♥					
41	A♠	10♣	Q♠	3♥	K♠	6♣	2♥	8♠	2♦/J♠	A♠	6♠
	7♠	7♦	9♠	2♠	4♠	10♥	K♠				
42	6♠	8♠	4♠	10♦	Q♠	Q♠	9♥	10♦	10♦/3♦	2♠	8♠
	K♣	4♥	5♠	K♠	2♠	8♥					
43	6♦	10♣	10♥	9♠	K♦	K♣	K♥	A♦	4♥/7♠	K♥	K♣
	Q♠	2♦	8♦	2♣	4♣	K♦					
44	7♠	8♠	9♠	10♠	J♠	Q♠	K♠	10♥	A♥/A♦	9♠	2♠
	Q♦	5♦	J♣	4♣	10♥	3♥	J♠				
45	Q♥	10♣	8♦	K♠	3♥	2♥	Q♠	6♦	10♠/5♣	6♠	6♠
	K♣	7♣	A♥	J♠	9♠	3♦					
46	2♥	9♠	7♠	3♦	6♥	A♦	10♣	10♠	8♣/3♠	2♠	9♠
	Q♦	2♠	8♠	J♠	3♥	10♣					
47	8♥	Q♦	3♦	A♥	4♠	8♠	J♦	K♠	10♠/4♦	K♣	K♥
	2♣	10♦	Q♥	7♣	5♦	J♦					
48	2♦	5♠	9♣	4♠	6♣	2♠	A♥	J♠	8♠/3♠	8♠	2♣
	9♥	A♦	3♥	J♦	3♦	K♠					
49	9♠	9♥	4♣	J♥	J♠	8♠	A♥	6♣	K♣/A♥	6♠	A♠
	J♦	4♦	8♥	10♦	8♣	A♣					

歲數	水星	金星	火星	木星	土星	天王	海王	長期	冥王/結果	環境	置換
50	7♦	6♥	J♥	10♥	6♣	2♥	8♠	Q♣	2♣/3♣	2♦	7♥
	7♠	3♠	4♠	7♠	5♠	8♠					
51	10♦	A♥	10♥	6♦	10♠	K♠	J♠	4♣	2♥/10♣	A♦	8♥
	9♦	5♥	4♠	3♣	J♥	J♣	10♠				
52	6♣	Q♣	4♠	J♣	9♦	3♥	2♠	J♣	Q♠/A♥	A♥	7♠
	5♣	4♥	K♦	J♥	10♥	Q♥					
53	8♦	7♥	7♣	3♠	8♠	5♠	J♠	9♦	Q♦/10♠	3♥	K♦
	9♥	2♥	5♦	3♦	3♠	J♠					
54	6♥	9♥	3♠	9♠	9♣	Q♦	K♥	3♥	K♣/A♦	Q♣	3♣
	9♥	7♥	5♦	10♠	J♣	10♦					
55	6♦	9♥	9♠	8♠	A♥	8♦	Q♦	2♠	4♦/K♦	10♦	5♦
	4♠	8♣	A♣	A♦	5♠	Q♦					
56	6♣	3♥	7♣	9♠	5♥	7♠	8♠	8♥	2♦/10♣	Q♠	9♦
	K♣	3♣	2♣	K♦	9♣	5♠					
57	7♥	8♠	9♦	7♠	10♥	K♣	J♦	7♠	3♣/2♠	8♦	Q♦
	Q♦	10♠	A♥	9♣	5♠	J♦					
58	Q♣	3♥	7♦	8♥	J♥	Q♦	8♦	7♣	2♥/Q♠	7♠	3♦
	7♥	10♠	5♠	9♣	4♦	8♦					
59	9♠	Q♥	5♥	8♠	5♦	4♠	8♥	3♠	J♣/4♥	J♠	6♥
	7♥	J♦	5♦	10♠	8♠	2♦					
60	9♣	5♠	8♦	6♦	7♥	10♥	8♣		10♠/3♠	10♣	4♦
	J♥	Q♦	4♦	Q♣	3♥	K♦					
61	8♠	8♦	Q♠	9♥	2♣	J♥	3♣	5♠	10♠/A♣	4♠	5♣
	K♠	9♣	7♣	7♦	Q♥	6♦					
62	3♥	8♦	9♥	4♣	A♥	5♥	A♠	J♣	A♦/10♦	4♥	5♥
	Q♦	Q♣	7♦	A♠	9♠	A♠					
63	Q♥	8♦	3♠	10♦	K♥	Q♦	4♣	6♥	K♠/5♠	10♠	4♦
	2♣	2♠	9♦	10♦	9♥	2♥					
64	J♥	8♥	10♠	2♥	4♥	Q♠	2♦	7♥	6♣/J♣	Q♥	5♠
	5♥	9♦	9♣	3♥	10♦	9♠					
65	4♣	J♥	4♦	5♠	3♥	8♠	Q♠	3♠	2♠/7♦	J♣	10♥
	A♦	2♠	5♣	5♦	6♦	Q♣					
66	10♦	J♥	10♠	J♦	9♠	7♠	8♠	9♠	3♠/10♣	6♦	J♣
	6♣	K♦	7♣	7♦	A♣	8♠					
67	8♥	6♣	J♥	4♠	5♠	4♥	9♠		K♦/9♦	3♠	J♦
	8♦	5♦	8♣	10♠	A♥						
68	9♥	3♣	7♣	9♠	K♣	8♠	4♠	Q♠	9♣/10♥	J♦	3♠
	Q♦	3♥	J♥	A♠	5♦	4♥					
69	7♥	6♣	9♠	4♦	6♥	4♣	8♦	K♥	A♥/10♣	J♣	6♦
	3♠	Q♥	3♦	A♠	5♦	8♦					
70	J♣	2♥	J♦	4♥	Q♠	10♠	4♣	6♦	8♥/8♣	10♥	9♣
	Q♣	K♠	5♠	3♠	9♥	5♥					
71	A♠	7♠	K♠	9♠	2♥	5♠	9♠		10♦/7♣	5♠	Q♥
	6♠	8♦	8♠	A♣	3♠						
72	Q♠	J♠	J♦	3♠	7♠	3♥	J♥	9♠	K♣/5♠	4♦	10♠
	8♥	6♦	9♣	6♠	K♦	8♦					
73	10♦	5♣	3♠	5♦	5♥	K♣	K♥	8♠	7♥/K♠	5♥	4♥
	8♥	4♦	6♦	5♦	J♦	3♠					
74	Q♣	8♥	3♠	5♠	5♥	4♥	8♠	A♥	9♠/A♦	5♠	4♠
	6♦	7♦	A♣	Q♠	3♥	8♦					

歲數	水星	金星	火星	木星	土星	天王	海王	長期	冥王/結果	環境	置換
75	2♣	K♠	7♠	2♥	8♥	8♠	J♠	8♦	4♥/5♠	4♠	10♣
	6♥	Q♥	6♠	10♦	4♠	Q♠	8♥				
76	8♣	A♥	K♣	Q♠	A♠	9♦	7♠	Q♦	K♦/Q♥	6♥	J♠
	4♠	10♠	6♥	Q♦	9♠	7♠					
77	3♠	K♥	Q♠	6♦	10♥	5♠	9♠	6♠	10♦/6♣	3♦	7♣
	8♥	2♠	6♥	Q♥	3♦	9♦					
78	K♠	A♠	A♣	A♣	A♦	4♥	9♣	3♥	5♣/5♥	Q♦	8♦
	4♦	5♦	10♣	K♥	10♠	J♥	A♦				
79	7♣	J♦	4♦	6♥	3♣	8♦	A♦	7♣	4♠/5♦	9♦	Q♠
	3♠	10♦	3♦	5♣	2♣	A♦					
80	7♠	2♣	A♠	J♦	10♠	5♠	8♦	9♦	9♥/8♠	5♦	10♦
	9♠	J♥	3♦	K♠	5♠	5♦					
81	Q♠	9♣	J♦	3♦	6♥	9♥	4♥	5♥	J♥/Q♠	3♣	Q♠
	A♦	K♦	10♥	4♦	4♠	3♠					
82	A♣	2♠	10♦	6♦	J♣	Q♦	3♦	7♠	7♦/10♠	K♦	3♥
	Q♣	8♠	10♥	7♠	5♦	3♦					
83	9♠	5♥	6♠	5♣	10♥	7♦	A♦	8♦	5♦/6♣	7♠	A♥
	A♥	K♦	10♥	7♠	7♥	A♦					
84	4♦	3♠	4♣	4♠	9♥	A♥	5♠	7♥	2♦/10♠	8♥	A♦
	8♣	2♥	5♦	7♠	4♥	5♠					
85	Q♣	8♠	4♠	Q♠	9♠	2♥	K♥	8♠	K♣/2♠	7♥	2♦
	10♣	J♠	K♠	9♥	K♦	7♥					
86	A♠	10♣	Q♠	3♦	K♠	6♠	A♠	9♣	2♦/J♠	A♣	6♣
	7♠	9♥	9♠	2♠	4♠	10♥	K♠				
87	6♣	8♠	4♣	10♥	Q♦	Q♥	7♦	9♥	10♦/3♣	2♠	8♠
	K♣	4♥	5♠	K♠	2♠	8♥					
88	6♦	10♣	10♥	9♠	K♦	K♥	10♥		4♥/7♣	K♥	K♣
	Q♠	2♦	8♦	2♠	4♣	K♥					
89	7♠	3♠	9♠	10♠	J♠	Q♠	K♠	K♣	A♥/2♥	9♠	2♠
	Q♦	5♦	J♣	4♠	10♥	3♥	J♠				
90	Q♥	10♣	8♦	K♠	3♠	6♣	J♦		10♠/5♣	6♠	6♠
	K♣	7♣	A♥	J♠	9♠	3♦					
91	A♣	9♠	7♠	3♦	6♥	A♦	10♣	Q♣	8♣/3♠	2♠	9♠
	Q♦	2♠	8♠	3♥	9♥	10♣					
92	8♥	Q♠	3♦	A♥	4♠	8♠	J♦	3♥	10♠/4♦	K♠	K♥
	2♣	10♠	Q♥	7♣	5♦	J♦					
93	2♠	5♠	5♣	Q♣	6♠	2♣	A♥	9♥	8♠/3♠	8♠	2♣
	7♦	A♦	3♥	J♦	3♦	K♠					
94	9♠	7♠	4♣	J♥	J♣	8♠	8♥		K♣/A♠	6♣	A♣
	J♦	4♦	8♥	10♦	8♣	2♥					
95	9♥	6♥	J♠	10♥	6♣	A♣	8♠	J♥	2♣/3♣	2♦	7♥
	7♣	3♠	4♠	7♠	5♠	8♠					
96	10♦	A♥	10♥	6♦	10♠	K♠	J♦	Q♦	A♣/10♣	A♦	8♥
	9♠	5♥	4♠	J♥	J♣	10♠					
97	6♣	Q♣	4♠	J♣	9♦	3♥	2♠	8♦	Q♠/A♥	A♥	7♠
	5♣	4♥	K♦	J♥	10♥	Q♥					
98	8♥	7♠	7♣	3♠	8♠	5♣	J♠	9♠	Q♦/10♠	3♥	K♦
	7♥	2♠	5♦	3♦	3♠	J♣					
99	6♥	7♠	3♠	9♠	9♣	Q♦	K♥	Q♥	K♣/A♦	Q♣	3♣
	9♦	7♥	5♦	10♠	J♣	10♦					

黑桃7

歲數	水星	金星	火星	木星	土星	天王	海王	長期	冥王/結果	環境	置換
0	2♣ 3♠	K♣ 10♦	J♦ 4♣	4♥ J♥	4♦ 10♠	2♠ 8♦	8♥	2♣	6♣/6♠	7♣	7♠
1	3♦ 9♥	6♥ 2♥	A♦ 5♥	10♣ 10♥	8♣ 5♣	3♠ 4♥	4♥	K♣	5♠/Q♠	8♥	K♦
2	J♣ 4♦	9♥ Q♦	10♣ 5♥	K♦ Q♠	7♣ 4♥	5♠ 8♠	3♣	J♦	7♥/9♠	7♥	3♣
3	J♠ Q♣	4♦ 8♠	K♣ A♣	A♠ 9♠	8♠ 3♠	2♦ 5♠	5♠	4♥	9♣/4♣	A♠	5♦
4	2♣ 7♥	2♠ 5♣	A♦ 5♦	4♦ 4♣	6♦ 7♣	6♥ Q♥	2♦	4♦	K♥/3♥	2♣	9♦
5	Q♦ 5♠	A♠ 8♠	4♦ 6♠	7♦ 7♠	10♠ 3♠	7♥ 4♠	4♠	2♠	5♠/8♥	K♥	Q♦
6	K♣ A♦	2♠ 3♥	7♦ Q♥	3♦ 7♠	J♥ 7♣	5♠ 8♥	2♦	8♥	2♥/6♣	9♠	3♦
7	K♦ Q♦	8♦ 4♠	6♦ 3♠	8♣ 3♥	5♥ A♠	J♦ K♥	3♦	3♦	4♥/10♦	6♠	6♥
8	7♣ J♥	3♠ 5♠	8♠ 9♠	5♣ K♣	J♣ 2♠	Q♥ 4♣	10♠	6♥	Q♠/10♣	2♠	4♣
9	A♠ K♠	2♦ 7♣	6♠ A♦	9♠ 7♦	5♣ 8♦	J♥ J♠	5♣	A♦	3♥/A♣	K♣	5♣
10	2♠ 5♠	3♦ K♣	9♥ 7♦	J♦ A♣	6♠ K♦	6♦ 9♦	9♦	10♣	9♠/8♠	8♠	5♥
11	8♦ 5♦	2♦ 8♥	10♣ 4♦	Q♠ 8♠	4♦ 9♥	5♠ 2♥	J♦	8♣	K♠/Q♥	6♠	4♦
12	J♥ 6♦	3♦ 4♦	Q♠ 7♣	2♥ 2♠	10♦ 8♠	6♣ K♦	K♥	3♠	2♦/4♥	2♦	5♠
13	J♦ 9♠	4♠ 8♥	9♠ 3♠	Q♥ 5♥	2♠ J♠	A♠ K♣	6♣	4♥	5♦/7♦	A♦	10♥
14	8♠ 2♣	A♥ 4♣	Q♠ A♦	4♠ 7♦	K♦ A♣	6♥ A♠	A♠	J♣	10♣/3♥	A♥	J♣
15	3♦ 2♦	2♣ 6♦	4♦ 8♣	Q♣ K♣	Q♥ Q♠	10♦ 9♦	9♦	9♥	4♦/4♦	3♥	J♦
16	9♥ 5♠	5♣ 2♠	A♠ J♥	4♦ 9♦	7♦ 5♥	2♦ 10♦	Q♣	10♣	7♣/10♠	Q♠	3♠
17	Q♦ 10♣	2♠ 8♦	4♦ 10♥	9♠ 5♥	J♠ 9♥	J♦ 2♦	2♦	K♦	6♠/3♥	10♦	6♦
18	4♥ K♣	2♦ K♠	4♠ 8♣	10♦ 10♠	J♣ 9♥	8♠ 6♦	J♦	7♣	3♦/8♣	Q♠	9♣
19	9♦ 2♣	6♥ Q♣	K♠ 10♥	4♦ 8♠	2♥ A♣	5♥ 10♠	K♦	5♠	8♠/A♦	8♦	Q♥
20	6♣ 3♦	A♥ J♠	4♠ 7♣	10♦ 2♠	7♦ 4♠	2♠ 2♦	J♥	3♠	7♦/Q♥	7♠	10♠
21	8♠ 3♦	3♠ Q♣	10♣ 3♦	10♥	9♥	7♦	3♠	J♠	Q♦/K♠	J♠	4♥
22	K♣ J♠	3♦ 7♦	10♦ 4♣	4♦ 6♠	J♦ 2♠	9♥ 2♦	10♦	2♦	4♦	7♦/9♠	10♠ 4♠
23	5♦ J♠	K♠ 8♦	6♥ J♠	2♥ 8♠	3♦ Q♠	A♠ 6♠	A♥	K♦	10♦/Q♥	4♠ 3♦	10♣
24	8♣ J♦	6♠ Q♠	7♦ J♣	6♠ 5♠	9♥ K♦	4♦ 6♥	6♥	A♠	4♠/8♦	4♥	J♠
25	10♣ 3♦	3♣ 8♥	6♣ J♣	J♠ 8♦	10♠ 10♥	3♠ 4♦	4♦	6♠	8♠/2♣	10♠	7♣
26	K♠ 9♣	9♦ Q♥	A♣ 8♠	5♦ 3♣	9♠ Q♠	10♦ J♥	7♣ 9♠	2♦	3♠/6♦	Q♥	8♦
27	A♦ 10♣	4♠ 8♠	9♣ 10♥	J♠ 3♠	5♣ 5♦	2♦ 9♠	9♠	5♠	Q♣/5♦	9♣	Q♠
28	6♥ 7♣	5♦ J♥	9♦ 2♠	4♠ 7♥	Q♠ 3♠	Q♥ 6♠	2♦	2♣	9♥/A♥	6♦	10♦
29	K♣ 9♠	7♣ 4♣	4♠ 10♠	10♥ 9♣	J♣ Q♣	9♥ 10♣	10♦	2♠	J♥/6♣	3♠	Q♣
30	A♣ K♣	8♥ A♠	8♠ 10♠	J♠ A♦	4♥ 5♥	5♠ 10♥	10♥	A♦	7♦/Q♠	J♦	3♥
31	K♦ 6♠	Q♥ 4♣	J♠ 10♠	3♠ 6♥	3♥ Q♦	7♥ 8♠	9♠	4♦	6♦/2♣	J♣	A♥
32	9♣ 8♣	10♣ 2♥	J♦ 5♥	Q♣ A♦	9♥ 10♦	6♠ 3♠	3♠	6♦	K♥/Q♠	10♥	A♦
33	K♣ 3♥	8♦ 4♥	Q♣ K♠	6♣ K♦	7♣ 4♣	K♥ 7♥	3♠	6♥	7♥/8♥	5♠	2♦
34	9♦ 6♥	3♥ 9♥	6♣ K♦	2♠ 8♥	K♠ Q♣	2♣ 10♠	A♠ K♠	2♦	K♥/A♥	4♦	6♣
35	2♣ 7♥	A♠ 10♦	J♦ Q♥	10♠ K♠	5♠ 8♥	8♠ 3♦	7♥	Q♦	8♠/10♥	5♥	8♠
36	J♠ 6♣	3♥ K♥	10♠ 2♦	K♦ 5♦	4♠ J♦	7♥ 3♠	3♣	A♠	10♦/A♦	5♠	K♣
37	6♥ 5♠	A♠ 5♥	K♦ 4♥	Q♠ J♦	A♥ 10♠	6♠ 2♠	K♠ A♥	4♦	6♠/2♥	4♣	2♠
38	8♦ 7♥	3♥ A♦	2♠ 6♠	K♠ A♥	2♠ K♦	A♣ 10♥	K♠	7♦	Q♠/3♠	6♥	6♠
39	A♣ 5♠	K♦ 8♥	6♥ A♠	10♦ A♥	J♣ 2♠	9♠ 3♥	3♥	10♠	8♣/10♣	3♦	9♠
40	3♦ 5♦	5♠ 8♠	10♥ 8♦	6♠ A♠	Q♠ 5♥	8♠ 4♠	4♠	7♥	Q♠/9♠	Q♦	K♥
41	K♥ 7♦	Q♥ 9♠	7♣ 2♠	J♦ 4♠	2♣ 10♥	5♠ K♠	6♠	4♠	A♠/10♣	9♦	2♠
42	K♠ 4♠	7♦ 9♠	J♠ 3♦	J♦ 9♣	4♥ J♣	A♠ 7♥	2♥	K♦	7♥/9♦	5♦	A♠
43	9♠ A♦	J♦ 10♣	J♥ Q♣	10♠ 6♥	2♣ Q♥	A♣ A♠	A♠	2♠	5♦/5♠	3♣	7♥
44	8♠ K♦	9♠ 6♦	10♠ Q♣	J♠ 5♣	Q♠ J♥	K♠ 4♥	A♥ Q♠	7♦	A♣/3♦	K♦	8♥
45	2♣ 3♠	K♣ 10♦	J♦ 4♣	4♥ J♥	4♦ 10♠	2♠ 8♦	8♥	3♦	6♣/6♠	7♠	7♠
46	3♦ 7♠	6♥ A♠	A♦ 5♥	10♣ 10♥	8♣ 5♣	3♠ 4♥	4♥	J♥	5♠/Q♠	8♥	K♦
47	J♣ 4♦	7♦ Q♦	10♣ 5♥	K♦ Q♠	7♣ 4♥	5♠ 8♠	3♣	5♠	7♥/9♠	7♥	3♣
48	J♠ Q♣	4♦ 8♠	K♣ 2♥	A♠ 9♠	6♠ 3♠	2♦ 5♠	5♠	4♥	9♣/4♣	A♠	5♦
49	2♣ 7♥	2♠ 5♣	A♦ 5♦	4♦ 4♣	6♦ 7♣	6♥ Q♥	2♦	K♦	K♥/3♥	2♣	9♦

歲數	水星	金星	火星	木星	土星	天王	海王	長期	冥王/結果	環境	置換
50	Q♦	A♠	4♦	9♥	10♠	7♥	4♠	8♦	5♣/8♦	K♥	Q♦
	5♠	8♠	6♠	7♣	3♠	4♠					
51	K♣	2♠	9♥	3♦	J♥	5♠	2♦	6♦	A♣/6♣	9♠	3♦
	A♠	3♥	Q♥	7♣	9♣	2♦					
52	K♦	8♦	6♥	8♣	5♥	J♦	3♦	8♣	4♥/10♦	6♠	6♥
	Q♦	4♠	3♠	3♥	A♠	K♥					
53	7♣	3♠	8♣	5♠	J♦	Q♦	10♠	5♥	Q♠/10♣	2♠	4♦
	J♥	5♠	9♣	K♠	2♠	4♠					
54	A♠	2♦	6♣	7♠	5♦	J♥	5♣	J♦	3♥/2♥	K♣	5♣
	K♠	7♣	A♦	9♥	8♦	J♠					
55	2♠	3♦	7♦	J♦	6♠	6♦	9♦	3♦	9♠/8♠	8♠	5♥
	5♠	K♣	9♥	2♥	K♦	9♦					
56	8♦	2♦	10♣	Q♠	4♣	5♠	J♦	7♣	K♠/Q♥	6♠	4♦
	5♦	8♥	4♦	8♠	7♦	A♣					
57	J♥	3♦	Q♠	A♣	10♦	6♣	K♥	3♠	2♣/4♥	2♦	5♠
	6♦	4♦	7♣	2♠	8♠	K♥					
58	J♥	4♠	9♣	Q♥	2♠	A♠	6♣	8♣	5♦/9♥	A♦	10♥
	9♠	8♥	3♠	5♥	J♠	K♣					
59	8♠	A♥	Q♠	4♠	K♦	6♥	A♠	5♠	10♣/3♥	A♥	J♣
	2♣	4♦	A♦	9♥	2♥	A♠					
60	3♦	2♣	4♠	Q♣	Q♥	10♠	9♦	J♣	4♣/4♦	3♥	J♦
	2♦	6♦	8♣	2♥	Q♠	9♦					
61	7♦	3♣	A♦	4♦	7♥	2♦	Q♣	Q♦	7♣/10♠	9♣	3♠
	5♠	2♠	J♥	9♠	5♥	10♦					
62	Q♦	2♣	4♦	9♣	J♣	J♦	2♦	10♠	6♠/3♥	10♦	6♦
	10♣	8♦	10♥	9♦	5♥	2♦					
63	4♥	A♣	4♠	10♦	6♥	8♠	J♦	A♠	3♦/8♣	Q♠	9♠
	K♣	K♠	3♠	10♣	7♥	6♦					
64	9♦	6♥	K♠	4♦	A♣	5♥	K♦	2♦	8♠/A♦	8♦	Q♥
	2♠	Q♣	10♥	8♣	2♥	10♣					
65	6♠	A♥	4♠	10♣	9♥	2♠	J♥	6♣	7♥/Q♥	9♣	10♠
	3♦	J♠	7♣	2♠	4♠	2♦					
66	8♠	3♠	10♠	10♥	6♦	7♥	3♣	9♥	Q♦/K♠	J♠	4♥
	3♦	Q♣	2♣	Q♥	4♠	5♣					
67	K♣	3♦	10♣	5♠	5♥	10♥	5♦		7♣/9♠	10♠	4♠
	J♠	9♣	2♥	6♣	2♠	2♦					
68	5♦	K♠	6♥	A♣	3♦	A♠	A♥	J♥	10♦/Q♥	4♠	10♣
	J♣	8♦	J♠	8♠	Q♣	6♣	3♦				
69	8♣	6♠	7♥	6♠	9♦	4♦	6♥	5♣	4♣/8♦	4♥	J♠
	J♦	Q♠	9♣	5♠	K♦	6♥					
70	10♣	3♣	6♠	J♠	10♠	3♠	4♦	2♠	8♣/2♣	10♠	7♣
	3♦	8♥	J♣	8♦	10♥	4♦					
71	K♠	9♦	2♥	5♦	9♠	10♦	7♣	3♦	3♠/6♦	Q♥	8♦
	9♣	Q♥	8♠	Q♠	J♥	9♠					
72	A♦	4♠	9♣	J♣	5♣	2♠	9♠	9♥	Q♣/5♥	J♣	Q♠
	10♣	8♠	10♥	3♠	5♥	9♠					
73	6♥	5♦	9♦	4♠	Q♠	Q♥	2♦	J♦	7♦/A♠	6♦	10♦
	7♥	J♥	2♠	7♥	3♠	6♦					
74	K♣	7♠	4♠	10♥	J♣	7♦	10♦	6♠	J♥/6♣	3♠	Q♣
	9♠	4♠	10♠	9♣	Q♦	10♣					
75	2♥	8♥	8♠	J♠	4♥	5♠	10♥	6♦	9♥/Q♠	J♠	3♥
	K♣	A♠	10♠	A♠	5♥	10♥					
76	K♦	Q♥	J♠	3♠	3♥	9♥	9♠	9♦	6♦/2♣	J♣	A♥
	6♠	4♠	10♠	6♥	Q♦	9♠					
77	9♣	10♠	J♦	Q♣	7♥	6♠	3♠	8♦	K♥/Q♠	10♥	A♦
	8♠	A♣	5♥	A♦	10♦	3♠					
78	K♣	8♠	Q♣	6♣	7♣	K♥	2♦		7♥/8♥	5♠	2♦
	3♥	4♥	K♠	K♠	4♣	9♥					
79	9♠	3♥	6♣	2♠	K♠	2♣	2♥	10♣	K♥/A♥	4♦	6♣
	6♥	7♦	K♦	8♦	Q♣	10♠	K♠				
80	2♣	A♠	J♦	10♠	5♠	8♠	9♥	Q♠	8♠/10♥	5♠	8♠
	7♥	10♦	Q♥	K♠	8♥	3♦					
81	J♠	3♥	10♠	K♦	4♠	7♥	3♣	4♦	10♦/A♥	5♠	K♣
	6♠	K♥	2♦	5♠	J♦	3♣					
82	6♥	A♠	K♠	Q♠	A♥	6♠	3♣	5♠	6♠/A♣	4♠	2♠
	5♠	5♥	4♥	J♦	10♠	2♠	A♥				
83	8♠	3♦	2♦	K♠	2♠	2♦	J♣	J♦	Q♠/3♠	6♥	6♠
	7♥	A♦	6♠	A♥	J♦	10♠					
84	2♥	K♦	6♥	10♦	J♣	9♠	3♥	J♥	8♦/10♣	3♦	9♠
	5♠	8♥	A♠	A♥	2♠	3♥					
85	3♠	5♠	10♥	6♠	Q♣	8♠	A♠	3♦	Q♠/9♣	Q♦	K♥
	5♦	8♠	8♦	A♠	5♥	4♠					
86	K♥	Q♥	7♠	J♠	J♠	5♦	6♠	Q♠	A♠/10♣	9♦	2♠
	9♥	9♠	8♠	4♠	10♠	K♠					
87	K♦	9♥	J♠	J♥	4♦	A♠	A♣	2♥	7♥/9♦	5♦	A♠
	4♠	3♣	3♦	7♠	3♦	A♣					
88	7♦	J♣	J♥	10♠	2♦	2♥	A♠	10♦	5♦/5♣	3♣	7♥
	A♦	10♣	Q♣	6♥	Q♦	10♠					
89	8♠	9♠	10♠	J♠	2♠	K♠	A♥	6♣	2♥/3♥	K♦	8♥
	K♦	6♥	Q♣	5♣	J♥	4♥	Q♠				
90	2♣	K♣	J♦	4♦	4♠	2♠	9♥	K♥	6♣/6♠	7♠	6♦
	3♠	10♦	4♣	J♥	10♠	8♦					
91	3♦	6♥	A♦	10♣	8♣	3♠	4♥	J♦	5♠/Q♠	8♥	K♦
	9♥	2♥	5♥	10♥	5♣	4♥					
92	J♣	9♥	10♠	K♦	7♠	2♣	4♠		7♥/9♠	7♥	3♠
	4♦	Q♦	5♥	Q♠	4♥	8♠					
93	J♠	4♠	K♦	A♠	2♦	5♠	9♣		9♣/4♣	A♠	5♦
	Q♣	8♣	A♣	8♠	3♠						
94	2♣	2♠	A♦	4♦	6♦	6♥	2♦	Q♥	K♣/3♥	2♣	9♦
	7♥	5♠	5♦	6♣	3♣	Q♥					
95	Q♦	A♠	4♦	7♠	10♠	7♥	4♠	2♠	5♣/8♥	K♥	Q♦
	5♠	8♠	6♠	7♠	3♠	4♠					
96	K♣	2♠	7♦	3♦	J♥	5♠	2♦	A♠	2♥/6♣	9♠	3♦
	A♦	3♥	Q♥	7♠	9♣	2♦					
97	K♦	8♦	6♥	8♣	5♥	J♦	3♦	6♣	4♥/10♦	6♠	6♥
	Q♦	4♠	3♠	3♥	A♠	K♥					
98	7♣	3♠	8♣	5♠	J♦	Q♦	10♠	8♠	Q♠/10♣	2♠	4♣
	J♥	5♠	9♣	K♠	2♠	4♠					
99	A♠	2♦	6♣	9♥	5♦	J♥	5♣	A♥	3♥/A♣	K♣	5♣
	K♠	7♣	A♦	7♥	8♦	J♠					

黑桃8

歲數	水星	金星	火星	木星	土星	天王	海王	長期	冥王/結果	環境	置換
0	A♥ 2♦	A♦ 9♣	Q♦ 5♣	5♦ K♠	3♣ 6♣	3♠ 2♣	9♥	A♥	7♣/5♦	8♠	8♠
1	J♣ J♠	10♠ 3♥	5♥ 10♣	K♣ 6♠	7♥ Q♦	2♦ 2♠	2♠	A♦	9♣/4♠	6♣	K♣
2	A♠ 3♣	A♦ 7♠	K♣ 4♦	6♦ Q♦	4♥ 5♥	J♠ Q♠	K♠ 4♥	Q♦	10♦/A♣	2♦	2♠
3	3♠ 2♦	10♠ 4♠	10♣ 10♦	K♠ 4♥	Q♠ K♣	2♥ 5♦	8♠	5♥	6♦/3♦	A♦	6♠
4	2♥ 3♣	K♣ 6♣	A♠ A♦	5♦ 4♥	9♦ Q♠	Q♣ 10♠	10♠	3♣	8♣/10♥	A♥	9♠
5	2♣ 6♠	3♣ 7♣	5♦ 3♣	10♦ 4♣	Q♥ 7♠	8♣ 5♠	5♠	3♠	6♦/4♣	3♥	K♥
6	3♥ 9♥	5♣ Q♣	J♦ Q♠	Q♦ 5♣	A♥ 5♠	6♠ K♠	10♦	9♥	A♦/10♥	Q♣	2♣
7	K♣ 5♠	9♥ 4♣	Q♦ J♣	J♥ 8♣	4♣ A♠	A♠	A♣	J♣	2♦/9♠	10♣	A♠
8	7♦ 4♠	9♦ 10♥	J♦ Q♥	5♦ A♠	A♥ 5♣	2♥ A♦	A♦	10♠	6♠/8♥	Q♠	7♥
9	7♣ K♣	Q♣ 6♥	5♥ Q♥	J♣ 8♥	6♦ J♥	K♠ 4♦	4♥ 6♦	5♥	2♥/10♠	8♦	8♥
10	A♥ 3♦	8♦ 9♣	Q♦ 7♥	4♦ J♥	K♦ 5♥	Q♠ 3♠	6♠	K♣	J♠/10♦	7♣	7♠
11	2♣ 9♥	A♠ 2♥	4♠ 7♣	10♥ 5♦	3♦ 8♥	4♦ 4♦	7♥		3♣/6♦	J♠	K♦
12	9♦ K♦	9♥ K♥	10♥ 7♠	K♣ 6♦	J♦ 4♦	3♣ 7♣	2♠	2♦	2♦/Q♣	10♠	3♣
13	J♣ Q♥	K♦ 8♣	K♣ A♣	A♦ Q♣	10♦ 3♦	10♠ 3♠	8♣	2♠	4♣/7♥	4♠	5♦
14	A♥ 2♦	Q♠ 8♥	4♠ 6♠	K♦ 7♦	6♥ J♥	A♠ 5♠	10♣	A♠	3♥/10♠	4♥	9♦
15	K♥ 3♣	A♠ 7♠	K♦ 10♣	7♠ J♦	7♥ 3♦	2♦ 3♠	5♠	A♦	8♥/6♣	10♠	Q♦
16	8♦ 4♠	Q♠ 10♠	7♠ 5♠	7♣ J♦	J♥ 4♣	3♣ 10♣	10♣	K♣	2♥/J♠	Q♥	3♦
17	K♣ K♥	3♠ 5♠	6♥ 3♥	8♣ 10♠	7♠ A♦	Q♦ 3♥	2♣	6♦	4♦/9♣	9♠	6♥
18	J♦ J♥	3♦ 3♣	8♣ 4♣	8♥ 8♦	9♦ Q♠	K♥ 7♥	5♥	4♥	6♦/10♥	6♦	4♣
19	A♦ K♠	10♣ J♦	8♣ 4♠	9♥ 7♥	J♦ 3♣	8♥	J♠		10♠/A♣	3♠	5♣
20	Q♠ 3♣	2♣ 8♦	9♥ 7♠	Q♦ A♣	10♦ K♣	6♥ 9♠	9♠	K♠	Q♣/7♣	J♦	5♥
21	3♠ 6♠	10♣ 6♣	10♥ K♦	6♦ 7♣	7♦ 9♥	3♣ 2♥	Q♦	3♠	K♣/5♣	J♠	4♦
22	J♥ 6♥	2♣ K♦	6♦ J♦	Q♦ Q♠	J♠ 7♣	3♥ K♠	10♠		A♥/4♦	10♥	5♠
23	Q♦ Q♣	5♠ 6♠	4♠ 3♦	6♦ 5♥	Q♠ J♣	A♥ 8♦	J♠	10♣	6♠/7♦	5♠	10♥
24	7♣ A♥	4♥ 7♥	6♠ 4♠	5♠ 7♥	K♣ A♣	A♠ A♦	A♦	K♠	10♥/10♠	4♦	J♣
25	2♣ 10♣	A♥ 6♥	5♠ 8♣	Q♥ A♣	5♣ 6♦	10♥ 9♠	9♠	Q♠	7♥/K♦	5♥	J♦
26	9♥ 3♣	8♥ Q♠	4♠ J♥	K♦ 9♠	2♠ 7♠	10♣ 9♣	Q♥	2♥	J♦/5♥	5♣	3♠
27	K♥ 10♥	A♥ 3♠	K♦ 5♠	4♣ 9♠	9♦ 7♠	Q♥ 10♣	10♣	8♣	10♦/10♠	4♣	6♦
28	4♦ 8♦	2♥ K♠	5♣ 3♦	9♣ 10♥	J♠ 9♥	7♠ 6♥	Q♦	2♥	2♣/8♣	6♥	9♣
29	9♠ A♥	A♠ Q♥	K♠ 5♦	K♦ 8♣	2♥ A♣	7♠ 10♥	K♣	K♣	7♣/4♣	3♦	Q♥
30	J♠ 2♣	4♥ J♣	5♠ J♦	10♥ A♥	7♦ 7♥	Q♠ 10♣	J♥	A♠	2♦/5♣	Q♦	10♠
31	7♠ 2♣	3♦ Q♥	10♥ A♥	5♦ 5♣	6♥ 5♠	2♦ 8♥	2♠	5♦	K♥/K♠	9♠	4♥
32	8♦ J♣	2♣ 7♠	5♦ A♣	8♥ J♠	7♠ Q♠	9♣ 10♣	10♣	9♦	J♦/Q♠	5♦	4♣
33	6♠ 9♦	K♣ 3♠	A♠ J♣	2♥ 7♣	2♣ Q♥	A♦ J♠	4♥ 2♣	Q♣	9♣/5♣	3♣	10♣
34	8♣ Q♦	10♦ 6♦	2♥ 9♠	J♠ 3♠	9♠ K♠	K♦ A♠	A♠	10♠	7♥/3♠	K♦	J♠
35	10♥ 2♣	2♠ 6♠	J♠ 9♥	J♣ 3♠	5♥ 5♦	3♦ K♦	K♦	2♣	7♣/A♥	7♠	7♣
36	K♠ 4♣	9♣ 5♠	6♠ 7♣	6♥ 2♣	Q♣ 6♦	9♣ J♥	J♦ Q♣	3♣	3♦/6♥	8♥	8♣
37	4♠ 10♥	5♣ 7♣	4♠ 5♦	9♦ 3♦	8♥ 6♠	10♣ Q♣	Q♣	5♦	Q♥/7♠	7♥	Q♠
38	A♠ J♦	6♥ J♥	5♠ Q♠	6♦ 2♦	5♣ 3♦	10♣ 6♥	10♦		9♥/A♦	A♠	10♣
39	8♦ Q♣	J♦ 7♥	5♠ 5♥	9♠ 2♣	9♦ Q♥	9♥ 10♥		Q♥	J♥/J♠	2♣	Q♣
40	A♣ 8♦	6♠ A♦	7♠ 5♥	J♣ 4♠	4♦ 7♠	3♣ 5♦	5♦	8♣	7♦/6♥	K♥	3♥
41	K♣ 10♦	5♣ 7♥	J♣ 5♥	3♦ A♣	10♠ K♥	7♦ Q♣	Q♠	5♠	6♥/A♥	9♠	A♥
42	4♣ 8♣	10♥ 2♥	Q♦ 7♠	Q♥ 4♠	9♦ 9♣	10♣ 3♦	3♦	3♥	3♥/6♦	6♠	A♦
43	8♦ 10♠	8♣ 4♦	Q♥ K♣	J♠ K♣	J♦ 7♥	3♥ 7♦	2♠	5♣	2♦/6♣	2♠	2♦
44	9♠ A♠	10♣ 9♥	J♠ K♣	Q♠ 6♣	K♣ Q♥	A♥ 5♥	A♣ K♠	J♦	3♥/4♦	K♣	6♠
45	A♥ 2♦	A♦ 9♣	Q♦ 5♣	5♥ K♠	3♣ 6♣	3♠ 2♣	7♠	Q♦	7♣/5♦	8♠	8♠
46	J♣ J♠	10♠ 3♥	5♥ 10♣	K♣ 6♠	7♥ Q♦	2♦ 2♠	2♠	A♥	9♣/4♠	6♣	K♣
47	A♠ 3♣	A♦ 7♠	K♣ 4♦	6♦ Q♦	4♥ 5♥	J♠ Q♠	K♠ 4♥	6♠	10♦/2♥	2♦	2♠
48	3♠ 2♦	10♠ 4♠	10♣ 10♦	K♠ 4♥	Q♠ K♣	A♠ 5♦	8♦	10♦	6♦/3♦	A♦	6♠
49	A♣ 3♣	K♣ 6♣	A♠ A♦	5♦ 4♥	9♦ Q♠	Q♠ 10♠	10♠	K♣	8♣/10♥	A♥	9♠

歲數	水星	金星	火星	木星	土星	天王	海王	長期	冥王/結果	環境	置換
50	2♣	3♣	5♦	10♦	Q♥	8♣	5♠	9♥	6♦/4♣	3♥	K♥
	6♠	7♣	3♠	4♠	7♠	5♠					
51	3♥	5♣	J♦	Q♦	A♥	6♠	10♦	Q♦	A♦/10♥	Q♣	2♣
	7♦	Q♠	Q♠	5♠	5♦	K♠					
52	K♣	7♦	Q♣	J♥	4♦	A♦	2♥	J♥	2♦/9♠	10♦	A♠
	5♠	4♣	2♣	7♠	8♣	2♥					
53	9♥	9♦	J♥	5♦	A♥	A♣	A♦	4♦	6♠/8♥	Q♠	7♥
	4♠	10♦	Q♥	A♠	5♠	A♦					
54	7♣	Q♣	5♥	J♣	6♦	K♠	4♥	A♦	A♣/10♠	8♦	8♥
	K♣	6♥	Q♥	8♥	J♥	4♦	6♦				
55	A♥	8♦	Q♦	4♦	K♦	Q♠	6♣	A♣	J♠/10♦	7♠	7♠
	3♦	9♠	7♥	J♥	5♥	3♠					
56	2♣	A♠	4♠	10♥	8♠	3♦	4♦	7♦	3♠/6♦	J♠	K♦
	7♦	A♣	7♠	5♦	8♥	4♦					
57	9♦	7♦	10♥	K♣	J♠	3♠	2♠	9♦	2♦/Q♣	10♠	3♠
	K♦	K♥	7♠	6♦	4♦	7♠					
58	J♣	K♦	K♣	A♠	10♦	10♠	3♣	J♥	4♣/7♥	4♠	5♦
	Q♥	8♠	2♥	Q♣	3♦	3♣					
59	A♥	Q♠	4♠	K♦	6♥	A♠	10♣	5♥	3♥/10♠	4♥	9♦
	2♦	8♥	6♠	7♦	J♦	5♣					
60	K♥	A♦	K♦	9♥	5♦	5♠		A♥	8♥/6♣	10♠	Q♦
	3♣	7♣	10♦	J♦	3♦	5♠					
61	8♦	Q♠	9♥	2♣	J♥	3♣	10♣	2♥	A♠/J♠	Q♥	3♦
	4♠	10♣	5♣	J♦	4♣	10♣					
62	K♣	3♠	6♥	8♣	7♠	Q♦	2♣	A♦	4♦/9♣	9♣	6♥
	K♥	5♠	3♦	10♠	A♦	3♥					
63	J♦	3♦	8♣	8♥	9♦	K♥	5♥	7♣	6♦/10♥	6♦	4♦
	J♥	3♣	4♠	8♣	Q♥	7♥					
64	A♦	10♣	J♠	7♦	6♠	J♥	8♥	Q♣	10♠/2♥	3♠	5♣
	K♠	J♦	4♠	9♦	3♠	J♣					
65	Q♠	2♣	7♠	Q♦	10♦	6♥	9♠	5♥	Q♣/7♣	J♦	5♥
	3♣	8♦	9♥	2♣	K♣	9♠					
66	3♠	10♣	10♥	6♦	7♥	3♣	Q♦	J♣	K♣/5♣	J♣	4♦
	6♠	6♣	K♦	7♣	7♦	A♣					
67	J♥	2♣	6♦	A♠	9♠	J♠	3♥	6♦	A♥/4♦	10♥	5♠
	6♥	K♦	J♦	Q♠	7♦	K♠					
68	Q♦	5♠	5♣	Q♠	A♦	J♠		K♠	6♠/9♥	3♠	10♥
	Q♣	6♣	3♦	7♠	J♣	8♦					
69	7♣	4♥	6♦	5♠	K♣	A♠	A♦	4♥	10♥/10♠	4♦	J♣
	A♥	7♥	4♠	9♥	2♥	A♦					
70	2♣	A♥	5♠	Q♥	5♣	10♥	9♠	A♥	7♥/K♦	5♥	J♦
	10♣	6♥	8♠	2♥	6♦	9♠					
71	7♦	8♥	4♠	K♦	2♣	10♥	Q♥	8♦	J♦/5♦	5♣	3♠
	3♣	Q♠	J♥	9♠	3♦	9♣					
72	K♥	A♥	K♦	4♣	9♦	Q♦	10♣	Q♦	10♦/10♠	4♦	6♦
	10♥	3♠	5♦	9♠	7♦	10♣					
73	4♦	A♣	5♠	9♣	J♠	7♣	Q♦	4♦	2♠/8♣	6♥	9♦
	8♦	K♠	3♦	10♦	7♦	6♥					
74	9♠	A♠	K♠	K♦	A♠	7♠	J♣	K♦	7♥/4♠	3♦	Q♥
	A♥	Q♥	5♦	8♣	2♥	10♦					
75	J♠	4♥	5♠	10♥	9♥	Q♠	J♥	Q♠	2♦/5♣	Q♦	10♠
	2♣	J♣	J♦	A♥	7♥	10♣					
76	7♣	3♦	10♥	5♦	6♥	2♦	2♠	6♣	K♥/K♠	9♦	4♥
	2♣	Q♥	A♥	5♣	5♠	8♥					
77	8♦	2♣	5♦	8♥	7♠	9♠	10♠	2♣	J♦/Q♠	5♦	4♠
	J♣	9♥	2♥	J♠	Q♠	10♣					
78	6♠	K♠	A♠	A♠	2♠	A♦	4♥	A♠	9♣/5♣	3♠	10♣
	9♦	3♠	J♠	7♣	Q♥	J♠					
79	8♣	10♦	2♦	J♠	9♠	K♦	A♠	4♠	7♥/3♠	K♦	J♠
	Q♦	6♦	9♦	3♠	K♠	A♠					
80	10♦	2♠	J♠	J♣	5♦	3♦	K♦	10♥	7♣/A♥	7♠	7♣
	2♣	6♠	9♦	3♠	5♦	K♦					
81	K♠	9♠	2♥	6♠	Q♣	9♠	J♦	8♠	3♦/6♦	8♥	8♣
	4♣	5♠	7♣	2♠	6♦	J♥	Q♣				
82	4♠	5♠	4♦	9♦	8♥	10♣		3♦	Q♥/7♠	7♥	Q♠
	10♥	7♠	5♦	3♦	6♠						
83	A♠	6♠	9♠	5♠	6♦	5♠	10♦	4♦	7♦/A♦	A♠	10♦
	J♦	J♥	Q♠	2♠	3♦	6♥					
84	8♦	J♦	5♠	5♦	9♦	7♦		9♦	J♥/J♠	2♣	2♣
	Q♣	7♥	5♦	4♣	Q♥	10♥					
85	2♥	6♣	7♠	J♣	4♦	3♠	5♦	9♥	9♥/6♦	K♥	3♥
	8♦	A♣	5♥	4♠	7♠	5♦					
86	K♣	5♣	J♣	3♦	10♠	9♥	10♥	6♥/A♥	9♠	A♥	
	10♦	7♥	5♥	A♠	K♥	Q♣					
87	4♣	10♥	Q♦	Q♥	7♦	10♦	J♦	K♣	3♥/6♦	6♠	A♦
	8♣	A♣	7♠	4♠	4♣	3♦					
88	8♦	8♠	Q♥	4♦	3♦	3♥	2♠	J♦	2♦/6♣	2♠	2♦
	10♠	4♦	K♠	K♣	7♥	9♥					
89	9♠	10♣	J♠	Q♠	K♠	A♥	2♥	3♥/4♥	K♣	6♠	
	A♠	7♦	K♣	Q♣	Q♥	5♥	K♠				
90	A♥	A♣	Q♦	5♥	3♠	3♥	2♠	7♦/5♦	8♠	8♠	
	2♦	9♣	5♣	K♠	6♣	5♦					
91	J♣	10♠	5♥	K♣	7♥	2♦	2♠	J♣	9♣/4♠	6♣	K♣
	J♠	3♥	10♣	2♠	Q♦	2♠					
92	A♠	A♠	K♠	6♠	4♥	J♠	K♦	10♦/A♥	2♦	2♠	
	3♣	7♠	4♦	Q♦	5♥	Q♣	4♦				
93	3♠	10♠	10♠	K♠	Q♠	2♥	8♦	K♣	6♦/3♦	A♦	A♠
	2♦	4♠	10♦	4♦	K♣	5♦					
94	2♥	K♣	A♠	5♦	9♦	Q♣	A♦	8♦/10♥	A♥	9♠	
	3♣	6♠	A♦	4♦	Q♠	10♠					
95	2♣	3♣	5♦	10♦	Q♥	8♣	5♠	10♦	6♦/4♣	3♥	K♥
	6♠	7♣	3♠	4♠	7♠	5♠					
96	3♥	5♣	J♦	Q♦	A♥	6♠	10♦	10♣	A♦/10♥	Q♣	2♣
	9♥	Q♠	Q♠	5♠	5♦	K♠					
97	K♣	9♥	Q♦	J♥	4♦	A♦	A♠	3♣	2♦/9♠	10♦	A♠
	5♠	4♣	2♦	7♣	8♣	2♥					
98	7♦	9♦	J♥	5♦	A♥	2♥	A♦	A♥	6♠/8♥	Q♠	7♥
	4♠	10♥	Q♥	A♠	5♠	A♦					
99	7♠	Q♠	5♥	J♣	6♦	K♠	4♥	Q♠	2♥/10♠	8♦	8♥
	K♣	6♥	Q♥	8♥	J♥	4♦	6♦				

黑桃9

歲數	水星	金星	火星	木星	土星	天王	海王	長期	冥王/結果	環境	置換
0	2♥ / 3♦	K♥ / 6♠	K♦ / K♣	6♥ / 7♠	4♣ / A♥	2♦ / J♠	J♠	2♥	8♣/6♦	9♠	9♠
1	7♠ / A♠	3♦ / Q♣	6♥ / 10♠	A♦ / 8♦	10♣ / 9♦	8♠ / 3♠	3♠	K♥	4♥/5♠	6♠	K♥
2	6♣ / 9♥	10♥ / 2♦	Q♥ / A♥	5♣ / 3♠	8♠ / 6♥	A♠ / K♠	A♦	K♦	K♣/6♦	2♠	2♣
3	K♥ / 3♠	9♥ / 5♠	5♣ / 7♠	J♥ / Q♣	J♦ / 8♠	K♠ / A♠	A♣	6♥	2♠/7♥	K♣	A♠
4	7♦ / 8♦	♣ / 6♦	J♣ / 10♠	♣ / K♦	8♠ / 10♥	2♥ / 4♣	K♣	4♣	A♠/5♦	8♠	7♥
5	Q♣ / K♥	2♦ / 4♦	J♣ / 10♣	9♣ / 5♦	4♥ / J♥	K♠ / J♦	7♣ / 4♥	2♦	2♥/J♠	6♣	8♥
6	8♠ / 5♥	3♥ / 4♠	5♣ / 3♣	J♥ / J♥	Q♦ / J♣	A♥ / 10♠	6♠	J♠	10♦/A♦	2♦	7♠
7	7♠ / 9♥	K♦ / 2♥	8♦ / 9♠	6♦ / 5♦	8♠ / J♦	5♦	J♦	7♠	3♦/4♥	A♦	K♦
8	4♣ / Q♦	9♥ / 8♥	6♣ / 9♠	K♥ / 4♥	Q♥ / J♦	3♦ / Q♣	2♣	3♦	2♠/2♦	A♥	3♣
9	9♣ / 10♣	Q♦ / 8♣	K♥ / A♣	K♣ / 2♥	A♥ / 5♥	Q♠ / 3♦	3♦	6♥	5♠/3♣	3♥	5♦
10	8♠ / 2♠	A♥ / 5♦	8♦ / A♠	Q♦ / 3♣	4♦ / Q♥	K♥ / 10♥	Q♠	A♦	6♣/J♠	Q♣	9♣
11	8♥ / 3♦	K♣ / Q♣	Q♦ / A♦	7♦ / Q♦	J♣ / 5♦	2♠ / 3♠	3♠	10♣	5♦/6♠	10♦	Q♦
12	3♥ / 8♦	A♥ / J♣	7♦ / 10♦	7♠ / Q♥	J♥ / 5♠	3♦ / Q♠	Q♠	8♣	2♥/10♦	Q♠	3♦
13	K♥ / 8♥	10♠ / 3♠	4♥ / 5♥	8♠ / J♠	9♥ / K♣	7♦ / 6♣	3♠		J♦/4♠	8♦	6♥
14	Q♥ / J♥	5♥ / 3♦	8♣ / 5♠	5♣ / 3♥	4♣ / A♥	8♥ / 3♣	J♣	6♠	4♥/6♦	7♣	4♠
15	K♣ / K♠	Q♣ / Q♥	10♣ / 8♣	9♥ / 5♠	A♣ / 4♣	5♦	10♥		J♠/A♣	J♠	5♣
16	A♥ / 3♦	7♠ / 3♥	9♥ / 7♣	5♣ / A♣	A♦ / K♥	4♦ / 7♥	7♥	Q♥	2♦/Q♣	10♦	5♥
17	10♠ / A♥	Q♣ / 6♠	6♦ / Q♣	4♦ / Q♠	4♣ / 9♦	5♦ / 2♥	5♣		K♣/10♥	4♣	4♦
18	J♥ / 4♦	7♠ / Q♦	4♥ / Q♥	2♥ / A♥	4♠ / Q♣	10♦ / K♥	6♠	8♠	8♠/J♦	4♥	5♠
19	5♣ / 2♦	8♠ / 6♠	5♣ / 5♥	10♥ / 8♦	A♥ / 4♣	K♣ / 6♥	10♦	A♠	A♥/7♦	10♠	10♥
20	Q♣ / 8♠	7♠ / 3♣	4♥ / 8♦	3♠ / 7♦	K♥ / A♥	K♦ / K♣	K♣	A♦	6♦/J♠	Q♥	J♣
21	7♠ / Q♠	8♠ / 4♦	3♣ / 8♣	10♠ / A♠	10♥ / 4♥	6♦ / 7♠	7♥	K♥	3♣/Q♦	9♠	J♦
22	9♥ / 3♦	5♦ / A♥	8♦ / J♥	Q♦ / 7♠	2♠ / 9♦	Q♠ / 4♠	10♣	9♥	Q♥/J♣	6♦	3♠
23	8♥ / 6♦	8♠ / 10♠	Q♦ / 6♦	5♠ / 7♦	4♠ / 9♦	5♠ / Q♠	Q♠	5♣	A♦/J♦	3♠	6♦
24	J♦ / 3♥	2♥ / K♠	3♠ / 5♥	4♠ / 6♦	10♦ / 9♦	Q♣ / 4♦	5♠	J♥	7♠/8♣	J♠	9♣

歲數	水星	金星	火星	木星	土星	天王	海王	長期	冥王/結果	環境	置換
25	7♥ / 8♠	K♦ / 10♣	K♠ / 6♥	Q♦ / 8♣	2♥ / A♣	9♣ / 6♦	K♥	J♦	Q♣/8♦	J♣	Q♥
26	10♦ / 7♠	7♣ / 9♣	3♠ / Q♥	6♦ / 8♠	7♥ / 3♣	A♥ / Q♠	J♥	K♣	2♠/10♥	10♥	10♠
27	Q♣ / 7♠	5♥ / 10♣	6♦ / 8♠	6♥ / 10♥	4♦ / 3♠	2♠ / 5♦	2♠	A♣	8♥/K♠	5♠	4♥
28	3♥ / 9♣	7♠ / 7♠	6♥ / A♠	5♦ / 10♠	9♥ / A♥	2♣ / Q♠	Q♠	7♦	Q♥/2♦	4♠	4♠
29	A♠ / 4♣	K♠ / 10♠	K♦ / 9♣	2♥ / Q♣	7♠ / 10♣	K♣ / 10♦	7♠ / 7♠	4♣	4♠/10♥	5♥	10♣
30	8♣ / 5♣	A♦ / 4♥	2♠ / 4♠	10♦ / 3♦	7♥ / K♥	Q♦ / K♦	K♦	J♥	3♣/10♠	5♠	J♠
31	6♦ / 7♠	2♣ / 6♠	10♦ / 4♣	9♣ / 10♠	J♣ / 6♥	5♥ / Q♦	Q♦	J♦	Q♣/8♠	4♠	7♠
32	K♠ / 5♠	7♥ / 10♥	A♣ / Q♣	A♠ / 4♣	2♦ / 4♥	4♠ / J♥	Q♥ / 2♦	8♠	5♥/4♦	6♥	8♦
33	8♦ / 6♦	3♥ / Q♣	5♠ / 6♥	4♣ / 5♦	5♦ / A♠	Q♠ / 2♦	2♦	2♥	10♣/9♦	3♦	Q♠
34	K♦ / Q♥	A♥ / J♥	7♥ / A♥	3♠ / 9♠	4♥ / 5♥	10♥ / 4♥	Q♠	K♣	9♥/K♣	Q♦	10♦
35	3♥ / 2♦	Q♥ / 3♣	3♠ / J♠	6♥ / 5♠	4♠ / 10♠	9♥ / 6♥	4♠	Q♠	J♥/10♠	9♠	Q♠
36	A♣ / 3♥	6♠ / K♣	Q♣ / J♣	9♣ / 8♦	J♦ / 9♦	3♦ / 6♥	6♥	2♦	7♦/4♦	5♠	3♥
37	K♥ / A♦	10♥ / 3♣	9♠ / J♠	5♥ / K♦	J♠ / 8♥	7♥ / 2♦	2♦	J♣	4♦/8♠	3♣	A♥
38	5♠ / 8♣	6♠ / 2♥	5♣ / 9♦	10♠ / 8♠	9♥ / 4♠	A♠ / 5♥	5♥	3♣	6♠/4♦	K♠	A♦
39	3♥ / J♠	8♠ / J♦	10♣ / K♠	10♦ / K♥	Q♥ / 8♦	6♠ / 7♠	2♣	4♥	2♠/A♠	7♠	2♦
40	7♥ / K♦	J♠ / 9♥	10♦ / K♥	A♥ / 6♠	K♠ / 10♣	8♠ / K♠	A♣	K♠	6♣/7♣	8♥	6♠
41	8♠ / 2♠	K♣ / 4♠	5♣ / 10♥	J♣ / K♠	3♦ / 6♦	10♠ / 7♠	7♦	7♣	Q♣/6♦	7♥	8♣
42	9♣ / 10♦	J♠ / 6♣	J♠ / Q♠	K♦ / A♠	3♠ / 5♠	2♦ / 2♠	A♠		4♠/8♦	A♣	K♠
43	K♦ / 3♦	K♣ / 9♣	K♥ / J♦	4♥ / J♣	7♣ / A♥	10♦ / 7♣	K♠	3♥	A♦/2♥	2♣	2♠
44	10♠ / 2♠	J♠ / 8♦	Q♠ / A♦	K♠ / 7♣	A♥ / K♥	A♣ / 6♥	3♥	5♣	4♥/5♦	K♥	6♠
45	A♣ / 3♦	K♥ / 6♠	K♦ / K♣	6♥ / 7♠	4♣ / A♥	2♦ / J♠	J♠	J♦	8♣/6♦	9♠	9♠
46	7♠ / A♠	3♦ / Q♣	6♥ / 10♠	A♦ / 8♦	10♣ / 9♦	8♠ / 3♠	3♠		4♥/5♦	6♠	K♥
47	6♣ / 7♦	10♥ / 2♦	Q♥ / A♥	Q♣ / 3♠	8♠ / 6♥	A♠ / K♠	A♦	A♥	K♣/6♦	2♠	2♣
48	K♥ / 3♠	7♦ / 5♠	5♣ / 7♠	J♥ / Q♣	J♦ / 8♣	K♣ / 2♥	2♥	6♠	2♠/7♥	K♠	A♠
49	9♥ / 8♦	4♦ / 6♦	J♥ / 10♣	J♣ / K♦	8♠ / 10♥	A♠ / K♣	K♣	7♠	A♠/5♦	8♠	7♥

歲數	水星	金星	火星	木星	土星	天王	海王	長期	冥王/結果	環境	置換
50	Q♣	2♦	J♣	9♣	4♥	K♠	7♣	K♥	A♣/J♠	6♣	8♥
	K♥	4♦	10♣	5♦	J♥	J♦	4♥				
51	8♠	3♥	5♣	J♦	Q♦	A♥	6♠	8♦	10♦/A♦	2♦	7♠
	5♥	4♦	3♣	J♥	J♣	10♠					
52	7♠	K♦	8♦	6♦	8♣	5♥	J♦	6♦	3♦/4♥	A♦	K♦
	7♦	A♣	9♦	6♥	5♦	J♦					
53	4♣	7♦	6♦	K♦	Q♥	3♦	2♣	8♦	2♠/2♦	A♥	3♣
	Q♦	8♥	9♦	4♥	J♦	Q♣					
54	9♣	Q♥	K♥	K♣	A♦	Q♠	3♦	5♥	5♠/3♣	3♥	5♦
	10♣	8♣	2♥	2♣	5♥	3♦					
55	8♠	A♥	8♣	Q♦	4♦	K♦	Q♠	J♦	6♠/J♠	9♣	9♦
	2♠	5♦	A♠	3♣	Q♥	10♥					
56	8♥	K♣	Q♦	9♥	J♠	2♣	3♣	4♣	5♦/6♠	10♦	Q♦
	3♦	Q♣	A♣	Q♥	5♥	3♦					
57	3♥	A♥	9♦	7♠	J♥	3♦	Q♠	9♥	A♣/10♦	Q♠	3♦
	8♦	J♠	10♥	Q♥	5♠	Q♠					
58	K♥	10♠	4♦	8♣	9♥	5♣	7♠	6♦	J♦/4♠	8♦	6♥
	8♥	3♠	5♥	J♠	K♣	6♣					
59	Q♥	5♥	5♣	5♦	4♦	8♥	J♣	K♥	4♥/6♦	7♣	4♦
	J♥	3♦	5♠	3♥	A♥	3♣					
60	K♣	Q♠	10♦	7♦	A♠	J♥	5♦	Q♥	J♠/2♦	J♠	5♣
	K♠	Q♥	8♦	9♥	10♠	9♣					
61	A♥	7♠	7♦	5♣	A♦	4♦	7♥	3♦	2♦/Q♣	10♣	5♥
	3♦	3♥	9♥	2♦	K♥	7♦					
62	10♠	Q♣	6♦	4♥	3♣	3♦	5♣	2♣	K♠/10♥	4♠	4♦
	A♠	6♠	Q♦	Q♣	7♦	A♣					
63	J♥	7♠	4♥	A♣	4♠	10♦	6♦	9♣	8♠/J♦	4♥	5♠
	4♦	Q♦	Q♥	A♥	Q♣	K♥					
64	5♣	3♠	5♠	10♥	A♥	K♣	10♦	Q♠	A♠/9♥	10♠	10♥
	2♦	6♠	5♥	9♠	9♠	3♥					
65	Q♣	7♠	4♥	3♠	K♥	K♦	K♣	K♥	6♦/J♠	Q♥	J♣
	8♠	3♣	8♦	9♥	2♥	K♣					
66	7♠	8♠	3♠	10♣	10♥	6♦	7♥	K♣	3♣/Q♦	9♠	J♦
	Q♠	4♦	8♣	2♥	4♥	7♥					
67	7♦	5♦	8♣	Q♦	2♠	Q♠	10♣	A♦	Q♥/J♠	6♦	3♠
	3♦	A♥	J♦	7♥	9♠	4♠					
68	8♥	8♦	Q♦	5♠	4♠	5♣	Q♠	Q♠	A♦/J♠	3♠	6♦
	6♦	10♠	6♥	7♥	9♦	Q♠					
69	J♦	A♠	3♠	4♠	10♦	Q♣	5♠	3♦	7♠/8♣	J♦	9♣
	3♥	K♠	5♥	6♦	7♦	4♦					
70	7♥	K♦	K♠	Q♦	A♣	9♠	K♥	8♠	Q♣/8♦	J♣	Q♥
	8♠	10♣	6♥	8♣	2♥	6♦					
71	10♦	7♣	3♦	6♦	9♥	A♥	J♥	A♥	2♠/10♥	10♥	10♠
	7♠	4♣	Q♥	8♠	3♠	Q♠					
72	Q♣	5♥	6♦	6♥	4♦	2♠	2♣	8♦	8♥/K♠	5♠	4♥
	7♠	10♣	8♠	10♥	3♠	5♦					
73	3♥	7♠	6♥	5♦	9♥	4♠	Q♠	Q♦	Q♥/2♦	4♦	4♠
	9♠	9♦	2♥	10♦	A♥	Q♠					
74	A♠	K♠	K♦	A♣	7♠	K♣	4♦	4♦	4♠/10♥	5♦	10♣
	4♣	10♠	9♣	Q♣	10♣	10♦	7♣				
75	8♣	A♦	2♠	10♦	7♥	Q♦	K♦	K♦	3♣/10♠	5♠	J♠
	5♣	4♥	4♣	3♦	K♥	K♦					
76	6♦	2♣	10♦	9♣	J♣	5♥	Q♦	Q♠	Q♣/8♦	4♣	7♣
	7♠	6♠	4♣	10♦	6♥	Q♦					
77	K♠	7♥	2♥	A♠	2♦	4♠	Q♥	8♥	5♥/4♦	6♥	8♦
	5♠	10♥	Q♣	2♠	4♥	J♥	2♦				
78	8♠	3♥	5♣	9♦	5♦	A♠	Q♣	K♣	10♣/9♦	3♦	Q♠
	6♦	Q♣	6♥	5♥	A♠	2♦					
79	K♦	A♠	7♥	3♠	4♥	10♥	Q♠	Q♦	7♦/K♣	Q♦	10♦
	Q♥	J♥	A♥	2♠	5♥	4♦					
80	3♥	Q♥	3♠	6♥	4♣	7♥	4♠	7♦	J♥/10♦	9♦	Q♣
	2♥	3♣	J♣	5♠	10♥	6♦					
81	2♥	6♠	Q♣	9♠	J♦	3♦	6♥	J♣	9♥/4♦	5♦	3♥
	3♥	K♣	J♠	8♥	9♥	6♥					
82	K♥	10♥	9♣	5♥	A♠	9♦	2♦	2♠	4♦/8♠	4♣	A♦
	A♦	3♣	J♣	K♦	8♥	2♦					
83	5♠	6♦	5♣	10♣	7♥	A♠		3♠	6♣/4♥	K♦	A♦
	8♣	A♠	9♦	8♦	4♠	5♥					
84	3♥	8♣	10♣	10♦	Q♥	6♣		3♦	2♠/6♠	7♠	2♦
	J♠	J♦	K♠	K♥	3♣	9♥					
85	7♥	J♠	10♦	A♥	K♠	8♠	2♥	A♥	6♣/7♦	8♥	6♣
	K♦	7♠	K♥	6♠	10♠	J♣	K♠				
86	8♠	K♣	5♠	J♣	3♦	10♠	9♠	7♠	Q♠/6♥	7♥	8♠
	2♠	4♠	10♥	K♠	6♠	7♠					
87	9♣	J♠	J♣	K♥	3♣	2♠	2♣	7♠	4♠/8♦	A♠	K♣
	10♦	6♠	Q♠	A♠	5♠	2♣					
88	K♦	K♠	K♥	4♦	7♠	10♦	K♦	J♥	A♦/A♣	2♣	2♠
	3♠	9♦	J♦	5♠	2♣	A♥	7♥				
89	10♠	Q♠	Q♠	K♠	4♥	2♥	3♦	3♦	4♥/5♦	K♥	6♠
	2♠	8♦	A♦	K♣	K♥	6♥					
90	2♥	K♥	K♦	6♦	9♣	2♦	J♠	Q♠	8♣/6♦	9♠	9♠
	3♦	6♦	K♣	7♣	A♥	J♠					
91	7♠	3♦	6♥	A♦	10♣	8♣	3♠	K♥	4♥/5♠	6♠	K♥
	A♠	Q♣	10♠	8♥	9♦	3♠					
92	6♣	10♥	Q♥	5♠	8♠	A♠	A♦	10♠	K♣/6♦	2♠	2♠
	9♥	2♦	A♥	3♠	6♥	5♠					
93	K♥	9♥	Q♣	J♥	J♦	K♣	A♣	4♦	2♠/7♥	2♣	A♠
	3♠	5♠	7♠	Q♣	8♠	A♣					
94	7♦	4♣	J♥	J♣	8♠	2♥	6♣	8♣	A♣/5♦	8♠	7♥
	8♦	6♥	10♣	K♦	10♥	Q♣					
95	Q♣	2♦	J♠	9♠	4♥	K♠	7♣	9♦	2♥/J♠	6♣	8♥
	K♥	4♦	10♣	5♦	J♥	J♦	4♥				
96	8♠	3♥	5♠	J♦	Q♦	A♥	6♠	5♣	10♦/A♦	2♦	7♠
	5♥	4♦	3♣	J♥	J♣	10♠					
97	7♠	K♦	8♠	6♦	8♣	5♥	J♦	7♠	3♦/4♥	A♦	K♦
	9♥	2♥	9♦	6♥	5♦	J♦					
98	4♣	9♥	6♦	K♦	Q♥	3♦	2♣	Q♥	2♠/2♦	A♥	3♣
	Q♦	8♥	9♦	4♥	J♦	Q♣					
99	9♣	Q♦	K♥	K♣	A♦	Q♠	3♦	5♥	5♠/3♣	3♥	5♦
	10♣	8♣	A♣	2♦	5♥	3♦					

黑桃 10

歲數	水星	金星	火星	木星	土星	天王	海王	長期	冥王/結果	環境	置換
0	5♣	3♦	A♠	7♥	7♦	5♠	J♥	5♣	9♣/9♠	10♠	10♠
	8♦	8♥	7♠	3♠	10♦	4♣					
1	5♥	K♣	7♥	2♦	2♠	9♠	4♠	3♦	7♠/K♠	Q♥	4♥
	8♦	9♦	3♠	9♠	A♠	Q♣					
2	4♦	8♦	2♦	Q♣	3♥	5♦	4♣	A♠	7♠/J♠	9♣	4♠
	8♥	7♦	A♣	5♠	5♠	4♠					
3	10♣	K♠	Q♠	2♥	8♦	6♦	3♦	7♥	5♦/9♠	6♦	10♣
	6♣	K♦	8♥	5♥	9♦	5♠	8♦				
4	8♣	10♥	9♣	5♠	J♠	A♥	Q♠	7♦	10♦/K♦	3♠	J♠
	8♠	3♣	6♠	A♦	4♥	Q♠					
5	7♥	4♠	5♣	8♥	K♥	K♣	A♥	5♠	5♥/3♠	J♦	7♣
	8♦	Q♥	6♠	K♦	2♦	A♥					
6	K♠	J♠	A♣	10♣	J♣	5♦	7♠	J♥	K♣//2♠	J♣	8♦
	6♠	9♠	5♥	4♠	3♣	J♥	J♣				
7	6♥	A♠	6♠	6♣	Q♣	4♣	J♣	5♥	9♦/3♥	10♥	Q♠
	7♥	5♦	2♦	K♣	10♣	J♣					
8	Q♠	10♣	J♠	A♠	3♠	9♠	4♣	K♣	9♥/6♦	5♠	10♦
	7♠	J♥	5♠	6♣	K♣	2♠					
9	4♦	7♠	A♠	2♦	6♠	9♥	5♠	7♥	J♥/5♣	4♦	Q♣
	J♣	10♦	K♥	6♠	9♥	7♥					
10	A♣	Q♥	5♥	8♥	2♣	A♦	2♦	2♦	7♦/3♣	5♥	3♥
	4♦	6♦	K♥	6♥	3♥	2♦					
11	4♥	9♠	8♥	K♣	Q♦	7♦	J♣	2♠	2♠/3♠	6♣	A♥
	10♥	10♦	K♥	Q♠	7♣	J♣					
12	6♠	7♥	8♠	9♠	9♥	10♠	K♣	9♣	J♦/3♣	4♠	A♦
	8♣	2♥	3♥	6♥	5♦	K♣					
13	4♦	8♣	9♠	5♦	7♥	J♥	4♠	4♠	9♣/Q♥	6♥	2♦
	Q♦	2♣	K♠	4♥	10♦	7♦					
14	J♠	Q♦	5♠	5♠	K♠	3♠	A♣	4♠	J♦/3♦	3♦	6♣
	Q♠	9♥	4♥	Q♥	9♠	K♥	K♠				
15	3♠	6♦	8♠	K♥	A♠	K♦	7♦	8♦	5♥/2♦	Q♠	8♠
	9♣	5♦	9♠	K♠	Q♥	8♦					
16	8♥	Q♦	K♥	4♥	10♠	9♣	4♠	2♦	5♦/6♥	9♦	K♣
	5♣	J♦	4♠	10♣	8♠	4♠					
17	Q♠	6♦	4♥	3♣	3♦	5♠	K♠	Q♣	10♥/2♣	5♦	2♠
	A♦	3♥	2♣	8♠	K♥	5♠	3♦				
18	K♦	Q♥	4♣	K♠	5♠	A♣	4♦	3♥	3♣/K♣	8♣	6♠
	9♣	6♥	10♠	3♦	4♥	2♦					
19	A♣	4♥	Q♠	2♦	J♣	Q♦	5♦		8♣/7♥	K♦	9♠
	A♦	Q♥	6♦	3♦	Q♣						
20	8♦	A♦	2♦	10♥	9♦	8♣	A♠	4♠	3♣/6♠	7♠	K♥
	10♣	5♥	K♦	6♦	3♥	A♠					
21	J♦	9♠	7♠	8♠	3♠	10♦	10♥	10♠	6♦/7♥	8♥	2♣
	7♦	J♣	5♠	A♠	2♦	K♠					
22	4♥	7♦	8♠	J♥	Q♣	6♦	2♥	K♠	9♣/J♠	7♥	A♠
	A♠	6♣	8♦	5♥	8♣	2♥					
23	9♥	6♣	J♥	K♥	3♠	A♣	6♦	Q♠	10♣/Q♣	A♠	7♥
	6♥	7♦	9♠	Q♠	9♠	6♦					
24	5♥	J♣	K♥	8♠	3♠	K♠	3♦	2♥	A♠/Q♦	2♠	8♥
	4♥	2♠	9♦	Q♠	J♥	2♣	3♠				
25	3♠	4♦	8♠	2♣	A♥	5♠	Q♥	8♦	5♣/10♥	K♥	7♠
	K♣	5♦	10♦	J♥	K♥	K♦					
26	8♦	Q♠	6♥	7♥	8♣	K♠	2♣	6♦	A♦/3♠	9♠	K♦
	7♦	A♣	3♥	2♦	Q♣	2♣					
27	6♦	7♥	7♥	4♥	7♠	A♦	4♠	3♦	9♣/J♣	6♠	3♣
	A♥	7♣	3♥	3♣	2♣	5♥					
28	8♥	A♥	4♥	6♦	10♥	4♠	A♦	8♣	6♠/10♦	2♠	5♦
	9♦	8♠	2♥	J♣	K♠	A♦					
29	3♠	5♠	6♥	A♥	2♠	Q♠	4♣	10♥	J♦/Q♦	K♣	9♦
	9♣	Q♣	10♣	10♦	7♠	9♠					
30	7♣	6♦	A♥	9♥	K♥	9♠	A♠	9♠	Q♣/Q♥	8♠	Q♦
	A♦	5♥	10♥	7♠	K♣	A♠					
31	4♦	5♠	9♥	8♦	J♥	A♦	4♠	5♠	A♣/5♠	6♠	3♦
	6♥	Q♦	9♠	7♠	6♠	4♠					
32	4♥	K♦	2♠	8♠	3♥	8♠	8♦	J♠	2♣/5♠	2♦	6♥
	7♣	A♠	K♣	Q♦	6♦	J♦					
33	7♠	K♣	8♣	Q♣	6♣	7♠	K♥	A♥	3♣/7♥	A♦	4♠
	J♥	A♦	6♠	4♦	5♠	10♦					
34	6♦	4♣	5♠	7♦	10♣	J♥	Q♠	Q♠	Q♦/2♦	A♥	5♠
	K♠	7♠	6♥	9♥	K♦	8♥					
35	5♠	8♦	7♠	8♠	10♥	2♠	J♠	7♥	J♣/5♥	3♥	5♥
	A♦	4♠	9♥	2♥	4♥	J♠					
36	K♦	4♠	7♥	3♣	10♦	A♠	8♠	4♣	K♠/9♠	Q♣	4♦
	10♣	Q♥	A♥	5♥	7♦	A♠					
37	J♥	8♦	3♣	A♣	5♦	5♣	J♦	5♣	3♠/2♣	10♦	5♠
	2♠	A♥	7♠	5♠	5♥	4♥					
38	8♠	A♣	4♠	9♠	5♠	6♠	5♠	8♥	10♣/9♥	Q♠	10♥
	J♣	Q♥	K♣	3♥	8♥	4♥					
39	5♥	3♦	3♣	A♠	4♥	Q♠	6♦	K♥	7♥/Q♦	8♦	J♣
	3♠	10♦	6♥	9♥	2♥	6♦					
40	8♦	3♠	A♠	9♦	9♠	7♥	J♠	K♣	10♦/A♥	7♣	J♦
	4♣	2♠	8♣	2♥	3♣	J♠					
41	7♦	Q♣	6♥	A♥	9♣	4♠	9♠	A♥	7♠/K♥	J♠	3♠
	A♦	5♠	J♥	J♠	3♥	5♦					
42	7♠	A♠	A♥	6♠	6♠	8♠	4♠	K♠	10♥/Q♦	10♣	6♦
	7♥	K♦	2♦	J♠	3♥	4♠					
43	2♣	A♠	A♠	5♠	6♣	5♥	8♠	J♠	8♦/8♣	4♠	9♣
	4♦	K♠	K♣	7♥	7♦	2♠					
44	J♠	Q♠	K♠	A♥	A♠	3♥	4♥	A♣	5♥/6♦	4♥	Q♦
	3♠	9♦	2♦	8♣	2♥	7♥					
45	5♣	3♦	A♠	7♥	9♥	5♠	J♥	10♣	9♣/9♠	10♠	10♠
	8♦	8♥	7♠	3♠	10♦	4♣					
46	5♥	K♣	7♥	2♦	2♠	9♠	4♠	J♣	7♠/K♠	Q♥	4♥
	8♦	9♦	3♠	9♠	A♠	Q♣					
47	4♦	8♦	2♦	Q♣	3♥	5♦	4♣	5♦	7♠/J♠	9♣	4♠
	8♥	9♥	2♥	5♣	5♠	4♣					
48	10♣	K♠	Q♠	A♠	8♦	6♦	3♦	7♠	5♦/9♠	6♦	10♣
	6♣	K♦	8♥	5♥	9♦	5♠	8♦				
49	8♣	10♥	9♣	5♠	J♠	A♥	Q♠	6♥	10♦/K♦	3♠	J♠
	8♠	3♣	6♠	A♦	4♥	Q♠					

歲數	水星	金星	火星	木星	土星	天王	海王	長期	冥王/結果	環境	置換
50	7♥	4♠	5♣	8♥	K♥	K♣	A♥	A♠	5♥/3♠	J♦	7♣
	8♦	Q♥	6♣	K♦	2♦	A♥					
51	K♠	J♠	2♥	10♣	J♣	5♦	7♠	6♠	K♣/2♠	J♣	8♦
	6♠	9♠	5♥	4♠	3♣	J♥	J♣				
52	6♥	A♠	6♠	6♣	Q♣	4♣	J♣	6♠	9♦/3♥	10♥	Q♠
	7♥	5♥	2♦	K♣	10♣	J♣					
53	Q♠	10♣	J♠	A♠	3♠	9♠	4♣	Q♣	7♦/6♦	5♠	10♦
	7♠	J♥	5♠	9♣	K♣	2♠					
54	4♠	7♠	A♠	2♦	6♣	7♦	5♦	4♠	J♥/5♣	4♦	Q♣
	J♣	10♠	K♥	6♠	9♦	7♥					
55	2♥	Q♥	5♠	8♥	2♠	A♦	2♦	J♠	9♥/3♣	5♥	3♥
	4♦	6♠	K♥	6♥	3♦	2♦					
56	4♥	9♠	8♥	K♣	Q♦	9♥	J♣	Q♠	2♠/3♠	5♣	A♥
	10♥	10♦	K♥	Q♠	7♣	J♣					
57	6♠	7♥	8♠	9♠	7♦	10♥	K♣	10♠	J♦/3♣	4♠	A♣
	8♣	A♣	3♥	6♥	5♦	K♠					
58	4♦	8♣	9♠	5♣	7♠	J♦	4♠	J♠	9♣/Q♥	6♥	2♦
	Q♦	2♣	K♠	4♥	10♦	9♥					
59	J♠	Q♦	5♠	5♠	K♠	3♠	2♥	A♠	J♦/3♦	3♦	6♣
	Q♠	7♠	4♥	Q♥	9♥	K♥	K♠				
60	3♠	6♦	8♠	K♥	A♠	K♦	9♥	9♣	5♥/2♦	Q♦	8♠
	9♣	5♠	9♠	K♠	Q♥	8♦					
61	8♥	Q♦	K♥	4♥	10♦	9♣	4♠	9♠	5♦/6♦	9♦	K♣
	5♣	J♦	4♣	10♣	8♠	4♠					
62	Q♠	6♦	4♥	3♣	3♦	5♣	K♠	4♠	10♥/A♣	5♦	2♠
	A♦	3♥	2♣	8♠	K♥	5♠	3♦				
63	K♦	Q♦	K♣	5♣	2♥	4♦	4♦		3♣/K♣	5♠	6♠
	9♣	6♥	10♠	3♦	4♥	2♦					
64	2♥	4♥	Q♠	2♦	6♣	J♣	Q♦	J♠	8♣/7♥	K♦	9♠
	A♦	Q♥	6♠	3♦	5♠	Q♦					
65	8♦	A♦	2♦	10♥	9♠	8♣	A♠	A♠	3♣/6♣	7♠	K♥
	10♣	5♥	K♦	6♥	3♥	A♠					
66	J♠	9♠	7♠	8♠	3♠	10♣	10♥	2♠	6♦/7♦	8♥	2♣
	9♥	J♣	5♠	A♠	2♦	K♠					
67	4♦	9♥	9♠	J♥	2♠	6♠	A♠	6♠	9♦/J♠	7♥	A♠
	A♠	6♠	8♠	5♥	8♠	A♠					
68	7♦	6♣	J♥	K♣	3♠	2♥	6♦	9♥	10♣/Q♣	A♠	7♦
	6♥	7♥	9♦	Q♠	9♠	6♦					
69	5♥	J♣	K♥	8♠	3♠	K♣	3♦	5♦	2♥/Q♦	2♣	8♥
	4♥	2♠	9♦	Q♣	J♥	2♣					
70	3♠	4♦	8♠	2♣	A♥	5♠	Q♥	A♠	5♣/10♥	K♥	7♠
	K♣	5♦	10♣	J♥	K♥	K♦					
71	8♦	Q♠	6♥	7♥	8♠	K♣		Q♥	A♦/3♣	9♠	K♦
	9♥	2♥	3♥	2♦	Q♣	2♠					
72	6♣	9♥	7♠	4♥	7♠	A♦	4♠	5♥	9♣/J♣	6♠	3♣
	A♥	7♣	3♥	3♠	2♣	5♥					
73	8♥	A♥	4♥	6♥	10♥	4♣	A♦	8♥	6♠/10♦	2♠	5♦
	9♠	8♣	A♠	J♠	A♦						
74	3♠	5♠	6♥	A♥	2♠	Q♠	4♠	2♠	J♦/Q♦	K♣	9♦
	9♣	Q♣	10♣	10♦	7♠	9♠					
75	7♣	6♦	A♥	7♠	K♥	9♣	A♠	A♦	Q♣/Q♥	8♠	Q♦
	A♦	5♥	10♥	7♠	K♣	A♠					
76	4♦	5♠	7♥	8♦	J♥	A♦	4♣	2♦	2♥/5♣	6♠	3♦
	6♥	Q♦	9♠	7♠	6♠	4♦					
77	4♥	K♦	2♠	8♠	3♥	8♠	8♦	4♥	2♠/5♦	2♦	6♥
	7♣	A♠	K♣	Q♦	6♦	J♦					
78	7♠	K♣	8♠	Q♠	6♠	K♥	9♠		3♣/7♥	A♠	4♠
	J♥	A♦	6♠	4♦	5♠	10♦					
79	6♦	4♣	5♠	9♥	10♣	J♥	Q♣	8♥	Q♦/A♣	A♥	5♣
	K♠	7♠	6♥	7♠	K♦	8♥					
80	5♠	8♦	9♥	8♠	10♥	A♠	J♠	K♣	J♣/5♥	3♥	5♥
	A♦	4♦	7♠	A♣	4♥	J♠					
81	K♦	4♣	7♥	3♣	10♦	A♠	8♠	Q♦	K♠/9♠	Q♠	4♣
	10♣	Q♥	A♥	5♥	9♥	2♥					
82	J♥	8♠	3♣	2♥	5♦	5♠	J♠	7♦	3♠/2♣	10♠	5♠
	2♠	A♥	8♣	3♦	5♥	4♥					
83	8♠	A♠	6♠	9♠	5♠	6♥	J♣		10♠/7♦	Q♠	10♥
	J♣	Q♥	K♣	3♥	8♥	4♦					
84	5♥	3♦	3♠	A♠	4♦	Q♠	6♦	6♠	7♥/Q♦	8♦	J♣
	3♠	10♦	6♥	7♦	A♥	6♦					
85	8♠	3♠	A♠	9♠	9♠	7♥		7♦	10♦/A♥	7♣	J♦
	4♣	2♠	8♣	A♠	3♠	J♠					
86	9♥	Q♣	6♥	4♥	9♠	4♣	9♠	8♠	7♠/K♥	J♠	3♠
	A♦	5♠	J♥	J♠	3♥	5♦					
87	7♣	3♠	A♥	6♠	C♣	8♠	4♠	9♦	10♥/Q♦	10♣	6♦
	7♥	K♦	2♦	J♠	3♥	4♣					
88	2♠	2♥	6♠	5♠	3♥	9♦			8♦/8♣	4♠	9♣
	4♦	K♣	K♣	7♥	9♥	2♠					
89	J♠	Q♠	K♠	A♥	2♠	3♥	4♥	10♥	5♥/6♦	4♥	Q♥
	3♠	9♦	2♦	8♠	J♠	7♥					
90	5♠	3♦	A♠	H♥	7♠	2♦	J♥	K♣	9♣/9♠	10♠	10♠
	8♦	8♥	A♠	3♠	10♦	4♥					
91	5♥	K♣	7♥	2♦	2♠	9♣	4♠	4♦	7♠/K♠	Q♥	4♥
	8♦	9♥	3♠	9♠	A♠	Q♣					
92	4♦	8♠	2♦	Q♠	3♥	5♦		8♠	7♠/J♣	9♠	4♠
	8♥	7♦	A♠	5♦	5♠	4♠					
93	10♣	K♠	Q♠	2♥	K♥	6♦	3♥	9♦	5♦/9♠	6♦	10♣
	6♣	K♦	8♥	5♥	9♦	5♠	8♦				
94	8♣	10♥	9♣	5♣	J♠	H♥	J♠	5♣	10♦/K♦	3♠	J♠
	8♠	3♣	6♠	A♦	4♥	Q♠					
95	7♥	4♠	5♠	8♥	K♥	K♣	A♥	7♠	5♥/3♠	J♠	7♣
	8♦	Q♥	6♠	K♦	2♦	A♥					
96	K♠	J♠	A♠	10♠	J♣	5♦	7♠		K♣/2♠	J♣	8♦
	6♠	9♥	5♥	4♠	3♠	J♥	J♥				
97	6♥	A♠	6♠	6♣	Q♣	4♣	J♠	4♠	9♦/3♥	10♥	Q♠
	7♥	5♥	2♦	K♣	10♣	J♣					
98	Q♠	10♣	J♠	A♠	3♠	9♠	4♣	J♠	9♥/6♦	5♠	10♦
	7♠	J♥	5♠	9♣	K♣	2♠					
99	4♦	7♠	A♠	2♦	6♠	9♥	5♦	Q♦	J♥/5♣	4♦	Q♣
	J♣	10♦	K♥	6♠	9♦	7♥					

黑桃 J

歲數	水星	金星	火星	木星	土星	天王	海王	長期	冥王/結果	環境	置換
0	8♣ / 9♠	6♦ / 3♦	4♠ / 6♠	10♥ / K♣	10♦ / 7♥	8♠ / A♥	A♥	8♣	A♦/Q♦	J♠	J♠
1	3♣ / 3♥	8♦ / 10♣	10♥ / 6♠	5♦ / Q♦	8♥ / 2♠	K♥ / 8♠	8♠	6♦	J♣/10♠	10♣	7♦
2	K♠ / A♠	10♦ / 7♥	A♣ / J♣	Q♠ / 8♦	9♣ / 3♦	6♥ / J♥	9♥ 9♣	4♠	K♥/2♣	4♠	8♦
3	4♦ / 3♣	K♠ / J♦	A♠ / 2♠	6♠ / K♥	2♦ / Q♣	5♠ / 9♣	9♣	10♥	4♣/6♣	4♥	Q♠
4	A♥ / 9♦	Q♠ / J♥	10♦ / 3♠	K♦ / 4♠	3♦ / K♥	7♥ / 2♠	5♠	10♦	9♦/4♥	10♠	10♦
5	J♦ / 9♣	9♦ / A♦	K♦ / 8♥	2♠ / A♠	6♠ / 4♠	9♥ / 3♠	6♥	8♠	J♥/10♦	Q♥	Q♣
6	A♣ / J♦	10♣ / 4♥	J♣ / 8♥	5♦ / 4♦	7♠ / 6♦	K♠ / 2♠	2♠	A♥	7♦/3♦	9♣	3♥
7	7♣ / 6♦	7♥ / A♦	5♠ / 8♥	K♥ / A♥	8♣ / Q♣	7♦ / 9♣	9♣	3♣	2♣/10♠	6♦	A♥
8	A♠ / 8♣	3♣ / 2♥	9♠ / 6♠	4♣ / 4♦	9♥ / 6♥	6♠ / K♥	K♥	8♦	Q♥/3♦	3♠	A♦
9	J♦ / 5♣	8♣ / 7♠	4♣ / K♠	10♥ / 7♣	9♦ / A♦	Q♥ / 7♦	8♠	10♥	4♠/10♣	J♦	2♦
10	10♦ / A♥	5♣ / 9♥	10♥ / 7♣	3♠ / 10♠	K♠ / 4♠	10♠ / 8♥	A♣ K♠	5♦	Q♥/5♥	J♣	6♣
11	10♠ / 4♠	4♥ / 6♥	9♠ / 7♥	8♥ / K♠	K♣ / 10♣	Q♦ / 3♥	7♦	8♥	J♣/2♠	10♥	8♠
12	5♦ / 10♥	5♣ / Q♥	8♥ / 5♠	7♣ / Q♠	A♦ / 9♠	4♠ / 8♠	8♠	K♥	6♥/4♦	5♠	K♣
13	A♥ / K♣	4♥ / 6♥	7♠ / 7♠	3♦ / 9♠	5♥ / 8♥	10♥ / 5♥	K♠	8♠	6♦/2♥	4♦	2♠
14	Q♦ / 4♠	5♠ / 4♦	K♠ / 6♦	3♠ / 5♥	A♣ / 7♠	J♦ / 2♠	K♠		3♦/K♥	5♥	6♠
15	A♣ / K♣	7♠ / 10♣	A♥ / 4♥	2♠ / 5♦	9♠ / A♠	9♣ / J♣	5♠	10♦	8♠/3♣	6♣	9♠
16	3♥ / Q♠	K♣ / J♣	2♠ / Q♦	6♦ / 4♦	4♣ / 6♣	8♣ / K♦	K♦	A♣	3♦/A♠	4♣	K♥
17	Q♥ / 7♦	7♥ / 9♣	9♦ / 3♠	9♠ / K♦	10♠ / 2♠	Q♠ / K♠	6♦	Q♠	4♥/3♦	6♦	2♣
18	7♣ / K♦	7♦ / A♠	9♠ / 3♥	J♥ / J♣	9♠ / 8♣	4♥ / 2♥	2♥	9♣	4♠/10♦	3♦	A♠
19	9♥ / 4♦	6♠ / 3♣	J♥ / 4♠	8♥ / A♥	10♠ / 7♥	A♣ / 4♥	4♥	6♥	Q♠/2♦	Q♦	7♥
20	J♣ / 7♣	9♣ / 2♣	8♠ / 4♦	5♦ / 2♦	3♦ / J♥	K♠ / 7♠	5♥ 3♦	9♦	A♠/5♣	9♦	8♦
21	10♠ / K♥	J♦ / 6♥	9♠ / A♠	7♠ / J♥	8♠ / 8♥	3♠ / Q♦	10♣	4♦	10♥/6♦	5♦	7♠
22	3♥ / 7♦	A♥ / A♣	4♦ / 6♣	4♣ / 3♦	8♣ / 2♦	K♥ / 7♠	7♠	K♦	K♠/3♦	3♣	K♦
23	6♠ / 8♠	7♦ / Q♣	3♠ / 6♠	7♦ / 3♦	9♦ / 7♠	K♣ / J♦	8♦	A♠	4♠/9♣	K♦	3♣
24	5♦ / 4♣	8♠ / 8♣	7♠ / 2♥	4♥ / 9♠	6♦ / K♥	5♠ / K♣	K♣	6♠	A♠/A♦	7♠	5♦
25	10♠ / 4♠	3♠ / 2♦	4♦ / Q♠	8♠ / A♦	2♣ / 9♦	A♥ / 7♥	5♠	2♦	Q♥/5♣	8♥	9♦
26	Q♠ / K♠	4♥ / J♣	8♠ / 6♦	9♥ / 9♦	8♥ / K♥	4♠ / K♦	K♦	5♠	2♦/10♣	7♥	Q♦
27	J♠ / 4♦	3♠ / 5♣	9♥ / 7♥	3♥ / 9♦	J♥ / A♠	K♣ / 5♠	5♠	9♠	A♣/10♥	A♠	3♦
28	7♣ / Q♠	Q♦ / K♦	2♣ / K♥	8♠ / 5♠	6♣ / 4♥	9♠ / Q♥	3♥	A♥	7♠/6♥	2♣	6♥
29	9♦ / J♥	K♥ / K♣	8♣ / A♠	2♠ / J♦	6♠ / 3♠	Q♣ / A♦	8♥	Q♠	3♦/3♣	K♥	4♣
30	4♥ / K♠	5♠ / 9♦	10♥ / 4♦	7♦ / 9♥	Q♠ / Q♦	J♥ / 5♦	2♦	10♦	5♣/2♥	9♠	5♠
31	3♠ / K♣	3♥ / J♥	7♥ / 9♥	9♠ / 2♦	6♦ / 7♣	2♣ / 10♦	10♦	K♦	9♣/J♣	6♠	5♥
32	Q♦ / Q♠	5♠ / 10♣	3♦ / 8♠	3♦ / J♣	A♠ / 7♥	K♣ / A♠	9♠	3♦	K♠/7♥	2♠	4♦
33	J♥ / 2♣	3♥ / 8♠	3♦ / 9♦	A♣ / 3♠	6♥ / J♣	10♥ / 7♣	Q♥	7♥	10♠/7♠	K♣	5♠
34	9♠ / 9♥	K♦ / 10♣	A♠ / K♥	7♥ / 6♠	3♠ / 5♦	4♥ / J♦	10♥	5♠	Q♠/9♦	8♠	10♥
35	J♣ / 10♠	5♥ / A♦	3♥ / 4♦	K♦ / 9♥	7♠ / 2♥	A♥ / 4♥	4♥	J♦	3♣/5♣	6♠	J♣
36	3♥ / 5♠	10♠ / 2♣	K♣ / 8♣	4♦ / 2♥	7♥ / 3♦	3♣ / 10♦	10♦	9♦	A♦/8♠	2♦	J♦
37	7♦ / K♣	2♦ / 3♠	4♦ / J♥	8♠ / 10♦	4♠ / 6♣	5♠ / 6♥	4♣	K♦	9♦/8♥	A♦	3♠
38	Q♦ / 3♣	10♠ / Q♥	8♠ / 2♠	A♠ / 10♦	6♦ / 6♣	9♠ / 5♠	5♠	2♠	6♦/5♣	A♥	6♦
39	7♠ / J♦	A♥ / K♠	K♦ / K♥	6♥ / 3♠	10♥ / 7♦	J♣ / 2♣	9♠	6♠	3♥/8♣	3♥	9♣
40	10♦ / 10♠	A♥ / 4♣	K♠ / 2♦	8♠ / 8♠	A♣ / 2♥	6♦ / 3♠	7♠	9♥	J♣/4♦	Q♣	Q♥
41	10♥ / 3♥	5♥ / 5♦	K♦ / 9♦	3♣ / 10♠	9♥ / A♦	3♠ / 5♠	J♥	6♥	4♠/7♥	10♦	10♠
42	J♠ / 3♦	K♥ / 4♦	3♣ / 10♠	2♣ / 7♦	2♠ / K♣	4♠ / 2♦	8♦	A♣	K♣/K♠	Q♠	4♥
43	J♦ / 5♦	3♥ / 9♥	2♠ / 2♥	2♦ / 10♥	6♣ / 3♠	6♥ / 5♠	5♠	10♣	9♦/9♠	8♦	4♠
44	Q♠ / 6♠	K♠ / Q♦	A♥ / 5♦	A♣ / J♣	3♦ / 4♣	4♦ / 10♥	5♥ 3♥	J♣	6♥/7♥	7♣	10♠
45	8♣ / 9♠	6♦ / 3♦	4♠ / 6♠	10♥ / K♣	10♦ / 7♣	8♠ / A♥	A♥	5♠	A♦/Q♦	J♠	J♠
46	3♣ / 3♥	8♦ / 10♣	10♥ / 6♠	5♦ / Q♦	8♥ / 2♠	K♥ / 8♠	8♠	7♠	J♣/10♠	10♣	7♦
47	K♠ / A♠	10♦ / 7♥	2♥ / J♣	Q♠ / 8♦	9♣ / 3♦	6♥ / J♥	9♦ 9♣	K♣	K♥/2♣	4♠	8♣
48	4♦ / 3♣	K♠ / J♦	6♠ / 2♠	A♠ / K♥	2♦ / Q♠	5♠ / 9♠	9♣	2♠	4♣/6♣	4♥	Q♠
49	A♥ / 9♦	Q♠ / J♥	10♦ / 3♠	K♦ / 4♠	3♦ / K♥	7♥ / 2♣	5♠	7♠	7♦/4♦	10♠	10♦

歲數	水星	金星	火星	木星	土星	天王	海王	長期	冥王/結果	環境	置換
50	J♦	9♦	K♦	2♠	6♠	7♦	6♥	7♥	J♥/10♥	Q♥	Q♣
	9♣	A♦	8♥	A♠	4♣	3♣					
51	2♥	10♣	J♣	5♦	7♠	K♣	2♠	5♦	9♥/3♦	9♣	3♥
	J♦	4♥	8♥	4♦	6♦	2♠					
52	7♣	7♥	5♦	K♥	5♣	9♥	9♣	K♥	2♣/10♠	6♦	A♥
	6♦	A♥	8♥	A♥	Q♣	9♣					
53	A♠	3♣	9♠	4♣	7♦	6♦	K♥	5♣	Q♥/3♦	3♠	A♦
	8♠	6♠	6♣	4♦	6♥	K♥					
54	J♦	8♣	4♣	10♥	9♦	Q♥	8♦	7♦	4♠/10♣	J♦	2♦
	5♣	7♠	K♠	7♣	A♠	9♥					
55	10♦	5♣	10♥	3♠	K♠	10♠	2♥	9♣	Q♥/5♥	J♣	6♣
	A♥	7♦	7♣	10♣	4♣	8♥	K♠				
56	10♠	4♥	9♣	8♥	K♣	Q♦	9♥	A♠	J♣/2♠	10♦	8♣
	4♠	6♥	7♥	K♠	10♣	3♥					
57	5♦	5♣	8♥	7♣	A♦	4♠	8♦	3♠	6♥/4♦	5♠	K♣
	10♥	Q♥	5♣	Q♠	9♠	8♦					
58	A♥	4♥	7♣	3♦	5♥	10♥	K♠	9♠	6♦/A♣	4♦	2♠
	K♣	6♠	7♠	9♠	8♥	3♠	5♥				
59	Q♦	5♣	5♠	K♠	3♠	2♥	J♦	4♣	3♦/K♥	5♥	6♠
	4♠	4♦	6♦	5♥	7♣	2♠					
60	2♥	7♣	A♥	2♠	6♠	9♠	5♠	9♥	8♣/3♣	5♠	9♠
	K♣	10♠	4♥	5♥	3♠	5♠					
61	3♥	4♣	2♠	6♥	4♣	8♠	K♦	6♥	3♦/A♠	4♣	K♥
	Q♠	J♣	Q♦	4♦	6♣	K♦					
62	Q♥	7♥	9♦	9♠	10♠	Q♠	6♦	K♥	4♥/3♣	6♦	2♣
	9♥	Q♣	3♠	K♦	2♠	K♠					
63	7♣	9♥	9♠	J♥	7♠	4♥	A♣	J♦	4♠/10♦	3♦	A♠
	K♦	A♣	3♥	J♣	8♠	A♣					
64	7♦	6♠	J♥	8♥	10♠	2♥	4♥	8♣	Q♠/2♦	Q♦	7♥
	4♦	3♣	4♣	A♥	7♥	4♥					
65	J♣	9♣	8♥	5♠	3♦	K♠	5♥	4♣	2♥/5♣	9♦	8♥
	7♣	2♣	4♣	2♦	J♥	7♠	3♦				
66	10♠	J♦	9♠	7♠	8♠	3♠	10♣	10♥	10♥/6♦	5♣	7♠
	K♥	6♥	A♦	J♥	8♥	Q♦					
67	3♥	A♥	4♦	3♠	8♣	K♣	7♠	9♦	K♣/3♦	3♣	K♦
	9♥	2♣	6♣	4♦	2♦	7♠					
68	6♠	9♥	3♣	7♣	9♣	K♣	8♦	Q♥	4♠/9♦	K♦	3♣
	8♠	Q♣	6♣	3♦	7♠	J♣					
69	5♦	8♠	5♣	4♥	6♦	5♠	K♣	8♦	A♠/A♦	7♠	5♦
	4♣	8♣	A♣	9♣	K♥	K♣					
70	10♠	3♠	4♦	8♠	2♣	A♥	5♠	10♦	Q♥/5♣	8♥	9♦
	4♠	2♦	Q♠	A♥	9♦	7♥					
71	Q♣	4♥	8♠	7♦	8♥	4♠	K♦	5♣	2♦/10♣	7♥	Q♦
	K♣	J♣	6♣	9♦	K♥	K♦					
72	J♦	3♠	7♦	3♥	J♥	K♣	5♠	10♦	2♥/10♥	A♠	3♦
	4♣	5♣	7♥	9♦	A♣	5♠					
73	7♣	Q♥	2♣	8♣	6♣	9♠	3♥	3♠	7♠/6♥	2♣	6♥
	Q♣	K♦	K♥	5♣	4♥	Q♥					
74	9♦	K♥	8♣	2♦	6♠	Q♣	8♥	K♠	3♦/3♣	K♥	4♣
	J♥	K♠	A♠	J♦	3♠	A♦					
75	4♥	5♠	10♥	9♦	Q♠	J♥	2♦	10♠	5♣/A♣	9♠	5♣
	K♠	9♦	4♦	7♦	Q♦	5♦					
76	3♠	3♥	9♥	9♠	6♦	2♣	10♦	A♣	9♥/J♣	6♠	5♥
	K♣	J♦	7♦	A♣	7♠	10♦					
77	Q♣	5♠	3♣	3♦	A♦	K♣	9♠	10♠	K♠/7♦	2♠	4♦
	Q♠	10♣	8♠	J♣	9♥	2♦					
78	J♥	3♥	3♠	2♦	6♥	10♥	Q♥	4♥	10♠/7♠	K♣	5♠
	2♣	8♠	9♦	8♠	J♣	7♠					
79	9♠	K♦	A♠	7♥	3♠	4♦	10♥	9♠	Q♠/7♦	8♠	10♦
	9♣	10♣	K♥	6♣	5♦	J♦					
80	J♣	5♥	3♦	K♦	7♣	A♥	4♥	8♥	3♣/5♣	6♣	5♣
	10♠	A♦	4♦	7♦	A♣	4♥					
81	3♥	10♠	K♦	4♣	7♥	3♠	10♦	K♣	A♦/8♠	2♦	J♣
	5♠	2♣	8♠	A♣	3♦	10♦					
82	9♥	2♦	4♦	8♠	3♠	4♣	Q♦		9♦/8♥	A♠	3♠
	K♣	3♠	J♥	10♦	6♣	6♥					
83	Q♣	10♠	8♠	A♠	6♠	9♠	A♠	5♥	6♦/5♣	A♥	6♦
	3♣	Q♦	2♠	10♦	6♣	5♠					
84	7♠	2♥	K♦	6♥	10♥	J♣	9♠	5♠	3♥/8♠	3♥	9♣
	J♦	K♠	K♥	3♣	9♥	2♦					
85	10♥	A♥	K♣	8♠	2♥	6♠	7♠	5♣	J♣/4♦	Q♣	Q♥
	10♠	4♣	2♠	8♠	A♠	3♠					
86	10♥	5♥	K♣	3♣	7♦	3♠	J♥	8♥	4♠/7♥	10♦	10♠
	3♥	5♦	9♠	10♠	A♦	5♠					
87	J♣	K♥	3♠	2♠	2♣	4♠	8♦	7♣	Q♣/K♠	Q♠	4♦
	3♥	4♣	10♠	7♥	K♦	2♠					
88	J♦	3♥	2♠	2♦	5♠	6♥	3♠	A♥	9♦/9♠	8♦	4♠
	5♦	7♠	A♣	10♥	3♠	5♠					
89	Q♠	K♦	A♥	2♠	3♠	4♥	K♥		6♥/7♥	7♣	10♣
	6♠	Q♣	5♦	J♣	4♣	10♠	3♥				
90	8♠	6♠	4♠	10♠	10♠	A♠	A♥	8♦	A♦/Q♦	J♠	J♠
	9♠	3♠	6♠	K♣	7♠	A♥					
91	3♣	8♦	10♥	5♠	8♥	K♥	8♠	A♥	J♣/10♠	10♣	C♣
	3♥	10♣	6♠	Q♦	2♠	8♠					
92	K♠	10♠	A♣	Q♠	9♠	6♥	3♠	4♥	K♥/2♣	4♠	8♦
	A♠	7♥	J♣	8♦	3♦	J♥					
93	4♦	K♠	A♠	6♠	2♦	5♠	9♣	7♣	4♣/6♣	4♥	Q♠
	3♣	J♣	8♠	K♥	Q♠	9♣					
94	A♥	Q♠	10♦	K♦	3♦	7♥	3♠	3♦	9♦/4♥	10♠	10♦
	9♦	J♥	3♠	4♠	K♥	4♥					
95	J♦	9♦	K♦	2♠	6♠	9♥	6♥	5♥	J♥/10♥	Q♥	Q♣
	9♣	A♦	8♥	A♠	4♣	3♣					
96	A♣	10♠	J♣	5♦	7♠	K♣	2♠	10♥	7♦/3♦	9♠	3♥
	J♦	4♥	8♥	4♦	6♦	2♠					
97	7♣	7♥	5♦	K♥	5♣	9♦	9♣	K♠	2♣/10♠	6♦	A♥
	6♦	A♥	8♥	A♥	Q♣	9♣					
98	A♠	3♣	9♠	4♣	9♥	6♦	K♥	Q♦	Q♥/3♦	3♠	A♦
	8♣	2♦	6♣	4♦	6♥	K♥					
99	J♦	8♣	4♣	10♥	9♦	Q♥	8♦	5♠	4♠/10♣	J♦	2♦
	5♣	7♠	K♠	7♣	A♦	7♦					

黑桃Q

歲數	水星	金星	火星	木星	土星	天王	海王	長期	冥王/結果	環境	置換
0	J♣	9♦	7♠	2♣	K♣	J♦	4♥	J♣	4♦/2♠	Q♠	Q♠
	Q♦	6♦	K♥	7♥	3♥	4♥					
1	6♣	3♥	A♥	9♦	5♣	K♦	J♦	9♦	7♦/J♠	8♦	10♦
	6♥	J♥	Q♥	7♣	7♥	8♥					
2	9♣	6♥	9♦	K♥	2♣	7♥	5♥	7♠	J♥/3♠	7♠	Q♣
	4♥	8♠	3♣	7♠	4♦	Q♦					
3	2♥	8♦	6♦	3♦	5♦	9♠	K♥	2♣	9♥/5♣	J♠	3♥
	9♣	5♠	8♣	J♣	2♠	K♥					
4	10♦	K♦	3♦	7♥	5♠	9♥	4♥	K♣	8♥/10♣	10♠	A♥
	10♠	8♠	3♣	6♣	A♦	4♥					
5	7♠	Q♦	A♠	4♦	7♦	10♠	7♥	J♦	4♠/5♣	4♠	A♦
	8♣	A♣	2♠	J♣	5♥	7♥					
6	9♣	8♣	4♦	3♠	6♥	4♠	Q♣	4♥	7♣/8♦	4♥	2♦
	5♠	5♦	K♠	10♦	8♠	9♥					
7	A♥	5♠	3♠	Q♥	K♠	10♣	2♥	6♠	4♠/10♥	10♠	6♣
	6♣	7♥	10♦	8♦	4♦	3♣	K♠				
8	10♣	J♠	A♠	3♣	9♠	4♠	9♥	3♥	6♦/K♥	Q♥	8♠
	7♣	5♥	K♦	K♠	8♦	2♦					
9	3♦	5♠	3♣	10♠	8♠	7♠	Q♣	A♥	5♥/J♣	9♠	K♣
	3♠	4♠	J♦	3♥	A♠	Q♣					
10	6♣	J♠	10♦	5♣	10♥	3♠	K♠	9♦	10♠/A♣	6♦	2♠
	9♠	2♠	5♦	A♠	3♣	Q♥	10♥				
11	4♣	5♠	J♦	K♠	Q♥	2♥	9♣	5♣	5♣/7♥	3♠	6♠
	7♣	J♣	10♠	10♥	10♦	K♥					
12	2♥	10♦	6♣	K♥	2♣	4♥	5♠	K♦	8♣/Q♦	J♦	9♠
	9♠	8♦	J♠	10♥	Q♥	5♠					
13	2♦	9♠	K♥	10♠	4♦	8♠	9♦	J♦	5♣/7♥	2♦	K♥
	3♥	6♦	4♦	J♣	2♠	9♥					
14	4♠	K♦	6♥	A♠	10♣	3♥	10♠	9♣	J♠/Q♦	10♥	2♣
	9♥	4♥	Q♥	9♦	K♥	K♠					
15	10♦	9♥	A♠	J♥	5♦	J♠	A♣	6♥	7♠/A♥	5♠	A♠
	9♦	7♠	2♦	6♦	5♣	A♣					
16	7♦	2♣	J♥	3♠	10♣	2♥	J♠	9♦	3♥/K♣	4♦	7♥
	J♣	Q♦	4♦	6♠	K♦	J♠					
17	6♦	4♥	3♣	3♦	5♠	K♠	10♥	K♥	2♥/5♠	5♥	8♦
	10♦	8♥	4♦	K♠	J♥	5♦	5♠				
18	10♣	9♣	A♠	5♦	6♠	Q♥	8♦	2♣	3♠/10♠	5♣	7♠
	7♥	5♥	8♠	J♥	3♣	4♠					
19	2♦	6♣	J♣	Q♦	8♣	7♥	5♦	7♦	9♠/5♣	4♣	K♦
	9♥	2♥	2♠	K♥	Q♣	5♦					
20	2♣	9♥	Q♦	10♦	6♥	9♠	Q♣	5♥	7♠/4♥	6♥	3♣
	6♠	A♦	2♠	5♣	5♦	6♦					
21	3♦	6♠	10♦	J♠	10♠	J♥	9♠	2♥	7♠/8♦	3♦	5♦
	4♦	8♠	A♠	4♥	7♥	9♠					
22	10♣	Q♥	J♣	6♠	8♥	6♣	J♦	8♦	4♠/5♠	Q♦	9♦
	7♣	K♠	3♥	8♠	6♥	K♦					
23	A♦	J♠	6♠	7♦	3♣	7♠	9♦	6♦	K♠/8♦	9♦	Q♦
	9♠	6♦	10♠	6♦	7♦	9♦					
24	9♣	Q♥	7♠	2♣	J♥	3♦		3♦	2♥/3♠	5♦	3♦
	J♣	5♠	K♦	6♥	7♠	J♦					
25	10♦	4♣	8♥	8♣	2♠	A♠	2♦	5♦	5♦/5♦	3♣	6♥
	A♦	9♦	7♥	5♠	J♠	4♠					
26	6♥	7♥	8♣	K♣	2♣	A♣	3♠	9♠	5♣/Q♦	K♦	4♣
	J♥	9♠	7♠	9♣	Q♥	8♠					
27	J♠	J♦	3♠	9♥	3♥	J♥	K♣	K♥	5♠/A♣	7♠	5♣
	K♠	6♥	J♣	7♦	4♣	3♠					
28	Q♥	2♦	9♥	A♠	10♠	8♥	A♥	10♦	4♥/6♦	8♥	5♥
	9♠	9♠	7♦	A♣	10♠	A♥					
29	4♣	J♦	Q♦	5♣	8♠	9♠	A♠	K♦	K♠/K♦	7♥	4♦
	3♥	8♦	6♠	6♦	9♥	2♥					
30	J♥	2♦	5♣	2♥	5♥	3♠	4♠	3♠	10♣/5♦	A♠	5♠
	8♥	6♦	6♥	Q♥	6♦	10♦					
31	A♠	9♦	7♠	K♦	Q♥	J♠	3♠	7♥	3♥/7♦	2♣	10♥
	4♥	8♦	7♥	2♠	3♦	9♣					
32	6♦	10♥	5♠	9♦	10♦	6♣	J♠	5♠	Q♦/5♠	K♦	J♣
	10♣	8♠	J♣	7♦	A♣	J♠					
33	2♦	10♣	9♠	4♦	K♦	Q♦	A♥	9♥	8♠/6♣	9♠	J♦
	J♦	8♥	8♣	A♣	5♣	A♥					
34	9♥	K♣	J♠	6♠	7♣	J♦	4♦	4♥	6♥/3♣	6♠	3♠
	9♠	Q♥	J♥	A♥	2♠	5♥					
35	A♦	10♣	6♠	7♠	2♣	A♠	J♦	7♠	10♠/5♣	2♠	6♦
	Q♦	4♠	K♥	A♥	2♠	J♠					
36	5♣	2♥	9♠	5♥	3♠	6♦	A♠	Q♦	2♦/8♣	K♣	9♣
	9♣	K♠	7♥	Q♦	9♥	8♥					
37	A♥	6♣	K♠	6♠	2♥	2♠	10♦	A♠	6♦/J♣	8♠	Q♥
	10♣	4♦	K♥	8♣	A♣	Q♦					
38	3♠	10♥	9♦	Q♦	7♦	Q♥	J♥	4♦	7♣/K♥	6♣	10♠
	2♦	3♦	6♥	10♣	8♠	J♦					
39	6♦	7♥	Q♥	K♥	8♣	7♠	Q♣	7♦	A♦/K♠	2♦	4♥
	2♦	4♦	10♣	K♦	9♠	K♣					
40	9♣	2♦	K♥	K♣	2♠	5♥	J♦	10♠	6♥/4♥	A♦	4♦
	3♦	7♦	A♣	3♣	Q♥	J♦					
41	3♥	K♠	6♣	2♥	2♠	J♠	10♥	7♥	5♥/K♦	A♥	10♣
	2♣	4♣	3♦	6♠	4♦	3♠	2♦				
42	8♣	10♠	7♣	3♠	A♦	6♣	6♠	9♠	8♠/4♣	3♥	J♠
	A♠	5♣	2♠	9♠	10♦	6♣					
43	Q♦	Q♣	3♠	3♦	4♣	7♠	6♠	8♣	6♦/10♣	Q♣	7♠
	2♦	8♦	2♣	4♣	K♥	6♠					
44	K♠	A♥	A♠	3♦	4♦	5♦	6♥	4♦	7♥/8♦	10♦	8♦
	7♠	K♦	6♦	Q♣	5♠	J♥	4♥				
45	J♣	9♦	7♠	2♣	K♣	J♦	4♥	3♠	4♦/2♠	Q♠	Q♠
	Q♦	6♦	K♥	7♥	3♥	4♥					
46	6♣	3♥	A♥	9♦	5♣	K♦	J♥		9♥/J♠	8♦	10♦
	6♥	J♥	Q♥	7♣	7♥	8♥					
47	9♣	6♥	9♦	K♥	2♣	9♥	5♥	4♠	J♥/3♠	7♣	Q♣
	4♥	8♠	3♣	7♠	4♦	Q♦					
48	A♣	8♦	6♦	3♦	5♦	9♠	K♥	Q♣	7♦/5♣	J♠	3♥
	9♠	J♠	3♣	J♣	2♠	K♥					
49	10♦	K♦	3♦	7♥	5♠	7♥	4♥	A♥	8♥/10♣	10♣	A♥
	10♠	8♠	3♣	6♣	A♦	4♥					

歲數	水星	金星	火星	木星	土星	天王	海王	長期	冥王/結果	環境	置換
50	7♠	Q♦	A♠	4♦	9♥	10♠	7♥	5♠	4♠/5♣	4♠	A♦
	8♠	2♥	2♠	J♣	5♥	7♥					
51	9♠	8♣	4♦	3♠	6♥	4♠	Q♣	3♠	7♣/8♦	4♥	2♦
	5♠	5♦	K♠	10♦	8♠	7♦					
52	A♥	5♠	3♠	Q♥	K♠	10♣	A♣	Q♥	4♠/10♥	10♠	6♣
	6♣	9♥	10♦	8♦	4♦	3♣	K♠				
53	10♣	J♠	A♠	3♣	9♠	4♣	7♥	K♠	6♦/K♥	Q♥	8♠
	7♣	5♥	K♦	K♠	8♦	2♦					
54	3♦	5♠	3♣	10♦	8♠	7♣	Q♣	10♠	5♥/J♣	9♣	K♣
	3♠	4♠	J♦	3♥	A♠	Q♣					
55	6♠	J♠	10♦	5♣	10♥	3♠	K♠	2♥	10♠/2♥	6♦	2♠
	9♥	2♠	5♦	A♠	3♣	Q♥	10♥				
56	4♣	5♠	J♦	K♠	Q♥	A♠	J♣	10♣	5♣/7♥	3♠	6♠
	7♣	J♣	10♠	10♥	10♦	K♥					
57	A♣	10♦	6♣	K♥	2♠	4♥	5♠	J♠	8♣/Q♦	J♦	9♠
	9♠	8♦	J♠	10♥	Q♥	5♠					
58	2♦	9♠	K♥	10♠	4♦	8♣	9♦	A♠	5♣/7♠	J♣	K♥
	3♥	6♦	4♣	J♣	2♠	9♦					
59	4♠	K♣	6♥	A♠	10♣	3♥	10♠	3♣	J♠/Q♦	10♥	2♠
	7♦	4♥	Q♥	9♦	K♥	K♠					
60	10♦	7♦	A♠	J♥	5♦	J♠	2♥	9♠	7♣/A♥	5♠	A♣
	9♦	7♠	2♦	6♦	8♣	2♥					
61	9♥	2♣	J♥	3♣	10♣	A♣	J♠	4♣	3♥/K♣	4♦	7♥
	J♣	Q♦	4♦	6♣	K♦	J♠					
62	6♦	4♥	3♣	3♦	5♣	K♠	10♥	9♥	A♣/5♣	5♥	8♥
	10♦	8♥	4♦	K♣	J♥	5♦	5♣				
63	10♣	9♣	A♠	5♦	6♠	Q♥	8♦	3♦	3♠/10♠	5♣	7♠
	7♥	5♦	8♠	J♥	3♣	4♠					
64	2♦	6♣	J♣	Q♦	8♣	7♥	5♦	5♠	9♠/5♣	4♣	K♣
	7♦	A♣	2♠	K♥	K♣	5♦					
65	2♣	7♦	Q♦	10♦	6♥	9♠	Q♣	3♠	7♣/4♦	6♥	3♦
	6♠	A♦	2♠	5♣	5♦	6♦					
66	3♠	6♠	10♦	J♠	10♠	J♦	9♠	10♦	7♠/8♠	3♦	5♦
	4♦	8♣	2♥	4♥	7♥	9♠					
67	10♣	Q♥	J♣	6♠	8♥	J♣	9♠	10♦	4♠/5♣	Q♦	9♦
	7♣	K♣	3♥	8♠	6♥	K♦					
68	A♦	J♠	6♠	9♥	3♣	7♣	9♦	7♣	K♣/8♦	9♦	Q♦
	9♠	6♦	10♠	6♥	7♥	9♦					
69	9♣	Q♥	9♥	2♦	J♥	9♠	J♦	Q♠	A♣/3♣	5♠	3♦
	J♣	5♠	K♦	6♥	7♠	J♦					
70	10♦	Q♣	8♥	8♣	2♠	A♠	2♦	6♣	5♦/5♥	3♣	6♥
	A♦	9♠	7♦	5♠	J♥	4♠					
71	6♥	7♦	8♣	K♠	2♠	A♦	3♣	J♠	5♣/Q♦	K♦	4♦
	J♥	9♠	7♠	9♣	Q♥	8♠					
72	J♠	J♦	3♣	7♦	3♥	J♥	K♣	10♦	5♠/2♥	7♠	5♠
	K♠	6♥	J♣	9♥	4♣	3♦					
73	Q♥	2♦	7♣	A♠	10♠	8♥	A♥	5♠	4♥/6♦	8♥	5♥
	9♣	9♠	9♥	2♥	10♦	A♥					
74	4♣	J♠	Q♦	5♠	8♠	9♠	A♠	10♥	K♠/K♦	7♥	4♦
	3♥	8♦	6♠	6♦	7♠	A♥					
75	J♥	2♠	5♣	A♣	5♥	3♠	4♠	3♠	10♣/5♦	A♣	5♠
	8♥	6♠	6♥	Q♥	6♦	10♦					
76	A♠	9♦	7♠	K♣	Q♥	J♠	3♠	K♠	3♥/9♥	2♣	10♥
	4♥	8♦	7♥	2♠	3♦	9♣					
77	6♦	10♥	5♣	9♦	10♦	6♠	J♠	4♣	Q♦/5♠	K♥	J♣
	10♣	8♠	J♣	9♥	2♥	J♦					
78	2♦	5♣	9♦	4♦	K♦	Q♠	A♥	5♠	8♠/6♠	9♠	J♦
	J♦	8♥	3♣	2♥	5♣	A♥					
79	7♦	K♣	3♣	6♠	7♣	J♠	4♦	J♠	6♥/3♣	6♠	3♠
	9♠	Q♥	J♥	A♥	2♠	5♥					
80	A♦	10♣	6♠	7♠	4♠	3♠	J♦	K♠	10♠/5♠	2♠	6♦
	Q♦	4♣	K♥	A♥	2♠	J♦					
81	5♠	A♣	5♥	3♠	6♦	A♣	Q♥		2♦/8♠	K♠	9♣
	9♣	8♠	7♥	Q♦	7♠	8♥					
82	A♥	6♠	K♠	6♠	A♣	2♠	10♦	2♥	6♦/J♣	8♠	Q♥
	10♣	4♦	K♥	8♣	2♥	Q♠					
83	3♠	10♥	9♦	Q♦	9♥	Q♠	J♥	9♣	7♣/K♦	6♣	10♠
	2♦	3♠	6♥	10♣	J♦						
84	6♦	7♥	Q♦	K♥	7♥	7♠	Q♠	2♦	A♦/K♣	2♦	4♥
	2♠	4♦	10♠	K♠	9♦	K♣					
85	9♠	2♠	K♥	K♠	2♠	5♥	J♠	10♠	6♥/4♥	A♦	4♠
	3♥	9♥	2♥	3♠	Q♥	J♠					
86	3♥	K♠	A♣	A♠	2♦	J♠	10♥	6♠	5♥/K♦	A♥	10♣
	2♣	4♣	3♦	6♦	4♦	3♠	2♦				
87	8♣	10♠	7♠	3♠	A♥	6♠	6♣	K♥	8♠/4♣	3♥	J♠
	A♥	5♠	2♦	9♥	10♦	6♣					
88	Q♦	Q♣	3♠	3♠	3♠	7♥	6♠	2♣	6♦/10♣	Q♣	7♣
	2♦	8♦	2♠	4♣	K♥	6♠					
89	K♠	A♥	2♥	3♥	4♦	5♦	6♥	4♦	7♥/8♥	10♦	8♦
	7♠	K♣	6♦	Q♣	5♠	J♥	4♥				
90	J♣	9♦	A♠	7♠	3♠		4♦	5♠	4♦/2♠	Q♣	Q♠
	Q♦	6♦	K♥	2♦	3♥	4♥					
91	6♣	3♥	A♥	9♠	5♣	K♦	J♦	2♦	7♦/J♠	8♠	10♦
	6♥	J♦	Q♥	7♣	7♥	8♥					
92	9♠	6♥	9♠	K♦	9♠		5♦	J♠	J♥/3♠	Q♣	
	4♦	3♠	7♠	4♦	Q♦						
93	2♥	8♠	6♦	3♣	5♠	9♠	K♥	K♥	9♥/5♠	J♠	3♥
	9♣	9♠	3♣	J♠	2♠	K♥					
94	10♦	K♦	3♦	9♠	4♠	9♥	4♥	10♠	8♥/10♣	10♠	A♥
	10♠	8♠	3♠	4♣	4♥						
95	7♠	Q♦	A♠	4♦	7♦	10♠	7♥	4♦	4♠/5♣	4♠	A♠
	8♣	A♠	2♠	J♣	5♥	7♥					
96	9♠	6♣	4♦	3♠	6♥	4♦	Q♣	8♠	7♣/8♦	4♥	2♦
	5♠	5♦	K♠	10♦	8♠	9♥					
97	A♥	5♠	3♠	Q♥	K♠	10♣	2♥	9♠	4♠/10♥	10♠	6♣
	6♣	7♦	10♠	8♦	4♦	3♣	K♠				
98	10♣	J♠	A♠	3♣	9♠	4♣	9♥	4♠	6♦/K♥	Q♥	8♠
	7♠	5♥	K♦	K♠	8♦	2♦					
99	3♦	5♠	3♣	10♦	8♠	7♥	Q♣	K♦	5♥/J♣	9♣	K♣
	3♠	4♠	J♦	3♥	A♠	Q♣					

黑桃 K

歲數	水星	金星	火星	木星	土星	天王	海王	長期	冥王/結果	環境	置換
0	3♥	A♣	Q♣	10♠	5♣	3♦	A♥	3♥	7♥/7♦		
	6♣	2♣	9♥	8♠	2♦	9♣	5♣				
1	Q♣	2♥	10♦	Q♥	4♣	Q♦	2♣	A♣	A♠/9♥		
	2♦	K♥	7♦	6♣	A♦	6♦	4♣				
2	10♠	A♣	Q♠	9♣	6♥	9♦	K♥	Q♣	2♣/7♦		
	A♦	9♠	9♥	2♦	A♥	3♠	6♦				
3	Q♠	2♥	8♦	6♦	3♦	5♦	9♠	10♠	K♥/9♥		
	A♥	6♠	7♦	A♦	3♥	J♦	3♦				
4	8♦	A♣	7♣	3♠	Q♦	3♠	6♠	5♣	9♠/7♦		
	3♥	2♠	9♥	A♥	Q♣	J♣	Q♦				
5	7♣	2♥	J♠	J♦	9♦	K♦	2♠	3♦	6♠/9♥		
	Q♠	K♣	7♦	3♥	10♦	10♥	9♦				
6	J♠	A♣	10♣	J♣	5♦	7♠	K♣	A♠	2♠/7♦		
	10♦	8♠	9♥	Q♣	Q♠	5♠	5♦				
7	10♣	2♥	4♠	10♥	3♣	8♥	8♠	Q♣	K♣/9♥		
	Q♠	6♣	7♦	10♦	8♠	4♦	3♣				
8	4♠	A♣	4♥	5♠	K♦	7♥	6♠	2♥	8♠/7♦		
	8♦	2♦	9♥	Q♠	7♠	5♥	K♦				
9	4♥	2♥	10♠	4♦	7♠	A♠	2♦	10♦	6♣/9♥		
	7♣	A♦	7♦	8♦	J♠	5♣	7♠				
10	10♠	A♣	Q♥	5♦	8♥	2♠	A♦	Q♥	2♦/7♦		
	J♠	A♥	9♥	7♣	10♠	4♣	8♥				
11	Q♥	2♥	9♣	5♣	7♥	K♦	A♥	4♣	A♦/9♥		
	10♣	3♥	7♦	J♠	4♠	6♥	7♥				
12	9♣	A♣	6♦	4♣	A♠	9♠	3♥	Q♦	A♥/7♦		
	4♠	Q♣	9♥	10♣	4♥	3♠	A♠				
13	6♦	2♥	3♠	6♥	2♠	6♠	Q♣	2♠	3♥/9♥		
	4♥	10♦	7♦	4♠	10♠	Q♦	2♣				
14	3♠	A♣	J♦	3♦	K♥	2♠	10♠	10♦	Q♣/7♦		
	10♠	Q♠	9♥	4♦	Q♥	9♦	K♥				
15	J♦	2♥	J♣	Q♦	9♠	K♣	Q♠	A♣	10♦/9♥		
	Q♥	8♦	7♦	10♠	9♣	5♦	9♠				
16	J♣	A♣	10♥	9♦	6♠	8♠	8♦	Q♠	Q♠/7♦		
	9♣	7♣	9♥	Q♥	6♦	3♦	6♠				
17	10♥	2♥	5♠	5♦	2♠	6♠	7♠		8♦/9♥		
	6♦	J♠	7♦	9♣	K♦						
18	5♠	A♣	4♦	3♠	K♣	2♦	J♠	6♥	7♣/7♦		
	3♠	10♣	9♥	6♦	J♦	7♠	K♣				
19	4♦	2♥	5♥	K♦	8♠	A♦	10♣	9♦	J♠/9♥		
	J♦	4♠	7♦	3♦	J♠	8♥	8♠				
20	5♥	A♣	5♠	7♦	6♠	A♥	4♠	K♥	10♣/7♦		
	J♣	4♥	9♥	J♦	10♥	7♥	6♣				
21	5♠	2♥	4♣	8♦	2♦	3♦	Q♥	Q♠	4♠/9♥		
	10♥	10♠	7♦	J♣	8♠	A♠	2♦				
22	4♣	A♣	6♥	7♥	A♦	Q♠	10♠	2♥	4♥/7♦		
	5♠	Q♥	9♥	10♥	4♦	2♣	A♥				
23	6♥	2♥	3♦	A♠	A♥	10♦	Q♥	8♦	10♠/9♥		
	4♦	9♠	7♦	5♠	5♥	K♥	A♥				
24	3♦	A♣	Q♠	2♠	3♥	3♦	9♠	6♦	Q♥/7♦		
	5♥	6♦	9♥	4♠	3♣	9♠	3♥				
25	Q♦	2♥	9♦	K♥	Q♣	8♦	6♦	3♦	9♣/9♥		
	5♣	3♠	7♦	5♥	4♣	6♠	Q♣				
26	9♦	A♣	5♦	9♠	10♦	7♣	3♠	5♦	6♦/7♦		
	4♣	J♦	9♥	5♣	6♥	2♠	10♦				
27	5♦	2♥	3♠	6♠	Q♠	J♠	J♦	9♠	3♠/9♥		
	6♥	J♣	7♦	4♠	3♦	K♣	Q♠				
28	3♣	A♣	K♦	2♠	8♦	10♣	J♣	8♦	J♦/7♦		
	3♦	10♥	9♥	6♥	Q♦	8♠	8♦				
29	K♦	2♥	7♠	K♣	7♣	4♠	10♥	A♣	J♣/9♥		
	Q♦	5♠	7♦	3♦	9♦	6♣	7♣				
30	7♠	A♣	8♥	8♠	J♠	4♥	5♠	7♦	10♥/7♦		
	9♦	4♦	9♥	Q♦	5♦	2♦	J♠				
31	8♥	2♥	7♥	6♦	10♣	10♠	4♦	3♠	5♠/9♥		
	5♦	5♥	7♦	9♦	3♣	A♦	10♦				
32	7♥	A♣	A♠	2♦	4♠	Q♥	5♦	Q♦	4♦/7♦		
	3♣	5♣	9♥	5♦	K♦	A♥	4♠				
33	A♠	2♥	2♣	A♦	4♥	9♣	5♠	3♠	5♥/9♥		
	K♦	4♣	7♦	3♣	7♠	3♥	4♥				
34	2♣	A♣	K♥	A♥	10♠	6♦	4♦	6♠	5♣/7♦		
	7♠	6♥	9♥	K♦	8♥	Q♣	10♠				
35	K♥	2♥	9♠	3♥	Q♥	3♠	6♥	7♣	4♠/9♥		
	8♥	3♦	7♦	7♠	7♥	10♦	Q♥				
36	9♠	A♣	6♠	Q♣	9♣	J♦	3♦	2♥	6♥/7♦		
	7♥	Q♦	9♥	8♥	A♣	Q♠	9♣				
37	6♠	2♥	2♠	10♦	6♦	J♣	Q♦	J♠	3♦/9♥		
	A♠	9♦	7♦	7♥	2♣	8♦	6♦				
38	2♠	A♣	K♣	Q♠	3♦	10♥	9♦	J♦	Q♦/7♦		
	2♣	5♦	9♥	A♠	K♥	7♣	3♦				
39	K♣	2♥	8♠	8♦	J♦	5♠	5♦	9♠	9♦/9♥		
	K♥	3♣	7♦	2♣	9♠	J♠	J♦				
40	8♠	A♣	6♠	7♠	J♣	4♦	3♠	K♦	5♦/7♦		
	9♠	K♦	9♥	K♦	6♠	10♣	J♣				
41	6♠	2♥	2♦	J♠	10♥	5♥	K♦	2♠	3♣/9♥		
	6♠	7♠	7♦	9♠	2♣	4♠	10♥				
42	2♦	A♣	A♦	10♣	5♦	5♠	7♠	J♠	K♦/7♦		
	2♠	8♥	9♥	6♠	K♣	4♥	5♠				
43	A♦	2♥	A♥	4♠	4♦	4♣	8♦	A♠	7♠/9♥		
	K♣	7♥	7♦	2♠	8♠	10♠	4♦				
44	A♥	A♣	3♥	4♦	5♥	6♥	7♥	10♣	8♥/7♦		
	8♠	A♠	9♥	K♣	6♠	Q♥	5♥				
45	3♥	2♥	Q♣	10♠	5♠	3♦	A♠	J♣	7♥/9♥		
	6♣	2♣	7♦	8♠	2♦	9♣	5♣				
46	Q♣	A♣	10♦	Q♥	4♣	Q♦	2♣	5♦	A♠/7♦		
	2♦	K♥	9♥	6♣	A♦	6♦	4♣				
47	10♦	2♥	Q♠	9♣	6♥	9♦	K♥	7♠	2♣/9♥		
	A♦	9♠	7♦	2♦	A♥	3♠	6♦				
48	Q♠	A♣	8♦	6♦	3♦	5♦	9♠	K♣	K♥/7♦		
	A♥	6♠	9♥	A♦	3♥	J♦	3♦				
49	8♦	2♥	7♣	3♠	Q♦	3♣	6♠	10♣	9♠/9♥		
	3♥	2♠	7♦	A♥	Q♣	J♦	Q♦				

左半表（50–74歲）

歲數	水星	金星	火星	木星	土星	天王	海王	長期	冥王/結果	環境	置換
50	7♣	A♣	J♠	J♦	9♦	K♦	2♠	2♥	6♠/7♦		
	Q♥	K♣	9♥	3♥	10♦	10♥	9♦				
51	J♠	2♥	10♣	J♣	5♦	7♠	K♣	4♠	2♠/9♥		
	10♦	8♠	7♦	Q♣	Q♠	5♠	5♦				
52	10♣	A♣	4♠	10♥	3♣	8♥	8♠	10♥	K♣/7♦		
	Q♠	6♣	9♥	10♦	8♦	4♦	3♣				
53	4♠	2♥	4♥	5♠	K♦	7♥	6♣		8♠/9♦		
	8♦	2♦	7♦	Q♠	7♣	5♥	K♦				
54	4♥	A♣	10♠	4♦	7♠	A♠	2♦	8♥	6♣/7♦		
	7♣	A♦	9♥	8♦	J♠	5♣	7♠				
55	10♠	2♥	Q♥	5♥	8♥	2♣	A♠	8♠	2♦/9♥		
	J♠	A♥	7♦	7♣	10♣	4♣	8♥				
56	Q♥	A♣	9♣	5♠	7♥	K♥	A♥	4♠	A♦/7♦		
	10♣	3♥	9♥	J♠	4♠	6♥	7♥				
57	9♣	2♥	6♦	4♠	A♠	9♠	3♥	A♣	A♥/9♥		
	4♠	Q♣	7♦	10♣	4♥	3♦	A♠				
58	6♠	A♣	3♠	6♥	2♣	6♠	Q♣	4♥	3♥/7♦		
	4♥	10♠	9♥	4♠	10♠	Q♦	2♣				
59	3♠	2♥	J♦	3♦	K♥	2♠	10♦	5♠	Q♣/9♥		
	10♠	Q♠	7♦	4♥	Q♥	9♦	K♥				
60	J♦	A♣	J♣	Q♦	9♠	K♥	Q♠	K♦	10♦/7♦		
	Q♥	8♦	9♥	10♠	9♠	5♦	9♠				
61	J♣	2♥	10♥	9♦	6♠	8♠	8♦	7♥	Q♠/9♥		
	9♣	7♣	7♦	Q♥	6♦	3♣	6♠				
62	10♥	A♣	5♠	5♦	2♠	6♣	7♣	6♠	8♦/7♦		
	6♦	J♠	9♥	9♣	3♠	K♦	2♠				
63	5♠	2♥	4♦	3♣	K♣	2♦	J♠	4♥	7♣/9♥		
	3♠	10♣	7♦	6♦	J♦	7♠	K♣				
64	4♦	A♣	5♥	K♦	8♠	A♦	10♣	2♥	J♠/7♦		
	J♦	4♠	9♥	3♠	J♠	8♥	8♠				
65	5♥	2♥	5♣	7♠	6♠	A♥	4♠	10♠	10♣/9♥		
	J♣	4♥	7♦	J♦	10♥	7♥	6♣				
66	5♣	A♣	4♣	8♥	2♦	3♥	4♥	4♠	4♠/7♦		
	10♥	10♠	9♥	J♣	5♠	A♠	2♣				
67	4♣	2♥	4♥	7♥	A♠	Q♠	10♠	7♠	4♥/9♥		
	5♠	Q♥	7♦	10♥	4♦	2♣	A♠				
68	6♥	A♣	3♦	A♠	A♥	10♦	Q♥	A♠	10♠/7♦		
	4♦	9♣	9♥	5♠	5♥	K♥	A♥				
69	3♦	2♥	Q♦	2♣	3♥	Q♠	9♣	2♦	Q♥/9♥		
	5♥	6♦	7♦	4♦	5♠	9♠	3♦				
70	Q♦	A♣	9♠	K♥	Q♠	8♦	6♦	10♠	9♣/7♦		
	5♣	3♠	9♥	5♥	4♦	6♠	Q♣				
71	9♦	2♥	5♠	9♠	10♦	7♦	3♠	4♣	6♦/9♥		
	4♣	J♠	7♦	5♠	6♥	2♠	10♦				
72	5♦	A♣	3♣	6♠	Q♠	J♠	J♦	Q♥	3♠/7♦		
	6♥	J♣	9♥	4♠	3♦	K♣	Q♠				
73	3♣	2♥	K♦	2♠	8♦	10♣	J♠	5♥	J♦/9♥		
	3♦	10♥	7♦	6♥	Q♦	8♠	8♦				
74	K♦	A♣	7♠	K♣	7♠	4♠	10♥	8♥	J♣/7♦		
	Q♦	5♠	9♥	3♥	9♦	6♣	7♣				

右半表（75–99歲）

歲數	水星	金星	火星	木星	土星	天王	海王	長期	冥王/結果	環境	置換
75	7♠	2♥	8♥	8♠	J♠	4♥	5♠	2♣	10♥/9♥		
	9♦	4♦	7♥	Q♦	5♦	2♦	J♠				
76	8♥	A♣	7♥	6♣	10♣	10♠	4♦	A♦	5♠/7♦		
	5♦	5♥	9♥	9♦	3♣	A♦	10♣				
77	7♥	2♥	A♣	2♦	4♠	Q♥	5♥	Q♥	4♦/9♥		
	3♣	5♣	7♥	5♦	K♦	A♥	4♠				
78	A♠	A♣	2♣	A♦	4♥	9♠	5♦	2♥	5♥/7♦		
	K♦	4♣	7♥	3♠	7♠	3♥	4♥				
79	2♣	2♥	K♦	A♥	10♠	6♦	4♣	9♣	5♣/9♥		
	7♠	6♥	7♦	K♦	8♥	Q♣	10♠				
80	K♥	A♣	9♠	3♥	Q♥	3♠	6♥	5♣	4♣/7♦		
	8♥	3♦	9♥	7♠	7♥	10♦	Q♥				
81	9♠	2♥	6♠	Q♣	9♣	J♦	3♦	7♥	6♥/9♥		
	7♥	Q♦	7♦	8♥	A♠	Q♠	9♣				
82	6♠	A♣	2♠	10♦	6♦	J♣	Q♦	K♥	3♦/7♦		
	A♠	9♦	7♥	7♦	2♣	8♦	6♦				
83	2♠	2♥	K♣	Q♠	3♠	10♥	4♥	A♥	Q♦/9♥		
	2♣	5♦	7♦	A♠	K♥	7♣	3♠				
84	K♣	A♣	8♠	8♦	J♦	5♠	5♦	9♣	9♦/7♦		
	K♥	3♣	9♥	2♣	9♠	J♠	J♦				
85	8♠	2♥	6♣	7♣	J♣	4♦	3♠	A♣	5♦/9♥		
	9♥	K♦	7♦	K♥	6♠	10♣	J♣				
86	6♣	A♣	2♦	J♠	10♥	5♠	K♣	6♦	3♠/7♦		
	6♠	7♠	9♥	9♠	2♠	4♠	10♥				
87	2♦	2♥	A♦	10♣	5♠	5♣	7♠	4♣	K♦/9♥		
	2♠	8♥	7♦	Q♦	K♣	4♥	5♠				
88	A♦	A♣	A♥	4♠	4♦	4♠	8♥	A♠	7♠/7♦		
	K♣	7♥	9♥	2♠	8♦	10♠	4♦				
89	A♥	2♥	3♥	4♥	5♥	6♥	7♥	9♠	8♥/9♥		
	8♠	A♠	7♥	K♣	Q♥	Q♥	5♦				
90	3♥	A♣	Q♣	10♠	9♠	3♦	A♠	3♥	7♥/7♦		
	6♣	2♣	9♥	8♠	2♦	9♣	5♠				
91	Q♣	2♥	10♦	Q♥	4♣	Q♦	2♣	6♦	A♣/9♥		
	2♦	K♥	7♦	6♣	A♦	6♦	4♣				
92	10♦	A♣	Q♠	9♣	6♥	9♠	K♣	2♥	2♣/7♦		
	A♦	9♠	9♥	2♦	A♥	3♠	6♥				
93	Q♠	2♥	8♥	6♦	3♦	5♦	9♠	3♠	K♥/9♥		
	A♥	6♠	7♦	A♦	3♥	J♦	3♦				
94	8♦	A♣	4♣	8♠	Q♦	3♣	6♠	6♥	9♠/7♦		
	3♥	2♠	9♥	A♥	Q♣	J♣	Q♦				
95	7♣	2♥	J♠	J♦	9♦	K♦	2♠	2♣	6♠/9♥		
	Q♣	K♣	7♦	3♥	10♦	10♥	9♦				
96	J♠	A♣	10♣	J♣	5♦	7♠	K♣	6♦	2♠/7♦		
	10♦	8♠	9♥	Q♣	Q♠	5♠	5♦				
97	10♣	2♥	4♠	10♥	3♣	8♥	8♠	Q♣	K♣/9♥		
	Q♠	6♣	7♦	10♦	8♦	4♦	3♠				
98	4♠	A♣	4♥	5♠	K♦	7♥	6♠	3♠	8♠/7♦		
	8♠	2♦	9♥	Q♠	7♣	5♥	K♦				
99	4♥	2♥	10♠	4♦	7♠	A♠	2♦	A♣	6♠/9♥		
	7♣	A♦	7♦	8♦	J♠	5♣	7♠				

附錄2

流年解讀表格範例

解讀工作表範例

姓名：潔咪・瓊斯　　　生日：1965/3/29　　　本命牌：梅花7　　　守護星牌：梅花J

解讀年齡：27　　　用到的身分牌：梅花Q

行星週期	水星	金星	火星	木星	土星	天王星	海王星
起始日期	1992/3/29	1992/5/20	1992/7/1	1992/9/1	1992/10/23	1992/12/19	1993/2/5

本命牌		水星	金星	火星	木星	土星	天王星	海王星
	直接	8◆（老爸）	3◆	A♠	8♣	8♠	K♥（約翰）	A♥
	間接	3♥	3♣	2♣	5♥	4♠	10♠	A♥

長期牌：10♥　　冥王星牌：K◆（老爸）　　結果牌：4♣　　環境牌：7♥　　置換牌：6♥

守護星牌		水星	金星	火星	木星	土星	天王星	海王星
	直接	5♣	2◆	9♠	Q♣	5♥	6◆	6♥
	間接	7◆	4♣	3◆	K♣（約翰）	Q♠	K♠	6♥

長期牌：3♣　　冥王星牌：4◆　　結果牌：2♠　　環境牌：A◆　　置換牌：2♣

身分牌一		水星	金星	火星	木星	土星	天王星	海王星
	直接	5♥	6◆	6♥	4◆	2♠	2♣（約翰）	8♥
	間接	A◆	10◆	K♥	Q♥（老媽）	9♥（前任）	2♥	

長期牌：7♠（老闆）　　冥王星牌：K♠（老闆）　　結果牌：5◆　　環境牌：3♣　　置換牌：4◆

身分牌二		水星	金星	火星	木星	土星	天王星	海王星
	直接							
	間接							

長期牌：　　冥王星牌：　　結果牌：　　環境牌：　　置換牌：

註記

約翰6/28，2♣、J♣、J♣　男友A♠、K♥　業力牌

亨利9/1，7♠、J♠、K♠─老闆

安12/22，8♥、Q♥─老媽

威廉3/15，8◆、J◆、K◆─老爸

史提夫9/28，9♥、J♥、K♥─前夫

解讀工作表

姓名：_____　　生日：_____　　本命牌：_____　　守護星牌：_____

解讀年齡：__　　用到的身分牌：_____

行星週期 起始日期	水星	金星	火星	木星	土星	天王星	海王星

本命牌		水星	金星	火星	木星	土星	天王星	海王星
本命牌	直接							
	間接							

長期牌：　　　冥王星牌：　　　結果牌：　　　環境牌：　　　置換牌：

守護星牌		水星	金星	火星	木星	土星	天王星	海王星
守護星牌	直接							
	間接							

長期牌：　　　冥王星牌：　　　結果牌：　　　環境牌：　　　置換牌：

身分牌一		水星	金星	火星	木星	土星	天王星	海王星
身分牌一	直接							
	間接							

長期牌：　　　冥王星牌：　　　結果牌：　　　環境牌：　　　置換牌：

身分牌二		水星	金星	火星	木星	土星	天王星	海王星
身分牌二	直接							
	間接							

長期牌：　　　冥王星牌：　　　結果牌：　　　環境牌：　　　置換牌：

註記

解讀工作表

姓名：_____　　　生日：_____　　　本命牌：_____　　　守護星牌：_____

解讀年齡：___　　　用到的身分牌：_____

行星週期 起始日期	水星	金星	火星	木星	土星	天王星	海王星

本命牌		水星	金星	火星	木星	土星	天王星	海王星
	直接							
	間接							

長期牌：　　　　　冥王星牌：　　　　　結果牌：　　　　　環境牌：　　　　　置換牌：

守護星牌		水星	金星	火星	木星	土星	天王星	海王星
	直接							
	間接							

長期牌：　　　　　冥王星牌：　　　　　結果牌：　　　　　環境牌：　　　　　置換牌：

身分牌一		水星	金星	火星	木星	土星	天王星	海王星
	直接							
	間接							

長期牌：　　　　　冥王星牌：　　　　　結果牌：　　　　　環境牌：　　　　　置換牌：

身分牌二		水星	金星	火星	木星	土星	天王星	海王星
	直接							
	間接							

長期牌：　　　　　冥王星牌：　　　　　結果牌：　　　　　環境牌：　　　　　置換牌：

註記

宮廷牌賦予你的力量

我們現在進入一個城堡，皇室家庭就居住於此。每當你在你的牌陣中獲得其中一張宮廷牌，它總是描述了你正在接觸的人。然而，與此同時，每張牌都有一兩種人格特質，以及他們精通某種能量或質量。你牌陣中的任何宮廷牌都會在他們所處的領域為你帶來一些力量或成功。雖然有些牌也具有負面特質，但不難把重點放在當前影響的積極面，才能善加利用它們。把每張宮廷牌都當作是給你一種祝福和駕馭能力。多多感受這份祝福，你將會在你的人生週期增強它的力量。

騎士擁有他們花色的掌控力，給那項元素加上他們的創造力量。

紅心 J 對情感有掌控力，可以影響周遭的人。

梅花 J 是精神領袖，充滿創意點子和多采多姿的想法。

方塊 J 是商業的大師，有企業家精神，激發出有創意的賺錢點子。

黑桃 J 有藝術天賦和創造力，幾乎能運用在任何領域。

皇后也有其花色上的統御權，但是每一種都比較偏好服務和從幕後支持。

紅心 Q 是充滿愛的母親，知道如何去愛她的家庭和小孩。

梅花 Q 餵養她的小孩，以及這個世界的知識。她是精神直覺的天才。

方塊 Q 是商業天才，而且也是發自內心的慈善家。她能賺很多錢。

黑桃 Q 從駕馭自己來駕馭一切。她是神之牌陣的太陽牌（又稱自然牌陣）。

國王是天生的領袖，在權力、權威和領導的位置上展示他們的統治權。

紅心 K 能夠駕馭自己的情感，並且知道如何有效地跟人往來的藝術。

梅花 K 是心智的統治者，可以成就他心中的任何事情，而且直覺很強。

方塊 K 是成功的企業主，是金錢與金融的大師。

黑桃 K 是任何選定領域中的大師，來自於最高權力的位置。他是整副牌中最有權力的牌。

當你在牌陣中得到其中一張宮廷牌時，就視為你自己在那段時間週期擁有這些權力。

親朋好友牌表

姓名	生日	本命牌	守護星牌	身分牌

每年七段運勢週期起迄時間表

一月

生日	本命牌	水星	金星	火星	木星	土星	天王星	海王星
1/1	K♠	1/1	2/22	4/15	6/6	7/28	9/18	11/9
1/2	Q♠	1/2	2/23	4/16	6/7	7/29	9/19	11/10
1/3	J♠	1/3	2/24	4/17	6/8	7/30	9/20	11/11
1/4	10♠	1/4	2/25	4/18	6/9	7/31	9/21	11/12
1/5	9♠	1/5	2/26	4/19	6/10	8/1	9/22	11/13
1/6	8♠	1/6	2/27	4/20	6/11	8/2	9/23	11/14
1/7	7♠	1/7	2/28	4/21	6/12	8/3	9/24	11/15
1/8	6♠	1/8	3/1	4/22	6/13	8/4	9/25	11/16
1/9	5♠	1/9	3/2	4/23	6/14	8/5	9/26	11/17
1/10	4♠	1/10	3/3	4/24	6/15	8/6	9/27	11/18
1/11	3♠	1/11	3/4	4/25	6/16	8/7	9/28	11/19
1/12	2♠	1/12	3/5	4/26	6/17	8/8	9/29	11/20
1/13	A♠	1/13	3/6	4/27	6/18	8/9	9/30	11/21
1/14	K♦	1/14	3/7	4/28	6/19	8/10	10/1	11/22
1/15	Q♦	1/15	3/8	4/29	6/20	8/11	10/2	11/23
1/16	J♦	1/16	3/9	4/30	6/21	8/12	10/3	11/24
1/17	10♦	1/17	3/10	5/1	6/22	8/13	10/4	11/25
1/18	9♦	1/18	3/11	5/2	6/23	8/14	10/5	11/26
1/19	8♦	1/19	3/12	5/3	6/24	8/15	10/6	11/27
1/20	7♦	1/20	3/13	5/4	6/25	8/16	10/7	11/28
1/21	6♦	1/21	3/14	5/5	6/26	8/17	10/8	11/29
1/22	5♦	1/22	3/15	5/6	6/27	8/18	10/9	11/30
1/23	4♦	1/23	3/16	5/7	6/28	8/19	10/10	12/1
1/24	3♦	1/24	3/17	5/8	6/29	8/20	10/11	12/2
1/25	2♦	1/25	3/18	5/9	6/30	8/21	10/12	12/3
1/26	A♦	1/26	3/19	5/10	7/1	8/22	10/13	12/4
1/27	K♣	1/27	3/20	5/11	7/2	8/23	10/14	12/5
1/28	Q♣	1/28	3/21	5/12	7/3	8/24	10/15	12/6
1/29	J♣	1/29	3/22	5/13	7/4	8/25	10/16	12/7
1/30	10♣	1/30	3/23	5/14	7/5	8/26	10/17	12/8
1/31	9♣	1/31	3/24	5/15	7/6	8/27	10/18	12/9

二月

生日	本命牌	水星	金星	火星	木星	土星	天王星	海王星
2/1	J♠	2/1	3/25	5/16	7/7	8/28	10/19	12/10
2/2	10♠	2/2	3/26	5/17	7/8	8/29	10/20	12/11
2/3	9♠	2/3	3/27	5/18	7/9	8/30	10/21	12/12
2/4	8♠	2/4	3/28	5/19	7/10	8/31	10/22	12/13
2/5	7♠	2/5	3/29	5/20	7/11	9/1	10/23	12/14
2/6	6♠	2/6	3/30	5/21	7/12	9/2	10/24	12/15
2/7	5♠	2/7	3/31	5/22	7/13	9/3	10/25	12/16
2/8	4♠	2/8	4/1	5/23	7/14	9/4	10/26	12/17
2/9	3♠	2/9	4/2	5/24	7/15	9/5	10/27	12/18
2/10	2♠	2/10	4/3	5/25	7/16	9/6	10/28	12/19
2/11	A♠	2/11	4/4	5/26	7/17	9/7	10/29	12/20
2/12	K♦	2/12	4/5	5/27	7/18	9/8	10/30	12/21
2/13	Q♦	2/13	4/6	5/28	7/19	9/9	10/31	12/22
2/14	J♦	2/14	4/7	5/29	7/20	9/10	11/1	12/23
2/15	10♦	2/15	4/8	5/30	7/21	9/11	11/2	12/24
2/16	9♦	2/16	4/9	5/31	7/22	9/12	11/3	12/25
2/17	8♦	2/17	4/10	6/1	7/23	9/13	11/4	12/26
2/18	7♦	2/18	4/11	6/2	7/24	9/14	11/5	12/27
2/19	6♦	2/19	4/12	6/3	7/25	9/15	11/6	12/28
2/20	5♦	2/20	4/13	6/4	7/26	9/16	11/7	12/29
2/21	4♦	2/21	4/14	6/5	7/27	9/17	11/8	12/30
2/22	3♦	2/22	4/15	6/6	7/28	9/18	11/9	1/1
2/23	2♦	2/23	4/16	6/7	7/29	9/19	11/10	1/2
2/24	A♦	2/24	4/17	6/8	7/30	9/20	11/11	1/3
2/25	K♣	2/25	4/18	6/9	7/31	9/21	11/12	1/4
2/26	Q♣	2/26	4/19	6/10	8/1	9/22	11/13	1/5
2/27	J♣	2/27	4/20	6/11	8/2	9/23	11/14	1/6
2/28	10♣	2/28	4/21	6/12	8/3	9/24	11/15	1/7
2/29	9♣	2/29	4/21	6/12	8/3	9/24	11/15	1/7

三月

生日	本命牌	水星	金星	火星	木星	土星	天王星	海王星
3/1	9♠	3/1	4/22	6/13	8/4	9/25	11/16	1/8
3/2	8♠	3/2	4/23	6/14	8/5	9/26	11/17	1/9
3/3	7♠	3/3	4/24	6/15	8/6	9/27	11/18	1/10
3/4	6♠	3/4	4/25	6/16	8/7	9/28	11/19	1/11
3/5	5♠	3/5	4/26	6/17	8/8	9/29	11/20	1/12
3/6	4♠	3/6	4/27	6/18	8/9	9/30	11/21	1/13
3/7	3♠	3/7	4/28	6/19	8/10	10/1	11/22	1/14
3/8	2♠	3/8	4/29	6/20	8/11	10/2	11/23	1/15
3/9	A♠	3/9	4/30	6/21	8/12	10/3	11/24	1/16
3/10	K♦	3/10	5/1	6/22	8/13	10/4	11/25	1/17
3/11	Q♦	3/11	5/2	6/23	8/14	10/5	11/26	1/18
3/12	J♦	3/12	5/3	6/24	8/15	10/6	11/27	1/19
3/13	10♦	3/13	5/4	6/25	8/16	10/7	11/28	1/20
3/14	9♦	3/14	5/5	6/26	8/17	10/8	11/29	1/21
3/15	8♦	3/15	5/6	6/27	8/18	10/9	11/30	1/22
3/16	7♦	3/16	5/7	6/28	8/19	10/10	12/1	1/23
3/17	6♦	3/17	5/8	6/29	8/20	10/11	12/2	1/24
3/18	5♦	3/18	5/9	6/30	8/21	10/12	12/3	1/25
3/19	4♦	3/19	5/10	7/1	8/22	10/13	12/4	1/26
3/20	3♦	3/20	5/11	7/2	8/23	10/14	12/5	1/27
3/21	2♦	3/21	5/12	7/3	8/24	10/15	12/6	1/28
3/22	A♦	3/22	5/13	7/4	8/25	10/16	12/7	1/29
3/23	K♣	3/23	5/14	7/5	8/26	10/17	12/8	1/30
3/24	Q♣	3/24	5/15	7/6	8/27	10/18	12/9	1/31
3/25	J♣	3/25	5/16	7/7	8/28	10/19	12/10	2/1
3/26	10♣	3/26	5/17	7/8	8/29	10/20	12/11	2/2
3/27	9♣	3/27	5/18	7/9	8/30	10/21	12/12	2/3
3/28	8♣	3/28	5/19	7/10	8/31	10/22	12/13	2/4
3/29	7♣	3/29	5/20	7/11	9/1	10/23	12/14	2/5
3/30	6♣	3/30	5/21	7/12	9/2	10/24	12/15	2/6
3/31	5♣	3/31	5/22	7/13	9/3	10/25	12/16	2/7

四月

生日	本命牌	水星	金星	火星	木星	土星	天王星	海王星
4/1	7♠	4/1	5/23	7/14	9/4	10/26	12/17	2/8
4/2	6♠	4/2	5/24	7/15	9/5	10/27	12/18	2/9
4/3	5♠	4/3	5/25	7/16	9/6	10/28	12/19	2/10
4/4	4♠	4/4	5/26	7/17	9/7	10/29	12/20	2/11
4/5	3♠	4/5	5/27	7/18	9/8	10/30	12/21	2/12
4/6	2♠	4/6	5/28	7/19	9/9	10/31	12/22	2/13
4/7	A♠	4/7	5/29	7/20	9/10	11/1	12/23	2/14
4/8	K♦	4/8	5/30	7/21	9/11	11/2	12/24	2/15
4/9	Q♦	4/9	5/31	7/22	9/12	11/3	12/25	2/16
4/10	J♦	4/10	6/1	7/23	9/13	11/4	12/26	2/17
4/11	10♦	4/11	6/2	7/24	9/14	11/5	12/27	2/18
4/12	9♦	4/12	6/3	7/25	9/15	11/6	12/28	2/19
4/13	8♦	4/13	6/4	7/26	9/16	11/7	12/29	2/20
4/14	7♦	4/14	6/5	7/27	9/17	11/8	12/30	2/21
4/15	6♦	4/15	6/6	7/28	9/18	11/9	1/1	2/22
4/16	5♦	4/16	6/7	7/29	9/19	11/10	1/2	2/23
4/17	4♦	4/17	6/8	7/30	9/20	11/11	1/3	2/24
4/18	3♦	4/18	6/9	7/31	9/21	11/12	1/4	2/25
4/19	2♦	4/19	6/10	8/1	9/22	11/13	1/5	2/26
4/20	A♦	4/20	6/11	8/2	9/23	11/14	1/6	2/27
4/21	K♣	4/21	6/12	8/3	9/24	11/15	1/7	2/28
4/22	Q♣	4/22	6/13	8/4	9/25	11/16	1/8	3/1
4/23	J♣	4/23	6/14	8/5	9/26	11/17	1/9	3/2
4/24	10♣	4/24	6/15	8/6	9/27	11/18	1/10	3/3
4/25	9♣	4/25	6/16	8/7	9/28	11/19	1/11	3/4
4/26	8♣	4/26	6/17	8/8	9/29	11/20	1/12	3/5
4/27	7♣	4/27	6/18	8/9	9/30	11/21	1/13	3/6
4/28	6♣	4/28	6/19	8/10	10/1	11/22	1/14	3/7
4/29	5♣	4/29	6/20	8/11	10/2	11/23	1/15	3/8
4/30	4♣	4/30	6/21	8/12	10/3	11/24	1/16	3/9

五月

生日	本命牌	水星	金星	火星	木星	土星	天王星	海王星
5/1	5♠	5/1	6/22	8/13	10/4	11/25	1/17	3/10
5/2	4♠	5/2	6/23	8/14	10/5	11/26	1/18	3/11
5/3	3♠	5/3	6/24	8/15	10/6	11/27	1/19	3/12
5/4	2♠	5/4	6/25	8/16	10/7	11/28	1/20	3/13
5/5	A♠	5/5	6/26	8/17	10/8	11/29	1/21	3/14
5/6	K♦	5/6	6/27	8/18	10/9	11/30	1/22	3/15
5/7	Q♦	5/7	6/28	8/19	10/10	12/1	1/23	3/16
5/8	J♦	5/8	6/29	8/20	10/11	12/2	1/24	3/17
5/9	10♦	5/9	6/30	8/21	10/12	12/3	1/25	3/18
5/10	9♦	5/10	7/1	8/22	10/13	12/4	1/26	3/19
5/11	8♦	5/11	7/2	8/23	10/14	12/5	1/27	3/20
5/12	7♦	5/12	7/3	8/24	10/15	12/6	1/28	3/21
5/13	6♦	5/13	7/4	8/25	10/16	12/7	1/29	3/22
5/14	5♦	5/14	7/5	8/26	10/17	12/8	1/30	3/23
5/15	4♦	5/15	7/6	8/27	10/18	12/9	1/31	3/24
5/16	3♦	5/16	7/7	8/28	10/19	12/10	2/1	3/25
5/17	2♦	5/17	7/8	8/29	10/20	12/11	2/2	3/26
5/18	A♦	5/18	7/9	8/30	10/21	12/12	2/3	3/27
5/19	K♣	5/19	7/10	8/31	10/22	12/13	2/4	3/28
5/20	Q♣	5/20	7/11	9/1	10/23	12/14	2/5	3/29
5/21	J♣	5/21	7/12	9/2	10/24	12/15	2/6	3/30
5/22	10♣	5/22	7/13	9/3	10/25	12/16	2/7	3/31
5/23	9♣	5/23	7/14	9/4	10/26	12/17	2/8	4/1
5/24	8♣	5/24	7/15	9/5	10/27	12/18	2/9	4/2
5/25	7♣	5/25	7/16	9/6	10/28	12/19	2/10	4/3
5/26	6♣	5/26	7/17	9/7	10/29	12/20	2/11	4/4
5/27	5♣	5/27	7/18	9/8	10/30	12/21	2/12	4/5
5/28	4♣	5/28	7/19	9/9	10/31	12/22	2/13	4/6
5/29	3♣	5/29	7/20	9/10	11/1	12/23	2/14	4/7
5/30	2♣	5/30	7/21	9/11	11/2	12/24	2/15	4/8
5/31	A♣	5/31	7/22	9/12	11/3	12/25	2/16	4/9

六月

生日	本命牌	水星	金星	火星	木星	土星	天王星	海王星
6/1	3♠	6/1	7/23	9/13	11/4	12/26	2/17	4/10
6/2	2♠	6/2	7/24	9/14	11/5	12/27	2/18	4/11
6/3	A♠	6/3	7/25	9/15	11/6	12/28	2/19	4/12
6/4	K♦	6/4	7/26	9/16	11/7	12/29	2/20	4/13
6/5	Q♦	6/5	7/27	9/17	11/8	12/30	2/21	4/14
6/6	J♦	6/6	7/28	9/18	11/9	1/1	2/22	4/15
6/7	10♦	6/7	7/29	9/19	11/10	1/2	2/23	4/16
6/8	9♦	6/8	7/30	9/20	11/11	1/3	2/24	4/17
6/9	8♦	6/9	7/31	9/21	11/12	1/4	2/25	4/18
6/10	7♦	6/10	8/1	9/22	11/13	1/5	2/26	4/19
6/11	6♦	6/11	8/2	9/23	11/14	1/6	2/27	4/20
6/12	5♦	6/12	8/3	9/24	11/15	1/7	2/28	4/21
6/13	4♦	6/13	8/4	9/25	11/16	1/8	3/1	4/22
6/14	3♦	6/14	8/5	9/26	11/17	1/9	3/2	4/23
6/15	2♦	6/15	8/6	9/27	11/18	1/10	3/3	4/24
6/16	A♦	6/16	8/7	9/28	11/19	1/11	3/4	4/25
6/17	K♣	6/17	8/8	9/29	11/20	1/12	3/5	4/26
6/18	Q♣	6/18	8/9	9/30	11/21	1/13	3/6	4/27
6/19	J♣	6/19	8/10	10/1	11/22	1/14	3/7	4/28
6/20	10♣	6/20	8/11	10/2	11/23	1/15	3/8	4/29
6/21	9♣	6/21	8/12	10/3	11/24	1/16	3/9	4/30
6/22	8♣	6/22	8/13	10/4	11/25	1/17	3/10	5/1
6/23	7♣	6/23	8/14	10/5	11/26	1/18	3/11	5/2
6/24	6♣	6/24	8/15	10/6	11/27	1/19	3/12	5/3
6/25	5♣	6/25	8/16	10/7	11/28	1/20	3/13	5/4
6/26	4♣	6/26	8/17	10/8	11/29	1/21	3/14	5/5
6/27	3♣	6/27	8/18	10/9	11/30	1/22	3/15	5/6
6/28	2♣	6/28	8/19	10/10	12/1	1/23	3/16	5/7
6/29	A♣	6/29	8/20	10/11	12/2	1/24	3/17	5/8
6/30	K♥	6/30	8/21	10/12	12/3	1/25	3/18	5/9

七月

生日	本命牌	水星	金星	火星	木星	土星	天王星	海王星
7/1	A♠	7/1	8/22	10/13	12/4	1/26	3/19	5/10
7/2	K♦	7/2	8/23	10/14	12/5	1/27	3/20	5/11
7/3	Q♦	7/3	8/24	10/15	12/6	1/28	3/21	5/12
7/4	J♦	7/4	8/25	10/16	12/7	1/29	3/22	5/13
7/5	10♦	7/5	8/26	10/17	12/8	1/30	3/23	5/14
7/6	9♦	7/6	8/27	10/18	12/9	1/31	3/24	5/15
7/7	8♦	7/7	8/28	10/19	12/10	2/1	3/25	5/16
7/8	7♦	7/8	8/29	10/20	12/11	2/2	3/26	5/17
7/9	6♦	7/9	8/30	10/21	12/12	2/3	3/27	5/18
7/10	5♦	7/10	8/31	10/22	12/13	2/4	3/28	5/19
7/11	4♦	7/11	9/1	10/23	12/14	2/5	3/29	5/20
7/12	3♦	7/12	9/2	10/24	12/15	2/6	3/30	5/21
7/13	2♦	7/13	9/3	10/25	12/16	2/7	3/31	5/22
7/14	A♦	7/14	9/4	10/26	12/17	2/8	4/1	5/23
7/15	K♣	7/15	9/5	10/27	12/18	2/9	4/2	5/24
7/16	Q♣	7/16	9/6	10/28	12/19	2/10	4/3	5/25
7/17	J♣	7/17	9/7	10/29	12/20	2/11	4/4	5/26
7/18	10♣	7/18	9/8	10/30	12/21	2/12	4/5	5/27
7/19	9♣	7/19	9/9	10/31	12/22	2/13	4/6	5/28
7/20	8♣	7/20	9/10	11/1	12/23	2/14	4/7	5/29
7/21	7♣	7/21	9/11	11/2	12/24	2/15	4/8	5/30
7/22	6♣	7/22	9/12	11/3	12/25	2/16	4/9	5/31
7/23	5♣	7/23	9/13	11/4	12/26	2/17	4/10	6/1
7/24	4♣	7/24	9/14	11/5	12/27	2/18	4/11	6/2
7/25	3♣	7/25	9/15	11/6	12/28	2/19	4/12	6/3
7/26	2♣	7/26	9/16	11/7	12/29	2/20	4/13	6/4
7/27	A♣	7/27	9/17	11/8	12/30	2/21	4/14	6/5
7/28	K♥	7/28	9/18	11/9	1/1	2/22	4/15	6/6
7/29	Q♥	7/29	9/19	11/10	1/2	2/23	4/16	6/7
7/30	J♥	7/30	9/20	11/11	1/3	2/24	4/17	6/8
7/31	10♥	7/31	9/21	11/12	1/4	2/25	4/18	6/9

八月

生日	本命牌	水星	金星	火星	木星	土星	天王星	海王星
8/1	Q♦	8/1	9/22	11/13	1/5	2/26	4/19	6/10
8/2	J♦	8/2	9/23	11/14	1/6	2/27	4/20	6/11
8/3	10♦	8/3	9/24	11/15	1/7	2/28	4/21	6/12
8/4	9♦	8/4	9/25	11/16	1/8	3/1	4/22	6/13
8/5	8♦	8/5	9/26	11/17	1/9	3/2	4/23	6/14
8/6	7♦	8/6	9/27	11/18	1/10	3/3	4/24	6/15
8/7	6♦	8/7	9/28	11/19	1/11	3/4	4/25	6/16
8/8	5♦	8/8	9/29	11/20	1/12	3/5	4/26	6/17
8/9	4♦	8/9	9/30	11/21	1/13	3/6	4/27	6/18
8/10	3♦	8/10	10/1	11/22	1/14	3/7	4/28	6/19
8/11	2♦	8/11	10/2	11/23	1/15	3/8	4/29	6/20
8/12	A♦	8/12	10/3	11/24	1/16	3/9	4/30	6/21
8/13	K♣	8/13	10/4	11/25	1/17	3/10	5/1	6/22
8/14	Q♣	8/14	10/5	11/26	1/18	3/11	5/2	6/23
8/15	J♣	8/15	10/6	11/27	1/19	3/12	5/3	6/24
8/16	10♣	8/16	10/7	11/28	1/20	3/13	5/4	6/25
8/17	9♣	8/17	10/8	11/29	1/21	3/14	5/5	6/26
8/18	8♣	8/18	10/9	11/30	1/22	3/15	5/6	6/27
8/19	7♣	8/19	10/10	12/1	1/23	3/16	5/7	6/28
8/20	6♣	8/20	10/11	12/2	1/24	3/17	5/8	6/29
8/21	5♣	8/21	10/12	12/3	1/25	3/18	5/9	6/30
8/22	4♣	8/22	10/13	12/4	1/26	3/19	5/10	7/1
8/23	3♣	8/23	10/14	12/5	1/27	3/20	5/11	7/2
8/24	2♣	8/24	10/15	12/6	1/28	3/21	5/12	7/3
8/25	A♣	8/25	10/16	12/7	1/29	3/22	5/13	7/4
8/26	K♥	8/26	10/17	12/8	1/30	3/23	5/14	7/5
8/27	Q♥	8/27	10/18	12/9	1/31	3/24	5/15	7/6
8/28	J♥	8/28	10/19	12/10	2/1	3/25	5/16	7/7
8/29	10♥	8/29	10/20	12/11	2/2	3/26	5/17	7/8
8/30	9♥	8/30	10/21	12/12	2/3	3/27	5/18	7/9
8/31	8♥	8/31	10/22	12/13	2/4	3/28	5/19	7/10

九月

生日	本命牌	水星	金星	火星	木星	土星	天王星	海王星
9/1	10♦	9/1	10/23	12/14	2/5	3/29	5/20	7/11
9/2	9♦	9/2	10/24	12/15	2/6	3/30	5/21	7/12
9/3	8♦	9/3	10/25	12/16	2/7	3/31	5/22	7/13
9/4	7♦	9/4	10/26	12/17	2/8	4/1	5/23	7/14
9/5	6♦	9/5	10/27	12/18	2/9	4/2	5/24	7/15
9/6	5♦	9/6	10/28	12/19	2/10	4/3	5/25	7/16
9/7	4♦	9/7	10/29	12/20	2/11	4/4	5/26	7/17
9/8	3♦	9/8	10/30	12/21	2/12	4/5	5/27	7/18
9/9	2♦	9/9	10/31	12/22	2/13	4/6	5/28	7/19
9/10	A♦	9/10	11/1	12/23	2/14	4/7	5/29	7/20
9/11	K♣	9/11	11/2	12/24	2/15	4/8	5/30	7/21
9/12	Q♣	9/12	11/3	12/25	2/16	4/9	5/31	7/22
9/13	J♣	9/13	11/4	12/26	2/17	4/10	6/1	7/23
9/14	10♣	9/14	11/5	12/27	2/18	4/11	6/2	7/24
9/15	9♣	9/15	11/6	12/28	2/19	4/12	6/3	7/25
9/16	8♣	9/16	11/7	12/29	2/20	4/13	6/4	7/26
9/17	7♣	9/17	11/8	12/30	2/21	4/14	6/5	7/27
9/18	6♣	9/18	11/9	1/1	2/22	4/15	6/6	7/28
9/19	5♣	9/19	11/10	1/2	2/23	4/16	6/7	7/29
9/20	4♣	9/20	11/11	1/3	2/24	4/17	6/8	7/30
9/21	3♣	9/21	11/12	1/4	2/25	4/18	6/9	7/31
9/22	2♣	9/22	11/13	1/5	2/26	4/19	6/10	8/1
9/23	A♣	9/23	11/14	1/6	2/27	4/20	6/11	8/2
9/24	K♥	9/24	11/15	1/7	2/28	4/21	6/12	8/3
9/25	Q♥	9/25	11/16	1/8	3/1	4/22	6/13	8/4
9/26	J♥	9/26	11/17	1/9	3/2	4/23	6/14	8/5
9/27	10♥	9/27	11/18	1/10	3/3	4/24	6/15	8/6
9/28	9♥	9/28	11/19	1/11	3/4	4/25	6/16	8/7
9/29	8♥	9/29	11/20	1/12	3/5	4/26	6/17	8/8
9/30	7♥	9/30	11/21	1/13	3/6	4/27	6/18	8/9

十月

生日	本命牌	水星	金星	火星	木星	土星	天王星	海王星
10/1	8◆	10/1	11/22	1/14	3/7	4/28	6/19	8/10
10/2	7◆	10/2	11/23	1/15	3/8	4/29	6/20	8/11
10/3	6◆	10/3	11/24	1/16	3/9	4/30	6/21	8/12
10/4	5◆	10/4	11/25	1/17	3/10	5/1	6/22	8/13
10/5	4◆	10/5	11/26	1/18	3/11	5/2	6/23	8/14
10/6	3◆	10/6	11/27	1/19	3/12	5/3	6/24	8/15
10/7	2◆	10/7	11/28	1/20	3/13	5/4	6/25	8/16
10/8	A◆	10/8	11/29	1/21	3/14	5/5	6/26	8/17
10/9	K♣	10/9	11/30	1/22	3/15	5/6	6/27	8/18
10/10	Q♣	10/10	12/1	1/23	3/16	5/7	6/28	8/19
10/11	J♣	10/11	12/2	1/24	3/17	5/8	6/29	8/20
10/12	10♣	10/12	12/3	1/25	3/18	5/9	6/30	8/21
10/13	9♣	10/13	12/4	1/26	3/19	5/10	7/1	8/22
10/14	8♣	10/14	12/5	1/27	3/20	5/11	7/2	8/23
10/15	7♣	10/15	12/6	1/28	3/21	5/12	7/3	8/24
10/16	6♣	10/16	12/7	1/29	3/22	5/13	7/4	8/25
10/17	5♣	10/17	12/8	1/30	3/23	5/14	7/5	8/26
10/18	4♣	10/18	12/9	1/31	3/24	5/15	7/6	8/27
10/19	3♣	10/19	12/10	2/1	3/25	5/16	7/7	8/28
10/20	2♣	10/20	12/11	2/2	3/26	5/17	7/8	8/29
10/21	A♣	10/21	12/12	2/3	3/27	5/18	7/9	8/30
10/22	K♥	10/22	12/13	2/4	3/28	5/19	7/10	8/31
10/23	Q♥	10/23	12/14	2/5	3/29	5/20	7/11	9/1
10/24	J♥	10/24	12/15	2/6	3/30	5/21	7/12	9/2
10/25	10♥	10/25	12/16	2/7	3/31	5/22	7/13	9/3
10/26	9♥	10/26	12/17	2/8	4/1	5/23	7/14	9/4
10/27	8♥	10/27	12/18	2/9	4/2	5/24	7/15	9/5
10/28	7♥	10/28	12/19	2/10	4/3	5/25	7/16	9/6
10/29	6♥	10/29	12/20	2/11	4/4	5/26	7/17	9/7
10/30	5♥	10/30	12/21	2/12	4/5	5/27	7/18	9/8
10/31	4♥	10/31	12/22	2/13	4/6	5/28	7/19	9/9

十一月

生日	本命牌	水星	金星	火星	木星	土星	天王星	海王星
11/1	6♦	11/1	12/23	2/14	4/7	5/29	7/20	9/10
11/2	5♦	11/2	12/24	2/15	4/8	5/30	7/21	9/11
11/3	4♦	11/3	12/25	2/16	4/9	5/31	7/22	9/12
11/4	3♦	11/4	12/26	2/17	4/10	6/1	7/23	9/13
11/5	2♦	11/5	12/27	2/18	4/11	6/2	7/24	9/14
11/6	A♦	11/6	12/28	2/19	4/12	6/3	7/25	9/15
11/7	K♣	11/7	12/29	2/20	4/13	6/4	7/26	9/16
11/8	Q♣	11/8	12/30	2/21	4/14	6/5	7/27	9/17
11/9	J♣	11/9	1/1	2/22	4/15	6/6	7/28	9/18
11/10	10♣	11/10	1/2	2/23	4/16	6/7	7/29	9/19
11/11	9♣	11/11	1/3	2/24	4/17	6/8	7/30	9/20
11/12	8♣	11/12	1/4	2/25	4/18	6/9	7/31	9/21
11/13	7♣	11/13	1/5	2/26	4/19	6/10	8/1	9/22
11/14	6♣	11/14	1/6	2/27	4/20	6/11	8/2	9/23
11/15	5♣	11/15	1/7	2/28	4/21	6/12	8/3	9/24
11/16	4♣	11/16	1/8	3/1	4/22	6/13	8/4	9/25
11/17	3♣	11/17	1/9	3/2	4/23	6/14	8/5	9/26
11/18	2♣	11/18	1/10	3/3	4/24	6/15	8/6	9/27
11/19	A♣	11/19	1/11	3/4	4/25	6/16	8/7	9/28
11/20	K♥	11/20	1/12	3/5	4/26	6/17	8/8	9/29
11/21	Q♥	11/21	1/13	3/6	4/27	6/18	8/9	9/30
11/22	J♥	11/22	1/14	3/7	4/28	6/19	8/10	10/1
11/23	10♥	11/23	1/15	3/8	4/29	6/20	8/11	10/2
11/24	9♥	11/24	1/16	3/9	4/30	6/21	8/12	10/3
11/25	8♥	11/25	1/17	3/10	5/1	6/22	8/13	10/4
11/26	7♥	11/26	1/18	3/11	5/2	6/23	8/14	10/5
11/27	6♥	11/27	1/19	3/12	5/3	6/24	8/15	10/6
11/28	5♥	11/28	1/20	3/13	5/4	6/25	8/16	10/7
11/29	4♥	11/29	1/21	3/14	5/5	6/26	8/17	10/8
11/30	3♥	11/30	1/22	3/15	5/6	6/27	8/18	10/9

十二月

生日	本命牌	水星	金星	火星	木星	土星	天王星	海王星
12/1	4♦	12/1	1/23	3/16	5/7	6/28	8/19	10/10
12/2	3♦	12/2	1/24	3/17	5/8	6/29	8/20	10/11
12/3	2♦	12/3	1/25	3/18	5/9	6/30	8/21	10/12
12/4	A♦	12/4	1/26	3/19	5/10	7/1	8/22	10/13
12/5	K♣	12/5	1/27	3/20	5/11	7/2	8/23	10/14
12/6	Q♣	12/6	1/28	3/21	5/12	7/3	8/24	10/15
12/7	J♣	12/7	1/29	3/22	5/13	7/4	8/25	10/16
12/8	10♣	12/8	1/30	3/23	5/14	7/5	8/26	10/17
12/9	9♣	12/9	1/31	3/24	5/15	7/6	8/27	10/18
12/10	8♣	12/10	2/1	3/25	5/16	7/7	8/28	10/19
12/11	7♣	12/11	2/2	3/26	5/17	7/8	8/29	10/20
12/12	6♣	12/12	2/3	3/27	5/18	7/9	8/30	10/21
12/13	5♣	12/13	2/4	3/28	5/19	7/10	8/31	10/22
12/14	4♣	12/14	2/5	3/29	5/20	7/11	9/1	10/23
12/15	3♣	12/15	2/6	3/30	5/21	7/12	9/2	10/24
12/16	2♣	12/16	2/7	3/31	5/22	7/13	9/3	10/25
12/17	A♣	12/17	2/8	4/1	5/23	7/14	9/4	10/26
12/18	K♥	12/18	2/9	4/2	5/24	7/15	9/5	10/27
12/19	Q♥	12/19	2/10	4/3	5/25	7/16	9/6	10/28
12/20	J♥	12/20	2/11	4/4	5/26	7/17	9/7	10/29
12/21	10♥	12/21	2/12	4/5	5/27	7/18	9/8	10/30
12/22	9♥	12/22	2/13	4/6	5/28	7/19	9/9	10/31
12/23	8♥	12/23	2/14	4/7	5/29	7/20	9/10	11/1
12/24	7♥	12/24	2/15	4/8	5/30	7/21	9/11	11/2
12/25	6♥	12/25	2/16	4/8	5/31	7/22	9/12	11/3
12/26	5♥	12/26	2/17	4/10	6/1	7/23	9/13	11/4
12/27	4♥	12/27	2/18	4/11	6/2	7/24	9/14	11/5
12/28	3♥	12/28	2/19	4/12	6/3	7/25	9/15	11/6
12/29	2♥	12/29	2/20	4/13	6/4	7/26	9/16	11/7
12/30	A♥	12/30	2/21	4/14	6/5	7/27	9/17	11/8
12/31	小丑牌	—	—	—	—	—	—	—

BC1059

撲克命牌‧我的流年
從生日，預知一生的年月運勢

Cards of Your Destiny:
What Your Birthday Reveals About You and Your Past, Present, and Future

作　　者	羅伯特‧李‧坎普（Robert Lee Camp）
譯　　者	Sada
責任編輯	田哲榮
協力編輯	朗慧
封面設計	黃聖文
內頁排版	李秀菊
校　　對	蔡函廷

發 行 人	蘇拾平
總 編 輯	于芝峰
副總編輯	田哲榮
業務發行	王綬晨、邱紹溢
行銷企劃	陳詩婷
出　　版	橡實文化 ACORN Publishing
	地址：10544 臺北市松山區復興北路333號11樓之4
	電話：02-2718-2001 傳真：02-2719-1308
	網址：www.acornbooks.com.tw
	E-mail：acorn@andbooks.com.tw
發　　行	大雁出版基地
	地址：10544 臺北市松山區復興北路333號11樓之4
	電話：02-2718-2001 傳真：02-2718-1258
	讀者傳真服務：02-2718-1258
	讀者服務信箱：andbooks@andbooks.com.tw
	劃撥帳號：19983379 戶名：大雁文化事業股份有限公司

印　　刷	中原造像股份有限公司
初版一刷	2018年8月
初版二刷	2022年6月
定　　價	800元

ISBN　978-957-9001-68-7

國家圖書館出版品預行編目資料

撲克命牌‧我的流年：從生日，預知一生
的年月運勢 ／羅伯特‧李‧坎普（Robert
Lee Camp）著；Sada譯. -- 初版. -- 臺北市：
橡實文化出版：大雁文化發行, 2018.08
　　面；　　公分
譯自：Cards of your destiny : what your
　　birthday reveals about you and your past,
　　present, and future
ISBN 978-957-9001-68-7（平裝）

1. 占卜

292.96　　　　　　　　　107012196

版權所有‧翻印必究（Printed in Taiwan）
如有缺頁、破損或裝訂錯誤，請寄回本公司更換

CARDS OF YOUR DESTINY: WHAT YOUR BIRTHDAY REVEALS ABOUT YOU AND YOUR
PAST, PRESENT AND FUTURE by ROBERT LEE CAMP

Copyright © 1998, 2004 BY ROBERT LEE CAMP

This edition arranged with SOURCEBOOKS, INC. through Big Apple Agency, Inc., Labuan,
Malaysia. Traditional Chinese edition Copyright © 2018 by ACORN Publishing, a division of AND
Publishing Ltd. All rights reserved.

歡迎光臨大雁出版基地官網
www.andbooks.com.tw
● 訂閱電子報並填寫回函卡 ●